教育部哲學社會科學研究重大課題攻關項目

「十一五」國家重點圖書出版規劃項目·重大工程出版規劃

國家社會科學基金重大項目

北京大學「九八五工程」重點項目

儒藏

精華編五册
經部易類

儒藏

精華編

北京大學《儒藏》編纂與研究中心

《儒藏》精華編第五册

首席總編纂　季羡林

項目首席專家　湯一介

總　編　纂　湯一介　龐　樸　孫欽善　安平秋（按年齡排序）

本册主編　劉大鈞　林忠軍

《儒藏》精華編凡例

一、中國傳統文化以儒家思想爲中心。《儒藏》爲儒家經典和反映儒家思想、體現儒家經世做人原則的典籍的叢編。收書時限自先秦至清代結束。

二、《儒藏》精華編爲《儒藏》的一部分，選收《儒藏》中的精要書籍。

三、《儒藏》精華編所收書籍，包括傳世文獻和出土文獻。傳世文獻按《四庫全書總目》經史子集四部分類法分類，大類、小類基本參照《中國叢書綜録》和《中國古籍善本書目》，於個别處略作調整。凡單書已收入入選的個人叢書或全集者，僅存目録，並注明互見。出土文獻單列爲一個部類，原件以古文字書寫者一律收其釋文文本。韓國、日本、越南儒學者用漢文寫作的儒學著作，編爲海外文獻部類。

四、所收書籍的篇目卷次，一仍底本原貌，不選編，不改編，保持原書的完整性和獨立性。

五、對入選書籍進行簡要校勘。以對校爲主，確定内容完足、精確率高的版本爲底本，精選有校勘價值的版本爲校本。出校堅持少而精，以校正誤爲主，酌校異同。校記力求規範、精煉。

六、根據現行標點符號用法，結合古籍標點通例，進行規範化標點。專名號除書名號用角號（《》）外，其他一律省略。

七、對較長的篇章，根據文字内容，適當劃分段落。正文原已分段者，不作改動。千字以内的短文一般不分段。

八、各書卷端由整理者撰寫《校點説明》，簡要介紹作者生平、該書成書背景、主要内容及影響，以及整理時所確定的底本、校本（舉全稱後括注簡稱）及其他有關情況。重複出現的作者，其生平事蹟按出現順序前詳後略。

九、本書用繁體漢字豎排，小注一律排爲單行。

《儒藏》精華編第五册

經部　易類

易學啓蒙通釋〔南宋〕胡方平……1
周易本義附録纂注〔元〕胡一桂……137
周易啓蒙翼傳〔元〕胡一桂……469
易纂言〔元〕吴澄……769

易學啓蒙通釋

〔南宋〕胡方平 撰
李秋麗 校點

目録

校點説明……一
啓蒙所引姓氏……一
通釋所引姓氏……二
易學啓蒙序……一
啓蒙通釋附圖……一
伏羲則河圖以作易圖……一
大禹則洛書以作範圖……一
先天八卦合洛書數圖……二
後天八卦合河圖數圖……二
伏羲六十四卦節氣圖……三
伏羲六十四卦方圖……四
邵子天地四象圖……五
朱子天地四象圖……五
掛扐過揲總圖……六
近世揲蓍後二變不掛圖……九
易學啓蒙卷上……一
本圖書第一……一
原卦畫第二……一七
易學啓蒙卷下……四六
明蓍策第三……四六
考變占第四……七二
易學啓蒙通釋序（胡方平）……一一一
跋（胡一桂）……一一二
跋（劉　涇）……一一三
跋（熊　禾）……一一四

校點説明

《易學啓蒙通釋》二卷，南宋胡方平撰。

胡方平（？—一二八九），號玉齋，徽州婺源（今屬江西）人，學者稱玉齋先生。早年受《易》於董夢程，董氏學《易》於朱熹之婿黄榦，故胡氏爲朱熹三傳弟子。後師沈貴寶。胡方平「精研《易》旨，沉潛反復二十餘年，而後著書發明朱熹之意」（《宋元學案・介軒學案》）。著作除《易學啓蒙通釋》二卷外，另有《外易》四卷及《易餘閒記》。

胡方平篤守朱熹之説，致力於發揚朱熹《易》學。朱熹有感於宋代「其專於文義者，既支離散漫而無所根著；其涉於象數者，又皆牽合傅會，而或以爲出於聖人心思智慮之所爲也」（朱熹《易學啓蒙序》）的《易》學情勢，作《易學啓蒙》以示初學，旨在正本清源，發明象數之學。而「後人置《本義》不道，惟假借此書以轉相推衍，至於支離轇轕而不已」（《四庫全書總目・易學啓蒙通釋提要》），已遠非朱熹本旨。胡方平乃對《易學啓蒙》反復詮釋，撰成此書，以期重振朱熹《易》學。

《易學啓蒙通釋》以闡發朱子思想爲目的，對《易學啓蒙》進行了逐句通釋。全書分《本圖書》、《原卦畫》、《明蓍策》、《考變占》四篇，較爲全面地闡釋了《周易》的基本象數知識，尤其是數占方面的知識。胡方平疏解朱子《易學啓蒙》，既有字句的訓詁、講解，也有數占的進一步推演。胡氏還以大量的圖象，直觀地闡明朱熹的象數之學，並對朱熹與邵雍在象數學方面的異同做了深入細緻的比較。此外，《易學啓蒙通釋》又大量引用《朱子語類》中對《周易》的解説，以及朱熹弟子、再傳弟子對《周易》的解説，並加入必要的按語，爲研究宋代象數易學提供了很好的材料。

《易學啓蒙通釋》完稿於開慶元年（一二五九），胡方平又在至元二十五年（一二八八）冬精加修定。

後其子胡一桂攜書入閩，至元二十九年夏，由劉涇、熊禾捐資刊刻於武夷書室，是爲初刻本。致和元年（一三二八），環溪書院覆刻此本，版式一應承初刻本，惟劉涇跋末更爲「致和戊辰季夏朔環溪書院重刊謹跋」一行，日本東京都立中央圖書館有藏。至明代，曾據初印本書板修補重印，又曾重刻，今國家圖書館、北京大學圖書館、山東省博物館、武漢大學圖書館、湖南省圖書館等藏有元刻明修本或明刻本。清初編刻《通志堂經解》，據元刊本重刻。《四庫全書薈要》與《四庫全書》則又以《通志堂經解》本爲底本，其中《四庫全書薈要》曾據元刊本等校勘，糾正錯誤數則。日本京都大學附屬圖書館清家文庫尚藏有一室町晚期寫本，據稱出自清原宣賢之手，就其版式與文字看，當是據元刊本繕録。以上均出自元至元刊本一系。明末，胡氏後人曾續刻此書於新安，至清代已多殘缺漫漶。嘉慶十七年（一八一二），胡氏後人紫園父子三人先後以家藏殘本與《通志堂經解》本相校重刊，是爲慶餘堂刊本。此本增録許多條目，實係誤據《性理大全》補入元代黄瑞節所編《朱子成書》文字。此外，明代朱謐曾對此書加以述解，附於通釋文字後，刊爲《朱子易學啓蒙通釋》二卷《啓蒙圖式》一卷，今藏南京圖書館，有丁丙跋。

此次整理，以《中華再造善本》影印國家圖書館藏元刻明修本爲底本，其中缺頁則據北大圖書館藏明修本補，以日本京都大學附屬圖書館清家文庫寫本（簡稱「京都本」）、康熙十九年《通志堂經解》本（簡稱「通志堂本」）、影印《摛藻堂四庫全書薈要》本（簡稱「薈要本」）爲校本，參校嘉慶十七年慶餘堂刊本（簡稱「慶餘堂本」）。底本卷首原有劉涇、熊禾二跋，已殘缺，今據明刻本補；京都本卷首有胡方平自序及胡一桂跋，亦一併補入，附於卷末。《易學啓蒙》原文錯誤則據元至正元年日新書堂刊《朱子成書》本校正。原書卦畫有明顯錯誤，則逕改不出校。

校點者　李秋麗

啓蒙所引姓氏

孔氏安國。
劉氏歆，字子駿。
關氏朗，字子明。
周子
程子
邵子
歐陽子
程氏迥，字可久，號沙隨。
蔡氏元定，字季通，號西山。文公門人。

通釋所引姓氏

黄氏榦，字直卿，號勉齋。文公門人，有語録。

董氏銖，字叔重，號盤澗。文公門人，有語録。

劉氏爚，字晦伯，號雲莊。文公門人，有經説。

陳氏植，字器之，號潛室。文公門人，有《木鐘集》及語録。

蔡氏淵，字伯静，號節齋。文公門人，有《易訓解》及《象數餘論》等書。

蔡氏沈，字仲默，號九峰。文公門人，有《皇極内篇》。

蔡氏模，號覺軒。節齋子，有《河洛探賾》。

徐氏幾，字子與，號進齋。節齋門人，有《輯講環中意》。

翁氏泳，字永叔，號思齋。節齋門人，有《口義》。

姓氏終

易學啓蒙序

聖人觀象以畫卦，揲蓍以命爻，使天下後世之人，皆有以決嫌疑，定猶豫，而不迷於吉凶悔吝之塗，其功可謂盛矣。然其爲卦也，自本而榦，自榦而支，其勢若有所迫而自不能已。其爲蓍也，分合進退，從横逆順，亦無往而不相值焉。是豈聖人心思智慮之所得爲也哉！特氣數之自然形於法象，見於《圖》、《書》者，有以啓於其心，而假手焉耳。近世學者類喜談《易》，而不察乎此。其專於文義者，既支離散漫而無所根著；其涉於象數者，又皆牽合傅會，而或以爲出於聖人心思智慮之所爲也。若是者，予竊病焉。因與同志頗輯舊聞，爲書四篇，以示初學，使毋疑於其説云。淳熙丙午莫春既望雲臺真逸手記。

啓蒙通釋附圖

新安胡方平學

伏羲則河圖以作易圖

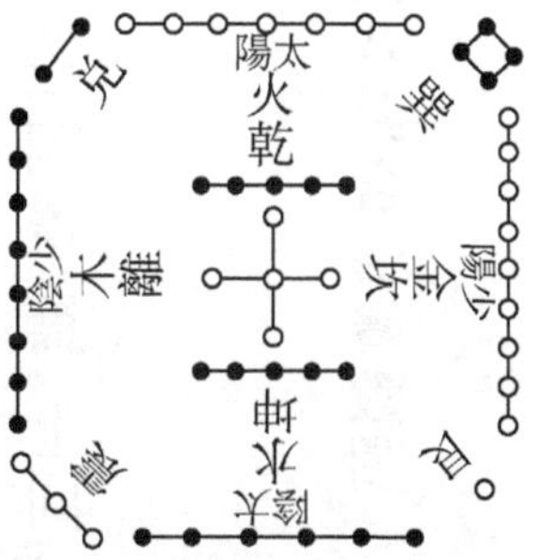

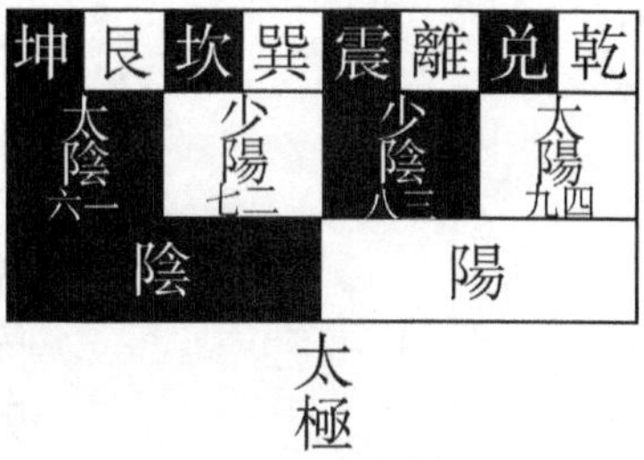

横圖者，卦畫之成。圓圖者，卦氣之運。以卦配數，離、震、艮、坤同，而乾、兌、巽、坎異者，以陰之老少主靜而守其常，陽之老少主動而通其變故也。

大禹則洛書以作範圖

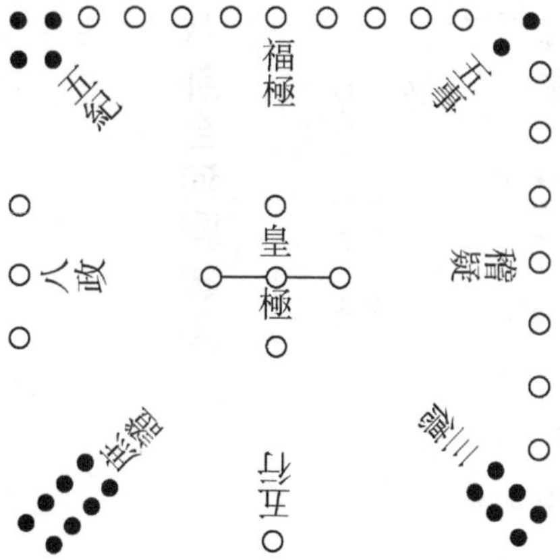

《書·洪範》：「天乃錫禹洪範九疇，彝倫攸敘。初一曰五行，次二曰敬用五事，次三曰農用八政，次四曰協用五紀，次五曰建用

皇極，次六曰乂用三德，次七曰明用稽疑，次八曰念用庶證，次九曰嚮用五福，威用六極。」洪範九疇配九宮之數，朱子之論備矣。詳見《本圖書》篇，上同。

先天八卦合洛書數圖

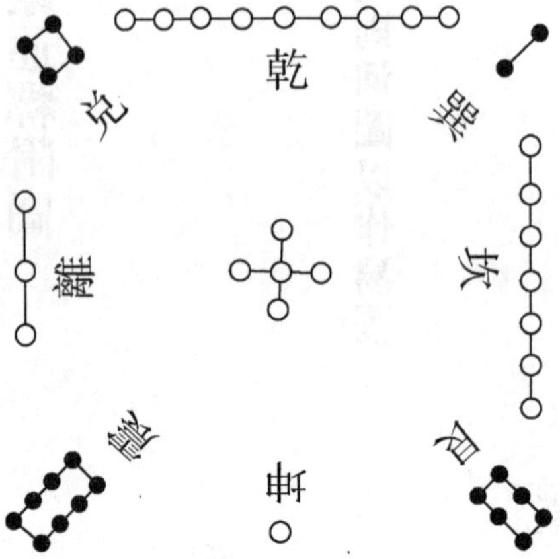

先天八卦乾、兌生於老陽之四九，離、震生於少陰之三八，巽、坎生於少陽之二七，艮、坤生於老陰之一六，其卦未嘗不與《洛書》之位數合。詳見《原卦畫》篇末，下同。

後天八卦合河圖數圖

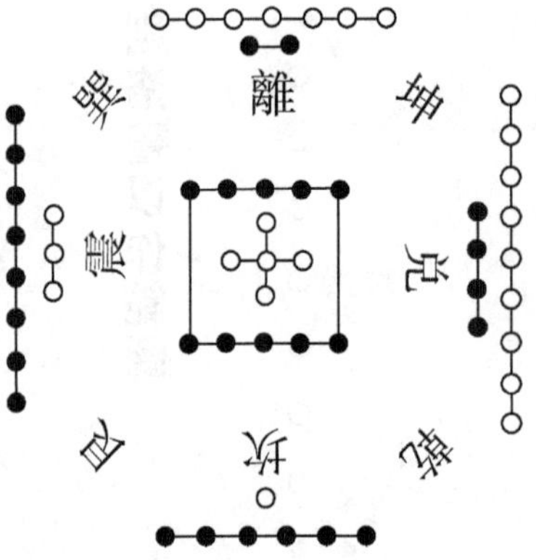

後天八卦坎一六水，離二七火，震、巽三八木，乾、兌四九金，坤、艮五十土，其卦

未嘗不與《河圖》之位數合。此《圖》、《書》所以相爲經緯，而先、後天亦有相爲表裏之妙也。

朱子曰：「先天圖一邊本都是陽，一邊本都是陰，陽中有陰，陰中有陽，便是陽往交易陰，陰來交易陽，兩邊各各相對，其實非此往彼來，只其象如此。」又曰：「如乾、夬、大有、大壯、小畜、需、大畜、泰，内体皆乾，是一貞；外体八卦，是八悔。餘放此。」

伏羲六十四卦節氣圖

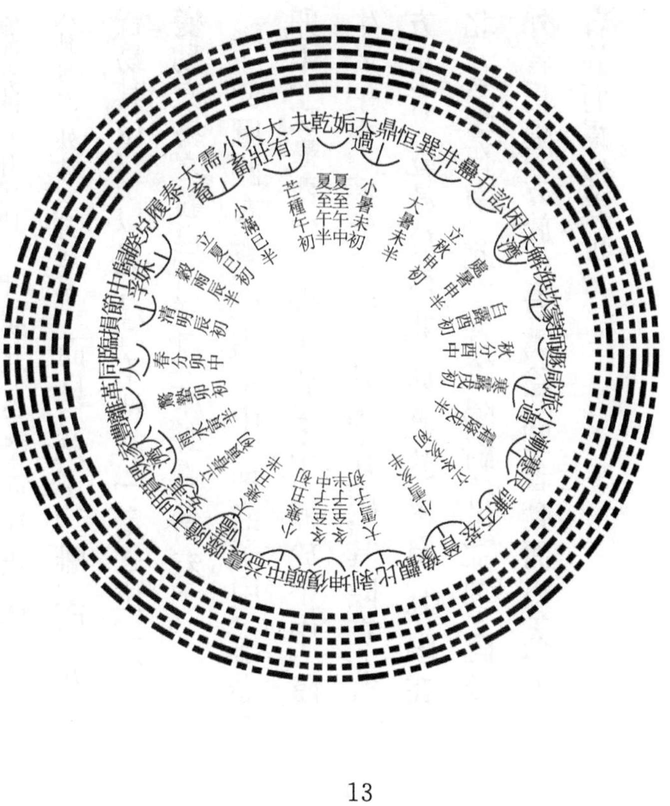

嘗因邵子冬至子半之説推之，則六十四卦分配節氣，二至、二分、四立總爲八節，每

節各兩卦，外十六氣每氣各三卦，合之爲六十四卦也。詳見《原卦畫》篇。❶

伏羲六十四卦方圖

否	遯	訟	姤	无妄	同人	履	乾
萃	咸	困	大過	隨	革	兑	夬
晉	旅	未濟	鼎	噬嗑	離	睽	大有
豫	小過	解	恒	震	豐	歸妹	大壯
觀	漸	涣	巽	益	家人	中孚	小畜
比	蹇	坎	井	屯	既濟	節	需
剥	艮	蒙	蠱	頤	賁	損	大畜
坤	謙	師	升	復	明夷	臨❷	泰

朱子嘗欲取出圓圖中方圖在外，庶圓圖虚中以象太極。今考方圖乾、坤、艮、兑、坎、離、震、巽，八卦之正也。泰、否、咸、損、既未濟、恒、益，即乾、坤、艮、兑、坎、離、震、巽之交不交也。圓圖乾居南，今轉而居西北。內乾八卦居北，外乾八卦居西。坤居北，今轉而居東南。內坤八卦居南，外坤八卦居東。而艮、兑、坎、離、震、巽，皆易其位，于以見方圖不特有一定之位，而有變動交易之義也。詳見《原卦畫》篇末。

此圖圓布者，乾盡午中，坤盡子中，離盡卯中，坎盡酉中。陽生於子中，極於午中，陰生於午中，極於子中。其陽在南，其陰在北。方布者，乾始於西北，坤盡於東南，其陽在北，其陰在南，此二者陰陽對待之數。圓於外者爲陽，方於中者爲陰，圓者動而爲天，方者静而爲地者也。

❶ 「畫」，原作「晝」，今據京都本、通志堂本、薈要本、慶餘堂本及影印文淵閣《四庫全書》本改。

❷ 「臨」，原空缺，今據通志堂本、薈要本、慶餘堂本補。

邵子天地四象圖

邵子《經世》演易圖，以太陽爲乾，太陰爲兑，少陽爲離，少陰爲震，此四卦自陽儀中來，故爲天四象。少剛爲巽，少柔爲坎，太剛爲艮，太柔爲坤，此四卦自陰儀中來，故爲地四象。詳見《原卦畫》篇，下同。

朱子天地四象圖

朱子釋邵子説，以乾、兑、艮、坤生於二太，故爲天四象。離、震、巽、坎生於二少，故爲地四象。但以太陽爲陽，太陰爲陰，少陽爲剛，少陰爲柔，不復就八卦上分陰陽剛柔，與邵子本意不同，自爲一説也。

掛扐過揲總圖

老陽	少陰
掛扐十三，去初掛一十二。	掛扐十七，去初掛一十六。
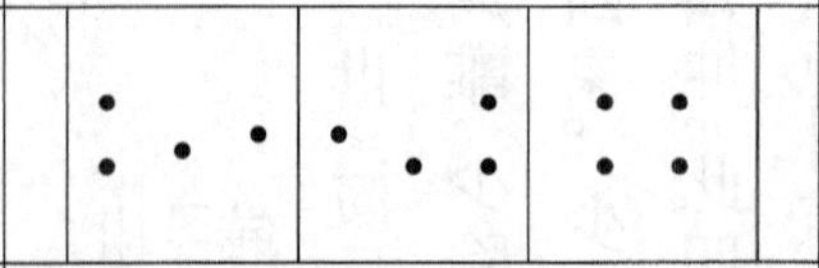	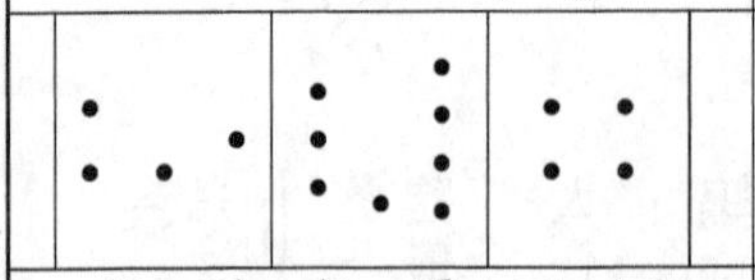
四約、三分。為一者三。 四約，以四策約之。三分，以十二策分為三。一，即四與奇。為一者三，即為四者凡三也。 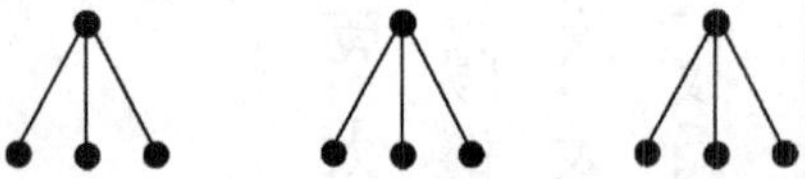	四約、三分。為一者二，為二者一。 四約、三分，同上。為一者二，計兩箇四也。為二者一，計一箇八也。二即八也，即偶也。 
三一各復有三，為九之母。 此「一」字指一策言。三一者，❶謂於上圖三箇四策中各取一策於其上，而三箇一策中各復有三策也。	二一各有三，一二復有二，為八之母。 二一，兩箇四各有三，同前。一二，謂於上圖八策中去四不用，於用四中取二策在上，❷而二策中復有二也。
過揲三十六。	過揲三十二。
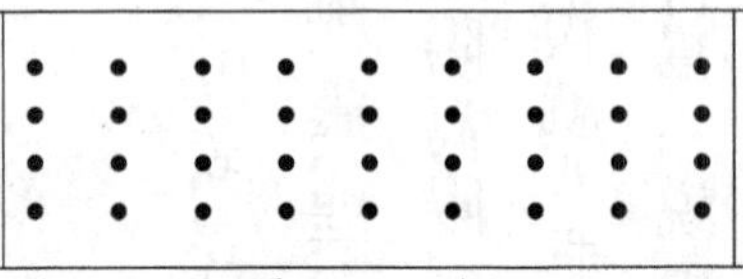	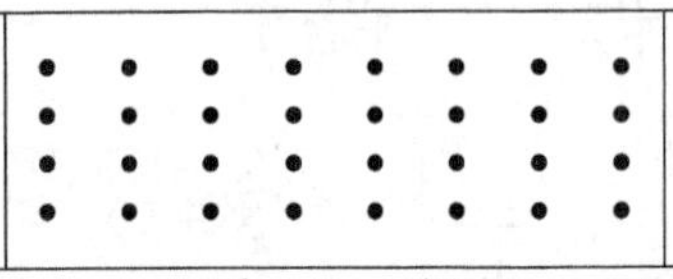
四約得九，為九之子。	四約得八，為八之子。
四約計九箇四，亦為四箇九，四九三十六，九之子也。	四約計八箇四，亦為四箇八，四八三十二，八之子也。

❶「三」，原作「五」，今據薈要本、慶餘堂本改。
❷「取」，通志堂本、薈要本作「以」。

少陽	老陰
掛扐二十一，去初掛二十。	掛扐二十五，去初掛廿四。
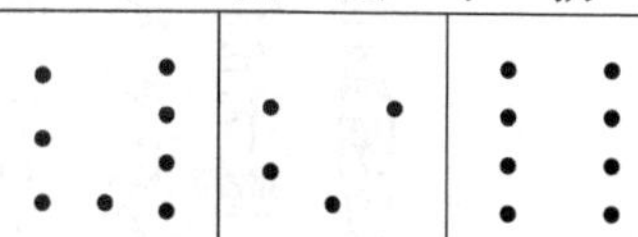	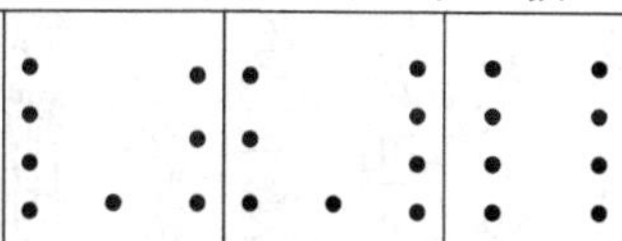
四約、三分。爲二者二。爲一者一。四約、三分，同上。爲二者二，計兩箇八也。爲一者一，計一箇四也。一四爲奇，二八爲偶。	四約、三分。爲二者三。四約、三分，同上。二即八也，即偶也。爲二者三，謂爲八者凡有三樣也。
二二各有二。一一復有三。爲七之母。二三，謂於上圖兩箇八策中各去四不用，於用四中各取二策在上，而二策中各有二。一一復有三，❶同前。	三二各復有二。爲六之母。三二，謂於上圖三箇八策中各去四不用，於用四中各取二策於其上，而三箇二策中各復有二也。
過揲二十八。	過揲二十四。

四約得七，爲七之子。	四約得六，爲六之子。
四約計七箇四，亦爲四箇七，四七二十八，七之子也。	四約計六箇四，亦爲四箇六，四六二十四，六之子也。

按：朱子掛扐圖四圖説並及過揲之數，今總爲一圖，蓍之全數，除初掛一外，粲然可見矣。詳見《明蓍策》篇。

❶「有三」，原漫漶不清，今據京都本、通志堂本、蓍要本、慶餘堂本補。

此係近世之法，前一變獨掛，後二變不掛，故老陽少陰變數皆二十七，少陽變數九，老陰變數一，無復自然之法象也。詳見《明蓍策》篇。

按：第一變獨掛，後二變不掛，非特爲六扐而後掛，三營而成易，於再扐四營之義不協。且後二變不掛，其數雖亦不四則八，而所以爲四八者，實有不同。蓋掛則所謂四者，左手餘一則右手餘二，左手餘二則右手餘一，不掛則左手餘一右手餘三，左手餘二右手餘二，左手餘三右手餘一，此四之所以不同也。三變之後，陰陽變動皆參差不齊，無復自然之法象矣，其可哉！因爲圖以明之。

近世揲蓍後二變不掛圖

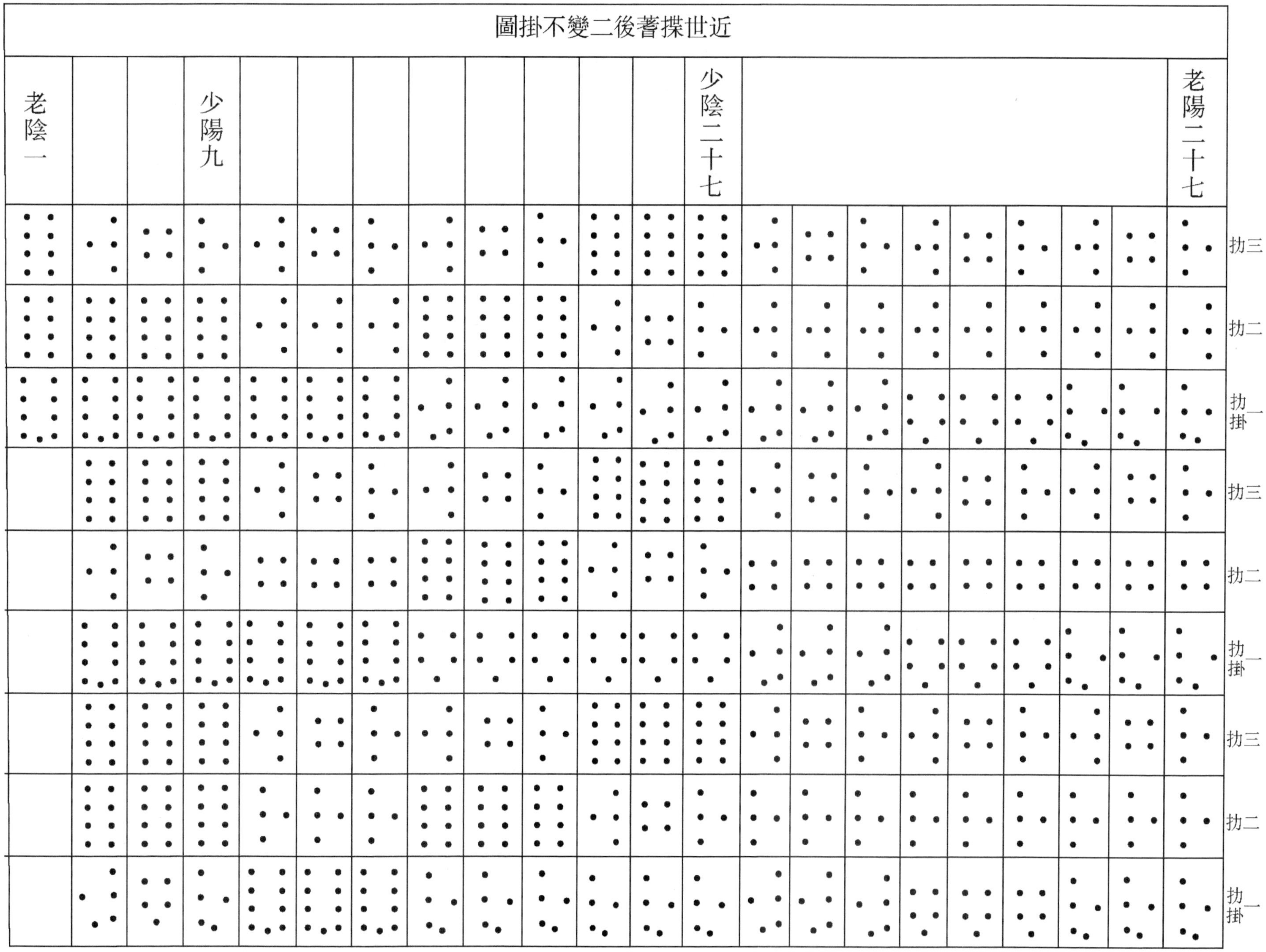

右十圖附見于此，初學得之，以明篇内本文之義，亦庶乎易見云。❶

啓蒙通釋附圖終

❶「云」，原作「亡」，今據通志堂本、薈要本、慶餘堂本改。

易學啓蒙卷上

新安後學胡方平通釋

本圖書第一

河圖

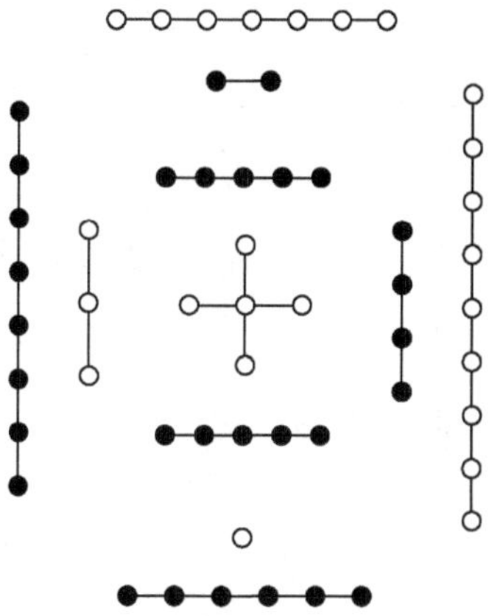

洛書

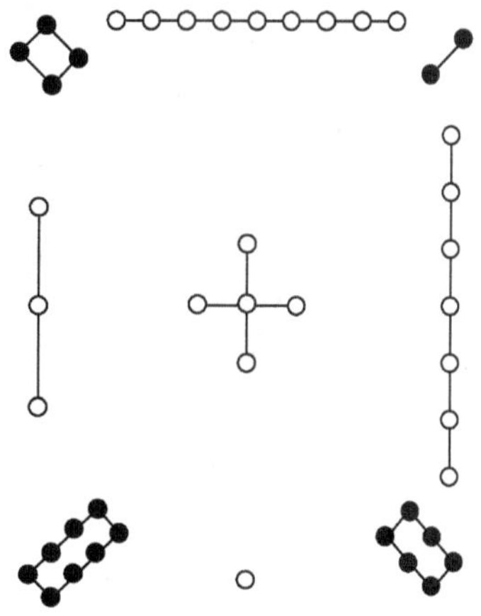

《易大傳》曰：「河出圖，洛出書，聖人則之。」孔安國云：「《河圖》者，伏羲氏王天下，龍馬出河，遂則其文以畫八卦。《洛書》者，禹治水時，神龜負文而列於背，有數至九，禹遂因而第之，以成九類。」

龍馬，《周禮·夏官》：「馬八尺以上爲龍。」言馬之特異如龍也。漢武帝元狩三年得神馬於渥洼水中，亦此之類。神龜，《大戴禮》曰：「甲蟲三百六十，而神龜爲之長。」○朱子曰：「《河圖》與《易》之天一地十者合，而載天地五十有五之數，則固《易》之所自出也。《洛書》與《洪範》之初一至次九者合，而具九疇之數，則固《範》之所自出也。《繫辭》雖不言伏羲受《河圖》以作《易》，然所謂仰觀、俯察、遠求、近取，安知《河圖》非其中一事耶？大抵聖人制作所由，初非一端，然其法象之規模，必有最親切處。如鴻荒之世，天地之間陰陽之氣雖各有象，然初未嘗有數也。至於《河圖》之出，然後五十有五之數奇偶生成，粲然可見。此其所以深發聖人之獨智，又非泛然氣象之所可得而擬也。是以仰觀、俯察、遠求、近取，至此而後，兩儀、四象、八卦之陰陽奇偶可待而言。雖《繫辭》所論聖人作《易》之由者非一，❶而不害其得此而後決之也。」

劉歆云：「伏羲氏繼天而王，受《河圖》而畫之，八卦是也。禹治洪水，賜《洛書》，法而陳之，九疇是也。《河圖》、《洛書》相爲經緯，八卦、九章相爲表裏。」

潛室陳氏曰：「經緯之説非是以上下爲經，左右爲緯。大抵經言其正，緯言其變，而二圖互爲正變。主《河圖》而言，則《河圖》爲正，《洛書》爲變。主《洛書》而言，則《洛書》爲正，而《河圖》又爲變。要之，天地間不過一陰一陽，以兩其五行，而太極常居其中。二圖雖縱横變動，要只是參互呈見，此所以謂之『相爲經緯』也。表裏之説亦然。蓋《河圖》不但可以畫卦，亦可以明疇。《洛書》不特可以明疇，亦可以畫卦。但當時聖人各因一事以垂後世，伏羲但據《河圖》而畫卦，大禹但據《洛書》而明疇。要之，伏羲之畫卦，其表爲八卦，而其裏固可以爲疇；大禹之敘疇，其表爲九疇，而其裏固可以爲卦。此所以謂之『相爲表裏』也。」

關子明云：「《河圖》之文，七前六後，八左九右。《洛書》之文，九前一後，三左七右，四前左，二前右，八後左，六後右。」

朱子曰：「讀《大戴禮》書，又得一證甚明。其《明堂》篇有『二九四七五三六一八』之語，而鄭氏注云『法龜文』也。然則漢人固以九數者爲《洛書》矣。」

邵子曰：「圓者星也，歷紀之數，其肇於此

❶「論」，原漫漶不清，今據京都本、慶餘堂本及影印文淵閣《四庫全書》本《晦庵集》卷三十八補。薈要本作「云」。

乎！曆法合二始以定剛柔，二中以定律曆，二終以紀閏餘，是所謂「曆紀」也。方者土也，畫州、井地之法，其放於此乎！州有九，井九百畝，是所謂「畫州、井地」也。蓋圓者《河圖》之數，方者《洛書》之文，故羲、文因之而造《易》，禹、箕敘之而作《範》也。」

《唐・律曆志》僧一行作《曆本議》曰：「天數始於一，地數始於二，合二始以定剛柔。天數中於五，地數中於六，合二中以定律曆。天數終於九，地數終於十，合二終以紀閏餘。天有五音，所以司日也；地有六律，所以司辰也。」朱子曰：「二始者，一、二也，一奇故爲剛，二偶故爲柔。二中者，五、六也，五者十干，六者十二辰也。二終者，九與十也，閏餘之法以一十九歲爲一章，姑借其説以明十數之爲《河圖》耳。」又曰：「『圓者星也』、『圓者《河圖》之數』，言無那四角底，其形便圓。」又曰：「《河圖》既無那四隅，則比之《洛書》固亦爲圓矣。」「『方者土也』、『方者《洛書》之文』，言畫州、井地之所依倣而作者也。」《書・禹貢》禹別九州，冀北楊南，❶青東梁西，兖東北雍西北，徐東南荆西南，豫中也。孟子言周家井地之制，井九百畝，其中爲公田，八家各私百畝，同養公田，是皆法《洛書》之九數也。

蔡元定曰：古今傳記，自孔安國、劉向父子、班固，皆以爲《河圖》授羲，《洛書》錫禹。關子明、邵康節皆以十爲《河圖》，九爲《洛書》。蓋《大傳》既陳天地五十有五之數，《洪範》又明言「天乃錫禹洪範九疇」，而九宮之數戴九履一，左三右七，二、四爲肩，六、八爲足，正龜背之象也。按劉牧意見，以九爲《河圖》，十爲《洛書》，託言出於希夷。既與諸儒舊説不合，又引《大傳》，❷以爲二者皆出於伏羲之世。其易置《圖》、《書》並無明驗，但謂伏羲兼取《圖》、《書》，則《易》、《範》之數誠相表裏，爲可疑耳。其實天地之理一而已矣，雖時有古今先後之不同，而其理則不容於有二也。故伏

❶「北」，原作「比」，今據京都本、通志堂本、薈要本、慶餘堂本改。

❷「傳」，原作「博」，今據京都本、通志堂本、薈要本、慶餘堂本改。

羲但據《河圖》以作《易》，則不必預見《洛書》，而已逆與之合矣；大禹但據《洛書》以作《範》，則亦不必追考《河圖》，而已暗與之符矣。其所以然者何哉？誠以此理之外無復它理故也。然不特此耳，律呂有五聲、十二律，而其相乘之數究於六十；❶日名有十干、十二支，而其相乘之數亦究於六十。二者皆出於《易》之後，其起數又各不同，然與《易》之陰陽策數多少自相配合，皆爲六十者，無不若合符契也。下至運氣、參同、太一之屬，雖不足道，然亦無不相通，蓋自然之理也。假令今世復有《圖》、《書》者出，其數亦必相符，可謂伏羲有取於今日而作《易》乎？《大傳》所謂「河出圖，洛出書，聖人則之」者，亦汎言聖人作《易》作《範》，其原皆出於天之意。如言「以卜筮者尚其占」與「莫大乎蓍龜」之類，《易》之書豈有龜與卜之法乎？亦言其理無二而已爾。

《前漢·律曆志》曰：天之中數五，五爲聲。地之中數六，六爲律。聲者，宮、商、角、徵、羽也。律有二，陽律爲律，陰律爲呂。律以統氣類物，曰黄鍾、太簇、姑洗、蕤賓、夷則、無射是也。其制截竹爲筩，陰陽各六，以節五聲之上下，每律呂以五聲加之，則以五乘十二，以十二乘五，是爲六十。十干自甲至癸，❷十二支自子至亥，支干相乘，亦爲六十。陰陽老少策數配合爲六十者，老陽策數三十六，老陰策數二十四，合爲六十。少陽策數二十八，少陰策數三十二，亦合爲六十也。運氣見《黄帝素問》。五運者，甲己化土，乙庚化金，丙辛化水，丁壬化木，戊癸化火是也。六氣者，子午少陰君火司天爲主氣，寅申少陽相火司天爲主氣，丑未太陰溼土司天爲主氣，卯酉陽明燥金司天爲主氣，辰戌太陽寒水司天爲主氣，巳亥厥陰風木司天爲主氣是也。以運氣相乘言之，甲丙戊庚壬爲陽，加於子午寅申辰戌，計三十日。乙丁己辛癸爲陰，加於丑未卯酉巳亥，計三十日。總陰陽支干是爲六十也。《參同》乃修養之書，後漢魏伯陽所作，以乾坤爲爐鼎，坎離爲金刀大藥，所用

❶「乘」，原作「策」，今據《朱子成書》本《易學啓蒙》改。
❷「干」，原作「下」，今據通志堂本、薈要本、慶餘堂本改。

以爲火候者，六十卦也。《太乙》，日家有《太一統紀》之書，❶其説蓋亦主於六十也。

天一，地二，天三，地四，天五，地六，天七，地八，天九，地十。天數五，地數五，五位相得而各有合。天數二十有五，地數三十，凡天地之數五十有五，此所以成變化而行鬼神也。

此一節，夫子所以發明《河圖》之數也。天地之間，一氣而已，分而爲二，則爲陰陽，而五行造化、萬物始終，無不管於是焉。故《河圖》之位，一與六共宗而居乎北，二與七爲朋而居乎南，三與八同道而居乎東，四與九爲友而居乎西，五與十相守而居乎中。蓋其所以爲數者，不過一陰一陽，一奇一偶，以兩其五行而已。所謂天者，陽之輕清而位乎上者也。所謂地者，陰之重濁而位乎下者也。陽數奇，故一、三、五、七、九皆屬乎天，所謂「天數五」也。陰數偶，故二、四、六、八、十皆屬乎地，所謂「地數五」也。天數地數各以類而相求，所謂「五位之相得」者然也。天以一生水，而地以六成之；地以二生火，而天以七成之；天以三生木，而地以八成之；地以四生金，而天以九成之；天以五生土，而地以十成之。此又其所謂「各有合」焉者也。積五奇而爲二十五，積五偶而爲三十，合是二者而爲五十有五，此《河圖》之全數。皆夫子之意，而諸儒之説也。

一陰一陽，以生成言也。一奇一偶，一、三、五、七、九爲奇，二、四、六、八、十爲偶也。陰陽奇偶之合，則一、六爲水，二、七爲火，三、八爲木，四、九爲金，五、十爲土。故其在十干，則木有甲乙，火有丙丁，土有戊己，金有庚

❶「太一」，通志堂本、薈要本作「大一」，慶餘堂本作「太乙」。

辛，水有壬癸，所謂「兩其五行」也。「五位相得」，謂一與二，三與四，五與六，七與八，九與十，各以奇偶爲類而相得。「各有合」，謂一與六，二與七，三與八，四與九，五與十，皆兩相合也。朱子曰：「相得如兄弟，有合如夫婦，蓋以相得則取其奇偶之相爲次第，辨其類而不容紊也；有合則取其奇偶之相爲生成，合其類而不容間也。相得、有合四字，該盡《河圖》之數。」又曰：「相得、有合，在十干：甲乙木，丙丁火，戊己土，庚辛金，壬癸水，便是相得；甲與己合，乙與庚合，丙與辛合，丁與壬合，戊與癸合，便是各有合也。」〇朱子曰：「五行有以質而語，其生之序者，則曰水火木金土。有以氣而語，其行之序者，則曰木火土金水。水陰根陽，火陽根陰，錯綜而生，其端是天一生水，地二生火，天三生木，地四生金。到得運行處便水生木，木生火，火生土，❶土生金，金又生水，水又生木，循環相生。」又曰：「陽變陰合，初生水火。水火，氣也，流動閃爍，其體尚虛，其成形猶未定。次生木金，則確然有定形矣。」又曰：「大抵天地生物，先其輕清，以及重濁。天一生水，地二生火，二物在五行中最輕清，金木復重於水火，土又重於金木。」或曰：「土寄旺於四季各十八日，何獨火生土而土生金也？」曰：「夏季十八日，土氣爲最旺，❷故能生秋金也。」勉齋黄氏曰：「自一至十，特言奇偶之多寡爾，初非以次序而言。天得奇而爲水，故曰一生水。一之極而爲三，故曰三生木。地得偶而爲火，故曰二生火。二之極而爲四，故曰四生金。何也？一極爲三，以一運之圓而成三，故一而三也。❸二極爲四，以二周之方而成四，故二而四也。如果以次序言，則一生水而未成水，必至五行俱足，猶待第六而後成水；二生火而未成火，必待五行俱足，然後第七而成火耶？如此則全不成造化，亦不成義理矣。六之成水也，猶坎之爲卦也：一陽居中，天一生水也；地六包於外，陽少陰多，而水始盛成。七之成火也，猶離之爲卦也：一陰居中，地二生火也；天七包於外，陰少陽多，而火始盛成。坎屬陽而離屬陰，以其内者爲主，而在外者成之也。」又曰：「只以造化本原及人物之初生驗之，便自可合。天

❶ 「土」，原作「上」，今據京都本、通志堂本、薈要本、慶餘堂本改。
❷ 「旺」，原作「旰」，今據通志堂本、薈要本、慶餘堂本改。
❸ 「一」，原作「二」，今據薈要本、慶餘堂本改。

一生水，水便有形，人生精血湊合成體，亦若造化之有水也。地二生火，火便有氣，人有此體，便能爲聲，聲者氣之所爲，亦若造化之有火也。水陰而火陽，貌亦屬陰而言亦屬陽也。水火雖有形質，然乃造化之初，故水但能潤，火但能炎，其形質終是輕清。至若天三生木，地四生金，則形質已全具矣，亦如人身耳目既具，則人之形成矣。木陽而金陰，亦猶視陽而聽陰也。」又曰：「《洪範》五行、五事，皆以造化之初及人物始生言之也。造化之初，天一生水而三生木，地二生火而四生金，蓋以陰陽之氣一濕一燥而爲水火，濕極燥極而爲木與金也。人物始生，精與氣耳。《大傳》曰『精氣爲物』，子産曰『物生始化曰魄。既生魄，陽曰魂』，此皆精妙之語。精濕而氣燥，精實而氣虚，精沉而氣浮，故精爲貌而氣爲言。精之盛者，濕之極，故爲木，爲肝，爲視。氣之盛者，燥之極，故爲金，爲肺，爲聽。大抵貌與視屬精，故精衰而目暗；言與聽屬氣，故氣塞而耳聾。此曉然易見者也。」又曰：「耳屬金，是誠可疑。醫家以耳屬腎，以肺屬金。然配與屬不同。屬者管屬之謂，配者比並之謂。論其管屬則耳屬於腎，取其比並則聽比於金也。」又曰：「水火木金有兩項看。如作行之序看，則木火是陽，金水是陰，行於春夏爲陽，行於秋冬爲陰。如作生之序看，則水木是陽，火金是陰，生於天一、天三爲陽，生於地二、地四爲陰。因云《太極圖解》有一處可疑。圖以水陰盛故居右，火陽盛故居左，金陰穉故次水，木陽穉故次火，此是説生之序。下文却説水木陽也，火金陰也，却以水爲陽火爲陰論。來物之初生自是幼嫩，如陽始生爲水尚柔弱，到生木已强盛；陰始生爲火尚微，到生金已成質。如此則水爲陽穉，木爲陽盛，火爲陰穉，金爲陰盛也。」雲莊劉氏曰：「水陰也，生於天一；火陽也，生於地二。是其方生之始，陰陽互根。故其運行，水居子位極陰之方，而陽已生於子；火居午位極陽之方，而陰已生於午。若木生於天三，專屬陽，故其行於春，亦屬陽。金生於地四，專屬陰，故其行於秋，亦屬陰。不可以陰陽互言矣。蓋水火未離乎氣，陰陽交合之初，其氣自有互根之妙。木則陽之發達，金則陰之收斂，而有定質矣。此其所以與水火不同也。」思齋翁氏曰：「水火木金，不得土不能各成一器，何以見之？且天一生水，一得五便爲水之成；地二生火，二得五便爲火之成；天三生木，三得五便爲木之成；地四生金，四得五便爲金之成，皆本於中五之土也。」又曰：「《河圖》陰陽之位，生數爲主，而成數配之。東北陽方則主之以奇，而與合者偶，西南陰方則主之以偶，而與合者奇也。」

至於《洛書》，則雖夫子之所未言，然其象其説已具於前，有以通之，則劉歆所謂經緯表裏者可見矣。

或曰：《河圖》、《洛書》之位與數，其所以不同何也？曰：《河圖》以五生數統五成數，而同處其方，蓋揭其全以示人，而道其常，數之體也。《洛書》以五奇數統四偶數，而各居其所，蓋主於陽以統陰，而肇其變，數之用也。

《河圖》以生成分陰陽，以五生數之陽統五成數之陰，而同處其方，陽内陰外，生成相合，交泰之義也。《洛書》以奇偶分陰陽，以五奇數之陽統四偶數之陰，而各居其所，陽正陰偏，奇偶既分，尊卑之位也。《河圖》數十，十者對待以立其體，故爲常。《洛書》數九，九者流行以致其用，故爲變也。常變之説，朱子特各舉所重者爲言，非謂《河圖》專於常，有體而無用，《洛書》專於變，有用而無體也。自《河圖》四象之合者觀之，象之列于四方者，各當其所處之位，此其體之常。象之處于西南者，不叶夫所生之卦，又爲用之變矣。伏羲則其變者以作《易》，即横圖卦畫之成。而究圓圖卦氣之運，則知四象分爲八卦，陰之老少不動，而陽之老少迭遷，此主變也，豈拘於常者乎？自《洛書》四象之分者觀之，象之居于西南者，不當其所處之位，此其用之變。象之列于四方者，悉協夫所生之卦，又爲體之常矣。大禹則其常者以作《範》，因武王彝倫攸敘之問，以究箕子天錫禹疇之對，則知四象分爲九疇，陽居四正則配四陽之卦，以爲陰之宰，陰居四隅則配四陰之卦，以爲陽之輔。此主常也，豈撓於變者乎？〇節齋蔡氏曰：「《河圖》數偶，偶者静，静以動爲用，故《河圖》之行合皆奇，一合六，二合七，三合八，四合九，五合十，是故《易》之吉凶生乎動，蓋静者必動而後生也。《洛書》數奇，奇者動，動以静爲用，故《洛書》之位合皆偶，一合九，二合八，三合七，四合六，是故《範》之吉凶見乎静，蓋動者必静而後成也。」九峰蔡氏曰：「《河圖》體圓而用方，聖人以之而畫卦。《洛書》體方而用圓，聖人以之而敘疇。卦者，陰陽之象也。疇者，五行之數也。象非偶不立，數非奇不行，奇偶之分，象數之始也。陰陽、五行固非二體，八卦、九疇亦非二致，理一分殊，非深於造化者安能識之！」又曰：「《河圖》非無奇也，而用則存乎偶。《洛書》非無偶也，而用則存乎奇。偶者，陰陽之對待乎！奇者，五行之迭運乎！對待者不能孤，迭運者不可窮，天地之形，四時之行，人物之生，萬化之凝，其妙矣乎！」潛室陳氏曰：「《河圖》以生數統成數，《洛書》以奇數統偶數。若不相似也，然一必配六，二必配七，三必配八，四必配九，五必居中而配十。《圖》、《書》未嘗不相似。《河圖》之生成同方，《洛書》之奇偶異位，若不相似也。然同方者，有内外之分，是《河圖》猶《洛書》也；異位者，有比肩之義，是《洛書》亦猶《河圖》也。」雲莊劉氏曰：「《河圖》者，陰陽生成之合。《洛書》者，陰陽奇偶之分。以質而論，則分而各居其所，是對待之定體也。以氣而論，則合而同處其方，是流行之妙用出。然氣質二者初不相離，有分則必有合，有合則必有分，所謂推之於前不見其始之合，引之於後不見其終之離，又不可以拘泥而觀之也。」

曰：其皆以五居中者何也？曰：凡數之始，一陰一陽而已矣。陽之象圓，圓者徑一而圍三；陰之象方，方者徑一而圍四。圍三者以一爲一，故叁其一陽而爲三；圍四者以二爲一，故兩其一陰而爲二。是所謂「叁天兩地」者也。三、二之合則爲五矣，此《河圖》、《洛書》之數所以皆以五爲中也。

陽之數奇而屬乎天，其象爲圓，圓者，取其動也。凡物之圓者，其直徑則一，而横圍則三。若陽，則其數以一爲一，而用其全，擬之於象，實圍三而三各一奇，皆在所用，故曰「叁天」。陰之數偶而屬乎地，其象爲方，方者，取其静也。凡物之方者，其直徑則一，而横圍則四。若陰，則其數以二爲一，而其用半，擬之於象，實圍四而四合二偶，半在所用，故曰「兩地」。夫數始於陰陽，倚於叁兩，叁兩之合則爲五，此《圖》、《書》之數所以皆以五居中也。陽大陰小，陽饒陰乏，故陽得用全，而陰惟用半，其尊陽之義實昉於此矣。❶ 或問：「『叁天兩地』，舊説以爲五生數中，天叁地兩，不知其説如何？」朱子曰：「如此却是三天二地，不見參兩之意。『叁天』者，叁之以三；『兩地』者，兩之以二也。」又曰：「一箇天，參之而爲三；一箇地，兩之而爲二。三三爲九，三二爲六。兩其三，一其二，爲八。兩其二，一其三，爲七。」此又七、八、九、六之數所由起也。○節齋蔡氏曰：「天數奇，以一爲一，故三。地數偶，以二爲一，故兩。卦畫亦然。陽奇爲一，而陰偶爲二也。」

然《河圖》以生數爲主，故其中之所以爲五者，亦具五生數之象焉：其下一點，天一之象也；其上一點，地二之象也；其左一點，天三之象也；其右一點，地四之象也；其中一點，天五之象也。《洛書》以奇數爲主，故其中之所以爲五者，亦具五奇數之象焉：其下一點，亦天一之象也；其左一點，亦天三之象也；其中一點，亦天五之象也；其右一點，則天七之象也；其上一點，則天九之象也。

《圖》之五具五生數之象，《書》之五具五奇數之象，蓋皆以其所主者言之。有主必有賓，而《圖》之成數與《書》之偶數亦各具於中央之五數矣。《圖》之中五下一點，既具天一之象，則一與六合，而地六之成數自不能離乎天之一矣。以至二、三、四、五皆然，如是則《河圖》由一與六以至五與十生成相合，而五十五之全數盡具於中央五數之中。《書》之中五下一點，既具天一之象，以至上一點既具天九之象，則一與二、三與四、七與六、九與八，奇偶亦相爲脗合，而四十五之全數亦盡具於中央之五數矣。豈可惟以五數拘之哉？

其數與位，皆三同而二異，蓋陽不可易而陰可易，成數雖陽，固亦生之陰也。

數則《河圖》自一至十，《洛書》自一至九之數。位則東西南北中央之位，皆三同而二異者。《圖》、《書》之一、六皆在北，三、八皆在東，五皆在中，三者之位、數皆同

❶ 「昉」，原作「昉」，今據京都本、通志堂本、薈要本、慶餘堂本改。

也。《圖》之二、七在南，而《書》則二、七在西；《圖》之四、九在西，而《書》則四、九在南，二者之位、數皆異也。陽不可易，專指一、三、五，陰可易，統指二、七、四、九。「成數雖陽」指七、九，「固亦生之陰」指七爲二生數之陰，九爲四生數之陰也。二、四以生數言雖屬陽，然以偶數言則屬陰，不得謂之陽矣，故可易。七、九以奇數言雖屬陽，然以成數言只可謂之陰矣，故可易。其曰「成數雖陽，固亦生之陰」不曰「生數雖陰，固亦成之陽」者，蓋但主陰可易而言也。○雲莊劉氏曰：「《圖》之一、三、五、七、九皆奇數，陽也，而一、三、五之位不易，七、九之位易者，亦以天地之間陽動主變故也。然陽於北東則不動，於西南則互遷者，蓋北東陽始生之方，西南陽極盛之方，陽主進，數又必進於極而後變也。」

曰：中央之五既爲五數之象矣，然其爲數也奈何？曰：以數言之，通乎一圖，由内及外，固各有積實可紀之數矣。然《河圖》之一、二、三、四，各居其五象本方之外，而六、七、八、九、十者，又各因五而得數，以附于其生數之外。《洛書》之一、三、七、九，亦各居其五象本方之外，而二、四、六、八者，又各因其類以附于奇數之側。蓋中者爲主而外者爲客，正者爲君而側者爲臣，亦各有條而不紊也。

在《圖》者，陽生陰成，在《書》者，陽奇陰偶，而皆以陽爲尊也。《圖》之數十，積之爲五十有五，《書》之數九，積之爲四十有五，皆可以紀其實也。然以中五計之：《圖》之一、二、三、四者，生數之陽也，各居其中五本來方位之外；六、七、八、九、十者，成數之陰也，又各因五而得數，以附于五生數之外。中者爲主，則外者爲客矣。《書》之一、三、七、九者，四奇數之陽也，各居其中五本來方位之外；而二、四、六、八者，四偶數之陰也，又各從其類，以附于四奇數之側。正者爲君，則側者爲臣矣。造化貴陽而賤陰，假《圖》、《書》以顯其理，出於自然之妙，非可容一毫智力抑揚於其間也。○盤澗先生問：「《河圖》之數，不過一奇一偶相錯而已。故太陽之位即太陰之數，太陰之位即太陽之數。見其迭陰迭陽，陰陽相錯，所以爲生成也。天五地十居中，地十亦天五之成數。蓋一、二、三、四已含六、七、八、九者，以五乘之故也。蓋數不過五也。《洛書》之用，一、二、三、四以對九、八、七、六，其數亦不過十。蓋太陽占第一位，已含太陽之數；少陰占第二位，已含少陰之數；少陽占第三位，已含少陽之數；太陰占第四位，已含太陰之數。雖其陰陽各自爲數，然五數居中，太陽居一得五而成六，少陰居二得五而成七，少陽居三得五而成八，太陰居四得五而成九，則與《河圖》一陰一陽相錯而爲生成之數者亦無以異也。不知可如此看否？」朱子答曰：「所論甚當，《河圖》相錯之説尤佳。」覺軒蔡氏曰：「一、二、三、四爲四象之位，六、七、八、九爲四象之數。《河圖》位與數常相錯，然五數居中，一得五而爲六，二得五而爲七，三得五而爲八，四得五而爲九，各居其方，雖相錯而未嘗不相對也。《洛書》位與數常相對，然五數居中，一得五而爲後右之六，二得五而爲右之七，三得五而爲後左之八，四得五而爲前之九，縱横交綜，雖相對而未嘗不相錯也。」

曰：其多寡之不同何也？曰：《河圖》主全，故極於十，而奇偶之位均。論其積實，然後見其偶贏而奇乏也。《洛書》主變，故極於九，而其位與實皆奇贏而偶乏也。必皆虛其中也，然後陰陽之數均於二十而無偏耳。

《河圖》偶贏而奇乏者，地三十天二十五也。《洛書》奇贏而偶乏者，天二十五地二十也。《河圖》虛其中之十五，《洛書》虛其中之五，則陰陽之數均於二十矣。

曰：其序之不同何也？曰：《河圖》以生出之次言之，則始下，次上，次左，次右，以復于中，而又始于下也。以運行之次言之，則始東，次南，次中，次西，次北，左旋一周，而又始于東也。其生數之在內者，則陽居下左而陰居上右也。其成數之在外者，則陰居下左而陽居上右也。《洛書》之次，其陽數則首北，次東，次中，次西，次南；其陰數則首西南，次東南，次西北，次東北也。合而言之，則首北，次西南，次東，次東南，次中，次西北，次西，次東北，而究于南也。其運行則水克火，火克金，金克木，木克土，右旋一周，而土復克水也。是亦各有説矣。

《河圖》生出生成之序與《洛書》奇偶次序皆錯雜取義，唯運行次序《河圖》則左旋相生，《洛書》則右轉相克。一、六爲水，二、七爲火，三、八爲木，四、九爲金，五、十爲土。《河圖》則水生木，木生火，火生土，土生金，左旋一周而金復生水也。《洛書》則水克火，火克金，金克木，木克土，右轉一周而土復克水也。思齋翁氏曰：「《河圖》運行之序自北而東，左旋相生固也。然對待之位則北方一、六水克南方二、七火，西方四、九金克東方三、八木，而相克者已寓於相生之中。《洛書》運行之序自北而西，右轉相克固也。然對待之位則東南方四、九金生西北方一、六水，東北方三、八木生西南方二、七火，其相生者已寓於相克之中。蓋造化之運生而不克，則生者無從而裁制；克而不生，則克者亦有時而間斷。此《圖》、《書》生成之妙，未嘗不各自全備也。」

曰：其七、八、九、六之數不同何也？曰：《河圖》六、七、八、九既附于生數之外矣，此陰陽老少進退饒乏之正也。其九者，生數一、三、五之積也，故自北而東，自東而西，以成於四之外。其六者，生數二、四之積也，故自南而西，自西而北，以成於一之外。七則九之自西而南者也。八則六之自北而東者也。此又陰陽老少互藏其宅之變也。《洛書》之縱横十五而七、八、九、六迭爲消長，虚五分十而一含九，二含八，三含七，四含六，則叁伍錯綜，無適而不遇其合焉。此變化無窮之所以爲妙也。

此一節專言《圖》、《書》七、八、九、六之數以分陰陽之老少也。❶七、九爲陽，陽主進，由少陽七而進，七之上爲八，故踰八而進於九。九則進之極，更無去處了，故九爲老陽。六、八爲陰，陰主退，由少陰八而退，八之下爲七，故踰七而退於六。六則退之極，更無轉處了，故六

❶「七」，原作「上」，今據京都本、通志堂本、薈要本、慶餘堂本改。

爲老陰。進則饒，故老陽饒於八，少陽饒於六。退則乏，故老陰乏於七，少陰乏於九。進而饒者陽之常，退而乏者陰之常，此所謂正也。以言其變：老陽數九，由一、三、五積而成於四之外，四，老陰之位也；老陰數六，由二、四積而成於一之外，一，老陽之位也，此二老互藏其宅之變也。七、八則非由積數而成，七與九皆陽，故少陽七自九來，而居於二之上，二，少陰之位也；八與六皆陰，故少陰八自六來，而居於三之上，❶三，少陽之位也。此二少互藏其宅之變也。其在《洛書》雖縱横有十五之數，實皆七、八、九、六之迭爲消長。一得五爲六，而與南方之九迭爲消長；四得五爲九，而與西北之六迭爲消長；三得五爲八，而與西方之七迭爲消長；二得五爲七，而與東北之八迭爲消長。大抵數之進者爲長，❷退者爲消，長者退則又消，消者進則又長。六進爲九，則九長而六消；九退爲六，則九反消而六又長矣。七進爲八，則八長而七消；八退爲七，則八反消而七又長矣。「虚五分十」者，虚中五之外，則縱横皆十，以其十者分之，則九者十分一之餘，八者十分二之餘，七者十分三之餘，六者十分四之餘也，叁伍錯綜，無適而不遇七、八、九、六之合焉。此所謂變化無窮之妙也。又因是推之，《圖》、《書》之文七與八，九與六，每相聯屬。《河圖》則二少位東南，二老位西北，二居南内含東外之八，三居東内含南外之七，一居北内含西外之九，四居西内含北外之六。《洛書》則一得五成六而合九，四得五成九而合六，二得五成七而合八，三得五成八而合七。又如二、四成六而九居中，一、八成九而六在旁，二、六成八而七處内，三、四成七而八在下，是亦九、六、七、八無適而不遇其合也。

曰：然則聖人之則之也奈何？曰：則《河圖》者虚其中，則《洛書》者總其實也。《河圖》之虚五與十者，太極也。奇數二十，偶數二十者，兩儀也。以一、二、三、四爲六、七、八、九者，四象也。析四方之合以爲乾、坤、離、坎，補四隅之空以爲兑、震、

❶「上」，原作「生」，今據薈要本、慶餘堂本改。京都本作「左」。

❷「大」，原作「夭」，今據京都本、通志堂本、薈要本、慶餘堂本改。

巽、艮者，八卦也。《洛書》之實，其一爲五行，其二爲五事，其三爲八政，其四爲五紀，其五爲皇極，其六爲三德，其七爲稽疑，其八爲庶證，其九爲福極，其位與數尤曉然矣。

伏羲則《河圖》以作《易》也，《圖》之數十，積之爲五十有五，虛其中十與五者，象太極也。而其散布於外者凡四十，❶以一、三、七、九爲陽儀者二十，以二、四、六、八爲陰儀者二十，此則之以生兩儀也。以一、二、三、四之位而爲六、七、八、九之象，此則之以生四象也。析二、七之合，則七居南爲乾，而二補東南隅之空以爲兑；析三、八之合，則八居東爲離，而三補東北隅之空以爲震；析四、九之合，則九居四爲坎，而四補西南隅之空以爲巽；析一、六之合，則六居北爲坤，而一補西北隅之空以爲艮者。此則之以成八卦也。然聖人之則《河圖》也，亦因橫圖卦畫之成以發圓圖卦氣之運耳。本《河圖》以爲先天橫圖，則卦畫之成者，老陽居一，分之爲乾、兑；少陰居二，分之爲離、震；少陽居三，分之爲巽、坎；老陰居四，分之爲艮、坤。本《河圖》以爲先天圓圖，則卦氣之運者，老陰居北，少陰居東，所以分而爲艮坤、離震者，此四卦固無以異於橫圖也。少陽居南，宜爲巽、坎，而乃爲乾、兑。老陽居西，宜爲乾、兑，而乃爲巽、坎。此四卦實有異於橫圖矣，其故何哉？蓋《河圖》二象之居于東北者，陰之老少也。陰主靜而守其常，故水木各一其象，不能他有所兼。一、六居北爲水，其於卦也爲艮、坤，不得爲離、震矣。二、八居東爲木，其於卦也爲離、震，不得爲艮、坤矣。陰所以小也，所以居窮冬，相錯而爲冬與春之卦也。《河圖》二象之居于西南者，陽之老少也。陽主動而通其變，故金火互通其象，實能兩有所兼。乾居南方火位，《說卦》曰「乾爲金」。坎居西方金位，而《說卦》曰「坎爲赤」。故四、九居西爲金，其於卦也本爲乾、兑，而亦得爲巽、坎矣。二、七居南爲火，其於卦也本爲巽、坎，而亦得爲乾、兑矣。陽所以爲大也，所以居大夏，相錯而爲夏與秋之卦也。體《河圖》以爲先天圓圖，其卦氣之運分陰分陽有如此者，聖人所以作《易》者，寧不可見也哉？大禹之則《洛書》以作《範》也，未必拘拘於《書》之位次以定疇

❶「布」，通志堂本、薈要本作「在」。

之先後。然自一至九之數，實有以默啓聖人作《範》之心。故自初一之五行，包天地自然之數，餘八法則是大禹參酌天時人事而類之，不必盡叶於火、木、金、土之位也。朱子曰：「《洛書》本文只有四十五點。班固云六十五字，皆《洛書》本文。古字畫少，恐或有模樣，但今無所考。漢儒此説未是，恐只是以義起之，不是數如此。蓋皆以天道人事參互言之。五行最急，故第一；五事又參之，故第二；身既修，可推之於政，故八政次之；政既成，又驗之於天道，故五紀次之；又繼之以皇極居五，蓋能推五行、正五事、用八政、修五紀，乃可以建極也；六三德，乃是權衡此皇極者也；德既修矣，稽疑、庶證繼之者，著其驗也；又繼之以福極，則善惡之效，至是不可加矣。皇極非大中也，皇乃天子，極乃極至，言皇建此極也。」九峰蔡氏曰：「五行不言用，無適而非用也。皇極不言數，非可以數明也。」苟明乎此，則大禹敘疇之旨得矣。

曰：《洛書》而虛其中，則亦太極也。奇偶各居二十，則亦兩儀也。一、二、三、四而含九、八、七、六，縱橫十五而互爲七八、九六，則亦四象也。四方之正以爲乾、坤、離、坎，四隅之偏以爲兑、震、巽、艮，則亦八卦也。《河圖》之一、六爲水，二、七爲火，三、八爲木，四、九爲金，五、十爲土，則固《洪範》之五行，而五十有五者，又九疇之子目也。是則《洛書》固可以爲《易》，而《河圖》亦可以爲《範》矣，且又安知《圖》之不爲《書》，《書》之不爲《圖》也耶？

四方爲乾、坤、離、坎，四隅爲兑、震、巽、艮者，蓋一、六，老陰之數，而畫卦爲艮、坤，艮居六，坤居一也；三、八，少陰之數，而畫卦爲離、震，離居三，震居八也；四、九，老陽之數，而畫卦爲乾、兑，乾居九，兑居四也；二、七，❶少陽之數，而畫卦爲巽、坎，巽居二，坎居七也。此《洛書》亦可以爲八卦也。「九疇子目」者，五行五、五事五、八政八、五紀五、皇極一、三德

❶「二、七」，原作「三、八」，今據京都本、薈要本、慶餘堂本改。

三、稽疑七、庶證十、福極十一，總五十五也。

曰：是其時雖有先後，數雖有多寡，然其爲理則一而已。但《易》乃伏羲之所先得乎《圖》，而初無所待於《書》；《範》則大禹之所獨得乎《書》，而未必追考於《圖》耳。且以《河圖》而虛十，則《洛書》四十有五之數也；虛五，則大衍五十之數也；積五與十，則《洛書》縱橫十五之數也；以五乘十，以十乘五，則又皆大衍之數也。《洛書》之五，又自含五而得十，而通爲大衍之數矣；積五與十，則得十五，而通爲《河圖》之數矣。苟明乎此，則横斜曲直無所不通，而《河圖》、《洛書》又豈有先後彼此之間哉！

「《洛書》之五，又自含五而得十」者，下一點含天一之象，上一點含地二之象，左一點含天三之象，右一點含地四之象，中一點含天五之象。所謂五自含五而得十，通在外四十爲大衍之數；積五與十而得十五者，以其所含之五積之，則合五與十而爲十五，❶通在外四十而爲《河圖》五十五也。

原卦畫第二

古者包羲氏之王天下也，仰則觀象於天，俯則觀法於地，觀鳥獸之文與地之宜，近取諸身，遠取諸物，於是始作八卦，以通神明之德，以類萬物之情。

易有太極，是生兩儀，兩儀生四象，四象生八卦。

《大傳》又言包犧畫卦所取如此，則《易》非獨以《河圖》而作也。蓋盈天地之間，莫非太極、陰陽之妙，聖人於此仰觀俯察，遠求近取，固有以超然而默契於其心矣。故自

❶「爲」，通志堂本、薈要本作「得」。

兩儀之未分也，渾然太極，而兩儀、四象、六十四卦之理已粲然於其中。自太極而分兩儀，則太極固太極也，兩儀固兩儀也。自兩儀而分四象，則兩儀又爲太極，而四象又爲兩儀矣。自是而推之，由四而八，由八而十六，由十六而三十二，由三十二而六十四，以至于百千萬億之無窮。雖其見於摹畫者，若有先後而出於人爲，然其已定之形、已成之勢，則固已具於渾然之中，而不容毫髮思慮作爲於其間也。程子所謂加一倍法者，可謂一言以蔽之；而邵子所謂畫前有易者，又可見其真不妄矣。世儒於此或不之察，往往以爲聖人作《易》，蓋極其心思探索之巧而得之，甚者至謂凡卦之畫必由蓍而後得，其誤益以甚矣。

仰則觀象於天，即所謂仰以觀於天文，日月星辰皆是也。俯則觀法於地，即所謂俯以察於地理，山林川澤皆是也。鳥獸之文，羽毛之屬。地之宜，草木之屬。神明之德，如健順動止之性。萬物之情，如雷風山澤之象也。朱子曰：「畫卦只是一分爲二，節節如此，以至於無窮。蓋以凡一爲極，凡兩爲儀。所謂一者，非專指生兩儀之太極；所謂兩者，非專指太極所生之兩儀。兩儀分爲四象，則兩儀爲一，而四象爲兩矣。四象分爲八卦，則四象爲一，而八卦又爲兩矣。自是推之，以至於不窮，皆此一之分爲兩爾。」○節齋蔡氏曰：「聖人之卦，精可以通神明之德，粗可以類萬物之情。神明之德，不可見者也，故曰『通』。萬物之情，可見者也，故曰『類』。」雲莊劉氏曰：「易畫生於太極，故其理爲天下之至精。易畫原於《圖》、《書》，故其數爲天下之至變。太極，理也，形而上者也，必有所依而後立，故雖不雜乎《圖》、《書》之數，而亦不離乎《圖》、《書》之數，則《圖》、《書》之數以作《易》，而太極之理行乎其中矣。《繫辭》論聖人作《易》之由，又有及於觀、察、求、取，則雖非獨以《圖》、《書》而作，其實因《圖》、《書》之數而後決之耳。太極爲理之原，《圖》、《書》爲數之祖，理之與數本非有二致也，合而觀之斯可矣。」

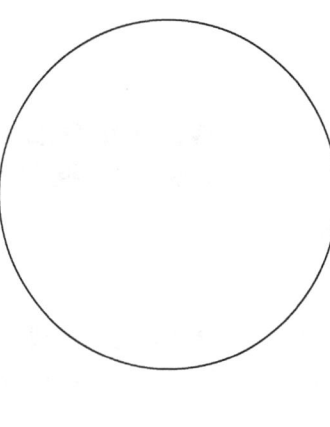

易有太極。

太極者，象數未形而其理已具之稱，形器已具而其理無眹之目，在《河圖》、《洛書》皆虛中之象也。周子曰「無極而太極」，邵子曰「道爲太極」，又曰「心爲太極」，此之謂也。

畫前之易，一太極耳。橫圖所該儀、象、卦以至六十四者，皆自此而生也。「象數未形」者，言《圖》、《書》未出，卦畫未立。「而其理已具」者，言所以爲是兩儀、四象、八卦之理已渾然備具，所謂不雜乎陰陽之太極也。「形器已具」者，言《圖》、《書》既出，卦畫既立。「而其理無眹」者，言雖有是儀、象、卦之畫，而其所以然之理，又初無聲臭之可求，所謂不離乎陰陽之太極也。《圖》、《書》虛中見前篇。

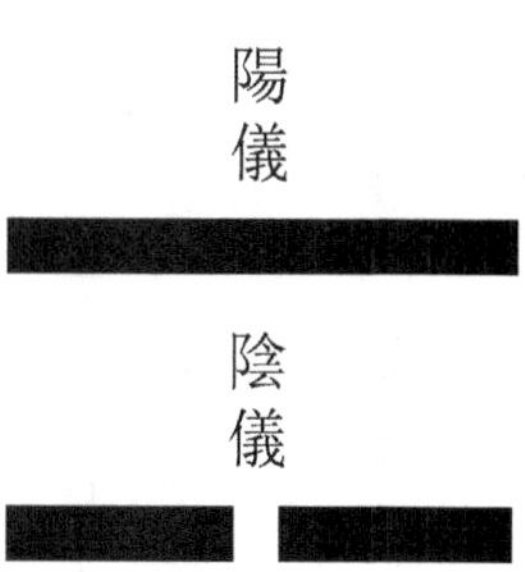

是生兩儀。

太極之判，始生一奇一偶，而爲一畫者二，是爲兩儀。其數則陽一而陰二。在《河圖》、《洛書》，則奇偶是也。周子所謂「太極動而生陽，動極而靜，靜而生陰，靜極復動，一動一靜，互爲其根，分陰分陽，兩儀立焉」，邵子所謂「一分爲二」者，皆謂此也。

朱子《答程可久》曰：「如所論兩儀有曰『乾之畫奇，❶坤之畫偶』，只此『乾坤』字便未穩當。蓋儀，匹也，如俗語所謂『一雙』、『一對』云耳。自此再變，至第三畫，八卦已成，方有乾、坤之名。當其爲一畫之時，方有一奇一偶，只可謂之陰陽，未得謂之乾坤也。」

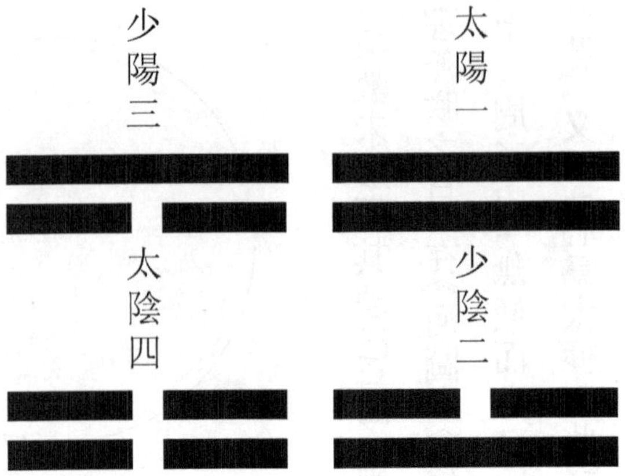

兩儀生四象。

兩儀之上各生一奇一偶，而爲二畫者四，是謂四象。其位則太陽一，少陰二，少陽三，太陰四。其數則太陽九，少陰八，少陽七，太陰六。以《河圖》言之，則六者，一而得於五者也；七者，二而得於五者也；八者，三而得於五者也；九者，四而得於五者也。以《洛書》言之，則九者，十分一之餘也；八者，十分二之餘也；七者，十分三之餘也；六者，十分四之餘也。周子所謂「水火木金」，邵子所謂「二分爲四」者，皆謂此也。

兩儀生四象者，陽儀上生一畫陽⚌，❷謂之太陽一象，又生一畫陰⚍，謂之少陰一象；陰儀上生一畫陽⚎，謂之少陽一象，又生一畫陰⚏，❸謂之太陰一象。朱子曰：

❶「論」，原作「倫」，今據京都本、慶餘堂本及《晦庵集》卷三十八改。

❷「上」，原作「止」，今據京都本、通志堂本、薈要本、慶餘堂本改。

❸「生」，原作「三」，今據京都本、通志堂本、薈要本、慶餘堂本改。

「一陰一陽有各生一陰一陽之象。」或問其義。曰：「一物上自各有陰陽，如人之男女，陰陽已具，逐人身上，又各有這血是陰，氣是陽。如晝夜之間，晝爲陽，夜爲陰，而晝自午後又爲陰，夜自子後又屬陽，此便是陰陽有各生陰陽之象。」陰陽各生陰陽，則是四象也，其此之謂矣。四象既立，太陽居一含九，少陰居二含八，少陽居三含七，太陰居四含六。朱子曰：「因一、二、三、四，便見九、八、七、六最妙。蓋數不過十，無如此恰好，這皆是造化自然，都遏他不住。」惟此義，先儒未曾發。《圖》、《書》六、七、八、九之象見前篇。太極圖以水陰盛爲太陰，火陽盛爲太陽，木陽穉爲少陽，金陰穉爲少陰，其分太、少、陰、陽，雖與此不盡合，姑借其説以明水、火、木、金爲四象耳。○朱子答或問云：「所謂兩儀爲乾、坤初爻，四象爲乾、坤初二相錯而成，則恐立言有未瑩者。蓋方其爲兩儀，則未有四象也；方其爲四象，則未有八卦也。安得先有乾、坤之名，初、二之辨哉？兩儀只可謂之陰陽，四象方有太、少之别，其序以太陽、少陰、少陽、太陰爲次，此序既定，遞升而倍之，適得乾一、兑二、離三、震四、巽五、坎六、艮七、坤八之序也。」

乾一☰　兑二☱　離三☲　震四☳

巽五☴　坎六☵　艮七☶　坤八☷

四象生八卦。

四象之上各生一奇一偶，而爲三畫者八，於是三才略具，而有八卦之名矣。其位則乾一，兑二，離三，震四，巽五，坎六，艮七，坤八。在《河圖》，則乾、坤、離、坎分居四實，兑、震、巽、艮分居四虚。在《洛書》，則乾、坤、離、坎分居四方，兑、震、巽、艮分居四隅。《周禮》所謂「三易經卦皆八」，《大傳》所謂「八卦成列」，邵子所謂「四分爲八」者，皆指此而言也。

朱子曰：「四象生八卦者，太陽之上生一陽則爲☰，而名乾，生一陰則爲☱，而名兑；少陰之上生一陽則爲☲，而名離，生一陰則爲☳，而名震；少陽之上生一陽則爲☴，而名巽，生一陰則爲☵，而名坎；太陰之上生一陽則爲☶，而名艮，生一陰則爲☷，而名坤。」所謂乾一，兑二，離三，震四，巽五，坎六，艮七，坤八者，蓋謂此也。《圖》、《書》分八卦，詳見前篇。《周禮》：「太卜掌三易之法，夏曰《連山》，商曰《歸藏》，周曰《周易》，其經卦皆八也。」〇又按朱子曰：「太陰、太陽交而生艮、兑，少陰、少陽交而生震、巽，坎、離不交各得本畫，坎、離之交在第二畫，兩儀生四象時交了。老陽過去交陰，老陰過來交陽，便是兑、艮上第三畫。少陰、少陽交，便是震、巽上第三畫。所以知其如此者，他這位次相挨傍。」蓋以太陽過去交太陰，❶則生艮上爻之陽；太陰過來交太陽，則生兑上爻之陰。乾、坤不言交而生者，以上爻陽生於太陽，陰生於太陰，於交之義無取也。少陰交少陽，則生震上爻之陰；少陽交少陰，則生巽上爻之陽。坎、離不交各得本畫者，離之上得陽儀之陽，坎之上得陰儀之陰，亦非交而生也。坎、離之交在第二畫生四象時，交者，陽儀交陰儀而生坎中爻之陽，陰儀交陽儀而生離中爻之陰也。此所以四象生八卦。獨兑、艮、震、巽交，而乾、坤、坎、離不交也。「位次相挨傍」者，兑、乾、艮、坤、震、巽六卦位次皆相挨也。又盤澗先生曰：「自兩儀生四象，則太陽、太陰不動，而少陰、少陽則交；自四象生八卦，則乾、坤、震、巽不動，而兑、離、坎、艮則交。蓋二老不動者，陽儀還生陽之象，陰儀還生陰之象。二少則交者，陽儀乃生陰之象，陰儀乃生陽之象也。乾、坤、震、巽不動者，陽象還生陽爻，陰象還生陰爻。兑、離、艮、坎則交者，陽象乃生陰爻，陰象乃成陽爻也。」此與朱子前説不同，參互求之，其義益備。要之，此皆就四象八卦已成者推其相交之妙。若論其初畫時一齊俱定，本非有俟於交而生也。

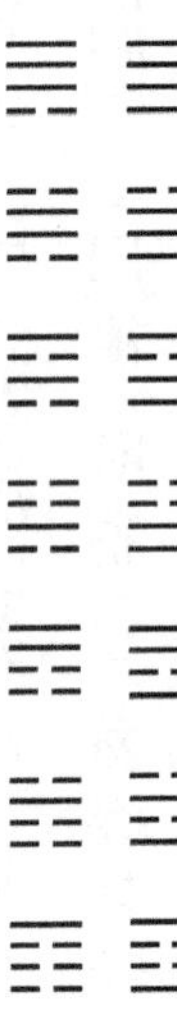

八卦之上各生一奇一偶，而爲四畫者十六，於經無見。邵子所謂「八分爲十六」者是也。又爲兩儀之上各加八卦，又爲八卦之上各加兩儀也。

「兩儀之上各加八卦」者，以八陽八陰爲兩儀，是第一畫爲兩儀也。兩儀之上各有八卦，陽儀八卦，陰儀八卦，二八一十有六，是爲上三畫，皆八卦也。「八卦之上各加兩

❶「去」，通志堂本、薈要本作「來」。

儀」者，乾、兑、離、震、巽、坎、艮、坤，各二卦。每二卦之上，各有一奇一偶爲兩儀，是自第三畫爲八卦。八卦之上各有兩儀，亦自八分爲十六，第四畫皆兩儀也。

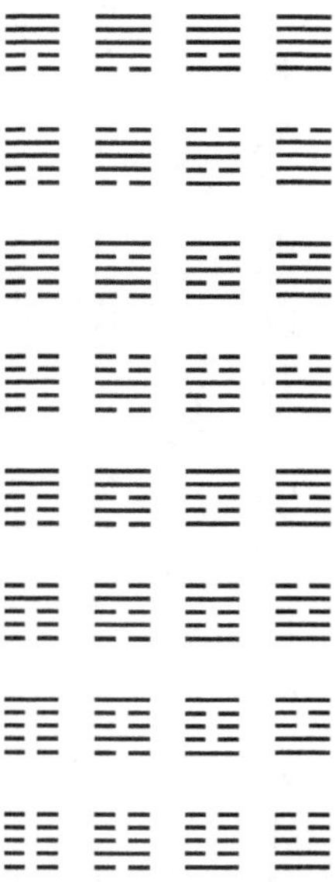

四畫之上各生一奇一偶，而爲五畫者三十二。邵子所謂「十六分爲三十二」者是也。又爲四象之上各加八卦，又爲八卦之上各加四象也。

「四象之上各加八卦」者，第一畫十六陽、十六陰，爲兩儀。第二畫各八陽、八陰，爲四象。四象之上各有八卦，上三畫皆八卦也。「八卦之上各加四象」者，下三畫乾、兑、離、震、巽、坎、艮、坤，各四卦，上各有兩奇兩偶爲兩儀，第四畫也。每兩儀之上各有一奇一偶爲四象，第五畫也。

乾	夬	大有	大壯	小畜	需	大畜	泰
履	兌	睽	歸妹	中孚	節	損	臨
同人	革	離	豐	家人	既濟	賁	明夷
无妄	隨	噬嗑	震	益	屯	頤	復
姤	大過	鼎	恆	巽	井	蠱	升
訟	困	未濟	解	渙	坎	蒙	師
遯	咸	旅	小過	漸	蹇	艮	謙
否	萃	晉	豫	觀	比	剝	坤

五畫之上各生一奇一偶，而爲六畫者六十四，則兼三才而兩之，而八卦之乘八卦亦周。於是六十四卦之名立，而易道大成矣。《周禮》所謂「三易之别皆六十有四」，《大傳》所謂「因而重之，爻在其中矣」，邵子所謂「三十二分爲六十四」者是也。若於其上各卦又各生一奇一偶，則爲七畫者

百二十八矣；七畫之上又各生一奇一偶，則爲八畫者二百五十六矣；八畫之上又各生一奇一偶，則爲九畫者五百十二矣；九畫之上又各生一奇一偶，則爲十畫者千二十四矣；十畫之上又各生一奇一偶，則爲十一畫者二千四十八矣；十一畫之上又各生一奇一偶，則爲十二畫者四千九十六矣，此焦貢《易林》變卦之數，蓋以六十四乘六十四也。今不復爲圖於此，而略見第四篇中。若自十二畫上又各生一奇一偶，累至二十四畫，則成千六百七十七萬七千二百一十六變。以四千九十六自相乘，其數亦與此合。引而伸之，蓋未知其所終極也。雖未見其用處，然亦足以見易道之無窮矣。

朱子《答袁機仲》曰：「第六畫者，八卦之八卦也。」又曰：「聖人當初亦不恁地思量，只是畫一箇陽，一箇陰，只管恁地去。自一而二，二而四，四而八，八而十六，十六而三十二，三十二而六十四。既成箇物事，自然如此齊整。皆是天地本然之妙元如此，但略假聖人手畫出來。」至哉言矣！❶

伏羲八卦圖

❶「至哉言矣」，通志堂本、薈要本作「至誠言也」。

伏羲六十四卦圖

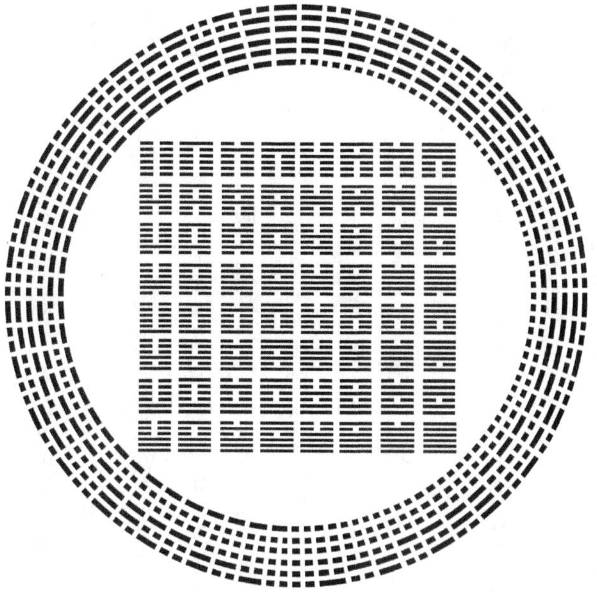

天地定位，山澤通氣，雷風相薄，水火不相射。八卦相錯，數往者順，知來者逆。是故《易》，逆數也。

雷以動之，風以散之，雨以潤之，日以烜之，艮以止之，兑以説之，乾以君之，坤以藏之。

邵子曰：「此一節明伏羲八卦也。八卦相錯者，明交相錯而成六十四也。數往者順，若順天而行，是左旋也。皆已生之卦也，故云數往也。知來者逆，若逆天而行，是右行也。皆未生之卦也，故云知來也。夫《易》之數由逆而成矣。此一節直解圖意，若逆知四時之謂也。」以横圖觀之，有乾一而後有兑二，有兑二而後有離三，有離三而後有震四，有震四而巽五、坎六、艮七、坤八亦以次而生焉。此《易》之所以成也。而圓圖之左方，自震之初爲冬至，離、兑之中爲春分，以至於乾之末而交夏至焉，皆進而得其已生之卦，猶自今日而追數昨日也，故曰「數往者順」。其右方，自巽之初爲夏至，坎、艮之中爲秋分，以至於坤之末而交冬至焉，皆進而得其未生之卦，猶自今日而逆計來日也，故曰「知來者逆」。然本《易》之所以成，則其先後始終如横圖及圓圖右方之序而已，故曰「《易》，逆數也」。

邵子曰：「《易》之數由逆而成，若逆知四時之謂也。」此論横圖之序自乾至坤，皆未生之卦也。所謂未生者，自其卦之未畫者推之。蓋太陽未交以前，乾未生也。自其上生一奇則爲乾，而兑猶未生也。然其生之勢不容已，不必太陽上生一偶方知其爲兑，已可即乾而逆推兑於未生之前，知其必爲兑矣。少陰未交以前，離猶未生也。自其上生一奇則爲離，而震猶未生也。然其生之勢亦不容已，不必少陰上生一偶方知其爲震，已可即離而逆推震於未生之前，知其必爲震矣。自巽五至坤八，其所推者亦然。如自春而推夏，知春之後必爲夏；自夏而推秋，知夏之後必爲秋；自秋而推冬，知秋之後必爲冬，所謂「若逆知四時之謂」者此也。❶邵子據經文解釋，則先圓圖而後及於横圖。朱子釋邵子之説，則先自横圖而論者，誠以横圖可以見卦畫之立，圓圖可以見卦氣之行。所謂圓圖者，其實即横圖規而圓之耳。朱子嘗答葉永卿曰：「先天圖須先將六十四卦畫作一横圖，則震、巽、復、姤正在中間。先自震、復，而却行以至於乾，乃自巽、姤而順行以至於坤，便成圓圖。而春、夏、秋、冬、晦、朔、弦、望、晝、夜、昏、旦，皆有次第，此作圖之大旨也。」數往知來之説，大抵以卦畫之已生者爲往，未生者爲來，亦當先以横圖觀之，而後其義可見。横圖之前一截列於圓圖之左方者，乾一、兑二、離三、震四，而運行之序則始於震。既有震矣，則乾、兑、離之已生者可見。由是自震之初爲冬至，離、兑之中爲春分，以至乾之末而交夏至焉，是皆進而得其已生之卦也。天道左旋，此四卦旋於方之左，若順天而行所以數之者，豈不如今日追數昨日之順而易乎？横圖之後一截列於圓圖之右方者，巽五、坎六、艮七、坤八，而運行之序則始於巽。方其有巽，則坎、艮、坤之未生亦可見。由是自巽之初爲夏至，坎、艮之中爲秋分，以至坤之末而交冬至焉，是皆進而得其未生之卦也。天道非右行，此四卦行於方之右。若逆天而行所以知之者，豈不如今日逆計來日之難乎？要之，數往知來之説，以陰陽

❶「此」，通志堂本、薈要本無此字。

之節候次第觀之，皆自微而至著；以人之推測言之，亦因微而識著。何則？震、巽本同居横圖之中，今以横圖中分而成圓圖，則震乃居圓圖之北，爲陽之始，巽乃居圓圖之南，爲陰之始，各相對望，而不復同處其中，此陰陽之逆順自復、姤而始，其勢已於微而判矣。況曰「數」曰「知」，皆是就人而言，亦皆是各據震巽地頭而論，❶以此求之，則往來逆順之旨居然可見矣。若論其初，則《易》畫之所以成其先後始終，不過如横圖之始乾終坤，及圓圖右方自巽至坤之序而已，是皆以逆而成也。故曰「此一節直解圖意，若逆知四時之謂也」。○嘗因邵子半之説推之，以卦分配節候，復爲冬至子之半，頤、屯、益爲小寒丑之初，震、噬嗑、隨爲大寒丑之半，无妄、明夷爲立春寅之初，賁、既濟、家人爲雨水寅之半，豐、離、革爲驚蟄卯之初，同人、臨爲春分卯之半，損、節、中孚爲清明辰之初，歸妹、睽、兑爲谷雨辰之半，履、泰爲立夏巳之初，大畜、需、小畜爲小滿巳之半，大壯、大有、夬爲芒種午之初，至乾之末交夏至午之半焉。此三十二卦皆進而得。夫震、離、兑、乾，已生之卦也。姤爲夏至午之半，❷大過、鼎、恒爲小暑未之初，巽、井、蠱爲大暑未之半，升、訟爲立秋申之初，困、未濟、解爲處暑申之半，涣、坎、蒙爲白露酉之初，師、遯爲秋分酉之半，咸、旅、小過爲寒露戌之初，漸、蹇、艮爲霜降戌之半，❸謙、否爲立冬亥之初，萃、晉、豫爲小雪亥之半，觀、比、剥爲大雪子之初，至坤之末交冬至子之半焉。此三十二卦皆進而得。夫巽、坎、艮、坤，未生之卦也。二分二至四立，總爲八節。每節各計兩卦，如坤、復爲冬至，无妄、明夷爲立春，同人、臨爲春分之類是也。如十六氣，每氣各計三卦，如頤、屯、益爲小寒，至觀、比、剥爲大雪之類是也。八節計十六卦，十六氣計四十八卦，合之爲六十四卦，此以卦配氣者然也。○又按周謨問：「先天卦氣相接，皆是左旋。蓋乾接以巽初姤卦，便是一陰生；坤接以震初復卦，❹便是一陽生。自復卦一陽生十一月，盡震四、離三，一十六卦，然後得臨卦十二月；又盡兑二，凡八卦，然後得泰卦正月；又隔四

❶「據」，通志堂本、薈要本作「處」。

❷「夏至」，原作「春分」，今據通志堂本、薈要本、慶餘堂本改。

❸「漸蹇」，原作「蹇漸」，今據薈要本、慶餘堂本改。

❹「震」，原作「巽」，今據薈要本、慶餘堂本改。

卦得大壯二月；又隔大有一卦得夬三月；夬接乾，乾接姤，自姤卦一陰生五月，盡巽五、坎六，一十六卦，然後得遯卦六月；又盡艮七，凡八卦，然後得否卦七月；又隔四卦得觀八月；又隔比一卦得剥九月；剥接坤十月，坤接復，周而復始，循環無端。卦氣左旋，而一歲十二月之卦皆得其序。但陰陽初生，各歷十六卦而後一月，又歷八卦再得一月。至陰陽將極處，只歷四卦爲一月，又歷一卦，遂一併三卦相接。其初如此之疎，其末如此之密，此陰陽盈縮當然之理歟？然此圖於復卦之下書曰『冬至子中』，於姤卦之下書曰『夏至午中』，此固無可疑者。獨於臨卦之下書曰『春分卯中』，則臨卦本爲十二月之卦，而春分合在泰卦之下；於遯卦之下書曰『秋分酉中』，則遯卦本爲六月之卦，而秋分合在否卦之下。是固有不可曉者。」朱子答曰：「伏羲易自是伏羲説話，文王易自是文王説話，固不可交互求合。所看先天卦氣盈縮極子細，某亦嘗如此理會來，而未得其説。陰陽初生，其氣中固緩，然不應如此之疎，其後又却如此之密。大抵此圖布置皆出乎自然，不應無説，當更思之。」愚謂前説以復爲冬至子半推之，凡二十四氣在諸卦皆各有所屬，此朱子所謂伏羲説話也。周謨所問十二月卦氣不同，朱子所謂自是文王説話，不可交互求合也。又嘗曰「先天圖八卦各自爲一節，不論月氣先後」，斯言盡之矣，尚何疑之有？但朱子謂卦氣盈縮不應無説。愚嘗反覆思之，竊謂先即内八卦以推十二月之卦，❶獨坎、離各八卦無預於月分者。坎第三畫陰在陽上，離第三畫陽在陰上，非陰陽之以次而生者，故不可當月分。若夫震、巽，陰陽之初生者也，一陽一陰在下，故各八卦當十一月與五月。艮、兑，陰陽之浸長者也，二陽二陰在下，故各八卦當十二月與六月。乾、坤，陰陽之極盛者也，三陽三陰之全，故乾八卦當正月至四月，坤八卦當七月至十月。陰陽之初生者宜緩矣，又以坎、離間之，故不期疎而愈疎。其浸長者宜稍速矣，又踰於坎、離之間，故視震、巽爲稍密。至於三陽之乾，陽氣方出地上，温厚之氣浸浸用事，故四陽盛之月皆聚於乾。三陰之坤，陰氣方入秋初，嚴凝之氣浸浸用事，故四陰盛之月皆聚於坤，雖欲其疎亦不可得也。此或可以見卦氣盈縮之由矣。

又曰：「太極既分，兩儀立矣。陽上交於

❶「推」，通志堂本、薈要本作「應」。

陰，陰下交於陽，而四象生矣。陽交於陰，陰交於陽，而生天之四象；剛交於柔，柔交於剛，而生地之四象。八卦相錯，而後萬物生焉。是故一分爲二，二分爲四，四分爲八，八分爲十六，十六分爲三十二，三十二分爲六十四，猶根之有幹，幹之有枝，愈大則愈小，愈細則愈繁。

此一節申明八卦相錯而爲六十四卦，有此圓圖也。邵子《經世演易圖》以一動一静之間爲太極，以動、静分兩儀，以陽、陰、剛、柔分四象。以太陽、太陰、少陽、少陰分乾、兑、離、震，爲天四象；以少剛、少柔、太剛、太柔分巽、坎、艮、坤，爲地四象，所謂八卦也。動而陽，静而陰，太極生兩儀也。一奇爲陽儀，居圖左方；一偶爲陰儀，居圖右方。左爲下，故自下而上交於陰，而生陰陽二象；右爲上，故自上而下交於陽，而生剛柔二象，兩儀生四象也。陰交於陽而生乾一爲太陽，兑二爲太陰；陽交於陰而生離三爲少陽，震四爲少陰。此四卦者，皆自陽儀中來，故爲天之四象。柔交於剛而生巽五爲少剛，坎六爲少柔；剛交於柔而生艮七爲太剛，坤八爲太柔。此四卦者，皆自陰儀中來，故爲地之四象。四象生八卦也。八卦相錯而後萬物生焉。一卦之上各加八卦以相間錯，則六十四卦成矣。朱子曰：「陰陽是陽中之陰陽，剛柔是陰中之剛柔。剛柔以質言，是有箇物了，見得剛底、柔底。陰陽以氣言。」○朱子又釋此以答袁機仲曰：「此下四節通論伏羲六十四卦圓圖。『太極既分，兩儀立矣』，此一節以第一爻而言，左一奇爲陽，右一偶爲陰，所謂兩儀者也。今此一奇爲左三十二卦之初爻，一偶爲右三十二卦之初爻，乃以累變而分，非本即有此六十四段也。後放此。『陽上交於陰，陰下交於陽，而四象生矣』，此一節以第一爻生第二爻而言也。陽下之半上交於陰上之半，則生陰中第二爻之一奇一偶，而爲少陽、太陰矣。陰上之半下交於陽下之半，則生陽中第二爻之一奇一偶，而爲太陽、少陰矣。所謂兩儀生四象也。太陽一奇，今分爲左上十六卦之第二爻；少陰一偶，今分爲左下十六卦之第二爻。少陽、太陰，其分放此。而初爻之二，亦分爲四矣。『陽交於陰，陰交於陽，而生天之四象；剛交於柔，柔交於剛，而生地之四象』，此一節以第二爻生第三爻言也。陽謂太陽，陰謂太陰，剛謂少陽，柔謂少陰。太陽之下半交於太陰之上半，則生太陰中第三爻之一奇一偶，而爲艮爲坤矣。太陰之上半交於太陽之下半，則生太陽中第三爻之一奇一偶，而爲乾爲兑矣。少陽之上半交於少陰之下半，則生少陰中第三爻之一奇一偶，而爲離爲震矣。少陰之下半交於少陽之上半，則生少陽中第三爻之一奇一偶，而爲巽爲坎矣。此所謂四象生八卦也。乾一奇，今分爲八卦之第三爻；坤一偶，今分爲八卦之第三爻，餘皆放此。而初爻、二爻之四，今又分爲八矣。乾、兑、艮、坤生於二太，故爲天之四象；離、震、巽、坎生於二少，故爲地之四象。『八卦相錯，而後萬物生焉』，一卦之上各加八卦以相間錯，則六十四卦成矣。然第三爻之相交，則生第四爻之一奇一偶，於是一奇一偶各爲四卦之第四爻，而下三爻亦分爲十六矣。第四爻又相交，則生第五爻之一奇一偶，於是一奇一偶各爲二卦之第五爻，而下四爻亦分爲三十二矣。第五爻又相交，則生第六爻之一奇一偶，於是一奇一偶各爲二卦之第六爻，而下五爻亦分爲六十四矣。蓋八卦相乘爲六十四，而自三畫以上，三加一倍，以至六畫，則三畫者亦加一倍，而卦體横分亦爲六十四矣。二數殊塗，不約而會，如合符節，不差毫釐，正是《易》之妙處。」又曰：「此段雖通論圓圖，❶實先以横圖自兩儀至六十四者明之，所謂二數者，指横圖所生。與圓圖所分而言，二數相參，皆不約而合也。」嘗合邵子、朱子之説考之。邵子以太陽爲陽，少陰爲陰，少陽爲剛，太陰爲柔，此四象也。朱子釋之乃曰「陽爲太陽，陰爲太陰，剛爲少陽，柔爲少陰」，其言陽與剛同，而言陰與柔異，何也？邵子以太陽爲乾，太陰爲兑，少陽爲離，少陰爲震，四卦天四象；少剛爲巽，少柔爲坎，太剛爲艮，太柔爲坤，四卦地四象。天地各四象，此八卦也。朱子釋之乃曰「乾、兑、艮、坤生於二太，故爲天四象；離、震、巽、坎生於二少，故爲地四象」，其言乾、兑、巽、坎同，而言離、震、艮、坤異，何也？蓋四象、八卦之位，邵子以「陰陽剛柔」四字分之，朱子唯以「陰陽」二字明之。其論四象既殊，則論八卦亦異。邵子以乾、兑、離、震爲天四象者，以此四卦自陽儀中來；以巽、坎、艮、坤爲地四象者，以此四卦自陰儀中來。朱子則以乾、兑、艮、坤生於太陽、太陰，故屬其象於天；離、震、巽、坎生於少陰、少陽，故屬其象

❶「圓」，原作「園」，今據通志堂本、薈要本，慶餘堂本改。

於地。二者各有不同也。但詳玩邵子本意，謂陰陽相交者，指陽儀中之陰陽；剛柔相交者，指陰儀中之剛柔。是以老交少，少交老，而生天地四象，其機混然而無間。朱子易陽爲太陽，陰爲太陰，剛爲少陽，柔爲少陰，二太相交而生天四象，二少相交而生地四象，其分粲然而有别。朱子之説雖非邵子本意，然因是可以知圖之分陰分陽者，以交易而成象之或老或少，初不易其分也。朱子嘗言文王後天八卦，震東、兑西爲長少相合於正方，巽東南、艮東北爲長少相合於偏方，以長少之合爲非其偶；必若伏羲先天八卦，震以長男而合陰長之巽爲雷風不相悖，艮以少男而合陰少之兑爲山澤通氣，以長合長、少合少爲得其偶。又言「無伏羲底，做文王底不成」，其歸却在伏羲上。今邵子説四象之交，即文王之説也。朱子説四象之交，❶即伏羲之説也。觀朱子説，實廣邵子未盡之意。而觀邵子説者，亦庶乎有折衷矣。下文朱子復舉邵子説曰「震、兑在天之陰，巽、艮在地之陽」，則於彼處只據邵説，而不以己意混之者，又可見也。

是故乾以分之，坤以翕之，震以長之，巽以消之。長則分，分則消，消則翕也。乾、坤，定位也。震、巽，一交也。兑、離、坎、艮，再交也。故震陽少而陰尚多也，巽陰少而陽尚多也，兑、離陽浸多也，坎、艮陰浸多也。」

震者，長之始，雷以動之也。歷離、兑而乾，則長之極，而爲陰陽之分限矣，乾以君之也。巽者，消之始，風以散之也。歷坎、艮而坤，則消之極，而爲純陰之翕聚矣，坤以藏之也。此所以長則分，分則消，消則翕，翕則復爲長，而循環無端也。乾，至陽也，居上而臨下，故曰君。以震、離、兑之陽得乾而有所君宰。坤，至陰也，居下而括終，故曰藏。以巽、坎、艮之陰得坤而有所歸宿。然謂「乾以分之」，則動而陽者，乾也，静而陰者，亦乾也。乾實分陰陽，而無不君宰也。朱子嘗言天地之間本一氣之流行，而有動静耳。以其流行之體統而言，❷則但謂之乾而無所不包。以動静分之，然後有陰陽剛柔之别，

❶「交」，通志堂本、薈要本作「變」。
❷「體統」，通志堂本、薈要本、慶餘堂本作「統體」。

正此意也。夫如是，則諸卦皆乾之所君宰。聖人特以君言之，造化貴陽之大義，聖人扶陽之至意昭昭矣。乾、坤以陰陽之純定上下之位。震一交，兑、離再交，由一陽之交以至二陽之交也。巽一交，坎、艮再交，由一陰之交以至二陰之交也。故初交爲震，則陽尚少，再交爲離、兑，則陽浸多矣。初交爲巽，則陰尚少，再交爲坎、艮，則陰浸多矣。

○又曰：「無極之前，陰含陽也；有象之後，陽分陰也。陰爲陽之母，陽爲陰之父，故母孕長男而爲復，父生長女而爲姤，是以陽起於復，而陰起於姤也。」

或問：「無極如何説前？」朱子曰：「邵子就圖上説循環之意。自姤至坤是陰含陽，自復至乾是陽分陰。坤、復之間乃無極。自坤反姤，乃無極之前。」朱子言就圖上説循環之意者，蓋以右一邊屬陰，而陰中有陽，故自一陰之姤至六陰之坤，皆是以陰而含陽，陰主翕，其翕聚者，所以含蓄此陽也；左一邊屬陽，而陽中有陰，故自一陽之復至六陽之乾，皆是以陽而分陰，陽主闢，其發散者，所以分布此陰也。坤、復之間乃爲無極，蓋以一動一静之間，一無聲無臭之理而已。自坤而反觀，則推之於前，以至於姤，故爲「無極之前」。自復而順數，則引之於後，以至於乾，故爲「有象之後」。自四卦之循環，蓋未見其終窮也。「陰爲陽之母」，謂坤爲復之母，故生復也。「陽爲陰之父」，謂乾爲姤之父，故生姤也。圖分陰陽，復、姤爲陰陽之起處，故曰「乾、坤爲大父母，復、姤爲小父母」也。○進齋徐氏曰：「『無極之前，陰含陽也』，言自巽消而至坤，翕静之妙也。『有象之後，陽分陰也』，言自震長而至乾，分動之妙也。陰含陽，故曰『母孕』；陽分陰，故曰『父生』。朱子曰『坤、復之間乃無極』，其論密矣。又詩曰：『忽然夜半一聲雷，萬户千門次第開。若識無中含有象，許君親見伏羲來。』『無中含有象』，即坤、復之間無極而太極也。」

○又曰：「震始交陰而陽生，巽始消陽而陰生。兑，陽長也。艮，陰長也。震、兑，在天之陰也。巽、艮，在地之陽也。故震、兑上陰而下陽，巽、艮上陽而下陰。天以始生言之，故陰上而陽下，交泰之義也。地以既成言之，故陽上而陰下，尊卑之位也。乾、坤定上下之位，坎、離列左右之門，天地之所闔闢，日月之所出入。春夏秋冬，晦朔弦望，晝夜長短，行度盈縮，莫不由乎此矣。」

此一節先論震、巽、艮、兑四維之卦，而後及於乾、坤、坎、離四正之位。「震始交陰而陽生」，以震接坤言也，至兑二陽，則爲陽之長。「巽始消陽而陰生」，以巽接乾言也，至艮二陰，則爲陰之長。「震、兑在天之陰」者，邵子以震爲天之少陰，兑爲天之太陰，推其爲陰，故陰爻皆在上，而陽爻皆在下。天以生物爲主，始生之初，非交泰不能，故陰上陽下，而取交泰之義。「巽、艮在地之陽」者，邵子以巽爲地之少剛，艮爲地之太剛，推其爲剛，故陽爻皆在上，而陰爻皆在下。地以成物爲主，既成之後則尊卑定，故陰下陽上而取尊卑之位。「乾、坤定上下之位」，天地之所闔闢也，「坎、離列左右之門」，日月之所出入也。歲而春夏秋冬，月而晦朔弦望，日而晝夜行度，莫不胥此焉出，豈拘拘爻畫陰陽之間哉？○進齋徐氏曰：「一氣循環，自復至乾，爲陽生物之始也。故震、兑陰上而陽下，爲交泰之義。蓋主動而言，太極之用所以行。自姤至坤，爲陰成物之終也。故巽、艮陽上而陰下，爲尊卑之位。蓋主静而言，太極之體所以立也。」思齋翁氏曰：「卯爲日門，太陽所生；酉爲月門，太陰所生。不但日月出入於此，大而天地之開物，雖始於寅，至卯而門彌闢；閉物雖始於戌，至酉而門已闔。一歲而春夏秋冬，一月而晦朔弦望，一日而晝夜行度，莫不由乎左右之門，所以極贊坎、離功用之大也。」

○又曰：「乾四十八而四分之，一分爲陰所尅也。坤四十八而四分之，一分爲所尅之陽也。故乾得三十六，而坤得十二也。」兑、離以下更思之。○今按：兑、離二十八陽，二十陰。震二十陽，二十八陰。艮、坎二十八陰，二十陽。巽二十陰，二十八陽。

「乾四十八」者，内卦爲乾，自乾至泰，八卦陰陽爻共四十八畫也。「四分之」者，以四十八分爲四分，每分計十二畫也。乾至泰計三十六畫陽十二畫陰，是陽占四分之三，内一分爲陰所克也。「坤四十八」者，内卦爲坤，自否至坤，八卦陰陽爻共四十八畫也。「四分之」者，以四十八分爲四分，每分計十二畫也。否至坤計三十六畫陰十二畫陽，是陰占四分之三，内一分爲所克之陽也。故乾得三十六陽而坤得十二陽者，蓋乾固以陽爲主，而坤亦以陽爲主也。可見天道貴陽賤陰，聖人扶陽抑陰之義，邵子得之耳。程子論復之陽長而曰「陰亦然」。聖人不言者，正與此合。兑八卦自履至臨，離八卦自同人至明夷，各計二十八陽，共五十六陽，各計二十陰，共四十陰，則其四十者爲陰所克也。震八卦自无妄至復，計二十陽二十八陰，則二十八爲陰所克也。艮八卦自遯至謙，坎八卦自訟至師，各計二十八陰，共五十六陰，各計二十陽，共四十陽，則其四十者爲所克之陽也。巽八卦自姤至升，計二十陰二十八陽，則二十八者爲所克之陽也。是兑、離、震得七十六陽，巽、坎、艮得四十八陽也。

○又曰：「乾、坤縱而六子横，易之本也。」

圓圖南北爲縱，東西、東南、西北、西南、東北爲横，八卦對待以立其體，易之本也。

○又曰：「陽在陰中，陽逆行；陰在陽中，陰逆行。陽在陽中，陰在陰中，則皆順行。此真至之理，按圖可見之矣。」

朱子曰：「圓圖左屬陽，右屬陰。坤無陽，艮、坎一陽，巽二陽，爲陽在陰中逆行。乾無陰，兑、離一陰，震二陰，爲陰在陽中逆行。震一陽，離、兑二陽，乾三陽，爲陽在陽中順行。巽一陰，坎、艮二陰，坤三陰，爲陰在陰中順行。此皆以内八卦三畫陰陽言也。若以外八卦推之，陰陽逆順行亦然。右方外卦四節，皆首乾終坤。四坤無陽，自四艮各一陽逆行而至於乾之三陽，其陽皆自下而上，亦陽在陰中，陽逆行也。左方外卦四節，亦首乾終坤。四乾無陰，自四兑各一陰逆行，而至於坤之三陰，其陰皆自上而下，亦陰在陽中，陰逆行也。左方外卦四坤無陽，自四艮各一陽順行，而至於乾之三陽，其陽皆自下而上，亦陽在陽中，陽順行也。右方外卦四乾無陰，自四兑各一陰順行，而至於坤之三陰，皆自上而下，亦陰在陰中，陰順行也。以逆順之説推之，陰陽各居本方，則陽自下而上，陰自上而下，皆爲順。若陰陽互居其方，則陽自上而下，陰自下而上，皆爲逆。此自然之勢，固自有真至之理也。」○思齋翁氏曰：「先天圓圖左陽右陰。左三十二卦，陽始於復之初九，歷十六變而二陽臨，又八變而三陽泰，又三變而四陽大壯，又一變而五陽夬，而乾以君之。陽之進也，始緩而終速，其進也以漸。所謂『陽在陽中』，順也。陽主升，自下而升，亦順也。復至无妄二十陽，明夷至同人二十八陽，臨至履亦二十八陽，乾至泰三十六陽。二十者，陽之微；二十八，❶陽之著；三十六，陽之盛。陽在北則微，在東則著，在南則盛，亦順也。陽順而陰逆，不言可知矣。陽在右方三十二卦則反是，故曰『真至之理，按圖可見』也。」

○又曰：「復至乾，凡百一十有二陽。姤至坤，凡八十陽。姤至坤，凡一百一十有二陰。復至乾，凡八十陰。」

圖之陰陽在兩邊，正相等。自復至乾，居圖之左，陽方也，故陽多而陰少。自姤至坤，居圖之右，陰方也，故陰多而陽少。左邊一畫陽，便對右邊一畫陰。左邊一畫陰，便對右邊一畫陽。對待以立體，而陰陽各居其半也。由此觀之，天地間陰陽各居其半，本無截然爲陽、截然爲陰之理，但造化貴陽賤陰，聖人扶陽抑陰，故於消長之際，淑慝之分，又不能不致其區別爾，豈容以概論哉！

○又曰：「坎、離者，陰陽之限也，故離當寅，坎當申。而數常踰之者，陰陽之溢也。然用數不過乎中也。」此更宜思。離當卯，坎當酉，但以坤爲子半可見矣。

「坎、離，陰陽之限」者，就寅、申而言也。以四時論之：春爲陽而始於寅，是離當寅而爲陽之限；秋爲陰而始於申，❷是坎當申而爲陰之限也。「數常踰之」者，離雖當寅而盡於卯中，坎雖當申而盡於酉中，是踰寅、申之限，而爲陰陽之溢矣。「然用數不過乎中」者，蓋邵子以卯、酉爲陰陽之溢，則其所謂中者是取寅、申而不取卯、酉也。陽之用始於寅，陰之用始於申，蓋子位陽雖生而未出乎地，至寅則温厚之氣始用事。巳位陰雖生而未害於陽，至申則嚴凝之氣始用事，是所謂用數仍不過乎寅、申之中也。夫以離當寅、坎當申推之，則乾當巳，坤當亥，兑當卯、辰，震當子、丑，巽當午、未，艮當酉、戌，皆數之不及，而邵子以爲中者也。又以離當卯、坎當酉、坤爲子半推之，則乾當午，坤當子，兑當辰、巳，震當丑、寅，巽當未、申，艮當戌、亥，皆四方之中、四隅之會處，而邵子以爲「數嘗踰之者」也。此即邵子怕處其盛之意。

○又曰：「先天學，心法也，故圖皆自中

❶ 「二」，原空缺，今據京都本、通志堂本、薈要本、慶餘堂本補。

❷ 「而」下，原衍「而」字，今據通志堂本、薈要本刪。

起。萬化萬事生于心也。」

此明圖之所謂太極也。圖從中起者，心法也。心爲太極，而萬化萬事生於心。圖之中亦爲太極，而儀、象、卦生于中也。林學履問：「『圖皆從中起，萬化萬事生于心』，何也？」朱子曰：「其中間白處便是太極。三十二陽三十二陰，便是兩儀。十六陰十六陽，便是四象。八陰八陽，便是八卦。」又曰：「太極中間虚處便是，他自説『圖從中起』，今不合被方圖在中間塞却。待取出放外，他兩邊生者，即是陰根陽，陽根陰。❶這箇有對，從中出則無對。」

○又曰：「圖雖無文，吾終日言而未嘗離乎是，蓋天地萬物之理盡在其中矣。」

或問：「『圖雖無文，吾終日言而未嘗離乎是』，何也？」朱子曰：「一日有一日之運，一月有一月之運，一歲有一歲之運。大而天地之始終，小而人物之生死，遠而古今之世變，皆不外乎此，只是一箇盈虚消息之理。本是箇小底，變成大底；到那大處，又變成小底。如納甲法，乾納甲、壬，坤納乙、癸，艮納丙，兑納丁，震納庚，巽納辛，坎納戊，離納己，亦是這箇。又如道家以坎、離爲真水火，爲六卦之主，而六卦爲坎、離之用。自月初三爲震，上弦爲兑，望日爲乾，望後爲巽，下弦爲艮，晦日爲坤，亦不外此。」又曰：「乾之一爻屬戊，坤之一爻屬己。留戊就己方成坎、離。蓋乾、坤是大父母，坎、離是小父母。又如《火珠林》，占得一屯卦，則初九是庚子，六二是庚寅，六三是庚辰，六四是戊申，九五是戊戌，上六是戊子，亦都是這箇。」又曰：「先天圖今所寫者，是以一歲之運言之。推而至於元會運世十二萬九千六百歲，亦只是恁地道理。小而一日一時，亦只是這圈子。都從復上推起去。」朱子之意，蓋謂自有先天圖以後，如納甲法、道家修養法，下至《火珠林》占筮等書，莫不自先天圖出，此所謂「天地萬物之理盡在其中」也。邵子嘗自贊曰「弄環餘暇，時往時來」，又曰「自從會得環中意，閑氣胸中一點無」，其有得於圖者如此。朱子贊之曰：「天挺人豪，英邁蓋世。駕風鞭霆，歷覽無際。手探月窟，足躡天根。閑中今古，静裏乾坤。」可謂形容盡之矣。今歷引其言而終之，以圖爲心法，圖皆從中起，且以爲天地萬物之理盡在其中，則其學之得於心，心之

❶「陽」，原作「限」，今據京都本、通志堂本、薈要本改。

根於理者，又豈徒象數云乎哉？

○按《易本義》曰：「伏羲四圖【三畫、六畫，橫圖、圓圖】，其説皆出邵氏。蓋邵氏得之李之才，之才得之穆修，修得之希夷先生陳摶，所謂先天之學也。」朱子答黄勉齋書曰：「先天乃伏羲本圖，非康節所自作。雖無言語，而所該甚廣。今《易》中一字一義，無不自其中流出。」【以上總説四圖。】○又曰：「易是互相博易之義，觀先天圖便可見。東邊一畫陰，便對西邊一畫陽。蓋東一邊本皆是陽，西一邊本皆是陰。東邊陰畫，都自西邊來；西邊陽畫，都自東邊來。姤在西，是東邊五畫陽過；復在東，是西邊五畫陰過，互相博易而成。《易》之變雖多般，然此是第一變。」又曰：「左邊百九十二爻本皆陽，右邊百九十二爻本皆陰。陽中有陰，陰中有陽，便是陽往交易陰，陰來交易陽，兩邊各各相對。其實非此往彼來，只其象如此。」邵子詩曰：「耳目聰明男子身，洪鈞賦予不爲貧。因探月窟方知物，未躡天根豈識人。乾遇巽時觀月窟，地逢雷處見天根。天根月窟閑來往，三十六宫都是春。」朱子贊之，亦曰：「手探月窟，足躡天根。」池陽何巨源問詩并贊云：「莫是説陰陽否？」朱子答曰：「先天圖自復至乾，陽也；自姤至坤，陰也。陽主人，陰主物。『手探』、『足躡』，亦無甚意義。但復在下，姤在上。上，故言『手探』；下，故言『足躡』。」「天根」、「月窟」指復、姤二卦，乃是説他圖之所從起處「三十六宫」之説。邵子嘗曰：「八卦之象，不易者四【乾、坤、坎、離】，反易者二【震反爲艮，巽反爲兑。本是四卦，以反易爲二卦】，以六變而成八也。重卦之象，不易者八【乾、坤、坎、離、頤、中孚、大小過】，反易者二十八【如屯反爲蒙之類，本五十六卦，反易只二十八卦】，以三十六變爲六十四也。」張行成曰：「天地間唯一無對，唯中無對。乾、坤陰陽之一，坎、離陰陽之中，頤、大過似乾、坤之一，中孚、小過似坎、離之中，所以皆無對。其餘五十六卦不純乎一與中者，則有對也。」劉砥問曰：「『都是春』，蓋云天理流行，而已常周流其間之意否？」朱子曰：「是。」【以上説圓圖。】○邵子又詩曰：「天地定位，否泰反類。山澤通氣，咸損見義。雷風相薄，恒益起意。水火相射，既濟未濟。四象相交，成十六事。八卦相盪，爲六十四。」朱子釋之曰：「此是釋方圖中兩交股底。且如西北角乾，東北角坤，是『天地定位』，便對東南角泰，西南角否。次乾是兑，次坤是艮，是『山澤通氣』，便對次否之咸，次泰之損。後四卦亦如此，共十六事。」後四卦謂次兑是離，次艮是坎，是「水火相射」，便對次損之既濟，次咸之未濟。次離是震，次坎是巽，是「雷風相薄」，便對次既濟之益，次未濟之恒是也。【以上説方圖。】○《易本義》曰：「此圖圓布者，乾盡午中，坤盡子中，離盡卯中，坎盡酉中。陽生於子中，極於午中；陰生於午中，極於子中。其陽在南，其陰在北。方布者，乾始於西北，坤盡於東南。其陽在北，其陰在南。此二者，陰陽對待之數。圓於外者爲陽，方於中者爲陰。圓者動而爲天，方者静而爲地也。」圓圖乾在南，坤在北，方圖坤在南，乾在北。乾位陽畫之聚爲多，坤位陰畫之聚爲多。此陰陽之各以類而聚也，亦莫不有自然之法象焉。又曰：圓圖象天，一順一逆，流行中有對待，如震八卦對巽八卦之類。方圖象地，有逆無順，定位中有對待，四角相對，如乾八卦對坤八卦之類。此則方、圓圖之辨也。圓圖象天者，天圓而動，包乎地外。方圖象地者，❶地方而静，囿乎天中。圓圖者，天道之陰陽；方圖者，地道之柔剛。震、離、兑、乾爲天之陽、地之剛；巽、坎、艮、坤爲天之陰、地之柔。地道承天而行，以地之柔剛應天之陰陽，同一理也。特在天者一逆一順，卦氣所以運；在地者惟主乎逆，卦畫所以成耳。

【以上總説方、圓圖。】○【此以上數條《啓蒙》未盡述，今附見于此，亦可互相發矣。】

文王八卦圖

帝出乎震，齊乎巽，相見乎離，致役乎坤，説言乎兑，戰乎乾，勞乎坎，成言乎艮。萬物出

❶「圖」，原作「圓」，今據通志堂本、薈要本、慶餘堂本改。

乎震，震，東方也。齊乎巽，巽，東南也。齊也者，言萬物之絜齊也。離也者，明也，萬物皆相見，南方之卦也。聖人南面而聽天下，嚮明而治，蓋取諸此也。坤也者，地也，萬物皆致養焉，故曰「致役乎坤」。兑，正秋也，萬物之所説也，故曰「説言乎兑」。戰乎乾，乾，西北之卦也，言陰陽相薄也。坎者，水也，正北方之卦也，勞卦也，萬物之所歸也，故曰「勞乎坎」。艮，東北之卦也，萬物之所成終而所成始也，故曰「成言乎艮」。神也者，妙萬物而爲言者也。動萬物者莫疾乎雷，橈萬物者莫疾乎風，燥萬物者莫熯乎火，説萬物者莫説乎澤，潤萬物者莫潤乎水，終萬物、始萬物者莫盛乎艮。故水火相逮，雷風不相悖，山澤通氣，然後能變化既成萬物也。

邵子曰：「此一節明文王八卦也。」○又曰：「至哉，文王之作《易》也，其得天地之用乎！故乾、坤交而爲泰，坎、離交而爲既濟也。乾生於子，坤生於午，坎終於寅，離終於申，以應天之時也。置乾於西北，退坤於西南，長子用事而長女代母，坎、離得位而兑、艮爲耦，以應地之方也。王者文王也。其盡於是矣。」此言文王改易伏羲卦圖之意也。蓋自乾南坤北而交，則乾北坤南而爲泰矣。自離東坎西而交，則離西坎東而爲既濟矣。乾、坤之交者，自其所已成而反其所由生也，故再變則乾退乎西北，坤退乎西南也。坎、離之變者，東自上而西，西自下而東也。故乾、坤既退，則離得乾位而坎得坤位也。震用事者，發生於東方。❶巽代母者，長養於東南也。

乾南、坤北、離東、坎西者，先天卦位。乾、坤由南北而交，坤南乾北，則坤上乾下，故交而爲泰也。離、坎由東西而交，坎東離西，則坎上離下，故交而爲既濟也。先

❶「生」，原作「主」，今據通志堂本、薈要本、慶餘堂本改。

天卦乾居午，而云生於子者，以乾陽始生於復，復，子之半也。坤居子，而云生於午者，以坤陰始生於姤，姤，午之半也。午，乾之所已成，今下而交坤於子，是反其所由生也。子，坤之所已成，今上交乾於午，是反其所由生也。故再變而爲後天卦，則乾退西北，坤退西南也。先天卦離當寅，而云終於申者，申乃坎之位，離交坎而終於申也。坎當申，而云終於寅者，寅乃離之位，坎交離而終於寅也。東者，離之本位，其變則交於坎而向西，是東自上而西也。西者，坎之本位，其變則交於離而向東，是西自下而東也。故再變而爲後天卦，乾、坤既退，則離上而得乾位，坎下而得坤位也。震代父始事，而發生於東方；巽代母繼事，而長養於東南也。先天主乾、坤、坎、離之交，其交也將變而無定位，天時之不窮也，故曰「應天」。後天主坎、離、震、兑之交，❶其交也不變而有定位，地方而有常也，故曰「應地」。由先天卦而爲後天卦，此文王作《易》所以得天地之用，而邵子以「至哉」之辭贊之也。雖然，此邵子、朱子之所已言者，而其所未言者尤當竟也。先天卦乾以君言，則所主者在乾。後天卦震以帝言，則所主者又在震。何哉？此正夫子發明義、文尊陽之意也。蓋乾爲震之父，震爲乾之子。以統臨謂之君，則統天者莫如乾，而先天卦位宗一乾也。此乾方用事，則震居東北而緩其用也。以主宰謂之帝，主器者莫若長子，後天卦位宗一震也。此乾不用，則震居正東，而同其用也。先天所重者在正南，後天所重者在正東。如此則文王改易伏羲卦圖，均一尊陽之心可見矣。○雲莊劉氏曰：「八卦之象各一，而水則有二，合先後天卦位觀之，實周於東南西北，以天地之間水爲最多也。然坎爲水而兑止爲澤者，以坎乃陽水，陽主動，江河之流是也；兑乃陰水，陰主静，湖海之匯是也。朱先生嘗謂坎水塞其下流則爲兑澤，愚亦謂兑澤疏其隄防則爲坎水，其實一水而已。特以坎陽兑陰，而有水澤之分也。」

○又曰：「易者，一陰一陽之謂也。震、兑，始交者也，故當朝夕之位。坎、離，交之極者也，故當子午之位。巽、艮不交而陰陽猶雜也，故當用中之偏。乾、坤，純陽

❶「主」，原作「王」，今據京都本、通志堂本、薈要本、慶餘堂本改。

純陰也，故當不用之位也。」

一陰一陽居正則相對，而有交易之義；居偏則不對，而於交之義無取。後天八卦正而對者，震、兑、坎、離；偏而不對者，乾、坤、艮、巽。故在東西南北者，相對則取其交；而在東北、東南、西北、西南者，不對則不取其交也。自其交者論之，震東、兑西爲交之始，當卯、酉之中，朝夕之位也；離南、坎北爲交之極，當子、午之位，天地之中也。自其不交者論之，巽、艮居南北之東北，於乾、坤陰陽爲尤雜，故巽稍向用而艮全未用，所以爲當用中之偏；乾、坤居南北之西北，於巽、艮爲陰陽之純，所謂父母既老而退處於不用之地也。○思齋翁氏曰：「坎、離是乾、坤中爻之交，在八卦位中，只有東西南北四正位，位之極好。先天則位坎、離以卯、酉，後天則位坎、離以子、午也。只此四位陽中有陰，陰中有陽，皆是義、文微意。」

○又曰：「兑、離、巽，得陽之多者也。艮、坎、震，得陰之多者也。是以爲天地用也。乾極陽，坤極陰，是以不用也。」

此承上文而言，六子得陰陽之多而致用，乾、坤陰陽之極而不用也。陰卦多陽，故兑、離、巽得陽之多；陽卦多陰，故艮、坎、震得陰之多，是以各司天地之用，而生成萬物也。至於乾極陽，坤極陰，極則止而不復用矣。然六子之用即乾、坤之用也。❶ ○雲莊劉氏曰：「兑、離、巽陰卦，宜多陰而反多陽；艮、坎、震陽卦，宜多陽而反多陰。何也？蓋三男乃坤求於乾，各得乾一陽而成，本皆坤體，故多陰。三女乃乾求於坤，各得坤一陰而成，本皆乾體，故多陽。多陽多陰者，各得乾、坤之一體；極陽極陰者，乃乾、坤之全體。乾、坤雖不用，而六卦之用無往而非乾、坤之用矣。」

○又曰：「震、兑横而六卦縱，易之用也。」

前論先天八卦有縱横，爲易之本，故此論後天八卦亦有縱横，爲易之用也。先天八卦圓圖乾南，坤北，於象爲縱也；離東，坎西，震東北，巽西南，兑東南，艮西北，於象皆爲横矣。後天八卦圓圖震東，兑西，於象爲横也；離南，坎北，艮東北，巽東南，坤西南，乾西北，於象皆爲縱矣。先後天縱横不齊者，蓋先天對待以立其本，而所

❶「即」，通志堂本、薈要本作「由」。

重在乾、坤；後天流行以致其用，而所重在震、兌。先天有乾、坤之縱，以定南北之位，然後六子之横布列於東西者，倚之以爲主，是相爲對待以立本也。後天有震、兌之横，以當春秋之分，然後六卦之縱其成全於冬夏者，資之以爲始，是迭爲流行以致用也。本立用行，先後天所以可相有而不可相無也。或曰：上文既以震、兌、離、坎交而當用，巽、艮不交而未用，乾、坤純而不用，又統論六子致用，乾、坤不用，至此則并乾、坤皆以爲易之用，何也？蓋就後天八卦論，乾、坤則終於不用。若合先、後天八卦而論，先天所以立易之本，後天所以致易之用，則皆謂之入用矣。況後天乾、坤雖云不用，而有六子以致用，則用者雖在六子，不用而主其用者，實在乾、坤，豈荒於無用哉？故亦皆以用言也。

嘗考此圖而更爲之説曰：震東、兌西者，陽主進，故以長爲先而位乎左；陰主退，故以少爲貴而位乎右也。坎北者，進之中也。離南者，退之中也。男北而女南者，互藏其宅也。四者皆當四方之正位，而爲用事之卦。然震、兌始而坎、離終，震、兌輕而坎、離重也。乾西北、坤西南者，父母既老而退居不用之地也。然母親而父尊，故坤猶半用，而乾全不用也。艮東北、巽東南者，少男進之後，而長女退之先，故亦皆不用也。然男未就傅，女將有行，故巽稍向用，而艮全未用也。四者皆居四隅不正之位，然居東者未用，而居西者不復用也。故下文歷舉六子而不數乾、坤，至其水火、雷風、山澤之相偶，則又用伏羲卦云。

自「震東、兌西」至「坎、離重也」爲一節，專論震、兌、離、坎居四方之正位，而爲用事之卦。震居東爲陽，主乎進，兌居西爲陰，主乎退，而東西之位以定。離居南爲退之中，坎居北爲進之中，而南北之位以成。離得乾位，以陰卦居陽，坎得坤位，以陽卦居陰，男女之互藏其宅也。震當生育之始，兌當收成之始，離當長養之終，坎當歸藏之終。當其始者，其責輕；當其終者，其責重也。自「乾西北」至「不復用也」爲一節，專論四隅之卦。乾、坤以父母之老不復用，巽、艮以男女之長少而未用。坤西南猶半用者，謂其當長養收成之交，母道當親也。乾西北全不用者，謂其當嚴凝主静之候，父道常尊也。艮東北、巽東南者，以進退之先後定之，男未就傅，少而未習其事，女將有行，長而可以任其事也。故巽稍用，而艮全未用也。然四卦固皆四隅，而居東方生育之位者，特未用，居西方收成之位者，全不用矣。自「故下文歷舉六子」以下爲一節，是總上兩節，論六子致用而乾、坤不用也。謂之曰「不數乾、坤」者，以致用在六子，故不復及之耳。而其下文仍用伏羲卦次者，沿流泝源，不容以後天而遺先天也。或問：「此『下歷舉六子，而不數乾、坤』，然着一句『神也者，妙萬物而爲言』引起，則乾、坤在其中矣。」朱子曰：「恐是如此。」問：「且如雷風、水火、山澤，自不可喚做神。」曰：「神也者，乃其所以動，所以撓者也。」又曰：「『水火相逮』一段，與上面『水火不相射』同，又自是伏羲卦。」又曰：「上言六子用文王八卦之位者，以六子之主時，成用而言，故以四時爲序，而用文王後天之序。下言六子用伏羲八卦之位者，推六子之所以主時、成用而言，故以陰陽交合爲義，而用伏羲八卦之序。蓋陰陽以其偶合，即六子之用行，所以能變化盡成萬物也。」又曰：「無伏羲底，則做文王底不出。」故其歸却在伏羲上。朱子蓋謂後天八卦以四時進退爲序，先天八卦以陰陽交合爲義。四時進退者，用之所以行也，故不以卦位之非其偶爲拘。陰陽交合者，體之所以立也，故必以卦位之得其偶爲主。要之，先天以其偶合而八卦之體立，則後天雖不以其偶合而六子之用自行。此變化既成萬物，固歸之文王卦次。而所以變化既成萬物者，實歸之伏羲卦次也。不然，聖人論伏羲卦次之後，何爲必申之以「然後能變化既成萬物」歟？

乾，健也。坤，順也。震，動也。巽，入也。坎，陷也。離，麗也。艮，止也。兌，説也。

程子曰：「凡陽在下者，動之象；在中者，陷之象；在上，止之象。陰在下者，入之象；在中者，麗之象；在上，説之象。」

此以八卦之性情爲言。一陽起於二陰之下則爲動，墮於二陰之中則爲陷，終於二陰之上則爲止。一陰伏於二陽之下則爲入，附於二陽之中則爲麗，見於二陽之上則爲説。純於陽爲健，純於陰爲順也。

乾爲馬。坤爲牛。震爲龍。巽爲鷄。坎爲豕。離爲雉。艮爲狗。兌爲羊。

此遠取諸物之象。

乾爲首。坤爲腹。震爲足。巽爲股。坎爲

耳。離爲目。艮爲手。兑爲口。

此近取諸身之象。

乾，天也，故稱乎父。坤，地也，故稱乎母。震，一索而得男，故謂之長男。巽，一索而得女，故謂之長女。坎，再索而得男，故謂之中男。離，再索而得女，故謂之中女。艮，三索而得男，故謂之少男。兑，三索而得女，故謂之少女。

今按：坤求於乾，得其初九而爲震，故曰「一索而得男」。乾求於坤，得其初六而爲巽，故曰「一索而得女」。坤再求而得乾之九二以爲坎，故曰「再索而得男」。乾再求而得坤之六二以爲離，故曰「再索而得女」。坤三求而得乾之九三以爲艮，故曰「三索而得男」。乾三求而得坤之六三以爲兑，故曰「三索而得女」。

朱子曰：「乾索於坤而得女，坤索於乾而得男。初間畫卦時，不是恁地。只是畫卦後，便見有此象耳。」愚謂三男，陽也，乾之似也，乃歸之於坤求而後得。三女，陰也，坤之似也，乃歸之於乾求而後得。何也？蓋三男本坤體，各得乾一陽而成，此陽根於陰，故歸之坤也。三女本乾體，各得坤一陰而成，此陰根於陽，故歸之乾也。邵子曰「母孕長男而爲復，父生長女而爲姤」，陰陽互根之義可見矣。

凡此數節，皆文王觀於已成之卦，而推其未明之象以爲説，邵子所謂後天之學，入用之位者也。

此總論「乾，健也」以下四節之旨也。

○愚嘗合先、後天之易，而參之《圖》、《書》矣。伏羲先天之易固以《河圖》爲本，而其卦位未嘗不與《洛書》合。且以乾南、兑東南，則老陽四、九之位也。離東、震東北，則少陽三、八之位也。巽西南、坎西，則少陰二、七之位也。艮西北、坤北，則老陰一、六之位也。其卦實與《洛書》合焉。文王後天之易雖但本之伏羲，然亦未嘗不與《河圖》合。且以坎、離當南北之正、子午之中，則兩卦各當夫水火之一象。離當地二天七之火而居南，坎當天一地六之水而居北。外此六卦，則每卦共當一象。震者，木之生，當天三之木於東。❶巽者，木之成，當地八之木於東南。兑者，金之生，當地四之金於西。乾者，金之成，當天九之金於西北。艮則土之生，當天五之土於東北。坤者，土之成，當地十之土於西南。坤、艮所以獨配夫中宫之五、十者，以土實寄旺於四季，無乎不在，故配夫中數耳。其卦實與《河圖》合焉。原其初，伏羲但據《河圖》以作《易》，未必預見於《書》。文王但據先天八卦以爲後天八卦，未必追考於《圖》。而方位既成，自默相符合，于以見天地之間河洛自然之數，其與聖人心意之所爲，自有不期合而合者。此理之所必同也，不可不察焉。

易學啓蒙卷上

❶「三」，原作「二」，今據京都本、通志堂本、薈要本、慶餘堂本改。

易學啓蒙卷下

新安後學胡方平通釋

明蓍策第三

大衍之數五十。

《河圖》、《洛書》之中數皆五，衍之而各極其數以至於十，則合爲五十矣。

《大傳》曰：「天生神物，聖人則之。」又曰：「是興神物以前民用。」又曰：「聖人幽贊於神明而生蓍。」神物謂蓍，蓍一根百莖，可當大衍之數者二，是五十者大衍之蓍數也。以《圖》、《書》中宮之數衍之，亦爲五十，而與蓍數合。《圖》、《書》中數計五箇一，衍而推極之爲五箇十。一者，數之始；十者，數之終。極即終也。《圖》、《書》中五下一點爲第一，本身已自是一數，衍而極之，後面只有箇九，以一合九爲十矣。上一點爲第二，本身已自是二數，衍而極之，後面只有箇八，以二合八爲十矣。左右中各一點皆然。自一點小衍之爲十，合五點大衍之通爲五十也。盤澗先生問曰：「竊謂天地之數不過五而已。五者，數之祖也。《河圖》、《洛書》皆五居中而爲數祖宗。大衍之數五十者即此五數，衍而乘之，各極其數而合爲五十也。是五也，於五行爲土，於五常爲信。水、火、木、金不得土，不能各成一器。仁、義、禮、智不實有之，亦不能各成一德。此五所以爲數之宗也，不知是否？」朱子答曰：「此說是。」

《河圖》積數五十五，其五十者皆因五而後得，獨五爲五十所因，而自無所因，故虛之，則但爲五十。又五十五之中，其四十者分爲陰陽老少之數，而其五與十者無所爲，則又以五乘十，以十乘五，而亦皆爲五十矣。《洛書》積數四十五，而其四十者散布於外，而分陰陽老少之數，唯五居中而無所爲，則亦自含五數，而并爲五十矣。

《河圖》五十因五而後得者，一得五爲六，一、六合七；二得五爲七，二、七合九；三得五爲八，三、八合十一；四得五爲九，四、九合十三；五得五爲十，總爲五十。是皆因五而後得也。五自無所因，故虚之，則四圍之數但爲五十。以五乘十，以十乘五，而爲五十者，以五乘十，是爲五箇十，以十乘五，是爲十箇五，乘乘取義皆可以爲五十。《洛書》中五亦自含五，而并爲五十者，天地間只有十數，統舉中央五數，自可以含得後面五數而成十，并四圍四十亦合爲五十也。蓋言《圖》、《書》之數無往而不與大衍之數合者如此。

其用四十有九。

大衍之數五十，而蓍一根百莖，可當大衍之數者二。故揲蓍之法，取五十莖爲一握，置其一不用，以象太極，而其當用之策凡四十有九。蓋兩儀體具而未分之象也。

《説文》云：「蓍，蒿屬，易以爲數，天子九尺，諸侯七尺，大夫五尺，士三尺。」《龜策傳》曰：「天下和平，王道得，而蓍莖長丈，其叢生滿百莖。下有神龜守之，上有雲氣覆之。」○趙彦肅《易解》欲以四十九莖握而未分爲太極之象，朱子答之曰：「恐未穩當。蓋太極，形而上者也。兩、三、四、五，形而下者也。若四十九蓍可合而命之曰『太極之象』，則兩、三、四、五亦可合而命之曰『太極之體』矣。蓋太極雖不外乎陰陽五行，而亦不雜乎陰陽五行。與其以握而未分者象太極，反不若以一策不用者象之爲無病也。」又曰：「虚天一，故用四十九策。」又曰：「『參天兩地』便是虚去天一，只用天參對地二爾。」愚謂一爲太極，虚一所以見太極之無不存，其不用者，所以爲用之原歟？○雲莊劉氏曰：「蓍之數七，七七而四十九。卦之數八，八八而六十四。七數奇，故其德圓而神；八數偶，故其德方以知。以是知卦不自變，因蓍而後變，此四十九蓍必言用者，有蓍之用乃可以用卦也。乾、坤二用爲諸卦陰陽爻之通例，亦因蓍而後有用耳。若有卦而無蓍，何以通其變而爲事哉？此包羲氏畫卦之後，必幽贊於神明而生蓍，其以此歟？」

分而爲二以象兩，掛一以象三，揲之以四以象四時，歸奇於扐以象閏。五歲再閏，故再扐而後掛。

掛者，懸於小指之間。揲者，以大指、食指

間而別之。奇謂餘數。扐者，扐於中三指之兩間也。蓍凡四十有九，信手中分，各置一手，以象兩儀；而掛右手一策於左手小指之間，以象三才；遂以四揲左手之策，以象四時；而歸其餘數於左手第四指間，以象閏；又以四揲右手之策，而再歸其餘數於左手第三指間，以象再閏。五歲之象，掛一，一也；揲左，二也；扐左，三也；揲右，四也；扐右，五也。是謂一變。其掛扐之數，不五即九。

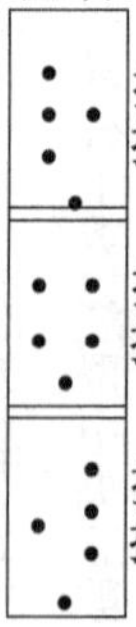

得五者三，所謂奇也。五除掛一即四，以四約之爲一，故爲奇，即兩儀之陽數也。

得九者一，所謂偶也。九除掛一即八，以四約之爲二，故爲偶，即兩儀之陰數也。

左手象天，右手象地，此象兩也。掛一所以象人，而配天地，此象三也。四四揲而數之，此象四時也。揲蓍五節内有再扐，所以象五歲内有再閏。掛一象一歲，揲左象二歲，歸奇於左爲一扐，象三歲一閏；揲右象四歲，歸奇於右爲再扐，象五歲再閏。後掛者，再扐之後，復以所餘之蓍合而爲一，爲第二變再分、再掛，再扐也。不言分二、揲四、歸奇，獨言而後掛者，明第二變之不可以不掛也。○得五者三，蓋以第一變右手餘三則左手餘一，右手餘二則左手餘二，右手餘一則左手餘三。以右手之三、二、一，湊左手之一、二、三，併掛一之數而各成其五，則成五者凡三矣。凡初揲而可得五者，有此三樣也。得九者一，蓋以第一變右手餘四，則左手亦餘四，併掛一之數爲九，初揲而可得九者，只有此一樣也。朱子曰：「以四約之者，揲之以四之義也。」又曰：「凡四爲奇是一箇四也，凡八爲偶是兩箇四也。一箇四爲一，故爲奇，即兩儀之陽數。兩箇四爲二，故爲偶，即兩儀之陰數也。」

一變之後，除前餘數，復合其見存之策，或

四十，或四十四，分、掛、揲、歸如前法，是謂再變。其掛扐者不四則八。

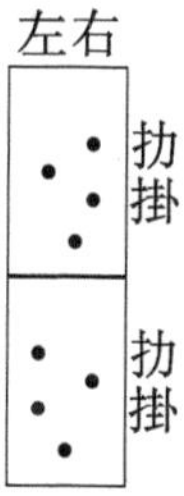

得四者二，所謂奇也。不去掛一，餘同前義。

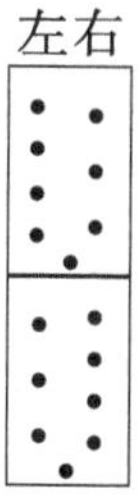

得八者二，所謂偶也。不去掛一，餘同前義。

前餘數即一變掛扐之數，見存之策則一變過揲之數。掛扐除九，則過揲存四十。掛扐除五，則過揲存四十四。掛扐之數不四則八，左二則右必一，❶左一則右必二，左三則右必四，左四則右必三，通掛一之數爲四與八也。○得四者二，即右一、左二通掛一爲四，右二、左一通掛一亦爲四，是得四者凡有二樣也。得八者二，則右四、左三通掛一爲八，右三、左四通掛一亦爲八，是得八者凡有二樣也。奇偶之説同上。

再變之後，除前兩次餘數，復合其見存之策，或四十，或三十六，或三十二，分、掛、揲、歸如前法，是謂三變。其掛扐者如再變例。

前兩次餘數，即一變、再變掛扐之數，見存之策即再變過揲之數。掛扐若兩次除五、四，則過揲存四十。掛扐若兩次除九、四及五、八，則過揲存三十六。掛扐若兩次除九、八，則過揲存三十二。

三變既畢，乃合三變，視其掛扐之奇偶，以分所遇陰陽之老少，是爲一爻。

掛扐四、五爲奇，九、八爲偶。三奇爲老陽，遇老陽者，其爻爲□，所謂重也。二奇一偶爲少陰，遇少陰者，其爻爲- -，所謂拆也。二偶一奇爲少陽，遇少陽者，其爻爲—，所謂單也。三偶爲老陰，遇老陰者，其爻爲×，所謂交也。

❶「二」，原作「三」，今據薈要本、慶餘堂本改。

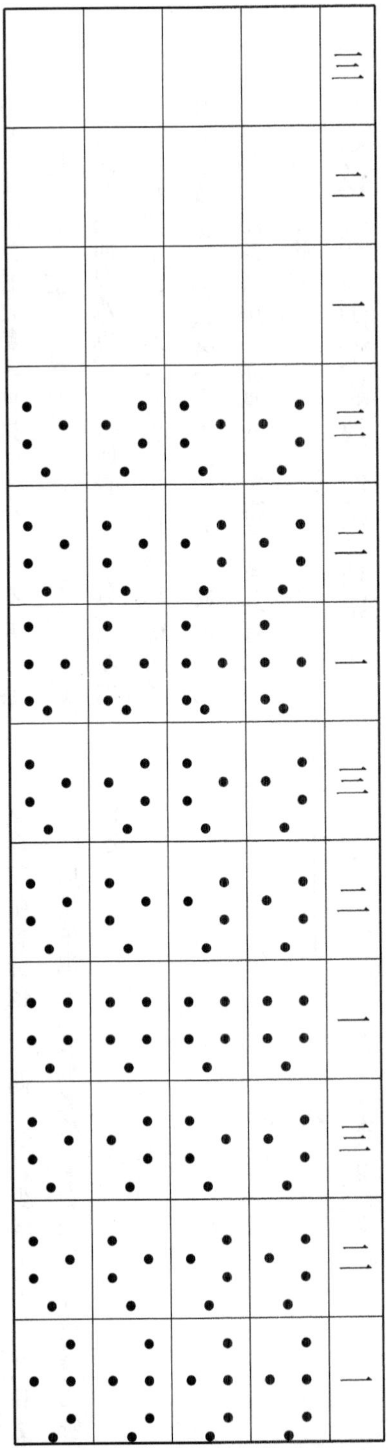

右三奇爲老陽者凡十有二。掛扐之數十有三，除初掛之一爲十有二，以四約而三分之，爲一者三。一奇象圓而圍三，故三一之中各復有三，而積三三之數則爲九。過揲之數三十有六，以四約之亦得九焉。掛扐除一，四分四十有八而得其一也，一其十二而三其四也，九之母也。過揲之數，四分四十八而得其三也，三其十二而九其四也，九之子也。皆徑一而圍三也。即四象太陽居一含九之數也。

已下四圖，別老少掛扐之數，而圖説又兼及過揲之數也。此圖明老陽掛扐之策，一箇五兩箇四是爲三奇。凡十有二者，言老陽之數其變凡十二樣也。掛扐之數十有三，除初掛之一爲十有二。以四約其十二策之數，而以三變分之，每一變計四數也。爲一者三，謂一箇四策爲一，一即四也，即奇也，故不言四而言一，合三變則爲一者凡三，謂爲四者凡三也。一奇象圓而圍三，本參天之義，是於四策之中取一策以象圓，而以三策爲圍三而用其全，此一之中復有三也。如是而象圓圍三者，凡三焉。合三奇用其全者而言，則三一之中各復有三∴∴∴，積三三∴∴∴爲老陽之九。以四約過揲三十六，亦得四箇九也。○掛扐除一、四分四十八而得其一者，以四十九策除初掛之一而四分四十八策，計四箇十二，於其中得一箇十二，是爲四分中之一分。一其十二，而三其四也。一箇十二亦徑一之義，三箇四亦圍三之義。即上文三三之數只是一箇九，故爲九之母。過揲之數以四十八而四分之，亦計四箇十二，於其中得三箇十二，是得四分中之三分。三其十二，而九其四也。即上文三十六之數，以四約之却是四箇九，故爲九之子。三箇十二亦徑一之義，九箇四亦圍三之義。即四象中太陽占第一位而含九之數。特揲蓍逐爻各有老少之數，觀其變與不變以爲占。而由太極加倍以生者，則老少在第二爻方見，此又不可不知也。

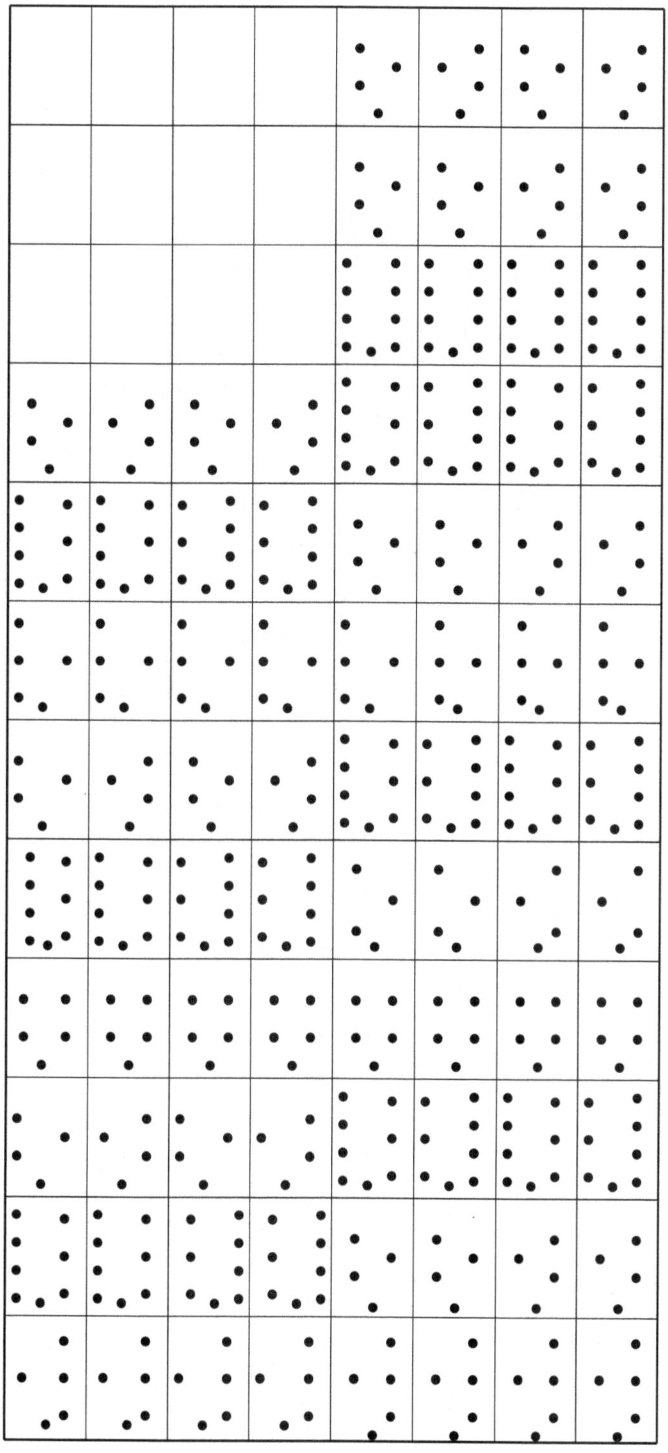

右兩奇一偶，以偶爲主，爲少陰者凡二十有八。掛扐之數十有七，除初掛之一爲十有六，以四約而三分之，爲一者二，爲二者一。一奇象圓而用其全，故二一之中各復有三；二偶象方而用其半，故一二之中復有二焉。而積二三、一二之數則爲八。過揲之數三十有二，以四約之亦得八焉。掛扐除一，四其四也，自一其十二者而進四也，八之母也。過揲之數，八其四也，自三其十二者而退四也，八之子也。即四象少陰居二含八之數也。

此圖明少陰掛扐之策。一箇九、兩箇四，或一箇五、一箇四、一箇八，是爲兩奇一偶。凡二十有八者，言少陰之數其變凡二十八樣也。掛扐之數十有七，除初掛之一則爲十有六。以四約其十六策之數，而以三變分之，兩變計四數，一變計八數也。爲一者二，謂一箇四策爲一，❶一即四也，即奇也，故不言四而言一。合二變則爲一者凡二，謂爲四者凡二也。爲二者一，謂二箇四策爲二，二即八也，即偶也，故不言八而言二。只一變則爲二者凡一，謂爲八者凡一也。一奇象圓而用全，亦本參天之義，是於二變各四策全用，而於其中各取一策以象圓，而各以三策爲圍三而用全，故二一之中各復有三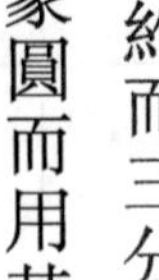。二偶象方而用半，亦本兩地之義，是於一變八策中去其四不用，而於所存四策中取二策以象方，而以二策爲圍四而用其半，故二之中復有二⁞⁞，積二三、一二∴∴∶爲少陰之八，以四約過揲三十二，亦得四箇八也。○掛扐十七除初掛之一而以四約之，則四其四爲十六。自一其十二而進四，蓋自老陽之十二進四而變爲少陰，即上文積二三、一二之數，❷只是一箇八，故爲八之母。過揲三十二以四約之爲四八三十二。自三其十二者而退四，亦自老陽之三十六退四而得三十二，即上文四約三十二之數却是四箇八，故爲八之子。即四象中少陰占第二位而含八之數，餘悉同前義。

❶ 上「一」字，原空缺，今據京都本、通志堂本、薈要本、慶餘堂本補。

❷ 「二三」，原作「三三」，今據慶餘堂本及影印文淵閣《四庫全書》本《性理大全書》引胡方平語改。

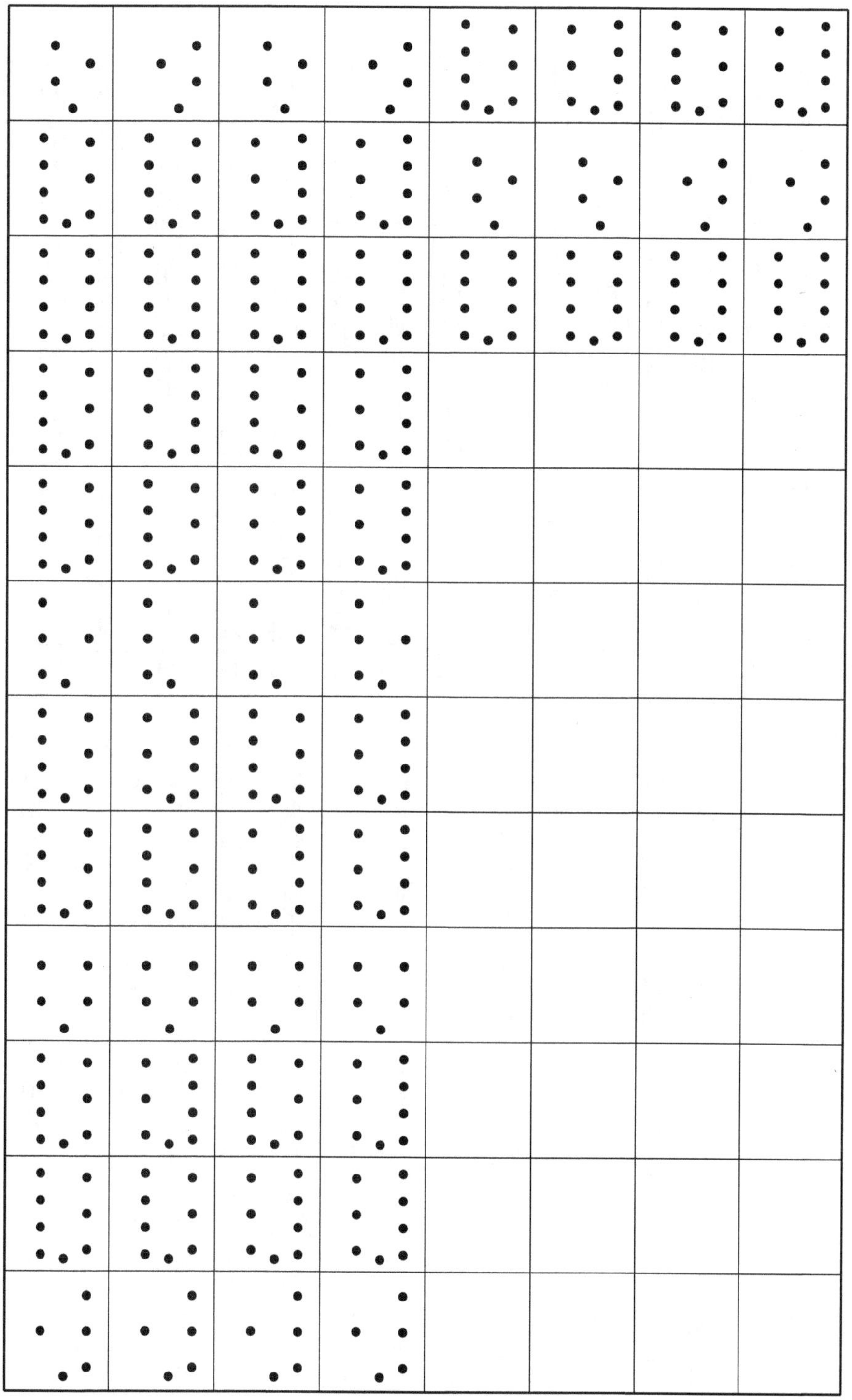

右兩偶一奇，以奇爲主，爲少陽者凡二十。掛扐之數二十有一，除初掛之一爲二十，以四約而三分之，爲二者二，爲一者一。二偶象方而用其半，故二二之中各復有二；一奇象圓而用其全，故一一之中復有三焉。而積二二、一三之數則爲七。過揲之數二十有八，以四約之亦得七焉。掛扐除一，五其四也，自兩其十二者而退四也，七之母也。過揲之數，七其四也，自兩其十二者而進四也，七之子也。即四象少陽居三含七之數也。

此圖明少陽掛扐之策。兩箇八、一箇五，或一箇九、一箇八、一箇四，是爲兩偶一奇。凡二十者，言少陽之數其變凡二十樣也。掛扐之數二十一，除初掛之一爲二十，以四約其二十策之數而以三變分之，兩變計八數，一變計四數也。爲二者二，謂二箇四策爲二，二即八也，即偶也，故不言八而言二。合二變則爲二者凡二，謂爲八者凡二也。爲一者一，謂一箇四爲一，一即四也，即奇也，故不言四而言一，只一變則爲一者凡一，謂爲四者凡一也。二偶象方而用其半，亦本兩地之義。是於二變各八策中各去其四不用，而於各存四策中各取二策以象方，而各以二策爲圍四而用半，故二二之中各復有二。一奇象圓而用其全，亦本參天之義。是一變四策全用，而於其中取一策以象圓，而以三策爲圍三而用全，故一一之中復有三。積二二、一三爲少陽之七，以四約過揲二十八，亦得四箇七也。○掛扐二十一除初掛之一，而以四約之，則四其五而爲二十。自兩其十二者而退四，蓋自老陰之二十四退四而變爲少陽，即上文積二二、一三之數，只是一箇七，故爲七之母。過揲二十八以四約之爲四七二十八。自兩其十二者而進四，亦自老陰之二十四進四而得二十八，即上文以四約二十八之數却是四箇七，故爲七之子。即四象中少陽占第三位而含七之數，餘悉同前義。

右三偶爲老陰者四。掛扐之數二十有五，除初掛之一爲二十有四，以四約而三分之，爲二者三。二偶象方而用其半，故三二之中各復有二，而積三二之數則爲六。過揲之數亦二十有四，以四約之亦得六焉。掛扐除一，六之母也。過揲之數，六之子也。四分四十有八而各得其二也，兩其十二而六其四也，皆圍四而用半也。即四象太陰居四含六之數也。

此圖明老陰掛扐之策。一箇九、兩箇八，是爲三偶。凡四者，言老陰之數其變凡四樣也。掛扐之數二十五，除初掛之一爲二十四，以四約其二十四數而以三變分之，每一變計八數也。爲二者三，謂四箇四策爲二，二即八也，即偶也，故不言八而言二。合三變則爲二者凡三，謂爲八者凡三也。二偶象方而用半，本兩地之義。是於三變八策中各去四不用，而於各所存四策中各取二策以象方，而各以二策爲圍四而用半，此二之中復有二也。如是而象方圍四者，凡三焉。合三偶用半者而言，則三二之中各復有二，積三二爲老陰之六。以四約過揲二十四，亦得四箇六也。○掛扐除一爲六之母者，積其三二之數爲一箇六也。過揲爲六之子者，四約過揲之數爲四箇六也。四分四十八，掛扐得二分，爲兩箇十二。過揲得二分，亦兩箇十二。六其四也，兩其十二，亦圍四之義。六其四亦用半之義，則四象中太陰占第四位而含六之數，餘悉同前義。○愚按《本圖書》篇有曰：「陽之象圓，圓者徑一而圍三；陰之象方，方者徑一而圍四。圍三者以一爲一，故參其一陽而爲三；圍四者以二爲一，故兩其一陰而爲二。」以此參之揲蓍之法。其三變之中，掛扐之數一奇象圓而用其全，是以四策皆用四，而四策中以一奇象圓，餘三奇爲陽，用其全。陽以一爲一，❶故參其一陽而爲三，非參天歟？二偶象方而用其半，是以八策只用四而四策中以二策象方，餘二策爲陰，用其半。陰以二爲一，❷故兩其一陰而爲二，非兩地歟？及揲之三變也，因掛扐以見過揲，則參兩尤有可言者。以參天言，老陽掛扐三奇十二，象圓用全，參其三奇爲九也。過揲四九三十六，亦參其十二也。以兩地言，老陰掛扐三偶二十四，象方用半，兩其三偶爲六也。過揲四六二十四，則亦兩其十二也。以參天兩地言，少陽掛扐兩偶一奇爲二十，象方用半，兩其二偶爲四，象圓用全，參其一奇爲三，合而爲七。過揲四七二十八，則亦兩其八、參其四也。以參天兩地言，少陰掛扐兩奇一偶爲十六，象圓用全，參其兩奇爲六，象方用半，兩其一偶爲二，合而爲八也。過揲四八三十二，則亦參其八、兩其四也。二老陰陽之純，分參天兩地而得之；二少陰陽之雜，合參天兩地而得之，此占法所以爲妙也。○又按：前四圖皆因掛扐之數以論過揲之數，已無可疑。但掛扐之數尤有當辨者，請得而究論之。掛扐全數列於四圖者，❸老陽十二而變數亦十二，少陽二十而變數亦二十。至於老陰則二十四，而變數惟止於四，少陰十六而變數乃有二十八，此其故何哉？嘗以西山蔡先生之説證之。其論陰陽老少掛扐之數有曰：「老陽少陽得奇策之本數。而老陰之策二十四，以少陽之奇二十損之而得四。少陰之奇十六，以老陽之奇十二益之而得二十八。故陽者君道，首出庶物；陰者臣道，無成而代有

❶ 上「一」字，原空缺，今據京都本、通志堂本、薈要本、慶餘堂本補。

❷ 「一」，原空缺，今據京都本、通志堂本、薈要本、慶餘堂本補。

❸ 「圖」，原作「圍」，今據薈要本、慶餘堂本改。

終也。」其意蓋謂老陽之掛扐本十二，自老陽變爲少陰也，雖以其十二益之，而仍得其本數之十二，是老陽雖以其十二致益於少陰，而奇之本數不見其或少。少陽之掛扐本二十，自少陽由老陰而變也，雖得其十二之益，而仍不越乎本數之二十焉，是少陽雖受益於老陰之二十，而奇之本數亦不見其或多。此老陽少陽所以得奇策之本數也。至於陰，則有不可與陽等者矣。老陰本二十四，以其二十爲少陽所損，故其數之變僅存其四，是爲少陽所損，而多者浸少也。少陰本十六，其餘十二爲老陽所益，故其數之變乃得二十有八，是爲老陽所益，而少者浸多也。此老陰少陰所以於奇策之本數有損益也。是知陽者君道，首出庶物，其於奇策之本數不見其或盈而或縮；陰者臣道，無成而代有終，其於奇策之本數未免因陽以爲之損益矣。此陽得制陰，陰必從陽。惟其從陽也，故其數之多也，或爲陽所損；其數之少也，或爲陽所益。惟其制陰也，故可以損陰之多而爲少，可以益陰之少而爲多，而其本數之一定者初未嘗有損益也。以是觀之，陽尊陰卑之義蓋可見矣。○又嘗觀掛扐之數極其變則六十四，而其中實該八卦之象。老陽三變皆奇，乾三畫，純陽之象也。老陰三變皆偶，坤三畫，純陰之象也。至於少陰則該三女之象，其乾索於坤而變爲巽、離、兑乎？少陽則該三男之象，其坤索於乾而變爲震、坎、艮乎？少陰者，陰之稺，其變則二十有八，以四約而七分之。初變得偶者凡一，巽之一陰在下也；第二變得偶者凡三，離之一陰在中也；第三變得偶者凡三，兑之一陰在上也。合其一、二三則七，其四而爲二十八矣。少陽者，陽之稺，其變則有二十，以四約而五分之。初變得奇者凡三，震之一陽在下也；第二變得奇者凡一，坎之一陽在中也；第三變得奇者凡一，艮之一陽在上也。合其一三、二一則五，其四而爲二十矣。要之，二老則陽實陰虛，故老陽多而老陰少。二少則陽少陰多，故少陽少而少陰多也。然陽固少矣，而長男則未嘗少，其變有三，肖父而得陽實之義。至於中、少二男，則惟各得一變之象，是長男之陽不可少，而所以成其少者，男之中與少也。陰固多矣，而長女則未嘗多，其變惟一，肖母而得陰虛之義。至於中、少二女，則反各得三變之象，是長女之陰不可多，而所以成其多者，女之中與少也。此長男代父，而長女代母，所以其變數皆擬於乾、坤，而中與少則或不及乎父，或有踰於母，此又陰陽之變不可執一拘也。此其一變而得兩儀之象，再變而得四象之象，三變而得八卦之象，互之爲六十四變，而八卦之象又可以該六十四卦之象，其自然之妙，莫不各有法象也。

凡此四者，皆以三變皆掛之法得之。蓋經曰「再扐而後掛」，又曰「四營而成易」，其指甚明。注疏雖不詳説，然劉禹錫所記僧一行、畢中和、顧象之説，亦已備矣。近世諸儒乃有前一變獨掛，後二變不掛之説。考之於經，乃爲六扐而後掛，不應五歲再閏之義。且後兩變又止三營，蓋已誤矣。

按：王輔嗣註云：「分而爲二，一營也；掛一象三，二營也；揲之以四，三營也；歸奇於扐，四營也。」孔穎達疏云：「『再扐而後掛』者，既分天於左手，地於右手，乃四四揲天之數，最末之餘，歸之合於掛扐之一處，是一扐也。又以四四揲地之數，最末之餘，又合於前所歸之扐而總扐之，是『再扐而後掛』也。」劉禹錫《辨易九六論》云畢中和之學，其傳原於一行禪師。一行唐開元時所作《大衍曆·本議》曰：「綜盈虛之數，五歲而再閏。」蓋其衍法皆以再扐而後掛也。畢中和有揲法，其言三揲皆掛，正合四營之義。朱子亦謂畢氏揲法視疏義爲詳。顧象之説未詳。禹錫又自言揲法，第一指餘一益三，餘二益二，餘三益一，餘四益四；第二指餘一益二，餘二益一，餘三益四，餘四益三；第三指與第二指同，此可以見三變皆掛矣。近世儒者，若郭雍所著《蓍卦辨疑》，專以前一變獨掛，後二變不掛。其載横渠先生之言曰：「再扐而後掛，每成一爻而後掛也。」謂第二、第三揲不掛也。且謂横渠之言所以明註疏之失。朱子辨之曰：「此説大誤，恐非横渠之言也。」「再扐者，一變之中，左右再揲而再扐也。一掛、再揲、再扐而當五歲。蓋一掛，再揲當其不閏之年，而再扐當其再閏之歲也。而後掛者，一變既成，又合見存之策，分二掛一，以起後變之端也。今曰第一變掛，而第二、第三變不掛，遂以當掛之變爲掛而象閏，以不掛之變爲扐而當不閏之歲，則與《大傳》所云『掛一象三』、『再扐』、『象閏』者，全不相應矣。且不數第一變之再扐，而以第二、第三變爲再扐，又使第二、第三變中止有三營，而不足乎成易之數。且於陰陽老少之數，亦多有不合者。」其載伊川先生之説曰：「再以左右手分而爲二，更不重掛奇。」朱子辨之曰：「此説尤多可疑。然郭氏云本無文字，則其傳授之際，不無差舛宜矣。」郭氏又曰：「第二、第三揲雖不掛，亦有四、八之變，蓋不必掛也。」朱子辨之曰：「所以不可不掛者，有兩説。蓋三變之中，前一變屬陽，故其餘五、九皆奇數；後二變屬陰，故其餘四、八皆偶數。屬陽者，爲陽三而陰一，皆圍三徑一之術。屬陰者，爲陰二而爲陽二，皆以圍四用半之術也。是皆以三變皆掛之法得之，後兩變不掛則不得也。三變之後，其可爲老陽者十二，可爲老陰者四，可爲少陰者二十八，可爲少陽者二十，雖多寡之不同，而皆有法象。是亦以三變皆掛之法得之，而後兩變不掛則不得也。郭氏僅見第二、第三變可以不掛之一端耳，而遂執以爲説，夫豈知其掛與不掛之爲得失乃如此哉？大抵郭氏他説偏滯雖多，而其爲法尚無甚戾，獨此一義，所差雖小，而深有害於成卦、變爻之法，尤不可不辨。」愚嘗考之第一變獨掛，後二變不掛，非特爲六扐而後掛，三營而成易，於再扐四營之義不協。且後二變不掛，其數雖亦不四則八，而所以爲四、八者，實有不同。蓋掛則所謂四者，左手餘一則右手餘二，左手餘二則右手餘一。不掛則左手餘一右手餘三，左手餘二右手餘二，左手餘三右手餘一，此四之所以不同也。掛則所謂八者，左手餘四右手餘三，左手餘三右手餘四，不掛則左手餘四右手亦餘四，此八之所以不同也。三變之後，陰陽變數皆參差不齊，無復自然之法象矣，其可哉？

且用舊法，則三變之中，又以前一變爲奇，後二變爲偶。奇故其餘五、九，偶故其餘四、八。餘五、九者，五三而九一，亦圍三徑一之義也。餘四、八者，四、八皆二，亦圍四用半之義也。三變之後，老者陽饒而陰乏，少者陽少而陰多，亦皆有自然之法象焉。

舊法與今所用之法，四十九蓍，虛一、分二、掛一、揲四、歸奇，初無以異，而三變之分得五者三，得四者二，得九者一，得八者二，亦莫不同。但其於第一變以或五、或九者，皆爲奇，第二、第三變以或四、或八者，皆爲偶，與今所論五、四爲奇，九、八爲偶者，有不同耳。舊法所分，蓋以前一變在先而屬奇，故其餘五、九亦奇數也。後二變在後而屬偶，故其餘四、八亦偶數也。不過因其數以分奇偶，初未嘗據以此奇偶而定陰陽。然以餘五、九者爲奇，則五三、九一，亦有圍三徑一之義。以餘四、八者爲偶，則四、八皆二，亦有圍四用半之義。況三變之後老陽十二，老陰四，少陽二十，少陰二十八，其饒乏多寡自然之法象，初不害其本同也。朱子特舉此説，所以深明三變皆掛之得，以證上文近世後二變不掛之失，又以起下文。若用近世之法，三變之餘皆爲圍三徑一之義，而無復奇偶之分，以辨明其誤也。

蔡元定曰：按五十之蓍，虚一，分二，掛一，揲四，爲奇者三，爲偶者二，是天三地二自然之數。而三揲之變，老陽老陰之數本皆八，合之得十六，陽以老爲動，而陰性本静，故以四歸于老陽，此老陰之數所以四，老陽之數所以十二也。❶少陽少陰之數本皆二十四，合之四十八，少爲静，❷而陽性本動，故以四歸於少陰，此少陽之數所以二十，而少陰之數所以二十八也。易用老而不用少，故六十四變所用者十六變，❸十六變又以四約之，陽用其三，陰用其一。蓋一奇一偶對待者，陰陽之體；陽三陰一，一饒一乏者，陰陽之用。故四時春夏秋生物，而冬不生物；天地東西南可見，而北不可見；人之瞻視，亦前與左右可見，而背不可見也。不然，則以四十九蓍虚一，分二，掛一，揲四，則爲奇者二，爲偶者二，而老陽得八，老陰得八，少陽得二十四，少陰得二十四，不亦善乎？聖人之智豈不及此！而其取此而不取彼者，誠以陰陽之體數常均，用數則陽三而陰一也。

揲蓍之法，所謂奇三而偶二者，朱子嘗釋之于卷末曰：「卷内蔡氏説爲奇者三，爲偶者二，蓋凡初揲，左手餘一、餘二、餘三皆爲奇，餘四者爲偶。至再揲、三揲，則餘三者亦爲偶，故曰奇三而偶二也。」二老本皆八，二少本皆二十四者，其實非揲蓍有此例。蓋亦以天地之間陰陽各居其半，本無多寡之殊。以六十四卦言之，陽卦三十二，陰卦三十二；以三百八十四爻言之，陽爻百九十二，陰爻百九十二。夫如是，則以陰陽老少而均之，

❶「老」，原作「不」，今據通志堂本、薈要本、慶餘堂本改。

❷「少」上，依文例，似當有「陰以」二字。

❸「十六」，原作「十二」，今據《朱子成書》本《易學啓蒙》改。

二老皆八，合之得十六；二少皆二十四，合之得四十八。亦言其體數對待，一奇一偶本如此而已。至於揲蓍而見於用，用二老而不用二少。然其爲數之饒乏多寡，實有不可概論者，是以三揲之變，老者陽饒而陰乏，少者陽少而陰多。二老以陽之動爲主，故老陰以其四歸于老陽，而老陽得十二，老陰得四也。二少以陰之静爲主，故少陽以其四歸于少陰，而少陰得二十八，少陽得二十也。合之計六十四變，此則合老少之變，以推二老之用。因揲蓍而後見也。體數常均者，合陰陽老少之本數而言，故一奇一偶對待者，陰陽之體也。用數則陽三而陰一者，於六十四變之中取其十六變者爲用，又於十六變之中以四約之，則老陽十二而用其三，老陰四而用其一，是一饒一乏爲陰陽之用也。即此推之，蔡氏之言了然矣。邵子曰：「天有四時，一時四月，一月四十日，四四十六，而各去其一，是以一時三月，一月三十日也。四時，體數也；三月、三十日，用數也。體雖具四，而其一常不用也，故用者止于三，而極于九也。」以此證蔡氏之説，則一時必無四月，❶一月必無四十日，老陽老陰必無本皆八之數，少陽少陰必無本皆二十八之數。所以爲此言者，亦指其體數之常均耳。至於用數，則一時三月，一月三十日，陽用其三而陰用其一，又豈可得而强同哉！要之，蔡氏損益之説，視此又較明白云。

若用近世之法，則三變之餘，皆爲圍三徑一之義，而無復奇偶之分。三變之後，爲老陽少陰者皆二十七，爲少陽者九，爲老陰者一，又皆參差不齊，而無復自然之法象，此足以見其説之誤矣。

舊法三變皆掛，則初變五三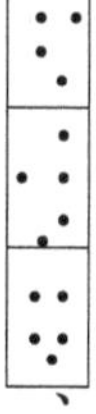、九一爲圍三徑一之義。後二變四、八皆二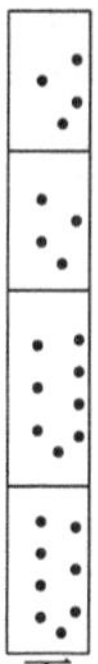而爲圍四用半之義。今後二變不掛則皆四三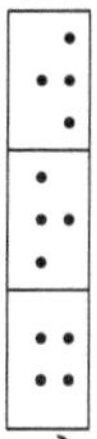、八二，並如前一變之五三、九一而無復後二變之四、八皆二。故惟有圍三徑一之術而無圍四用半之術也，尚安有奇

❶「必」下，原衍「必」字，今據通志堂本、薈要本删。

偶之分哉！是以三變之後，老少變數雖有六十四而參差不齊，無自然之法象矣。今爲圖以附于卷後，庶觀者易見其誤云。

至於陰陽老少之所以然者，則請復得而通論之：蓋四十九策，除初掛之一而爲四十八，以四約之爲十二，以十二約之爲四。故其揲之一變也，掛扐之數一其四者爲奇，兩其四者爲偶。其三變也，掛扐之數三其四，一其十二，而過揲之數九其四，三其十二者，爲老陽。掛扐過揲之數皆六其四，兩其十二者，爲老陰。自老陽之掛扐而增一四，則是四其四也，一其十二而又進一四也；自其過揲者而損一四，則是八其四也，三其十二而損一四也，此所謂少陰者也。自老陰之掛扐而損一四，則是五其四也，兩其十二而去一四也；自其過揲而增一四，則是七其四也，兩其十二而進一四也，此所謂少陽者也。二老者，陰陽之極也，二極之間相距之數凡十有二，而三分之。自陽之極而進其掛扐，退其過揲，各至於三之一，則爲少陰；自陰之極而退其掛扐，進其過揲，各至於三之一，則爲少陽。

老陽掛扐十二，老陰掛扐二十四；老陽過揲三十六，老陰過揲二十四，其間相距各隔十二也。自老陽變爲少陰，以其掛扐十二，進一四則爲少陰掛扐十六，以其過揲三十六，退一四則爲少陰過揲三十二。自老陰變爲少陽，以其掛扐二十四，退一四則爲少陽掛扐二十，以其過揲二十四，進一四則爲少陽過揲二十八。此所謂二極之間相距之數凡十有二，掛扐、過揲皆進退以四而成二少者如此。各至於三之一者，以十二分爲三分，其進退各至於三分中一分而成二少也。一分指四數言。

老陽居一而含九，故其掛扐十二爲最少，而過揲三十六爲最多。少陰居二而含八，故其掛扐十六爲次少，而過揲三十二爲次多。少陽居三而含七，故其掛扐二十爲稍多，而過揲二十八爲稍少。老陰居四而含六，故其掛扐二十四爲極多，而過揲亦二十四爲極少。蓋陽奇而陰偶，是以掛扐之數，老陽極少，老陰極多，而二少者一進一退而交於中焉，此其以少爲貴者也。陽實而陰虛，是以過揲之數，老陽極多，老陰極少，而二少者亦一進一退而交於中焉，此其以多爲貴者也。

老陽居一含九，少陽居三含七，其位與數皆奇。老陰居四含六，少陰居二含八，其位與數皆偶。主陽之奇而言，則掛扐以少爲貴，故老陽極少，少陰次少，而老陰掛扐極多，❶少陽掛扐次多者，❷不能以並乎陽之少也。老陽少陽位數皆奇，奇則一而實。老陰少陰位數皆偶，偶則二而虛。主陽之實而言，則過揲以多爲貴，故老陽極多，少陽次多，而老陰過揲極少，少陰過揲次少者，不能以並乎陽之多也。壹皆以陽之奇與實者爲主，其尊陽之義可見矣。二少掛扐過揲皆一進一退，而交於二老之中者，即上文二老進退各至於三之一，❸以成二少之義。

凡此不唯陰之與陽既爲二物而迭爲消長，而其一物之中，此二端者，又各自爲一物而迭爲消長。其相與低昂如權衡，其相與判合如符契，固有非人之私智所能取舍而有無者。

陰陽二物指二老言，迭爲消長指掛扐、過揲言。同一掛扐也，老陽以長而變爲少陰，老陰則以消而變爲少陽。同一過揲也，❹老陽以消而變爲少陰，老陰則以長而變爲少陽。此迭爲消長以成二少也。一物指或爲老陽一物，或爲老陰一物言，二端指掛扐、過揲言。且以老陽一物論之：老陽掛扐十二，視少陰掛扐十六消矣。少

❶「扐」，原作「掛」，今據通志堂本、薈要本、慶餘堂本改。
❷「陽」，原作「陰」，今據薈要本、慶餘堂本改。
❸「上」，原作「土」，今據通志堂本、薈要本、慶餘堂本改。
❹「一」，原空缺，今據京都本、通志堂本、薈要本、慶餘堂本補。

陰掛扐十六，視老陽掛扐十二則爲長焉。老陽過揲三十六，視少陰過揲三十二長矣。少陰過揲三十二，視老陽過揲三十六則爲消焉。掛扐長則過揲消，過揲長則掛扐消。推之老陰一物之中亦然。「相與低昂如權衡」，陽長則陽昂而陰低，陰長則陰昂而陽低，如權衡之有輕重也。相與判合如符契合焉，而陰陽二物迭爲消長判焉。而一物之中又各自有消長，如符契之有判合也。因其相與之義，究其迭爲之旨，其自然之妙豈容人力於其間哉！

而況掛扐之數乃七、八、九、六之原，而過揲之數乃七、八、九、六之委，其勢又有輕重之不同。而或者乃欲廢置掛扐，而獨以過揲之數爲斷，則是舍本而取末，去約以就煩，而不知其不可也，豈不誤哉！

有過揲，必先有掛扐，掛扐所以爲七、八、九、六之原。有掛扐，而後有過揲，過揲所以爲七、八、九、六之委。朱子辨郭氏曰：「四十九蓍，蓍之全數也。以其全而揲之，則其前爲掛扐，其後爲過揲。以四乘掛扐之數，必得過揲之策；以四除過揲之策，必得掛扐之數。其自然之妙，如牝牡之相御，如符契之相合，可以相勝而不可以相無。且其前後相因固有次第，而掛扐之數所以爲七、八、九、六，又有非偶然者，皆不可以不察也。今於掛扐之策既不知其所自來，而以爲無所預於揲法，徒守過揲之數以爲正策，而亦不知正策之所自來也。其欲增損全數以明掛扐之可廢，是又不知其不可相無之說，其失益以甚矣。」又答郭氏書曰：「過揲之數雖先得之，❶然其數衆而繁；歸奇之數雖後得之，然其數寡而約。紀數之法以約御繁，不以衆制寡。故先儒舊說專以多少決陰陽之老少，而過揲之數亦冥會焉，初非有異說也。然七、八、九、六所以爲陰陽之老少者，其說本於《圖》、《書》，定於四象。其歸奇之數亦因揲而得之耳。大抵《河圖》、《洛書》者，七、八、九、六之祖也；四象之形體次第者，其父也；歸奇之奇偶方圓者，其子也；過揲而以四乘之者，其孫也。今自歸奇以上皆棄而不録，而獨以過揲四乘之數爲說，恐未究象數之本原也。」按：此二條説掛扐、過揲本末先後最爲精密，所以正郭

❶「雖」，原作「錐」，今據京都本、薈要本、慶餘堂本改。下「雖」字同。

氏之誤，無餘説矣。此節所謂「或者」，正指郭氏言也。雲莊劉氏曰：「掛扐之數所以不可廢置者，有兩儀、三才、四時、閏餘之象焉。使聖人當時若不以掛扐爲主，❶將四十有九之蓍分二之後去其一足矣，何必掛之以象三才？揲左之後去其所餘之奇足矣，何必扐之以象閏？揲右之後又去其所餘之奇足矣，何必再扐之以象再閏？所以然者，正欲以掛扐爲主也。若夫乾、坤之策以過揲紀之而不及掛扐者，畢竟過揲之數皆四十九蓍中之策，以掛扐定爻之老少，復以過揲紀爻之策數，則蓍之全數於卦爻皆有用矣。如必欲廢置掛扐，盡用過揲，是爲不知本之論也。其誤可勝言哉！」

邵子曰：「五與四、四，去掛一之數，則四三十二也。九與八、八，去掛一之數，則四六二十四也。五與八、八，九與四、八，去掛一之數，則四五二十也。九與四、四，五與四、八，去掛一之數，則四四十六也。故去其三、四、五、六之數，以成九、八、七、六之策。」此之謂也。

老陽掛扐十三，去初掛一爲十二。老陰掛扐二十五，去初掛一爲二十四。少陽掛扐二十一，去初掛一爲二十。少陰掛扐十七，去初掛一爲十六。此去初掛之一，以驗奇偶多寡之所由分也。奇偶既分，用數斯判。奇圓用全而徑一圍三，偶方用半而徑一圍四。是以老陽掛扐三奇十二全用；又於三奇内去一策以象圓，而三一之中各復有三，積三三之數爲九，是去三以成九也。少陰掛扐兩奇一偶十六，兩奇全用，故四策各全用，一偶用半，故八策只用四，亦用十二；於兩奇内去一數以象圓，而二一之中各復有三，於一偶内去二數以象方，而一二之中復有二，積二三、一二之策爲八，是去四以成八也。少陽掛扐兩偶一奇二十，一奇用全，故四策全用，兩偶用半，故八策各用四，亦用十二；於一奇内去一數以象圓，而一一之中復有三，於兩偶内各去二數以象方，而二二之中各復有二，積一三、二二之策爲七，是去五以成七也。老陰掛扐三偶二十四，用半亦只用十二；又於三偶内各去二數以象方，而三二之中各復有

❶「主」，原作「王」，今據京都本、通志堂本、薈要本、慶餘堂本改。

二，積三二之策爲六，是去六以成六也。此去三、四、五、六之數以成九、八、七、六之策也。是知老少掛扐去初掛之後，多寡雖不同，而用全用半均不過十二之數。以其十二者去三則成九，去四則成八，去五則成七，去六則成六，十二乃老陽掛扐之數也。壹是皆以老陽之數爲準，而去取以成九、八、七、六焉。其尊陽之意又可見於此矣。

一爻已成，再合四十九策，復分、掛、揲、歸以成一變，每三變而成一爻，並如前法。

乾之策二百一十有六，坤之策百四十有四，凡三百有六十，當期之日。

乾之策二百一十有六者，積六爻之策各三十六而得之也。坤之策百四十有四者，積六爻之策各二十有四而得之也。凡三百六十者，合二百一十有六、百四十有四而得之也。當期之日者，每月三十日，合十二月爲三百六十也。蓋以氣言之，則有三百六十六日；以朔言之，則有三百五十四日。今舉氣盈朔虛之中數而言，故曰三百有六十也。然少陽之策二十八，積乾六爻之策則一百六十八；少陰之策三十二，積坤六爻之策則一百九十二。此獨以老陰陽之策爲言者，以易用九、六，不用七、八也。然二少之合亦三百有六十。

策指過揲之策，乾、坤二老之策足以當期之數，二少之策亦足以當期之數。《易》以九、六名爻，故言老而不言少。朱子答程可久曰：不可專指乾、坤之爻爲老陽老陰。其實六爻之爲陰陽者，老少錯雜。《大傳》以六爻乘二老言，故曰乾之策二百一十六，坤之策百四十四，凡三百六十。然爲六子諸卦者，亦互有老少焉。以策數合之，亦三百六十。若便以乾、坤皆爲老陰陽，六子皆爲少陰陽，則恐未安也。三百六十，當期之日。期者，周也，謂周一歲也。以氣言，則有三百六十六日；以朔言，則有三百五十四日。今曰三百六十者，比之氣盈則少六日，不得謂之盈；比之朔虛則多六日，不得謂之虛。是蓋於氣朔盈虛之間，指其數之中者爲言也。乾、坤之策合之爲三百六十，亦正足以當期之數也。○

按：閏法始於《堯典》，曰：「朞三百六旬有六日，以閏月定四時，成歲。」朱子曰：「天體至圓，周圍三百六十五度四分度之一，繞地左旋，常一日一周而過一度。日麗天而少遲，故曰一日，亦繞地一周，而在天爲不及一度。積三百六十五日九百四十分日之二百三十五而與天會，是一歲日行之數也。月麗天而尤遲，一日常不及天十三度十九分度之七。積二十九日九百四十分日之四百九十九而與日會。十二會，得全日三百四十八，餘分之積五千九百八十八。如日法，九百四十而得六，不盡三百四十八。通計得三百五十四日九百四十分日之三百四十八，是一歲月行之數也。歲有十二月，月有三十日。三百六十者，一歲之常數也。故日與天會，而多五日二百三十五分者，爲氣盈；月與日會，而少五日五百九十二分者，爲朔虚。合氣盈朔虚而閏生焉。故一歲閏率十日九百四十分日之八百二十七；三歲一閏，則三十二日九百四十分日之六百一；五歲再閏，則五十四日九百四十分日之二百七十五。十九歲七閏，則氣朔分齊，是爲一章也。」愚謂天體圓如彈丸，❶半覆地上，半在地下，以二十八宿分周天之度，共爲三百六十五度四分度之一。朱子曰「天無體，只二十八宿便是體」是也。四分度之一者，天行每一度計九百四十分，分爲四分，則計四箇二百三十五分，而得其四分之一也。天行過一度者，天行健，一日一夜周天三百六十五度四分度之一，而又過一度也。朱子曰：「日月皆從角起，日則一日運一周，依舊只到那角上；天則周了，又過那角些子。日日累將去，到一年便與日會。」又曰：「而今若就天裏看時，只是行得三百六十五度四分度之一。若把天外來説，則是一日過了一度。季通嘗言：『論日月，則在天裏；論天，則在太虚空裏。若去那太虚空裏觀天，自是日日衮得不在舊時處。』」所謂日之二百三十五者，在天爲度，在歲爲日，天有三百六十五度四分度之一，歲亦有三百六十五日四分日之一也。天一度有九百四十分，歲一日亦有九百四十分。均以四分分之，每分計二百三十五分，是天與日所行之餘分也。所謂二百三十五者，即四分度之一耳。日與天會者，一朞内二十四氣，必有三百六十六日，雖遇置閏年亦同。如自今年冬至至來年冬至前一日，必三百六十六日也。日與天在來年冬至三百六十六日上會而成一

❶「丸」，原作「九」，今據通志堂本、薈要本、慶餘堂本改。

歲也。十九分度之七者，以九百四十分分爲十九分，每分計四十九分四釐七毫六絲八杪。十九分内中取七分，總爲三百四十六分三釐一毫五忽七絲六杪，此月行一日不及天與日常度之餘分也。如是，則月行一日不及日十二度三百四十六分半，每月積至二十九日四百九十九分上，其不及日者三百六十五度二百三十五分，則日所進過之度恰周得本數，而月所不及之度亦退盡本數，恰恰與日會而成一月。合十二箇二十九日，計全日三百四十八。十二箇四百九十九分，積五千九百八十八。以日法九百四十分除之，得六日零三百四十八。通計三百五十四日三百四十八分，此一歲月行之常數也。月與日會處係於每月二十九日四百九十九分上會。如正月斗柄指寅，寅與亥合，日月則會於亥，其辰爲陬訾。二月斗柄指卯，卯與戌合，日月則會於戌，其辰爲降婁。積十二會皆於斗柄所指之宫，合宫上會也。三百六十爲一歲之常數者，以五行之氣言之，各旺七十二日，則五其七十二爲三百六十。以六甲之數言之，每甲六十，六其六十亦三百六十。以乾、坤二篇之策言之，乾二百一十六，坤百四十四，亦合三百六十，所謂一歲之常數也。氣則二十四氣，自今年冬至至來年冬至前一日，計三百六十五日二百三十五分，是於三百六十日外多五日二百三十五分者爲氣盈。朔則十二月朔，自今年十一月初一至來年十一月初一前一日，計三百五十四日三百四十八分，是於三百六十日内少五日五百九十二分者爲朔虚。合氣盈朔虚而閏生者，一歲閏，積氣朔之數計十日八百二十七分；三歲一閏，積氣朔之數三箇十日八百二十七分，計三十二日六百丹一分；五歲再閏，積氣朔之數五箇十日八百二十七分，計五十四日二百七十五分。但五歲内無再閏，而《易·繫》乃有「五歲再閏」之文者，蓋以氣盈六日，朔虚六日，而再閏在五歲内者，舉成數也；氣盈五日二百三十五分，朔虚五日五百九十二分，而再閏在六歲内者，舉本數也。十九歲七閏爲一章者，蓋九爲天數之終，十爲地數之終，十九歲而天地之數俱終，故當七閏也。自一歲餘十日零八百二十七分，積十九年，得全日一百九十日零分，積一萬五千七百一十三分，以日法九百四十分除之，計成日一十六日零六百七十三分，通前所得，全日總計二百丹六日零六百七十三分，將此數於十九年内分作七箇閏月，計三七二百一十日，内少三日二百六十七分，七閏月之中合除此三日二百六十七分，均作三箇月小盡正恰好，故氣朔分齊定是冬至在十一月朔，是爲至朔同日而爲一章之歲也。嘗論之，日月皆麗乎天者也，日之行比天只不及一度，月之行乃不及日十二度，何哉？蓋天秉陽而在上，日爲陽之精，月爲陰之精也。造化之間陽大陰小，陽饒陰乏，陽得兼陰，陰不得兼陽，此日行所以常過，月行所以常不及也。且一歲朔虛五日五百九十二分，固月之所不及行者矣；氣盈五日二百三十五分，亦月之所不及行者也。使日之運常有餘，月之運常不足，不置閏以齊之，積之三年，春之一月入於夏，子之一月入於丑矣。又至於三失閏，則春季皆入於夏，十二失閏，子年皆入於丑矣，何以成造化之功哉！故聖人作曆必歸餘於閏，以補月行不及於日之數，則月之行也，始可與一歲日與天會之數相參爲一，至十九年而氣朔分齊，無毫髮之差矣。聖人財成輔相之功，豈淺淺哉！或曰：曆家之説則以爲日行遲，一日行一度，月行速，一日行十二度十九分度之七，何也？曰：陳安卿嘗問：「天道左旋，自東而西，日月右行，則如何？」朱子曰：「横渠説日月皆是左旋，説得好。蓋天行甚健，一日一夜周天三百六十五度四分度之一，而又過一度。日行速，健次於天，一日一夜周三百六十五度四分度之一，止恰好。彼天進一度，則日却成每日退了一度。積至三百六十五日四分日之一，則天所進過之度，又恰周得本數；而日所不及之度，亦恰退盡本數，遂與天會而成一年。月行遲，一日一夜三百六十五度四分度之一行不盡，比之天却成退了十三度有奇。進數爲順天而左，退數若逆天而右。曆家以進數難筭，只以退數筭之，故謂之右行，且曰『日行遲，月行速』也。然則日行却得其正。」愚謂欲知日速月遲，其迹有易見者，且日月會於晦朔之間，初一日晚最好看起，日纔西墜，微茫之月亦隨之而墜矣。至初二便相隔微闊，初三生明，以後相去漸遠，一日遠似一日，直至十五，日月對望，則是日行速，進而遠至半天，月行遲，退而不及，亦遠半天矣。自十六至月晦，日行全遠，盡一天，月行全不及，亦盡一天，即所謂日進盡本數，月退盡本數，而復相會也。

二篇之策萬有一千五百二十，當萬物之數也。

二篇者，上、下經六十四卦也。其陽爻百九十二，每爻各三十六策，積之得六千九百一十二；陰爻百九十二，每爻二十四策，積之得四千六百八，又合二者爲萬有一千五百二十也。若爲少陽，則每爻二十八策，凡五千三百七十六；少陰，則每爻三十二策，凡六千一百四十四，合之亦爲萬一千五百二十也。

二篇之策足以當萬物之數，二老之策固然，二少之策亦然也。

是故四營而成易，十有八變而成卦，八卦而小成，引而伸之，觸類而長之，天下之能事畢矣。

四營者，四次經營也。分二者，第一營也。掛一者，第二營也。揲四者，第三營也。歸奇者，第四營也。易，變易也，謂揲之一變也。四營成變，三變成爻。一變而得兩儀之象，再變而得四象之象，三變而得八卦之象。一爻而得兩儀之畫，二爻而得四象之畫，三爻而得八卦之畫，四爻成而得其十六者之一，五爻成而得其三十二者之一，至於積七十二營而成十有八變，則六爻見而得乎六十四卦之一矣。然方其三十六營而九變也，已得三畫，而八卦之名可見，則內卦之爲貞者立矣。此所謂八卦而小成者也。自是而往，引而伸之，又三十六營九變以成三畫，而再得小成之卦者一，則外卦之爲悔者亦備矣。六爻成，內外卦備，六十四卦之別可見。然後視其爻之變與不變，而觸類以長焉，則天下之事，其吉凶悔吝皆不越乎此矣。

「一變而得兩儀之象」至「三變而得八卦之象」，蓋一爻以三變而成，猶八卦以三畫而成，❶故以爲象也。一變而得兩儀之象，❷謂得五者象陽儀，得九者象陰儀也。

❶「八」，通志堂本、薈要本作「一」。

❷「儀」，原作「義」，今據通志堂本、薈要本、慶餘堂本改。

再變而得四象之象，謂得五、四者象太陽，得五、八者象少陰，得九、四者象少陽，得九、八者象太陰。三變而得八卦之象，謂得五、四、四者象乾，得五、四、八者象兑，得五、八、四者象離，得五、八、八者象震，得九、四、四者象巽，得九、四、八者象坎，得九、八、四者象艮，得九、八、八者象坤，其逐變皆仿佛近似於儀、象、卦，而未有其畫，故惟以其象言之。一爻而得兩儀之畫，❶謂初揲而得⚊者爲陽之儀，必自乾至復三十二卦；得⚋爲陰之儀，必自姤至坤三十二卦也。二爻而得四象之畫，謂再揲而得⚌者爲太陽，必自乾至臨十六卦；得⚍者爲少陰，必自同人至復十六卦；得⚎者爲少陽，必自姤至師十六卦；得⚏者爲太陰，必自遯至坤十六卦也。❷三爻而得八卦之畫，謂三揲而得☰者爲乾，必自乾至泰八卦；得☱者爲兑，必自履至臨八卦也，餘放此。四爻而得十六者之一，謂四揲而得四爻，則得☰者，必自乾至大壯四卦；得☱者，必自小畜至泰四卦，餘放此，所謂十六卦中一卦也。五爻而得三十二者之一，五揲而得五爻，則得☰者非乾則夬，得☱非大有則大壯，餘放此，謂三十二卦中一卦也。以至六揲而得六爻，則一卦於乎成，❸而六十四卦之中各隨所遇而得其一矣。朱子屢言揲蓍求卦之法，謂一爻成只有三十二卦，二爻成只有十六卦，三爻成只有八卦，四爻成只有四卦，五爻成只有二卦，六爻既成，一卦乃定者，此之謂也。或問：「『内卦爲貞，外卦爲悔。』如何？」朱子曰：「貞、悔出《洪範》。貞，看來是正；悔，是過意。凡『悔』字，都是過了方悔，這『悔』字是『過』底意思。下三爻便是正卦，上三爻似過多了，恐是如此。」又曰：「内卦爲貞，外卦爲悔。因説：『生物只有初時好，凡物皆然。康節愛説。』」又曰：「康節看物事便成四箇，渠只怕處其盛。且如看花，方其蓓蕾向盛也，半開漸盛，正開太盛則衰矣。人之勢焰者必衰，强壯者必死。康節一見便能知之。」觸類以長，朱子謂如占得這一卦，則就上面推看，如乾則推其爲圜，爲君，爲父之類。觸其類於彼，而長其見於此，則舉天下之事，或吉或凶，或自悔而趨吉，或自吝而向凶者，皆可以決諸此而無復疑矣。

顯道神德行，是故可與酬酢，可與祐神矣。

❶「儀」，原作「義」，今據通志堂本、薈要本、慶餘堂本改。

❷「六」下，原衍「爻」字，今據慶餘堂本删。

❸「於」下，通志堂本、薈要本、慶餘堂本有「是」字。

道因辭顯，行以數神。酬酢者，言幽明之相應，如賓主之相交也。祐神者，言有以佑助神化之功也。

朱子曰：「道是無形底物事，因卦辭說出來。道這是吉，這是凶，這是可爲，這是不可爲。」此「道因辭顯」也。又曰：「德行是人做底事，因數推出來，方知得這非是人硬恁地做，都是神之所爲。」又曰：「德行是人事，却須決於蓍。」此「行以數神」也。「幽明之相應，如賓主之相交」者，「幽」言蓍也，「明」言人也，蓍與人之相應，無異於賓主之交相酬酢也。方揲之初，則人爲主而蓍爲賓；既揲之後，則蓍爲主而人爲賓。又云：「神不能自說吉凶與人，必待蓍而後見，皆佑助於神也。」

卷内蔡氏說「爲奇者三，爲偶者二」，蓋凡初揲，左手餘一、餘二、餘三皆爲奇，餘四爲偶；至再揲、三揲，則餘三者亦爲偶，故曰奇三而偶二也。

考變占第四

《乾》卦：「用九，見群龍無首，吉。」《象》曰：「用九，天德，不可爲首也。」

《坤》卦：「用六，利永貞。」《象》曰：「用六『永貞』，以大終也。」

用九、用六者，變卦之凡例也，言凡陽爻皆用九而不用七，陰爻皆用六而不用八。用九，故老陽變爲少陰。用六，故老陰變爲少陽。不用七、八，故少陽少陰不變。獨於乾、坤二卦言之者，以其在諸卦之首，又爲純陽純陰之卦也。聖人因繫以辭，使遇乾而六爻皆九，遇坤而六爻皆六者，即此而占之。蓋「群龍無首」，則陽皆變陰之象；「利永貞」，則陰皆變陽之義也。餘見六爻變例。歐陽子曰：「乾、坤之用九、用六何謂也？曰：乾爻七、九，坤爻八、六，九、六變而七、八無爲。易道占其變，故以其所占者名爻，不謂六爻皆九、六也。及其筮也，七、八常多，而九、六常少，有無九、六者焉。此不可以不釋也。六十四卦皆然，特於乾、坤見之，則餘可知耳。」○愚按：此説發明先儒所未到，最爲有功。其論七、八多而九、六少，又見當時占法三變皆掛，如一行説。

群龍，六龍也。筮得六爻皆用老陽之九，則變而之坤，既變而坤，故不可爲首。首，先也，坤爲首則先迷矣。永貞，陽也。筮得六爻皆用老陰之六，則變而之乾，既變而乾，故「以大終」。大，陽也，《易》中稱「大」爲陽也。「乾爻七、九，坤爻八、六」者，蓋謂遇乾而變者爲老陽之九，其間亦有不變而爲少陽之七者；❶遇坤而變者爲老陰之六，其間亦有不變而爲少陰之八者。「七、八常多，九、六常少」者，七、八每易遇，以其或奇、或偶之不齊，故常多也；九、六每難遇，以其老陽必三奇，老陰必三偶，故常少也。「又見當時占法三變皆掛」者，蓋三變皆掛，則少陽二十、少陰二十八爲易遇，老陽十二爲難遇。後二變不掛則老陽二十七，遇之甚易矣。進齋徐氏曰：「六爻皆用九，則乾變之坤。九者剛健之極，天德也。『天德不可爲首』，指卦變言，即坤無首之義，非謂乾剛有所不足也。善用九者，物極必變，剛而能柔，不爲物先，用坤道也。」

凡卦六爻皆不變，則占本卦彖辭，而以內卦爲貞，外卦爲悔。彖辭爲卦下之辭。孔成子筮立衛公子元，遇屯，曰：「利建侯。」秦伯伐晉，筮之，遇蠱，曰：「貞，風也；其悔，山也。」

朱子曰：「陽用九而不用七，且如占得純乾卦皆七數，這却不是變底。他未當得九，未在這爻裏面，所以只就占上面彖辭。」他亦然。「以內卦爲貞，外卦爲悔」者，朱子曰：「貞是事之始，悔是事之終；貞是事之主，悔是事之客；貞是事在我底，悔是應人底。」今統占本卦彖辭而分內、外卦爲貞、悔者，大抵筮法有變卦，則以本卦爲貞，之卦爲悔；無變卦，則以內卦爲貞，外卦爲悔。此又是兼內、外卦體推斷。如貞風悔山之類，是以貞爲

❶「陽」，原作「陰」，今據慶餘堂本改。

我，悔爲彼也。論貞、悔詳見前篇末。○《左》昭七年，衛卿孔成子欲立公子元，筮之遇屯，以示子朝。子朝曰：「元亨，且其繇辭曰『利建侯』。子其建之。」成子遂立元，即灵公也。○僖十五年，秦伯伐晉，卜徒父筮之吉，其卦遇蠱：「貞，風也；悔，山也。歲云秋矣，我落其實而取其材，所以克也。實落材亡，不敗何待？」遂獲晉侯以歸。

一爻變，則以本卦變爻辭占。沙隨程氏曰：「畢萬遇屯之比，初九變也。蔡墨曰：乾之同人，九二變也。晉文公遇大有之睽，九三變也。陳敬仲遇觀之否，六四變也。南蒯遇坤之比，六五變也。晉獻公遇歸妹之睽，上六變也。」

一爻變者凡六卦，有圖在後。如第一圖，以乾爲本卦，一爻變，自姤至夬；以坤爲本卦，一爻變，自復至剥是也。餘放此。沙隨所舉六事，皆各得一爻變，就本卦變爻占，其例觀後注可見。○《左》閔元年，畢萬筮仕於晉，遇屯之比，辛廖占之曰：「吉孰大焉！其必蕃昌。公侯之卦也。」○昭二十九年秋，龍見於絳郊，魏獻子問於蔡墨，墨曰：乾之同人，九二變也。○僖二十五年，晉文公將納王，使卜偃筮之，遇大有之睽，曰：「『公用享于天子』之卦，戰克而王饗，吉孰大焉！」○莊二十二年，陳厲公生敬仲，使周史筮之，遇觀之否，曰：「是謂『觀國之光，利用賓于王』，此其代陳有國乎？」○昭十二年，南蒯將叛，筮遇坤之比，曰：「黃裳，元吉。」以爲大吉。子服惠伯曰：「忠信之事則可，不然必敗。」後蒯果敗。○僖十五年，晉獻公筮嫁伯姬於秦，遇歸妹之睽。史蘇占之曰：「不吉。其繇曰：『士刲羊，亦無衁也。女承筐，亦無貺也。』」

二爻變，則以本卦二變爻辭占，仍以上爻爲主。經傳無文，今以例推之當如此。

二爻變者凡十五卦。如第一圖，以乾爲本卦，二爻變，自遯至大壯；以坤爲本卦，二爻變，自臨至觀是也。後放此。朱子曰：「凡變，須就其變之極處看，所以以上爻爲主。不變者是其常，只順其先後，所以以下爻爲主。亦如陰陽老少之義，老者變之極，少者只順其初。」又曰：「二爻變者，下至上而極。二爻不變者，下便是不變之本，故以之爲主。」又曰：「卦是從下生，占事都有一箇先後首尾。」

三爻變，則占本卦及之卦之彖辭，而以本卦爲貞，之卦爲悔；前十卦主貞，後十卦主悔。凡三爻變者通二十卦，有圖在後。○沙隨程氏曰：「晉公子重耳筮得國，遇貞屯悔豫，皆八，蓋初與四、五凡三爻變也。初與五用九變，四用六變。其不變者二、三、上，在兩卦皆爲八，故云皆八。而司空季子占之曰：『皆利建侯。』」

三爻變者凡二十卦。如第一圖，以乾爲本卦，三爻變，自否至泰；以坤爲本卦，三爻變，自泰至否是也。後放此。所以「占本卦及之卦彖辭」者，蓋變至三爻，則所變爻與不變爻六爻平分，故就兩卦彖辭占，而以本卦爲貞，之卦爲悔也。「前十卦主貞，後十卦主悔」者，且如乾三爻變，自否至恒爲前十卦，自益至泰爲後十卦；如坤三爻變，自泰至益爲前十卦，自恒至否爲後十卦。若所得變卦在前十卦內，雖占兩卦彖辭，却以本卦貞爲主，是重在本卦彖辭占也。若所得變卦在後十卦內，雖亦占兩卦彖辭，却以變卦悔爲主，是重在變卦彖辭占也。司空季子所占屯、豫「皆利建侯」，其例可見。朱子曰：「三爻變，則所主者不一，故以兩卦彖辭占。」又曰：「所以到那三爻變第三十二卦以後，占變卦彖辭者無他，❶到這裏時，離那本卦分數多了。到四畫、五畫，則更多矣。」○《國語》：晉公子重耳筮得國，親筮之，曰：「尚有晉國？」得貞屯悔豫，皆八。司空季子曰：「吉。是在《周易》，皆『利建侯』。我命筮曰：『尚有晉國？』告我曰『利建侯』，得國之務也。」

四爻變，則以之卦二不變爻占，仍以下爻爲主。經傳亦無文，今以例推之當如此。

四爻變凡十五卦，如第一圖，以乾爲本卦，四爻變，自觀至臨；以坤爲本卦，四爻變，自大壯至遯是也。後放此。

五爻變，則以之卦不變爻占。穆姜往東宮，筮遇艮之八。史曰：「是謂艮之隨。」蓋五爻皆變，唯二得八故不變也。法宜以「係小子，失丈夫」爲占，而史妄引隨之彖辭以對，則非也。

五爻變凡六卦，如第一圖，以乾爲本卦，五爻變，自剥至

❶「他」，原作「也」，今據京都本、慶餘堂本及影印文淵閣《四庫全書》本《朱子語類》改。

復；以坤爲本卦，五爻變，自夬至姤是也。後放此。○《左》襄九年，穆姜始往東宫，筮之遇艮之八，史曰：「是謂艮之隨。隨其出也，君必速出。」姜曰云云。按：穆姜，魯成公母。姜淫僑如，欲廢成公，故徙居太子宫也。「筮遇艮之八」者，艮五爻皆變，惟六二少陰八不變。不云「之隨」而云「之八」者，八指隨之六二言也。以之卦不變爻占，則重在六二，故云「之八」也。史妄引隨之彖辭以對，故又不云「之八」而云「之隨」耳。

六爻變，則乾、坤占二用，餘卦占之卦彖辭。蔡墨曰：「乾之坤曰：『見群龍無首，吉。』」是也。然「群龍無首」，即坤之「牝馬」、「先迷」也；坤之「利永貞」，即乾之「不言所利」也。

六爻變只一卦，如第一圖，以乾爲本卦，六爻盡變則爲坤；以坤爲本卦，六爻盡變則爲乾是也。後放此。乾、坤占用九、用六之辭，餘卦無二用可占，故占之卦彖辭也。朱子曰：「遇乾而六爻皆變，則爲陰，故有『群龍無首』之象，即坤『利牝馬之貞』也。言群龍而却無頭，剛而能柔，則吉也。」牝馬，順而健行者，故坤利此以爲貞。先迷，陽先陰後，以陰而先陽，則迷矣。又曰：「遇坤而六爻皆變，則爲陽，故有『利永貞』之象，則乾之『元亨利貞』也。」「不言所利」者，貞也。○《左》昭二十九年，蔡墨答魏獻子曰：「乾之坤曰：『見群龍無首，吉。』」蓋言六爻皆變之占也。

於是一卦可變六十四卦，而四千九十六卦在其中矣，所謂「引而伸之，觸類而長之，天下之能事畢矣」，豈不信哉！今以六十四卦之變列爲三十二圖，得初卦者，自初而終，自上而下；得末卦者，自終而初，自下而上。變在第三十二卦以前者，占本卦爻之辭；變在第三十二卦以後者，占變卦爻之辭。

凡言初終、上下者，據圖而言。言第幾卦前後者，從本卦起。

三十二圖初終、上下各主首末兩卦爲本卦，反復變易，隨所遇老陽老陰，而一卦可變六十四卦，共四千九十六卦，皆在六十四卦所變之中。引伸觸類，人謀鬼謀，百姓與能而天下之能事備於此矣。「得初卦者自初而終，自上而下」，如得乾卦者，自變姤初六至坤上六之類。

「得末卦者自終而初，自下而上」，如得坤卦者，自變復初九至乾上九之類。後放此。三十二卦前、後者，如乾自姤至恒，坤自復至益，爲三十二卦之前，皆占本卦爻辭者，即所謂一爻、二爻以至三爻之變，前十卦皆以本卦爲占也；如乾自益至坤，坤自恒至乾，爲三十二卦之後，皆占變卦爻辭者，即所謂三爻之變，後十卦以至四、五、上爻變，皆以之卦爲占也。然而必以三十二卦爲限，以在前者主貞，在後者主悔，亦取其中也。變在三十二卦之前，則正適其中，故皆主貞卦以爲占。變在三十二卦之後，則便過其中，故皆主悔卦以爲占也。〇雲莊劉氏曰：「筮法占卦爻之辭，然其辭與事應者，吉凶固自可見。又有不相應者，吉凶何自而決？蓋人於辭上會者淺，於象上會者深。伏羲教人卜筮，亦有卦而已，隨其所遇求之卦體、卦象、卦變，無不應矣。文王、周公之辭雖以明卦，然辭之所該終有限，故有時而不應，必如《左傳》及《國語》所載，占卦體、卦象、卦變，又推互體，始足以濟辭之所不及，而爲吉凶之前知耳。讀《易》者不可不察也。」

坤六爻變 乾	乾爲本卦，順變至坤。後同。				
乾一爻變 姤	同人	履	小畜	大有	坤五爻變 夬
乾二爻變 遯	訟	巽	鼎	大過	
	无妄	家人	離	革	
		中孚	睽	兑	
			大畜	需	坤四爻變 大壯
乾三爻變 否	漸	旅	咸		
	渙	未濟	困		
		蠱	井	恒	
	益	噬嗑	隨		
		賁	既濟	豐	
		損	節	歸妹	坤三爻變 泰
乾四爻變 觀	晉	萃			
	艮	蹇	小過		
	蒙	坎	解	升	
	頤	屯	震	明夷	坤二爻變 臨
乾五爻變 剝	比	豫	謙	師	坤一爻變 復
				坤爲本卦，逆變至乾。後同。	乾六爻變 坤

姤	乾	同人				无妄						益				頤	
	遯	履	否			家人	中孚		觀			噬嗑	賁	損	剥	屯	
	訟	小畜	漸	渙		離	睽	大畜	晉	艮	蒙	隨	既濟	節	比	震	
	巽	大有	旅	未濟	蠱	革	兑	需	萃	蹇	坎		豐	歸妹	豫	明夷	
	鼎	夬	咸	困	井			大壯		小過	解			泰	謙	臨	
	大過				恒						升				師	坤	復

同人	遯	姤				訟						渙				蒙	
	乾	否	履			巽	觀		中孚			未濟	蠱	剥	損	坎	
	无妄	漸	小畜	益		鼎	晉	艮	睽	大畜	頤	困	井	比	節	解	
	家人	旅	大有	噬嗑	賁	大過	萃	蹇	兌	需	屯		恒	豫	歸妹	升	
	離	咸	夬	隨	既濟			小過		大壯	震			謙	泰	坤	
	革				豐						明夷				復	臨	師

履	訟	否				遯						漸				艮	
	无妄	姤	同人			觀	巽		家人			旅	剥	蠱	賁	蹇	
	乾	渙	益	小畜		晉	鼎	蒙	離	頤	大畜	咸	比	井	既濟	小過	
	中孚	未濟	噬嗑	大有	損	萃	大過	坎	革	屯	需		豫	恒	豐	坤	
	睽	困	隨	夬	節			解		震	大壯			師	復	升	
	兌				歸妹						臨				泰	明夷	謙

小畜	巽	漸				觀						否				晉	
	家人	渙	益			遯	訟		无妄			剥	旅	未濟	噬嗑	萃	
	中孚	姤	同人	履		艮	蒙	鼎	頤	離	睽	比	咸	困	隨	坤	
	乾	蠱	賁	損	大有	蹇	坎	大過	屯	革	兌		謙	師	復	小過	
	大畜	井	既濟	節	夬			升		明夷	臨			恒	豐	解	
	需				泰						大壯				歸妹	震	豫

	觀				剥						晉					旅	鼎	大有
	坤	益	涣	漸	否				頤			蒙	艮				噬嗑	未濟	離	
	萃	復	師	謙	豫	中孚	家人	无妄	巽	訟	遯		損	賁	蠱	睽	
	蹇	隨	困	咸		臨	明夷	震	升	解	小過	小畜	履	同人	姤	大畜	
	坎	既濟	井			兑	革		大過			泰	歸妹	豐	恒	乾	
比	屯	節				需						夬				大壯	

	坤				比						萃				咸	大過	夬
	觀	復	節	謙	豫			屯		坎	蹇			隨	困	革	
	晉	益	渙	漸	否	臨	明夷	震	升	解	小過		節	既濟	井	兌	
	艮	噬嗑	未濟	旅		中孚	家人	无妄	巽	訟	遯	泰	歸妹	豐	恒	需	
	蒙	賁	蠱			睽	離		鼎			小畜	履	同人	姤	大壯	
剝	頤	損				大畜						大有				乾	

遯					
同人	姤	否	漸	旅	咸
乾	无妄	家人	離	革	
	訟	巽	鼎	大過	
		觀	晉	萃	
			艮	蹇	小過
履	小畜	大有	夬		
	益	噬嗑	隨		
		賁	既濟	豐	
	渙	未濟	困		
		蠱	井	恒	
		剥	比	豫	謙
中孚	睽	兑			
	大畜	需	大壯		
	頤	屯	震	明夷	
	蒙	坎	解	升	坤
損	節	歸妹	泰	復	師
					臨

訟	履	无妄				同人						家人				賁	
	否	乾	遯			益	小畜		漸			離	頤	大畜	艮	既濟	
	姤	中孚	觀	巽		噬嗑	大有	損	旅	剥	蠱	革	屯	需	蹇	豐	
	渙	睽	晉	鼎	蒙	隨	夬	節	咸	比	井		震	大壯	小過	復	
	未濟	兌	萃	大過	坎			歸妹		豫	恒			臨	坤	泰	
	困				解						師				升	謙	明夷

	䷔噬嗑				䷘无妄						䷩益				䷤家人	䷈小畜	䷸巽
	䷐隨	䷢晉	䷥睽	䷝離	䷚頤			䷋否		䷉履	䷌同人			䷓觀	䷼中孚	䷴漸	
	䷗復	䷬萃	䷹兌	䷰革	䷂屯	䷿未濟	䷷旅	䷖剥	䷍大有	䷨損	䷕賁		䷅訟	䷠遯	䷀乾	䷺渙	
	䷶豐	䷁坤	䷒臨	䷣明夷		䷮困	䷞咸	䷇比	䷪夬	䷻節	䷾既濟	䷱鼎	䷃蒙	䷳艮	䷙大畜	䷫姤	
	䷵歸妹	䷽小過	䷡大壯			䷆師	䷎謙		䷊泰			䷛大過	䷜坎	䷦蹇	䷄需	䷑蠱	
䷲震	䷏豫	䷧解				䷟恒						䷭升				䷯井	

	益				頤						嗑噬				離	有大	鼎
	復	觀	孚中	人家	妄无			剥		損	賁			晉	睽	旅	
	隨	坤	臨	夷明	震	渙	漸	否	畜小	履	人同		蒙	艮	畜大	濟未	
	濟既	萃	兑	革		師	謙	豫	泰	妹歸	豐	巽	訟	遯	乾	蠱	
	節	蹇	需			困	咸		夬			升	解	過小	壯大	姤	
屯	比	坎				井						過大				恒	

大過					
夬	咸	困	井	恒	姤
革	兌	需	大壯	乾	
	萃	蹇	小過	遯	
		坎	解	訟	
			升	巽	鼎
隨	既濟	豐	同人		
	節	歸妹	履		
		泰	小畜	大有	
	比	豫	否		
		謙	漸	旅	
		師	渙	未濟	蠱
屯	震	无妄			
	明夷	家人	離		
	臨	中孚	睽	大畜	
	坤	觀	晉	艮	蒙
復	益	噬嗑	賁	損	剥
					頤

无妄	否	訟				姤						巽				蠱	
	履	遯	乾			渙	漸		小畜			鼎	蒙	艮	大畜	井	
	同人	觀	中孚	家人		未濟	旅	剥	大有	損	賁	大過	坎	蹇	需	恒	
	益	晉	睽	離	頤	困	咸	比	夬	節	既濟		解	小過	大壯	師	
	噬嗑	萃	兌	革	屯			豫		歸妹	豐			坤	臨	謙	
	隨				震						復				明夷	泰	升

	䷿未濟				䷅訟						䷺渙				䷸巽	䷴漸	䷤家人
	䷮困	䷥睽	䷢晉	䷱鼎	䷃蒙			䷉履		䷋否	䷫姤			䷼中孚	䷓觀	䷈小畜	
	䷆師	䷹兌	䷬萃	䷛大過	䷜坎	䷔噬嗑	䷍大有	䷨損	䷷旅	䷖剥	䷑蠱		䷘无妄	䷀乾	䷠遯	䷩益	
	䷟恒	䷒臨	䷁坤	䷭升		䷐隨	䷪夬	䷻節	䷞咸	䷇比	䷯井	䷝離	䷚頤	䷙大畜	䷳艮	䷌同人	
	䷏豫	䷡大壯	䷽小過			䷗復	䷊泰		䷎謙			䷰革	䷂屯	䷄需	䷦蹇	䷕賁	
䷧解	䷵歸妹	䷲震			䷶豐							䷣明夷				䷾既濟	

	渙				蒙						未濟				鼎	旅	離
	師	中孚	觀	巽	訟			損		剝	蠱			睽	晉	大有	
	困	臨	坤	升	解	益	小畜	履	漸	否	姤		頤	大畜	艮	噬嗑	
	井	兌	萃	大過		復	泰	歸妹	謙	豫	恒	家人	无妄	乾	遯	賁	
	比	需	蹇			隨	夬		咸			明夷	震	大壯	小過	同人	
坎	節	屯				既濟						革				豐	

䷰革	䷞咸	䷛大過				䷮困						䷜坎				䷆師	
	䷪夬	䷬萃	䷹兌			䷯井	䷇比		䷻節			䷧解	䷭升	䷁坤	䷒臨	䷺渙	
	䷐隨	䷦蹇	䷄需	䷂屯		䷟恒	䷏豫	䷎謙	䷵歸妹	䷊泰	䷗復	䷅訟	䷸巽	䷓觀	䷼中孚	䷿未濟	
	䷾既濟	䷽小過	䷡大壯	䷲震	䷣明夷	䷫姤	䷋否	䷴漸	䷉履	䷈小畜	䷩益		䷱鼎	䷢晉	䷥睽	䷑蠱	
	䷶豐	䷠遯	䷀乾	䷘无妄	䷤家人			䷷旅		䷍大有	䷔噬嗑			䷳艮	䷙大畜	䷖剝	
	䷌同人				䷝離						䷕賁				䷚頤	䷨損	䷃蒙

	䷷旅				䷠遯						䷴漸				䷓觀	䷺渙	䷼中孚
	䷞咸	䷝離	䷱鼎	䷢晉	䷳艮			䷌同人		䷫姤	䷋否			䷤家人	䷸巽	䷩益	
	䷎謙	䷰革	䷛大過	䷬萃	䷦蹇	䷍大有	䷔噬嗑	䷕賁	䷿未濟	䷑蠱	䷖剥		䷀乾	䷘无妄	䷅訟	䷈小畜	
	䷏豫	䷣明夷	䷭升	䷁坤		䷪夬	䷐隨	䷾既濟	䷮困	䷯井	䷇比	䷥睽	䷙大畜	䷚頤	䷃蒙	䷉履	
	䷟恒	䷲震	䷧解			䷊泰	䷗復		䷆師			䷹兑	䷄需	䷂屯	䷜坎	䷨損	
䷽小過	䷶豐	䷡大壯				䷵歸妹						䷒臨				䷻節	

睽	未濟	晉				旅						艮				漸	
	噬嗑	鼎	離			剝	蠱		賁			遯	觀	巽	家人	謙	
	大有	蒙	頤	大畜		否	姤	渙	同人	益	小畜	小過	坤	升	明夷	咸	
	損	訟	无妄	乾	中孚	豫	恒	師	豐	復	泰		萃	大過	革	比	
	履	解	震	大壯	臨			困		隨	夬			坎	屯	井	
	歸妹				兌						節				需	既濟	蹇

	䷎謙				䷦蹇						䷞咸				䷬萃	䷮困	䷹兑
	䷴漸	䷣明夷	䷭升	䷁坤	䷽小過			䷾既濟		䷯井	䷇比			䷰革	䷛大過	䷐隨	
	䷷旅	䷤家人	䷸巽	䷓觀	䷠遯	䷊泰	䷗復	䷶豐	䷆師	䷟恒	䷏豫		䷄需	䷂屯	䷜坎	䷪夬	
	䷖剝	䷝離	䷱鼎	䷢晉		䷈小畜	䷩益	䷌同人	䷺渙	䷫姤	䷋否	䷒臨	䷡大壯	䷲震	䷧解	䷻節	
	䷑蠱	䷚頤	䷃蒙			䷍大有	䷔噬嗑		䷿未濟			䷼中孚	䷀乾	䷘无妄	䷅訟	䷵歸妹	
䷳艮	䷕賁	䷙大畜				䷨損						䷥睽				䷉履	

大畜					
蠱	賁	損	大有	小畜	泰
艮	蒙	鼎	巽	升	
	頤	離	家人	明夷	
		睽	中孚	臨	
			乾	大壯	需
剝	旅	漸	謙		
	未濟	渙	師		
		姤	恒	井	
	噬嗑	益	復		
		同人	豐	既濟	
		履	歸妹	節	夬
晉	觀	坤			
	遯	小過	蹇		
	訟	解	坎	大過	
	无妄	震	屯	革	兌
否	豫	比	咸	困	隨
					萃

	豫				萃						比				蹇	井	需
	否	震	解	小過	坤	歸妹		隨		困	咸	大壯	兌	屯	坎	既濟	
	剥	无妄	訟	遯	觀	履	豐	復	恒	師	謙	乾	臨	革	大過	節	
	旅	頤	蒙	艮		損	同人	益	姤	渙	漸	大畜	中孚	明夷	升	夬	
	未濟	離	鼎			大有	賁		蠱					家人	巽	泰	
晉	噬嗑	睽														小畜	

䷡大壯					
䷟恒	䷶豐	䷵歸妹	䷊泰	䷪夬	䷍大有
䷽小過	䷧解	䷭升	䷛大過	䷱鼎	
	䷲震	䷣明夷	䷰革	䷝離	
	䷒臨	䷹兌	䷥睽		
	䷄需	䷙大畜	䷀乾		
䷏豫	䷎謙	䷞咸	䷷旅		
	䷆師	䷮困	䷿未濟		
		䷯井	䷑蠱	䷫姤	
	䷗復	䷐隨	䷔噬嗑		
		䷾既濟	䷕賁	䷌同人	
	䷻節	䷨損	䷉履	䷈小畜	
䷁坤	䷬萃	䷢晉			
	䷦蹇	䷳艮	䷠遯		
	䷜坎	䷃蒙	䷅訟	䷸巽	
	䷂屯	䷚頤	䷘无妄	䷤家人	䷼中孚
䷇比	䷖剝	䷋否	䷴漸	䷺渙	䷩益
					䷓觀

	大畜				小畜						乾				履	无妄	否
	需	蠱	賁	損	大有	艮		巽		家人	中孚	剥	漸	姤	同人	訟	
	大壯	井	既濟	節	夬	蹇	蒙	鼎	頤	離	睽	比	旅	渙	益	遯	
	臨	恒	豐	歸妹		小過	坎	大過	屯	革	兌	豫	咸	未濟	噬嗑	觀	
	明夷	師	復			坤	解		震					困	隨	晉	
泰	升	謙														萃	

	睽				履						中孚				小畜	家人	漸
	兌	既濟	噬嗑	大有	損	晉		訟		无妄	乾	旅	否	渙	益	巽	
	臨	困	隨	夬	節	萃	鼎	蒙	離	頤	大畜	咸	剥	姤	同人	觀	
	大壯	師	復	泰		坤	大過	坎	革	屯	需	謙	比	蠱	賁	遯	
	震	恒	豐			小過	升		明夷					井	既濟	艮	
歸妹	解	豫														蹇	

	中孚				損						睽				大有	離	旅
	臨	渙	益	小畜	履	觀		蒙		頤	大畜	漸	剝	未濟	噬嗑	鼎	
	兌	師	復	泰	歸妹	坤	巽	訟	家人	无妄	乾	謙	否	蠱	賁	晉	
	需	困	隨	夬		萃	升	解	明夷	震	大壯	咸	豫	姤	同人	艮	
	屯	井	既濟			蹇	大過		革					恒	豐	遯	
節	坎	比														小過	

	臨				節						兑				夬	革	咸
	中孚	師	復	泰	歸妹	坤		坎		屯	需	謙	比	困	隨	大過	
	睽	渙	益	小畜	履	觀	升	解	明夷	震	大壯	漸	豫	井	既濟	萃	
	大畜	未濟	噬嗑	大有		晉	巽	訟	家人	无妄	乾	旅	否	恒	豐	蹇	
	頤	蠱	賁			艮	鼎		離					姤	同人	小過	
損	蒙	剥														遯	

	離				同人						家人				益	中孚	渙
	革	旅	大有	噬嗑	賁	鼎		遯		乾	无妄	未濟	姤	漸	小畜	觀	
	明夷	咸	夬	隨	既濟	大過	晉	艮	睽	大畜	頤	困	蠱	否	履	巽	
	震	謙	泰	復		升	萃	蹇	兌	需	屯	師	井	剥	損	訟	
	大壯	豫	歸妹			解	坤		臨					比	節	蒙	
豐	小過	恒														坎	

未濟❶	睽	噬嗑				離						賁				家人	
	晉	大有	旅	蠱	渙	頤	大畜		艮		巽	同人	益	小畜	漸	明夷	
	鼎	損	剥	姤	師	无妄	乾	中孚	遯	觀	升	豐	復	泰	謙	革	
	蒙	履	否	恒	困	震	大壯	臨	小過	坤	大過		隨	夬	咸	屯	
	訟	歸妹	豫					兌		萃	坎			節	比	需	
	解														井	蹇	既濟

❶ 本頁此圖原多處有誤，今據《朱子成書》本《易學啓蒙》改。

	明夷				既濟						革				隨	兌	困
	家人	謙	泰	復	豐			蹇		需	屯			咸	夬	萃	
	離	漸	小畜	益	同人	升	坤	小過	臨	大壯	震		井	比	節	大過	
	頤	旅	大有	噬嗑		巽	觀	遯	中孚	乾	无妄	師	恒	豫	歸妹	坎	
	大畜	剥	損			鼎	晉		睽			渙	姤	否	履	解	
賁	艮	蠱				蒙						未濟				訟	

蠱					
大畜	艮	蒙	鼎	巽	升
賁	損	大有	小畜	泰	
	剥	旅	漸	謙	
		未濟	渙	師	
			姤	恒	井
頤	離	家人	明夷		
	睽	中孚	臨		
		乾	大壯	需	
	晉	觀	坤		
		遯	小過	蹇	
		訟	解	坎	大過
噬嗑	益	復			
	同人	豐	既濟		
	履	歸妹	節	夬	
	否	豫	比	咸	困
无妄	震	屯	革	兌	萃
					隨

	震				隨						屯				既濟	需	井
	无妄	豫	歸妹	豐	復			萃		兌	革			比	節	蹇	
	頤	否	履	同人	益	解	小過	坤	大壯	臨	明夷		困	咸	夬	坎	
	離	剥	損	賁		訟	遯	觀	乾	中孚	家人	恒	師	謙	泰	大過	
	睽	旅	大有			蒙	艮		大畜			姤	渙	漸	小畜	升	
噬嗑	晉	未濟				鼎						蠱				巽	

	屯				復						震				豐	大壯	恒
	頤	比	節	既濟	隨			坤		臨	明夷			豫	歸妹	小過	
	无妄	剥	損	賁	噬嗑	坎	蹇	萃	需	兑	革		師	謙	泰	解	
	家人	否	履	同人		蒙	艮	晉	大畜	睽	離	井	困	咸	夬	升	
	中孚	漸	小畜			訟	遯		乾			蠱	未濟	旅	大有	大過	
益	觀	渙				巽						姤				鼎	

以上三十二圖，反復之則爲六十四圖，圖以一卦爲主，而各具六十四卦，凡四千九十六卦，與焦贛《易林》合。然其條理精密，則有先儒所未發者，覽者詳之。

三十二圖反復其變，悉如乾、坤二卦變圖例。每圖各以第一卦爲本卦，順變將去，則自初而終，自上而下，是由乾以至於坤；反之，則又以末一卦爲本卦，逆變轉來，則自終而初，自下而上，是由坤以至於乾。一順一逆，每圖遂以兩卦爲本卦，而成兩圖矣。合三十二圖反復，則爲六十四圖矣。然三十二圖先後次第皆本於乾、坤卦變，只以第一圖觀之可見。如以乾爲本卦，則次姤，次同人，以至於恒，❶計三十二卦。今各爲三十二圖之第一卦，而次第不紊矣。如以坤爲本卦，則次復，次師，以至於益，計三十二卦。今各爲三十二圖之末一卦，而次第亦不紊矣。此即三十二圖之序也。又以三十二圖末一圖逆數轉來，如以益爲本卦，則次噬嗑，次隨，以至於坤，計三十二卦，即第一圖後三十二卦，由益而順數至坤也。如以恒爲本卦，則次井，次蠱，以至於乾，亦計三十二卦，即第一圖之前三十二卦，由恒而逆數至乾也。變卦既成，每圖前三十二卦一畫陽必對後三十二卦一畫陰，前三十二卦一畫陰必對後三十二卦一畫陽，各各相對，又具兩邊博易而成之義。而乾、坤、艮、兑、震、巽、坎、離雖無先後次序，然其對待則一定而不易。此本不過明卦變之凡例，而陰陽對待自然之妙如此，亦足以見。《易》畫從横逆順，無適非一陰一陽之道而不亂也。此皆條理精密，先儒所未發者。合而論之，圖之變固無窮，而莫不以乾、坤卦變爲主焉。然乾、坤第一圖次第固皆爲三十二圖之例矣，又必先乾六爻之變者，蓋乾、坤雖陰陽之純，而乾又坤之尊故也。故曰乾者君道，首出庶物；坤者臣道，無成而代有終。其分如此，其數如此，推而至於圖之變亦如此。愚所以合四篇大旨，一言蔽之曰「尊陽」，於斯爲尤信矣。

易學啓蒙卷下

❶「恒」，原作「常」，依文意當作「恒」，今據慶餘堂本改。

易學啓蒙通釋序

《易本義》一書，闡象數理義之原，示開物成務之教，可謂深切著明矣。《啓蒙》又何爲而作也？朱子嘗言《易》最難讀，以開卷之初先有一重象數，必明象數，而後《易》可讀。《啓蒙》四篇，其殆專明象數，以爲讀《本義》者設歟？象非卦不立，數非蓍不行。象出於《圖》、《書》而形於卦畫，則上足以該太極之理，而《易》非淪於無體；數衍於蓍策而達於變占，則下足以濟生人之事，而《易》非荒於無用。且其閒又多發造化尊陽賤陰之意，❶《易》之綱領孰有大於是者哉？明乎此，則《本義》一書如指諸掌矣。然《啓蒙》固爲讀《本義》設，而讀《啓蒙》者又未可以易而視之也。方平曾伯祖昂，政和閒由辟雍第奉常於韋齋先生，有同邑同年之好；曾祖溢，紹興初復繼世科，因伯氏交於韋齋，獲聞河洛緒論，而於先師朱子則世好也。詩書餘澤，迪我後人。方平蚤歲又幸受業於鄱陽介軒董先生夢程，繼師毅齋沈先生貴瑶。毅齋實介軒上游，而介軒乃槃澗先生從子，得其家傳者也。槃澗受《易》于朱子之門最久，淵源蓋深遠矣。方平因得受誦是書，沈潛反覆二十餘年，著爲《通釋》一編，以授兒輩誦習，庶由此進於《本義》之書，非敢爲他人設也。先覺之士，幸有以亮其非僭焉。己丑仲春中澣新安後學胡方平序。

❶「賤」，慶餘堂本作「抑」。

跋

先君戊子冬精加修定是書，其時一桂《附録》録成。明年春正月，命一桂携書千里拜考亭夫子祠下，證文獻於是邦。閱四月歸省侍，而先君已謝人間世矣。終天抱痛，追慕何極！舍弟天桂出先君遺命，拳拳斯文不朽之囑，且復更定序文一篇，乃絶筆也。一桂承兹付授，不敢失墜。辛卯九月，再入閩關，歷壬辰季夏，兩書録梓皆成。是書感隨齋劉侯捐金造就之賜，永矢无斁。讎校之餘，謹次其事如左。六月望日男胡一桂百拜謹識。

跋

嘗記兒時從家庭授《易》，聞之先君子云，昔晦菴先生之講學於雲谷也，我先文簡雲莊兄弟與西山蔡先生父子遊從最久，講四書之餘，必及於《易》。與諸生時時凌絶頂登眺，觀天地八極之大，察陰陽造化之妙，蓋其胸中已有真《易》一部在宇宙間，故所論象數義理，自有以見其實而造其微。晦菴及雲莊，皆谷中書室名也。舊藏雲莊所抄諸經師説數鉅帙，兵燼之餘，其存者蓋千百之什一耳。一日約无咎詹君、退齋熊君訪雲谷遺跡，適值新安胡君庭芳來訪，出《易啓蒙通釋》一編見示，謂其父玉齋平生精力盡在此書。亟閲諦玩，見其論象説理允謂明備，而其所援引則當日雲谷及門之士遺言餘論多在焉。時熊君以易學授兒輩，謂是誠讀《易》者不可闕之書。因言庭芳再入閩，惟汲汲焉父書無傳是懼，且欲以見屬，仰惟一時師友遊從之盛，重念先世問學淵源之舊，輒爲刊寘書堂，以寓惓惓景慕之心，且以成胡君之志焉。噫！《易》之爲學，非潛心之深、玩理之熟者，未易言也。學者誠能由《通釋》以悟四篇之大旨，由四篇以窺四聖之全書，則是編亦非小補云。至元壬辰季夏朔雲莊後人劉涇楫之謹跋。

跋

伏羲因《河圖》畫卦，大禹因《洛書》敘疇，孔安國以來有是言矣。《易大傳》曰：「河出《圖》，洛出《書》，聖人則之。」且曰：「易有四象，所以示也。」若然，則《河圖》、《洛書》皆聖人則之以作《易》者也。及以先、後天八卦方位考之，與《圖》、《書》之數已有自然之配合。所謂《易》有四象者，尤昭然可見矣。何則？《洛書》一居北，六居西北，老陰之位也，故坤、艮居之；九居南，四居東南，老陽之位也，故乾、兑居之；三居東，八居東北，少陰之位也，故離、震居之；七居西，二居西南，少陽之位也，故坎、巽居之；五居中，則固虚之爲太極也。此非先天之四象乎？《河圖》天一、地六爲水居北，故坎亦居北；地二、天七爲火居南，故離亦居南；天三、地八爲木居東，故震亦居東；地四、天九爲金居西，故兑亦居西；天五、地十爲土居中，分旺於四季，故乾、坤、艮、巽亦居四維之位。此非後天之四象乎？大抵先天方位言對待之體也，天上地下，日東月西，山鎮西北，澤注東南，風起西南，雷動東北，乾、坤定位，六子成列，乃質之一定而不可易者也。後天方位言流行之用也，春而夏，夏而秋，秋而冬，冬而復春，五氣順布，四時行焉，乃氣之相推而不可窮者也。此皆自然脗合，不假安排，天地之間開眼即見。聖人所以則《圖》、《書》以畫卦者，蓋非苟焉而作也。漢儒不此之察，毋亦惑於《書》所謂「天乃錫禹《洪範》九疇」之説乎？不知此亦「天乃錫王勇智」之類。九疇大法非人所能爲，則亦天之所與耳。古人之言九數，何莫不出於《洛書》，又豈特九疇爲然哉？若夫聖人作《易》，則但當證以吾夫子之言可也。每恨生晚，無從質之文公，徒抱此一大疑而已。己丑春，余讀書武夷山中，有新安胡君庭芳來訪，出其父書一編，曰《易啓蒙通釋》，其窮象數也精深，其析義理也明白，且其閒有言先、後天方位暗與《圖》、《書》數合者，不符而同，然後知天下之公理非但一人之私論也。茲因刻梓告成，輒述所見以識其後云。壬辰仲夏望日後學武夷熊禾跋。

周易本義附録纂註

〔元〕胡一桂 撰

劉 彬 校點

目録

校點説明……一
胡一桂易本義附録纂註啓蒙翼傳合序……一
周易上經第一……一
周易下經第二……六七
周易彖上傳第一……一二七
周易彖下傳第二……一四六
周易象上傳第三……一五九
周易象下傳第四……一七七
周易繫辭上傳第五……一九一
周易繫辭下傳第六……二三二
周易文言傳第七……二五六
周易説卦傳第八……二七二
周易序卦傳第九……二八五
周易雜卦傳第十……二八八
周易本義五贊第十一……二九一
周易本義筮儀第十二……二九六
周易本義圖録第十三……二九九
卦象圖……二九九
爻象圖……三〇六
卦序圖……三一一
卦互體圖……三一三
易十翼論……三一六
文言辨……三一九
本義啓蒙論……三二〇

校點説明

《周易本義附録纂註》,《元史・儒學列傳》稱《周易本義附録纂疏》,十五卷,元胡一桂撰。胡一桂(一二四七—?),字庭芳,徽州婺源(今江西婺源)人,好讀書,尤精於易學。南宋景定五年(一二六四),鄉薦禮部不第,退而講學於鄉里,遠近師之,號「雙湖先生」。學《易》於其父胡方平,爲朱熹易學傳人。所著有《周易本義附録纂註》、《周易本義啓蒙翼傳》、《朱子詩傳附録纂疏》、《十七史纂》,並行於世。

宋元之際,朱子易學被篡改,多失其義。有感於此,胡一桂乃撰《周易本義附録纂註》,以還朱子易學之原貌。是書以朱子《周易本義》爲宗,附益朱子文集、語録中有關易學的内容,謂之「附録」;纂集諸儒《易》説中合於《周易本義》的内容,謂之「纂註」。去取别裁,惟以朱子易義爲標準。又每每加以按語,以闡明《周易本義》未盡之旨。是書對於恢復朱子易學本真,發明朱子易學,有重要價值。

《周易本義附録纂註》現存最早的版本爲元刻本,殘存三卷,分别爲《下經》第一、《象上傳》第一、《象下傳》第二,今藏四川省圖書館。流傳較廣的,有清康熙十九年(一六八〇)《通志堂經解》原刊本、同治十二年(一八七三)《通志堂經解》巴陵鍾謙鈞重刊本、《摛藻堂四庫全書薈要》本、《四庫全書》本,後兩種皆源於《通志堂經解》原刊本。

本次校點,以影印清康熙十九年《通志堂經解》原刊本爲底本,以影印文淵閣《四庫全書》本(簡稱四庫本)爲校本。凡據《通志堂經解》重刊本所補原刊缺失,不出校,訂誤則出校。底本闕文無法據校本補,則參考其他相關文獻補足,並出校。

校點者 劉彬

胡一桂易本義附録纂註啓蒙翼傳合序

考亭之學，一再傳後，惟新安尤盛，父兄師友各自名家，若玉齋、雙湖父子，其最著也。雙湖名一桂，字庭芳，領宋景定甲子鄉薦。入元隱居著書，以閩爲文公講學之地，過其鄉，訪求緒論。復從建安熊禾勿軒游，與之上下講議者十餘年。歸則裒集諸家之説，疏朱子之言，爲《易本義附録纂疏》及《啓蒙翼傳》二書。論者謂其得朱子源委之正。勿軒嘗謂之曰：「更得《詩》、《書》、《春秋》、《周禮》、《儀禮》，一如《易》書，以復六經之舊，豈非文公所望於吾輩者乎！」惜先生僅成此二書，及《書説》、《詩傳附録纂疏》，而他書竟未及爲也。嘗觀漢人經學，各有師法，此韋表微有《九經師授譜》，劉餗有《授經圖》，李燾亦有《五經傳授》，著其流派，咸有條理。近代經學，至朱子而得其歸。若節齋蔡氏、槃澗董氏之於《易》，九峯蔡氏之於《書》，傳貽輔氏之於《詩》，清江張氏之於《春秋》，勉齋黄氏、信齋楊氏之於《禮》，皆朱子嫡嗣也。再傳而後，懷孟、金華、新安、鄱陽，其傳益著，其派益廣。苟能爲之稽其授受，别其源流，使後之學者，知淵源之有自，豈不爲明經者之一助乎！今世通經學古之士，必有繼而爲之者，尤予所望也。

康熙丁巳陽月納蘭成德容若序。

周易上經第一

朱子本義

新安後學胡一桂附録纂註

周，代名也。易，書名也。其卦本伏羲所畫，有交易、變易之義，故謂之「易」。其辭則文王、周公所繫，故繫之「周」。以其簡袠重大，故分爲上下兩篇。經則伏羲之畫，文王、周公之辭也。并孔子所作之傳十篇，凡十二篇。中閒頗爲諸儒所亂，近世晁氏始正其失，而未能盡合古文。吕氏又更定著爲經二卷、傳十卷，乃復孔氏之舊云。【附録】問：伏羲始畫八卦，其六十四者，文王後來重之邪，抑伏羲已自畫了邪？看《先天圖》，則有八卦，便有六十四卦。伏羲已有六畫矣，如何？曰：《周禮》「三《易》經卦皆八，其別皆六十有四」，便見不是文王重。又曰：伏羲已上但有此六畫，而无文字可傳。到得文王、周公，乃繫之以辭。銖　問：交易、變易如何。曰：陰陽有箇流行底，有箇定位底。一動一靜，互爲其根，便是流行底，寒往暑來是也。分陰分陽，兩儀立焉，便是定位底，天地上下四方是也。易有兩義，一是變易，便是流行底；一是交易，便是對待底。義剛　又曰：變易，如陰變而陽、陽變而陰、老陰變少陽、老陽變少陰之類，正是筮占之法。交易，如陽交於陰、陰交於陽之類，卦圖上謂「天地定位，山澤通氣，雷風相薄，水火不相射，八卦相錯」是也。燀　彖辭文王作，爻辭周公作，皆先儒從來恁地説，且得依他。謂爻辭爲周公作者，爻辭中多説文王，不應是文王自説也。銖　古文《周易》經傳十二篇，東萊吕氏所定。某嘗以爲《易經》本爲卜筮而作，皆因吉凶以示訓戒，故其言雖約而所包甚廣。夫子作傳，亦略舉其一端，以見凡例而已。然自諸儒分經合傳之後，學者便文取義，往往未及玩心全經，遽執傳之一端以爲定説。於是一卦一爻僅爲一事，而易之爲用反有所局，而無以通乎天下之故。若是者，某蓋病之，是以三復伯恭之書，而有發焉，非特爲其章句之近古而已也。書漳州所刊古《易》後　【纂註】孔氏曰：卦者掛也，言懸掛物象以示人也。蔡氏曰：卦者，事物之質也。原事物之始，要事物之終，以爲質也。爻者，效也。效事物之時而動也。

䷀ 乾下乾上 乾，元亨利貞。六畫者，伏羲所畫之卦也。一者，奇也，陽之數也。乾者，健也，陽之性也。本註乾字，三畫卦之名也。下者，內卦也。上者，外卦也。經文乾字，六畫卦之名也。伏羲仰觀俯察，見陰陽有奇偶之數，故畫一奇以象陽，畫一偶以象陰。見一陰一陽有各生一陰一陽之象，故自下而上，再倍而三，以成八卦。見陽之性健，而其成形之大者爲天，故三畫之卦名之曰乾，而擬之於天也。三畫已具，八卦已成，則又三倍其畫，以成六畫，而爲八卦之上各加八卦，❶以成六十四卦也。此卦六畫皆奇，上下皆乾，則陽之純而健之至也。故乾之名，天之象，皆不易焉。元亨利貞，文王所繫之辭，以斷一卦之吉凶，所謂彖辭者也。元，大也。亨，通也。利，宜也。貞，正而固也。文王以爲乾道大通而至正，故於筮得此卦而六爻皆不變者，言其占當得大通而必利在正固，然後可以保其終也。此聖人所以作《易》教人卜筮，而可以開物成務之精意。餘卦放此。【附録】問：陽⚊陰⚋如何？曰：乾一而實，坤二而虛。乾只是一箇物事充實偏滿，天之包內皆天之氣。坤便有開闔。人傑　天自是一，地自是二，凡物皆然。蓋天之形雖包乎地之外，而其氣實透乎地之中。地雖是一塊物事在天之中，實虛容得天許多氣。乾靜專動直大生，都是一底意思。大而无間斷，故曰大生。坤則靜翕動闢，便是兩箇物事。其翕也，兩箇之聚。其闢也，兩箇之開。這中間便容得天之氣，所以説廣生。又曰：陰自是虧不可盈，陽盈而

❶「爲」，四庫本作「於」。

不虧，此兩箇方做得一箇。❶煇　天地閒无非一陰一陽之理，有理則有象，有象則數便在其閒。蓋所謂數者，衹是氣之分限節度處。得陽必奇，得陰必偶，凡物皆然，故聖人以之畫卦也。銖　天之性情，則是一箇健，健故不息。使天有一時息，地須落下去。緣他運轉周流，无一時息，故局得地在中間。今只於地信得他是斷然不息。卦辭未見取象之意，其「成形之大者爲天」及「擬之於天」二句，恐當於《大傳》言之。下文「天之象不易」之句亦然。坤放此。曰：纔設此卦時，便有此象了，故於此預言之。後面卦辭中亦有兼象説者，不得不預言也。道夫　乾、坤只是卦名，乾只是箇健，坤只是箇順。純是陽，所以健。純是陰，所以順。至健爲天，至順爲地。所以後來取象，乾便是天，坤便是地。淵　問六十四卦名。曰：卦之未畫也，因觀天地自然之法象而畫。及既畫也，一卦自有一卦之象，象謂有箇形似也。故聖人即其象而命之名。以爻之進退言，則如剥、復之類。以形之肖似言，則如井、鼎之類。問：不知是伏羲名，抑文王所立？曰：不可考。銖　問：卦下之辭爲彖辭，何也？曰：此只是彖辭。孔子曰：「知者觀其彖辭，則思過半矣。」彖，斷也。陸氏《音》中語，所謂彖之經也。「大哉乾元」以下，孔子釋經之辭，亦謂之彖，所謂彖之傳也。同上　正字不能盡貞之義，須用連正固説，其義方全。正字也有固字意，但不分明，終是欠闕。正如孟子所謂「知斯二者弗去」是也。「知斯」是正意，「弗去」是固意。道夫　《易》中多言貞，如利貞、貞吉、利永貞之類，皆是要人守貞。時舉　或謂又有所謂不可貞者，如何？曰：也是這意思，只是不可以爲貞而固守之。道夫　【纂註】程子曰：乾，天也。天者，天之形體。乾者，天之性情。乾，健也。健而無息之謂乾。夫天，專言之則道也，天且弗違是也。分而言之，則以形體謂之天，以主宰謂之帝，以功用謂之鬼神，以妙用謂之神，以性情謂之乾。

初九，潛龍勿用。初九者，卦下陽爻之名。凡畫卦者自下而上，故以下爻爲初。陽數九爲老，七爲少。老變而少不變，故謂陽爻爲九。潛龍勿用，周公所繫之辭，以斷一爻之吉凶，所謂爻辭者也。潛，藏也。

---

❶「陽盈而不虧此」，原爲墨丁，今據四庫本補。

龍，陽物也。初陽在下，未可施用，故其象爲潛龍，其占曰勿用。凡遇乾而此爻變者，當觀此象而玩其占也。餘爻放此。【附録】七、八、九、六所以爲陰陽之老少者，其説本於圖書，定於四象。其歸奇之數，亦因揲而得之耳。以圖書論之，虚中爲太極，奇偶各二十爲兩儀。而爲四象者，圖之一合六，二合七，三合八，四合九；書之一含九，二含八，三含七，四含六。以畫卦言之，自太極生兩儀，一爲陽，二爲陰。陽之上生一陽謂之太陽，生一陰謂之少陰。陰之上生一陽謂之少陽，生一陰謂之太陰。四象既立，太陽居一而含九，少陰居二而含八，少陽居三而含七，太陰居四而含六。以揲蓍論之，參天兩地而倚數，奇陽體圓，其法徑一圍三，而用其全，故少之數三。偶陰體方，其法徑一圍四，而用其半，故多之數二。歸奇積三三爲九，則其過揲者四九而爲三十六矣。歸奇積三二爲六，則其過揲者四六而爲二十四矣。歸奇積兩三、一二而爲八，則其過揲者四八而爲三十二矣。歸奇積一三、兩二而爲七，則其過揲者四七而爲二十八矣。又曰：七八九六一四二三所以流行經緯乎陰陽之間，❶而別其老少，以辨其錯綜而吉凶定。❷或專以一、三、五爲九，二、四爲六，則雖合於積數之九、六，至于七、八，則有不可得而通者矣。《蓍卦考誤》 曰：陽進陰退者，九、六爲老，七、八爲少。然陽極於九則退八而爲陰，陰極於六則進七而爲陽。凡占所以用九、六而不用七、八，蓋取其變也。答方　「初九，潛龍勿用」，❸是自家未當出之時，須韜晦，方始无咎。若於此而不能韜晦，必須有咎。賀孫　易如一箇鏡相似，看甚物來，都能照得。如所謂潛龍，只是有箇潛龍之象，自天子至於庶人，看甚人來都使得。孔子説「龍德而隱，不易乎世」以下，便就事上指説了。然會看底，會得卦爻本意。却不妨當此時，居此位，作此人也。須知得他是假托説，是包含説。假托説，不惹着那事。包含説，是説箇象在箇裏，而无所不包也。銖　又曰：「初九，潛龍勿用」，只是取象戒占者之辭。解者遂去上面生義理，以初九當潛龍

❶「一四二三所」，原爲墨丁，今據四庫本補。

❷「錯綜而吉凶定」，原爲墨丁，今據四庫本補。

❸「初九」，原爲墨丁，今據四庫本補。

勿用。初九是箇甚麽，如何會勿用，試討箇人來看。僩【纂註】程子曰：理无形也，故假象以顯義。乾以龍爲象。龍之爲物，靈變不測，故以象乾道變化、陽氣消息、聖人進退。初九在一卦之下，爲始物之端，陽氣方萌，聖人側微，若龍之潛隱，未可自用，當養晦以俟時。蔡氏曰：初，位也。九，爻也。初二三四五上，爲位之陰陽。九六，爲爻之陰陽。又曰：氣消息自下而上，故畫卦自下始。又曰：潛象初，龍象九。

九二，見龍在田，利見大人。二謂自下而上第二爻也。後放此。九二剛健中正，出潛離隱，澤及於物，物所利見。故其象爲見龍在田，其占爲利見大人。九二雖未得位，而大人之德已著，常人不足以當之。故值此爻之變者，但爲利見此人而已。蓋亦謂在下之大人也。此以爻與占者相爲主賓，自爲一例。若有見龍之德，則爲利見九五在上之大人矣。【附録】見龍在田，利見大人，有德者亦謂之大人。言人若尋師，若要見好人時，占得此爻則吉。義剛　其他爻象，占者當之。唯九二見龍，人當不得。所以只得把爻做主，占者做客。淵【纂註】程子曰：田，地上也。出見地上，其德已著。以聖人言之，舜之佃漁時也，利見大德之君以行其道，君亦利見大德之臣以共成其功，天下利見大德之人以被其澤。

九三，君子終日乾乾，夕惕若，厲，无咎。九，陽爻。三，陽位。重剛不中，居下之上，乃危地也。然性體剛健，有能乾乾惕厲之象，故其占如此。君子指占者而言。言能憂懼如是，則雖處危地，而无咎也。【附録】九三此爻，才剛位危，須着乾乾夕惕若厲，方可无咎。若九二，則以剛居中位，易處了。故凡剛而處危疑之地，皆當乾乾夕惕若厲，則无咎也。此爻大意只是如此。祖道　「厲无咎」是一句，它後面有此例，如「頻復，厲无咎」是也。厲多是陽爻説。淵　无咎，是上不至於吉，下不至于凶，正恰好處。燁　《易》之爲書，廣大悉備，人皆可得而用，初无聖凡之別。以某觀之，毋問聖人與凡庶，但當此時，便當恁地。若止以舜當之九三君德已著，爲危疑之地，則千百年間只有箇舜、禹用得也。淵　問：九三不言象，何也？曰：九三陽剛不中，居下之上，有强力勞苦之象，不可言龍，故特指言乾乾惕厲之象象也。德明 九三不言象，亦不可曉。若説龍時，這亦難以重剛之地處他。❶所以説君子乾乾夕惕，只此意。淵 【纂註】蔡氏曰：乾乾，行事不息也。下乾終，而上乾繼之，故曰乾乾。○愚謂乾爻皆言龍，獨三不言龍，蓋初二爲地，地則龍之下位。五上爲天，天則龍之上位。三四爲人，人位則非龍之所據。三乃人道之首，故繫之君子，而以德言。四將離乎人位，故可以躍言矣。況六爻不言乾，而三獨言乾乾，蓋乾乃陽之性，龍特陽之象。不言其象，而兩言其性，謂之非龍，可乎？ **九四，或躍在淵，无咎。**或者，疑而未定之辭。躍者，无所緣而絶於地，特未飛耳。淵者，上空下洞，深昧不測之所。龍之在是，若下於田，或躍而起，則向乎天矣。九陽四陰，居上之下，改革之際，進退未定之時也。故其象如此。其占能隨時進退，則无咎也。【附録】田是平所在，縱有水亦淺。淵是深處不可測，躍得便上天去，不得依舊在淵裏，皆不可測，不似九二安穩。此時進退不得，皆不由我，只聽天時了。銖

或問：胡安定將乾九四爲儲君，不知可否？曰：看《易》不可恁地。《易》只是古人卜筮之書，如五雖主君位而言，然亦有不可專主君位言者。天下事有那一箇，道理自然是有。若只將九四爲儲位説，則古人未立太子者，不成虚却此一爻？如一爻只主一事，則《易》三百八十四爻，乃止三百八十四件事邪！去僞

【纂註】程子曰：舜之歷試時也。 **九五，飛龍在天，利見大人。**剛健中正，以居尊位，如以聖人之德，居聖人之位，故其象如此。而占法與九二同，特所利見者，在上之大人爾。若有其位，則爲利見九二在下之大人也。【附録】太祖一日問王昭素曰：「九五『飛龍在天，利見大人』，常人何可占得此卦？」昭素曰：「何害？若臣等占得，則陛下是飛龍在天，臣等利見大人，是利見陛下也。」説得最好。銖 〔通論二、五兩爻〕此兩爻當以所占之人之德觀之。若己是有九二之德，占得九二爻，則爲利見九五大德之君。若常人无德，九二之德，占得此，則只爲利見九二之大人爾。己爲九五之君，而有九五之德，占得九五爻，則爲利見九二

❶「難以重剛之地」，原爲墨丁，今據四庫本補。「處」上，原衍「早」字，今據四庫本删。

大德之臣。若九二之人占得之，則爲利見此九五大德之人。各隨所占之人，以爻與占者相爲主賓也。銖　兩箇「利見大人」，向來人都説不通。不知《易》本是卜筮之書，天子自有天子利見大人處，大臣自有大臣利見大人處，羣臣自有羣臣利見大人處，士庶人自有士庶人利見大人處，當時何曾有甚麽人對甚麽人説。賀孫　【纂註】蔡氏曰：❶聖人既得天位，則利見在下大德之人，與共成天下之事，天下同利見大德之君也。

上九，亢龍有悔。上者，最上一爻之名。亢者，過於上而不能下之意也。陽極於上，動必有悔，故其象占如此。【附録】上九云：「亢龍有悔。」若占得此爻，必須以亢滿爲戒。如這般爻，最是易之大義。《易》之爲書，大抵於盛滿時致戒。蓋陽氣正長，必有消退之漸，自是理勢如此。又云：當盛極之時，便須慮其亢。如當堯之時，須交付與舜。否則，堯之後天下事未可知。又云：康節所以見得透，看他説話多以盛滿爲戒。如云：「只喜成微醺，不喜成酩酊。」又云：康節多於消長之交看。賀孫　【纂註】程子曰：九五者，位之極。中正者，得時之極。過此則亢矣。上九至於亢極，故有悔也。有過則有悔，惟聖人知進退存亡而无過，則不至於悔也。徐氏曰：堯老而舜攝，極則變，變則通，此无悔之道也。

用九，見羣龍无首，吉。用九，言凡筮得陽爻者，皆用九而不用七，蓋諸卦百九十二陽爻之通例也。以此卦純陽而居首，故於此發之。而聖人因繫之辭，使遇此卦而六爻皆變者，即此占之。蓋六陽皆變，剛而能柔，吉之道也。故爲羣龍无首之象，而其占爲如是則吉也。《春秋傳》曰：「乾之坤曰『見羣龍无首吉』。」蓋即純坤卦辭「牝馬之貞，先迷後得，東北喪朋」之意。【附録】用九不用七，且如得純乾卦皆七數，這却是不變底。未當得九，未在這裏面，所以只占上面彖辭。用九，蓋是説變。淵　凡説文字須有情理。用九當如歐公説，方有情理。蓋爲是卜筮言，所以須着有用九、用六。銖　看來當以「見羣龍无首」爲句。蓋六陽已盛，如羣龍然。龍之剛猛尤在首，故見其无首則吉。大意只是要剛而能柔，自人君至士庶皆須如此。若説爲天下先，便只人主方用得，以下更使

---

❶「蔡」，原爲墨丁，今據四庫本補。

不得，恐不如此。砥　伯豐問：如何便是「先迷後得，東北喪朋」之意？曰：只是无首，所以言牝馬之貞。砥　【纂註】蔡氏曰：羣龍，六龍也。六爻皆老陽，則變而之坤矣。首，先也。坤先迷，故不可爲首。

䷁ 坤下坤上　坤，元亨，利牝馬之貞。君子有攸往，先迷後得主利，西南得朋，東北喪朋，安貞吉。⚋者，偶也，陰之數也。坤者，順也，陰之性也。注中者，三畫卦之名也。經中者，六畫卦之名也。陰之成形，莫大於地。此卦三畫皆偶，故名坤而象地。重之又得坤焉，則是陰之純，順之至，故其名與象皆不易也。牝馬，順而健行者。陽先陰後，陽主義，陰主利。西南陰方，東北陽方。安，順之爲也。貞，健之守也。遇此卦者，其占爲大亨，而利以順健爲貞。如有所往，則先迷後得，而主於利。往西南則得朋，往東北則喪朋。大抵能安於正則吉也。【附録】坤卦「利牝馬之貞」，不可將「利」字自作一句。後云「主利」，却當如此絶句。必大　問：牝馬取其柔順行健之象，坤順而言健，何也？曰：守得這柔順，亦堅確，故有健象。柔順而不堅確，則不足以配乾矣。銖　「君子有攸往」，何也？曰：此是虚句，意在下句。伊川解云：「君子所行，柔順而利且貞。」恐非也。蓋言君子有所往，先迷後得主利也。銖　大概是陰減陽一半。就前後言，没了前一截。就四方言，没了東北一截。陽却是全體。淵　問：西南得朋，東北喪朋，何也？曰：陰不比陽，陰只理會得一半，不似陽兼得陰，故无所不利。陰半用，故得於西南，喪於東北。「先迷後得」亦然。銖　問「得朋」、「喪朋」。曰：占得坤卦，從西南方得其朋，從東北方失其朋。西南陰方，東北陽方。坤比乾減半。煇　乾主義，坤主利，占得這卦便主利底事。不是坤道主利萬物，乃是此卦占得時主有利。淵　安貞之吉，他這分段只到這裏，若更妄作以求全時，便凶了。在人亦當如此。淵　陰體柔躁，只爲他柔，所以躁。躁是那欲動而不得動之意。剛則便動矣。柔躁自不能守，所以説安貞吉。同上　問「牝馬之貞」。曰：乾卦「元亨利貞」，便都好，故云「利永貞」。到坤只一半好，故云「利牝馬之貞」，則是亦有不利者。

又曰：西南得地與類行，自是好。東北不得地，自然喪朋。㽦　【纂註】程子曰：乾坤德同而貞體異，乾以剛固爲貞，坤以柔順爲貞。又曰：陰從陽者也，待唱而和。陰而先陽，則爲迷錯。居後，乃得其常也。蔡氏曰：乾貞剛健專固，坤貞柔順承從。又曰：先迷，陰无首也。後得主利，陰從陽也。○愚謂彖辭，文王所作也。「西南得朋，東北喪朋」，後天八卦之位也。至哉文王之作《易》也，其當西伯之時，羑里之囚邪。味「安貞吉」之辭，文王之心盡於此矣。今觀自「利牝馬貞」而下，反覆致戒，无非所以謹守爲臣之分，使凡居坤位者一守之以貞也。萬世而下，可以想見文王之心，且可爲不安貞而占者之戒矣。初六，履霜，堅冰至。六陰爻之名，陰數六老而八少，故謂陰爻爲六也。霜陰氣所結，盛則水凍而爲冰。此爻陰始生於下，其端甚微，而其勢必盛，故其象如履霜，則知堅冰之將至也。夫陰陽者，造化之本，不能相无，而消長有常，亦非人所能損益也。然陽主生，陰主殺，則其類有淑慝之分焉。故聖人作《易》，於其不能相无者，既以健順仁義之屬明之，而无所偏主，至其消長之際、淑慝之分，則未嘗不致其扶陽抑陰之意焉。蓋所以贊化育而參天地者，其旨深矣。不言其占者，謹微之意，已可見於象中矣。【附録】陰陽有以動静言者，有以善惡言者。如乾元資始、坤元資生，則獨陽不生，獨陰不成，造化周流，須是並用。如「履霜堅冰至」，則一陰之生，便如一賊。這道理在人如何看，直看是一般道理，横看是一般道理，所以謂之易。道夫　「履霜堅冰」不著占，自分曉。占者目前未見有害，却有未萌之禍，所宜戒謹也。砥　〔通論乾初九爻〕如得乾卦，上五爻不變，而初爻變，示人以勿用之理也。得坤初爻變，告人以履霜之漸也。顯子　【纂註】蔡氏曰：霜，陰氣始凝也。履象初，霜象六。堅冰，陰氣盛極也。霜之積，則必有堅冰至，戒辭也。諸爻曰足，曰趾，曰拇，曰履，皆取在下而象初也。○愚謂：堅冰，陰盛上象。六二，直方大，不習无不利。柔順貞固，坤之直也。賦形有定，坤之方也。德合无疆，坤之大也。六二柔順而中正，又得坤道之純者，故其德内直外方，而又盛大，不待學習而无不利。占者有其德，則其占如是也。【附録】方是一定不變之意。坤受天之氣而生物，故其直止是一定。燀　坤是純陰，一卦諸爻皆不中正。五雖中，亦以陰居陽，唯六二居中得正，爲坤之最盛者。故以象言之，則有是三者之德，而不習无不利。占者得之，有是則吉。文蔚　六二「直方大」，坤卦中唯這一爻最精粹。蓋五雖尊位，却是陽位，破了體。四重陰而不中，三又不正，唯此爻得中正，所以就這説箇直方大。此是説坤卦之本體，然而本意却是教人知道這爻有這箇德，不待習學而无不利。人占得這爻時，若能直能方能大，則亦不習无不利，却不是要發明坤道。淵　問：不習无不利，或以爲此是成德之事，或以爲學者須時習，然後至於不習。曰：不是如此。聖人作《易》，只是説此爻中有此象，若占得此爻，便應此事，有此用，未説到時習。至於不習與成德之事，在學者固當如此。然聖人作《易》，未有此意在。某説《易》，所以與先儒不同，正在於此。銖　【纂註】徐氏曰：生物而无所回撓，非直乎？賦形而无所移易，非方乎？　**六三，含章可貞，或從王事，无成有終。**六陰三陽，内含章美，可貞以守。然居下之上，不終含藏，故或時出而從上之事，則始雖无成，而後必有終。爻有此象，故戒占者有此德，則如此占也。【附録】六三便夾些陽了，陰則渾是不發底。如六三之爻有陽，所以言「含章」。若无陽，何由有章含章？爲是有陽，半動半静之爻。若六四則渾是柔了，所以括囊。淵録　【纂註】徐氏曰：成謂專成，无成謂陰承陽，但當盡臣道，不可有所專成也。有終，陰之事也。陽不足於後，代其終者陰也。三下卦之終，故亦以終言。又曰：三與五同功而異位，三居下卦之上，故又有從王事之象。劉氏曰：三五皆陰爻陽位，故三曰「含章」，五曰「文在中」。**六四，括囊，无咎无譽。**括囊，言結囊口而不出也。譽者，過實之名。謹密如是，則无咎而亦无譽矣。六四重陰不中，故其象占如此。蓋或事當謹密，或時當隱遁也。【附録】問：重陰不中，何以見其有括囊之象？曰：陰而又陰，其結塞不開，則爲括囊矣。道夫　坤六四不止言大臣事，在位者便當去，未仕者便當隱。必大　**六五，黄裳元吉。**黄，中色。裳，下飾。六五以陰居尊，中順之德充諸内而見於外，故其象如此，而其占爲大善之吉也。占者德必如是，則其占亦如是矣。《春秋傳》：南蒯將叛，筮得此爻，以爲大吉。子服惠伯曰：「忠信之事則可，不然必敗。外强内温，忠也。和以率貞，信也。故曰『黄裳元吉』。黄，中之色也。裳，下之飾也。元，善之長也。中不忠，不得其色。下不共，不得其飾。事雖善，不得其極。且夫《易》，不可以占險。」三者有闕，筮雖當，未也。後蒯果敗。此可以見占法矣。【附録】《易》本是箇卜筮之書，聖人因之以明教，因其疑以示訓，中間都是正吉，不曾有不正而吉。大率是爲君子設，非小人盗賊所得竊取而用。如「黄裳元吉」，須是居中在下方，始會大吉。不然，則大凶。賀孫　〔通論乾九五爻〕大率乾是做，坤是守。乾如活龍相似，氣燄猛烈，故九五便言「飛龍在天」，《文言》解得活潑潑地。到坤便説得善了，只説「黄裳元吉」，《文言》只説「黄中通理，正位居體」而已。必大　乾之九五自是剛健底道理，坤之六五自是柔順底道理，各隨它。陰陽自有一箇道理，其爲九六不同，所以在那五處亦不同。這箇五之柔順，從那六裏來。淵　【纂註】蔡氏曰：黄象五，裳象六。程子曰：黄，中色。裳，下服。守中而居下，則元吉，謂守其分也。五，尊位也。陰者，臣道也，婦道也。臣居尊位，羿、莽是也，猶可言也。婦居尊位，女媧、武氏是也，非常之變，不可言也。故有黄裳之戒，而不盡言也。**上六，龍戰于野，其血玄黄。**陰盛之極，至與陽争，兩敗俱傷，其象如此。占者如是，其凶可知。【附録】坤六爻雖有重輕，大概皆是持守、收斂、畏謹底意思。砥　〔通論乾上九爻〕子耕問：乾上九只言亢，坤上六却言戰，何也？曰：乾无對待，只有乾而已，故不言坤。坤則不可无乾。陰體不足，常虧欠。若无乾，便没上截。大抵陰陽二物，本則无陰，只是陽盡處，便是陰了。必大　【纂註】徐氏曰：龍，陽象。野，極外之地，上象。陽大陰小，陰本不能與陽争。六陰已窮于上，十月之卦也。至此陰盛陽微，故爻稱「龍戰于野」。《説卦》又曰：「戰乎乾，言陰陽相薄也。」驗諸氣候而可見。血，傷也。玄，陽也。黄，陰也。陰陽既争，則皆不能无傷，故又有其血玄黄之象也。**用六，利永貞。**用六，言凡得陰爻者，皆用六而不用八，亦通例也。以此卦純陰而居首，故發之。遇此卦而六爻俱變者，其占如此辭。蓋陰柔不能固守，變而爲陽，則能永貞矣。故戒占者以利永貞，即乾之「利貞」也。自坤而變，故不足於元亨云。【附録】〔通論乾坤二用〕用九、用六，當從歐公，爲揲蓍變卦之凡例。蓋陽爻百九十二皆用九，而不用七；陰爻百九十二皆用六，而不用八也。特以乾坤二卦純陽純陰而居篇首，故就此發之。又嘗因其説而推之，竊以爲凡得乾而六爻純九，得坤而六爻純六者，皆當直就此爻占其所繫之辭，不必更看所變之卦，《左傳》蔡墨説可以見其一隅也。答虞大中　乾吉在无首，坤利在永貞，這只説二用變卦。乾吉在无首，言卦之本體元是六龍，今變爲陰，頭面雖變，渾身却只是龍，只是一无頭底龍相似。坤利在永貞，這坤却不得見他元亨，只得永貞。坤本卦固有元亨，變卦却无。淵　後漢魏伯陽《參同契》曰：「二用无爻位，周流行六虚。」二用者，用九、用六也。六虚者，即初、二、三、四、五、上六爻位也。言二用雖无爻位，而常周流乎乾坤六爻之閒也。僩　〔通論乾坤大旨〕乾道奮發而有爲，坤道静定而有守。佐乾卦連致知、格物、誠意、正心都統了，坤卦只是説箇持守柔順正固而已。坤卦是箇无頭底物事，事事都不能爲首，只是循規蹈矩，依而行之。乾父坤母，意亦可見。如云「先迷後得」，先迷，无首也；後得，後則有獲也。乾則不言所利，坤則利牝馬之貞，每每不同。所以康節云：「乾无十，坤无一。乾至九止，奇數也。坤自二始，偶數也。」或云：乾无十者，有坤以成之。坤无一者，有乾以首之。曰：然。僩　又曰：乾從知處説，坤從守處説。淵

䷂ 震下坎上 **屯，元亨利貞，勿用有攸往，利建侯。**震、坎，皆三畫卦之名。震一陽動於二陰之下，故其德爲動，其象爲雷。坎一陽陷於二陰之閒，故其德爲陷，爲險，其象爲雲，爲雨，爲水。屯，六畫卦之名也，難也，物始生而未通之意。故其爲字，象草穿地始出而未甲也。❶ 其卦以震遇坎，乾坤始交而遇險陷，故其名爲屯。震動在下，坎險在上，是能動乎險中。能動雖可以亨，而在險則宜守貞，而未可遽進。故筮得之者，其占爲大亨而利於貞，但未可遽有所往爾。又初九陽居陰下，而爲成卦之主，是能以賢下人，得民

❶「甲」，四庫本作「申」。

而可君之象。故筮立君者，遇之則吉也。【附録】彖辭一句，蓋取初九一爻之義，爲成卦之主。一陽居二陰之下，有以賢人爲民歸往之象，故宜立君，故象曰：「以貴下賤，大得民也。」《易》只三處言「利建侯」，屯兩言之，豫一言之，皆言立君。左氏分明有「立君」之説，衛公子元遇屯，則可見矣。但他又説名「元」是有元之象。或問「元者善之長」。曰：公子元夢康叔，謂己曰元。康叔名之，可謂長矣。銖　凡《易》中「利」字，多爲占者設，蓋是活人方有利不利。若是卦畫，何利不利之有？如屯「利建侯」，乃是占得此卦者之利。晉文公曾占得此卦，屯、豫皆有此辭，果能得國。若常人見之，亦隨高下，自有箇主宰底道理。但古者卜立君，卜大遷，卜大封，是事體重者，故爻辭以其重者言之。必大　【纂註】程子曰：萬物始生，鬱結未通，故爲盈塞於天地之間。至通暢茂盛，則塞意亡矣。○愚謂屯卦，自二至四有互體之坤，故取建侯象。《國語》司空季子爲晉公子重耳占得國，遇屯，嘗取互體坤象矣。

初九，磐桓，利居貞，利建侯。磐桓，難進貌。屯難之初，以陽在下，又居動體，而上應陰柔險陷之爻，故有磐桓之象。然居得其貞，故其占利於居貞。又本成卦之主，以陽下陰，爲民所歸，侯之象也，故其象又如此。而占者如是，則利建以爲侯也。【附録】卦辭通論一卦，所謂侯者，乃屬他人，即爻之初九也。爻辭專言一爻，所謂侯者，乃其自己也。道夫　【纂註】徐氏曰：或問「利建侯」，彖曰「不寧」，宜急，爻言「磐桓」，宜緩，何也？曰：彖主建侯者而言，將賴以濟也，不可不急。爻主爲侯者而言，既建已爲侯，自當審固根本，相時而動，乃能濟屯，不容不緩。道蓋並行而不相悖也。○愚謂屯卦惟初九一爻最重，故卦辭所謂「利貞」、「利建侯」，惟初九爻當之。

六二，屯如邅如，乘馬班如，匪寇婚媾，女子貞，不字，十年乃字。班，分布不進之貌。字，許嫁也。《禮》曰：「女子許嫁，笄而字。」六二陰柔中正，有應於上而乘初剛，故爲所難，而邅回不進。然初非爲寇也，乃求與己爲婚媾爾，但己守貞，故不之許。至於十年，數窮理極，則妄求者去，正應者合，而可許矣。爻有此象，故因以戒占者。【纂註】徐氏曰：愚聞之師曰：「易之道，有己正而他爻取之以爲邪者，有己凶而他爻得之以獲吉者。」屯之初，非不正也，而二近之，則爲寇。旅之上，非不凶也，而五承之，得譽命。六三，即鹿无虞，惟入于林中，君子幾，不如舍，往吝。陰柔居下，不中不正，上无正應，妄行取困，爲逐鹿无虞，陷入林中之象。君子見幾，不如舍去。若往逐而不舍，必致羞吝。戒占者宜如是也。【纂註】虞，只是虞人。六三陰柔在下，而居陽位，陰不安於陰，故貪求陽，欲乘陰則妄行，故爲即鹿无虞，陷入林中之象。銖　若不舍而往，是致吝之道。這道理若人做事，如求官爵者，求之不已，便是取吝之道。求財利者，求之不已，亦是取吝之道。賀孫　六四，乘馬班如，求婚媾，往吉，无不利。陰柔居屯，不能上進，故爲乘馬班如之象。然初九守正居下，以應於己，故其占爲下求婚媾，則吉也。【附録】問：六四「求婚媾」，此婚媾疑指初九之陽。婚媾是陰，何陽亦可言？曰：婚媾通指陰陽。但程《傳》謂六四往求初九之婚媾，則恐其未然也。銖　○愚謂《本義》云「下求婚媾」，是指初九在下，來求四爲婚媾。求者在彼，往者在我，故吉。不然，豈有陽不倡而陰反倡，男不行而女先行，以是爲吉，无不利者乎？　九五，屯其膏，小貞吉，大貞凶。九五雖以陽剛中正居尊位，然當屯之時，陷於險中，雖有六二正應，而陰柔才弱，不足以濟。初九得民於下，衆皆歸之，九五坎體，有膏潤而不得施，爲屯其膏之象。占者以處小事，則守貞猶可獲吉。以處大事，則雖正亦不免於凶。【纂註】蔡氏曰：屯者物始生之時，初與五皆剛，而初得時，五雖以剛居中正之位，弗及之矣。程子曰：人君之屯膏澤，有所不下，是威權去已也。威權去已而欲驟正之，求凶之道，魯昭公、高貴鄉公之事是也。故小貞則吉。小貞，漸正之也。若盤庚、周宣修德用賢，復先王之政，諸侯復朝，以道馴致，爲之不暴也。又非恬然不爲，若唐僖、昭也。上六，乘馬班如，泣血漣如。陰柔无應，處屯之終，進无所之，憂懼而已，故其象如此。【附録】〔通論諸卦〕屯是陰陽未通之時，蹇是流行之中有蹇滯，困則窮矣。賀孫　○愚謂《説卦》震坎稱「馬」，蓋本諸此。曰馵足，曰美脊，以初中二陽名。屯坎上震下，故爻多馬象。二乘初，上乘五，四應初，亦云乘。若三爻乘馬，皆稱班如，而上獨泣者，以時當屯難，宜班如而不可速往。然二四皆有正應可歸，上獨窮極，下又无應，所以泣也。

䷃ 坎下艮上 **蒙，亨，匪我求童蒙，童蒙求我。初筮告，再三瀆，瀆則不告，利貞。**艮亦三畫卦之名。一陽止於二陰之上，故其德爲止，其象爲山。蒙，昧也。物生之初，蒙昧未明也。其卦以坎遇艮，山下有險，蒙之地也。内險外止，蒙之意也。故其名爲蒙。「亨」以下，占辭也。九二内卦之主，以剛居中，能發人之蒙者，而與六五陰陽相應。故遇此卦者，有亨道也。我，二也。童蒙，幼穉而蒙昧，謂五也。筮者明，則人當求我，而其亨在人。筮者暗，則我當求人，而亨在我。人求我者，當視其可否而應之。我求人者，當致其精一而扣之。而明者之養蒙，與蒙者之自養，又皆利於以貞也。【附録】問「蒙之地」、「蒙之意」如何。曰：山下已是窮極險處，又遇險，前後不得，故於此蒙昧也。蒙之意，是指心下鶻突。燀 問：分人我説筮，與乾九二、九五「利見大人」占同否？曰：某作如此説，初勝近世人硬裝一往事説得來窒礙費力。❶銖 視其可否而應之者，蓋視其來求我之發蒙者，有初筮之誠則告之，再三煩瀆則不告之也。致精一而叩之者，蓋我求人以發蒙，則當盡初筮之誠，而不可有再三之瀆也。銖 【纂註】徐氏曰：初筮，主九二言。再三，主上九言。卦有内外，内卦初筮，外卦再筮，二當初卦之中，上居再筮之三也。

初六，發蒙，利用刑人，用説桎梏，以往吝。以陰居下，蒙之甚也。占者遇此，當發其蒙。然發之之道，當痛懲而暫舍之，以觀其後。若遂往而不舍，則致羞吝矣。戒占者當如是也。【附録】卦辭有平易底，有難曉底。「利用刑人，用脱桎梏」，粗説時如今人打棒也，須與他説了桎梏方可。一向枷他，便是「以往吝」。這只是説治蒙者當寬慢，蓋法當如此。【纂註】蔡氏曰：刑、桎梏，皆坎象。

九二，包蒙吉，納婦吉，子克家。九二以剛陽爲内卦之主，統治羣陰，當發蒙之任者。然所治既廣，物性不齊，不可一概

❶「初」，四庫本作「粗」。

取必。其爻之德剛而不過，爲能有所包容之象。又以陽受陰，爲納婦之象。又居下位而能任上事，爲子克家之象。故占者有其德而當其事，則如是而吉也。【附録】卦中説「剛中」，最好看。剛故能包蒙，不剛則方且爲物所蒙。剛而不中，亦不能包蒙。如上九過剛而不中，所以爲擊蒙。此一卦緊要是九二一爻爲主，所以治蒙者，只在兩箇陽爻，而上九過剛，故只以九二爲主。而二與五應，亦助得五去治蒙。大抵蒙卦除了初爻統説治蒙底道理，其餘三、四、五皆是蒙者，所以惟九二一爻爲治蒙之主。時舉　【纂註】蔡氏曰：婦，五也，以剛柔相應言。子，二也，以剛居内言。**六三，勿用取女，見金夫，不有躬，无攸利。**六三陰柔，不中不正，女之見金夫而不能有其身之象也。占者遇之，則其取女必得如是之人，无所利矣。金夫，蓋以金賂己而挑之，若魯秋胡之爲者。【附録】問「不有躬」。曰：在乎以立己爲先，應事爲後。而今人平日講究所以治國平天下之道，而自家身己全不曾理會得。若能理會自家身己，雖與外事若茫然不相接，然明德在這裏了，新民只現成推將去。賀孫　【纂註】蔡氏曰：金夫，二也。程子曰：三正應在上，舍而從二，是女之見金夫也。女之從人當由正禮，乃見人之多金，説而從之，不能有其身者也，无所往而利矣。○愚謂「勿用取」、「无攸利」，實戒占者之言。若六三之人自占得此，則知其見弃於人者，若是亦可内省而自改也。

六四，困蒙，吝。既遠於陽，又无正應，爲困於蒙之象。占者如是，可羞吝也。能求剛明之德而親近之，則可免矣。【纂註】蔡氏曰：困，讀如「困而不學」之困。徐氏曰：陷二柔之中，无得乎開明之道，困於蒙者也，故吝。

六五，童蒙，吉。柔中居尊，下應九二，純一未發，以聽於人。故其象爲童蒙，而其占爲如是則吉也。○愚謂童蒙，艮少男象。卦辭「童蒙」，亦指五言。以童蒙之五，應剛中之二，太甲、成王之於伊尹、周公是也。

上九，擊蒙，不利爲寇，利禦寇。以剛居上，治蒙過剛，故爲擊蒙之象。然取必太過，攻治太深，則必反爲之害。惟捍其外誘，以全其真純，則雖過於嚴密，乃爲得宜，故戒占者如此。凡事皆然，不止爲誨人也。【附録】蒙卦上九雖小不利，然卦爻亦自好。蓋上九以剛陽居上，擊去蒙蔽，只要恰好，不要太過，太過則於彼有傷，而我亦失其所以擊蒙之道。如人合喫十五棒，若只決它十五棒，則彼亦无辭，而足以禦寇。若再加五棒，則太過而反害人矣。爲寇者，爲人之害也。禦寇者，止人之害也。如人疾病，醫者用藥，對病則彼足以驅病，而我亦得爲醫者之道。若藥不對病，則反害他人，而我亦失爲醫之道矣。所以象曰：「利用禦寇，上下順也。」惟如此，則上下兩順而无害。僩　【纂註】徐氏曰：上過剛不中，又居過高之位。在下者既昏蒙，而在上者又高亢，情意不接，彼此扞格，乃以爲瀆，而至於擊蒙也。

䷄ 乾下坎上　需，有孚，光亨，貞吉，利涉大川。需，待也。以乾遇坎，乾健坎險，以剛遇險，而不遽進以陷於險，待之義也。孚，信之在中者也。其卦九五以坎體中實，陽剛中正，而居尊位，爲有孚得正之象。坎水在前，乾健臨之，將涉水而不輕進之象。故占者爲有所待而能有信，則光亨矣。若又得正則吉，而利涉大川，正固无所不利。而涉川尤貴於能待，則不欲速而犯難也。【附録】問：乾陽上進之物，前遇坎險，不可遽進以陷於險，故爲需。曰：遇此時節，當隨遠隨近，寧耐以待之，直至需于泥，已甚狼當矣。然能敬慎，亦不致敗。至於九五需得好，只是又難得這般時節。當此時，只當安以待之爾。至上六居險之極，又有三陽並進，六不當位，又處陰柔，亦只得敬以待之，則吉。銖　【纂註】劉壽翁曰：五剛實在中，有孚也。柔不能陷，光亨貞吉也。利涉大川，剛健不陷也。○愚謂卦辭取涉川象凡八，需、訟、同人、蠱、大畜、益、渙、中孚。需乾方遇坎，健足以行，故云利涉；訟䷅，乾已過坎，健无所施，故云不利涉，二卦取乾坎象。又訟與同人䷌互巽及有離象，蠱䷑與大畜䷙互震皆取木象，益䷩兼取震巽木象，中孚䷼取巽木行兑澤象，渙䷺取巽木行坎水象，而二卦又皆互震木象。又自蠱而下，卦體或四爻或五爻，皆有虛舟之象焉。以是知文王取涉川象，大概有見於乾坎震巽，中孚之兑，同人之離。至若大畜之艮，非所取義也。爻取涉川象凡四，已見卦圖中。初九，需于郊，利用恒，无咎。郊，曠遠之地，未近於險之象也。而初九陽剛，又有能恒於其所之象，故戒占者能如是則无咎也。【纂註】程子曰：君子之需時也，安静自守志，雖有需而恬然。若將終身焉，乃能用恒也。雖不進而志動者，不能安其恒也。**九二，需于沙，小有言，終吉。**沙則近於險矣。言語之傷，亦災害之小者。漸進近坎，故有此象。剛中能需，故得終吉，戒占者當如是也。【纂註】程子曰：坎爲水，水近則有沙。**九三，需于泥，致寇至。**泥將陷於險矣，寇則害之大者。九三去險愈近，而過剛不中，故其象如此。【纂註】蔡氏曰：泥迫水矣，寇坎也。**六四，需于血，出自穴。**血者，殺傷之地。穴者，險陷之所。四交坎體，入乎險矣，故爲需于血之象。然柔得其正，需而不進，故又爲出自穴之象。占者如是，則雖在傷地，而終得出也。【附録】問：程《傳》謂「穴，物之所安」，如何？曰：穴是陷處，唤做「所安」處不得，分明有箇「坎陷也」一句。柔得正了，需而不進，故能出於坎陷。四又是坎體之初，有出底道理。到那上六，則索性陷了。淵　【纂註】蔡氏曰：血、穴，皆坎象。三剛進逼，故有傷。**九五，需于酒食，貞吉。**酒食，宴樂之具，言安以待之。九五陽剛中正，需于尊位，故有此象。占者如是而貞固，則吉也。【附録】需只是待。當此之時，别无作爲，只有箇待底道理。然又須是貞，方吉。淵　【纂註】徐氏曰：貞吉者，得需之正而吉也。不然宴酣无度，非正也，凶可知矣。○愚謂酒食，坎象。**上六，入于穴，有不速之客三人來，敬之終吉。**陰居險極，无復有需，有陷而入穴之象。下應九三，九三與下二陽需極並進，爲不速客三人之象。柔不能禦，而能順之，有敬之之象。占者當陷險中，然於非意之來，敬以待之，則得終吉也。【附録】〔通論需訟諸卦〕福州劉昭信《易説》云：「見險而止爲需，見險而不止爲訟，能通其變爲隨，不能通其變爲蠱。」近解多引之。僩　又曰：能安其分則爲需，不能安其分則爲訟，此是説對卦。淵

䷅ 坎下乾上 **訟，有孚，窒惕，中吉，終凶，利見大人，不利涉大川。**訟，争辯也。上乾下坎，乾剛坎險，上剛以制其下，下險以伺其上，又爲内險而外健，又爲己險而彼健，皆訟之道也。九二中實，上无應與，又爲加憂，且於卦變自遯而來，爲剛來居二而當

下卦之中，有有孚而見窒，能懼而得中之象。上九過剛，居訟之極，有終極其訟之象。九五剛健中正，以居尊位，有大人之象。以剛乘險，以實履陷，有不利涉大川之象。故戒占者必有争辯之事，而隨其所處爲吉凶也。【附録】争辯，攻責也。如今訟人，攻責其短而訟之。自訟，則反之於身，亦若此。僩　九二正應在五，五亦陽，故爲窒塞之象。淵　【纂註】丘行可曰：字從「言」從「公」，言出於公則爲訟，不公則爲誣，爲詐，非訟也。**初六，不永所事，小有言，終吉。**陰柔居下，不能終訟，故其象占如此。【附録】此爻是陰柔之人，不會十分與人訟，那人也无十分傷犯底事，但只略去訟之，才辨得明便止，所以曰終吉也。燀　【纂註】毛伯玉曰：所事，争辨之事也。有言，訟訴之言也。不永謂柔，小亦柔也。**九二，不克訟，歸而逋，其邑人三百户无眚。**九二陽剛爲險之主，本欲訟者也。然以剛居柔，得下之中，而上應九五，陽剛居尊，勢不可敵，故其象占如此。邑人三百户，邑之小者，言自處卑約，以免災患。占者如是，則无眚矣。【纂註】徐氏曰：歸而逋逃，退處卑小，可无災眚，所以示屈服之意也。苟逋避不敵，猶處大邑，雖曰退聽，迹尚可疑。如都城百雉，足以偶國，臧武仲據防請後，豈理也哉。〇愚謂位柔，故不克。訟處二陰之閒，故有歸逋小邑之象。不訟而逋，故无眚。**六三，食舊德，貞，厲，終吉。或從王事，无成。**食猶「食邑」之食，言所享也。六三陰柔，非能訟者，故守舊居貞，則雖危而終吉。然或出而從上之事，則亦必无成功。占者守常而不出，則善也。【附録】問：必无成功，似與象辭「從上吉也」之意不協，又與坤六三文言亦不協。是只作占辭解，所以如此否？曰：《易》中經傳不同，如此處多，且兼存之。然經意是本，傳辭是第二節話。淵　「食舊德」句，「貞」句，「厲」句，「終吉」句。淵　【纂註】程子曰：舊德，謂處其素分。〇愚謂三坎體，有食象。**九四，不克訟，復即命，渝，安貞，吉。**即，就也。命，正理也。渝，變也。九四剛而不中，故有訟象。以其居柔，故又爲不克而復就正理，渝變其心，安處於貞之象。占者如是，則吉也。【附録】「復即命渝」，言復就命而變其不順之命。淵　「不克訟」句，

「復即命」句，「渝」句，「安貞」句，「吉」。《易》辭只是元排幾句在此，伊川作變其不安貞者爲安貞，作一句讀，恐不甚自然。銖

九五，訟，元吉。陽剛中正，以居尊位，聽訟而得其平者也。占者遇之，訟而有理，必獲伸矣。【附録】此爻便似坤六二爻，有占无象。蓋爻便是象，「訟元吉」便是占。淵

上九，或錫之鞶帶，終朝三褫之。鞶帶，命服之飾。褫，奪也。以剛居訟極，終訟而能勝之，故有錫命受服之象。然以訟得之，豈能安久？故又有終朝三褫之象。其占爲終訟无理，而或取勝。然其所得終必失之。聖人爲戒之意深矣。【附録】〔總論六爻〕問：觀訟一卦之體，只是訟不可成：初只不永所事；二不克訟；三守舊居正，非能訟者；四不克訟，而能復就正理，渝變心志安處於正；五聽訟元吉；上雖有鞶帶之錫，而不免有終朝之褫，首尾皆是不可訟之意，故象曰：「訟不可成也。」曰：然。銖　【纂註】馮氏曰：或者，未必之辭。訟雖獲勝，所喪已多。設有可得，亦不足敬。隨得隨喪，況未必有得乎？甚言訟之不可終極也。

䷆ 坎下坤上 師，貞，丈人，吉，无咎。師，兵衆也。下坎上坤，坎險坤順，坎水坤地。古者寓兵於農，伏至險於大順，藏不測於至靜之中。又卦惟九二一陽，居下卦之中，爲將之象。上下五陰順而從之，爲衆之象。九二以剛居下而用事，六五以柔居上而任之，爲人君命將出師之象，故其卦之名曰師。丈人，長老之稱。用師之道，利於得正，而任老成之人，乃得吉而无咎。戒占者亦必如是也。【附録】「吉无咎」，謂如一件事，自家做出來好，方得无罪咎。若做得不好，雖是好事，也則有咎。「无咎吉」，謂如一件事，元是合做底，自家做出來又好。如所謂「戰則克，祭則受福」，戰而臨事懼，好謀成，祭而恭敬齊肅，便是无咎。克與受福，便是吉。如師之道既已正了，又用丈人率之，如此則是都做得是，便是吉了，更有甚咎？淵　【纂註】蔡氏曰：丈人，二也。吉无咎，斷辭。

初六，師出以律，否臧凶。律，法也。否臧謂不善也。晁氏曰：「否字，先儒多作不。」是也。在卦之初，爲師之始。出師之道，當謹其始，以律則吉，不臧則凶。戒占者當謹

始而守法也。**九二，在師中，吉无咎，王三錫命。**九二在下，爲衆陰所歸，而有剛中之德，上應於五，而爲所寵任，故其象占如此。❶ ○愚謂九二爲成卦之主，卦辭「丈人吉无咎」，惟二當之。王指五言。**六三，師或輿尸，凶。**輿尸謂師徒撓敗，輿尸而歸也。以陰居陽，才弱志剛，不中不正，而犯非其分，故其象占如此。【附録】問：伊川訓「輿尸」爲「衆主」，如何？曰：從來有「輿尸血刃」之説，看來只是兵敗輿尸而歸之義。砥 【纂註】丘行可曰：輿尸而歸，趙括長平之戰是也。坎爲輪，輿也。坤爲衆，尸也。**六四，師左次，无咎。**左次謂退舍也。陰柔不中，而居陰得正，故其象如此。全師以退，賢於六三遠矣，故其占如此。【纂註】程子曰：見可而進，知難而退，師之常也。度不能勝，而完師以退，愈於覆敗遠矣。可進而退，乃爲咎也。《易》發此義，以示後世，其仁深矣。○愚案《春秋傳》曰：「凡師一宿爲舍，再宿爲信，過信爲次。」左次，退舍而宿也，與「次于郎」之次同。兵法前爲右，後爲左，故上將軍居右，偏將軍居左，則知師以右爲重，左蓋不用之地也。四「左次」，與明夷四「左腹」同，坤體之下也。**六五，田有禽，利執言，无咎。長子帥師，弟子輿尸，貞凶。**六五用師之主，柔順而中，不爲兵端者也。敵加於己，不得已而應之，故爲田有禽之象，而其占利以搏執而无咎也。言，語辭也。長子，九二也。弟子，三四也。又戒占者專於委任。若使君子任事，而又使小人參之，則是使之輿尸而歸，故雖貞而亦不免於凶也。【附録】問：《易》爻取義，如《師》之六五「長子帥師」，乃是本爻有此象，又却説「弟子輿尸」，何也？曰：此假設之辭也。言若弟子輿尸，則凶矣。問：此例恐與「家人嗃嗃」而繼以「婦子嘻嘻」同。曰：然。淵 【纂註】程子曰：五興師之主，故言興師任將之道。蠻夷猾夏，寇賊姦宄，爲生民之害，若禽獸入田侵害稼穡，於義宜獵取之。如此而動，乃得无咎。若輕動以毒天下，其咎大矣。執言，奉辭也，明其罪以討之也。若秦皇漢武，皆窮山林以索禽獸者也，非田有禽也。任將之道，當以長子帥師，

❶「此」下，原有「淵」字，今據四庫本删。

弟子非長也。自古任將不專而致覆敗者，如晉荀林父邲之戰，唐郭子儀相州之敗是也。上六，大君有命，開國承家，小人勿用。師之終，順之極，論功行賞之時也。坤爲土，故有開國承家之象。然小人則雖有功，亦不可使之得有爵土，但優以金帛可也。戒行賞之人，於小人則不可用此占。而小人遇之，亦不得用此爻也。【附録】先生說：舊時只作論功行賞之時，不可及小人，今思量理去不得。他既一例有功，如何不及他。看來「開國承家」一句，是公共得底，未分別君子小人。「小人勿用」，則是更勿用他，與之謀議計畫耳。漢光武能用此道，自定天下後，一例論功行封。其所以用之在左右者，則鄧禹、耿弇、賈復數人，他不與焉。因問云：古人論功行封，真箇裂土與之守，非如後世虛帶爵邑也。若使小人參其間，則誠有病弊。曰：勢不容不封他。但聖人別有以處之。如舜封象，則使吏治其國。若是小人，亦自有以處之也。此義方思量得，未曾改入《本義》。

䷇ 坤下坎上 比，吉，原筮，元永貞，无咎。不寧方來，後夫凶。比，親輔也。九五以陽剛居上之中，而得其正，上下五陰，比而從之，以一人而撫萬邦，以四海而仰一人之象。故筮得之者，則當爲人所親輔，然必再筮以自審，有元善長永貞固之德，然後可以當衆之歸而无咎。其未比而有所不安者，亦將皆來歸之。若又遲而後至，則此交已固，彼來已晚，而得凶矣。若欲比人，則亦以此而反觀之爾。【附録】問：比卦是人君爲人所比之象。曰：也不必拘。若三家村中，推一箇人作頭首，是爲人所比也。須自審自家才德，可爲之否，所以「原筮元永貞」也。有開　後夫，不必如伊川說。《左》襄二十五年，齊崔武子卜娶妻，卦云：「入于其宮，不見其妻，凶。」人以爲凶，他云：「先夫已當之矣。」此云「先夫」，則彼云「後夫」，正是一樣語。陽便是夫，陰便是婦。砥　「後夫凶」，言九五既爲衆陰所歸，若後面更添一箇陽來，則必凶。古人如袁紹、劉馥、劉繇、劉備之事，可見兩雄不並棲之義。淵【纂註】徐氏曰：夫，五剛也。後夫謂後乎夫，上也。上居卦終，比五獨後也。比道貴先，比而獨後，則失所當，比而凶矣。○愚謂六十四卦，惟蒙、比以筮言。蒙貴初，而比貴原者，蓋發蒙之道，當視其初筮之專誠；顯比之道，當致其原筮而謹審。又二爲蒙主，而當下卦，故曰初。五爲比主，而當上卦，故曰原。所以不同也。初六，有孚比之，无咎，有孚盈缶，終來有它，吉。比之初貴乎有信，則可以无咎矣。若其充實，則又有他吉也。【附録】「終來有它」説將來，似「顯比」，便有那周遍底意思。淵 ○愚謂「有他」指五言。五非正應，故言有他。蓋初與四皆陰无應，而五顯比在上，惟積誠意以比五，終來必得比而吉也。六二，比之自内，貞吉。柔順中正，上應九五，自内比外，而得其貞，吉之道也。占者如是，則貞而吉矣。六三，比之匪人。陰柔不中正，承乘應皆陰，所比皆非其人之象。其占大凶，不言可知矣。【附録】問「比之匪人」。曰：初應四，四是外，比於賢，爲比得其人。二應五，五爲顯比之君，亦爲比得其人。惟六三應上，上爲比之无首，爲比之匪人也。時舉 六四，外比之，貞吉。以柔居柔，外比九五，爲得其貞，吉之道也。占者如是，則貞而吉矣。九五，顯比，王用三驅，失前禽，邑人不誡，吉。一陽居尊，剛健中正，卦之羣陰，皆來比己，顯其比而无私。如天子不合圍，開一面之網，來者不拒，去者不追，故爲用三驅，失前禽，而邑人不誡之象。蓋雖私屬，亦喻上意，不相警備，以求必得也。凡此皆吉之道，占者如是則吉也。【附録】田獵之禮，置旃以爲門，刈草以爲長圍。田獵者自門驅而入，禽獸向我出者皆免，惟驅而入者皆獲。故以前禽比去者不追，獲者比來則取之，大意如此。治聖人於人，來者不拒，去者不追，如何一一要私意周旋。才恁地，便滯於一偏，況天理自不如此。賀孫 如有聞无聲，言其自不相告誡。又如歸市者不止，芸者不變相似。淵 【纂註】蔡氏曰：前禽，謂上也。上獨後比五，即舍之。三驅，失前禽之象。○愚謂五陰爻皆稱比之，比乎五也。九五獨稱顯比，爲衆陰所比也。用三驅而取順，喻下四陰。失前禽而舍逆，喻上一陰也。上六，比之无首，凶。陰柔居上，无以比下，凶之道也，故爲无首之象，而其占則凶也。【纂註】徐氏曰：首，先也。无首，不先也。衆皆比五，上獨後之比，不先也，故有无首凶之象。象既言

「後夫凶」，此又言「无首凶」，則凡比所當比而懷私顧戀，不能早從而至於凶者，必矣。○愚謂徐説與《本義》微異。然以六爻觀之，自九五一爻稱「顯比」外，餘五爻皆稱「比之」之辭，初比之无咎，二、四比之貞吉，皆以其比五也。獨三比之匪人而傷，上比之无首而凶，是三上自相爲比，而不比五也。如是則上六「无首凶」，正與彖辭「後夫凶」應，亦足以發《本義》未發之旨。或謂前禽指三與上。三居内卦之前，而比之匪人，上居外卦之前，而比之无首，皆爲失前禽之象，亦通。故并備之。

䷈ 乾下巽上 小畜，亨，密雲不雨，自我西郊。巽亦三畫卦之名。一陰伏於二陽之下，故其德爲巽，爲入，其象爲風，爲木。小，陰也。畜，止之之義也。上巽下乾，以陰畜陽。又卦惟六四一陰，上下五陽皆爲所畜，故爲小畜。又以陰畜陽，能繫而不能固，亦爲所畜者小之象。内健外巽，二五皆陽，各居一卦之中而用事，有剛而能中、其志得行之象，故其占當得亨通。然畜未極而施未行，故有密雲不雨自我西郊之象。蓋密雲陰物，西郊陰方。我者，文王自我也。文王演《易》於羑里，視岐周爲西方，正小畜之時也。筮者得之，則占亦如其象云。【附録】問：此卦是小人以柔順畜君子，如何？曰：《易》不可專就人上説，且就陰陽上看分明。巽畜乾，陰畜陽，故謂之小。若配之人事，則爲小人畜君子也。得爲臣畜君也，得爲因小小事畜止也，得不可泥定事説。時舉　小畜，但能畜得九三一爻而已。九三是近他底，那兩爻自牽連上來。淵　「小畜亨」是説陽緣畜他不住，故陽得自亨。橫渠言：「《易》爲君子謀，不爲小人謀。」凡言亨者，是説陽。到得説陰處，便分曉説道小人吉。亨字，便是下面「剛中而志行乃亨」。淵　問：「密雲不雨，自我西郊」。曰：此是以巽畜乾，巽順乾健，畜他不得，故不能雨。凡雨者，陰氣盛凝結得密，故温潤下降爲雨。且如飯甑，蓋得密了氣鬱不通，四面方有濕汗。今乾上進一陰，止他不得，所以彖中云「上往也」，是指乾欲上進之象。到上九畜極則散，遂爲既雨既處矣。時舉　【纂註】蔡氏曰：密雲，四也。我亦謂四。西郊，陰方。雲自西而東，陰先倡也，故雲雖密而不雨。程子曰：陽倡而陰和，順也，故和。若陰先陽倡，不順也，故不和。

不和則不能成雨。雲雖密而不雨者，自我西郊故也。據四而言，故云自我畜陽者。四，畜之主也。○愚謂陰陽和洽，則散而爲雨。陰少則陽氣泄而不收，小畜一陰畜五陽是也。陰多則陽氣鬱而不達，小過四陰包二陽是也。故皆不能成雨。自二至四互兑，故稱西郊。

初九，復自道，何其咎，吉。下卦乾體，本皆在上之物，志欲上進，而爲陰所畜。然初九體乾，居下得正，前遠於陰，雖與四爲正應，而能自守以正，不爲所畜，故有進復自道之象。占者如是，則无咎而吉也。【附録】問：此爻與四相正應，爲四所畜者，乃云「復自道」，何邪？曰：《易》有不必泥爻義看者，如此爻只平看自好。復，與復卦之「復」不同。復卦言已前不見了這陽，如今復在此。「復自道」是復他本位，從道路上去，如「无往不復」之復。淵

九二，牽復，吉。三陽志同，而九二漸進於陰，以其剛中，故能與初九牽連而復，亦吉道也。占者如是，則吉矣。

九三，輿説輻，夫妻反目。九三亦欲上進，然剛而不中，迫近於陰，而又非正應，但以陰陽相説，而爲所係畜，不能自進，故有輿説輻之象。然以志剛，故又不能平而與之争，故爲夫妻反目之象。戒占者如是，則不得進而有所争也。【附録】先生説此爻，因云：被他畜止不得進，必與有争。自家必要進時如何，須是正室方得。燁　九三一爻可謂不好，然能以剛自守，則雖得此爻，而凶不應矣。銖　【纂註】蔡氏曰：夫，三也。妻，四也。三昵四而非正，反爲柔制，故至反目。

六四，有孚，血去惕出，无咎。以一陰畜衆陽，本有傷害憂懼，以其柔順得正虚中，巽體二陽助之，是有孚而血去惕出之象也，无咎宜矣。故戒占者，亦有其德則无咎也。○愚謂血，陰傷象。惕，多懼象。下迫於三，故象如此。占者有孚誠，得陽剛之助，可免傷懼而无咎矣。

九五，有孚攣如，富以其鄰。巽體三爻，同力畜乾，鄰之象也。而九五居中處尊，勢能有爲，以兼乎上下，故爲有孚攣固，用富厚之力而以其鄰之象。「以」猶《春秋》「以某師」之以，言能左右之也。占者有孚，則能如是也。【附録】問：《本義》云：「巽體三爻，同力畜乾，鄰之象也。」據程《傳》，則曰：「以一陰畜五陽。」曰：以統體言之，固是以一陰畜五陽。然就九五而言，則下與四比，上與上連，爲鄰之

象。謂巽三爻同力畜乾，却見得自上畜下之意分明。淵 問：小畜以一陰而畜五陽，而九五乃云「富以其鄰」，是與六四之陰并力而畜下三陽。不知九五何故反助陰邪？曰：九五上九同巽之體，故助之也。銖〔總論泰謙爻〕「富以其鄰」，言有富厚之力，而能用其鄰。「不富以其鄰」，言不待富厚之力，而能用其鄰。淵

上九，既雨既處，尚德載，婦貞厲，月幾望，君子征凶。畜極而成，陰陽和矣，故爲既雨既處之象。蓋尊尚陰德，至於積滿而然也。陰加於陽，故雖貞亦厲。然陰既盛而亢陽，則君子亦不可以有行矣。其占如此，爲戒深矣。【附録】小畜雖是陰畜陽，到極處和而爲雨，畢竟陰制陽不順，所以雖貞亦厲。砥「既雨既處」，言便做畜得住了。做得雨後，這氣畢竟便透出散了。德積是説陰德，婦人雖貞亦危，月纔滿便虧。君子到此，亦行不得，這是那陰陽皆不利底象。淵 【纂註】晁氏曰：昔不雨者，今既雨矣。昔尚往者，今既處矣。尚德載，不至于脱輻也。婦貞厲，不至於反目也。畜道之大成也。程子曰：婦貞厲，謂以陰畜陽，以柔制剛，婦若貞固，守此危厲之道也。安有婦制其夫，臣制其君，而能安者乎？丘行可曰：妻者，齊也。三反目，則稱妻，言相敵也。婦者，順也。上既雨，則稱婦，言相順也。〔總論六爻〕蔡氏曰：小畜，下三爻受畜者也，上三爻爲畜者也。四柔下畜三剛，本難也。而得五與合志，故畜得住。五又得四，爲畜主。四五相與，而後能畜。至上九，則小畜之道成矣。○愚謂既雨，畜極而通象。既處，上象。婦，巽象。婦之所尚，在於德之能載。今乃居上，而以畜制爲事。當小畜之時，雖爲得正，亦危道矣。月，陰象。幾望，陰浸盛而敵陽，此時君子亦不可以有行也。「尚德載，婦貞厲」，此爲妻占。「月幾望，君子征凶」，此爲夫占。君子，對婦言也。

䷉ 兑下乾上 **履虎尾，不咥人，亨。**兑亦三畫卦之名。一陰見於二陽之上，故其德爲説，其象爲澤。履有所躡而進之意也。以兑遇乾，和説以躡剛强之後，有履虎尾而不見傷之象。【附録】履卦以陰躡陽，是隨後躡他，如踏他脚跡相似。所以云「履虎尾」，是隨後履他尾。故於卦之三四爻發虎尾義，便是陰去躡

他陽背脊後處。【纂註】蔡氏曰：兑有虎象，三爲兑終，故曰尾。此又一説也。○愚謂三言履虎尾，是以三履四，以乾剛强爲虎，而四爲尾也。四言履虎尾，是以兑爲虎，而三爲尾也。又兑位西，乾位西北，由西而北，兑正履乾後，以柔履剛，是亦爲履虎尾之象。然則象辭乃文王所作，其發後天卦旨歟？

初九，素履往，无咎。以陽在下，居履之初，未爲物遷，率其素履者也。占者如是，則往而无咎也。【纂註】程子曰：初處至下。素，在下者也。陽剛之才可以上進，若安其卑下之素而往，則无咎矣。夫人不能自安於貧賤之素，則其進也乃貪躁而求動，求去乎貧賤，非欲有爲也。既得其進，驕溢必矣，故往則有咎。賢者則安履其素，其處也樂，其進也將有爲也。故得其進，則有爲而无不善，乃守其素履者也。安履其素而往者，非苟利也，獨行其願耳。若欲貴之心與行道之心交戰于中，豈能安履其素也。

九二，履道坦坦，幽人貞吉。剛中在下，无應於上，故爲履道平坦，幽獨守貞之象。幽人履道而遇其占，則貞而吉矣。【附録】道即路也。伊川説「履道坦坦」處好。【纂註】程子曰：九二居柔，❶寛裕得中，其所履坦坦然，平易之道也。雖所履得坦易之道，亦必幽静安恬之人處之，則能貞固而吉也。

六三，眇能視，跛能履，履虎尾，咥人凶，武人爲于大君。六三不中不正，❷柔而志剛，以此履乾，必見傷害，故其象如此，而占者凶。又爲剛武之人，得志而肆暴之象，如秦政、項籍，豈能久也？【纂註】蔡氏曰：眇、跛，爻柔也。能視能履，位剛也。徐古爲曰：卦有兑，互體有巽離，離爲目，巽多白眼，故有眇能視象。巽爲股，兑爲毁折，故有跛能履象。兑終有虎尾象，兑爲口有咥人象。互體巽爲躁卦，武人以之，故巽之初亦曰「利武人之貞」。○愚謂武人陰象。以一柔爲成卦之主，而統五剛，有武人爲大君之象。或曰六三陰柔，非武人之象。不知陽類多是寛和仁厚底人，陰類多是勇敢强暴底人。陽主生，陰主殺，陽之氣温厚，陰之氣嚴凝也。

九四，履虎尾，愬愬，終吉。九四亦以不中不正，履九五之剛。然以剛居柔，

❶「二」，原誤作「三」，今據四庫本改。
❷「三」，原誤作「二」，今據四庫本改。

故能戒懼而得終吉。○愚謂卦爻之辭，取「履虎尾」象凡三，卦辭「不咥人亨」，九四「愬愬終吉」，獨六三「咥人凶」者，蓋卦辭統論一卦之體，爻則逐爻取義。以卦言，則兑以和説而履乾剛之後，非決行不顧者，故不咥人亨。以爻言，三正當兑口，以柔爻而蹈剛位，和説之體不具，所以咥人凶。四位雖不正，然以剛履柔，剛不至於强暴，所以能戒懼而終吉，故不同也。

九五，夬履，貞厲。九五以剛中正履帝位，而下以兑説應之，凡事必行，无所疑礙，故其象爲夬決其履。雖使得貞，亦危道也。故其占爲雖貞而危，爲戒深矣。【附録】夬，決也。夬履，是做得忒快，雖合履底，也有危厲。淵　叔重問：彖言「剛中正履帝位而不疚」，此是指九五而言。然爻則云「夬履貞厲」，與彖相反，何也？曰：九五是以剛居上，下臨柔説之人，故決然自爲而无所疑，不自知其過於剛耳。時舉　【纂註】程子曰：五以陽剛乾體，居至尊之位，任其剛決而行者也。如此，❶則雖得正猶危厲也。古之聖人，居天下之尊，明足以照，剛足以決，勢足以專。然而未嘗不盡天下之議，雖芻蕘之微必取，乃其所以爲聖也，履帝位而光明者也。若自任剛明，決行不顧，雖使得正，亦危道也，可固守乎。❷有剛明之才，苟專自任，猶爲危道，況剛明不足者乎！

上九，視履考祥，其旋元吉。視履之終，以考其祥，周旋无虧，則得元吉。占者禍福，視其所履而未定也。【附録】「視履考祥」，居履之終，視其所履而考其祥，做得周備底，則大吉。若是半截時，无由考得其祥，後面半截却不好，未可知。旋是那團旋來，却到那起頭處。淵

䷊ 乾下坤上 泰，小往大來，吉亨。泰，通也。爲卦天地交而二氣通，故爲泰，正月之卦也。小謂陰，大謂陽。言坤往居外，乾來居内。又自歸妹來，則六往居四，九來居三也。占者有陽剛之德，則吉而亨矣。

初九，拔茅茹，以其彙，征吉。三陽在下，相連而進，拔茅連茹之象，征行之吉也。占者陽剛，則其征吉矣。郭璞《洞林》讀至「彙」字絶句，下卦放此。【附録】拔茅茹者，物象也。以其彙者，人也。道夫　九

❶「如此」，原誤作「知比」，今據四庫本改。
❷「乎」，原漫漶不清，今據四庫本補。

二，包荒，用馮河，不遐遺，朋亡，得尚于中行。九二以剛居柔，在下之中，上有六五之應，主乎泰而得中道者也。占者能包容荒穢而果斷剛決，不遺遐遠而不昵朋比，則合乎此爻中行之道矣。【附録】包荒便用馮河，不遐遺便朋亡，意只如此。念成 【纂註】蔡氏曰：荒，遠也。无舟渡河曰馮，謂勇者。包荒，所包者遠也。用馮河，勇者亦用也。不遐遺，謂自近至遠也。朋亡，謂不獨用其朋類也。「包荒」與「不遐遺」似，而「不遐遺」實也。「用馮河」與「朋亡」似，而「朋亡」廣也。其於地則无所不周，於人則无所不用，所以爲泰也。「尚」與「尚公主」之尚同。中行，五也。泰之六爻惟此以剛居中，故備泰之道。

九三，无平不陂，无往不復，艱貞无咎，勿恤其孚，于食有福。將過乎中，泰將極而否欲來之時也。恤，憂也。孚，所期之信也。戒占者艱難守貞，則无咎而有福。【附録】問泰卦「无平不陂，无往不復」，與「城復于隍」。因言：否泰相乘如此，聖人因以垂戒。曰：此亦事勢之必然。治久必亂，亂久必治，天下无久而不變之理。子善遂言：天下治亂皆生於人心。治久則人心放肆，故亂因以生。亂極則人心恐懼，故治由此起。曰：固是生於人心，然履其運者必有變化持守之道可也。如明皇開元之治，自是好了，若但能把捉，不至如天寶之放肆，則後來亦不應如此狼狽。銖 因言觀聖人立象係辭，當好時便須有戒懼收斂底意，當不好時便須有艱難守貞底意，徹首徹尾，不過敬而已。卦中无全好者，亦无全不好者，大率敬則好，不敬則不好。先生頷之。銖 「勿恤其孚」只作一句讀。孚只是信，此言勿恤後來信與不信。義剛 「于食有福」，如「食舊德」之食。砥 【纂註】蔡氏曰：孚，信然之謂。食，享也。居三之時艱苦剛貞，不可以時之將陂而怠其心，乃可无咎。「勿恤其孚」，又不可以陰之必復而動其心。丘行可曰：孚指六四「不誡以孚」之孚，言不可以三陰之將復而動其慮，惟嚴於自守以防之，則庶幾長享所有之福矣。徐古爲曰：小人之所以勝君子者，非乘其怠，則攻其隙。艱則无怠之可乘，貞則无隙之可攻。如此則可以无咎，可以勿憂其孚矣。或曰：陰陽交運，否泰相仍，時勢然也。雖艱貞勿恤，如之何？

曰：平陂往復者，天運之不能无。艱貞勿恤者，人事之所當盡。天人有交勝之理，處其交履其會者，必有變化持守之道。若一諉之天運，以爲无預於人事，則聖人之《易》可无作矣。六四，翩翩，不富以其鄰，不戒以孚。已過乎中，泰已極矣，故三陰翩然而下復，不待富而其類從之，不待戒令而信也。其占爲有小人合交以害正道，君子所當戒也。陰虛陽實，故凡言不富者，皆陰爻也。【附録】「不富以其鄰」，言不待富厚之力，而能用其鄰也。淵　【纂註】徐氏曰：先儒有言：「從善如登，從惡如崩」，言爲善之難，而從惡之易也。善，陽也。惡，陰也。陽性固升，亦必引翼扶持而後進。陰性本下，不待招麾呼號而相與就下，已有不可禦之勢矣。六五，帝乙歸妹，以祉元吉。以陰居尊，爲泰之主。柔中虛己，下應九二，吉之道也。而帝乙歸妹之時，亦嘗占得此爻。占者如是，則有祉而元吉矣。凡經以古人爲言，如高宗、箕子之類者，皆放此。○愚案泰六五與歸妹六五爻同有「帝乙歸妹」之辭。或曰：泰三、四爻互易，則爲歸妹，泰之五即歸妹之五也，故其辭同。如无妄、大畜説「牛」，損、益説「龜」，夬、姤説「臀无膚」，既濟、未濟説「鬼方」，此皆是反對卦爻取義。无妄之三即大畜之四，損之五即益之二，夬之四即姤之三，既濟之三即未濟之四，是或一例也。亦通。故併記之。上六，城復于隍，勿用師，自邑告命，貞吝。泰極而否，城復于隍之象。戒占者不可力争，但可自守，雖得其貞，亦不免於羞吝也。【附録】城隍邑，皆土地，坤象。淵　【纂註】程子曰：掘隍土積累以成城，如治道積累以成泰。及泰之終，將反于否，如城土頹圮復反于隍也。徐氏曰：古之人君有處泰之道。既泰忽安逸而不戒，卒至於喪師敗國，窮守一邑，而播告之。修不能及遠，雖貞固自保，卒貽千古之羞者，蓋不知此爻之義也。

䷋ 坤下乾上 否之匪人，不利君子貞，大往小來。否，閉塞也，七月之卦也。正與泰反，故曰匪人，謂非人道也。其占不利於君子之貞道，蓋乾往居外，坤來居内。又自漸卦而來，則九往居四，六來居三也。或疑「之匪人」三字衍文，由比六三而誤也。傳不特解其義，亦可見。【纂註】劉氏曰：否塞之時，雖不利君子之貞，而君子之貞不可无也。守此不變，時之否，道之亨也。故曰：「國有道不變塞焉，國无道至死不變，然後足爲君子。」**初六，拔茅茹，以其彙，貞吉，亨。**三陰在下，當否之時，小人連類而進之象。而初之惡則未形也，故戒其貞則吉而亨。蓋能如是，則變而爲君子矣。【附録】「拔茅茹，貞吉亨」，這是吉凶未判時。若能於此改變時，小人便做君子。君子小人，只是箇貞不貞。淵　**六二，包承，小人吉，大人否，亨。**陰柔而中正，小人而能包容承順乎君子之象，小人之吉道也。故占者小人如是則吉，大人則當安守其否，而後道亨。蓋不可以彼包承於我，而自失其守也。【附録】包承，也是包得許多，承順底意思。學蒙　橫渠説：「《易》爲君子謀，不爲小人謀。」蓋自太極一判而來，便已如此了。曰：論其極是如此。然小人亦具此理，只是他自反悖了。君子治之，不過即其固有者，以正之而已。《易》中亦有時爲小人謀，如「包承，小人吉，大人否亨」，言小人當否之時，能包承君子則吉。但此雖爲小人謀，乃所以爲君子謀也。【纂註】蔡氏曰：包者，爻之柔。承者，位中而應也。大人，五也。○愚謂指大人爲五，正與五爻大人相合。蓋二與五應而包承之，五不惑其包承，自守不失，則身雖否而道自亨也。**六三，包羞。**以陰居陽而不中正，小人志於傷善而未能也，故爲包羞之象。然以其未發，故无凶咎之戒。【附録】包羞，是有意傷善而未能之意。他六二尚自包承，到六三已是要害君子。然做事不得，所以包許多羞耻。淵　六三所以不能害君子，亦是被他陽壓了，但包羞而已。包羞，是他做得不好事，只得慚惶，更不敢對人説。**九四，有命，无咎，疇離祉。**否過中矣，將濟之時也。九四以陽居陰，不極其剛，故其占爲有命无咎，而疇類三陽，皆獲其福也。命謂天命。【附録】否已過中，上三爻是説君子，言君子有天命而无咎。淵　這裏是吉凶未判，須是有命方得无咎。如須得一箇幸會，方能轉禍爲福。文蔚　【纂註】徐氏曰：陰往陽來，天之常道。否已過中，泰復來也。離，麗也。《否》九四「有命」，即《泰》九三「无平不陂，无往不復」之義，言陰陽往來，泰否反復，天運固如此也。**九五，休否，大人吉。其亡其亡，繫**

于苞桑。陽剛中正，以居尊位，能休時之否，大人之事也。故此爻之占，大人遇之則吉。然又當戒懼，如《繫辭傳》所云也。【附録】問：看否、泰二卦，見得泰无不否，否无不泰。當泰將否之時，若是有手段底，則稍遲得。曰：自古由治而入亂者易，由亂而入治者難。治世稍不支梧，便入亂去。亂時須是大人休否方得。學蒙　銖問「其亡其亡，繫于苞桑」。曰：有戒懼危亡之心，則便有苞桑係固之象。蓋能戒懼危亡，則如係苞桑，堅固不拔矣。如此説，則象占乃有收殺，非是其亡其亡，而又係于苞桑也。銖　【纂註】程子曰：大人當位，能以其道休息天下之否，循致於泰，猶未離於否也，故有其亡之戒。不可便爲安肆，當深慮遠戒，常虞否之復來。曰其亡矣，其亡矣，其繫于苞桑，謂爲安固之道，如維繫于苞桑也。漢王允、唐李德裕不知此戒，所以致禍敗。

上九，傾否，先否後喜。以陽剛居否極，能傾時之否者也。其占爲先否後喜。【附録】〔總論六爻〕大抵《易》爲君子謀。且如否，内三爻是小人得志時，然不大段會做得事。初則如此，二又如此，三雖做得些箇，也不濟事。到四，便説君子得時，否漸次反泰底道理。五之苞桑，上之傾否，到這裏便傾了否，做泰。淵　陰之與陽，自是不可相无者。今以四時寒暑而論，若是无陰，陽亦做事不成。但以善惡及君子小人而論，聖人直是要消盡了惡，去盡了小人，蓋亦抑陰進陽之義。某於坤卦亦曾略發此意。今有一樣人議論，謂君子小人相對，小人不可大，故去他，則反激其禍。且如舜舉皐陶，湯舉伊尹，不仁者遠，所謂去小人非必盡滅其類，只是君子道盛，小人自化。雖有些少无狀處，亦不敢發出來，豈必勦滅之乎。文蔚　【纂註】程子曰：物理極而必反，故否極則泰。上九否既極矣，否道傾而變也。先極，否也。後傾，喜也。否傾則泰矣，後喜也。又曰：反危爲安，易亂爲治，必有陽剛之才而後能，故否之上九則能傾否，屯之上六則不能變屯也。

䷌ 離下乾上　**同人于野，亨，利涉大川，利君子貞。**離亦三畫卦之名。一陰麗於二陽之閒，故其德爲麗，爲文明，其象爲火，爲日，爲電。同人，與人同也。以離遇乾，火上同于天。六二得位得中，而上應九五，又卦惟一陰，而五陽同與之，故爲同人。于野謂曠遠而無私也，有亨道矣。以健而行，故能涉川。爲卦内文明而外剛健，六二中正而有應，則君子之道也。占者能如是則亨，而又可涉險，然必其所同合於君子之道，乃爲利也。【纂註】蔡氏曰：野，曠野之地，乾象也。利涉大川，乾健離虚也。初九，同人于門，无咎。同人之初，未有私主，以剛在下，上无係應，可以无咎，故其象占如此。【附録】凡一爻皆具二義，吉者苟不如此則凶，凶者苟不如此則吉。如「同人于門」，須是自出門去與人同，則无咎。若以人從欲，則凶。必大【纂註】蔡氏曰：門，二也。同人之始，出門即同，未見遠近廣狹之情，故无咎。進即遇二，故有此象。丘行可曰：兩户爲門，陰畫偶，有門之象。同人、隨之初九，節之九二，皆前遇偶，故謂之門。一扇爲户，陽畫奇，有户之象。節之初九，亦前遇奇，故謂之户。户一而門二也。六二，同人于宗，吝。宗，黨也。六二雖中且正，然有應於上，不能大同而係於私，吝之道也，故其象占如此。【附録】《易》雖抑陰，然有時把陰爲主，如同人是也。然此一陰雖是一卦之主，又却柔弱，做主不得。砥　銖問：六二與九五，柔剛中正，上下相應，可謂盡善，却有「同人于宗吝」與「先號咷」之象。曰：以其太好，兩者時位相應，意趣相合，只知款密，却无至公大同之心，未免係於私，故有吝。觀「二人同心，其利斷金。同心之言，其臭如蘭」，固是他好處。猶有失，以其係於私暱而不能同也。大凡悔者自凶而趨吉，吝者自吉而趨凶。銖　【纂註】蔡氏曰：宗謂二，與五本應，故曰宗。九三，伏戎于莽，升其高陵，三歲不興。剛而不中，上无正應，欲同於二而非其正，懼九五之見攻，故有此象。【附録】九三只是伏于高陵之草莽中，三歲不敢出，與九四乘其墉，皆爲剛盛而高。三欲同二，懼五見攻，故升高伏戎欲敵之。五剛不可奪，故三歲不興，而象曰：「不能行也。」銖　問：三四皆有爭奪之義，何也？曰：只是爭六二一爻。凡《易》之情，近而不相得則凶。六二與九五相應，三以剛居剛，則便迷而不反。四以剛居柔，便有反側底道理。初、上則在事外，不相干涉，所以无爭。必大　【纂註】程子曰：卦惟一陰，諸陽皆欲同之。二以中正與五應，三以剛强欲奪而同之。然理不直，義不勝，故不敢顯發。伏藏兵戎于林莽中，懷惡而內負不直，故又畏懼。時升高陵以顧望，如此至於三歲之久，終不敢興。此爻深見小人之情狀，然不曰凶者，以不敢發，故未至於凶也。〇愚謂戎，兵戎，離象。三居上卦之下，有伏象。居下卦之上，有升高陵象。位三，有三歲象。**九四，乘其墉，弗克攻，吉。**剛不中正，又无應與，亦欲同於六二，而爲三所隔，故爲乘墉以攻之象。然以剛居柔，故有自反而不克攻之象。占者如是，則是能改過而得吉也。【纂註】蔡氏曰：墉高處，即四近五之地。乘其墉，才剛欲侵五也。弗克攻，志弱也。**九五，同人，先號咷而後笑，大師克相遇。**五剛中正，二以柔中正相應於下，同心者也。而爲三四所隔，不得其同。然義理所同，物不得而間之，故有此象。然六二柔弱，而三、四剛强，故必用大師以勝之，然後得相遇也。【附録】銖問：二五同心，爲三四所隔，故先號咷。師克相遇，則後笑。曰：然。**上九，同人于郊，无悔。**居外无應，物莫與同。然亦可以无悔，故其象占如此。郊在野之內，未至於曠遠，但荒僻无與同爾。【附録】「同人于野」，是廣大无我之意。「同人于郊」，是无可與同之人。取義不同，自不相悖。時舉　【纂註】蔡氏曰：國外曰郊，郊外曰野。雖在卦上，猶未出乎卦也，故曰郊。〇愚嘗疑此爻之旨，而以諸爻例觀之，初、二、五、上皆稱「同人」，獨三、四不言同，而曰「伏戎不興」、「乘墉弗克攻」，此則无與之同者也。二之同宗而吝，五之師克而同，一不免於吝，一不免於用師，則於至公自然之道尚有可議者。若初之「同人于門」，上之「同人于郊」，郊對門而言，卦之首末可見。曰「无咎」，則同人之初已无疵之可咎。曰「无悔」，則同人之終又无過之可悔。此皆同人之善者也。今《本義》以爲无可與同，以其无應而言耳。然上雖无應之可同，而爻辭實有同人之義，況初九一爻亦无應。此例可推，姑記其說于此。

䷍ 乾下離上 **大有，元亨。**大有，所有之大也。離居乾上，火在天上，无所不照。又六五一陰居尊得中，而五陽應之，故爲大有。乾健離明，居尊應天，有亨之道。占者有其德，則大善而亨也。〇愚謂《易》以陽爲大，凡卦稱大，皆以陽得名。大有以一陰統五陽，大畜以一陽畜三陽，大過四陽過盛於中，大壯四陽壯長於下，皆名之曰大也。初九，无交害，匪咎，艱則无咎。雖當大有之時，然以陽居下，上无係應，而在事初，未涉乎害者也，何咎之有？然亦必艱以處之，則无咎。戒占者宜如是也。【附録】《易》之書，大抵教人戒謹恐懼，无有以爲易而處之者。雖至易之事，亦必以艱難處之，然後无咎。僩 【纂註】蔡氏曰：交即應之謂，五之「交如」是也。大有之初，去五遠而非應，无交也。故有害之者，害非己致，故曰匪咎。艱難處之，其咎可无。徐氏曰：先師從横渠之説。蓋六五柔得尊位，爲大有之主，或應或近，未見其有害者，故六五曰「厥孚交如」。二應於五，三亨於五，四與上近五，遠而无交者惟初而已，獨无得乎五，是以无交而有害也。世之君子，固有當時之盛，乃獨窮而在下，不獲乎上，患難之來有所不免，亦惟修身補過以竢之耳。是不失此爻之義也。九二，大車以載，有攸往，无咎。剛中在下，得應乎上，爲大車以載之象。有所往而如是，可以无咎矣。占者必有此德，乃應其占也。【纂註】蔡氏曰：大車，二也。載謂載五也。剛健居中而應五，故有大車以載之象。九三，公用亨于天子，小人弗克。亨，《春秋傳》作「享」，謂朝獻也。古者「亨通」之亨，「享獻」之享，「烹飪」之烹，皆作亨字。九三居下之上，公侯之象。剛而得正，上有六五之君，虚中下賢，故爲亨于天子之象。占者有其德，則其占如是。小人无剛正之德，則雖得此爻，不能當也。【附録】古文无享字，亨、享、烹只通用。如「公用亨于天子」，解作亨字，便不是。學蒙 此亨字，已有左氏所引可證。如隨之「王用亨于西山」，亦是「祭享」之享无疑。○愚案《春秋傳》曰：「晉文公將納王，使卜偃筮之，遇大有之睽，曰：『吉。遇公用亨于天子之卦，❶戰克而王亨，吉孰大焉。』」則是卜偃時已讀爲享矣。九四，匪其彭，无咎。彭字音義未詳，程《傳》曰「盛貌」，理或當然。六五柔中之君，九四以剛近之，有僭偪之嫌。然以其處柔也，故有不極其盛之象，而得无

❶「享」，原誤作「亨」，今據四庫本及文意改。下「王享」、「爲享矣」同。「王享」，《左傳》僖公二十年作「王饗」，孔疏以「王享」釋。

咎。戒占者宜如是也。【纂註】程子曰：九四居大有之時，已過中矣，是大有之盛者也。過盛則凶，咎所由生。故處之之道，匪其彭則得无咎，謂能謙損不處其太盛也。彭，盛多貌。《詩·載驅》「行人彭彭」，行人盛多之狀。《大明》「駟騵彭彭」，言武王戎馬之盛也。

六五，厥孚，交如，威如，吉。大有之世，柔順而中，以處尊位，虚己以應九二之賢，而上下歸之，是其孚信之交也。然君道貴剛，太柔則廢，當以威濟之則吉。故其象占如此，亦戒辭也。【纂註】程子曰：虚中爲孚信之象。當大有之時，人心安易，若專尚柔順，則陵慢生矣，故必威如則吉。既以柔和孚信接下，衆志説從，又以威嚴使之畏，善處有者也，吉可知矣。○愚謂六五位剛，故有威如之象。

上九，自天祐之，吉，无不利。大有之世，以剛居上，而能下從六五，是能履信思順而尚賢也。滿而不溢，故其占如此。【附録】五之交孚，信也。而上能履之，謙退不居，思順也。志從於五，尚賢也。「天之所助者順，人之所助者信」，所以有自天祐之吉无不利之象。若无《繫辭》此數句，❶此爻遂无收殺。以此見聖人讀《易》，見爻辭有不分明處，則於《繫辭傳》説破，如此類是也。

䷎ 艮下坤上 謙，亨，君子有終。謙者，有而不居之義。止乎内而順乎外，謙之意也。山至高而地至卑，乃屈而止於其下，謙之象也。占者如是，則亨通而有終矣。有終，謂先屈而後伸也。【附録】謙便能亨，又爲君子有終之象。淵 【纂註】徐氏曰：「君子有終」，主九三而言。九三一卦之主，而又居下卦之終，故曰有終。又，諸卦三爻多言終。

初六，謙謙君子，用涉大川，吉。以柔處下，謙之至也。君子之行也，以此涉難，何往不濟。故占者如是，則利以涉川也。【纂註】程子曰：自處至謙，衆所共與也。雖用涉險難，亦无患害，况居平易乎，何所不吉也。○愚謂前有互體之坎，故以大川言。

六二，鳴謙，貞吉。柔順中正，以謙有聞，貞而且吉者也，故其占如此。【附録】「鳴謙」在六二，又言貞者，言謙而有聞，須得其貞則吉。蓋六二以陰處陰，所以戒他要貞。謙而不貞，

❶「若无」，原誤作「皆文」，今據四庫本改。

則近於邪佞。上六之鳴却不同，處謙之極而有聞，則失謙本意。蓋謙本不要人知，況在人之上而有聞乎？此所以志未得。

九三，勞謙，君子有終，吉。卦唯一陽，居下之上，剛而得正，上下所歸，有功勞而能謙，尤人所難，故有終而吉。占者如是，則如其應矣。【纂註】程子曰：古之人有當之者，周公是也。身當天下之大任，上奉幼弱之主，謙恭自牧，夔夔如畏然，可謂有勞而能謙矣。○愚謂三居互體坎中，故稱勞。《説卦》亦曰：「坎，勞卦也。」九三以一陽爻爲成卦之主，故爻辭與卦同。

六四，无不利，撝謙。柔而得正，上而能下，其占无不利矣。然居九三之上，故戒以更當發揮其謙，以示不敢自安之意也。【纂註】程子曰：撝，施布之象，如人手之撝也。動息進退，必施其謙，蓋居多懼之地，又在賢臣之上故也。

六五，不富以其鄰，利用侵伐，无不利。以柔居尊，在上而能謙者也。故爲不富而能以其鄰之象，蓋從之者衆矣。猶有未服者，則利以征之，而於他事亦无不利。人有是德，則如其占也。【附録】問：謙是不與人争，如何五上言「侵伐」、「行師」？曰：老子言：「大國以下小國，則取小國。小國以下大國，則取大國。」言：「抗兵相加，哀者勝矣。」孫子曰：「始如處女，敵人開户。後如脱兔，敵不及拒。」大抵謙自是用兵之道，只退處一步耳，所以利用侵伐也。蓋自初六積到六五、上六，謙亦極矣，自宜人人服之。尚更不服，則非人矣，故利用侵伐也。又曰：坤爲地，爲衆，凡説國邑征伐處，多是因坤。文蔚

上六，鳴謙，利用行師，征邑國。謙極有聞，人之所與，故可用行師。然以其質柔而无位，故可以征己之邑國而已。【附録】上六取象行師。有坤處多言師，如《泰》上六「城復于隍，勿用師」之類。坤爲土，土爲國，故云「征邑國」也。砥　○愚謂謙一卦六爻，下三爻皆吉而无凶，上三爻皆利而无害，《易》中吉利罕有若是純全者。謙之效固如此，然艮體稱吉，而坤體稱利者，静則多吉，順則多利也。

䷏ 坤下震上　豫，利建侯行師。豫，和樂也。人心和樂，以應其上也。九四一陽，上下應之，其志得行。又以坤遇震，爲順以動，故其卦爲豫，而其占利以立君用師也。【纂註】蔡氏曰：侯，震也。震爲長子，有

君道，故《屯》「利建侯」亦取震象。師，坤也。《易》言用師，皆取坤象。丘行可曰：屯有震无坤，則言「建侯」，而不言「行師」。謙有坤无震，則言「行師」，而不言「建侯」。此合震坤成卦，故兼之。

初六，鳴豫，凶。陰柔小人，上有强援，得時主事，故不勝其豫而以自鳴，凶之道也，故其占如此。卦之得名，本爲和樂，然卦辭爲衆樂之義，爻辭除九四與卦同外，皆爲自樂，所以有吉凶之異。【纂註】程子曰：鳴，發於聲也。

六二，介于石，不終日，貞吉。豫雖主樂，然易以溺人，溺則反而憂矣。卦獨此爻中而得正，是上下皆溺於豫，而獨能以中正自守，其介如石也。其德安静而堅確，故其思慮明審，不俟終日，而見凡事之幾微也。《大學》曰：「安而後能慮，慮而後能得。」意正如此。占者如是，則貞而吉矣。【纂註】蔡氏曰：坤體居中，静之至者，又與四无係，介然自守，不流於豫。石者，安静之象，故取以爲象。程子曰：豫之諸爻多不得正，惟六二中正无應，爲自守之象。當豫之時，獨能以中正自守，可謂特立之操，是其節介于石之堅也。「介于石」，其介如石也。人於豫樂心説之，故遲遲遂至於耽戀不能已。二以中正自守，其介如石，其去之速，不俟終日，故貞正而吉也。處豫不可安且久也，久則溺矣，如二可謂見幾而作者也。張舜文曰：互體艮，有石象。

六三，盱豫悔，遲有悔。盱，上視也。陰不中正，而近於四，四爲卦主，故六三上視於四，而下溺於豫，宜有悔者也，故其象如此。而其占爲事當速悔，若悔之遲，則必有悔也。【附録】「盱豫悔」，言覷着六四之豫便當速悔，遲時便有悔。淵　問：「上視於四而下溺於豫」，未曉。曰：趨時附勢，以得富貴，而自以爲樂者也。道夫

九四，由豫，大有得，勿疑，朋盍簪。九四，卦之所由，以爲豫者也，故其象如此。而其占爲大有得，然又當至誠不疑，則朋類合而從之矣，故又因而戒之。簪，聚也，又速也。【附録】由豫，猶言由頤。淵　四以震體之陽爲陰主，如大臣轉天下之危爲安。上无爲，而下佚樂，故曰豫。學蒙　【纂註】徐氏曰：大，剛也。一剛而得五柔，故曰大有得。居位非正，故有疑。朋謂衆柔。丘行可曰：盍，合也。簪，聚也。簪，笄屬，所以聚髮也。卦五柔爻皆斷，一剛爻獨連，故以簪爲象。

六五，貞疾，恒不死。當豫

之時，以柔居尊，沈溺於豫。又乘九四之剛，衆不附而大勢危，故爲貞疾之象。然以其得中，故又爲恒不死之象。即象而觀，占在其中矣。【纂註】程子曰：權之所主，衆之所歸，皆在於四。四陽剛得衆，非耽惑柔弱之君所能制，乃柔弱不能自立之君，受制於專權之臣也。居得君位，貞也。受制於下，疾也。六居尊位，權雖失而位未亡，故云「貞疾恒不死」，如漢魏末世之君也。**上六，冥豫，成有渝，无咎。**以陰柔居豫極，爲昏冥於豫之象。以其動體，故又爲其事雖成，而能有渝之象。戒占者如是，則能補過而无咎，所以廣遷善之門也。【纂註】〔總論六爻〕丘行可曰：豫以九四一爻爲主，其位上逼六五，有權臣處君側之象。故本爻謂之「由豫」，以衆陰由己而豫也。在他爻，皆以不從四爲善。初應，則鳴豫凶。三比，則盱豫悔。五乘，則貞疾恒不死。上同震體，亦不免於冥豫而後有渝焉。惟六二一爻，陰柔中正，與四无係，獨能介于石不終日而貞吉，豫之不可溺也如此。徐氏曰：豫有三義，曰和豫，曰逸豫，曰備豫。彖、象所言，和豫也。六爻所言，逸豫也。豫備不虞，卦爻无此義。《傳》曰：「重門擊柝，以待暴客，蓋取諸豫。」此備豫也。

䷐ 震下兑上 **隨，元亨，利貞，无咎。**隨，從也。以卦變言之，本自困卦九來居初，又自噬嗑九來居五，而自未濟來者，兼此二變，皆剛來隨柔之義。以二體言之，爲此動而彼説，亦隨之義，故爲隨。己能隨物，物來隨己，彼此相從，其通易矣。故其占爲元亨，然必利於貞，乃得无咎。若所隨不貞，則雖大亨，而不免於有咎矣。《春秋傳》穆姜曰：「有是四德，隨而无咎。我皆无之，豈隨也哉？」今案「四德」雖非本義，然其下云云，深得占法之意。【纂註】程子曰：隨之道，可以致大亨也。君子之道，爲衆所隨，與己隨於人，及臨事擇所隨，皆隨也。隨得其道，則可以致大亨也。凡人君之從善，臣下之奉命，學者之徒義，臨事而從長，皆隨也。隨之道，利在於貞正。隨得其正，然後能大亨而无咎。失其正，則有咎矣，豈能亨乎。**初九，官有渝，貞吉。出門交有功。**卦以物隨爲義，爻以隨物爲義。初九以陽居下，爲震之主，卦之所以爲隨者也。既有所隨，則有所偏主，而變其常矣，惟得其貞則吉。

又當出門以交，不私其隨，則有功也。故其象占如此，亦因以戒之。【附録】問：官是主字之義，是一卦之主，首變得貞便吉，不貞便凶。曰：是如此。又曰：這是變了，只是要出門交，便有功。砥　【纂註】蔡氏曰：門，二也。徐氏曰：二居中得正，初隨之而不失其正，則有功也。程子曰：人心所從，多所親愛者也。常人之情，愛之則見其是，惡之則見其非。故妻孥之言，雖失而多從；所憎之言，雖善而爲惡也。苟以親愛而隨之，則是私情所與，豈合正理，故出門而交則有功也。

六二，係小子，失丈夫。初陽在下而近，五陽正應而遠，二陰柔不能自守，以須正應，故其象如此。凶咎可知，不假言矣。【附録】「係小子，失丈夫」，程《傳》是。淵　【纂註】程子曰：二應五而比初，隨先於近，柔不能固守，故爲之戒云。若係小子，則失丈夫也。初陽在下，小子也。五正應在上，丈夫也。二若志係於初，則失九五之正應，是失丈夫也。

六三，係丈夫，失小子，隨有求得，利居貞。丈夫謂九四。小子亦謂初也。三近係四，而失於初，其象與六二正相反。四陽當任，而己隨之，有求必得。然非正應，故有不正而爲邪媚之嫌。故其占如此，而又戒以居貞也。【纂註】程子曰：四亦无應，无隨之者。近得三之隨，必與之親善，故三之隨四，有求必得也。雖然，固不可非理枉道，以隨於上。苟取愛悦，以遂所求，乃小子邪諂趨利之爲也，故云利居貞。自處於正，則所謂有求而必得者，乃正事君子之隨也。

九四，隨有獲，貞凶。有孚在道，以明，何咎。九四以剛居上之下，與五同德，故其占隨而有獲。然勢凌於五，故雖貞而凶。唯有孚在道而明，則上安而下從之，可以无咎也。占者當時之任，宜審此戒。

九五，孚于嘉，吉。陽剛中正，下應中正，是信于善也。占者如是，其吉宜矣。

上六，拘係之，乃從維之，王用亨于西山。居隨之極，隨之固結而不可解者也。誠意之極，可通神明，故其占爲王用亨于西山。亨，亦當作「祭享」之享。自周而言，岐山在西。凡卜祭山川者得之，其誠意如是，則吉也。〇愚謂當隨之世，陰柔不能自立，必附陽而後能有立，故三陰爻皆言係，取依係於人而能立之象。如是，則一卦取陰隨陽之義爲多。

巽下艮上 ䷑ **蠱，元亨，利涉大川，先甲三日，後甲三日。**蠱，壞極而有事也。其卦艮剛居上，巽柔居下，上下不交，下卑巽而上苟止，故其卦爲蠱。或曰剛上柔下謂卦變：自賁來者，初上二下；自井來者，五上上下；自既濟來者，兼之，亦剛上而柔下，皆所以爲蠱也。蠱壞之極，亂當復治，故其占爲元亨而利涉大川。甲，日之始，事之端也。先甲三日，辛也。後甲三日，丁也。前事過中而將壞，則可自新以爲後事之端，而不使至於大壞。後事方始而尚新，然更當致其丁寧之意，以監其前事之失，而不使至於速壞。聖人之戒深矣。【附録】上頭底只管剛，下頭底只管要柔，又只巽順，事事不向前，下卑巽而上苟止，安得不蠱？舊聞趙德莊如此說。必大　皿蟲爲蠱，言器中盛那蟲，教它自相併，便是積畜到那壞爛底意思。一似漢唐之衰，弄得來到那極弊大壞時，所以言「元亨」。蓋極弊則將復治，故言「元亨」。淵　【纂註】程子曰：既蠱，則有復治之理。自古治必因亂，亂則開治，理自然也，則能致元亨也。甲，數之首，事之始也。治蠱之道，當思慮其先後三日，推原先後，爲救弊可久之道。先甲，謂先於此，究其所以然也。後甲，謂後於此，慮其將然也。一日二日至於三日，言慮之深，推之遠也。究其所以然，則知救之之道。慮其將然，則知備之之方。善救則前弊可革，善備則後利可久，此古之聖王所以新天下而垂後世也。後之治蠱者，不明聖人「先甲」「後甲」之誡，慮淺而事近，故勞於救亂而亂不革，功未成而弊已生矣。

初六，幹父之蠱，有子，考无咎，厲終吉。幹如木之榦，枝葉之所附而立者也。蠱者，前人已壞之緒，故諸爻皆有父母之象，子能幹之，則飭治而振起矣。初六蠱未深而事易濟，故其占爲有子則能治蠱，而考得无咎，然亦危矣。戒占者宜如是，又知危而能戒，則終吉也。【附録】問：「有子考无咎」，與「意承考」之考，皆是指父在。父在而得云「考」，何也？曰：古人多通言，如《康誥》「大傷厥考心」可見。銖　【纂註】程子曰：子幹父蠱之道，能堪其事，則爲有子而考得无咎。不然，則爲父之累，故必惕厲，則得終吉也。處卑而尸尊，事自當兢畏，則可以終吉。

九二，幹母之蠱，不可貞。九二剛中，上應六五，子幹母蠱而得中之象。以剛乘柔而治其壞，故又戒以不可堅貞，言當巽以入之也。【附録】「幹母之蠱」，程《傳》是。植　【纂註】程子曰：子之於母，當以柔巽輔導之，使得於義。不順而致敗蠱，則子之罪也。從容將順，豈无道乎？若伸己陽剛之道，遽然矯拂則傷恩，所害大矣，安能入乎？在乎屈己下意，巽順將承，使之身正事治而已。故曰「不可貞」，謂不可貞固盡其剛直之道。如是，乃得中道也。**九三，幹父之蠱，小有悔，无大咎。**過剛不中，故小有悔。巽體得正，故无大咎。【纂註】程子曰：三以陽處剛而不中，剛之過也。然而在巽體，雖剛過而不爲无順。順，事親之本也。又居得正，故无大過。以剛陽之才克幹其事，雖以剛過而有小小之悔，終无大過咎也。然有小悔，已非善事親也。**六四，裕父之蠱，往見吝。**以陰居陰，不能有爲，寬裕以治蠱之象也。如是則蠱將日深，故往則見吝，戒占者不可如是也。【附録】三四兩爻，説得「悔」、「吝」最分明。九三有悔而无咎，由凶而趨吉也。六四雖目下无事，然却終吝，由吉而趨凶也。元祐閒，劉莘老、劉器之之徒，必欲盡去小人，却是未免有悔。至其他諸公，欲且寬裕无事，莫大段整頓，不知目前雖遮掩掩延得過，後面憂吝却多。可以見聖人之深戒。銖　【纂註】劉壽翁曰：强以立事爲幹，怠而委事爲裕，事弊而裕之，弊益甚矣。蓋六四體艮之止，而爻、位俱柔。夫貞固足以幹事，今止者怠，柔者懦。怠且懦，皆增益其蠱者也。持是以往，吝道也，安能治蠱邪？**六五，幹父之蠱，用譽。**柔中居尊，而九二承之以德。以此幹蠱，可致聞譽，故其象占如此。【纂註】程子曰：五居尊位，以陰柔之質，下應九二陽剛之臣，而倚任之。然己實陰柔，故不能爲創始開基之事，承其舊業則可矣，故爲幹父之蠱。夫創業垂統之事，非剛明之才則不能。繼世之君雖柔弱之資，苟能任剛賢，則可以爲善，繼而成令譽也。太甲、成王，皆以臣而用譽者也。**上九，不事王侯，高尚其事。**剛陽居上，在事之外，故爲此象。而占與戒，皆在其中矣。【附録】不事王侯，无位之地，如何出得來，便幹箇甚麽。柄　問「占與戒皆在其中」。曰：有此事則其占如此，又戒其必如此，乃可也。若得此象而不能從，則有凶矣。當此時節，若能斷然不事王侯，高尚其事，不半上落下，或出或入，則其志貞，可法則矣。只爲人不能如此也。銖　【纂註】徐氏曰：陽剛居上，下無應與，又居艮體，在事之外，故爲「不事王侯，高尚其事」之象。程子曰：賢人君子，不偶於時而高潔自守，不累於世務則自善其身，尊高敦尚其事，守其志節而已。士之自高尚，亦非一道，有懷抱道德，不偶於時而高潔自守者；有知止足之道，退而自保者；有量能度分，安於不求知者；有清介自守，不屑天下之事，獨潔其身者。所處雖有得失小大之殊，皆自高尚其事者也。〔總論六爻〕蔡氏曰：蠱者，壞極而有事也。前事既壞，後事必飭，猶父没則子當繼之，故取家事爲象。然爲家之道，貴剛柔得中，過於剛則悔，過於柔則吝，故九三有悔，六四見吝也。初六、九二、六五、上九，或位剛爻柔，或位柔爻剛，剛柔相濟，皆得治蠱之道者也。○愚謂蠱以父母取象者，家之蠱乃前人已壞之事，卦之蠱由巽艮而成，則巽艮有父母致蠱之象矣。爻則逐爻取義，故皆以子幹蠱爲言。上獨不取子象者，以幹至五而用譽，无復蠱之可幹，故又取不事王侯之象。諸爻中幹父者凡四，幹母者惟一，又見母道巽順，猶爲未害，父乃止而不爲，其弊有不可勝言者。

䷒ 兑下坤上　臨，元亨，利貞，至于八月有凶。臨，進而淩逼於物也。二陽浸長以逼於陰，故爲臨，十二月之卦也。又其爲卦，下兑説上坤順，九二以剛居中，上應六五，故占者大亨而利於貞。然至于八月，當有凶也。八月，謂自復卦一陽之月，至于遯卦二陰之月，陰長陽遯之時也。或曰八月謂夏正八月，於卦爲觀，亦臨之反對也。又因占而戒之。【附録】問：臨字不特是上臨下之謂，凡進而逼近者皆謂之臨。曰：然。學蒙　問：「八月」有兩説，孰長？曰：前説是周正八月，後説是夏正八月，恐文王繫卦時只用周正紀之，不可知也。銖　【纂註】蔡氏曰：臨與遯反，臨爲建丑之月，則遯爲建未之月也。自臨之初爻至遯之二爻，在卦經八爻，於月經八月，剛柔皆變，臨盡消矣，故曰「至于八月有凶」。程子曰：二陽方長於下，陽道嚮盛之時，聖人豫爲之戒曰：❶陽雖方盛，至於八月則

❶「曰」，原誤作「四」，今據四庫本改。

其道消矣，是有凶也。大率聖人爲戒，必於方盛之時，方盛而慮衰，則可以防其滿極而圖永久。若既衰而後戒，亦无及矣。自古天下安治，未有久而不亂者，蓋不能戒於盛也。方其盛而不知戒，故狃安富則驕侈生，樂舒肆則綱紀壞，忘禍亂則釁孽萌，是以浸淫不知亂之至也。**初九，咸臨，貞吉。**卦唯二陽，徧臨四陰，故二爻皆有咸臨之象。初九剛而得正，故其占爲貞吉。**九二，咸臨，吉，无不利。**剛得中而勢上進，故其占吉而无不利也。**六三，甘臨，无攸利，既憂之，无咎。**陰柔不中正，而居下之上，爲以甘説臨人之象。其占固无所利，然能憂而改之，則无咎也。勉人遷善，爲教深矣。【附録】三近二陽，也去臨他。如小人在上位，却把甘言好語，臨在下之君子。砥

【纂註】蔡氏曰：爻柔而位不正，兑體而迫於剛，故以甘説邪佞而臨乎二也。然剛長以正，又豈甘説邪佞之所利也。能順剛長之正理，憂懼知變，不爲甘説之態，雖咎亦不長也。**六四，至臨，无咎。**處得其位，下應初九，相臨之至，宜无咎者也。【附録】「至臨无咎」，未是極好，只是與初相臨，得切至，故謂之至。砥　**六五，知臨，大君之宜，吉。**以柔居中，下應九二，不自用而任人，乃知之事。而大君之宜，吉之道也。**上六，敦臨，吉，无咎。**居卦之上，處臨之終，敦厚於臨，吉而无咎之道也。故其象占如此。【附録】上六「敦臨」，自至臨積累至極處，有敦篤之義。艮上九，亦謂之「敦艮」。復上六不好了，所以只於五爻謂之「敦復」。居臨之時，二陽得時上進，陰不敢與之争，而志與之應。象所謂「在内」者，非謂正應，只是内卦與二陽應也。又曰：此便是好卦，不獨説道理，自是好讀。所謂「卦有大小，辭有險易」，此便是大底卦。砥

【纂註】二剛浸長，進逼於柔。此雖成卦之體，而《雜卦》又曰：「臨觀之義，或與或求。」與者，又言上下相與，爲臨也。爻辭初二「咸臨」，此下臨上，剛臨柔也。三「甘臨」，四「至臨」，五「知臨」，上「敦臨」，此上臨下，柔臨剛也。上下相臨，所謂與也。

䷓ 坤下巽上 **觀，盥而不薦，有孚顒若。**觀者，有以中正示人，而爲人所仰也。九五居上，四陰仰之，又内順外巽，而九五以中正示天下，所以爲觀。盥，將

祭而潔手也。薦，奉酒食以祭也。顒然，尊嚴之貌。言致其潔清而不輕自用，則其孚信在中，而顒然可仰。戒占者當如是也。或曰「有孚顒若」，謂在下之人信而仰之也。此卦四陰長而二陽消，正爲八月之卦。而名卦繫辭，更取他義，亦扶陽抑陰之意。【附録】問：「觀，盥而不薦」，只是取未薦之時，誠意渾全而未散。今乃云「觀盥而不薦」，何也？曰：祭祀无不薦者，此是假設來説，薦是用事了，盥是未用事之初。云不薦者，言常持得這誠敬，如盥之意常在。若薦則是用出，用出則纔畢便過了，无復有初意矣。《詩》云：「心乎愛矣，遐不謂矣。中心藏之，何日忘之。」《楚詞》云：「愛君子兮不敢言。」正是此意。説出這愛了，則都无事可把持矣。惟其不説，但藏在中心，所以常見其不忘也。學蒙　問：《本義》以爲致其潔清而不輕自用，則是聖人在上，視聽言動，皆當爲天下法而不敢輕，亦猶祭祀之時致其潔清，而不敢輕用否？曰：然。僩　伊川云：「人君正其表儀，以爲下民之觀，當莊嚴如始盥之初。勿使誠意少散，如既薦之後。」某看觀卦意思，不是如此。觀義自説聖人至德，出治天下自然而化，更不待用力，而下莫不觀感而化。故取義於盥意，謂積誠信之至，但是盥滌，而不待乎薦享，有孚已自顒若，故《彖》曰：「下觀而化也。」賀孫　問：四陰長而二陽消，正八月之卦，而名卦繫辭不取此義，何也？曰：只爲九五中正，以觀示天下，事都別了，以此見《易》不可執一看，所謂「不可爲典要，唯變所適」也。銖　問：觀陰盛而不言凶咎，何也？曰：此卦取義不同。蓋陰雖盛，而於九五之君乃當正位，故只取爲觀於下之義，而不取陰盛之象也。時舉　問「觀」、「觀」之義。曰：自上示下曰觀，去聲。自下觀上曰觀，平聲。故卦名之觀去聲，六爻之觀皆平聲。僩　○愚謂此卦四陰長一陽消，名卦繫辭雖取他義，而初則稱「小人」，且致戒於君子，五上皆稱「君子无咎」，崇陽抑陰之意，爻尤可見。

初六，童觀，小人无咎，君子吝。卦以觀示爲義，據九五爲主也。爻以觀瞻爲義，皆觀乎九五也。初六陰柔在下，不能遠見，童觀之象，小人之道，君子之羞也。故其占在小人則无咎，君子得之則可羞矣。

六二，闚觀，利女貞。陰柔居内而觀乎外，闚觀之象，女子之貞也。故其占如此。丈夫得之，則非所利矣。【纂註】徐氏曰：闚，門中視也。陰柔居内而觀外，雖與五爲應，前爲三四所蔽，所見不明，闚觀之象。**六三，觀我生，進退。**我生，我之所行也。六三居下之上，可進可退，故不觀九五，而獨觀己所行之通塞，以爲進退。占者宜自審也。**六四，觀國之光，利用賓于王。**六四最近於五，故有此象。其占爲利於朝覲仕進也。【纂註】程子曰：觀莫明於近，五以陽剛中正居尊位，聖賢之君也。四切近之，觀見其道，故云「觀國之光」，觀見國之盛德光輝也。不指君之身而云國者，在人君而言，豈止觀其行一身乎？當觀天下之政化，則人君之道德可見矣。「利用賓于王」，聖明在上，則懷抱才德之人，皆願進於朝，輔戴之，以康濟天下。四既觀見人君之德，國家之治，光華盛美，所宜賓于王朝。古者有賢德之人，則人君賓禮之，故士之仕進於朝，則謂之賓。**九五，觀我生，君子无咎。**九五陽剛中正，以居尊位，其下四陰仰而觀之，君子之象也。故戒居此位得此占者，當觀己所行，必其陽剛中正，亦如是焉，則得无咎也。**上九，觀其生，君子无咎。**上九陽剛，居尊位之上，雖不當事任，而亦爲下所觀，故其戒辭略與五同。但以「我」爲「其」，小有主賓之異耳。【附録】其生，謂言行事爲之見於外者。《答呂光祖》　砥問「觀我生」、「觀其生」之別。曰：我者，彼我對待之言，是以彼觀此。「觀其生」，是以此自觀。六三之「觀我生進退」者，事君則觀其言聽計從，治民則觀其政教可行，膏澤可下，可以見自家所施之當否而爲進退。九五之「觀我生」，如觀風俗之媺惡，臣民之從違，可以觀自家所施之善惡。上九之「觀其生」，則自就自家視聽言動應事接物處自觀。僩　「觀我」是自觀，如「視履考祥」底語勢。「觀其」亦是自觀，却從別人説。《易》中「其」字不説別人，只是自家，如「乘其墉」之類。僩　九五、上九「君子无咎」，蓋於君子有陽剛之德，故无咎。小人无此德，自不當得此爻。銖　〔總論六爻〕問：觀六爻，一爻勝似一爻，豈所據之位愈高，則所見愈大邪？曰：上二爻意思自別，下四爻是以所據之位愈近，則所見愈親切意思。學蒙

䷔ 震下離上 **噬嗑，亨，利用獄。**噬，齧也。嗑，

合也。物有閒者，齧而合之也。爲卦上下兩陽而中虛，頤口之象。九四一陽閒於其中，必齧之而後合，故爲噬嗑。其占當得亨通者，有閒故不通，齧之而合，則亨通矣。又三陰三陽，剛柔中半，下動上明，下雷上電。本自益卦六四之柔，上行以至於五而得其中，是知以陰居陽，雖不當位，而利用獄。蓋治獄之道，唯威與明，而得其中之爲貴。故筮得之者，有其德則應其占也。【纂註】程子曰：聖人以卦象而比於天下之事，在口則爲有物隔而不得合；在天下則爲有强梗或讒邪閒隔其閒，故不得合也。當用刑法，小則懲誡，大則誅戮，以除去之，然後天下之治得成矣。至於一國一家，至於萬事，所以不合者，皆由有閒也，无閒則合矣。○愚謂《易》六十四卦象辭，惟噬嗑取象於獄者，以上下兩陽而中虛，有獄之象。九四一陽閒於其中，有獄囚之象。明照而威震，動必察情，噬之使嗑，有利用獄之象也。

初九，屨校滅趾，无咎。初上无位，爲受刑之象。中四爻爲用刑之象。初在卦始，罪薄過小，又在卦下，故爲屨校滅趾之象。止惡於初，故得无咎。占者小傷而无咎也。【纂註】蔡氏曰：屨，履也。校，械也。滅，没也。趾在下，人所用以行者。初象滅趾，謂受刑於初，所傷者小也。止惡於初，則小懲大戒。罪過止息而不行，故无咎。

六二，噬膚滅鼻，无咎。祭有膚鼎，蓋肉之柔脆，噬而易嗑者。六二中正，故其所治，如噬膚之易。然以柔乘剛，故雖甚易，亦不免於傷滅其鼻。占者雖傷，而終无咎也。【纂註】蔡氏曰：以六居二，故曰「噬膚」。鼻，體之中正者也。乘剛，非六二所安，故又取滅鼻爲象。

六三，噬腊肉，遇毒，小吝，无咎。腊肉謂獸腊，全體骨而爲之者，堅韌之物也。陰柔不中正，治人而人不服，爲噬腊遇毒之象。占雖小吝，然時當噬嗑，於義爲无咎也。【附録】腊肉遇毒，則是所噬者堅韌難合。六三以陰柔不中正而遇此，所以遇毒而小吝。然此亦是合當治者，但難治耳。治之雖小吝，終无咎也。

九四，噬乾胏，得金矢，利艱貞，吉。胏，肉之帶骨者，與「胾」通。《周禮》：「獄訟，入鈞金束矢，而後聽之。」九四以剛居柔，得用刑之道，故有此象。言所噬愈堅，而得聽訟之宜也。然必利於艱難貞固則吉，戒占者宜如是也。【附録】「得金矢」，荆公已嘗引《周禮》「鈞金」之說。僩　問：不知古人獄要鈞金束矢之意如何。曰：這不見得，想是詞訟時便令他納，此教他无切要底事不敢來。又問：如此則不問曲直，一例出此，則實有冤枉者，亦懼而不敢訴矣。曰：這却須是大切要底事，如平常事又別有所在。【纂註】程子曰：在噬嗑，四最爲善。○愚案《周禮・秋官・大司寇》：「以兩造禁民訟，入束矢於朝，然後聽之。以兩劑禁民獄，入鈞金，三日乃致于朝，然後聽之。」注：「訟，謂以財貨相告者。造，至也，使訟者兩至。既兩至，使入束矢乃治之。不至，不入束矢，則是自服不直者也。必入束矢者，取其直也。古者一弓百矢。束矢，其百矢與？獄，謂相告以罪名者。劑，今券書。使獄者各齎券書，既兩券書，使入鈞金。又三日乃治之，重刑也。不券書，不入金，則是亦自服不直者也。必入金者，取其堅也。三十斤曰鈞。」**六五，噬乾肉，得黄金，貞厲，无咎。**「噬乾肉」，難於膚，而易於腊胏者也。黄，中色。金，亦謂鈞金。六五柔順而中，以居尊位，用刑於人，人无不服，故有此象。然必貞厲乃得无咎，亦戒占者之辭。

【附録】〔總論四五兩爻〕問：九四「利艱貞」，六五「貞厲」，皆有艱難貞固危懼之意，故皆爲戒占者之辭。曰：亦是爻中元有此道理，大抵纔是。治人彼必爲敵，不是易事。故雖時位卦德得用刑之宜，亦須以艱難貞固處之。銖　【纂註】蔡氏曰：貞，位正也。厲，乘剛也。无咎，得當者，以柔治剛，不至乎過也。**上九，何校滅耳，凶。**何，負也。過極之陽，在卦之上，惡極罪大，凶之道也。故其象占如此。【纂註】〔總論六爻〕蔡氏曰：噬之用在中，故中四爻爲噬也。初、上二爻，受噬者也。爲噬，故爻辭皆稱噬。受噬，故爻无噬辭。丘行可曰：初過小而在下，故屨校滅趾，爲用獄之始。上惡極而怙終，故何校滅耳，爲用獄之終。中四爻治獄之人，然卦才剛柔不同，噬之難易亦異。二以柔居柔，於象爲噬膚，易噬者也。五以柔居剛，剛柔得中，於象爲噬乾肉，比噬膚則難矣。三柔中有剛，肉藏骨之象，故曰「噬腊肉」，比乾肉又難也。四剛中有柔骨，聯肉之象，故曰「噬乾胏」，胏則骨大於腊，噬之最難者也。此中四爻之別也。然二滅鼻，三遇毒，四艱貞，五貞厲者，言治獄之道，當致謹而不可輕也。○愚謂以全體言，九四爲一卦之閒，則受噬者在四，彖辭

「利用獄」，是刑四也。以六爻言，則受噬者在初上，故初上皆受刑，四反爲噬之主，與三陰爻同噬之。象、爻取象有不同如此。爻中稱腊，稱乾，皆離象，故《説卦》曰：「離爲乾卦。」

䷕ 離下艮上 賁，亨，小利有攸往。賁，飾也。卦自損來者，柔自三來而文二，剛自二上而文三。自既濟而來者，柔自上來而文五，剛自五上而文上。又内離而外艮，有文明而各得其分之象，故爲賁。占者以其柔來文剛，陽得陰助，而離明於内，故爲亨。以其剛上文柔，而艮止於外，故小利有所往。【纂註】徐氏曰：有質必有文，質者本也，文者所以賁飾之也。賁以剛柔往來交錯爲文而成卦，而剛大柔小，乾剛爲質於内，而柔來文之，本剛得柔，大者通矣。又六二中正得位，无往不通，故亨。坤柔爲質於外，而剛往文之，本柔得剛，小者利矣。初九，賁其趾，舍車而徒。剛德明體，自賁於下，爲舍非道之車，而安於徒步之象。占者自處，當如是也。【纂註】程子曰：趾，取在下而所以行也。君子修飾之道，正其所行，守節處義，其行不苟。義或不當，則舍車輿而寧徒行。衆人之所羞，而君子以爲貴也。六二，賁其須。二以陰柔居中正，三以陽剛而得正，皆无應與。故二附三而動，有賁須之象。占者宜從上之陽剛而動也。【纂註】程子曰：須，隨頤而動者也，動止惟係於所附。九三，賁如濡如，永貞吉。一陽居二陰之閒，得其賁而潤澤者也。然不可溺於所安，故有永貞之戒。【纂註】蔡氏曰：三陷二柔之中，有坎象，故曰濡如。坎剛中心亨，故永貞吉。六四，賁如皤如，白馬翰如，匪寇婚媾。皤，白也。馬，人所乘。人白則馬亦白矣。四與初相賁者，乃爲九三所隔，而不得遂，故皤如。而其往求之心，如飛翰之疾也。然九三剛正，非爲寇者也，乃求婚媾尔，故其象如此。【附録】此爻无所賁飾，其馬亦白也，言无飾之象如此。學蒙 ○愚謂馬，震坎象，皆取互體，指九三言也。翰如，言九三求六四之心，如飛翰之疾也。六五，賁于丘園，束帛戔戔，吝，終吉。六五柔中，爲賁之主，敦本尚實，得賁之道，故有丘園之象。然陰性吝嗇，故有束帛戔戔之象。束帛，薄物。戔戔，淺小之意。人而如此，雖可羞吝，然禮奢寧儉，故得終吉。【附録】問：敦本尚實，莫是反朴還淳之義？曰：賁取賁飾之義。他今却來賁田園，爲農圃之事。當賁之時，若是鄙吝，然却得終吉，吉則有喜，故象云：「有喜也。」砥　六五是止體，上比於九，漸漸到極處。若一向賁飾去，亦自不好，須是收斂方得。砥　問：或以「戔戔」爲盛多貌。曰：非也。戔戔者，淺小義。凡淺字、箋字，皆從戔字。人傑　「戔戔」是狹小不足之意。六居尊位，却如此敦本尚儉，便似嗇吝，如衛文公、漢文帝，雖是吝，却終吉。此在賁卦，有反本之義，到上九便白賁，和束帛之類都没了。〇愚案《子夏傳》云：「束帛，五疋爲束，三玄二纁，象陰陽也。」上九，白賁，无咎。賁極反本，復於无色，善補過矣。故其象占如此。【附録】賁飾之事，太盛則有咎。所以處太盛之終，則歸於白賁，勢當然也。僩

䷖ 坤下艮上 剥，不利有攸往。剥，落也。五陰在下而方生，一陽在上而將盡，陰盛長而陽消落，九月之卦也。陰盛陽衰，小人壯而君子病。又内坤外艮，有順時而止之象。故占得之者，不可以有所往也。

初六，剥牀以足，蔑貞凶。剥自下起，滅貞則凶，故其占如此。蔑，滅也。【纂註】蔡氏曰：牀者，人之所安，其體則上實下虚，故取以象剥足在下，又取以象初。蔑，无也。貞，正也。謂上剛，初去上最遠，剥滅于下，而自失其正，故曰蔑貞。陽不可无也，蔑貞凶矣，故戒。六二，剥牀以辨，蔑貞凶。辨，牀幹也。進而上矣。【附録】問：剥之初與二「蔑貞凶」，是以陰蔑陽，以小人蔑君子之貞道，凶之象也。不知只是陽與君子當之則凶，爲復陰與小人亦自爲凶。曰：自古小人蔑害君子，終亦有凶。但此爻象，只是説陽與君子之凶也。【纂註】孔氏曰：辨，謂牀身之下，足之上，分辨處也。六三，剥之，无咎。衆陰方剥陽，而己獨應之，失其黨而從正，无咎之道也。占者如是，則得无咎。【纂註】程子曰：三處剥之道，爲无咎，如東漢呂强是也。六四，剥牀以膚，凶。陰禍切身，故不復言「蔑貞」，而直言凶也。六五，貫魚，以宮人寵，无不利。魚，陰物。宮人，陰之美，而受制於陽者也。五爲衆陰之長，當率其類，受制於陽，故有此

象。而占者如是，則无不利也。【纂註】程子曰：剥及君位，剥之極也，其凶可知。故更不言剥，而别設義，以開小人遷善之門。五，群陰之主也。魚陰物，故以爲象。五能使群陰順序，如貫魚然，反獲寵愛於在上之陽，如宫人，則无不利也。一陽在上，衆陰有順從之道，故發此義。張舜元曰：柔得尊位，衆陰以次相傳有后，以宫人備數進御於君之象。南軒張子曰：五雖君位，而卦有陰爲之主，不取君義者，坤、剥、遯、明夷、歸妹、旅也。非人君所處，故无君義。**上九，碩果不食，君子得輿，小人剥廬。**一陽在上，剥未盡而能復生。君子在上，則爲衆陰所載。小人居之，則剥極於上，自失所覆，而无復碩果得輿之象矣。取象既明，而君子小人其占不同，聖人之情益可見矣。【附録】只不食，便有復生之意。士繇　上九之象，謂一陽在上，如碩大之果，人不及食，而獨留於上。如君子在上，而小人皆載於下，則是君子之得輿也。然小人雖載君子，乃欲自下而剥之，則是自剥其廬耳。蓋唯君子乃能覆蓋小人，小人必賴君子以保其身。今小人欲剥君子，則君子亡，而小人亦无所容其身，如自剥其廬也。且看自古小人欲害君子，害得盡後國破家亡，其小人曾有存活得者否？故聖人象曰：「君子得輿，民所載也。小人剥廬，終不可用也。」若人占得此爻，則爲君子之所爲者必吉，而爲小人之所爲者必凶矣。其象如此，而理在其中，却不是因欲説道理而後説象也。時舉　陰到這裏時，把他這些陽都剥了，此是自剥其廬舍，无安身處。衆小人托一君子爲庇覆，若更剥了，是自剥其廬舍，便不成剥了。淵　〔總論剥復二卦〕自觀至剥三十日，剥方盡。自剥至坤三十日，復方成。坤三十日陽漸長，至冬至方是一陽，第二陽方從此生去。陰剥，每日剥三十分之一，一月方剥得盡。陽長，每日長三十分之一，一月方長得成一陽。陰剥時，一日十二時，亦每時中漸漸剥，全一日方剥得三十分之一。陽長之漸，亦如此長。黄榦舉「冬至子之半」，先生曰：「正是及子之半，方成一陽。子之半後，第二陽方生。」虞復之云：「恰似月弦望，便見得陰陽生，逐漸如此。陰不會一上剥，陽不會一上長。」寓　【纂註】蔡氏曰：君子，謂剛也。輿者，在下載上之物，謂衆柔也。主剛而言，則一剛在上，而乘衆柔，故有君子得輿之象。小人，衆柔也。廬者，在上庇下之物，謂剛也。主柔而言，則衆柔下進而剥剛，故有小人剥廬之象。程子曰：諸陽消剥已盡，獨有上九一爻尚存，如碩大之果不見食，將有復生之理。上九亦變，則純陰矣。然陽无可盡之理，變於上則生於下，无閒可容息也。聖人發明此理，以見陽與君子之道不可亡也。或曰：剥盡則爲純坤，豈復有陽乎？曰：以卦配月，則坤當十月。以氣消息言，則陽剥爲坤，陽來爲復，陽未嘗盡也。剥盡於上，則復生於下，故十月謂之陽月，恐疑其无陽也。陰亦然，聖人不言耳。○案朱子云「陽无可盡之理」，説得其精。且以卦配月，剥九月，坤十月，復十一月。剥一陽尚存，復一陽已生。又坤純陰，陽氣闕了三十日，安得謂之无盡？嘗細考之，這一陽不是忽地生出，纔交立冬便萌芽。下面有些氣象了，上面剥一分，下面便萌芽一分。上面剥二分，下面便萌芽二分。積累到那復處，方成一陽，坤初六便是陽已萌了。或問：「陽无可盡之理，變於上則生於下，无閒可容息」，竊意變於上則生於下，乃剥復相因之理，畢竟須經由坤。坤純陰无陽，如此陽有斷絶也，何以能生於復？曰：凡陰陽之生，一爻當一月。須是滿三十日，方滿得那腔子，做得一畫成。今坤卦非是无陽，始生甚微，未滿那腔子，做一畫未成，非是坤卦純陰，便无陽也。然此亦不是深奥事，但伊川欠幾句説漸消漸長之意，故令人做一箇大事看。道夫　問：「陰亦然，聖人不言耳」，今以夬、乾、姤推之可見。但所謂聖人不言者，何如？曰：聖人所以不言者，這便是一箇參贊裁成之道。蓋抑陰而進陽，長善而消惡，用君子而退小人，這便可見此理自是恁地。雖堯舜之世，豈无小人？但有聖人壓在上面，不容他出而有爲耳，豈能使之无邪？

䷗ 震下坤上 **復，亨，出入无疾，朋來无咎，反復其道，七日來復，利有攸往。**復，陽復生於下也。剥盡則爲純坤，十月之卦，而陽氣已生於下矣。積之踰月，然後一陽之體始成而來復，故十有一月，其卦爲復。以其陽既往而復反，故有亨道。又内震外坤，有陽動於下而以順上行之象。故其占又爲己之出入，既得无疾，朋類之來，亦得无咎。又自五月姤卦一陰始生，至此七爻而一陽來復，乃天運之自然。故其占又爲反復其道，至於七日，當得來復。又以剛德方長，故其占又爲利有攸往也。「反復其道」，往而復來，來而復往之意。七日者，所占來復之期也。【附録】陽无驟生之理，如冬至前十月，中氣是小雪，陽已生三十分之一分。到得冬至前幾日，須已生到二十七八分，到至日方成一畫。不是昨日全无，今日一旦便都復了。大抵剥盡處便生，如《列子》所謂：「運轉无已，天地密移，疇覺之哉？凡一氣不頓進，一形不頓虧，亦是不覺其成，不覺其虧。」蓋陰陽浸消浸長，人之一身自少及老，亦莫不然。賀孫　如人胞胎，十月具方成箇兒子。植　從十月積起，至冬至成一爻。不成一陽是陡頓生，亦須以分毫積起。且天運流行，本无一息間斷，豈解一月无陽？且如木之黄落時，萌芽已生了。不特如此，木之冬青者，必先萌芽，而後舊葉方落。若論變時，天地无時不變，如《楞嚴經》第二卷首段所載：「非惟一歲有變，月亦有之。非惟月有變，日亦有之。非惟日有變，時亦有之。但人不知耳。」此説亦是。義剛　問：復一陽動於下，而云「朋來无咎」，何也？曰：方一陽生未有朋類，必竟是陽長將次漸進，以其爲君子之道，故亨通而无咎也。砥　「七日」，只取七義。猶「八月有凶」，只取八義。淵　【纂註】蔡氏曰：出，謂由剥上出而爲坤。入，謂由坤下入而爲復。又曰：陽自建午之月漸消漸剥，至建子之月而爲復，在卦經七爻，於時經七月，故曰「七日來復」。不言月而言日者，猶《詩》所謂「一之日」、「二之日」也。○愚謂「出入」、「朋來」，復義。「无疾」、「无咎」，亨義。「七日來復」，論陽之長也。猶「八月有凶」，論陽之消也。七、八，皆取爻義。論其消曰月者，幸其消之遲。論其長曰日者，幸其長之速也。

初九，不遠復，无祇悔，元吉。

一陽復生於下，復之主也。祇，抵也。又居事初，失之未遠，能復於善，不抵於悔，向善而吉之道也。故其象占如此。【附録】出入无時是此心，豈知雞犬易追尋。請看屏上初爻旨，便識名齋用意深。《復齋偶題》　復雖一陽生，然而與衆陰不相亂，如人之善端方萌，雖小而不爲衆惡所遏底意思。學蒙　問：一陽復，在人言之，只是善端萌處否？曰：以善言之，是善端方萌處。以惡言之，昏迷中有悔悟向善意，便是復。如睡到忽然醒覺時，亦是復氣象。又如人之沉滯，道不得行，到極處忽少亨通，雖未大行，已有可行

之兆，亦是復。這道理千變萬化，隨所在无不渾淪。淳

【纂註】程子曰：復爲反善之義，失而後有復，不失則何復之有。唯失之不遠而復，則不至於悔，大善而吉也。

六二，休復，吉。柔順中正，近於初九，而能下之，復之休美，吉之道也。【附録】初爻爲仁之體，六二爻能下之，謂下附於仁者。學莫便於近乎仁，既得仁者而親之，資其善以自益，則力不勞而學美矣，故曰「休復吉」。僩

六三，頻復，厲无咎。以陰居陽，不中不正，又處動極，復而不固，屢失屢復之象。屢失故危，復則无咎，故其占又如此。【纂註】程子曰：復善而屢失，危之道也。聖人開遷善之道，與其復，而危其屢失，故云「厲无咎」，不可以頻失，而戒其復也。頻失則爲危，屢復何咎。過在失，而不在復也。

六四，中行獨復。四處群陰之中，而獨與初應，爲與衆俱行，而獨能從善之象。當此之時，陽氣甚微，未足以有爲，故不言吉。然理所當然，吉凶非所論也。董子曰：「仁人者，正其義不謀其利，明其道不計其功。」於剥之六三及此爻而見之。

六五，敦復，无悔。以中順居尊，而當復之時，敦復之象，无悔之道也。【纂註】蔡氏曰：敦，厚也，坤象。雖與初无繫，而處位得中，能自厚於復者，故无悔。

上六，迷復，凶，有災眚，用行師，終有大敗，以其國君凶，至于十年不克征。以陰柔居復終，終迷不復之象，凶之道也。故其占如此。以猶及也。【附録】過而能改，則亦有可以進善。迷而不復，自是无説，所以无往而不凶。若三歲猶是有箇期限，到十年便是无説了。砥

〔總論一卦〕萬物職職，其生不窮，孰其尸之，造化爲工。陰闔陽開，一動一静，於穆无疆，全體妙用。奚獨於斯，潛陽壯陰，而曰昭哉，此天地心。蓋翕无餘，斯闢之始，生意蓊然，具此全美。其在于人，曰性之仁，斂藏方寸，包括无垠。有茁其萌，有惻其隱，于以充之，四海其準。曰惟兹今，眇綿之間，是用齋戒，掩身閉關。仰止羲圖，稽經協傳，敢贊一辭，以詔无倦。《復卦贊》

昔者聖人作易，以擬陰陽之變，於陽之消於上而息於下也，爲卦曰復。復，反也，言陽之既往而來反也。夫大德敦化而不窮，豈假夫既消之氣，以爲方息之資也哉。亦見其絶於彼而生於此，而因以著其往來之象爾。唯人亦然。太和保合，善端无窮，所謂復者，非曰

追夫已放之心而還之，録夫已棄之善而屬之也。亦曰不肆焉以騁於外，則本心全體即此而存，固然之善自有所不能已爾。嗚呼，聖人於復之卦，所以贊其可以見天地之心，而又以爲德之本者，其不以此歟。《復齋記》〔通論復姤二卦〕朱光遍炎宇，微陰眇重淵。寒威閉九野，陽德昭窮泉。文明昧謹獨，昏迷有開先。幾微諒難忽，善端本綿綿。掩身事齋戒，及此防未然。閉關息商旅，絶彼柔道牽。《感興詩》　問：陰何以比小人？曰：有時如此，平看之則都好。以類言之，則有不好，然亦只是皮不好，骨子却好。大抵發生都則是一箇陽氣，只是有消長，陽消一分，下面陰生一分。又不是討箇陰來，即是陽消處便是陰，故陽來謂之復，復者是本來物事；陰來謂之姤，姤是偶然相遇。夔孫　先生云：看來天地中閒，此氣升降上下，當分爲六層。十一月冬至自下面第一層生起，直到第六層上至天爲四月。陽氣纔生足便消，下面陰氣便生。只是這一氣升降循環不已，往來乎六層之中也。或問：《月令》中「天氣下降，地氣上騰」，此又似天地之氣相交合否？曰：只是這一氣，陽極則陽消而陰生，陰極則陰消而陽生。「天氣下降」，便是冬至復卦之時，陽氣在下面生起，故云下降。或曰：如此，則陰是消於上，而陽生於下，都不見得天氣下降。曰：也須一轉，則陽氣在下，故從下生也。今以天運言之，則一月日自運一匝，然又有那大轉底時候。蓋天本是箇大底物，須大着心胸看，不可拘一不通也。〔通論復艮二卦〕復卦便是一大翻轉底艮卦，艮卦便是兩箇翻轉復卦。復是五陰下一陽，艮是二陰上一陽。陽是動底物事，陰是静底物事。凡陽在下便是震動底意思，在上則没去處了，只得止，故曰「艮其止」。賀孫　【纂註】程子曰：災，天災，自外來。眚，已過，由内作。蔡氏曰：迷，迷失也。位亢而獨遠乎剛，不能自復者也。南軒張子曰：《易》之爻辭鮮有如是之詳，其凶鮮有如是之極者，而獨於復之上六言之。蓋自亡家覆國反道敗德无所不在，其源蓋起於一念之微，不能制遏之爾。夫以陰柔之才去本之遠，所謂人欲肆而天理滅者，故有大敗終凶之戒。〔總論六爻〕丘行可曰：復六爻有動而即復者，初之不遠復是也。有屢失屢復者，六三之頻復是也。有終身不復者，上六之迷復是也。有資人而復者，二之休復下仁，四之獨復從道是也。有不資人而復者，六五之敦復自考是也。初爲明睿之君子，知過則改，上也。二四爲樂善之賢者，舍己從人，次也。六五爲不踐跡之善人，自厚其身，又其次也。六三爲改過不勇之人，復而失，失而復，抑又其次也。上六則物慾沉滯，本心喪失，下愚不移者也，尚何復之可言哉，民斯爲下矣。

䷘ 震下乾上 **无妄，元亨，利貞，其匪正有眚，不利有攸往。**无妄，實理自然之謂。《史記》作「无望」，謂无所期望，而有得焉者，其義亦通。爲卦自訟而變，九自二來而居於初，又爲震主動，而不妄者也，故爲无妄。又二體震動而乾健，九五剛中而應六二，故其占大亨而利於正。若其不正，則有眚而不利有所往也。【附録】「无望」字出《春申君傳》，正合「无妄之災」、「无妄之疾」，亦見得古人相傳，尚識得當時此意也。銖　无妄，是箇不指望偶然底卦，忽然而有福，忽然而有禍。如人方病，忽勿藥而愈，是所謂无妄也。據諸爻名義，合作「无望」，不知孔子何故說歸「无妄」。僩　直卿云：說「實理」字，又說「自然」字，便有

精處在。且如天命流行祇有箇自然底道理，不期然而不能不然者也。天下雷行，物與无妄，是一自然之理。无妄一卦，雖云禍福之來也无常，然自家所守者，不可以不利於貞，不可以彼之无常，而吾之所守亦爲之无常也。若所守匪正，則有眚矣。眚即災也，看來微有不同爾。災是偶然生於彼者，眚是過誤致然。《書》曰「眚災肆赦」，《春秋》曰「肆大眚」，皆以其過誤而赦之也。僩　眚是過誤，災便直是自外來。砥　【纂註】程子曰：動以天爲无妄，動以人欲則妄矣。无妄，言至誠也。至誠，天之道也。天之化育，生生不窮，各正其性命，乃无妄也。人能合无妄之道，則所謂「與天地合其德」也。无妄有大亨之理。利貞，法无妄之道，利在貞正，失正則妄也。雖无邪心，苟不合正理，則妄也，乃邪心也。**初九，无妄，往吉。**以剛在內，誠之主也。如是而往，其吉可知。故其象占如此。【纂註】徐氏曰：初剛當位而動，爲无妄之主，動以正者。如是而行，何往非吉。**六二，不耕穫，不菑畬，則利有攸往。**柔順中正，因時順理，而无私意期望之心，故有不耕穫、不菑畬之象。言其无所爲於前，无所冀於

後也。占者如是，則利有所往矣。【附録】看來只是也不耕也不穫，只見成領會他物事。淵　爻辭分明説道不耕穫了，自有一般時節都不須作爲。砥　嘗謂此爻乃自始至終都不營爲，而偶然有得之意。「耕穫」、「菑畬」，率事之始終而言也。當无妄之世，事蓋有如此者。若以義言，則聖人之无爲而治，學者之不要人爵，而人爵從之，皆是也。大抵此爻所謂无妄之福，而六三所謂无妄之禍也。㽦

六三，无妄之災，或繫之牛，行人之得，邑人之災。卦之六爻，皆无妄者也。六三處不得正，故遇其占者，无故而有災。如行人牽牛以去，而居者反遭詰捕之擾也。【附録】六三便是无妄之災。「或繫之牛，行人之得」，何預邑人事？而邑人之災，如諺曰「閉門屋裏坐，禍從天上來」是也。此是占辭。然吉凶以貞勝，有雖得凶而不可避者，縱貧賤窮困死亡，却无悔咎。故横渠云「不可避咎趨吉，一以貞勝者」是也。砥　【纂註】劉壽翁曰：六三才柔而位不當，所謂匪正者也，故有災。然出於意料之外，故曰「无妄之災」。○愚謂牛，離象，初至四似離。繫，艮止義，二至四互艮。行人，震動象。邑人，艮止象。

九四，可貞，无咎。陽剛乾體，下无應與，可固守而无咎，不可以有爲之占也。

九五，无妄之疾，勿藥有喜。乾剛中正以居尊，而下應亦中正，无妄之至也。如是而有疾，勿藥而自愈矣。故其象占如此。【附録】問：九五陽剛中正以居尊位，无妄之至，何爲而有疾？曰：此是不期而有此，但聽其自爾，久則自定，所以勿藥有喜而无疾也。大抵无妄一卦，固是无妄，但亦有无故非意之事，故聖人因象示戒。銖

上九，无妄，行有眚，无攸利。上九非有妄也。但以其窮極而不可行爾，故其象占如此。

䷙ 乾下艮上 大畜，利貞，不家食吉，利涉大川。大，陽也。以艮畜乾，又畜之大者也。又以内乾剛健，外艮篤實輝光，是以能日新其德，而爲畜之大也。以卦變言，此卦自需而來，九自五而上。以卦體言，六五尊而尚之。以卦德言，又能止健。皆非大正不能，故其占爲利貞，而不家食吉也。又六五下應於乾，爲應乎天，故其占又爲利涉大川也。「不家食」，謂食禄於朝，不食於家也。【附録】先生論大畜卦，因

言：某作《本義》，欲將文王卦辭只大綱依文王本義略説。至其所以然之故，却於孔子彖辭中發之。且如《大畜》「利貞，不家食吉，利涉大川」，只是占得大畜者，爲利貞不家食而吉，利於涉大川。至於「剛上」、「尚賢」等處，乃孔子發明，各有所主，爻象亦然。如此則不失文王本意，又可見孔子之意。銖 ○愚謂「利貞」指九三言也，故爻惟九三有「利貞」之辭。「不家食吉，利涉大川」，即「利有攸往」之義，卦辭惟九三爻當之。大畜以艮上乾得名，而自「利貞」以下，則皆取乾上進行健之義。大抵易窮則變，畜極則通。名卦所主，雖在於畜，而卦辭則不專取畜義，斯其所以爲《易》也。

初九，有厲，利已。乾之三陽，爲艮所止，故内外之卦，各取其義。初九爲六四所止，故其占往則有危，而利於止也。

九二，輿説輹。九二亦爲六五所畜，以其處中，故能自止而不進，有此象也。

九三，良馬逐，利艱貞，曰閑輿衛，利有攸往。三以陽居健極，上以陽居畜極，極而通之時也。又皆陽爻，故不相畜而俱進，有良馬逐之象焉。然過剛鋭進，故其占必戒以艱貞閑習，乃利於有往也。「日」當爲日月之日。【附録】時舉問：九六爲正應，皆陰皆陽則爲无應，獨畜卦不爾，何也？曰：陽爲陰所畜，九三與上九皆陽，皆欲上進，故但以同類相求也。又曰：上九已通達无礙，只是滔滔去。九三過剛鋭進，故戒以艱貞閑習。蓋初二兩爻皆爲所畜，獨九三一爻自進爾。銖 「良馬逐」，可謂通快矣。然必艱難貞正，又且日閑輿衛，然後利有攸往。設若恃馬之壯，而忘艱貞之戒，則必不利矣。【纂註】蔡氏曰：凡剛進而上遇柔則利，遇剛則不利。如大壯之四曰「藩決不羸」，大畜之三曰「良馬逐」，皆前遇乎柔也。大壯之初曰「征凶」，三曰「羝羊觸藩羸其角」，大畜之初曰「有厲利已」，皆前遇夫剛也。○愚謂良馬，乾象。《説卦》稱「乾爲馬」，蓋括此爻之例也。

六四，童牛之牿，元吉。童者，未角之稱。牿，施横木於牛角，以防其觸，《詩》所謂「楅衡」者是也。止於未角之時，爲力則易，大善之吉也。故其象占如此。《學記》曰：「禁於未發之謂豫。」正此意也。【纂註】程子曰：人之惡，止於初則易。既盛而後禁，則扞格而難勝。故上之惡既甚，則雖聖人救之，不能免違拂。下之惡既甚，則雖聖人治之，不能免刑戮。莫若止於初，童牛而加牿，則元吉也。〇愚案《詩傳》云「楅衡施於牛角，所以止觸也」，《周禮·封人》云「凡祭，飾其牛牲，設其楅衡」是也。牛，離象，三至上以離。童，艮象。牿，艮止義。大畜之六四，在无妄則爲六三，故无妄稱「或繫之牛」，而大畜稱「童牛之牿」，皆於離艮取象與義也。六五，豶豕之牙，吉。陽已進而止之，不若初之易矣。然以柔居中，而當尊位，是以得其機會而可制，故其象如此。占雖吉，而不言元也。【纂註】程子曰：豕，剛躁之物，而牙爲猛利。若强制其牙，則用力勞，而不能止其躁猛。雖縶之維之，不能使之變也。若豶去其勢，則牙雖存而剛躁自止。其用如此，所以吉也。君子法豶豕之義，知天下之惡不可以力制也，則察其機，持其要，塞絶其本原，故不假刑法嚴峻，而惡自止也。王氏曰：豕去勢曰豶。蓋牡豕曰豭，攻其特而去之曰豶。上九，何天之衢，亨。「何天之衢」，言何其通達之甚也。畜極而通，豁達无礙，故其象占如此。【附録】讀書須是先看一件了，然後再看一件。若是畜積處多，忽然爆開來，自然所得者大易，所謂「何天之衢亨」是也。人傑

〔通論大畜之旨〕小畜以巽之柔順而畜三陽，畜他不住。大畜則以艮畜乾，畜得有力，所以唤作大畜。淵

〔總論六爻〕大畜下三爻取自畜而不進，上三爻取畜彼而不使進。然四能止六於初，故爲力易。五陽已進，而止之則難。但以柔居尊，得其機會可制，故亦吉，但不能如四之元吉爾。銖

䷚ 震下艮上 頤，貞吉，觀頤，自求口實。頤，口旁也。口食物以自養，故爲養義。爲卦上下二陽，内含四陰，外實内虚，上止下動，爲頤之象，養之義也。貞吉者，占者得貞則吉。「觀頤」，謂觀其所養之道。「自求口實」，謂觀其所以養身之術。皆得貞則吉也。【附録】問《本義》「所養之道」與「養身之術」。曰：所養之道，如學聖賢之道則爲正，黄、老、申、商則爲非。凡見於修身行義，皆是也。所養之術，則飲食起居者是也。學蒙 頤須是貞則吉，何以觀其貞不貞？蓋「觀頤」，是觀其養德是貞不貞。「自求口實」，是又觀其養身是貞不貞。淵 初九，舍爾靈龜，觀我朶頤，凶。靈龜，不食之物。朶，垂也。朶頤，欲食之貌。

初九陽剛在下，足以不食，乃上應六四之陰，而動於欲，凶之道也。故其象占如此。【纂註】徐氏曰：頤卦全體内柔外剛，有龜象。朵，動也。頤，頷也。朵頤，下動震象。又曰：靈龜以静爲養，朵頤以動爲養也。舍爾靈龜而觀我朵頤者，失其静養之道，而溺於動養之欲也。〇愚謂「爾」、「我」若作四與初言，謂初自舍爾之靈龜，反觀我而朵頤也。

六二，顛頤，拂經，于丘頤，征凶。求養於初，則顛倒而違於常理。求養於上，則往而得凶。丘，土之高者，上之象也。【附録】直卿云：頤之六爻，只是「顛拂」二字，求養於下則爲顛，求食於上則爲拂。六二比初而求上，故「顛頤」當爲句，「拂經于丘頤」爲句。「征凶」，則其占辭也。六三「拂頤」，雖與上爲正應，然畢竟是求於上以養己，所以有拂頤之象，故雖貞亦凶也。六四「顛頤」，固與初爲正應，然是賴初之養以養人，故雖顛亦吉。六五「拂經」，則是比於上，所以有拂經之象，然是賴上九之養以養人，所以居貞而吉，但不能自養，不可涉大川爾。〇愚謂勉齋所讀六二爻句，雖與《本義》不同，然證之以五爻「拂經」，亦通。若二之「顛頤」與四同，「拂經」與五同，而吉凶異者，此又係兩卦體。蓋頤養之道以安静爲无失，二動體，故顛拂而凶，四五静體，故雖顛拂亦吉，震三爻凶，艮三爻吉，可見矣。「丘頤」，指上艮爲山象。

六三，拂頤，貞凶。十年勿用，无攸利。陰柔不中正，以處動極，拂於頤矣。既拂於頤，雖貞亦凶，故其象占如此。【纂註】徐氏曰：十者，數之終。「十年勿用」，謂終不可用，无所往而利也。

六四，顛頤，吉。虎視眈眈，其欲逐逐，无咎。柔居上而得正，所應又正，而賴其養以施於下，故雖顛而吉。虎視眈眈，下而專也。其欲逐逐，求而繼也。又能如是，則无咎矣。【附録】銖問「其欲逐逐」如何。曰：求養於下以養人，必當繼繼求之，不厭乎數，然後可以養人而不窮。不然，則所以養人者，必无繼矣。以四而賴養於初，亦是顛倒。但是求養以養人，所以雖顛而吉。銖　【纂註】蔡氏曰：艮體静止，是能静以待養於初，故吉。

六五，拂經，居貞吉，不可涉大川。六五陰柔不正，居尊位而不能養人，反賴上九之養，故其象占如此。【附録】六五「居貞吉」，正如《洪範》「用靜吉，用作凶」，所以不可涉大川。六五不能養人，反賴上九之養，是己拂其常矣。故守常則吉，而涉險阻則不可也。銖 五陰柔之才，但守貞則吉，故不可以涉患難。僩 【纂註】〔通論豫六五〕丘行可曰：豫五不言「豫」，以豫悦之權由乎四也。頤五不言「頤」，以頤養之權由乎上也。五，君位也。豫頤六五不能自有其權者，以弱而迫於强臣故也。然頤五承剛，故雖拂經而居貞則吉。豫五乘剛，是以有貞疾未亡之戒。

上九，由頤，厲吉，利涉大川。六五賴上九之養以養人，是物由上九以養也。位高任重，故厲而吉。陽剛在上，故利涉川。【纂註】丘行可曰：養人之權在五，而己居其上，爲衆所歸。位高任重，易失之專，故必以危厲處之，而後得吉也。

䷛ 巽下兑上 大過，棟橈，利有攸往，亨。大，陽也。四陽居中過盛，故爲大過。上下二陰，不勝其重，故有棟橈之象。又以四陽雖過，而二五得中，内巽外説，有可行之道，故利有所往，而得亨也。【附録】問：大過既「棟橈」，是不好了，又如何「利有攸往」？曰：彖辭可見，棟橈是以卦體本末弱而言。卦體自不好了，却因剛過而中，巽而説行，如此所以利有攸往，乃亨也。砥

初六，藉用白茅，无咎。當大過之時，以陰柔居巽下，過於畏慎而无咎者也，故其象占如此。白茅，物之潔者。【附録】「藉用白茅」，亦有過慎之意。此是大過之初，所以其過尚小在。淵 【纂註】馮氏曰：藉以初言，茅以六言，取以柔乘剛之象。

九二，枯楊生稊，老夫得其女妻，无不利。陽過之始，而比初陰，故其象占如此。稊，根也，榮於下者也。榮於下，則生於上矣。夫雖老而得女妻，猶能成生育之功也。〇愚謂楊木多傍水而生，巽木近兑澤，故有楊象。當大過之時，又有枯楊象。

九三，棟橈，凶。三、四二爻，居卦之中，棟之象也。九三以剛居剛，不勝其重，故象橈而占凶。〇愚謂九三以剛居剛，本无橈象，而云「不勝其重」，故橈者非謂九三自不勝其重，指初言耳。又以全體觀之，三、四爲棟，三在四下，亦有傾橈之象。彖稱「棟橈」，獨九三當之，三其致橈之由者歟。

九四，棟隆，吉。有他，吝。以

陽居陰，過而不過，故其象隆而占吉。然下應初六，以柔濟之，則過於柔矣，故又戒以有他則吝也。【纂註】蔡氏曰：他謂初也。四位高，初柔在下，不能致橈，故曰「棟隆吉」。然四與初應，或牽於柔，亦吝道也，故曰「有他吝」。○愚謂三、四爲棟，四在三上，有棟隆之象。**九五，枯楊生華，老婦得其士夫，无咎无譽。**九五陽過之極，又比過極之陰，故其象占皆與二反。○愚謂老婦，上也。士夫，五也。華，英也。生華榮於上也，取上得柔象。非五求上，乃上求五，故无咎。然婦老如此，无足稱矣，故无譽。五乃二之反，故二五象占皆相反。**上六，過涉滅頂，凶，无咎。**處過極之地，才弱不足以濟，然於義爲无咎矣。蓋殺身成仁之事，故其象占亦如此。【附録】象曰「不可咎也」。某謂東漢諸人不量淺深，至於殺身亡家，此是凶。然而其心何罪，故不可咎也。賜〔總論一卦〕問大過卦。曰：大過陽剛過盛，不相對值之義，故六爻中无全吉者。除了初六是過於畏慎无咎外，九二雖无不利，然老夫得女妻，畢竟是不相當，所以象言「過以相與也」。九四雖吉，而又有他吝。九五以士夫爲老婦所得，但能无咎，亦不爲全吉。至於上六「過涉滅頂，凶，无咎」，則是事雖凶，而義則无咎也。銖〔通論大小過〕程先生説此爲大過，即是常事之大者耳。使如説權即經之意，都是多説了。蓋大過是事之大過，小過是事之小過。大過便如堯舜之揖遜，湯武之征伐。這都是常人做不得底事，唯聖人做得，故謂之大過，是大過人底事。小過便如行過乎恭，喪過乎哀，用過乎儉。事之小過，得些子底，常人皆能之。若當大過之時，做大過底事，當小過之時，做小過底事。當過而過，理也，豈可謂大過不是事之過，只是事之平常乎。大過之事，聖人極是不得已處。且如堯舜之有朱均，豈不欲多立賢輔，以立其子？然理到這裏做不得，只得如此。湯武之於桀紂，豈不欲多方恐懼之，使之悔過自省？然理到這裏做不得，只得放伐而後已。皆是事之不得已處，只着如此做。故雖過乎事，而不過乎理也。煇　又曰：《易傳》道无不中，无不常，聖人有小過，无大過，看來亦不消如此説。聖人既説有大過，直是有此事，須云大過，亦是常理始得。又曰：四陽在中，如何是大過？二陽在中，又如何是小過？這兩卦曉不得。砥　【纂註】蔡氏曰：涉以兑言，頂以上言。柔過乎上，故有滅頂之象，凶亦多矣。〔總論六爻〕馮氏曰：《易》大抵上下畫停者從中分，反對爲象，非内外相應之例也，頤、中孚、小過皆然，而此卦尤明。三與四對，皆爲棟象，上隆下橈也。二與五對，爲枯楊之象，上華下稊也。初與上對，初爲藉用白茅，而上爲過涉滅頂也。○愚謂「過」有過多之意，「大」、「小」則以陰陽言。大過，陽多於陰而稱大。小過，陰多於陽而稱小。然大過以四陽在中言，小過以四陰在外言者，以陽自内而過者爲主，陰自外而過者爲客，亦内陽外陰之微意。又嘗細觀之，大過兑巽之合，陰卦多陽者也。小過震艮之合，陽卦多陰者也。不以三畫卦論陰陽者，蓋主全體爲言爾。

䷜ 坎下坎上 **習坎，有孚，維心亨，行有尚。**

習，重習也。坎，險陷也。其象爲水，陽陷陰中，外虚而中實也。此卦上下皆坎，是爲重險。中實，爲有孚心亨之象。以是而行，必有功矣，故其占如此。【附録】問：横渠云：「博學於文，只要得『習坎心亨』。」何也？曰：見得這事理透了，處斷便无疑，行之又果決，便是「習坎心亨」。凡事皆如此，且以看文字一節論之，如到那一處，見這説又好，見那説又是，如此有碍，如彼又不通，便是險阻處。到這裏，須討一路去方透，便是「習坎心亨」。僩　又云：不特看文字，且如學這一件物事，未學時心裏不曉。既學得了，心裏便通曉得這一事。若這一事曉不得，於這事上心便黑暗。【纂註】程子曰：陽實在中，爲中有孚信。「維心亨」，維其心誠一，故能亨通。至誠可以通金石，蹈水火，何險難之不可亨也？「行有尚」，謂以誠一而行，則能出險，有可嘉尚，謂有功也。不然，則常在險中矣。

初六，習坎，入于坎窞，凶。以陰柔居重險之下，其陷益深，故其象占如此。【纂註】程子曰：窞，坎中之陷處。

九二，坎有險，求小得。處重險之中，未能自出，故爲有險之象。然剛而得中，故其占可以求小得也。○愚謂小指陰言。一剛居中，兩陰附比，故有求小得之象。

六三，來之坎坎，險且枕，入于坎窞，勿用。以陰柔不中正，而履重險之閒，來往皆險，前險而後枕，其窞益深，不可用也，故其象占如此。

枕，倚着未安之意。【附録】「來」、「之」自是兩字，各有所指，謂下來亦坎，上往亦坎。之，往也。進退皆有險也。銖 「險且枕」，只是前後皆是枕，便如「枕頭」之枕。砥 ○愚謂險，下險也。「且枕」，又枕乎上，險也。下坎將終，而上坎繼之，故有此象。**六四，樽酒簋，貳用缶，納約自牖，終无咎。**晁氏云，先儒讀「樽酒簋」爲一句，「貳用缶」爲一句。今從之。貳，益之也。《周禮》：「大祭三貳。」《弟子職》「左執虚豆，右執挾匕，周旋而貳」是也。九五尊位，六四近之，在險之時，剛柔相際，故有但用薄禮，益以誠心，進結自牖之象。牖非所由之正，而室之所以受明也。始雖艱阻，終得无咎，故其占如此。【附録】「樽酒簋」做一句，自是《説文》如此。砥 又曰：今人硬作「貳簋」，其實无貳簋之實。陸德明自注斷，人自不曾去看。如所謂「貳」，乃是《周禮》「大祭三貳」之貳，是副貳之義。此不是某穿鑿，却有古本。若自强爲一説，无來歷，不是聖賢言語矣。蓋卿 不由户而自牖，以言艱險之時，不可直致也。季札 「納約自牖」，雖有向明之意，然非是路之正。淵 或問：「其次致曲」，與《易》中「納約自牖」之意亦略相似。「納約自牖」，是因人之明而導之。「致曲」，是因己之明而推之。是如此否？曰：是。時舉 終无咎者，始雖不甚好，然於義理无害，故終亦无咎。无咎者，善補過之謂也。銖 **九五，坎不盈，祇既平，无咎。**九五雖在坎中，然以陽剛中正居尊位，而其時亦將出矣，故其象占如此。【附録】「祇」字他无説處，看來只得作「抵」字解，後卦亦然。「不盈」是未平，但將來必會平。二與五雖是陷于險中，畢竟是陽會動，陷他不得，如「有孚」，如「維心亨」，如「行有尚」，皆是他。砥 **上六，係用徽纆，寘于叢棘，三歲不得，凶。**以陰柔居險極，故其象占如此。【附録】「徽纆」，《釋文》云：「三股曰徽，兩股曰纆。」皆索名。銖 【纂註】徐氏曰：「徽纆」、「叢棘」，皆坎象。程子曰：上六以陰柔居險之極，陷之深者也。取牢獄爲喻，如係縛之徽纆，寘于叢棘之中，陰柔而陷之深，其不能出矣。故云至於三歲之久，不得免也，其凶可知。「叢棘」，如今之棘寺云。

䷝ 離下離上 **離，利貞，亨，畜牝牛，吉。** 離，麗也。陰麗於陽，其象爲火，體陰而用陽也。物之所麗，貴乎得正。牝牛，柔順之物也。故占者能貞則亨，而畜牝牛則吉也。【附録】「離」便是麗，附着之意。《易》中多説做「麗」，也有兼説明處，也有單説明處。明是離之體，麗是麗着底意思。「離」字古人多用做麗着説，然而物相離去也，只是這字。「富貴不離其身」，東坡説道剩箇不字，便是這意。古來自有這般兩用底字，且如「亂」字，又喚做治。淵　問：離卦是陽包陰，占利畜牝牛，便也是宜畜柔順之物否？曰：然。砥

【纂註】程子曰：離，麗也，明也。取其陰麗於上下之陽，則爲附麗之義。取其中虚，則爲明義。其象爲火，爲日。○愚謂文王於坤取牝馬象，於離取牝牛象，固自不同也。後之言象者，但見《説卦》「乾爲馬，坤爲牛」，於是坤之馬反欲求之乾，離之牛反欲求之坤，未免膠泥而有不通者。豈知夫子於《説卦》取象又自有所見，本不必盡同於先聖。豈可以夫子之象，爲文王周公之象哉。

初九，履錯然，敬之，无咎。 以剛居下，而處明體，志欲上進，故有履錯然之象，敬之則无咎矣。戒占者宜如是也。【纂註】徐氏曰：履，在下之象。錯然，交雜之貌。居離之始，才剛而妄動，識淺而未明，所履乖錯，未得其當，烏能无咎？惟能敬慎，則其咎可免也。

六二，黄離，元吉。 黄，中色。柔麗乎中而得其正，故其象占如此。【附録】惟六二一爻柔麗乎中，而得其正，故元吉。六五雖是柔麗乎中，而不得其正，特借中而包正耳。時舉　○愚謂二中正，故元吉。五中而不正，故雖吉而不可謂之元。

九三，日昃之離，不鼓缶而歌，則大耋之嗟，凶。 重離之閒，前明將盡，故有日昃之象。不安常以自樂，則不能自處而凶矣。戒占者宜如是也。【附録】叔重問「日昃之離」。曰：死生，常理也。若不能安常以自樂，則不免有嗟戚。又問：生之有死，猶晝之必夜，故君子當觀日昃之象以自處。曰：人固知常理如此，只是臨時自不能安耳。時舉　【纂註】蔡氏曰：日，離象。昃，昳也。下體之極，明將衰也。鼓缶而歌，當衰而樂也。大耋之嗟，當衰而哀也。夫有盛必有衰，有始必有終，有生必有死，理之常也。明智君子，亦惟順其常

而已。不樂則哀，皆爲生死動其心，而不能順其常者也，故凶。○愚謂《記》：「七十曰耋。」《左傳》云：「天子以伯舅耋老。」是也。九四，突如其來如，焚如，死如，棄如。後明將繼之時，而九四以剛迫之，故其象如此。【附録】九四有侵淩六五之象，故曰「突如其來如」。離爲火，則有自焚之義，故曰「焚如，死如，棄如」，言其焚死而棄也。砥　焚如，弗戢自焚之意。淵【纂註】程子曰：九四，離下體而升上體，繼明之初，剛躁而不中正，突如其來，失善繼之道。又承六五陰柔之君，有剛盛陵爍之勢，氣焰如焚，故曰焚如。四之所行不善如此，必被禍害，故曰死如。衆所棄絶，故曰棄如。六五，出涕沱若，戚嗟若，吉。以陰居尊，柔麗乎中，然不得其正，而迫於上下之陽，故憂懼如此，然後得吉。戒占者宜如是也。【纂註】程子曰：六五有文明之德，然以柔居上，在下无助，獨附麗於剛强之間，危懼之勢也。惟其明也，故能畏懼之深至於出涕，憂慮之深至於戚嗟，所以能保其吉也。〔總論二五爻〕鄭東谷曰：二五皆以柔麗剛，二之辭安，五之辭危者，二得位，五失位也。失位則危，知危則吉。〔總論坎離〕蔡氏曰：坎之時用在中，二五皆卦之中也。五當位而二不當位，故五爲勝。離之時用在中，二五皆卦之中也。二當位而五不當位，故二爲勝。上九，王用出征，有嘉折首，獲匪其醜，无咎。剛明及遠，威振而刑不濫，无咎之道也，故其象占如此。【附録】〔總論坎離〕坎象爲陰水，體陽而用陰，蓋三畫卦中陽而外陰者也。離象爲火，火體陰而用陽，蓋三畫卦中陰而外陽者也。時舉　水質陰而性本陽，火質陽而性本陰。水外暗而内明，以其根於陽也。火外明而内暗，以其根於陰也。周子《太極圖》，陽動之中有黑底，陰静之中有白底是也。横渠曰：「陰陽之精，互藏其宅。」正此意也。砥　【纂註】蔡氏曰：王，五也。上以陽剛居五之上，處離之極，剛明可以及遠，五惟用之，出征則有嘉美之功。折，取也。首，尤魁也。醜，類也。然出征之道，不可恃剛太過，惟折取其魁首，執獲其非類而已，所謂「殲厥渠魁，脅從罔治」也，故无咎。又曰：離爲甲冑戈兵，故有征伐之象。

周易上經第一

周易下經第二

朱子本義

新安後學胡一桂附録纂註

䷞ 艮下兑上 **咸，亨，利貞，取女吉。**咸，交感也。兑柔在上，艮剛在下，而交相感應。又艮止則感之專，兑説則應之至。又艮以少男，下於兑之少女，男先於女，得男女之正，婚姻之時，故其卦爲咸。其占亨而利貞，取女則吉。蓋感有必通之理，然不以貞，則失其亨，而所爲皆凶矣。【纂註】程子曰：咸，感也。不曰感者，咸有皆義，男女交相感也。物之相感莫如男女，而少復甚焉。凡君臣上下以至萬物，皆有相感之道。物之相感，則有亨通之理。君臣能相感，則君臣之道通。上下能相感，則上下之志通。以至父子、夫婦、親戚、朋友，皆情意相感，則和順而亨通，事物皆然，故咸有亨之理也。利貞，相感之道，利於正也。不以正，則入於邪惡矣。如夫婦之淫姣，君臣之媚説，上下之以邪僻，皆相感之不以正也。取女吉，以卦才言也。「柔上剛下，二氣感應以相與，止而説，男下女」，以此義取女，則得正而吉也。

初六，咸其拇。拇，足大指也。咸以人身取象，感於最下，咸拇之象也。感之尚淺，欲進未能，故不言吉凶。此卦雖主於感，然六爻皆宜静，而不宜動也。【附録】「咸」皆是感動之義。問：内卦艮止也，何以皆説動？曰：艮雖是止，然咸有交感之義，都是要動，所以都説動。卦體雖説動，然纔動便不吉。動之所以不吉者，以其内卦屬艮故也。僩

六二，咸其腓，凶，居吉。腓，足肚也。欲行則先自動，躁妄而不能固守者也。二當其處，又以陰柔不能固守，故取其象。然有中正之德，能居其所，故其占動凶而静吉也。【纂註】徐氏曰：咸體宜静。二柔不知順理，而躁妄失正，故凶。

九三，咸其股，執其隨，往吝。股，隨足而動，不能自專者也。執者，主當持

守之意。下二爻皆欲動者，三亦不能自守而隨之，往則吝矣。故其象占如此。**九四，貞吉，悔亡，憧憧往來，朋從爾思。**九四居股之上，脢之下，又當三陽之中，心之象，咸之主也。心之感物，當正而固，乃得其理。今九四乃以陽居陰，爲失其正而不能固，故因占設戒，以爲能正而固，則吉而悔亡。若憧憧往來，不能正固，而累於私感，則但其朋類從之，不復能及遠矣。【附録】往來有自然之理，惟正静爲主，則吉而悔亡。至於憧憧，則私意爲主，而思慮之所及者朋從，所不及者不從矣。是以事未至則迎之，事已過則將之，全掉脱不下。今人皆患於無公平之心，所以事物之來，少有私意雜焉，則陷於所偏重矣。木之　「往來」是感應合當底，「憧憧」是私。感應自是當有，只是不當私感應爾。淵　問：「往來」，是心中憧憧然往來，猶言往來于懷否？曰：非也。曰：這只是對那「日往則月來」底説，那箇是自然之往來。此憧憧者，是加私意不好底往來。「憧憧」，只是加一箇忙迫底心，不能順自然之理，猶言助長正心，與計獲相似，方往時又便要來，方來時又便要往，只是一箇忙。又曰：「憧憧」，是一心方欲感它，一心又欲它來應，如正其誼便欲謀其利，明其道便欲計其功。又如赤子入井之時，此心方怵惕，要去救它，又欲它父母道是好，這便是憧憧底病。僩　聖人未嘗不教人思，只是不可憧憧，這便是私了。感應自有箇自然底道理，何必思它。淵　【纂註】蔡氏曰：四當心位，不曰咸其心者，感通之道如天地，聖人无不感通者。亦惟此理之公，無係於物云爾。有心則拘矣，故不言心。程子曰：聖人感天下之心，如寒暑雨暘无不通无不應者，亦貞而已矣。貞者，虛中無我之謂也。貞一則所感无不通。若往來憧憧然，用其私心以感物，則思之所及者能感而動，所不及者不能感也，是其朋類則從其思也。以有係之私心，既主於一隅一事，豈能廓然無所不通乎？《定性書》曰：「天地之常，以其心普萬物而無心。聖人之常，以其情順萬物而無情。故君子之學，莫若廓然而大公，物來而順應。」○朱子曰：廓然大公，便不是憧憧。物來順應，便不是朋從爾思。此只是「比而不周，周而不比」之意。**九五，咸其脢，无悔。**脢，背肉，在心上而相背，不能感物而無私繫。九五適當其處，故取其象，而戒占者，以能如是，則雖不能感物，而亦可以無悔也。【纂註】蔡氏曰：脢，無所感者。無所感，故無悔。

上六，咸其輔頰舌。輔頰舌，皆所以言者，而在身之上。上六以陰居説之終，處咸之極，感人以言而無其實，又兑爲口舌，故其象如此，凶咎可知。【附録】〔總論六爻〕咸上一畫如人口，中三畫有腹背之象，下有人脚之象。砥 【纂註】〔總論六爻〕蔡氏曰：咸，感也。感通之理具于人之一心，唯能存其寂然不動之體，則感而無不通矣。故無心者不能感，而用心者不能咸感也。初之拇，二之腓，三之股，上之輔頰舌，皆用於心以動爲感者也。五之脢，無心而不能感者也。故皆不得咸感之正。惟四當心位，可得咸感之正者。然有心於致感，則所感非光大之感也，故又以憧憧之思爲戒。

䷟ 巽下震上 **恒，亨，无咎，利貞，利有攸往。**

恒，常久也。爲卦震剛在上，巽柔在下，震雷巽風，二物相與，巽順震動，爲巽而動，二體六爻陰陽相應，四者皆理之常，故爲恒。其占爲能久於其道，則亨而無咎。然又必利於守貞，則乃爲得所常久之道，而利有所往也。【附録】恒非一定之謂，故晝則必夜，夜而復晝，寒則必暑，暑而復寒。若一定，則不常也。其在人，冬日則飲湯，夏日則飲水，可以仕則仕，可以止則止，今日道合便從，明日不合則去。又如孟子辭齊王之金，而受薛宋之饋，皆隨時變易，故可以爲常也。道夫 如君尊臣卑，分固不易，然上下不交也不得。父子固是親親，然所謂命士以上，父子皆異宫，則又有變焉。惟其如此，所以爲恒。論其體終是常，然體之常所以爲用之變，用之變所以爲體之常。砥 能常而後能變。及其變也，常亦只在其中。僩 【纂註】程子曰：恒而能亨，乃无咎也。恒而不可以亨，非可常之道也，爲有咎矣。夫所謂恒，謂可恒久之道，非守一隅而不知變也，故利於有往。惟其有往，故能恒也，一定則不能常矣。徐氏曰：聞之師曰，恒有二義，有不易之恒，有不已之恒。利貞者，不易之恒也。利有攸往者，不已之恒也。合而言之，乃常道也，倚於一偏則非道矣。

初六，浚恒，貞凶，无攸利。初與四爲正應，理之常也。然初居下而在初，未可以深有所求。

四震體而陽性，上而不下，又爲二三所隔，應初之意，異乎常矣。初之柔暗不能度勢，又以陰居巽下，爲巽之主，其性務入，故深以常理求之，浚恒之象也。占者如此，則雖貞亦凶，而无所利矣。【纂註】程子曰：世之責望故素而致悔咎者，皆浚恒者也。九二，悔亡。以陽居陰，本當有悔，以其久中，故得亡也。九三，不恒其德，或承之羞，貞吝。位雖得正，然過剛不中，志從於上，不能久於其所，故爲「不恒其德，或承之羞」之象。或者，不知其何人之辭。承，奉也。言人皆得奉而進之，不知其所自來也。貞吝者，正而不恒，爲可羞吝，申戒占者之辭。【附録】承，如「承奉」之承，如人送羞辱與之也。燾 九四，田无禽。以陽居陰，久非其位，故爲此象。占者田无所獲，而凡事亦不得其所求也。【纂註】蔡氏曰：四爲動主，處位不中，好變者也。以好變之心，應浚恒之初，必不能相有也，故曰无禽。田者，奔馳无常所，故取以爲象。六五，恒其德貞，婦人吉，夫子凶。以柔中而應剛中，常久不易，正而固矣。然乃婦人之道，非夫子之宜也，故其象占如此。【附録】問：婦人從一而終，以順爲正。夫子則制義者也，若從婦道則凶。曰：固是如此，然須看得象占分明。六五有恒其德貞之象，占者若婦人則吉，夫子則凶。所謂吉凶者，非爻之能吉凶，爻有此象，而占者視其德而有吉凶耳。且如此爻，不是既爲婦人，又爲夫子，只是有恒其德貞之象，而以占者之德爲吉凶耳。銖 上六，振恒，凶。振者，動之速也。上六居恒之極，處震之終，恒極則不常，震終則過動。又陰柔不能固守，居上非其所安，故有振恒之象，而其占則凶也。【纂註】〔總論六爻〕蔡氏曰：恒，常也，一體而含二義。蓋將自其不易者而觀之，則窮天地亘古今而不可變也。自其不已者而觀之，則寒暑晝夜而其變未常已也。故知不易者則拘常，知不已者則厭常，皆不得恒之正也。初柔拘常，而過求乎常，故凶。上柔居終，三四位不正，皆偏乎不已者也。或厭常，或亂常，故凶且吝。惟二五居中，幾於得恒之正者。然五位雖剛而爻柔，故不能制義而凶，二爻雖剛而位柔，僅能久中无悔，而皆非有得乎恒之正也。語恒之正，其惟彖乎。〔總論咸恒二卦〕程子曰：天地萬物之本，夫婦人倫之始。所以上經首乾坤，下經首咸，繼以恒也。蔡氏曰：上篇首乾坤，言天地氣化之道。下篇首咸恒，言男女形化之道。氣形之分，雖有兩端，究其所自，則一原耳。形化即氣化也，使形化或息，則氣化復作矣。積土之草木，聚水之蟲魚，皆自然而生者也。又曰：咸少男在少女之下，以男下女，是男女交感之義。恒長男在長女之上，男尊女卑，夫婦居室之常道也。論交感之情，則少爲深切。論尊卑之敘，則長當謹正。故兑艮爲咸，而震巽爲恒也。

䷠ 艮下乾上 遯，亨，小利貞。遯，退避也。爲卦二陰浸長，陽當退避，故爲遯，六月之卦也。陽雖當遯，然九五當位，而下有六二之應，若猶可以有爲。但二陰浸長於下，則其勢不可以不遯。故其占爲君子能遯，則身雖退而道亨。小人則利於守正，不可以浸長之故，而遂侵迫於陽也。小，謂陰柔小人也。此卦之占，與否之初二兩爻相類。【附録】遯字雖是逃隱，大抵亦取遠去之意。所以六爻在上，漸遠者愈善也。學蒙　問：「小利貞」，是見其浸長，故戒令其貞正，且以寬君子之患，然亦是它之福。曰：是如此，與否初二兩爻義相似。砥

初六，遯尾厲，勿用有攸往。遯而在後，尾之象，危之道也。占者不可以有所往，但晦處静俟，可免灾爾。【附録】「遯尾厲」，這時節去不逮了，所以危厲。不可有所往，只得看它如何。淵【纂註】蔡氏曰：遯，剛退也。以柔居下，見剛者遯，亦從而遯。凡從物者必居後，故曰尾。不當遯而遯，故厲。「勿用有攸往」，以其質居其時，不可遯也。

六二，執之用黄牛之革，莫之勝説。以中順自守，人莫能解，必遯之志也。占者固守，亦當如是。【附録】此言象，而占在其中。六二亦有此德也。説，吐活反。【纂註】蔡氏曰：執，固結之義。程子曰：黄，中色。牛，順物。革，堅固之物。如執係之，以牛革也。○愚謂遯以四陽之遯得名。初遯則厲，二不言遯，三四五上皆言遯，是陰爻无取於遯之義也。二以近三，陰陽相得，固結而不可解，所以六二言執，而九三言係，未見其有遯之義也。今《本義》謂二有「必遯之志」，愚非敢求異也，姑記其説如此。

九三，係遯，有疾厲，畜臣妾，吉。下比二陰，當遯而有所

係之象，有疾而危之道也。然以畜臣妾則吉，蓋君子之於小人，惟臣妾則不必其賢，而可畜爾，故其占如此。【附録】徐氏曰：係，戀也。三比乎二，宜遯而係，故曰係遯。遯之爲義，宜遠小人，以陽附陰，有所係戀，不能遠害，故有疾。柔將剥剛，故有危。臣妾謂三係戀之私恩，懷小人女子之道也。故以畜臣妾則吉，施於大事則不可也。九四，好遯，君子吉，小人否。下應初六，而乾體剛健，有好而能絶之以遯之象也。唯自克之，君子能之，而小人不能。故占者君子則吉，而小人否也。【附録】否，方九反。銖【纂註】徐氏曰：好，猶情好契好也。四爻剛位柔，故又設小人之戒。九五，嘉遯，貞吉。剛陽中正，下應六二，亦柔順而中正，遯之嘉美者也。占者如是而貞，則吉矣。【附録】問：九五以剛陽中正，漸向遯極，故爲嘉美。未是極處，故戒以貞正則吉。曰：是如此。便是剛當位而應處，是去得恰好時節。小人亦未嫌，自家只是自家合去。莫見小人不嫌，却與相接而不去，便是不好，所以戒它貞正始得。砥　上九，肥遯，无不利。以剛陽居卦外，下无係應，遯之遠而處之裕者也，故其象占如此。肥者，寬裕自得之意。【纂註】蔡氏曰：遯者，陽避陰。君子所以遠小人，貴速不貴遲，貴遠不貴近。上九去柔最遠，高而无應，剛而能決，遯之速者也，故无不利。

䷡ 乾下震上 大壯，利貞。大謂陽也。四陽盛長，故爲大壯，二月之卦也。陽壯，則占者吉亨不假言，但利在正固而已。初九，壯于趾，征凶，有孚。趾，在下而進動之物也。剛陽處下，而當壯時，壯于進者也，故有此象。居下而壯于進，其凶必矣，故其占又如此。【纂註】徐氏曰：趾在下，初象。三剛在前，未可進也。趾進，則進犯乎剛，而其凶必矣。○愚謂必字，釋有孚義。九二，貞吉。以陽居陰，已不得其正矣。然所處得中，則猶可因以不失其正。故戒占者，使因中以求正，然後可以得吉也。九三，小人用壯，君子用罔，貞厲，羝羊觸藩，羸其角。過剛不中，當壯之時，是小人用壯，而君子則用罔也。罔，无也。視有如无，君子之過於勇者也。如此，則雖貞亦危矣。羝羊，剛壯喜觸之物。藩，籬也。羸，困也。貞厲之占，其象如此。【纂註】蔡氏曰：用壯，无禮之勇也。用罔，不慮之決也。處位不中而好進，前犯乎剛，固守乎此，以爲正則危矣。大壯三、四、五爻有兑象，兼三爻看亦有兑象，兑爲羊。羝羊，喜用其角而觸者。藩，四也。羸，拘纍纏繞也。進則爲四所困，故以羝羊羸角爲象。**九四，貞吉，悔亡，藩決不羸，壯于大輿之輹。**「貞吉悔亡」，與咸九四同占。「藩決不羸」，承上文而言也。決，開也。三前有四，猶有藩焉。四前二陰，則藩決矣。「壯于大輿之輹」，亦可進之象也。以陽居陰，不極其剛，故其象如此也。【附録】〔通論二四爻〕九二「貞吉」，只是自守而不進，九四却是有可進之象。此卦爻之好者。蓋以陽居陰，不極其剛，而前遇二陰，有藩決之象，所以爲進。非如九二，前有三四二陽，隔之不得進也。銖　【纂註】蔡氏曰：九四爲壯之主，以剛決柔，壯之正者也。位不當，故有悔。得正而吉，其悔可亡。藩，五也。決，開也。以剛決柔，易而无困也。輹，在車之下，所用以行者。下乘三剛，壯輹之象。**六五，喪羊于易，无悔。**卦體似兑，有羊象焉，外柔而内剛者也。獨六五以柔居中，不能抵觸，雖失其壯，然亦无所悔矣。其象如此，而占亦與咸九五同。易，容易之意。言忽然不覺其亡也。或作「疆場」之場，亦通。《漢・食貨志》「場」作「易」。【附録】此卦多説羊，是兑之屬。蔡季通曰，這箇是夾註底兑卦，兩畫當一畫。淵　【纂註】徐氏曰：六五爲剛所決，故曰喪羊。然以柔居中，易而无拒，故无悔。**上六，羝羊觸藩，不能退，不能遂，无攸利，艱則吉。**壯終動極，故觸藩而不能退。然其質本柔，故又不能遂其進也。其象如此，其占可知。然猶幸其不剛，故能艱以處，則尚可以得吉也。【附録】上六取喻甚巧，蓋壯終動極，无可去處，如羝羊之角掛于藩上，不能退遂。然艱則吉者，畢竟有可進之理，但必艱始吉耳。銖　或問：恐此艱字，只作艱難其事，而不敢求進不已則吉，如《大畜》九三「利艱貞」之艱。説如何？曰：當如大畜例。〔通論諸卦〕問：大壯本好，爻中取却不好。睽本不好，爻中取却好。如六五對九二，處非其位，九四對上九，本非相應，都成好爻，不知何故。曰：大壯便是過了，纔過便不好。却是《易》之取爻，多爲占者而言。占法取變爻，便是到此處變了。所以困卦雖是不好，然其間「利用祭祀」之屬，却都好。問：此正與「見羣龍无首吉」、「利永貞」一般。曰：然。却是變了，故如此。道夫

【纂註】蔡氏曰：羝羊，取在上用角之義。大壯之時，剛者壯也，柔居動體之極，見剛者壯，亦從之而用壯，不知其不可也，故其進退皆无所利。艱則吉者，苟知其難，能安乎柔而不進，則吉也。○愚謂九三居乾體之極，在下卦之上，剛動而欲進，上六居震體之極，在上卦之上，動極而在上，故皆取羝羊用角之義。又三與上爲正應，本當有合者也。然三欲進，而爲四所隔，故羸其角，而不能應乎上。上雖與三爲應，而窮於上，故既不能退，而得乎三，又不能遂，而成其進，故无攸利。必艱難自守以待之，庶可成其吉耳。

䷢ 坤下離上 晉，康侯用錫馬蕃庶，晝日三接。晉，進也。康侯，安國之侯也。「錫馬蕃庶，晝日三接」，言多受大賜，而顯被親禮也。蓋其爲卦，上離下坤，有日出地上之象，順而麗乎大明之德。又其變自觀而來，爲六四之柔，進而上行，以至於五。占者有是三者，則亦當有是寵也。【纂註】徐氏曰：晉，進也。不謂之進，而謂之晉者，晉有明盛之義，故爲晉。上離下坤，大明在上，下體順附，有諸侯承王之象。馬，坤象。蕃庶，坤衆象。晝日三接，離明在上象。如晉文公朝王，王賜之車輅弓矢，命之曰：「敬服王命，以綏四國。」受策三出，出入三覲。事見《左傳》僖公二十八年。

初六，晉如摧如，貞吉。罔孚，裕，无咎。以陰居下，應不中正，有欲進見摧之象。占者如是，而能守貞則吉。設不爲人所信，亦當處以寬裕，則无咎也。【附録】問：晉如摧如，象也。貞吉，占辭。曰：「罔孚裕无咎」，又是解上兩句。恐「貞吉」說不明，故又曉之。銖【纂註】毛氏曰：摧如在彼，而吾不可以不正。罔孚在上，而吾不可以不裕。

六二，晉如愁如，貞吉。受茲介福，于其王母。六二中正，上无應援，故欲進而愁。占者如是，而能守貞則吉，而受福于王母也。王母，指六五。蓋享先妣之吉占，而凡以陰居尊者，皆其類也。【附録】問「享先妣之吉占」。曰：《周禮》有享先妣之禮，大司樂乃舞《夷

則》，❶歌《小吕》，舞《大濩》，以享先妣。銖　【纂註】徐氏曰：六二欲進，而才柔无應，故晉如復愁如，言不能无憂也。然二雖无應，而同德相感，故受兹介福于其王母也。介，大也。言受六五之福也。　**六三，衆允，悔亡。**　三不中正，宜有悔者。以其與下二陰皆欲上進，是以爲衆所信，而悔亡也。【附録】衆允，象也。悔亡，占也。銖　問：六三如何見得爲衆所信？處既不中正，衆方不信。雖云信之，亦安能悔亡？曰：晉之時，二陰皆欲上進，三處地較近，故二陰皆從之以進。問：如何得悔亡？曰：居非其位，本當有悔，以其得衆，故悔可亡。【纂註】徐氏曰：衆，坤象。蔡氏曰：晉，進也。惟明，故能進。初二在下，遠明而未敢進，故摧如愁如。三順極明近，與衆同志上行，故衆允悔亡。○愚謂三處順之極，由初之罔孚，二之愁如，以至於三，則順之極而衆允矣。　**九四，晉如鼫鼠，貞厲。**　不中不正，以竊高位，貪而畏人，蓋危道也，故爲鼫鼠之象。占者如是，雖貞亦危也。【纂註】蔡氏曰：九四下連二、三，有艮象，故稱鼠。才剛，故稱鼫。位柔爻剛，貪據高位，喜接衆柔，前畏大明之君，而不敢進，鼫鼠之象也。守此之貞，危孰甚焉，故曰貞厲。　**六五，悔亡，失得勿恤，往吉，无不利。**　以陰居陽，宜有悔矣。以大明在上，而下皆順從，故占者得之，則其悔亡。又一切去其計功謀利之心，則往吉而无不利也。然亦必有其德，乃應其占爾。【附録】「失得勿恤」，此説失也不須問他，得也不須問他，自是好，猶言「勝負兵家之常」云爾。此卦六爻，无如此爻吉。淵　「失得勿恤」，只是自家自作，教是莫管它得失，如仁人「正其誼不謀其利，明其道不計其功」相似。又曰：人當着此爻，則大勢已好，雖有所失得，亦不必慮，而自无所不利也。僩　**上九，晉其角，維用伐邑，厲吉无咎，貞吝。**　角，剛而居上，上九剛進之極，有其象矣。占者得之，而以伐其私邑，則雖危而吉，且无咎。然以極剛治小邑，雖得其貞，亦可吝矣。【附録】問：上九剛進之極，以伐私邑，安得吉而无咎？曰：以其剛，故可伐邑。若不剛，則不能伐邑矣。❷但

❶「舞」，四庫本作「奏」。
❷「則」，原誤重其文，今據四庫本删其一。

《易》中言伐邑，皆是用之於小。若伐國，則其用大矣，如「高宗伐鬼方，三年克之」之類。「維用伐邑」，則不可用之於大可知。維用以伐邑，然亦必能自危厲，乃可以吉而无咎。過剛而能危厲，則不至於過矣。道夫　「伐邑」，如墮費、墮郈之類是也。銖　上九「貞吝」，不在克治，正以其克治之難，而言其合下有此吝爾。「貞吝」之義，諸義只云貞固守此則吝，不應於此獨云於正道爲吝也。必大　【纂註】徐氏曰：離爲戈兵，故有伐象。邑，謂內地之私邑，坤體在下之象。○愚謂「晉其角」與「姤其角」同義，皆剛上之象。厲，惟於四上爻言之，剛爻故厲。

䷣ 離下坤上　**明夷，利艱貞。**夷，傷也。爲卦下離上坤，日入地中，明而見傷之象，故爲明夷。又其上六爲暗之主，六五近之，故占者利於艱難以守貞，而自晦其明也。

初九，明夷于飛，垂其翼，君子于行，三日不食，有攸往，主人有言。飛而垂翼，見傷之象。占者行而不食，所如不合時，義當然不得而避之也。【纂註】蔡氏曰：曰飛，曰行，曰往，皆進之謂也。曰垂翼，曰不食，曰有言，皆傷之謂也。言當明夷之初，進而有傷也。取上獨遠，故傷者淺。程子曰：昏暗在上，傷陽之明，使不得上進，是于飛而傷其翼也。翼傷，故垂。「君子于行，三日不食」，君子明照，見事之微，故行去避之，謂去其禄位而退藏也。三日不食，言困窮之極也。夫知幾者，君子之獨見，非衆人所能識也。故明夷之始，見傷未顯而去之，則世俗孰不疑怪，故有所往，則主人有言也。然君子不以世俗之見怪，而遲疑其行也。若俟衆人盡識，則傷已及而不能去矣。此薛方所以爲明，而楊雄所以不獲其去也。

六二，明夷，夷于左股，用拯馬壯，吉。傷而未切，救之速則免矣，故其象占如此。【纂註】徐氏曰：初傷其翼，所傷猶淺，二傷及股，則害于行矣。二在下，故曰左。兵法前爲右，後爲左，今人以下移爲左遷。夷于左股，傷于下也。馬壯則行速，言救之道速，則獲免於難而吉也。程子曰：足者，所以行也。股在脛足之上，於行之用爲不甚切。左又非便用者。手足之用，以右爲便，惟蹶張用左，蓋右立爲本也。夷于左股，謂傷害其行而不甚切。雖然，亦必自免有道。

拯用壯健之馬，則獲免之速而吉也。九三，明夷于南狩，得其大首，不可疾貞。以剛居剛，又在明體之上，而屈於至闇之下，正於上六闇主爲應，故有向明除害，得其首惡之象。然不可以亟也，故有不可疾貞之戒。成湯起於夏臺，文王興於羑里，正合此爻之義，而小事亦有然者。【纂註】蔡氏曰：南狩，離明之狩也。大首，上也。六四，入于左腹，獲明夷之心，于出門庭。此爻之義未詳。竊疑左腹者，幽隱之處。「獲明夷之心，于出門庭」者，得意於遠去之義。言筮而得此者，其自處當如是也。蓋離體爲至明之德，坤體爲至暗之地，下三爻明在闇外，故隨其遠近高下而處之不同。六四以柔正居闇地而尚淺，故猶可以得意於遠去。五以柔中居闇地而已迫，故爲内難正志以晦其明之象。上則極乎闇矣，故爲自傷其明，以至於闇，而又足以傷人之明。蓋下五爻皆爲君子，獨上一爻爲闇君也。【附録】六四爻，説者却以爲是姦邪之臣，先蠱惑其君心，而後肆行於外。殊不是。上六是闇主，六五却不作君説。六四之與上六，既非正應，又不相比。又況下三爻皆説明夷是好底，何獨此爻却作不好説？故某於此爻之義未詳。但以意觀之，六四居闇地而尚淺，猶可以得志而遠去，故雖入于幽隱之處，猶能獲明夷之心，于出門庭也。銖　于出門庭，言君子去暗尚遠，可以得其本心而遠去。淵　【纂註】劉壽翁曰：微子，帝乙之元子，紂之庶兄也。知其君之不可以圖存也，又知商之不可復興也。事之不可，諫之不從。其留也，无救於宗祀之滅。其去也，猶足以存什一於千百也。故曰「獲明夷之心」。象曰「獲心意」者，微子獲存宗祀之心意也。○愚謂腹，坤象。四進坤體，故曰入。其去上六猶隔六五，故以四爲左腹。獲，得也。傷人之明者，上也。入其腹，得其傷明之心，故曰獲明夷之心。幸而稍隔，尚可避去，故曰于出門庭。六五，箕子之明夷，利貞。居至闇之地，近至闇之君，而能正其志，箕子之象也，貞之至也。利貞，以戒占者。【附録】問：商有三仁，《集註》言三子之行不同，而同出於至誠惻怛之意。微子之去，欲存宗祀，比干之死，欲紂改行，可見其至誠惻怛處。不知箕子至誠惻怛何以見。曰：箕子、比干都是一樣心。箕子偶然不撞着紂之怒，自不殺它。然它見比干恁地死，若更死諫，无益於國，徒使人君有殺諫臣之名。就它處此最難，微子去却易，比干一向諫死，又却索性，箕子在半上落下，最是難處。被它監繫在那裏，不免佯狂。所以《易》中特説「箕子之明夷」，可見其難處。故《象》曰：「利艱貞，晦其明也。内難而能正其志，箕子以之。」它外雖狂，而心則定也。寓　爻説貞而不言艱者，蓋言箕子則艱可見，不必更言之。淵　上六，不明晦，初登于天，後入于地。以陰居坤之極，不明其德，以至於晦。始則處高位，以傷人之明。終必至於自傷，而墜厥命。故其象如此，而占亦在其中矣。【纂註】徐氏曰：下三爻離體，明也。上三爻坤體，暗也。上六暗極，所以爲明夷之主也，故不言明夷。下五爻皆所以處明夷之道，而有遠近淺深之殊者也，故皆言明夷。初明雖傷，去上最遠，垂翼而已。二則傷股，而害已深矣。以其在下居中，去上猶遠，有可拯之道也。❶ 三則與上爲正應，可以南狩而獲其大首矣。四入坤晦之門庭，其暗尚淺，有可去之道。五則迫近於難，義不可去，亦惟艱貞自晦其明而已。此紂之時聖賢所處之道，不同有如此。○愚謂下五爻皆説「明夷」，是有明而見傷者也。上一爻説「不明晦」，是實晦而不明者也。以卦言，則傷離之明者在坤，坤爲晦。以爻言則傷下五爻之明者在上，上獨爲晦。各有不同也。

䷤ 離下巽上 家人，利女貞。家人者，一家之人。卦之九五、六二，外内各得其正，故爲家人。利女貞者，欲先正乎内也，内正則外无不正矣。【纂註】蔡氏曰：女，二也。二居内而位正，利女正也。○愚謂四亦女之正者。然爻惟二稱貞吉，則六二一爻尤重。初九，閑有家，悔亡。初九以剛陽處有家之始，能防閑之，其悔亡矣。戒占者當如是也。【纂註】程子曰：初，家道之始也。有家之始，苟不閑之以法度，則人情流放，必至於有悔。失長幼之序，亂男女之別，傷恩義，害倫理，无所不至。能以法度閑之於始，則无是矣，故悔亡。六二，无攸遂，在中饋，貞吉。六二柔順中正，女之正位乎内者也，故其象占如此。【纂

❶「拯」，原誤作「極」，今據四庫本改。

註】徐氏曰：六二以柔居中，巽順應五，婦之道也。遂，專成也。婦人无所專成，惟在主中饋而已，所謂「惟酒食是議」者也。貞吉者，居中得正，固守巽順之道，所以吉也。○愚謂《采蘩》、《采蘋》之詩，以公侯夫人奉祭祀爲不失職，大夫妻共祭祀爲循法度。祭祀，蓋饋事之大者。婦无遂事，惟在中饋，可見矣。故六二貞吉，惟以在中饋言。彖辭所謂「利女貞」者，其六二當之歟。

九三，家人嗃嗃，悔厲吉。婦子嘻嘻，終吝。以剛居剛而不中，過乎剛者也，故有嗃嗃嚴厲之象。如是，則雖有悔厲而吉也。嘻嘻者，嗃嗃之反，吝之道也。占者各以其德爲應，故兩言之。【附録】先生因喫茶罷，曰：物之甘者，喫過必酸。苦者，喫過必甘。茶本苦物，喫過却甘。問：此理如何？曰：也是一箇道理。如始於憂勤，終於逸樂，理而後和。蓋禮本天下之至嚴，行之各得其分，則至和。又如「家人嗃嗃，悔厲吉。婦子嘻嘻，終吝」，都是此理。【纂註】徐氏曰：嗃嗃，嚴急之意。嘻嘻，笑樂无節也。九三以剛居剛而不中，故有嗃嗃之象。比乎二四兩柔之間，故又有嘻嘻之象。治家之道，易以情勝義，苟剛而不中，雖過於嚴，而有悔厲。然而家道齊肅，人心祇畏，猶爲家之吉而未失道也。若笑樂无節，而情愛暱比之私勝，則敗度喪禮，失節亂倫，家道所由以壞也。豈不終可吝乎。

六四，富家大吉。陽主義，陰主利，以陰居陰，而在上位，能富其家者也。【附録】占法，陽主貴，陰主富。淵　【纂註】徐氏曰：六四當位應剛，又介二剛之間，以柔得剛，以虛受實，莫此之盛，故曰富家大吉。

九五，王假有家，勿恤吉。假，至也，如「假于大廟」之假。有家，猶言有國也。九五剛健中正，下應六二之柔順中正，王者以是至于其家，則勿用憂恤，而吉可必矣。蓋聘納后妃之吉占，而凡有是德者，遇之則吉也。【附録】王假有家，言到這裏，方具得許多物事，有妻有妾，方始成箇家。淵　「有家」之有，只是如「夙夜浚明有家」、「亮采有邦」之有。有字虛字，非如「奄有四方」之有。銖

上九，有孚，威如，終吉。上九以剛居上，在卦之終，故言正家久遠之道。占者必有誠信威嚴，則終吉也。【纂註】徐氏曰：上九以陽剛居卦之終，家道大成，人信之矣，故曰

有乎。然不以人信而或弛，律身益嚴，故曰威如。身愈修則家愈齊，保家之道也，故曰終吉。

䷥ 兑下離上 睽，小事吉。睽，乖異也。爲卦上火下澤，性相違異，中女少女，志不同歸，故爲睽。然以卦德言之，内説而外明。以卦變言之，則自離來者，柔進居三；自中孚來者，柔進居五；自家人來者，兼之。以卦體言之，則六五得中，而下應九二之剛。是以其占不可大事，而小事尚有吉之道也。初九，悔亡，喪馬勿逐，自復。見惡人，无咎。上无正應，有悔也。而居睽之時，同德相應，其悔亡矣，故有喪馬勿逐而自復之象。然亦必見惡人，然後可以避咎，如孔子之於陽貨也。【附録】「喪馬勿逐自復」，大率睽之諸爻都如此，多説先異而後同。淵 問：「見惡人」，其義何取？曰：以其當睽之時，故須見惡人，乃能无咎。道夫 【纂註】程子曰：馬，所以行也。陽，上行者也。睽獨无與，則不能行，是喪其馬也。四與之合，則能行矣，是勿逐而馬復得也。惡人，與己乖異者也。見者，與相通也。當睽之時，雖同德者相與，然小人乖異者衆，若弃絶之，不幾盡天下以仇君子乎？如此，則失含弘之義，致凶之道也。又安能化不善，而使之合乎？故必見惡人，則无咎也。古之聖王，所以能化姦凶爲善良，革仇敵爲臣民者，由弗絶也。九二，遇主于巷，无咎。二五陰陽正應，居睽之時，乖戾不合，必委曲相求而得會遇，乃爲无咎，故其象占如此。【纂註】程子曰：所謂委曲者，以善道宛轉將就使合而已，非枉己屈道也。當睽之時，君心未合，賢臣在下，竭力盡誠，期使之信合而已。至誠以感動之，盡力以扶持之，明義理以致其知，杜蔽惑以誠其意，如是宛轉以求其合也。遇，非枉道迎逢也。巷，非邪僻曲徑也。故夫子特云：「遇主于巷，未失道也。」六三，見輿曳，其牛掣，其人天且劓，无初有終。六三、上九正應，而三居二陽之間，後爲二所曳，前爲四所掣。而當睽之時，上九猜狠方深，故又有髡劓之傷。然邪不勝正，終必得合，故其象占如此。【附録】「天」合作「而」，剃鬚也。篆文「天」作「[illegible]」。方子 【纂註】蔡氏曰：輿，二也。牛，四也。九四，睽孤，遇元夫，交孚，厲无咎。睽孤，謂无應。遇元夫，謂得初九。交孚，謂同德相信。然當睽時，故必危厲，乃得无咎。占者亦如是也。六五，悔亡，厥宗噬膚，往何咎。以陰居陽，悔也。居中得應，故能亡之。厥宗，指九二。噬膚，言易合。六五有柔中之德，故其象占如此。【附録】「宗」如「同人于宗」之宗。淵　上九，睽孤，見豕負塗，載鬼一車，先張之弧，後説之弧，匪寇婚媾，往遇雨則吉。睽孤，謂六三爲二陽所制，而己以剛處明極睽極之地，又自猜狠而乖離也。見豕負塗，見其污也。載鬼一車，以无爲有也。張弧，欲射之也。説弧，疑稍釋也。匪寇婚媾，知其非寇而實親也。往遇雨則吉，疑盡釋而睽合也。上九之與六三，先睽後合，故其象占如此。【附録】「載鬼一車」等語，爲它這般事是差異底事，所以把世間差異底明之。道夫　〔通論小畜上九爻〕《小畜》之上九曰「既雨既處」，《睽》之上九曰「往遇雨則吉」者，畜極則通，睽極則和，陰陽之氣，至是而方暢也。【纂註】徐氏曰：上與三應，本非孤者，三柔，爲二四所制而未應，是睽極而孤處者也。豕、鬼，皆指三言，惡而疑之甚者也。弧，亦謂三陰也。往遇雨則吉，言往與三合，而得吉也。

䷦ 艮下坎上 蹇，利西南，不利東北，利見大人，貞吉。蹇，難也。足不能進，行之難也。爲卦艮下坎上，見險而止，故爲蹇。西南平易，東北險阻，又艮方也。方在蹇中，不宜見險。又卦自小過而來，陽進則往居五而得中，退則入於艮而不進，故其占曰「利西南，不利東北」。當蹇之時，必見大人，然後可以濟難。又必守貞，然後得吉。而卦之九五，剛健中正，有大人之象。自二以上五爻，皆得正位，則又貞之義也。故其占又曰「利見大人，貞吉」。蓋見險者貴於能止，而又不可以終於止。處險者利於進，而不可失其正也。【附録】西南，是説坤卦分曉，但不知從何插入這坤卦來，此須是箇變例。大率陽卦多自陰來，陰卦多自陽來。坎是坤第二畫變，艮是第三畫變，往往只取坎艮變坤義。方子　【纂註】程子曰：西南，坤方。坤，地也，體順而易。東北，艮方。艮，山也，體止而險。

在蹇難之時，利於順處平易之地，不利止於危險。處順易則難可紓，止於險則難益甚矣。○愚謂坎屬北方，艮屬東北方，合艮、坎而爲蹇，是不利東北也。二陽盡變而之坤，則是離東北而就西南矣。指言西南者，以平易險阻對言之爾。初六，往蹇，來譽。往遇險，來得譽。【纂註】程子曰：六居蹇之初，陰柔无援，往進則益入於蹇矣。來者，對往之辭。上進則爲往，不進則爲來。止而不進，則有見幾知時之美譽也。六二，王臣蹇蹇，匪躬之故。柔順中正，正應在上，而在險中，故蹇而又蹇。以求濟之，非以其身之故也。不言吉凶者，占者但當鞠躬盡力而已。至於成敗利鈍，則非所論也。【纂註】蔡氏曰：王臣，爲五之臣也。蹇蹇，入難之深也。匪躬之故，爲王之事也。九三，往蹇，來反。反就二陰，得其所安。【纂註】徐氏曰：九三當位，與上爲應，上柔无位，不足與濟難，故曰往蹇。六四，往蹇，來連。連於九三，合力以濟。【纂註】徐氏曰：六四近君，往從乎五，則陰柔不足以濟五之蹇。惟下連九三，牽引以進，乃克有濟。九五，大蹇，朋來。大蹇者，非常之蹇。九五居尊，而有剛健中正之德，必有朋來而助之者。占者有是德，則有是助矣。【附録】處九五尊位，而居蹇中，所以爲大蹇，所謂「遺大投艱于朕身」。人君當此之時，須屈羣策，用羣力，乃可濟也。僩　或問：何故爲「大蹇」？曰：五是爲蹇王。凡人臣之蹇，只是一事。至大蹇，須人主當之。砥　【纂註】徐氏曰：朋謂三。五與三皆陽，故曰朋。○愚謂五爲濟蹇之主，二爲濟蹇之臣，故五稱大蹇，二稱蹇蹇。上六，往蹇，來碩，吉，利見大人。已在卦極，往无所之，益以蹇耳。來就九五，與之濟蹇，則有碩大之功。大人，指九五。曉占者宜如是也。【附録】〔總論六爻〕問「往蹇來譽」。曰：來往二字，唯程《傳》言「上進則爲往，不進則爲來」，説得極好。今人或謂六四「往蹇來連」，是來就三，九三「往蹇來反」，是來就二，上「往蹇來碩」，是來就五，已説得通。但初六來譽，則位居最下，无可來之地，其説不得通矣。故不若程《傳》好，只是不往爲佳耳。不往者，守而不進，故不進則爲來。諸爻皆不言吉，蓋未離乎蹇中也。至上六「往蹇來碩吉」，却是蹇極有濟之理。

既是不往，唯守於蹇，則必得見九五之大人，與共濟蹇，而有碩大之功也。銖　【纂註】徐氏曰：碩，大也，剛也。近附九五之大人，故曰來碩。下得乎剛，可以出蹇，故吉也。〔總論六爻〕程子曰：蹇之時，惟能止爲善，故諸爻除九五六二外，皆以往爲失，來爲得。蔡氏曰：惟二五居中得位，濟蹇者也，故不言往來。

䷧ 坎下震上 解，利西南，无所往，其來復吉，有攸往，夙吉。解，難之散也。居險能動，則出於險之外矣，解之象也。難之既解，利於平易安靜，不欲久爲煩擾。且其卦自升來，三往居四，入於坤體，二居其所而又得中，故利於西南平易之地。若无所往，則宜來復其所而安靜。若尚有所往，則宜早往早復，不可久煩擾也。【纂註】蔡氏曰：坎難震動，動則離乎難，解之義也。利西南者，坎震東北之卦也，難解於東北，至西南則无不利矣。「无所往，其來復吉」，往，進也。來復，退歸也。謂二難既解，則居中以復其安靜也，主內象吉。「有攸往，夙吉」，夙，早也。難有未解者，當急往而解之，不可久擾也，主外象言。

初六，无咎。難既解矣，以柔在下，上有正應，何咎之有，故其占如此。

九二，田獲三狐，得黄矢，貞吉。此爻取象之意未詳。或曰卦凡四陰，除六五君位，餘三陰則三狐之象也。大抵此爻爲卜田之吉占，亦爲去邪媚而得中直之象。能守其貞，則无不吉矣。【纂註】徐氏曰：狐者，隱伏之物，坎象。黄矢，中直象。貞吉，謂得中道而吉也。程子曰：九二以剛中之才，上應六五之君，用於時者也。天下小人常衆，六五以陰柔居高位，其明易蔽，其威易犯，其斷不果而易惑。小人一近之，則移其心矣。況險難方解，二既當用，必須能去小人，則可以正君心，而行其剛中之道。田者，去害之事。狐者，邪媚之獸。三狐，指卦之三陰，時之小人也。獲，謂變化除去之，如田之獲狐也。羣邪不去，君心一入，則中直之道无由行矣，桓敬之不去武三思是也。

六三，負且乘，致寇至，貞吝。《繫辭》備矣。貞吝，言雖以正得之，亦可羞也。唯避而去之，爲可免爾。【附録】六居三，大率少有好底。「負且乘」，聖人這裏，又見得有這箇小人乘君子之器底象，故又於此發出這道理來。淵　【纂註】徐氏曰：負，謂上負九四。乘，謂下乘九二。三以柔處二剛之中，頑然不解，故有負且乘致寇至之象。貞固守此，豈不可吝。○愚謂坎爲輿，爲盜，六三坎體，自三至五又有互體之坎，故有負乘致寇之象。又負四乘二，爲上所射，亦有致寇至象。**九四，解而拇，朋至斯孚。**拇指初。初與四皆不得其位而相應，應之不以正者也。然四陽初陰，其類不同，若能解而去之，則君子之朋至而相信矣。【附録】四能解其拇者，以四雖陰位而才則陽，與初六陰柔則爲有間，所以能解去其拇，故得陽剛之朋類至而相信矣。銖　【纂註】徐氏曰：朋謂二。四與二皆剛，故曰朋。解之時，陽能解陰，剛能解柔，九四欲解初六在下之陰，解而拇也。**六五，君子維有解，吉，有孚于小人。**卦凡四陰，而六五當君位，與三陰同類者，必解而去之，則吉也。孚，驗也。君子有解，以小人之退爲驗也。【纂註】程子曰：六五居尊位，爲解之主，人君之解也。以君子通言之，君子所親比者，必君子也。所解去者，必小人也。驗之于小人，小人之黨既去，則是君子能有解也。**上六，公用射隼于高墉之上，獲之，无不利。**《繫辭》備矣。【纂註】蔡氏曰：公，五也。用，謂五用上也。隼，鷙害之物，謂三也。墉，内外之限，三所居之地也。解之不解者，惟三用其所應而解之，獲之必矣，故曰无不利。

䷨ 兑下艮上 **損，有孚，元吉，无咎，可貞，利有攸往。曷之用？二簋可用享。**損，減省也。爲卦損下卦上畫之陽，益上卦上畫之陰，損兑澤之深，益艮山之高。損下益上，損内益外，剥民奉君之象，所以爲損也。損所當損，而有孚信，則其占當有此下四者之應矣。「曷之用？二簋可用享」，言當損時，則至薄无害。【附録】「二簋」與「簋貳」字不同，可見其義亦不同。淵　【纂註】蔡氏曰：内本乾，外本坤，乾上爻與坤上爻往來，本剛得柔爲損，本柔得剛爲益。凡卦以内爲貞，主貞而言，故爲損。徐氏曰：孚，信實也。損所當損，適時之宜，而有孚信可行之理，所謂有孚也。可貞者，可以正固守此也。其道可行，故利往。損而有孚，則元吉，无咎，可貞，而利有攸往也。蓋損者拂人情之事，易至凶咎，故特詳之。「曷之用」，問辭。「二簋享」，答辭。下之奉上，概謂之享。燕禮之重，亦謂之享。古者享禮以四簋爲中，陳饋八簋爲盛。當損之時，二簋雖薄，而亦可用享也。程子曰：損者，損過而就中，損浮末而就本實也。聖人以寧儉爲禮之本，故於損發明其義。享祀之禮，其文最繁，然以誠敬爲本。多儀備物，所以將飾其誠敬之心。飾過，其誠則爲僞矣。損飾，所以存誠也。二簋之約，可用享祭，言在乎誠而已，誠爲本也。天下之害，无不由末之勝也。峻宇雕牆本於宫室，酒池肉林本於飲食，淫酷殘忍本於刑罰，窮兵黷武本於征討。凡人欲之過者，皆本於奉養，其流之遠則爲害矣。先王制其本者，天理也。後人流於末者，人欲也。損之義，損人欲以復天理而已。

初九，已事遄往，无咎，酌損之。初九當損下益上之時，上應六四之陰，輟所爲之事，而速往以益之，无咎之道也。故其象占如此。然居下而益上，亦當斟酌其淺深也。【纂註】徐氏曰：損者，人情之所難，而初又最下，不可過損。損下太過，則其本傷矣。必斟酌其義之淺深，而不失損己益人之道可也。

九二，利貞，征凶，弗損益之。九二剛中，志在自守，不肯妄進，故占者利貞，而征則凶也。弗損益之，言不變其所守，乃所以益上也。【纂註】程子曰：不自損其剛貞，則能益其上，乃益之也。若失其剛貞，而用柔説，適足以損之而已。世之愚者，雖无邪心，而唯知竭力順上爲忠者，蓋不知弗損益之之義也。游氏曰：兑之情説，而陽性好動，故有利貞征凶之戒。

六三，三人行，則損一人。一人行，則得其友。下卦本乾，而損上爻以益坤，三人行而損一人也。一陽上而一陰下，一人行而得其友也。兩相與則專，叁則雜而亂，卦有此象，故戒占者當致一也。【附録】「三人行，損一人」，三陽損一。「一人行，得其友」，一陽上去换得一陰來。淵　【纂註】蔡氏曰：萬化不窮，惟二而已。三則爲贅，所當損也。

六四，損其疾，使遄有喜，无咎。以初九之陽剛益己，而損其陰柔之疾，唯速則善。戒占者如是，則无咎也。【纂註】徐氏曰：柔過爲疾，忿欲之類是也。又曰：才柔苟止，而或怠於從善。初剛在下，亦每難於益己。苟非自損其過，自治其私，汲汲然以好善求益爲心，則應者緩，而益者寡也，能无咎乎？凡言有喜有慶者，皆内外相應之情也。〔總論諸爻〕南軒張子曰：當損而不損，過也。不當損而損之，亦過也。「酌損之」、「弗損益之」者，言不過損也。所謂「損一人」、「損其疾」者，皆理之所當損也。

六五，或益之十朋之龜，弗克違，元吉。柔順虛中，以居尊位，當損之時，受天下之益者也。兩龜爲朋。十朋之龜，大寶也。或以此益之，而不能辭，其吉可知。占者有是德，則獲其應也。【附録】《易》象自是一法，如離爲龜，則損益卦皆説龜，此類甚多。僩 損益二卦説「龜」，一在二，一在五，是顛倒説去。未濟與既濟説「鬼方」，亦然。煇【纂註】蔡氏曰：元龜，直二十大貝。雙貝曰朋。十朋，元龜也。元龜，有國之大寶，言益之大也。弗克違者，不求而必至之意，故元吉。東谷鄭氏曰：凡曰或益，曰有它吉，曰有隕自天，曰自上祐，皆謂之不期於得之也。徐氏曰：班固《食貨志》：「元龜，岠冉長尺二寸，直二千一百六十，爲六貝十朋。」注云：「兩貝爲朋，朋直二百一十六。元龜十朋，故二千一百六十也。」又有：「公龜九寸，爲牡貝十朋。侯龜七寸以上，爲幺貝十朋。子龜五寸以上，爲小貝十朋。是爲龜寶四品。」

上九，弗損益之，无咎，貞吉，利有攸往，得臣无家。上九當損下益上之時，居卦之上，受益之極，而欲自損以益人也。然居上而益下，有所謂惠而不費者，不待損己，然後可以益人也。能如是則无咎，然亦必以貞則吉，而利有所往。惠而不費，其惠廣矣，故又曰得臣无家。【附録】「得臣无家」，猶言化家爲國相似。得臣有家，其所得也小矣。无家，則可見其大。淵 〔總論損益卦〕陳埴説損益。先生曰：勢自是如此，有人主出來也。只因這箇勢自住不得，到這裏方看做是如何，唯是聖人能順得這勢，盡得這道理。以下人不能識得損益之宜，便會錯了壞了也，百是立不得。寓 大抵損益二卦，諸爻皆互換，損好，益却不好，如損六五却成益六二，損上九好，益上九却不好。淵 【纂註】徐氏曰：「利有攸往，得臣无家」，謂柔往剛來，得三之應，不安處于下，而應上之篤也。〔總論六爻〕蔡氏曰：損之爲義，損下益上，聖人不得已而用之，故卦下之辭必曰有孚，釋象必言時，爻辭初曰酌之，二上皆曰弗損，四但損其疾而已，五則无損而大有益，惟三當可損之時耳。《大象》言「懲忿窒慾」，此則不嫌於損，爻辭兼言益，益不兼言損，意亦可見。○愚謂上與三爲正應。利有攸往，上應乎三也。得臣无家，三應乎上也。故六三曰「得友」，上九曰「得臣」。

䷩震下巽上 益，利有攸往，利涉大川。益，增益也。爲卦損上卦初畫之陽，益下卦初畫之陰，自上卦而下於下卦之下，故爲益。卦之九五、六二，皆得中正，下震上巽，皆木之象，故其占利有所往，而利涉大川也。【附録】巽爲木，是卦中取象。震爲木，乃東方屬木，五行之木也。璘 【纂註】蔡氏曰：乾下爻與坤下爻往來，剛來居内，故曰益。剛柔往來，二五中正，故利有攸往。上巽下震，木下動也。故利涉大川。

初九，利用爲大作，元吉，无咎。初雖居下，然當益下之時，受上之益者也。❶不可徒然无所報效，故利用爲大作。必元吉，然後得无咎。【附録】吉是事，咎是道理。蓋有事雖吉，而理則過差者，是之謂吉而有咎。淵初九在下，爲四所任，而作大事，必盡善而後无咎。若所作不盡善，未免有咎也。故孔子釋之曰：「下不厚事。」若在下之人，爲在上之人作事，未能盡善，自應有咎也。人傑 【纂註】徐氏曰：初剛在下，爲動之主，當益之時，受上之益者也。宜用之，爲大有興作之事。然位卑志剛，力小任重，則有所不堪，故曰「下不厚事」。惟處之當，用之審，大善而吉，乃可无咎。苟輕用敗事，无益有害，皆爲有咎。此先王所以重用民力也。

六二，或益之十朋之龜，弗克違，永貞吉。王用享于帝，吉。六二當益下之時，虚中處下，故其象占與損六五同。然爻位皆陰，故以永貞爲戒。以其居下，而受上之益，故又爲卜郊之吉占。【附録】「或益之十朋之龜」句，「弗克違」句。子顯 「王用享于帝吉」，是祭則受福底道理。淵

六三，益之用凶事，无咎。有孚中行，告公用圭。六三陰柔，不中不正，不當得益者也。然當益下之時，居下之上，故有益之以凶事者。蓋警戒震動，乃所以益之也。占者如此，然後可以无咎。又戒以有孚中行，而告公用圭也。用圭，所以通信。【附録】「益之

❶「上」，原誤作「土」，今據四庫本改。

用凶事」，猶《書》言：「用降我凶德，嘉績于朕躬。」高【纂註】蔡氏曰：凶事，困心衡慮之事也。六三與上爲應，故有凶事之象。中行，在一卦之中也，故三、四皆曰「中行」。圭，所以通其中之信。告公，雖見於外而所用者，亦唯在通中之信而已。徐氏曰：三與上應，而以爲有凶事者，以上有或擊之凶，而三位又多凶故也。

六四，中行，告公從，利用爲依遷國。三、四皆不得中，故皆以中行爲戒。此言以益下爲心，而合於中行，則告公而見從矣。《傳》曰：「周之東遷，晉鄭焉依。」蓋古者遷國以益下，必有所依，然後能立。此爻又爲遷國之吉占也。【附録】程昌寓守壽春，虜人來，占得此爻，遷來鼎州。後平楊么有功。淵　【纂註】徐氏曰：四與初爲往來之爻，有下遷之象。遷國，順下而動也。古者建國，有不便於民，則視民利用遷。然必有所依，以立國。蔡氏曰：依，謂近五也。

九五，有孚惠心，勿問元吉。有孚，惠我德。上有信以惠于下，則下亦有信以惠于上矣。不問，而元吉可知。【纂註】蔡氏曰：心，二也。惠，順也。我以有孚而順二之心，《洪範》所謂「皇建有極，用敷錫厥庶民」者也。有不待形諸言語，而獲元吉也。二亦以有孚而順五之德，《洪範》所謂「錫汝保極」者是也。

上九，莫益之，或擊之，立心勿恒，凶。以陽居益之極，求益不已，故莫益而或擊之。立心勿恒，戒之也。【附録】或字，衆无定主之辭，言非但一人擊之也。「立心勿恒」，勿字只是不字，非禁止之辭也。銖　【纂註】程子曰：利者，衆人所同欲。苟公其心，不失正理，則與衆同利，无侵於人，人亦欲與之。若切於好利，蔽於自私，求自益以損於人，則人亦與之力爭，故莫肯益之，而有擊奪之者矣。○愚謂恒九三亦巽體，亦有「不恒其德」之戒。《説卦》謂「巽爲不果，爲進退，爲躁卦」，其「立心勿恒」之意歟？

䷪ 乾下兌上 **夬，揚于王庭，孚號有厲。告自邑，不利即戎，利有攸往。**夬，決也，陽決陰也，三月之卦也。以五陽去一陰，決之而已。然其決之也，必正名其罪，而盡誠以呼號其衆，相與合力。然亦尚有危厲，不可安肆。又當先治其私，而不可專尚威武，則利有所往也。皆戒之之辭。【附録】夬以五陽之盛，而比一陰，猶欲決之，故其繇曰：「揚于王庭，孚號有厲，告自邑。不利即戎，利有攸往。」蓋雖危懼，自修不極其武，而揚庭孚號，利有攸往。初不顧後患，而小却也。《答陳仝父》 「孚號有厲」，若合開口處，便雖有劍從自家頭上落，也須着説。但使功罪各當，是非顯白，於吾何慊。道夫 上卦有兑體，兑爲口，故多言號。銖 【纂註】程子曰：小人衰微，君子道盛，當顯行之於公朝，使人明知善惡，故云揚于王庭。徐氏曰：王，五也。王庭，君位之前。利有攸往者，順剛而動，其究爲乾，往无不利也。**初九，壯于前趾，往不勝，爲咎。**前猶進也。當決之時，居下任壯，不勝宜矣，故其象占如此。【附録】「壯于前趾」，與大壯初爻同。此卦大率似大壯，只争一畫。淵 【纂註】蔡氏曰：壯者，決之勇也。徐氏曰：趾，在體之下，初象。程子曰：九陽爻而乾體，乃在下而居決時，壯于前進者也。夬之時而往，往決也，故以勝負言。九居初而壯於進，躁於動者也，故有不勝之戒。陰雖將盡，而己之躁動，自宜有不勝之咎，不計彼也。**九二，惕號，莫夜有戎，勿恤。**九二當決之時，剛而居柔，又得中道，故能憂惕號呼，以自戒備。而莫夜有戎，亦可无患也。【附録】王子獻卜，遇夬之九二，卜者告之曰：「必夜有驚恐，後有兵權。」未幾，果夜遇寇，旋得洪帥。高 **九三，壯于頄，有凶。君子夬夬，獨行遇雨若濡，有愠，无咎。**頄，顴也。九三當決之時，以剛而過乎中，是欲決小人，而剛壯見于面目也。如是，則有凶道矣。然在衆陽之中，獨與上六爲應，若能果決其決，不係私情，則雖合於上六，如獨行遇雨至於若濡，而爲君子所愠。然終必能決去小人，而无所咎也。温嶠之於王敦，其事類此。【附録】卦中與復卦六四有「獨」字。此卦諸爻皆欲去陰，獨此一爻與上六爲應也，自是惡模樣。砥 問「壯于頄」。曰：君子之去小人，不必悻悻然見於面目。至於遇雨而爲所濡濕，雖爲衆陽所愠，然志在決陰，必能終去小人，故亦可得无咎也。蓋九三雖與上爲應，而實以剛居剛，有能決之象。故壯于頄則有凶，而和柔以去之，乃无咎。如王允之於董卓，温嶠之於王敦是也。淵 有愠，也自是不能堪。正如顔杲卿使安禄山，受其衣服。至道問，與其徒曰：「吾輩何爲服此？」歸而借兵伐之，正此類也。砥　【纂註】蔡氏曰：雨，上也。獨行遇雨，獨應乎上也。若濡，不至爲雨所濡也。有慍，有決之之意也。以是爲決，決而无咎，惟君子能之，故稱君子。**九四，臀无膚，其行次且，牽羊悔亡，聞言不信。**以陽居陰，不中不正，居則不安，行則不進。若不與衆陽競進，而安出其後，則可以亡其悔。然當決之時，志在上進，必不能也。占者聞言而信，則轉凶而吉矣。牽羊者，當其前則不進，縱之使前而隨其後，則可以行矣。【附録】「牽羊悔亡」，其説得之許慎之。淵　【纂註】蔡氏曰：臀无膚，後傷乎三也。其行次且，前犯乎五也。次且，不進貌。羊，兑象，五也。牽羊，謂牽挽五而進，不暴可以免悔也。聞言不信，居位不當，雖聞牽羊之義，亦不信也。○愚謂兑有言象。**九五，莧陸夬夬，中行无咎。**莧陸，今馬齒莧，感陰氣之多者。九五當決之時，爲決之主，而切近上六之陰，如莧陸然。若決而決之，而又不爲過暴，合於中行，則无咎矣。戒占者當如是也。【附録】莧陸，是兩物。莧者，馬齒莧。陸者，章陸。皆感陰氣多之物也。藥中用商陸，其子紅。學蒙　「中行无咎」，言人能剛決自勝其私，合於中行，則无咎。但能補過而已，未是極至處。這是説那微茫間有些个意思斷未得，釋氏所謂「流注想」，荀子謂「偷則自行」，便是這意思。照管不着便走，將那裏去。爻雖無此意，孔子作象，所以裨爻辭之不足，如「自我致寇」、「敬慎不敗」之類甚多。「中行无咎」，《易》中却不恁地看，言人占得此爻者，能中則无咎，不然則有咎。淵　**上六，无號，終有凶。**陰柔小人，居窮極之時，黨類已盡，無所號呼，終必有凶也。占者有君子之德，則其敵當之，不然反是。【附録】〈總論一卦〉問：以五陽決一陰，君子盛而小人衰，卦爻之辭猶如此嚴謹。豈去小人之道，須先自治而嚴厲戒懼，不可安肆邪？曰：觀上六一爻，則小人勢窮，无號有凶之時，而君子去之之道，猶當如此嚴謹，自做手脚。蓋不可以其勢衰，而安意自肆也。其爲戒深矣。銖　【纂註】〈總論六爻〉徐氏曰：夬，決也。以盛進之，五剛決衰退之一柔，其勢若甚易。然而聖人不敢以易而忽之，故於夬之一卦丁寧深切，其道貴審而不貴迫，所以周防戒備者，無所不至。又曰：君子自治甚嚴，治人甚寬，固不爲疾惡之已甚，未嘗容惡而不去也。俾小人自知惡大罪積，不可久居其上，而甘心于退屈也。衆剛從而決之，則不勞餘力一決而爲乾矣。若虞朝之去四凶，周室之誅三監，藹藹賢材之盛，无復貞勝之憂，是得決之義也。後世衆賢在位，得時得君，其始未嘗不欲去小人，以除君側之惡，大抵不知夬夬之義，而勇於一決，機失事敗，禍亂相尋，卒貽衆君子之害，而家國從之者，何可勝數，可不戒哉。

䷫ 巽下乾上 **姤，女壯，勿用取女。** 姤，遇也。決盡則爲純乾四月之卦，至姤然後一陰可見，而爲五月之卦。以其本非所望，而卒然值之，如不期而遇者，故爲遇。遇已非正，又一陰而遇五陽，則女德不正，而壯之甚也。取以自配，必害乎陽，故其象占如此。【附録】不是説陰漸長爲女壯，乃是一陰遇五陽。大率一个女遇五陽，是个不正當底，如人盡夫也之事。淵　上面五爻皆陽，下面只一陰，五陽便立不住了。大雅　【纂註】程子曰：一陰始生，自是而長，漸以盛矣，是女之將壯長也。陰長則陽消，女壯則男弱，故戒勿用取如是之女。取女者，欲其柔和順從，以成家道。姤乃方進之陰，漸壯而敵陽者，是以不可取也。女漸壯，則失男女之正，家道敗矣。姤雖一陰甚微，然有漸壯之道，所以戒也。

初六，繫于金柅，貞吉。有攸往見凶，羸豕孚蹢躅。 柅所以止車，以金爲之，其剛可知。一陰始生，静貞則吉，往進則凶。故以二義戒小人，使不害於君子，則有吉而无凶。然其勢不可止也，故以羸豕蹢躅曉君子，使深爲之備云。【附録】歐公章疏言地震，山石崩入于海。❶某謂正是「羸豕蹢躅」之義。當極治時，已栽培得這般物事在這裏了，故直至如今。道夫　【纂註】徐氏曰：金柅，謂二。繫牽也。柔方進而遇二，則牽於二而止，故曰繫于金柅。豕，陰躁之物。羸豕，初象。蹢躅，跳躑也。豕雖羸弱，性必躁動，言陰雖微而其勢漸進，信不可止也。

九二，包有魚，无咎，不利賓。 魚，陰物。二與初遇，爲包有魚之象。然制之在己，故猶可以无咎。

❶「海」，原誤作「悔」，今據四庫本改。

若不制而使遇於衆，則其爲害廣矣。故其象占如此。【纂註】程子曰：姤，遇也。二與初密比，相遇者也。在它卦，則初正應於四，在姤則以遇爲重。包者，苴裹也。魚陰物，故初取魚象。二於初若能固畜之，如包苴之有魚，則於遇爲无咎矣。

九三，臀无膚，其行次且，厲，无大咎。九三過剛不中，下不遇於初，上无應於上，居則不安，行則不進，故其象占如此。然既无所遇，則无陰邪之傷，故雖危厲，而无大咎也。【纂註】徐氏曰：剛居不正之位，而承乘皆剛，後傷乎二，前犯乎四，故有臀无膚，其行次且之象。○愚謂姤者夬之反，姤之九三在夬爲九四，故皆有「臀无膚，其行次且」之象。

九四，包无魚，起凶。初六正應，已遇於二，而不及於己，故其象占如此。【纂註】徐氏曰：四與初爲正應，宜相遇也。遇先於近，初柔近二，二包有魚矣。四遠而不遇，雖應而无得，故曰包无魚。起，妄動也。彼得則此失。四既失所遇，安處順守可也。苟妄動而求必得之，則凶矣。

九五，以杞包瓜，含章，有隕自天。瓜，陰物之在下者，甘美而善潰。杞，高大堅實之木也。五以剛陽中正，主卦於上，而下防始生必潰之陰，其象如此。然陰陽迭勝，時運之常。若能含晦章美，靜以制之，則可以回造化矣。有隕自天，本无而倏有之象。【附録】「有隕自天」，言能回造化，則陽氣復，自天而隕，復生上來，都換了這時節。淵

上九，姤其角，吝，无咎。角，剛乎上者。上九以剛居上而无位，不得其遇，故其象占與九三類。【纂註】徐氏曰：上九處姤之窮，與初无遇，雖吝然亦无咎，陰不必遇也。〔總論六爻〕蔡氏曰：姤者，以一柔遇剛而成卦，遇非正道，惟近者得之，而正應者反凶也。二最近，故先有之。三之厲，以隔乎二，而不遇也。五之含蓄，雖无相遇之道，而處位中正也。上之吝，最遠而窮也。四之起凶，遇不利，正應也。

䷬ 坤下兌上 **萃，亨，王假有廟，利見大人，亨，利貞。用大牲吉，利有攸往。**萃，聚也。坤順兌說，九五剛中，而二應之，又爲澤上於地，萬物萃聚之象，故爲萃。「亨」字衍文。王假有廟，言王者可以至乎宗廟之中，王者卜祭之吉占也。《祭義》曰「公假于太廟」是也。廟所以聚祖考之精神，又必能聚

己之精神，則可以至於廟，而承祖考也。物既聚，則必見大人，而後可以得亨。然又必利於貞，所聚不貞，則亦不能亨也。大牲必聚而後有，聚則可以有所往，皆占吉而有戒之辭。【附録】大率人之精神聚於己，祖之精神聚於廟。今人擇日祀神，多取神在日，亦取聚意。

銖問卦取聚之意。曰：數句是占辭，非發明萃聚之意也。此是諸儒說《易》之大病，非聖人繫辭而明吉凶之意。《答潘謙之》【纂註】徐氏曰：大人，五也。貞，二、五位正也。當萃之時，利見大人，則萃道亨也。然必利於貞，聚不以正，其能亨乎？大牲，血祭之盛也。物萃則用大牲以祭，所以稱其萃之義也。故吉時萃，則動无不順，故利有攸往。程子曰：王者，萃聚天下之道。至於有廟，極也。羣生，至衆也，而可一其歸仰。人心莫知其鄉也，而能致其誠敬。鬼神之不可度也，而能致其來格。天下萃合人心，總攝衆志之道非一，其至大莫過於宗廟。故王者萃天下之道，至於有廟，則萃道之至也。

初六，有孚不終，乃亂乃萃，若號，一握爲笑，勿恤往，无咎。初六上應九四，而隔於二陰，當萃之時，不能自守，是有孚而不終，志亂而妄聚也。若號呼正應，則衆以爲笑。但勿恤而往，從正應，則无咎矣。戒占者當如是也。

六二，引吉，无咎。孚乃利用禴。二應五，而雜於二陰之間，必牽引以萃，乃吉而无咎。又二中正柔順，虛中以上應。五剛健中正，誠實而下交。故卜祭者有其孚誠，則雖薄物，亦可以祭矣。【纂註】徐氏曰：二五正應，宜萃也。二以柔居柔中，類聚而安於下。五以衆歸於四，有位而匪孚，雖應猶未萃也。人之情相求則合，相持則睽，二五本應，相引而萃，則吉无咎。

六三，萃如嗟如，无攸利，往无咎，小吝。六三陰柔，不中不正，上无應與，欲求萃於近而不得，故嗟如而无所利。唯往從於上，可以无咎。然不得其萃，困然後往，復得陰極无位之爻，亦可小羞矣。戒占者當近捨不正之彊援，而遠結正應之窮交，則无咎也。

九四，大吉，无咎。上比九五，下比衆陰，得其萃矣。然以陽居陰不正，故戒占者必大吉，然後得无咎也。【纂註】蔡氏曰：大者，周徧之意。下得乎民，上得乎君，大之義也。居臣位而據有衆柔，非萃之正，必上下周徧，乃爲大吉，可以无咎。不然，則田常、季氏之徒耳。九五，萃有位，无咎。匪孚，元永貞，悔亡。九五剛陽中正，當萃之時而居尊，固无咎矣。若有未信，則亦脩其元永貞之德，而悔亡矣。戒占者當如是也。【附録】問：九五以陽剛中正，當萃之時，而居尊位，安得又有匪孚？曰：此言有位而无德，則雖萃而不能使人信。故人有不信，當脩其元永貞之德，而後悔亡也。銖　【纂註】程子曰：元永貞者，君之德，民所歸也。故比天下，與萃天下之道，皆在此三者。上六，齎咨涕洟，无咎。處萃之終，陰柔无位，求萃不得，故戒占者必如是，然後可以无咎也。【纂註】厚齋馮氏曰：上卦兑，説也。説極而悲，故其象占如此。〇愚謂兑體，故有齎咨涕洟象。

䷭ 巽下坤上　升，元亨，用見大人，勿恤，南征吉。升，進而上也。卦自解來，柔上居四，内巽外順，九二剛中，而五應之，是以其占如此。南征，前進也。【附録】「南征吉」，巽、坤二卦拱得箇南，如看命人「虚拱」底説話。砥　【纂註】徐氏曰：大人，二也。用見大人，五當應二也。恤，憂也。六五柔中之君，用見九二剛中之臣，以升于治，勿憂勿退，但當前進，自獲吉也。柔退多憂，故戒。初六，允升，大吉。初以柔順居下，巽之主也。當升之時，巽於二陽。占者如之，則信能升，而大吉矣。【纂註】程子曰：初以柔居巽體之下，上承九二之剛，巽之至者也。二以剛中之德，上應於君，當升之任者也。允，信從也。初之柔巽，惟信從於二。信二而從之同升，乃大吉也。九二，孚乃利用禴，无咎。義見萃卦。〇愚謂萃六二以中虚爲孚，而與九五應。升九二以中實爲孚，而與六五應。虚實雖不同，而孚則一而已。九三，升虚邑。陽實陰虚，而坤有國邑之象。九三以陽剛當升時，而進臨於坤，故其象占如此。【纂註】徐氏曰：九三陽升，進臨於坤，前无疑礙，如入无人之邑，言至易也。六四，王用亨于岐山，吉，无咎。義見隨卦。【附録】張洽問「亨于岐山」。曰：只是「亨」字。時舉　此是王者有事于山川之卦。人傑　「王亨于岐山」與「亨于西山」，只是説祭山川。淵　〔總論萃升卦〕問：升萃二卦，多是言祭享。萃固取聚義，不知升何取義？

曰：人積其誠意以事鬼神，有升而上通之義。銖

○愚謂《本義》於隨卦，就周言岐山，則王指文王。孟子曰：「太王邑於岐山之下，居焉。」則文王亦居岐也。

六五，貞吉，升階。以陰居陽，當升而居尊位，必能貞固，則可以得吉而升階矣。階，升之易者。【附録】〔通論萃九五爻〕《升》六五「貞吉，升階」，與「萃有位，匪孚，元永貞，悔亡」，皆謂其有位，必當有其德。若无其德，則萃雖有位，而人不信。雖有升階之象，而不足以升矣。銖

上六，冥升，利于不息之貞。以陰居升極，昏冥不已者也。占者遇此，无適而利。但可反其不已於升之心，施之於不息之貞而已。【纂註】程子曰：六以陰居升之極，昏冥於升，知進而不知止者，其爲不明甚矣。君子於貞正之德，終日乾乾，自强不息。如上六不已之心，用之於此，則利也。以小人貪求无已之心，移於進善，則何善如之。

䷮ 坎下兑上 困，亨，貞大人吉。无咎，有言不信。困者，窮而不能自振之義。坎剛爲兑柔所揜，九二爲二陰所揜，四五爲上六所揜，所以爲困。坎險兑説，處險而説，是身雖困而道則亨也。二五剛中，又有大人之象。占者處困能亨，則得其貞矣。非大人其孰能之，故曰貞。又曰：大人者，明不正之小人不能當也。「有言不信」，又戒以當務晦默，不可尚口，益取困窮。【附録】困卦難理會，不可曉。《易》中有數卦如此。《繫辭》云：「卦有小大，辭有險易。辭也者，各指其所之。」困是箇極不好底卦，所以卦辭也做得如此難曉。如蹇、剥、否、睽，皆是不好卦。只是剥則分明是剥，所以分曉。困卦是箇進退不得窮極底卦，所以難曉。其大意亦可見。僩 【纂註】徐氏曰：兑口不掩，言象。坎剛中，有孚信象。坎兑相失，故有言不信。處困之時，當務晦默。尚口多言，人誰信之，困且窮而已，故戒。

初六，臀困于株木，入于幽谷，三歲不覿。臀，物之底也。困于株木，傷而不能安也。初六以陰柔處困之底，居暗之甚，故其象占如此。【附録】初六在困之下，至困者也。株木不可坐，臀在株木上，其不安可知。學蒙 【纂註】徐氏曰：株木，根株无枝葉之木，在下初象。幽谷，幽深之谷，坎陷象。覿，見也。初柔本與四應，困而在下，故有臀困于株木之

象。坎陷益下，又有入于幽谷，三歲不覿之象。不覿，初不見四也。九二，困于酒食，朱紱方來，利用享祀，征凶，无咎。困于酒食，厭飫苦惱之意。酒食人之所欲，然醉飽過宜，則是反爲所困矣。朱紱方來，上應之也。九二有剛中之德，以處困時，雖無凶害，而反困於得其所欲之多，故其象如此，而其占利以享祀。若征行，則非其時，故凶，而於義爲无咎也。【附録】問「厭飫於所欲」如何。曰：此是困於好底事。在困之時，有困於好事者，有困於不好事者。此爻是好爻，當困時則困於好事。如「感時花濺淚，恨別鳥驚心」，花鳥好娱戲底物，這時却發人不好底意思，是因好物困也。酒食厭飫亦是如此。淵　問「朱紱方來，利用享祀」。曰：以之事君，則君應之。以之祀神，則神應之。輝　六三，困于石，據于蒺藜，入于其宮，不見其妻，凶。陰柔而不中正，故有此象，而其占則凶。石指四，蒺藜指二，宮謂三，而妻則六也。其義則《繫辭》備矣。【附録】六三陽之陰，上六陰之陰，故將六三言之，則上爲妻。淵　【纂註】程子曰：石，堅重難勝之物。蒺藜，刺不可據之物。三以剛險而上進，則二陽在上，力不能勝，堅不可犯，益自困耳，困于石也。以不善之德，居九二剛中之上，其不安，猶藉刺據蒺藜也。○愚謂蒺藜，茨草，坎象。九四，來徐徐，困于金車，吝，有終。初六，九四之正應。九四處位不當，不能濟物，而初六方困於下，又爲九二所隔，故其象如此。然邪不勝正，故其占雖爲可吝，而必有終也。金車爲九二象未詳，疑坎有輪象也。【纂註】徐氏曰：來，謂初來應也。徐徐，緩貌。九五，劓刖，困于赤紱，乃徐有説，利用祭祀。劓刖者，傷於上下。上下既傷，則赤紱无所用，而反爲困矣。九五當困之時，上爲陰揜，下則乘剛，故有此象。然剛中而説體，故能遲久而有説也。占具象中，又利祭祀，久當獲福。【附録】〔通論六二爻〕問：二五皆「利用祭祀」，是如何？曰：它得中正，又似取无應而心專一底意思。淵　「朱紱」、「赤紱」，若如程《傳》説，朱芾王者之服，赤紱臣下之服。使《書傳》説臣下皆是赤紱，則可。《詩》中却有「朱芾斯皇」一句，是説方叔，於理又似不通。淵　○愚按赤紱，則《詩・候人》「三百赤紱」，《采菽》「赤紱在股，天子所予」，《車攻》「赤紱金舄」，《記・玉藻》「一命緼紱幽衡，再命赤紱幽衡，三命赤紱蔥衡」，大夫以上赤紱乘軒，則赤紱爲臣下服明矣。若朱紱，則《采芑》云方叔受其命，服朱紱斯皇，乃方叔受命之服。方叔，周宣王卿士。《斯干》云「朱芾斯皇」，乃宣王所生子之服。程《傳》未知何據。惟《白虎通》云：「芾者，蔽也。行以蔽前。天子朱芾，諸侯赤紱。」註疏家亦云，天子、諸侯、大夫、士，紱各有制。程《傳》想本此，但於經无證耳。芾、韍、紱並通用。【纂註】徐氏曰：徐有説，謂二五中直，同德相應，始雖未應，緩則應也。蔡氏曰：享狹而祭廣，君臣之位不同，故所用亦異。

上六，困于葛藟，于臲卼，曰動悔有悔，征吉。以陰柔處困極，故有「困于葛藟，于臲卼，曰動悔」之象。然物窮則變，故其占曰，若能有悔，則可以征而吉矣。【纂註】徐氏曰：葛藟，纏繞之物。臲卼，危動之狀，位高象。「震无咎者，存乎悔」，言困已極矣，有悔則可出困，而征吉矣。「困窮而通」，其謂是夫。○愚謂藟似葛之草。《詩》疏云：「一名巨荒，似蘡薁，連蔓而生。」爻柔象。臲卼，乘剛不安象。

䷯ 巽下坎上 井，改邑不改井，无喪无得，往來井井，汔至，亦未繘井，羸其瓶，凶。井者，穴地出水之處。以巽木入乎坎水之下，而上出其水，故爲井。改邑不改井，故无喪无得。而往者來者，皆井其井也。汔，幾也。繘，綆也。羸，敗也。汲井幾至，未盡綆，而敗其瓶，則凶也。其占爲事仍舊，无得喪，而又當敬勉，不可幾成而敗也。【附録】井是那掇不動底物事，所以改邑不改井。淵 「汔至」是作一句，「亦未繘井羸其瓶」是一句，意幾至而止，如綆未及井而瓶敗，言功不成也。學蒙 【纂註】徐氏曰：以卦體言，初柔爲泉眼，二三剛爲泉實，四柔爲井中空處，五剛爲泉實已汲，將出井也，上柔爲井空處也，有全井象。程子曰：邑可改而之它，井不可遷也，故曰改邑不改井。汲之而不竭，存之而不盈，无喪无得也。至者，皆得其用，往來井井也。无喪无得，其德也常。往來井井，其用也周。

初六，井泥不食，舊井无禽。井以陽剛爲泉，上出爲功，初六以陰居下，故爲此象。蓋井不泉而泥，則人所不食，而禽鳥亦莫之顧矣。【纂

註】徐氏曰：初六陰柔，在井之下，有泥象。又曰：人品污下，不能强於爲善，无用於世，爲人所棄。觀於此爻，可以知所當勉矣。九二，井谷射鮒，甕敝漏。九二剛中，有泉之象。然上无正應，下比初六，功不上行，故其象如此。【附録】鮒，沙隨以爲井有蝦蟆。廣　【纂註】徐氏曰：井谷者，井旁穴也。射，下注也。鮒，泥中微物，蛙屬，謂初。甕，汲水瓶也。九二剛中，上无應，與下比初六，不上出而下注，有井谷射鮒之象。又爲泉實可汲，而在甕敝漏之象。在井而射鮒，在甕而敝漏，皆无與之故也。嘗謂人才生世，自非果於暴棄，甘爲下流之歸者，不可與爲善。苟陽剛之禀，資質之美者，皆可以進德。良由上无應與，而爲之誘掖汲引者，故上達之難，下達之易也。九三，井渫不食，爲我心惻，可用汲，王明，並受其福。渫，不停污也。井渫不食，而使人心惻，可用汲矣。王明，則汲井以及物，而施者受者並受其福也。九三以陽居陽，在下之上，而未爲時用，故其象占如此。【附録】「可用汲」以上三句是象，下兩句是占。大概是説理，決不是説汲井。又曰：若非王明，則无以收拾人才。淵　【纂註】徐氏曰：渫，潔治也。惻，傷怛也。三以剛乘剛，有井渫之象。在下，故又有不食之象。有清潔之泉而不見食，其心寧不惻然有感，故爲我心惻。可用汲者，與上爲應，亦有可使汲之道。王明，謂五也。三與五皆陽剛，五之剛，即三之渫者也。五上出，三應上，五食，則三亦食。故曰「王明，並受其福」。六四，井甃，无咎。以六居四，雖得其正，然陰柔不泉，則但能脩治而无及物之功，故其象爲井甃，而占則无咎。占者能自脩治，則雖無及物之功，而亦可以无咎矣。【纂註】徐氏曰：甃，砌累也。四下乘井渫之剛，雖才柔未能上出，然无初之泥，非二之谷，上承井冽之剛，將上出矣。砌甃其井，脩治之使勿壞，雖未有濟物之功，亦可无咎。九五，井冽，寒泉食。冽，潔也。陽剛中正，功及於物，故爲此象。占者有其德，則契其象也。【纂註】程子曰：五以陽剛中正居高位，其才其德盡善盡美，井冽寒泉食也。冽謂甘潔也。井泉以寒爲美，甘潔之寒泉，可爲人食也，於井道爲至善也。然而不言吉者，井以上出爲成功，未至於上，未及用也。上六，井收勿幕，有孚元吉。收，汲取

也。晁氏云：「收，鹿盧收繘者也。」亦通。幕，蔽覆也。有孚，謂其出有原，而不窮也。井以上出爲功，而坎口不揜，故上六雖非陽剛，而其象如此。然占者應之，則必有孚，乃元吉也。【附録】「收」雖作去聲讀，義只是收也。淵 【纂註】程子曰：他卦之終爲極爲變，唯井與鼎終乃爲成功，是以吉也。〔總論六爻〕西溪李氏曰：初井泥，二井谷，皆廢井也。三井渫，則渫初之泥。四井甃，則甃二之谷。既渫且甃，則井道全也。故五井冽而泉寒，上井收而勿幕，功始及物，而井道大成矣。

䷰ 離下兑上 革，巳日乃孚，元亨，利貞，悔亡。革，變革也。兑澤在上，離火在下，火然則水乾，水決則火滅。中少二女，合爲一卦，而少上中下，志不相得，故其卦爲革也。變革之初，人未之信，故必巳日而後信。又以其内有文明之德，而外有和説之氣，故其占爲有所更革，皆大亨而得其貞，所革皆當，而所革之悔亡也。一有不貞，則所革不信不通，而反有悔矣。【附録】〔通論睽革卦〕問：革與睽相類，睽上火下澤，則不相入。此火在澤下，有變革之理。睽中女在前，少女在後，有相離之義。而此以中女繼少女，故曰革。【纂註】王氏曰：民可與習常，難與通變。可與樂成，難與慮始。革之道，即日不孚，巳日乃孚也。蔡氏曰：革不可遽，必巳日而後革。巳日，二日也。徐氏曰：元亨利貞悔亡者，變有大通之理也。然必利於貞，則其悔可亡。變不以貞，則事有不可勝悔者，古人所以重改作也。

初九，鞏用黄牛之革。雖當革時，居初无應，未可有爲，故爲此象。鞏，固也。黄，中色。牛，順物。革所以固物，亦取卦名而義不同也。其占爲當堅確固守，而不可以有爲。聖人之於變革，其謹如此。

六二，巳日乃革之，征吉，无咎。六二柔順中正，而爲文明之主，有應於上，於是可以革矣。然必巳日，然後革之，則征吉而无咎。戒占者猶未可以遽變也。【纂註】蔡氏曰：一爻爲一日，過於初，故曰巳日。巳日，乃可革以時。「征」即革之謂。五剛爲應，故吉而无咎。

九三，征凶，貞厲，革言三就，有孚。過剛不中，居離之極，躁動于革者也。故其占有征凶貞厲之戒。然其時則當革，故至於革言三就，則亦有孚而可革也。【附録】革言三就，言三番結裹成就。如第一番商量這箇是當革不當革，説或一番。又更如此商量一番，然後説成了，却不是三人來説。淵 【纂註】蔡氏曰：處革之後，猶征不已，則凶。若一於貞固，失繼革之義，則危。就，成也。初未可革，二則革之，三則有孚，故曰三就，有孚。縉雲馮氏曰：下卦之終，火進遇澤，故征凶也。九四，悔亡，有孚，改命吉。以陽居陰，故有悔。然卦已過中，水火之際，乃革之時，而剛柔不偏，又革之用也，是以悔亡。然又必有孚，然後革，乃可獲吉。明占者有其德，而當其時，又必有信，乃悔亡而得吉也。【纂註】蔡氏曰：革則有悔。悔亡，革而當也，當則人心皆信之矣。故可改前之命令，湯武革命是也。九五，大人虎變，未占有孚。虎，大人之象。變謂希革而毛毨也。在大人，則自新新民之極，順天應人之時也。九五以陽剛中正，爲革之主，故有此象。占而得此，則有此應。然亦必自其未占之時，人已信其如此，乃足以當之爾。【附録】或問：「大人虎變」，是就事上變。「君子豹變」，是就身上變。曰：豈止是事上也？從裏面做出來。這个事却不只是空殼子做得。文王其命維新，也是它自新後如此。堯克明俊德，然後黎民於變。「大人虎變」，正如孟子所謂：「所過者化，所存者神，上下與天地同流，豈曰小補之哉。」補只是這个裹破，補這一些。如聖人却是渾淪，都換過了。如爐韛相似，補只是錮露，聖人都是渾淪換過。【纂註】蔡氏曰：剛居中正，故曰大人。虎，兑象。虎變，威德變動，自然變化之義。占，問決也。未占有孚，孚之素也。上六，君子豹變，小人革面，征凶，居貞吉。革道已成，君子如豹之變，小人亦革面，以聽從矣。不可以往，而居貞則吉。變革之事，非得已者，不可以過，而上六之才，亦不可以有行也，故占者如之。【附録】〔總論六爻〕革下三爻，有謹重難改之意，上三爻則革而善。蓋事有新故，革者變故而爲新也。下三爻則故事也。未變之時，必當謹審於其先。上三爻則變而爲新事矣，故漸漸好。曰：然。又曰：乾卦到九四爻，謂乾道乃革也，是到這方變了。學蒙 【纂註】徐氏曰：豹，虎屬，亦兑象。豹變，謂如豹之變，其文蔚。然居柔，變化小於虎也。小人頑而難孚，至此已革其外貌而從之矣。此承上爻而言，革道已成，征則凶，居貞則吉。天下之事，始則患其難革，終則患其難守。居貞之吉，故於革之終言之。

䷱ 巽下離上 鼎，元吉，亨。鼎，亨飪之器。爲卦下陰爲足，二三四陽爲腹，五陰爲耳，上陽爲鉉，有鼎之象。又以巽木入離火，而致亨飪，鼎之用也。故其卦爲鼎，下巽巽也，上離爲目，而五爲耳，有内巽順而外聰明之象。卦自巽來，陰進居五，而下應九二之陽，故其占曰元亨。「吉」，衍文也。【纂註】徐氏曰：巽下離上，柔居五位，得中應剛，大善而亨通也，故曰元亨。以象考之，恐无「吉」字。初六，鼎顛趾，利出否，得妾以其子，无咎。居鼎之下，鼎趾之象也。上應九四，則顛矣。然當卦初，鼎未有實，而舊有否惡之積焉。因其顛而出之，則爲利矣。得妾而因得其子，亦由是也。此爻之象如此，而其占无咎。蓋因敗以爲功，因賤以致貴也。【附録】或曰：據此爻，是凡事須用與它翻轉了，却能致利。曰：不然，只是偶然如此。此本是不好底爻，却因禍致福，所謂不幸中之幸。蓋「鼎顛趾」本是不好，因顛傾出鼎中惡穢之物，所以反得利而无咎，非是故意欲翻轉鼎趾而求利也。人傑　「得妾」是无緊要，其重却在「以其子」處。淵　【纂註】徐氏曰：妾，初也。子，四也。柔巽處卑，妾之象也。從剛應四，以其子也。言妾雖賤，從子貴也。九二，鼎有實，我仇有疾，不我能即，吉。以剛居中，鼎有實之象也。我仇謂初。陰陽相求而非正，則相陷於惡，而爲仇矣。二能以剛中自守，則初雖近，不能以就之矣。是以其象如此，而其占爲如是則吉也。【纂註】徐氏曰：怨耦曰仇，不善之疋也。謂初五爲正應，而密比初柔，陰陽相疋而非正，是初爲我仇也。即，就也。初自顛趾，有疾也。不能就二，是我仇有疾，不我能即也，故吉。九三，鼎耳革，其行塞，雉膏不食，方雨虧悔，終吉。以陽居鼎腹之中，本有美實者也。然以過剛失中，越五應上，又居下之極，爲變革之時，故爲鼎耳方革，而不可舉移。雖承上卦文明之腴，有雉膏之美，而不得以爲人食。然以陽居陽，爲得其正，苟能自守，則陰陽將和，而失其悔矣。占者如是，則初雖不利，而終得吉也。【附録】問「鼎耳革」是如何。曰：三與五不相應，五是鼎耳，鼎无耳動不得。革是換變之義。它在上下之間，與五不相當，是鼎耳變革了，不可舉移，雖有雉膏而不食。此是陽爻，陰陽終必和，故有方雨之吉。學蒙　【纂註】徐氏曰：鼎耳，六五也。革，變革爲異也。塞，不通。雉，離象。膏，爻柔象。雉膏謂六五也。亦以鼎實取象。三以陽剛之才，而居巽之上，其才足以有濟，而於六五无相遇之道，有革異之情，故其行則不通，於雉膏則不食，猶人有才德而不爲時用，不得君之禄而食之也。「方雨虧悔終吉」，雨陰陽和合而成，方雨，且將雨也。虧，失也。三懷才不遇，有不足之悔。然五有聰明之德，三終上進之物，方將和合而相得，始雖有不足之悔，而終獲相遇之吉也。**九四，鼎折足，覆公餗，其形渥，凶。**晁氏曰：「形渥，諸本作刑剭，謂重刑也。」今從之。九四居上，任重者也。而下應初六之陰，則不勝其任矣。故其象如此，而其占凶也。【纂註】蔡氏曰：足，初也。餗，鼎實也。下應乎初，初趾方顛，故有折足之象。足折則鼎覆，而失其實矣。○愚按邵氏《聞見後録》云：「王弼注《鼎》『其形渥凶』，以爲沾濡之形也。蓋弼不知古《易》形作刑，偓作剭，音屋。故《新唐史・元載贊》用刑剭，亦《周禮》剭誅云。」按元載以罪誅，《贊》云：「《易》稱『鼎折足，其刑剭』，諒哉。」《周禮・秋官・司烜氏》「軍旅，修火禁。邦若屋誅」，鄭司農云：「屋誅，謂夷三族。屋讀如『其刑剭』之剭，謂所殺不於市，而以適甸師氏者也。」**六五，鼎黄耳，金鉉，利貞。**五於象爲耳，而有中德，❶故云黄耳。金，堅剛之物。鉉，貫耳以舉鼎者也。五虚中以應九二之堅剛，故其象如此，而其占則利在貞固而已。或曰「金鉉」以上九而言，更詳之。【附録】六五只爲上已當玉鉉了，却下取九二之應來當金鉉。蓋推排到這裏，无去處了。淵録　【纂註】程子曰：五在鼎上，耳之象也。鼎之舉措在耳，爲鼎之主也。鉉，加耳者也。二應於五，來從於耳者，鉉也。二有剛中之德，陽體剛，中色黄，故爲金鉉。五文明得中而應剛，二剛中巽體而上應，相應至善矣，所利在貞固而已。六五居中

❶「中」，原誤作「剛」，今據四庫本改。

應中，不至於失正，而質本陰柔，故戒以貞固於中也。上九，鼎玉鉉，大吉，无不利。上於象爲鉉，而以陽居陰，剛而能温，故有玉鉉之象。而其占爲大吉无不利。蓋有是德，則如其占也。【纂註】徐氏曰：鼎以上出爲用。鉉，所以舉鼎也。五與上皆在上，故皆以鉉言。金一於剛，玉則具剛柔之德。玉鉉者，上九爻剛而位柔也。大吉无不利，鼎道大成矣。

䷲ 震下震上 震，亨，震來虩虩，笑言啞啞，震驚百里，不喪匕鬯。震，動也。一陽始生於二陰之下，震而動也。其象爲雷，其屬爲長子。震有亨道。震來，當震之來時也。虩虩，恐懼驚顧之貌。震驚百里，以雷言。匕，所以舉鼎實。鬯，以秬黍酒和鬱金，所以灌地降神者也。不喪匕鬯，以長子言也。此卦之占，爲能恐懼則致福，而不失其所主之重。【附録】震來虩虩，是震之初震得來如此，言人常似那震來時虩虩地，便能笑言啞啞，到得震驚百里時，也不喪匕鬯。這个相連做一串下來。淵　震卦「震亨」至「不喪匕鬯」，作一項看。後來「出可以守宗廟社稷」，又做一項看。震便自是亨。震來虩虩，是恐懼顧慮，而後便笑言啞啞。震驚百里，便也不喪匕鬯。文王語以是解「震亨」了，孔子又自説長子事。文王之語簡重精切，孔子之言方始條暢。須析開看，方得。砥　震主器事，未必彖辭便有此意，看來只是《傳》中方説。淵【纂註】徐氏曰：當震之來則恐懼，虩虩然也。先震而後定，則先恐而後安，笑言啞啞也。○愚謂啞啞，恐懼尚未全散貌。鬱金，按《周禮·鬱人》註：「鬱金，香草。築鬱金煮之，以和鬯酒。鄭司農云『十葉爲貫，百二十貫爲築』。煑之焦中，停於祭前，鬱草若蘭』」。《鬯人》註云：「鬯，釀秬爲酒，芬芳條暢於上下也。秬，黑黍，大暑而種，故曰黍。」初九，震來虩虩，後笑言啞啞，吉。成震之主，處震之初，故其占如此。【纂註】蔡氏曰：震之用在下，初與四皆在卦之下，而四泥於柔而未光，初剛无係，必達於上，故吉。○愚謂初九爻辭與卦辭同者，以其爲成卦之主故耳。六二，震來厲，億喪貝，躋于九陵，勿逐，七日得。六二乘初九之剛，故當震之來而危厲也。「億」字未詳。又當喪其貨貝，而升於九陵之上。然柔順中正，足以自守，故不求而自獲也。此爻占具象中，但「九陵」、「七日」之象，則未詳耳。【纂註】蔡氏曰：震來，初也。厲，二也。初震而上，故危。萬萬爲億，億猶大也。貝，所有之資也。其來也盛，故大喪其所有也。躋，升也。九陵，至高之陵也。逐，追也。七日，卦有六位，七乃更始也。雖大有所喪，事既終時既易，當自復也。六三，震蘇蘇，震行无眚。蘇蘇，緩散自失之狀。以陰居陽，當震時而居不正，是以如此。占者若因懼而能行，以去其不正，則可以无眚矣。【纂註】徐氏曰：三去初雖遠，而處位不當。初震之來，其勢猶未及己。行而去之，乃可无眚。九四，震遂泥。以剛處柔，不中不正，陷於二陰之間，不能自震也。遂者，无反之意。泥，滯溺也。○愚按《漢·五行志》李奇曰：震有互體坎，水象。「四爲泥，在水中，故曰震遂泥。」六五，震往來，厲。億无喪，有事。以六居五而處震時，无時而不危也。以其得中，故無所喪而能有事也。占者不失其中，則雖危无喪矣。【纂註】蔡氏曰：震往來，四也。厲，五也。○愚謂證以六二爻，則五乘乎四，往來正指四言。蓋此爻實與二爻相似而相反。二曰「震來厲」，五曰「震往來厲」；二曰「億喪貝」，五曰「億无喪有事」。所以相似者，以重卦言之，上卦之五，實即下卦之二。所以相反者，二乘乎初，初之來也，有可畏之勢，故其爻厲而有喪。五乘乎四，四既下牽於柔，來而復往以至遂泥，則其震緩矣。故其爻雖厲而无喪，所以不同。上六，震索索，視矍矍，征凶。震不于其躬，于其鄰，无咎。婚媾有言。以陰柔處震極，故爲索索矍矍之象。以是而行，其凶必矣。然能及其震未及其身之時，恐懼修省，則可以无咎，而亦不能免於婚媾之有言。戒占者當如是也。【附録】上六不全好，但能恐懼於未及身之時，可得无咎。然亦不免它人言語。砥　【纂註】徐氏曰：索索，志氣不存之貌。當震而懼，氣索然也。矍矍，不定之貌，氣索而目亦爲之動也。三則初震尚及，故行則无眚。上則四震不及，征則凶矣，言不當行也。躬謂上，鄰謂五。四震往來，勢緩力弱，不能及上，故曰不于其躬。僅能及五，故曰于其鄰。震緩如此，宜无咎也。與三无應，故婚媾有言。

䷳ 艮下艮上 艮其背，不獲其身，行其庭，不見其人，无咎。艮，止也。一陽止於二陰之上，陽自下升，極上而止也。其象爲山，取坤地而隆其上之狀，亦止於極而不進之意也。其占則必能止于背，而不有其身，行其庭，而不見其人，乃无咎也。蓋身動物也，唯背爲止。艮其背，則止於所當止也。止於所當止，則不隨身而動矣，是不有其身也。如是，則雖行於庭除有人之地，而亦不見其人矣。蓋艮其背，而不獲其身者，止而止也。行其庭，而不見其人者，行而止也。動静各止其所，而皆主夫静焉，所以得无咎也。

【附録】艮其背，背只言止。人之四體皆能動，惟背不動，取止之義也。德明　止於所當止，渾只見道理合當如此，人自家一分不得，着一些私意不得。不獲其身，不干自家事。淵　又曰：欲出於身，人纔要一件物事，便須以身己去對副它。若无所欲，却只恁地平平過，便似无此身一般了。賀孫　又曰：不獲其身，但見得事之當止，不見此身之爲利害。纔將此身預其間，則道理便壞了。古人所以殺身成仁，舍生取義者，只爲不見此身，方能如此。學蒙　看此段工夫，全在「艮其背」上。人多是將行其庭，對此句説便不是了。行其庭，則是輕説過，緣艮其背既盡得了，則不獲其身，行其庭，不見其人矣。「艮其背」，是止於所當止之地。「不獲其身，行其庭不見其人」，萬物各止其所，便都統一是理也。不見有己，不見有人，都只見此理。學蒙　伯豐問：此莫是舜禹有天下而不與之意否？曰：不相似。如《遺書》中所謂「百官萬務，金革百萬之衆。飲水曲肱，樂在其中。萬變皆在人，其實无一事」，是此般氣象。人傑　明道曰：「與其非外而是内，不若内外之兩忘也。」説得最好，便是「不獲其身，行其庭不見其人」。不見有物，不見有我，只見其所當止也。如爲人君止於仁，不知下面道如何，只是我當止於仁。爲人臣止於敬，不知上面道如何，只是我當止於敬。只認我所當止也。以至父子、夫婦、朋友，大事小事，莫不皆然。賀孫　此段分作兩截，却是「艮其背，不獲其身」，是静之止。「行其庭，不見其人」，爲動之止。總説則「艮其背」，是止之時當其所止了。所以止時自不獲其身，行時自不見其人。此一句乃「艮其背」之效

驗。所以彖辭先説「止其所也，上下敵應，不相與也」，却云「是以不獲其身，行其庭不見其人」也。學蒙

初六，艮其趾，无咎，利永貞。以陰柔居艮初，爲艮趾之象。占者如之，則无咎。而又以其陰柔，故又戒其利永貞也。【纂註】程子曰：六在最下，趾象，動之先也。艮其趾，止於動之初也。事止於初，未至失止，故无咎也。以柔居下，患其不能常也，不能固也。故方止之初，戒以利在常永貞固，則不失正之道也。

六二，艮其腓，不拯其隨，其心不快。六二居中得正，既止其腓矣。三爲限，則腓所隨也。而過剛不中，以止乎上。二雖中正，而體柔弱，不能往而拯之，是以其心不快也。此爻占在象中，下爻放此。【附録】問：程子謂「二不得以拯三之不中，則勉而隨之，不拯而惟隨也」，恐「惟」字未的當。若不拯而惟隨，則如樂正子之於子敖，冉求之於季氏也。當只言不拯其所隨，故其心不快，如孔孟之於時君，諫不行言不聽，則去而已。勉而隨之，恐非時止之義。答云：得之。《答時擧》❶〔通論咸卦〕「艮其腓」，「咸其腓」，二卦皆就人身上取義，而皆取静。如「艮其趾」，言止其動，便无咎。「艮其腓」，腓亦是動物，不能拯其隨，所以其心不快。「咸其腓」，亦是欲隨股而動，動則凶，不動則吉。罃【纂註】徐氏曰：二有中正之德，宜止不動。然艮主在剛，故其隨在三，三剛列夤，不得止之宜。二不能拯救其失，故曰不拯其隨。以二之中正而柔弱，不能拯其所隨，豈其所欲哉？故其心不快。

九三，艮其限，列其夤，厲薰心。限，身上下之際，即腰胯也。夤，膂也。止于腓，則不進而已。九三以過剛不中，當限之處。而艮其限，則不得屈伸，而上下判隔，如列其夤矣。危厲薰心，不安之甚也。【纂註】程子曰：三以剛居剛而不中，爲成艮之主，決止之極也。已在下體之上，而隔上下之限，皆爲止義，故爲艮其限，是確乎止，而不復能進退者也。在人身，如列絶其夤，上下不相從屬也。止道貴乎得宜，行止不能以時，而定於一，其堅强如此，則處世乖戾，與物睽絶，其危甚矣，故厲薰心。

六四，艮其身，无咎。以陰居陰，時止而

❶「時擧」，原誤作「時與」，今據影印文淵閣《四庫全書》本《周易會通》卷十改。《晦庵集》作「余彝孫」。

止，故爲艮其身之象，而占得无咎也。【纂註】徐氏曰：諸卦惟咸與艮以身取象。四當心位，不言心者，心不可見。身者，心之區宇也。其身止，則知其心之止矣。**六五，艮其輔，言有序，悔亡。**六五當輔之處，故其象如此，而其占悔亡也。悔謂以陰居陽。【附録】嘗説賈誼固有才，文章亦雄偉，只是言語太迫，失進言之序，看有甚事都一齊説了，宜乎？絳、灌之徒不説，而文帝謙遜未遑也。且如一間破屋，教自家脩，須有先後緩急之序，不成一齊拆了，雜然並脩？看它會做事底人便别，如韓信、鄧禹、諸葛孔明輩，无不有一定之規模，漸漸做將去，所以所爲皆卓然有成。這樣人方有定力，會做事。如賈誼胸次終是鬧着，事不得有些子在胸中，盡要迸出來，只管跳躑爆趠不已，如乘生駒相似，制御它未下，所以言語无序，而不能有所爲也。《易》曰「艮其輔，言有序」，聖人之意可見矣。僩

【纂註】徐氏曰：輔，頰車也，在上之象。艮止其輔，則言不妄出而有序矣。以柔居尊，宜有悔矣。以五不失其中，故其悔可亡。**上九，敦艮，吉。**以陽剛居止之極，敦厚於上者也。【附録】〔通論諸卦〕艮居外卦者八，而皆吉，惟蒙卦半吉半凶。如《賁》之上九「白賁无咎，上得志也」，《大畜》上九「何天之衢，道大行也」，《蠱》之上九「不事王侯，志可則也」，《頤》上九「由頤厲吉，大有慶也」，《損》上九「弗損益之，大得志也」，《艮》上九「敦艮之吉，以厚終也」，《蒙》上九「擊蒙，不利爲寇，利禦寇」，雖小不利，然卦爻亦自好。沈僩

〔總論艮卦〕艮卦是箇最好底卦。動静不失其時，其道光明，剛健篤實，輝光日新其德，皆艮之象也。僩　艮就人身取象，上一畫有頭之象，中二陰有口之象，所以「艮其輔」於五爻見。内卦之下，亦有足之象。砥　咸艮皆以人身爲象，但艮卦又差一位。道夫

【纂註】徐氏曰：敦，厚也。乾上爻交坤而爲艮，皆有厚象。《易》諸爻取厚象者三：「敦臨」，「敦復」，「敦艮」，皆上卦坤艮。下无應與，能自厚其德，爲臨，爲復也。艮之三與上皆艮之主，三限於柔，列夤薰心，惟上以厚終，止於至善，所謂止其所者也，故獨吉。蔡氏曰：艮，止也。其時用在上，上與三皆所以爲艮也。三上牽二柔，不得爲艮之體矣。全艮之時，用者獨在乎上也。〇愚謂「差一位」，咸九四爲心，而艮九三爲心，咸上六

爲輔，而艮六五爲輔也。大要欲以九當心，以六當輔，故不能不差一位爾。

䷴ 艮下巽上 **漸，女歸吉，利貞。**漸，漸進也。爲卦止於下，而巽於上，不遽進之義，有女歸之象焉。又自二至五位皆得正，故其占爲女歸吉，而又戒以利貞也。【纂註】程子曰：即漸體而言，中二爻交也。由二爻之交，然後男女各得正位也。天下之事，進必以漸者，莫如女歸。臣之進於朝，人之進於事，固當有序，不以其序，則凌節犯義，凶咎隨之。然以義之輕重，廉恥之道，女之從人，最爲大也，故以女歸爲義。

初六，鴻漸于干，小子厲，有言，无咎。鴻之行有序，而進有漸。干，水涯也。始進於下，未得所安，而上復无應，故其象如此。而其占則爲小子厲，雖有言，而於義則无咎也。【纂註】蔡氏曰：小子，幼稚也。柔居初，故稱小子。程子曰：若漸之初而用剛急進，則失漸之義。不能進，而有咎必矣。○愚謂小子，艮象。

六二，鴻漸于磐，飲食衎衎，吉。磐，大石也。漸遠於水，進於磐，而益安矣。衎衎，和樂意。六二柔順中正，進以其漸，而上有九五之應，故其象如此，而占則吉也。【纂註】徐氏曰：磐，石之安平者，進於干矣。○愚謂坎體有飲食象。

九三，鴻漸于陸，夫征不復，婦孕不育，凶，利禦寇。鴻，水鳥，陸非所安也。九三過剛不中，而无應，故其象如此。而其占夫征則不復，婦孕則不育，凶莫甚焉。然以其過剛也，故利禦寇。【附録】九三爻雖不好，夫征不復，婦孕不育，却利禦寇。令術家擇日，利婚姻底日不宜用兵，利相戰底日不宜婚姻，正是此意。蓋用兵則要相殺相勝，婚姻則要和合，故用有不同也。學蒙　「夫征不復，婦孕不育」，是取離，爲大腹象。【纂註】徐氏曰：陸，平原也，又進於磐矣。夫謂三，婦謂四。與小畜同義。三四位皆不中，相比而无應。相比，則相親而易合。无應，則无道而相求。夫，陽也。征，往也。三説四陰，往不以正，故征則不敢復也。婦，陰也。孕，得陽也。四從三陽，合不以正，故孕則不敢育也，其凶宜矣。蓋因卦有女歸之象，故以夫婦言。禦寇，艮止象。此爻占凶，凡皆不利，惟利用禦寇，謂情好相比，可濟患難也。

六四，鴻漸于木，或得其

桷，无咎。鴻不木棲。桷，平柯也。或得平柯，則可以安矣。六四乘剛而順巽，故其象如此。占者如之，則无咎也。【纂註】程子曰：鴻趾連不能握枝，故不木棲。桷，横平之柯。唯平柯之上，乃能安處。謂四之處本危，或能自得安寧之道，則无咎也。**九五，鴻漸于陵，婦三歲不孕，終莫之勝，吉。**陵，高阜也。九五居尊，六二正應在下，而爲三四所隔，然終不能奪其正也，故其象如此。而占者如是，則吉也。【纂註】程子曰：三比二，四比五，皆隔其交者也。未能即合，故三歲不孕。然中正之道有必亨之理，不正者豈能隔害之，故終莫之能勝。但其合有漸耳，終得吉也。以不正而敵中正，一時之爲耳，久其能勝乎？**上九，鴻漸于陸，其羽可用爲儀，吉。**胡氏、程氏皆云：「陸當作逵，謂雲路也。」今以韻讀之，良是。儀，羽旄旌纛之飾也。上九至高，出乎人位之外，而其羽毛可用以爲儀飾，位雖極高，而不爲无用之象。故其占爲如是則吉也。【纂註】程子曰：羽，鴻所用以進也。上九在至高之位，於漸之時，居巽之極，必有其序，如鴻之飛于雲空，在人則超逸乎常事之外者也。進至於是，不失其漸，賢達之高致也，故可用爲儀法而吉也。

䷵ 兌下震上 **歸妹，征凶，无攸利。**婦人謂嫁曰歸。妹，少女也。兌以少女而從震之長男，而其情又爲以説而動，皆非正也，故卦爲歸妹。而卦之諸爻，自二至五，皆不得正，三五又皆以柔乘剛，故其占征凶，而无所利也。**初九，歸妹以娣，跛能履，征吉。**初九居下，而无正應，故爲娣象。然陽剛在女子，爲賢正之德。但爲娣之賤，僅能承助其君而已。故又爲跛能履之象，而其占則征吉也。【纂註】蔡氏曰：娣，女弟也，謂媵屬。女居下位，娣之象也。无應不行，故跛。居位得當，而近二，故能履。適二而媵乎五，得娣之正也，故征吉。**九二，眇能視，利幽人之貞。**「眇能視」，承上爻而言。九二陽剛得中，女之賢也。上有正應，而反陰柔不正，乃女賢而配不良，不能大成内助之功，故爲眇能視之象。而其占則利幽人之貞也。幽人，亦抱道守正而不偶者也。【纂註】蔡氏曰：失位，故眇。居中，故能視。○愚謂初二眇跛，兑毁折象。履卦六三亦兑體，故取象同。**六三，歸妹以須，反**

歸以娣。六三陰柔而不中正，又爲説之主。女之不正，人莫之取者也。故未得所適，而反歸爲娣之象。或曰須，女之賤者。【纂註】徐氏曰：須，待也。三居下體之上，本非賤者。居位不當，爲説之主，而上无應。女之不正，欲歸而未得所適，宜待也。而急於從人，无受之者。既不得爲人配，而反歸爲娣，是自賤也。夫人志在禄位而不自重，欲速好進而甘於卑下，卒爲人所賤者，何以異此。九四，歸妹愆期，遲歸有時。九四以陽居上體，而无正應，賢女不輕從人，而愆期以待所歸之象，正與六三相反。【纂註】徐氏曰：愆期，過時也。以陽居上體，是女尊貴而有賢正之德也。以其无應，未得其歸，是賢女不輕從人，而難於擇配，故能愆期遲歸，待得佳配而後行，非如三之反歸以娣也。○愚謂三爲説主，四爲動主，彖傳謂：「説以動，所歸妹。」是也。四男而三女，明矣。今爻辭四亦以女言，至於三爻稱賢女，而以五爲不良之配，則二女而五男也。至五又稱帝女，以下應於二，爲下嫁之象，則五又爲女，而二又爲男矣。其「不可爲典要」類如此。六五，帝乙歸妹，其君之袂，不如其娣之袂良，月幾望，吉。六五柔中居尊，下應九二，尚德而不貴飾，故爲帝女下嫁而服不盛之象。然女德之盛，无以加此，故又爲月幾望之象。而占者如之，則吉也。【纂註】程子曰：王姬下嫁，自古而然。至帝乙而後，正婚姻之禮，明男女之分，雖至貴之女，不得失柔巽之道，有貴驕之志。故《易》中陰尊而謙降者，則曰「帝乙歸妹」，泰六五是也。貴女之歸，惟謙降以從禮，乃尊高之德也，不事容飾以説於人也。娣，媵者，以容飾爲事者也。衣袂，所以爲容飾也。六五尊貴之女，尚禮而不尚飾，故其衣袂不及其娣之袂良也。良，美好也。月望，陰之盈也，盈則敵陽矣。幾望，未至於盈也。五之貴高，常不至於盈極，則不亢其夫，乃爲吉也，女之處尊貴之道也。○愚謂君，女之尊稱，謂五。娣，謂初與三。故兩爻皆稱娣也。上六，女承筐无實，士刲羊无血，无攸利。上六以陰柔居歸妹之終，而无應，約婚而不終者也。故其象如此，而於占爲无所利也。【纂註】誠齋楊氏曰：震有虚筐象，兑羊象。上與三皆陰，无應，故有承筐无實，刲羊无血象。○愚謂婦職助祭，則以筐實蘋藻之屬。諸侯、卿、大夫，皆親割牲取血以祭。今无實无血，是夫婦之禮不成，而祭祀无主，此約婚不終而无攸利者也。爻惟以士女稱之，未成夫婦之禮可見。按《左》僖十五年，晉獻公筮嫁伯姬于秦，遇歸妹之睽，史蘇占之曰：「不吉。其繇曰『士刲羊，亦无衁也。女承筐，亦无貺也』。」注：「衁，血也。貺，賜也。刲羊，士之功。承筐，女之職。上六无應，所求不獲，故下刲无血，上承无實，不吉之義也。」

䷶ 離下震上 豐，亨，王假之，勿憂，宜日中。

豐，大也。以明而動，盛大之勢也，故其占有亨道焉。然王者至此，盛極當衰，則又有憂道焉。聖人以爲徒憂无益，但能守常，不至於過盛，則可矣。故戒以勿憂，宜日中也。【附録】問：此卦後面爻不甚好。曰：是忒豐大了。這物事盛極，去不得了，必衰。人君於此之時，當如奉盤水，戰兢自持，方无傾側滿溢之患。若纔有纖毫驕矜自滿之心，即敗矣。所以此處極難。紹聖中羣臣創爲「豐亨豫大」之説。當時某論某人曰：「當豐亨豫大之時，而爲因陋就簡之説。君臣上下動以此藉口，於是安意肆志，无所不爲，而大禍起矣。」

側

初九，遇其配主，雖旬无咎，往有尚。配主謂四。旬，均也，謂皆陽也。當豐之時，明動相資，故初九之遇九四，雖皆陽剛，而其占如此也。【纂註】蔡氏曰：初四爻皆剛，則相敵，理勢之常也。惟豐盛之時，事物至多，其明易惑，故以剛明同德而相遇，雖均无咎。往有尚，謂往應四也。六二，豐其蔀，日中見斗，往得疑疾，有孚發若，吉。六二居豐之時，爲離之主，至明者也，而上應六五之柔暗，故爲豐蔀見斗之象。蔀，障蔽也。大其障蔽，故日中而昏也。往而從之，則昏暗之主必反見疑。唯在積其誠意，以感發之，則吉。戒占者宜如是也。虚中，有孚之象。九三，豐其沛，日中見沬，折其右肱，无咎。沛一作「旆」，謂幡幔也，其蔽甚於蔀矣。沬，小星也。三處明極，而應上六，雖不可用，而非咎也。故其象占如此。【纂註】徐氏曰：三與上應，上柔闇極，甚於二、四，所見益小，故取見沬爲象。折，毁也。右肱，謂上也。前爲右，右肱，人之所用而最便者。三欲用上之切，如右肱也。上闇益甚，失其所應，如折其右肱，无所賴矣。○愚謂三至五兑體，有毁折象。九四，豐其蔀，日中見斗，遇其夷主，吉。象與六二同。夷，等夷也，謂初九也。其占爲當豐而遇暗主，下就同德，則吉也。【附録】問：九四近幽暗之君，所以有豐其蔀，日中見斗之象，亦是它本身不中正所致，故《象》云：「位不當也。」曰：也是如此。學蒙　【纂註】徐氏曰：夷主，謂四與初皆剛，同德相應。故初以四爲配主，四以初爲夷主也。○愚謂配者，配合之義，彼來爲我配也。夷者，等夷之義，與我爲等夷也。皆陽，故皆曰主。

六五，來章，有慶譽，吉。質雖柔暗，若能來致天下之明，則有慶譽而吉矣。蓋因其柔暗，而設此以開之。占者能如是，則如其占矣。【纂註】徐氏曰：章謂二也。二居文明之中，有章美之才者也。來謂來之也。以六五柔中之君，而能來六二中正之臣，資其開導之益，則有慶且有譽矣。此二五同德相照，得處豐之道，故吉。

上六，豐其屋，蔀其家，闚其户，闃其无人，三歲不覿，凶。以陰柔居豐極，處動終，明極而反暗者也。故爲豐大其屋，而反以自蔽之象。无人、不覿，亦言障蔽之深，其凶甚矣。

䷷ 艮下離上 旅，小亨，旅貞吉。旅，羈旅也。山止於下，火炎於上，爲去其所止而不處之象，故爲旅。以六五得中於外，而順乎上下之二陽，艮止而離麗於明，故其占可以小亨，而能守其旅之貞則吉。旅非常居，若可苟者，然道无不在，故自有其正，不可須臾離也。【纂註】徐氏曰：小亨謂五。柔居尊位，小者亨也。

初六，旅瑣瑣，斯其所取災。當旅之時，以陰柔居下位，故其象占如此。【纂註】徐氏曰：瑣瑣，猥細狀。初以陰處下，是柔弱卑賤之人，既處旅困，而鄙猥瑣細，无所不至，志意窮迫，所向不通，此所以自取灾也。

六二，旅即次，懷其資，得童僕貞。即次則安，懷資則裕，得其童僕之貞信，則无欺而有賴，旅之最吉者也。二有柔順中正之德，故其象占如此。【纂註】徐氏曰：即，就也。次，舍也。資，財貨也。六二居位得中，旅即次也。上得乎剛，懷其資也。下得乎柔，得童僕也。貞，位當也。

九三，旅焚其次，喪其童僕，貞厲。過剛不中，居下之上，故其象占如此。喪其童僕，則不止於失其心矣，故「貞」字連下句爲義。【纂註】徐氏曰：三位高而近離，有焚象。童僕，初也。柔本從剛，三位高而不中，无以得童僕之心。初柔爲二所得，則三喪其童僕也。旅貴柔中，旅之貞也。三剛貞而不中，危厲之道也。故既焚其次，又喪其童僕，所傷多矣。**九四，旅于處，得其資斧，我心不快。**以陽居陰，處上之下，用柔能下，故其象占如此。然非其正位，又上无陽剛之與，下唯陰柔之應，故其心有所不快也。【附録】「資斧」，有做「齎斧」説底。資斧在離上説，也自分曉。然而旅中亦豈可无備禦底物事？這便是。淵　【纂註】程子曰：四陽剛，雖不中，而處在上體，下有用柔能下之象，得旅之宜也。然非正位，故雖得其處止，不若二之就次舍也。徐氏曰：才剛，得其資斧也。或曰，「資」當作「齊」。案《漢書》：王莽遣王尋屯洛陽，將發，亡其黄鉞，其士房楊曰：「此經所謂『喪其齊斧』者也。」應邵云：「齊，利也。」讀如「齊衰」之齊。資、齊音同，誤作「資」。○愚謂離爲戈兵，故有斧象。**六五，射雉，一矢亡，終以譽命。**雉，文明之物，離之象也。六五柔順文明，又得中道，爲離之主，故得此爻者，爲射雉之象。雖不无亡矢之費，而所喪不多，終有譽命也。【附録】《易》中凡言「終吉」者，皆是初不甚好。學蒙

上九，鳥焚其巢，旅人先笑後號咷，喪牛于易，凶。上九過剛，處旅之上，離之極，驕而不順，凶之道也。故其象占如此。【纂註】徐氏曰：上位極高，鳥巢之象。牛亦離象。○愚謂鳥、牛、焚、喪，皆離象。巢，上象。居高，故笑。焚巢，故號咷。「喪牛于易」，與大壯五同。驕，先笑也。不順，喪牛也。皆致凶之道。

䷸ 巽下巽上 **巽，小亨，利有攸往，利見大人。**巽，入也。一陰伏於二陽之下，其性能巽以入也。其象爲風，亦取入義。陰爲主，故其占爲小亨。以陰從陽，故又利有所往。然必知所從，乃得其正，故又曰利見大人也。【纂註】蔡氏曰：小亨，柔長也。利有攸往，柔皆順乎剛也。利見大人，剛居二五也。**初六，進退，利武人之貞。**初六以陰柔居下，爲巽之主，卑巽之過，故爲進退不果之象。若以武人之貞處之，則有以濟其所不及，而得所宜矣。【纂註】蔡氏

曰：進退，巽柔不決也。利武人之貞，斷決也。位剛，故有此象。**九二，巽在牀下，用史巫紛若，吉，无咎。**二以陽處陰而居下，有不安之意。然當巽之時，不厭其卑。而二又居中，不至已甚。故其占爲能過於巽，而丁寧煩悉其辭，以自道達，則可以吉而无咎，亦竭誠意以祭祀之吉占也。【纂註】徐氏曰：牀，人所安其體，上實下虚，巽之象也。九二雖剛，然居柔用巽，過於所安，故曰巽在牀下。人之卑巽，而過於所安，非恐怯則諂説，皆非正也。史，祝史。巫，覡也。紛若，丁寧煩悉之意。過巽非宜，惟用史巫煩悉其辭，導達誠意，以事神明，非畏非諂，乃得中道，吉且无咎也。○愚謂牀，巽木象。史巫紛若，互體兑象。**九三，頻巽，吝。**過剛不中，居下之上，非能巽者，勉爲屢失，吝之道也。故其象占如此。【附録】「頻巽」不比「頻復」，復是好事，所以頻復爲无咎。巽不是大故好底事。九三別无伎倆，只管今日巽了明日又巽，自是可吝。【纂註】蔡氏曰：爻位皆剛，勉强爲巽者，故屢巽屢否，豈不可吝？ **六四，悔亡，田獲三品。**陰柔无應，承乘皆剛，宜有悔也。而以陰居陰，處上之下，故得悔亡，而又爲卜田之吉占也。三品者，一爲乾豆，一爲賓客，一以充庖。○愚案《王制》：「天子諸侯无事，則歲三田，一爲乾豆，二爲賓客，三爲充君之庖。」《穀梁》桓四年「四時之田用三焉，唯其所先得，一爲乾豆」云云，注：「乾豆，謂腊之以爲祭祀，豆實也。」**九五，貞吉，悔亡，无不利，无初有終，先庚三日，後庚三日，吉。**九五剛健中正，而居巽體，故有悔。以有貞而吉也，故得亡其悔，而无不利。有悔，是无初也。亡之，是有終也。庚，更也，事之變也。先庚三日，丁也。後庚三日，癸也。丁，所以丁寧於其變之前。癸，所以揆度於其變之後。有所變更而得此占者，如是則吉也。【附録】「先庚三日，後庚三日」，又似設此爲卜模樣。《蠱》之「先甲三日」是辛，「後甲三日」是丁，此卦「先庚三日」亦是丁。丁與辛皆是古人祭祀之日，但癸日不見用處。淵　【纂註】蔡氏曰：剛體近柔，宜有悔。位中正，故吉而悔亡，无不利也。**上九，巽在牀下，喪其資斧，貞凶。**巽在牀下，過於巽者也。喪其資斧，失所以斷也。如是，則雖貞亦凶矣。居巽之極，失其陽剛之德，故其象占如此。

【纂註】〈總論六爻〉黄宗台曰：巽以初與四爲上，初進退，四有獲，何也？初在下卦，伏亦甚焉。四在上卦，巽其揚揚矣。凡巽不欲過，二中吉，五中正吉，三過中故吝，上窮巽故凶。

䷹ 兑下兑上 兑，亨，利貞。兑，説也。一陰進乎二陽之上，喜之見乎外也。其象爲澤，取其説萬物，又取坎水而塞其下流之象。卦體剛中而柔外。剛中，故説而亨。柔外，故利於貞。蓋説有亨道，而其妄説不可以不戒，故其占如此。又柔外故爲説亨，剛中故利於貞，亦一義也。【附録】川壅爲澤。坎爲川，兑爲澤，澤是水不流底。却下一畫閉合時，便成兑卦，便是川壅爲澤之象。淵 【纂註】程子曰：説，致亨之道也。能説於物，物莫不説而與之，足以致亨。然爲説之道，利於貞正，非道求説，則爲邪諂而有悔咎。初九，和兑，吉。以陽爻居説體，而處最下，又无係應，故其象占如此。❶【纂註】蔡氏曰：和者，不流於邪也。爻位皆剛，不比於柔，得説之正，和而不流者也，故吉。九二，孚兑，吉，悔亡。剛中爲孚，居陰爲悔。占者以孚而説，則吉而悔亡矣。六三，來兑，凶。陰柔不中正，爲兑之主。上无所應，而反來就二陽以求説，凶之道也。九四，商兑，未寧，介疾有喜。四上承九五之中正，而下比六三之柔邪，故不能決。而商度所説，未能有定。然質本陽剛，故能介然守正，而疾惡柔邪也，如此則有喜矣。象占如此，爲戒深矣。【纂註】徐氏曰：兩間謂之介，分限也。人有節守，亦謂之介。若介然守正，而疾遠邪惡，將得君行道，福慶及物，爲有喜也。天下之理，是非不兩立，公私不並行，好善則疾惡，從正則遠邪，此君子小人之分也。然邪念未易去也，自非介然剛特有守之君子，鮮不爲邪柔之所移奪，一牽於柔，則將淪胥，而爲小人之歸矣，豈不可畏哉？況夫以陽剛之才，處近君之位，詔王以八柄，馭臣者也。所以奔走服役於其下，而求説於我者，无所不至，況又與之親比者乎？「商兑未寧」，正天理人慾公私界限處，不可不審所從也。聖人以「介疾有喜」言之，所以開示正道，隄防邪心，其意切矣。九

❶「象」，原誤作「彖」，今據四庫本改。

五，孚于剝，有厲。剝，謂陰能剝陽者也。九五陽剛中正，然當說之時而居尊位，密近上六。上六陰柔，爲說之主，處說之極，能妄說以剝陽者也。故其占但戒以信于上六，則有危也。【纂註】徐氏曰：上柔處說之極，无他係應，惟附五以求說也。五位雖當上柔親附，說而信之，必至剝剛，故曰孚于剝。上六，引兌。上六成說之主，以陰居說之極，引下二陽相與爲說，而不能必其從也。故九五當戒，而此爻不言其吉凶。

䷺ 坎下巽上 渙，亨，王假有廟，利涉大川，利貞。渙，散也。爲卦下坎上巽，風行水上，離披解散之象，故爲渙。其變則本自漸卦，九來居二而得中，六往居三，得九之位，而上同於四，故其占可亨。又以祖考之精神既散，故王者當至于廟以聚之。又以巽木坎水，舟楫之象，故利涉大川。其曰利貞，則占者之深戒也。【附録】此卦只是卜祭吉。又更宜涉川。淵

〔通論萃卦〕問：《萃》言「王假有廟」，是卦中有萃聚之象，故可爲聚祖考之精神，而享祭之吉占。渙卦既散而不聚，不知何處有立廟之義？恐是卦外之意，謂渙散之時，當聚祖考之精神耶？爲是下卦是坎，有幽陰之義，因比象而設立廟之義邪？曰：坎固是有鬼神之義，然此卦未必是因此爲義，且作因渙散而立廟說。學蒙

【纂註】徐氏曰：利貞，不正而固，則渙者終於渙，而不復可聚矣。五剛中，故利貞。初六，用拯馬壯，吉。居卦之初，渙之始也。始渙而拯之，爲力既易，又有壯馬，其吉可知。初六非有濟渙之才，但能順乎九二，故其象占如此。【纂註】徐氏曰：馬所用以行者，馬壯則行速，謂二剛也。程子曰：二有剛中之才，初陰柔順，兩皆无應，无應則親比相求。初之柔順，而託於剛中之才，以拯其渙，如得壯馬而致遠，必有濟矣。六爻獨初不云渙者，離散之勢，辨之宜早，方始而拯之，則不至於渙也。○愚謂馬，坎象。明夷三至四亦有坎體，故其象同。九二，渙奔其机，悔亡。九而居二，宜有悔也。然當渙之時，來而不窮，能亡其悔者也。故其象占如此，蓋九奔而二机也。【附録】九二「渙奔其机」，是以卦變言之。自三來居二，得中而不窮，所以爲安，如机之安也。以人事言之，是來就安

處。學蒙【纂註】徐氏曰：奔，來之急也。机，憑據以安者，謂二也。

六三，涣其躬，无悔。陰柔而不中正，有私於己之象也。然居得陽位，志在濟時，能散其私，以得无悔，故其占如此。大率此上四爻，皆因涣以濟涣者也。【纂註】徐氏曰：三與上應，上血去惕出，而能遠害。三志在外，故亦涣其躬之患害，而无悔也。

六四，涣其羣，元吉。涣有丘，匪夷所思。居陰得正，上承九五，當濟涣之任者也。下无應與，爲能散其朋黨之象。占者如是，則大善而吉。又言能散其小羣，以成大羣，使所散者聚而若丘，則非常人思慮之所及也。【附録】老蘇云：「《涣》之六四曰：『涣其羣，元吉。』夫羣者，聖人之所欲涣，以混一天下者也。蓋六四能涣小人之私羣，成天下之公道，此所以元吉也。」蘇説是。涣了小小底羣隊，併做一个，東坡所謂合小以爲大，大以爲一。且如我太祖取蜀，取江南，皆是「涣其羣，涣有丘」之義。道夫　又曰：六四一爻未見有大好處，今爻辭却説得恁地浩大，皆不可曉。【纂註】徐氏曰：羣，同類也。丘，聚之高也。夷，等夷也，猶豐九四遇其夷主之夷。四本居二，與初三皆柔，同類而等夷者也。今柔進居四，散其同類之私羣，而上聚乎五，故元吉。涣下聚上，涣有丘也。匪夷所思，言非其等夷所能思及此也。

九五，涣汗其大號，涣王居，无咎。陽剛中正，以居尊位，當涣之時，能散其號令，與其居積，則可以濟涣而无咎矣，故其象占如此。九五巽體，有號令之象。汗謂如汗之出而不反也。「涣王居」，如陸贄所謂「散小儲而成大儲」之意。【附録】「涣汗其大號」，聖人當初就人身上説一汗字爲象，不爲无意。蓋人君之號令，當出乎人君之中心，由中而外，由近而遠，雖至幽至遠之處，无不被而及之，亦猶人身之汗，出於中而浹于四體也。道夫　號令所當散，如汗之出千毛百竅中，迸散出來。這个物出不會反，却不是説那號令之出不當反，只是取其如汗之散出，自有不反底意思。淵

上九，涣其血去逖出，无咎。上九以陽居涣極，能出乎涣，故其象占如此。血謂傷害。「逖」當作「惕」，與小畜六四同。言涣其血則去，涣其惕則出也。【附録】〔總論一卦〕涣卦亦不可曉。只以大意看，則人之所當涣者，莫甚於己私。其次便涣散其它羣隊，合以成大。其次便須涣散其號

令，與其居積，以周於人。其次便涣去患害。人傑　涣是涣散底意思。物事有當散底，號令當散，積聚當散，羣隊當散。淵　【纂註】〔總論六爻〕蔡氏曰：涣，散也。以成卦言之，則在二與四。以治涣言之，則唯五與四當位，故於五曰正位，於四曰得位。四能涣其羣而上同，五能正王位而出令，所以濟涣也。初與三，救涣者也。三則自治其涣，上則避涣而已。

䷻ 兑下坎上　節，亨，苦節，不可貞。節，有限而止也。爲卦下兑上坎，澤上有水，其容有限，故爲節。節固自有亨道矣。又其體陰陽各半，而二五皆陽，故其占得亨。然至於太甚則苦矣，故又戒以不可守以爲貞也。初九，不出户庭，无咎。户庭，户外之庭也。陽剛得正，居節之初，未可以行，能節而止者也，故其象占如此。九二，不出門庭，凶。門庭，門内之庭也。九二當可行之時，而失剛不正，上无應與，知節而不知通，故其象占如此。【附録】問：君子之道，貴乎得中。節之過，雖非中道，然亦愈於不節者，如何便會凶？如九二「不出門庭」，雖是失時，亦未失爲恬退守節者，乃爲凶，何也？曰：這處便局定不得。若以占言之，自有相應處，眼下皆未見得。若以道理言之，則有可爲之時，乃不出而爲之，這便是凶之道，不是别更有凶。又曰：時乎時乎，不再來，如何可失。户庭是初爻之象，門庭是第二爻之象。户庭未出去，在門庭則已稍出矣。就爻位上推，户庭主心，門庭主事。淵　六三，不節若，則嗟若，无咎。陰柔而不中正，以當節時，非能節者，故其象占如此。【纂註】徐氏曰：三柔不中正，而處説之極，説而不知節者也。説極則悲，故曰「不節若，則嗟若」。不節之嗟，己所自致，无所歸咎，故曰无咎。六四，安節，亨。柔順得正，上承九五，自然有節者也，故其象占如此。【附録】安節是安穩自在。【纂註】蔡氏曰：安者，順而无所勉强之謂。當位故安，得五故亨。九五，甘節，吉，往有尚。所謂當位以節，中正以通者也，故其象占如此。【附録】九五「甘節」，與「禮之用，和爲貴」相似，是不辛苦喫力底意思。甘便對那苦。淵　上六，苦節，貞凶，悔亡。居節之極，故爲苦節。

既處過極，故雖得正，而不免於凶。然禮奢寧儉，故雖有悔，而終得亡之也。【纂註】程子曰：固守則凶。○愚謂卦辭戒苦節之不可貞，而上以苦節爲貞，而至於凶，悔雖亡，而凶不可免。信矣，苦節之不可爲貞也。

䷼ 兑下巽上 **中孚，豚魚吉，利涉大川，利貞。** 孚，信也。爲卦二陰在内，四陽在外，而二五之陽，皆得其中。以一卦言之爲中虛，以二體言之爲中實，皆孚信之象也。又下説以應上，上巽以順下，亦爲孚義。豚魚，无知之物。又木在澤上，外實内虛，皆舟楫之象。至信可感豚魚，涉險難而不可以失其貞。故占者能致豚魚之應則吉，而利涉大川，又必利於貞也。【附録】問：孚字與信字，想亦有別。曰：伊川云：「存於中爲孚，見於事爲信。」説得極好。學蒙　中孚是箇卵象，是鳥之未出殻底，孚亦是那孚膜意思。淵　因舉《字説》：「孚字從爪從子，如鳥抱子之象。今之『乳』字也一邊從孚，蓋中所抱者實有物也。中間實有物，所以人自信之。」學蒙　【纂註】蔡氏曰：虛者所以受信，實者所以爲信，中孚之義也。程子曰：豚躁魚冥，物之難感者也。孚信感於豚魚，則无不至矣，所以吉也。張子曰：上以巽施之，下以説承之，其中必有感化而出者焉。孚者，覆乳之象者也。夫覆乳者，必剛外而柔内。雖柔内，非陽則不生，故剛得中而爲孚也。

初九，虞吉，有他不燕。 當中孚之初，上應六四，能度其可信而信之，則吉。復有它焉，則失其所以度之之正，而不得其所安矣。戒占者之辭也。

九二，鳴鶴在陰，其子和之。我有好爵，吾與爾靡之。 九二中孚之實，而九五亦以中孚之實應之，故有鶴鳴子和，我爵爾靡之象。鶴在陰，謂九居二。好爵，謂得中。靡與「縻」同。言懿德人之所好，故好爵雖我之所獨有，而彼亦繫戀之也。【附録】看來「我有好爵，吾與爾縻之」，是兩个都要這物事，所以鶴鳴子和。是兩个中心都愛，所以相應如此。燀　【纂註】徐氏曰：鳴鶴在陰，謂九居二。其子和之，謂五。我有好爵，謂五。與爾靡之，謂二。九二以實感，九五以實應。又卦體中虛，无所隔塞，有孚于中，自然相應。

六三，得敵，或鼓或罷，或泣或歌。 敵謂上九，信之窮者。六三陰柔不中正，以居説極，而與之爲應，故不能自主，而其象如此。【附録】不中不正，所以歌泣悲樂，都无當也。煇　六四，月幾望，馬匹亡，无咎。六四居陰得正，位近於君，爲月幾望之象。馬匹，謂初與己爲匹。四乃絶之，而上以信於五，故爲馬匹亡之象。占者如是，則无咎也。【纂註】徐氏曰：月受日光，望則與日敵矣。四柔近五，有月幾望之象。馬，己所乘者，謂三。○愚謂自二至四有震，故有馬象。指三爲馬，正與小象辭合。　九五，有孚攣如，无咎。九五剛健中正，中孚之實，而居尊位，爲孚之主者也。下應九二，與之同德，故其象占如此。【纂註】徐氏曰：攣如，固結之義。位正而有孚，是以誠實固結天下之心，若拘攣然，又下應九二之剛。君道如此，可謂不失其正矣，何咎之有。○愚謂三四中虚，二五中實，固皆孚信之象。然陽體實能有孚，陰體虚不能有孚，故二五有相孚之義，三四則无取也。　上九，翰音登于天，貞凶。居信之極，而不知變，雖得其貞，亦凶道也，故其象占如此。雞曰翰音，乃巽之象。居巽之極，爲登于天。雞非登天之物，而欲登天，信非所信，而不知變，亦猶是也。【附録】翰音登天，言不知變者。蓋一向恁麼去，不知道去不得。淵　【纂註】徐氏曰：翰音，羽翰之音也。音登于天，虚聲遠聞也。有信之名，无信之實，以此爲正，固守則凶。❶上居終，故戒。又曰：《月令》註有「孚甲」、「孚乳」之説，與中孚取「鶴鳴」、「翰音」之象同意。又曰：鳥之孚卵皆如期，不失信也。

䷽ 艮下震上　小過，亨，利貞，可小事，不可大事。飛鳥遺之音，不宜上，宜下，大吉。

小謂陰也。爲卦四陰在外，二陽在内，陰多於陽，小者過也。既過於陽，可以亨矣。然必利於守貞，則又不可以不戒也。卦之二五皆以柔而得中，故可小事。三四皆以剛失位而不中，故不可大事。卦體内實外虚，如鳥之飛，其聲下而不上，故能致飛鳥遺音之應，則宜下而大吉，亦不可大事之類也。【附録】問「致飛鳥遺

❶「凶」，原誤作「曰」，今據四庫本改。

音之應」是如何。曰：看這象，似有羽蟲之孽之意，如賈誼「鵩鳥」之類。學蒙　【纂註】蔡氏曰：卦體有飛鳥之象，中二爻象身，上下四爻象翼。小過柔爲主，柔性下，故宜下，則大吉。

初六，飛鳥以凶。

初六陰柔，上應九四，又居過時，上而不下者也。飛鳥遺音，不宜上宜下，故其象占如此。郭璞《洞林》占得此者，或致羽蟲之孽。【附録】「飛鳥以凶」，只是取其飛過高了，不是取遺音之義。煒　若占得者，更无可避之理，故象曰：「不可如何也。」必大　【纂註】徐氏曰：初柔本下，而上與四應。四動體，初從四而動，如鳥之飛動而不止。又小過之義，上逆下順，初躁動而從上，失宜下之義，故凶。

六二，過其祖，遇其妣，不及其君，遇其臣，无咎。

六二柔順中正，進則過三四而遇六五，是過陽而反遇陰也。如此則不及六五，而自得其分，是不及君，而適遇其臣也。皆過而不過，守正得中之意，无咎之道也。故其象占如此。【附録】三父四祖，五便當妣。過祖而遇其妣，是過陽而遇陰。然而陽不可過，則不能及六五，却反回來六三上面。淵　【纂註】程子曰：陽在上者，父之象。尊於父者，祖之象。四在三上，故爲祖。二與五居相應之地，同有柔中之德，志不從於三四，故過四而遇五，是過其祖也。五陰而尊，祖妣之象，與二同德相應，在它卦則陰陽相求，過之時必過其常，故異也。无所不過，故二從五，亦戒其過。不及其君，遇其臣，謂上進而不陵及於君，適當臣道，則无咎也。遇，當也。過臣之分，則其咎可知。

九三，弗過防之，從或戕之，凶。

小過之時，事每當過，然後得中。九三以剛居正，衆陰所欲害者也。而自恃其剛，不肯過，爲之備，故其象占如此。若占者能過防之，則可以免矣。【附録】「弗過防之」，則是不能過，防之也，四字只是一句。至「弗過遇之」，皆是兩字爲絶句，義更不可曉。煇　○愚謂「弗過防之」，亦當兩字爲絶句。蓋小過乃陰過之時，故二陽爻皆稱「弗過」，是言陽弗能過也。防之，防陰也，言弗能過之，則當防之。若不防而反從之，則彼或得以戕我而凶矣。二陰在下，有上進之勢，故當防。

九四，无咎，弗過遇之。往厲必戒，勿用永貞。

當過之時，以剛處柔，過乎恭矣，无咎之道也。弗過遇之，言弗過於剛，而適合其宜也。往則過矣，故有厲而當戒。陽性堅剛，故又戒以勿用永貞，言當隨時之宜，不可固守也。或曰：弗過遇之，若依六二爻例，則當如此說。若依九三爻例，則「過遇」當如「過防」之義。未詳孰是，當闕以俟知者。○愚謂九四「弗過」，與九三同義。遇之，前遇乎陰也。上往則危厲，必當致其戒謹。然陽性本上，故又戒其勿用永貞，言不必永久貞固以自守，但戒謹則可免厲矣。二陰在上，有遇之之勢，故當戒。

六五，密雲不雨，自我西郊，公弋取彼在穴。以陰居尊，又當陰過之時，不能有爲，而弋取六二以爲助，故有此象。在穴，陰物也。兩陰相得，其不能濟大事可知。【附録】「密雲不雨」，大概做不得底意思。淵　弋是俊壯底意，却只弋得這般物事。【纂註】徐氏曰：柔盛居上，密雲之象。陰陽和則成雨，皆陰无應，有不雨之象。西郊，互體兑象，與小畜卦象同。公謂五。弋，射取也。彼謂二。在穴，二柔居中象。因卦有飛鳥之象，故曰弋彼在穴。

上六，弗遇過之，飛鳥離之，凶，是謂災眚。六以陰居動體之上，處陰過之極，過之已高，而甚遠者也，故其象占如此。或曰：「遇過」恐亦只當作「過遇」，義同九四。未知是否。【附録】〔通論中孚小過〕中孚有卵象，小過有飛鳥之象，中間二畫是鳥腹，上下四陰是鳥翼，象鳥出乎卵。此小過所以次中孚也。燀　〔通論大小過二卦〕小過是過於慈惠之類，大過是剛嚴果毅底氣象。【纂註】蔡氏曰：過遇，五也。今在五上，故弗遇過之，過乎五也。離，過之遠也。過而不中，故凶，天災人眚俱有也。○愚謂此爻與四正相反。九四曰「弗過遇之」，上六曰「弗遇過之」。弗過遇之者，陽微而弗能過乎陰，反遇乎陰也。弗遇過之者，陰上而弗能遇陽，反過乎陽也。小過，陰過而陽弗過之時，故四言弗過，而上言過。四前有陰，有相遇之理，上已過陽，无復遇之期，故四言遇，而上言弗遇，亦可見也。飛鳥離之，取遠過之象。陰過如此，非陰之福也。災眚薦至，凶孰甚焉。此可爲小人過盛者之戒。

䷾ 離下坎上 **既濟，亨小，利貞，初吉終亂。**

既濟，事之既成也。爲卦水火相交，各得其用，六爻之位，各得其正，故爲既濟。「亨小」當爲「小亨」。大抵此卦及六爻占辭，皆有警戒之意，時當然也。【附録】

大率到那既濟時了，便有不好去，所以説「小亨」，如唐時貞觀之盛，❶便向那不好處。淵 既濟是已濟了，大事都已亨過了，只更小小底正在亨通，若能戒謹恐懼，得常似今猶自得。不然，便一向不好去了。學蒙 【纂註】蔡氏曰：亨小，所亨者小，謂二也。六爻獨二有亨之道，體柔，故曰亨小。利貞，六位當也。初吉，二也，離明在內。終亂，上也，既濟之終爲未濟矣。又坎難在外。○愚謂一卦三陰，皆在三陽之上，亦有小者在上而亨之義。蓋陰陽交而成濟，故亨也。**初九，曳其輪，濡其尾，无咎。**輪在下，尾在後，初之象也。曳輪則車不前，濡尾則狐不濟。既濟之初，謹戒如是，无咎之道。占者如是，則无咎矣。【附録】曳輪濡尾，是爭些子時候，是欲到與未到之閒。不是不欲濟，是要濟而未敢輕濟。如曹操臨敵，意思安閒，如不欲戰，老子所謂「猶若冬涉川」之象。涉則畢竟涉，只是畏那寒了，未敢便涉。【纂註】蔡氏曰：輪，坎象。狐有濡尾象，亦坎象。**六二，婦喪其茀，勿逐，七日得。**二以文明中正之德，上應九五剛陽中正之君，宜得行其志。而九五居既濟之時，不能下賢以行其道，故二有婦喪其茀之象。茀，婦車之蔽，言失其所以行也。然中正之道不可終廢，時過則行矣，故又有勿逐而自得之戒。【纂註】徐氏曰：卦有六位，七日得則剛柔變，而失者復得矣。與震六二同。**九三，高宗伐鬼方，三年克之，小人勿用。**既濟之時，以剛居剛，高宗伐鬼方之象也。三年克之，言其久而後克，戒占者不可輕動之意。小人勿用，占法與師上六同。【附録】「高宗伐鬼方」，疑是高宗舊日占得此爻，故聖人引之，證此爻之吉凶如此。如「箕子之明夷利貞」，「帝乙歸妹」，皆恐是如此。又曰：漢時去古未遠，想見卜筮之書皆存。如漢文帝之占「大横庚庚」，都是傳古人説話。又曰：「夏啓以光」，想是夏啓曾占得此卦。煇 【纂註】徐氏曰：鬼方，幽遠小國也。《蒼頡篇》云：「鬼，遠也。」近坎，有鬼方象。離體，有伐象。盡坎三爻而成既濟，有三年克之象。三當既濟之中，以剛居剛，欲兼舉内外之治，故有高宗伐鬼方之象。○愚案鬼方，夏曰獯鬻，商曰鬼方，周曰玁狁，漢曰匈奴，魏

❶「貞」，原作「正」，據四庫本回改。

曰突厥。突厥，右匈奴北部，見唐高祖武德元年《紀》註。**六四，繻有衣袽，終日戒。**既濟之時，以柔居柔，能預備而戒懼者也，故其象如此。程子曰：「繻當作濡。衣袽，所以塞舟之罅漏。」【附録】六四以柔居柔，能慮患預防，蓋是心低小底人，便能慮事。柔善底人心不麄，慮事細密。剛果之人心麄，不解如此。淵【纂註】蔡氏曰：繻，帛之美者。袽，衣之敝者。既濟過中，時日變矣，故四有衣袽之戒，言繻雖美則必至於有袽，事雖濟則必至於未濟。必須終日戒懼乎此，則憂疑可釋，而不至於終亂矣。**九五，東鄰殺牛，不如西鄰之禴祭，實受其福。**東陽西陰，言九五居尊而時已過，不如六二之在下而始得時也。又當文王與紂之事，故其象占如此。彖辭「初吉終亂」，亦此意也。【附録】問：九五爻以言紂雖貴爲天子，祭祀之盛，而不若文王薄祭，却可以受福，蓋時之興衰自是如此。曰：揚子雲云，十六日月雖缺，未多更圓，似生明之時，必竟是漸缺去。月初雖小，於生魄時必竟是長底時節。問：占得此爻則如何？曰：這當看所值之時何如，大意不得便宜。【纂註】程子曰：殺牛，盛祭也。禴，薄祭也。盛不如薄者，時不同也。二五皆中正，二在濟下，尚有進也，故受福。五處濟極，无所進矣。**上六，濡其首，厲。**既濟之極，險體之上，而以陰柔處之，爲狐涉水而濡其首之象。占者不戒，危之道也。【附録】〔總論上三爻〕既濟上三爻皆漸漸不好，蓋出明而入險，四有衣袽之象，曰「有所疑也」，便是不美之端倪自此已露。五殺牛，則太自過盛。上濡首，則極而亂矣。不知如何。曰：時運到那時都過了，康節所謂「飲酒酩酊，開花離披」時節，所以有這樣不好底意思出來。學蒙

䷿ 坎下離上 **未濟，亨，小狐汔濟，濡其尾，无攸利。**未濟，事未成之時也。水火不交，不相爲用，卦之六爻，皆失其位，故爲未濟。汔，幾也。幾濟而濡尾，猶未濟也。占者如此，何所利哉。【附録】問：未濟所以亨者，謂之未濟，便自有濟之理。但尚遲遲，故謂之未濟。而柔中，又自有亨之道。曰：然。砥【纂註】蔡氏曰：狐，坎象。尾指初。**初六，濡其尾，吝。**以陰居下，當未濟之初，未能自進，故其象占

如此。【纂註】徐氏曰：《既濟》初「濡其尾无咎」，《未濟》初「濡其尾吝」者，既濟之初，才剛足以有濟，又下卦離體明也，明則知緩急之宜，而不急濟，又苟知緩濟之義，則雖濡尾亦終濟矣，故无咎；未濟之初，才柔不足以濟天下，又下卦坎體陷也，陷則冒險以進，而急於求濟，不知未濟之義，則至於濡尾而不能濟矣，故可吝。九二，曳其輪，貞吉。以九二應六五，而居柔得中，爲能自止而不進，得爲下之正也，故其象占如此。【纂註】蔡氏曰：以剛居中，上應六五，有才濟難者也。然以剛應柔，易生陵忽之心，故能緩其所以行，乃得正而吉也。六三，未濟，征凶。利涉大川。陰柔不中正，居未濟之時，以征則凶。然以柔乘剛，將出乎坎，有利涉之象，故其占如此。蓋行者可以水浮，而不可以陸走也。或疑「利」字上當有「不」字。【纂註】劉壽翁曰：六三居險之極，未能出險，而陰柔失位，才不足以濟，又求進焉，凶可知矣，烏能涉大難乎？既曰「未濟征凶」，又曰「利涉大川」，文義相背。《本義》或疑利字上有不字，爲得之。大抵未濟下三爻皆未能出險。三與初爻皆陰柔，才不足以濟險，九二剛中，才足以濟險，時未可進，守貞則吉。以此推之，三非利涉可知矣。九四，貞吉，悔亡，震用伐鬼方，三年有賞于大國。以九居四，不貞而有悔也。能勉而貞，則悔亡矣。然以不貞之資，欲勉而貞，非極其陽剛用力之久不能也，故爲伐鬼方三年而受賞之象。【纂註】徐氏曰：下履乎坎，有難未濟，亦有伐鬼方之象。臨事而懼，不恃剛以急取，至于三年之久，還師論功受賞開國，此其所謂貞吉也。○愚謂乘坎，故亦有鬼方象。滿離三爻，則未濟終須濟，故有三年有賞之象。六五，貞吉，无悔，君子之光，有孚，吉。以六居五，亦非貞也。然文明之主，居中應剛，虛心以求下之助，故得貞而吉且无悔。又有光輝之盛，信實而不妄，吉而又吉也。【纂註】蔡氏曰：文明之主，故稱君子之光。下得二四恭順剛明之臣，故有孚吉。上九，有孚于飲酒，无咎。濡其首，有孚，失是。以剛明居未濟之極，時將可以有爲，而自信自養以俟命，无咎之道也。若縱而不反，如狐之涉水而濡其首，則過於自信而失其義矣。【附録】〔總論六爻〕大概未濟之下卦，皆是未可進用，濡尾、曳輪皆是此意，六三未離坎體，便也不好。到四、五已出乎險，方好。上六又不全好。〔通論既濟未濟〕兩卦各自説濡尾濡首，不必拘説在此言尾，在彼言首。大概既濟是那日中衙晡時候，盛了只向衰去。未濟是那五更初時，只是向明去。聖人當初見這个爻裏有這个意思，便説出這一爻來。又曰：它曳輪濡尾，在既濟爲无咎，在未濟則或吝或貞吉，這便有不同。淵　未濟與既濟諸爻頭尾相似，中間三四兩爻如損益模樣，顛倒了。淵　【纂註】蔡氏曰：五爲濟主，三四助之，已成濟功矣。己獨處上，无所用力，惟于飲酒自樂，不妄生事，乃爲无咎。徐氏曰：濡，坎象。首，上象。〔通論既濟未濟〕蔡氏曰：既濟之後必亂，故主在初，卦而亨，取二。未濟之後必濟，故主在上，卦而亨，取五。又曰：坎者，陰陷陽而陽難。離者，陰麗陽而陽明。是坎雖陽卦，而陽不得用，離雖陰卦，而陽猶得用，故既濟未濟名義主坎，以坎陽卦也，其亨主離，以離陽得用也。劉壽翁曰：未濟下三爻未出險，初濡尾，二曳輪，三征凶。上三爻已出險矣，四志行，五有孚吉，上有孚飲酒而已。既濟吉少凶多，未濟吉多凶少，雖吉未嘗不戒也。〔通論上下經〕隆山李氏曰：陰陽之氣，往來乎天地之間，或不能无過差，故聖人作《易》，大過之後繼之以坎、離者，陰陽之中所以救大過之弊也。小過之後繼之以既濟、未濟者，即坎離之中所以救小過之弊也。厚齋馮氏曰：過之大，故繼之以坎、離之全。過之小，故繼之以坎、離之交。西谿李氏曰：上篇首乾坤，終坎、離，下篇首咸、恒，終既、未濟，亦坎、離也。天地之道，不過陰陽五行之用，莫先於水火。上篇首天地，陰陽之正也，故以水火之正終焉。下篇首夫婦，陰陽之交也，故以水火之交終焉。

周易下經第二

周易彖上傳第一

朱子本義

新安後學胡一桂附録纂註

彖，即文王所繫之辭。上者，經之上篇。傳者，孔子所以釋經之辭也。後凡言傳者放此。【附録】彖辭極精，説得卦中情狀最出，分明是聖人所作。道夫。

大哉乾元，萬物資始，乃統天。此專以天道明乾義。又析「元亨利貞」爲四德，以發明之。而此一節首釋元義也。大哉，嘆辭。元，大也，始也。乾元，天德之大始，故萬物之生皆資之以爲始也。又爲四德之首，而貫乎天德之始終，故曰統天。【附録】乾者，萬物之始，對坤而言，天地之道也。元者，萬物之始，對「亨利貞」而言，四時之序也。答連嵩卿　萬物資始，與「資之深」、「資於事父以事君」之資，皆訓取字。淵　問乾元統天。曰：乾元，只是天之性情，不是兩箇物事。如人之精神，豈可謂人自是人，精神自是精神乎。輝　【纂註】蔡氏曰：天道流行，雖有元亨利貞之分，而其所以無間斷者，實惟一元之運行，故曰統天。程子曰：四德之元，猶五常之仁，偏言則一事，專言則包四者。**雲行雨施，品物流形。**此釋乾之亨也。【纂註】蔡氏曰：雲行雨施，亨之見乎氣也。品物流形，亨之見乎形也。**大明終始，六位時成，時乘六龍以御天。**始即元也，終即貞也。不終則無始，不貞則無以爲元也。此言聖人大明乾道之終始，則見卦之六位各以時成，而乘此六陽以行天道，是乃聖人之元亨也。【附録】這段《易傳》説得不分曉。《語録》中有一段却分曉，乃是楊遵道所録，云：「人能大明天道之終始。」這處下箇人字，是緊切底字。淵　天人一理，人之動乃天之運也。然以私意而動，則人而非天矣。惟其潛見飛躍，各得其時，則是以人當天也。然不言當天而言御天，以見遲速進退之在我爾。雖云在我，然心理合一，初無二體，但主心而言爾。《答方士繇》　乾道終始，即四德也。始即元，終即貞，六爻之位由此而立耳。以時成者，言各以其時而成。潛見飛躍，皆以時耳，然皆四德之流行也。初九、九二之半，即所謂元。九二之半與九三，即所謂亨。九四與九五之半，即所謂利。九五之半與上九，即所謂貞。蓋聖人大明乾道之終始，故見六位各以時成，乘此六位之時以當天運，而四德之所以終而復始，❶應變而不窮也。銖　這一段説聖人之元亨、六位、六龍，只與譬喻相似。聖人之六位，如隱顯進退行藏，潛龍時便當隱去，見龍時便是他出來。如孔子，爲魯司寇時，便是他大，故顯了。到那獲麟絶筆，便是他亢龍時。這是在下之聖人，然這卦大概是説那聖人得位底。若使聖人在下，亦自有个元亨利貞。如首出庶物，不必在上方如此。如孔子出類拔萃，便是首出庶物。著書立言，澤及後世，便是萬國咸寧。淵

乾道變化，各正性命，保合大和，乃利貞。變者，化之漸。化者，變之成。物所受爲性，天所賦爲命。大和，陰陽會合，沖和之氣也。各正者，得於有生之初。保合者，全於已生之後。此言乾道變化，无所不利，而萬物各得其性命以自全，以釋利貞之義也。【附録】變者化之漸，化者變之成。如昨日是夏，今日立秋爲變。到那全然天涼，没一些熱時是化。煇　如「天命之謂性」，孟子「道性善」，便是就人身上説性。《易》之所言，乃是説天人相接處。各正性命底，便是乾道變化底。又曰：性命，便是當初合下分付底。賜　問「保合大和，乃利貞」。曰：天之生物，莫不各有箇軀殼，如人之有體，果實之有皮核。有箇軀殼保合以全之，則真性常存，生生不窮。如一粒之穀，外面有箇殼以裹之，方其發一萌芽之始，是物之元也。及其抽枝長葉，則是物之亨。到得生實欲成未成之際，此便是利。及其既實而堅，此便是貞矣。蓋乾道變化，發生之始，此是元也。到各正性命，小以遂其小，大以遂其大，則是亨矣。能保合以全其大和之性，則可利貞。有開　保合

❶「復始」，原誤作「何必」，今據四庫本改。

大和，即是保合此生理也。天地絪緼，乃天地保合此生物之理。及其萬物化生之後，則萬物各自保合其生理。不保合，則無物矣。煇

首出庶物，萬國咸寧。

聖人在上，高出於物，猶乾道之變化也。萬國各得其所而咸寧，猶萬物之各正性命，而保合大和也。此言聖人之利貞也。蓋嘗統而論之，元者物之始生，亨者物之暢茂，利則向於實也，貞則實之成也。實之既成，則其根蔕脱落，可復種而生矣。此四德之所以循環而無端也。然而四者之間，生氣流行，而無間斷，此元之所以包四德而統天也。其以聖人而言，則孔子之意，蓋以此卦爲聖人得天位，行天道，而致太平之占也。雖其文義有非文王之舊者，然讀者各以其意求之，則並行而不悖也。他卦放此。【附録】首出庶物，須是聰明睿知，高出庶物之上，以君天下，方得萬國咸寧。《禮記》云：「聰明睿知，足以有臨也。」須聰明睿知皆過於天下之人，方可臨得他。砥　所謂「大哉乾元，萬物資始」，「至哉坤元，萬物資生」，那元字便是生物之仁，資始是得其氣，資生是成其形。到得亨便是彰著，利便是結聚，貞便是收斂。收斂既無形迹，又須復生。至如夜半子時猶未動，在到寅卯便生，巳午便著，申酉便結，亥子丑便實，及至寅又生。他這箇只管運轉，一歲有一歲之運，一月有一月之運，一日有一日之運，一時有一時之運。雖一息之微，亦有四箇段子，恁地運轉。道夫　四德之元，專言之則全體生生之理也，故足以包四者。偏言之則指萬物之發端而已，故止於一事。淵　元亨利貞四字，文王本意，在乾坤者，只與屯等卦一般，是大亨而利於貞爾。至孔子作彖傳、文言，始以乾坤爲四德，而諸卦自如其舊。二聖人之意，非有不同，蓋各自發明一理爾。今學者且自當虛心玩味，各隨本文之意而體會之。其不同處自不妨，不可遽以己意，横作主張。《答趙彦肅》　人只見夫子於乾坤文言解作四德，他卦只云大亨以正，便須要於乾坤四德説教大於他卦，畢竟本皆占也。又曰：聖人作易，本爲卜筮，然其辭固包義理在其中。孔子恐人只於卜筮上求，一向泥著，方只以義理解之。如乾卦元亨利貞，文王之辭在占法，又是二事，云占得此純乾之卦者，大亨以貞也。大亨言其吉，然所利者須是貞，此爲之戒辭也。文言方解作四德。

至哉坤元，萬物資生，乃順承天。此以地道明坤之義，而首言元也。至，極也，比大義差緩。始者，氣之始。生者，形之生。順承天施，地之道也。【附録】〔總論乾元坤元〕徐涣云：「萬物資乾以始而有氣，資坤以生而有形，氣至而生，生即坤元。」亦通。淵　資乾以始，便資坤以生，不争得霎時。坤之所生，即乾之所始者。【纂註】徐氏曰：至哉，贊坤元承乾元之大，亦无不至也。程子曰：萬物資乾以始，資坤以生，父母之道也。坤厚載物，德合无疆，含弘光大，品物咸亨。言亨也。德合无疆，謂配乾也。【纂註】程子曰：坤之德厚，特載萬物，合於乾之无疆者也。含，包容也。弘，寬裕也。光，昭明也。大，博厚也。有此四德，故能成天之功，品物咸得亨遂。蔡氏曰：含弘，坤之事也。光大，乾之事也。德合乎乾，故亦至乎光大也。牝馬地類，行地无疆，柔順利貞，君子攸行。言利貞也。馬乾之象，而以爲地類者，牝陰物而馬又行地之物也。行地无疆，則順而健矣。柔順利貞，坤之德也。君子攸行，人之所行，如坤之德也。所行如是，則其占如下文所云也。先迷失道，後順得常。西南得朋，乃與類行。東北喪朋，乃終有慶。陽大陰小，陽得兼陰，陰不得兼陽。故坤之德，常減於乾之半也。東北雖喪朋，然反之西南，則終有慶矣。【附録】《易》中説到那陽處，便扶助推移他。到那陰處，便抑遏壅絶他。淵　以文王八卦論之，則自西北之乾，以至東方之震，皆父與三男之位也。自東南之巽，以至西方之兑，皆母與三女之位也。故彖辭以東北爲陽方，西南爲陰方。《答袁樞》　乃終有慶，既言終有慶，則慶不在今，爲他是箇柔順底物。東北陽方，非他所安之地，自是喪朋。喪朋於東北，則必反於西南，是終有慶也。正如先迷後得，爲他柔順，故先迷，柔順而不失乎健，故後得，所以卦下言牝馬之貞。喪朋、先迷，便是牝。有慶、後得，便是馬。將牝馬字分開，却形容得意思。文蔚　問：大抵柔順中正底人，做越常過分事不得，只是循常守分時，又却自做得他底事。曰：是如此。文蔚　安貞之吉，應地无疆。安而且貞，地之德也。【纂註】丘行可曰：《坤·象》三「无疆」字，其指各異。德合无疆，乾之无疆也。行地无疆，坤之无疆也。應地无疆，君子之无疆也。无疆，天德也。惟地能合天之无疆，則地亦无疆。君子能法地之无疆，則君子亦无疆。然則君子法地，地法天，皆不出於一天德之无疆而已矣。

屯，剛柔始交而難生。以二體釋卦名義。始交，謂震。難生，謂坎。【附録】剛柔始交，只指震言，所謂震一索而得男也。銖　始交謂震，難生謂坎，是楊龜山解。必大　動乎險中，大亨貞。以二體之德釋卦辭。動，震之爲也。險，坎之地也。自此以下釋「元亨利貞」，乃用文王本意。【附録】銖問：「自此以下釋元亨利貞，乃用文王本意」，何也？曰：文王説元亨利貞，只是説乾道大通而至正，故筮得者，其占當得大通而利於貞固。至孔子方作四德説。後人不知，將謂文王作《易》便作四德説，則非也。如屯卦所謂元亨利貞者，以其能動則可以亨，而在險則宜守貞。故筮得之者，其占爲大亨而利於貞，初非謂德也。故孔子釋此彖辭，只曰動乎險中大亨貞，是用文王本意釋之也。銖　雷雨之動滿盈，天造草昧，宜建侯而不寧。以二體之象釋卦辭。雷，震象。雨，坎象。天造，猶言天運。草，雜亂。昧，冥晦也。陰陽交而雷雨作，雜亂冥晦，塞乎兩間。天下未定，名分未明，宜立君以統治，而未可遽謂安寧之時也。不取初九爻義者，取義多端，姑舉其一也。【附録】雷雨之動滿盈，亦是那鬱塞底意思。淵　天造草昧，宜建侯而不寧，孔子又是别發出一道理，説當此擾攘之時，不可无君，故須立君。砥　不可道建侯便了，須更自以爲不安寧方可。淵　【纂註】蔡氏曰：草萌地中，未明之象。〔總論彖傳〕丘行可曰：彖傳大率於章首先釋卦名義，次釋卦辭，又次釋卦義，有未盡者從而推廣之，此彖傳之定例也。其辭，則雜取卦體、卦象、卦德、卦變四者互明之。卦體以兩體及六爻之義言，如「剛柔始交震而難生坎」之類是也。卦象以天地雷風山澤水火言，如「雷雨之動滿盈」之類是也。卦德以健順明險動入止説言，如「動乎險中」之類是也。卦變以剛柔往來上下言，如「柔來文剛，分剛上而文柔」之類是也。自屯以下，大要皆不越乎此矣。❶

❶「此」，原誤作「比」，今據四庫本改。

蒙，山下有險，險而止，蒙。以卦象、卦德釋卦名，有兩義。【附録】山下有險，是卦象。險而止，是卦德。蒙有二義。險而止，險在内，止在外。自家這裏先自不安穩了，外面更去不得，便是蒙昧之象。若見險而能止，則爲蹇，却是險在外。自家這裏見去不得，所以不去，故曰知矣哉。淵 「蒙亨」，以亨行時中也。「匪我求童蒙，童蒙求我」，志應也。「初筮告」，以剛中也。「再三瀆，瀆則不告」，瀆蒙也。蒙以養正，聖功也。以卦體釋卦辭也。九二以可亨之道，發人之蒙，而又得其時之中，謂如下文所指之事，皆以亨行而當其可也。志應者，二剛明，五柔暗，故二不求五而五求二，其志自相應也。以剛中者，以剛而中，故能告而有節也。瀆，筮者二三，則問者固瀆，而告者亦瀆矣。蒙以養正，乃作聖之功，所以釋利貞之義也。【附録】問：何以見當其可？曰：下文所謂二五以志相應，而初筮則告之，再三瀆則不告，皆時中也。初筮告以剛中者，亦指九二有剛中之德，故能告而有節，即所謂以剛而中也。銖 蒙昧之時，先自養教正當了，到開發時便有作聖之功。若蒙昧之中已自不正，他日何由會有聖功。淵【纂註】程子曰：五之志，應於二也。賢者在下，豈可自進以求於君。苟自求之，必無能信用之理。古之人，所以必待人君致敬盡禮而後往者，非欲自爲高大，蓋其尊德樂道，不如是不足與有爲也。又曰：未發之謂蒙。以純一未發之蒙而養其正，乃作聖之功也。發而後禁，則扞格而難勝。養正於蒙，學之至善也。

需，須也。險在前也，剛健而不陷，其義不困窮矣。此以卦德釋卦名義。【纂註】徐氏曰：剛健，謂乾。陷，謂坎。惟剛健，故不陷。「需，有孚，光亨，貞吉」，位乎天位，以正中也。「利涉大川」，往有功也。以卦體及兩象釋卦辭。【附録】以正中，以中正也。只一般，只是要協韻。淵

訟，上剛下險，險而健，訟。以卦德釋卦名義。【纂註】程子曰：訟之爲卦，上剛下險，險而又健也。又爲險健相接，内險外健，皆所以爲訟也。若健而不險，不生訟也。險而不健，不能訟也。險而又健，

是以訟也。「訟，有孚，窒惕，中吉」，剛來而得中也。「終凶」，訟不可成也。「利見大人」，尚中正也。「不利涉大川」，入于淵也。以卦變、卦體、卦象釋卦辭。【附録】問「剛來而得中」。曰：大抵上體是剛，下體是柔，一剛下而變柔，則爲剛來。今訟之上體是純剛，安得謂之剛來邪？以某觀之，訟卦本是遯卦變來，遯之六二爲訟之六三，其九三却下而爲九二，乃爲訟耳。時舉　銖問：「終凶，訟不可成」，即《本義》所指卦體。曰：然。【纂註】蔡氏曰：剛來得中，乾自外來交坤，而爲坎也。諸卦言往來上下，多主本卦剛柔相交而言，如隨、蠱、賁、渙之類是也。惟訟與无妄，上乾下坎震，一剛自外來，非由本卦來往，故《訟》曰「剛來」，《无妄》曰「剛自外來」。

師，衆也。貞，正也。能以衆正，可以王矣。此以卦體釋「師貞」之義。以，謂能左右之也。一陽在下之中，而五陰皆爲所以也。能以衆正，則王者之師矣。剛中而應，行險而順，以此毒天下而民從之，吉又何咎矣。又以卦體、卦德釋「丈人吉无咎」之義。剛中，謂九二。應，謂六五應之。行險，謂行危道。順，謂順人心。此非有老成之德者不能也。毒，害也。師旅之興，不无害於天下，然而以其有是才德，是以民悦而從之也。【纂註】徐氏曰：剛中而應，行險而順，此爲將之道。蓋不剛則无威嚴，而不足以服衆。過剛則暴，而无以懷之。有剛中之才，而信任不專，亦不能有成功。此師所以貴乎剛中而應也。兵凶器，戰危事，不得已而興師動衆，禁暴除亂，此師所以貴乎行險而順也。丈人吉，无咎，伊尹、太公、方叔、元老、文、武、吉甫足以當之，漢趙充國、唐郭子儀其庶幾乎。○愚謂險，坎德。順，坤德。

比，吉也。此三字疑衍文。比，輔也，下順從也。此以卦體釋卦名義。【附録】「比，輔也」，解比字。「下順從也」，解吉字。「原筮，元永貞，无咎」，以剛中也。「不寧方來」，上下應也。「後夫凶」，其道窮也。亦以卦體釋卦辭。剛中，謂五。上下，謂五陰也。【纂註】徐氏曰：後夫凶，如萬國朝禹而防風後至，天下歸漢而田横不來，如隗囂、公孫述之徒，終何如哉。道窮致凶，所自取也。

〔通論蒙比卦〕丘行可曰：蒙内卦坎爲初筮，彖釋之曰「以剛中」，謂九二也。比外卦坎爲原筮，原再也，彖釋之曰「以剛中」，謂九五也。

小畜，柔得位而上下應之，曰小畜。以卦體釋卦名義。柔得位，指六居四。上下，謂五陽。健而巽，剛中而志行，乃亨。以卦德、卦體而言陽，猶可亨也。【纂註】蔡氏曰：剛中，五也。志行，五與四合，而小畜之志得行也。「密雲不雨」，尚往也。「自我西郊」，施未行也。尚往，言畜之未極，其氣猶上進也。【附録】密雲不雨，尚往也，蓋止是下氣上升，所以未能雨，必是上氣蔽。蓋无發泄處，方能有雨。横渠《正蒙》論風雷雲雨之説，最分曉。木之以陰畜陽，三陽上往，而陰畜不住，所以不雨。正如甑蒸飯漏氣，則不成水，无水淚下也。燀 【纂註】蔡氏曰：尚往，陽升而陰不能固也。施未行，未能降而爲雨也。

履，柔履剛也。以二體釋卦名義。説而應乎乾，是以「履虎尾，不咥人，亨」。以卦德釋彖辭。剛中正，履帝位而不疚，光明也。又以卦體明之，指九五也。【纂註】程子曰：九五以陽剛中正，尊履帝位，苟无疚病，則履道之至善，光明者也。疚謂疵病，夬履是也。光明，德盛而輝光也。

「泰，小往大來，吉亨」，則是天地交而萬物通也，上下交而其志同也，内陽而外陰，内健而外順，内君子而外小人，君子道長，小人道消也。【附録】《易》之陰陽，以天地自然之氣論之，則不可相无。以君子小人之象言之，則聖人之意，未嘗不欲天下之盡爲君子，而无小人也。遇來教謂：「吾道无對，不當與世俗較勝負。」此説美矣，而亦非鄙意之所安也。夫道固无對者也，然其中却着不得許多異端邪説，直須一一剔劉出後，方曉然見得箇精神純粹无對之道。若和泥合水，便只着箇无對包了，切恐此无對中却多藏得病痛也。孟子言：「楊墨之道不熄，孔子之道不著。」而大《易》於君子小人之際，其較量勝負尤爲詳密，豈其未知无對之道邪。蓋无對之中，有陰則有陽，有善則有惡，陽消則陰長，君子進而小人退，循環無窮，初不害其爲无對也。《答東萊》陰陽各有一半。聖人於泰否，只爲陽説道理。看來聖人出來做，須有一箇道理，使得天下皆爲君子。世間人多言君子小人常相半，不可太去治之，急迫之却爲害。不然，如舜、湯舉皋陶、伊尹，不仁者遠，自是小人皆不爲非，被君子夾持得，皆革面做好人了。砥　聖人作《易》以立人極，其義以君子爲主，故爲君子謀，而不爲小人謀，觀泰、否、剥、復名卦之意，可見矣。而曰古今豈有无小人之國，其不知《易》甚哉。《鄭公藝圃折衷辨》　天地之化，不越乎一陰一陽兩端而已。其性雖未嘗一日不相反，然亦不可以一日而相无也。聖人作《易》，常以陽爲君子，而引翼扶持，惟恐其不盛；陰爲小人，排擯抑黜，惟恐其不衰，何哉？　蓋陽之德剛，陰之德柔；剛者常公，柔者常私；剛者常明，柔者常闇；剛者未嘗不正，柔者未嘗不邪；剛者未嘗不大，柔者未嘗不小。　公明正大之人用於世，則天下蒙其福。私闇邪辟之人得其志，則天下受其禍。　此理之必然也。《金華潘公文集序》　【纂註】丘行可曰：三陽三陰之卦凡二十，而言卦變者十有三，泰、否、隨、蠱、噬嗑、賁、咸、恒、損、益、漸、涣、節是也。聖人首以「往來」言於泰否者，所以發卦變之凡例。蓋泰、否者，乾、坤二體之往來。而他卦者，乾、坤之一爻，由泰、否而往來也。

「否之匪人，不利君子貞，大往小來」，則是天地不交而萬物不通也，上下不交而天下无邦也，内陰而外陽，内柔而外剛，内小人而外君子，小人道長，君子道消也。

【附録】某看人也須是剛，雖則是偏，然較之柔不同。《易》以陽剛爲君子，陰柔爲小人。若是柔弱不剛之質，少間都不會振奮，只會困倒了。淵　【纂註】程子曰：天地之氣不交，則萬物無生成之理。上下之義不交，則天下无邦國之道。建邦國，所以爲治也。上施政以治民，民戴君而從命，上下相交，所以治安也。今上下不交，是天下无邦國之道也。蔡氏曰：釋彖言陰陽者，獨泰否兩卦而已。否者，氣藏乎質而不交，故又以剛柔言。

同人，柔得位得中，而應乎乾，曰同人。以卦體釋卦名義。柔，謂六二。乾，謂九五。《同人》曰衍文。「同人于野，亨，利涉大川」，乾行也。文明以健，中正而應，君子正也。唯君子爲能通天下之志。以卦德、卦體釋卦辭。通天下之志，乃爲大同。不然，則是私情之合而已，何以致亨而利涉哉。【附録】乾行也，言須是這般剛健之人，方做得這般事。若是柔弱者，如何會出去外面同人，又去涉險。淵　【纂註】程子曰：天下之志萬殊，理則一也。君子明理，故能通天下之志。聖人視億兆之心猶一心者，通於理而已。文明則能燭理，故能明大同之義。剛健則能克己，故能盡大同之道。然後能中正，合乎乾行也。

大有，柔得尊位大中，而上下應之，曰大有。以卦體釋卦名義。柔，謂六五。上下，謂五陽。其德剛健而文明，應乎天而時行，是以「元亨」。以卦德、卦體釋卦辭。應天，指六五也。【附録】文是文章，明是明著。《易》中多言「文明」，文、明是二字。廣　【纂註】程子曰：元者，物之先也。物之先，豈有不善者乎。事成而後有敗，敗非先成者也。興而後有衰，衰固後於興也。得而後有失，非得何以有失也。至於善惡治亂是非，天下之事，莫不皆然。必善爲先，故《文言》曰：「元者，善之長也。」

「謙亨」，天道下濟而光明，地道卑而上行。言謙之必亨。天道虧盈而益謙，地道變盈而流謙，鬼神害盈而福謙，人道惡盈而好謙。謙尊而光，卑而不可踰，君子之終也。變，謂傾壞。流，謂聚而歸之。人能謙，則其居尊者其德愈光，其居卑者人亦莫能過，此君子所以有終也。【附録】問：天道福善禍淫，此理定否？曰：如何不定。自是道理當如此。賞善罰惡，亦是理當如此。不如此，便是失其常理。又問：或有不如此者，何也？曰：福善禍淫，其常理也。若不如此，便是天也把捉不定了。又曰：天莫之爲而爲，他亦何常有意？只是理自是如此。且如冬寒夏熱，此是常理當如此。若冬熱夏寒，便是失其常理。又曰：變盈流謙，楊子雲言：「山殺瘦，澤增高。」此是説山上土爲水漂流下來，山便瘦，澤便高。淵　鬼神，言禍言福，是有些造化之柄，如言「與鬼神合其吉凶」，到鬼神便説吉凶字。淵天道是就寒暑往來説，地道是就地形高下説，鬼神是就禍福上説，各自主一事而言。時舉　謙之爲義，不知天地人鬼何以皆好尚之。蓋太極中本无物，若事業功勞，又於我何有？觀天地生物而不言所利，可見矣。賀孫　以尊而行謙，則其道光。以卑而行謙，則其德不可踰。【纂註】蔡氏曰：下濟而光明，艮也。艮有光明之象，故《艮》之《彖》曰「其道光明」，謂艮陽止乎上，陰不得而掩之，故光明。卑而上行，坤也。虧盈益謙，以日月陰陽言。變盈流謙，以山谷川澤言。害盈福謙，以灾祥禍福言。惡盈好謙，以予奪進退言。程子曰：謙者人之至德，故聖人詳言之，所以戒盈而勸謙也。郭氏曰：四者非有心，如是其道自然，故皆曰道。○愚謂下濟與卑，謙義。光明上行，亨義。艮一陽居上卦之下，天道下濟而光明也。坤三陰居下卦之上，地道卑而上行也。

豫，剛應而志行，順以動，豫。以卦體、卦德釋卦名義。**豫順以動，故天地如之，而況建侯行師乎。**以卦德釋卦辭。【纂註】程子曰：天地之道，萬物之理，惟至順而已。大人所以先天後天而不違者，亦順乎理而已。**天地以順動，故日月不過，而四時不忒。聖人以順動，則刑罰清而民服。豫之時義大矣哉。**極言之，而贊其大也。【附録】刑罰不清民不服，只爲舉動不順了，致得民不服。便是徒配了他，亦不服。豫之時義，言豫時底道理。淵

隨，剛來而下柔，動而説，隨。以卦變、卦德釋卦名義。【附録】凡卦皆從内説出去。若説説而動，却是自家説他後動，不成隨了。我動彼説，此之謂隨也。淵　**大亨貞无咎，而天下隨時。**王肅本「時」作「之」，今當從之。釋卦辭，言能如此，則天下之所從也。**隨時之義大矣哉。**王肅本「時」字在「之」字下，今當從之。【纂註】蔡氏曰：天下所隨者，聖人之時。而聖人制作，又當隨天下之時。禮樂法度始於伏羲，成於周者，豈聖人知慮有所不及哉？此隨時之義，所以大也。

蠱，剛上而柔下，巽而止，蠱。以卦體、卦變、卦德釋卦名義。蓋如此則積弊，而至於蠱矣。【附

録】問：剛在上而柔在下，爲卦體。下卑巽而上苟止，所以爲蠱，此卦德。自賁、井、既濟來，皆剛上而柔下，此卦變。曰：是。銖　剛上而柔下，巽而止，蠱，此是言致蠱之由，非治蠱之道。必大　大凡看《易》，先看成卦之義。險而健則成訟，巽而止則成蠱。艮上而巽下，艮剛居上，巽柔居下，上高亢而不下交，下卑巽而不能救，此所以蠱壞也。巽而止，只是巽順便止了，更无所施爲，如何治蠱。德明

「蠱，元亨」，而天下治也。「利涉大川」，往有事也。「先甲三日，後甲三日」，終則有始，天行也。釋卦辭。治蠱至於元亨，則亂而復治之象也。亂之終，治之始，天運然也。【附録】問：蠱是壞亂之象，雖亂極必治，如何便會元亨？曰：亂極必治，天道循環，自是如此。如五胡亂華，以至於隋，必有唐太宗者出。又如五季，必生太祖皇帝。若不如此，便无天道了。所以《彖》曰：「蠱，元亨，而天下治也。」砥　必須是大善亨通，而後天下治。淵　〔互論蠱漸卦〕《易》要分内外卦看，如巽而止則成蠱，止而巽便不同。蓋先止而後巽，却是有根株了，方巽將去，故爲漸。必大

臨，剛浸而長。以卦體釋卦名。【纂註】徐氏曰：浸，漸也。《陰符經》曰「天地之道浸」，亦用此義。言一氣不頓進，一形不頓虧，二陽長於下而漸進也。說而順，剛中而應。又以卦德、卦體言卦之善。大亨以正，天之道也。當剛長之時，又有此善，故其占如此也。「至於八月有凶」，消不久也。言雖天運之當然，然君子宜知所戒。【附録】〔總論彖辭〕「剛浸而長」已下三句解臨字。大亨以正，便是天之道也，解元亨字。須用說八月有凶者，蓋要反那二陽說。淵　【纂註】徐氏曰：陰陽消長，若循環然，彖易聖人深言。消長之機，其來甚速，吉凶靡定，禍福何常。思患豫防，君子所當戒懼也。

大觀在上，順而巽，中正以觀天下。以卦體、卦德釋卦名義。【纂註】徐氏曰：大，剛也。二剛在上，下示衆柔，故曰大觀在上。順巽，以卦德言。中正，五也。大觀在上，以位言。順巽中正，以德言。有

其位无其德，不足以觀天下。有其德无其位，亦不足以觀天下。「觀，盥而不薦，有孚顒若」，下觀而化也。釋卦辭。【纂註】徐氏曰：下觀而化，以四陰觀二陽言，謂上有精潔誠敬之德顒然可仰，則天下有所觀感而化。如舜恭己正南面，而天下自治，文王不大聲以色，而萬邦作孚，自然之感固如此也。觀天之神道，而四時不忒。聖人以神道設教，而天下服矣。極言觀之道也。四時不忒，天之所以爲觀也。神道設教，聖人之所以爲觀也。【附録】觀天之神道，只是自然運行底道理，四時自然不忒。聖人以神道，亦是説他有教人自然觀感處。淵 〔總論象辭〕盥非灌之義，盥本爲薦，而不薦是欲畜其誠意，以觀示民，使民觀感而化之義。有孚顒若，便是那下觀而化，却不是説人君身上事。聖人以神道設教，是聖人不犯手做底，即是盥而不薦之義。順而巽，中正以觀天下，謂以此觀示之也。

頤中有物，曰噬嗑。以卦體釋卦名義。噬嗑而亨，剛柔分，動而明，雷電合而章，柔得中而上行。雖不當位，「利用獄」也。又以卦名、卦體、卦德二象卦變釋卦辭。【附録】張洽問：《易》中言「剛柔分」兩處，一是噬嗑，一是節。此難解。曰：只是一卦，三陰三陽謂之剛柔分。曰：《易》中三陰三陽卦多，獨於此言之，何也？曰：偶於此言之，其他卦則別有義。時舉 ○愚謂下體本坤，分初柔上而爲五；上體本乾，分五剛下而爲初，此剛柔分也。柔得中而上行，即初柔上行而得中也。噬嗑剛柔分而柔得中，節剛柔分而剛得中，故於兩卦發其義。

賁亨，亨字疑衍。柔來而文剛，故「亨」。分剛上而文柔，故「小利有攸往」。天文也。以卦變釋卦辭。剛柔之交，自然之象，故曰天文。先儒説「天文」上當有「剛柔交錯」四字，理或然也。【纂註】蔡氏曰：柔來而文剛，二也。坤下交乾而爲離也。分剛上而文柔，上也。乾上交坤而爲艮也。剛柔往來，自然之文，故曰天文。文明以止，人文也。又以卦德言之。止，謂各得其分。觀乎天文，以察時變。觀乎人文，以化成天下。極言賁道之大也。【纂註】程子曰：天文，謂日月星辰之錯列，寒暑往來之代變。觀其運行，以察四時之遷改也。人文，人理之倫序。觀天文以教化天下，成其禮俗，乃聖人用賁之道也。

剥，剥也，柔變剛也。以卦體釋卦名義。言柔進于陽，變剛爲柔也。「不利有攸往」，小人長也。順而止之，觀象也。君子尚消息盈虚，天行也。以卦體、卦德釋卦辭。【纂註】丘行可曰：順而止之，合二德，言君子觀衆陰剥陽之象，惟順時而止，不敢輕進，以冒小人之禍，所以防其剥也。然豈終止哉。天道循環，无往不復，陽消而息，陰盈而虚，剥極於上，則復反於下，乃天運之當然也。是以君子尚之，此處剥之要道也。

「復亨」，剛反。剛反則亨。【附録】問：「剛反」當作一句？曰：然。此二字是解「復亨」。下云「動而以順行」，是解「出入无疾」以下。時舉　動而以順行，是以「出入无疾，朋來无咎」。以卦德而言。「反復其道，七日來復」，天行也。陰陽消息，天運然也。【附録】消長之道，自然如此，故曰天行。處陰之極，亂者復治，往者復還，凶者復吉，危者復安，天地自然之運也。僩　「利有攸往」，剛長也。以卦體而言，既生則漸長矣。復其見天地之心乎。積陰之下，一陽復生，天地生物之心，幾於滅息，而至此乃復可見。在人則爲静極而動，惡極而善，本心幾息而復，見之端也。程子論之詳矣。而邵子詩亦曰：「冬至子之半，天心无改移。一陽初動處，萬物未生時。玄酒味方淡，大音聲正希。此言如不信，更請問包羲。」至哉言也，學者宜盡心焉。【附録】問「見天地之心」。曰：復未見造化，而造化之心於此可見。可學　問：天地之心雖静，未嘗不流行，何爲必於復乃見天地之心？曰：三陽之時，萬物蕃新，只見物之盛大，天地之心却不可見。惟是一陽初復，萬物未生，冷冷静静。而一陽既動，生物之心闖然而見，雖在積陰之中，自掩藏不得，此所以必於復見天地之心也。銖　如一堆火，自其初動，以至漸漸發過，消盡爲灰，其消之未盡處，固天地之心也。然却消盡底，亦天地之心也。但那箇不如那新生底鮮好，故指那接頭再生者言之，則可以見天地之心親切。又曰：要説得見字親切。蓋此時天地之間，无物可見天地之心。只有一陽初生，净净潔潔，見得天地之心在此。若是三陽發生萬物之後，則天地之心盡散在萬物，不能見得如此端的。又曰：這處在天地則爲陰陽，在人則爲善惡，有不善未嘗不知，知之未嘗復行。不善處便是陰，知處便屬陽，上五陰，下一陽，是當沉迷蔽固之時，忽然一夕醒覺，便是陽動處。齊宣王興甲兵，危士臣，搆怨於諸侯，可謂極矣。及其不忍觳觫，即見善端之萌。肯從這裏做去，雖三王事業，何患不到。寓　淳問：一陽復，在人言之，只是善端萌處否？曰：以善言之，是善端方萌處。以惡言之，昏迷中有悔悟向善意，便是復。又如人之沉滯，道不得行，到極處忽小亨通，雖未大行，已有可行之兆，亦是復。這道理千變萬化，隨所在无不渾淪。又曰：陰陽生殺固无間斷，而亦不容並行。且如人方窮物慾，豈可便謂其間天理元不間斷，而且肆其慾哉。要須窮慾之心滅息，然後天理乃得萌耳。答王遇　復有兩樣，有善惡之復，有動静之復。兩樣復自不相須，須各看得分曉。終日營營與萬物並馳，忽然有惻隱是非羞惡之心發見，此善惡爲陰陽也。若寂然至静之中，有一念之動，此動静爲陰陽也。僩

〔論程《傳》〕程先生説天地以生物爲心，最好，此乃是无心之心也。人傑　道夫言：向者先生教思量天地有心无心。近思之，切謂天地无心便是天地之心。若使其有心，必有思量，有營爲，天地曷嘗有思慮來？然其所以四時行百物生者，蓋以其合當如此便如此，不待思惟，此所以爲天之道。答曰：如此，則《易》所謂「復其見天地之心」，「正大而天地之情可見」，又如何如公所説，祇説得他无心處耳。若果无心，則須牛生出馬，桃樹上發李花。他又却自定，心便是主宰處，所以謂天地以生物爲心。某謂天地別无勾當，只是以生物爲心。一元之氣，運轉流通略无停間，只是生出許多物事而已。又曰：天地有箇无心之心，復卦一陽生於下，便是生物之心。又如所謂「惟皇上帝，降衷于下民」，「天道福善禍淫」，這便自分明有箇人在裏面主宰相似。道夫　天地以生物爲心者也，雖氣有闔闢，物有盈虛，而天地之心則亘古亘今，未始有毫釐之間也。故陽極於外，復生於內，聖人以爲於此可以見天地之

心焉。蓋其復者氣也，其所以復者則有自來矣。向非天地之心生生不息，則陽之極也，一絶而不復續矣，尚何以生於内而爲闔闢之无窮乎。《答敬夫》 鄭兄問程《傳》云「先儒皆以静見天地之心」，因舉王輔嗣説「寂然至无，乃天地心」。曰：他説无，是亂説。若静處説无，不知下面一畫作甚麽。寓 可學問：静亦是心，而心未見。曰：固是。但又須静中含動，意始得。又曰：上五陰，亦不可説无。説无便死了，无復生成之意，如何見其心。可學 問：程子以動之端爲天地之心，動乃心之發處，何故云天地之心？曰：此須就卦上看。上坤下震，坤是静，震是動。十月純坤，當貞之時，萬物收斂，寂無蹤跡。到此一陽復生，便是動。然不直下動字，却云動之端，端又從此起，雖動而物未生，未到大動處。凡發生萬物，都從這裏起，豈不是天地之心？淳 十月陽氣收斂，一時關閉得盡。天地生物之心，固未嘗息，但无端倪可見。惟一陽初動，則生意始發露出，乃始可見端緒也。言動之頭緒於此處起，於此起處，方見得天地之心也。銖 〔論遺書〕程子曰「聖人无復，故未嘗見其心」者，蓋天地之氣所以有陽之復者，以其有陰故也。衆人之心所以有善之復者，以其有惡故也。若聖人之心，則天理渾然，初无間斷，人孰得以窺其心之起滅邪。若静而復動，則亦有之，但不可以善惡而爲言耳。《答吴翌》 道夫：切謂聖人之心，天地之心也。天地之心可見，則聖人之心亦可見。况夫復之爲卦，一陽復於積陰之下，乃天地生物之心也。聖人雖无復，然是心之用因時而彰，故堯之不虚，舜之好生，禹之拯溺，湯之救民於水火，文王之視民如傷，是皆以天地之心爲心者也。而謂「不可見」，何哉？曰：大抵《易》之言陰陽，有指君子小人而言，有指天理人慾而言，有指動静之機而言，初不可以一偏而論。如天下皆君子而无小人，皆天理而无人慾，其善无以加有。若動不可以无静，静不可以无動，蓋造化不能以獨成。而或者見其相資而不可相无也，遂以爲天下不可皆君子而无小人，不能皆天理而无人慾，此得其一偏之論。只如「有不善未嘗不知，知之未嘗復行」，此賢者之心，因復而見者。至若聖人則无此，故其心不可見。然亦有因其動而見其心者，正如公所謂「堯之不虚，舜之好生」，皆是因其動而見其心者。道夫　堯舜孔子之心，千古常在。聖人之心，周流運行，何往而不可見。此獨曰「聖人无復，未嘗見其心」者，只爲是因説復卦而言。《繫辭》曰：「復小而辯於物。」蓋復卦是一陽方生於羣陰之下，如幽暗中一點白，便是小而辯也。又曰：復其見天地之心，若聖人之心純於善而已。所以謂未嘗見其心者，只是言不見有昏蔽忽明之心，如所謂幽暗中一點白者而已。但此等説話，只可就此一路看去。纔轉入別處，便不分明也。謨〔論邵子詩〕立冬是十月初，小雪是十月中，大雪是十一月初，冬至是十一月中，小寒是十二月初，大寒是十二月中。冬至子之半，即十二月之半也。人言夜半子時冬至，蓋夜半以前一半已屬子時。今推五行者多不之知。然數每從這裏處起，略不差移，此所以爲天心。道夫　一陽方動處，萬物未生時，此是欲動未動之間。如見赤子入井之初，方怵惕惻隱而未成怵惕惻隱之時。故冬至子之半，是康節常要就中間説。子之半，則是未成子，方離於亥而爲子方四五分。常要説陰陽之間，動静之間，與周、程之説不同。周、程只是體用動静，互換无極。康節只要説循環，便須指消息動静之間而言。學蒙　當是時一陽初動，萬物未生，无聲臭氣味之可尋可見，所謂「玄酒味方淡，❶大音聲正希」也。道夫　〔通論復艮二卦〕存養是静工夫，省察是動工夫。其静時思慮未萌，知覺不昧，乃《復》所謂「見天地之心」，静中之動也。其動時發皆中節，止於其則，乃《艮》之「不獲其身，不見其人」，動中之静也。窮理讀書，皆是動中工夫。木之　【纂註】程子曰：一陽復於下，乃天地生物之心也。先儒皆以静爲見天地之心，蓋不知動之端乃天地之心也。非知道者，孰能識之。又《遺書》曰：「復非天地心，復則見天地心。聖人未嘗復，故未嘗見其心。」

无妄，剛自外來而爲主於内，動而健，剛中而應。大亨以正，天之命也。「其匪正有眚，不利有攸往」，无妄之往，何之矣，天命不佑，行矣哉。以卦變、卦德、卦體言卦之善

❶「玄」，原避清聖祖諱作「元」，今據四庫本改。下文不再一一出校。

如此。故其占當獲大亨而利於正，乃天命之當然也。其有不正，則不利有所往，欲何往哉。蓋其逆天之命，而天不佑之，故不可以有行也。【附録】剛自外來，説卦變。動而健，説卦德。剛中而應，説卦體。大亨以正，説元亨利貞。淵 天之命也，天之道也，義只一般，但取其成韻耳，不必强分。賀孫 【纂註】蔡氏曰：剛自外來而爲主於内，初也。乾交坤而爲震也，非本體來往，故曰外來。

大畜，剛健篤實輝光，日新其德。以卦德釋卦名義。【附録】篤實便有輝光。艮止，便能篤實。顯子 剛上而尚賢，能止健，大正也。以卦變、卦體釋卦辭。【附録】能止健，不説健而止，見得是艮來止乾，是以艮之止，止乾之健。淵 「不家食，吉」，養賢也。亦取尚賢之象。○愚謂艮剛畜乾，有養賢之象。尚賢，以上九一陽言。養賢，以乾三陽言。「利涉大川」，應乎天也。亦以卦體而言。○愚謂六五下與乾應，故曰應天。

「頤，貞吉」，養正則吉也。「觀頤」，觀其所養也。「自求口實」，觀其自養也。釋卦辭。【附録】觀其所養，只是説君子之所養，養浩然之氣模樣。自養，則如爵禄下至於飲食之類，是説自求口實。天地養萬物，聖人養賢以及萬民，頤之時大矣哉。極言養道而贊之。

大過，大者過也。以卦體釋卦名義。「棟橈」，本末弱也。復以卦體釋卦辭。本，謂初。末，謂上。弱，謂陰柔。剛過而中，巽而説行。「利有攸往」，乃「亨」。又以卦體、卦德釋卦辭。大過之時大矣哉。大過之時，非有大過人之材，不能濟也，故嘆其大。【纂註】程子曰：大過之時，其事甚大，如立非常之大事，興不世之大功，成絶俗之大德，皆大過之事也。徐氏曰：時字當玩，自是時節當如此。適其時，當其事，雖曰大過，而不悖於道。所謂剛過而中，巽而説行者，如堯舜之禪授，而謳歌獄訟之皆歸，湯武之放伐，而徯后迎師之恐後，所以成大功而濟於時焉。苟非其時，則堯舜亦且傳子，而不傳賢矣，湯武亦只守臣節，而不敢革夏革殷矣。時不可失，此聖賢所以當天運，立大事，成大業也。否則大亂之道，而謂之利且亨，可乎？

習坎，重險也。釋卦名義。水流而不盈，行險而不失其信。以卦象釋有孚之義，言内實而行有常也。【附録】水流不盈，纔一坎滿便流出去。行險不失其信，是説決定如此。「維心亨」，乃以剛中也。「行有尚」，往有功也。以剛在中，心亨之象。如是而往，必有功也。【纂註】蔡氏曰：剛中，二五也。往有功，動則出坎也。天險不可升也，地險山川丘陵也，王公設險以守其國，險之時用大矣哉。極言之而贊其大也。

離，麗也。日月麗乎天，百穀草木麗乎土，重明以麗乎正，乃化成天下。釋卦名義。【附録】重明，是五二君臣重明之義。《大象》又説大人繼世重明之義，不同。淵 柔麗乎中正，故「亨」。是以「畜牝牛吉」也。以卦體釋卦辭。【附録】六二中正，六五中而不正。今言「麗乎正」、「麗乎中正」，次第説六二分數多。惟這爻較好，故元吉。六五雖柔麗乎中，而不得其正，特借中字而包正字爾。時舉

周易彖上傳第一

周易象下傳第二

朱子本義

新安後學胡一桂附録纂註

咸，感也。釋卦名義。【纂註】丘行可曰：咸非訓感，咸故感耳。凡物兩相對待，而後感應之理生，故咸有感義。又曰：咸者，感也，所以感者，心也。无心者不能感，故咸加心而爲感。有心於感者亦不能咸感，故感无心而爲咸。惟无容心於感，然後无所不感也。柔上而剛下，二氣感應以相與，止而說，男下女，是以「亨利貞，取女吉」也。以卦體、卦德、卦象釋卦辭。或以卦變言「柔上剛下」之義，曰咸自旅來，柔上居六，剛下居五也。亦通。【纂註】蔡氏曰：柔上，上也，坤上交乾而爲兑也。剛下，三也，乾下交坤而爲艮也。馮氏曰：柔上剛下，感應相與，所以爲亨。止而説，所以利貞。男下女，所以取女吉也。天地感而萬物化生，聖人感人心而天下和平。觀其所感，而天地萬物之情可見矣。極言感通之理。

恒，久也。剛上而柔下，雷風相與，巽而動，剛柔皆應，恒。以卦體、卦象、卦德釋卦名義。或以卦變言「剛上柔下」之義，曰恒自豐來，剛上居二，柔下居初也。亦通。「恒，亨，无咎，利貞」，久於其道也。天地之道，恒久而不已也。恒固能亨，且无咎矣。然必利於貞，乃爲久於其道，不貞則久非其道矣。天地之道所以長久，亦以貞而已矣。「利有攸往」，終則有始也。久於其道，終也。利有攸往，始也。動靜相生，循環之理，然必靜爲主也。【纂註】程子曰：恒非一定之謂也，一定則不能常矣。惟隨時變易，乃常道也。故云「利有攸往」，明理之如是，懼人之泥於常也。日月得天而能久照，四時變化而能久成，聖人久於其道而天下化成。觀其所恒，而天地萬物之情可見矣。極言恒久之道。

「遯，亨」，遯而亨也。剛當位而應，與時行也。以九五一爻釋亨義。【附録】遯而亨也，分明是説能遯便亨。下面更説「剛當位而應，與時行也」，是何如？曰：此所以遯而亨也。陰尚微，爲他剛當位而應，所以能知時而遯，是能與時待。不然，便是與時背。砥　「小利貞」，浸而長也。以下二陰釋小利貞。【附録】問：小利貞，浸而長也，是見其浸長，故設戒令其貞正，且以寬君子之患，然亦是他之福。曰：是如此。與否初二兩爻相似。砥　【纂註】程子曰：聖賢之於天下，雖知道之將廢，豈肯坐視其亂而不救。必區區致力於未極之間，强此之衰，艱彼之進，圖其暫安。苟得爲之，孔孟之所屑爲也。案《語録》：盤澗問《本義》釋「小利貞」，與程《傳》不同。朱子曰：若如程《傳》，則於「剛當位而應，與時行也」下，當云「止而健，陰浸而長，故小利貞」。今但言「小利貞，浸而長也」，而不言「陰進而長」，則「小」指陰小之小可知。況當遯去之時，事勢已有不容正之者。程《傳》雖善，而有不通矣。遯之時義大矣哉。陰方浸長，處之爲難，故其時義爲尤大。○愚謂遯以二陰之長成卦，而以四陽之遯得名。《易》爲君子謀，名卦必以陽爲主。如是則時義之大，亦以陽之能遯爲大也。

大壯，大者壯也。剛以動，故壯。釋卦名義。以卦體言，則陽長過中，大者壯也。以卦德言，則乾剛震動，所以壯也。「大壯，利貞」，大者正也。正大，而天地之情可見矣。釋利貞之義，而極言之。【附録】問：「大者正」與「正大」不同。上「大」字是指陽，下「正大」是説理。曰：然。亦緣上面有「大者正」字，方説此。學蒙　問：如何見天地之情？曰：正大便見得天地之情。天地只是正大，未嘗有些子邪處。道夫

晉，進也。釋卦名義。明出地上，順而麗乎大明，柔進而上行，是以「康侯用錫馬蕃庶，晝日三接」也。以卦象、卦德、卦變釋卦辭。

【纂註】丘行可曰：明出地上，離乘坤也。順而麗乎大明，坤附離也。柔進而上行，六自四上行而進于五也。大明之君，諸侯順附，被其寵錫待遇之禮，而衆多榮顯也。

明入地中，明夷。以卦象釋卦名。內文明而外柔順，以蒙大難，文王以之。以卦德釋卦義。蒙大難，謂遭紂之亂而見囚也。「利艱貞」，晦其明也。內難而能正其志，箕子以之。以六五一爻之義釋卦辭。內難，謂爲紂近親，在其國內，如六五之近於上六也。【附録】文王、箕子，大概皆是晦其明。然文王之外柔順，是本分，自然做底。箕子晦其明。又曰：艱貞，是他那佯狂底意思，便是艱難底氣象。淵 【纂註】横渠張子曰：文王難在外，箕子難在內。丘行可曰：內文明，則不失己而詭隨。外柔順，則不逆時而干禍。文王盡全卦之義，故以二體言。箕子得一爻之義，故以六五言。

家人，女正位乎內，男正位乎外，男女正，天地之大義也。以卦體九五、六二釋「利女貞」之義。○愚謂卦以二體言，故惟言利女貞，而説離分數多。彖傳就二五言，故説男女正，而內外爻義兼備。又廣彖辭之旨也。家人有嚴君焉，父母之謂也。亦謂二五。父父子子，兄兄弟弟，夫夫婦婦，而家道正。正家，而天下定矣。上父，初子。五三夫，四二婦。五兄，三弟。以卦畫推之，又有此象。【纂註】趙氏曰：父義母慈，母何以亦稱嚴？蓋母之不嚴，家之蠹也。瀆上下之分，庇子弟之過，亂內外之別，嫚帷薄之儀。父雖嚴，有不能盡察者，必父母尊嚴，內外齊肅，然後父尊子卑，兄友弟恭，夫制婦聽，各盡其道，而後家道正。正家而天下定矣。

睽，火動而上，澤動而下，二女同居，其志不同行。以卦象釋卦名義。説而麗乎明，柔進而上行，得中而應乎剛，是以「小事吉」。以卦德、卦變、卦體釋卦辭。天地睽而其事同也，男女睽而其志通也，萬物睽而其事類也。睽之時用大矣哉。極言其理而贊之。【纂註】程子曰：天高地下，其體睽也。然陽降陰升相合，而化育之事則同也。男女異質睽也，而相求之志則通也。生物萬殊睽也，然而得天地之和，稟陰陽之氣，則相類也。物雖異而理本同，故天下之大，羣生之衆，睽散萬殊，而聖人爲能同之。處睽之時，合睽之用，其事至大，故云大矣哉。

蹇，難也，險在前也。見險而能止，知矣哉。以卦德釋卦名義，而贊其美。「蹇，利西南」，往得中也。「不利東北」，其道窮也。「利見大人」，往有功也。當位「貞吉」，以正邦也。蹇之時用大矣哉。以卦變、卦體釋卦辭，而贊其時用之大也。〇愚謂往得中，五也。其道窮，三也。「利見大人」以下，皆指五言。

解，險以動，動而免乎險，解。以卦德釋卦名義。「解，利西南」，往得衆也。「其來復吉」，乃得中也。「有攸往夙吉」，往有功也。以卦變釋卦辭。坤爲衆，得衆，謂九四入坤體。得中、有功，皆指九二也。天地解而雷雨作，雷雨作而百果草木皆甲拆。解之時大矣哉。極言而贊其大也。【附録】陰陽之氣閉結之極，忽然迸散出，做這雷雨。只管閉結了，若不解散，如何會有雷雨作？小畜所以不能成雨者，畜不極也。淵

損，損下益上，其道上行。以卦體釋卦名義。〇愚謂損内卦乾九三之剛，益上卦坤上六之柔，而成損，是爲損下益上。主剛而言，故曰其道上行。損，而「有孚，元吉，无咎，可貞，利有攸往」。「曷之用，二簋可用享」，二簋應有時，損剛益柔有時。損益盈虚，與時偕行。此釋卦辭。時，謂當損之時。【附録】損上益下曰益，損下益上曰損。所以然者，蓋本厚則邦寧而君安，乃所以爲益也。否則反是。僩 【纂註】程子曰：有本必有末，有實必有文，天下萬事无不然者。无本不立，无文不行。父子主恩，必有嚴順之體。君臣主敬，必有承接之儀。禮讓存乎内，待威儀而後行。尊卑有其序，非物采則无别。文之與實，相須而不可闕也。及夫文之勝，末之流，遠本喪實，乃當損之時也。夫子恐人之泥言也，故復明之曰，二簋之質，用之當有時，非

所用而用之，不可也。謂文飾未過而損之，與損之至於過甚，則非也。損剛益柔有時，剛爲過，❶柔爲不足。損益，皆損剛益柔也。必順時而行，不當時而損益之，則非也。

益，損上益下，民說无疆，自上下下，其道大光。以卦體釋卦名義。【纂註】徐氏曰：損上益下者，損上之剛，益下之柔也。下卦坤，坤柔爲民，坤得益，故民說无疆。上乾之下爻，下爲坤之下爻，自上下下也。天道下濟而光明，其道大光也，故爲益。「利有攸往」，中正有慶。「利涉大川」，木道乃行。以卦體、卦象釋卦辭。【附録】問：「木」字本「益」字之誤，如何？曰：看來只是木字。《渙》卦說「乘木有功」，《中孚》說「乘木舟虛」，以此見得。淵某見一朋友說，有八卦之金木水火土，有五行之金木水火土。如乾爲金，《易》卦之金也。兑之金，五行之金也。巽爲木，卦中取象也。震爲木，乃東方屬木，五行之木也。五行取四維也。去僞【纂註】程子曰：五以陽剛中正居尊位，二復以中正應之，是以中正之道益天下，天下受其福惠也。益，動而巽，日進无疆，天施地生，其益无方。凡益之道，與時偕行。動巽，二卦之德。乾下施，坤上生，亦上文卦體之義。又以此極言，贊益之大。【纂註】蔡氏曰：无疆以悠久言，无方以廣大言。與時偕行，又言凡益之道，當適乎時也。程子曰：天地之益无窮者，理而已矣。聖人利益天下之道，應時順理，與天地合，與時偕行也。

夬，決也，剛決柔也。健而說，決而和。釋卦名義，而贊其德。「揚于王庭」，柔乘五剛也。「孚號有厲」，其危乃光也。「告自邑，不利即戎」，所尚乃窮也。「利有攸往」，剛長乃終也。此釋卦辭。柔乘五剛，以卦體言，謂以一小人加于衆君子之上，是其罪也。剛長乃終，謂一變則爲純乾也。【附録】《彖》云「利有攸往，剛長乃終」，今人以爲陽不能无陰，中國不能无夷狄，君

❶「非也」至「爲過」十一字，原漫漶不清，今據四庫本補。

子不能无小人，故小人不可盡去。今觀剛長乃終之言，則聖人豈不欲小人之盡去耶？但所以決之者，自有道耳。【纂註】徐氏曰：陽剛之長，當終於六位，不可有未盡之陰也。除惡務本，君子雖盛，不可以小人之勢孤，謂无能爲，不盡去之，而存其孽也。唐五王不去一武三思，而患生於所忽，不旋踵而君子之禍烈矣。聖人於夬設戒之意蓋深。

姤，遇也，柔遇剛也。釋卦名。【附録】人曰用間誠意十分爲善矣。或有一分不好底意思，潛發以間於其間。此意一發，便由邪徑以長。姤一陰生，五陽便立不住了。以此見凡於一事一念之微，苟有不善之當防，皆不可忽。大雅　「勿用取女」，不可與長也。釋卦辭。【纂註】程子曰：取女者，欲長久而成家也。漸長之陰，將消於陽，不可與之長久也。凡女子、小人、夷狄，勢苟漸盛，何可與久。故戒勿用取如是之女。天地相遇，品物咸章也。以卦體言。○愚謂以乾遇巽，巽得坤初爻而成，故有天地相遇之象。又巽爲東南之卦，萬物絜齊之時，故有品物咸章之象。剛遇中正，天下大行也。指九五。【附録】姤不是好底卦。然「天地相遇」以下，却又甚好。蓋天地相遇，又自別取一義。剛遇中正，只取九五。或謂亦以九二言，非也。銖　姤之時義大矣哉。幾微之際，聖人所謹。【附録】上面説「天地相遇」至「天下大行」，正是好時節，而不好之漸已生於微矣。故當謹於此。學蒙　【纂註】程子曰：天地不相遇，則萬物不生。君臣不相遇，則政治不興。聖賢不相遇，則道德不亨。事物不相遇，則功用不成。姤之時與義皆甚大也。

萃，聚也。順以説，剛中而應，故聚也。以卦德、卦體釋卦名義。「王假有廟」，致孝亨也。「利見大人亨」，聚以正也。「用大牲吉，利有攸往」，順天命也。釋卦辭。【附録】順天命，伊川説萃時若不用大牲，便是那以天下儉其親相似，也有此理。這時節比不得那「利用禴」之事。觀其所聚，而天地萬物之情可見矣。極言其理而贊之。【纂註】徐氏曰：天地萬物，高下散殊，感則見其情之通，恒則見其情之久，聚則見其情之同。不于其聚而觀之，情之一者不可得而見矣。

柔以時升。以卦變釋卦名。巽而順，剛中而應，是以大亨。以卦德、卦體釋卦辭。○愚謂《易》以陽爲大，巽順不足以大亨，必剛中而應，是以大亨。大亨之功，非剛中之九二上應六五，則不能致也。「用見大人勿恤」，有慶也。「南征吉」，志行也。

困，剛掩也。以卦體釋卦名。險以說，困而不失其所，「亨」，其唯君子乎。「貞大人吉」，以剛中也。「有言不信」，尚口乃窮也。以卦德、卦體釋卦辭。○愚謂剛中指二五。口，兑象。上六爲兑之主，居窮極之地，故有尚口乃窮之象。

巽乎水而上水，井。井養而不窮也。以卦象釋卦名義。「改邑不改井」，乃以剛中也。「汔至，亦未繘井」，未有功也。「羸其瓶」，是以凶也。以卦體釋卦辭。「无喪无得，往來井井」兩句，意與「不改井」同，故不復出。剛中，以二五而言。未有功而敗其瓶，所以凶也。【纂註】晁氏曰：或謂彖主三，陽言五。井洌寒泉食，是陽剛居得中正，邑可改而井不可改也。三「井渫不食」，是水未見於用，未有功也。二「甕敝漏」，是既不得水，并其瓶而亡之，羸其瓶而凶者也。

革，水火相息，二女同居，其志不相得，曰革。以卦象釋卦名義，大略與睽相似。然以相違而爲睽，相息而爲革也。息，滅息也。又爲生息之義，滅息而後生息也。【纂註】金陵王氏曰：澤火非如坎離有陰陽相運之道，其相遇則相息而已。其相息也，唯勝者能革其不勝者耳。「巳日乃孚」，革而信之。文明以說，大亨以正。革而當，其悔乃亡。以卦德釋卦辭。【纂註】程子曰：離爲文明，兑爲說。文明則理无不盡，事无不察，說則人心和順。革而能照察事理，和順人心，可致大亨而得貞正。如是變革，得其至當，故悔亡也。天地革而四時成。湯武革命，順乎天而應乎人。革之時大矣哉。極言而贊其大。【附録】革是更革之謂，須是翻轉更變一番，所謂「上下與天地同流，豈曰小補之哉」，小補之者，謂扶衰救弊，逐些補緝，如錮露家事相似。若是更革，則須徹底重新鑄造，非止補苴罅漏而已，湯武順天應人是如此。〔通論兑卦〕《易》言「順天應人」，後來盡説「應天順人」，非也。又曰：順天應人，革就革命上説，言順天理應人心。胡致堂《管見》中辨得好。○愚案梁武帝受禪，顔見遠不食卒。帝曰：「我自應天從人，何預士夫事？」《管見》曰：《易》之《革》曰「湯武革命，順乎天而應乎人」，未聞應乎天也。應者對感而言，人事作於下，則天理應乎上。豈曰天感乎上，而人應乎下歟？爲是言者，不知天之爲天矣。故《易》惟曰「順乎天」。順乎天者，順理也。後世務名不務實，以兵取國者，曰吾應天順人也。相承而罔察，至以爲尊號，其失遠矣。

鼎，象也。以木巽火，亨飪也。聖人亨以亨上帝，而大亨養聖賢。以卦體二象釋卦名義，因極其大而言之。亨帝貴誠，用犢而已。養賢則饔飧牢禮，當極其盛，故曰大亨。【纂註】蔡氏曰：亨飪，鼎之用也。變腥而爲熟，易堅而爲柔。亨飪，不過祭祀、賓客二事。而祭之大者，无出於上帝。賓客之重者，无過於聖賢。巽而耳目聰明，柔進而上行，得中而應乎剛，是以元亨。以卦象、卦變、卦體釋卦辭。【纂註】程子曰：離明而中虚於上，爲耳目聰明之象。

「震，亨」。震有亨道，不待言也。「震來虩虩」，恐致福也。「笑言啞啞」，後有則也。恐致福，恐懼以致福也。則，法也。「震驚百里」，驚遠而懼邇也。出可以守宗廟社稷，以爲祭主也。程子以爲「邇也」下脱「不喪匕鬯」四字，今從之。出，謂繼世而主祭也。或云「出」則「鬯」字之誤。

艮，止也。時止則止，時行則行，動静不失其時，其道光明。此釋卦名，艮之義則止也。然行止各有其時，故時止而止，止也。時行而行，亦止也。艮體篤實，故又有光明之義。大畜於艮，亦以輝光言。【附録】行固非止，然行而不失其理，乃所止也。僩　問：艮之象，何以爲光明？曰：定則明。

凡人胸次煩擾，則愈見昏昧。中有定止，則自然光明。莊子所謂「泰宇定則天光發」是也。學蒙　○愚謂艮一陽見於二陰之上，陽明著見，陰莫得而掩蔽之，故艮獨稱光明。

艮其止，止其所也。上下敵應，不相與也。是以「不獲其身，行其庭不見其人，无咎」也。此釋卦辭。《易》背爲止，以明背即止也。背者，止之所也。以卦體言，內外之卦陰陽敵應，而不相與也。不相與，則內不見己，外不見人，而无咎矣。晁氏云：艮其止，當依卦辭作背。【附録】八純卦皆不相與。只是艮卦是止，尤不相與。內不見己，是內卦。外不見人，是外卦。兩卦各自去。淵

漸之進也，「女歸吉」也。「之」字疑衍，或是「漸」字。進得位，往有功也。進以正，可以正邦也。以卦變釋「利貞」之意。蓋此卦之變，自渙而來，九進居三；自旅而來，九進居五，皆爲得位之正。其位，剛得中也。以卦體言，謂九五。止而巽，動不窮也。以卦德言漸進之義。【纂註】程子曰：內艮止，外巽順，止爲安靜之象，巽爲和順之義。人之進也，若以欲心之動，則躁而不得其漸，故有困窮在漸之義。內止靜而外巽順，故其進動不有困窮也。

歸妹，天地之大義也。天地不交，而萬物不興。歸妹，人之終始也。釋卦名義也。歸者，女之終。生育者，人之始。【纂註】程子曰：天地不交，則萬物何從而生？女之歸男，乃生生相續之道。男女交而後有生息，有生息而後其終不窮。前者有終，而後者有始，相續不窮，是人之終始也。說以動，所歸妹也。又以卦德言之。【附録】歸妹未有不好，只是說以動，帶累他。「征凶」，位不當也。「无攸利」，柔乘剛也。又以卦體釋卦辭。男女之交，本皆正理。惟若此卦，則不得其正也。【纂註】程子曰：歸妹諸爻，皆不當位。又有乘剛之過，二五皆乘剛。男女有尊卑之序，夫婦有倡隨之禮，此常理也，如恒是也。苟不有常正之道，徇情肆欲，唯說是動，則夫婦瀆亂，男牽欲而失其剛，婦狃說而忘其順，如《歸妹》之「乘剛」是也。所以凶，无往而利也。○愚謂動而說爲隨，此陽倡而陰和，男行而女從，得男女之正，

故元亨利貞。説以動爲歸妹，則是陰反先倡而陽和，女反先行而男從，失男女之正，故征凶，无攸利。柔乘剛，柔謂三五，剛謂二四，皆陰陽失位也。

豐，大也。明以動，故豐。以卦德釋卦名義。【附録】明以動故豐，以明心應事物。非明則動无所之，非動則明无所用。僩　徒明不行，則明无所用，空明而已。徒行不明，則行无所向，冥行而已。伯羽

「王假之」，尚大也。「勿憂，宜日中」，宜照天下也。釋卦辭。【附録】王假之，尚大也，只是王者至此極大底時節，所尚者皆大事。僩　問：君德如日之中，乃能盡照天下否？曰：《易》如此看不得。只是如日之中，則自然照天下，却不可將作道理解他。僩

日中則昃，月盈則食，天地盈虚，與時消息。而況於人乎，況於鬼神乎。此又發明卦辭外意，言不可過中也。【附録】物到盛時必衰，雖鬼神有所不能違也。僩　天地是舉其全體而言，鬼神是指其中運動變化者，通上徹下而言。如雨風露雷草木之類，皆是。又曰：豐卦彖許多言語，其實則在「日中則昃，月盈則食，天地盈虚，與時消息」數語上。這盛得極，常須謹守得日中時候方得，不然偃仆傾壞了。又曰：這處去危亡只是一間耳，須是兢兢如奉槃水方得。又曰：這便是康節所謂「酩酊離披」時候，如何不憂懼謹畏？宣政間有以奢侈爲言者，小人都云，當豐亨豫大之時，須是恁地奢泰方得。所以一向放肆，如何得不亂。學蒙

「旅，小亨」，柔得中乎外而順乎剛，止而麗乎明，是以「小亨，旅，貞吉」也。以卦體、卦德釋卦辭。旅之時義大矣哉。旅之時爲難處。【纂註】徐氏曰：一柔在外而處二剛之中，是羈旅之人交於强有力者。苟非善處，卑則取辱，高則招禍，鮮不失矣。惟於止知其所止，无私交，无暗事，非賢不主，非善不與，止而麗乎明也。夫如是，内不失己，外不失人，雖在旅困，亦可小亨，得旅之正而吉也。

重巽以申命。釋卦義也。巽順而入，必究乎下，命令之義。重巽，故爲申命也。【附録】巽是重卦，故曰重巽。八卦之象皆如此。僩　申字是叮嚀反復之意。風无所不入，如命令之叮嚀告戒无所不至，故象以

之。學蒙 剛巽乎中正而志行，柔皆順乎剛，是以「小亨，利有攸往，利見大人」。以卦體釋卦辭。剛巽乎中正而志行，指九五。柔，謂初四。

兑，説也。釋卦名義。剛中而柔外，説以利貞，是以順乎天而應乎人。説以先民，民忘其勞。説以犯難，民忘其死。説之大，民勸矣哉。以卦體釋卦辭，而極言之。【附録】説，若不是剛中，便是違道干譽，便成邪媚。下面許多道理，都從這箇剛中柔外來。淵 【纂註】徐氏曰：剛中，二五也。柔外，三上也。剛中而柔外，則立己者正，而説人者非邪矣。程子曰：陽剛居中，中心誠實之象。柔爻在外，接物和柔之象。故爲説利貞，説之以道宜正也。説而能貞，是以上順天理，下應人心，説道之至正至善者也。若夫違道以干百姓之譽者，苟取一時之説耳，非君子之正道也。君子之道，其説於民，如天地之施，感於其心，而説服無斁。故以之先民，則民心悦隨，而忘其勞。率之以犯難，則民心説服於義，而不恤其死。説道之大，民莫不知勸。勸，謂信之而勉力順從。

「渙亨」，剛來而不窮，柔得位乎外而上同。以卦變釋卦辭。【附録】剛來而不窮，是居位得中。若在下，則窮矣。學蒙 剛來而不窮，是九三來做二。柔得位而上同，是六二上做三。此説有些不穩，却爲是六三，不唤做得位。○愚謂《本義》以卦變自漸來，故指柔爲三，三却未爲得位。蔡氏指柔爲四，則四正得位，外謂外卦，上同謂上同於五，似爲得之。「王假有廟」，王乃在中也。中，謂廟中。【附録】此卦只是卜祭吉，又更宜涉川。王乃在中，是指廟中言。王，指九五。言宜在廟祭祀。淵 「利涉大川」，乘木有功也。

「節亨」，剛柔分而剛得中。以卦體釋卦辭。○愚謂下體本乾，分三剛上而爲五；上體本坤，分五柔下而爲三，是剛上而得五之中也。「苦節，不可貞」，其道窮也。又以理言。説以行險，當位以節，中正以通。又以卦德、卦體言之。當位中正指五，又坎爲通。【附録】説以行險，程説是也。

説則欲進而有險在前，進去不得，故有節止之義。又曰：節便是阻節之意。坎爲通，水在中間，流而不止也。【纂註】程子曰：人於所説則不知已，遇艱險則思止，方説而上，爲節之義。當位以節，五居尊位，主節者也。處得中正，節而能通也。中正則通，過則苦矣。又曰：以剛中正爲節，如懲忿窒慾，損過折有餘是也。不正之節，如嗇節於用，懦節於行是也。天地節而四時成，節以制度，不傷財，不害民。極言節道。【附録】天地節而四時成，天地轉來到這裏，相節了，更没去處。今年冬盡了，明年又是春夏秋冬。到這裏厮匝了，更去不得。這箇拆做兩截，兩截又拆做四截，便是春夏秋冬。他是自然之節，初無人使他。聖人則因其自然之節而節之，如「脩道之謂教」「天秩有禮」之類皆是。天地則和這箇都无，只是自然如此。聖人法天，做這許多節指出來。淵

中孚，柔在内而剛得中，説而巽，孚乃化邦也。以卦體、卦德釋卦名義。【附録】柔在内而剛得中，這箇是就全體看，則中虚。就二體看，則中實。他都見得有孚信之意，故唤作中孚。伊川此二句，却説得好。「豚魚吉」，信及豚魚也。「利涉大川」，乘木舟虚也。以卦象言。【纂註】吴氏曰：先儒以「豚魚」爲二物，實一物耳。蓋兑澤巽風，豚魚生於澤而主風，古云「江豚魚出而風」，今江湖行舟之人見江豚作，則知風之至。天下之物，皆有自然之信。凡天機之觸，天籟之鳴，非物能然也，皆天理之真、天道之妙流行貫通，在物有不能違耳。中孚以「利貞」，乃應乎天也。信而正，則應乎天矣。

小過，小者過而亨也。以卦體釋卦名義與其辭。過以「利貞」，與時行也。柔得中，是以「小事吉」也。以二五言。剛失位而不中，是以「不可大事」也。以三四言。有飛鳥之象焉。「飛鳥遺之音，不宜上宜下，大吉」，上逆而下順也。以卦體言。【附録】行過恭，用過儉，皆是「宜下」之意。燀　【纂註】蔡氏曰：卦體有飛鳥之象，中二爻象身，上四爻象翼。上逆而下順，陰之道也。

「既濟，亨」，小者亨也。「濟」下疑脱「小」字。

「利貞」，剛柔正而位當也。以卦體言。「初吉」，柔得中也。指六二。終止則亂，其道窮也。【纂註】程子曰：天下之事不進則退，无一定之理。濟之終不濟而止矣，无常止也。衰亂至矣，蓋其道已窮極也。九五之才非不善也，❶時極道窮，理當必變也。聖人至此奈何？曰：唯聖人爲能通其變於未窮，不使至於極也，堯舜是也，故有終而无亂。丘行可曰：人之常情，處无事則止心生，止則心有所怠而不復進，此亂之所從起。處多事則戒心生，戒則心有所畏而不敢肆，此治之所由兆。治亂者天也，❷所以制其治亂者人也。彖曰「終亂」，而《傳》曰「終止則亂」，止則亂矣。不止，亂安從生？玩「止」一辭，則知夫子有功於贊《易》也。

「未濟，亨」，柔得中也。指六五言。【附録】問：未濟所以亨者，便是有濟之理。而柔得中，又有亨之道。曰：然。學履　「小狐汔濟」，未出中也。「濡其尾，无攸利」，不續終也。【附録】汔字訓幾，與井卦同。既曰幾，便是未濟。未出中，不獨是説九二，通一卦之體皆是。未出乎坎險，所以未濟。學履　不續終也，是首濟而尾濡，不能濟，不相接續去，故曰不續終也。狐尾大，濡其尾則濟不得矣。雖不當位，剛柔應也。【纂註】馮氏曰：六爻雖不當位，而剛柔皆應。苟能協力以濟，亦可致亨，未濟者終濟矣。

周易彖下傳第二

❶「九」，原誤作「也」，今據四庫本改。

❷「亂者天」，原漫漶不清，今據四庫本補。

周易象上傳第三

朱子本義

新安後學胡一桂附録纂註

象者，卦之上下兩象及兩象之六爻，周公所繫之辭也。【附録】〔易象説〕《易》之有象，其取之有所從，其推之有所用，非苟爲寓言也。然兩漢諸儒必欲究其所從，則既滯泥而不通。王弼以來，直欲推其所用，則又疎略而無據。二者皆失之一偏，而不能闕其所疑之過也。且以一端論之，乾之爲馬，坤之爲牛，《説卦》有明文矣。馬之爲健，牛之爲順，在物有常理矣。至於案文索卦，若屯之有馬而無乾，離之有牛而無坤，乾之六龍則或疑於震，坤之牝馬則當反爲乾，是皆有不可曉者。是以漢儒求之《説卦》而不得，則遂相與創爲互體、變體、五行、納甲、飛伏之法，參互以求，而幸其偶合，其説雖詳，然其不可通者終不可通，其可通者又皆傅會穿鑿，而非有自然之勢。唯其一二之適然而無待於巧説者，爲若可信。然上無所關於義理之本原，下無所資於人事之訓戒，則又何必苦心極力，以求於此而欲必得之哉？故王弼曰：「義苟應健，何必乾乃爲馬？爻苟合順，何必坤乃爲牛？」而程子亦曰：「理無形也，故假象以顯義。」此其所以破先儒膠固支離之失，而開後學玩辭玩占之方，則至矣。然觀其意，又似直以《易》之取象無復有所自來，但如《詩》之比興，孟子之譬喻而已。如是，則《説卦》之作爲無所與於《易》，而「近取諸身」、「遠取諸物」者，亦剩語矣。故疑其説亦若有未盡者。因切論之，以爲《易》之取象，固必有所自來，而其爲説已具於太卜之官。顧今不可復考，則姑闕之。而直據辭中之象以求象中之意，使冒以爲訓戒而決吉凶，如王氏、程子與吾《本義》之云者，其亦足矣。固不必深求其象之所自來，然亦不可直謂假設而遽欲忘之也。○看《易》，若靠定象看，便滋味長。若只懸空看，也没甚意思。燀　王弼、伊川於象底意思不可見，却只就他那象上推求道理。淵　○愚嘗謂數聖人取象，各有不同。故《説卦》言象，求之於經不盡合，蓋夫子所自取之象惟多，不必盡同於先聖也。朱子嘗曰：「伏羲自是伏羲《易》，文王、周公自是文王、周公《易》，夫子自是夫子《易》。」以此求之，得其要矣。詳見《易象圖説》。

天行健，君子以自彊不息。天，乾卦之象也。凡重卦皆取重義，此獨不然者，天一而已。但言「天行」，則見其一日一周，而明日又一周，若重復之象，非至健不能也。君子法之，不以人欲害其天德之剛，則自彊而不息矣。【附録】乾卦有兩乾，是兩天也。昨日行，一天也。今日行，又一天也。其實一天，而行健不已，此所以爲天行健也。人傑　胡安定説得好，曰：「天者，乾之形。乾者，天之用。天形蒼然，南極入地下三十六度，北極出地上三十六度，狀如倚杵。其用，則一晝一夜行九十餘萬，天之行健可知。故君子法之，以自彊不息云。」淵　因言天之氣運轉不息，故閣得地在中間，如弄椀珠底，只運動不住，故在空中不墜。少有息，則墜矣。銖　君子以自彊不息，非是説去趕逐也，學他如此不息，只是常存得此心，則天理常行，而周流不息矣。燀　天行健，以氣言之，則一晝一夜周乎三百六十五度，而又過一度。以理言之，則於穆不已，無閒容息，豈不是至健。僩　○愚謂六十四卦《大象》，皆著一「以」字，以者，所以體《易》而用之也。即一「以」字，示萬世學者用《易》之方，不可不察也。

「潛龍勿用」，陽在下也。陽，謂九。下，謂潛。

「見龍在田」，德施普也。【附録】如日方升，雖未中天，而其光已無所不被矣。銖

「終日乾乾」，反復道也。反復，重複踐行之意。【纂註】徐氏曰：反復往來，必由乎道，動循天理，雖危而安也。三位在二體之中，可進而上，可退而下，故言反復。

「或躍在淵」，進无咎也。可以進，而不必進也。

【纂註】徂徠石氏曰：爻辭但云「或躍无咎」，夫子必謂「須進」，乃加進字以斷其疑，以進爲无咎，不進則有咎矣。以進釋躍字。「飛龍在天」，大人造也。造，猶作也。「亢龍有悔」，盈不可久也。【纂註】丘行可曰：盈謂陽極，釋「亢」字。不可久，謂陰生，釋「有悔」字。「用九」，天德不可爲首也。言陽剛不可爲物先，故六陽皆變而吉。○「天行」以下，先儒謂之「大象」。「潛龍」以下，先儒謂之「小象」。後放此。【附録】乾爲萬物之始，故天下之物無不資之以始，但其六爻有時而皆變，故有羣龍无首之象。而君子體之，則當謙恭卑順，不敢爲天下先耳，非謂可天德而不可爲首。若曰乾不爲首，則萬物何所資始，而又誰爲之首乎？【纂註】徐氏曰：六爻皆用九，則乾變之坤。九者，剛健之極，天之德也。天德不可爲首，指卦變言，即坤无首之義，非謂乾剛有所不足也。善用九者，物極必變，剛而能柔。不爲物先，用坤道也。

地勢坤，君子以厚德載物。地，坤之象。亦一而已，故不言重，而言其勢之順，則見其高下相因之無窮，至順極厚，而無所不載也。【附録】地之勢常有順底道理，且如這箇平地，面前便有坡陀處，那突然起底，也日順。淵　銖問：地勢猶言高下相因之勢，以其順且厚否？曰：高下相因只是順。若厚，又是一箇道理。然惟其厚，所以上下只管相因去，只見得他順。若是薄底物，高下只管相因，則傾陷了，不能如此之無窮矣。惟其高下相因無窮，所以爲至順也。君子體之，惟至厚爲能載物也。「履霜堅冰」，陰始凝也。馴致其道，至堅冰也。案《魏志》作「初六履霜」，今當從之。馴，順習也。六二之動，「直」以「方」也。「不習无不利」，地道光也。「含章可貞」，以時發也。「或從王事」，知光大也。【纂註】程子曰：夫子懼人守文而不達義也。又從而明之，言義所當爲，則以時而發，非含藏終不爲也。又曰：象只舉上句，解義則并及下文。或從王事而能無成有終者，是其知之光大也。唯其知之光大，故能含晦。淺暗之人，有善唯恐人不知，豈能含章也。「括囊无咎」，慎不害也。「黄裳元吉」，文在中也。文在中，而見於外也。「龍戰于野」，其道窮也。「用六永貞」，以大終也。初陰後陽，故曰大終。【附録】坤六爻皆陰，其始本小，到此陰皆變陽。所謂「以大終也」，言始小而終大。文蔚

雲雷屯，君子以經綸。坎不言水而言雲者，未通之意。經綸，治絲之事。經引之，綸理之也。屯難之世，君子有爲之時也。【纂註】馮氏曰：雲雷方作，而未有雨，有屯結之象。君子觀象以治世之屯，猶治絲者，既經之又綸之，所以解其結而使就條理也。○愚謂坎在上爲雲，未下而成雨，故雲雷屯，言陰陽之未通也。雖「盤桓」，志行正也。以貴下賤，大得民也。【纂註】程子曰：陽居陰下，貴下賤之象。方屯之時，陰柔不能自存，有一陽剛之才，衆所歸從。更能自處卑下，所以大得民也。六二之難，乘剛也。「十年乃字」，反常也。「即鹿无虞」，以從禽也。「君子舍」之，「往吝」窮也。【纂註】程子曰：事不可而妄動，以從欲也。无虞而即鹿，以從禽也。當屯之時，不可動而動，猶无虞而即鹿，以有從禽之心也。君子則見幾而舍之不從。若往，則可吝而困窮矣。「求」而「往」，明也。「屯其膏」，施未光也。「泣血漣如」，何可長也。

山下出泉，蒙，君子以果行育德。泉，水之始出者，必行而有漸也。【附録】育德，有山之象。果行，有水之象。【纂註】徐氏曰：蒙而未知所適也，必體坎之剛中，以決果其行而達之。蒙而未有所害也，必體艮之靜止，以養育其德而成之。「利用刑人」，以正法也。發蒙之初，法不可不正，懲戒所以正法也。「子克家」，剛柔接也。指二五之應。【纂註】程子曰：二五剛柔之情相接，故得行其剛中之道，成發蒙之功。苟非上下之情親，二雖剛中，安能尸其事乎。「勿用取女」，行不順也。「順」當作「慎」，蓋順、慎古字通用。《荀子》「順墨」作「慎墨」。且「行不慎」，於經意尤親切。「困蒙」之「吝」，獨遠實也。實，協韻去聲。【纂註】徐氏曰：剛實發蒙，四獨遠之，困於蒙者也，故吝。「童蒙」之「吉」，順以

巽也。○愚謂順以爻柔言，巽以巽志應二言。「利用『禦寇』，上下順也。」禦寇以剛，上下皆得其道。【附録】上九一陽而衆陰隨之，如人皆順從於我，故能禦寇。須是自家屋裏人從我，方能去理會外頭人。若自家屋裏人不從時，如何去禦得寇。所以《象》曰：「上下順也。」煇

雲上於天，需，君子以飲食宴樂。雲上於天，無所復爲，待其陰陽之和而自雨爾。事之當需者，亦不容更有所爲，但飲食宴樂，俟其自至而已。一有所爲，則非需也。【附録】問：屯、需二象，皆陰陽未和洽成雨之象。然屯言經綸，而需言飲食宴樂，何也？曰：需是緩意，在他無所致力，只得飲食宴樂。屯是物之始生象，草木出地之狀。其初出時，欲破地面而出，不無齟齬艱難，故當爲經綸，其義不同。時擧【纂註】程子曰：君子觀象，懷其道義，安以待時，飲食以養其氣體，宴樂以和其心志，所謂居易以俟命也。○愚謂飲食，坎象。宴樂，樂天也，乾象。「需于郊」，不犯難行也。「利用恒，无咎」，未失常也。「需于沙」，衍在中也。雖「小有言」，以吉終也。衍，寬意。以寬居中，不急進也。「需于泥」，災在外也。自我「致寇」，敬愼不敗也。外，謂外卦。敬愼不敗，發明占外之占。聖人示人之意切矣。【附録】銖問：占外之占，何也？曰：象中本無此意，占者不可無此意，所謂占外意也。銖　孔子雖説推明義理，這般所在又變例，推明占筮之意。「需于泥，災在外」，占得此象，雖若不吉，然能敬愼，則不敗。又能忍以需待，處之得其道，所以不凶。或失其剛健之德，又無堅忍之志，則不能不敗矣。文蔚　【纂註】丘行可曰：寇，坎也。三既迫坎，則害已切已，故曰致寇至。夫坎險在外，未嘗迫人。由人急於求進，自迫於險，以致禍敗。象以「自我」釋之，明致災之由不在他人也。然於此能以敬愼自處，則亦不至於敗也。「需于血」，順以聽也。【纂註】丘行可曰：需之三四，乾坎之會也。三恃健冒險而進，四據險以待乾之來。聖人於三之象，以敬告之，能敬則不犯坎矣。於四之象，以順告之，能順則不忤乾矣。二者交盡其道，此處需之要也。「酒食，貞吉」，以中

正也。「不速之客來，敬之終吉」，雖不當位，未大失也。以陰居上，是爲當位。言不當位，未詳。【附録】凡初上二爻皆無位。二士，三卿大夫，四大臣，五君位。上六之不當位，如父母老，不任家事而退閑，僧家之有西堂之類。銖　【纂註】蔡氏曰：敬，故未大失。

天與水違行，訟，君子以作事謀始。天上水下，其行相違。作事謀始，訟端絶矣。「不永所事」，訟不可長也。雖「小有言」，其辨明也。「不克訟」，「歸逋」竄也。自下訟上，患至掇也。掇，自取也。【纂註】程子曰：自下而訟其上，義乖勢屈，禍患之至，猶掇拾而取之，言易得也。「食舊德」，從上吉也。從上吉，謂隨人則吉。明自主事，則無成功也。「復即命，渝，安貞」，不失也。「訟元吉」，以中正也。中則聽不偏，正則斷合理。以訟受服，亦不足敬也。

地中有水，師，君子以容民畜衆。水不外於地，兵不外於民。故能養民，則可以得衆矣。【纂註】劉壽翁曰：古者兵農合一，居則爲比閭族黨之民，役則爲伍兩軍旅之衆，此衆即此民也。故曰水不外於地，兵不外於民。君子觀象，容之畜之於無事之時，用之於有事之日，故曰能養民，則可以得衆矣。「師出以律」，失律凶也。「在師中吉」，承天寵也。「王三錫命」，懷萬邦也。【纂註】程子曰：在師中吉者，以其承天之寵任也。天，謂上也。人臣非君寵任之，則安得專征之權，而有成功之吉？象以二專主其事，故發此義。王三錫以恩命，褒其成功，所以懷萬邦也。「師或輿尸」，大无功也。「左次无咎」，未失常也。知難而退，師之常也。「長子帥師」，以中行也。「弟子輿尸」，使不當也。「大君有命」，以正功也。「小人勿用」，必亂邦也。聖人之戒深矣。

地上有水，比，先王以建萬國，親諸侯。地上有水，水比於地，不容有間。建國親侯，亦先王所以比於天下而無間者也。象意人來比我，此取我往比人。【附録】伊川言「建萬國以比民」，言民不可盡得而比，故建諸侯使比民，而天子所親者諸侯而已。這便是他比天下之道。淵 【纂註】程子曰：親比而無閒者，莫如水在地上，所以爲比也。先王觀比之象，以建萬國，親諸侯。建立萬國，所以比民。親撫諸侯，所以比天下也。

比之初六，「有他吉」也。「比之自内」，不自失也。得正，則不自失矣。【纂註】程子曰：守己中正之道，以待上之求，乃不自失也。「比之匪人」，不亦傷乎。【纂註】徐氏曰：三居不正之位而應上，比之匪人也。上比无首而凶，己乃應之，亦可傷矣。馬援勸隗囂專意東方，而隗囂降蜀，至於殺身亡宗，爲天下笑者，非大可傷乎？ 「外比」於賢，以從上也。「顯比」之「吉」，位正中也。舍逆取順，「失前禽」也。「邑人不誡」，上使中也。由上之德，使不偏也。「比之无首」，无所終也。以上下之象言之，則爲无首。以始終之象言之，則爲无終。无首，則无終矣。

風行天上，小畜，君子以懿文德。風有氣而無質，能畜而不能久，故爲小畜之象。懿文德，言未能厚積而遠施也。「復自道」，其義「吉」也。「牽復」在中，亦不自失也。亦者，承上爻義。「夫妻反目」，不能正室也。程子曰：説輻反目，三自爲也。【纂註】程子曰：陰制於陽者也，今反制陽，如夫妻之反目也。反目，謂怒目相視，不順其夫，而反制之也。婦人爲夫寵惑，既而遂反制其夫，未有夫不失道而妻能制之也。故説輻反目，三自爲也。三自處不以道，故四得制之不使進，猶夫不能正室家，故致反目也。「有孚，惕出」，上合志也。「有孚攣如」，不獨富也。「既雨既處」，德積載也。「君子征凶」，有所疑也。【纂註】疑，均敵也。柔畜既盛，必敵剛也。蔡氏

上天下澤，履，君子以辯上下，定民志。程《傳》備矣。【纂註】程子曰：天在上，澤居下，上下之正理也。人之所履當如是，故取其象而爲履。君子觀履之象，以辯别上下之分，以定其民志。夫上下之分明，而後民志有定，民志定，然後可以言治民。

志不定，天下不可得而治也。古之時，公卿大夫而下，位各稱其德，終身居之，得其分也。位未稱德，則君舉而進之，士修其學，學至而君求之，皆非有預於己也。農工商賈勤其事，而所享有限，故皆有定志，而天下之心可一。後世自庶士至於公卿日至於尊榮，農工商賈日至於富侈，億兆之心交騖於利，天下紛然如之，何其可一也。欲其不亂，難矣。此由上下無定志也。君子觀履之象而辯上下，使各當其分，以定民之心志也。

「素履」之「往」，獨行願也。【纂註】程子曰：安履其素而往者，非苟利也，獨行其志願耳。若欲貴之心與行道之心交戰於中，豈能安履其素也。

「幽人貞吉」，中不自亂也。【纂註】徐氏曰：上無應與，而獨善其身，日用常行，坦然平易，不爲艱難阻絶之行，自守以正，而外物不亂，所以吉也。

「眇能視」，不足以有明也。「跛能履」，不足以與行也。「咥人」之「凶」，位不當也。「武人爲于大君」，志剛也。

「愬愬終吉」，志行也。

「夬履貞厲」，位正當也。傷於所恃。

「元吉」在上，大有慶也。若得元吉，則大有福慶也。

天地交，泰，后以財成天地之道，輔相天地之宜，以左右民。財成以制其過，輔相以補其不及。【附録】問：聖人財成輔相之功，當無時而不然，何獨於泰卦言之？曰：天地交泰，萬物各遂其理，聖人自此方能致用。若天地閉塞，萬物不生，聖人亦無所施其巧。煇　財成，猶裁截成就之也。輔相，只於財成處以補其不及而已。財成，眼前皆可見。且如君臣父子兄弟夫婦，聖人爲制下許多禮數倫序，只此便是財成處。至大至小之事皆是。固是萬物本有此道理，若非聖人財成，亦不能得如此齊整。此皆天地之所不能爲，而聖人能之，所以贊天地之化育，而功與天地參也。又問繼天立極。曰：天只生得許多人物與許多道理，然天却自做不得，所以必得聖人爲之修道立教，以教化百姓，所謂「財成天地之道，輔相天地之宜」是也。蓋天做不得底，須聖人爲他做也。又問：輔相財成，學者日用處有否？曰：飢食渴飲，冬裘夏葛，耒耜罔罟，皆是。僩　財成是裁做段子底，輔相是佐助他底。天地之化，儱侗相續下來，聖人便裁作段子。

如氣化一年一周，聖人與他截做春夏秋冬四時。淵問：乾健坤順，如何得有過不及之差？曰：乾坤者，一氣運於無心，不能無過不及之差。聖人有心以爲之主，故無過不及之失。所以天地之功，必有待於聖人。長孺　【纂註】蔡氏曰：天地之道，謂日月寒暑之往來，東西南北之經緯。天地之宜，謂春生秋殺，高黍下稻。於道則制裁其節，於宜贊助之而已。又曰：天地之道，以氣形全體言。天地之宜，以時勢所適言。財成者，因其全體而裁制其節，使不過。輔相者，隨其所宜而贊助其所不及。如氣化流行，籠統相續，聖人則爲之裁制，以分春夏秋冬之節。地形廣邈，經緯交錯，聖人則爲之裁制其東西南北之限，此財成天地之道也。春生秋殺，此時運之自然。高黍下稻，此地勢之所宜也。聖人則輔相之，使當春而耕，當秋而斂，高者種黍，下者種稻，此輔相天地之宜也。「拔茅征吉」，志在外也。【纂註】蔡氏曰：在外，謂應陰也。陰爲民，君子在內，則恩澤及乎民也。「包荒，得尚于中行」，以光大也。「无平不陂」，天地際也。【纂註】徐氏曰：乾坤相遇之際，泰否反復之機，實在於此，可不戒哉。「翩翩不富」，皆失實也。「不戒以孚」，中心願也。陰本居下，在上爲失實。「以祉元吉」，中以行願也。【纂註】徐氏曰：中以行願，居中應二，行其志願，非勉强也。「城復于隍」，其命亂也。命亂，故復否。告命，所以治之也。

天地不交，否，君子以儉德辟難，不可榮以禄。收斂其德，不形於外，以辟小人之難。人不得以禄位榮之。【纂註】蔡氏曰：天地不交，二氣鬱塞，否之象也。順陽消之象，而晦處窮約也。「拔茅貞吉」，志在君也。小人而變爲君子，則能以愛君爲念，而不計其私矣。「大人否亨」，不亂羣也。言不亂於小人之羣。「包羞」，位不當也。【纂註】程子曰：陰柔居否，不中不正，所爲可羞者，處不當故也。處不當位，所爲不以道也。「有命无咎」，志行也。「大人」之「吉」，位正當也。【纂註】程子曰：有大人之德，而得至尊之正位，故能休天下之否，是以吉也。無其位，則雖有其道，將何爲乎？故聖人之位，謂之大寶。「否」終則「傾」，何可長也。【纂註】程子曰：豈有長否之理？極而必反，理之常也。

天與火，同人，君子以類族辯物。天在上而火炎上，其性同也。類族辯物，所以審異而致同也。【附録】類族，如青底做一類，白底做一類，恁地類了，同底自同，異底自異。淵　類族，是就人上說。辯物，是就物上說。天下有不可以皆同之理，故隨他地頭去分別。類族，如分姓氏，張姓作一類，李姓作一類。辯物，如牛是一類，馬是一類。就其異處以致其同，此其所以爲同。學蒙　【纂註】馮氏曰：類族，是如天之兼覆。辯物，是如火之燭照。出門同人，又誰咎也。【纂註】程子曰：出門同人，所同者廣，無所偏私，人之同也。有厚薄親疎之異，過咎所由生。既無偏黨，誰其咎之。「同人于宗」，吝道也。「伏戎于莽」，敵剛也。「三歲不興」，安行也。言不能行。【纂註】蔡氏曰：敵謂五。安，何也，安往而不得貧賤之安。「乘其墉」，義弗克也。其吉，則困而反則也。乘其墉矣，則非其力之不足也，特以義之弗克而不攻耳。能以義斷，困而反於法則，故吉也。同人之先，以中直也。「大師相遇」，言相克也。直謂理直。「同人于郊」，志未得也。【纂註】蔡氏曰：未及乎野，未盡乎大同之道，故曰志未得也。

火在天上，大有，君子以遏惡揚善，順天休命。火在天上，所照者廣，爲大有之象。所有既大，無以治之，則釁蘖萌於其間矣。天命有善而無惡，故遏惡揚善，所以順天。反之於身，亦若是而已矣。【附録】天道喜善而惡惡，遏惡而揚善，非順天休命而何？蓋卿　堯舜之治，既舉元凱，必放共兜，此《易》所謂遏惡揚善順天休命者也。蓋善者天理之本，然惡者人欲之邪妄，是以天之爲道，既福善禍淫，又以賞罰之權寄之司牧，使之有補助其禍福之所不及。《戊申封事》　【纂註】蔡氏曰：遏惡揚善，離象。順天休命，乾象。大有初九，「无交害」也。「大車以載」，積中不敗也。「公用亨于天子」，小人害也。【纂註】程子曰：民衆財豐，反擅其富彊，益爲不順，是小人大有則爲害。又大有爲小人之害。「匪其彭无咎」，明辯晳也。晳，明貌。【纂註】蔡氏曰：居離明之始，故能辯其理之必至。「厥孚交如」，信以發志也。一人之信，足以發上下之志也。「威如」之「吉」，易而无備也。太柔，則人將易之，而无畏備之心。大有上吉，自天祐也。

地中有山，謙，君子以裒多益寡，稱物平施。以卑蘊高，謙之象也。裒多益寡，所以稱物之宜而平其施，損高增卑以趨於平，亦謙之意也。【附録】問：謙是損高就低，使教恰好。曰：大抵人多見得在己者高，在人者卑。謙則抑己之高，而卑以下人，便是平也。學蒙　臣伏見近年百事多務含容，曲直是非兩無所問，似聞聖意謂如此處置方得均平，然臣切有疑焉。《易·象》曰「稱物平施」，蓋古之欲爲平者，必稱其物之大小高下，而爲其施之多寡厚薄，然後乃得其平。若不問其是非曲直，而待之如一，則是善者常不得伸，而惡者反幸而免。以此爲平，是乃所以爲大不平也。《戊申封事》　「謙謙君子」，卑以自牧也。【纂註】程子曰：自牧，自處也。《詩》云：「自牧歸荑。」蔡氏曰：牧，養也。「鳴謙貞吉」，中心得也。「勞謙君子」，萬民服也。【纂註】蔡氏曰：萬民，衆柔義。「无不利撝謙」，不違則也。言不爲過。「利用侵伐」，征不服也。【纂註】蔡氏曰：不服謂四。「鳴謙」，志未得也。可用行師，征邑國也。陰柔无位，才力不足，故其志未得。而至於行師，然亦適足以治其私邑而已。【纂註】丘行可曰：二與上皆曰鳴謙，以有感乎三也。然柔近剛，則先得乎剛。二比三近也，故中心得。上應三遠也，故志未得。

雷出地奮，豫，先王以作樂崇德，殷薦之上帝，以配祖考。雷出地奮，和之至也。先王作樂，既象其聲，又取其義。殷，盛也。【附録】象其聲者，謂雷。取其義者，謂和。崇德，謂著其德。作樂，所以發揚其德。時舉　先王作樂，其功德便自不可掩。砥　問：崇德，如《大韶》《大武》之類否？曰：是。先王作樂，無處不用。如宴饗飲食之時，無不用。此特言其大者爾。學蒙　【纂註】程子曰：雷者，陽氣奮發，陰氣相薄而成聲。陽始潛閉地中，及其動，則出地奮震也。始閉鬱，及奮發則通達和豫，故爲豫也。坤順震動，和順積中而發於聲，樂之象也。潘氏曰：樂之爲用，朝覲聘饗祭祀，各有所主。惟郊祀上帝，則大合古今衆樂而奏之。《大司樂》「圜丘之奏，樂極九變」是也。故曰：「殷薦之上帝，以配祖考。」郊祀后稷以配天，配以祖也。宗祀文王於明堂，以配上帝，配以考也。

初六「鳴豫」，志窮凶也。窮謂滿極。「不終日貞吉」，以中正也。「盱豫有悔」，位不當也。「由豫大有得」，志大行也。六五「貞疾」，乘剛也。「恒不死」，中未亡也。「冥豫」在上，何可長也。

澤中有雷，隨，君子以嚮晦入宴息。雷藏澤中，隨時休息。【纂註】馮氏曰：雷發聲於震之春，收聲於兑之秋。由震而兑，雷藏澤中，與時休息，爲隨時之象。日出於東方之震，而入於西方之兑，由震而兑，自明嚮晦。出於明者，至晦而入也，勞者宴、作者息矣，所以用隨也。天地之隨，爲晝夜，爲寒暑，爲古今。君子之隨，爲動息，爲語默，爲行藏。一晝一夜之頃，而動息隨之，況於消息盈虚之大者乎。黄宗台曰：卦爻取隨時而動，大象取隨時而息。「官有渝」，從正吉也。「出門交有功」，不失也。

「係小子」，弗兼與也。【纂註】程子曰：人之所隨，得正則遠邪，從非則失是，無兩從之理。二苟係初，則失正矣。弗能兼與也，故以戒人從正當專一也。「係丈夫」，志舍下也。「隨有獲」，其義凶也。「有孚在道」，明功也。「孚于嘉吉」，位正中也。「拘係之」，上窮也。窮，極也。

山下有風，蠱，君子以振民育德。山下有風，物壞而有事矣。而事莫大於二者，乃治己治人之道也。【附録】當蠱之時，必有以振起聳動民之觀聽，而在己進德不已。必須有此二者，則可以治蠱矣。振民，有風之象。育德，有山之象。【纂註】徐氏曰：山下有風，風薄山而迴物，皆散亂，蠱之象也。○愚謂育德，山象，如山之養成材力也。「幹父之蠱」，意承考也。【纂註】鄭氏曰：子改父道，始雖勞而終則吉。蓋其事若不順，而其意則在於承其父也。「幹母之蠱」，得中道也。「幹父之蠱」，終无咎也。「裕父之蠱」，往未得也。「幹父用裕」，承以德也。「不事王侯」，志可則也。

澤上有地，臨，君子以教思无窮，容保民无疆。地臨於澤，上臨下也。二者皆臨下之事。教之无窮者，兑也。容之无疆者，坤也。【纂註】蔡氏曰：教思无窮，澤潤地之象也。容保民无疆，地容澤之象也。「咸臨貞吉」，志行正也。「咸臨吉无不利」，未順命也。未詳。【纂註】蔡氏曰：命，君命，謂五也。徐氏曰：二剛，咸臨有進逼陵躐之勢。五柔二剛，有君弱臣强之疑。以此相臨，豈能遽合。自二言之，其初未順命也。然五以柔中用二，二以剛中應五，豈終不順哉。聖人以未順命釋之，欲人知以道事君，而不苟於從上也。「甘臨」，位不當也。「既憂之」，咎不長也。「至臨无咎」，位當也。「大君之宜」，行中之謂也。「敦臨」之吉，志在内也。

風行地上，觀，先王以省方觀民設教。省方以觀民，設教以爲觀。【纂註】程子曰：風行地上，周及庶物，爲由歷周覽之象。故先王體之，爲省方之禮，以觀民俗而設政教也。設教者，如奢則約之以儉，儉則示之以禮是也。省方，觀民也。設教，爲民觀也。初六「童觀」，小人道也。「闚觀女貞」，亦可醜也。在丈夫，則爲醜也。「觀我生進退」，未失道也。「觀國之光」，尚賓也。「觀我生」，觀民也。此夫子以義言之，明人君觀己所行，不但一身之得失，又當觀民德之善否，以自省察也。「觀其生」，志未平也。志未平，言雖不得位，未可忘戒懼也。

雷電，噬嗑，先王以明罰勑法。雷電，當

作電雷。【附録】〔通論豐象〕噬嗑明在上，動在下，是明得事理，先立這法在此，未有犯底人，留待異時之用，故云明罰勑法。豐威在上，明在下，是用這法時，須用明見下情曲折，方得。不然，威動於上，必有過錯也。故折獄致刑。此是伊川意，其説極好。道夫【纂註】程子曰：象无倒置者，疑此文互也。雷電，相須並見之物，亦有嗑象。電明而雷威，先王觀電雷之象，法其明與威，以明其刑罰，勑其法令。法者，明事理而爲之防者也。蔡氏曰：明罰，離象。勑法，震象。徐氏曰：明罰者，所以示民而使之知所避。勑法者，所以防民而使之知所畏。此先王忠厚之意也。未至折獄致刑處，故與豐象異。然罰之當避，人猶有冒罰而爲之。法之可畏，人猶有犯法而不顧者。先王不得已，而後用刑也。

「屨校滅趾」，不行也。滅趾，又有不進於惡之象。

「噬膚滅鼻」，乘剛也。

「遇毒」，位不當也。

「利艱貞吉」，未光也。

「貞厲无咎」，得當也。

「何校滅耳」，聰不明也。滅耳，蓋罪其聽之不聰也。若能審聽而早圖之，則無此凶矣。

山下有火，賁，君子以明庶政，无敢折獄。山下有火，明不及遠。明庶政，事之小者。折獄，事之大者。内離明而外艮止，故取象如此。【附録】明庶政，是就離上説。无敢折獄，是就艮上説。政是事之小者，可以用明。獄是大事，一折便了。明在内不能及他，故止而不敢折也。學蒙〔通論旅卦象〕賁内明外止，雖然内明，是箇止殺底明，所以不敢用其明以折獄，與山上有火旅，君子以明謹用刑而不留獄相似，而相反。賁内明外止，旅外明内止，其象不同如此。僩　問：苟明見其情罪之是非，亦何難於折獄？曰：是他自有箇象如此。遇著此象底，便用如此。然獄亦自有出三八棒便了底，亦有須待囚訊鞫勘録問結證而後了底。《書》曰：「要囚，服念五六日，至于旬時，丕蔽要囚。」《周禮·秋官》亦有此數語，便是有合如此者。若獄未具而決之，是所謂敢決獄也。若獄已具而留之不決，是所謂留獄也。不留獄者，謂訊囚結證已畢，而即決之也。僩　止在外，明在内，故明政而不敢折獄。止在内，明在外，故明慎用刑而不留獄。又曰：如今州郡治獄，禁勘審覆，自有許多節次，過乎此而不決，便是留獄。不及乎此而決，便是敢於折獄。【纂註】蔡氏曰：有山之材而照之以火，則光彩外著，賁之象也。明庶政，離明象。政者治之具，所當文飾也。无敢折獄，艮止象。折獄貴乎情實，賁則文飾，而没其情矣。「舍車而徒」，義弗乘也。君子之取舍，決於義而已。【纂註】蔡氏曰：處卦最下，亦理無可乘之者，故曰義弗乘也。「賁其須」，與上興也。「永貞」之「吉」，終莫之陵也。【纂註】蔡氏曰：陵，侮也。三能永貞，則二柔雖比己而端如，然終莫之陵侮，而不全陷溺也。六四，當位疑也。「匪寇婚媾」，終无尤也。當位疑，謂所當之位可疑也。終无尤，謂若守正而不與，亦无他患也。六五之「吉」，有喜也。「白賁无咎」，上得志也。【附録】問：何謂得志？曰：居卦之上，在事之外，不假文飾，而有自然之文，便是優游自得也。銖

山附於地，剥，上以厚下安宅。【附録】厚下者，乃所以安宅。如山附於地，惟其地厚，所以山安其居而不摇。人君厚下以得民，則位亦安而不摇，猶所謂本固邦寧也。僩　【纂註】蔡氏曰：厚下，坤象。安宅，艮象。劉壽翁曰：厚下安宅，此言治剥之道。○愚謂剥者，崩頹之義。五陰自下而上剥一陽，將見艮剥爲坤，則山剥爲地矣。山附於地，未可言剥。然以五陰剥一陽言之，則有山崩爲地之勢。故名之曰剥。爲人上者，觀象而知所以厚下安宅，則又善於用剥者也。「剥牀以足」，以滅下也。「剥牀以辨」，未有與也。言未大盛。【纂註】程子曰：陰之剥陽，得以益盛者，以陽不有與故也。小人剥君子，若君子有與，則可以勝，小人不能爲害矣。言未有與，剥之未盛。有與，猶可勝也。示人之意深矣。❶丘行可曰：與，應也。凡陰陽相應，則爲有與，《困》九四應六五，言「有與」是也。陰陽不應，則爲無與，《井》九二不應九五，言「無與」是也。《咸》六爻皆應，則謂「感應以相與」。《艮》六爻皆不應，則謂之「敵應，不相與」。《剥》之「未有與」者，是言當剥之時，在上未有陽以應陰，無以止陰之進也。大凡小人爲害，使其間有一君子與之

❶「人」，原誤作「又」，今據四庫本改。

爲應以遏止之，則其心猶有所顧忌而不敢肆，使雖爲惡未至如是之甚也。惟其未有與，此剥道所以進長而不可救也。聖人於此不謂之無與，而謂之未有與，蓋不忍陰邪之害正，而猶冀有人以止之也。其意深矣。亦通。「剥之无咎」，失上下也。上下，謂四陰。「剥牀以膚」，切近災也。「以宫人寵」，終无尤也。「君子得輿」，民所載也。「小人剥廬」，終不可用也。

雷在地中，復，先王以至日閉關，商旅不行，后不省方。安静以養微陽也。《月令》：「是月齊戒掩身，以待陰陽之所定。」【附録】至日閉關，正是於已動之後，要以安静養之。蓋一陽初復。陽氣甚微，勞動他不得，故當安静以養微陽。如人善端初萌，正欲静以養之，方能盛大。銖　古人所以四十强而仕者，前面許多年亦且養其善端。若一下便出來，與事物衮了，豈不壞事。賀孫　「不遠」之「復」，以修身也。【附録】《易傳》惟其知不善，則速改以從善。這般説語好簡當。文蔚　「休復」之「吉」，以下仁也。【纂註】徐氏曰：仁謂初剛。剛復於下，在人則惻隱之心，仁之端也。初不遠復，二從初而復，故曰以下仁也。「頻復」之「厲」，義无咎也。「中行獨復」，以從道也。「敦復无悔」，中以自考也。考，成也。【纂註】程子曰：五處中而體順，能敦篤其志，以中道自成，可以无咎。自成，謂成其中順之德。「迷復」之「凶」，反君道也。【纂註】劉壽翁曰：動静，天道之復也。善惡，人道之復也。故彖、象言動静之復，六爻皆言善惡之復。復者，剛之反也。自五及初，皆以從剛爲復。五之自考，不如四之從道。四之從道，不如二之下仁。二之下仁，不如初之修身。三頻復，雖危，猶知復也。上迷復，反道，則不知復矣。徐氏曰：上六位高而無下仁之美，剛遠而失遷善之機，厚極而有難開之蔽，柔終而無改過之勇，是昏迷而不知復者也。

天下雷行，物與无妄，先王以茂對時育萬物。天下雷行，震動發生，萬物各正其性命，是物物而與之以无妄也。先王法此，以對時育物，因其所性，而不爲私焉。「无妄」之「往」，得志也。「不耕穫」，未富也。「富」如非富天下之富，言非計其利而爲之也。「行人得牛」，「邑人災」也。「可貞无咎」，固有之也。有，猶守也。「无妄」之「藥」，不可試也。既已无妄而復藥之，則反爲妄而生疾矣。試，謂少嘗之也。「无妄」之「行」，窮之災也。

天在山中，大畜，君子以多識前言往行，以畜其德。天在山中，不必實有其事，但以其象言之耳。【附録】書雖是古人書，今日讀之，所以畜自家之德。道夫 〔通論小畜象〕山是堅剛之物，故能力畜三陽。風是柔軟之物，❶止能小畜之而已。時舉 大畜，多識前言往行，以畜其德。小畜，只做得這些文德，如威儀文辭之類。淵 【纂註】程子曰：天至大而在山之中，所畜至大之象。君子觀象，以大其蘊畜。人之蘊畜，由學而大，在多聞前古聖賢之言與行，考跡以觀其用，察言以求其心，識而得之，以成其德，大畜之義也。「有厲利已」，不犯災也。「輿説輹」，中无尤也。「利有攸往」，上合志也。六四「元吉」，有喜也。六五之「吉」，有慶也。「何天之衢」，道大行也。

山下有雷，頤，君子以慎言語，節飲食。二者，養德養身之切務。【附録】或云：諺有「禍從口出，病從口入」，甚好。曰：前輩曾用以解「慎言語，節飲食」。廣 【纂註】程子曰：慎言語，以養其德。節飲食，以養其體。蔡氏曰：慎節主靜，艮象。言語飲食主動，震象。「觀我朵頤」，亦不足貴也。六二「征凶」，行失類也。初上，皆非其類也。「十年勿用」，道大悖也。「顛頤」之「吉」，上施光也。「居貞」之「吉」，順以從上也。「由頤厲吉」，大有慶也。

澤滅木，大過，君子以獨立不懼，遯世无悶。澤滅於木，大過之象也。不懼无悶，大過之行

❶「風」，原誤作「凨」，今據四庫本改。

也。【附録】澤在上，木在下，澤水高漲，浸没了木，是爲大過。木雖爲水浸，而未嘗動，故君子觀之，而獨立不懼，遯世无悶也。砥 【纂註】蔡氏曰：獨立不懼，巽木象。遯世无悶，兑説象。「藉用白茅」，柔在下也。「老夫女妻」，過以相與也。「棟橈」之「凶」，不可以有輔也。「棟隆」之「吉」，不橈乎下也。「枯楊生華」，何可久也。「老婦士夫」，亦可醜也。「過涉」之「凶」，不可咎也。【附録】不可咎，是他做得是了，不可咎他。砥

水洊至，習坎，君子以常德行，習教事。治己治人，皆必重習，然後熟而安之。【纂註】蔡氏曰：常德行，坎剛中象。習教事，重坎象。「習坎入坎」，失道凶也。「求小得」，未出中也。「來之坎坎」，中无功也。「樽酒簋貳」，剛柔際也。陸氏《釋文》本无「貳」字，今從之。「坎不盈」，中未大也。有中德，而未大。【附録】水之爲物，其在坎只能平，自不能盈，故曰不盈。盈，高之義。中未大者，平則是得中，不盈是未大也。砥 上六失道，「凶三歲」也。

明兩作，離，大人以繼明照于四方。作，起也。【附録】明兩作，猶言水洊至。今日明，來日又明。若説兩明，却是兩箇日頭。淵 明，便是指日而言。砥 「履錯」之「敬」，以辟咎也。「黄離元吉」，得中道也。「日昃之離」，何可久也。「突如其來如」，无所容也。无所容，言焚死棄也。六五之「吉」，離王公也。「王用出征」，以正邦也。

周易象上傳第三

周易象下傳第四

朱子本義

新安後學胡一桂附録纂註

山上有澤，咸，君子以虛受人。山上有澤，以虛而通也。【附録】上兑下艮，兑上闕，有澤口之象。兑下二陽畫，有澤底之象。艮上一畫陽，有土之象。下二陰畫中虛，便是滲水之象。砥 【纂註】程子曰：澤性潤下，土性受潤。澤在山上，而漸潤通徹，是二物之氣相感通也。君子觀山澤通氣之象，而虛其中以受於人。夫人中虛則能受，實則不能入矣。虛中者，無我也。中無私主，則無感不通。以量而容之，擇交而受之，此聖人有感必通之道也。「咸其拇」，志在外也。【纂註】蔡氏曰：外，謂四也。雖「凶居吉」，順不害也。【纂註】程子曰：二居中正，其才本善，以其在咸之時，質柔上應，故戒以先動求君則凶，居以自守則吉。象復明之云，非戒之不得相感，唯順理則不害，謂守道不先動也。「咸其股」，亦不處也。志在隨人，所執下也。言亦者，因前二爻皆欲動而云也。二爻陰躁，其動也宜。九三陽剛，居止之極，宜靜而動，可吝之甚也。【纂註】徐氏曰：世之君子，位居人上，所守不正，感不以道，而反狥夫褻御臣僕在下者之私情，至於多行可愧者，皆執其隨者也。「貞吉悔亡」，未感害也。「憧憧往來」，未光大也。感害，言不正而感，則有害也。「咸其脢」，志末也。志末，謂不能感物。「咸其輔頰舌」，滕口説也。滕、騰通用。【纂註】程子曰：唯至誠爲能感人。乃以柔説騰揚於口舌言説，豈能感於人乎。

雷風，恒，君子以立不易方。【纂註】丘行可曰：巽入也而在內，震出也而在外，二物各居其位，則謂之恒。故君子體之，而立不易方。若雷入而從風，風出而從雷，二物易位而相從，則謂之益矣。故君子體之，亦有遷改之義。此恒益之所以不同也。「浚恒」之「凶」，始求深也。九二「悔亡」，能久中也。「不恒其德」，无所容也。【纂註】程子曰：不常之人，无所容處其身也。久非其位，安得「禽」也。「婦人貞吉」，從一而終也。「夫子」制義，從婦「凶」也。【纂註】徐氏曰：以順爲正者，妾婦之道。婦人當一於從而守其終，則吉。若夫子，則制義者也。從婦之道，則爲凶矣。「振恒」在上，大无功也。

天下有山，遯，君子以遠小人，不惡而嚴。天體無窮，山高有限，遯之象也。嚴者，君子自守之常，而小人自不能近。【附録】問：遯字雖是逃隱，大抵亦取遠去之意。天上山下，相去甚遼絶，象云「君子以遠小人」，則君子如天，小人如山，相絶之義須如此方得。所以六爻在上而漸遠者愈善也。曰：恁地推得好。學蒙　【纂註】蔡氏曰：遠小人，艮象。不惡而嚴，乾象。「遯尾」之「厲」，不往何災也。「執用黄牛」，固志也。「係遯」之「厲」，有疾憊也。「畜臣妾吉」，不可大事也。「君子好遯」，「小人否」也。「嘉遯貞吉」，以正志也。「肥遯无不利」，无所疑也。

雷在天上，大壯，君子以非禮弗履。自勝者强。【附録】雷在天上，是甚生威嚴。人之克己，能如雷在天上，則威嚴果決以去其惡，而必於爲善。若半上落下，則不濟事，何以爲君子？須是如雷在天上，方能克去非禮。煇　【纂註】程子曰：古人云「自勝之謂强」。赴湯火，蹈白刃，武夫之勇可能也。至於克己復禮，則非君子之大壯，不可能也。故曰君子以非禮勿履。蔡氏曰：禮者，正大之文。以天而動，取二象言。「壯于趾」，其孚窮也。言必困窮。【纂註】程子曰：在最下而用壯以行，可必信其窮困而凶也。九二「貞吉」，以中也。「小人用壯」，「君子罔」也。小人以壯敗，君子以罔困。「藩決不羸」，尚往也。【纂註】蔡氏曰：尚往者，前无困沮，可以上進也，故曰尚往。「喪羊于易」，位不當也。「不能退不能遂」，不詳也。「艱則吉」，咎不長也。【纂註】蔡氏曰：詳，審也。不詳，謂不審。

明出地上，晉，君子以自昭明德。昭，明之也。「晉如摧如」，獨行正也。「裕无咎」，未受命也。初居下位，未有官守之命。【纂註】徐氏曰：居无位之初，以寬裕自處，不汲汲於求進，乃其宜也，故无咎。若已受命，則是當事有官職。苟一於裕，則有曠廢之失，能无咎乎？「受茲介福」，以中正也。「衆允」之，志上行也。【纂註】程子曰：上行，下從大明之君，衆志之所同也。「鼫鼠貞厲」，位不當也。「失得勿恤」，往有慶也。「維用伐邑」，道未光也。

明入地中，明夷，君子以涖衆，用晦而明。【附録】晦，地象。明，日象。晦則是不察察。若晦而不明，則晦得没理會了。故外晦而内必明，乃好。學蒙【纂註】蔡氏曰：涖明，離象。衆晦，坤象。「君子于行」，義不食也。唯義所在，不食可也。六二之「吉」，順以則也。「南狩」之志，乃大得也。「入于左腹」，獲心意也。「箕子」之「貞」，明不可息也。「初登于天」，照四國也。照四國，以位言。「後入于地」，失則也。

風自火出，家人，君子以言有物而行有恒。身修，則家治矣。【附録】火中有風，如一爐火光，此氣自薰蒸上出是也。此只是言自内及外之意。煇【纂註】程子曰：正家之本，在正其身。君子觀風自火出之象，知事之由内而出，故所言必有物，所行必有恒也。物謂事實，恒謂常度法則也。德業之著於外，由言行之謹於内也。言謹行修，則身正而家治矣。「閑有家」，志未變也。志未變而預防之。【纂註】程子曰：閑之於家人志意未變之前，是以悔亡。志變而後治，則所傷多矣，乃有悔也。六二之「吉」，順以巽也。「家人嗃嗃」，未失也。「婦子嘻嘻」，失家節也。「富家大吉」，順在位也。「王假有家」，交相愛也。程子曰：夫愛其内助，婦愛其刑家。「威如」之「吉」，反身之謂也。謂非作威也，反身自治，則人畏服之矣。

上火下澤，睽，君子以同而異。二卦合體，而性不同。【附録】銖問「君子以同而異」。曰：此是取兩象合體爲同，而其性各異，在人則是和而不同之意。蓋其趨則同，而所以爲同則異。如伯夷、柳下惠、伊尹三子所趨不同，而其歸則一。《彖》辭言「睽則同」，《大象》言「同而異」。在人則出處語默雖不同，而同歸於理。講論文字爲説不同，而同於求合義理。立朝論事所見不同，而同於忠君。《本義》所謂二卦合體者，言同也。而性不同者，言異也。以同而異，語意與「用晦而明」似。又問：睽卦无正應，而同德相應者，何也？曰：无正應，所以爲睽。當睽之時，當合者既離，其離者却合也。銖　君子有同處，有異處，如所謂「周而不比」、「羣而不黨」是也。大抵《易》中六十四象，下句皆是就人事之近處説，不必深去求他。此處伊川説得甚好。學蒙　【纂註】程子曰：君子觀睽異之象，於大同之中，而知所當異也。夫聖賢之處世，在人理之常，莫不大同。於世俗所同者，則有時而獨異。蓋於秉彝則同矣。於世俗之失，則異也。不能大同者，亂常拂理之人也。不能獨異者，隨俗習非之人也。要在同而能異耳。「見惡人」，以辟咎也。「遇主于巷」，未失道也。本其正應，非有邪也。「見輿曳」，位不當也。「无初有終」，遇剛也」。【纂註】程子曰：有終者，終必與上九遇合，乃遇剛也。不正而合，未有久而不離者也。合以正道，自無終睽之理，故賢者順理而安行，知者知幾而固守。「交孚无咎」，志行也。「厥宗噬膚」，往有慶也。「遇雨」之「吉」，羣疑亡也。

山上有水，蹇，君子以反身修德。【纂註】程子曰：君子之遇艱阻，必反求諸己，而益自修。孟子曰：「行有不得者，皆反求諸己。」故遇艱蹇必自省於身，有失而致之乎，是反身也。有所未善則改之，無歉於心則加勉，乃自修其德也。君子修德，以俟時而已。○愚謂反身，即思不出位之義，艮象。修德，即常德行之義，坎象。坎在艮下爲蒙，而稱君子以果行育德。坎在艮上爲蹇，而稱君子以反身修德。蓋反身如山不動，而修德如水滋潤乎山之象也。「往蹇來譽」，宜待也。「王臣蹇蹇」，終无尤也。事雖不濟，亦無可尤。「往蹇來反」，内喜之也。「往蹇來連」，當位實也。「大蹇朋來」，以中節也。「往蹇來碩」，志在内也。「利見大人」，以從貴也。

雷雨作，解，君子以赦過宥罪。【纂註】蔡氏曰：赦宥，解義。過動，震象。罪陷，坎象。○愚謂坎在上爲雲，在下爲雨。方雲雷而爲屯，則陰陽之未通。今雷雨作解，則陰陽之已通矣。屯其爲難之始，解其散屯之難者歟。剛柔之際，義「无咎」也。【纂註】蔡氏曰：際謂交際。柔居解初，入坎尚淺，而承剛應剛，得剛柔交際之宜，難必解者也，故曰義无咎也。九二「貞吉」，得中道也。「負且乘」，亦可醜也。自我致戎，又誰咎也？「解而拇」，未當位也。「君子有解」，小人退也。「公用射隼」，以解悖也。【纂註】蔡氏曰：悖，逆也。解悖，謂解三之悖逆，而卒得其順也。

山下有澤，損，君子以懲忿窒欲。君子修身，所當損者，莫切於此。【附録】問：懲忿窒欲，忿怒易發難制，故曰懲，懲是戒於後。欲之起則甚微，漸漸到熾處，故曰窒，窒謂窒於初。古人説情竇，竇是罅隙，須是窒其罅隙。曰：懲也不專是戒於後，若是怒時，也須去懲治他始得。懲者，懲於今而戒於後耳。窒亦非是真有箇孔穴去塞了，但遏絶之使不行耳。又曰：懲忿如救火，窒欲如防水。大雅 問：何以窒欲，莫是欲心一萌，當思禮義以勝之否？曰：然。又曰：觀山之象以懲忿，觀澤之象以窒欲。欲如汙澤然，其中穢濁解汙染人，須當填塞了。廣問：觀山之象以懲忿，是如何？曰：人怒時，自是恁地突兀起來，故孫權曰：「令人氣湧如山。」【纂註】蔡氏曰：山下之澤潤上行，而水漸減，損之象也。懲，止也。窒，塞也。忿則陵物，欲則溺己，二者皆所當損。懲忿，艮象。窒欲，兑象。「已事遄往」，尚合志也。尚、上通。九二「利貞」，中以爲志也。「一人行」，「三」則疑也。「損其疾」，亦可喜也。六五「元吉」，自上祐也。「弗損益之」，大得志也。

風雷，益，君子以見善則遷，有過則改。風雷之勢，交相助益。遷善改過，益之大者，而其相益，亦猶是也。【附録】遷善，當如風之速。改過，當如雷之猛。祖道曰：莫是才遷善，便是改過否？曰：不然。「遷善」字輕，「改過」字重。遷善如慘淡之物，要使之白。改過如黑之物，要使之白。用力自是不同。遷善者，但是見人做得一事强似我，心有所未安，即便遷之。若改過，須是大段勇猛始得。祖道　風是一箇急底物，見人之善，己將不及，遷之如風之急。雷是一箇勇決底物，己有過，便斷然改之，如雷之勇決，不容其些子遲緩。「元吉无咎」，下不厚事也。下本不當任厚事，故不如是，則不足以塞咎也。【附録】「利用遷國」一爻，象只曰「下不厚事也」。自此推之，則凡居下者不當厚事，如子之於父，臣之於君，僚屬之於官長，皆不可以踰分越職。縱可爲，亦須是盡善方能無過，所以有元吉无咎之戒也。謨　「或益之」，自外來也。或者，衆無定主之辭。「益用凶事」，固有之也。益用凶事，欲其困心衡慮，而固有之也。「告公從」，以益志也。「有孚惠心」，「勿問」之矣。「惠我德」，大得志也。「莫益之」，偏辭也。「或擊之」，自外來也。莫益之者，猶從其求益之偏辭而言也。若究而言之，則又有擊之者矣。

澤上於天，夬，君子以施禄及下，居德則忌。澤上於天，潰決之勢也。施禄及下，潰決之意也。居德則忌，未詳。○愚謂施禄及下，乃在上者之常事。遽以德自居，非所宜也，故忌。「不勝」而「往」，咎也。「有戎勿恤」，得中道也。【纂註】蔡氏曰：先事則當惕，及事不可憂，得中道也。「君子夬夬」，終行无咎也。「其行次且」，位不當也。「聞言不信」，聰不明也。「中行无咎」，中未光也。程《傳》備矣。【附録】中未光也，事雖正而意潛有所係吝，如所謂「流注不斷」，皆意不誠之本也。銖　【纂註】程子曰：夫人心正意誠，乃能極中正之道，而充實光輝。五心有所比，以義之不可而決之，雖行於外，不失中正之義，可以无咎。然於中道，則未得爲光大也。蓋人心一有所欲，則離道矣。「无號」之「凶」，終不可長也。

天下有風，姤，后以施命誥四方。【纂註】蔡氏曰：風行天下，物無不遇，姤之象也。施，乾象。命，巽象。誥四方，取風行天下之象。「繫于金柅」，柔道牽也。牽，進也。以其進，故止之。「包有魚」，義不及賓也。「其行次且」，行未牽也。「无魚」之「凶」，遠民也。民之去己，猶己遠之。【纂註】徐氏曰：民謂初柔。遠民，謂去初遠也。九五「含章」，中正也。「有隕自天」，志不舍命也。○愚謂命謂天命。命即理也，志不違於天理，所以有自天之福。「姤其角」，上窮吝也。

澤上於地，萃，君子以除戎器，戒不虞。除者，修而聚之之謂。【附録】大凡物聚衆盛必有事，故當豫爲之備。如人少處必無争，纔人多少間便自有争，所以當豫爲之防也。又澤本地中，今却上於地上，是水盛，有潰決奔突之憂，故其取象如此。僩　○愚謂除戎器，澤容水象。戒不虞，地順象。「乃亂乃萃」，其志亂也。「引吉无咎」，終未變也。「往无咎」，上巽也。【纂註】蔡氏曰：從上二陽，有巽體。「大吉无咎」，位不當也。「萃有位」，志未光也。未光，謂匪孚。「齎咨涕洟」，未安上也。

地中生木，升，君子以順德，積小以高大。王肅本「順」作「慎」。今按他書引此，亦多作「慎」，意尤明白，蓋古字通用也。説見上篇蒙卦。【附録】曾考究得樹木之生，日日滋長。若一日不長，便將枯瘁，便是生理不接。學者之於學，不可一日少懈。大抵德須日日要進，若一日不進，便退便昏。近來學者纔相疏，便都休了，其弊蓋以此。必大　【纂註】徐氏曰：順德，坤象。積小高大，巽木象。「允升大吉」，上合志也。九二之「孚」，有喜也。

「升虚邑」，无所疑也。「王用亨于岐山」，順事也。以順而升，登祭於山之象。「貞吉升階」，大得志也。【纂註】蔡氏曰：萃者，澤聚於下，故九五志未光。升者，木升於上，故六五大得志。「冥升」在上，消不富也。

澤无水，困，君子以致命遂志。水下漏，則澤上枯，故曰澤无水。致命，猶言授命，言持以與人而不之有也。能如是，則雖困而亨矣。【附録】君子道窮之時，但當委致其命，以遂吾之志而已。致命，猶送這命與他，不復爲吾之有。雖委致其命，而志則自遂，無所回屈。《論語》中「致」字，都是「委致」之致。「事君能致其身」，與「士見危致命」、「見危授命」，皆是此意。授亦致字之意，言將這命授與之也。僩　困厄有重輕，力量有小大。若能一日十二辰，檢點自己念慮動作都是合宜，仰不愧，俯不怍，如此而不幸填溝壑，喪身隕命，有不暇恤，只得成就一箇是處。如此則方寸之間，全是天理。雖遇大困厄，有致命遂志而已，亦不知有人之是非向背，惟其是而已。大雅　○愚謂水在澤下，則是澤漏而無水。致命，是兑澤涸象。遂志，是坎心亨象。「入于幽谷」，幽不明也。「困于酒食」，中有慶也。「據于蒺藜」，乘剛也。「入于其宮，不見其妻」，不祥也。「來徐徐」，志在下也。雖不當位，有與也。「劓刖」，志未得也。「乃徐有説」，以中直也。「利用祭祀」，受福也。「困于葛藟」，未當也。「動悔有悔」，吉行也。

木上有水，井，君子以勞民勸相。木上有水，津潤上行，井之象也。勞民者，以君養民。勸相者，使民相養。皆取井養之義。【附録】井象，只取巽入之義，不取木義。淵　僩問木上有水之義。曰：如草木之生，津潤皆上行，露水直至樹末，此即木上有水之義。雖至小之物亦然。如石菖蒲，每晨葉尾皆潮水珠，雖藏之密室亦然，非露水也。又云：上面露珠，便是下面水上去。大率裏面水氣上，則外面底也上。問：井字之義，與「木上有水」何與？曰：木上有水，便如井中之水。水本在井底，却能汲上來供人食用，故取象如此。淵 或謂木爲汲器，則後面却有瓶，瓶自是瓦器，此不可曉。「井泥不食」，下也。「舊井无禽」，時舍也。言爲時所棄。「井谷射鮒」，无與也。「井渫不食」，行惻也。求「王明」，受福也。行惻者，行道之人皆以爲惻。「井甃无咎」，修井也。「寒泉」之「食」，中正也。「元吉」在上，大成也。

澤中有火，革，君子以治歷明時。四時之變，革之大者。【附録】水能滅火，則只是説陰盛陽衰。火盛則克水，水盛則克火，此是澤中有火之象，便有那四時改革底意思。君子觀這象，便去治歷明時。淵 澤中有火革，是言陰陽相勝復，故君子治歷明時。高 愚謂以兑繼離，是以秋繼夏，有暑往寒來之象。故君子體之，以治歷明時。「鞏用黄牛」，不可以有爲也。「巳日革之」，行有嘉也。「革言三就」，又何之矣。言已審。「改命」之「吉」，信志也。「大人虎變」，其文炳也。「君子豹變」，其文蔚也。「小人革面」，順以從君也。

木上有火，鼎，君子以正位凝命。鼎，重器也，故有正位凝命之意。凝猶至道不凝之凝，《傳》所謂「協于上下，以承天休」者也。【附録】正位凝命，言人君臨朝也，須端莊安重，一似那鼎相似，安在這裏不動，然後可以凝住那天之命，所謂「協于上下，以承天休」。文蔚 【纂註】丘行可曰：正位，離象，離有南面之位。凝命，巽象，巽爲命。或謂革四言改命，鼎言凝命，蓋凝其已改之命也。以鼎繼革，欲人於變革之後，以端重守之，其旨微矣。「鼎顛趾」，未悖也。「利出否」，以從貴也。鼎而顛趾，悖道也。而因可出否以從貴，則未爲悖也。從貴，謂應四，亦爲取新之意。「鼎有實」，慎所之也。「我仇有疾」，終无尤也。有實而不慎其所往，則爲仇所即，而陷於惡矣。【纂註】程子曰：二不昵初，而上從六三之正應，乃是慎所之也。初比己而非正，是有疾也。自守以正，彼不能即我，所以終无尤也。「鼎耳革」，失其義也。【纂註】徐氏曰：君臣以義合志也，「鼎耳革，其行塞，雉膏不食」，則於義乖矣，故曰失其義也。「覆公餗」，信如何也。言失信也。「鼎黄耳」，中以爲實也。「玉鉉」在上，剛柔節也。

洊雷，震，君子以恐懼修省。【纂註】程子曰：君子畏天之威，則修正其身，思省其過咎而改之。「震來虩虩」，恐致福也。「笑言啞啞」，後有則也。「震來厲」，乘剛也。「震蘇蘇」，位不當也。「震遂泥」，未光也。「震往來厲」，危行也。其事在中，大「无喪」也。「震索索」，中未得也。雖凶无咎，畏鄰戒也。中謂中心。

兼山，艮，君子以思不出其位。「艮其趾」，未失正也。「不拯其隨」，未退聽也。三止乎上，亦不肯退而聽乎二也。「艮其限」，危薰心也。「艮其身」，止諸躬也。「艮其輔」，以中正也。「正」字羨文，協韻可見。「敦艮」之「吉」，以厚終也。

山上有木，漸，君子以居賢德善俗。二者皆當以漸而進。疑「賢」字衍，或「善」下有脱字。【附録】山上有木，木漸長，則山漸高，所以爲漸。【纂註】蔡氏曰：居德，艮止象。善俗，巽入象。居德以漸而進，善俗以剛而入也。「小子」之「厲」，義无咎也。「飲食衎衎」，不素飽也。素飽，如《詩》言「素飡」。得之以道，則不爲徒飽而處之安矣。「夫征不復」，離羣醜也。「婦孕不育」，失其道也。「利用禦寇」，順相保也。「或得其桷」，順以巽也。「終莫之勝吉」，得所願也。「其羽可用爲儀吉」，不可亂也。漸進愈高，而不爲無用。其志卓然，豈可得而亂哉。

澤上有雷，歸妹，君子以永終知敝。雷動澤隨，歸妹之象。君子觀其合之不正，知其終之有敝也。推之事物，莫不皆然。【纂註】程子曰：永終，謂生息嗣續，永久其傳也。知敝，謂知物有敝壞，而爲相繼之道也。又曰：夫婦之道，當常永有終，必知其有敝之理而戒慎之。敝壞，謂離隙。歸妹，説以動者也。「歸妹以娣」，以恒也。「跛能履吉」，相承也。恒，謂有恒久之德。「利幽人之貞」，未變常也。「歸妹以須」，未當也。「愆期」之志，有待而行也。「帝乙歸妹」，「不如其娣之袂良」也。其位在中，以貴行也。以其有中德之貴而行，故不尚飾。上六「无實」，承虛筐也。

雷電皆至，豐，君子以折獄致刑。取其威照並行之象。【纂註】程子曰：雷電皆至，明震並行也。二體相合，故云皆至。明動相資，成豐之象。離明也，照察之象。震動也，威斷之象。折獄者，必照其情實，惟明克允。致刑者，以威其姦惡，惟斷乃成。故君子觀雷電明動之象，以折獄致刑也。蔡氏曰：折獄，離明象。致刑，震懼象。震者，陽破陰。刑者，君子所以懼小人。「雖旬无咎」，過旬災也。戒占者不可求勝其配，亦爻辭外意。「有孚發若」，信以發志也。「豐其沛」，不可大事也。「折其右肱」，終不可用也。「豐其蔀」，位不當也。「日中見斗」，幽不明也。「遇其夷主吉」，行也。六五之「吉」，有慶也。「豐其屋」，天際翔也。「闚其户，闃其无人」，自藏也。藏謂障敝。【附録】天際翔也，是其屋高大至於天際，却只是自障蔽。又曰：似是説「如翬斯飛」樣，言其屋之大蔽障闊。淵

山上有火，旅，君子以明慎用刑，而不留獄。慎刑如山，不留如火。【纂註】蔡氏曰：火行山上而不留，旅之象也。明，離象。慎用刑，艮象。不留獄，火行不處之象。「旅瑣瑣」，志窮災也。「得童僕貞」，終无尤也。「旅焚其次」，亦以傷矣。以旅與下，其義喪也。以旅之時，而與下之道如此，義當喪也。「旅于處」，未得位也。「得其資斧」，心未快也。「終以譽命」，上逮也。上逮，言其譽命聞於上也。以旅在上，其義焚也。「喪牛于易」，終莫之聞也。

隨風，巽，君子以申命行事。隨，相繼之義。【附録】巽，風也。風之吹物，無處不入，無物不鼓動。詔令之入人，淪肌浹髓，亦如風之動物也。僩

【纂註】蔡氏曰：申命，重巽象。行事，風象。「進退」，志疑也。「利武人之貞」，志治也。「紛若」之「吉」，得中也。「頻巽」之「吝」，志窮也。「田獲三品」，有功也。九五之「吉」，位正中也。「巽在牀下」，上窮也。「喪其資斧」，正乎凶也。正乎凶，言必凶。

麗澤，兑，君子以朋友講習。兩澤相麗，互相滋益。朋友講習，其象如此。【纂註】蔡氏曰：講，兑象。習，重兑象。徐氏曰：天下之至可説者，無如朋友講習。講而不習，則言語徒詳，紬繹無得。雖曰爲學，亦將枯燥生澁，而無可嗜之味，危殆杌隉而無可即之安矣，豈終能悦懌於心乎。故必從容論説以講之於先，又必切實體驗以習之於後，則心與理相涵，而所知者益精，身與事相安，而所能者益固。麗澤之益，庶乎其有相滋之實，而真説在我矣。「和兑」之「吉」，行未疑也。居卦之初，其説也正，未有所疑也。【纂註】蔡氏曰：初未牽於陰，所行未有疑惑。若四比三，有商兑之疑矣。「孚兑」之「吉」，信志也。【纂註】程子曰：心之所存爲志，二剛實居中，孚信存於中也。志存誠信，豈至説小人而自失乎？是以吉也。「來兑」之「凶」，位不當也。九四之「喜」，有慶也。「孚于剥」，位正當也。與履九五同。上六「引兑」，未光也。【纂註】馮氏曰：小人欺蔽其君，厭然掩其陰柔晦昧之迹，卒爲陽明之害者，皆其心之未光者爲之也。

風行水上，渙，先王以享于帝立廟。皆所以合其散。【纂註】徐氏曰：風行水上，渙散披離，渙之象也。先王享帝立廟，所以合其渙也。此誠敬仁孝之至，幽無不格，散無不聚，故於彖象申言之。初六之「吉」，順也。「渙奔其机」，得願也。「渙其躬」，志在外也。「渙其羣元吉」，光大也。「王居无咎」，正位也。「渙其血」，遠害也。

澤上有水，節，君子以制數度，議德行。【纂註】蔡氏曰：澤容水而有限，節之象也。制數度，節乎外也，兑見象。議德行，節乎内也，坎心亨象。程子曰：君子觀節之象，制立數度，所以爲節也。數，多寡。度，法制。議德行者，存諸中爲德，發於外爲行。人之德行，當義則中節。議謂商度，求中節也。「不出户庭」，知通塞也。【纂註】蔡氏曰：塞謂二剛在前。「不出門庭凶」，失時極也。【纂註】丘行可曰：前無剛塞，可以有行之時也。極，中也。知守位之中，而不知失時之中，故凶。「不節」之「嗟」，又誰咎也。此无咎與諸爻異，言无所歸咎也。「安節」之「亨」，承上道也。「甘節」之「吉」，居位中也。「苦節貞凶」，其道窮也。

澤上有風，中孚，君子以議獄緩死。風感水受，中孚之象。議獄緩死，中孚之意。【附録】議獄緩死，只是以誠意求之。澤上有風，感得水動。議獄緩死，則能感人心。淵　須是澤中之水，海即澤之大者，方能相從乎風。若溪澗之水，其性急流就下，風又不奈他何。【纂註】蔡氏曰：議獄，兑象。緩死，巽象。徐氏曰：象言刑獄者五，噬嗑、賁、豐、旅、中孚。離爲戈兵，有刑獄象。又取離明照知情實，則刑不濫也。中孚，厚畫底離，噬嗑、豐兼取震，賁、旅兼取艮者，明以察其情，動以致其決。噬嗑去間，豐多故，非震以動之，無以威衆也。賁過於文，旅不留獄，非艮以止之，或輕於用刑也。蓋獄乃人命所繫，一成不可變。聖人立象盡意，而致其謹審如此。○愚謂象言刑獄五卦，噬嗑、豐以其有離之明，震之威也。賁次噬嗑，旅次豐，離明不易，震皆反爲艮矣。蓋明貴無時不然，威則有時當止。至於中孚，則全體似離，互體有震艮，而又兑以議之，巽以緩之。聖人即象垂教，其忠厚惻怛之意見於謹刑如此，何其仁哉。五卦中，文王唯於噬嗑取象，夫子即噬嗑、賁、豐、旅、中孚以盡其義。初九「虞吉」，志未變也。「其子和之」，中心願也。「或鼓或罷」，位不當也。「馬匹亡」，絶類上也。「有孚孿如」，位正當也。「翰音登于天」，何可長也。

山上有雷，小過，君子以行過乎恭，喪

過乎哀，用過乎儉。山上有雷，其聲小過。三者之過，皆小者之過。可過於小而不可過於大，可以小過而不可甚過，《彖》所謂「可小事而宜下」者也。【附録】聲在高處，是小過之義。淵　〔互論大過卦義〕小過大率是過得不多，如《大過》便說「獨立不懼」，《小過》只說這行喪用度，都只是小事。又曰：小過是過於慈惠之類，大過是剛嚴果毅底氣象。僩　「飛鳥以凶」，不可如何也。「不及其君」，臣不可過也。所以不及其君而還遇臣者，以臣不可過故也。【纂註】程子曰：過之時，事無不過其常，故於上進則戒及其君，臣不可過。不可過者，臣之分也。「從或戕之」，「凶」如何也。「弗過遇之」，位不當也。「往厲必戒」，終不可長也。爻義未明，此亦當闕。「密雲不雨」，已上也。已上，太高也。「弗遇過之」，已亢也。

水在火上，既濟，君子以思患而豫防之。【纂註】蔡氏曰：思患，坎難象。豫防，離明象。「曳其輪」，義无咎也。「七日得」，以中道也。「三年克之」，憊也。【附録】用兵不得已，以高宗之賢，三年而克鬼方，亦不勝其憊矣。蓋言兵不可輕用也。學履　「終日戒」，有所疑也。「東鄰殺牛」，不如西鄰之時也。「實受其福」，吉大來也。「濡其首厲」，何可久也。

火在水上，未濟，君子以慎辨物居方。水火異物，各居其所，故君子觀象而審辨之。【纂註】蔡氏曰：慎，坎象。辨，離象。「濡其尾」，亦不知極也。「極」字未詳。考上下韻，亦不協，或恐是「敬」字。今且闕之。【附録】「極」字，或云當作「拯」字。九二「貞吉」，中以行正也。九居二，本非正，以中故得正也。「未濟征凶」，位不當也。「貞吉悔亡」，志行也。「君子之光」，其暉吉也。暉者，光之散也。「飲酒濡首」，亦不知節也。

周易象下傳第四

周易繫辭上傳第五

朱子本義

新安後學胡一桂附録纂註

《繫辭》，本謂文王、周公所作之辭，繫於卦爻之下者，即今經文。此篇乃孔子所述《繫辭》之傳也。以其通論一經之大體凡例，故无經可附，而自分上下云。【附録】《繫辭》并彖、爻辭亦是。蓋彖繫於全卦之下，而爻分繫於逐爻之下。其經只是連書并在卦下，不再畫卦，如今所定本也。《答仁傑》《大傳》言「繫辭」者四。今考其二，上文皆兼卦爻而言，恐不得專以爲爻辭。其一雖專指爻辭，則爻辭固《繫辭》之一也。其一爲七、八、九、六而言。七、八、九、六雖是逐爻之數，然全卦七、八則當占本卦辭，三爻七、八則當占兩卦辭，全卦九、六則當占之卦辭，卦辭固不害其爲《繫辭》也。《答仁傑》《繫辭》之語，甚爲精密，是《易》之括例。歐公却疑《繫辭》非孔子作，謂《繫辭》、《文言》若是孔子做，如何又却有「子曰」字。某嘗疑此等處如五峯刻《通書》相似，去了本來所有篇名，却於每篇之首加一「周子曰」字次第。《易》繫、文言，亦是門人弟子所勦入耳。道夫【纂註】程子曰：聖人用意深處，全在《繫辭》。

天尊地卑，乾坤定矣。卑高以陳，貴賤位矣。動静有常，剛柔斷矣。方以類聚，物以羣分，吉凶生矣。在天成象，在地成形，變化見矣。天地者，陰陽形氣之實體。乾坤者，《易》中純陰純陽之卦名也。卑高者，天地萬物上下之位。貴賤者，《易》中卦爻上下之位也。動者，陽之常。静者，陰之常。剛柔者，《易》中卦爻陰陽之稱也。方謂事情所向，言事物善惡各以類分。而吉凶者，《易》中卦爻占決之辭也。象者，日月星辰之屬。形者，山川動植之屬。變化者，《易》中蓍策卦爻陰變爲陽，陽化爲陰者也。此言聖人作《易》，因陰陽之實體，爲卦爻之法象。莊周所謂「《易》以道陰陽」，此之謂也。【附録】此只是説乾坤之卦，在《易》則有乾坤，非是因有天地而始定乾坤。觀天地，則見易也。《易》之六爻，有貴賤之位，故曰列貴賤者存乎位。問：陰陽以氣言，剛柔以質言。既有卦爻可見，則當以質言，而不得以陰陽言矣。故彖辭多言剛柔，不言陰陽。曰：是。銖　方，向也。所向善，則善底人皆來聚。所向惡，則惡底人皆來聚。物，又是通天下之物而言。是箇好物，則所聚者皆好物事也。若是箇不好底物事，則所聚者皆不好底物事也。又曰：方是訓事，訓術，訓道。謨　善有善類，惡有惡類，隨其善惡而類聚羣分。善者吉，惡者凶，而吉凶亦由是而生爾。淵　變化二字，下章説得最分曉。變是自陰而陽，自動而静。《易》中説變化，唯此處最親切。文蔚　銖問：變化，非因象形而後有也。變化流行，非象形則无以見，故因象形而變化之迹可見也。日月星辰，象也。山川動植，形也。象，陽氣所爲。形，陰氣所爲。然陽中有陰，則日星陽也，月辰陰也。陰中有陽，則山陰而川陽。然陰陽又未嘗不相錯，而各自爲陰陽，細推之可見矣。不知是否？答云：亦是。銖　問：《繫辭》第一章第一節，蓋言聖人因造化之自然以作《易》。曰：論其初，則是因天地之自然而著之於書。後來人説，又是見天地之實體，而知《易》之書是如此。如見天之尊，地之卑，却知得《易》之所謂乾坤者如此。見天之高，地之下，却知得《易》之所分貴賤者是如此。又曰：此是因至著之象，以見至微之理。僩　「天尊地卑」以下，上一截皆説前面道理，下一截是説《易》書。聖人做這箇《易》，與天地準處如此。〔總論數節〕「天尊地卑」至「變化見矣」，是舉天地事理以明《易》。自「是故」以下，却舉《易》以明天地間事。人傑

是故剛柔相摩，八卦相盪。此言《易》卦之變化也。六十四卦之初，剛柔兩畫而已。兩相摩而爲四，四相摩而爲八，八相盪而爲六十四。【附録】摩如物在一物上面摩旋底意思，亦相交底意思。如今人磨子相似，

下面一片不動，上面一片只管摩旋推盪，不曾住。自兩儀生四象，以至自八卦而生六十四，皆是從上加去，下體不動，每一卦生八卦，故謂摩盪。銖　摩是那兩箇物事相摩戛，盪則是圜轉推盪將出來。摩是八卦以前事，盪是八卦以後爲六十四卦底事。盪是有那八卦了，團旋推盪那六十四卦出來。《漢書》所謂「盪軍」，是圜轉去殺他、磨轉他底意思。淵　相盪只是相摩，又盪比摩便闊了。煇　《繫辭》中説「是故」字，都是喚那下文起也。有相連處也，有不相連處。淵　**鼓之以雷霆，潤之以風雨，日月運行，一寒一暑。**此變化之成象者。【附録】「鼓之以雷霆」以下四句，是説《易》中所有。淵　**乾道成男，坤道成女。**此變化之成形者。此兩節又明《易》之見於實體者，與上文相發明也。【附録】乾道成男，坤道成女，則凡天下之男皆乾之氣，凡天下之女皆坤之氣。從這裏，便徹上徹下都即是一箇氣。賀孫　成男成女，是通人物而言之，雖植物，亦有牝牡之類，皆離陰陽二字不得。淵　豈得男便都无陰，女便都无陽，這般須錯看。淳祖

〔總論上文數節〕剛柔相摩，八卦相盪，方是説做這卦。做這卦了，那雷霆風雨日月寒暑之變化，皆在這卦中。那成男成女之變化，也在這卦中。見造化關棙子纔動，那許多物事都出來。《易》只是模寫他這箇。淵　游氣紛擾，合而成質者，生人物之萬殊。陰陽兩端循環不已者，立天地之大義。陰陽循環如磨，游氣紛擾如磨中出者。《易》曰：「剛柔相摩，八卦相盪，鼓之以雷霆，潤之以風雨，日月運行，一寒一暑。」此陰陽之循環，立天地之大義也。「乾道成男，坤道成女」，此游氣紛擾，生人物之萬殊也。闓祖　**乾知大始，坤作成物。**知猶主也。乾主始物，而坤作成之，承上文男女而言乾坤之理。蓋凡物之屬乎陰陽者，莫不如此。大抵陽先陰後，陽施陰受，陽之輕清未形，而陰之重濁有迹也。【附録】「知」如知州知縣之知。節　「知」訓管字，不當解作知見之知。蓋卿　吕祖儉問程子云：乾當始物，當字如何形容？曰：乾便是物之大始，故以當字言之，最爲密切。又曰：乾爲其初，爲其萌芽。坤作成物，坤管下面一截，有所作爲。節　大始是萬

物資始，成物是萬物資生。大始未有形，知之而已。成物乃流行之時，故有爲。蓋卿　乾只是氣之統體，无所不包。但自其氣之動而言，則爲陽。自其氣之静而言，則爲陰。所以陽常兼陰，陰不得兼陽。陽大陰小，陽全陰半，陽饒陰乏，而陰必附陽，皆此意也。邵子曰：陽不能獨立，必得陰而後立，故陽以陰爲基。陰不能自見，必待陽而後見，故陰以陽爲倡。陽知其始而享其成，陰效其法而終其勞也。**乾以易知，坤以簡能。**乾健而動，即其所知，便能始物而无所難，故爲以易而知大始。坤順而静，凡其所能，皆從乎陽而不自作，故爲以簡而能成物。【附録】乾德剛健，他做時便通透，障蔽他不得，人剛健者亦如此。淵　乾惟行健，其所施爲自是容易，觀造化生長則可見。只是這氣一過時，萬物皆生了，可見其易。僩　健則自是易，這如龍興而雲從，虎嘯而風生，鴻毛之遇順風，巨魚之縱大壑，都不費力。砥　坤最省事，即承受那乾底生將出來，便見得是順。若不順，如何配陽而生物。簡只順從而已。木之　乾健不息，惟主於生物，都无許多艱深險阻，故能以易而知大始。坤順承天，惟以成物，都无許多繁擾作爲，故能以簡而作成物。銖　乾以易知，乾陽物也，陽剛健，故作爲易成。坤以簡能，坤因乾先發得有頭腦，物因而爲之，故簡。節　易簡，只健順可見。且以人論之，有人甚健，則遇事自然易，易是不難。又如人稟得性順，及其作事，便自然簡，簡是不繁。然乾之易，只管上一截事，到下一截却屬坤，故易。坤只是承乾，不著做上一截事，只做下面一截，故簡。如乾以易知，坤以簡能，知是做起頭，能是做了。觀「隤然」、「確然」，亦可見易簡之理。**易則易知，簡則易從。易知則有親，易從則有功。有親則可久，有功則可大。可久則賢人之德，可大則賢人之業。**人之所爲，如乾之易，則其心明白而人易知；如坤之簡，則其事要約而人易從。易知則與之同心者多，故有親。易從則與之協力者衆，故有功。有親則一於内，故可久。有功則兼於外，故可大。德謂得於己者，業謂成於事者。上言乾坤之德不同，此言人法乾坤之道。至此，則可以爲賢矣。

【附録】乾以易知，坤以簡能，易簡在乾坤。易則易知，簡則易從，却以人事言之。兩箇「易」字又自不同，一箇是簡易之易，一箇是難易之易。文蔚　問：《本義》云「知則同心，從則協力」，如何？曰：易知底人，人心自然去親他。若其中險深不可測，則人誰親之。做事不繁碎，人所易從。有人從之，功便可成。若是頭項多，做得來艱難底，必无人從之，如何得有功。謨　可久可大，則爲賢人之德業。而今工夫易得間斷，便是不能久。見道理偏滯不開展，便是不能大。須是兩頭齊著，工夫方始得。僩　有親可久，爲賢人之德，是就存主處言。有功可大，爲賢人之業，是就做事處言。蓋自乾以易知，便是指存主處。坤以簡能，便是指做事處。故易簡而天下之理得，則與天地參矣。銖　德者，得之於心謂之德，如得這孝，則爲孝之德。業是做得成，頭緒有次第，不然泛泛做，只是俗事，更无可守處。必大　先生曰：鵝湖之會，子静作詩云：「易簡工夫終久大。」彼所謂易簡者，苟簡容易耳。全看得不仔細。乾以易知者，乾是至健，要做便做，直是易。坤是至順，順理而爲，故曰簡。此言造化之理。至於可久則賢人之德，可久者，日新而不已。可大則賢人之業，可大者，富有而无疆。易簡有幾多事在，豈容易苟簡之云乎。人傑

易簡而天下之理得矣。天下之理得，而成位乎其中矣。

成位，謂成人之位。其中，謂天地之中。至此則體道之極功，聖人之能事，可以與天地參矣。○此第一章，以造化之實，明作經之理。又言乾坤之理，分見於天地，而人兼體之也。

【附録】自「天尊地卑」至「變化見矣」，是舉天地事理以明《易》。自「是故」以下，是舉《易》以明天地間事。

聖人設卦觀象，繫辭焉而明吉凶。

象者，物之似也。此言聖人作《易》，觀卦爻之象，而繫以辭也。

【附録】自伏羲而上，但有此六爻，而無文字可傳。到得文王周公，乃繫以辭，故曰「聖人設卦觀象，繫辭焉而明吉凶」。蓋是卦之未畫也，因觀天地自然之法象而畫。及其既畫也，一卦自有一卦之象，象謂有箇形似也。故聖人即其象而命之名，以爻之進退而言，則如剥復之類；以形之肖似而言，則如井鼎之類，此是伏羲即卦體之全而立箇名如此。及文王觀卦體之象而爲之彖辭，周公視卦爻之變而爲之爻辭，而吉凶之象

益著矣。賀孫　**剛柔相推，而生變化。**言卦爻陰陽迭相推盪，而陰或變陽，陽或化陰，聖人所以觀象而繫辭，衆人所以因著而求卦者也。【附録】《易》中説卦爻，多只是説剛柔，不全就陰陽上説。卦爻是有形質了，陰陽全是氣。**是故吉凶者，失得之象也。悔吝者，憂虞之象也。**吉凶悔吝者，《易》之辭也。得失憂虞者，事之變也。得則吉，失則凶。憂虞雖未至凶，然已足以致悔而取羞矣。蓋吉凶相對，而悔吝居其中間，悔自凶而趨吉，吝自吉而向凶也。故聖人觀卦爻之中，或有此象，則繫之以此辭也。【附録】學蒙問：《本義》「悔自凶而趨吉，吝自吉而向凶」，切意人心本善，物各有理，若心之所發鄙吝而不知悔，這便是自吉而向凶。先生曰：不然。吉凶悔吝，正是對那剛柔變化説。剛極便柔，柔極便剛。這四箇循環，如春夏秋冬相似，凶便是冬，悔便是春，吉便是夏，吝便是秋，秋又是冬去。曰：此以配陰陽，則其屬當如此。於人事上説，則如何？曰：天下事，未嘗不生於憂患，而死於安樂。若這吉中不知戒懼，自是生出吝來。雖未至於凶，畢竟是向那凶路去。又曰：日中則昃，月盈則食。自古極亂，未有不生於極治。學蒙　悔吝，便是吉凶底交互處。悔是吉之漸，吝是凶之端。文蔚　悔屬陽，吝屬陰。悔是逞快，做出事來了，有錯失處，這便生悔，所以屬陽。吝則是那猥猥衰衰，不分明底，所以屬陰。亦猶驕是氣盈，吝是氣歉。又曰：過便悔，不及便吝。必大　吉凶悔吝四者，正如剛柔變化相似。四者循環，周而復始，悔了便吉，吉了便吝，吝了便凶，凶了便悔，正如生於憂患，死於安樂相似。蓋憂苦患難，中心愧悔，便是吉之漸。及至吉了，少間便安意肆志，必至做出不好可羞吝底事出來，這便是吝，吝便是凶之漸矣。又至凶矣，又却悔，只管循環不已。正如剛柔變化，剛了化，化了柔，柔了變，便是剛，亦循環不已。僩　【纂註】蔡氏曰：象者，有其髣髴而未形之謂。其辭之吉者，則得之象可由之而見。其辭之凶者，則失之象可由之而見。其辭悔吝者，則憂虞之象可由之而見。憂，慮也。虞，度也。能慮能度，則可免失而致得矣。此言上文「觀象繫辭明吉凶」之義。**變化者，進退之象也。剛柔者，晝夜之象也。**

六爻之動，三極之道也。柔變而趨於剛者，退極而進也。剛化而趨於柔者，進極而退也。既變而剛，則晝而陽矣。既化而柔，則夜而陰矣。六爻初二爲地，三四爲人，五上爲天。動即變化也。極，至也。三極，天地人之至理。三才各一太極也。此明剛柔相推以生變化，而變化之極復爲剛柔，流行於一卦六爻之間，而占者得因所值以斷吉凶也。【附録】銖謂：變化者進退之象，是剛柔之未定者。剛柔者晝夜之象，是變化之已成者。猶言子午卯酉，卯酉是陰陽之未定，子午是陰陽之已定。銖　且以一歲言之，自冬至至春分，是進到一半，所以謂之分。自春分至夏至，是進到極處，故謂之至。進之過則退，至秋分是退到一半處，到冬至也是退到極處。天下事物，皆有此兩箇。賀孫　銖問：變者化之漸，化者變之成。蓋化无痕迹，變有頭面。逐漸消縮去，无痕迹以至於无者，化也。陽化爲陰，剛化爲柔，暖化爲寒是也。其勢浸長，突然改換，有頭面者，變也。陰變爲陽，柔變爲剛，寒變爲暖是也。陽化爲陰，是進極而回，故爲退。陰變爲陽，則退極而上，故爲進。故曰變化者，進退之象也。先生云：得之。銖　〔總論上文〕「聖人設卦觀象」至「生變化」三句是題目，下文是解説。吉凶悔吝，自大説去小處。變化剛柔，自小説去大處。吉凶悔吝説人事，變化剛柔説卦畫。從剛柔而變化，又自變化而剛柔，所以言變化之極者，未到極處未成這物。必大

是故君子所居而安者，《易》之序也；所樂而玩者，爻之辭也。《易》之序，謂卦爻所著事理，當然之次第。玩者，觀之詳。【附録】《易》之序，謂卦及爻之初終，如潛見飛躍，循其序則安。爻之辭，横渠謂：「每讀每有益，所以可樂。」必大

是故君子居則觀其象而玩其辭，動則觀其變而玩其占，是以自天祐之，吉无不利。象辭變已見上。凡單言變者，化在其中。占謂其所值吉凶之決也。○此第二章，言聖人作《易》，君子學《易》之事。【附録】問：居則觀其象而玩其辭，動則觀其變而玩其占，如何？曰：閑常理會得此道理，動時則可以此占決。必大　蓋《易》有象然後有辭，筮有變然後有占。象之變也，在理而未形於事者也。辭則各因象而指其吉凶，占則

又因吾所值之辭而決焉，其示人也益以詳矣。故君子居而學《易》，則既觀象矣，又玩辭，以考其所處之當否。動而諏筮，則既觀變矣，又玩占，以考其所值之吉凶，善而吉者則行，否而凶者則止，是以動静之間舉无違理，而自天祐之吉无不利也。蓋觀者一見而決，玩者反覆而不舍之辭也。《答丘子野》 如潛龍勿用，其理當此時只當潛晦，不當用。若占得此爻，凡事便未可做。所謂君子動則觀其變而玩其占，亦當知其理如此。賀孫 【纂註】觀象玩辭，學《易》也。觀變玩占，用《易》也。學《易》則無所不盡其理，用《易》則惟盡乎一爻之時。蔡氏

彖者，言乎象者也。爻者，言乎變者也。彖謂卦辭，文王所作者。爻謂爻辭，周公所作者。象指全體而言，變指一節而言。【附録】爻是兩箇交义，看來只是交變之義。卦分明似將一片木畫卦於壁上，所以爲卦。

吉凶者，言乎其失得也。悔吝者，言乎其小疵也。无咎者，善補過也。此卦爻辭之通例。【附録】問：所以謂之小疵者，只是以其未便至於吉凶否？曰：悔是知道是錯，便有進善之理。吝只是心下不足，又不肯説，只管蔭惡庇護没分曉，然未至大過，故曰小疵。必大

是故列貴賤者存乎位，齊小大者存乎卦，辨吉凶者存乎辭。位謂六爻之位，齊猶定也。小謂陰，大謂陽。【附録】問：上下貴賤之位，何也？曰：二四，則四貴而二賤。五三，則五貴而三賤。上初，則上貴而初賤。上雖无位，然本是貴重，所謂貴而无位，高而无民，在人君則爲天子父，爲天子師，在他人則清高而在物外，不與事者，此所以爲貴也。銖 問：齊小大者存乎卦，龜山曰「陽大陰小」，如何？曰：齊如分辨之義，一云猶斷也。小謂否睽之類，大謂泰謙之類。必大

憂悔吝者存乎介，震无咎者存乎悔。介謂辨別之端，蓋善惡已動，而未形之時也。於此憂之，則不至於悔吝矣。震，動也。知悔則有以動其補過之心，而可以无咎矣。【附録】問：悔吝未至於吉凶，是那初萌動，可以向吉凶之微處。介又可以是悔吝之微處，介字如所謂界至界限之界，是善惡初分界處。於此憂之，則不至於悔吝矣。曰：然。焯 震，動也。

欲動而无咎，當存乎悔耳。謨

是故卦有小大，辭有險易。辭也者，各指其所之。小險大易，各隨所向。○此第三章，釋卦爻辭之通例。【附録】看來只是好底卦，便是大。不好底卦，便是小。如復，如泰，如大有、夬之類，是好底卦。如睽，如困，如小過之類，是不好底卦。譬如人，光明磊落便是好人，昏昧迷暗便是不好人。所以謂卦有小大，辭有險易。大，卦辭便平易。小，卦辭便艱險。即此可見矣。

《易》與天地準，故能彌綸天地之道。《易》書卦爻具有天地之道，與之齊準。彌如彌縫之彌，有終竟聯合之意。綸有選擇條理之意。【附録】「彌」若今所謂封彌之彌，是恁地糊合之，使泯无縫罅底意思。「綸」如絡絲之綸，自有條理。又曰：綸謂兩條絲相合，各有條理，言雖是彌得外面无縫罅，而中則事事物物各有條理。彌則有脗合不滲漏之意，綸有條理精密之意。彌如「大德敦化」，綸如「小德川流」。彌而不綸，則空疎无物。綸而非彌，則判然不相干。此二字見得聖人下字甚密。義剛　如天地之化，雖是周密渾然，无有縫罅，而其中萬事萬物，莫不各有條理。此《易》彌綸之理然也。聖人用《易》，彌綸天地之道，亦是如此。淵　凡天地有許多道理，《易》上皆有。所以與天地準，而能彌綸天地之道。又曰：天地有未至處，《易》却能彌綸得他。

仰以觀於天文，俯以察於地理，是故知幽明之故。原始反終，故知死生之説。精氣爲物，游魂爲變，是故知鬼神之情狀。此窮理之事。以者，聖人以《易》之書也。易者，陰陽而已。幽明死生鬼神，皆陰陽之變，天地之道也。天文，則有晝夜上下。地理，則有南北高深。原者，推之於前。反者，要之於後。陰精陽氣，聚而成物，神之申也。魂游魄降，散而爲變，鬼之歸也。【附録】觀察天地之文理，是就這裏地盤上言。始終生死，是以循環言。精氣鬼神，以聚散言。其實不過陰陽兩端而已。人傑　問：天文則有晝夜上下，地理則有南北高深，故是幽明之所以然者。曰：晝明夜幽，上明下幽，觀晝夜之運，日月星辰之上下，可見天文幽明之所以然也。南明北幽，高明深幽，觀南北高深，可見地理幽明之所以然也。人傑　問：天文爲陽，地理爲陰，是否？曰：然。然天亦具陰陽。日是陽，月是陰。晝是陽，夜是陰。地東南是陽，西北是陰。平坦是陽，險阻是陰。高者是陽，下者是陰。必大　《正蒙》：方其形也，有以知幽之因。方其不形也，有以知明之故。蓋以形之時，幽之因已在此。不形之際，其明之故已在此。聚者散之因，散者聚之故。寓　問原始反終。曰：反只如折轉來，謂方推原其始，却折轉來看其終。原字反字，皆就人説。反如回頭之意。必大　精氣爲物，游魂爲變，天地陰陽之氣交合，便成人物。到得魂氣歸於天，體魄降於地，是爲鬼，便是變了。賀孫　精氣爲物，是合精與氣而成物。精魄而氣，魂也。游魂爲變，變則是魂魄相離。獨説游魂而不言魄，魂離魄之意自可見矣。義剛　精聚則魄聚，氣聚則魂聚，是以爲人物之體。至於精竭魄降，則氣散魂游而無所歸矣。降者屈而無形，故謂之鬼。游者伸而不測，故謂之神。卞蘇易　陰陽之始交，天一生水，物生始化，曰魄。既生魄，煖者爲魂。先有魂，而後有魄，故魂常爲主爲幹。僩　若以精氣言，則是有精氣者方有魂魄，但出底氣便是魂，精便是魄。譬如燒香，燒得出來底汁子便是魄，那成煙後香底便是魂。魂者魄之光燄，魄者魂之根本。義剛　魂氣升於天，體魄歸於地，魂氣上升，體魄下降，不特人也。凡物之枯敗，其香氣騰上，物則腐於下，推此可見。寓　精氣爲物，游魂爲變，只是聚散。聚而爲物，神也。散而爲變，鬼也。神屬陽，鬼屬陰。又錯綜而横看之，則精爲陰，氣爲陽。就人身而言，雖是屬陽，然體魄已屬陰。蓋生之中已帶箇死底道理。如言變雖屬陽，然魂氣上游，體魄下降，亦是具陰陽。如言「徂落」，徂升也，便是魂之游，落即魄之降。古人祭祀，求諸陽，所以求其魂。求諸陰，所以求其魄。必大　陽魂爲神，陰魄爲鬼。鬼陰之靈，神陽之靈，此以二氣言也。然二氣之分，實一氣之運。故凡氣之來而方伸者爲神，氣之往而既屈者爲鬼。陽主伸，陰主屈，此以一氣言也。故以二氣言，則陰爲鬼，陽爲神。以一氣言，則方伸之氣，亦有伸有屈。其方伸者，神之神。其既屈者，神之鬼。既屈之氣，亦有屈有伸。其既屈者，鬼之鬼。其來格者，鬼之神。天地神物皆然，不離此氣之往來屈伸合散而已，此所謂可錯綜者也。銖　宰我曰：「吾聞鬼神之名，不知其所謂。」子曰：「氣也者，神之盛也。魄也者，鬼之盛也。合鬼與神，教之至也。」注謂口鼻噓吸爲氣，耳目聰明爲魄。氣屬陽，魄屬陰。而今有人説眼光落這，便是魄降。今人將死，有云魄落，若氣則升而散，故云魂氣歸於天，體魄歸於地。賀孫 横渠云：「物之初生，氣日至而滋息。物生既盈，氣日反而游散。至之謂神，以其伸也。反之謂鬼，以其歸也。天下萬事萬物，自古及今，只是箇陰陽消息屈伸。」横渠將屈神説得貫通。賀孫 横渠説「精氣自无而有，游魂自有而无」，其説亦自分曉。必大

賀孫問：游魂爲變，間有爲妖孽者，是如何得未散？曰：游字是漸漸散。若是爲妖孽者，多只不得其死，其氣未散，故鬱結而成妖孽。若是尫羸病死底人，這氣消耗盡了方死，豈復更鬱結成妖孽？然不得其死者，久之亦散。又如其取精多，其用物弘。如伯有者亦是，卒未散也。賀孫

與天地相似，故不違。知周乎萬物而道濟天下，故不過。旁行而不流，樂天知命，故不憂。安土敦乎仁，故能愛。

此聖人盡性之事也。天地之道，知仁而已。知周萬物者，天也。道濟天下者，地也。知且仁，則知而不過矣。旁行者，行權之知也。不流者，守正之仁也。既樂天理，而又知天命，故能无憂，而其知益深。隨處皆安而无一息之不仁，故能不忘其濟物之心，而仁益篤。蓋仁者愛之理，愛者仁之用，故其相爲表裏如此。

【附録】知是先知得較虚，故屬之天。道濟天下，則普濟萬物，有實惠及民，故屬之地。人傑 與天地相似故不違，凡其不違，以其與天地相似。若此心有外，必其與天地不相似矣。又曰：與天地相似，方且无外，凡事都不出這天地範圍之内，所以方始得。知周乎萬物，而道又能濟天下，旁行便也不走作。又曰：此下數句，皆是與天地相似之事。人傑 旁行而不流，旁行是可與權，乃推行處。又曰：如云行小變，而不失大常。必大 「旁行而不流，樂天知命故不憂」，此兩句本皆是知之事，蓋不流便是貞也。不流是本，旁行是應。變處无本，則不能應變。能應變而无本，則流入變詐。細分之，則旁行屬知，不流屬仁。其實此二句，皆是知之事，對下文「安土敦乎仁，故能愛」一句，專説仁也。人傑 安土者，隨寓而安。敦是敦厚。去盡己私，渾

是天理，更无夾雜，充足盈滿，便是敦厚於仁底意思。只是既仁又仁，便是敦乎仁。敦仁是體，能愛是及物處。必大　樂天知命主知言，是崇德事。安土敦仁主禮言，是廣業事。必大　〔總論上文二節〕上文「易與天地準」，是言易之道與天地準。此言「與天地相似故不違」，是言聖人之道與天地相似。此下數句，皆是與天地相似之事。上文「易與天地準」下數句，皆是與天地準之事。人傑　「易與天地準，故能彌綸天地之道」，此指書而言。自「仰觀俯察」以下，須是有人始得。蓋聖人因《易》之書，而窮理盡性之事也。《答吕祖謙》　○愚謂「與天地相似，故不違」，此統論聖人之體段。「知周萬物，道濟天下，故不過」，此指知仁與天地相似之實處。不過對不違而言。惟其相似，則配合无間，所以不違。惟其周萬物濟天下，則廣大无外，所以不過。「旁行而不流，樂天知命，故不憂」，即周萬物之知，而似乎天也。「安土敦乎仁，故能愛」，即道濟天下之仁，而似乎地也。不憂對能愛而言。惟知與天相似，則極其高明矣。隨其所行，泛應曲當，此動而樂天之事也，何憂之有？惟仁與地相似，則極其博厚矣。隨其所處，厚重不遷，此靜而安土之事也，何所不愛之有？此聖人仁智盡性之學，而上下與天地同流者蓋如此。

範圍天地之化而不過，曲成萬物而不遺，通乎晝夜之道而知，故神无方而易无體。

此聖人至命之事也。範如鑄金之有模範。圍，匡郭也。天地之化无窮，而聖人爲之範圍，不使過於中道，所謂裁成者也。通猶兼也。晝夜，即幽明生死鬼神之謂。如此，然後可見至神之妙，无有方所，易之變化，无有形體也。○此第四章，言易道之大，聖人用之如此。【附録】問「範圍天地之化而不過」。曰：天地之化，滔滔無窮，如一爐金汁，鎔化不息。聖人則爲之鑄瀉成器，使歸摹範匡郭，不使過於中道也。人傑　天地之化，本不可測度。聖人做一箇模範，範如鑄冶模範，圍如圍裹。聖人於天地之化，恰如用範來做成箇物事，都包裹了。試言一端，如一歲分四時十二月二十四氣之類。必大　問：如天之生物，至秋而成，聖人則爲之斂藏。人之生也，欲動情勝，聖人則爲之教化防範。此皆是範圍使不過之事否？曰：範圍之事闊大，此亦其一事也。又問：就身上看如何？曰：事事物物，无非天地之化，皆當有以範圍之。就喜怒哀樂而言，喜其所當喜，怒其所當怒，哀其所當哀，樂其所當樂，皆範圍也。又曰：自有大底範圍，又自有小底範圍。而今且就身上看，一事有一箇範圍。曲成萬物而不遺，此又是隨事物之分量形質，隨其大小闊狹長短方圓，无不各成就此物之理，无有遺闕。人傑　範圍天地，是極其大而言。曲成萬物，是極其小而言。範圍，如大德敦化。曲成，如小德川流。人傑　「通乎晝夜之道而知」，通訓兼，兼晝與夜，皆知也。人傑　問「神无方而易无體」。曰：能範圍之而不過，曲成之而不遺，兼通而无所不知，方始見得這神无方易无體。若範圍有不盡，而曲成有所遺，通晝而不通夜，通夜而不通晝，便是不知，便是神有方而易有體了。淵　「神无方而易无體」，神便是在陰底，又忽然在陽。在陽底，又忽然在陰。易便是或爲陽，或爲陰，如爲春，又爲夏，爲秋，又爲冬，交錯代換，而不可以形體拘也。人傑　神自是无方，易自是无體。方是四方上下，神却或在此，或在彼，故云无方。易无體者，或自陰而陽，或自陽而陰，无確定底，故云无體。淵　「易无體」，這箇物事，逐日各自是箇頭面，日異而時不同。淵　【纂註】蔡氏曰：天地之化，雨暘寒燠之類。常雨常暘，化之過也。聖人則能範圍之，而使之不過。一動一植，不得其遂，則爲有遺矣。聖人則能委曲成就，而使之不遺。

一陰一陽之謂道。陰陽迭運者，氣也。其理，則所謂道。【附録】一陰一陽往來不息，則是道之全體，非陰陽之外別有道也。又曰：陰陽氣也，所以陰陽道也。道也者，陰陽之理也。《答子重》　銖問「一陰一陽之謂道」。曰：此與下文「一闔一闢謂之變」語意相似。陰陽非道也。一陰又一陽，循環不已，乃道也，往來循環不已之意。此理即道也。銖　自一日言之，則晝陽而夜陰。自一月言之，則望前爲陽，望後爲陰。自一歲言之，則春夏爲陽，秋冬爲陰。從古至今，恁地滚將去，只這箇陰陽，孰使之然哉？乃道也。學蒙　陰陽之端，動静之機而已。動極而静，静極而動，故陰中有陽，陽中有陰，未有獨立而孤居者。此一陰一陽所以爲道也。卞蘇易　《大傳》既曰「形而上者謂之道」矣，而又曰「一陰一陽之謂道」，此豈真以陰陽爲形而上者哉？正所以見一陰一陽雖屬形器，然其所以爲一陰而一陽者，乃道體之所爲也。《答陸九淵》 **繼之者善也，成之者性也。**道具於陰而行乎陽。繼，言其發也。善，謂化育之功，陽之事也。成，言其具也。性，謂物之所受，言物生則有性，而各具是道也，陰之事也。周子程子之書，言之備矣。【附録】太極動極而静，静而生陰，不成動以前便无静。程子言「動静无端，陰陽无始」，蓋此亦且從那動處説起。若論那動以前又有静，静以前又有動，如云「一陰一陽之謂道，繼之者善也」，這「繼」字便是動之頭。若只一闔一闢而无繼，便是合殺了。又問：繼是動静之閒否？曰：是静之終，動之始也。且如四時，到得冬月，萬物都歸窠了。若不生，來年便都息了。蓋是貞而復生元，无窮如此。義剛 「繼之者善」，《易》中本是就造化上説。到下句「成之者性」，方以人物而言。灝 陳淳問「繼之者善，成之者性」。曰：這箇理在天地間，只是善，无有不善者。生物得來，方始名曰性，只是這箇理。在天則曰命，在人則曰性。流行於造化處是善，凝成於我即是性。繼是接續綿綿不息之意，成是凝成有主之意。大雅 造化所以發育萬物者爲繼善，萬物各正其性命者爲成性。榦 繼善是動處，成性是静處。繼善是流行出來，成性則各自成箇物事。繼善便是元亨，成性便是利貞。及至成之者性，各自成箇物事，恰似造化都无可做了。及至春來，又流行出來，又是繼善。譬如禾穀一般，到秋斂冬藏，千條萬穟各自成一箇物事了。及至春，又各自發生出。以至人物，以至禽獸，皆是如此。義剛 周子《通書·誠上第一》曰：「誠者，聖人之本。大哉乾元，萬物資始，誠之源也。乾道變化，各正性命，誠斯立焉，純粹至善者也。故曰一陰一陽之謂道，繼之者善也，成之者性也。元亨，誠之通。利貞，誠之復。大哉《易》也，性命之源乎。」先生釋之曰：此書與太極圖相表裏。誠即所謂太極也，言乾坤之元，萬物所取以爲始者，乃實理流出而賦於人之本，如水之有源，即圖之陽動也。天所賦爲命，物所受爲性，言乾道變化，而萬物各得受其所賦之正，則實理於是而各爲一物之主矣，即圖之陰静也。純，不雜也。粹，無疵也。言天之所賦，物之所受，皆實理之本然，无不善之雜。陰陽氣也，形而下者也。所以一陰一陽者理也，形而上者也。道即理之謂也。繼之者，氣之方出，而未有所成之謂也。善即理之方行而未有所立之名也，陽之屬也，誠之源也。成則物之已成，性則理之已立者也，陰之屬也，誠之立也。元始亨通利遂貞正，乾之四德也。通者，方出而賦於物，善之繼也。復者，各得而藏於己，性之成也。易者，交錯代换之名，卦爻之立由是而已。天地之間陰陽交錯，而實理流行，一賦一受於其中，亦猶是也。又《通書·後録》曰：「善之與性，固不可謂有二物也。然繼之者善，自其陰陽變化而言也。成之者性，自夫人物稟受而言也。陰陽變化流行而未有窮，陽之動也。人物稟受一定而不可復易，陰之静也。」以此辨之，亦安得無二者之分哉。然性善，形而上者也。陰陽，形而下者也。周子之意，亦豈直指善爲陽，而性爲陰哉？但語其分，則以爲當屬之此耳。人傑　繼善成性，分屬陰陽，乃《通書》首章之意，但熟之自可見矣。蓋天地變化不爲無陰，然物之未形則屬乎陽。物正其性不爲無陽，然形器已定則屬乎陰。《答德明》　問：明道先生曰：「人生而静以上不容説，才説性時便已不是性也。凡人説性，只是説繼之者善也，孟子言人性善是也。夫所謂繼之者善也者，猶水流而就下也。」先生曰：此繼之者善也，指發處而言之也。性之在人，猶水之在山，其清不可得而見也。流出而見其清，然後知其本清也。所以孟子只説見孺子入井，皆有怵惕惻隱之心處，指以示人，使知性之本善也。《易》所謂「繼之者善也」，在性之先。此所引「繼之者善也」，在性之後。蓋《易》以天道之流行者言，此以人性之發見者言。惟天道流行如此，所以人性發見亦如此。閎祖　繼之者善也，周子是説生生之善，程子説作人性之善，用處各自不同。人傑　【纂註】蔡氏曰：陰陽非道。陰陽運而不滯乎陰陽者，道也。繼善，陽也。陽動之始，純而不雜，「元者善之長」是也。成性，陰也。陰静之間，物各有受，「各正性命」是也。凡人之性，皆具是道，但其稟受之際，有清濁之偏，昏明之異。故仁者稟陰之多，而其所見則謂道止於仁。知者稟陽之多，而其所見則謂道止於知。至於百姓，則又昏昏由之，而不知其爲仁爲知，此君子之道所以鮮也。此一節言道之在人，自生知安行以下，不能不有所偏。必如上章，窮理乃能盡性至命，此學《易》者之極功，而作《易》者之本意也。又曰：繼善陽也，成性陰也，此以天命之序而言陰陽也。仁者陰也，知者陽也，此以物受之性而言陰陽也。然陽之所以爲陽者，皆動而无體也。陰之所以爲陰者，皆静而有體也。**仁者見之謂之仁，知者見之謂之知。百姓日用而不知，故君子之道鮮矣。**仁陽知陰，各得是道之一隅，故隨其所見而目爲全體也。日用不知，則莫不飲食，鮮能知味者。又其每下者也，然亦莫不有是道焉。或曰，上章以知屬乎天，仁屬乎地，與此不同，何也？曰：彼以清濁言，此以動静言。【附録】此言萬物各具是性，但氣稟不同，各以其性之所近者闚之。故仁者只見得他發生流動處，而以爲仁。知者只見得他貞静處，便以爲知。下此一等，百姓日用之間習矣不著，行矣不察，所以君子之道鮮矣。煇

顯諸仁，藏諸用，鼓萬物而不與聖人同憂，盛德大業至矣哉。顯，自内而外也。仁，謂造化之功，德之發也。藏，自外而内也。用，謂機緘之妙，業之本也。程子曰：「天地无心而成化，聖人有心而無爲。」【附録】顯諸仁是用底迹，藏諸用是仁底心。顯諸仁是流行發見處，藏諸用是流行發見底物事。顯諸仁千頭萬緒，藏諸用只是一箇物事，作顯諸仁底骨子。顯諸仁，如春生夏長，其發生彰露可見者。藏諸用，是所以生長者，藏在裏面而不可見。人傑　譬之仁，發出來便是惻隱之心，便是顯諸仁，仁便藏在惻隱之心裏面，便是骨子。天下萬事萬物，其粲然發見處，皆是顯然者。然一事自是一事，一物自成一物，便是用藏在這裏。顯諸仁者，德之所以盛。藏諸用者，業之所以成。鼓萬物而不與聖人同憂，此正是顯諸仁藏諸用底時節。盛德大業，便是顯諸仁藏諸用成就處也。又曰：無心便是不憂，成化便是鼓萬物。天地鼓萬物，亦何嘗有心來。謨　天地造化是自然。聖人雖生知安行，然畢竟是有心去做，所以説不與聖人同憂。淵　【纂註】蔡氏曰：用者神運無迹，仁者庶物露生，故在天則生者爲仁，而所以生者爲用。在聖人則發者爲仁，而所以發者爲知。天不可以知言也，知不離乎心，有心則有憂，此天人之道所以分也，故曰鼓萬物而不與聖人同憂。仁與用，天地之德業，而其盛大，又有非聖人所能至者，故曰至矣哉。**富有**

之謂大業，日新之謂盛德。張子曰：「富有者，大而無外。日新者，久而無窮。」【附録】先説箇富有，方始説日新，此與説宇宙相似。先是有這箇物事了，方始相連相續去。淵　富有之謂大業，言萬物萬事無非得此理，所謂富有也。日新，是只管運用流行，生生不已。富有之謂大業，以人言之，須是天下事無不理會方得。若才工夫不到，業無由得大，少間措置事業便有欠闕，此便有病。僩　【纂註】蔡氏曰：富有廣大，不禦日新，悠久無疆，天高地下，萬物散殊，其富有之謂歟。陰陽升降，變化不窮，其日新之謂歟。**生生之謂易。**陰生陽，陽生陰，其變無窮，理與書皆然也。**成象之謂乾，效法之謂坤。**效，呈也。法，謂造化之詳密而可見者。【附録】象謂風霆雨露日星，只是箇象。效法，則效其形法而可見也。人傑　此依舊只是陰陽。凡屬陽者，便只箇象而已。象是方做未成之意，便如日月星辰亦無實體，只是箇懸象如此。效，陳也，呈也，一似説效羊效犬效馬。又云：效字難看，如效順效忠效力之效，有陳獻底意思，言陳出許多物事。淵　法是一成已定之物，如條法，亦是一成已定之法，可以形狀者。乾便略，坤便備。必大　大概乾底只是成得這箇大象，到得坤底則漸次詳密。「資始」、「資生」，於此可見。淵　**極數知來之謂占，通變之謂事。**占，筮也。事之未定者，屬乎陽也。事，行事也。占之已決者，屬乎陰也。極數知來，所以通事之變。張忠定公言「公事有陰陽」，意蓋如此。【附録】占出這事變，人便依他這箇做，便通變而爲事。看來聖人到這處，便説在占上去，則此書分明是要占矣。學蒙　張乖崖説「公事未判時屬陽，已判後屬陰」，便是此意。公事未判，生殺輕重都未定。今已判了，更不可易。又曰：乖崖曾見希夷來，其言亦自太極圖。淵　自「富有」至「效法」，是説其理如此，用處却在那「極數知來」與「通變謂事」上面。蓋説上面許多道理，要做這般用。顯子　【纂註】蔡氏曰：極數，極蓍數也。通變，通卦變也。**陰陽不測之謂神。**張子曰：「兩在故不測。」○此第五章，言道之體用，不外乎陰陽，而其所以然者，則未嘗倚於陰陽也。【附録】陰陽不測之謂神，是總結這一段。不測者，是在這裏，又在那裏。便只是這一箇物事走來走去，无處不在。六十四卦都說了，這又說三百八十四爻。許多變化，都只是這一箇物事周流其間。學蒙 夫易，廣矣大矣，以言乎遠則不禦，以言乎邇則靜而正，以言乎天地之間則備矣。不禦，言无盡。靜而正，言即物而理存。備言無所不有。【附録】易不是象乾坤，乾坤乃是易之子目，下面一壁子是乾，一壁子是坤。蓋說易之廣大，是這乾便做他那大，坤便做他那廣。淵 靜而正，謂觸處皆見有此道，不待安排，不待措置，雖至小至近至鄙至陋之事，無不見有，隨處皆是，無所欠闕，只觀之人便見。人傑 未動時，須此道理都是真實，所以下箇正字。必大 夫乾，其靜也專，其動也直，是以大生焉。夫坤，其靜也翕，其動也闢，是以廣生焉。乾坤各有動靜，於其四德見之。靜體而動用，靜別而動交也。乾一而實，故以質言而曰大。坤二而虛，故以量言而曰廣。蓋天之形雖包於地之外，而其氣常行乎地之中也。易之所以廣大者，以此。【附録】乾不專一，則不能直遂。坤不翕聚，則不能發育。《答胡廣仲》 健者乾之性情，如剛健底人，便靜時亦有箇要興作做事底意思，故曰其靜也專。順者坤之性情，如柔順底人，靜時只有箇收斂而已，故曰其靜也翕。必大 天之性情健而無息，其靜也專，是性其動也。闢是情，坤亦然。又曰：專直則只是一物直去，翕闢則是二箇。翕則闔，闢則開，此奇偶之形也。又曰：陰偏只得一半，兩箇方做得一箇。學蒙 陰是兩件，陰爻兩畫是兩開去，翕是兩合。必大 以形言之，則天包地外，地在天中，所以說天之質大。以氣言之，則天包著地，天之氣却盡在地之中，盡承受得那天之氣，所以說地之量廣。大只是一箇物事，一故實，從裏面便實，出來流行發生只是一箇物事，所以說一而實。地雖緊實，然却虛，所以天之氣流行乎地之中，皆從地裏發出來，所以說二而虛。用之云：地如人之肺，形質雖硬，而中本虛，故陽氣升降乎其中，無所障礙，雖金石也透過去。地便承受得這氣，育萬物。曰：然。要之，天之形如一箇鼓鞴，中間包得許多氣，開闔消長中間，盡是這氣。升降往來，緣中間虛，所以容得。以其包得地，所以説其質之大。以其容得天之氣，所以説其量之廣。非是説地之形有盡，故以量言也。今治曆家用律吕候氣，其法最精。氣之至也，分寸不差，是這氣都在地中透上來。如十一月冬至，黄鍾管距地九寸，以葭灰實其中。至之日，氣至灰去，晷刻不差。又云：看來天地中間，此氣升降上下，當分爲六層。十一月冬至，自下面第一層生起，直到第六層上極至天，是爲四月。陽氣既生足，便消下面，陰氣便生。只是這一氣升降循環不已，往來乎六層之中也。人傑　乾静專動直而大生，坤静翕動闢而廣生，這説陰陽體性如此。卦畫也髣髴似恁地。又曰：這箇只是説理，然也是説畫。有這理，便有是畫。畫是載得那理底。淵

廣大配天地，變通配四時，陰陽之義配日月，易簡之善配至德。易之廣大變通，與其所言陰陽之説，易簡之德，配之天道人事則如此。○此第六章。【附録】「廣大配天地」以下，以易配天。「易簡之善配至德」，以易配人。人傑　問：配是配合底意思否？曰：是相似之意。欲見其廣大，則於天地乎觀之。欲見其變通，則於四時乎觀之。欲知陰陽之義，觀於日月可見。欲知易簡之善，觀於人之至德可見。易簡是當行之理，至德是自家所得者。義剛

子曰：易其至矣乎。夫易，聖人所以崇德而廣業也。知崇禮卑，崇效天，卑法地。《十翼》皆夫子所作，不應自著「子曰」字，疑皆後人所加也。窮理，則知崇如天而德崇。循理，則禮卑如地而業廣。此其取類，又以清濁言也。【附録】知崇，天也，是致知事。禮卑，地也，是踐履事。知識貴乎高明，踐履貴乎著實。知既高明，須是放低著實做去。銖　知識日多則知益高，積累多則業益廣。燀　知却要極於高明，禮却要極於卑順。如禮儀三百，威儀三千，纖悉委曲，無非至卑之事。如羹之有菜者用挾，其無菜者不用挾，主人升東階，客上自西階，皆不可亂。然不是强安排，皆是天理之自然。人傑　林宰問「卑」字如何解。曰：只是卑約意。須常本卑約之意，方可行禮。若知則超越流通，无往不可也。淵　知崇禮卑，這是兩截。知崇是知識超邁，禮卑是須就切實處行。若知不高，則識見淺陋。若履不切，則所行不實。知識高

便是象天，所行實便是法地。賀孫　兩脚踏地做方得。若是著件物事，填一二尺高便不穩了，如何會廣？地卑便會廣，世上更無卑似地底。淵　人之知識不可不高，而行之在乎小心。如《大學》之「格物致知」是知崇之事，「誠意正心修身齊家治國平天下」是禮卑之事。賀孫　學只是知與禮，他這意思却好。禮便細密，《中庸》「致廣大盡精微」等語，皆是知禮。淵　**天地設位，而易行乎其中矣。成性存存，道義之門。**天地設位而變化行，猶知禮存性而道義出也。成性，本成之性也。存存，謂存而又存不已之意也。○此第七章。**【附録】**問「天地設位」至「道義之門」。曰：上文言「知崇禮卑，崇效天，卑法地」。人崇其知，須如天之高；卑其禮，須如地之下矣。「天地設位」一句，只是引起要説「知崇禮卑」。人之知禮能如天地，便能成性存存，道義便自此出。所謂道義，便是易也。「成性存存」，不必專指聖人言。謨　性是自家所以得於天底，道義是衆人公共底。夔孫　成性，只是本來性，不曾作壞底。存謂常在這裏，存之又存。詠　成性，只是一箇渾淪之性，存而不失，此便是道義之門，便是生生不已處。有開　「天地設位，而易行乎其中」，以造化言之也。「乾坤成列，而易立乎其中」，以卦位言之也。《答連嵩卿》**【纂註】**蔡氏曰：道義之在造化，則謂之易。易之在人，則謂之道義。位謂有位可行，門謂有門可出。存存，謂存之又存，使之有體，如天地也。故有天地之位，而後易行，有知禮之門，而後道義出。**聖人有以見天下之賾，而擬諸其形容，象其物宜，是故謂之象。**賾，雜亂也。象，卦之象，如《説卦》所列者。**【附録】**《説文》：「賾，雜亂也。」古無此字，只作嘖。今從𦣞，亦口之義。必大　與《傳》「嘖有煩言」之嘖同。那從口，這從𦣞，是箇口裏説話多雜亂底意思，所以下面説「不可惡」。若喚做好字，不應説箇可惡字也。「探賾索隱」，若與人説話時，也須聽他雜亂説將出不底，方可索他那隱底。淵　問：聖人有以見天下之賾，是説卦畫之初否？曰：正是説卦畫之初。聖人只是見陰陽之變化雜見，便畫出一畫，便有一箇象，只管生去，只管不同。六十四卦自六

十四樣，便生到千以上，卦亦自一卦一樣。學蒙

問：擬諸形容者，度陰陽之形容。蓋聖人見陰陽變化雜亂，於是比度其形容，而象物宜，是故謂之象。

曰：也是如此。嘗得郭子和書云其先人云：「不獨是天地雷風水火山澤之謂象，只是卦畫便是象。」自說得好。

聖人有以見天下之動，而觀其會通，以行其典禮，繫辭焉以斷其吉凶，是故謂之爻。

會謂理之所聚，而不可遺處。通謂理之可行，而無所礙處。如庖丁解牛，會則其族，而通則其虛也。【附録】「聖人有以見天下之動」，言事若未動時，不見得道理是如何。人平不語，水平不流。須是動，方見得。觀會通，行典禮，只是說道觀他會通處，却求箇道理來區處他。所謂卦爻之動，便是法象，故曰：「爻也者，效天下之動者也。」淵

會，便是四邊合聚來處。通，便是空處行得去，便是通。道夫

一卦之中自有會通，六爻又各自有會通。且如屯卦初九，在卦之下，未可以進，爲屯之義。乾坤始交，而遇險陷，亦屯之義。似草穿地而未申，亦屯之義。凡此數義，皆是屯之會聚處。若「盤桓利居貞」，便是一箇合行底，却是通處也。學蒙

會是衆理聚處，便有許多難易窒礙，必於其中得其通處，乃可行爾。如庖丁解牛，於族處却「批大郤，導大窾」，此是筋骨叢雜之所，得其可通之理，故十九年而刃若新發於硎。且如事理間，若不於會處理會，却只見得一偏，如何行得通。須是於會處都理會，其間却自有箇通處，便如脉理相似。又曰：會而不通，則窒礙而不可行。通而不會，亦不知許多曲直錯雜處。故必觀會通而始可行典禮。必大

會通者，觀衆理之會，擇其通者而行。且如有一事關著許多道理，也有父子之倫，也有君臣之倫，也有夫婦之倫。若是父子重，則就父子行將去，而他有所不暇計。若君臣重，則行君臣之義，而他不暇計。若父母之恩重，則使得「身體髮膚，受之父母，不敢毁傷」之義，而「委致其身」之說不可行。若君臣之義重，則當委致其身，而不敢毁傷之說不暇顧。此之謂觀會通。僩

典禮，猶常體常法。又曰：禮便是節文也，升降揖遜是禮之節文，這禮字又說得闊，凡事物之常皆是。又曰：如堯舜揖遜，湯武征伐，皆是典禮處。典禮，只是常事。砥

言天下之至賾而不可惡也，言天下之至動而不可亂

也。惡猶厭也。【附録】先儒多以「賾」字爲至妙之意，若如此説，則何以謂之不可惡？賾，只是箇雜亂冗閑底意思。言之而不惡者，精粗本末，無不盡也。謨　義剛云：惡字有三音，或亞，或如字，或烏故反。曰：烏故切於義爲近。只是説雖是如此勞攘事多，然也不可厭惡。問：賾是説事物如此，不是説卦上否？曰：卦亦如此。三百八十四爻，是多少雜亂。學蒙　不可惡者，言雖是雜亂，聖人却於雜亂中見其不雜亂之理。必大　雜亂處人易得厭惡，然而這都是道理合有底事，自合理會，故不可惡。動亦是合有底事，然上面各自有道理，故自不可亂。煇　擬之而後言，議之而後動，擬議以成其變化。觀象玩辭，觀變玩占，而法行之。此下六爻，則其例也。【附録】此變化只就人事説。擬議，只是裁度自家言動，使合於理，變易以從道之意。如擬議得是便吉，擬議未善則凶。謨

「鳴鶴在陰，其子和之。我有好爵，我與爾靡之。」子曰：君子居其室，出其言善，則千里之外應之，況其邇者乎？居其室，出其言不善，則千里之外違之，況其邇者乎？言出乎身，加乎民。行發乎邇，見乎遠。言行，君子之樞機。樞機之發，榮辱之主也。言行，君子之所以動天地也，可不慎乎！釋中孚九二爻義。【附録】鶴鳴子和，好爵爾靡，此本是説誠信感通之理，夫子却專以言行論之。蓋誠信感通，莫大於言行。謨　言行樞機，是言所發者至近，而所應者甚遠否？曰：樞機，便是鳴鶴在陰。下面大概只説這意，都不解著「我有好爵」二句。學蒙　【纂註】蔡氏曰：萬化不窮，感應二端而已。故夫子取中孚九二之辭，而推廣其理也。居其室，即在陰之義。出其言，即鳴鶴之義。千里之外應之，即其子和之之義。特主乎人而爲言耳。感應者心也，言者心之聲，行者心之迹，言行乃感應之樞機也。善者至善之理也，不善則悖理矣。人以善而感應，則感應同乎天矣，故曰動天地。

「同人，先號咷而後笑。」子曰：君子之道，或出或處，或默或語。二人同心，其利斷金。同心之言，其臭如蘭。釋同

人九五爻義。言君子之道，初若不同，而後實無間。斷金、如蘭，言物莫能間，而其言有味也。【附録】同心之利，雖金石之堅，亦被他斷決將去。斷是斷做兩段。學蒙「初六，藉用白茅，无咎。」子曰：苟錯諸地而可矣。藉之用茅，何咎之有？慎之至也。夫茅之爲物薄，而用可重也，慎斯術也以往，其无所失矣。釋大過初六爻義。【纂註】蔡氏曰：物之置於地也，亦可安矣。而又藉之以茅，過於慎也。凡天下之事，過則有失。惟過於慎，則无所失，故无咎。「勞謙，君子有終吉。」子曰：勞而不伐，有功而不德，厚之至也。語以其功，下人者也。德言盛，禮言恭。謙也者，致恭以存其位者也。釋謙九三爻義。德言盛，禮言恭，言德欲其盛，禮欲其恭也。「亢龍有悔。」子曰：貴而无位，高而无民，賢人在下位而无輔，是以動而有悔也。釋乾上九爻義。當屬《文言》，此蓋重出。「不出户庭，无咎。」子曰：亂之所生也，則言語以爲階。君不密則失臣，臣不密則失身，幾事不密則害成，是以君子慎密而不出也。釋節初九爻義。子曰：作《易》者，其知盜乎？《易》曰：「負且乘，致寇至。」負也者，小人之事也。乘也者，君子之器也。小人而乘君子之器，盜思奪之矣。上慢下暴，盜思伐之矣。慢藏誨盜，冶容誨淫。《易》曰「負且乘，致寇至」，盜之招也。釋解六三爻義。○此第八章，言卦爻之用。【纂註】蔡氏曰：自中孚初爻至此，乃夫子擬議之辭，而爲三百八十四爻之凡例也。爻之有義，非辭不明，而天下之事變化無窮，又豈辭之所能備哉？苟玩之者拘而不通，則一爻不過一事而已。擬議以成其變化，其所以示人者詳矣。然夫子之辭，又特發其端耳。學《易》者當玩而有得也。天一，地二，天三，地四，天五，地六，天七，地八，天九，地十。此簡本在第十章之首，程子曰「宜在此」，今從之。此言天地之數，陽奇陰偶，即所謂河圖者也。

其位一六居下，二七居上，三八居左，四九居右，五十居中。就此章而言之，則中五爲衍母，次十爲衍子，次一二三四爲四象之位，次六七八九爲四象之數，二老位於西北，二少位於東南，其數則各以其類交錯於外也。【附録】〔總論下文數節〕來諭謂某不當以大衍之數參乎河圖之數，此亦存説矣。數之爲數，雖各主於一義，然其參伍錯綜，無所不通，則有非人之所能爲者。其所不合，固不容以强合。其所必合，則縱横反覆，如合符契，亦非人之所能强離也。若於此見得自然契合不假安排底道理，方知造化工夫神妙巧密。若論《易》文，則自「大衍之數五十」，至「再扐而後掛」，便接「乾之策二百一十有六」，至「可與祐神矣」爲一節，是論大衍之數。自「天」至「地十」，❶却連「天數五」至「行鬼神也」爲一節，是論河圖五十五之數。今其文間斷差錯不相連接，舛誤甚明。伊川先生已嘗釐正。《啓蒙》雖依此寫，而不曾推論其所以然者，故覽者不之察耳。《答袁樞》　看《繫辭》，須先看自「大衍之數」以下，皆是説卜筮。若不是説卜筮，却是説一箇无頭底物，今人誠不知《易》。可學　【纂註】蔡氏曰：天地

者，陰陽對待之定體也。一至十者，陰陽流行之次序也。然對待非流行，則不能變化。流行非對待，則不能自行。而五十五者，則流行之細分也。**天數五，地數五，五位相得而各有合。天數二十有五，地數三十。凡天地之數五十有五，此所以成變化而行鬼神也。**此簡本在「大衍」之後，今按宜在此。天數五者，一、三、五、七、九，皆奇也。地數五者，二、四、六、八、十，皆偶也。相得，謂一與二，三與四，五與六，七與八，九與十，各以奇偶爲類而自相得。有合，謂一與六，二與七，三與八，四與九，五與十，皆兩相合。二十有五者，五奇之積也。三十者，五偶之積也。變化，謂一變生水而六化成之，二化生火而七變成之，三變生木而八化成之，四化生金而九變成之，五變生土而十化成之。鬼神，謂凡奇偶生成之屈伸往來者。【附録】「相得各有合」，在十干甲乙木，丙丁火，戊己土，庚辛金，壬癸水，便是相得。甲與己合，乙與庚合，丙與辛合，丁與壬合，戊與癸合，便是

❶ 「天」下，四庫本有「一」字。

各有合。又曰：五行本只是五，而有十者，蓋一箇便包兩箇，如木便包甲乙，火便包丙丁，土便包戊己，金便包庚辛，水便包壬癸，所以爲十。學蒙

大衍之數五十，其用四十有九，分而爲二以象兩，掛一以象三，揲之以四以象四時，歸奇於扐以象閏，五歲再閏，故再扐而後掛。大衍之數五十，蓋以河圖中宫天五乘地十而得之。至用以筮，則又止用四十有九，蓋皆出於理勢之自然，而非人之知力所能損益也。兩，謂天地也。掛，懸其一於左手小指之間也。三，三才也。揲，間而數之也。奇，所揲四數之餘也。扐，勒於左手中三指之兩閒也。閏，積月之餘日而成月者也。五歲之閒，再積日而再成月，故五歲之中，凡有再閏，然後别起積分，如一掛之後，左右各一揲而一扐。故五者之中，凡有再扐，然後别起一掛也。【附録】河圖五十五，是天地自然之數。大衍五十，是聖人去這河圖裏面，取那天五地十衍出這箇數。大概河圖是自然底，大衍是用以揲蓍求卦底。淵　或問「大衍」之義。曰：天地之數五十有五，虚其中金木水火土五數，便是五十。又虚天一，故用四十有九。此一説也。三天兩地，便是虚去天一，只用天三對地二耳。又五爲生數之極，十爲成數之極，以五乘十，以十乘五，亦爲五十。此一説也。又數始於一成於五，小衍之成十，大衍之成五十。此又一説也。數家之説雖多不同，某謂此説却分曉。僩　奇者，左右四揲之餘也。扐指間也，謂四揲左手之策而歸其餘於无名指間，四揲右手之策而歸其餘於中指之閒也。《與郭子和》　聖人下字皆有義，掛者挂也，扐者扐於二指之中也。賀孫　掛一，一歲。揲右，二歲。扐右，三歲一閏。揲左，四歲。扐左，五歲再閏也。人傑　一掛之閒凡再扐，即五歲之間凡再閏之象也。《與郭子和》〔總論數節〕《繫辭》言蓍法，大抵只是解其大略，想别有文字，今不可見。但如「天數五，地數五」，此是舊文。「五位相得而各有合」，是孔子解文。「天數二十有五，地數三十，凡天地之數五十有五」，此是舊文。「此所以成變化而行鬼神」，此是孔子解文。「分而爲二」是本文，「以象兩」是解。「掛一」，「揲之以四」，「歸奇於扐」，皆是本文。「以象三」，「以象四時」，「以象閏」之類，皆是解文也。「乾之策二百一十有六，坤之

策百四十有四」，孔子則斷之以「當期之日」。「二篇之策萬有一千五百二十」，孔子則斷之以「當萬物之數」，於此可見。謨 蓍卦，當初聖人用之，亦須有箇見成圖筭。後自失其傳，所僅存者只有這幾句，其間已自是添入字去説他了。賀孫

乾之策二百一十有六，坤之策百四十有四，凡三百有六十，當期之日。凡此策數，生於四象。蓋河圖四面，太陽居一而連九，少陰居二而連八，少陽居三而連七，太陰居四而連六。揲蓍之法，則通計三變之餘，去其初掛之一，凡四爲奇，凡八爲偶，奇圓圍三，偶方圍四，三用其全，四用其半，積而數之，則爲六七八九。而第三變，揲數策數亦皆符會。蓋餘三奇則九，而其揲亦九，策亦四九三十六，是爲居一之太陽。餘二奇一偶則八，而其揲亦八，策亦四八三十二，是爲居二之少陰。二偶一奇則七，而其揲亦七，策亦四七二十八，是爲居三之少陽。三偶則六，而其揲亦六，策亦四六二十四，是爲居四之老陰。是其變化往來進退離合之妙，皆出自然，非人之所能爲也。少陰退而未極乎虛，少陽進而未極乎盈，故此獨以老陽老陰計乾坤六爻之策數，餘可推而知也。期，周一歲也，凡三百六十五日四分日之一，此特舉成數而概言之耳。【附録】策乾蓍之莖數，《曲禮》所謂策爲筮者是也。《大傳》所謂「乾坤二篇之策」者，正以其掛扐之外見存蓍數爲言耳。蓋揲蓍之法，凡三揲掛扐通十三策而見存三十六策，則爲老陽之爻。三揲掛扐通十七策而見存三十二策，則爲少陰之爻。三揲掛扐通二十一策而見存二十八策，則爲少陽之爻。三揲掛扐通二十五策而見存二十四策，則爲老陰之爻。《大傳》專以六爻乘二老而言，故曰「乾之策二百一十有六，坤之策百四十有四，凡三百有六十」。其實六爻之爲陰陽者，老少錯雜，其積而爲乾者未必皆老陽，其積而爲坤者未必皆老陰。其爲六子諸卦者，或陽或陰，亦互有老少焉。蓋老少之別，本所以生爻，而非所以名卦。今但以乾有老陽之象，坤有老陰之象，六子有少陰陽之象，且均其策數又偶合焉，而因假此以明彼則可。若便以乾六爻皆爲老陽，坤六爻皆爲老陰，六子皆爲少陽少陰，則恐其未安也。但三百六十者，陰陽之合，其數必齊。若乾坤之爻，而皆得於少陰陽也，則乾之策六其二十八而爲百六十八，

坤之策六其三十二而爲百九十二，其合亦爲三百六十，此則不可易也。《答程迥》 蓍之一籌，謂之一策。策中乘除之數，則直謂之數。策數云者，凡手中之數皆是。如《禮》曰：「倒策側龜於君前有誅」，「龜策弊則埋之」，不可以既揲餘數不爲策也。必大 此凡言策數，雖指掛扐之外過揲見存之蓍數而言，然不以掛扐之内所餘之蓍不爲策也。《蓍卦考誤》 【纂註】蔡氏曰：天地之運大小皆極於三百六十，大衍乾坤之策當期之日，真所謂與天相似也。

二篇之策，萬有一千五百二十，當萬物之數也。二篇，謂上下經。凡陽爻百九十二，得六千九百一十二策。陰爻百九十二，得四千六百八策。合之得其數。【附録】「二篇之策當萬物之數」，亦是取象之辭，不是萬物恰有此數。必大

是故四營而成易，十有八變而成卦。四營，謂分二，掛一，揲四，歸奇也。易變也，謂一變也。三變成爻，十八變則成六爻也。【附録】「易」字只是箇「變」字。四度經營，方成一變。若説易之一變，却不可。這處未下得卦字，亦未下得爻字，只下得易字。淵 營謂經營。易即變也，謂分二，掛一，揲四，歸奇。凡四度經營蓍策，乃成一變也。積十二營，三掛，六扐，乃成三變，然後成爻。十有八變而成卦者，謂既三變而成一爻，復合四十九蓍，如前經營，以爲一變，積十八變，則成六爻，而爲一卦也。

八卦而小成。謂九變而成三畫，得内卦也。

引而伸之，觸類而長之，天下之能事畢矣。謂已成六爻，而視其爻之變與不變以爲動静，則一卦可變而爲六十四卦以定吉凶，凡四千九十六卦也。

顯道神德行，是故可與酬酢，可與祐神矣。道因辭顯，行以數神。酬酢，謂應對。祐神，謂助神化之功。【附録】道較微妙，無形影，因卦辭説出來，道這是吉，這是凶，這可爲，這不可爲。德行是人做底事，因數推出來，方知得這不是人硬恁地做，都是神之所爲。學蒙 德行是人事，粗做底只是人爲。若決之於鬼神，德行便神。淵 此説蓍龜之用也，道理因此顯著。德行是人事，却須取必於蓍。既知吉凶，而後可以酬酢事變。神不能自説吉凶與人，必俟易始著見，是易能祐助於神也。

罃

【纂註】蔡氏曰：顯道，闡幽也。神德行，微顯也。如是則可以應變，而助神矣。**子曰：知變化之道者，其知神之所爲乎！**變化之道，即上文數法是也。皆非人之所能爲，故夫子嘆之。而門人加「子曰」，以別上文也。○此第九章，言天地大衍之數，揲蓍求卦之法，然亦略矣。意其詳具於太卜筮人之官，而今不可考耳。其可推者，《啟蒙》備言之。【附録】銖問：陽化爲陰，陰變爲陽者，變化也。所以變化者，道也。道者，本然之妙。變化者，所乘之機。故陰變陽化，而道无不在，兩在故不測，故曰：「知變化之道者，其知神之所爲乎。」不審可如此看否？曰：亦得之。銖

《易》有聖人之道四焉，以言者尚其辭，以動者尚其變，以制器者尚其象，以卜筮者尚其占。四者，皆變化之道，神之所爲者也。【附録】問：以字是指以《易》而言否？曰：然。又問：「以言者尚其辭」，「以言」是取其言以明理斷事，如《論語》上舉「不恒其德，或承之羞」之類否？曰：是。學蒙　問：「以卜筮者尚其占」，卜用龜，亦使易占否？曰：不用。只是文勢如此。學蒙　問：辭、占是一類，動、制器是一類，所以下文「至精」合辭占説，「至變」合變象説。曰：然。辭占是一類者，曉得辭，方知得占。若與人説話，曉得他言語，方見他胸中底藴。變是事之始，象是事之已形者，故亦是一類。學蒙

是以君子將有爲也，將有行也，問焉而以言，其受命也如嚮，无有遠近幽深，遂知來物。非天下之至精，其孰能與於此！此尚辭尚占之事。言人以蓍問《易》，求其卦爻之辭，而以之發言處事，則《易》受人之命，而有以告之，如嚮之應聲，以決其未來之吉凶也。以言，與「以言者尚其辭」之以言義同。命，則將筮而告蓍之語，《冠禮》「筮日宰自右贊命」是也。【附録】「問焉而以言」，若以上下文義推之，「而以言」則是命筮之辭，古人亦大段重筮。但「而以言」三字義拗，若作「以《易》之言」，如所謂「不恒其德，或承之羞，不占」，只是以其言，又於上下文不順。學蒙

參伍以變，錯綜其數。通其變，遂成天地之文。極其數，遂定天下之象。非天下之

至變，其孰能與於此！此尚象之事，變則象之未定者也。參者，三數之也。伍者，五數之也。既參以變，又伍以變，一先一後，更相考覈，以審其多寡之實也。錯者，交而互之，一左一右之謂也。綜者，總而挈之，一低一昂之謂也。此亦皆是揲蓍求卦之事。蓋通三揲兩手之策，以成陰陽老少之畫；究七、八、九、六之數，以定卦爻動静之象也。參伍錯綜，皆古語，而參伍尤難曉。按《荀子》云：「窺敵制變，欲伍以參。」韓非曰：「省同異之言，以知朋黨之分。偶參伍之驗，以責陳言之實。」又曰：「參之以比物，伍之以合參。」《史記》曰：「必參而伍之。」又曰：「參伍不失。」《漢書》曰：「參伍其賈，以類相準。」此足以相發明矣。【附録】參以三數之也，伍以五數之也，如云「什伍其民」，如云「或相什伯」，非真爲參與伍而已也。蓋紀數之法，以參數之則遇五而齊，以五數之則遇三而會。又曰：若其他數猶可湊，參伍兩數自是參差不齊，所以舉爲言。又曰：揲蓍本無參數伍數之法，只言交互參考皆有自然之數。如三三爲九，三二爲六之類。雖不用以揲蓍，而推考變通，則未嘗不用也。謨　錯者，交而互之，一左一右之謂，如乾對坤，坎對離，自是交錯。綜者，總而挈之。且以七、八、九、六明之：六、七、八、九便是次序，然而七是陽，六壓他不得，便當挨上。七生八，八生九，九又須挨上，便是一低一昂。學蒙　錯綜是兩樣。錯是往來交錯之義，有迭相爲用之意。綜者，條而理之也。如機上織底綜，一箇上去，一箇下來。陽上去做陰，陰下來做陽，如綜相似。淵　錯綜其數，便又是七、八、九、六。九對八，便是東西相錯。六上生七爲陽，九下生八爲陰，便是上下爲綜。義剛　錯綜，自是兩事。參伍錯綜，又各是一事。參伍所以通之，其治之也簡而疎。錯綜所以極之，其治之也繁而密。僩　成天地之文者，若卦爻之陳列變態者是也。定天下之象者，物象皆有定理，足以經綸天下之事也。人傑　○愚按楊倞《荀子》註：「伍參，猶雜也，使間諜或參之，或伍之於敵，閒而盡知其事。」《史記》引《周書》曰：「必參而伍之。」註：「三卿，五大夫，欲更議也。」

易，无思也，无爲也，寂然不動，感而遂通天下之故。非天下之至神，其孰能與

於此！此四者之體所以立，而用所以行者也。易指蓍卦。无思无爲，言其无心也。寂然者，感之體。感通者，寂之用。人心之妙，其動静亦如此。【附録】蓍卦何嘗有思有爲，但只是扣著便應，无所不通，所以爲神耳，非是别有至神在蓍卦之外也。《答祖儉》《易》是箇无情底物事，故寂然不動。占之者吉凶善惡隨事著見，乃感而遂通也。時舉 易无思慮也，无作爲也。其寂然者，无時而不感。其感通者，无時而不寂也。是乃天命之全體，人心之至正，所謂體用之一源，流行而不息者也。疑若不可以時處分矣。然於其未發也，見其感通之體。於其已發也，見其寂然之用。亦各有當，而實未嘗分焉。《雜著》 人之一身知覺運用，莫非神之所爲，則心者固所以主於身，而无動静語默之間者也。然方其静也，事物未至，思慮未萌，而一性渾然，道義全具，其所謂中，是乃心之所以爲體而寂然不動者也。乃其動也，事物交至，思慮萌焉，則七情迭用，各有攸主，其所謂和，乃是心之所以爲用感而遂通者也。然性之静也，不能不動也，而必有節焉。是則心之所以寂然感通周流貫徹，而體用未始相離也。又曰：方其存也，思慮未萌，而知覺不昧，是則静中之動，復之所以見天地之心也。及其察也，事物紛糾，而品節不差，是則動中之静，艮之所以不獲其身，不見其人也。有以主乎静中之動，是以寂而未嘗不感。有以察乎動中之静，是以感而未嘗不寂。寂而常感，感而常寂，此心之所以周流貫徹，而无一毫之不仁也。《答欽夫》 寂是體，感是用。當其寂時，理固在此，必感而後發。如仁感爲惻隱，未感時只是仁。義感爲羞惡，未感時只是義。可學問：胡氏説多指心作已發。曰：便是錯了。縱使已發，感之體固在，所謂動中未嘗不静。如此則流行發見，而卓然有不可移。今只指作已發，一齊无本了，終日只得奔波急迫，大錯了。淵 看來寂然不動，衆人皆有是心。至感而遂通處，獨聖人能之，衆人却不然。蓋他雖具此心，未發時已自汩亂了，思慮紛擾，夢寐顛倒。可見若无聖人操存之道至感發處，如何會得如聖人中節。寓 「寂然不動，感而遂通天下之故」，與「窮理盡性以至於命」，本只是説《易》，不是説人，諸家皆是借來就人上説，亦通。閎祖

夫《易》，聖人之所以極深而研幾也。研猶審

也。幾，微也。所以極深者，至精也。所以研幾者，至變也。【附録】問：如何是極深？曰：聖人都曉得至深難見底道理，都就《易》中見得。問：如所謂「幽明之故」、「死生之説」、「鬼神之情狀」之類否？曰：然。問：如何是研幾？曰：便是研磨出那幾微處。且如一箇卦在這裏，便有吉凶，有悔吝，幾微毫釐處，都研出來。又問：如此説，正與《本義》所謂「所以極深者，至精也。所以研幾者，至變也」，正相發明。曰：然。道夫 《易》便有那深，有那幾，聖人便用極出那深，研出那幾。研是研磨到底之意。《詩》、《書》、《禮》、《樂》皆是説那已有底事，惟是《易》説那未有底事。研幾是不待他顯著，只在那茫昧時都處置了。淵 研，便是研窮他。幾，便是周子所謂「動而未形，有无之閒者」也。學蒙 知至如極深，能慮便是研幾。夔孫

唯深也，故能通天下之志。唯幾也，故能成天下之務。唯神也，故不疾而速，不行而至。

所以通志而成務者，神之所爲也。【附録】深就心上説，幾就事上説。幾，便是有那事了，雖是微，畢竟是有。深在心，甚玄奥。幾在事，半微半顯。淵 深是幽深，通是開通。人所以蔽塞，只爲他淺。若是深後，便能開通人志。道理若淺，如何開通得人？所謂「通天下之志」，亦只是説「開物」相似，所以下一句也説箇「成務」。《易》是説未有底，六十四卦皆是如此。淵

子曰：《易》有聖人之道四焉者，此之謂也。

○此第十章，承上章之意，言《易》之用有此四者。【附録】變化之道，莫非神之所爲也。故知變化之道，則知神之所爲矣。《易》有聖人之道四焉，所謂變化之道也。觀變玩占，可以見其精之至矣。玩辭觀象，可以見其變之至矣。然非有寂然感通之神，則亦何以爲精，爲變，而成變化之道哉？此變化之道，所以爲神之所爲也。所以極深者，以其精也。所以研幾者，以其變也。極深研幾，所以不疾而速，不行而至者，以其神也。此又覆明上文之意，復以《易》有聖人之道四焉者，結之也。或曰：至精至變，皆以書言之矣。至神之妙，亦以書言可乎？曰：至神之妙，固无不在。詳考之文意，則實亦以書言之也。所謂「无思无爲，寂然不動」云者，言在册，象在畫，蓍在櫝，而變未形也。至於玩辭觀象，而揲蓍以變，則感而遂通天下之故矣。推

而極於天地之大，反而驗諸心術之微，其一動一靜，循環始終之際，至神之妙，亦如此而已矣。嗚呼，此其所以不疾而速，不行而至也歟。《精變神説》

子曰：夫《易》，何爲者也？ 夫《易》，開物成務，冒天下之道，如斯而已者也。是故聖人以通天下之志，以定天下之業，以斷天下之疑。開物成務，謂使人卜筮以知吉凶而成事業。冒天下之道，謂卦爻既設，而天下之道皆在其中。【附録】物是人物，務是事務。冒，只是罩得天下許多道理在裏，自今觀之，也是如何出得他箇。道夫 讀《繫辭》，須見得如何是開物，如何是成務，又如何是冒天下之道。須要就卦中一一見得許多道理，然後可讀。蓋《易》之爲書，大抵皆因卜筮而設教，逐爻開示吉凶，包括无遺，如將天下許多道理包藏在其中，故曰冒天下之道。由卜筮而推，上通鬼神，下通事物，精及於无形，粗及於有象，如包罩在此，隨取隨得。謨 此是説蓍龜。若不指蓍龜，何以言通之，定之，斷之？必大 聖人作《易》教他占，吉則爲，凶則否。所謂通志定業斷疑者，即此也。

是故蓍之德圓而神，卦之德方以知，六爻之義易以貢。聖人以此洗心，退藏於密，吉凶與民同患。神以知來，知以藏往。其孰能與於此哉，古之聰明叡知，神武而不殺者夫。圓神，謂變化无方。方知，謂事有定理。易以貢，謂變易以告人。聖人體具三者之德，而无一毫之累，无事則其心寂然，人莫能窺，有事則神知之用，隨感而應，所謂无卜筮而知吉凶也。神武不殺，得其理而不假其物之謂。【附録】蓍以七爲數，是未成卦時所用，未有定體，故其德圓而神，所以知來。卦以八爲數，是因蓍之變而成，已有定體，故其德方以知，所以藏往。《答何鎬》 「此」字，指蓍卦之德，六爻之義而言。洗心，言聖人玩此理，而默契其妙也。《答王遇》 聖人之心，渾只是圓神方知易貢三箇物事，更無別物，一似洗得來潔静了。又曰：是以那《易》來洗濯自家心了，更没些私意小知在裏許，聖人便似那《易》了。淵 退藏於密時，固是不用這物事。吉凶與民同患，也不用這物事。用神而不用蓍，用知而不用卦，全不犯手。退藏於密，是不用事時。到他用事，也不犯手。事未到時，先安排在這裏了。事到時，恁地來，恁地應。淵　一卦之中，凡爻辭所載，皆是已著底道理，此藏往也。占得此爻，却因已見底道理，推未來底事，便是知來。必大　神以知來，如明鏡然，事物來都看見。知以藏往，只是見在有底事，他都識得。又曰：都藏得在這裏面。學蒙　如揲蓍然，當其未揲，也都不知。成卦了，則事都絣定在上面了，便是藏往。聖人於天下，自是所當者摧，所向者伏，然而他都不費手脚，這便是神武不殺。學蒙

是以明於天之道，而察於民之故，是興神物以前民用。聖人以此齊戒，以神明其德夫。

神物，謂蓍龜。湛然純一之謂齊，肅然警惕之謂戒。明天道，故知神物之可興。察民故，故知其用之不可不有以開其先。是以作爲卜筮以教人，而於此焉齊戒以考其占，使其心神明不測，如鬼神之能知來也。【附録】齊戒，敬也。聖人无一時一事而不敬，此特因卜筮而言，尤見其精誠之至，如孔子所慎齊戰疾之意也。《答敬夫》　胡叔器問：齊戒只是敬否？曰：也是敬。但齊較詳於戒。到湛然純一時，那肅然警惕也无了。義剛　聖人於卜筮，其齊戒之心，虚静純一，戒謹恐懼，却只是退聽於鬼神。學蒙　問：天之道，便是民之故否？曰：到得極處，固只是一箇道理。看時，須做兩處看，方看得周匝无虧欠處。問：天之道，只是福善禍淫之類否？曰：如陰陽變化，春何爲而生，秋何爲而殺，夏何爲而暑，冬何爲而寒，皆要理會得。問：民之故，如君臣父子之類否？曰：故只是事，凡民日用皆是。若只理會得民之故，却理會不得天之道，便即民之故亦未是在。到得極時，固只是一理。要之，須是都理會周匝始得。道夫　問：明察之義，有淺深否？曰：察深於明，明只是大概明得這道理耳。孟子所言「明察」，與《易》「明於天道，察於民故」同。去僞　聖人見得天道，知得人事，都是這箇道理，看見蓍龜之靈都包得這道理。於是作爲卜筮，使民因卜筮，皆知得道理都在這裏面了。《答敬夫》　「是興神物，以前民用」，此言有以開民，使民都知。前時民昏塞，吉凶利害是

非都不知。因這箇開了，便能如神明然，此便是神明其德。又曰：民用之，則民神明。聖人用之，則自神明其德。淵　便是聖人，也要神明。這箇本是一箇靈聖底物事，自家齊戒，便會靈聖。不齊戒，便不靈聖。古人所以七日戒，三日齊。義剛　設爲卜筮，以爲民之嚮導。聖人於此，又要以卜筮而「齊戒以神明其德」。「顯道神德行」便似這神字，猶言凶吉若有神陰相之相似，都不是自家做得，却都若神之所爲。學蒙　〔總論一節〕「是以明於天之道」至「以前民用」，此言作《易》之事也。「聖人以此齊戒，以神明其德夫」，此言用《易》之事也。《答敬夫》　〔總論上一節〕洗心退藏言體，知來藏往言用。然亦只言體用具矣，而未及用出來。下文是「興神物，以前民用」，方發出許多道理，以盡見於用也。然前段必結之以「聰明叡知神武而不殺」者，只是譬喻蓍龜雖未用，而神靈之理具在，猶武是殺人底事，聖人却存此神武而不殺也。謨　「蓍德」已下，言皆已具此理，但未用之於卜筮。至「明於天之道」已下，方説卜筮，乃是發用處。「是興神物以前民用」，蓋聖人已具此理，復就蓍龜上發明之，使民亦得以前知也。「聖人以此齊戒，以神明其德」，德即聖人之德，又即卜筮以齊戒神明之。必大　方其退藏，而與民同患之，用已具。及其應變，則又以齊戒而神明其德，此則非聖人不能與。《答西山》　洗心，聖人玩辭觀象，理與心會也。齊戒，聖人觀變玩占，臨事而敬也。《答何鎬》　聖人此心虛明，自然具衆理。卦爻許多，不是安排對副與人。看是甚人來，自然撞著。《易》如此，聖人也如此，所以説箇「蓍之德」、「卦之德」、「明其德」。淵

是故闔户謂之坤，闢户謂之乾。一闔一闢謂之變，往來不窮謂之通。見乃謂之象，形乃謂之器。制而用之謂之法，利用出入民咸用之謂之神。闔闢，動静之機也。先言坤者，由静而動也。乾坤變通者，化育之功也。見象形器者，生物之序也。法者，聖人修道之所爲，而神者，百姓自然之日用也。【附録】闔闢乾坤，理與事皆如此，書亦如此。這箇則説理底意思多。淵　問：《易》中多言變通之意如何。曰：處得恰好處便是通。問：「往來不窮謂之通」如何。曰：處得好便不

窮，不通便窮。道夫　「見乃謂象」，只是説動而未形有无之間者，幾底意思。幾雖是未形，然畢竟是有箇物了。淵　利用出入者，便是民生日用都離他不得。淵　民之於《易》，隨取而各足。《易》之於民，周徧而不窮。所以謂之神。學蒙　【纂註】徐氏曰：天道流行，有動有静，猶户之闔闢也。陽之嘘也，户之闢也，羣蟄由是而作也，是謂之乾。陰之翕也，户之闔也，羣動由是而息也，是謂之坤。先坤後乾，陰陽之義也。一闔一闢，交易代换，是謂之變。往來不窮，運行悠久，是謂之通。物生之初，微而可見，則謂之象。物成之後，實而有形，則謂之器。聖人因象器之自然，修道立教，制器利用，有不容違之則，是謂之法。民生日用，出而作，固利也。入而處，亦利也。是法也，即《易》之形象變通乾坤闔闢至妙之理，或出或入，民咸用之，是謂之神。

是故易有太極，是生兩儀，兩儀生四象，四象生八卦。

一每生二，自然之理也。易者，陰陽之變。太極者，其理也。兩儀者，始爲一畫以分陰陽。四象者，次爲二畫以分太少。八卦者，次爲三畫而三才之象始備。此數言者，實聖人作《易》自然之次第，有不假絲毫智力而成者。畫卦揲蓍，其序皆然。詳見《序例》、《啓蒙》。【附録】此太極却是爲畫卦設。當未畫卦前，太極只是一箇渾淪底道理，裏面包含陰陽剛柔奇偶，无所不有。及畫一奇一偶，是生兩儀。再於一奇畫上加一奇，此是陽中之陽。又於一奇畫上加一偶，此是陽中之陰。又於一偶上加一奇，此是陰中之陽。又於一偶上加一偶，此是陰中之陰。是謂四象。所謂八卦者，一象上有兩卦，每象各添一奇一偶，便是八卦。四象，如春夏秋冬，金木水火，東西南北，無不可推矣。謨　太極不離乎兩儀四象八卦。如曰「一陰一陽之謂道」，指陰陽爲道固不可，而道則不離乎陰陽也。必大　太極便是一，到得生兩儀時，這太極便在兩儀中。生四象時，這太極便在四象中。生八卦時，這太極便在八卦中。道夫　銖謂自兩儀生四象，則老陽老陰不動，而少陰少陽則交。自四象生八卦，則乾坤震巽不動，而離兑坎艮則交。銖　此一節，乃孔子發明伏羲畫卦自然之形體次第，最爲切要。古今説者，唯康節、明道二先生爲能之。故康節之言曰：「一分爲二，二分爲四，四分爲八，八分爲十六，十六分爲三十二，三十二分爲六十四，猶根之有榦，榦之有支，愈大則愈小，愈細則愈繁。」而明道以爲加一倍法。其發明孔子之言，又可謂最要切矣。《與郭子和》　此乃學《易》綱領，開卷第一義。然古今未見有識之者。至康節先生始傳先天之學，而得其説，且以爲伏羲之《易》也。《説卦》「天地定位」一章，《先天圖》乾一兑二離三震四巽五坎六艮七坤八之序，皆本於此。若自八卦而上，又放此而生之，至於六畫，則八卦相重而爲六十四卦矣。《答虞太中》　伏羲畫八卦，只此數畫，該盡天下萬物之理。廣　八卦列於六經，爲萬世文字之祖。《答吕祖謙》　〔總論上文〕闔闢往來，乃是《易》之道。《易》有太極，則承上文而言。所以往來開闢而无窮者，以其有是理耳。有是理，則「天地設位，而易行乎其中矣」。兩而生四，四而生八。至於八，則三變相因，而三才可見。故聖人因之畫爲八卦，以形變易之妙，而定吉凶。至此然後可以言書耳。《答西山》　〔通論《説卦》數章〕太極兩儀四象八卦者，伏羲畫卦之法也。《説卦》「天地定位」至「坤以藏之」以前，伏羲所畫八卦之位也。「帝出乎震」以下，文王即伏羲已成之卦，而推其義類之辭也。木之　**八卦定吉凶，吉凶生大業。**有吉有凶，是生大業。【附録】卦畫既立，便有吉凶在裏。蓋是陰陽往來交錯於其間時，則有消長之不同，長者便爲主，消者便爲客。事則有當否之或異，當者便爲善，否者便爲惡。即其主客善惡之辨，而吉凶見矣，故曰「八卦定吉凶」。吉凶既決定而不差，則以之立事，而大業自此生矣。此聖人作《易》教民卜筮，而以開天下之愚，以定天下之志，以成天下之事者如此。賀孫　**是故法象莫大乎天地，變通莫大乎四時，懸象著明莫大乎日月，崇高莫大乎富貴。備物致用，立成器以爲天下利，莫大乎聖人。探賾索隱，鉤深致遠，以定天下之吉凶，成天下之亹亹者，莫大乎蓍龜。**富貴，謂有天下履帝位。「立」下疑有闕文。亹亹，猶勉勉也。疑則怠，決故勉。【附録】賾是雜亂，不是妙字，本從口是喧鬧意，從𦣞亦然。學蒙　探賾索隱，若與人説話時，也須聽他雜亂説出來，方可索他隱底。淵　問：「定吉凶」、「成亹亹」、「莫大乎蓍龜」如何。曰：人到疑而不能決處，便放倒了，不肯向前。既得卜筮，知其吉凶，自然勉勉住不得。則其所以亹亹者，是卜筮成之也。必大 【纂註】徐氏曰：法謂效法，象謂成象。萬物之生，有顯有微，皆法象也，而莫大乎天地。萬化之運，終則有始，皆變通也，而莫大乎四時。天文焕爛，皆懸象著明也，而莫大乎日月。崇高以位言，而貴爲天子富有四海者，爲尤大。智者創物，巧者述之，皆足以爲利。而物无不備，用无不致，立成器以爲天下利者，惟聖人爲大。賾隱以物象言，深遠以事理言。探之索之，則賾者陳而隱者顯矣。鈎謂曲而取之，致謂推而極之，則深者出而遠者至矣。卦爻示人者明若觀火，則有以決其吉凶而勉其有成也。故曰：「成天下之亹亹者，莫大乎蓍龜。」上三言，以《易》之在造化者言也。下三言，以《易》之在人事者言也。天地有自然之法象，非崇高富貴，位與天地並，何以修道而立教？四時有自然之變通，非聖人作《易》，變通盡利，何以神化而宜民？日月之明，旁燭幽遐，非《易》之示人，本隱之顯，何以開物成務？是三言者，各有所合也。蔡氏曰：「立」字下當有「象」字。是故

天生神物，聖人則之。天地變化，聖人效之。天垂象，見吉凶，聖人象之。河出圖，洛出書，聖人則之。此四者，聖人作《易》之所由也。河圖洛書，詳見《啓蒙》。○愚謂神物謂蓍，則之而四十九之用成。變化謂陰陽，效之而卦爻動静備。象謂日月星辰，循度失度而吉凶見象之，而卦爻有以斷吉凶，皆作《易》之本也。《易》有四象，所以示也。繫辭焉，所以告也。定之以吉凶，所以斷也。四象，謂陰陽老少。示，謂示人以所值之卦爻。○此第十一章，專言卜筮。《易》曰：「自天祐之，吉无不利。」子曰：祐者助也。天之所助者，順也。人之所助者，信也。履信思乎順，又以尚賢也，是以自天祐之，吉无不利也。釋大有上九爻義。然在此无所屬，或恐是錯簡，宜在第七章之末。子曰：書不盡言，言不盡意。然則聖人之意，其不可見乎？子曰：聖人立象以盡意，設卦以盡情僞，繫辭

焉以盡其言，變而通之以盡利，鼓之舞之以盡神。言之所傳者淺，象之所示者深。觀奇偶二畫，包含變化，无有窮盡，則可見矣。變通鼓舞，以事而言。兩「子曰」字，宜衍其一。蓋「子曰」字，皆後人所加，故有此誤。如近世《通書》，乃周子所自作，亦爲後人每章加以「周子曰」字，其設問答處，正如此也。

【附録】立象盡意，不獨是聖人有這意思寫出來，自是他象上有這意。設卦以盡情僞，不成聖人有情又有僞，自是卦上有這情僞，看來情僞只是箇好與不好。如剥五陰，只是要害一箇陽，這是不好底情，便是僞。如復，如臨，便是好底卦，便是真情。學蒙　「變而通之以盡利」，此言占得此卦，陰陽老少交變，因其變，便有通之理。「鼓之舞之以盡神」，未占得則有所疑，既占則无所疑，自然使人脚輕手快，行得順。便如「大衍」之後，言「顯道神德行，是故可與酬酢，可與祐神」，「定天下之吉凶，成天下之亹亹」，皆是「鼓之舞之」之意。元裕　變通盡利，鼓舞盡神，是言立象設卦繫辭，皆爲卜筮之用，而天下之人方知所以趨吉避凶，奮然有所興作，不知手之舞之，足之蹈之之意。故曰：「定天下之吉凶，成天下之亹亹者，莫大乎蓍龜。」猶懼迫天下之人，勉之爲善相似。謨　鼓之舞之，便无所用力，自是聖人教化如此。鼓舞於占上分數較多，自是樂會得，而不自知，因舉横渠云。「巫風，其鼓舞之盡神者與。」巫字從工，兩邊人字是取象其舉袖。❶巫者祀神，如舞雩之類，皆須舞。蓋以通暢其和氣，達於神明。僩　問：鼓舞，恐是振揚發明底意思否？曰：然。蓋提撕警覺，使人各爲其所當爲也。道夫

乾坤，其《易》之緼邪？乾坤成列，而易立乎其中矣。乾坤毁，則无以見易。易不可見，則乾坤或幾乎息矣。緼，所包畜者，猶衣之著也。易之所有，陰陽而已。凡陽皆乾，凡陰皆坤，畫卦定位，則二者成列，而易之體立矣。乾坤毁，謂卦畫不立。乾坤息，謂變化不行。

【附録】向論「衣敝緼袍」，緼是綿絮胎。今看此緼字，正是如此取義。易已著此理，乾坤則是體骨。必大　乾坤成列，便是乾一至坤八都成列

❶「袖」，原作「神」，今據《文公易説》改。

了，其變易方立其中。若只是一陰一陽，則未有變易在。又曰：有這卦則有變易，无這卦便无這易了。又曰：此段以乾坤爲主。學蒙　易不過只是一箇陰陽奇偶，千變萬變，則易之體立。若奇偶不交變，奇純是奇，偶純是偶，去那裏見易？易不可見，則陰陽奇偶之用，亦何自而辨。元裕　自易道體統而言，則乾陽坤陰，一動一靜，乃其緼也。自乾坤成列而觀，則易之爲道，又不在乾坤之外。惟不在外，故曰：「乾坤毁，則无以見易。易不可見，而乾坤或幾乎息矣。」《答欽夫》

是故形而上者謂之道，形而下者謂之器，化而裁之謂之變，推而行之謂之通，舉而措之天下之民謂之事業。卦爻陰陽，皆形而下者，其理則道也。因其自然之化而裁制之，變之義也。「變通」二字，上章以天言，此章以人言。【附録】問：陰陽如何是形而下者？曰：一物便有陰陽，便有作用，寒暖生殺皆見得，是形而下者。木之　凡有形有象者，皆器也。其所以爲是器之理者，則道也。如所謂始終晦明奇偶之屬，皆陰陽所爲之器。獨其所以爲是器之理，如目之明，耳之聰，父之慈，子之孝，乃爲道耳。《答九淵》　形而上者指理，形而下者指事物。事事物物，皆有理。事物可見，而其理難知。即事即物，便要見得此理，只是如此看。但要其實於事物上見得這道理，然後於己有益。謨　形以上底虚，渾是道理。形以下底實，便是器。淵　器亦道也，道亦器也。道未嘗離乎器，道只是器之理。學蒙　道非器不形，器非道不立。夔孫　化是漸漸消化，亹亹地去，有漸底意思，不見其化之迹。且如而今天氣，漸漸化涼將去。到得立秋，便截段，這已後是秋，便是變。又曰：只就那化中裁截取，便是變。道夫　化是因其自然而化，裁是人爲，變是變了他。且如自初一至三十日，便是化。到這三十日，便截段做一月，明日便屬後月，便是變。又如今年三百六十日，須待日日漸次進去，到那滿時，這便是化。自春而夏，夏而秋，秋而冬，聖人去這裏截做四時，這便是變。化不是一日内便頓然恁地，人之進德亦如此。三十而立，不到那三十時便立，須從十五志學，漸漸化去，方到。淵　又如星辰運行，无頃刻停息，若逐時記之，自不勝其記。以昏旦記之，則一日差一度，然亦記不得。所以只於逐月截段，道昏某中，旦某中。逐日便是化，到這一月處便是變。學蒙　處得恰好處，便是通。推而行之，便是就這上行將去。且如「亢龍有悔」，是不通了。處得來无悔，便是通。變是就時就事上説，通是就上面處得行處説。故曰「通其變」，只要常教流通不窮。問：如富貴貧賤夷狄患難，這是變。行乎富貴，行乎貧賤，行乎夷狄，行乎患難，至於无入而不自得，便是通否？曰：然。道夫　「化而裁之」屬前項事，謂漸漸化去，裁制成變，則謂之變。「推而行之」屬後項事，謂推而爲別一卦了，則通行无礙，故爲通。「舉而措之天下謂之事業」，便只是定天下吉凶，成天下亹亹者。元裕　如陰陽兩爻，自此之彼，自彼之此，若不截斷，則豈有定體？通是通其變，將已截斷者推而行之，便是通。謂如占得乾之履，便是九三如乾乾不息。則我所行者，以此而措之於民，則謂之事業也。必大　「化而裁之」方是分下頭項，「推而行之」便是見於事。如《堯典》「分命羲和」許多事，便是化而裁之。到「敬授人時」，便是推而行之。學蒙

【纂註】張子《正蒙》曰：化而裁之存乎變，存四時之變，則周歲之化可裁。存晝夜之變，則百刻之化可裁。推而行之存乎通，推四時而行，則能存周歲之通。推晝夜而行，則能存百刻之通。

是故夫象，聖人有以見天下之賾，而擬諸其形容，象其物宜，是故謂之象。聖人有以見天下之動，而觀其會通，以行其典禮，繫辭焉以斷其吉凶，是故謂之爻。重出以起下文。

極天下之賾者存乎卦，鼓天下之動者存乎辭。卦即象也，辭即爻也。【附録】「極天下之賾者存乎卦」，卦體之中備陰陽變易之形容。「鼓天下之動者存乎辭」，是説出這天下之動，如鼓之舞之相似。如初九當潛，則鼓之以勿用。九二當見，則鼓之以利見大人。若无辭，則都發不出了。必大

化而裁之存乎變，推而行之存乎通，神而明之存乎其人，默而成之，不言而信，存乎德行。卦爻所以變通者在人，人之所以能神而明之者在德。○此第十二章。【附録】問：「化而裁之謂之變」，「化而裁之存乎

變」，如何分？曰：上文「化而裁之」，喚做變。下是就這變處，見得化而裁之。學蒙

「變化」字多相對説，化裁之變又説得來重。如云幽則有鬼神，鬼神本皆屬幽，然以鬼、神二字相對説，則鬼屬幽，神又自屬明。變化相對説，則變是長，化是消。僩

「神明」一段，是與「形而上之道」相對説。自「形而上之道」，説至「變通事業」，是自至約處説入至粗處。自「極天下之賾存乎卦」，至「神而明之」，又自至粗上説入至約處。「默而成之，不言而信」，則説得又微矣。元裕

周易繫辭上傳第五

周易繫辭下傳第六

朱子本義

新安後學胡一桂附録纂註

八卦成列，象在其中矣。因而重之，爻在其中矣。成列，謂乾一兑二離三震四巽五坎六艮七坤八之類。象，謂卦之形體也。因而重之，謂各因一卦而以八卦次第加之爲六十四也。爻，六爻也。既重而後，卦有六爻也。【附録】八卦所以成列，乃是從太極兩儀四象漸次生出。以至於此畫成之後，方見其有三才之象，非聖人因見三才，遂以己意思惟而連畫三爻以象之也。因而重之，亦是因八卦之已成，各就上面接次生出逐爻，則更加三變，方成六十四卦。若待生全卦，則只用一變便成六十四卦。雖有遲速之不同，然皆自然漸次生出，各有行列次第。畫成之後，然後見其可盡天下之變，不是聖人見下三爻不足以盡天下之變，然後别生計較又并畫上三爻以盡之也。此等皆是作《易》妙處。方其畫時，雖是聖人，亦自不知裏面有許多巧妙奇特，直是要人細心體認，不可草草立説。《答袁樞》

剛柔相推，變在其中矣。繫辭焉而命之，動在其中矣。剛柔相推，而卦爻之變往來交錯，無不可見。聖人因其如此，而皆繫之辭，以命其吉凶，則占者所值當動之爻象，亦不出乎此矣。【附録】變，是就剛柔交錯而成卦爻上言。動，是專指當占之爻言。如二爻變，則占者以上爻爲主，這上爻便是動。如五爻變，一爻不變，則占者以不變爻爲主，則這不變底便見動處也。學蒙

吉凶悔吝者，生乎動者也。吉凶悔吝，皆辭之所命也，然必因卦爻之動而後見。剛柔者，立本者也。變通者，趣時者也。一剛一柔，各有定位，自此而彼，變以從時。【附録】此兩句亦相對説。剛柔者，陰

陽之質，是移不得之定體，故謂之本。若剛變爲柔，柔變爲剛，便是變通之用。必大 剛柔兩箇是本，變通便只是其往來者。學蒙 〔互論上繫〕「剛柔者立本者也，變通者趣時者也」，便與「變化者進退之象也，剛柔者晝夜之象也」一樣。學蒙 剛柔者晝夜之象，所謂立本。變化者進退之象，所謂趣時。文蔚 【纂註】蔡氏曰：剛柔者，變通之本體。變通者，剛柔之時用。吉凶者，貞勝者也。貞，正也，常也。物以其所正爲常者也。天下之事，非吉則凶，非凶則吉，常相勝而不已也。【附録】問：「貞勝」一段，張程之説孰是？曰：吉凶二者，常須有一个勝，故曰貞勝。貞所以訓常者，《易傳》解此處多云「正固」，固乃常也。爲「正」字盡「貞」不得，故又著一「固」字，謂如雖是正，又須常固守之，然後爲貞。【纂註】張子曰：有義，命當吉當凶當亨當否者，聖人不使避凶趨吉，一以貞勝而不顧，如「大人否亨」，「有隕自天」，「過涉滅頂凶无咎」，「損益龜不克違」，及其命亂之類。三者情異，不可不察。按朱子曰：張子「貞勝」之説，雖非經旨，然其説亦自好，便只行得他説，有甚不可。大凡看人解經，雖有與經意稍遠，然其説是底自是一説，不可廢他。又曰：吉凶以貞勝，有雖凶而不可避者，縱貧賤窮困死亡，却非悔吝。故横渠云「不可避凶趨吉，一以貞勝者」是也。天地之道，貞觀者也。日月之道，貞明者也。天下之動，貞夫一者也。觀，示也。天下之動，其變无窮。然順理則吉，逆理則凶，則其所正而常者，亦一理而已矣。【附録】天地之道，則常示。日月之道，則常明。天下之動，雖不齊，常有一箇是底，故曰「貞夫」。文蔚 夫乾，確然示人易矣。夫坤，隤然示人簡矣。確然，健貌。隤然，順貌。所謂貞觀者也。爻也者，效此者也。象也者，像此者也。此，謂上文乾坤所示之理。爻之奇偶，卦之消息，所以效而象之。【附録】問：效此，是效乾坤之變化而分六爻。像此，是像乾坤之虛實而爲奇偶。曰：效此便是乾坤之理，象只是像其奇偶。學蒙 爻象動乎内，吉凶見乎外，功業見乎變，聖人之情見乎辭。内，謂蓍卦之中。外，謂蓍卦之外。變，即動乎内之變。辭，即見乎外之辭。【附録】先生問曰：如何是「爻象動乎内，吉凶見乎外」？如何分？或曰：陰陽老少在分掛揲歸之時，而吉凶乃見於成卦之後。曰：也是如此。然「内外」字，猶言先後顯微。學蒙　「功業見乎變」，是就那動底爻見得。這「功業」字，似「吉凶生大業」之業，猶言事變庶事相似。學蒙　天地之大德曰生，聖人之大寶曰位，何以守位曰仁，何以聚人曰財，理財正辭禁民爲非曰義。「曰人」之人，今本作仁。吕氏從古，蓋所謂「非衆罔與守邦」。○此第一章，言卦爻吉凶，造化功業。【附録】天地以生物爲心。蓋天地之閒，品物萬形，各有所事。唯天確然於上，地隤然於下，一無所爲，只以生物爲事，故《易》曰：「天地之大德曰生。」而程子亦曰：「天只是以生爲道。」《答欽夫》　後世只爲這兩箇不相對，有位底無德，有德底無位，有位則事事做得。淵　理財，言你底還你，我底還我。正辭，言是底説是，不是底説不是，猶所謂「正名」。淵　問：人君臨天下，大事小事，只是理財正辭，如何？曰：理財是因上文而言。聚得許多人在這裏，無財何以養之？有財不能理，却也不得。正辭，便只是分别是非。又曰：教化便却在正辭裏面了。學蒙　古者包犧氏之王天下也，仰則觀象於天，俯則觀法於地，觀鳥獸之文與地之宜，近取諸身，遠取諸物，於是始作八卦，以通神明之德，以類萬物之情。王昭素曰：「與地之宜」，諸本多有「天」字。俯仰遠近，所取不一，然不過以驗陰陽消息兩端而已。神明之德，如健順動止之性。萬物之情，如雷風山澤之象。【附録】文蔚曰：先生《易》中謂伏羲作《易》，驗陰陽消息兩端而已。此語最盡。曰：陰陽雖是兩箇字，然却是一氣之消息。一進一退，一消一長，進處便是陽，退處便是陰，長處便是陽，消處便是陰，只是這一氣之消息，做出古今天地閒無限事來。所以陰陽做一箇説亦得，做兩箇説亦得。古者伏羲觀鳥獸之文與地之宜，那時未有文字，只是仰觀俯察而已。想得聖人心細，雖以鳥獸羽毛之微也，盡察得有陰陽。今人心粗，如何察得？或曰：伊川見兔，曰「察此亦可畫卦」，便是此義。曰：就這一端上，亦可以見耳。凡草木禽獸，無不有陰陽。鯉魚脊上有三十六鱗，龍脊上有八十一鱗。龍不曾見，鯉魚有之。又龜背上文，中間一簇成五段文，兩邊各插四段，共成八文。又八文之外，兩邊周圍共二十四段。中間五段者，五行也。兩邊插八段者，八卦也。周圍二十四段者，二十四氣也。箇箇如此。又如草木之有雌雄，銀杏桐楮牝牡，麻竹之類皆然。又樹木向陽處則堅實，其背陰處必虚軟。男生必伏，女生必偃。蓋男陽氣在背，女陽氣在腹。僩　聖人作《易》之初，蓋是仰觀俯察。見得盈乎天地之閒者，無非一陰一陽之理。有是理，則有是象。有是象，則其數便自在這裏，非特圖書爲然。蓋所謂數者，衹是氣之分限節度處。得陽必奇，得陰必偶，凡物皆然，而圖書特爲巧而著耳。賀孫　萬物之情盡於八卦，而震巽坎離艮兑又總於乾坤。曰動，曰陷，曰止，皆健底意思。曰麗，曰説，曰入，皆順底意思。聖人下此八字，極狀得八卦情盡。必大　【纂註】蔡氏曰：聖人所畫之卦，精可以通神明之德，粗可以類萬物之情。神明之德不可見者也，故曰通。萬物之情可見者也，故曰類。

作結繩而爲罔罟，以佃以漁，蓋取諸離。兩目相承，而物麗焉。【附録】「蓋取」等字，乃摹様是恁地。【纂註】徐氏曰：離體中虚，兩目相承而物麗之，罔罟之象。

包犧氏没，神農氏作，斵木爲耜，揉木爲耒，耒耨之利以教天下，蓋取諸益。二體皆木，上入下動。天下之益，莫大於此。【附録】問：《本義》「上入下動」，於卦義則是，於取象有所未曉。曰：耜乃今之鏵胡瓜切鍫七消切，耒乃鏵柄。雖是下入，必竟是上面用力，方得入。學蒙　蓋字，便是一个半間半界底字，如取諸益離，不是先有見乎離而後爲網罟，先有見乎益而後爲耒耜之屬。聖人亦只是見魚鼈之屬，欲有以取之，遂做物事去攔截他；欲得耕種，見土地硬，遂做物事去剔起他，却合於離之象，合於益之象。又曰：有取其象者，有取其意者。賀孫

日中爲市，致天下之民，聚天下之貨，交易而退，各得其所，蓋取諸噬嗑。日中爲市，上明而下動。又借噬爲市，嗑爲合也。【纂註】蔡氏曰：天下之民不同業，天下之貨不同用，致而聚者，噬而嗑之之義也。

神農氏没，黄帝堯舜氏

作，通其變，使民不倦，神而化之，使民宜之。易窮則變，變則通，通則久。是以「自天祐之，吉无不利」。黄帝堯舜垂衣裳而天下治，蓋取諸乾坤。乾坤變化而无爲。【附録】黄帝堯舜氏到這時候，合當如此變。易窮則變，道理亦如此。垂衣裳而天下治，是大變他以前底事了。淵　通其變，須是得一箇人通其變。若聽其自變，如何得。賀孫　【纂註】蔡氏曰：乾上坤下，垂衣裳而治之義。刳木爲舟，剡木爲楫，舟楫之利，以濟不通，致遠以利天下，蓋取諸渙。木在水上也。「致遠以利天下」，疑衍。服牛乘馬，引重致遠，以利天下，蓋取諸隨。下動上説。【纂註】蔡氏曰：服、乘，皆隨之義。重門擊柝，以待暴客，蓋取諸豫。豫備之意。【附録】「重門擊柝，以待暴客」，只是豫備之意，却須待用互體，推艮爲門闕，雷震乎外之意。「弦木爲弧，剡木爲矢」，只是睽乖，故有威天下之象，亦必待穿鑿附會，就卦中推出制器之義，殊不知卦中但有此理而已。所以孔子各以蓋取諸某卦言之，初亦不過謂其大意云耳。謨　斷木爲杵，掘地爲臼，臼杵之利，萬民以濟，蓋取諸小過。下止上動。弦木爲弧，剡木爲矢，弧矢之利，以威天下，蓋取諸睽。睽乖，然後威以服之。上古穴居而野處，後世聖人易之以宫室，上棟下宇，以待風雨，蓋取諸大壯。壯固之意。【纂註】蔡氏曰：棟，屋脊檩也。宇，椽也。棟直承而上，故曰上棟。宇兩垂而下，故曰下宇。棟取四剛義，宇取二柔義。古之葬者，厚衣之以薪，葬之中野，不封不樹，喪期无數。後世聖人易之以棺椁，蓋取諸大過。送死大事，而過於厚。上古結繩而治，後世聖人易之以書契，百官以治，萬民以察，蓋取諸夬。明決之義。○此第二章，言聖人制器尚象之事。【附録】「上古結繩而治，後世易之以書契」，天下事有古未之爲，而後人爲之，固不可无者，此類是也。如年號一事，古所未有，後世既置，便不可廢。胡文定却以後世建年號爲非，以爲年號之美有時而窮，不若只作元年二年三年也。此殊不然。三代以前事迹多有不可考者，正緣无年號，所以事无統紀，難記。如云某年，王某月，箇箇相似，更无理會處。及漢既建年號，於是事乃各有所紀屬而可記。而今有年號，猶自姦僞百出。若只寫一年、兩年、三年，則官司詞訴簿曆，憑何而決？少間更无討理會處。嘗見前輩說，有兩家爭田地，甲家買在元祐幾年，❶乙家買在其先。甲家遂將元字改擦作嘉字，乙家别將出文字又在嘉祐之先，甲家遂又將嘉祐字塗擦作皇祐。有年號猶自被人如此，无後如何。僩　結繩，今溪洞諸蠻猶有此俗。又有刻板者，年月日時，以至人馬糧草之數，皆刻板爲記，都不相亂。僩　【纂註】蔡氏曰：言有所不能記者，則造書以記之。事有所不能信者，則造契以信之，取明決之義。**是故易者，象也。象也者，像也。**易卦之形，理之似也。【附録】「易也者象也，象也者像也」，只是髣髴説，不可求得太深。佐　「易者象也」，是總説起，言易不過只言陰陽之象。下云「像也」、「材也」、「天下之動也」，則皆是説那上面象字。學蒙　**彖者，材也。**彖言一卦之材。**爻也者，效天下之動者也。**效，放也。**是故吉凶生而悔吝著也。**悔吝本微，因此而著。○此第三章。**陽卦多陰，陰卦多陽。**震坎艮爲陽卦，皆一陽二陰。巽離兑爲陰卦，皆一陰二陽。**其故何也？陽卦奇，陰卦耦。**凡陽卦皆五畫，凡陰卦皆四畫。【附録】問「陽卦多陰」至「陰卦偶」。曰：陽卦五畫，所以多陰。陰卦四畫，所以多陽。因爲之説曰：陽卦宜多陽而多陰，陰卦宜多陰而多陽，其故何也？蓋陽卦之數必五，奇數也，奇則陰畫自多。陰卦之數必四，偶數也，偶則陽畫自多。其多陰多陽，皆自然而然，非人力所能參也。先生曰：是。學蒙　○愚因《語録》而推八卦奇偶之畫，每卦雖各得其三，而合之則爲六。乾坤合爲六，震巽合亦六，坎離合亦六，艮兑合亦六，適符老陰掛扐之用數。總之則四六二十四畫，而成老陰過揲之數，若無與於老陽之數矣。然以陽卦五畫陰卦四畫觀之，奇偶之合又皆老陽掛扐之用數。故乾坤合爲九，震巽合

❶「買」，原作「賣」，今據四庫本改。

亦九，坎離合亦九，艮兑合亦九，悉數之實成三十六，而爲老陽過揲之數焉。此乾坤用九用六，其數默見於卦畫之可推者。如此雖出於偶然，其實亦莫非自然之妙也，豈可以人力参哉。其德行何也？陽一君而二民，君子之道也。陰二君而一民，小人之道也。君謂陽，民謂陰。○此第四章。【附録】二君一民，試教一箇民而有兩箇君，看是甚摹樣。淵　【纂註】徐氏曰：君謂陽，民謂陰，君子之道以陽統陰，小人之道以陰統陽。《易》曰：「憧憧往來，朋從爾思。」子曰：天下何思何慮？天下同歸而殊塗，一致而百慮，天下何思何慮。引咸九四爻辭而釋之。言理本無二，而殊塗百慮，莫非自然，何以思慮爲哉。必思而從，則所從者亦狹矣。【附録】感應之理，本不消思慮，空費思量，空費計較，空費安排，只順其自然而已。僩　【纂註】蔡氏曰：天下萬殊，何思何慮。而能感之，以其迹而言，則歸雖同，而塗則殊。以其心而言，則志雖一，而慮則百。殊塗百慮，紛然並作，果何從而思，何從而慮也。日往則月來，月往則日來，日月相推而明生焉。寒往則暑來，暑往則寒來，寒暑相推而歲成焉。往者屈也，來者信也，屈信相感而利生焉。言往來屈信，皆感應自然之常理。加憧憧焉，則入於私矣，所以必思而後有從也。【附録】「日往則月來」一段，乃承上章「憧憧往來」而言。往來皆人所不能無者，但憧憧則不可。學蒙　往來自不妨，如「日往月來，寒往暑來」，皆是常理。只著箇「憧憧」，便鬧了。德明　【纂註】程子曰：感，動也。有感必有應，凡有動皆爲感，感則必有應，所應復爲感，感復爲應，所以不已也。按朱子釋之曰：如日往則感得那月來，月往則感得那日來，寒往則感得那暑來，暑往則感得那寒來。一感一應，一往一來，其理無窮。感應之理是如此。曰：此以感應之理言之，非有情者。云有動皆爲感，似以有情者言。曰：父慈則感得那子愈孝，子孝則感得那父愈慈，其理亦只一般。又曰：凡在天地之間，無非感應之理。造化與人事，皆是感應。且如雨暘，雨不成只管雨，便感得个暘出來。暘不成只管暘，暘已是應處，又感得雨來。是所謂感復有應，所應復爲感。寒暑晝夜，無非此理。至如人睡，夜不成只管睡不起，至曉須著起來。一日運動，向晦亦須當息。凡一死一生，一出一入，一往一來，一語一默，皆是感應。如古今天下，有一盛則有一衰。聖人在上，兢兢業業，必曰保治。及到衰廢，自是整頓不起。然不成一向如此，必有興起時節。

尺蠖之屈，以求伸也。龍蛇之蟄，以存身也。精義入神，以致用也。利用安身，以崇德也。因言屈信往來之理，而又推以言學，亦有自然之機也。精研其義，至於入神，屈之至也。然乃所以爲出而致用之本，利其施用，無適不安，伸之極也。然乃所以爲入而崇德之資，內外交相養，互相發也。【附録】尺蠖若不屈，則伸不得。龍蛇若不蟄，便不伏得氣，如何存得身？「精義入神」，疑其與行處不相關，然而見得道理通徹，乃所以致用。「利用安身」與「崇德」不相關，然而動作得其理，則德自崇。天下萬事萬變，無有不感通往來之理。學蒙　尺蠖屈，便要求伸。龍蛇蟄，便要存身。精研義理，無毫釐絲忽之差，入那神妙處，這便是要出來致用。外而用得利而安身，乃所以入來自崇己德。「致用」之用，即是「利用」之用。所以橫渠云：「精義入神，事豫吾內，求利吾外。利用安身，素利吾外，致養吾內。」淵　「精義入神」，正與「利用安身」爲對。其曰精此義而入於神，猶曰利其用以安身耳。《答江元適》　「精義」二字，聞諸長者，所謂義者宜而已矣。物之有宜，有不宜。事之有可，有不可。吾心處之，知其各有定分，而不可易，所謂義也。精義者，精諸此而已。所謂精云者，猶曰察之云耳。精之之至而入於神，則於事物所宜毫釐委曲之間無所不悉，有不可容言之妙矣。此所以致用，而用無不利也。同上　義至於精，則應事接物之閒，無一非義。不問小事大事，千變萬化，改頭換面出來，自家應副他，如利刀快劍相似，迎刃而解，件件判作兩邊去。賀孫　「精義入神以致用也」，蓋唯如此，然後可以應務。未至於此，則凡所作爲，皆出於私意之鑿，冥行而已。雖使或中，君子不貴也。《答程洵》　大雅問：「利者義之和也」，順利此道，以安此身，則德亦從而進矣。曰：孔子遭許多困厄，身亦危矣。而德亦進，何也？大雅云：身安而後德進者，君

子之常。孔子遭變，權之以宜，寧身不安，德則須進。曰：然。大雅

過此以往，未之或知也。窮神知化，德之盛也。下學之事，盡力於精義利用，而交養互發之機，自不能已。自是以上，則亦無所用其力矣。至於「窮神知化」，乃德盛仁熟而自致耳。然不知者，往而屈也。自致者，來而信也。是亦感應自然之理而已。張子曰：「氣有陰陽，推行有漸爲化，合一不測爲神。」此上四節，皆以釋咸九四爻義。【附録】夫子之教顏子，只是博文約禮二事。至於欲罷不能，既竭吾才，如有所立卓爾處，只欠箇熟，所謂「過此以往，未之或知也。窮神知化，德之盛也」。人傑　「過此以往，未之或知」，亦只是雖欲從之，末由也已之意。德明　「窮神知化德之盛」，這德字只是上面「崇德」之德。德盛後，便能窮神知化，便如「聰明睿知皆由此出」、「自誠而明」相似。淵　林問：《正蒙》：「形而上者，得辭斯得象矣。神爲不測，故緩辭不足以盡神。化爲難知，故急辭不足以盡化。」如何是緩辭急辭？曰：神自是急辭。化是漸漸而化，若急辭形容之不可。寓　化是逐些子挨將去底。一日復一日，一月復一月，節節挨將去，便成一年，這是化。神是一箇物事，或在彼，或在此。當其在陰時，全體在陰。在陽時，全體在陽。都只是這一物，兩處都在，不可測，故謂之神。橫渠云：「一故神，兩故化。」又注云：「兩在，故不測。」這說得甚分曉。淵　〔總論一章之旨〕「天下何思何慮」，便是先打破那思字，却說那「同歸殊途，一致百慮」。又再說「天下何思何慮」，謂何用如此憧憧往來，而爲此朋從之思也。日月寒暑之往來，尺蠖龍蛇之屈伸，皆是自然底道理。不往則不來，不屈則不能伸也。今之爲學，亦只是如此。「精義入神」，用力於內，乃所以致用乎外。「利用安身」，求利於外，乃所以崇德於內。只是如此做將去，雖至於窮神知化地位，亦只是德盛仁熟之所至，何思何慮之有。謨

《易》曰：「困于石，據于蒺藜，入于其宮，不見其妻，凶。」子曰：非所困而困焉，名必辱。非所據而據焉，身必危。既辱且危，死期將至，妻其可得見邪。釋困六三爻義。【附録】「非所困而困焉，名必辱」，大意指困于石說。石是挨動不得底物

事，自是不須去動他。若只管去用力，徒自困耳。又曰：且以人事言之，有著力不得處。若只管著力去做，少閒去做不成，他人便道自家無能，便是辱了名。或曰：若在其位，則做得。曰：自是如此。爻意義，謂不可做底事，便不可入頭去做。學蒙

《易》曰：「公用射隼于高墉之上，獲之无不利。」子曰：隼者，禽也。弓矢者，器也。射之者，人也。君子藏器於身，待時而動，何不利之有？動而不括，是以出而有獲，語成器而動者也。括，結礙也。此釋解上六爻義。【附録】張欽夫說《易》，謂只依孔子《繫辭》說便了，如說「公用射隼」，至「成器而動者也」，只如此說，便了。固是如此。聖人之意，只恁地說不得，緣在當時只理會得象數，故聖人明之以理。賀孫　又曰：孔子自是發出言外意。學蒙

子曰：小人不恥不仁，不畏不義，不見利不勸，不威不懲。小懲而大誡，此小人之福也。《易》曰：「屨校滅趾，无咎。」此之謂也。此釋噬嗑初九爻義。【纂註】厚齋馮氏曰：不以不仁爲恥，故見利而後勸於爲仁。不以不義爲畏，故畏威而後懲於不義。

善不積，不足以成名。惡不積，不足以滅身。小人以小善爲无益而弗爲也，以小惡爲无傷而弗去也。故惡積而不可掩，罪大而不可解。《易》曰：「何校滅耳凶。」此釋噬嗑上九爻義。

子曰：危者，安其位者也。亡者，保其存者也。亂者，有其治者也。是故君子安而不忘危，存而不忘亡，治而不忘亂，是以身安而國家可保也。《易》曰：「其亡其亡，繫于包桑。」此釋否九五爻義。【附録】問：危者以其位爲可安，而不知戒，故危。亡者以其存爲可保，故亡。亂者有其治，是自有其治，如「有其善」之有，故亂。曰：保字說得較牽强。只是常有危亡與亂之慮，可以安其位，保其存，有其治。學蒙

子曰：德薄而位尊，知小而謀大，力小而任重，鮮不及矣。《易》曰：「鼎折足，覆公餗，其形渥，凶。」言

不勝其任也。此釋鼎九四爻義。子曰：知幾，其神乎！君子上交不諂，下交不瀆，其知幾乎？幾者，動之微，吉之先見者也。君子見幾而作，不俟終日。《易》曰：「介于石，不終日，貞吉。」介如石焉，寧用終日，斷可識矣。君子知微知彰，知柔知剛，萬夫之望。此釋豫六二爻義。《漢書》「吉之」之閒有「凶」字。【附録】魏問「幾者，動之微，吉之先見者也」。曰：似是漏字。《漢書》上引此句説：「幾者，動之微，吉凶之先見者也。」似説得是。幾自是有善有惡。君子見幾，亦是方舍惡從善。賀孫　幾是動之微，是欲動未動之閒，便有善惡，便須就這處理會。若至於發著之甚，則亦不濟事矣，更怎生理會？所以聖賢説：「戒謹乎其所不睹，恐懼乎其所不聞。」蓋幾微之際，大是要切。道夫　「君子上交不諂，下交不瀆」，他這下面説「幾」。最要看箇幾字，只争些子。凡事未至而空説，道理易見。事已至而顯然，道理也易見。惟事之方萌，而動之微處，此最難見。或問：「幾者動之微」，何以獨於上交下交言之？曰：上交要恭遜，便不知不覺有箇諂底意思在裏頭。下交不瀆，亦是如此。所謂幾者，只才覺得近諂近瀆，勿令如此，此便是知幾。僩　上交著些取奉之心，下交便有傲慢。又曰：這事難。如「邦有道，危言危行。邦無道，危行言遜」。今有一樣人，其不畏者，又言過於直。其畏謹者，又縮做一團，更不敢説一句話。此便是曉不得那幾。若知幾，則自中節，無此病矣。僩　知微知彰，知柔知剛，是四件事。既知微，又知彰，既知柔，又知剛，所以爲民之望也。學蒙　【纂註】程子曰：夫子因二之見幾，而極言知幾之道。夫見事之幾微者，其神妙矣乎。君子上交不至於諂，下交不至於瀆者，蓋知幾也。不知幾，則至於過而不已。交於上以恭巽，故過則爲諂。交於下以和易，故過則爲瀆。君子見於幾微，故不至於過也。所謂幾者，始動之微也，吉凶之端可見而未著者也。獨言吉者，見之於先，豈復至有凶也。

子曰：顔氏之子，其殆庶幾乎？有不善未嘗不知，知之未嘗復行也。《易》曰：「不遠復，无祇悔，元吉。」殆，危也。庶幾，近意，言近道也。此釋復初九爻義。【附録】殆是幾乎之義。又曰：是近義。又曰：殆危，是争些子底意思。學蒙　直是顔子天資好，如至清之水，纖芥必見。蓋卿　天地絪緼，萬物化醇。男女構精，萬物化生。《易》曰：「三人行，則損一人。一人行，則得其友。」言致一也。絪緼，交密之狀。醇謂厚而凝也，言氣化者也。化生，形化者也。此釋損六三爻義。【附録】「致一」是專一之義，程先生言之詳矣。天地男女，都是兩箇，方得專一。若三箇，更亂了。程先生説初與二，三與上，四與五，皆兩箇相與。自説得好。初二二陽，四五二陰，同德相比，三與上應，皆兩兩相與。學蒙　子曰：君子安其身而後動，易其心而後語，定其交而後求。君子修此三者，故全也。危以動，則民不與也。懼以語，則民不應也。无交而求，則民不與也。莫之與，則傷之者至矣。《易》曰：「莫益之，或擊之，立心勿恒，凶。」此釋益上九爻義。○此第五章。

【附録】夫子云：「不學《詩》，无以言。」先儒以爲心平氣和則能言，《易》曰「易其心而後語」也。《答劉玶》　子曰：乾坤，其易之門邪。乾，陽物也。坤，陰物也。陰陽合德而剛柔有體，以體天地之撰，以通神明之德。諸卦剛柔之體，皆以乾坤合德而成，故曰乾坤易之門。撰，猶事也。【附録】「乾坤易之門」，不是乾坤别有易，只易便是乾坤。乾坤便是那兩扇門相似，一扇開，便一扇閉。只是一箇陰陽做底，如「闔户謂之坤，闢户謂之乾」。淵　撰是所爲。又曰：只是説他做處。淵　【纂註】徐氏曰：陽畫爲乾，陰畫爲坤，門猶闔户闢户之義，一闔一闢爲易之門，其變無窮，皆二物也。陰陽合德，謂二物交錯，而相得有合。剛柔有體，謂成卦爻之體也。天地之撰，陰陽造化之迹也。有形可擬，故曰體。體天地之撰，言聖人作《易》，皆以體法造化之事，而效其至著者也。神明之德，陰陽健順之性也。有理可推，故曰通。通神明之德，言《易》書既作，又以通知造化之理，而極於至微者也。蔡氏曰：乾坤合，而後成衆卦爻之體。如剛來而下柔，剛上而柔下此類，皆由乾坤相合而成，所謂陰陽合德而剛柔有體也。**其稱名也，雜而不越。於稽其類，其衰世之意邪。**萬物雖多，無不出於陰陽之變。故卦爻之義，雖雜出而不差繆，然非上古淳質之時思慮所及也。故以爲衰世之意，蓋指文王與紂之時也。【附録】問：「其稱名也，雜而不越」，是指《繫辭》而言，是指卦名而言？曰：他後兩三番説名，後又舉起九卦説，看來只是爲卦名。學蒙　「於稽其類」，是説稽攷其事類。淵　「其衰世之意邪」，伏羲畫卦，這般事都已有了，只是未曾經歷。到文王時，世變不好，古來未曾有底事都有了，他一一經歷這崎嶇萬變過來，所以説出那卦辭。如「箕子之明夷」，如「入于左腹，獲明夷之心，于出門庭」。此若不是經歷，如何説得？淵　【纂註】徐氏曰：上古之世，俗朴民淳，迷於吉凶之途，而莫知所趨。故伏羲畫卦以教之占，而吉凶以明，斯民由之而無疑也。雖乾陽坤陰，剛柔交錯，顯而體天地之撰，微而通神明之德，然剛勝則吉，柔勝則凶，亦未嘗費辭也。中古以來，人心變詐，迷謬愈甚。文王周公於是繫卦爻之辭，稱名辨物，稽類考占，以開示陰陽之義。易之道雖無餘蘊，而聖人憂患後世之意，蓋亦有不得已焉者，故下文又申言之。

夫易，彰往而察來，而微顯闡幽。開而當名辨物，正言斷辭，則備矣。「而微顯」恐當作「微顯而」。「開而」之「而」，亦疑有誤。【附録】問：「彰往察來」，如「神以知來，知以藏往」相似。往是已定底，如天地陰陽之變，皆已見在這卦上了。曰：是。學蒙　往者，如陰消陽長。來者，事之未來吉凶。淵　「微顯闡幽」，幽者不可見，便就這顯處説出來。顯者，便就上面尋出這不可見底，教人知。學蒙　「微顯闡幽」，便是「顯道神德行」。德行顯然可見者，道不可見者。「微顯闡幽」，是將道來事上看，言那箇雖是粗底，然皆出於道義之藴。微顯所以闡幽，闡幽所以微顯，只是一箇物事。淵

其稱名也小，其取類也大。其旨遠，其辭文。其言曲而中，其事肆而隱。因貳以濟民行，以明失得之報。肆，陳也。貳，疑也。○此第六章。多闕文疑字，不可盡通，後皆倣此。【纂註】徐氏曰：往謂陰陽消長剛柔

變化，卦爻所藏者，《易》皆著而明之，故曰彰往。來謂吉凶未定，事之方來者，占筮中所告可以前知，故曰察來。顯者微之，使求其原，故曰微顯。幽者闡之，使見其端，故曰闡幽。當名，謂父子君臣之分，貴賤上下之等，各當其位也。辨物，謂乾馬坤牛離火坎水碩果莧陸之類，悉辨其似也。正言，謂「元亨利貞」、「直方大」之辭，正其言以曉人也。斷辭，謂「利涉大川」、「不利涉大川」、「可小事不可大事」之語，有以決其疑也。負乘往來，事名之小者也。茅棘豕雉，物名之小者也。所稱雖小，而其所取之類皆本於陰陽，非「稱名也小，取類也大」乎？旨，謂所示之理。文，謂經緯錯綜也。極天下之賾，凡天地陰陽道德性命之奥，象皆示之，而其所繫之辭經緯錯綜，皆有自然之文，非「其旨遠，其辭文」乎？曲，委曲也。凡委曲其文者，未必皆中乎理。《易》則言雖曲，而無不中也。肆，陳也。凡敷陳其事者，無有隱而不彰。《易》則事雖肆，而其理未嘗不隱也。貳，疑也。報，猶應也。失得之報，吉凶之應也。因民之疑貳，而決其疑，以濟其所行，有以明著其吉凶之應也。○愚謂此一節上六句，皆是抑揚說。《易》書所載，名雖小而類則大，旨雖遠而辭則文，言雖曲而理則中，事雖肆而理則隱。正與《書》「直而温，寬而栗」等語同意。

《易》之興也，其於中古乎？作《易》者，其有憂患乎？夏商之末，易道中微。文王拘於羑里而繫彖辭，易道復興。【附録】鄭仲履問：「作《易》者，其有憂患乎」，如何只取九卦？先生云：聖人論處憂患，偶然說此九卦，意思自足。若更添一卦也不妨，更不說一卦也不妨。只就此九卦中，亦自儘有道理。且《易》中儘有處憂患底卦，非謂九卦之外皆非所以處憂患也。若以困爲處憂患底卦，則屯蹇非處憂患而何？觀聖人之經，正不當如此。後世拘於象數之學，乃以爲九陽數，聖人之舉九卦，蓋合此數也，尤泥而不通矣。顯子

是故履，德之基也。謙，德之柄也。復，德之本也。恒，德之固也。損，德之修也。益，德之裕也。困，德之辯也。井，德之地也。巽，德之制也。

履，禮也。上天下澤，定分不易，必謹乎此，然後其德有以爲基而立也。謙者，自卑而尊人，又爲禮者之所

當執持而不可失者也。九卦皆反身修德以處憂患之事也，而有序焉。基，所以立。柄，所以持。復者，心不外而善端存。恒者，守不變而常且久。懲忿窒欲以修身，遷善改過以長善。困以自驗其力，井以不變其所。然後能巽順於理，以制事變也。【附録】「履德之基」，只是要以踐履爲本。「謙德之柄」，只是要謙退，若處患難而矯亢自高，取禍必矣。「復德之本」，如孟子所謂「自反」。「困德之辯」，其處困而通，則可以辯其是。困而不通，則可以辯其非。損是懲忿窒慾，益是修德益令廣大。「巽德之制」，巽以行權，巽只是低心下意。要制事，須是將心入那事裏去，順他道理，方能制事，方能行權。若心麤，只從事皮上綽過，如此權，便錯了。學蒙　「井居其所而遷」，又云「井德之地也」，蓋井有定體不動，然水流出去而不窮，猶人心有守不動，而應變於外則不窮也。「德之地」，地是那不動地頭。學蒙　巽爲資斧，所以多作斷制之義。蓋巽之義，非順字所能盡。順而能入之謂巽，一陰入在二陽之下，是入細直徹到底，不只到皮子上者，如此方斷得殺。若不見得盡，如何可以行權。必大　【纂註】徐氏曰：履，踐也。基猶基址，禮卑如地。人之踐履，一循乎禮，是從實地上立步，步步皆實，則德有其基。自下積累而上，故曰德之基。復爲反善之義。人非聖人，不能不流於惡，能於念慮之萌，人所不知己所獨知之處，審其幾而復於善焉，是德有其本也。人處困窮，出處語默之間，取予辭受之際，最可觀德。當義則爲君子，違理則爲小人。明辨於斯，所以自驗其所守也。

履和而至，謙尊而光，復小而辨於物，恒雜而不厭，損先難而後易，益長裕而不設，困窮而通，井居其所而遷，巽稱而隱。此如《書》之九德，禮非强世，然事皆至極。謙，以自卑而尊且光。復，陽微而不亂於羣陰。恒，處雜而常德不厭。損欲先難，習熟則易。益但充長，而不造作。困，身困而道亨。井，不動而及物。巽，稱物之宜，而潛隱不露。【附録】履之爲卦，君臣上下，各履其位，而得其和者也。和則疑於平易，而非極至之義。然各得其所而不亂，是乃所以爲至也。又曰：「履和而至」以下，皆是反說。「謙尊而光」，若秦人尊君卑臣，則雖尊而不光，故謙則尊而又光。復是一陽生於羣陰之下，如幽暗中

一點白，便是白而辨也。復雖一陽生，然而與衆陰却不相亂。人之善端方萌，雖小，然而衆惡却遏他不得。學蒙

「損先難而後易」，不探虎穴，不得虎子，須是捨身入裏面去，如搏寇讎，方得之。若輕可地説得不濟事。顯子

如子産爲政，鄭人歌之曰：「孰殺子産，吾其與之。」及三年，人復歌而頌之。蓋事之初，在我亦有所勉强，在人亦有所難堪。久之當事理，順人心，這裏方易。便如「利者義之和」一般。義是一箇制斷物事，恰似不和。久之事得其宜，乃所以爲利。如萬物到秋，許多嚴凝肅殺之氣似可畏。然萬物到這裏，若不得此氣收斂凝結許多生意，又無所成就。其難者，乃所以爲易也。僩

「益長裕而不設」，長裕只是一事，但充長自家物事教寬裕而已。「困窮而通」，此因《困》卦説「澤无水，困，君子以致命遂志」。蓋此是致命遂志之時，所以困。象曰：「險以説，困而不失其所亨，其惟君子乎。」蓋取困而能説也。「井居其所而遷」，井是掇不動之物，然其水却流行出去利物。僩

井有本，故澤及於物而井未嘗動，故曰居其所而遷。如人有德，而後能施以及人，然其德性未嘗動也。銖

既説「井以辯義」，又説「井居其所而遷」，井是不可動物事，水却可隨所汲而往，如道之正體，却一定於此而隨事制宜，自莫不當。所以説「井以辯義」，又云「井居其所而遷」。賀孫

「巽稱而隱」，巽是箇卑巽底物事，如「兑見而巽伏也」，自是箇隱伏底物事。蓋巽一陰在下二陽在上，陰初生時，已自稱量得个道理了，不待顯而後見。如事到面前，自家便有一箇道理處置他，不待發露出來。又曰：稱而隱，是巽順恰好底道理。有隱而不能稱量者，有能稱量而不能隱伏至露形迹者，皆非巽之道也。「巽德之制也」，「巽以行權」，都是此意。僩

陳才卿問：隱字何訓？曰：隱，不見，如風之動物，无物不入，但見其動而不見其形。權之爲用，亦猶是也。僩

【纂註】徐氏曰：設，施爲也。自然充長，不待施爲以求其益也。益之道，當俟其涵養從容，自然有得，不可萌欲速助長之心。設謂有所安排布置，要如何也。蔡氏曰：和則不能必至，而履之和則能至。尊者不能必光，而謙之尊則能光。微味者不辨於物，而復之小則能辨。雜者人厭之，而恒之雜則不厭。難者不易，而損之先難則有後易之理。設，施爲也，裕

則多施爲，而益之裕則不施。窮則不通，而困之窮則能通。遷謂養物不窮也，居其所則不遷，而井之居則能遷。稱輕重等也，稱則形著，而巽之稱則能隱。此如《書》之九德，蓋兼體用而言也。履以和行，謙以制禮，復以自知，恒以一德，損以遠害，益以興利，困以寡怨，井以辯義，巽以行權。寡怨，謂少所怨尤。辨義，謂安而能慮。○此第七章，三陳九卦，以明處憂患之道。【附録】禮主卑下，履也是那踐履處，所行若不由履，自是乖戾，所以曰履以和行。謙又更卑下，所以節制乎禮。又曰：禮是自家恁地卑下，謙是應物而言。學蒙　「困以寡怨」，是得其處困之道，故無所怨於天，無所尤於人。若不得其道，則有所怨尤矣。僩　「井以辯義」，謂安而能慮。蓋守得自家心先定，方能辨事之是非。若自家心先不定，事到面前，安能辨其義邪？僩　問：「井以辨義」，是大小多寡，所施各當，如上文「居其所而遷」，是否？曰：然。必大　又曰：「兑見而巽伏」，權是隱然做底物事。若顯然地做，却不成行權。淵　巽只柔順，低心下意底意義。人至行權處，不少巽順，如何行得。蓋卿　才卿問「巽以行權」。曰：見得道理精熟後，於物之精微委曲處，無處不入，所以説巽以行權。又曰：這説在九卦之後，是這八卦事了，方可以行權。銖　三陳九卦，初無他意。觀上面「其有憂患」一句，便見得聖人説處憂患之道。聖人去這裏，偶然見得有此理，便就這裏説出。聖人如雲行水流，初無定相，不可確定。○愚謂三陳九卦，自有次第。第一節，論九卦之德。第二節，論九卦之材。第三節，方論聖人用九卦，以處憂患之道，故皆以「以」之一字言之，亦如六十四卦《大象》，必著一「以」字，以明其用《易》也。《易》之爲書也不可遠，爲道也屢遷，變動不居，周流六虚，上下無常，剛柔相易，不可爲典要，唯變所適。遠，猶忘也。周流六虚，謂陰陽流行於卦之六位。【附録】謂：《易》之所言，无非天地自然之理，人生日用之所不能須臾離者，故曰不可遠。曰：是。學蒙　《易》不是確定硬本子。有陽居陽爻而吉底，又有凶底。有有應而吉底，有有應而凶底。是不可爲典要之書。這个是有許多變，所以如此。淵《大傳》説「上下無常，唯變所適」，便見得《易》人人可用，不是死法。雖道是二五是中，却其間有位二五而不吉者，有當位而吉，亦有當位而不吉者。若楊雄《太玄》，皆排定了第幾爻吉，第幾爻凶，此便是死法。賀孫

【纂註】蔡氏曰：「《易》之爲書」以下，總言爲書爲道，以起下文兩節之意。「變動不居」至「唯變所適」，言易道之屢遷也。卦雖六位，而剛柔爻畫，往來如寄，非實有也，故以虛言。揲蓍求卦，易之變動，初無定體，而周流乎六虛之位，或自上而降，或由下而升，上下無常也。柔來文剛，分剛上而文柔，剛柔相易也。

其出入以度，外内使知懼。此句未詳，疑有脱誤。

【附録】問：據文勢，則「外内使知懼」，合作「使内外知懼」。曰：是如此。學蒙 使知懼，便是使人有戒懼之意。《易》中説如此則吉，如此則凶，是也。既知懼，則雖无師保，一似臨父母相似。

又明於憂患與故，无有師保，如臨父母。雖无師保，而常若父母臨之，戒懼之至。【纂註】蔡氏曰：「其出入以度」至「如臨父母」，此言《易》書之不可遠也。出，謂卦爻自内往交於外。入，謂卦爻自外來居於内。度，節度也。故，謂憂患所以然也。言《易》之爲書，其出其入，皆有度不差。或内或外，皆使人知所恐懼而修省也。憂患之來，既知所處矣，又推其所以然，而安於所遇也。雖无師保之嚴，如臨父母之側。《易》之書，其可親也如此，信乎其不可遠也。

初率其辭，而揆其方，既有典常，苟非其人，道不虛行。方，道也。始由辭以度其理，則見其有典常矣。然神而明之，則存乎其人也。○此第八章。【附録】「既有典常」，是一定了。占得他這爻了，吉凶自定，這便是有典常。淵 【纂註】蔡氏曰：此合書與道爲言也。

《易》之爲書也，原始要終，以爲質也。六爻相雜，唯其時物也。質謂卦體。卦必舉其始終而後成體，爻則唯其時物而已。【纂註】徐氏曰：此總言聖人作《易》，所以立卦生爻之義。下文又逐爻分説，而申明之也。質謂卦體，時謂六位之時，物謂陰陽二物也。原其事之始，要其事之終，以爲一卦之體質。卦有六爻，剛柔錯

雜，隨其時辨其物，言卦雖有全體，而爻亦无定用也。其初難知，其上易知，本末也。初辭擬之，卒成之終。此言初上二爻。【纂註】蔡氏曰：初爻者，卦之本，本則其質未明，故難知。上爻者，卦之末，末則其質已著，故易知。難知，則所繫之辭必擬議而後得。易知，但卒其卦之辭，而成其卦之終也。若夫雜物撰德，辯是與非，則非其中爻不備。此謂卦中四爻。【附録】先儒解此多以爲互體，如屯卦震下坎上䷂，就中閒四爻觀之，自二至四則爲坤，自三至五則爲艮，故曰非其中爻不備。互體説，漢儒多用之。《左傳》中一處占得觀卦處，亦舉得分明。看來此説不可廢。學蒙　○愚謂物謂內外卦陰陽二物，雜謂自其中四爻雜而互之，又自成兩卦之德也。故謂之撰是非者，當位不當位，中不中，正不正也。內外卦既足以示人矣，復自互體而辯之，則是是非非於是乎益可見焉。噫，亦要存亡吉凶，則居可知矣。知者觀其彖辭，則思過半矣。彖，統論一卦六爻之體。二與四同功而異位，其善不同，二多譽，四多懼，近也。柔之爲道，不利遠者，其要无咎，其用柔中也。此以下論中爻。同功，謂皆陰位。異位，謂遠近不同。四近君，故多懼。柔不利遠，而二多譽者，以其柔中也。【附録】問：「其要无咎，其用柔中也」，近君則當柔和，遠去則當有强毅剛正之象始得，此二之所以不利，然而居中，所以无咎。曰：也是恁地説。又曰：「其要无咎」，若作去聲，則是要約之義。若作平聲，則是要其歸之意。又曰：其要只欲无咎。三與五同功而異位，三多凶，五多功，貴賤之等也。其柔危，其剛勝邪。三五同陽位，而貴賤不同。然以柔居之則危，唯剛則能勝之。○此第九章。《易》之爲書也，廣大悉備，有天道焉，有人道焉，有地道焉。兼三才而兩之，故六。六者非他也，三才之道也。三畫已具，三才重之，故六。而以上二爻爲天，中二爻爲人，下二爻爲地。道有變動，故曰爻。爻有等，故曰物。物相雜，故曰文。文不當，故吉凶生焉。道有變動，謂卦之一體。等，謂遠近貴賤之差。相雜，謂剛柔之位相間。不當，謂爻不當位。○此第十章。【纂註】徐氏曰：卦之全體，三才之道也。道則變動不居，如潛見躍飛之類，皆道之變動，而謂之爻。「爻也者，效天下之動也」，或剛或柔，而小大有等，故謂之物。物即陰陽二物也。一不獨立，二則爲文，陰陽兩物交相錯雜，故謂之文。陽居陽位，陰居陰位，當也。陽居陰位，陰居陽位，不當也。吉凶由是而生，則可以觀變玩占，而見其文之著矣。

《易》之興也，其當殷之末世，周之盛德邪，當文王與紂之事邪。是故其辭危，危者使平，易者使傾。其道甚大，百物不廢，懼以終始，其要无咎，此之謂易之道也。危懼故得平安，慢易則必傾覆，易之道也。○此第十一章。【附録】其辭危，是有危懼之意。故危懼者使之平安，慢易使之傾覆。《易》之書，於萬物之理無所不具，故曰「百物不廢，其要无咎」。學蒙　【纂註】徐氏曰：知易之道而有所恐懼，可使安平也。不由其道而有所慢易，必至傾覆也。故曰「危者使平，易者使傾」，然非有使之也。天之生物，必因材而篤焉，故栽者培之，傾者覆之，亦自然之理也。

夫乾，天下之至健也，德行恒易以知險。夫坤，天下之至順也，德行恒簡以知阻。至健，則所行無難，故易。至順，則所行不煩，故簡。然其於事，皆有以知其難，而不敢易以處之也。是以其有憂患，則健者如自高臨下而知其險，順者如自下趨上而知其阻。蓋雖易而知險，則不陷於險矣。既簡而又知阻，則不困於阻矣。所以能危能懼，而無易者之傾也。【附録】問：「乾至健也」至「恒簡以知阻」，見得乾是至健不息之物，經歷艱險處多，雖有險處，皆不足爲他之病，足以進之而無難底意思否？曰：不然。舊亦嘗如此説，覺得終是硬説。《易》本意，正要人知險而不進，不説是我至健了，凡有險阻，只恁冒進而無難。如此，大非聖人作《易》之意。觀其上文云「《易》之興也，其於中古乎」，至「其要无咎，此之謂易之道也」，看他此語，是什麽恐懼危險，不敢輕進之意。乾之道便是如此，卦中皆然，所以多説見險而能止，如需卦之類可見。易之道，正是要人知進退存亡之道。若是冒險前進，必陷於險，知進而不知退，知存而不知亡，豈乾之道邪？惟其至健而知險，故止於險而不陷於險也。又曰：此是就人事上説。又曰：《易》之爲書，大概要人謹密戒懼，以免患難。若恃其至健，而不恤險難，豈易之道邪？僩　順自是畏謹，宜其不越夫險。如健，却宜其不畏險，然却知險而不去，蓋他當憂患之際故也。又曰：若長是易時，更有甚麽險，他便不知險矣。若長是簡時，更有甚麽阻，他便不知阻矣。只是當憂患之際，方見得。同上　「乾天下之至健」，更著思量。看來聖人無冒險之事，須是知險便不進。向前去，他只是不直撞向前，自别有一箇路去。如舜知子之不肖，則以天下授禹。賀孫　乾健而以易臨下，故知下之險，險底意思在下。坤順而以簡承上，故知上之阻，阻是自家低，他却高底意思。自上面下來，到那去不得處，便是險。自下而上，上到那去不得處，便是阻。淵　頃因登山，就山上得其説。自上而下，所見爲險，故以乾言。自下而上，所向爲阻，故以坤言。能説諸心，能研諸侯之慮，定天下之吉凶，成天下之亹亹者。「侯之」二字衍。説諸心者，心與理會，乾之事也。研諸慮者，理因慮審，坤之事也。説諸心，故有以定吉凶。研諸慮，故有以成亹亹。【附録】説諸心，有自然底意思，故屬陽。研諸慮，有作爲底意思，故屬陰。謨　説諸心，只是見過了便説，這箇屬陽。研諸慮，是研窮到底，似那「安而能慮」，直是仔細了，這箇屬陰。淵　定吉凶，乾也。成亹亹，坤也。事之未定者，屬乎陽。定吉凶，所以爲乾。事之已爲者屬陰，成亹亹者，所以爲坤。謨　且以做事言之，吉凶未定時，人自意思懶散，不肯做去。吉凶定了，他自勉勉做將去，所以屬陰。大率陽是輕清底，物事之輕清底屬陽。陰是重濁底，物事之重濁底屬陰。淵　能説諸心，能研諸慮，方始能定天下之吉凶，成天下之亹亹者，凡事見得通透了，自是歡説。既説諸心，是都理會得了，於事上更審一番，便是研諸慮。研是更云研磨他。定天下之吉凶，是剖判得這事。成天下之亹亹，是做得事業。學蒙　是故變化云爲，吉事有祥，象事知器，占事知來。變化云爲，故象事可以知器。吉事有祥，故占事可以知來。【附録】變化者，陰陽之所爲。云爲者，人事之所作。上兩句只説理如此，下兩句是人就理上知得。在陰陽則爲變化，在人事則爲云爲。吉事自有祥兆。惟其理如此，故於變化云爲，則象之而知已有之器，於吉事有祥，則占之而知未然之事也。問：器字，則是凡於有形之實事者，皆爲器否？先生云：《易》中器字是恁地説。又曰：「變化云爲」是明，「吉事有祥」是幽，「象事知器」是人事，「占事知來」是筮。「象事知器」是人做這事，「占事知來」是他方有禎祥，見乎蓍龜之類，吉事有，凶事亦有。淵　問：《易》書中有許多變化云爲，又吉事皆有休祥之應，所以象事者於此而知器，占事者於此而知來。曰：是。

天地設位，聖人成能，人謀鬼謀，百姓與能。天地設位，而聖人作《易》以成其功。於是人謀鬼謀，雖百姓之愚，皆得以與其能。【附録】「天地設位」四句，説天人合處。天地設位，使聖人成其功能。人謀鬼謀，則雖百姓亦可以與其能。「成能」、「與能」，雖大小不同，然亦是小小底造化之功用。然百姓與能，却須因蓍龜而方知得。淵　「人謀鬼謀」，與《洪範》之「謀及乃心，謀及卜筮，謀及卿士，謀及庶人」相似。

八卦以象告，爻彖以情言，剛柔雜居，而吉凶可見矣。象謂卦畫，爻彖謂卦爻辭。

變動以利言，吉凶以情遷。是故愛惡相攻而吉凶生，遠近相取而悔吝生，情僞相感而利害生。凡易之情，近而不相得則凶，或害之，悔且吝。不相得，謂相惡也。凶害悔吝，皆由此生。【附録】問：「易之情，近而不相得則凶，或害之，悔且吝」，如何？先生云：此疑是指占法而言。想古人占法，今不見得。蓋遠而不相得，則安能爲害。惟切近不相得，則凶害便能相及也。一箇凶人，在五湖四海之内，安能害自家。若與之爲鄰近，則有害矣。又問云：此如今人占火珠林課底，若是凶神，動與世不相關，不能爲害。惟是克世，則方能爲害否？先生云：恐是這一樣意思。【纂註】徐氏曰：易道變動，開物成務，以利言也。而卦爻之辭，有吉有凶，以其情之有所遷耳。愛惡相攻，如《訟》九四「不克訟，復即命」，以與四相愛也。《謙》六五「利用侵伐」，上六「利用行師」，以與九三相愛也。《同人》

九三「伏戎于莽」，惡九五也。九五「大師克相遇」，惡三四也。遠近相取，如《姤》九五「以杞包瓜」，上九「姤其角」，遠取初六也。《解》六三「負且乘」，近取二四也。《豫》六三「盱豫」，近取九四也。情僞相感，如《中孚》九二「鳴鶴在陰」，以情感乎五也。《屯》六四「求婚媾往」以情感乎初也。《蒙》六三「見金夫，不有躬」，以僞感乎二也。《漸》九三「夫征不復，婦孕不育」，以僞感乎四也。凡此皆以情遷者也。○愚謂「變動」即上文「爻有變動」，是已以利言者。爻之變動，本皆教人趨吉避凶，而歸於利耳，然不免吉凶殊分者，由情而遷也。情有善有不善，善則遷於吉，不善則遷於凶，至是不能皆歸於利矣。是故以下「愛惡遠近情僞」，所謂情也。「相攻相取相感」，遷之由也。「吉凶悔吝利害」，總名之曰吉凶也。愛惡相攻，因於遠近相取。遠近相取，因於情僞相感。相感者，情之始交，利害之開端也。相取者，迹之已著，悔吝之途分也。相攻，則事之已極，吉凶之不可移也。此三言，皆吉凶以情遷之事。「凡易之情」以下，獨舉近者總言之。近而相取，其情乃不相得，此必其初之以僞感，終至於惡而相攻，是以凶耳。既至於凶，其於害悔吝可知矣。即此一條備三者，而明之大要，欲人警省，悔心生而吉利隨之，終歸夫變動之利，不憚於情遷之凶耳。易之道固如此也。

將叛者，其辭慙。中心疑者，其辭枝。吉人之辭寡，躁人之辭多。誣善之人，其辭游。失其守者，其辭屈。卦爻之辭，亦由是也。

【附録】問：「八卦以象告」至「失其守其辭屈」，切疑自「吉凶可見矣」而上，只是總説《易》書所載如此。自「變動以利言」而下，就人占時上説。如何？先生曰：然。銖　【纂註】徐氏曰：叛，背叛也。背叛正理，其中有慊，則發於辭自然慙怍也。枝，如木之有枝，開兩岐。疑者可否未決，則其辭不直截，成兩岐也。誣善者，謂謗善爲惡，言語不實，如物在水上，浮游不定。失其守者，言見理不定，無所操執，其辭多屈而不伸也。言，心之聲，由乎中而見乎外。《孟子》「詖淫邪遁」一章，意亦如此。厚齋馮氏曰：六辭與《易》全不相關，恐斷簡錯見於此。或曰，諸如此類，《易》各準其情，而爲辭。然誣善失守，恐不入卦爻。王介甫曰：「《易》之辭，必不慙枝游屈也。」王介甫、郭子和蓋嘗疑之,不敢彊通。○愚謂六辭與《易》誠不相關,意者指尚占命筮之辭。《上傳》曰:「君子將有爲也,將有行也,問焉而以言,其受命也如響。」夫子於此又發其情,以見命筮之際,本諸中,形諸外,自有不可掩者。神物之蓍,顧不能前知吉凶,以告之乎。亦欲人謹其事,而重其筮也。

周易繫辭下傳第六

周易文言傳第七

朱子本義

新安後學胡一桂附録纂註

此篇申《彖傳》、《象傳》之意，以盡乾坤二卦之蘊，而餘卦之説，因可以例推云。【纂註】蔡氏曰：文，飾也。言，辭也。文飾彖、象之辭，以盡彖、象之意。乾坤居衆卦之首，故特詳之，而餘卦之説，亦可以類而推也。

元者，善之長也。亨者，嘉之會也。利者，義之和也。貞者，事之幹也。元者，生物之始，天地之德，莫先於此，故於時爲春，於人則爲仁，而衆善之長也。亨者，生物之通，物至於此，莫不嘉美，故於時爲夏，於人則爲禮，而衆美之會也。利者，生物之遂，物各得宜，不相妨害，故於時爲秋，於人則爲義，而得其分之和。貞者，生物之成，實理具備，隨在各足，故於時爲冬，於人則爲智，而爲衆事之幹。幹，木之身，枝葉所依以立者也。【附録】萬物之生，天命流行，自始至終，無非此理。但初生之際，淳粹未散，尤易見爾。只如元亨利貞皆是善，而元則爲善之長，亨利貞皆自這來。仁義禮智亦皆是善，而仁則爲善之首，義禮智皆從這出。淵　元者，天地生物之心，得之最先，而兼統四者，故曰元者善之長。嘉，美也。會，猶齊也。嘉會，衆美之會，猶言齊好也。春天發生萬物，未大故齊。到夏時，洪纖高下，各各暢茂。蓋春方生育，至此乃無一物不暢茂。其在人，則禮儀三百，威儀三千，事事物物，大大小小，一齊到恰好處，所謂「動容周旋皆中禮」，故於時爲夏，於人爲禮。謨　就「亨者嘉之會」觀之，嘉字是實，會字是虛。「嘉會足以合禮」，則嘉字却輕，會字却重。謨　《文言》只説「利者義之和」，是掉了那利，蓋是不去利上求利，只義之和處便是利。燀　利是那義裏面生出來底。凡事處置得合宜，利便隨之。所以云「利者義之和」，是義便兼得和。若只理會和，却是從中閒半截做下去，遺了上面一截義底。小人只理會後面一截，君子却從頭來。植　以理言之，義自是箇斷制底氣象，有凛然不可犯處，似不和矣。然實則和，蓋分别後，萬物各得其所，却是和。若臣而僭，君子而犯父，不安其分，便是不義，不義則不和矣。孟子云：「未有仁而遺其親者也，未有義而後其君者也。」却是這意思，只是箇依本分。若依本分時，你得你底，我得我底，則自然和而有別。若上下交争利，則上下相侵相奪，便是不義，不義便不和矣。有開　看來義之爲義，只是一箇宜。其初則甚嚴，如男正位乎外，女正位乎内，直是有内外之辨。君尊於上，臣卑於下，尊卑大小，截然不可犯，似若不和之甚。然能使之各得其宜，則其和也孰大於是。至於天地萬物，無不得其所，亦只是義之和耳。此只是就義中，便有箇和。謨　幹猶身之有骨，故版築之栽謂之楨幹，此可以識貞之理矣。淵

君子體仁足以長人，嘉會足以合禮，利物足以和義，貞固足以幹事。

以仁爲體，則無一物不在所愛之中，故足以長人。嘉其所會，則無不合禮。使物各得所利，則義無不和。貞固者，知正之所在而固守之，所謂知而弗去者也，故足以爲事之幹。【附録】以仁爲體，謂身便是仁也。淵　體仁，如體物相似，人在那仁裏做箇骨子，故謂之體仁。仁是道理，須有這人做得他骨子。比而效之之説，却覺得未是。節　體仁，不是將仁來爲我之體，我之體便都是仁也。僩

會是禮發見之後，意思却在未發見之前。嘉會未説到那禮上，然能如此，則便能合禮。會字，説萬物一齊發見在這裏，處得盡是，謂之嘉會。如只一事兩事嘉美時，未爲嘉會。淵　厚薄親疎尊卑小大相接之禮，各有節文，無不中節，則所會皆美，所以能合於禮也。銖

利物，使萬物各得其所，乃是義之和處。義自然和，不是義外别有和。顯子　貞固，是固得恰好。如尾生之信，不貞之固，須固得好，方是貞。人傑　「貞固」二字，與「體仁」、「嘉會」、「利物」之文不同，屬比方者。便著用兩字，方能盡之。必大　貞，正也。知其正之所在，固守而不去，故足爲事之幹。幹事，言事之所依以立。

蓋正而能固，萬物依此而立。在人則是智，至靈至明，是是非非，確然不可移易，不可欺瞞，所以能立事也。幹如木之幹，事如木之枝葉。貞固者，正而固守之。貞固在事，是與立箇骨子，所以爲事之幹。欲爲事而非此貞固，便植立不起，自然倒了。謨　「元者善之長」以下四句，説天德之自然。「君子體仁」以下四句，説人事之當然。銖　「君子體仁」以下，倒用上面四箇字，極有力。【纂註】徐氏曰：嘉會，謂嘉其所會，致美於動容周旋之際。而三千三百之儀，無一不中於理，故足以合禮。君子行此四德者，故曰「乾元亨利貞」。非君子之至健，無以行此，故曰「乾元亨利貞」。○此第一節，申象傳之意，與《春秋傳》所載穆姜之言不異。疑古者已有此語，穆姜稱之，而夫子亦有取焉。故下文別以「子曰」表孔子之辭，蓋傳者欲以明此章之爲古語也。【附録】生是元，長是亨，收斂是利，藏是貞，只是一氣。理無形，故就氣上看理，也是恁地。節　以天道言之，爲元亨利貞。以四時言之，爲春夏秋冬。以人道言之，爲仁義禮智。以氣候言之，爲温涼燥濕。以方言之，爲東西南北。節　以五臓言之，如肝屬木，木便是元。心屬火，火便是亨。肺屬金，金便是利。腎屬水，水便是貞。道夫　仁爲四德之首，而智則能成始而成終。猶元爲四德之長，然元不生於元，而生於貞。蓋天地之化，不翕聚則不能發散，理固然也。仁智交際之閒，乃萬化之機軸。此理循環不窮，脗合無閒，不貞則無以爲元也。銖　知覺自是智之事，在四德是貞字。而知所以近乎仁，便是四端循環處。若無這知，便起這仁不得。淵　氣無始無終，是從元處説起。元之前又是貞了，如子時是今日，子之前又是昨日之亥，無空闕時。又曰：乾四德，元最重，其次貞亦重，以明始終之義。非元則無以生，非貞則無以終，非終則無以爲始，不始則不能成終矣。

初九曰：「潛龍勿用。」何謂也？子曰：龍德而隱者也。不易乎世，不成乎名。遯世无悶，不見是而无悶。樂則行之，憂則違之。確乎其不可拔，潛龍也。龍德，聖人之德也。在下，故隱。易，謂變其所守。大抵乾卦六爻，《文言》皆以聖人明之，有隱顯而無淺深也。【附録】「確乎其不

可拔」，非專謂退遯不改其操。憂樂行違，時焉而已，其守無自而可奪，如「富貴不淫，貧賤不移」之意。淵

【纂註】程子曰：初九守其道，不隨世而變，晦其行，不求知於時，自信自樂，見可而動，知難而避，其守堅不可奪，潛龍之德也。徐氏曰：遯世无悶者，安土樂天也。樂行憂違，最說出潛龍意思。初九備聖人之德，從容無礙，日用之閒，無非此道之流行，意苟順適，與物無忤，則不私其有，庶同於人，陽之舒也，此樂則行之之意也。少有拂逆，我心不快，則超然順避，不失於己，陰之翕也，此憂則違之之意也。樂行憂違，雖不凝滯於物，而所以立己者，蓋確乎其不可拔，非守道之固者能之乎？此其所以爲潛龍也。

九二曰：「見龍在田，利見大人。」何謂也？子曰：龍德而正中者也。庸言之信，庸行之謹。閑邪存其誠，善世而不伐，德博而化。《易》曰：「見龍在田，利見大人。」君德也。正中，不潛而未躍之時也。常言亦信，常行亦謹，盛德之至也。閑邪存其誠，無斁亦保之意。言君德也者，釋大人之爲九二也。【附録】庸言庸行，盛德之至。到這裏不消得恁地，猶自閑邪存誠，便是無斁亦保，言雖無厭斁，亦當保也。淵　既處無過之地，則惟在閑邪存誠而已。雖曰無過，然而不閑則有過矣。僩　夫子怕人不把九二做大人，别討一箇，所以說箇君德也。兩處皆如此說。「龍德正中」以下皆君德，言雖不當君位，却有君德，所以做大人。淵

九三曰：「君子終日乾乾，夕惕若，厲无咎。」何謂也？子曰：君子進德修業。忠信，所以進德也。修辭立其誠，所以居業也。知至至之，可與幾也。知終終之，可與存義也。是故居上位而不驕，在下位而不憂，故乾乾因其時而惕，雖危无咎矣。忠信，主於心者，無一念之不誠也。修辭，見於事者，無一言之不實也。雖有忠信之心，然非修辭立誠，則無以居之。知至至之，進德之事。知終終之，居業之事。所以終日乾乾，而夕猶惕若者，以此故也。可上可下，不驕不憂，所謂无咎也。【附録】忠信，猶言實其善之謂。能實其爲善之意，自是住不得。德不期進而自進，猶飢之欲食自不可已。

學蒙　因舉破釜竈，燒廬舍，持三日糧，示士卒必死無還心，如此方會斯殺。忠信便是有這心，如此方會進德。賜　忠信則無事不誠實，猶木之有根，其生自不能已。佐　《本義》云：「主於心者，無一念之不誠。」蓋無一念不誠，然後有以爲進德之地。若有不實，如捕風捉影，德何由進？須是表裏皆實，無一毫之僞，德方日新。大抵以忠信爲本，忠信只是實。若無實，如何會進？如播種相似，須是實有種子下在泥中，方會日日見發生。若把箇空殼下在裏面，如何會發生？道理須是實見得，若徒將耳聽過，將口説過，濟甚事？忠信所以爲實者，且如孝，須實是孝，方始那孝之德一日進一日。若不實，却自無根了，如何會進？今日覺見恁地去，明日便漸能熟。明日方見得有一二分，後日便見有三四分，意思自然覺得不同。賀孫　忠信所以進德者，欲吾之心實明是理，而真好惡之，若好好色，而惡惡臭也。修辭立誠以居業者，欲吾之謹夫所發，以致其實，而尤先於言語之易放而難收也。《答鞏豐》　進德，則所知所行自進不已。居業，則只在此住了不去。只看進字、居字可見。進者，日新而不已。居者，一定而不易。學蒙　進如日知其所亡，只管進前去。居如月無忘其所能，只管日日恁地做。賀孫　德者，得之於心者也。業者，乃事之就緒者也，如古人所謂「業已如是」也。廣　言是行之表，凡人所行者，無不發出來，也是一件大事。淵　人多因言語上便不忠信。首先是言語，修辭只是「言顧行，行顧言」之意。又曰：出辭氣斯遠鄙倍，是「修辭立其誠」意思。賀孫　誠便即是忠信修省，言辭便是要立得忠信。若口不擇言，只管逢事便説，則忠信亦被汨没動蕩，立不住了。賀孫　「知至至之」屬忠信進德底意思。蓋是見得在那裏，如望見在那裏相似，便要到那裏，所以曰「可與幾也」。「進」字貼著「幾」字，「至」字貼著「進」字。「知終終之」屬修辭立誠居業底意思。蓋已在這裏做，硬做到那裏，所以曰「可與存義」。若是見得，不去行時也，如何存得許多道理？惟是見得，而又能行，方可以存義也。「居」字貼著「存」字，「終」字貼著「居」字。燀　「知至」則知其道之所止，「至之」乃行矣，而驗其所知也。「知終」見其道之極至，「終之」乃力行，而期至於歸宿之地也。僩　知至知終，不是言修爲先後之漸，只是見德業内外之別。蓋心則至誠以進德，身則修辭以居業。又曰：忠信進德修辭立誠居業，工夫之條件也。知至至之，止可與存義，工夫之功程也。此一段只是説終日乾乾而已。學蒙　「忠信進德」與「知至至之，可與幾也」這幾句，都是去底字。「修辭立誠」與「知終終之，可與存義」，都是住底字。賜　銖問：《本義》云「乾六爻《文言》皆以聖人明之」，但九三一爻，又似説學者事。曰：聖人亦是如此進德，亦是如此居業，只是在學者則勉强而行之，在聖人則自然安而行之。「知至」、「知終」亦然。銖　九三雖曰聖人之學，其實通上下而言，學者亦可用力。聖學淵源，幾無餘藴矣。忠信心也，修辭事也。然藴於心者，所以見於事也。修於事者，所以養其心也。此聖人之學，所以内外兩進，而非判然兩事也。〔總論九二九三爻〕九二處得其中，却不費力。若九三，則剛而不中，過高而危，故有乾乾之戒。人傑　問：「閑邪存誠」與「修辭立誠」相似否？曰：閑邪存誠，不大段用力。修辭立誠，大段費氣力。賜　謹信存誠，是裏面工夫，無迹。忠信進德修業居業，是外面事，微有迹。在聖人分位，皆做得自別。銖　【纂註】程子曰：内積忠信，所以進德也。擇言篤志，所以居業也。知至至之，致知也。求知所至，而後至之，知之在先，故可與幾，所謂始條理者，智之事也。知終終之，力行也。既知所終，則力進而終之，守之在後，故可與存義，所謂終條理者，聖之事也。此學之始終也。又曰：修辭立其誠，不可不仔細理會。言能修省言辭，便是要立誠。若只是修飾言辭，爲心只是爲僞也。修其言辭，正爲體當自家敬以直内、義以方外之實事。道之浩浩，何處下手？惟立誠，才有可居之處。有可居之處，則可以修業也。終日乾乾夫大□事，❶却只是忠信所以進德，爲實下手處。修辭立其誠，爲實修業處。

九四曰：「或躍在淵，无咎。」何謂也？子曰：上下无常，非爲邪也。進退无恒，非離羣也。君子進德修業，欲及時也，故无咎。内卦以德學言，外卦以時位言。進德修業，九三備矣。此則欲其及時而

❶「夫大□」，四庫本作「謂天下」。

進也。【附録】此説《文言》六段。蓋雖言德學，而時位亦在其中。非德學，何以處時位？學蒙　問：上下无常，進退无恒，非爲邪枉，非離羣類，則其心之所處，果安在哉？曰：隨時而變，動静不失其宜，乃進德修業之實也。淵　君子進德修業，不但爲一身，亦欲有爲於天下，及時而進。賜　【纂註】張氏曰：「上」與「進」，釋「躍」義。「下」與「退」，釋「在淵」義。「无常」、「无恒」，釋「或」義。「非爲邪」、「非離羣」，釋「无咎」義。

九五曰：「飛龍在天，利見大人。」何謂也？子曰：同聲相應，同氣相求。水流濕，火就燥。雲從龍，風從虎。聖人作，而萬物覩。本乎天者親上，本乎地者親下，則各從其類也。作，起也。物，猶人也。覩，釋「利見」之意也。本乎天者，謂動物。本乎地者，謂植物。物各從其類，聖人人類之首也，故興起於上，則人皆見之。【附録】本乎天者親上，凡動物首向上，是親乎上，人類是也。本乎地者親下，凡植物首向下，是親乎下，草木是也。禽獸首多横，所以無智。此本康節説。銖　天下所患

無君，不患無臣。有如是君，必有如是臣。雖使而今無，少間也必有出來。雲從龍，風從虎，只怕不是真箇龍虎。若是真龍虎，必生風致雲也。僩　《文言》分明是以聖人爲龍，以「作」言「飛」，以「萬物覩」解「利見大人」，只是言天下利見夫大德之君也。道夫

上九曰：「亢龍有悔。」何謂也？子曰：貴而无位，高而无民，賢人在下位而无輔，是以動而有悔也。賢人在下位，謂九五以下。无輔，以上九過高志滿，不來輔助之也。○此第二節，申《象傳》之意。【附録】問：王弼説「初上無陰陽定位」，如何？曰：伊川説：「陰陽奇耦，豈容無也。乾上九貴而无位，需上九不當位，乃爵禄之位，非陰陽之位。」此説極好。學蒙　〔總論六爻〕《易》卦爻辭，本只是各著本卦本爻之象，明吉凶之占，陰陽之變，❶非是就聖賢地位説道理也。故乾六爻，自天子以至於庶人，自聖人以至於愚不肖，筮或得之，義皆有取。但純陽之德，剛健

❶「陰陽之變」，原爲墨丁，今據四庫本補。

之至，若以義類推之，則爲聖人之象，而其六位之高下，又有似聖人之進退。故《文言》因潛見飛躍自然之文，而以聖人之迹，各明其義。位有高下，而德無淺深也。然其本意亦甚分明，未嘗過爲深巧。且如初九，則是德已成而行未著，故衆人未見其德，而君子之心確然已有以自信也。九二，則人見其庸言庸行，閑邪存誠之道，又從而化之也。九三，則雖涉此危地，而但進德修業之不已也。九四，則其位愈進，其危益甚，而亦但知循理，不恤其他也。九五，則以天德居天位，而天下莫不仰觀之也。上九，則過極而亢，不能無悔矣。若以德言，則愈進愈高，此當爲聖而不可知之地，又豈有可悔邪。人傑

問：九二説聖人之德已備，何故九三又言「進德修業」，「知至至之」？曰：聖人只逐爻取象。此不是言德學節次，是言居位節次。六爻皆是聖人之德，只所處之位不同。初爻言不易乎世，不成乎名，稱潛龍也，已是説聖人之德了，只是潛而未用耳。到九二，却恰好其化已能及人矣。蓋正是人位，所以恰好。到九三，居下卦之上，位已高了。那時節無可做，只得恐懼進德修業，乾乾不息，此便是伊周地位。九四位便乖，不似九二安穩。此時進退不得，皆不由我，只聽天時了。以聖人明之，便是舜歷試，文王三分有二，湯武鳴條牧野時。到上九，又亢了。看來人處大運中，無一時閑，吉凶悔吝一息不曾停，如大車輪一般，一恁滾將去。聖人只隨他恁地去，看道理如何。這裏，則將這道理處之。那裏，則將那道理處之。淳

「潛龍勿用」，下也。「見龍在田」，時舍也。言未爲時用也。「終日乾乾」，行事也。「或躍在淵」，自試也。未據有爲，姑試其可。「飛龍在天」，上治也。居上以治下。「亢龍有悔」，窮之災也。乾元用九，天下治也。言乾元用九，見與他卦不同。君道剛而能柔，天下無不治矣。

○此第三節，再申前意。【附録】九是天德，健中便自有順，用之則天下治。如下文「乃見天則」，便是天德。砥

「潛龍勿用」，陽氣潛藏。「見龍在田」，天下文明。雖不在上位，然天下已被其化。「終日乾乾」，與時偕行。時當然也。「或躍在淵」，乾道乃革。離下而上，變革之時。「飛龍

在天」，乃位乎天德。天德，即天位也。蓋唯有是德，乃宜居是位，故以明之。「亢龍有悔」，與時偕極。乾元用九，乃見天則。剛而能柔，天之法也。○此第四節，又申前意。乾元者，始而亨者也。始則必亨，理勢然矣。利貞者，性情也。收斂歸藏，乃見性情之實。【附録】始而亨，是生出去。利貞，是收斂了，方見性情。所以言：「元亨，誠之通。利貞，誠之復。」砥　性情，是乾元之性情。始而亨時，是乾之發用處，共是一箇性情。到那利貞處，一箇有一箇性情，百谷草木皆有箇性情了。元亨，方是他開花結子時。到利貞時，方見得他底性情。就這上看乾之性情，便見得這是箇「誠之復」處。淵　人只到秋冬，疑若不見生意。不知都已收斂在內。必大　如樹上開一花，結一子，未到利貞處，尚是運下面氣去蔭他。及到利貞處，自不用恁地。節　乾始能以美利利天下，不言所利，大矣哉。始者，元而亨也。利天下者，利也。不言所利者，貞也。或曰：坤利牝馬，則言所利矣。【附録】「不言所利」，明道云：「不有其功，常久而不已者，乾也。」淵　乾則無所不利，坤則只利牝馬之貞，則有所不利矣。【纂註】程子曰：乾，始之道，能使庶類生成，天下蒙其美利，而不言所利者。蓋無所不利，非可指名也。故贊其利之大，曰大矣哉。蔡氏曰：不言所利，此所以爲大也。如言「利建侯」、「利涉大川」，則言所利矣。大哉乾乎，剛健中正，純粹精也。剛以體言，健兼用言。中者，其行無過不及。正者，其立不偏。四者，乾之德也。純者不雜於陰柔，粹者不雜於邪惡，蓋剛健中正之至極。而精者，又純粹之至極也。或疑乾剛無柔，不得言中正者，不然也。天地之間，本一氣之流行，而有動靜耳。以其流行之體統而言，則但謂之乾，而無所不包矣。以其動靜分之，然後有陰陽剛柔之別也。【附録】大哉乾乎，陽氣方流行，固已包了全體，陰便在這裏了，所以説剛健中正。然不可道這裏却夾雜些陰柔，所以却説純粹精。淵　剛健中正，爲其嫌於不中正，所以説箇中正。陽剛自是全體，豈得不中正。這君近日趙善譽者，❶著一件《易》説道只乾坤二卦便偏了。乾只是剛底一邊，坤只是柔底一邊。某説與他道：「聖

❶「君」，四庫本作「若」。

人做一部《易》，如何却將兩箇偏底物事放在劈頭？如何不討箇渾淪底放在那裏？」《本義》中便是破他說。淵 大哉乾元，萬物資始，乾道變化，各正性命，只乾便是氣之統體，物之所資始，物之所正性命，豈非無所不包？但自其氣之動而言，則爲陽。自其氣之靜而言，則爲陰。所以陽常兼陰，陰不得兼陽，皆此意也。銖 **六爻發揮，旁通情也。**旁通，猶言曲盡。【纂註】蔡氏曰：剛則不屈，健則不息，中則無過不及，正則不偏不倚，純粹精則不雜。數德無一之不備者，惟九五當之。兼用六爻，以發揮其義者，欲旁通以盡夫事物之情耳。**時乘六龍，以御天也。雲行雨施，天下平也。**言聖人時乘六龍以御天，則如天之雲行雨施，而天下平也。○此第五節，復申首章之意。**君子以成德爲行，日可見之行也。潛之爲言也，隱而未見，行而未成，是以君子弗用也。**成德，已成之德也。初九固成德，但其行未可見耳。【附録】問「行而未成」。曰：只是事業未就。又問：乾六爻皆聖人事，安得有未成？曰：雖是聖人，畢竟初九行而未成。問：此只論事業，不論德否？曰：且如伊尹居有莘之時，便是行而未成。文蔚 ○愚謂德行以在身者而言，見之行以在事者而言。初九德成行立，固自可以見之行事矣。但其時位方當潛隱，故其德行雖可見之行，而時位未能成其所行也。是以爻辭以「勿用」言之。**君子學以聚之，問以辨之，寬以居之，仁以行之。《易》曰：「見龍在田，利見大人。」君德也。**蓋由四者，以成大人之德。再言君德，以深明九二之爲大人也。【附録】「學以聚之，問以辨之」，既探討得是，當且放頓寬大田地，待觸類自然有會合處，故曰寬以居之。【纂註】徐氏曰：德者，人所得於天之理。雖我之所固有，然亦未嘗不散在事事物物之間。苟不務學，則無以會聚衆理，而有諸己也。學而弗問，亦無以辨別衆理，使之條件不紊，而精粗本末，或不知所擇也。學聚矣，問辨矣，必有涵養寬裕之意，自莫匪從容中道之妙。故橫渠張子曰：「心大則百物皆通，心小則百物皆病。」必寬以居之，則吾之所以學聚問辨者，常見其與心爲一矣。然仁者，心之全德，生生而不窮也。德至於仁，與天同運，無一息間斷。則吾之所居者，固非徒大而無實，亦非固守而不化者也。此仁以行之，乃學問之極功，君子之成德。龍德正中，所以爲九二之大人歟。

九三重剛而不中，上不在天，下不在田，故乾乾因其時而惕，雖危无咎矣。重剛，謂陽爻陽位。【纂註】蔡氏曰：天，五也。田，二也。上未至乎五，下已離乎二。進德修業，乾乾行事，因其時而惕，則雖危而可无咎矣。

九四重剛而不中，上不在天，下不在田，中不在人，故或之。或之者，疑之也，故无咎。九四非重剛，「重」字疑衍。在人，謂三。或者，隨時而未定也。【附録】九四中不在人，則其進而至乎九五之位，亦無嫌矣。但君子本非有此心，故云「或躍」，而《文言》又以「非爲邪也」等語釋之。《答方士繇》【纂註】蔡氏曰：重剛，謂重乾也。以六爻之卦言之，則三四居中。以重剛三爻之卦言之，則二五爲中，三四非中。

夫大人者，與天地合其德，與日月合其明，與四時合其序，與鬼神合其吉凶。先天而天弗違，後天而奉天時。天且弗違，而況於人乎，況於鬼神乎。大人，即釋爻辭所利見之大人也。有是德而當其位，乃可當之。人與天地鬼神，本無二理，特蔽於有我之私，是以梏於形體而不能相通。大人無私，以道爲體，曾何彼此先後之可言哉。先天不違，謂意之所爲，默與道契。後天奉時，謂知理如是，奉而行之。回紇謂郭子儀曰：「卜者言此行，當見一大人而還。」其占蓋與此合。若子儀者，雖未及乎夫子之所論，然其至公無我，亦可謂當時之大人矣。【附録】問：聖人與天爲一，安有先後之殊？曰：只是聖人意要如此，天便順從，先後相應，不差毫釐。時舉　先天後天，乃是左右參贊之意。如《左傳》云，實先後之意，思却在中間，正合天運，不差毫釐，所謂啐啄同時也。《與欽夫》　謨問：胡文定公云：「舜先天而天弗違，志壹則動氣也。孔子後天而奉天時，氣壹則動志也。」如何？曰：先天而天弗違者，舜先作《韶》樂，而鳳凰來儀。後天而奉天時者，孔子因獲麟，而作《春秋》。「志壹動氣」，「氣壹動志」，皆借孟子之言，而形容天地感格之意。謨　天地只以形言。先天而天弗違者，如禮雖先王未之有，而可以義起之類。蓋雖天所未爲，而吾意之所爲，自與道契，天亦不能違也。後天而奉天時，如「天敘有典，天秩有禮」之類。雖天之所已爲，而理之所在，吾亦奉而行之耳。蓋大人無私，以道爲體。此一節是釋大人之德。銖　【纂註】程子曰：大人與天地日月四時鬼神合者，合乎道也。天地者，道也。鬼神者，造化之迹也。聖人先於天而天同之，後於天而能順天者，合於道而已。合於道，則人與鬼神豈能違也。張子曰：「鬼神者，二氣之良能也。」〇按朱子曰：「將天地對日月四時鬼神説，便只是指形而下者言。」《傳》曰：「天地者，道也。」某未敢道是。〇愚謂天地日月四時鬼神者，以形氣言也。而其所以爲德明序吉凶者，以道言也。大人之與合，亦合其道而已。亢之爲言也，知進而不知退，知存而不知亡，知得而不知喪。所以動而有悔也。其唯聖人乎？知進退存亡而不失其正者，其唯聖人乎。知其理勢如是，而處之以道，則不至於有悔矣。固非計私以避害者也。再言「其唯聖人乎」，始若設問，而卒自應之也。〇此第六節，復申第二第三第四節之意。

坤至柔而動也剛，至静而德方。剛方，釋牝馬之貞也。方，謂生物有常。【附録】坤只是承天。如一氣之施，坤則盡能發生承載，非剛則安能如此。僩　問：程《傳》云：「坤道至柔而動則剛，坤體至静而德則方。」柔與剛相反，静與方疑相似，何也？曰：静無形，方有體。方謂生物有常，言其德方正一定，確然不易，而生物有常也。静言其體，則不可得見。方言其德，則是其著也。銖　問：坤之德恐似此處。順只是順理，不是柔順之順。曰：也是柔順，只是他都有力。乾行健，固是有力。坤雖柔順，亦是決然恁地順，不是柔弱放倒了。所以聖人亦説「坤至柔而動也剛，至静而德方」。道夫　【纂註】徐氏曰：柔剛，釋牝馬。静方，釋貞。後得主而有常。程《傳》曰：「主」下當有「利」字。【纂註】徐氏曰：「後得主而有常」，再釋利義，謂處後順乾，則得其道而主利，可以常久也。含萬物而化光。復明亨義。【纂註】徐氏曰：即含弘光大之謂。坤道其順乎，承天而時行。復明順承天之義。〇此以上申《彖傳》之意。

【附録】「未有乾行，而坤止」，此説是。且如乾施物，坤不應，則不能生物。既會生物，便是動。若不是他健後，如何配乾，只是健得來順。積善之家必有餘慶，積不善之家必有餘殃。臣弑其君，子弑其父，非一朝一夕之故，其所由來者漸矣，由辯之不早辯也。《易》曰：「履霜，堅冰至。」蓋言順也。古字順、慎通用，按此當作慎，言當辯之於微也。【附録】陰陽皆自微至著，不是陰便積著，陽便合下具足，此處亦不説這箇意。履霜堅冰，只是説那微時便須著慎來，所以説蓋言慎也。「由辯之不早辯」，李光祖云：「不早辯他，直到得郎當了，却方辯剗地激成事來。」此説最好。淵　【纂註】程子曰：天下之事，未有不由積而成。家之所積者善，則福慶及於子孫。所積不善，則災殃流於後世。其大至於弑逆之禍，皆因積累而至，非朝夕所能成也。明者則知漸不可長，小積成大，辯之於早，不使順長，故天下之惡，無由而成，乃知霜冰之戒也。霜而至於冰，小惡而至於大，皆事勢之順長也。石氏曰：孔子言「積善之家必有餘慶」，勸忠臣孝子也，「積不善之家必有餘殃」，懼亂臣賊子也。庶乎爲臣子者，希福而爲善，懼禍而不敢爲惡，此聖人之心也。「臣弑其君」以下，罪君父也，言狎比小人，必有弑逆之禍。積謂從微至著。凡大惡，非一朝一夕卒暴而成。若君父一見其不善，必即去之，則不至成惡。由辯之不早，至於弑逆，君父之罪也。直，其正也。方，其義也。君子敬以直内，義以方外，敬義立而德不孤。「直方大，不習无不利」，則不疑其所行也。此以學言之也。正謂本體。義謂裁制。敬則本體之守也。直内方外，程《傳》備矣。不孤，言大也。疑，故習而後利。不疑，則何假於習。【附録】敬以直内，是持守工夫。義以方外，是講學工夫。升卿敬以直内，是立己之本，是無纖毫私意，胸中洞然，徹上徹下，表裏如一。義以方外，是見得是處決定是恁地，截然方方正正。賀孫　方外之方，謂有義以處之，事皆合宜，移易不得。如物之方，截然不可動。若圓物，則可運而轉也。必大　端莊嚴肅，則敬便存。須是將敬來做本領，涵養得貫通時，纔敬以直内，便義以方外。義便有敬，敬便有義。淵　主敬爲爲學之要，固是，然平日工夫，不可全靠箇敬字，不理會義。惟集義以驅利欲之蔽，則於敬益有助。工夫不可偏廢，精粗本末融液貫通，乃善學耳。《答吳昶》　敬義二者，相濟則無失。大雅　孤猶偏也。敬義既立，則德不偏孤。不孤，言德盛。又曰：不孤，正是發明大字意思，謂德盛者得之矣。《易》中所説，與《論語》不同。德盛逢原者，《易》之説也。善以類應者，《論語》之説也。《答方誼》〔總論六二爻辭〕六二爻，聖人本意，謂人占得此爻者，若直方大，則不習自无不利。夫子遂從而解之，將「敬」字解「直」字，將「義」字解「方」字，「德不孤」解「大」字。敬而無義，則做出事來必錯了。只義而無敬，則無本，何以爲義？皆是孤也。須是敬義立，方不孤。以之事君，則忠於君。以之事親，則説於親。以之交朋友，則信於朋友。自然不習而无不利矣。㽦　〔通論乾九二爻《文言》〕問：乾之九二是聖人之德，坤之六二是賢人之德，如何？曰：只爲九二是見成底，不待修爲。自「庸言之信」至「德博而化」，此即聖人之德也。坤六二直方大，不習无不利，須是敬以直內，義以方外，如此方能德不孤。方即是大耳。此是自直與方，以至於大，修爲之序如此，是賢人之德也。有開　〔通論乾九三《文言》〕坤只説得持守一邊事。如乾九三，言「忠信所以進德，修辭立誠所以居業」，便連致知持守都説了。坤從首至尾，皆去那一箇頭。如云「後得主而有常」，「或從王事，无成有終」，皆是無頭。文蔚　曰：此見聖人賢人之分不同處。曰：然。文蔚　忠信所以進德，是乾健工夫。蓋是剛健純粹，兢兢業業，日進而自不已。如活龍然，精采氣燄，自有不可及者。直內方外，是坤順工夫。蓋是固執持守，依文按本底做將去，所以爲學者事也。人傑　忠信進德，是健底意思，是硬立脚做去。敬以直內，是順底意思，是恁地收斂做去。寓　乾卦正從知處説，坤卦只從守處説。乾卦分明是先見得這箇透徹，便一直做將去。如「忠信所以進德」幾句，却是徑前做去，有勇猛嚴厲斬截剛果之意，坤卦未到這地位，敬以直內，義以方外，未免謹貼把捉，有箇持守底意思在。砥　問：修辭，恐是顔子「非禮勿言」之類。敬義，如仲弓問仁之類。修辭等處，如剛健進前一刀兩斷工夫，故屬陽，而曰乾道。敬義夾持，是退步收斂確實静定工夫，故屬陰，而曰坤道。不知可如此看否？曰：極是。銖【纂註】程子曰：君子主敬以直其内，守義以方其外。敬立而内直，義形而外方。義形於外，非在外也。敬義既立，其德盛矣，不期大而大矣，德不孤也。無所用而不周，無所施而不利，孰爲疑乎。○按朱子釋之曰：「敬立而内自直，義形而外自方。若欲以敬要去直内，以義要去方外，則非矣。」又曰：「義形而外方，義是心頭斷事底心，斷於内，而外便方正，萬物各得其宜。」陰雖有美，含之以從王事，弗敢成也。地道也，妻道也，臣道也。地道无成，而代有終也。【纂註】丘行可曰：美，陽也。六三陰中有陽，故曰有美，釋章義。○愚謂美，三象。含，六象。弗敢成，謂弗敢專成也。天地變化，草木蕃，天地閉，賢人隱。《易》曰：「括囊，无咎无譽。」蓋言謹也。【附録】草木蕃，如説草木暢茂。人傑【纂註】程子曰：充廣得去，則天地變化，草木蕃。充廣不去，則天地閉，賢人隱。○按仁父問此意如何，朱子曰：己所不欲，勿施於人，只管充廣將去，則萬物只管各得其所。若充之於一家，則一家得其所。充之於一鄉，則一鄉得其所。充之於天下，則天下得其所。如何不天地變化，草木蕃？若充廣不去，則出門便有礙。又曰：推己及物，推得去，則物我貫通，自有箇生生無窮底意思，便有天地變化草木蕃氣象。天地只是這般道理。若推不去，物我隔絶，欲利於己，不利於人，欲己之富，欲人之貧，欲己之壽，欲人之夭，似這氣象，全然閉塞隔絶了，便似天地閉、賢人隱。君子黄中通理，黄中，言中德在内，釋「黄」字之義也。正位居體，雖在尊位，而居下體，釋「裳」字之義也。美在其中，而暢於四支，發於事業，美之至也。美在其中，復釋「黄中」。暢於四支，復釋「居體」。【附録】〔通論三五〕天地之間，萬物粲然而陳者，皆陰麗於陽，其美外見者也。六三、六五，皆以陰居陽，故三則曰陰雖有美，而五則曰美在其中。然三方進而位不中者也，故陰雖有美，而尚含之。五正位而居體者也，故美在其中，而發於事業。人臣事業之著於世，固自有時，殆不可挾才能而躐進以取。三五同功，嫌迫之禍也。【纂註】徐氏曰：黄中，中德在内。通理，文無不通，言柔順之德藴乎内而至盛也，釋黄義。正位，當在中之位。居體，居下體而不僭，言柔順之德形於外而得當也，釋裳義。黄中通理，則美在其中，而暢於四支。正位居體，則可發於事業。二五皆中，二内卦之中，其發於外者，不疑其所行而已。五外卦之中，其施於外者，有事業之可觀。坤道之美，至此極矣，故曰美之至也。嘗謂「黄中通理」四字當玩。涵養不熟，操守不固，天理有一毫之未純，人欲有一毫之未去，未得爲黄中也。涵養熟矣，操守固矣，天理全而人欲去矣，然條理未達，脉絡未貫，則是藴於内者，雖有中和渾厚之美，而無融暢貫通之妙，未得爲通理也。必黄中而通理，暢於四支，發於事業，而後爲美之至。孟子曰：「充實而有光輝之謂大，大而化之之謂聖。」亦此意也。丹家亦取此義。魏伯陽《參同契》曰：「黄中漸通理，潤澤達肌膚。」但作用不同，此爲義理存養，皆天公諸人也。彼爲血氣保固，由人私諸己也。學者又不可以不辨。

陰疑於陽必戰，爲其嫌於无陽也，故稱龍焉。猶未離其類也，故稱血焉。夫玄黄者，天地之雜也。天玄而地黄。疑，謂均敵而無小大之差也。坤雖無陽，然陽未嘗無也。血，陰屬，蓋氣陽而血陰也。玄黄者，天地之正色，言陰陽皆傷也。○此以上申《象傳》之意。【纂註】蔡氏曰：十月爲純坤之月，六爻皆陰，然生生之理無頃刻而息。一陽雖生於子，而實始於亥，十月之陽特未成爻耳。聖人爲其純陰，而或嫌於無陽也，故稱龍以明之。古人謂十月爲陽月者，蓋出此。

周易文言傳第七

周易説卦傳第八

朱子本義

新安後學胡一桂附録纂註

昔者聖人之作《易》也，幽贊於神明而生蓍。「幽贊神明」，猶言贊化育。《龜筴傳》曰：「天下和平，王道得，而蓍莖長丈，其叢生滿百莖。」【附録】蓍便是大衍之數五十，能贊化育，和氣充塞，所以生出這物事。淵　**參天兩地而倚數。**天圓地方，圓者一而圍三，三各一奇，故參天而爲三。方者一而圍四，四合二偶，故兩地而爲二。數皆倚此而起，故揲蓍三變之末，其餘三奇則三三而九，三偶則三二而六，兩二、一三則爲七，兩三、一二則爲八。【附録】問：「參天兩地」，舊説以爲五生數中，天參地兩，不知其説如何？曰：如此却只是三天二地，不見參兩之意。又曰：這却是積數，不是倚數。參天者，參之以三。兩地者，兩之以二也。以方圓而言，「參兩」，如天之圓徑一，則以圍三而參之，地之方徑一，則以圍四而兩之否？曰：是。道夫　天一而圍三，地一而圍四。然天全用，而地半用，如「參天」爲三，而「兩地」爲二也。銖　天圓，得數之三。地方，得數之四。又曰：一箇天，參之而爲三，一箇地，兩之而爲二。三三爲九，三二爲六。兩其三，一其二，爲八。兩其二，一其三，爲七。高　「參天兩地而倚數」，此在揲蓍上説。三者，元是箇三數底物事，自家從而三之。兩者，元是箇兩底物事，自家從而兩之。雖然，却只是説得箇三兩在，未見得成何數。倚數云者，似把幾件物事挨放這裏，且如先得箇三，再得箇三，只成六。又得箇三，方成九。若得箇二，却成八。恁地倚得數出來。淵　**觀變於陰陽而立卦，發揮於剛柔而生爻。**【附録】問：陰陽剛柔一也，而別言之，何也？曰：「觀變於陰陽」，近於造化而言。「發揮剛柔」，近於人事而言。且如泰卦，以卦言之，只見得小往大來，陰陽消長之意，爻裏面便有包荒之類。道夫　分奇偶便是畫，積畫便成卦，卦中看畫便是爻。學蒙　問：既有卦則有爻矣，先言卦而後言爻，何也？曰：自作《易》而言之，則有爻而後有卦，此却是以後人觀易而言。方其立卦時，只見得是卦，及細別之，則有六爻。道夫　【纂註】蔡氏曰：陰陽，七八九六也。觀七八九六之變，則卦可得而立矣。陰陽之變，即所以爲爻。後言「發揮剛柔而生爻」者，蓋未入用則謂之陰陽，已入用則謂之剛柔也。

和順於道德而理於義，窮理盡性以至於命。和順，從容無所乖逆，統言之也。理，謂隨事得其條理，析言之也。窮天下之理，盡人物之性，而合於天道，此聖人作《易》之極功也。○此第一章。【附録】問：「和順道德而理於義」，是就聖人上説，是就《易》上説？曰：是説《易》。又問：「和順」是聖人和順否？曰：是。《易》之「和順道德而理於義」，如吉凶消長之道，順而無逆，是和順道德也。「理於義」，則又極其細而言，隨事各得其宜之謂也。學蒙　「和順道德而理於義」，是統説底。「窮理盡性至命」，是分説底。上一句是離合言之，下一句以淺深言之。淵　「和順道德」是默契本原處，「理於義」是應變合宜處。物物皆有理，須一一推窮，性則是理之極處，故云盡。命則性之所自來處，故云至。《答許昇》　「窮理」，是理會得道理窮盡。「盡性」，是做到盡處。如能事父，然後盡仁之性。能事君，然後盡義之性。閎祖　「窮理」是知，「盡性」是行。如爲子知所以爲孝，爲臣知所以爲忠，此窮理也。爲子能孝，爲臣能忠，此盡性也。能窮其理，而充其性之所有，方謂之「盡」。「以至於命」，是拖脚，説得於天者。蓋性是我之所至者，命是天之所以與我者也。昔嘗與人論舜事，舜盡事親之道，至天下之爲父子者定。知此者，窮理者也。能此者，盡性者也。必大　「窮理盡性至命」，本是就易上説。易上皆説物理，便是「窮理盡性」，即此便是「至命」也。淳　〔互論上傳〕「窮理」是知上説，「盡性」是仁上説，言能造其極也。至於範圍天地，是至命事，言與造化一般。淵

昔者聖人之作《易》也，將以順性命之理，是以立

天之道曰陰與陽，立地之道曰柔與剛，立人之道曰仁與義。兼三材而兩之，故《易》六畫而成卦。分陰分陽，迭用剛柔，故《易》六位而成章。「兼三材而兩之」，總言六畫。又細分之，則陰陽之位閒雜，而成文章也。○此第二章。【附録】「昔者聖人之作《易》，將以順性命之理」，聖人作《易》，只是要發揮性命之理，摹寫那箇物事。下文所説陰陽剛柔仁義，便是性中有這箇物事。淵　問：道，理也。陰陽，氣也。何故以陰陽爲道？曰：形而上者謂之道，形而下者謂之器，明道以爲須著如此説。然器亦道，道亦器也。道未嘗離乎器，道只是器之理。如這交椅是器，可坐便是交椅之理。如這人身是器，語言動作便是人之理。理只在器上，所以一陰一陽之謂道。淳　問：陰陽以氣言，剛柔則有形質可見矣。至仁與義，則又合氣與形，而理具焉，然亦一而已矣。蓋陰陽者，陽中之陰陽。柔剛者，陰中之陰陽也。仁義者，陰陽合氣，剛柔成質，而是理始爲人道之極也。然仁爲陽剛，義爲陰柔，仁主發生，義主收斂，故其分屬如此。或謂：楊子雲説：「君子於仁也柔，於義也剛。」蓋取其相濟而相爲用之意。曰：仁體剛而用柔，義體柔而用剛。銖　陰陽剛柔仁義，看來當曰義與仁，當以仁對陽。仁若不是陽剛，如何做得許多造化？義雖剛，却主於收斂，仁却主發舒。這也是陽中之陰，陰中之陽，互藏其根之意。且如今人用賞罰，到賜與人，自是無疑，便做將去。若是刑殺時，便遲。義屬陰，袁機仲却説義是剛底物，合屬陽，仁是柔底物，合屬陰。殊不知舒暢發達便是那剛底意思，收斂藏縮便是那柔底意思。又云：以氣之呼吸言之，則呼爲陽，吸爲陰，吸便是收斂底意。《鄉飲酒義》云：「温厚之氣盛於東南，此天地之仁氣也。嚴凝之氣盛於西北，此天地之義氣也。」僩　蓋嘗論之，陽主進，而陰主退。陽主息，而陰主消。進而息者，其氣强。退而消者，其氣弱。此陰陽之所以爲柔剛也。陽剛温厚居東南，主春夏，而以作長爲事。陰柔嚴凝居西北，主秋冬，而以斂藏爲事。作長爲生，斂藏爲殺。此剛柔之所以爲仁義也。以此觀之，則陰陽剛柔仁義之位，豈不曉然？而楊子雲之所謂「於仁也柔，於義也剛」者，乃自其用處之末流言之。蓋亦所謂陽中之陰，陰中之陽，固不妨自爲一義。但不可以雜乎此而論之耳。《答袁樞》　仁義禮知既知得界限分曉，又須知四者之中仁義是箇對立底關鍵。蓋仁仁也，而禮則仁之著。義義也，而知則義之藏。春夏秋冬雖爲四時，然春夏皆陽之屬也，秋冬皆陰之屬也。故曰：「立天之道曰陰與陽，立地之道曰柔與剛，立人之道曰仁與義。」是知天地之道，不兩則不能以立。故端雖有四，而立之者則兩耳。壇　問：「兼三材」如何分？曰：以一卦言之，上兩畫是天，中兩畫是人，下兩畫是地，初剛而二柔，三仁而四義，五陽而上陰。兩卦各自看，則上與三爲天，五與二爲人，四與初爲地。問：以八卦言之，則九三者天之陽，六三者天之陰，九二者人之仁，六二者人之義，初九者地之剛，初六者地之柔，不知是否？曰：恁地看也得。如上便是天之陰，三便是天之陽，五便是人之仁，二是人之義，四是地之柔，初是地之剛。道夫　天下道理，只是一箇包兩箇。五行，五箇便是十箇。甲乙便是兩箇木，丙丁便是兩箇火，戊己便是兩箇土，金水亦然。所謂兼三材而兩之，便都是如此。義剛

天地定位，山澤通氣，雷風相薄，水火不相射，八卦相錯。邵子曰：「此伏羲八卦之位，乾南坤北，離東坎西，兑居東南，震居東北，巽居西南，艮居西北。於是八卦相交而成六十四卦，所謂先天之學也。」【附録】問：「山澤通氣」，只爲兩卦相對，所以氣通。曰：澤氣升於山，爲雲爲雨，是山通澤之氣。山之泉脉流於澤，爲泉爲水，是澤通山之氣。道夫　「山澤通氣，水火不相射」，山澤一高一下，而水脉相爲灌輸也；水火下然上沸，而不相滅息也。僩　問：「水火不相射」，或音石，或音亦，孰是？曰：音石，水火與雷風山澤不相類，本是相克底物事，今却相應而不相害。問：若以不相厭射而言，則與上文相類，如何？曰：「不相射」，乃下文「不相悖」之意。不相悖乃不相害也。水火本相害之物，便如未濟之水火，亦是中間有物隔之。若無物隔之，則相害矣。此乃以其不相害，而明其相應也。道夫　問「八卦相錯」。曰：乾坤自是箇不動底物事，動是陰陽，如一陰對一陽，一陽對一陰，六十四卦圓轉，皆如此相錯。煇　〔總論一

章」《説卦》「天地定位」一章，《先天圖》乾一兑二離三震四巽五坎六艮七坤八之序，皆本於此。若自八卦之上，又放此而生之至六畫，則八卦相重而成六十四卦矣。六十四卦之上，又放此而生之至十二畫，則六十四卦相重而成四千九十六卦矣，焦贛《易林》是也。《答虞大中》

數往者順，知來者逆，是故《易》逆數也。起震而歷離兑，以至於乾，數已生之卦也。自巽而歷坎艮，以至於坤，推未生之卦也。《易》之生卦，則以乾兑離震巽坎艮坤爲次，故皆逆數也。○此第三章。【附録】「數往者順」這一段，是從卦氣上看來，也是從卦畫生處看來。淵

雷以動之，風以散之，雨以潤之，日以晅之，艮以止之，兑以説之，乾以君之，坤以藏之。此卦位相對，與上章同。○此第四章。【附録】「雷以動之」四句，取象義多，故以象言。「艮以止之」四句，取卦義多，故以卦言。學蒙 【纂註】蔡氏曰：動則物萌，散則物具，二者言生物之功也。潤則物滋，晅則物舒，二者言長物之功也。止則物成，説則物遂，二者言收物之功也。君則物有所歸，藏則物有所息，二者言藏物之功也。又曰：此章卦位相對，與上章同。而上章則言卦象自相爲用，此章則言八卦造物流行，有生長收藏之事也。

帝出乎震，齊乎巽，相見乎離，致役乎坤，説言乎兑，戰乎乾，勞乎坎，成言乎艮。帝者，天之主宰。邵子曰：「此卦位乃文王所定，所謂後天之學也。」【附録】「帝出乎震」，萬物發生便是他主宰，從這裏出。問「戰乎乾」。曰：是箇肅殺收成底時節，故曰戰。「勞乎坎」，恐是萬物有所歸，有箇勞倈安定他之義。又曰：似乎慰勞之意，言萬物皆歸藏於此，用慰勞他。並道夫 潘時舉問：據下文「萬物之所歸也，故曰勞乎坎」意，勞字當作去聲。曰：恐如此。【纂註】蔡氏曰：帝者，以主宰乎物爲言也。出者，發露之謂，震居東方，於時爲春。齊者，畢達之謂，巽居東南，於時爲春夏之交也。「相見」，物形明盛，皆相見也。離居南方，於時爲夏。致，猶委也。委役於萬物，無不養也。坤居西南，於時爲秋夏之交也。説言者，物形至此，充足而説也。兑居西方，於時爲秋。戰者，陽氣始萌，陰凝而戰也。乾居西北，於時爲秋冬之交也，勞

者，陽方脱乎戰，故勞。坎居北方，於時爲冬。成言者，陽氣至此，物之所成終而成始也。艮居東北，於時爲冬春之交也。○愚謂自巽至兑皆陰卦，忽與乾遇，陰疑於陽必戰，故曰戰乎乾。萬物「出乎震」，震，東方也。「齊乎巽」，巽，東南也。齊也者，言萬物之潔齊也。離也者，明也，萬物皆相見，南方之卦也。聖人南面而聽天下，嚮明而治，蓋取諸此也。坤也者，地也，萬物皆致養焉，故曰「致役乎坤」。兑，正秋也，萬物之所説也，故曰「説言乎兑」。「戰乎乾」，乾，西北之卦也，言陰陽相薄也。坎者，水也，正北方之卦也，勞卦也，萬物之所歸也，故曰「勞乎坎」。艮，東北之卦也，萬物之所成終而所成始也，故曰「成言乎艮」。上言帝，此言萬物之隨帝以出入也。○此第五章。所推卦位之説，多未詳者。【附録】離中虚明，可以爲南方之卦。道夫　乾陽也，乃居西北，故曰「陰陽相薄」。道夫　〔論文王八卦〕「帝出乎震」與「萬物出乎震」這兩段，説文王卦。問：何以知爲文王卦。曰：邵子説如此。道夫　〔論羲文卦位〕問：仔細看此數段，前兩段第三第四章説伏羲卦位，後兩段自「帝出乎震」以下説文王卦位。自「神也者，妙萬物而爲言」下有兩段共第六章，前一段乃文王卦位，後一段乃伏羲底。恐夫子之意以爲伏羲文王所定方位不同如此。然生育萬物，既如文王所次，則其方位非如伏羲所定，亦不能變化。既成萬物，無伏羲底，則做文王底不出。竊恐文義如此説，較分明。曰：如是，則其歸却在伏羲上。恁地説也好。但後兩段第六章却除了乾坤，何也？答曰：竊恐著一句「神也者妙萬物而爲言」引起，則乾坤在其中矣。曰：恐是如此。並道夫　【纂註】蔡氏曰：帝之出入不可見，而爲物者可見，故又以物言焉。氣無物不行，物無氣不生。然氣之生也，有漸不能遽遍乎物。自「帝出乎震」至「成言乎艮」，一氣流行之漸，生成之功也。震巽離乾坎艮，皆以方言，兑以時言，坤以地言。所以然者，夫子欲備三者之義，互言之耳。是雖有三，又足以見其未嘗相離之義也。徐氏曰：坎離，天地之大用也。得乾坤之中氣，故離火居南，坎水居北也。震動也，物生之初也，故居東。兑説也，物成之後也，故居西。此四者各居正位也。震屬木，巽亦屬木，震陽木也，巽陰木也，故巽居東南巳之位也。兑屬金，乾亦屬金，兑陰金也，乾陽金也，故乾居西北亥之方也。坤艮皆土也，坤陰土，艮陽土，坤居西南，艮居東北者，所以均旺乎四時也。此四者，分居四隅也。後天八卦，以震巽離坤兑乾坎艮爲次者，震巽屬木，木生火，故離次之。離火生土，故坤次之。坤土生金，故兑乾次之。金生水，故坎次之。水非土亦不能以生木，故艮次之。水土又生木，木又生火。八卦之用，五行之生，循環無窮，此所以爲造化流行之序也。○愚謂邵子以此兩段屬之文王八卦，意其本之文王卦辭。坤「西南得朋，東北喪朋」，正此兩段之方位也。蹇、解卦辭亦然。

神也者，妙萬物而爲言者也。動萬物者，莫疾乎雷。橈萬物者，莫疾乎風。燥萬物者，莫熯乎火。説萬物者，莫説乎澤。潤萬物者，莫潤乎水。終萬物始萬物者，莫盛乎艮。故水火相逮，雷風不相悖，山澤通氣，然後能變化，既成萬物也。

此去乾坤而專言六子，以見神之所爲。然其位序亦用上章之説，未詳其義。○此第六章。【附録】此兩段，却除了乾坤，著一句「神也者妙萬物而爲言」引起，則乾坤在其中矣。且如雷風水火山澤，自不可便唤做神。神者，乃其所以動，所以橈者是也。道夫「水火不相逮」一段，又似與上面「水火不相射」同義，又自是伏羲卦。竊謂上言六子用文王八卦之位者，以六子之主時成用而言，故以四時爲序，而用文王後天之序。下言六子用伏羲八卦之位者，推六子之所以主時成用而言，故以陰陽交合爲義，而用伏羲八卦之序。蓋陰陽各以其偶合，而六子之用行，所以能變化盡成萬物也。文王八卦，則兑震以長男而合少女，艮巽以長女而合少男，皆非其偶。故自「動萬物者莫疾乎雷」至「終萬物始萬物者莫盛乎艮」，皆别言六子之用，故以四時之次言之，而用文王八卦之序。下則推其所以成用於陰陽，各得其偶，故用伏羲八卦。若上用伏羲卦次，則四時失其序。下用文王八卦，則兑震艮巽皆非其偶矣。伏羲卦序與今卦序不同，不知孔子創爲之而作序卦邪？抑自文王、周公繫辭之後已更伏羲之序如此，而孔子特以序卦明義邪？銖【纂註】徐氏曰：伏羲八卦方位，主造化對待之體而言。文王八卦方位，主造化流行之用而言。對待非流行則不能變化，流行非對待則不能自行。

乾，健也。坤，順也。震，動也。巽，入也。坎，陷也。離，麗也。艮，止也。兑，説也。此言八卦之性情。○此第七章。【附録】八卦謂之性者，言其本性如此。謂之情者，言其發用亦如此。淵　萬物之情盡於八卦，而震巽坎離艮兑又總於乾坤。曰動，曰陷，曰止，皆健底意思。曰麗，曰説，曰入，皆順底意思。聖人下此八字，極狀得八卦性情盡。必大　伏羲八卦只此數畫，該盡天下萬物之理。陽在下爲震，震動也。在上爲艮，艮止也。陽在下自動，在上自止。廣【纂註】蔡氏曰：乾純陽剛，故健。坤純陰柔，故順。震坎艮陽卦，陽生乎二陰之下，則剛而進，故動。在二陰之中，則剛爲陰所溺，故陷。出二陰之上，雖剛則亦無所往矣，故止。巽離兑陰卦，陰成乎二陽之下，以順而伏，故入。在二陽之中，以順而附，故麗。在二陽之上，以順而見，故説。○愚謂自第七章至篇末，皆言先天對待之易。

乾爲馬，坤爲牛，震爲龍，巽爲雞，坎爲豕，離爲雉，艮爲狗，兑爲羊。遠取諸物如此。○此第八章。【附録】乾爲馬，而乾之象却説龍。恪　説象牽合不得，如坤爲牛，遍求諸卦必要尋箇牛，或以一體取，或以一爻取。如坤牛不可見，便於離一畫是牛。顯子　取象亦有來歷，不是假説譬喻，但今以《説卦》求之，多所不通。故不得已而闕之，或且從先儒之説耳。可學　易象也，須有此理。但恁地零零碎碎，去牽合附會得來，不濟事。須是見一箇大原，許多名物件數皆貫通在裏面，方是。顯子【纂註】蔡氏曰：馬善行而健，牛能載而順，龍變而動，雞知時而伏，豕内剛，雉外文明，狗外剛内柔，羊内很外説，此以八卦取諸物也。○愚嘗妄論夫子於八卦取象，有括文王周公象爻之例者，有自括大象之例者，又有於《説卦》别取者。如上章天地山澤雷風水火，是括大象之例。如此章乾馬兑羊巽雞離雉，是括周公爻例。周公於大畜乾爻稱馬，大壯似兑稱羊，中孚巽爻稱雞，睽互坎卦稱豕。至若坤牛震龍艮狗，實夫子於《説卦》又有所取，而前聖未有其例者也。下章皆然。數聖人取象，本各不同，如必欲執象爻之象，盡求合於《説卦》則多不通矣。嘗作《易象圖》并《説》，附於《五贊》後，庶幾於數聖人取象，各有所得，不至滯而不通也。

乾爲首，坤爲腹，震爲足，巽爲股，坎爲耳，離爲目，艮爲手，兑爲口。

近取諸身如此。○此第九章。【附録】問：艮何以爲手？曰：手去捉定那物，便是艮。義剛 【纂註】蔡氏曰：首實而居上，腹虚而容物，足居下而善動，股居下而善隨，耳以陽在内而聰，目以陽在外而明，手在上而止物，口在上而能説。○愚謂夫子於此章取象，「坤爲腹」與明夷六四同，「巽爲股」與咸九三互體同，「兑爲口」與《咸》上六「輔頰舌」同，外餘皆自取。

乾，天也，故稱乎父。坤，地也，故稱乎母。震，一索而得男，故謂之長男。巽，一索而得女，故謂之長女。坎，再索而得男，故謂之中男。離，再索而得女，故謂之中女。艮，三索而得男，故謂之少男。兑，三索而得女，故謂之少女。

索，求也，謂揲蓍以求爻也。男女，指卦中一陰一陽之爻而言。○此第十章。【附録】「震，一索而得男」，是一索得陽爻而後成震，故謂之長男。又曰：一説是就變體上説，是就坤上求到一陽爻，而成震卦。一説乃是揲蓍求卦，求到一陽，後面二陰，便是震卦；求得一陰，後面二陽，便是巽卦。學蒙 看來不當專作揲蓍看，揲蓍有依不得這序時，便説不通。大概只是坤求於乾，而得震坎艮。乾求於坤，而得巽離兑。一二三者，以其畫之次序言也。顯子 初間畫卦時也，不恁地。只是畫成八卦後，便見有此象耳。義剛 又曰：是已有此卦了，就此卦生出此義，所謂後天之學。【纂註】蔡氏曰：乾坤交而生震巽坎離艮兑，故以能生者爲父母，而生者爲子。一索再索三索者，以初中終三畫而取此長中少之序也。震坎艮皆陽，故曰男。巽離兑皆陰，故曰女。○愚謂父母六子之象，亦夫子所自取。參之伏羲八卦，乾居南而稱父，坤居北而稱母，乾一索於坤得坤初爻而生巽，坤一索於乾得乾初爻而生震，即邵子所謂母孕長男而爲復，父生長女而爲姤之義。乾再索於坤得坤中爻而生離，三索於坤得坤上爻而生兑。坤再索於乾得乾中爻而生坎，三索於乾得乾上爻而生艮。巽離兑雖各得坤一爻而生，然本乾體，故皆從父於東南。震坎艮雖各得乾一爻而生，然本坤體，故皆從母於西北。至若文王八卦，乾統三男於西北，坤統三女於東南，是既生之後，男皆從父，女皆從母，又自不同也。先天卦配父母六子之義，夫子觀伏羲對待之卦，推其未明之象，以爲説，實先儒所未發，而愚偶有見焉耳。

乾爲天，爲圜，爲君，爲父，爲玉，爲金，爲寒，爲冰，爲大赤，爲良馬，爲老馬，爲瘠馬，爲駁馬，爲木果。

荀《九家》此下有「爲龍，爲直，爲衣，爲言」。【纂註】韓康伯註曰：荀爽有《九家集解》。蔡氏曰：積陽，故爲天。陽體動，故爲圜。尊而上，故爲君。性剛，故爲玉，爲金。純陽，故色爲大赤。健，故爲良馬。陽之極，故又爲老馬，爲瘠馬。圜而在上，故爲木果。「寒」、「冰」、「駁」，未詳。或曰純陽之反。又曰「駁馬」，其色中正相半也。○愚謂夫子取乾卦象，稱「馬」本之大畜爻，外餘皆所自取。如乾天坤地之類，亦皆夫子大象也。

坤爲地，爲母，爲布，爲釜，爲吝嗇，爲均，爲子母牛，爲大輿，爲文，爲衆，爲柄，其於地也爲黑。

荀《九家》有「爲牝，爲迷，爲方，爲囊，爲裳，爲黄，爲帛，爲漿」。【纂註】蔡氏曰：積陰，故爲地。動闢而廣，故爲布，爲均。虚而聚物，故爲釜。静而翕，故爲吝嗇。性順，故爲子母牛。載物，故爲大輿。有形而柔順，故爲文。數偶，故爲衆。有形可執，故爲柄。純陰，故其色爲黑。○愚謂夫子取坤卦象，稱「輿」本之剥上九之爻，稱「衆」本之晉六三之爻，餘皆所自取。

震爲雷，爲龍，爲玄黄，爲旉，爲大塗，爲長子，爲決躁，爲蒼筤竹，爲萑葦。其於馬也，爲善鳴，爲馵足，爲作足，爲的顙。其於稼也，爲反生。其究爲健，爲蕃鮮。

荀《九家》有「爲玉，爲鵠，爲鼓」。【纂註】蔡氏曰：陽動於陰下，故爲雷。陰陽始交，故爲玄黄。陽氣始施，故爲旉。萬物畢出，故爲大塗。動，故爲決躁。氣始亨，故於馬爲善鳴。陽在下，故又爲馵足，爲作足。陰在上，故爲的顙，「的」白色，而「顙」在上也。剛反動，故於稼爲反生。長必終於乾，故其究爲健。「蒼筤竹」、「萑葦」、「蕃鮮」，未詳。○徐氏曰：馵，馬後左足白也。作，謂雙擧也。○愚謂夫子取震卦象，稱「雷」本象辭「震驚百里」，稱「長子」本師五爻互體，稱「馬」本屯卦諸爻，餘皆所自取。

巽爲木，爲風，爲長女，爲繩直，爲工，爲白，爲長，爲高，爲進退，爲不果，爲臭。其於人也，爲寡髮，爲廣顙，爲多白眼，爲近利市三倍。其究爲躁卦。

荀《九家》有「爲楊，爲鸛」。【纂註】蔡氏曰：下入而上升，故爲木。一陰爲二陽所得，故爲風。二陽上達，故爲繩直，爲長，爲高。陰卦，故其色爲白。一陰盤旋於二陽之下，故爲進退，爲不果。陰氣迴旋而不散，故爲臭。髮，陰也，陽盛於上，故於人爲寡髮。陽在上，故爲廣顙。三爻皆變，故爲震，又巽反，亦爲震，震爲決躁，故其究爲躁卦。「工」、「多白眼」、「近利市三倍」，皆未詳。○愚謂夫子於巽卦取象，稱「木」本之漸六四爻，外餘皆所自取。

坎爲水，爲溝瀆，爲隱伏，爲矯輮，爲弓輪。其於人也，爲加憂，爲心病，爲耳痛，爲血卦，爲赤。其於馬也，爲美脊，爲亟心，爲下首，爲薄蹄，爲曳。其於輿也，爲多眚，爲通，爲月，爲盜。其於木也，爲堅多心。

荀《九家》有「爲宫，爲律，爲可，爲棟，爲叢棘，爲狐，爲蒺藜，爲桎梏」。【纂註】蔡氏傳曰：内明外暗者，水與月也，坎内陽外陰，故爲水。水流而不盈，故爲溝瀆。陽溺陰中，故爲隱伏。一陽鬱乎二陰，故爲矯輮，爲弓輪。陽陷陰中，故爲加憂，爲心病，爲耳痛。陽卦，故其色爲赤。剛在中，故於馬爲美脊，爲亟心。上柔，故又爲下首。下柔，故又爲薄蹄。剛繫於柔，故爲曳。下柔，故於輿爲多眚。「維心亨」，故爲通。内明外暗，故爲月。陽隱陰中，故爲盜。剛在中，故於木爲堅多心。「爲血卦」，未詳。○徐氏曰：血，傷也。爻辭言血者，皆坎象。○愚謂夫子取坎卦象，如「輪」本既、未濟爻，如「心」本坎卦象，如「血」本需卦爻，如「馬」本屯卦爻，如「輿」本睽卦爻，如「盜」本蒙、賁等卦爻，此外皆所自取。

離爲火，爲日，爲電，爲中女，爲甲胄，爲戈兵。其於人也，爲大腹。爲乾卦，爲鱉，爲蟹，爲蠃，爲蚌，爲龜。其於木也，爲科上槁。荀《九家》有「爲牝牛」。【纂註】蔡氏曰：内暗外明者，火與日也，離内陰外陽，故爲火，爲日。陰麗於陽則光，故爲電。剛在外，故爲甲胄，爲戈兵。中虚，故於人爲大腹。火熯燥，故爲乾卦。外剛内柔，故爲鱉，爲蟹，爲蠃，爲蚌，爲龜。中虚，故於木爲科上槁。○愚謂夫子取離卦象，如「日」本離，晉、革、豐彖辭，如「龜」本頤、損、益似體，此外皆所自取。艮爲山，爲徑路，爲小石，爲門闕，爲果蓏，爲閽寺，爲指，爲狗，爲鼠，爲黔喙之屬。其於木也，爲堅多節。荀《九家》有「爲鼻，爲虎，爲狐」。【附録】陳安卿説《麻衣易》，以艮爲鼻。先生曰：鼻者，面之山。晉管輅已如此説。義剛　【纂註】蔡氏曰：陽高出陰上，故爲山。上通，故爲徑路。一陽露於上，故爲小石。上實下虚，故爲門闕。陽在上，而果蓏成於上，故爲果蓏。陽止，故爲閽寺，爲指。前剛，故爲鼠，爲黔喙之屬。上剛，故於木爲堅多節。○愚謂夫子取艮卦象，如「石」本諸豫互體之爻，如「鼠」本諸晉互體之爻，如「果」本諸剥上爻，此外皆所自取。兑爲澤，爲少女，爲巫，爲口舌，爲毁折，爲附決。其於地也，爲剛鹵。爲妾，爲羊。荀《九家》有「爲常，爲輔頰」。○此第十一章，廣八卦之象，其閒多不可曉者。求之於經，亦不盡合也。【纂註】蔡氏曰：陰潤而下，故爲澤。説見乎外，故爲巫，爲口舌。陰窮，故爲毁折。陰附陽決，故爲附決。上柔下剛，故爲剛鹵。少女從姊爲娣，故爲妾。内很外説，故爲羊。○愚謂夫子取兑卦象，如「巫」本巽互體，如「口舌」本咸上六，如「羊」本大壯、夬、歸妹，此外皆所自取。《説卦》之象，夫子所自取爲多，括前聖之例爲少，故求之於經，不盡合也。

〔互論啓蒙〕愚嘗考之《説卦》所論八卦方位之不同。夫子初未嘗有先後天之分也，自邵子發明之，朱子表章之，然後羲文之《易》辨明於世，而夫子所論八卦方位之不同，始各有歸著，俾學者觀於卦位之對待流行，而先後天之分較然矣。今觀第六章，自「神也者，妙萬物而爲言」，至「莫盛乎艮」，是承前章，論後天八卦之位。自「水火不相逮」至「既成萬物也」，仍是先天八卦位。

位次,《啓蒙》亦已言之矣。若自第七章至第十章,《啓蒙》引之,以爲文王觀已成之卦,推未明之象以爲説,而謂之後天之學,入用之位。愚竊謂自七章至篇末十一章,皆先天八卦位次,而夫子推未明之象以爲説,故其卦次與第三章、第四章同。姑附臆説於此。

周易説卦傳第八

周易序卦傳第九

朱子本義

新安後學胡一桂附録纂註

【總論序卦】問：《序卦》，或謂非聖人之書，信乎？曰：此沙隨、程氏之説也。先儒以爲非聖人之緼，某以爲謂之非《易》之精則可，謂非《易》之緼則不可。周子分「精」與「緼」字甚分明。《序卦》却正是《易》之緼，事事夾雜有在裏面。問：何謂《易》之精？曰：如「易有太極，是生兩儀，兩儀生四象，四象生八卦」，這便是《易》之精。問：如《序卦》中亦見消長進退之義，喚做不是精不得。曰：此正是事事夾雜有在裏面，正是緼。須是自一箇生出來以至於無窮，便是精。道夫　【纂註】程子曰：乾坤，天地之道，陰陽之本，故爲上篇之首。坎離，陰陽之成質，故爲上篇之終。咸恒，夫婦之道，生育之本，故爲下篇之首。未濟，坎離之合。既濟，坎離之交。合而交則生物，陰陽之功也，故爲下篇之終。二篇之卦，既分而後，推其義而爲之次，《序卦》是也。

有天地，然後萬物生焉。盈天地之間者唯萬物，故受之以屯。屯者，盈也。屯者，物之始生也。物生必蒙，故受之以蒙。蒙者，蒙也，物之穉也。物穉不可不養也，故受之以需。需者，飲食之道也。飲食必有訟，故受之以訟。訟必有衆起，故受之以師。師者，衆也。衆必有所比，故受之以比。比者，比也。比必有所畜，故受之以小畜。物畜然後有禮，故受之以履。履而泰，然後安，故受之以泰。晁氏云：鄭無「而泰」二字。泰者，通也。物不可以終通，故受之以否。物不可以終否，故受之以同人。與人同者，物必歸焉，故受之以大有。有大者不可以盈，故受之以謙。有大而能謙必豫，故受之以豫。豫必有隨，故受之以隨。以喜隨人者必有事，故受之以蠱。蠱者，事也。有事而後可大，故受之以臨。臨者，大也。物大然後可觀，故受之以觀。可觀而後有所合，故受之以噬嗑。嗑者，合也。物不可以苟合而已，故受之以賁。賁者，飾也。致飾然後亨則盡矣，故受之以剥。剥者，剥也。物不可以終盡，剥窮上反下，故受之以復。復則不妄矣，故受之以无妄。有无妄然後可畜，故受之以大畜。物畜然後可養，故受之以頤。頤者，養也。不養則不可動，故受之以大過。【附録】問：「不養則不可動，故受之以大過」，何也？曰：動則過矣。故《小過》亦曰：「有其信者必行之，故受之以小過。」道夫　物不可以終過，故受之以坎。坎者，陷也。陷必有所麗，故受之以離。離者，麗也。右上篇。

有天地，然後有萬物。有萬物，然後有男女。有男女，然後有夫婦。有夫婦，然後有父子。有父子，然後有君臣。有君臣，然後有上下。有上下，然後禮義有所錯。【附録】問：《序卦》中六十四卦獨不言「咸」，何也？曰：夫婦之道，即咸也。曰：亦如上經不言乾坤，但言天地，則乾坤可見否？曰：然。道夫　夫婦之道不可以不久也，故受之以恒。恒者，久也。物不可以久居其所，故受之以遯。遯者，退也。物不可以終遯，故受之以大壯。物不可以終壯，故受之以晉。【附録】問：「物不可以終壯，故受之以晉」，傳曰：「物无壯而終止之理，既壯盛則必進。」竊意物進而後至於壯盛，既壯盛則衰退繼之矣。今曰壯盛則必進，此義如何？曰：物固有壯而後進者，亦有進而後壯者，其義自有不同，此各隨其事而言，難以一説拘也。且以十二月卦

論，大壯之爲夬，夬之爲乾，豈非壯而後進乎？至乾乃極而衰耳。又問：壯與晉何别？曰：不但如此壯而已，又更須進一步也。道夫

晉者，進也。進必有所傷，故受之以明夷。夷者，傷也。傷於外者必反於家，故受之以家人。家道窮必乖，故受之以睽。睽者，乖也。乖必有難，故受之以蹇。蹇者，難也。物不可以終難，故受之以解。解者，緩也。緩必有所失，【附録】問：「緩」字恐不是遲緩之緩，乃是懈怠之意，故曰「解，緩也」。曰：「緩」字是散意。道夫 故受之以損。損而不已必益，故受之以益。益而不已必決，故受之以夬。夬者，決也。決必有所遇，故受之以姤。姤者，遇也。物相遇而後聚，故受之以萃。萃者，聚也。聚而上者謂之升，故受之以升。升而不已必困，故受之以困。困乎上者必反下，故受之以井。井道不可不革，故受之以革。革物者莫若鼎，故受之以鼎。主器者莫若長子，故受之以震。震者，動也。物不可以終動，止之，故受之以艮。艮者，止也。物不可以終止，故受之以漸。漸者，進也。進必有所歸，故受之以歸妹。得其所歸者必大，故受之以豐。豐者，大也。窮大者必失其居，故受之以旅。旅而無所容，故受之以巽。巽者，入也。入而後説之，故受之以兑。兑者，説也。説而後散之，故受之以涣。涣者，離也。物不可以終離，故受之以節。節而信之，故受之以中孚。有其信者必行之，故受之以小過。有過物者必濟，故受之以既濟。物不可窮也，故受之以未濟。終焉。右下篇。

周易序卦傳第九

周易雜卦傳第十

朱子本義

新安後學胡一桂附録纂註

【總論雜卦】《雜卦》反對之義，只是反覆，則其吉凶禍福，動静剛柔，皆相反了。《答虞大中》

乾剛坤柔。【附録】剛柔雖各有所偏，必相錯而後得中。然在乾坤二卦之全體，當剛而剛，當柔而柔，則不待相錯，而不害其全矣。其爻位之無過不及者，如乾坤之二五，亦不待相錯，而不害其爲中矣。陰陽變化，而太極之妙無不在焉，於此蓋可見也。今謂乾剛坤柔便有所偏，恐於二卦之彖及二五之爻有不通者。《答虞大中》

比樂師憂。臨觀之義，或與或求。以我臨物曰與，物來觀我曰求。或曰，二卦互有與求之義。【附録】臨觀更有「與求」之義。臨以二陽言之，則二陽可以臨上四陰。以卦中爻言之，則六五、上六又以上而臨下。觀自下而觀上則爲觀，是平聲。自上而爲物之觀，是去聲。道夫

屯見而不失其居，蒙雜而著。屯，震遇坎。震動故見，坎險不行也。蒙，坎遇艮。坎幽昧，艮光明也。或曰，屯以初言，蒙以二言。【纂註】蔡氏曰：屯，物之始生，故見。主初也，未得位而利居貞，故不失其居。蒙然而生，故雜。二爲蒙主，而能治之使明，故著。

震，起也。艮，止也。損益，盛衰之始也。【纂註】蔡氏曰：震，陽起於下。艮，陽止於上。損者，盛之始。益者，衰之始。

大畜，時也。无妄，災也。止健者，時有適然。无妄，而災自外至。【纂註】蔡氏曰：剛健者難畜，當剛止之時，故能畜。莫非災也，无妄之災，乃所謂災也。

萃聚而升不來也。【纂註】蔡氏曰：澤聚而下，木升而上。

謙輕而豫怠也。【附録】「謙輕」是自謙抑，不自尊重。道夫　輕是自卑小之

義。說豫之極，便放倒了，如上文「冥豫」是也。去僞

噬嗑，食也。賁，无色也。白受采。【纂註】蔡氏曰：頤中有物，故食。賁則其色不常，故无色。

兑見而巽伏也。兑，陰外見。巽，陰内伏。

隨，无故也。蠱則飭也。隨前无故，蠱後當飭。

剥，爛也。復，反也。【纂註】蔡氏曰：剥則陽爛，復則陽反。

晉，晝也。明夷，誅也。誅，傷也。【纂註】蔡氏曰：晉，離在上而明著。夷，離在下而明傷。

井通而困相遇也。剛柔相遇，而剛見揜也。【纂註】蔡氏曰：井往而不窮，故爲通。困，剛揜也，剛與柔相遇也。

咸，速也。恒，久也。咸速，恒久。【纂註】蔡氏曰：有感則應，故速。常，故能久。

涣，離也。節，止也。【纂註】蔡氏曰：風散水，故離。澤防水，故止。

解，緩也。蹇，難也。【附録】散緩意，如縱弛之類。道夫

睽，外也。家人，内也。否泰，反其類也。大壯則止，遯則退也。止謂不退。【纂註】蔡氏曰：大壯陰止，遯陽退。徐氏曰：《雜卦》言止者三：「艮止也」，謂陽升於上，止而不進，天之道也。「節止也」，謂有所限節而遏止之，人之力也。「大壯則止」，謂四陽方壯，止而不退，亦天道也。

大有，衆也。同人，親也。革，去故也。鼎，取新也。小過，過也。中孚，信也。【纂註】蔡氏曰：莫非過也，小過之過，乃所謂過也。小者能過，豈常理哉？莫非信也，中孚之信，乃所謂信也。信出於中，豈要約之所能致哉？

豐，多故也。親寡，旅也。既明且動，其故多矣。

離上而坎下也。火炎上，水潤下。

小畜，寡也。履，不處也。不處，行進之義。

需，不進也。訟，不親也。大過，顛也。【纂註】徐氏曰：本末弱，故顛。

姤，遇也，柔遇剛也。漸，女歸待男行也。【附録】女待男而行，所以爲漸。淵

頤，養正也。既濟，定也。【纂註】蔡氏曰：六位皆當，故定。

歸妹，女之終也。未濟，男之窮也。【附録】伊川說「未濟男之窮，爲三陽失位」，以爲斯義也得之。成都隱者見張欽夫說：「伊川之在涪也，一日讀《易》，有

刳桶人以此問伊川，伊川不能答。其人云『三陽失位』，故伊川記之。」不知此語《火珠林》上已有。蓋伊川未嘗看雜書，所以被他説動了。淵　夬，決也，剛決柔也，君子道長，小人道憂也。自姤以下，卦不反對。或疑其錯簡，今以韻協之，又似非誤，未詳何義。【纂註】蔡氏曰：自姤以下，有亂簡。按《雜卦》例，皆反對協韻爲序。今以其例改正：大過，顛也。頤，養正也。既濟，定也。未濟，男之窮也。歸妹，女之終也。漸，女歸待男行也。姤，遇也，柔遇剛也。夬，決也，剛決柔也，君子道長，小人道憂也。○愚謂《雜卦》以乾爲首，不終之以他卦，而必終之以夬者，蓋夬以五陽決一陰，決去一陰則復爲乾矣，故曰：「君子道長，小人道憂也。」「《易》爲君子謀」，大哉言矣。

周易雜卦傳第十

周易本義五贊第十一

朱子系述

新安後學胡一桂附録纂註

原象

愚按：《五贊》大要皆教人以象占之學。首篇原奇偶之象，推象之由也。次篇述作者之旨，爲占而作也。三篇明筮，以發其占。四篇稽類，以考其象。五篇以警學名，欲人讀《易》之際，常如卜筮之臨，假象辭以爲儀則，而終趨於吉，是又會象占而一之也。先生嘗曰：「某解《易》，只作卜筮之書。」今《五贊》皆以象占示教，其旨深矣。

太一肇判，陰降陽升。陽一以施，陰兩而承。惟皇昊羲，仰觀俯察。奇偶既陳，兩儀斯設。既幹乃支，一各生兩。陰陽交錯，以立四象。奇加以奇，曰陽之陽。奇而加偶，陽陰以章。偶而加奇，陰内陽外。偶復加偶，陰與陰會。兩一既分，一復生兩。三才在目，八卦指掌。奇奇而奇，初一曰乾。奇奇而偶，兑次二焉。奇偶而奇，次三曰離。奇偶而偶，四震以隨。偶奇而奇，巽居次五。偶奇而偶，坎六斯覩。偶偶而奇，艮居次七。偶偶而偶，坤八以畢。初畫爲儀，中畫爲象。上畫卦成，人文斯朗。因而重之，一貞八悔。六十四卦，由内達外。【附録】「貞悔」出《洪範》。貞是正底，便是體。悔是過底，動則有悔。凡悔都是過了方悔，這悔是過底意思，亦是多底意思。下三爻便是正卦。上三爻似是過多了，亦似今占卜，分甚主客。賀孫　貞是事之始，悔是事之終。貞是事之主，悔是事之客。貞是在我底，悔是應人底。一貞八悔，如乾至泰，内體皆乾，是一貞，外體八卦，是八悔。餘放此。義剛

交易爲體，往此來彼。【附録】《先天圖》，一邊本都是陽，一邊本都是陰。陽中有陰，陰中有陽，便是陽往交易陰，陰來交易陽，兩邊各各相對。其實非此往彼來，只其象如此。僩

變易爲用，時静時動。降帝而王，傳夏歷商。有占无文，民用弗章。文王繫彖，周公繫爻。視此八卦，二純六交。乃乾斯父，乃坤斯母。震坎艮男，巽離兑女。離南坎北，震東兑西。乾坤艮巽，位以四維。建官立師，命曰周易。孔聖傳之，是爲十翼。遭秦弗燼，及宋而明。邵傳羲畫，程演周經。象陳數列，言盡理得。彌億萬年，永著常式。

述旨

昔在上古，世質民淳。是非莫別，利害不分。風氣既開，乃生聖人。聰明睿知，出類超羣。仰觀俯察，始畫奇偶。教之卜筮，以斷可否。作爲君師，開鑿户牖。民用不迷，以有常守。降及中古，世變風移。淳澆質喪，民僞日滋。穆穆文王，身蒙大難。安土樂天，惟世之患。乃本卦義，繫此彖辭。爰及周公，六爻是資。因事設教，丁寧詳密。必中必正，乃亨乃吉。語子惟孝，語臣則忠。鈎深闡微，如日之中。爰暨末流，淫於術數。僂句成欺，黄裳亦誤。【纂註】《左傳》昭公二十五年：「臧昭伯如晉，臧會竊其寶龜僂句，以卜爲信與僭，僭吉。後平子立會，會曰：『僂句不余欺也。』」注：「僂句，龜所出地

名。僭，不信也。」謂求立爲臧氏後也。黄裳，事見坤卦六五爻。大哉孔子，晚好是書。韋編既絶，八索以祛。乃作彖、象十翼之篇。專用義理，發揮經言。居省象辭，動察變占。存亡進退，陟降飛潛。曰毫曰釐，匪差匪繆。假我數年，庶无大咎。恭惟三古，四聖一心。垂象炳明，千載是臨。惟是學者，不本其初。文辭象數，或肆或拘。嗟予小子，既微且陋。鑽仰没身，奚測奚究。匪警滋荒，匪識滋漏。維用存疑，敢曰垂後。

明筮

倚數之元，參天兩地。衍而極之，五十乃備。是曰大衍，虚一无爲。其爲用者，四十九蓍。信手平分，置右於几。取右一蓍，掛左小指。乃以右手，揲左之策。四四之餘，歸之於扐。初扐左手，无名指間。右策左揲，將指是安。再扐之奇，通掛之筭。不五則九，是謂一變。置此掛扐，再用存策。分掛揲歸，復準前式。三亦如之，奇皆四八。三變既備，數斯可察。數之可察，其辨伊何。四五爲少，八九爲多。三少爲九，是曰老陽。三多爲六，老陰是當。一少兩多，少陽之七。孰八少陰，少兩多一。既得初爻，復合前蓍。四十有九，如前之爲。三變一爻，通十八變。六爻發揮，卦體可見。老極而變，少守其常。六爻皆守，彖辭是當。變視其爻，兩兼首尾。變及三爻，占兩卦體。或四或五，視彼所存。四二五一，二分一專。皆變而他，新成舊毁。消息盈虚，舍此視彼。乾占用九，坤占用六。泰愕匪人，姤喜來復。

稽類

八卦之象，《説卦》詳焉。考之於經，其用弗專。彖以情言，象以象告。惟是之求，斯得其要。乾健天行，坤順地從。震動爲雷，巽入木風。坎險水泉，亦雲亦雨。離麗文明，電日而火。艮止爲山，兑説爲澤。以是舉之，其要斯得。凡卦六虚，奇偶殊位。奇陽偶陰，各以其類。得位爲正，二五爲中。二臣五君，初始上終。貞悔體分，爻以位應。陰陽相求，乃得其正。凡陽斯淑，君子居之。凡陰斯慝，小人是爲。常可類求，變非例測。非常曷變，謹此爲則。

警學

讀《易》之法，先正其心。肅容端席，有翼其臨。於卦於爻，如筮斯得。假彼象辭，爲我儀則。字從其訓，句逆其情。事因其理，意適其平。曰否曰臧，如目斯見。曰止曰行，如足斯踐。毋寬以略，毋密以窮。毋固而可，毋必而通。平易從容，自表而裏。及其貫之，萬事一理。理定既實，事來尚虚。用應始有，體該本无。稽實待虚，存體應用。執古御今，由静制動。

【附録】聖人作《易》，只説一箇理，都未曾有許多事，却待甚麽事來湊。所謂「事來尚虚」，蓋謂事之方來，尚虚而未有。若論其理，則先自定，固已實矣。「用應始有」，謂理之用實，故有。「體該本無」，謂理之體該萬物，初無形迹可見，故無。下云稽考實理，以待事物之來，存此理之體，以應無窮之用。「執古」，古便是易書裏面言語。「御今」，今便是今日之事。「以静制動」，理便是静底，事便是動底。敬之 潔静精微，是之謂易。體之在我，動有常吉。在昔程氏，繼周紹孔。奥指宏綱，星陳極拱。惟斯未啓，以俟後人。小子狂簡，敢述而申。

周易本義五贊第十一

周易本義筮儀第十二

新安後學胡一桂附録纂註

擇地潔處，爲蓍室。南户，置牀於室中央。牀大約長五尺，廣三尺，毋太近壁。蓍五十莖，韜以纁帛，貯以皂囊，納之櫝中，置於牀北。櫝以竹筒或堅木或布漆爲之，圓徑三寸，如蓍之長，半爲底，半爲蓋。下別爲臺，函之使不偃仆。

【附録】蒿固非蓍，然亦猶是其類。若以木碁行算金錢當之，則其去蓍益遠矣。《答曾三異》

設木格於櫝南，居牀二分之北。格以横木板爲之，高一尺，長竟牀。當中爲兩大刻，相距一尺。大刻之西爲三小刻，相距各五寸許。下施横足，側立案上。 置香爐一於格南，香合一於爐南，日炷香致敬。

將筮，則洒掃拂拭，滌硯一，注水，及筆一、墨一、黄漆板一，於爐東，東上。筮者齊潔衣冠，北面，盥手，焚香，致敬。筮者北面，見《儀禮》。若使人筮，則主人焚香畢，少退，北面立。筮者進立於牀前少西，南向受命，主人直述所占之事，筮者許諾。主人右還西向立，筮者右還北向立。 兩手奉櫝蓋，置於格南爐北，出蓍於櫝，去囊解韜，置於櫝東。合五十策，兩手執之，熏於爐上。此後所用蓍策之數，其説並見《啓蒙》。 命之曰：「假爾泰筮有常，假爾泰筮有常。某官姓名，今以某事云云，未知可否，爰質所疑，於神於靈。吉凶得失，悔吝憂虞，惟爾有神，尚明告之。」乃以右手取其一策，反於櫝中，而以左右手中分四十九策，置格之左右兩大刻。此第一營，所謂「分而爲二以象兩」者也。 次以左手取左大刻之策執之，而以右手取右大刻之一策，掛於左手之小指間。此第二營，所謂「掛一以象三」者也。次以右手四揲左手之策。此第三營之半，所謂「揲之以四以象四時」者也。次歸其所餘之策，或一，或二，或三，或四，而扐之左手無名指間。此第四營之半，所謂「歸奇於扐以象閏」者也。次以右手反過揲之策於左大刻，遂取右大刻之策執之，而以左手四揲之。此第三營之半。次歸其所餘之策如前，而扐之左手中指之間。此第四營之半，所謂「再扐以象再閏」者也。一變所餘之策，左一則右必三，左二則右亦二，左三則右必一，左四則右亦四。通掛一之策，不五則九。五以一其四而爲奇，九以兩其四而爲偶，奇者三而偶者一也。次以右手反過揲之策於右大刻，而合左手一掛二扐之策，置於格上第一小刻，以東爲上，後放此。是爲一變。再以兩手取左右大刻之蓍合之，或四十四策，或四十策。復四營，如第一變之儀，而置其掛扐之策於格上第二小刻，是爲二變。二變所餘之策，左一則右必二，左二則右必一，左三則右必四，左四則右必三。通掛一之策，不四則八。四以一其四而爲奇，八以兩其四而爲偶，奇偶各得四之二焉。又再取左右大刻之蓍合之，或四十策，或三十六策，或三十二策。復四營，如第二變之儀，而置其掛扐之策於格上第三小刻，是爲三變。三變餘策與二變同。三變既畢，乃視其三變所得掛扐過揲之策，而畫其爻於版。掛扐之數，五四爲奇，九八爲偶。掛扐三奇，合十三策，則過揲三十六策，而爲老陽，其畫爲□，所謂重也。掛扐兩奇一偶，合十七策，則過揲三十二策，而爲少陰，其畫爲--，所謂拆也。掛扐兩偶一奇，合二十一策，則過揲二十八策，而爲少陽，其畫爲—，所謂單也。掛扐三偶，合二十五策，則過揲二十四策，而爲老陰，其畫爲×，所謂交也。【附録】交者拆之聚，故爲老陰。重者單之積，故爲老陽。如是每三變而成爻，第一、第四、第七、第十、第十三、第十六，凡六變並同，但第三變以下不命，而但用四十九蓍耳。第二、第五、第八、第十一、第十四、第十七，凡六變亦同。第三、第六、第九、第十二、第十五、第十八，凡六變亦同。凡十有八變而成卦。乃考其卦之變，而占其事之吉凶。卦變別有圖説，見《啓蒙》。禮畢，韜蓍，襲之以囊，入櫝，加蓋，斂筆研墨版，再焚香，致敬而退。如使人筮，則主人焚香，揖筮者而退。

周易本義筮儀第十二

周易本義圖録第十三

新安後學胡一桂學

愚按《易》有卦象、爻象，有卦序，有卦互體，《本義》皆未有圖。今爲圖并説，及有《文言辨》、《十翼論》各一篇，不敢列于九圖，悉附《五贊》後云。

卦象圖

《易大傳》曰：「庖羲氏仰以觀於天文，俯以察於地理，觀鳥獸之文與地之宜，近取諸身，遠取諸物，始作八卦。」卦即象也。至文王、周公、孔子，象益著焉。而其所謂象，亦不過天文、地理、人事、鳥獸、草木數端而已。朱子嘗謂四聖之《易》各有不同，不可作一例看。故今列爲此圖，天地人物之象畢具，而羲、文、周、孔取象之同異，皆於此可見云。

伏羲卦	文王象	周公爻	孔子《大象》、《文言》、《説卦》
☰乾	大川需訟取乾健兼坎險，同人取乾健兼互巽，大畜取乾健兼互震。	龍乾六爻。 馬大畜九三良馬。 輿大畜二，小畜三，大壯四。 車大有二。	天　圜 寒　冰 玉　金 君　父 首　馬良、老、瘠、駁。 木果　大赤
☷坤	康侯晉坤上象。 行師豫坤衆象。 廟萃坤土象，又互巽體，木在土上象。 馬坤牝馬，晉錫馬。 大牲萃。	王母晉二。　腹夷四。 師泰謙復並上爻。　征伐謙上。 邑國　邑泰上。比五，指下體。并三，指上體。 國家謙上。　國益四互體。 城隍泰上。　輿剥三，指下體。 龍坤上。　玄黃坤上。	地　臣 母　妻 腹　衆 輿　釜 柄　牛 文　布 吝嗇　均

☳震 頤口也，震遇艮象。以全體取，後同。	☴巽 井巽遇坎象。 鼎巽遇離象。
震驚百里，即雷也。 七日復全體取象。 大川益震巽木象。 侯屯豫建侯屬震，又坤上象，屯互坤。 口頤震遇艮，全體取象。	雲小畜巽一陰在乾天上象。 大川蠱下巽又互震，中孚上巽又互震。 女家人女正，姤女壯，漸女歸。 棟大過棟橈，巽遇兑，全體取象。 豚魚中孚又兑體，只取陰物象。
七日震二。 九陵震二。 侯屯初。 長子師五，指互體。 馬屯乘馬，中孚馬匹互體。	月雨小畜上陰象。　號渙五體今也。 婦小畜上。　臀姤三。 棟大過，與象同。　牀巽二上木象。 資旅四互體，巽上財也。　翰音中孚上。 木漸四。　楊大過三五，互反體。
雷　大塗 長子　足 龍　馬善鳴，馵足，作足，的顙。 竹　萑葦 稼　玄黃 旉　健 決躁　蕃鮮	風　長女　雞 寡髮　廣顙 白眼　股 工　市 利　木 白　臭 長　高 繩直　進退 不果　躁卦

☵坎

大川 需訟取坎，兼乾行象。渙取坎，又取巽木在坎上象。

濡 未濟。

心 坎心亨。

廟 渙取坎，有幽陰象。亦取上體巽木象。

狐 未濟。

雨 睽上，五指下互體。　濡 賁三互體。既初近互，既上。未初。

大川 謙初，近互體。未三。　泥 需三，又震四，互體。

塗 睽上，指下互體。　穴 需。❶

窞 坎初三。　幽谷 困。

石 困。　弟子 師五，指二。

寇 蒙上，指下體。賁四互體。需三，指上體。解三。　血 需。

酒 需五酒食。坎樽酒。未上飲酒，下近坎體。

車 賁初，近互體。困四，指坎。　輿 睽三，互體。

月　雨

雲　泉

水　溝瀆

中男　加憂

心病　耳痛

血卦　盜

弓　輪

❶「需」下，四庫本有「四上」二字。

輪既初，近互。未二，上上爻下近坎。 弧矢睽上，指下互體。

刑桎梏蒙初。 徽纆坎。

馬屯賁互體。○夷渙睽變體。 狐解二。

豕睽上。 株木困。

蒺藜困。 叢棘困。

輿多眚。 馬美脊，亟心，下首，薄蹄。

豕 木堅多心。

赤 隱伏

矯揉 通

☲離

日晉革豐。

明明夷。

光需互體。

南升南征。朱子曰：坤巽拱離。

女家人。

日離豐。 光未五。

南夷三。 焚旅上，火也。

婦既二。漸三五，朱子曰：互體。 股夷二。

征離上。 伐晉上。

牛睽三，互體。无妄初四似體，又互艮。旅上。革初。既五，指下體。大畜似體。

隼解上，指三互體。 雉鼎三，指上體。旅五。

日 明

火 電

中女 目

大腹 甲冑

戈兵 鼈

蟹 蠃

獄噬上。離初至四，似離。

牝牛離。

烏旅上。　鶴中孚二，指互體。

飛夷初。　龜頤損益似體。

蚌　龜

雉　木科上槁。

乾卦

☶艮

旅艮遇離爲旅。

童蒙蒙。

背艮。

飛鳥小過艮遇震，全體取象。

大川頤五不利涉，艮象。頤上利涉，陽爻象，又全體虛舟象。

丘賁五。頤二，指上爻。渙四，互體。　石豫二。

人身艮卦全體取象。　童蒙蒙。

童僕旅二三。　廬剝上，全體似艮。

牀剝似艮。

牛大畜童牛，又三上似體，童艮象。无妄三係牛，互體，係艮止義。遯二黃牛、執革，艮止義。

山　徑路

小石

少男　手

指

門闕　閽寺

狗　鼠

黔喙

☱兑

歸妹兑遇震象。

八月臨兑遇坤，全體取象。
西郊小畜互兑。
女咸。
號夬。
言困。
二簋損遇艮，全體取卦名義。
豚魚中孚，又巽象。

豶豕大畜五，豶艮義。　虎視頤四。
鼠晉四鼫鼠，互體。　碩果剥上。
雨濡夬上。鼎三，互體。
西郊小過五，互體。　西山隨上。升四云岐山，互體。
女歸上，指下體。　史巫巽三，互體。
臀夬四。　涕洟離五，互體。萃上。
眇跛履漸。　涉滅大過上。
虎履三四。革五上。　羊大壯似體。夬四。歸上。

木堅多節。　果蓏
地剛鹵。　澤
少女　妾
巫　口舌
毁折　附決
羊

爻象圖

陽爻通稱。大泰否象。君子泰否謙象。○乾三。小畜上。謙三。觀初反説，又五上。剥上。遯四。壯三。明初。夬三。○君子亦有取於陰爻者，但陽爻无稱小人。朋復象。○泰二。咸四。蹇五。解四。富小畜五。

⚊上九

天乾有。天衢大畜。郊同人。耳噬。玉鉉鼎。角晉姤。何噬。

⚊九五

天乾姤。王夬萃豐渙象。○家人渙。訟三，觀四，井三，並指五。大君師上，指五。夫隨二丈夫，指五。大過士夫，指五，夫子反説。脢咸。國觀四，指五。朱紱困二，指五。杞姤。含章姤。中行夬五。

⚊九四

丈夫隨三，指四。乾姊噬。金矢噬。

⚊九三

日夕乾。日昃離。高陵同人。公大有。夫小畜。頄夬三。股咸。夤艮。墉同人。莽同人。終乾謙下。升上。

⚊九二

田乾。沙屯遠坎取。大人升困象。乾。丈人師象。子蒙。夫蒙三金夫，指二。大過老夫。幽人履歸妹。門庭節。机渙。金柅姤初，指二。赤紱困。黄矢解。中師泰。

⚊初九

郊屯遠坎取。小子隨二三，指初。元夫睽四，指初。女妻大過二，指初。屨噬。趾噬賁壯夬。徒賁。門同人隨。户庭節。尾既濟。茅泰。

陰爻	通稱。 小泰否賁遯睽旅巽小過既濟彖辭。 小人否二。觀初。剥上，指下陰。遯四，壯三，皆反説。革上。 君子坤同人彖。屯三。謙初。解五。革上。未五。 宮人剥五。 不富泰四。謙五。 血坤上。屯三。需四。小畜四。渙上，指三。 魚剥五。姤三四。
上六	野坤。 公解。 老婦大過五，指上。 頂大過。 首既濟。 前禽比五，指上。 終坤。
六五	天子有三，指五。 大君臨。 國君復上，指五。 王師二，離上，蹇二，並指五。 王母晉三，指五。 婦人蒙二，指五。恒五。 輔艮。 黃坤噬鼎。 金噬鼎。 乾肉噬。 來章豐。
六四	公益。 妻小畜三，指四。 身艮。 出門庭明。 括囊坤。 中行復四，指五陰中。益四，指卦中。
六三	從王坤訟。 公益三。 武人履。 女蒙。 墉解上，指三。 腊肉噬陽位。 含章坤陽位。 中行益三，下卦中。 終坤睽，下卦上。
六二	臣蹇。 臣妾遯三，指二。 女子屯觀。 婦既濟。 中饋家人。 鼻噬。 腓咸艮。 宗同人。 黃離。
初六	霜坤。 子蠱。 童觀。 小子漸。 武人巽。 妾鼎。 趾鼎艮。 拇咸。解四，指初。 臀困。 尾遯未濟。 豕姤。 茅否大過。 瓜姤五，指初。

世儒言象尚矣，率多祖《説卦》子象爻孫卦體。其有不合《説卦》者，則委曲牽合傅會，以幸其中，而數聖人取象之意胥失之矣。何則？卦者，象之原也。彖者，言象之始也。爻者，言象之衍也。《説卦》者，總彖爻取象之例也。然夫子夢周公而心文王，參包羲於未畫，其於《説卦》明象，不特括彖爻之例，又自有出於彖爻之外者，不可不察也。姑即數卦論之：坤爲馬，離爲牛，文王之彖也。乾稱「龍」、「馬」，稱龍，見乾六爻。稱馬，見大畜爻。震坎稱「乘馬」，見屯卦。周公之爻也。自文王取象觀之，乾何嘗稱馬？坤何嘗稱牛？震何嘗稱龍？周公雖於大畜之乾稱「馬」，而於乾本卦但稱「龍」。坤亦未嘗稱牛，震亦未嘗稱龍也。夫子則直曰：「乾爲馬，坤爲牛，震爲龍。」是豈故欲異於文王、周公哉？又自有見於卦爻之象而取之也。或者不察，但見乾馬坤牛載於《説卦》，舉凡卦爻之言馬，必求之乾；言牛，必求之坤。如王輔嗣所謂「定馬於乾，案文責卦，❶有馬無乾，則僞説滋謾」者，自漢儒以來，不能不憻此弊矣。然輔嗣雖知，非先儒之失，實自未嘗勘破夫子取象本不必同於先聖。是以卒無一説以爲之剖決，但謂不必泥象，至有忘象之論，是亦甚未爲得也。近世西蜀大儒隆山李先生，優於明象者也。其論坤卦，直曰：「乾既稱馬，坤不得不稱牝以別之。」殊不知象文王所作，文王象乾何嘗稱馬，

❶「文責」二字，原闕，今據影印文淵閣《四庫全書》本《周易注》卷十王弼《明象》補。

而顧於坤乃稱牝以求別於乾也。此亦祖《説卦》以爲論，而其失殆有甚焉者。然則《説卦》不足據歟？曰：由文王而周公，由周公而孔子，故象而後有爻，爻而後有《説卦》，其人非一時，其書非一手，其取象非一端。故朱夫子嘗謂：「伏羲自是伏羲易，文王自是文王易，周公自是周公易，孔子自是孔子易。」各有不同。於其不同之中，而求其同，可也。遽謂孔子易即文王周公之易，而以彖爻大象盡求合於《説卦》，不可也。蓋自諸儒分經合傳之後，學者便文取義，往往混而同之，其患故如此。愚嘗妄謂《説卦》之言象，其有合於彖爻者，則括彖爻之例也。如震坎稱「馬」之類。其有不合於彖爻者，則又夫子之所自取也。如坤牛震龍之類。其有彖爻所未取而取者，則又夫子所以括大象之例，如乾天坤地之類。而亦有出於大象之外者也。如乾父坤母之類。以此求之，其亦庶乎不至於膠且泥矣。雖然，彖爻所取之象，猶略耳。如乾爻雖象以龍，而彖於「元亨利貞」之外，象則未之聞。文王於乾無所取象。坤彖雖象以馬，而自「牝馬」之外，他象則未之見。至吾夫子，以八物窮卦爻之情，以八德狀卦爻之性，而六十四卦大象，如乾則統象於天，坤則統象於地，象屯以雲雷，象蒙以山泉，直曲盡卦爻之妙，而發文王、周公不言之祕。又爲之《説卦》，以旁通之。微夫子，則天地山澤雷風水火之象，健順動入陷麗止説之德，終莫能以自著，何以致用於天下？此萬世而後，決嫌疑，定猶豫，謀之卜筮，皆有所觀玩，而不迷於吉凶悔吝之塗者。夫子之功，實倍三聖，窮天地，亘古今，而不可泯滅者也。或疑八物之象見於《左傳》，謂夫子之前已有者，非也。愚於《文言辨》，論之詳矣。❶世儒但區區文字間，以求其言象之合，莫究其施於實用，功在生民，德侔天地，是豈足與論夫子之盛哉！　朱夫子易象説既深，足以破古今忘象泥象者一偏之見。❷晏亞夫之録，❸以爲非圖無以見凡例。　愚不敏，謹遵遺訓，而以彖爻大象、《文言》、《説卦》凡言象者，分八卦爲圖，而以天文、地理、人事、鳥獸、草木爲次，列八卦於其上，位四聖於其左，按圖而觀取象之同異，庶乎其可見矣。前説。

聖人取象非一端，有取之全體者，有取之各體者，有取之互體者，有取之似體者，有取之應體者，有雖無其象而取卦名義者，有取之逐爻者，有取之遠近，取之陰陽之爻者。如頤，如井，如鼎，此伏羲取之全體者，卦即象也。如《大過》「棟橈」，《小過》「飛鳥」，如《剥》之「牀」，《咸》、《艮》之「身」，如六十四卦之大象，此文王、周公、孔子取之全體者。如《屯》、《豫》「建侯」，則侯屬震；《大畜》「良馬」，則馬屬乾。《説卦》八物，各屬八卦，此皆取之各體者。如《同人》、《大畜》涉川，❹兼取互體《震》、《巽》，《中孚》、《賁》稱「馬」，兼取互體《震》、《坎》。《頤》似《離》而稱「龜」，❺

❶「詳」，原誤作「謚」，今據重刊本、四庫本改。
❷「之見」二字，原爲空格，今據四庫本補。
❸「晏」下，四庫本有「淵」字。
❹「大」，原闕，今據影印文淵閣《四庫全書》本《周易會通・朱子易圖》胡一桂文補。下「涉川兼」同。
❺「似離而稱龜」，原闕，今據影印文淵閣《四庫全書》本《周易會通・朱子易圖》胡一桂文補。

《大壯》似《兑》而稱「羊」，《明夷》互《坎》無應而稱「喪馬」，「二簋」無其象而義取諸《損》。此皆取之互體、似體、應體，與夫卦名義者，悉見象爻中。至於逐爻取義，而分遠近陰陽，則文王、周公象爻難以概舉。愚既分八卦爲圖，各疏羲、文、周、孔之尤，而逐爻取象，則別爲圖以該之。庶幾不至混殽，以便觀玩，非敢自謂有得於《易》也。嘗試論之：羲之象在卦中。文之象取其大綱。周公雖本之文王，已多其所自取。夫子雖本之文王、周公，然其同者間見，而其所自取者，抑不止如周公之多於文王矣。然則《易》之取象，實至夫子而大備也。微夫子之象，不可也。但讀《易》者，毋執周公之象以求之文王，又毋執夫子之象以求之文王、周公。同者自同，異者自異，要皆各明夫伏羲之卦可也。必欲牽合傅會，盡强而同之，❶是亂數聖人之象也。亂數聖人之象，而象終不可悟，其亦弗思之甚也。

續説。

卦序圖

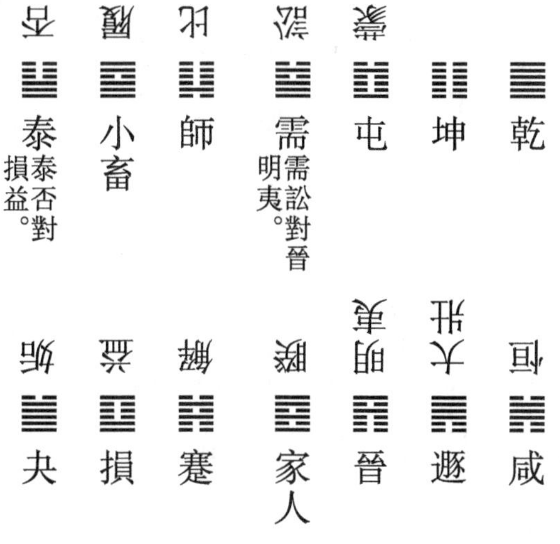

❶「盡」，原爲空格，今據四庫本補。

大有　同人　　升　萃
豫　謙　　井　困
蠱　隨　　鼎　革
觀　臨　　艮　震
賁　噬嗑　　歸妹　漸
復　剥　　旅　豐
大畜　无妄　　兑　巽
頤似離。　　節　渙
大過似坎。　　中孚中孚似頤，厚畫離體。
坎　　小過小過似大過，厚畫坎體。
離　　未濟　既濟既未，坎離之交不交。

愚按《易緯書》曰：「《易》六十四卦，文王以上、下經分之。」邵子：「震巽首乾坤，中坎離，終水火之交不交，皆至理也。」又曰：「乾坤坎離，上篇之用。兑艮震巽，下篇之用。頤中孚大小過，二篇之正。」又曰：「天有二正，乾離。地有二正，坤坎。共用二變，以成八卦也。二變，震巽，震反爲艮，巽反爲兑。合四正卦爲八卦。天有四正，坤坎兼頤中孚。頤似離，中孚厚畫離。地有四正，坤坎兼大小過。大過似坎，小過厚畫坎。共用二十八變，以成六十四卦也。二十八卦反覆爲五十六，通上八卦，爲六十四。是以小成之卦，正者四，變者二，共六卦也。大成之卦，正者八，變者二十八，共三十六卦也。」三十六，指上、下經各十八卦而言。三十六是天地間真數，天南極入地三十六度，北極出地三十六度，亦理數之極至者。環溪李氏曰：「經分上下，見於《大傳》『大衍』章『二篇之策』之語，兼《序卦》至坎離別起文義。而上經首乾坤，是二老對立，下經首咸，是二少合體。故《序卦》上經隱乾坤之名，下經獨隱咸之名，以次推之所可見者。❶上經需訟，對下經晉明夷。需訟變之盡爲晉明夷爲需。❷上經泰否，對下經損益。泰否，乾坤之交不交。損益，咸恒之交不交也。上經自屯蒙至臨觀，下經自遯大壯至革鼎，此屯蒙變之，盡爲革鼎，臨觀變之，盡爲遯大壯也。上經頤與大過偶，而在坎離之前。下經中孚與小過偶，而在既濟未濟之前。上經終於坎離，下經終於既濟未濟，而既濟未濟者，坎離之交不交也。頤似離，大過似坎，而坎離繼之。中孚厚畫離，小過厚畫坎，而既未濟繼之。此坎離又爲乾坤震巽艮兑之用也。上經五十二陽爻，五十六陰爻。下經五十六陽爻，五十二陰爻。以此觀之，信知經分上下，必有至理。惜乎其説不傳，未能究其所以然者。」愚謂《序卦》至理，雖不可以淺窺，然諸儒之論，亦得其略矣。故不敢復贅，爲之説云。

卦互體圖

乾互體，凡十二卦。凡十六乾。○與坤卦爻陰陽相對。

䷀乾䷪夬䷍大有䷡大壯䷌同人䷰革

䷫姤䷛大過䷱鼎䷟恒䷠遯䷞咸

兑互體，凡十六卦。凡十六兑。○與艮卦爻陰陽

❶「次推之所可」五字，原爲墨丁，今據影印文淵閣《四庫全書》本《周易本義集成》卷十一《序卦傳》注補。

❷「晉明夷」三字，原爲墨丁，今據影印文淵閣《四庫全書》本《周易本義集成》卷十一《序卦傳》注補。「爲需」二字，《四庫全書》本《周易本義集成》卷十一《序卦傳》注無，疑衍。

相對。

䷍大有䷡大壯䷈小畜䷄需䷙大畜䷊泰䷝離䷶豐

䷱鼎䷟恒䷸巽䷯井䷑蠱䷭升䷷旅䷽小過

離互體，凡十六卦。凡十六離。○與坎卦爻陰陽相對。

䷈小畜䷄需䷉履䷹兑䷥睽䷵歸妹䷤家人䷾既濟

䷸巽䷯井䷅訟䷮困䷿未濟䷧解䷴漸䷦蹇

震互體，凡十六卦。凡十六震。○與巽卦爻陰陽相對。

䷙大畜䷊泰䷼中孚䷻節䷨損䷒臨䷕賁䷣明夷

䷑蠱䷭升䷺渙䷜坎䷃蒙䷆師䷳艮䷎謙

巽互體，凡十六卦。凡十六巽。○與震卦爻陰陽相對。

䷬萃䷋否䷽小過䷷旅䷞咸䷠遯䷮困䷅訟

䷐隨䷘无妄䷶豐䷝離䷰革䷌同人䷹兑䷉履

坎互體，凡十六卦。凡十六坎。○與離卦爻陰陽相對。

䷏豫䷢晉䷎謙䷳艮䷦蹇䷴漸䷧解䷿未濟

䷲震䷔噬嗑䷣明夷䷕賁䷾既濟䷤家人䷵歸妹䷥睽

艮互體，凡十六卦。凡十六艮。○與兑卦爻陰陽相對。

䷇比䷓觀䷏豫䷢晉䷬萃䷋否䷜坎䷺渙

䷂屯䷩益䷲震䷔噬嗑䷐隨䷘无妄䷻節䷼中孚

坤互體，凡十二卦。凡十六坤。○與乾卦爻陰陽相對。

䷁坤䷖剥䷇比䷓觀䷆師䷃蒙

䷗復䷚頤䷂屯䷩益䷒臨䷨損

《易大傳》曰：「若夫雜物撰德，辯是與非，則非其中爻不備。」《本義》曰：「此謂卦中四爻。」《語録》曰：「先儒解此多以爲互體。如屯䷂震下坎上，就中間四爻觀之，自二至四則爲坤，自三至五則爲艮，故曰：『非其中爻不備。』互體説，漢儒多用之。《左傳》占得觀卦處，亦舉得分明，看來此説不可廢。」陳厲公生敬仲，筮之，遇觀䷓之否䷋，曰：「坤土也，巽風也，乾天也。風爲天於土上，山也。有山之材而照之以天光，於是乎居土上。」兩卦皆有互體之艮，故言山。今分八卦爲圖，揭中四爻以明卦之有互體，❶卦位爲次，圖成而卦爻陰陽各各相對，莫不有其意義所存。❷若以六十四卦横圖觀之，尤有可言者。自第二畫至第四畫，陽儀中互四乾，四兑，四離，四震，四巽，四坎，四艮，四坤。陰儀中亦互四乾至四坤。兩以四卦數之，而周六十四卦，自第三畫至第五畫，陽儀中前十六卦互二乾至二坤，後十六卦亦互二乾至二坤。陰儀中互體亦然。四以二卦數之，而周六十四卦，然後合全體觀之，自初畫至三畫，一箇乾一至坤八，而該六十四。二畫至四畫，兩箇乾一至坤八，而該六十四。四畫至上畫，八箇乾一至坤八，而六十四卦成矣。加倍而生，以次而位乾一坤八之序，一皆順數之而不紊焉。此又其自然之妙也。至若乾卦中四爻自互二乾，并二體爲四乾，坤卦中四爻自互二坤，并二體爲四坤，是乾

❶「卦之有互體」五字，原爲空格，今據四庫本補。
❷「其意義所存」五字，原爲空格，今據四庫本補。

皆互乾，坤皆互坤，陰陽各得而不雜也。❶三男之卦各聚三男，三女之卦各聚三女。如震卦自二至四互艮，自三至五互坎；坎卦自二至四互震，自三至五互艮；艮卦自二至四互坎，自三至五互震。各并本卦而三男備。巽離兑三女之卦，互體亦然。陽皆互陽，陰皆互陰，女不紊男，男不紊女，此又自然而然，不加人力，有不容言之妙者。其他亦有一卦備三男三女者。小畜備三女而臨之以父，豫備三男而臨之以母，節備三男而少女閒之，旅備三女而少男閒之。如革，如鼎，此父之臨三女也。如蒙，如屯，此母之臨三男也。如豐，如井，則長男中男閒三女。如渙，如噬，則長女中女閒三男。此皆父母男女雜居，而不純者也。謂互體非《易》中一義，斷斷乎其不可也。讀《易》者，其可忽諸！

易十翼論

《易》之有《十翼》，猶天之有日月，人之有耳目，輕重之有權衡，長短之有尺度，誠《易》之門庭，象數之機括也。《十翼》不作，《易》之名且不立，卦畫於誰乎？吾不得而知也。辭繫於誰乎？吾不得而知也。卦辭將何用乎？吾不得而知也。乾烏知其爲天乎？坤烏知其爲地乎？震巽坎離艮兑，烏知其爲雷風水火山澤乎？《十翼》作矣，《易》之名立矣，卦然後知其爲義之畫也，辭然後知其爲文之繇也，卦辭然後知其爲卜筮之用也，乾然後知其爲天，坤然後知其爲地，震巽坎離艮兑然後

❶「各得」二字，原爲空格，今據四庫本補。

知其爲雷風水火山澤也。不特此爾，讀「仰觀俯察」章，則知伏羲泛觀易之寓。讀「神物變化」章，則知伏羲默得易之要。讀「極儀象卦成列因重」章，則知伏羲作《易》得自然之位與六十四卦之次。❶是伏羲之《易》，非《十翼》無以自明於後世。❷「《易》之興也，當殷之末世，周之盛德邪，當文王與紂之事邪」，則是《易》其爲文王之興《易》矣。❸「《易》之作也，其於中古乎，作《易》者其有憂患乎」以至九卦之陳，盡本全卦之序，吾又知文王爲憂患而作《易》，不徒繫以辭，而序《易》亦出於文王矣。「帝出乎震，齊乎巽」以下，後天八卦方位之序，不一言之。是文王之《易》，非《十翼》亦無以自白於世也。其曰「聖人作《易》，生蓍倚數，立卦生爻，以和道德，以順性命」，此言聖人不徒畫爲一定之卦，而用《易》有蓍如此。其曰「大衍之數五十，分二，掛一，揲四，歸奇，再扐後掛」，此明揲蓍之法以垂萬世，而本末曲盡無遺者又如此。其曰「繫辭焉以明吉凶」，又曰「繫辭焉以斷吉凶」，又曰「繫辭焉以盡言，變而通之以盡利，鼓之舞之以盡神」，此明聖人繫辭，亦無非所以爲尚占之用以利人。❹此義、文之《易》，非《十翼》亦無以闡其用於世也。以至八卦不徒列八物之象，❺而天之健，地之順，雷風之動入，坎離之陷麗，山澤之止説，必毫分而縷析之，唯恐斯人知其象而莫知其德。及夫六十四卦之

❶「作易得自然」五字，原爲空格，今據四庫本補。
❷「明於後世」四字，原爲空格，今據四庫本補。
❸「則是易」三字，原爲空格，今據四庫本補。
❹「以利人」三字，原爲空格，今據四庫本補。
❺「列」，原爲空格，今據四庫本補。

大象，論象之後，必示人以占《易》之方，❶不啻耳提面命之教。是卦爻之性情，非《十翼》亦無以發其蘊於世也。吾故曰：「《易》之有《十翼》，猶天之有日月，人之有耳目，輕重之有權衡，長短之有尺度，誠《易》之門庭，象數之機括者。」此也猶未也，蓋至於崇陽抑陰，進君子，退小人，尊卑之分，貴賤之等，與夫幽明之故，死生之説，鬼神之情狀，凡可因以發明性命道德之蘊，以淑身心者，纖悉畢言之。於是《易》始不徒局於象數卜筮之書，推之而至精至變至神之妙，❷天下萬世皆由之以識太極儀象生八卦之道，❸而盡事物之情。雖不假卜筮，亦自足以爲吉凶之前知矣。《十翼》之作，其有功於萬世，固如此哉。不然，如爻辭，先儒以爲繫於周公，至引「韓宣子適魯，見易象，而知周公之德」爲證，亦可謂有據矣。然夫子於《十翼》所未明言，後世遂不免紛紛之疑，卒莫能有一定之説。雖以朱夫子，亦不過曰：「是先儒之言，且得從之。」則亦莫能必其作於周公也，而況卦也，彖也，卜筮也，八卦之性情也。微《十翼》，欲其不懵然於人心，不可也。嗚呼，《易》之不可無《十翼》審矣。近世歐公，乃不能不致疑於其書《童子問》中，直以《繫辭》與《文言》爲非夫子作，是何其無見於《易》，一至此邪？猶幸而朱夫子之論昭如也，《本義》、《啓蒙》不作，如之何其可也。

❶「占」，原爲空格，今據四庫本補。
❷「書推之而」四字，原爲空格，今據四庫本補。
❸「儀象生八卦之」六字，原爲空格，今據四庫本補。

文言辨

或疑《文言》非夫子作，蓋以第一節與穆姜之言不異。《本義》以爲：「疑古有此語，穆姜稱之，夫子亦有取焉。」得之矣。然猶以爲疑古有之，初亦未嘗質言之者。蓋嘗妄論之曰：若果如或疑，則何止《文言》，雖大象，亦謂之非夫子作可也。何者？八卦取象雖多，而其要者，則天地山澤雷木風水雲泉雨火電日。皆大象取者。今考《文言》彖辭，自震雷之外，震驚百里，即雷也。離雖取象於日，而未嘗象火。周公爻辭，自巽木漸四爻。離火離豐。之外，雖三取雨象，亦未嘗專取坎，他則未之聞焉。至夫子翼《易》，始列八物之象，而六十四卦大象於是乎始各有定屬。如是，則夫子以前凡引《易》者，不當有同焉者也。而《左傳》所載卜筮之辭，多取八物之象，此皆在夫子未作前，❶引《易》以占者如此。若然，則大象亦謂之非夫子作。凡卜筮之辭已前元有可也，❷謂夫子作者非也。今欲知其果作於夫子而無疑，其將何說以證？嘗反覆思之，而得其説：《春秋》，夫子筆削之經也。《左傳》，《春秋經》傳也。夫子繫《易》，實在作《春秋》之前，絶筆於獲麟。蓋不特《春秋》之絶筆，亦諸經之絶筆也。左氏生夫子之後，尊信夫子《春秋》，始爲之傳。由此觀之，謂《易》有取於《左傳》乎，抑《左傳》有取於《易》也？又況《左傳》所載當時語，其事則髣髴，其文多出於

❶「在夫子未作前」六字，原爲空格，今據四庫本補。
❷「凡卜筮之辭」五字，原爲空格，今據四庫本補。

自爲。如吕相絶秦書，今觀其文法，要皆左氏之筆。而穆姜爲人淫慝迷亂，安得自知其過，而有此正大之言？如「棄位而姣」等語，決知非出於其口。如是，則四德之説，是左氏本《文言》語，作爲穆姜之言明矣。至若占辭，多取諸八物，亦非當時史氏語。左氏蓋本夫子大象以文之，❶一時不暇詳密，遽以夫子所作之辭爲夫子以前之人之辭也。又如《國語》載司空季子爲晉文公占得國之辭，❷又不特取諸八物，且有及於坎勞卦之説。如是，則并與《説卦》亦謂之非夫子作，可乎？大抵居今之世讀古聖人書，只當以經證經，不當以傳證經。若經有可疑，他經無證，闕之可也。何況夫子《十翼》，其目可數，今乃因傳文反致疑於經，可乎？愚是以知《文言》、大象真夫子作，而左氏所引不足爲惑，故不得不辨。

本義啓蒙論

有天地矣，可無《易》乎？不可也。有《易》矣，可無《本義》、《啓蒙》乎？不可也。金聲玉振集大成，衆言殽亂折諸聖。朱夫子，❸其聖人之徒歟。❹蓋自漢儒始變亂古《易》，至有流爲術數之歸，而卒大亂於王弼，且雜以虚無之論，吾易遂晦蝕於天下。寥寥千載，孰覺我人。太極有圖，《易通》有書，發往古不傳之祕，開萬世理

❶「左氏蓋」三字，原爲空格，今據四庫本補。
❷「得國」二字，原爲墨丁，今據四庫本補。
❸「朱夫子」，《四庫全書》本程敏政編《新安文獻志》卷三十五胡一桂《易本義啓蒙後論》作「子夫子」。下同。
❹「徒」，《新安文獻志》作「適」。

學之源，斯道始有係屬。迨夫《易傳》寫胸中之成書，《皇極》具經世之大法，《正蒙》闡象數之條目。是雖古經變亂未就釐正，而術數虛無之學爲之一洗，吾易粲然復明。未幾，陋儒妄作，異論蠭起，易置圖書，劉牧。指斥邵子，林栗。冒僞著述，❶麻衣《易》之類。易道又幾晦蝕。朱夫子勃興，探前聖之精微，破俗學之繆妄。《本義》、《啓蒙》有作，而後吾易復明於後世。❷愚嘗謂孔聖以來，朱夫子有功於《易》，斷斷乎其不可及者。蓋以《本義》之爲書也，圖書位定，而天地自然之易明。先後天圖列而義、文之《易》辨。❸二篇、《十翼》不相混雜，《易經》始爲之復昌明於後世。❹三百八十四爻，兩言以蔽之曰象占，而觀玩不涉虛無。❺至於崇陽抑陰，❻進君子，退小人，發於坤初六之爻者，不過數語。而天之經，地之義，人之紀，易之要領，直包括無遺恨。❼此《本義》不可少於天下也。《啓蒙》之爲書也，本圖書則揭「天生神物」章，而易之本原正。原卦畫則表「易有太極」章，而易之位列明。明蓍策則發明「大衍」章，而掛扐之法定。考變占則博取《左氏傳》，以明斷例，而吉凶趨避之見審。合四篇大旨，壹皆寓尊陽之微意，而小人盜賊不得竊取而用。此《啓蒙》不可少於天下也。《語録》成書，如《太玄》、關易、麻

❶ 注文「劉牧」及正文「斥」，原闕，據《新安文獻志》補。
❷ 「復」，《新安文獻志》作「大」。
❸ 「後天圖列而」五字，原闕，據《新安文獻志》補。
❹ 「昌明於後世」五字，原闕，據《新安文獻志》補。
❺ 「無」，《新安文獻志》作「夫」。案作「夫」，當屬下句。
❻ 「崇」，《新安文獻志》作「扶」。
❼ 「恨」，《新安文獻志》作「藴」。

衣、劉牧與夫林栗、袁樞之徒，❶所以惑世誣民者，❷莫不斥其繆，❸黜其僞，折其悖，摧陷廓清，羽翼數聖人之易於天下。此愚所謂「自孔聖以來，朱夫子有功於《易》，斷斷乎不可及者」，豈誣也哉。或曰：是則然矣。《易》者，陰陽剛柔仁義性命道德之書，今斷然蔽之以卜筮，得毋局於一偏，而不免漢儒術數之弊乎？且《繫辭》明言「《易》有聖人之道四焉」，今《本義》惟以象占分之，而不及辭變，得毋四者之目遺其二乎？吁，是皆未之思也。《易》固陰陽剛柔仁義性命道德之書，而卜筮者，正將使人盡仁義之道，參陰陽剛柔以順性命，以和道德耳，豈徒託之空言，而不見諸實用乎？又況卜筮之頃，至理無乎不在，正得聖人作《易》本意。朱子已嘗言之，奈何以此疑吾易乎？至於聖人之道雖有四，實不離乎二。有象而後有辭，有占而後有變。不得於象，則玩辭爲空言。不由於占，則觀變於何所？故有象辭，有占辭。占而後有卦變。爻辭舉象占，則辭變在其中。若惟舉占，則象辭變在其中。此四者之序由輕歸重，辭變統於象占，象又統於占。所以《本義》舉象占而統論《易》書，一以貫之曰占。謂之有遺，可乎哉？或又曰：《易》之所重在占固也，人之於《易》，必占而後可用。不占，則《易》竟無用矣乎？曰：不然也。朱子嘗曰：「凡讀一卦一爻，便如占筮所得，虛心以求辭義之所歸，以爲凶吉可否之決。然後考其象之所以然，

❶「太玄關易」四字，原闕，據《新安文獻》補。
❷「民」，原誤作「氏」，據《新安文獻》及四庫本改。
❸「斥其繆」三字，原闕，據《新安文獻》補。四庫本作「悉有以」。

求其理之所以然，推之於事，使上自王公，下至民庶，所以修身治國，皆有所用。」初未嘗不示人以學《易》而用之之方也。必曰占乎而後用之，朱子之志荒矣。

周易本義圖録第十三

周易啓蒙翼傳

〔元〕胡一桂 撰
李秋麗 校點

目録

校點説明……一
周易啓蒙翼傳自序……一
周易啓蒙翼傳上篇……一
天地自然之易……一
日月爲易……一
河圖洛書……三
四聖之易……七
伏羲易……七
伏羲始作八卦圖……七
伏羲重卦圖……九
伏羲八卦方位圖……一〇
伏羲六十四卦方圓圖……一二
伏羲揲蓍求卦之法……一五
揲蓍所得掛扐之策圖……一七
老少掛扐定九八七六之數……一八
老少掛扐過揲進退圖……二〇
二老過揲當期物數圖……二二
揲蓍占法……二五
伏羲神農黄帝堯舜十三卦制器尚象圖……二六
文王易……二七
文王八卦方位圖……二七
文王改易先天爲後天圖……二八
文王六十四卦反對圖……三〇
文王六十四卦次序圖……三一
文王作六十四卦卦下辭……三七
文王九卦處憂患圖……三八
文王十二月卦氣圖……三九
周公易……四〇
周公作三百八十四爻下之辭……四〇
孔子易……四一
孔子作十翼之辭……四一
彖上傳第一　彖下傳第二……四二
象上傳第三　象下傳第四……四三
繫辭上傳第五　繫辭下傳第六……四四
文言傳第七……四四

說卦傳第八……四五
序卦傳第九……四五
雜卦傳第十……四五

周易啓蒙翼傳中篇……四七

三代易……四七
三易……四七
連山易……四八
歸藏易……四八
歸藏初經……四八
歸藏齊母經……四九
歸藏六十四卦名……四九
古易……四九
周易……四九
古易之變……五〇
費氏易……五〇
鄭康成易……五一
王弼易……五一
古易之復……五三
周易古經……五三
古周易……五三
古易考……五五
古易……五五
周易本義……五七
傳授……五九
周末西漢……五九
東漢……六三
魏吴晉元魏唐……六五
宋……六九
傳注……七二
周漢……七三
魏吴……七四
晉……七六
宋齊梁陳元魏……七七
唐……七七
《唐·藝文志》不載何代者……八二
宋……八三
宋不記何朝者……一〇九
《藝文志》不載姓氏者……一一〇
鄭氏《通志》不載何代者……一一一
雜見旁證……一一二

周易啓蒙翼傳下篇 …… 一一五
舉要 …… 一一五
理 …… 一一五
氣 …… 一一六
數 …… 一一六
易 …… 一一七
先天後天 …… 一一七
易尊陽卑陰 …… 一一八
卦分爻位之陰陽 …… 一一八
卦爻分君臣 …… 一一九
爻有應不應 …… 一二〇
爻分三才 …… 一二一
爻分中正 …… 一二一
畫爻位虚四者之别 …… 一二一
卦爻變動有三 …… 一二一
三聖取象例 …… 一二三
彖爻取象例 …… 一二四
卦有逐爻取象 …… 一二四
爻有以六位取象者 …… 一二四
卦德象體材義 …… 一二五
卦爻言數例 …… 一二五
易爲卜筮書 …… 一二五
《本義》、《啓蒙》主卜筮 …… 一二六
《周禮》九簭 …… 一二七
辭説 …… 一二七
變説 …… 一二九
象類説 …… 一三九
占類説 …… 一四九
卜筮類 …… 一五五
卜筮合象、占爲一説 …… 一六七
筮法 …… 一七〇
集《左氏傳》 …… 一七〇
陳厲公筮公子完之生 …… 一七〇
畢萬筮仕於晉 …… 一七一
魯桓公筮成季之將生 …… 一七二
秦伯伐晉卜徒父筮之吉 …… 一七二
晉獻公筮嫁伯姬於秦 …… 一七三
晉文公筮勤王 …… 一七五
王子伯廖引易論鄭公子 …… 一七五
晉知莊子引易論先縠之敗 …… 一七六

晉厲公筮擊楚子 …… 一七七
魯穆姜筮往東宮 …… 一七八
鄭太叔引易論楚子 …… 一七九
崔武子筮娶齊棠公妻 …… 一八〇
秦醫和引易對晉趙孟 …… 一八一
魯莊叔筮叔孫穆子之生 …… 一八一
衛孔成子筮立君 …… 一八三
魯南蒯筮以費叛 …… 一八三
晉蔡墨引易對魏獻子 …… 一八四
史墨舉易對趙簡子 …… 一八五
魯陽虎筮救鄭 …… 一八七
集《國語》 …… 一八七
晉筮立成公 …… 一八七
晉公子重耳筮得國 …… 一八八
晉大夫筮公子重耳歸國 …… 一八九
家語 …… 一九〇
孔子筮得賁 …… 一九〇
坤鑿度 …… 一九〇
孔子筮得旅卦 …… 一九〇
附抄 …… 一九一
辯疑 …… 一九五
毛漸傳三墳易之疑 …… 一九五
劉牧易置圖書之疑 …… 一九七
劉牧指參伍以變爲四十五數之疑 …… 一九八
歐公圖書怪妄之疑 …… 一九九
文王重卦之疑 …… 二〇〇
文王作爻辭之疑 …… 二〇〇
文王作文言之疑 …… 二〇三
文王始稱易名之疑 …… 二〇三
既濟東西鄰爲紂與文王事之疑 …… 二〇四
周公作彖象爻辭文言之疑 …… 二〇五
淇水不信序卦之疑 …… 二〇五
易非全書之疑 …… 二〇六
周易啓蒙翼傳外篇 …… 二〇七
緯書 …… 二〇八
《周易緯》九卷 …… 二〇八
《乾鑿度》上下二卷 …… 二〇八
《易通卦驗》上下二卷 …… 二〇九
焦氏易林 …… 二一一

乾卦變例……二一一
論分卦直日法……二一二
論《易林》……二一二
京氏易傳……二一三
集《京氏易傳》……二一六
納甲法……二一六
渾天六位圖……二一八
筮法變卦説……二二〇
世應例……二二〇
起月例……二二一
飛伏例……二二一
卦氣直日圖……二二二
論卦氣圖之非……二二五
論卦氣直日之非……二二六
專論卦氣起中孚之非……二二七
太玄經……二二八
太元方州部家八十一首圖……二二九
太元擬卦日星節候圖……二三七
揲蓍法……二四七
數配五行……二四八
泰中積數……二四八
星數……二四九
先儒論《太玄》……二五〇
參同契……二五一
《參同契序》……二五二
上篇……二五四
中篇……二五四
下篇……二五五
龍虎上經……二五五
朱文公書《參同契考異》後……二五八
又論《參同》……二五九
又論《龍虎上經》……二五九
郭氏洞林……二五九
洞極真經……二六五
序……二六五
生傳第一……二六六
資傳第二……二六六
育傳第三……二六七
敘本論……二六七

明變論 …… 二六七
極數 …… 二六八
原名 …… 二六八
原德 …… 二六九
次象論 …… 二六九
衛氏元包 …… 二六九
《元包》序 …… 二七〇
《元包》太陰卷第一 …… 二七〇
《元包》太陽卷第二 …… 二七一
潛虚 …… 二七二
氣圖 …… 二七二
體圖 …… 二七三
性圖 …… 二七四
名圖 …… 二七五
揲法 …… 二七九
朱文公辨證 …… 二七九
皇極經世書 …… 二八〇
《經世》本先天方圓圖説 …… 二八〇
《經世》要旨 …… 二八一
《經世》與《易》名位不同 …… 二八四
皇極内篇 …… 二八四
序 …… 二八五
八十一數名 …… 二八六
筮 …… 二八八

校點説明

《周易啓蒙翼傳》四卷，又名《周易發明啓蒙翼傳》、《周易本義啓蒙翼傳》，元胡一桂撰。胡一桂生平詳見本册《周易本義附録纂注》之《校點説明》。

《周易啓蒙翼傳》係胡一桂對其《周易本義附録纂注》重加增纂之餘，對朱熹易學作系統詮釋，探研易理，考察易學源流，搜集整理易學文獻資料並撰寫提要，以期羽翼朱子易學。此書完成於元仁宗皇慶二年（一三一三），分爲上、中、下、外四篇。上篇闡發自然及四聖之《易》，即朱子所謂「天地自然之易」、「伏羲《易》」、「文王《易》」、「周公《易》」、「孔子《易》」。中篇述三代《易》，即《連山》、《歸藏》、《周易》，於《周易》又述古《易》之變及古《易》之復，其後綜述周末至宋之易學傳授及易學傳注。下篇首論易學之要，涉及《易》之辭、變、象、占等問題，次集《左傳》、《國語》等所載筮例三十七則，又撰《辨疑》十二則，對《三墳易》、劉牧易置《圖》《書》、文王重卦等問題一一進行辨斥；外篇則載非《周易》傳注而自爲一書者，自《易緯》至《皇極内篇》凡十一家。明代馮時來稱此書「圖極著衍之數靡不晰也，卦爻詞、變、象、占之説靡不究也，古《易》變復以至《焦》、《京》、《玄》、《洞》、《元苞》、《經世》之書靡不參互而考證也」。（《周易翼傳序》，康熙四十二年刻《雙湖先生文集》卷五）此書繼承並豐富了朱熹的易學象數思想，客觀分析了易學演變發展的歷史脈絡，同時還保留了珍貴的易學文獻資料。

《周易啓蒙翼傳》初刊於元皇慶延祐年間，係胡氏家刻，由胡一桂子思紹校正。是本十一行，行二十一字，黑口，四周雙邊，卷首有「皇慶癸丑歲一陽來復之日新安後學胡一桂庭芳父序」，卷末題「男思紹校正」字樣，今上海圖書館藏有殘本，日本内閣文庫藏有全本。此本明代翻刻，改爲白口，單魚尾，今北京大學圖書館有藏。明末，胡氏裔孫曾續刻此書，延馮時來、余懋孳爲序，今清華大學圖書館、安徽省博物館有藏。清初刊《通志堂經解》收録此書，據何焯云，所據底本乃「汲古元本」。然據明翻刻本核對，其翻印時産生的錯漏以及卷中漏頁，通志堂本基本一致，可見通志堂本的底本實爲明代翻刻本，並非真正的元刻本。《四庫全書薈要》與《四庫全書》皆據《通志堂經解》本繕録，又分别有所勘正。嘉慶十七年，胡氏後人因明末家藏本殘缺漫漶，又重刻於慶餘堂，内容與元刊本系統略有出入。

元本不易獲得完整本，且漫漶處較多，故此次整理，選用清康熙十九年《通志堂經解》本爲底本，以《中華再造善本》影印上海圖書館藏及日本内閣文庫藏皇慶年間元刻本（簡稱「元刻本」）、影印摛藻堂《四庫全書薈要》本（簡稱「薈要本」）、清嘉慶十七年胡氏慶餘堂重刊本（簡稱「慶餘堂本」）爲校本，參校影印文淵閣《四庫全書》本（簡稱「四庫本」）。原書因刊刻導致卦畫錯誤，一般逕改不出校。

校點者　李秋麗

周易啓蒙翼傳自序

朱子於《易》有《本義》，有《啓蒙》，其書則古經，其訓解則主卜筮，所以發明四聖人作經之初旨。至於專論卦畫蓍策，則《本圖書》以首之，《考變占》以終之。所以開啓蒙昧而爲讀《本義》之階梯，大抵皆《易經》之傳也。先君子懼愚不敏，既爲《啓蒙通釋》以誨之。愚不量淺陋，復爲《本義附録纂疏》以承先志。今重加增纂之餘，又成《翼傳》四篇者，誠以去朱子纔百餘年，而承學浸失其真。如《圖》、《書》已釐正矣，復仍劉牧之謬者有之。《本義》已復古矣，復循王弼之亂者有之。卜筮之教炳如丹矣，❶復祖尚玄旨者又有之。若是者，詎容於得已也哉？故日月《圖》、《書》之象數明，天地自然之易彰矣。卦、爻、十翼之經傳分，羲、文、周、孔之《易》辨矣。夏、商、周之《易》雖殊，而所主同於卜筮。古《易》之變復雖艱，而今終不可逾於古。傳授傳注雖紛紛不一，而專主理義，曷若卜筮上推理義之爲實？夫然後舉要以發其義，而辭、變、象、占尤所當講。明筮以稽其法，而《左傳》諸書皆所當備。辨疑以審其是，而《河圖》、《洛書》當務爲急。凡此者固將以羽翼朱子之《易》，由朱子之《易》以參透夫羲、文、周、孔之《易》也。若夫《易緯》、《焦》、《京》、《玄》、《虚》以至《經世》、《皇極内篇》等作，自邵子專用先天卦外，餘

❶「丹」下，薈要本有「青」字。

皆《易》之支流餘裔。苟知其概，則其列諸《外篇》固宜。而朱子之《易》卓然不可及者，又可見矣。抑又有説，朱子嘗曰《易》只是卜筮之書，本非以設教，然今凡讀一卦一爻，便如筮斯得，觀象玩辭，觀變玩占，而又求其理之所以然者，施之身心、家國、天下，皆有所用，方爲善讀。是故於乾坤，當識君臣父母之分；於咸恒，當識夫婦之别；於震坎艮巽離兑，當識長幼之序；於「麗澤，兑」，當識朋友之講習。以至謹言語、節飲食，當有得於頤；懲忿窒慾、遷善改過，當有得於損益；不諂不瀆，以謹上下之交，安其身而後動，易其心而後語，定其交而後求，以爲全身之道，當有得於《大傳》。即此而推，隨讀而受用焉。是則君平依孝依忠之微意也，雖日端策而筮，其根底所在，亦何以尚此。請申之。

皇慶癸丑歲一陽來復之日，新安後學胡一桂庭芳父序。

周易啓蒙翼傳上篇

新安前鄉貢進士胡一桂學

○天地自然之易

日月爲易

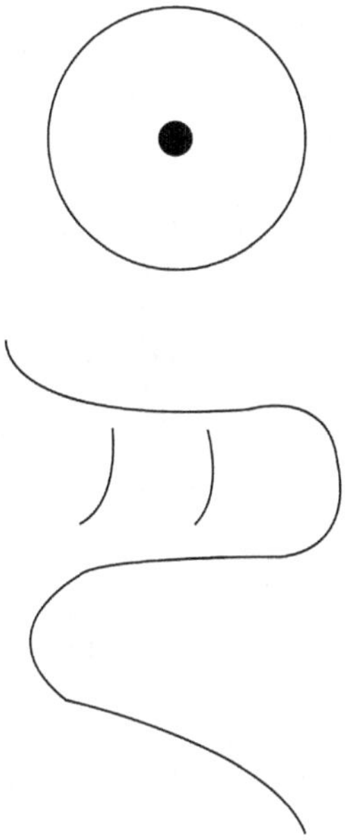

《易大傳》曰：「日月運行，一寒一暑。」「陰陽之義配日月。」「懸象著明，莫大乎日月。」「日月之道，貞明者也。」「日往則月來，月往則日來，日月相推而明生焉。寒往則暑來，暑往則寒來，寒暑相推而歲成焉。」

太虛中，天、地、山、澤、雷、風、水、火、飛、潛、動、植，何莫非易之呈露？豈但日月、《圖》《書》？特日月繼照，真天地自然之易；《圖》、《書》迭出，真天地自然之數。作《易》之原雖肇於《圖》、《書》，而《易》之爲義尤著明於日月，故揭以爲首。鄭氏厚。曰：「易，從日從月，天下之理一奇一偶盡矣。天文、地理、人事、物類，以至性命之微，變化之妙，否泰、損益、剛柔、失得、出處、語默，皆有對敵，故《易》設一長畫、一短畫以總括之。所謂『一陰一陽之謂道』者，此也。」陸氏秉。曰：「易字篆文日下從月，取日月交配而成，是日往月來、迭相爲易之義。」《說文》：「日，實也，太陽之精不虧，從〇一，象形。」通論天无二日，故於文〇一爲日，古文作[illegible]。徐氏曰：「陰不可抗陽，臣不可敵君，於文闕者爲月。」《正義》曰：「日譬之火，月譬之水，火外光，水含景，故月生於日之所照，魄生於日之所蔽，當日爲光，就日則明，明盡謂之一月。」愚謂於文日中有一，奇也；月中有二，偶也。一而二，二而三，三才道立，萬物生生變化无窮矣。或曰：日月特坎、離二象，何以得專易之名？曰：《易》有爻與位，九、六爲爻之陰陽，九陽而六陰也；初、二、三、四、五、上爲位之陰陽，初、三、五陽，而二、四、上陰也。以爻之陰陽言，唯坎、離二卦當日月之象。以位之陰陽言，初、二、三爲位之離，四、五、上爲位之坎。六十四卦之位皆坎離，則六十四卦之位皆日月之象也。況日月，陰陽之精，天地功化，皆寄在大光明中。日之功又大於月，月特受日之光。大哉日乎，出則晝，入則夜，行南陸則暑，行北陸則寒，萬萬古生殺慘舒，皆日功用。不然，八表同昏，父母諸子亦且奈何哉！或又曰：離，陰卦，乃日象；坎，陽卦，乃月象。何也？陰陽之精互藏其宅也。又況離雖陰卦，實生於陽儀；坎雖陽卦，實生於陰儀。陽中有陰，陰中有陽也。然則離日坎月，厥義彰矣。按：蜀彭曉《參同論》云：「日者，陽内含陰象，故日中有烏。月者，陰内含陽象，故月中有兔。」愚謂卯屬兔，月生西乃有兔。酉屬雞，烏屬，日生東乃有雞，此亦互藏其宅處。即《楚辭》顧菟烏羽之論。朱子不謂然，此姑以其有互藏其宅之象而及之爾。

河圖洛書

河圖

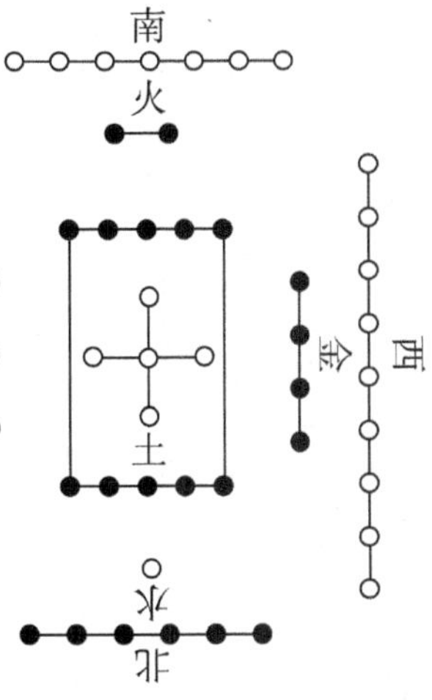

洛書

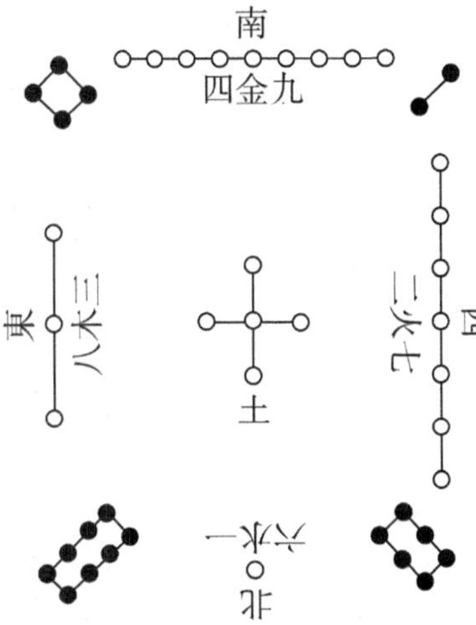

《易大傳》曰：「河出圖，洛出書，聖人則之。《易》有四象，所以示也。繫辭焉，所以告也。定之以吉凶，所以斷也。」

此統論《河圖》、《洛書》也。

又曰：「天一，地二，天三，地四，天五，地六，天七，地八，天九，地十。按：此簡本在第十章之首，《本義》從程子説，移在第九章之首。天數五，地數五，五位相得而各有合。天數二十有五，地數三十，凡天地之數五十有五，此所以成變化而行鬼神也。」按：此簡本在「大衍」之後，《本義》移在「天九地十」之下。又按：班固《律曆志》、唐衛《元包》二簡皆是連書。

此專明《河圖》之數也，古今言數學者蓋始於此。天地間只有一十數，衍而爲百千萬億之无筭者，此十之積也。十數又只始於一數，自二至十皆此一之積也。一之上更有何物？理而已矣。此所謂「易有太極」

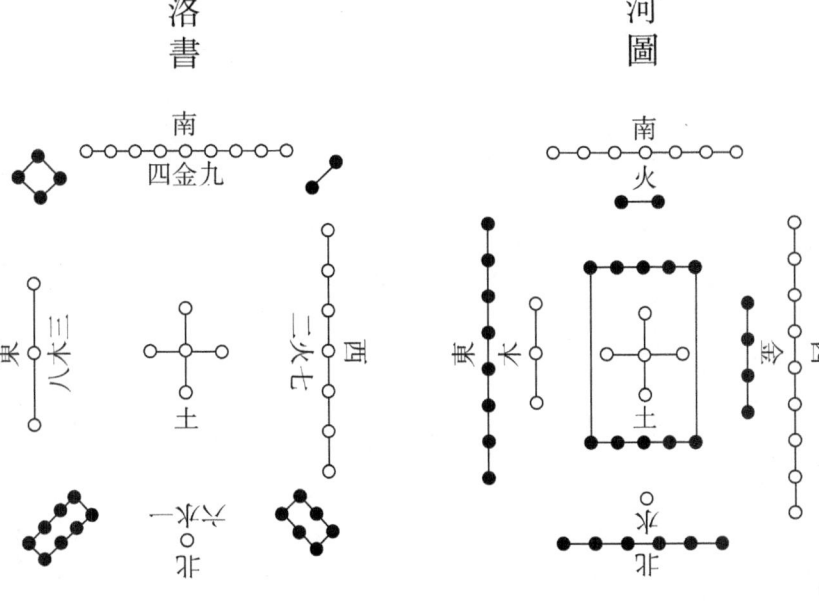

是也。太極之理雖超乎數之外，而實行乎數之中也。自天一至地十細積之，已自具天地五十有五之數。一與二爲三，三與三爲六，六與四爲十，十與五爲十五，十五與六爲二十一，二十一與七爲二十八，二十八與八爲三十六，三十六與九爲四十五，四十五與十爲五十五，數備矣。其下文不過申明此十數而已。其義，先人《啓蒙通釋》備矣。天地人物，古往今來，萬事萬變，與夫鬼神之情狀，皆在此數包羅中矣。今以圖觀之，天一生水，地六成之；地二生火，天七成之；天三生木，地八成之；地四生金，天九成之；天五生土，地十成之。然天一生水，必待地六而後成，以至天五生土，必待地十而後成者，以五行之生皆不能離乎中五之土以成形質。天一生水矣，水非土則原泉從何出？故一得五則成六，是地六成之也。地二生火矣，火非土則歸宿於何所？故二得五則成七，是天七成之也。天三生木矣，木非土亦无所培植，故三得五則成八，是地八成之也。地四生金矣，金固土之所滋長，故四得五則成九，是天九成之也。天五生土矣，生而必成，則積之深厚，故五得五則成十，是地十成之也。一、二、三、四、五者，生之之序也；六、七、八、九、十者，皆因五而後得，非真藉六、七、八、九、十之數以成之也。春屬木居東方，而三、八生成木在東，在十干則爲甲乙，十二支則爲寅卯，在人則爲五臟之肝。夏屬火居南方，而二、七生成火在南，在十干則爲丙丁，十二支則爲巳午，在人則爲五臟之心。秋屬金居西方，而四、九生成金在西，在十干則爲庚辛，十二支則爲申酉，在人則爲五臟之肺。冬屬水居北方，而一、六生成水在北，在十干則爲壬癸，十二支則爲亥子，在人則爲五臟之腎。四季屬土居中宫，而五、十生成土在中，在十干則爲戊己，十二支則爲辰戌丑未，在人則爲五臟之脾。若配以五常，則東屬仁，南屬禮，西屬義，北屬智，中宫屬信而貫乎四者。五行質具於地，氣行於天。以質言，則曰水火木金土，取天地生成之序也；以氣言，則曰木火土金水，取春夏秋冬運行之序也。故圖之左旋自東而南，南而中，中而西，西而北，合四時之序焉。此圖不過龍馬負之出於河爾，而數之所具包括如此，其可以人力彊爲也哉？

《易大傳》雖以《河圖》與《洛書》並言，却未嘗明言《洛書》之數如所論《河圖》之詳者。今以《洛書》觀之，其爲數也，一居北，六居西北，三居東，八居東北，五居中，與《河圖》之位數合。至於九自居南，四自居東南，七居西，二自居西南，二方之數視《河圖》實相易置焉。何哉？朱子謂陽不可易而陰可易，其義精矣。愚又自其粗者觀之，蓋《圖》、《書》之數雖不相襲，然而天地間東、西、南、北、中，不過一水火木金土之位，一、二、三、四、五、六、七、八、九、十，不過一水火木金土之數。自二圖並觀，《河圖》五行之數各協五方之位，《洛書》之數三同而二異焉，其居中者不可易矣。縱使東、北二方之數相易，亦不過有相生而无相克。至西、南二方之數相易，則金乘火位，火入金鄉，有相克制之義焉。此造化所以必易二方之數者，正以成其相克之象也。自二方既易之後，《書》皆右轉相克，北方一、六水克西方二、七火，西方二、七火克南方四、九金，南方四、九金克東方三、八木，東方三、八木克中央五土，五土復克北方水焉。若使東、北二方之數亦易，非但无相克之象，又且於右轉之序紊其位次，而无復自然之法象矣。此造化之所以巧妙也。《河圖》主左旋相生，《洛書》主右轉相克。造化不可无生，亦不可无克。不生則或幾乎熄，不克則亦无以爲之成就也。五行相克，子必爲母報讎。如土克水，水之子木又克土；水克火，火之子土又克水；火克金，金之子水又克火；金克木，木之子火又克金；木克土，土之子金又克木。其循環相克亦无已焉。今有人忘父母之大讎而不報者，可以觀諸此矣。或曰：克有必報而生未之酬，何也？蓋生者理之常，數之順，如天之生物，本无求於報，而受生者固亦不屑屑以報爲事，其《河圖》之謂乎？克者理之變，數之逆，爲受克之子者，豈容坐視而不報哉？其《洛書》之謂乎？體常盡變，則子必爲母報讎，乃造化自然之象，人事當然之理，而不可易者也。至於中央視《河圖》惟有五而无十，然一九、二八、三七、四六之合環而向之，未嘗无十焉，正造化之妙處。合《圖》、《書》之數，悉計之爲數者百，如犬牙之相制，牝牡之相銜，其巧又有如此者！

蓋嘗論之，《河圖》雖授羲以畫八卦，竊意伏羲見是圖奇偶之數，卦便可畫，初非規規然模倣其方位與數也。卦畫既成，隱然自與《圖》之位數合。《洛書》雖云授禹以敘九疇，然九疇自初一五行之外，次二五事以下，與《洛書》之位數初不相關。今合二圖以觀先、後天之《易》，且以伏羲先天八卦乾、兑生於老陽之四、九，離、震生於少陰之三、八，巽、坎生於少陽之二、七，坤、艮生於老陰之一、六，其卦未嘗不與《洛書》之位數合；文王後天八卦坎一六水，離二七火，震、巽三八木，乾、兑四九金，坤、艮五十土，其卦未嘗不與《河圖》之位數合。先人之説，見《啓蒙通釋》上卷末。所以然者，豈伏羲之時《圖》、《書》既皆並出？《禮緯》亦曰：「伏羲德合上下，天應以鳥獸文章，地應以《河圖》、《洛書》，伏羲則以畫卦。」其後天復以錫禹邪？九疇，蓋亦本《洛書》九數也。二圖精奥，朱子備見《啓蒙》，先人《通釋》詳矣。今姑就其粗者與夫一二未發之要者講之，然後進於《啓蒙》，亦易易也。

○四聖之易

伏羲易

伏羲始作八卦圖

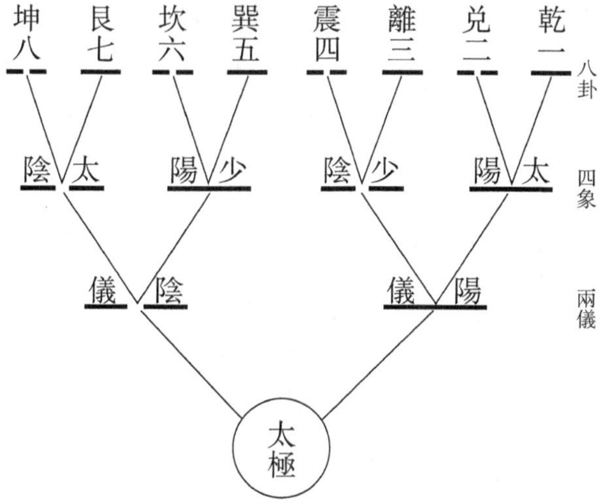

《易大傳》曰：「古者包羲氏之王天下也，仰則觀象於天，俯則觀法於地，觀鳥獸之文與地之宜，近取諸身，遠取諸物，於是始作八卦，以通神明之德，以類萬物之情。」又曰：「易有太極，是生兩儀，兩儀生四象，四象生八卦。」又曰：「八卦成列，象在其中矣。」

此明伏羲始畫八卦也。八卦爲小成之卦，三畫之卦。乾一、兑二、離三、震四、巽五、坎六、艮七、坤八。伏羲不是逐卦如此畫，只是自太極理也。生兩儀爲第一畫者二，陽儀⚊，陰儀⚋。兩儀生四象爲第二畫者四，四象者，陽儀之上生一陽爲太陽⚌，生一陰爲少陰⚍。陰儀之上生一陽爲少陽⚎，生一陰爲太陰⚏。太陽、少陰、少陽、太陰，即所謂四象也。四象生八卦爲第三畫者八，太陽之上生一陽爲乾☰，生一陰爲兑☱；少陰之上生一陽爲離☲，生一陰爲震☳；少陽之上生一陽爲巽☴，生一陰爲坎☵；太陰之上生一陽爲艮☶，生一陰爲坤☷。所謂始畫八卦者，此也。朱子曰：「爻之所以有奇偶，卦之所以三畫而成者，皆是自然流出，不假安排。此易學之綱領，開卷第一義。然古今未見有識者，至康節先生始傳先天之學而得其說，且以爲伏羲氏之《易》也。」蔡西山《要旨》曰：「自太極判而爲陰陽，陰陽之中又自有陰陽，出於自然，不待智營力索也。」愚觀《河圖》、《洛書》皆木數居東方，伏羲畫卦自下而上，即木之自根而榦，榦而枝也。其畫三，木之生數也。其卦八，木之成數也。重卦則亦兩其三，八其八爾，三、八木數大備，而後六十四卦大成。一六水、二七火、四九金、五十土，皆在包羅中矣。吁！木行春也，春貫四時；木德仁也，仁包四端。大哉易也！斯其至矣。

伏羲重卦圖

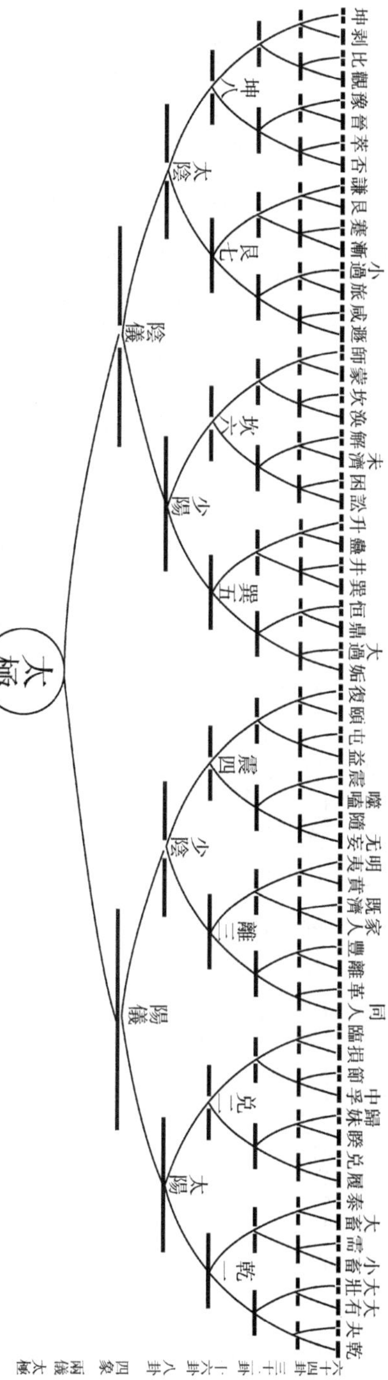

《易大傳》曰：「八卦成列，象在其中矣。因而重之，爻在其中矣。」

此明伏羲於前八卦上，因而重之爲六十四卦，大成之《易》也。伏羲重卦亦不是連將三畫安頓在上，只是因八卦既成，又自八卦上逐卦各生一陽一陰，則八分爲十六卦；十六卦上又各生一陽一陰，則十六分爲三十二卦；三十二卦上又各生一陽一陰，則三十二分爲六十四卦，而六畫卦成矣。以六十四卦橫圖觀之，其卦亦首乾終坤，重乾居一，重兑居二，重離居三，重震居四，重巽居五，重坎居六，重艮居七，重坤居八，乾一坤八之序亦不易焉。且前三十二卦一畫陽便對後三十二卦一畫陰，前三十二卦一畫陰便對後三十二卦一畫陽，陰陽兩邊各各相對，莫非自然之序，此伏羲先天之《易》。邵子謂「一分爲二，二分爲四，四分爲八，八分爲十六，十六分爲三十二，三十二分爲六十四」是也。朱子曰：「某看康節《易》了，都看別人底不得。他説箇『太極生兩儀，兩儀生四象』又都无甚玄妙，只是從來更无人識。」又答林黄中曰：「邵子之前論重卦者，多只是説并累三陽以爲乾，連疊三陰以爲坤，然後以意交錯而成六子。又先畫八卦於内，復畫八卦於外，以旋相加而後得爲六十四卦。其出於天理之自然，與人爲之造作，蓋不同矣。」

伏羲八卦方位圖

《説卦》曰：「天地定位，山澤通氣，雷風相薄，水火不相射，八卦相錯。」

右伏羲八卦方位圖，不過以前八卦横圖揭陽儀中乾、兑、離、震居東南，揭陰儀中巽、坎、艮、坤居西北。圖既成後，乾南、坤北、離東、坎西，以四正卦乾、坤、離、坎反覆只是一卦，八卦中以此四卦爲四正卦。居四方之正位；震東北、巽西南、艮西北、兑東南，以二反卦震反爲艮，巽反爲兑，本只震、巽二卦，反而成四卦，八卦中以此四卦爲震、巽之變卦。居四隅不正之位。合而言之，天位乎上，地位乎下，日生於東，月生於西，山鎮西北，澤注東南，風起西南，雷動東北，自然與天地大造化合。先天八卦對待以立體如此。其位則乾一坤八、兑二艮七、離三坎六、震四巽五，各各相對，而合成九數；其畫則乾三坤六、兑四艮五、離四坎五、巽四震五，❶亦各各相對而合成九數。九，老陽之數，乾之象，而无所不包也。造化隱然尊乾之意可見。方八卦之在横圖也，則首乾，次兑，次離，次震，次巽，次坎，次艮，終坤，是爲生出之序。及八卦之在圓圖也，則首震一陽，次離、兑二陽，次乾三陽，接巽一陰，次坎、艮二陰，終坤三陰，是爲運行之序。生者，卦畫之成；而行者，卦氣之運也。乾、坤，父、母也。震、巽，長男、女也。坎、離，中男、女也。艮、兑，少男、女也。乾統三女，坤統三男，本其所由生也。

❶「巽四震五」，原作「震四巽五」，今據四庫本及上圖改。

伏羲六十四卦方圓圖

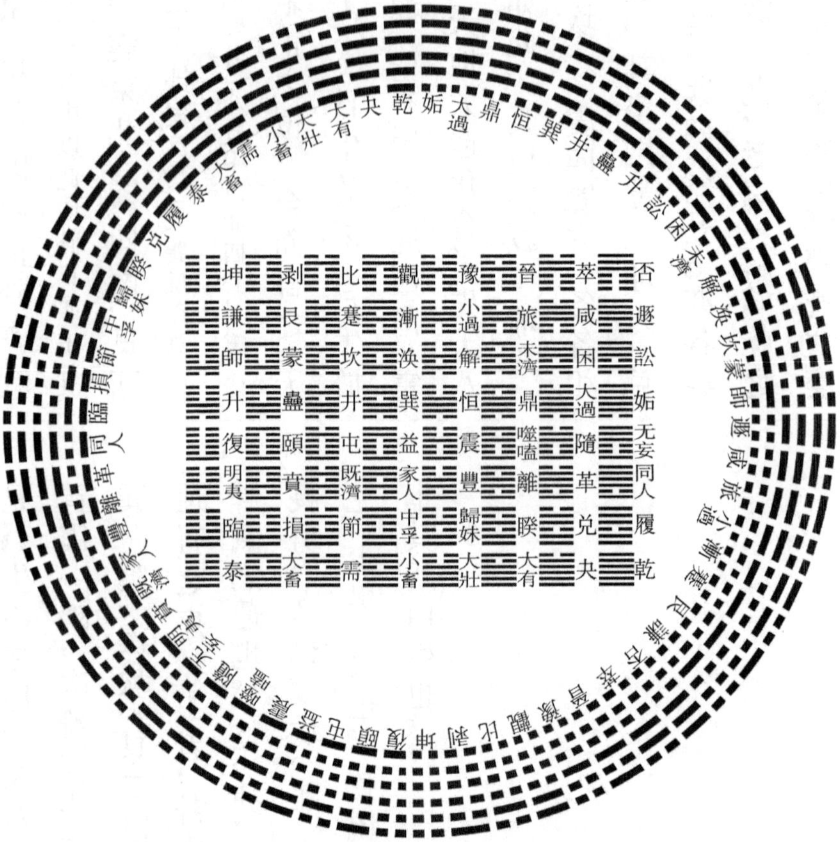
乾 夬 大有 大壯 小畜 需 大畜 泰 履 兌 睽 歸妹 中孚 節 損 臨 同人 革 離 豐 家人 既濟 賁 明夷 无妄 隨 噬嗑 震 益 屯 頤 復
姤 大過 鼎 恒 巽 井 蠱 升 訟 困 未濟 解 渙 坎 蒙 師 遯 咸 旅 小過 漸 蹇 艮 謙 否 萃 晉 豫 觀 比 剝 坤
否 遯 訟 姤 无妄 同人 履 乾
萃 咸 困 大過 隨 革 兌 夬
晉 旅 未濟 鼎 噬嗑 離 睽 大有
豫 小過 解 恒 震 豐 歸妹 大壯
觀 漸 渙 巽 益 家人 中孚 小畜
比 蹇 坎 井 屯 既濟 節 需
剝 艮 蒙 蠱 頤 賁 損 大畜
坤 謙 師 升 復 明夷 臨 泰

右伏羲六十四卦圓圖，亦就前六十四卦横圖中揭陽儀中前三十二卦，自乾至復居圖左方，東邊。乾在南之半，復在北之半；揭陰儀中後三十二卦，自姤至坤居圖右方，西邊。姤在南之半接乾，坤在北之半接復。先自震復而却行以至於乾，乃自巽姤而順行以至於坤。圖既成後，坤、復之間爲冬至子中，同人、臨間爲春分卯中，乾、姤間爲夏至午中，師、遯間爲秋分酉中，自合四時運行之序。朱子曰：「此圖若不從中起以向兩端，而但從頭至尾，則此等類皆不可通矣。」但陰陽消長較之文王十二月卦疏密不同。復隔十六卦爲臨，臨隔八卦爲泰，泰隔四卦爲大壯，大壯隔一卦爲夬，爲乾，姤、遯、否、觀、剥、坤亦然。若依陰陽消長之次分節候，未免疏密不齊。「卦氣疏密」一節，先人於《通釋》先天圓圖下論之已詳。但初藁謂卦氣盈縮蓋亦有説，且即内八卦以推十二月之卦。❶坎、離，陰陽之中者也。又爲日爲月，周於一歲十二月之間，故坎、離各八卦，不當月分，所以疏密愈不同。後以坎、離日月之説太新，削去不用。今看來，離日坎月乃易象正説，共十六卦，又誠不當月分未爲不可，故記於此，以相參考。要之，伏羲卦氣自是一樣，坤、復、乾、姤與文王十二月卦適同外，餘皆不同。文王自是一樣，不可混而觀也。天道左旋，其運行之序自北而東，東而南，南而西，西而北，北而復東也。

《説卦傳》曰：「雷以動之，風以散之，雨以潤之，日以烜之，艮以止之，兑以説之，乾以君之，坤以藏之。」

❶「二」，原作「三」，今據薈要本、慶餘堂本及元刻明修本《易學啓蒙通釋》改。

友人程直方。道大引邵子曰「先天學，心法也，故圖皆從中起，萬化萬事生於心也」，以爲「皆」字是指《説卦》「天地定位」及「雷以動之」兩節而言。「天地定位」一節，則圓圖乾、坤從南、北之中起；「山澤通氣」，則艮居坤之右，兑居乾之左；「雷風相薄」，則震居坤之左，巽居乾之右；「水火不相射」，則坎居正西，離居正東，是起南、北之中而分於東、西也。「雷以動之，風以散之」一節，則方圖震、巽自圖之中起；「雨以潤之」，則坎次巽；「日以烜之」，則離次震；「艮以止之」，則艮次坎；「兑以説之」，則兑次離；「乾以君之」，則乾次兑；「坤以藏之」，則坤次艮，亦起圖之中而達乎西、北、東、南也。故曰「皆從中起，萬化萬事生於心也」，其論最爲的當。且使《説卦》此一節亦有歸，着實發《啓蒙》之所未發。然而此圖不過以前大横圖分爲八節，自下疊上而成。第一層即横圖自乾至泰八卦，第二層即横圖自履至臨八卦，以至第八層，即横圖自否至坤八卦。圖既成後，乾本在圓圖之南，今轉而居西北；內乾八卦居北，外乾八卦居西。坤本在圓圖之北，今轉而居東南。內坤八卦居南，外坤八卦居東。艮、兑、坎、離、震、巽皆易其位。子至亥十二辰、正月至十二月、四時、卦氣，皆右轉以應地之方。泰在寅爲正月，乾在亥爲四月，否在申爲七月，坤在巳爲十月。蓋圓於外者爲天，方於內者爲地。地道右轉，自東北至西南，卦畫自然配合夫造化。而震、巽與恒、益四卦亦適自中央而起，乾、坤則位乎西北、東南，泰、否則位乎東北、西南，又有「萬化萬事生乎心」之象也。

邵子方圓圖起數法詳具于《外篇》。

伏羲揲蓍求卦之法

《説卦傳》曰：「昔者聖人伏羲。之作《易》也，畫六十四卦。幽贊於神明而生蓍，幽贊，默助之意。《中庸》「贊化育」之「贊」。神明，天地之道。蓍，草屬。蓍形類蒿，花似菊。鄭氏《通志》、《史記·龜策傳》：❶「天下和平，王道得，而蓍莖長丈餘，其叢生滿百莖可以當大衍之數者二，❷下有神龜守之，上有雲氣覆之。」參天兩地而倚數，觀變於陰陽而立卦，發揮於剛柔而生爻，和順於道德而理於義，窮理盡性以至於命。」

此夫子言伏羲畫《易》，欲教人用《易》，故贊助天地之道而生蓍草，以供卜筮之用。倚數、立卦、生爻，使人和順道德而理義，窮理盡性而至命也。《乾鑿度》云：「垂皇策者羲。」孔穎達云伏羲始用蓍，夫有卦則有蓍，信然矣。

《繫辭傳》曰：「大衍之數五十，蓍一叢百莖之半。其用四十有九，虚一象太極。分而爲二以象兩，將四十九蓍信手中分爲二。兩，兩儀，天地之象。掛一以象三，掛一策於左手小指間。三，三才。掛一象人生天地間參爲三才。揲之以四以象四時，以四數蓍策，象四時。歸奇於扐以象閏，奇，餘也。四揲左手所餘之策，扐於左手无名指間。閏，閏月。五歲再閏，閏法五歲内无再閏，此姑借言之耳。故再扐又四揲右手所餘之策，再扐左手中指間，是爲一變。而後掛。」「而後掛」者，前一變既足，復掛以起第二變之端。又曰：「四營而成易，四營者，謂分二、掛一、揲四、歸奇凡四遍經營。易，變也，四營成一變也。十有八變而成卦。」變，即易也。凡三變成一爻，十八變成六爻，是成一卦，計七十二營也。

❶「龜」，原作「蓍」，今據蓍要本、慶餘堂本改。

❷「二」，原作「三」，今據元刻本、蓍要本、慶餘堂本改。

此夫子論伏羲教人所以揲蓍之法也。大衍數五十，虛一不用，取四十九蓍爲一握。信手中分，置几左右。❶ 次以左手取左策執之，而以右手取右一策掛左手小指間。次以右手四揲左策，觀其所餘，或一，或二，或三，或四，扐之左手無名指間。次以右手反過揲之策於左上，過揲，揲過者。遂取几右策執之，而以左手四揲之。觀所餘策，如前扐之左手中指間。次以右手反過揲策於几右，合兩手一掛、二扐之策置几之西邊，是謂一變。再以兩手取几左右見存之策合之，復四營，如第一變之儀，而置掛扐之策於第一變掛扐之側，是謂二變。再以兩手取几左右見存之策合之，復四營，如前二變之儀，而置掛扐之策於第二變掛扐之側，是謂三變。乃觀三變所得掛扐多少，以畫第一爻。如是，每三變成爻，十八變成卦，視其老少之變與不變，以占事之吉凶焉。詳見《本義·筮儀》。

❶「几」，原作「凡」，今據元刻本、薈要本、慶餘堂本改。

揲蓍所得掛扐之策圖

筮法：初揲，掛扐不五則九。第二、三揲不四則八。五、四爲奇爲少，九、八爲偶爲多。五除掛一則四，九除掛一則八。

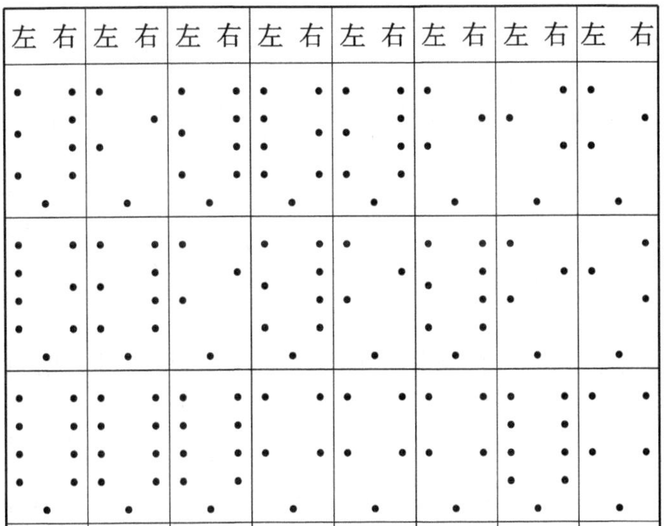

三揲皆奇，是爲老陽，有乾之象。通掛扐十三，除初掛，十二。

或初揲偶，再揲、三揲奇，爲少陰。一偶在下，巽象。通掛扐十七，除初掛，十六。

或初揲奇，再揲偶，三揲奇，亦爲少陰。一偶在中，有離之象。

或初揲奇，再揲奇，三揲偶，亦爲少陰。一偶在上，有兑之象。

或初揲奇，再揲、三揲偶，爲少陽。一奇在下，震象。通掛扐廿一，除初掛，二十。

或初揲偶，再揲奇，三揲偶，亦爲少陽。一奇在中，有坎之象。

或初揲偶，再揲偶，三揲奇，亦爲少陽。一奇在上，有艮之象。

三揲皆偶，是爲老陰，有坤之象。通掛扐廿五，除初掛，廿四。

老少掛扐定九八七六之數

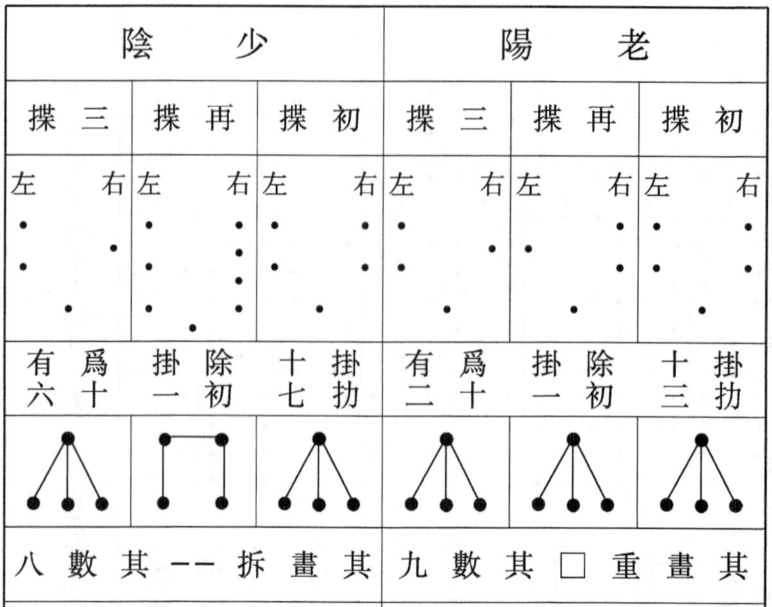

老陽三奇，象圓而用全。遂於上面掛扐除初掛一外，計三箇四，於三箇四中各取一策於上，各列三策於下，故三一之中各復有三，總三三之數則成九也。

少陰一偶二奇，以偶爲主，象方用半，於掛畫扐一箇八中去四不用，只用四，又於四中取二策於上，列二策於下，故一二中復有二。二奇象圓用全，於掛扐二箇四中各取一策於上，各列三策於下，故二一中各復有三。總一二、二三之數，則成八也。

少陽			老陰		
初揲	再揲	三揲	初揲	再揲	三揲
掛扐二十	一除初掛	一爲二十	掛扐二十	五除初掛	一爲廿四
其畫單一其數七			其畫交×其數六		
少陽一奇二偶，以奇爲主，象圓用全，於掛扐一箇四中取一策於上，列三策於下，故一箇一中復有三。二偶象方用半，於掛扐二箇八中各去四不用，又於二箇四中各取二策於上，各列二策於下，故二二中各復有二。總一三、二二之數，則成七也。			老陰三偶，象方而用半。是於上面掛扐除初掛一外，計三箇八，各去四不用，又於三箇四中各取二策於上，各列二策於下，故三二之中各有二，總三二之數，則成六也。		

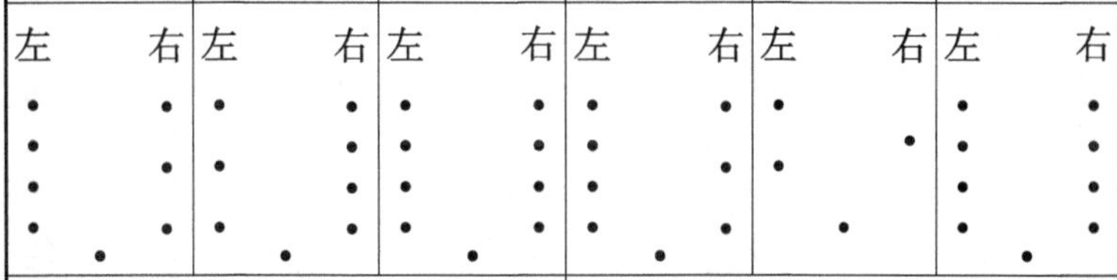

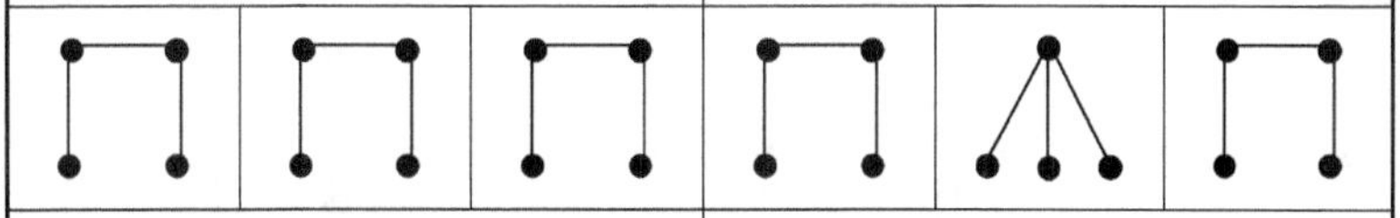

右按：四象老、少之由，原於《河圖》之數。一、二、三、四、五，《圖》之生數也；六、七、八、九、十，《圖》之成數也。四象九、八、七、六之數，雖就成數内見，然九者一、三、五之積，六者二、四之積，七者二、五之積，八者三、五之積。言九、八、七、六，則生數已在其中，必以

九、六爲老，七、八爲少者，以成數論之。陽主進，由七之進至九而極，爲陽之老；陰主退，由八之退至六而極，爲陰之老。九退而爲七，則七爲少；六進而爲八，則八爲少也。進極而退，所以七爲少陽；退極而進，所以八爲少陰也。

老少掛扐過揲進退圖

老陽九	少陰八
掛扐十三除初掛一，十二。過揲三十六，四九之數也。	掛扐十七除初掛一，十六。過揲三十二，四八之數也。

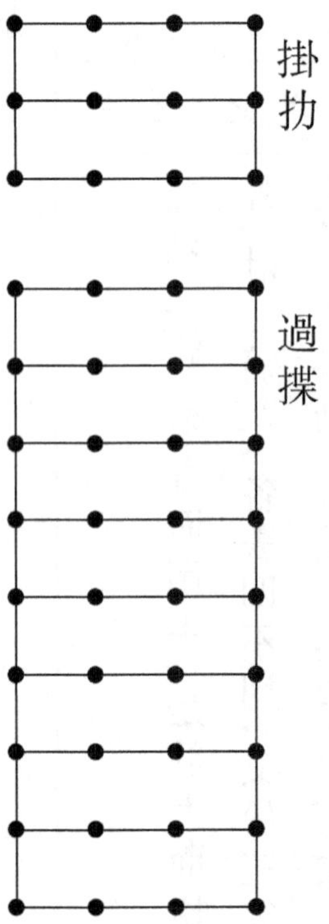

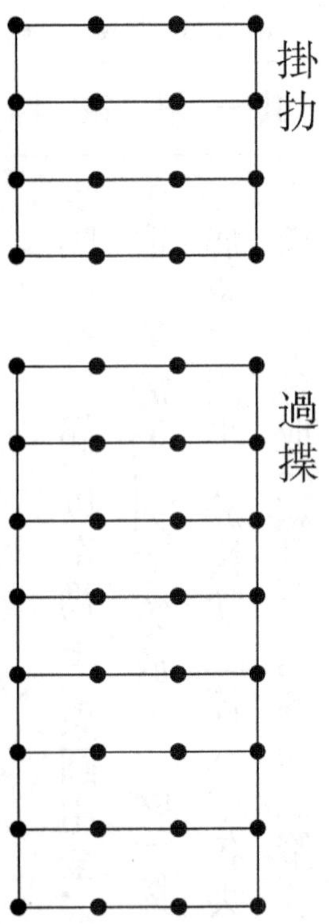

少陽七	老陰六
掛扐廿一除初掛一，二十。過揲二十八，四七之數也。	掛扐廿五除初掛一，廿四。過揲亦廿四，四六之數也。
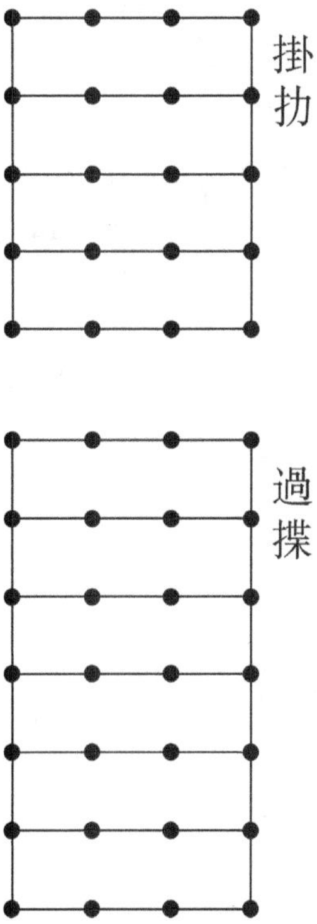	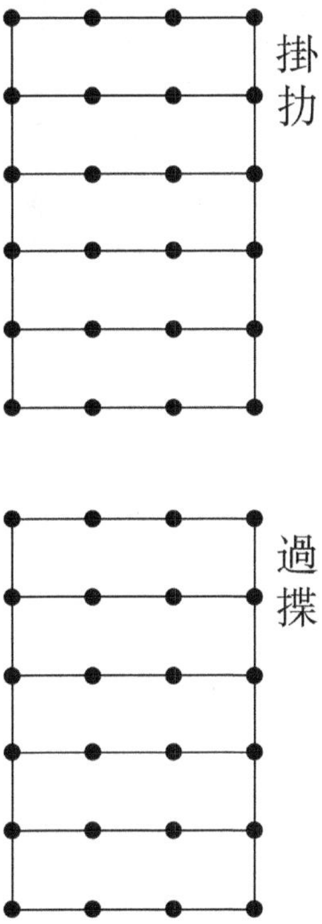

右案：五十之蓍，虛一用四十九，四營之後，又除初掛一，只以四十八策分掛扐、過揲而爲此圖。掛扐、過揲進退各以四，由老陽掛扐十二進一四爲少陰掛扐十六，少陰掛扐十六進一四爲少陽掛扐二十，少陽掛扐二十進一四爲老陰掛扐二十四，其進也，至四十八策之中焉止矣。又由老陽過揲三十六退一四爲少陰過揲三十二，少陰過揲三十二退一四爲少

陽過揲二十八，少陽過揲二十八退一四爲老陰過揲二十四，其退也，亦至四十八策之中焉止矣。進退皆不過乎中也。舊説多用過揲以定九、八、七、六之爻，棄掛扐不用。朱子非之，用掛扐而不用過揲，辨之詳矣。若如舊説，則四揲之後棄所餘策足矣，何必一掛兩扐之多端哉？朱子謂用掛扐而不用過揲，蓋以簡御煩，以寡制衆，最爲得之。

二老過揲當期物數圖

《繫辭傳》曰：「乾之策二百一十六，乾六爻，老陽過揲數。坤之策百四十四，坤六爻，老陰過揲數。凡三百六十，當期之日。萬有一千五百二十，❶合乾坤與六子三百八十四爻，三者過揲之數。當萬物之數也。」

此以二老過揲數論。若以二少過揲數論，總數亦同。今爲圖于左。或曰：何以不論掛扐？曰：掛扐以生爻，過揲以明數，而或者乃捨掛扐并以過揲生爻，誤矣。

❶「萬有」上，據慶餘堂本及《易·繫辭》、元至正元年日新書堂刊《朱子成書》本《易學啓蒙》，當有「二篇之策」四字。

二老過揲計三百八十四爻數

乾策二百十六	坤策百四十四
老陽過揲每爻三十六策 卅 卅 卅 卅 卅 卅 □ □ □ □ □ □ 六 六 六 六 六 六 六爻計二百一十六策	老陰過揲每爻二十四策 卄 卄 卄 卄 卄 卄 × × × × × × 四 四 四 四 四 四 六爻計一百四十四策
合乾、坤二老策三百六十，當一期之日數。	

二篇策數萬有一千五百二十	
老陽爻百九十二，每爻三十六策，百九十二爻共六千九百一十二策，合乾與六子陽爻筭。	老陰爻百九十二，每爻二十四策，百九十二爻共四千六百丹八策，合坤與六子陰爻筭。
合乾、坤六子二老策萬一千五百二十，當萬物數。	

二少過揲計三百八十四爻數

乾策百六十八❶	坤策百九十二
少陽過揲每爻二十八策 卌 卌 卌 卌 卌 卌 ⚊ ⚊ ⚊ ⚊ ⚊ ⚊ 八 八 八 八 八 八 六爻計一百六十八策	少陰過揲每爻三十二策 卌 卌 卌 卌 卌 卌 ⚋ ⚋ ⚋ ⚋ ⚋ ⚋ 二 二 二 二 二 二 六爻計一百九十二策
合乾、坤二少策，亦三百六十，當一期日數。	
二篇策數亦萬一千五百二十	
少陽爻百九十二，每爻二十八策，百九十二爻共五千三百七十六策，合乾與六子陽爻筭。	少陰爻百九十二，每爻三十二策，百九十二爻共六千一百四十四策，合坤與六子陰爻筭。
合乾、坤六子二少策，亦萬一千五百二十，當萬物數。	

❶「八」，原作「六」，今據慶餘堂本改。

揲蓍占法

一爻變，則以本卦變爻占。案：《左傳》占法又不只就一爻占，合本、之二卦體并互體論。❶觀陳厲公筮公子完之生可見。❷

二爻變，則以本卦二變爻占，仍以上爻爲主。案：陳摶爲宋太祖占，亦旁及諸爻與卦體。

三爻變，則占本、之卦辭及卦體，以卦體平分故也，仍以本卦爲貞，之卦爲悔，主在本卦。案：《啓蒙》但云占本、之彖辭，然以晉侯屯、豫之占，❸則并占卦體可見。

四爻變，則占之卦二不變爻，仍以下爻爲主。愚謂仍先觀本卦二不變爻，然後重在之卦二不變爻，而以下爻爲主，方備。

五爻變，則占之卦一不變爻。愚謂仍先觀本卦一不變爻，然後以之卦一不變爻爲主，尤爲詳備。

六爻盡變，則新成舊毀，惟以之卦內、外兩體占。乾、坤占二用，餘占之卦彖辭。

六爻皆不變，則占本卦彖辭，而以內卦爲貞，外卦爲悔。并占上下兩體，爲全備。

案：伏羲《易》无文字，只占卦體、卦爻之象。至文王、周公有辭矣，就辭上占。然卦爻辭固有與所占事意相應者，又有全不應者，自以卦體、卦爻象推測之方驗。大抵於辭上會處少，於象上會處多也。如乙亥年六月旦日食既，天漆黑，久漸光，時愚在祈門楟溪李氏館，以蓍筮之，得大有之需，上體三爻俱變也。法當以兩卦彖辭占，求之辭，未悟。以本、之卦體占，下體乾天不動，上體以離日變坎月，日在天上

❶「體」下，元刻本有「論」字。「二」、「論」，原各空一格，今據元刻本、慶餘堂本補。

❷「厲」，原作「宣」，今據薈要本、慶餘堂本改。

❸「以」，元刻本、慶餘堂本作「引」。

倏變爲月在天上矣。以月掩日，正日食象。以南方之離變北方之坎，獨无意乎？得非本卦彖辭所謂元亨之兆歟？此可以見占法矣。

伏羲神農黄帝堯舜十三卦制器尚象圖

《易·繫辭傳下》：「包羲氏罔罟取諸離，神農氏耒耜取諸益，市取諸噬嗑，黄帝、堯、舜衣裳取諸乾、坤，舟楫取諸渙，服牛乘馬取諸隨，門柝取諸豫，杵臼取諸小過，弧矢取諸睽，棟宇取諸大壯，棺槨取諸大過，書契取諸夬。」

䷝ 離下離上 **離** 重離有巽體，巽繩、離目，有罔罟象。

䷩ 震下巽上 **益** 巽木入於前，❶耒象；震木動於後，耜象。

䷔ 震下離上 **噬嗑** 市，離虚象致民，震出象聚貨。艮止象，又藏山海之實象，交易否初、五爻得所，陰陽均。

䷀ 乾下乾上 **乾** 乾天在上，衣象。

䷁ 坤下坤上 **坤** 坤地在下，裳象。

䷺ 坎下巽上 **渙** 巽木，坎亦堅木。刳、剡，巽伏兑金象，方成舟楫。又巽木行坎水象。

䷐ 震下兑上 **隨** 初至四似離，牛象。震，馬象。

䷏ 坤下震上 **豫** 坤爲户，艮爲門闕，重門也。艮手遇震木，擊柝也。暴客，震躁也。

䷽ 艮下震上 **小過** 震木，兑金斷之。艮土震動而有兑金揉之。又上動下止，杵臼之象。

䷥ 兑下離上 **睽** 兑爲巽木之反，有弓象。巽繩，又弦象。坎堅木，兑金剡，爲矢象。

䷡ 乾下震上 **大壯** 震木在上爲棟，乾天在下爲宇。❷兑澤雨象，震伏巽風象。

䷛ 巽下兑上 **大過** 巽木，兑反體亦爲巽木，四陽在中，有棺槨象。

䷪ 乾下兑上 **夬** 乾、兑本同生老陽，判爲二卦，今復合成夬，有書契判合象。金氣行天，又有凋木之象。

愚謂此夫子述五聖人雖不假卜筮而用《易》，所謂制器尚象之事也。

❶「木」，原作「本」，今據元刻本、薈要本、慶餘堂本改。

❷「天在」，原倒乙，今據薈要本、慶餘堂本改。

文王易

文王八卦方位圖

朱子曰：「此圖若以卦畫言之，震一陽居下，兑一陰居上，故相對；坎一陽居中，離一陰居中，故相對；巽一陰居下，艮一陽在上，故相對；乾純陽，坤純陰，故相對。亦是一説。」見《大全集》。

《説卦傳》曰：「帝出乎震，齊乎巽，相見乎離，致役乎坤，説言乎兑，戰乎乾，勞乎坎，成言乎艮。萬物『出乎震』，震，東方也。『齊乎巽』，巽，東南也，齊也者，言萬物之絜齊也。離也者，明也，萬物皆相見，南方之卦也，聖人南面而聽天下，嚮明而治，蓋取諸此也。坤也者，地也，萬物皆致養焉，故曰『致役乎坤』。兑，正秋也，萬物之所説也，故曰『説言乎兑』。『戰乎乾』，乾，西北之卦也，言陰陽相薄也。坎者，水也，正北方之卦也，勞卦也，萬物之所歸也，故曰『勞乎坎』。艮，東北之卦也，萬物之所成終而所成始也，故曰『成言乎艮』。」

右文王八卦，又自取東南西北四方之位，及春夏秋冬四時運行之序。震東爲春，巽東南春夏之交，離南爲夏，坤西南夏秋之交，兑西爲秋，乾西北秋冬之交，坎北爲冬，艮東北冬春之交。震、巽爲木，離爲火，坤、艮爲土，兑、乾爲金，坎爲水。春夏秋冬，木火金水，與四方俱協焉。後天八卦流行以致用又如此，天地之間有對待之體，不可无流行之用。有伏羲《易》，不可无文王之《易》。所以知得此爲文王者，文王彖《坤》有曰「西南得朋，東北喪朋」，正合此圖之方位也。陳氏友文曰：離爲日，大明生於東，故在先天居東；日正照於午，日中時也，故在後天居南。坎爲月，月生於西，故在先天居西；月正照於子，夜分時也，故在後天居北。在先天則居生之地，在後天則居旺之地。不特坎、離，後天卦位皆以生旺爲序。正南午位離火旺焉，正北子位坎水旺焉。震木旺於卯，故震居東；兑金旺於西，故兑居西；土旺中央，故坤位金、火之間，艮位水、木之間。兑陰金，乾陽金，故乾次兑居西北；震陽木，巽陰木，故巽次震居東南。皆以五行生旺爲序，此所謂《易》之用也。若夫乾統三男於東北，坤統三女於西南，是入用之際，男皆從父，女皆從母，各從其類也。愚於《説卦》論之詳矣。

文王改易先天爲後天圖

内圖文王後天八卦，外圖伏羲先天八卦。案圖而觀，則知文王本伏羲卦位以成後天卦位者，其變易之意厥有攸在矣。

右文王改易伏羲卦圖之意，邵子發明之，朱子釋之已詳，見《啓蒙》，可謂得王者之心矣。盤澗董先生又曰：「天地以中相易爲坎離水火，以上下相易爲震兑澤雷，以上下相易爲巽艮風山，以上下交相易爲乾、坤。六子並以一爻變，惟乾、坤變其二爻，陰陽之純故也。故震、兑横而六卦縱，有自然之象矣。」愚案：後天四隅之卦，先生蓋取先天艮、巽、震、兑以縱相易爲乾、坤、艮、巽。若皆就對宫取，亦有説先天兑與艮對，以兑下二陽易艮下二陰，則爲後天西北角乾矣。故先天艮初、三兩爻復往易兑初爻爲陰、三爻爲陽，則成後天東南角巽矣。先天震與巽對，以震上二爻陰易巽上二爻陽，則成後天西南角坤矣。故先天巽初、三兩爻復往易震初爻爲陰、三爻爲陽，則成後天東北角艮矣，亦未爲不可。若又以先天乾、坤爲變之主推之，以定後天八卦，又有可言者。先天乾中爻既變坤中爻爲坎，故天氣下降，而乾位西北。坤中爻既變乾中爻爲離，故地氣上騰，而坤位西南。乾既當先天艮位，故艮進位東北，當先天震位，艮亦震之反也。坤既當先天巽位，故巽退位東南，當先天兑位，巽亦兑之反也。若後天東、南二方震、兑二卦，亦因離既往居乾位，當後天南方之卦，離性炎上，故先天離三爻變則爲後天震矣；坎既往居坤位，當後天北方之卦，坎性潤下，故先天坎初爻變則爲兑矣，亦未爲不可。大抵易，變易也，横斜曲直无往不通，由人是取。但未知文王初意果如何耳，衹恐愈巧則愈失其真也。盤澗先生此段不見梓本，愚元貞乙未往先生家，見其曾孫，柄，扁新齋。首蒙以遺藁此段見教，因得推廣師説云。

文王六十四卦反對圖

乾	咸 恒
坤	遯 大壯❶
屯 蒙	晉 明夷
需 訟	家人 睽
師 比	蹇 解
小畜 履	損 益
泰 否	夬 姤
同人 大有	萃 升
謙 豫	困 井
隨 蠱	革 鼎
臨 觀	震 艮
噬嗑 賁	漸 歸妹
剝 復	豐 旅
无妄 大畜	巽 兑
頤	渙 節
大過	中孚
坎	小過
離	既濟 未濟

文王序六十四卦，皆以反對而成次第。何謂對？如上經乾與坤對，頤與大過對，坎與離對，下經中孚與小過對，陰陽爻各各相對也。何謂反？如屯反爲蒙，既濟反

❶「大」，原無，據薈要本、四庫本補。

爲未濟，一卦反爲兩卦也。對者八卦，反者二十八卦，而六十四卦次序成矣。試嘗細攷之，上經三十卦一百八十爻，陽爻八十六，陰爻九十四；下經三十四卦二百丹四爻，陽爻一百丹六，陰爻九十八。卦爻陰陽多寡參差不齊亦甚矣。今以反對計之，則上經以十八卦成三十卦，下經亦以十八卦成三十四卦。上經五十二陽爻五十六陰爻，下經五十六陽爻五十二陰爻，共用三十六卦成六十四卦，而卦爻陰陽均平齊整，條理精密，又未有如此之甚者。於不齊之中而有至齊者存，是亦可樂而翫之也。案圖可見矣，然此特姑見其反對之巧妙。若夫經分上下，與卦先後次第之所以然者，詳見後六十四卦全圖。

文王六十四卦次序圖❶

上經

䷀ 乾乾 乾	䷁ 坤坤 坤	䷂ 坎震 屯	䷃ 艮坎 蒙	䷄ 坎乾 需	䷅ 乾坎 訟	䷆ 坤坎 師	䷇ 坎坤 比
自	對	鼎	下 革	晉	下 明夷	同人	大有
乾、坤，天地也，陰陽之純。坎、離，日月、水火也，陰陽之中，故爲上經始終。先儒謂以天道言也，乾、坤爲上經主，自坎、離外，諸卦皆乾、坤會遇。		乾、坤後次屯、蒙者，震坎艮以三男代父母用事，雖无乾、坤正體，然三男實由坤三索於乾而得，有互體之坤，是亦坤與三男會也。		屯、蒙之後，乾遇坎而爲需、訟。		需、訟之後，坤遇坎而爲師、比。自屯至比三男卦，震、艮各一用，坎獨六用者，亦見天地間水爲最多，猶人一身无非血脈之流轉也。	

❶「圖」下，元刻本有小字注「並説」二字。

小畜（巽乾）　豫
履（乾兑）　謙

師、比後，乾方與巽、兑會，成小畜、履。此長、少二女代兄從父始入用，惟離中女未用耳。自乾、坤至此十變，十成數也，陰陽之氣一周矣。

泰（坤乾）　反
否（乾坤）　對

小畜、履後，乾、坤自相遇成泰、否。然乾、坤十變方泰，何其難！泰一變即否，何其易！履其交、處其會者，宜知警戒爲變化持守之道可也。

同人（乾離）　師
大有（離乾）　比

泰、否而後，乾、坤異處。乾自與離相遇爲同人、大有。至此則離始入用，而三女之卦全用矣。

謙（坤艮）　履
豫（震坤）　小畜

同人、大有後，坤又自與艮、震相遇成謙、豫，亦爲長、少二男之從母也。至此震、艮二男復用事矣。

隨（兑震）　反
蠱（艮巽）　對

謙、豫後，震、兑、巽、艮會，男女長、少成隨、蠱。若无預乾、坤，其實乾、坤三陰三陽雜居。隨自否初、上變，蠱自泰初、上變，謂非由於乾、坤，可乎？

臨（坤兑）　遯
觀（巽坤）　下　大壯

隨、蠱而後，坤與兑、巽相遇而爲臨、觀，亦爲長、少二女之從母也。

噬嗑（離震）　井
賁（艮離）　下　困

臨、觀而後，噬、賁雖震、離、艮相遇而成，實亦乾、坤三陰三陽分布。隨、蠱由泰、否變，噬、賁由隨、蠱變，隨五、上易爲噬嗑，蠱初、二易爲賁也。

剥（艮坤）　夬
復（坤震）　下　姤

噬嗑、賁後，坤遇震、艮而成剥、復，亦爲長、少二男之從母也。

无妄（乾震）　升
大畜（艮乾）　下　萃

剥、復而後，乾遇震、艮而成无妄、大畜，亦爲長、少二男之從父也。

頤（艮震）　自
大過（兑巽）　對

无妄、大畜後，震、艮、巽、兑雖男女長、少自合成頤、大過，然頤互兩坤，大過互兩乾，謂之无乾、坤不可也。自乾、坤至此，无一卦无乾、坤信矣。

䷜ 坎坎 坎 自
䷝ 離離 離 對

頤、大過而後，坎、離終焉。頤似離，大過似坎固也。頤初、二、五、上變則爲重體之坎，大過初、二、五、上變亦爲重體之離矣。

上經正卦凡六，反卦二十四，共用十八卦成三十卦。

下經

䷞ 兌艮 咸 損
䷟ 震巽 恒 益

咸、恒，夫婦之道。既、未濟，水火之交、不交，爲下經始終。先儒謂以人道言也。咸、恒爲下經之主，自既、未濟外，諸卦皆艮、兌、巽、震之會遇。

䷠ 乾艮 遯 臨
上
䷡ 震乾 大壯 觀

咸、恒而後，艮、震遇乾而爲遯、壯，亦爲父之臨二男也。

䷢ 離坤 晉 需
上
䷣ 坤離 明夷 訟

遯、壯而後，惟晉、明夷，由離、坤而成，爲母之臨中女。雖无震、巽、艮、兌，然有互艮、互震，亦猶上經屯、蒙雖无乾、坤正體而實未嘗不互坤也。

䷤ 巽離 家人 解
䷥ 離兌 睽 隔

晉、明夷而後，巽、兌遇離而爲家人、睽。

䷦ 坎艮 蹇 對
䷧ 震坎 解 家人

家人、睽而後，艮、震遇坎而爲蹇、解。自遯至解八卦，艮、震、巽、兌之遇乾、坤、離、坎也，自成一局。

䷨ 艮兌 損 咸
䷩ 巽震 益 恒

蹇、解而後，損、益次之者，咸十卦變之盡爲損而艮上兌下，恒十卦變之盡爲益而巽上震下，亦由上經乾、坤十變而有否、泰也。

䷪ 兌乾 夬 剥
上
䷫ 乾巽 姤 復

損、益而後，兌、巽遇乾而成夬、姤，亦爲父之臨二女也，乾體止於此。

䷬ 兌坤 萃 大畜
上
䷭ 坤巽 升 无妄

夬、姤而後，兌、巽遇坤而成萃、升，亦爲母之臨二女也，坤體止於此。

卦	卦	標記	說明
䷮ 兌坎 困 賁	䷯ 坎巽 井 噬	上	萃、升而後，兌、巽遇坎而成困、井。
䷰ 兌離 革 蒙	䷱ 離巽 鼎 屯	上	困、井而後，兌、巽遇離而成革、鼎。自夬至鼎八卦，皆兌、巽之遇乾、坤、坎、離也，又自成一局。
䷲ 震震 震 巽	䷳ 艮艮 艮 兌		革、鼎而後，震、艮純卦次之。
䷴ 巽艮 漸	䷵ 震兌 歸妹	反　對	震、艮而後，艮、巽、兌、震又自相遇而爲漸、歸妹，亦咸、恒下二體合爲漸，上二體合爲歸妹也。
䷶ 震離 豐 渙	䷷ 離艮 旅 節		漸、歸妹後，震、艮遇離成豐、旅。

卦	卦	標記	說明
䷸ 巽巽 巽 震	䷹ 兌兌 兌 艮		豐、旅而後，巽、兌純卦次之。
䷺ 巽坎 渙 豐	䷻ 坎兌 節 旅		巽、兌又自出而遇坎以成渙、節。
䷼ 巽兌 中孚	䷽ 震艮 小過	自　對	渙、節後，兌、巽、艮、震自相遇爲中孚、小過，亦咸、恒上下二體交互相重成卦也。咸、恒一變，損、益再變，漸、歸妹三變，中孚、小過陰陽各從其類焉。
䷾ 坎離 既濟	䷿ 離坎 未濟	自　對	中孚、小過後，離、坎重爲既、未濟，爲下經之終。中孚、小過似離、坎固也。中孚二、三、四、五各易位則爲離，小過二、三、四、五各易位亦爲坎矣。

下經正卦凡二，反卦三十二，亦十八卦成三十四卦。

右文王演《易》羑里，取伏羲六十四卦分爲

上、下經二篇。大抵本先天圓圖，以東西南北四方正卦乾、坤、坎、離爲上經之始終；以西北隅艮、東南隅兑合而爲咸，西南隅巽、東北隅震合而爲恒，四隅反卦爲下經之始，而終以既濟、未濟，則亦坎、離之交、不交也。故乾、坤、坎、離四純卦皆居上經，震、艮、巽、兑四純卦皆居下經，又以反對爲次，非復先聖之舊。夫子《序卦》直以卦名發其次第之義，他則未及。今觀反對之序，上經自乾至離共用十八卦，反對爲三十卦，下經自咸至未濟亦用十八卦，反對爲三十四卦。有十八變而成卦之象，乾數九，二九爲十八。坤數六，三六亦十八。乾奇，其畫六，坤偶，二六一十二，合之則爲三六，亦十八。愚已作《反對圖》并説附《本義》末，今爲全圖于此。然上、下經豈无以爲之主者乎？蓋嘗思之，天地爲萬物之祖，乾、坤爲六十四卦之祖，不易之論也。然以六十四卦分上、下經，則乾、坤爲上經之首，即爲上經之主，而終之以坎、離，餘震、艮、巽、兑與坎、離之餘卦皆其遇也。故八卦各體散見於上經者，乾、坤最多，各十有二，而震、艮各七，巽、兑各四，坎八，離六而已。以咸、恒爲下經之首，即爲下經之主，艮、兑、巽、震是也，而終之以既濟、未濟，亦坎、離也，餘乾、坤、坎、離皆其遇也。❶故八卦各體散見於下經者，兑、巽最多，各十有二，震、艮各九，而乾、坤各四，坎八，離十而已。此上經自坎、離外，无一卦无乾、坤；下經自既、未濟外，亦无一卦无艮、兑、震、巽。上經自乾、坤而後，三陰三陽之卦凡六，乃乾、坤之三變。泰、否，乾、坤之三陰三陽交、不交也；隨、蠱，乾、坤之三陰三陽雜居也；

❶ 「遇」，原作「過」，據元刻本、薈要本、慶餘堂本改。

噬嗑、賁，乾、坤之三陰三陽分布也。餘則乾、坤兩體各司諸卦。下經自咸、恒而後，艮、兑、震、巽相重之卦亦凡六，乃咸、恒之三變。損、益，咸、恒之首變。咸變盡爲損，而艮上兑下；恒變盡爲益，而巽上震下，猶上經之有泰、否也。漸、歸妹，咸、恒之再變。咸、恒之下二體艮、巽合而爲漸，咸、恒之主二體兑、震合而爲歸妹，猶上經之有隨、蠱也。中孚、小過，咸、恒之三變。咸、恒上下二體交互相重，以咸下體艮遇恒上體震則爲小過，以咸上體兑遇恒下體巽則爲中孚，亦猶上經之噬嗑、賁也。餘則艮、兑、巽、震各司諸卦焉。然乾、坤三變必一吉而一凶，泰、隨、賁吉，而否、蠱、噬嗑凶矣。咸、恒三變亦必一吉而一凶，益、漸、中孚吉，損、歸妹、小過凶矣。或曰：乾、坤、艮、兑、巽、震，分主上、下經固也。而上經屯、蒙、隨、蠱、噬嗑、賁、頤、大過八卦乃艮、兑、巽、震之合，无乾、坤正體。下經遯、壯、晉、明夷、夬、姤、萃、升八卦乃有乾、坤，非盡艮、兑、巽、震之合體。文王《序卦》何不徑以十六卦兩相博易，則非特上經自坎、離外无一卦无乾、坤正體，而下經自既、未濟外，艮、兑、巽、震兩兩相從，正體之卦尤无間斷，今下經晉、明夷无艮、兑、巽、震之正體，只有互體之艮、震。不亦可乎？曰：聖人之智豈不及此？而必爲是者，其意誠不欲使上、下經截然爲乾、坤，截然爲艮、兑、巽、震，於以見男女有從父母之象，父母有臨男女之象，而又不害其爲上、下經。雖不盡有主卦之正體，而亦未嘗无可取之乾、坤、艮、兑、巽、震乎。上經屯、蒙有互體坤，隨、蠱、噬、賁、頤、大過實分具乾坤三陰三陽之體。下經晉、明夷有艮、震互體。此猶分陰分陽，陰陽又互爲根，正《易》之妙處，衆人固不識也。以此求之，庶乎可以竊窺文王之心，而其間關節脉理之通，默而識之，又存乎其人焉。今各見兩兩相從卦下。吕氏曰：「易，變易也，天下有可變之理，聖人有能變之道。反需爲訟，泰爲否，隨爲蠱，晉爲明夷，家人爲睽，此不善變者也。反剥爲復，遯爲壯，蹇爲解，損爲益，困爲井，此善變者也。文王示人以可變之機，❶則危可安，亂可治，特在一轉移間爾。後天之學，其以人事贊天地之妙與！」見《要指》。又嘗合上、下經始終而論之。乾、坤，天地也，坎、離，水火也，以體言也；咸、恒，夫婦也，既、未濟，水火之交、不交也，以用言也。上經以天道爲主，具人道於其中，下經以人道爲主，具天道於其內。三才之間，坎、離最爲切用。日月不運，寒暑不成矣；民非水火不生活矣；心火炎燥而不降，腎水涸竭而不升，百病侵陵矣。故上、下經皆以坎、離終焉。又見《本義》後《卦序圖》説下。

文王作六十四卦卦下辭

文王序卦後，以伏羲《易》但有卦畫无文字，遂以逐卦下作爲卦辭，名之曰「彖辭」，《左傳》名之曰「繇辭」。彖者，斷也，所以斷一卦之吉凶。如《乾》卦「元亨利貞」一句，《坤》卦「元亨利牝馬之貞」以下是也。六十四卦皆然。文王之《易》所以首乾次坤者，蓋本天地之位，著君臣上下之分，以紀綱人極。今觀《乾》、《坤》二卦彖辭「利貞」、「安貞吉」之訓，可以見文王之心矣。此其所以三分有二，道化廣及人心，歸之者衆，非謂已有紂三分有二之土地也。以服事殷也。要之，文王彖辭只是卜筮占決之辭，亦多取

❶「之機」，原空二格，今據元刻本、四庫本、慶餘堂本補。

象及卦變。卦變多於「往」、「來」二字上見，如《泰》「小往大來」、《否》「大往小來」。又分明易見者，已解，見泰卦辭下。大抵皆因占以寓教，如言「利貞」，不言「利不貞」，言「貞吉」，不言「不貞吉」之類。貞便是一箇正固底道理。文王作卦辭，雖未嘗明言太極，然所謂正理，是即所謂太極矣。故孔子發之。

文王九卦處憂患圖

䷉ 兌下乾上 履，德之基也。履，和而至。履以和行。

䷎ 艮下坤上 謙，德之柄也。謙，尊而光。謙以制禮。

䷗ 震下坤上 復，德之本也。復，小而辨於物。復以自知。

䷟ 巽下震上 恒，德之固也。恒，雜而不厭。恒以一德。

䷨ 兌下艮上 損，德之脩也。損，先難而後易。損以遠害。

䷩ 震下巽上 益，德之裕也。益，長裕而不設。益以興利。

䷮ 坎下兌上 困，德之辨也。困，窮而通。困以寡怨。

䷯ 巽下坎上 井，德之地也。井，居其所而遷。井以辨義。

䷸ 巽下巽上 巽，德之制也。巽，稱而隱。巽以行權。

《易·繫辭傳》曰：「《易》之興也，其於中古乎？作《易》者，其有憂患乎？是故履，德之基也。止巽以行權。」

此夫子發明文王處憂患，不假卜筮用《易》之事，豈所謂「以動者尚其變」之義乎？一陳卦德，二陳卦材，三陳聖人用卦，皆有次第。然《易》豈止此九卦可處憂患，如屯、否、蹇、剥皆可也。蓋道理只在聖人口頭，偶然在九卦上説，文義亦足，初未嘗留意。若更添幾卦，更減幾卦，皆可。舊看九卦於三畫八卦内七卦有取，獨无取於離，以爲聖人晦明之意。然有互體離在焉，實未嘗不明也。又以太巧不入之《本義纂注》後，今姑記於此。

文王十二月卦氣圖

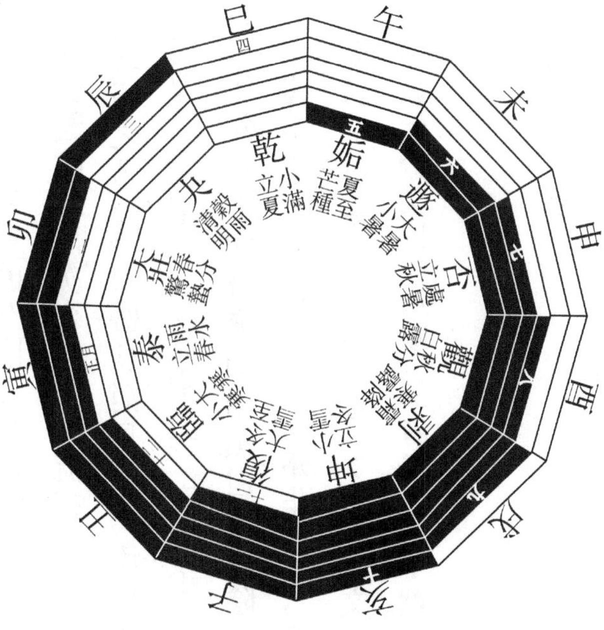

文王十二月卦，自復卦一陽生爲冬至子中，屬十一月中；臨卦二陽生爲大寒丑中，屬十二月中；泰卦三陽生爲雨水寅中，屬正月中；大壯四陽生爲春分卯中，屬二月中；夬卦五陽生爲穀雨辰中，屬三月中；乾卦六陽生爲小滿巳中，屬四月中，爲純陽之卦；陽極則陰生，故姤卦一陰生爲夏至午中，屬五月中；遯卦二陰生爲大暑未中，屬六月中；否卦三陰生爲處暑申中，屬七月中；觀卦四陰生爲秋分酉中，屬八月中；剥卦五陰生爲霜降戌中，屬九月中；坤卦六陰生爲小雪亥中，屬十月中，爲純陰之卦；陰極則陽生，又繼以十一月之復焉。陰陽消長，如環无端，不特見之卦畫之生如此，而卦氣之運亦如此，自然與月之陰陽消長相爲配合。《大傳》所謂「易與天地準，故能彌綸天地之道」，於此亦可見其一端。所以知得十二月卦屬文王者，以文王卦下之辭，《復》卦

「七日來復」、《臨》卦「八月有凶」之類可見。此圖既成，以四時之氣配四方之位，雖與文王序卦先後不協，實自然與伏羲六十四卦圓圖之位次合。卦氣流行之接，卦畫對待之妙，陰陽盛衰消長相爲倚伏之機，備於此圖十二月卦中矣。案朱子《本義》，伏羲六十四卦横圖用黑白以别陰陽爻。答袁樞曰：「黑白之位亦非古法，但今欲易曉，且爲此以寓之耳。」今愚本文公法作爲此圖，白者爲陽，黑者爲陰，了然在目矣。

周　公　易

周公作三百八十四爻下之辭

如《乾》卦初九「潛龍勿用」，《坤》卦初六「履霜堅冰至」之類是也。爻辭取象尤多，所以明一爻之吉凶。大抵卦分兩體，以象言則只是兩象，以人言則只是兩人。爻分六爻，以象言則分爲六象，以人言則分爲六人，與卦體全不同矣。各據卦爻而論可也。謂爻辭爲周公作者，《易》初无明文，馬融、王肅、姚信謂周公作爻辭，孔穎達《正義》《正義》，易疏是也。引説者云：「爻辭中有説文王處，如《升》卦六四『王用亨于岐山』之類。武王克商之後，始追號文王爲王。若爻辭並是文王作，不應文王自説『王用亨于岐山』。又《明夷》六五『箕子之明夷』，武王觀兵之後，箕子始被囚奴，文王不宜豫言『箕子之明夷』。又《左傳》韓宣子適魯，見《易象》而知周公之德。晁説之曰：「韓宣子見《易象》，是古人以卦爻統名之曰象也，故曰『易者，象也』，其意深矣。」驗此諸説，以爲卦辭文王，爻辭周公，馬融、陸績之徒並用此說。今依而用之。」愚案：孔氏所引諸說證據甚明，而箕子之稱尤足以見其決非文王所作也。餘見後《辨疑》内。

右伏羲六十四卦，文王卦下之辭，周公爻下之辭，通稱曰經。孔氏《正義》曰：「子夏傳云：『雖分上、下二篇，未有「經」字。「經」字後人所加，不知起自誰始。』」案：前漢孟喜《易》本云分上、下二經，是孟喜之前已題「經」字。其篇題「經」字雖起於後，其稱經之理久在於前矣。又案：陳氏皐曰：「六經首書皆不曰經，惟《易》稱上、下經，說者援孟喜本分上、下經，是喜以前已題『經』字矣。又《鉤命訣》云：『曾子問於孔子曰：《孝經》與《易》何以得稱經？』則孔子時已稱經矣。此讖緯之言，未可必信，皐以爲孔子始題以記之，故有上、下經之號也。」

孔子易

孔子作十翼之辭

孔穎達曰：「十翼之辭，以爲孔子所作，先儒更无異論，但數十翼亦多家。既文王《易經》本分爲上、下二篇，則區域各别，《彖》、《象》釋卦，亦當隨經而分。故一家云：《上彖》一，《下彖》二，《上象》三，《下象》四，《上繫》五，《下繫》六，《文言》七，《說卦》八，《序卦》九，《雜卦》十。鄭學之徒並同此說，今亦依之。」朱子《本義》亦然。又案：胡公旦謂《彖》一，大《象》二，小《象》三，《乾·文言》四，《坤·文言》五，《上繫》六，《下繫》七，《說卦》八，《序卦》九，《雜卦》十，且謂孔氏說非。胡公瑗又謂《上彖》、❶《下彖》、大《象》、小《象》、《文言》、《上繫》、《下繫》、《說》、《序》、《雜》爲十翼。皆朱子所不取，今姑記以備看。漢上朱氏曰：「十翼本與《周易》異卷。前漢費直傳古文《周易》，以《彖》、《象》、《繫辭》、《文言》解說上、下經是也。費氏之《易》至馬融始作傳，融傳鄭康成，

❶「又」，原爲墨丁，今據元刻本、四庫本、慶餘堂本補。

康成始以《彖》、《象》連卦辭、爻辭，魏王弼又以《文言》附乾、坤二卦。故自康成而後，其本加『彖曰』、『象曰』；王弼而後，加『《文言》曰』。至於文辭連屬，不可附六十四卦之爻，則仍其舊篇，今《繫辭》上下、《説卦》、《序卦》、《雜卦》是也。魏高貴鄉公問博士淳于俊曰：『今《彖》、《象》不連經文而注連之，何也？』俊對曰：『鄭康成合《彖》、《象》於經者，欲便學者尋省易了。孔子恐其與文王相亂，是以不合。』則鄭未注《易經》之前，《彖》、《象》不連經文矣。」漢上所引證極有功，東萊先生所深取，觀此則十翼本與《周易》異卷，詎不信然。

彖上傳第一 上經三十卦。

彖下傳第二 下經三十四卦。

《彖傳》，如《乾》卦《彖》曰「大哉乾元」以下、《坤》卦《彖》曰「至哉坤元」以下是也。文王卦下之辭正是彖辭。孔子於《繫辭傳》有曰「彖者，言乎其象也」，象指卦象。又曰「知者觀其彖辭，則思過半矣」。所謂「彖」，正謂文王卦下之辭也。《彖傳》者，乃是孔子贊《易》十篇之二。先儒附其辭於彖下，故加「彖曰」以别之。若曰孔子贊文王卦下之辭，云彖之意如此也，孔子雖是贊文王卦辭，然多自發明己意以解伏羲卦，不盡同於文王。如「乾，元亨利貞」，文王本意只作占辭，以爲筮得此卦，六爻皆不變，或一卦内有三爻變，皆用彖辭占，若得此卦，其事大亨而利在貞正耳；孔子却自作四德解，又其間多説卦變，此卦自某卦來，説卦變凡二十卦，訟、泰、否、隨、蠱、噬嗑、賁、无妄、大畜、咸、恒、晉、睽、家人、解、升、鼎、漸、涣、節。皆孔子所自發其意者也。文王間亦有取卦變處，孔子自取尤多。

象上傳第三上經三十卦大、小象。

象下傳第四下經三十四卦大、小象。

象有大象，說一卦兩體之象。一卦如乾，是一卦兩體，如乾有乾上、乾下是也。《乾》卦大《象》曰「天行健，君子以自彊不息」之類，此是孔子所自取。六十四卦大象，如乾則統象於天，坤則統象於地，象屯以雲雷，象蒙以山泉。先聖文王、周公。所未嘗有也。漢上朱氏曰：「史墨對趙簡子曰：『在《易》卦，雷乘乾曰大壯。』」觀此則『雷在天上，大壯』之類，有卦則有此象矣。如曰『君子以非禮勿履』，則孔子所繫之大《象》也。」愚謂漢上說非是。如雷如天等象，往往古或有之，却未嘗有人將作大象如此齊整。若謂有卦則有此象固是如此，但「雷在天上，大壯」一句之類，既非文王，又非周公，將屬之誰作乎？且孔子小《象》必自爲卷，大《象》首句既非我作，何故襲而取之乎？必不然也。史墨三字但與易象意似而文又不同，使執此盡疑夫子大《象》，最爲學者之通患。愚恐後進不能无惑，故不可不辨。或曰：象述伏羲，彖述文王，而象在彖後者，孔穎達謂象是孔子所述，其肯先文王乎？此論得矣。看來六十四卦大《象》與卦彖、爻義全不相蒙，又別是說一道理，自是孔子解說伏羲一卦兩體，又不蹈文王、周公之義也，只合自作一處爲是。□有小《象》乃逐爻解周公三百八十四爻之辭，❶如《乾》初九爻下《象》曰「潛龍勿用，陽在下也」之類是也。

❶「□」，四庫本作「所」。

漢上曰：「仲尼繫三百八十四爻之象，文皆中律，是謂少而法，多而類，世罕知者。故陸氏作傳，諧音以發其繫體。」

繫辭上傳第五「天尊地卑」以下。

繫辭下傳第六「八卦成列」以下。

《易》始有卦、爻，文王繫卦辭，周公繫爻辭，正是繫辭。而孔子所作《繫辭》，乃是繫辭之傳也。故《繫辭傳》中言聖人繫辭者六，曰「聖人設卦觀象，繫辭焉而明吉凶」，曰「聖人有以見天下之動，繫辭焉以斷其吉凶」，兩出。曰「繫辭焉所以告也」，曰「繫辭焉以盡其言」，曰「繫辭焉而命之」，皆指文王、周公卦爻辭言也。若《繫辭》上、下傳，則是孔子統論一經之卦爻大體凡例。如論先聖作《易》之由，則見於包羲氏仰觀俯察，及易有太極，及《河圖》、《洛書》數章；如論用《易》之法，則見於「大衍之數五十」章。與夫卦爻之剛柔，象數之變化，三極之道，幽明之故，鬼神之情狀，皆搜抉无隱。若徒有上、下經而无《繫辭傳》，則象數之學不明，理義之微莫顯，《易》亦竟无以致用於萬世而適乎仁義中正之歸矣。其可哉！《繫辭》有稱「大傳」者，因太史公引「天下同歸而殊塗，一致而百慮」爲《易大傳》。太史公受《易》於楊何，何之屬又著《易傳》行世，曰「大傳」者，別楊何之徒所爲傳耳。向來科場中遇出《繫辭》題目於冒子後入官題處，多稱「大傳曰」云云，蓋本諸此，今久不復見此矣吁。《繫辭》中有稱「子曰」者，文公《本義》謂疑皆後人所加也。

文言傳第七

乾、坤二卦《文言》爲諸卦之例，文飾其辭以言之，發明義理爲多。歐公曰：「《文言》夫子自作，不應自稱「子曰」，恐非夫子《文言》之全篇。漢之易師擇取真文以解卦體，至有所不取，則文斷不屬，故以「子曰」起之也。其先「何謂」，而後言「子曰」者，乃講師自爲問答之言。」

説卦傳第八

《説卦》首論聖人生蓍立卦，次及伏羲、文王卦位不同，次論八卦之象甚備。其象多是夫子所自取，不盡同於先聖。漢儒以來千五百餘年，未能勘破此義，以爲夫子只是隱括前聖所取之象，求之於經又不合，是以言象多牽合傅會，而不得其説。愚嘗謂數聖取象各有不同，故《説卦》言象求之於經不盡合，蓋夫子自取之象爲多，不必盡同於先聖。若分文王、周、孔之《易》各自求之，坦然明白矣。此説似足以祛古今之惑。詳見《本義》後圖象説。〇漢上云：「秦漢之際，《易》亡《説卦》。孝宣時，河内女子發老屋，得《説卦》。至後漢荀爽集解，又得八卦逸象三十有一。」東萊《吕氏家塾論》云：「《隋・經籍志序》云：秦後惟失《説卦》三篇，後河内女子得之。今韓康伯《説卦》乃止一篇，而别出《序》、《雜》。」愚謂《隋志》疑是。蓋費直所傳，不及《説卦》，以後而所謂三篇，恐并《序》、《雜》言也。

序卦傳第九

論文王序次六十四卦之義。

雜卦傳第十

《雜卦》乃夫子雜論六十四卦之義，而有无限旨趣。馮氏去非曰：「《雜卦》以兩兩相對爲義，取《序卦》而雜之。然自乾、坤三十卦而至咸、恒，以應上篇之卦；自咸、恒而下三十四卦，以應下篇之卦。蓋有不雜者存。」愚謂自乾、坤而下三十卦，雜下經十二卦於其間；自咸、恒而下三十四卦，亦雜上經十二卦於其間，亦《雜卦》之義也。但其所以然之理必有至妙者存，此姑見其粗也。

䷀乾	䷁坤	䷞咸	䷟恒
䷇比	䷆師	䷺渙	䷻節
䷒臨	䷓觀	䷧解	䷦蹇
䷂屯	䷃蒙	䷥睽	䷤家人
䷲震下	䷳艮下	䷋否上	䷊泰上
䷨損下	䷩益下	䷡大壯	䷠遯
䷙大畜	䷘无妄	䷍大有上	䷌同人上
䷬萃下	䷭升下	䷰革	䷱鼎
䷎謙	䷏豫	䷽小過	䷼中孚
䷔噬嗑	䷕賁	䷶豐	䷷旅
䷹兌下	䷸巽下	䷝離上	䷜坎上
䷐隨	䷑蠱	䷈小畜上	䷉履上
䷖剥	䷗復	䷄需上	䷅訟上
䷢晉下	䷣明夷下	䷛大過上	䷚頤上
䷯井下	䷮困下	䷾既濟	䷿未濟
䷵歸妹	䷴漸	䷫姤	䷪夬

右夫子十翼皆名之曰「傳」。然由夫子視前聖，則二篇爲經，十翼爲傳。❶吴仁傑曰：「或者謂聖人之書不當捨經稱傳。案：《易音義》言經者常也，法也。傳以傳述爲義。經之爲言以其可爲萬世之常法，傳則述前人之作。如是而已，非必尊經而卑傳。十翼之文述而不作，其體傳也，其言經也，豈害其爲聖人之書乎？況史稱孔子讀《易》而爲之傳，則傳也者，孔子之所自名，非後人名之也。」由孔子而來至于千萬世，卦爻、十翼通稱之曰「易經」也。

周易啓蒙翼傳上篇

❶「爲傳」，原缺，今據元刻本、四庫本、慶餘堂本補。

周易啓蒙翼傳中篇

新安前鄉貢進士胡一桂學

○三代易

三易

《周禮・春官・太卜》：「掌三易之法，一曰《連山》，二曰《歸藏》，三曰《周易》，其經卦皆八，其別皆六十有四。」

案：杜子春謂《連山》伏羲，《歸藏》黄帝。鄭玄謂夏曰《連山》，商曰《歸藏》，周曰《周易》。説者謂夏、商、周《易》首卦不同，蓋寓三統之義。夏正建寅，爲人統，故首艮。艮，寅位也，人生於寅。艮寅雖後天之卦，夏時已符此象矣。商正建丑，爲地統，故首坤。坤，地也，地闢於丑。周正建子，爲天統，故首乾。乾，天也，天開於子。所建之正不同，故於《易》之首卦各見其義。孔穎達曰：「案《世譜》等群書，神農一曰連山氏，亦曰列山氏，黄帝一曰歸藏氏。既並是代號，則《周易》稱『周』取岐陽地名。」「《易緯》云因代以題『周』是也。」諸家説不同如此。東萊先生深善《連山》、《歸藏》同是代號之説，且曰《下繫》十三卦制器尚象，神農、黄帝嘗有取於《易》，而夏、商則无攷，以爲孔氏之説无足疑者。而程可久曰：「孔子曰：『我欲觀夏道，是故之杞，吾得夏時焉。』此《連山》所以首艮也。又曰：『我欲觀商道，是故之宋，吾得坤乾焉。』此《歸藏》所以首坤也。」見《周易古占法》下。

豈自伏羲畫《易》之後代代有《易》，「連山」、「歸藏」在神農、黄帝則爲代號，在夏、商則爲艮、爲坤也耶？是亦未可知也。若《周易》與《周禮》稱「周」義同，自别於前代爾。

連山易

《連山》十卷，見《唐・藝文志》，司馬膺注。自唐以前，並无其書。《隋・儒林傳》云：「牛洪奏求天下遺逸之書，河間劉光伯遂造僞書百餘卷，❶題爲《連山易》、《魯史記》等，録上送官，取賞而去。後有人訟之，坐除名。」則唐之《連山》似隋世僞書。

歸藏易

《歸藏易》十三卷，見《隋・經籍志》，晉太尉薛貞注。長孫無忌等論次其書，以爲《歸藏》漢初已亡。案：晉《中經》有之，唯載卜筮不似聖人之旨，以本卦尚存，故具於《周易》之首，以備《周易》之缺。宋《崇文總目》載《歸藏》三卷，云隋世十三篇，今但存《初經》、《齊母》、《本蓍》三篇，文多缺亂，莫詳。

歸藏初經見李西溪《易解・序説》。

初乾，其争言。云云。

初坤，榮犖之華。云云。

初艮，徼徼鳴狐。云云。

初兑，其言語敦。云云。

初犖，爲慶身不動。云云。

初離，離監監。云云。

初釐，燂若雷之聲。云云。

初巽，有鳥將至而垂翼。云云。

❶「河間」，原作「何用」，今據薈要本改。

案：漢上朱氏《叢説》謂：「考之《歸藏》之書，其初經者，包羲氏之本旨也。卦有初乾、初奭、坤也。初艮、初兑、初犖、坎也。初離、初釐、震也。初巽八卦。其卦皆六畫，《周禮》所謂經卦皆八，則初經之卦也。」

歸藏齊母經同上。

曰：舊言之擇，❶新言之念。云云。

歸藏六十四卦名同上。

乾 屯 蒙 溽 訟 師 比 少毒畜 履 泰
否 同人 大有 很 釐 大過 頤 困 井 革
鼎 旅 豐 小過 林禍 觀 萃 稱 僕 復
母亡 大毒畜 瞿 散家人 節 奂 蹇 荔 員 誠
欽 恒 規 夜 巽 兑 離 犖 兼 分
歸妹 漸 晉 明夷 岑霨 未濟 逯 大壯 蜀 馬徒

闕四卦。

○古易

周易古初本。

《漢·藝文志》：「《易經》十二篇，施、孟、梁丘三家。」顔師古曰：「上下經、十翼，故十二篇。」

案：經則伏羲卦，文王卦下辭，周公爻下辭。翼則孔子傳上下《彖》、上下《象》、上下《繫辭》、《文言》、《説卦》、《序卦》、《雜卦》，共爲十翼之辭。經分上下，則二篇矣。翼而有十，則十篇矣。故總曰《易經》十二篇，施讎、孟喜、梁丘賀三家皆然也。

❶「曰」，原作「田」，今據影印文淵閣四庫全書本《西溪易説·序説》改。

但自費氏至鄭、王亂經之後，古經失其傳，而十翼之次説者亦多不同。今唯當以朱文公《本義》爲據。

○古易之變

費　氏　易

周易上經

☰元亨利貞。

⚊潛龍勿用。

⚊見龍在田，利見大人。

⚊君子終日乾乾，夕惕若厲，无咎。

⚊或躍在淵，无咎。

⚊飛龍在天，利見大人。

⚊亢龍有悔。

䷀ 見群龍无首，吉。

案：此吴斗南本所載費直《易》也。豈古《易》上、下二篇只如此歟？朱子答吴氏書云：「古《易》既畫全卦，繫以彖辭，又再畫本卦，分六爻而繫以爻辭，似涉重複，且覆卦之法不知何所考據。」如此則朱子已嘗見其書不能不疑之矣。今恐其或有所據，姑録于此。斗南名仁傑。

《傳》：「大哉乾元，止萬國咸寧。」

「乾下乾上 天行健，君子以自彊不息。」

「乾初九，『潛龍勿用』，陽在下也。止用九，天德不可爲首也。」

案：吴氏曰：「此省去《彖傳》、《象傳》、《繫辭傳》等篇目，但總以一『傳』字加於《彖傳》之首，王弼、王肅《易》皆存『傳』字，蓋本於此。」吴氏於經只載乾卦，以著六十四卦之例。於《傳》自《傳》「大哉乾元」以下，亦只載乾傳，以著十翼之例。十翼之篇皆蒙此一「傳」字矣。《西漢・儒林傳》雖但謂費直以《彖》、《象》、《繫辭》、《文言》解説上、下經，初不言其分傳以附經，然而將《彖傳》、大小《象傳》逐卦自聚成一類，統置於上、下經二篇之後，僅存一「傳」字於《彖傳》之首，以別經。悉去《彖》、《象》、《繫辭》、《文言》等篇目，則是古經已變亂於此矣。卒至有鄭、王之紛更聖經，何其不幸歟！

鄭康成易

「䷀乾下乾上乾，元亨利貞。初九，潛龍勿用。止用九，見群龍无首，吉。《彖》曰：『大哉乾元，止萬國咸寧。』《象》曰：『天行健，君子以自彊不息。潛龍勿用，陽在下也。止用九，天德不可爲首也。』」

案：吴氏曰：「康成省去六爻之畫，又省用九、用六覆卦之畫。移上、下體於卦畫之下，又移初九至用九爻位之文加之爻辭之上，又合《彖傳》、《象傳》於經，於《彖傳》加『彖曰』字，於《象傳》加『象曰』字。」魏博士淳于俊曰：「康成合《彖傳》於經者，欲學者尋省易了爾。」詳見《孔子十翼辭》。下吴氏只載乾卦，著六十四卦例，今王弼本乾卦存康成本之例也。

王弼易

周易上經乾傳第一

案：王弼乾卦一同鄭氏，但移《文言》附其後，加「文言曰」字。吴氏故不重載，但從坤卦起。

「䷁坤下坤上坤，元亨。止安貞吉。《彖》曰：『至哉坤元，止應地无疆。』《象》曰：『地勢坤，君子以厚德載物。』初六，履霜堅冰至。《象》曰：『履霜堅冰，止至堅冰也。』止用六，利永貞。《象》曰：『用六，永貞，以大終也。』《文言》曰：『坤至柔而動也剛，止天玄而地黄。』」案：吴氏曰：「王弼注《易》用康成本，謂孔子贊爻之辭本以釋經，宜相附近，乃各附當爻。每爻加『象曰』以別之，謂之小《象》。又取《文言》附於乾、坤二卦，加『文言曰』三字於首。若《繫辭》、《説卦》、《序卦》、《雜卦》等篇，則仍其舊，別自爲卷。自是世儒知有弼《易》，不知有所謂古經矣。」又曰：「原三家之學，初欲學者尋省易了，日趨於簡便。而末流之弊，學者遂廢古經，使後世不見此書之純全與聖人述作之本意，可勝歎哉！」愚嘗謂羲、文、周、孔，聖人也。卦爻、十翼皆《易》書也。費氏以傳解經，未爲非是。鄭、王以傳附經，亦何不可？況各從其類，最便觀覽。而好古君子每不能无恨，豈聖人之書不可混而一之乎？蓋夫子雖曰「述而不作」，然自爲一書，非世儒傍文生義、分行注脚之比。故周爻已不盡同於文王，而孔翼亦豈盡同於文王、周公？比而同之，非特使學者猝莫區別，而吾夫子制作初意亦不復可見矣。晁氏曰：「劉牧云小《象》獨乾不繫于爻辭，尊君也。石守道曰孔子作《彖》、《象》於六爻之前，小《象》繫逐爻之下，唯乾悉屬之於後者，讓也。嗚呼！他人尚何責哉！」若是者，可不懼乎？愚故録吴氏所載三家變《易》論之，繼以先儒所復古《易》，還先聖之舊云。朱子荅吴氏書曰：「吕伯恭頃嘗因晁氏本更定古《易》十二篇，考訂頗詳。然據淳于俊之説，便以今王弼《易》爲鄭康成《易》，嘗疑其未安。今得所示分別鄭、王二本，乃有歸着甚善。然不知別有何證據也。」

○古易之復

周易古經呂氏微仲本。

上經第一　下經第二　上彖第三
下彖第四　上象第五　下象第六
繫辭上第七　繫辭下第八　文言第九
説卦第十　序卦第十一　雜卦第十二

右《周易古經》者，《彖》、《象》所以解經，始各爲一書。王弼專治《彖》、《象》以爲注，乃分綴卦爻之下，學者於是不見完經，而文辭次第貫穿之意亦軼然不屬。予因案古文而正之。凡經二篇，《彖》、《象》、《繫辭》各二篇，《文言》、《説卦》、《序卦》、《雜卦》各一篇，總十有二篇。元豐壬戌十月既望汲郡呂大防序。案：尤侍郎袤，字延之，與吴氏仁傑書云：「頃得呂東萊所定古《易》一編，朱元晦爲之跋，嘗以板行，乃與左右所刊呂汲公古經无毫髮異。而東萊乃不及微仲嘗編，豈偶然同耶？」愚謂此朱、呂二先生皆偶未及見。東萊決非掩襲，觀文公與吴氏書，則後來必就吴氏本見之矣。但跋東萊本在前，其時必未之見也。今觀所次序經傳本末，並與東萊定本同。但東萊只分上經、下經，而无「第一」、「第二」字。又東萊稱《彖上傳》第一，至《雜卦傳》第十，小有不同爾。

古周易晁氏以道本。

卦爻第一不分上、下經，混同爲第一。
彖傳二不分上、下《彖》，混同爲第二。
象第三不分大小、上下《象》，混同爲第三。
文言第四合乾、坤《文言》爲第四。
繫辭第五不分上、下《繫》，混同爲第五。
説卦第六　序卦第七　雜卦第八

《周易》卦爻一，《彖》二，《象》三，《文言》四，《繫辭》五，《説卦》六，《序卦》七，《雜卦》八，謹第如上。案：晉太康初，發汲縣舊冢得古簡編，科斗文字，散亂不可訓知。獨《周易》最爲明了，上、下篇與今正同。別有《陰陽説》，而无《彖》、《象》、《文言》、《繫辭》。杜預疑于時仲尼造之于魯，尚未播之遠國。而《漢·藝文志》《易經》十二篇，施、孟、梁丘三家，顔師古曰上、下經及十翼，故十二篇。是則《彖》、《象》、《文言》、《繫辭》始附卦爻而傳於漢歟。先儒謂費直專以《彖》、《象》、《文言》參解《易》爻，以《彖》、《象》、《文言》雜入卦中者，自費氏始。其初費氏不列學官，唯行民間。至漢末，陳元方、鄭康成之徒皆學費氏，古十二篇之《易》遂亡。孔穎達又謂輔嗣之意象本釋經，宜相附近，分爻之《象》辭各附當爻，則費氏初變亂古制時，猶若今乾卦《彖》、《象》繫卦之末歟？古經始變於費氏，而卒大亂於王弼。惜哉！奈何後之儒生尤而效之。杜預分《左氏傳》於經，宋衷、范望輩散《太玄·贊》與《測》於八十一首之下，是其明比也。揆觀其初，乃如古文《尚書》，司馬遷、班固序傳，揚雄《法言》敘篇云爾。今民間《法言》列敘篇於其篇首，與學官書不同，概可見也。唐李鼎祚又取《序卦》冠之卦首，則又效小王之過也。今悉還其初，庶幾學者不執《彖》以徇卦，不執《象》以徇爻云。昔韓宣子適魯見易象，是古人以彖爻統名之曰「象」也。故曰「易者，象也」，其意深矣，豈若後之人卦必以象明，象必以辭顯，紛紛多岐哉！嗚呼！學者曾未之知也。劉牧云小《象》獨乾不繫于爻辭，尊君也。石守道亦曰夫子作《彖》、《象》於六爻之前，小《象》繫逐爻之下，唯乾悉屬之於後者，讓也。嗚呼！

他人尚何責哉！若夫文字之傳始有齊、楚之異音，卒有科斗、籀、篆、隸書之四變，因而訛謬者多矣。劉向嘗以中古文《易經》較施、孟、梁丘經，至蜀李譔又嘗著古文《易》，則今之傳者皆非古文也，安得覩夫劉、李之書乎？如古者竹簡重大，以經爲二篇，今又何必以二篇成帙哉？謹録而藏諸，以俟博古君子。建中靖國元年辛巳五月二十四日嵩山晁説之題。

古易考 程沙隨本。

經傳一十二篇。《宋·藝文志序》云：「孝宗時，程迥所作《易考》十二篇，別爲章句，不與經相亂。」沙隨曰：「迥作《古易考》，曰《上篇》，曰《下篇》，曰《彖上》，曰《彖下》，曰《象上》，曰《象下》，曰《文言》，曰《繫辭上》、《繫辭下》，曰《説卦》，曰《序卦》，曰《雜卦》，凡十有二篇，與康節《百源易》次序同。」見《古易章句外篇》。○案：邵博《聞見後録》云：「古《易》卦爻一，《彖》二，《象》三，《文言》四，《繫辭》五，《説卦》六，《序卦》七，《雜卦》八，其次第不相雜也。」「予家藏大父康節手寫《百源易》，實古《易》也。百源在蘇門山下，康節讀《易》之地。舊祕閣亦有本。」沙隨蓋本諸此，而篇第與二呂氏合，只以《文言》在《繫辭》之前爲不同爾。若夫邵氏八篇與晁以道本无以異也。

古易 呂東萊本。與微仲篇次一同，而微仲自一至十二之序小異爾。

周易上經第一　周易下經第二
周易彖上傳第一　周易彖下傳第二
周易象上傳第三　周易象下傳第四
周易繫辭上傳第五　周易繫辭下傳第六
周易文言傳第七　周易説卦傳第八
周易序卦傳第九　周易雜卦傳第十

漢興，言《易》者六家，獨費氏傳古文《易》，而不立於學官。劉向以中古文《易經》校施、孟、梁丘經，或脱去「无咎」、「悔亡」，唯費氏經與古文同，然則真孔氏遺書也。東京馬融、鄭玄皆爲費氏學，其書始盛行。今學官所立王弼《易》雖宗莊老，其書固鄭氏書也。費氏《易》在漢諸家中最近古，最見排擯，千載之後巋然獨存，豈非天哉？自康成、輔嗣合《彖》、《象》、《文言》於經，學者遂不見古本。近世嵩山晁氏編《古周易》，將以復其舊，而其刊補離合之際，覽者或以爲未安。祖謙謹因晁氏書參考傳記，復定爲十二篇，篇目卷集一以古爲斷，其説具於音訓云。淳熙八年五月望日東萊吕祖謙謹書。案：如前吴氏所載，費氏古《易》已自不能不小有變動，而東萊謂費氏經真孔氏遺書，豈吴氏考之猶未的歟？又曰「王弼雖宗老莊，其書固鄭氏書也」，此蓋指其未變亂古本以前之書。然「鄭」字恐是「費」字之誤。蓋康成正分傳以附經，其書豈足引爲據乎？

右古文《周易》經傳十二篇，亡友東萊吕祖謙伯恭父之所定也。某嘗以謂《易經》本爲卜筮而作，皆因吉凶以示訓戒，故其言雖約，而所包甚廣。夫子作《傳》亦略舉其一端，以見凡例而已。然自諸儒分經合傳之後，學者便文取義，往往未及翫心全經，而遽執傳之一端以爲定説。於是一卦一爻僅爲一事，而《易》之爲用反有所局，而无以通乎天下之故。若是者，某蓋病之，是以三復伯恭父之書而有發焉，非特爲其章句之近古而已也。云云。淳熙九年夏六月庚子朔旦新安朱某謹書。

又辯晁氏、吕氏得失云：某案《正義》曰：「夫子所作象辭，元在六爻經辭之後，以自卑退，不敢干亂先聖正經之辭。及王輔嗣之意以爲《象》本釋經，宜相附近，其義易了，故分爻之象辭，各附其當爻下言之。」

此晁氏引以證王弼分合經傳者。然其言夫子作《象》辭，元在六爻經辭之後，則孔氏亦初不見十二篇之《易》矣。又不於《彖》及大《象》發之，似亦有所未盡。又曰：某案《詩疏》云：「漢初爲傳訓者，皆與經別行，三傳之文不與經連，故石經書《公羊傳》皆无經文，而《藝文志》所載《毛詩故訓傳》亦與經別。及馬融爲《周禮》注，乃云欲省學者兩讀，故具載本文，而就經爲注。」據此則古之經傳本皆自爲一書，故高貴鄉公所謂《彖》、《象》不連經文者，十二篇之古經傳也；所謂注連之者，鄭氏之注具載本經而附以《彖》、《象》，如馬融之《周禮》也。晁氏於此固不如呂氏之有據。案：呂氏《音訓》謂鄭康成始合《彖》、《象》於經，則《魏志》之言甚明，此義爲得。然呂氏於乾卦經傳之次第所以與他卦不同者，則无說焉。愚恐晁氏所謂初亂古制時，猶若今之乾卦，而卒大亂於王弼者，似亦未可盡廢也。因記於此。

周易本義朱文公本。

古易經傳一十二篇。即因東萊所定本作爲《本義》，明象、占之教，行于世者也。

愚嘗論所謂古《易》者，孔子翼《易》不遽自附於先聖之後。伏羲畫卦，文王卦辭，周公爻辭，自合爲上、下經二篇。孔子所作十翼，則自分爲十篇，是爲古《易》十二篇也。至前漢費直以《彖》、《象》、《繫辭》、《文言》解說上、下經，東漢鄭康成傳費直《易》，又以《彖》、《象》、《文言》本解《易》卦爻，宜相附近，始以附入其初，猶若今乾卦《彖》、《象》、《文言》統附卦之末。至三國魏王弼又傳鄭學，以《彖》與大《象》之辭附卦辭下，分爻小《象》之辭各附當爻辭下，加「彖曰」、「象曰」以別之。朱子曰：王弼注本之乾卦，蓋存鄭氏所分之例也；坤以下六十三卦，又弼之所自分也。古經始變亂於鄭氏，卒大亂於王弼。惜哉！原其初二家，但欲學者尋省易了，日趨於簡便。自是以來，古《易》十二篇遂亡，不復可見於後世。而後之讀《易》者，但知有王弼本，猝莫別其何者爲文王、周公之《易》，何者爲孔子之《易》，殽亂千有餘年。而聖人制作謙退之盛心，與夫示學者以盈科而後進之意，皆影響无傳。至吕氏微仲始爲復古《易》之倡，晁氏繼之，東萊吕氏復因晁氏書定爲十二篇。文公《本義》則因東萊所定本，揭十二篇以教天下，且發明象、占大旨，真洗光咸池之日，爲學者之一大快矣。今世儒解《易》又復仍王弼本，而莫覺其非，是何古《易》難諧於俗，而康成、輔嗣欲速好徑之心使人骨醉魂迷而不返。推是心以往，捨範我馳驅而爲之詭遇，不由其道而鑽穴隙相窺、踰牆相從，亦何所憚而不爲也哉！嗚呼！數聖人之經，何其變之易而復之難！復之難而再變之愈易也。由是觀之，亂經本末，康成、輔嗣之罪爲尚小，以其未見正於文公也；世儒之罪爲尤大，以其既見正於文公，故爲而叛之也。康成、輔嗣，三聖之罪人，世儒其又康成、輔嗣之罪人歟？或曰：斯无庸論矣。今編次古《易》，數家孰優？曰：微仲既爲之倡，東萊已暗與之合。晁氏雖无失，但省去二篇，亦未爲當。今唯當以文公《本義》所從者爲定，尚何容喙！

○傳授

周末西漢

- 商瞿受《易》先聖。— 橋庇 — 馯臂 — 周醜 — 孫虞授之西漢田何。
- 田何高帝時
  - 王同
    - 主父偃武帝時
    - 孟但
    - 周霸
    - 楊何
      - 京房非課吏法者，授梁丘賀。
    - 即墨成
    - 衡胡
  - 周王孫
  - 齊伏生
  - 梁項生景帝時
  - 丁寬
    - 田王孫
      - 施讎宣帝時
        - 魯伯
          - 邴丹
          - 毛莫如
        - 张禹宣、元、成間
          - 彭宣成、哀間
          - 戴崇元、成間
      - 孟喜宣帝時
        - 白光
        - 翟牧
      - 梁丘賀宣帝時初師京房，更事田王孫。
        - 子臨
          - 五鹿充宗
            - 衡咸
            - 鄧彭祖
            - 士孫張
          - 王駿成帝時父吉遣受賀《易》。❶
- 焦贛托從孟喜學《易》。— 京房課吏法者。
  - 乘弘
  - 殷嘉《藝文志》：京氏殷嘉十二篇。
  - 姚平
- 費直 — 王璜
- 高相自言出丁將軍，與費公同時。
  - 子康
  - 毋將永
- 韓嬰景帝時太傅。— 孫商 — 韓生 — 蓋寬饒宣帝時❷

韓嬰，燕人，以《詩經》授之燕、趙間，亦以《易》授人，推《易》意爲之傳。燕、趙好《詩》，以故其《易》微。

---

❶「遣」，原作「遺」，今據元刻本、慶餘堂本改。

❷「宣」，原作「景」，今據元刻本、慶餘堂本、《漢書》卷七十七改。

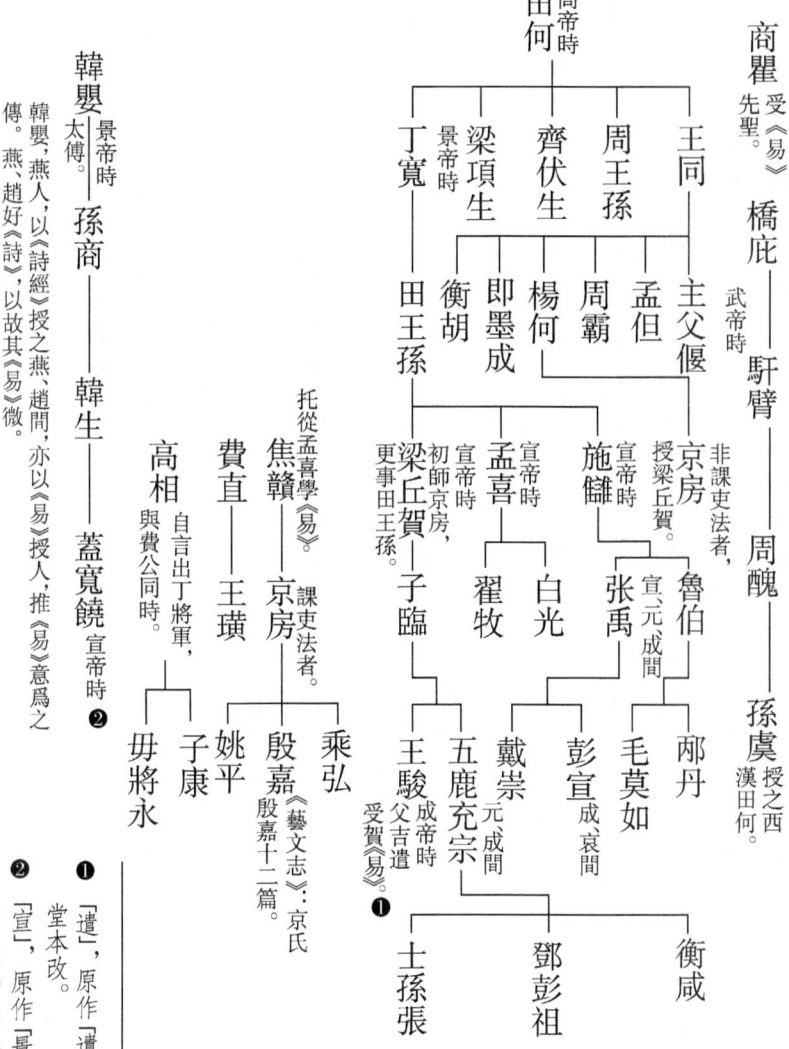

案：《西漢・儒林傳》云：「自魯商瞿子木受《易》孔子，以授魯橋庇子庸，子庸授江東馯音韓。臂子弓，子弓授燕周醜子家，子家授東武孫虞子乘，子乘授齊田何子裝。何以齊田徙杜陵，號杜田何。及秦禁學，《易》爲卜筮書，獨得不禁，故傳授者不絶。漢興，言《易》者本之〔田何〕。何授東武〔王同〕子中、雒陽周王孫、梁丁寬子襄、齊服生，皆著《易傳》數篇。〔王同〕授淄川楊何叔元、何至太中大夫。齊即墨成、至城陽相。廣川孟但、太子門大夫。魯周霸、莒衡胡、臨淄主父偃，皆以《易》至大官。初，梁項生從田何受《易》，時〔丁寬〕爲項生從者，讀《易》精敏，材過項生，遂事田何。學成，何謝寬。寬東歸，何謂門人曰：『《易》以東矣。』寬至雒陽，復從周王孫受古義，號《周氏傳》。景帝時，寬爲梁孝王將軍，距吴、楚，號丁將軍，作《易説》三萬言，訓故舉大義而已，今《小章句》是也。寬授同郡碭音唐，梁縣郡名。田王孫，〔田王孫〕授沛沛與碭近。施讎長卿、蘭陵孟喜長卿、喜父號孟卿，善《禮》、《春秋》，使喜從王孫受《易》。琅邪諸人梁丘賀長翁，由是《易》有施、孟、梁丘之學。〔施讎〕授張禹、丞相。琅邪魯伯，會稽太守。張禹授淮陽彭宣，大司空。沛戴崇子平，九卿。禹、宣皆有傳，由是施家有張、彭之學。魯伯授太山毛莫如少路、常山太守。琅邪邴丹曼容，著清名。〔孟喜〕好自稱譽，得《易》家候陰陽災變書，詐言師田生且死時枕喜膝，獨傳喜，諸儒以此耀之。梁丘賀疏通證明之，曰：『田生絶於施讎手中，時喜歸東海，安得此事？』又蜀人趙賓好小數書，爲《易》，飾《易》文，以爲『箕子明夷，陰陽氣亡箕子。箕子者，萬物方荄茲也』。注：荄茲，言根荄方滋茂也。賓持論巧慧，《易》家不能難，皆曰『非古法也』。云授孟喜，喜爲名之。注：名之者，承取其名，云實授也。後賓死，莫能持其説。喜因不肯仞，古字仞、認通。以此不見信。喜舉孝廉爲郎，博士缺，衆人薦喜，宣帝聞喜改師法，遂不用喜。喜授同郡白光少子、沛翟牧子兄，讀曰況。皆爲博士。由是有孟、翟、白之學。〔梁丘賀〕初從太中大夫京房受《易》。别一京房，非延壽弟子。房，楊何弟子也。房出爲齊郡太守，賀更事田王孫。宣帝時，聞京房爲《易》明，求其門人，得賀。賀時入説，善之，以筮有應得近幸，官至少府。少府事多，乃遣子臨，分將門人張禹從施讎學，薦讎爲博士。上信重賀，賀年老終，子臨亦入説，爲黄門郎。甘露中，奉使問諸儒於石渠。上選高才郎十人從臨講。臨學精熟，專行京房法。琅邪王吉通五經，聞臨説善之，使其子郎中駿上疏從臨受《易》。駿至御史大夫。臨代五鹿充宗爲少府，充宗授平陵士孫張仲方、至給事中。沛鄧彭祖子夏、真定太傅。齊衡咸長賓。王莽時講學大夫。由是梁丘有士孫、鄧、衡之學。洪容齋云：「晉永嘉之亂，梁丘之《易》亡。」〔京房〕君明，東郡頓丘人。受《易》梁人焦贛延壽。贛嘗曰：『得我道以亡身者，京生也。』其説長於災變，分六十四卦更直日用事，以風、雨、寒、温爲候，各有占驗。房用之尤精。贛爲外黄令，以占捕盗致治。考滿，父老請留，卒以令終。京房最後出爲魏郡太守，得以考功課吏法。治郡月餘，爲石顯、五鹿所毁，徵下獄，棄市。贛云嘗從孟喜問《易》。會喜没，房以爲延壽《易》即孟氏學。翟、白不肯，曰非也。成帝時，劉向校書，考《易》説，以諸家皆祖田何、楊叔、丁將軍，大義略同，唯京氏爲異黨，焦延壽獨得隱士之説，託之孟氏，不相與同。房授東郡殷嘉、河東姚平、河南乘弘，皆爲郎。由是《易》有京氏學。〔費直〕長翁，東萊人，治《易》爲郎，至單父令。長於卦筮，亡章句，徒以《彖》、《象》、《繫辭》十篇文言解説上、下經。授琅邪王璜，其本皆古字，號古文《易》。案：石介守道云：「治《易》至漢，遂爲田、焦、費三家。田、焦廢已久，費授王璜，故有費氏《易》行於民間。」〔高相〕沛人，治《易》，與費公同時，其學亦无章句，專説陰陽災異，自言出於丁將軍。傳至子康康以《易》爲郎。及蘭陵毋將永，爲高氏學。永至豫章都尉。王莽居攝時，康候知東郡有兵，私語門人，門人上書言之。後數月，東郡太守翟誼舉兵誅莽。莽召問，門人對以『受師高康』。莽惡之，以爲惑衆，斬康。由是《易》有高氏學。」施、孟、梁丘、京氏四家皆立博士，費、高二家未得立，此西京授受大略也。案：《儒林傳贊》云：「自武帝立五經博士，初《易》唯有楊，孝宣復立施、孟、梁丘《易》，元帝復立京氏《易》，所以罔羅遺失，兼而存之，是在其中矣。」

愚嘗謂自商瞿受《易》孔子，六傳興於田何，何之學又盛於丁寬，寬師何，而復師其同門之友，以受古義，可謂見善如不及者矣。然所謂《易説》三萬言，不過訓故大義，又曰《小章句》，切意其學只是文義章句，象數之學恐非所及也。寬再傳而盛於施、孟、梁丘。施授張禹，禹雖爲帝者師，然依阿淟涊，持禄保位，真鄙夫之事君。禹授彭宣，位爲上公，見險而止，避莽。異於苟患失之者，差彊人意耳。孟既師田，又不擇所從，復受之於趙，趙死而遂倍之，以至不見信於友，不獲用於上，亦其宜矣。梁丘初師京，太中大夫。後雖更事田，卒以京顯。至其子臨，專行京法，可見也。再傳得王駿，經明行修，无忝所學。而五鹿結黨小人，石顯。傾排君子，京房，延壽弟子。

『纍纍』、『若若』之歌，兼官據勢，受讖无恥。三傳而衡咸，爲莽講學大夫。梁丘氏《易》至此掃地矣。焦氏卦變卓然自爲一家，而又托於孟者，惡其无傳也。是雖見擯於當時，卒顯於京房，以其學事元帝，力排閹宦，石顯。忠君憂國之懷悃悃爲帝言之，雖陷譖毀以殁，顯、五鹿譖。亦可暴白其心於千載之下矣。費、高當時惟行民間，猶未顯也。西京《易》學概聞如此。往往自二京以前文辭勝，自二京以後占數勝，如斯而已。愚獨於趙、孟之事見古人崇重師法，朋友扶持於下，天子綱維於上，其嚴至可畏也。獨惜趙不足以爲人師，喜枉負倍師之名於後世，而古人之意則厚矣。慨木水本源之義，後之學者宜知所戒。

東漢

- 施讎
  - 戴賓
  - 劉昆
- 孟喜
  - 洼丹
  - 任安
  - 范升
- 梁丘賀
  - 楊政
  - 張興
- 京房
  - 戴憑
  - 孫期

費直　陳元　鄭衆　馬融——鄭玄　荀爽

陳以下五家皆傳費氏《易》者，自馬融授鄭玄外，餘皆未知所傳授之次第。

案：《東漢・儒林傳》云：「光武中興，愛好經術，未及下車，先訪儒雅，雲會京師，於是立五經博士，各以家法教授。《易》有施、孟、梁丘、京氏學。傳施氏者，陳留劉昆桓公。梁孝王之胤。建武元年，光武除爲江陵令，遷弘農太守，至騎都尉。王莽時，教授弟子五百人。昆受《易》於沛人戴賓。每春秋饗射，備列典儀，以素木匏葉爲俎豆，桑弧蒿矢，以射菟首。注：昆懼禮之廢，故引以匏葉爲俎，實射則歌「菟首」之詩爲節也。傳孟氏者，南陽洼丹洼音圭。子玉。建武初，爲大鴻臚。作《易通論》七篇，世號洼君，通《易》家宗之，稱爲大儒。及廣漢任安定祖，綿竹人。兼通數經，辟除不就。洼丹時，觟陽姓。鴻名。孟孫字。亦以孟氏《易》教授，有名，永平中爲少府。傳梁丘氏者，京兆楊政子行，從代郡范升受《易》，善説經，京師語曰：『説經鏗鏗楊子行。』嗜酒，不拘小節，然篤於義。時帝壻梁松、皇后弟陰就皆慕其聲名，請與交友。政每共言論，常切磋懇至，不爲屈撓。嘗詣陽虚侯馬武，武難見政，稱疾不起。政入，徑升牀，排武，把臂責之，曰：「卿蒙國恩，備位藩輔，不思求賢以報殊寵，而驕天下英材，此非養身之道。今日動者刀入脅！」武諸子及左右皆大驚，以爲見劫，操兵滿側。政顏色自若。會陰就至，責武，令爲交友。其剛果任情皆如此。○范升嘗爲出婦所告，坐繫獄。政乃肉袒，以箭貫耳，抱升子潛伏道傍，候車駕，持章扣頭，大言曰：「范升三取，唯有一子，三歲，孤之可哀。」武騎虎賁懼驚乘輿，舉弓射之，猶不肯去。旄頭又以戟义政，傷胸，猶不退。哀泣辭請，有感帝心，詔曰：「乞楊政師。」即尺一出升。政由此顯名，官至左中郎將。及潁川張興君上，官太子少傅。顯宗數訪問經術，弟子遠至，著録且萬人，爲梁丘家宗。傳京氏者，汝南戴憑次仲。年十六，舉明經，光武召上殿，令與諸儒難説。憑多所解釋，帝善之，拜侍中。正旦朝賀，帝命群臣能説經者更相難詰，義有不通，輒奪其席以益通者，憑遂重坐五十餘席。及濟陰孫期仲彧，又習古文《尚書》。家貧，事母至孝，牧豕大澤中，以奉養焉。遠人從學者，皆執經壟畔以追之，里落化其仁讓。黃巾賊起，過期里陌，相約不犯孫先生舍。郡舉方正，遣吏賫羊酒請期，期驅豕入草不顧。戴憑時，南陽魏滿叔牙亦以京《易》教授，永平中官至弘農太守。」又曰：「建武中，范升傳孟氏《易》，以授楊政，而陳元長卿、蒼梧人。鄭衆仲師開封人，父興。皆傳費氏《易》，其後馬融季長扶風人。亦爲其傳。融授鄭玄康成，北海高密人。玄作《易》注，朱漢上曰：「康成傳馬融學，多論互體。」荀爽慈明又作《易傳》，潁川人。自是費氏興而京氏遂衰。」

愚謂聖經雖五，聖道則一。五經博士固所當置也，一經之中，乃令各以家法教授，是雖取其專門之學，而心心有主，喙喙争鳴，未免啓自開户牖之弊矣。聖真何由而統壹也哉？四家之學，得失已不可復知，而桓公懼禮之廢，定祖辟除不就，子行之篤於義，仲彧之寧貧寧賤不願乎其外，孝以養母，讓以化俗，至使巨盗斂手，戒勿犯舍，此固學《易》之餘事，亦足以見秉彝好德之良心，雖盗賊不容泯滅，灑然可喜者也。漢末四家卒以湮微，而費氏獨存，其學又无章句，惟以《彖》、《象》、《繫辭》、《文言》參解上、下經。先儒至謂凡以《彖》、《象》、《文言》參入卦中者，皆祖費氏，古經變亂實已權輿於此，卒大壞於康成、輔嗣之徒，又可爲之一慨矣。

魏吴晉元魏唐

費直　鄭玄　王弼　韓康伯　孔穎達

王弼受授可考，餘王肅、管輅、虞翻、郭璞皆莫可知。

魏東海郯人王肅子雍，將軍。撰定其父成侯朗所作《易傳》，列於學官，《本義》所引有曰「王肅本」者是也。魏山陽王弼輔嗣尚書郎。注《易》上、下經。孫盛論曰：「《易》之爲書，窮神知化，非天下之至精，其孰能與於此？況弼欲籠統玄旨者乎？故其敘浮義則麗辭溢目，造陰陽則妙賾无間，至於六爻變化，群象所效，日時歲月，五氣相推，弼皆擯落，多所不關。雖有可觀者焉，恐將泥夫大道。」《魏書》注曰：「弼注《易》往往有高麗言。」朱漢上曰：「弼盡去舊説，雜以老莊之言，於是儒者專尚文辭，不復推原《大傳》天人之道。自是分裂不合。」《進易解表》。晁氏曰：名公武，號德昭，有《郡齋讀書志·自序》。「東京荀、劉、馬、鄭皆傳費氏學，王弼最後出，或用鄭説，則弼亦本費也。」石守道曰：「王弼多取康成舊説爲之訓解，今之《易》蓋出於費學也。」金君卿亦曰：「弼出於馬、鄭，馬、鄭出於費氏。」太原王濟曰弼爲人淺，不識物情。初，與王黎、荀融善，黎奪其黄門郎，於是恨黎，與融亦不終。❶正始十年，曹爽廢，以公事免。秋遇厲疾亡，時年二十四。晉穆帝時，范甯常謂王弼、何晏之罪深於桀、紂，或以爲貶之太過，甯曰：「王、何滅棄典文，幽沉仁義，游辭浮説，波蕩後生，使搢紳之徒翻然改轍，以至禮壞樂崩，中原傾覆，遺風餘俗至今爲患。桀、紂縱暴一時，適足以喪身覆國，爲後世戒，豈能迴百姓之視聽哉？故吾以爲一世之禍輕，歷代之禍重，自喪之罪小，迷衆之罪大也。」魏平原管輅公明，精於卦筮，窮極幽微，占言吉凶禍福，无毫髮爽。雜以覆射、説相，一皆神妙，難以枚舉。姑即一事言之。吏部尚書何晏請之，鄧颺在晏許。晏曰：「君著爻神妙，爲作一卦，知至三公否？」又曰：「連夢青蠅數十來鼻上，驅之不去，有何意故？」輅曰：「昔元凱弼重華，宣慈惠和；周公翼成王，坐而待旦。故能流光六合，萬國咸寧。此乃履道休應，非卜筮所能明也。今君侯位重山岳，勢若雷電，而懷德者少，畏威者衆，殆非小心翼翼多福之

❶「融」，原作「王」，今據薈要本及百衲本《三國志》卷二十八注改。

仁。又鼻，天中之山，高而不危，所以長守貴。今青蠅臭惡而集之，位峻者顛，輕豪者亡，不可不思害盈之數，盛衰之期。是故山在地中曰謙，雷在天上曰壯。謙則裒多益寡，壯則非禮勿履，未有損己而不光大，行非而不傷敗。願君侯上追文王六爻之旨，下思尼父《彖》、《象》之義，然後三公可決，青蠅可驅也。」颺曰：「此老生之常談。」「過歲更當相見。」未幾，晏、颺等果遇禍。正始元年十二月二十八日。明年正月，曹爽敗，晏等亦誅。愚謂此正所謂不假卜筮而知吉凶者也。初，輅還，具以語其舅。舅大怒，以爲狂。及敗，謂輅曰：「爾何以知何、鄧之敗？前見已有凶氣未也？」輅言：「與禍人共會，然後知神明交錯。鄧之行步，筋不束骨，脉不制肉，起立傾倚，若无手足，謂之鬼躁。何之視候，魂不守宅，血不華色，精爽煙浮，容若稿木，謂之鬼幽。鬼躁者爲風所收，鬼幽者爲火所燒，自然之符，不可蔽也。」此又其相法之妙處。吴會稽虞翻仲翔，自稱五世習孟氏《易》，卜筮亦應。

晉河東郭璞景純，本傳云：「好經術，博學高才。受業郭公，得《青囊書》九卷，遂洞五行、天文、卜筮之術，禳災轉禍，通致无方，京房、管輅不能過也。」嘗撰前後筮驗六十餘事，名爲《洞林》。愚案：《洞林》上、中、下三卷，斷法用青龍、朱雀、勾陳、騰蛇、白虎、玄武六神及太歲諸煞神、時日旺相等推，靈驗无比。又抄京、費諸家要撮，更撰《新林》十篇，《卜韻》一篇，大抵只用卦爻，不假文字，然雜以説相、葬法、行符、猒勝之術，往往流於技藝，而易道日以支離卑下矣。璞嘗爲王敦記室。明帝太寧二年，敦疾篤，將反，使璞筮之。璞曰：「无成。」敦素疑璞助温嶠、庾亮，及聞卦凶，乃問璞曰：「卿更筮吾壽幾何。」璞曰：「思向卦，明公起事，必禍不久。若住武昌，壽不可測。」敦大怒曰：「卿壽幾何？」曰：「命盡今日日中。」敦乃收璞斬之，而反果大敗，敦尋死，黨與悉平。或曰：景純一死可以暴白其心矣乎？曰：何爲不可？想當是時，景純之爲敦記室，欲爲温太真而不可得者也。事勢至此，惟有一死爾。夫豈不知徒諫不足以回敦之聽？徒死不足以爲國家之益？然與其偷生苟免，宛辭以對，曷若明目張膽速亡之爲幸乎？此其所以得乎義理之正，本心之安，深有可取焉也。或又曰：景純初焉何以不擇所從也？曰：當元帝永昌改元，敦以璞爲記室參軍。璞善筮，亦知敦必爲亂，已預其禍，甚憂之矣。敦既與朝廷乖離，録朝士有時望者置幕府。景純雖欲不從之，奈何不可得也。

元魏徐遵明傳康成學，自徐氏再傳至郭茂，其後北朝言《易》者多出郭茂之門。此條見東萊《呂氏家塾論》，稱徐爲元魏大儒。《唐・儒學傳》云：「世稱《左氏》有文遠，徐曠，字文遠。《禮》有褚徽，《詩》有魯達，《易》有陸德明，皆時冠云。」今案：國子博士陸德明，蘇州吴人，名元朗，以字行，僅有《周易音義》一十篇而已。國子祭酒孔穎達，字仲達，冀州人。奉勅與顔師古籀、字也。司馬才章、王恭、馬嘉運、趙乾協、王惔、于志寧等同撰《五經正義》，四門博士蘇德融、趙弘志覆審大概，因王弼、韓康伯注爲之解釋，敷演於義理，象數之學未能卓然自有所見者也。然則唐家一代之《易》學從可知矣。

案：東萊呂氏云：「漢以後，惟王、鄭《易》行世。江左及青、齊多講王《易》，河汾諸儒則習鄭《易》。弼出康成，康成出費氏者也。」又曰：「自孔氏《正義》取王弼，故先代諸儒專門之學並廢，可勝歎哉！」愚謂管、郭授受雖不可考，要亦京學未泯。孔疏而後，惟弼單行，餘皆掃滅。究而論之，王雜玄，管、郭雜技，技易流於戲。郭符豆事。

然管忠告鄧颺、丁謐之徒，郭諫王敦以死，猶卓卓名世。玄溺空談，卒敗壞風俗，禍人國家，流弊不可勝言矣。至如穎達，王、韓驅使庸奴耳。劣哉！无以議爲也。

宋

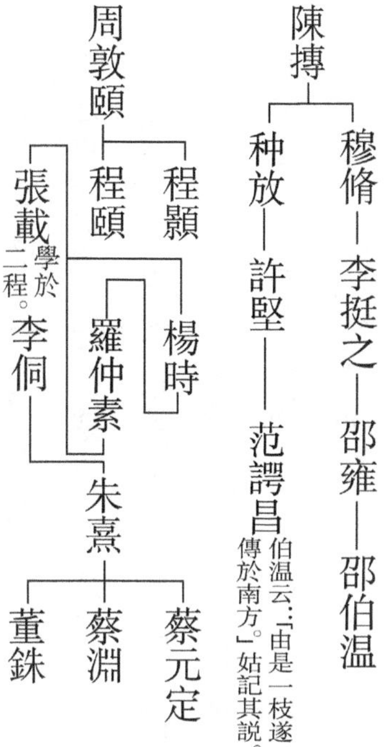

案：邵氏伯温。《經世書·辨惑》云：「陳摶，字圖南，亳州真源人。唐末進士。負經綸之才，歷五季亂離，遊行四方，志不遂，入武當山，後隱居華山。周世宗召，拜諫議大夫，賜號白雲先生。宋太宗亦召，拜諫議大夫，賜號希夷先生。其《易》學主於意、言、象、數，四者不可闕一，其理具見於聖人之經，不煩文字解説，止有一圖先天方圓圖。以寓陰陽消長之數與卦之生變。圖亦非創意以作，孔子《繫辭》述之明矣。嗚呼！真窮理盡性之學也。世但以爲學神僊、善述《人倫風鑒》而已，非知圖南者也。獨先君康節先生。知之爲詳，數數有詩及之。圖南以上傳授雖不可考，蓋自伏羲、文王、周公、孔子以來，世世相傳，或隱或顯，未嘗絶也。圖南授汶陽穆脩伯長，後居蔡州，爲潁州文學參軍。少豪放，性褊少合。尹師魯兄弟從之學古文，又傳其《春秋》之學。伯長授青社李之才挺之。挺之爲殿中丞，授之先君。初，先君築室衛州蘇門山百源之上，丁母夫人李氏憂，布衣蔬食三年。時挺之爲衛州共城令，聞先君好學，苦心志，自造其廬，問曰：『子何所學？』曰：『爲科舉進取之學耳。』挺之曰：『科舉外有義理之學，子知之乎？』曰：『未也。願受教。』挺之曰：『義理外有物理之學，子知之乎？』曰：『未也。願受教。』挺之曰：『物理外有性命之學，子知之乎？』曰：『未也。願受教。』於是先君傳其學。先君嘗曰：『吾學於挺之也，忘寒暑，忘晝夜，忘寢食，忘進取。挺之有所言，吾必曰：「願略開端，无竟其説，請退而思之。」幸得之以爲然，方敢自言。或未也，歸而再思之，得之而後已。』」又曰：「先君之學雖有傳授，而微妙變通蓋其所自得也。兼明意、言、象、數之藴，而知《易》之體用，成卦立爻之所自然。其學卒无所傳，平時未嘗妄以語人，故當時人亦鮮克知之者，惟以自樂而已。」案《童蒙訓》，邵康節以十二萬四千五百年爲一會，自開闢至堯時正當十二萬年之中數。故先生名雍，字堯夫，名「雍」，取黎民於變時雍也。其居洛陽，亦取天地之中。字堯夫，取堯時中數也。先生著述有《皇極經世書》，有《漁樵問對》，有《擊壤詩》，多明《易》學者也。《辨惑》又曰：「种放明逸，亦傳圖南象學，授廬江許堅。許堅授范諤昌，由此一枝傳於南方也。」濂溪先生周子，名敦頤，先生初諱「敦實」，後避英宗舊名，改「敦頤」。字茂叔，春陵人，老於九江，著《太極圖》及《圖説》，及《通書》，闡明道學之祕。而朱漢上震又謂陳摶以《先天圖》傳种放，放傳穆脩，脩以《太極圖》傳敦頤。而朱文公辨之曰：「嘗讀朱内翰《進易説表》，謂此圖之傳自陳摶、种放、穆脩而來。」「夫以先生之學之妙不出此圖，以爲得之於人，則決非种、穆所及。」又有曰：「先生不由師傳，默契道體，建圖屬書，根極領要。」「先生爲南安軍司理時，年少不爲守所知。洛人程公珦攝通守事，視先生氣貌非常人，與語，知先生學知道也，因與爲友，且使二子顥、頤往受學焉，即明道先生伯淳、伊川先生正叔也，卒皆唱明道學，以繼孔、孟不傳之緒。」伊川先生《易傳》一書，大抵多發明理義之奥，以覺來學。朱子所謂「邵傳羲畫，程演周經」是也。横渠先生張載子厚，大梁人，著《正蒙》十餘萬言，多發明易道之要。游定夫書程氏行實曰：「先生聞道甚早，夫子張子厚友而師之。」則横渠之學有得於二程夫子信矣。尹和靖《語録》云：「横渠昔在京師坐虎皮説《周易》，听徒甚衆。一夕，二程先生至，論《易》。次日，横渠撤去虎皮，曰：『吾平日爲諸公説者，❶皆亂道。有二程近至，深明易道，此吾所不及，汝輩可師之。』横渠乃歸陝西。」又吕與叔撰《横渠行實》云：「嘉祐初，見程伯淳、正叔于京師。」又《明道先生行狀》云：「神宗嘗使推擇人才，所薦父表弟張載及弟頤爲首。」案此，横渠，程夫子表叔也。伊川授之龜山先生楊時中立，龜山授之豫章先生羅仲素，豫章授之延平先生李侗愿中，延平授之晦菴先生朱子。先生於《易》有《周易本義》，復古《易》十二篇之舊，發明象占之學；有《易學啓蒙》四篇，發明《圖》、《書》、卦畫、蓍策、變占之要；又有《蓍卦考誤》，有論濂、洛諸儒《易》學，有辨蘇氏《易》，有論魏伯陽《參同契》，先生嘗爲之注解。及辨《麻衣》、《子華子》、關子明諸家易學之僞。先生嘗謂程先生《易傳》義理精，字數足，无一毫欠闕，只是於《易》本義不相合。《易》本是卜筮之書，程先生只説得一理。故先生解《易》，只以卜筮爲主，就象數上理義自見，而立卦生爻之因，先天、後天之别，一本之康節邵子，使人得窺四聖人心傳之秘者，其功甚大也。先生之友東萊先生吕祖謙伯恭父定古《易》經傳

❶「諸」，原作「朱」，今據元刻本、薈要本、慶餘堂本改。

十二篇一卷，《音訓》二卷，《繫辭精義》二卷。《古易本義》依之。南軒先生張栻敬夫，著《繫辭》、《說卦》、《序卦》、《雜卦》解，其於麗澤講習之益深矣。

愚觀前宋一代之《易》學，自分爲三節。希夷先天一圖開象數之門，至邵子《經世書》而碩大光明。周子太極一圖洪理義之源，至程子《易傳》而浩博弘肆。然邵乃推步之法，或問《易》與《經世》同異。朱子曰：「《易》是卜筮，《經世》是推步，一分爲二，二分爲四，節節推去。」程子不言象數，至朱子斷然以《易》爲卜筮作，且就象占上發明義理以示教。而後一代之《易》理數大明，體用兼該，使天下後世識《易》之所由作，不迷於吉凶悔吝之塗，而能適乎仁義中正之歸，不其幸歟！噫！朱夫子於《易》學傳授，其亦可謂金聲玉振，集大成者矣。

傳　注 略舉所知。

愚合唐、宋《藝文志》、唐《五行志》、晁氏公武。德昭《郡齋讀書志》、鄭氏樵。漁仲《通志》所載《易經》注解，及愚收拾所得在諸志外者，互相參訂，件列於左，通計三百餘家。有見之者曰：其間往往固多有其義，而亡其辭。愚應之曰：豈唯是哉！辭、義俱亡者，且不止過半矣。然而儒先苦心勞思，神交羲、文、周、孔於數千百載之上而爲之辭者，固不幸影響无存，至於今日乃復得彙登簡册，將昭示海內，使觀者景慕慨想，欲一伏誦而不可得者，甚於其書之存者焉，豈不猶愈於名與辭義俱湮没而无傳者哉？❶謹類次如左。

❶「名」，原空一格，據元刻本、四庫本、慶餘堂本補。

周　漢

卜子夏《易解》十卷。晁氏曰：公武。「《漢・藝文志》已无子夏書，此書約王弼注爲之者，止《雜卦》。景迂云：張弧僞作。」又案：孫氏曰：坦。「世有《子夏傳》，以爲親得孔子之緼。觀其辭，略而不甚粹，間或取《左氏春秋傳》語證之。晚又得十八占，稱天子則曰縣官，嘗疑漢杜子夏之學。及讀杜傳，見引明夷對策，疑始釋然。不然，班固敘《儒林》，何以止言始於商瞿子木，而遽遺卜商也哉？」見李衡《易雜論》。沙隨程氏曰：「《子夏易傳》，京房爲之箋，先儒疑非卜商也。近世有陋儒用王弼本爲之注，鄙淺之甚，亦托云子夏，凡先儒所引《子夏傳》，此本皆无之。熙寧中，房審權萃訓詁百家，凡稱『子夏』，乃取後贋本。」見《外編》。東萊吕氏曰：「《崇文總目》剟去子夏名，以祛誤惑，最爲有理。」愚又嘗讀《杜鄴傳》，鄴，字子夏，事武、成、元、哀間。觀其説王商引「東鄰殺牛，不如西鄰禴祭」之義，亦足爲證。今晁、孫之論，姑兩存之，沙隨説亦不可不知也。

孟喜《章句》十卷。漢曲臺長。《唐志》。

費直，漢單父長，《周易註》四卷。章句出於民間，不列學官。鄭氏《通志》云：至唐，其書始出，見《隋志》。《唐》同。馮厚齋云：「直《傳》『徒以《彖》、《象》、《繫辭》十篇之言解説上、下經』，《崇文總目》云以《彖》、《象》、《文言》雜入卦中自費始，蓋誤以『之言』爲『文言』。且鄭康成《易》猶以《文言》、《説卦》、《序卦》、《雜卦》合爲一篇，則不始於直明矣。」「《彖》、《象》、《繫辭》之名一没，而汩亂古經則始於此。」又《周易逆刺占灾異》十二卷、

《周易林》二卷。《唐・五行志》。

馬融《周易章句》十卷。漢南郡太守。《唐志》。

鄭康成注《周易》九卷，《隋志》。《唐》十卷。馮氏云：並厚齋，下同。「不知何緣增一卷。《崇文總目》止有一卷，唯《文言》、《説》、《序》、《雜》合四篇，餘皆逸。指趨淵確，本去聖人之未遠也。《中興》亡。」

許慎叔重《周易異義》，又作《説文》。汝南召陵人。案：容齋洪氏《續筆》云：「許叔重在東漢與馬融、鄭康成輩不甚相先後，而所著《説文》，引用經傳多與今文不同。」「如所引《周易》『百穀草木麗乎土』爲『草木麗乎地』，『服牛乘馬』爲『犕音備。牛乘馬』，❶『夕惕若厲』爲『若夤』，『其文蔚也』爲『斐也』，『乘馬班如』爲『驙如』，『天地絪縕』爲『天地壹壺』，『繻有衣袽』爲『衣絮』，書晉卦爲『簪』，『巽』爲『顨』，『艮』爲『𥃩』。」他經皆然。

荀爽《周易章句》十卷，又集《九家易解》十卷。漢司空。鄭《志》。

劉表《周易注》五卷。漢荆州牧。《唐志》。

宋衷《周易注》十卷。

魏　吳

王肅注《周易》十卷。《隋志》、《唐志》同。《崇文總目》乃十一卷，題王肅傳，云後人纂陸德明《釋文》所取者附益之，非肅本書。

王弼注上、下經六卷。分上經乾傳第一，泰傳第二，噬嗑傳第三，下經咸傳第四，夬傳第五，豐傳第六，而无「卷」字。弼門人韓康伯晉太常。注《繫辭》、《説卦》、《序卦》、《雜卦》共三卷。東萊呂氏

❶「犕」，原作「犃」，今據薈要本及同治十二年陳昌治刻《説文解字》改。

曰：韓康伯、謝方、荀柔之、蕭子政等爲《繫辭》注解義疏甚多，今行於世，韓一家耳。又載弼《略例》一卷，通爲《周易略例》卷第十。稅與權《古易》下論曰：「《易》經義、文、周、孔之手，可謂最古而篇第最不明。蓋漢魏以來諸儒之罪，而王弼、韓康伯尤其罪之魁也。《魏志》謂鄭康成始合《彖》、《象》於經，厥初猶如今乾卦附之於後。至王弼，則自坤以下各爻聯綴之標題，乃以上經乾傳至下經豐傳爲六卷，已不知於義何居。及韓康伯，又以上、下《繫》爲七、八卷，《説》、《序》、《雜》爲第九卷，《略例》爲第十卷，使羲、文、周公上下二篇之經不成二篇，而孔子十翼不成十翼。漢、魏迄今幾千餘年，列於學官，專置博士，无一人能辨其非者。惑世誣民，抑何甚哉！或曰：『噫！其甚矣。《易》非王、韓，何以傳至今？子獨不見先正嘗黜與注疏異説者乎？』予曰：『不然。《易》更三聖，雖暴秦焚書，《易》以卜筮獲免，此殆天未喪斯文也。弼尚老莊，仕正始，而以曹爽兄弟爲主，卒坐曹爽黨而擯。康伯雖孔穎達言其親受學於王弼，然詆《序卦》非《易》之緼，已无忌憚。本朝接五代道喪文弊之後，一時名卿姑以注疏不可倍而矯士習之輕浮，遂使世之父詔其子，師詔其弟子，錮成風俗，牢不可破，不知《易》經數聖人之手，豈弼仕操、懿者可汙篇端而擅古註之筆哉！矧弼踰弱冠而廢死，康伯踰四十惑於日者而病死，乃敢干亂文王、周公之經而輕訾孔子十翼，證以《春秋》斧鉞誅絶不貸，三聖遺經豈待若人而傳？千百年間僅有范甯聲其罪而討之，子以予言爲過，豈是非好惡果異乎我心之所同然者哉？』」與權，蜀人，魏鶴山門人。

董遇《周易註》十卷。魏大司農。《唐志》。

鐘會《周易盡神論》一卷。鄭《志》。

荀輝《周易註》十卷。魏常侍。《唐志》。

姚信《周易註》十卷。吴太常。鄭《志》。

陸績《周易註》十三卷。《唐志》。

虞翻《周易註》九卷。吴侍中。《唐志》。

晉

晉《易髓》八卷，卦及《繫辭》，題晉人撰。馮氏曰：「前《志》无之，《中興》得於民間。」

阮嗣宗《易通論》一卷，凡五篇。《宋志》。

干寶《周易傳》十卷，寶，字令升，新蔡人，晉常侍。復别出《爻義》一卷。宣和四年，蔡攸上其書曰：其學以卦爻配月，如坎卦爲十一月，乾爻九三爲正月之類。或以配日時，如蒙爻初六爲戊寅平明時之類。傳諸人事，而以前世已然之迹證之。訓義頗有所據，若大有九三，本《左傳》訓「宴享」，乃與古合。房審權亦采録。

黄穎《周易註》十卷。❶儒林從事。《唐志》。

樂肇《周易象論》三卷。尚書郎。

宋岱《周易通論》一卷。荆州刺史。

楊乂《卦序論》一卷。司徒右長史。

鄒湛《周易統略論》三卷。少府卿。

顧夷等《難王弼》一卷。

李顒《周易卦象數旨》一卷。

李軌《周易音》一卷尚書郎。

謝萬《周易繫辭註》二卷。中郎將。

袁宏《略譜》一卷。

❶「黄」，原作「董」，今據元刻本及《新唐書》改。

宋齊梁陳元魏

宋明帝集《周易義疏》二十卷集群臣講義。
張該等《講疏》二十卷。宋臣。
周顒《周易論》十卷。齊中書郎。
梁武帝《周易講疏》三十卷，《大義》二十一卷，《繫辭義疏》一卷。
褚仲都《周易講疏》十六卷。梁五經博士。
蕭偉《周易發義》一卷，《幾義》一卷。梁南平王。
蕭子政《周易義疏》十四卷，《繫辭義疏》二卷。梁都官尚書。
何胤《周易注》十卷。梁處士。
宋褰《繫辭注》二卷。梁大中大夫。
周弘正《周易義疏》十六卷。陳左僕射。
張譏《周易講疏》三十卷。陳參軍。並《唐志》。
崔浩《周易注》十卷。魏司徒。
盧景裕《周易注》。魏人，字仲孺。

唐五代附。

孔穎達仲達，冀州衡水人。《周易正義》十四卷，又譔《玄談》六卷。初奉勅譔《五經義訓》，號義贊，太宗詔改名《正義》，亦稱「疏」。
陸德明《釋文》一卷，論見「傳授」。《周易文句義疏》二十卷，《文外大義》二卷。見鄭氏《通志》。
張弘道《周易傳疏》十卷。
薛仁貴《周易新注本義》十四卷。
王勃《周易發揮》五卷。
魏證《周易義》六卷，《口訣》六卷。鄭《志》。
玄宗《大衍論》三卷。
李鼎祚《集解》十卷，《唐・藝文志》作十七卷。皆避唐諱。又取《序卦》各冠逐卦之首，所集有子夏、孟喜、京房、馬融、孫爽、鄭康成、劉表、何晏、宋衷、虞翻、陸績、干寶、王肅、王弼、姚信、王廙、張璠、向秀、王凱沖、侯果、蜀才、翟玄、韓康伯、劉瓛、何妥、崔憬、沈驎士、盧士、崔覲、孔穎達三十餘家。又引《九家易》、《乾鑿度》義。蜀才者，顏之推云「范長生」也。其序云：「自卜商之後，傳注百家，唯王、鄭相沿，頗行於代。鄭則多參天象，王乃全釋人事。《易》豈偏滯天人哉？」

東鄉助《周易物象釋疑》一卷。《自序》略云：「《易》以乾象龍，以馬明坤，隨事義而取象。是故《春秋傳》辭多因物象，而六十四卦三百八十四爻之文，觸類而長。洎甲子以六十爲運，而卦則六十四爲周，六十四而參六十，合九百六十年爲一元紀。助今採於注疏未釋、後學滯懵者標出，目爲《周易釋疑》，屬象比事，約辭伸理云爾。朝散大夫守江陵少尹柱國賜紫金魚袋東鄉助上。」案：宋徽廟時，蔡攸上其書論之曰：「昔者聖人之作《易》也，始畫八卦而象在中，象與卦並生以寓天下之賾，故曰『易者，象也』。蓋俯仰以觀，遠近以取，神明之德可通，鬼神之情狀可得，而況於人乎？況於萬物乎？及因而重之，發揮於剛柔而生爻，則擬諸形容者其變不一，而象亦爲之滋矣。故邑屋、宮庭、舟車、器械、服帶、簪屨，下至鳥獸、蟲魚、金石、草木之類，皆在所擬，至纖至悉无所不有。所謂『其道甚大，百物不廢』者，此也。其在上古尚此以制器，其在中古觀此以繫辭，而後世之言《易》者乃曰『得意在忘象，得象在忘言』，一切指爲魚兔之筌蹄，殆非聖人作《易》前民，用以教天下之意也。助之作書，盡推互體、變卦之法以明爻象，可謂有意於此矣。而學之不明，言之不擇，往往傅致牽合，先後牴牾，學者蓋疑焉。

雖然，後之學《易》而觀象者必自助發之，故著其書以示來者。」愚案：助説象好處亦多，已采入《本義纂注》云。

沙門一行《周易傳》十二卷。朱漢上云：「一行所集京房《易》論卦氣、納甲、五行之類。」又曰：「孟喜、京房之學，其書概見於一行所集，大概皆自《子夏傳》出。」《唐·藝文志》云：「一行《周易論》，卷亡。又《大衍玄圖》一卷，《義決》一卷，《大衍論》二十卷。」

崔良佐《易忘象》。

元載《周易集註》一百卷。

李吉甫註一行《易》。

高定《周易外傳》二十二卷。郢子參軍。

裴通《易書》一百五十卷。字又玄，士淹子。文宗訪以《易》義，命進所撰書。

盧行超《易義》五卷。字孟起，六合丞。

陸希聲《易傳》十卷。《自序》云：「予乾符初任右拾遺，歲莫端居，夢在大河陽，曠野數百里，有三人偃卧東首，長各數十丈。有告者曰：『上伏羲，中文王，下孔子也。』三聖皆无言。意中甚愕，寤而震悸，伏而思之，河與天通，圖之自出，三聖衡列，乾之象也。天道无言，示人以象，天將以易道畀予乎？由是考覈少小以來所集諸家註説，貫以自得之理，著《易傳》十篇。傳上經爲第一，下經爲第二，所以列《彖》、《象》之微辭，測卦爻之奥義。第三篇演《文言》之純精，以顯聖人之賾。第四篇伸《繫辭》之微意，以彰易道之神。第五篇原作《易》之始，述列卦之序。第六篇釋《説卦》之義，辨反對之相資。第七篇窮畫卦象之由，生蓍奇偶之極。第八篇明權輿律吕之本，制作禮樂之原。第九通天下之理。第十成天下之務。別撰作《易圖》一卷、《指説》一卷、《釋變》一卷、《微旨》一卷，又以《易經》文字古今謬誤，又撰《證》一卷云云。」晁氏曰：「陸大順中棄官居陽羨，自號『君陽遁叟』。」馮氏曰：「本蘇州吴縣人，近世之名家云。」

郭京，唐蘇州司户，作《周易舉正略》三卷。今依洪氏所載二十處具於左。《坤》初六「履霜堅冰至」，《象》曰：「履霜，陰始凝也。」今本「霜」字下增「堅冰」二字。《屯》六三《象》曰：「即鹿无虞，何以從禽也？」今本脱「何」字。《師》六五：「田有禽，利執之，无咎。」元本「之」字行書，向下引脚，類「言」字，今誤作「言」。注義亦不作「言」字解。《比》九五《象》曰：「失前禽，舍逆取順也。」今本誤倒其句。《賁》：「亨，不利有攸往。」今本「不利」誤作「小利」。剛柔交錯，天文也。」注云：「剛柔交錯而成文焉，天之文也。」今文脱「剛柔交錯」四字。《坎》：「習坎。」上脱「坎」字。《姤》九四：「包失魚。」今本誤作「无魚」。注：「二有其魚，故失之也。」《蹇》九三：「往蹇來正。」今本作「來反」。《困》初六《象》曰：「入于幽谷，不明也。」今本「谷」字下多「幽」字。《鼎·象》：「聖人亨，以亨上帝，以養聖賢。」今本多「而大亨」三字。《震·象》曰：「不喪匕鬯，出可以守宗廟社稷，以爲祭主也。」今本脱「不喪匕鬯」一句。《漸·象》曰：「君子以居賢德，善風俗。」今本脱「風」字。❶《豐》九四《象》曰：「遇其夷主，吉，志行也。」今本脱「志」字。《中孚·象》：「豚魚吉，信及也。」今本「及」字下多「豚魚」二字。《小過·象》：「柔得中，是以可小事也。」今本脱「可」字。「事」字下誤增一「吉」字。六五《象》曰：

❶「本」，原作「文」，據慶餘堂本改。

「密雲不雨，已止也。」今本「止」字誤作「上」字。《既濟・彖》曰：「『既濟，亨小』，小者亨也。」今本脱一「小」字。《繫辭》：「二多譽，四多懼。」注云：「懼，近也。」今本誤以「近也」字爲正文。《雜卦》：「蒙稚而著。」今本誤作「雜」字。右見洪容齋《隨筆》，録郭京有《舉正》三卷，云：「得之王輔嗣、韓康伯手寫注定傳授真本，凡一百三節，與今流行本不同。予頃於福州《道藏》中見此書而傳之。又見晁公武所進《易解》多引用之。世罕有其書，今略取其明白者二十處載於此。」右蜀士楊鼎卿作《六經圖》，載此於《易圖》上，故具載於此。愚後得其全本閲之，其他多釐正王弼注，不若此二十處之爲明白也。

史文徽《周易口訣義》六卷。河南人。馮氏云：「直抄孔氏疏以便直講，故題曰『口訣』。」

成玄英《周易流演窮寂圖》五卷。

蔡廣成《周易啓源》十卷。唐太子左諭德。皆問對語，以德常、德言、德膚、德翰分爲四目。

王隱《周易要削》三卷，題丘園子。王隱《自序》云：「總康成、輔嗣輩所説。曰『要削』者，言撮其要也。」稱天寶庚寅，知爲唐人。

李翱《易詮》七卷。❶習之。先説八卦，次列六十四卦并《雜卦》。

邢璹譔《補闕周易正義略例疏》二卷。

張弧《周易上經王道小疏》五卷。馮氏曰：「弧，唐大理評事。其説《周易》，有王道、爲治國、治家、治身之鑒誡。所注並依王弼，意廣義玄者則略而取之，注簡義明者則全而取之，先賢不言者則添而疏之，號

❶「李翺」至「竇氏《周易注》十三卷」，原缺，今據元刻本補。

《小疏》。」舊十卷，今存上經。

張韓《易啓玄》一卷。韓，壽州司法。凡有七門五十餘條。案：《揲蓍古法》云「唐中書舍人張轅撰」，未知孰是。

陰弘道《周易新論疏》十卷。弘道，唐人，仕爲臨渙令。世其父顥之學，雜采子夏、孟喜等一十八家之説，參訂其長，合七十二篇，於《易》家有助云。《中興》、井氏皆无之，豈軼於兵間邪？

任正一《周易甘棠正義》三十卷。據《正義》而申演其説。朱梁時，爲陝州大都督。

蒲乾貫《易軌》一卷。僞孟蜀人，其書專言流演。序云：「可以知否泰之源，察延促之數。」蓋數學也。晁以道云：「劉道原《十國紀年》『乾貫』作『虔觀』，今兩字皆誤。」

青城山人撰《周易揲蓍法》一卷。

《唐·藝文志》不載何代者

蜀才《周易註》十卷。

崔覲《周易注》十三卷。

王廙《周易註》十卷。

竇氏《周易注》十三卷。

傅氏《周易注》十四卷。

王覬沖《周易注》十卷。

張璠《周易集解》十卷，《略論》一卷。

謝平《周易繫辭注》二卷。

何妥《周易講疏》十三卷。國子祭酒。

梁蕃《周易文句義疏》二十卷，《易開題義》十卷，《開題論序疏》十卷，《釋序義》三卷。

劉巘《乾坤義疏》一卷，《繫辭義疏》二卷。字子珪。

范氏《周易論》四卷。

應吉甫《明易論》一卷。

阮長成、阮仲容《難答論》二卷。
宋處宗《通易論》一卷。
宣聘《通易象論》一卷。
沈熊《易譜》一卷，《雜音》三卷。
任希《古周易》十卷。以上《藝文志》。
崔篆《周易林》十六卷。
張滿《周易林》七卷。
許峻《周易雜占》七卷。
尚廣《周易雜占》八卷。
武氏《周易雜占》八卷。
徐苗《周易筮占》二十四卷。
伏曼容《周易集林》十二卷。
伏氏《周易集林》一卷。
杜氏《新易林占》三卷。
梁運《周易雜占筮訣文》二卷。

宋

陳摶《易龍圖》一卷。《自序》云：「且夫龍馬始負圖出於羲皇之代，在太古之先。今存已合之位或疑之，況更陳其未合之數耶。然則何以知之？答曰：於仲尼三陳九卦之義探其旨，所以知之也。況夫天之垂象，的如貫珠，少有差則不成次序矣。故自一至於盈萬，皆累累然如絲之縷也。且夫龍圖本合，則聖人不得見其象，所以天意先未合而形其象，聖人觀象而明其用。是龍圖者，天散而示之，伏羲合而用之，仲尼默而形之。始龍圖之未合也，惟五十五數，上二十五，天數也，中貫三、五、九，外包十、五，盡天三、天五、天九，并五、十之用。後形一、六无位，上位去一，下位去六。又顯二十四之爲用也，茲所謂天垂象矣。下三十，地數也，亦分五位，言四方、中央也。皆明五之用也。上位形五，下位形六。十分而爲六，五位，六五三十數也。形地之象焉。坤用六也。六分而幾四象，成七、九、八、六之象也。地六不配，謂中央六也。一分在南邊，六幾少陽七。二分在東邊，六幾少陰八。三分在西邊，六幾老陽九。惟在北邊，六便成老陰數，更无外數添也，所謂「不配」也。在上則一不用，形二十四；在下則六不用，亦形二十四。上位中心去其一見二十四，下位中心去其六亦見二十四。以一歲三百六旬周於二十四氣也，故陰陽進退皆用二十四。後既合也。天一居上爲道之宗，地六居下爲氣之本，一、六上下覆載之中，進四十九數，爲造化之用也。天三幹地二、地四爲之用。此更明九、六之用，謂天三統地二、地四，❶幾九爲乾元之用也。凡幹五行幾數四十，是謂「大衍之數五十，其用四十有九」也。三若在陽則避孤陰，在陰則避寡陽。成八卦者，三位也，謂一、三、五之三位。二與四只兩位，兩位則不成卦體，是无中正不爲用也。○二與四在陽則爲孤陰，四、二是也。在陰則爲寡陽，七、九是也。三皆不處之，若避之也。大矣哉！龍圖之變，岐分萬途，今略述其梗概焉。」愚案：《龍圖序》，希夷正以五十五數爲《河圖》，則劉牧乃以四十五數爲《圖》，托言出於希夷者，蓋亦妄矣。

王昭素撰《易論》三十三卷。其書以注疏同異互相難詰，蔽以己意。愚謂此書專辨注疏同異，往往只是文義之學。而朱文公《語録》云：「太祖一日問王昭素：『《乾》九五「飛龍在天，利見大人」，常人何可占得此爻？』昭素曰：『何害？若臣等占得，則陛下是飛龍在天，臣等利見大人，是利見陛下。』此説得最好。」以此觀之，解中説

❶「地」，原作「定」，今據元刻本、慶餘堂本改。

象、占，必有可觀者。開封酸棗人。

《麻衣道正易心法》《宋志》。❶ 四十二章，章四句，句四言。題「希夷先生受，並消息」。李壽翁刊於當塗，乾道間南康戴師愈孔文始爲之跋以行，未可據也。案：朱子云：「《麻衣心易》，如所謂『雷自天下而發，山自天上而墜』之類，皆无理之妄談。所謂『一陽生於子月，而應在卯月』之類，乃術家之小數。所謂『由破體煉之，乃成全體』，則爐火之末技。❷ 所謂『人間萬事悉是假合』，又佛者之幻語爾。❸ 其他比比非一，不容悉舉。要必近年術數末流，道聽塗說，掇拾老、佛、醫、卜諸說之陋者，以成其書。夫麻衣爲方外之士，然其爲希夷所敬如此，則其爲說必有奇絶過人者，豈若是之庸瑣哉！」《跋麻衣易》節文。又曰：「予爲此說後二年，假守南康，有前湘陰主簿戴師愈者來謁，即及《麻衣易》說。其言暗澀，殊无倫次。問其師傳所自，則曰得之隱者，彼不欲世人知其姓名，不敢言。復問之邦人，皆曰書獨出戴氏，莫知所自來。後至其家，見几間有所著雜書一編，讀之則辭語氣象宛然《麻衣易》也。予以是始疑僞作者即此老。既歸，取觀，則最後跋語固其所爲，而一書四人之文，體製規模乃出一手。然後始益信所疑之不妄矣。《再跋》節文。○又云：「戴既死，某在他家借得渠所作《易圖》看，皆與《麻衣》相應，將逐卦牽合取象，畫成圖子：需卦畫作共食之象，以坎卦一畫作卓子，兩陰爻作飲食，乾三爻作三人

❶「宋」，原作「朱」，今據元刻本、四庫本、慶餘堂本改。

❷「爐」，原作「髗」，今據元刻本、薈要本、慶餘堂本改。

❸「佛」，原作「使」，今據元刻本、薈要本、慶餘堂本改。慶餘堂本「者」作「老」。

向之食；訟卦則三人背飲食坐；蒙卦以筆牽合六爻作小兒狀。大率可笑如此。」❶

范諤昌《大易源流圖》一卷。其說先定納甲之法，以見納音之數。又譔《證墜簡》一卷。謂諸卦《彖》、《象》、爻辭小《象》、乾坤《文言》並周公作，自《文言》以下，孔子述也。朱漢上《周易叢説》極辨其非。諤昌，建溪人。晁公武云：「如《震》卦彖辭内云脱『不喪匕鬯』四字，程正叔取之；《漸》上六疑『陸』字誤，胡翼之取之。自謂其學出溢浦李處約，李得於許堅。」「其書類郭京《舉正》。」天禧中，毗陵從事。

胡旦《周易演聖通論》十六卷。其説多引註疏及王昭素論爲之商確。❷旦，字周父，濱州人，知制誥。

胡瑗《周易口義》十卷，《繫辭》、《説卦》二卷。授其弟子記之爲《口義》，大抵祖王弼。字翼之，號安定先生，國子監直講，泰州人。愚案：《語録》：或問「天行健」。朱子曰：「惟胡安定説得好。」因舉其説曰：「天者，乾之形；乾者，天之用。天形蒼然，南極入地下三十六度，北極出地上三十六度，狀如倚杵。其用則一晝一夜行九十餘萬里。人一呼一吸謂之一息，一息之用，❸天行八十餘里。人一晝一夜有三萬三千六百餘息，故天行九十餘萬里。天之行健可知。」觀此則先生解中好處甚多也。又案：晁公武云：「此解甚詳。或云門人倪天隱所纂，非其自著也，无《繫

❶「爻作小兒狀大率可笑如此」，原作「如此小兒」，今據元刻本、慶餘堂本改。
❷「註疏」，原作「計跋」，今據元刻本、慶餘堂本改。
❸「用」，慶餘堂本、四庫本《周易口義》及《朱子語類》作「間」。

辭》等解。」

石介《周易口義》十卷。馮氏曰：「建本作《解義》，説本王弼旨。」字守道，號徂徠先生，傳孫明復學，直集賢院。

阮逸作《易筌》六卷。凡三百八十四筌。太常丞。

歐陽脩《易童子問》三卷。愚案：歐公不信《圖》、《書》，以爲怪妄。又因《圖》、《書》之疑，并與《繫辭》不信，以爲非夫子作，見於《童子問》中。朱子嘗謂此是歐公无見處。

王安石《易解》十四卷。《宋志》。案：晁氏曰：「王安石《三經義》皆頒學官，獨《易解》二十卷自謂少作，未嘗以取士。故紹聖後復有龔原、耿南仲注《易》各二十卷，並介甫《易》三書行場屋。」又案：《程氏遺書》：「介甫以武王觀兵爲九四，大无義理，兼觀兵之説亦无此事。」又曰：「介甫以『知至至之』爲『九三知九五之位可至而至之』，太煞害事。使人臣常懷此心，大亂之道亦自不識。湯武知至至之，只知至其道也。」

司馬温公光《易説》一卷，《繫辭説》二卷。案：朱子云：「嘗得《温公易説》於洛人范仲彪炳文，盡隨卦六二之半，其後缺焉。炳文言使人就滕公手藁，適至而興亡之故，所存止此。後數年乃得全書，云好事者於北方互市得版本，始亦喜其復全。今不无疑，然亦无以考真僞也。」

伊川先生《程頤易傳》六卷。晁氏曰：「朱震言頤之學出於周敦頤，敦頤得之穆脩，亦本陳摶，與邵雍本同。然考其辭不及象數，頗類胡瑗耳。景迂云：『胡武平、周茂叔同師潤州鶴林寺僧壽涯，其後武平傳其學于家，茂叔則授二程。』與震言不同。」馮氏曰：「先生示門人曰止説得七分，後人更須自體究也。」

康節先生邵雍《皇極經世書》十二卷。朱文公《語録》曰：「《經世》以元經會，以會經運，以運經世。」又曰：「邵子之學只把元、會、運、世四字貫盡天地萬物。」又作《敘篇系述》二卷，《觀物外篇》六卷，門人張崏記雍言。《觀物内篇解》二卷，雍之子伯温作。《辨惑》一卷。伯温作。晁公武云：「《經世》起於堯即位之二十二年甲辰，終於周顯德六年己未。編年紀興亡治亂事，以符其學。又有《觀物篇》系於後，其子伯温解。」

橫渠先生張載《易説》三卷。馮氏曰：「坐虎皮講《易》。」「不知此書子厚晚年以所得刪正耶。或好學者以門人所記偶與《正蒙》類，爲此書也。多所發明，二程有所未到處。」

《蘇軾易傳》九卷。晁氏謂東坡《毗陵易傳》十一卷，其學出於父洵。且謂卦不可爻別而觀之，其論卦必先求其所齊之端，則六爻之義未有不貫者，未嘗鑿而論也。馮氏曰：「洵作此傳未竟，疾革，命軾卒其業。」愚案：文公有《辨蘇氏易》，即此書也。嘗觀《聞見録》，晁以道問東坡曰：「先生《易傳》，當傳萬世。」曰：「尚恨其不知數學耳。」東坡亦可謂不自欺者矣。

劉牧《周易解》十二卷，晁氏《志》作十五卷。又譔《卦德通論》一卷，《宋志》有。又譔《鉤隱圖》一卷。晁《志》作三卷。案：晁氏曰：「仁宗時，言數者皆宗之。慶曆初，吴祕獻其書於朝，田況爲序。此《易解》也。」又曰：「《鉤隱圖》五十四圖，并遺事九，歐公序，其文不類。」愚嘗見其《鉤隱》一書，自易置《河圖》、《洛書》二圖外，餘皆破碎穿鑿。江西李覯泰伯只存其《圖》、《書》及八卦三圖，餘盡刪去。且云牧又注《易》，所謂新意者，合牽象數而已，其餘則援輔嗣之意，而改其辭往往。❶此即所謂《易解》十五卷是也。易置《圖》、《書》之非，愚已辨之。見後《辨惑》。❷

宋咸《易補注》十卷，《易訓》三卷，《王劉易辨》二卷。至和中，咸以既補注《易》，以其餘百餘篇大可疑者三十有六，題曰《易訓》，謂訓其子而已。康定元年自序《易辨》曰：「近世劉牧既爲《鉤隱圖》以畫象數，盡刊王文，❸直用己意代之。業劉者實繁，謂劉可專門，王可焚竄。咸聞駭之，摘乾、坤二卦中王、劉義及《鉤隱圖》以辨之也。凡二十篇，爲二卷，題曰《王劉易辨》云。」案：宣和四年，蔡攸上其書曰：「咸引《正義》以辨。」然穎達專以弼爲宗，非所以辨二家之得失。至謂孔子不繫小《象》於乾卦，以尊文王、周公，不知《易》本各自爲篇，豈孔子旨哉？咸嘗注《楊子法言》，糾李軌之誤五百餘義，蓋亦工於訶人者。咸，屯田郎中。❹

白雲子述《周易元統》十卷，不著名氏。其書成於慶曆乙酉歲，大略謂乾坤，陰陽之根本；坎離，陰陽之性命；坎爲乾之遊魂，離爲坤之遊魂。仲尼云「遊魂爲變」，神機泄矣，易道明矣，乃作《元統》。其一明混元，其二明五太，其三明天地，其四述乾、坤，

❶「改其辭往往」，四庫本作「往往改其辭」。
❷此小注原無，今據元刻本、慶餘堂本補。
❸「王文」，原誤乙，今據元刻本、慶餘堂本改。
❹此小注原無，今據元刻本、慶餘堂本補。

其五示龍圖，其六畫八卦，其七衍揲蓍，其八明律候，其九敷禮樂之元，其十説序卦之由。凡二十八宿、五行、十日、十二辰、四時、八節、六律、六吕、三統、五運，以至一人之身、五藏六氣，皆總而歸之於《易》。故備存之，以廣異聞云。臣蔡攸謹上。

徐庸《周易意藴凡例總論》一卷，《周易卦變解》二卷。庸，東海人，皇祐初撰，以註疏滮漫，故著論九篇，始於易緼，終於大衍。又《卦變序》云：「皇祐初，述《周易凡例》，粗驗象辭，然未罄萬事之變。閲唐李氏所集諸儒《易》註，遂成《周易卦變解》二卷。益明卦有意象，爻有通變，以矯漢、魏諸儒旁通、互體推致之失。」

鮮于侁《周易聖斷》七卷。字子駿。晁氏云：「本王弼、劉牧，時辨其非，云衆言殽亂，折諸聖，故曰《聖斷》。」

吕大臨《易解》一卷。有統論數篇，无詮次，未成書也。藍田人，學出程氏。字與叔，號芸閣先生，微仲親弟。

游廣平《易説》。學出程氏。酢，字定夫，建安人。

楊龜山《易説》。學出程氏。時，字中立，❶謚文靖公，延平人。

朱震《集傳》十一卷，《易卦圖》三卷，《叢説》一卷。字子發，號漢上，居蒙泉。《宋・藝文志》序《易》云：「漢以來言《易》者局於象數，王弼始據理義爲言。李鼎祚宗鄭玄、排王弼，國朝邵雍亦言象數。及程頤《傳》出，理義彰明而弼學淺矣。張載、游酢、楊時、郭忠孝、雍皆祖頤。高宗時，朱震爲《集傳》，其學以頤爲宗，和會雍、載之論，合鄭、王之説爲一，兼取動爻、卦變、互體、五

❶「字」上，原衍「中」字，今據慶餘堂本删。

行、納甲。至鄭剛中爲《窺餘》，兼象義。」馮氏曰：「毛伯玉力詆其卦變、互體、伏卦、反卦之失，謂如乾五爲坎，坎變離，離爲飛，故曰『飛龍』之類，切中其膏肓云。」愚謂變、互、伏、反、納甲之屬皆不可廢，豈可盡以爲失而詆之！今觀其取象，亦甚有好處，但牽合走作處過多，且是文辭煩雜，使讀者茫然不能曉會。朱文公嘗謂漢上解如百衲襖相似，以此進讀，教人主如何曉。看來漢上自是一老儒，无書不讀，无事不曉，只是不善作文，窒塞不通爾。漢上《進表》謂起政和丙申，成於紹興甲寅，首尾十九年。噫！亦難矣，讀者未可甚忽諸。

郭忠孝《易解》二卷，《四學淵源論》三卷。凡四十篇，曰總論，曰諸卦論，曰諸卦雜説。字立之，號兼山先生，河南人。

郭雍《易説》。字子和，號白雲山人，兼山子也。馮氏曰：「雍放浪長楊山谷間，嘗詔不起，亦著《易説》。《自序》云其先人受業伊川二十餘年，念其學殆將泯絶，於是潛稽《易》象以述舊聞。紹興辛亥歲序。不以彖爲卦辭，而直循王弼之名，以爲孔子自言其彖，泥於卦變。毛伯玉不以爲然。切謂郭氏雖嘗學於程門，而其學不著。至其子自相祖述爲一家之學，未爲无得於《易》，而非伊洛之舊聞。和靖云：『忠孝自黨事起，不與程先生往來，卒亦不致奠。』」

鄭汝諧《周易翼傳》二卷。蓋謂孔子翼文王之經，此則翼伊川之傳。字舜舉，自號東谷。

陳希亮《制器尚象論》一卷。長於《易》，謂韓康伯著十三象徒釋名義，莫得尚象之制，故作論以明之。蜀人，天聖中第進士，仕至太常少卿。又《辨劉牧易》一卷。鄭《志》。

陳良獻《周易發隱》二十卷。嘉祐中《自序》云：「第一卷首序乾、坤，至十二卷有疑義者，輒著於篇，所以尊卦德也。自第十三卷至末，明天地之數、陰陽五行之變，所以終其要也。」

石汝礪《乾生歸一圖》十卷。嘉祐中譔，取乾爲生生之本，萬物歸於一也，畫圖著論。晁氏《志》作二卷，云：「先辨卦象爻象之別，後列數圖，頗雜釋老之説。」英州人。

鮑極《周易重注》十卷。治平中譔，右司諫鄭獬表進，祕閣校理錢藻序。宣和祕書少監孫近重行改定，取贊附經之末，以全一家之書。極，建昌軍司户。

王逢《易傳》十卷。學宗王弼，爲介甫客。號廣陵，爲國子直講。

龔原《易續解義》十七卷。晁《志》云二十卷。一十五卷後乃雜義，有釋卦、釋彖、釋象、辨重卦、辨上下位、辨上下《繫》等，學者多師之。字深之，工部侍郎，括蒼人。

耿南仲《周易講義》十卷。馮氏曰：「建本題《進周易解義》。」南仲，字晞道，爲國子祭酒，開封人。

鄒浩《易繫辭義》二卷。字志完，兵部侍郎，常州人。

陳瓘《易説》一卷。馮氏曰：「切嘗從其孫大應見了翁有《易全解》，不止一卷也，多本卦變，與朱子發之説相類。」字瑩中，號了翁，諫議大夫，南劍人。愚案：刊本只題云《了翁易説》，亦不分卷。其子正同紹興十二年知常州，刊於官舍。

李覯《易論》十三篇。《自序》云：「援輔嗣注以解義，急乎天下國家之用而已。」又删定劉牧《易圖》，復詳説成六論。愚謂不過文義之學，象數概乎其未有聞也。覯，字泰伯，盱江人。此解與《鉤隱圖》同刊，《宋志》不載。

黄黎獻《略例義》一卷，又《室中記師隱訣》一卷。獻學於劉牧，採摘其綱宗以爲《略例》。又以《易》學於牧，筆其隱訣目爲《室中記》。又鄭氏《通志》云：「有《續鉤隱圖》一卷。」

常豫《易源》一卷。范陽盧涇序云：「易之縕，數世莫得傳。劉既窺其端，常乃善紀其緒，總斯大旨，著乎六篇，命曰《易源》。」劉謂牧也。字伯起，太常博士。

葉昌齡《周易圖義》二卷。治平中譔，以劉牧《鉤隱圖》之失，遂著此，凡四十五門。職方員外郎，錢塘人。

鄭夬《時用書》二十卷，《明用書》九卷，《易傳辭》三卷，《易傳辭後語》一卷。晁氏曰：「夬，字揚庭。姚嗣宗謂劉牧之學授之吴祕，祕授之夬，夬又作《明數》、《明象》、《明傳道》、《明次例》、《明範》五篇。康節子言夬竊其父學於王豫，沈括亦言夬之學似雍云。」愚案：邵伯温《辨惑》云：「夬，江東人，客遊懷衛，欲受教先君。先君以其志在口耳，又多慕外，不許。秦玠在河内，玠，字伯鎮，知懷州，長於先君一歲，亦自稱門人。先亦從先君學，以其好任數，未詳。嘗語夬以王天悦名豫。傳先君學，有所記録。夬力求之，天悦惡夬浮薄，❶不與。不幸天悦感疾且卒，夬賂其僕，就臥内竊得之，遂以爲己學。初著《易傳》、《易測》、《宋範》、《五經明用》數書，皆破碎穿鑿。後以《卦變圖》示秦玠。」❷沈存中《筆談》云：「夬書皆荒唐，獨此卦變説，未知是非。其説曰：乾、坤大父母，復、姤小父母。乾一變生復，得一陽，坤一變生姤，得一陰；乾再變生臨，得二陽，坤再變生遯，得二陰；乾三變生泰，得四陽，坤三變生否，得四陰；乾四變生大壯，得八陽，坤四變生觀，得八陰；乾五變生夬，得十六陽，坤

❶「天」，原作「大」，今據元刻本、薈要本、慶餘堂本改。
❷「玠」，原作「价」，今據慶餘堂本改。下二「玠」字同。

五變生剥，得十六陰；乾六變生歸妹，本得三十二陽，坤六變生漸，本得三十二陰。乾、坤錯綜陰陽各三十二，❶生六十四卦。後因見兵部員外郎秦玠，論之，玠駭然曰：『夬何處得此法？』又謂自得之異人：『玠曾遇一異人授此數，曆推往古興衰運曆，皆驗。西都邵某聞其大略，已洞吉凶之變。此人乃形之於書，必有天譴，此非世人得聞也。』」夬竊書，秦實知之，乃爲此言，亦近乎自欺矣。夬入京師補國子監，得解省試策問八卦次序。夬以所得説對，擢優等登第，調太原府司録。以贓敗，遇赦，復事遊謁，卒以窮死。

房審權集《易義海》一百卷。集鄭玄至王安石凡百家，摘取其專明人事者爲一編。或諸家説有異同，輒加評論附之篇末。《宋志》不載，馮氏謂熙寧間蜀人。

李衡《易義海撮要》十二卷。愚案：婺州教授周汝能、樓鍔識其書曰：「乾道間，江都李公衡屬意於《易》，得蜀房生《義海》，删之以爲《撮要》。經、《繫辭》、《説》、《序》、《雜》集解凡五，始以家名者百，公略其半，以卷計亦百，今十有一。第十二卷雜論一，是又創於公手，以補房生之闕者。公自御史來守婺，鋟諸版。教授周某、劉某識之乾道六年十一月望日也。」❷今《宋志》載《撮要》而不登房生百卷，使堙没无傳，亦可惜哉。然曰《義海》專明人事，則象數之學必非所備矣。

張汝明《易索》十三卷。每卦以「索曰」釋經，外有觀象、觀變、玩辭、玩占、叢説，通十三卷。字舜文，登元祐壬申第，知岳州。卒，游定夫志其

❶「各」，原作「名」，今據元刻本、慶餘堂本改。

❷「劉」，據上文，當爲「樓」字之誤。

墓。其説支離，蓋以意逆之也。吉州左利人。

張汝弼《易解》十卷。紹聖中撰。字舜元，泉州教授，莆陽人。馮氏曰：「案：紹聖二年，章惇劄進其《周易解義》九卷，今建本二十五卷。賜葆光處士。三年，授福州司户參軍，充泉州州學教授。黄裳、龔原皆序之，稱其明於象數，古今之説閲之殆盡，未能當意，默誦《繫辭》二十年，一日釋然而悟，得大例幾百條。毛伯玉云其《易》專主輔嗣，今觀其義亦主卦變，如朱子發。」

王晳《周易衍注》四卷，《周易綱旨》二十篇。名卦在第二，謂伏羲作八卦，則八卦之名伏羲所制也，因而重之，則六十四卦蓋亦然也。或假其象，或舉其義，或以一言而定，或以二字而成，隨義象名之也。蔡攸上其書曰：「晳著《易衍注》，又撮綱要成此書，其論名《易》之義，信能不惑於多岐者。」末有《脱誤》一篇，大率稽述郭京、范諤昌之説，間出己意，斷以去取。晳，兵部郎中，集賢校理。

《太學十先生易解》。林疑獨慎微、吴子進、袁志行、李元量、劉仲平、路純中、洪成季、陳子明、鄭正夫、閻彦升共成一書，凡十二卷，又有《説卦》以後論三卷，亦有發明處。

《四李先生周易全解》十卷，《説卦》以後三卷。李彦章元達、李端行聖與、李舜由彦安、李士表元卓合成一書，宣和四年序者不著其名，謂四人者俱有職於庠序，則太學講義也。

《太學周易新講義》三十七篇，《統例》一卷。不著其人，紹聖丁丑中都本。

《太學直講繫辭》十二卷。不著其名。

右四書皆三舍時學舍講義也。

《劉鄭注周易》六卷。集劉牧、鄭夬二家所著，集者不知名。

李平西《河圖》一卷。政和中。

牛師德撰《先天易鈐》、《太極寶局》兩卷。自云傳康節學於温公，而説近術數。《宋志》不載。

晁説之撰《古周易》八卷，已見前。《太極傳》五卷，晁《志》作六卷。《因説》一卷，《太極外傳》一卷。其學本康節。自云初學京房，後遇楊寶寶，得其傳。初著《商瞿傳》，亡之。建炎中再作此。又有《玄星紀譜》一卷。撰《温公玄曆》及《康節太玄準易圖》，合而譜之，以見雄以首準卦非出於私意，蓋有星候爲之機括。且辨古今諸儒之失，並晁氏《讀書志》。晁氏名説之，字以道，號景迂，濟北人。得康節學。東坡以著述科薦之，官至徽猷閣待制兼侍讀，乃公武之從父也。

晁公武《易故訓傳》十八卷。《宋志》：名公武，字子政，彭城人。高、孝朝官至尚書，直敷文閣。

張根《解義》九卷，《序論》五卷，《雜説》，《泰論》。字知常，號吴園先生，鄱德興人。

夏休《周易講義》九卷。馮氏曰：「其説以言、動、制器、卜筮四尚之説，綜而通之，以乘、承、比、應爲例。」會稽人，中興時紹興府進士。

李授之《周易經解通義》三十卷。每卦之首各著《論》一篇，以言一卦之大要。又著《論》十篇，明《易》之旨趣。紹興初，知簡州。

李莊簡《易詳説》十卷。名光，字泰發，謚莊簡。紹興初謫嶺南，著書，自號「讀易老人」。淮漕錢沖之序其後，云其學自劉元城，名安世，字器之。元城學於司馬君實。

沈該《易小傳》六卷。每卦別爲一論。案《宋・藝文志序》云：該本《春秋左氏傳》占法論爻變。檜黨之鷹犬者，以主和議。

紹興中，檜死，高宗首召相，該爲左僕射。字元約，湖州人。

都潔《周易變體》十六卷。《宋志》。馮氏作《周易説義》十四卷。馮氏曰：「潔父爲一邦師法，尤粹於《易》，以所聞於父者爲之傳。先於理，而次以象義，每卦終又爲統論。」程可久云：「都聖與少卿作《周易變體》，推廣沈丞相《小傳》。如《觀》之九五不言『觀我生，君子无咎』，獨論《剥》六五『貫魚，以宮人寵』，推廣過當，亦不皆然也。」潔字聖與，知德慶府。其父郁，字子文，終惠州教官。丹陽人。

胡銓《周易拾遺》十卷。《宋志》。馮氏作《周易傳》十卷。字邦衡，號澹菴，敷文閣直學士。吉州人。

鄭東卿《大易約解》九卷，又《易説》二卷。《宋志》。馮氏作《周易疑難圖解》三十卷。馮氏曰：「一本稱合沙漁父。紹興丁巳《自序》云：『爲朋友講習而作。始得富沙丘先生告東卿曰「易理皆在畫」，於是日畫一卦置坐右，周而復始，歷五朞而得有所入。醫算卜筮之書、神仙丹竈之説、經傳子史，凡與《易》相涉者，皆博覽之，不泥其文字，而一味其旨意，❶以求吾之卦畫。』丘先生嘗有詩云：『易理分明在象中，誰知易道畫難窮。不知畫意空箋註，何異丹青欲畫風？』東卿字少梅。丘先生名程，字憲古，建陽人。憲古之學傳鄭東卿，東卿之學傳潘冠英，潘説十三卦處内象極當，而少梅所譔无之，蓋聞之鄉人于公梁國輔，于親受之潘也。」

劉翔《易解》六卷。《宋志》。馮氏作《易卦解義》二卷。馮氏曰：「紹興十五年表進，❷監學官看詳云：『通達經旨，附近人情，間出新意，議

❶「味」，元刻本作「采」。
❷「十」，原作「二」，今據元刻本、慶餘堂本改。

論不詭，旁涉史傳，援證明白。』特差福州教授，書藏禁中。洪邁景盧序。」翔，福州水口人。

閭丘昕《易二五君臣論》。馮氏曰：「昕字逢辰，與胡寅明仲在三舍爲交，同出胡文定公之門。此書明仲多潤色之。其説謂卦以六爻而成。二，臣也，五，君也，二、五，君臣正體也。若以陽居陰爲九二，則臣有時而失之彊；以陰居陽爲六五，則君有時而失之弱。蓋作於紹興間，意有所屬也。乾道辛卯歲張栻序其書。」

胡五峰先生《易外傳》。自屯至剥多引史事，苦无經旨。名宏，字仁仲，文定公安國之子。

張浚《紫巖居士易傳》十卷。内第十卷係讀《易》雜記。主劉牧説。紹興三年四月六日定本成，嘉定庚辰曾孫獻之刊於春陵郡齋。

張南軒先生栻《易説》十一卷。學出五峰，以周、程爲宗。

廣平李椿《觀畫所見》上、下。魏鶴山序。

案：朱文公《跋李壽翁遺墨》云：「侍郎李公玩心於《易》，以没其身，平居未嘗深斥異教，而間獨深爲上言天地變化、萬物終始、君臣父子夫婦之道、性命之理、幽明之故、死生之説，盡備於《易》，不當求之无父无君之言，以傷俗化易。」「所謂『默而成之，不言而信』，其公之謂歟？」沙隨云：「張魏公罷督府，使屬官李侍郎椿筮之，遇頤之賁。李曰：『雖不再用，却无他慮，以之卦有終莫之陵也。』」椿，字壽翁，吏部侍郎。洛州人。劉清之題云：「李公尉衡山時，遊胡文定公之門。」鶴山序云：「公名椿，字壽翁，師友淵源之自則文定胡公父子云。紹定戊午序。」愚案：書名《觀畫》，多逐卦摘解。

蘭廷瑞《漁樵易解》十二卷。《自序》稱《白云溪箋釋上下經》六卷，《繫辭》二卷，《説》、《序》、《雜》一卷，《圖説》二卷，《外編》一卷。自謂於先儒未嘗蹈襲，未嘗求異，唯其是而已。始於紹興己卯，成於淳熙己酉，三十餘年。又譔《日月運行二圖説》一編，无階自進於九重，欲傳諸方册，則漏洩神機必致天禍，未免與糞土俱腐云。廷瑞字惠卿。

程大昌《易原》十卷。

鄭剛中《周易窺餘》十五卷。《宋志》。紹興壬申《自序》云：「集今昔《易》學編次。尊乾、坤不論，起自屯、蒙，大要以象求爻，因爻識卦。《易》自商瞿至漢、魏，不可勝計，大概象、義二者。李鼎祚專明象變，集三十餘家而不及義；王弼盡埽象變，不用古註，專以意訓，二者最不合。然有象則有義，訓義者不可遺象，義不由象出，是猶終日論影而不知形之所在。近世程正叔《易傳》、朱子發《集解》二者頗相彌縫，但易道廣大，有可窺之餘，吾兼而取之。」此其大旨也。剛中字亨仲。

孫份《周易先天流衍圖》十二卷。紹興中。

張行成《元包數總義》二卷，《述衍》十八卷，《通變》四十卷。愚案：《宋·藝文志》所載如此。嘗觀張氏《進易書狀》云：「臣自成都府路鈐轄司幹辦公事丐祠而歸，杜門十年，著成《述衍》十八卷，以明伏羲、文王、孔子之《易》；《翼元》十二卷，以明揚雄之《易》；《元包數義》二卷，以明衛元嵩之《易》；《潛虚衍義》十六卷，以明司馬光之《易》；《皇極經世索隱》二卷、《觀物外卷衍義》九卷，以明邵雍之《易》；《通變》

四十卷，取自陳摶至邵雍所傳先天卦數等四十圖，敷演解釋，以通諸《易》之變。始若殊塗，終歸一致。上件書七種總二十六册，分九十九卷。謹隨狀上進以聞。」觀此，則七《易》之目及其所以作之之意，可得而識矣。

李椿年《易解》八卷，《疑問》一卷。《宋志》稱直院李公。馮氏曰：「門人吴説之編集《易解》八卷，又有吴説之《問疑》二卷。其説專主王輔嗣。」字仲永，嘗直學士院。饒州浮梁人。淳熙乙未龍圖閣學士。胡銓序。

王大寶《周易證義》十卷。多是文義，間亦及象，雖明白而甚淺近。孝宗時，嘗以諫議大夫兼侍講。上語公曰：「高宗謂卿邃於《易》，故有是除。」潮州人，官至禮部尚書，字元龜。

曾穜《大易粹言》十卷。裒二程、横渠、廣平、龜山、兼山、白云七先生集爲一書。淳熙二年《自序》略云：「伏羲以前理具而畫未形，伏羲而後畫形而理遂晦，至文王、周、孔始有辭。後人當使言與心通，理因辭見，明道行事，然後爲得。甚者以象爲本，以數爲宗，以卜筮爲尚。吁！可怪也。」大要主理義，不及象數。穜字獻之，宋人。

劉彝《易注》一部。字執中，福州人。沙隨《外篇》云解《解》九二「田獲三狐」云：「狐者性伏而情姦，晝伏夜動，小人道也。」

程迥沙隨《古周易章句》十卷，《周易古占法并圖》一卷，《外編》一卷，《古易考》一卷。《宋志》。沙隨《外編》云：「隆興甲申迥《易傳》成，占，遇巽之恒。」宋州人，號沙隨。

晦菴先生朱子《周易本義》十二篇，淳熙四年丁酉歲成。《易學啓蒙》二卷，淳熙十三年丙午成。先是，先生乙巳歲復丐祠，差主管華州雲臺觀，故《啓蒙·序》稱「雲臺真逸手記」。

吴仁傑《周易圖説》三卷，《集古易》一卷。《宋志》。號斗南，❶平江崑山人。❷

吕東萊先生祖謙定《古易》十二篇一卷，《音訓》二卷，《周易繫辭精義》二卷。

楊萬里《誠齋易傳》二十卷，淳熙戊申自序。其子長孺云：「自戊申至嘉定甲子脱藁，閲十七年而後成。」❸嘉定元年臣寮申請得旨給劄其家抄録，宣付祕閣。其説本之程氏，而多引史傳事證。

李過《西溪易説》十二卷。慶元戊午《自序》謂幾二十年，前有序説。馮氏云：「其説多所發明，然以毛漸《三墳》謂信，誤矣。晚喪明，棄科舉，授徒。」過字季辨，興化人。愚觀《西溪易説》，已多采入《纂註》，但其於乾卦彖辭下便掇入《彖傳》，《象傳》下便掇入《文言》釋彖處，繼以大《象》，又分爻辭附入小《象》，又附入《文言》。今姑載初九一爻於此：初九，潛龍勿用。《象》曰：「潛龍勿用」，陽在下也。《文言》曰：「潛龍勿用」，下也。「潛龍勿用」，陽氣潛藏。初九曰：「潛龍勿用。」何謂也？子曰：「龍德而隱者也。止是以君子勿用也。」《坤・文言》亦然。王弼本乾卦存鄭氏初亂古《易》之例，至此又汩亂无餘矣。吁！欲速好逕之弊一至於此乎！

王童溪《易傳》三十二卷。名宗傳，字景孟譔。童溪，其自號。淳熙丙午林焞序。由太學上舍免省，臨安人。

林栗《周易經傳集解》三十二卷。《文言》、《説卦》、《序卦》、《雜卦》本文共爲一卷，

❶「號斗南」，原無，今據元刻本、慶餘堂本補。
❷「崑山人」，原無，今據元刻本、慶餘堂本補。
❸「十」，原脱，今據薈要本補。

《河圖洛書八卦九疇大衍總會圖》、《六十四卦立成圖》、《大衍揲蓍解》共爲一卷。淳熙十二年乙巳表進，付祕書。其説每卦必兼互體，約象覆卦，爲太泥爾。字黄中，直寶文閣，權發遣潭州。愚謂林於説象及文義處多有可采，只是於象數之源、畫卦之大綱領自不能曉云。

趙善譽《易説》二卷。❶馮氏曰：「趙自謂一意孔子之《易》，本畫卦命名之意，參稽卦爻彖象之辭，以貫通六爻之義而爲之説。趙嘗爲寺丞，將漕湖陰。宋朝宗室前此未有推明《易》學者，蓋自善譽始。」

李舜臣《周易本傳》十三卷。《宋志》。愚案：淳熙己亥其自序，大概謂《易》元起於畫，有畫故有卦與辭，隨辭釋義，泛論事理，不復推之於畫，以驗古聖人設卦命辭之本意，失之遠矣。故今所著皆因畫論心，主文王、孔子之學，❷以推衍大《易》之用，此其大旨也。其間發明好處甚多，説象有功，但絶不及占。舜臣字子思，號隆山先生，蜀人。

馮時行《易論》三卷。馮氏曰：「著於篇首止六十四卦，常言易之象在畫，易之道在用。其學傳仙井李舜臣。孫男興祖編。」時行字當可，號縉雲先生，蜀人。朱文公曰：「馮當可字時行，名、字未知孰是。蜀人，博學能文，其集中有封事云：『願陛下遠便佞，疎近習，清心寡欲，以臨事變，此興事造業之根本，《洪範》所謂「皇建其有極者」也。』其論皇極深合鄙意。❸然則余前所謂『千有餘年，无一

❶「趙」，原作「李」，今據元刻本、薈要本、慶餘堂本改。

❷「主」，原作「王」，今據元刻本、薈要本、慶餘堂本改。「學」，原作「必」，今據元刻本改。薈要本、慶餘堂本作「心」。

❸「皇」，原作「至」，今據元刻本、慶餘堂本改。

人覺其謬而正之者』，亦近誣矣。案：此句乃先生《皇極辨》中語。但專經之士无及之者，而文士反能識之，豈汨没傳注者不免於因陋踵訛，而平心誦味者有時而得之文字之外耶？慶元丙辰臘月甲寅東齋南窗記。」愚謂縉雲有《易解》多好，豈先生未及見耶？然則專經之士，固不爲傳注所汨没矣。

馮椅《厚齋易輯》五十卷。愚案：《宋·藝文志》序云：寧宗時，嘉定十年。馮椅爲《輯注》、《輯傳》、《外傳》，猶以迴、熹未及盡正孔傳名義，乃改「彖曰」、「象曰」爲「贊曰」，以繫卦之辭即爲《彖》，繫爻之辭即爲《象》。王弼「彖曰」、「象曰」乃孔子釋《彖》、《象》，與商飛卿説同。又改《繫辭》上、下爲《説卦》上、中，以《隋·經籍志》有《説卦》三篇云。

馮去非《周易》二篇，《通故》、《圖説》。又有《易象通義》，其文專解上、下經大《象》。去非，厚齋子。

吕氏奎《學易管見》，上、下經五卷及《繫辭》上、下二卷。專取陰陽對卦並論，如乾、坤作一論，夬、剥作一論之類，發明多好。

蔡節齋《周易經傳訓解經》二篇。以孔子大《象》置逐卦辭之下，《彖傳》又置大《象》之後，小《象》置各爻辭之後，皆低一字以别卦爻辭。《繫辭》、《文言》、《説》、《序》、《雜卦》皆低一字書。又有《卦爻辭指》、《論六十四卦大義》、《易象意言》雜論卦爻、十翼，《象數餘論》雜論《易》大義。開禧乙丑陽月自序。

劉彌邵《易稿》一部。其猶子後村諱克莊爲之序略曰：「初，余爲建陽令，季父訪余縣齋，因質《易》疑於蔡隱君伯静，後二十年而書成。大旨由朱、程以求周、孔，由周、孔以求羲、文，其篤守師説，雖譙天授、袁道潔无以加也。季父名彌邵，字壽翁，中歲棄科舉，閉門著書行義，爲鄉先生，家貧，食於學。卒年八十二。」

項安世《周易玩辭》十六卷。《宋志》。

王炎《讀易筆記》十卷。《宋志》。總説象例在前，經傳皆有解。紹熙、慶元間。

吴博士《周易詳解》四十卷。只是敷演文義，爲時文之學，全不及象數。紹興丁丑書成。名黻，字元綬。

毛璞《易傳》十一卷。馮氏曰：「瀘州毛璞字伯玉，嘗持潼川憲節。嘉泰元年自序：『始涉其流，稍出己見，參以諸家之長，讀之三十年，知先儒之説與前日所見皆未也。觀象畫卦以定其名，因卦分爻以盡其變，此名與此卦相當，此辭與此爻相得，而因以得羲、文、孔子之心。』又有《外傳易辨》，歷詆先儒之失，似亦有理。然所略取者王弼、二蘇，蓋所學異也。」

袁樞《易學索隱》一卷。《宋志》。

劉列《虚谷子解卦周易傳》三卷。隆興初。《宋志》。

葉適《周易述釋》一卷。

柴中行《説卦以後解》。字與之，齋名强恕。由太學上舍登第，終祕書監。饒州餘干人。

易祓《易學舉隅》四卷。嘉定四年三月朔自題其書。長沙人。

戴端明《周易總義》上、下二卷。不具卦及卦爻辭，只每卦説一大段。嘉定癸未其子料院桷刊於秣陵郡學。

陳隆山《大易集傳精義》六十四卷，无《繫辭》以後。《讀易綱領》上、中、下三卷，通十門。

案：隆山所集王輔嗣、孔穎達、周濂溪、司馬涑水、邵康節、程明道、程伊川、張横渠、蘇東坡、游廣平、楊龜山、郭兼山、郭白雲、朱漢上、朱文公、張南軒、楊誠齋、馮縉雲，又兩家失姓名，但稱「先正」、「先儒」別之。自序於寶祐甲寅年。《綱領》三卷，甚正大可觀。所集解詳贍，時及象數。學齋史繩祖序云：「學者不可曰《易》論理不論數，數非《易》所先，善《易》者必當因義圖之象數而明周經之《彖》、《象》，方能得其門而入也。」誠哉是言！

楊簡慈湖《己易》一卷。《宋志》。愚嘗見其書，只作一大篇，自包羲氏一畫陽一畫陰論起，至八卦六十四卦爻辭。大要謂易者己也，以易爲書，不以易爲己，不可也。桐江詹阜民子南刻之新安郡齋。或曰：「林黄中文字可毀。」朱文公曰：「却是楊敬仲文字可毀。」往往謂《己易》也。

錢時《周易釋傳》二十卷。其説謂伏羲、文王、周公之經既孔子爲之傳，後學何可容喙。敬於傳下略釋本旨，而曰《周易釋傳》焉。案：其書文辭雖明，而意義亦淺略，不及象數，釋物理間有可采者。嘉熙二年喬丞相薦進其書，稱其山居讀書，理學淹貫，嘗從故寶謨閣學楊簡游，蓋其所深許。與以祕閣校勘。嚴州人，姓錢名時，「融堂」扁也。

湯建《周易筮傳》。名建，字達可，號藝堂先生，温州樂清人。交楊慈湖門人知惠州趙汝馭作序，淳祐四年刊于郡齋。

魏文靖公《周易集義》六十四卷。案：《集義》自周子、邵子、二程子、横渠張子，程門諸大儒吕藍田、謝上蔡、楊龜山、尹和靖、胡五峰、游廣平、朱漢上、劉屏山，至朱子、張宣公、吕成公凡十七家，内一家少李隆山子秀巖心傳。他《易》不預，如郭氏父子，以背程門出之。鶴山嘗曰：「辭、變、象、占，《易》之綱領，而繇象爻之辭、畫爻位虚之列、互反飛伏之説、乘承比應之例，有不知則義理闕焉。」方虚谷回跋紫陽書院重刊本曰：「僉書樞密院事魏文靖公鶴山先生了翁。華父，前乙酉歲以權工部侍郎，坐言事忤時相，謫靖州。取諸經註疏，摘爲《要義》，又取濂、洛以來諸大儒《易》説，爲《周易集義》六十四卷。仲子太府卿静齋先生克愚。明己，壬子歲以軍器監丞出知徽州，刊《要》、《集義》，置於紫陽書院。至丙子歲，書院以兵興廢，書版盡毁。尋草創新書院於城南門内，獨《集義》僅有存者。今戊子歲，山長吴君夢炎。首先補刊，會江東詳刑使者大原郝公良弼。深嗜《易》學，謂聖人之經得濂、洛而後明，五經、《論》、《孟》之原，非此諸大儒明之，則終於不明，又非有如文靖公囚縶閑僻，類聚成編，則世之學者亦无從盡知之也。欣然割資相工，得回所藏墨本，率總府郡頖，協助兩山長及書院職事生員釀泉訖役，半年而畢。甚矣！易道之難明也。漢至今説《易》何啻千家？王弼、孔穎達註、疏單行，朱文公嘗深闢之，讀者亦鮮。李鼎祚《易》百家解義，間見子夏、京房、虞翻、陸績、蜀才之説，及鄭玄互體，殆无復續之者。天棐斯文，濂、洛有作，周元公曰『无極而太極』，謂太極无形而有理，以明『易有太極』之『有』不可以迹求，而翼之以《通書》。爲臨川陸學者肆爲强辯，則不可與讀《易》。邵康節始因《大傳》分言伏羲先天、文王後天，如兩儀四象，乃伏羲畫卦次第，陽一陰二爲兩儀，太陽一少陰二少陽三太陰四爲四象。惟文公獨得其傳。爲永嘉葉學、三山林學者别爲臆説，葉適正則，著《習學記言》。於《易》，謂其爲三陽也，天也，此《易》之始畫也，已不識伏羲畫卦次第云云。葉説淺而陋，全不識儀、象之義。林則林栗也。則不可與讀《易》。程純公、正公師元公，其説《易》，張橫渠撤皐比以遜之。正公嘗教人讀王弼、胡瑗、王安石《易》，《伊川易傳》出，則已削三家之疵而極其粹。苟猶泥於三家而不求之《程傳》者，則不可與讀《易》。純公、正公皆嘗聞康節『加一倍法』，而正公《易傳》不屑於象數，惟專於義理，故文公謂『邵明羲易，程演周經』，蓋欲學者合邵、程而爲一也。豈惟邵、程當合爲一？藍田呂與叔初師橫渠，後與上蔡謝顯道、廣平游定夫、龜山楊中立在程門爲四先生。乾用九、坤用六凡例，惟與叔、歐陽文忠公及文公三人知之。漢上朱子發本《程傳》而加象數。和靖尹德充登正公門最後，將易簣，授以《易傳》。其論生卦，惟許康節、五峰胡仁仲得之。上蔡傳之南軒張宣公，而東萊呂成公與文公、宣公相友。文公於是集諸儒之大成，《易》本筮占，乃述《本義》、《啓蒙》。圖説多得之邵學者，不於此混融貫通焉，則亦不可與讀《易》。文靖公之在渠陽，欲以東萊《讀詩記》爲《讀易記》，謂辭、變、象、占乃《易》綱領，而繇彖象爻之辭、畫爻位虚之別、互反飛伏之説、乘承比應之例一有不知則義理闕焉。是書濂流洛派凡十六家合爲一，觀之而易道備矣。先是，温陵曾穜刊《易粹言》七家，中有郭兼山《易》，文靖公謂忠孝《易》書去程門遠甚，自黨論起絶迹程門，殁不設奠，故並其子雍曰『白雲易』者黜之。臨邛張行成，文靖公鄉人，爲邵《易》註解《通變》、《經世》、《觀物》等書，世稱七易，疑文公未之見，別爲一支，以備旁考。今文靖公集百卷，明《易》之義者二百三十章有奇，《易》學最精。嘗與參知政事西山先生真德秀。希元、文公門人輔廣漢卿相講磨渠陽山中，苦於書不備、友難得，是書猶欲有所裨益，而未爲序、引者，此也。雖然，聖如仲尼，天不使之居周公之位；大儒如濂、洛諸老，天亦不使之得路於一時，而使之立言於萬世。其有以夫權遠柄國二十七年，窮貪極謬，屏文靖公卧五溪，窮處踰七稔。不如是，後世焉得是書而讀之。至元二十五年十月既望，後學方回謹跋。」

潘夢旂《周易解》。姑蘇人，嘉定辛未自序，楊文焕《易解》集之。

楊文焕《五十家易解》四十二卷。字彬夫，釋褐狀元，❶秦州人。

徐古爲《易解》六卷。初，特補迪功郎。咸淳三年，進《易解》。後除正言，江東憲。名直方，字立大，號古爲先生。父諱元杰，❷紹定壬辰狀元，嘗從董槃澗學。只上、下經，前有進表及圖象。

趙虛舟《易通》六卷，《或問類例圖象》四卷。名以夫，字用父，理宗朝尚書侍郎。其《易》大概論九、六、七、八變與不變，或静吉動凶則勿用，動吉静凶則不處，動静皆吉隨寓皆可，動静皆凶无所逃於天地間。此聖人所以樂天知命不憂也。

易山齋《周易總義》。名芾，字彦章，號山齋。門人陳章序云以「總義」名者，總卦爻之義而爲之説也。紹定間侍經筵日，常以是編陪講。

孫嶸叟《讀易管見》一部。首列《圖》、《書》

❶「褐」，原作「偈」，今據元刻本、薈要本、慶餘堂本改。

❷「父」，原空一格，元刻本爲墨丁，今據薈要本及《宋史》卷四百二十四補。

先、後天等圖及説，仍逐卦爻解説，不著經文。末有《繫辭舉易》。會稽人，咸淳丙寅倅新安，刊於郡齋。

宋不記何朝者

皇甫泌《周易述聞》一卷，《隱訣》一卷，《補解》一卷，《精微》三卷，又有《紀師説》、《辨道》，❶通爲八卷。「泌」，一作「佖」。

湯渙《周易講義》三卷。《宋志》。

顧思叔《周易義類》三卷。以先儒論《易》不同，因取其辭説同者分目而聚之，凡九十五條。「思叔」，一作「权思」。

凌唐佐《周易集解》六卷。朝奉大夫。

劉概《周易繫辭解》十卷。有論以括其大意。字仲平。

陳禾《周易傳》十二卷。《中興書目》：「宋朝正言陳禾撰。」

陳君《周易六十四卦賦》一卷。黄宗旦云：潁川陳君，不知其名。

林德祖《易説》九卷。

任奉古《周易發題》一卷。成都鄉貢。

林儵《易説》十二卷，右迪功郎。《變易》八卷，《變卦纂集》一卷。馮氏曰：「其説考甲子通數，以八卦定八方，並以乾、坎、艮、震、巽、離、坤、兑爲序。」

吴沆《易璇璣》三卷。每卷九篇，雜論《易》義。又有《易禮圖説》，前有或問六條，圖説十二軸。字德遠，號環溪先生，臨川人。環溪，其所居也。

朱氏《三宫易》一卷。其説分圓宫、方宫、交宫，以初、二、中、四、終爲序。

李遇《删定易圖序論》六卷。

---

❶「道」，原無，今據淳祐刊《郡齋讀書志》補。

陳高《八卦數圖》二卷。《宋志》。

鄭克《揲蓍古法》一卷。《宋志》。

李中光《易説》十卷。《宋志》。

洪興祖《易古經考異釋疑》一卷。《宋志》。

李宏《三家易解》三十卷。有進表。合小舟、芸閣三家解刊之。宏於《雜卦》後，又有《餘意》一卷。潼川府路轉運判官，❶蜀人。

李開《易解》三十卷。合李宏、芸閣三家，題「小舟先生李開去非譔」。

尹天民《易論要纂》一卷，又《易説拾遺》二卷。

陸秉《周易意學》十卷。云欲撰《易決緼》難就，今祇成此書，亦如前代傳《易》之説，自題曰「齊魯後人」。案：「秉」字，馮氏作「東」字。

吴祕《周易通神》一卷。

劉文郁《易宏綱》八卷。《宋志》。

王日休《龍舒易解》一卷。《宋志》。

鄒巽《易解》六卷。《宋志》。

胡有開《周易解義》四十卷。《宋志》。

林至《易裨傳》一卷。《宋志》。

商飛卿《易講義》一卷。《宋志》。

王洙《周易言象外傳》十卷。馮氏曰：「集諸儒《易》説，折衷其理，依卦變爲類。《自序》云：『論次舊義，傳以新説，以弼傳爲內，摘其異者表而正之，故云外傳。』」字原叔，應天人，以通經侍講天章閣，睢陽人。

《藝文志》不載姓氏者有書名，无姓氏。

《羲文易論微》六卷。

《周易解微》三卷。言八卦象辭。

《周易外義》三卷。多案諸經傳釋註疏之言。

《周易卦類》三卷。本王弼注，分八卦畫，以類相從。

❶「川」，原作「州」，今據元刻本、薈要本、慶餘堂本改。

《周易傳》四卷。自乾至益。

《周易口義》六卷。書多殘闕。

《周易樞》十卷。釋六十四卦。

《繫辭要旨》三卷。

《周易正經明疑録》一卷。設問對二十九。

鄭氏《通志》不載何代者

姚規《易註》七卷。

勾微《易廣疏》三十六卷。

縱康《會同正義》三十二卷。❶

陳皐《易論》十卷。

劉不疑《易卦正名論》一卷，《廣論》一卷，《大義疑問》二十卷，《大義》一卷，《發義》一卷。

劉遵《易異議論》十卷，《外義》三卷。

黄晞聱隅先生《易義》十卷。

黄通《易義》一部。

李賁《易義》二卷。

周孟陽《易義》二卷。

張簡《易義略》九卷，又《易問難》二十卷。

李覺《大衍義》一卷。

沈季長《易義》上、下二卷。

葉子長《易義》二卷。

張元《易發題》一卷，《明疑録》一卷，《啓玄》一卷。

沈濟《河圖洛書解》一卷，《伏羲俯仰畫卦圖》一卷。

丘鑄《周易卦斷》一卷。

王錡《周易口訣》六卷。

史之證《周易口訣》六卷。

楚泰《周易析微通説》三十卷，又《周易質疑卜傳》三十卷。

❶「縱康」下，影印文淵閣《四庫全書》本《通志》有「又」字。

郭思永《周易明文》十卷。

孫坦《周易析緼》一卷，《易箝精義》二卷，《周易通神》二卷。

周鎮《周易精微》三卷，《窮理盡性經》一卷，《周易義證總要》二卷。

莊道名《略例疏》一卷。

桂詢《略例》一卷，《周易編例》十卷。

顧棠《周易義類》三卷，《經類》、《卦類》、《雜纂》各一卷。

雜見旁證此三十一家，不載代與書名，馮厚齋《易解》載在「雜見旁證」下，今附此。

房玄齡　龍昌期　盧穆　代淵　薛温其

陳文佐　楊繪元素。汪沿　于弇見房審權《義海》。❶

白氏　集氏　范氏　虞喜　王符　王嗣宗

徐邈　荀悦　崔憬　劉子政　劉歆　劉昞

向秀子期。劉賓　張晏　張軌　侯果　孟康

崔子玄　服虔見晁以道《古易》。虔薛音注見陸德明引。　皇甫謐見《正義》。

愚嘗觀《東漢·儒林傳》曰：「光武遷洛陽，其經牒祕書載之二千餘兩，自此以後，參倍於前。靈帝世，又詔諸儒正定五經，刻於石碑，爲古文、篆、隸三體書法，注：古文，孔子壁中書。篆，始皇時程邈所作。隸，亦邈所獻者。以相參檢，樹之學門。後董卓移都，吏民擾亂，自辟雍、東觀、蘭臺、石室、宣明、鴻都諸藏典册文章，競共剖散。及王允所收而西者，載七十餘乘，道路艱遠，復棄其半矣。後長安之亂，一時焚蕩，莫不泯盡。」嗟夫！使有天下國家者誠垂意斯

❶「權」下，原誤衍一「權」字，今據元刻本、薈要本、慶餘堂本删。

文，嘉惠承學，取五經善本及諸家傳注有足採者，又推及子、史傳記有所關繫者，或鐫金石，或刻梨棗摸印，頒降州縣學校，又詔許經生、學士得關假謄録以相教授，則家有其書，人講其學，尚何至有一時泯盡之憂哉！ 計不出此，徒知爲祕府之藏，而不知藏於普天之下，使老師宿儒容有聞名未見之書，盡付諸烈焰，❶可勝惜哉！ 然聖經大道如元氣周流宇宙間，初未嘗間斷，或托之於其人，或寄之於其書，或藏之廣谷大川，或淪之遐陬僻壤，或散之燈火弦誦，紬繹著述於頹檐敗屋之下，若有神物護持，終不使泯没无傳者，誠以斯文有關於天典民彝之重，世道升降、生民休戚、山川草木、鳥獸魚鼈，慘舒皆繫焉，有非偶然之故者矣。 愚家藏《周易》傳注，自程朱外僅十餘家。 聞吾州桂巖戴君夢薦。 晉翁伯仲、城居滕君羽。 山臞家多書，踵門而請，獲觀數十餘家。 繼又訪諸前集賢學士鄱陽初菴傅公左塾，邂逅王君希旦。 葵初，初菴同里人。 最嗜談《易》，多見所未嘗。 因得件列於此其間，有《宋志》、晁《記》所不載者，通計若干家，往往古今撰述未止是也。 姑以所見例之，大抵義理文辭勝，發揮卦爻象數變占者寥寥，間見魏晉以下談玄无庸論矣。 猶幸先代周、程、張、邵諸大賢勃興，其於象數理義之學，直接千載不傳之祕，而集厥大成於我朱夫子，作爲《本義》、《啓蒙》二書，以繼往聖、開來學。 先君子又有師傳之的，研精覃思，遂成《啓蒙通釋》一編，窮極奧妙，發揮无隱。 而一桂愚不肖，又嘗附録纂注《本義》。 書梓行有

❶「付」，原作「什」，今據元刻本、薈要本、慶餘堂本改。

年，尚恨孤陋寡聞，象釋疎略。歲在戊申，復謀之先同志鄱陽汪君標。國表，得其手編諸家《易》解一鉅集。其書名《經傳通解》，以馮厚齋《易解》爲柢本，又博求古今解增入，如愚説間亦蒙采取，合理、義、象、占爲一若干卷，今藏於家。鄱陽銀峰人。入太學，登第歸附，後曾宰鄉邑。後隱居著述，舊與先世爲懿戚云。又自搜訪二十餘家，重加纂輯，毗于附録，用潰於成。然由今觀之，安得盡閲前書，取其有補於卦、爻、象、占者，以翼聖經，以存講習之爲得哉？螢爝增輝於太陽，亦區區之志焉爾。小子狂簡，先覺之士幸進而誨諸。

周易啓蒙翼傳中篇

周易啓蒙翼傳下篇

新安前鄉貢進士胡一桂學

舉要

理太極，理之原。

朱子曰：「伏羲、文王於《易》，只就陰陽以下説。夫子却就陰陽上發出太極來。」《易》固是如此，先儒未嘗道破者，蓋以釋極、儀、象、卦章從前未有分曉，至康節邵子傳先天《易》，而後此章大明。朱子從而別白言之，其義益著。《易》本是卜筮書，有卦爻便可占。然伏羲畫卦，豈但從陰陽起，必有不雜乎陰陽而實不離乎陰陽者以爲之本，太極是也。此《易》之有太極，如木之有根，水之有源，必知乎此，則六十四卦、三百八十四爻莫不有極至之理在乎其間，所謂「六爻之動，三極之道」者是也。文王、周公雖嚴利貞、貞吉之教，貞固便是理，但未嘗明説出太極來。夫子恐人惟以卜筮視《易》，則卦爻涉於粗淺，故推本太極爲言。太極者，是理至極之稱，而爲兩儀、四象、八卦、六十四卦、三百八十四爻之祖。太極之名一立，而仁、義、禮、知、性命、性情、道德、道義、忠信、誠敬、中正之教發揮无餘蘊矣。《文言》《乾》九二言仁誠，《坤》六二言敬義，九三言忠信。《乾·彖》言性命，《説卦》言盡性至命。《文言》言性情，《上繫》言知崇禮卑，言道義之門，《説卦》言和順道德，《象傳》、小《象傳》説中正尤多。程沙隨謂《易》以道義配禍福，故爲聖人之書；陰陽家獨言禍福，而不配以道義，詭遇獲禽則曰吉，得正而斃則曰凶，故爲技術。斯言最有補於世教，且使小人盜賊不得竊取而用，深得夫子之遺意。吁！以夫子之教如是，而後世猶有流爲技術之歸者。微夫子之教，如之何其可也！

氣 陰陽，氣之始。

有理而後有氣，氣之始莫先於陰陽。天地、山澤、雷風、水火與夫人物之萬殊，何莫非陰陽之爲者？《易》卦爻辭无「陰陽」二字，惟《中孚》「鳴鶴在陰」特以地言。夫子於《乾》初九爻小《象》曰「陽在下也」，於《坤》初六爻小《象》曰「陰始凝也」，陰陽之稱始於此。蓋以六十四卦陰陽之初爻即太極所生，三十二卦陽儀之一，三十二卦陰儀之一，以爲諸卦初九、初六陰陽爻之通例也。陰陽之名一立，而動靜、健順、剛柔、奇偶、小大、尊卑、變化、進退、往來之稱，亦由是而著矣。

數 《圖》、《書》，數之原。蓍策，數之衍。掛扐定卦爻，過揲定乾、坤策及朞萬物之數。

《河圖》、《洛書》爲作《易》而出也。《河圖》自一至十爲數五十五，《洛書》自一至九爲數四十五，合之爲數者百。蓍策、大衍爲用《易》而生也。王道得則其叢生滿之數亦百，可當大衍之數者二，則作《易》與用《易》之不外乎數者，非出於聖人之私意也，天也。故《圖》、《書》位數隱然與羲、文之卦合。而揲蓍掛扐之數所以定卦爻，過揲之數所以定乾、坤之策而當朞之日。合二篇之策而當萬物之數也。或曰：數固不能相通歟？曰：《圖》、《書》不過列數之文，以發聖人之獨知而已。蓍則真可執持分合進退以求卦，故不同也。然《圖》、《書》虛中之外，其餘九、六、

七、八可以畫卦；蓍策用全用半之後，亦視九、六、七、八以别陰陽之老少。二者初未嘗不同也。若夫卦爻中言數例只就六爻取，别見於後。

易

「易」有以理言者，有以書言者。以理言，即太極是也。以書言，即兩儀、四象、八卦、六十四卦、三百八十四爻與夫文王之卦辭、周公之爻辭，皆書名者也。曰「易有太極」，此「易」字以書言，謂《易》書之中原其始，具此太極之理，所以能生儀、象、卦也。曰「易與天地準」，此「易」字不專以書言矣，謂易之道與天地準，所以能彌綸天地之道也。要之，十翼中稱「易」字以書言者爲多，文王、周公之辭无「易」字，夫子於《文言》及《上繫》第二章方稱「易」之名。周公爻辭不言「易」字，而於《周禮》却有「三《易》」之名。馮厚齋謂「夏曰《連山》，商曰《歸藏》，周曰《周易》」，則「易」乃周家之書名，文王之所命也。曰「三《易》」者，夏、商蒙《周易》之稱爾。意恐未然。《説卦》謂「昔者聖人之作《易》」，非指伏羲乎？《繫辭》謂「《易》之興也，當殷之末世，周之盛德」，詳其名義，易之稱其來舊矣，必非自文王而始也。況以後蒙前可也，以前蒙後可乎？

先天後天

《乾·文言傳》曰：「先天而天弗違，後天而奉天時。」夫子本只因乾卦有下乾、上乾，發先天、後天之象。至邵子引以明伏羲、文王之《易》。然朱漢上謂陳摶以先天圖傳种、穆，則其稱所從來又遠矣。但邵子之意謂先天者，如六十四卦，天本未嘗爲，而伏羲畫之，謂之先乎天可也；曰後天者，天地間已有六十四卦，文王就六十四卦内又從而序之繫之，謂之後乎天可也。故其詩云「若問先天一事无，後天還始著工夫」。「一事无」，只是順其自然。且如畫卦，不過由太極而兩儀，兩儀而四象，四象而八卦。其重也，由八而十六，十六而三十二，三十二而六十四，只是加一倍法。至如先天八卦與六十四卦圓圖，亦不過揭横圖中前一截居南北之東，後一截居南北之西，皆未嘗致力於其間也。謂之曰「著工夫」，則文王《序卦》與夫八卦方位皆若出於有意爲之，非復包羲自然之妙。然《序卦》與八卦方位既成之後，或反對以相因，或流行以致用，亦莫不有自然之位置。此所謂「先聖後聖，其揆一也」，何庸致區别於其間哉！

易尊陽卑陰

天尊地卑，陰陽固有自然尊卑之象。然於《易》上欲見其尊卑處，何者最爲親切？曰：自太極生儀、象、卦最可見。太極動而生一陽，然後静而生一陰，則陽已居先矣。至於陽儀之上生一陽一陰，先陽固宜也。陰儀之上當以陰爲主矣，其生一陽一陰，亦以陽居先焉。又至於四而八，八而十六，十六而三十二，三十二而六十四，其生一陽一陰莫不先陽而後陰，於是首乾終坤，乾不期尊而自尊，坤不期卑而自卑，於此見尊陽卑陰非聖人之私意，卦畫自然之象，而亦造化自然之位也。

卦分爻位之陰陽

卦有初、二、三、四、五、上爲位之陰陽，

初、三、五，位之陽；二、四、上，位之陰。九、六爲爻之陰陽。九，陽爻，六，陰爻。位之陰陽一定而不易，爻之陰陽變易而无常。或以陽爻居陽位，或以陽爻居陰位，或以陰爻居陰位，又或以陰爻居陽位，皆无常也。《易》曰「剛柔雜居而吉凶可見矣」，又曰「上下无常，剛柔相易」，正謂是也。占法有九、六、七、八。九爲老陽，七爲少陽，六爲老陰，八爲少陰。老變而少不變，《易》以變者名爻，故稱九、六，不稱七、八，其實每卦七、八、九、六皆具。然初、上兩爻，陽爻不曰「九一」而言「初九」，不言「九六」而言「上九」，陰爻不曰「六一」而言「初六」，不曰「六六」而言「上六」。蓋初者，有始之謂；上者，有終之謂。言初、言上，卦之首尾可見也。又《易》言陰陽，不言陽陰，言終始，不言始終，猶言晦朔，不言朔晦，言死生，不言生死，取其有生生循環不窮之意也。

卦爻分君臣

六十四卦乾卦純君象，坤卦純臣象。明夷卦指上六爲暗君象，紂。六五爲箕子象，外餘皆五君二臣。看來自五君外，諸爻皆臣位。特有遠近之分説者，謂四爲大臣，以其近君也。又多稱二爲臣，以其正應也。六三「或從王事」，三非臣歟？初則臣之最微者，所謂在野曰草莽之臣是也，亦取民象。《蠱》之上九「高尚其事」，又臣之隱居者焉。代淵曰：「六十四卦皆以五爲君位者，此《易》之大略也。其間或有居此位而非君義者，有居他位而有君義者，斯《易》之變。蓋聖人意有所存，則主義在彼，不可滯於常例。」王晦叔曰：「不爲君位者，其卦有四，坤也，遯也，明夷也，旅也。坤對乾，以明臣之分；明夷亡國，紂是也；旅失國，《春秋》書『公遜』、『天王出居』是也；遜去而不居，太伯、伯夷之事也。此四卦所以不爲君位也。」

爻有應不應

六爻取應與不應，夫子《彖傳》例也。如《恒・彖》曰「剛柔皆應，恒」，此六爻以應言也。如《艮・彖》曰「上下敵應，不相與也」，此六爻雖居相應之位，剛柔皆相敵而不相與，則是雖應亦不應矣。又如《未濟》六爻皆應，故曰「雖不當位，剛柔應也」。以此例之，則六爻皆應者八卦，泰、否、咸、恒、損、益、既濟、未濟是也；皆不應者亦八卦，乾、坤、坎、離、震、巽、艮、兑是也。二體所以相應者，下卦之初即上卦之四，下卦之二即上卦之五，下卦之三即上卦之上，上卦之四即下卦之初，上卦之五即下卦之二，上卦之上即下卦之三。此所以初應四，四亦應初；二應五，五亦應二；三應上，上亦應三。然上、下體雖相應，其實陽爻與陰爻應，陰爻與陽爻應。若皆陽皆陰，雖居相應之位，則亦不應矣。江都李衡曰：「相應者，同志之象。志同則合，是以相應。然事固多變，動在因時，故有以有應而得者，有以有應而失者，亦有以无應而吉者，以无應而凶者。夬九三以援小人而凶，剥六三以應君子而无咎。咸貴虛心而受人，故六爻以有應而失所；蒙六四以无應而困吝，斯皆時事之使然。故不可執一而定論也。」又觀彖辭，重在二、五剛中而應者凡五，師、臨、升二以剛中應五，无妄、萃五以剛中應二。至若比五以剛中，上下五陰應之；大有五以柔中，上下五剛應之；小畜四以柔得位，上下五剛亦應之，又不以六爻之應例論也。

爻分三才

三畫卦下爻爲地，中爻爲人，上爻爲天。六畫卦初、二爲地，三、四爲人，五、上爲天。《説卦》曰「立天之道曰陰與陽，立地之道曰柔與剛，立人之道曰仁與義，兼三才而兩之，故《易》六畫而成卦」是也。

爻分中正

陽爻居陽位，陰爻居陰位爲正。初九、九三、九五爲陽爻之正，六二、六四、上六爲陰爻之正。陽爻居陰位，陰爻居陽位爲不正。九二、九四、上九爲陽爻之不正，初六、六三、六五爲陰爻之不正。二、五爲上、下兩體之中，三、四爲一卦全體之中，《繫辭》謂「非其中爻不備」，又指初、上中間四爻言中也。剛中柔中，當位爲正，失位爲不正，皆《彖傳》所取。

畫爻位虚四者之别

六爻則九與六矣。六位則初、二、三、四、五、上矣。而又有六畫六虚者，何也？蓋方畫之初，則爲畫。畫既成於位之上，則爲爻。爻可見而位不可見，位虚而爻實也。位之虚者，所以受爻。爻者，已成之畫。爻與畫先後不争，多所謂啐啄同時是也。必以畫言之者，見得《易》非死物。據六爻觀之，如聖人方用手畫下，猶有活動之勢也。位未畫則爲虚位，既畫則爲爻。此四者不可彊分，亦不容无辨，要在人活絡觀之爾。

卦爻變動有三

《易》卦爻變動大率有三，有變易之易，有交易之易，又有一卦中六爻上下无常、剛柔相易之易。筮而得老陽重□，則變而爲少陰拆⚋，得老陰交✕，則變而爲少陽單⚊，此變易之易也。先天圖左一邊本都是陽，右一邊本都是陰。左一邊一畫陰，自右一邊一畫陰來交易陽爻而成；右一邊一畫陽，自左一邊一畫陽往交易陰爻而成。其交也，乾、坤各八卦自相對而相交，兑、艮各八卦自相對而相交，離與坎對，震與巽對，相交亦然。其實非此往彼來，只是其象如此。先天八卦對交亦然。先儒從來有是説。此交易之易也。又文王卦辭中如《泰》卦䷊「小往大來」、《否》卦䷋「大往小來」之類。泰本自否卦變成。否三陰上往換得三陽下來，便成泰卦。否本自泰卦變來。泰三陽上往換得三陰下來，便成否卦。孔子《彖傳》中如《隨》卦䷐「剛來下柔」，隨本自否卦變成。否上九之剛下來變初六之柔成剛，換得初六之柔上去變上九之剛成柔，便成隨卦矣。又如《蠱》卦䷑「剛上而柔下」之類。蠱本自泰卦變成。泰初九之剛上去變上六之柔成剛，換得上六之柔下來變初九之剛成柔，便成蠱卦矣。蓋言一卦中陰陽自相上下往來，又變成一卦，此所謂「上下无常，剛柔相易」也。伏羲當初畫卦，六十四卦一時俱定，此卦固非自彼卦變來，彼卦亦非自此卦變去。聖人觀卦繫辭，偶然見有此象，又從而取之，于以見易道之變无有終窮，而道理亦只在聖人口頭説出便是也。卦爻之變動，无出此三者矣。

三聖取象例

易有理而後有數，有數而後有卦，有卦而後有象。理者何？太極是也。數者何？《河圖》、《洛書》、蓍、大衍之數是也。卦者何？由八卦重爲六十四卦是也。象者何？乾天、坤地、乾馬、坤牛之類是也。包羲未畫之先，仰觀天文，俯察地理，近取諸身，遠取諸物，博求其象以畫卦。既畫之後，象悉在卦中，此所謂「有畫而後有象」者，指作《易》之後而言《易》中之象也。然伏羲之象在卦中，卦即象也。文王取象猶略，乾无所取象，坤象牝馬，離象牝牛，中孚豚魚，小過飛鳥之類，寥寥可數。周公於六爻取象甚多，其要者如乾六爻象龍，屯震、坎象馬之類，不可勝數；又自有所見，而取不必盡同於文王。至夫子於《説卦》八卦取象，如乾天、坤地、乾馬、坤牛之類；於六十四卦取大象，如乾天、坤地、屯雲雷、蒙山泉之類尤備。其間亦有括文王、周公所取例者，然而同於文王、周公者少，而所自取者多。蓋夫子夢周公、心文王、參包羲於未畫，其於名象又自有所見，不必盡同於先聖也。朱子詩云「須知三絶韋編者，不是尋行數墨人」，得之矣。緣自先儒分經合傳之後，學者隨文苟且混殽莫別，徑以孔子之象即文王、周公之象，遂以《説卦》爲祖，而六十四卦之象、三百八十四爻之象盡求合於《説卦》，皆有所不通矣。必知乎此，而後取象之同異如揭日月而行天，流河漢而注地也。愚於《本義》後《卦象圖》説詳矣，姑陳其概於此。或曰：象至夫子而大備，誠如子言矣。夫子以前占者取象，如《左傳》所載固已多矣，奈何？愚曰：《左氏傳》乃傳夫子《春秋》之經，安知非取夫子之《易》象以文之乎？借曰夫子以前如乾天、坤地等象，容或有之。然自《左傳》外，他无證據，又不應以夫子之聖贊《易》。區區收拾先聖所取之象爲之套括，略不能自出一毫所見於其間也。況夏、商以前，《易》无復考究，今只據《易》中之辭求《易》中之象，文王所未取者周公取之，周公所未取者孔子取之。以文王、周公所未有之象，至夫子而方盡，謂之曰象至夫子而大備，詎不信然。《左傳》占辭一節，愚於《本義》後圖《文言辨》論之詳矣。

象爻取象例

《易》中卦爻及《象傳》中取象，有取變體、似體、互體、伏體、反體，不一而足。變體如《小畜》上九稱「既雨」，无坎而取雨象者，以上九變則爲坎也。似體如《頤》似離而稱「龜」，《大壯》似兑而稱「羊」之類也。互體如《震》九四稱「遂泥」，以自三至四互坎也。伏體如《同人》彖辭稱「大川」，以下體離伏坎也。反體如《鼎》卦初六爻稱「妾」，以下體巽正兑之反，初陰爻妾也。此說愚得之婺源州判澹齋吴先生。此類皆不可省，象意方通。

卦有逐爻取象

如《隨》二、三指初爲「小子」，《漸》初亦稱「小子」。《大過》指初爲「女妻」，《噬嗑》、《賁》、《壯》、《夬》、《鼎》、《艮》指初爲「趾」，《遯》、《既》、《未濟》指初爲「尾」，《晉》、《姤》上象「角」，《大過》上象「頂」，《既濟》上象「首」，皆是也。他爻可類推。

爻有以六位取象者

《易》六十四卦惟既濟一卦坎上離下，六爻之陰陽與六位之陰陽協，故曰「既濟，定也」，言爻位陰陽皆定之義。餘六十三卦中皆具坎、離陰陽之位焉，又足以見日月爲易之妙。故卦中取象亦有以位之陰陽取者，初不以爻拘。如乾九三以位言居離位之上，有終日、夕象，九四以位言居坎位之下，有躍在淵象，義則昭然矣。朱漢上解《乾·象傳》曰：「六爻天地相函，坎、離錯居。坎、離者，天地之用也。雲行雨施，坎之升降也。大明終始，離之往來也。」愚因是推之，得六位取象之説焉。

卦德象體材義

卦德，乾健、坤順、震動、巽入、坎陷、離麗、艮止、兑説是也。卦象，乾天、坤地、震雷、巽風、坎水、離火、艮山、兑澤是也。卦體，剛中、柔中、剛上、柔下、内陽、外陰、内健、外順是也。卦材，剛柔、健順，有彊弱之分是也。卦義，如泰便有亨通之義，蠱便有幹濟之義是也。

卦爻言數例

凡卦爻數自初數之至上爲六。或以一爻爲一歲一年，《同人》「三歲不興」，《坎》「三歲不得，凶」，《豐》「三歲不覿」，《既濟》「三年克之」，《未濟》「三年有賞于大國」。或以一爻爲一月，《臨》「至于八月有凶」。或以一爻爲一日，《復》「七日來復」。或以一爻爲一人，《需》「不速之客三人來」，《損》「三人行則損一人」。或以一爻爲一物，《訟》「鞶帶三褫」，《晉》「晝三接」，《師》「王三錫命」，《比》「王用三驅」，《睽》「載鬼一車」，《解》「田獲三狐」，《損》「二簋可用享」，《萃》「一握爲笑」，《革》「言三就」，《旅》「一矢亡」，《巽》「田獲三品」之類。見先人雜著。

易爲卜筮書

《易》所以知爲卜筮書者，以《周禮》三《易》皆掌於太卜之官而知之。伏羲《易》无文字，只是教人隨所占得卦爻，就卦爻之陰陽上看吉凶。文王、周公始有辭，分明説吉凶，説利不利，又説神怪之象，如「載鬼一車」、「見豕負塗」之類以示人。大概是教人以忠孝正順，如所謂貞則利、不貞則不利，貞則吉、不貞則不吉，无非此意。《本義》《坤》卦六五爻「黄裳元吉」之義，便可見當時占法大旨。横渠先生謂「《易》爲君子謀，不爲小人謀」，正謂此也。後之學者不説《易》爲卜筮書者，以爲卜筮流於技藝，爲《易》恥談，故只就理上説，雖説得好，但非《易》之本旨，與《易》初不相干。朱子嘗謂卜筮之頃上通鬼神，下通事物，精及於无形，粗及於有象，天下道理无不包罩在其中，開物成務之學正有賴此，奈何以爲非卜筮之書乎？夫子《文言》、《彖傳》之類雖多發明道理，然而《繫辭》中教人大衍之數、《河圖》之數，教人卜筮，《象傳》、《説卦》中教人説象極詳且備，人皆由之而未察爾。

《本義》、《啓蒙》主卜筮

朱子《本義》、《啓蒙》二書，只教人以象、占二事。或者乃謂《易》有聖人之道四焉，有辭、變、象、占四者之分，今只説卜筮乃是朱子之學，《易》道不止是也。是則然矣。然文王卦辭中於《蒙》、《比》二卦只發「初筮」、「原筮」之義，周公爻辭中於《革》九五只發「未占」、「有孚」之義。夫子《繫辭》曰「極數知來之謂占」，曰「大衍之數五十」，曰「蓍之德圓而神」，曰「幽贊於神明而生蓍」，説尚占之事，不一而足。誠以伏羲之卦本爲卜筮作，文王、周公彖爻无非占決之辭。所以周公於《周禮》一書論《易》惟與《連山》、《歸藏》並掌於太卜之官，則《易》之所由作大抵爲卜筮也審矣。故《論語》引《恒》卦「不恒其德，或承之羞」之辭，而繼之以「子曰：不占而已矣」

者，又足以見夫子謂人不知尚占之學，故不識「不恒其德，或承之羞」之義。是則夫子專以《易》爲尚占之書，又可見矣。奈何以爲朱子獨解作卜筮乎？何不知言之甚也！夫子所謂聖人之道四焉，亦説《易》道廣大，其用不窮，又何止於四道？而原其所由作，則本爲教人卜筮，使之決嫌疑、定猶豫，而不迷於吉、凶、悔、吝之塗爾。可不考其本而惟朱子之議乎？

《周禮》九簭

《周禮》：「簭人掌三易，以辨九簭之名。一曰巫更，二曰巫咸，三曰巫式，四曰巫目，五曰巫易，六曰巫比，七曰巫祠，八曰巫參，九曰巫環，以辨吉凶。凡國之大事，先簭而後卜。上春，相簭。凡國事，共簭。」鄭氏注云：「此九『巫』讀皆當爲『筮』，字之誤也。更，謂筮遷都邑也。咸，猶僉也，謂筮衆心歡不也。式，謂筮制作式法也。目，謂事衆筮其要所當也。易，謂民衆不悦，筮所改易也。比，謂筮與民和比也。祠，謂筮牲與日也。參，謂筮御與不也。❶環，謂筮可致師不。先筮後卜，筮凶則止不卜。相，謂更選擇其蓍也，蓍龜歲易者與？」愚案：一釋云：更與更化之更同，國有當更，不可不改圖。咸謂國家有所爲感人心之事。目謂事目，筮所當用者。易謂旱乾水溢，變置社稷，諸侯不朝，易置其人之類。參謂車之參乘者，或爲御，或爲右也。環謂致師將戰，必使勇者挑之是也。可以參看。愚案：先儒一講義云：三代之《易》名不同，而所占者則同於九筮，往往國事當決不出乎九筮之外也，知此亦可識所筮之概矣。講義亡其姓名。

辭説

《易·繫辭上傳》曰：「《易》有聖人之道

❶「不」，據嘉慶二十年阮刻《周禮注疏》，當作「右」。

四焉：以言者尚其辭，以動者尚其變，以制器者尚其象，以卜筮者尚其占。」夫所謂辭者何也？文王六十四卦卦下之辭、周公三百八十四爻爻下之辭是已。然愚直謂文王、周公之辭不出象、占二者，且以乾、坤二卦論之。文王曰「乾，元亨利貞」，「坤，元亨利牝馬之貞，君子有攸往，先迷後得主，利西南得朋，東北喪朋，安貞吉」。「乾」是卦名，「元亨利貞」是卦占。此卦有占无象，而卦之六畫即象矣。謂筮得乾而六爻不變，或一卦三爻變，則以「元亨利貞」爲占，謂其事大亨通而利在貞正，雖亨通而不貞正則依然不利爾。「坤」是卦名，「元亨」以下是卦占，謂筮得坤而六爻不變，或一卦三爻變，則以「元亨，利牝馬之貞」以下爲占。以「牝馬」置「元亨利貞」間，是謂象雜占中。「牝馬」，坤之象；「元亨利貞」者，坤之占也。「君子」指筮者，謂筮者若有所往，居先則迷，以坤純陰之故，在後則得以坤承乾之故，主利乾、主義。故坤主利往西南則得朋類，往東北則喪朋類。以後天八卦巽、離、坤、兑居西南而爲陰之朋，震、坎、乾、艮居東北而爲陽之朋。「安貞吉」者，安於西南之貞則吉，此西南、東北是象而「得朋」、「喪朋」、「安貞吉」是占也。又以《乾》初九、《坤》初六二爻論之，周公曰「初九，潛龍勿用」、「初六，履霜堅冰至」，「潛龍」非象乎？「勿用」非占乎？「履霜堅冰至」固云有象无占，而占意寓於象。分而言之，「霜」、「冰」是象，「履」、「至」是占，亦未爲不可。玩二卦二爻，无非象、占二者而已。合象、占以成句而讀之，粲然成文，則謂之辭矣。六十四卦、三百八十四爻皆然。《易》捨象、占，不足以成辭，論辭而不及象、占，惟以道理解説，而謂聖人自有此一種險怪之辭，則亦真不足與言《易》。若「以言者尚其辭」之義，林學蒙引《論語》，舉「不恒其德，或承之羞」以明之，朱子以爲然矣，但於他未見有所證爾。

變　説

夫所謂變者何也，卦爻陰陽之變也。《説卦》曰「昔者聖人之作《易》也，幽贊於神明而生蓍」，則伏羲畫卦固已贊神明而生蓍以用之矣。有蓍筮則有九、六、七、八。九、六爲陰陽之老，七、八爲陰陽之少。老變而少不變，《易》以變爲占，非卜筮固无由而得變。然想古人用《易》，亦不盡假卜筮，而遇事之來動以應之，必先隨意所發主在一卦，又就一卦上隨意變爻，看變得何卦何爻，一如筮法以斷之，此所謂「以動者尚其變」也。案：《春秋左氏傳》宣公六年王子伯廖引《易》論鄭公子曼滿曰：「其在《周易》豐之離，弗過之矣。」間一歲，鄭人果殺曼滿。又如宣公十二年智莊子引《易》論先穀與楚戰于邲，曰：「《周易》有之，在師之臨，曰『師出以律，否臧凶』，遇敵必敗，雖免而歸，必有大咎。」及戰，果敗。後晉人歸，罪先穀，殺之之類是也。然此特尚變以論他人之事爾。往往已事亦如是，尚其變以爲斷決焉，但於傳未見其例也。二事詳見後《筮法》下。

象　類　説

愚於《本義》後既分八卦爲象圖，而繫之以説矣，大概欲見三聖人取象不同之意。以今觀之，尚有未備，故復爲此圖，分天文、地理、人物等爲類。首文王卦象，次周公爻象，次孔子十翼中《彖傳》、《象傳》、《説卦傳》所取象以該之，庶乎不致有遺。朱子嘗謂《易》

爲卜筮書，而所謂象者，皆是假此衆人共曉之物以形容此事之理，使知所取舍而已。然則《繫辭》所謂「以制器者尚其象」，特大約言之，況十三卦制器纖悉畢備，後人无復有所加矣。惟於卜筮之用，至于今未已也。吁！謂象專爲制器設者，愚斯之未能信也。

天文類

卦 日 豐「—中」、晉「晝—」，皆取離象。雲雨 小畜「密雲不雨」，雲取互兑澤之氣上蒸象，不雨取互離日而坎伏之象。

爻 天 乾五、大有上、大畜上、明夷上、姤五、中孚上，皆五、上爲天象。日 離「日昃」，豐「日中」。月 小畜上九、歸妹六五、中孚六四，皆取「月幾望」象，解見《本義》。雲 小過五，「密雲」，互兑氣上蒸象。雨 小畜上，「既—」，變坎象。睽上九，「往遇雨」，下有互坎象。夬九三，「獨行遇雨」，上取兑澤象。鼎九三，「方雨」，變坎象。小過五，「不雨」，兑上象。霜 坤初六，初陰象。斗 豐二、四取五、上二陰爻四點象。沫 豐三，「沫」，小星，亦上二陰象。光 未濟五，離日之光。天衢 大畜上九，象雲路也。

翼 天 乾象，《彖》、《象》、《説卦》，下並同。雷 震象。風 巽象。月 坎象。雨雲 並同。日、火、電 並離象。天文 賁象。

地理類 四方附。

卦 西南 坤、蹇、解 指坤方。東北 坤、蹇 指艮方。西郊 小畜 兑象。南征 升 離象。百里 震 象，解見《本義》震卦。野 同人 取六二地上之象。大川 需、訟、同人、蠱、大畜、益、渙、中孚 解各見本卦。濡 未濟 坎象。

爻 地 夷上，坤象。南 夷三，離南方象。方 坤二，「直方」，坤象。西山 隨上，「西」，兑象，「山」，伏艮象。

岐山升四，有互兑取象，同「西山」。林屯三，取上互艮山，又有震木象。陵同三，「高陵」，互巽爲「高」，三爻變艮爲「陵」。震二，「九陵」象，見《纂注》。漸五，本爻變艮象。丘頤二，指上爻艮象。賁五，艮象。渙四，互艮象。谷困初「幽谷」、井二「溪谷」之義，皆取坎下之象。石豫二、困三，豫取艮石象，困三只取爻剛象。磐屯、漸震、艮陽象。郊需初，以去坎遠取象。同上，取國外曰郊象。西郊小過五，互兑象。陸漸三，艮路象。道小畜初、履二，道路也，只取初、二爲地之象。荒泰二，指上坤地荒遠處。遐泰二，取上坤遠象。陰中孚二，取下卦之中位柔象。野坤上，郊外曰「野」，正上象也。沙需二，近坎水象。泥需三、井初、震四，皆取迫坎水象。塗睽上，❶泥也，取互坎象。干漸初，水涯也，近互坎象。穴需四，坎下象。窞坎初，坎穴象。大川謙初，近互坎。頤五，當坎位之中，以艮止不利涉。頤上，亦以位取止，極而動故利涉。未濟三，坎體象。河泰二，互兑澤象。淵乾四，亦取坎位象。泉井五，坎象。冰坤初，陰盛象，指上六。濡夬三，上承兑澤象，既濟初，上互坎象。既濟上，坎象。未濟上，下互坎象。浚恒初，兑反體象。

翼地坤象。剛鹵兑地爲剛鹵。山徑、路、小石皆艮象。泉水、溝瀆皆坎象。澤兑象。淵訟《象》，坎象。方觀、復大《象》「省方」。四方離大《象》「照四方」。姤大《象》「誥四方」。

歲月日時類

卦八月臨以一爻爲一月，臨二陽長爲十二月。卦自三爻數起正月泰，至上爲四月乾，而陽長已極，於是一陰又生於下，爲五月姤、六月遯、七月否。至八月觀則四陰

❶「睽」，原作「揆」，今據元刻本、薈要本、慶餘堂本改。

長而爲八月之卦，亦臨之反對也。七日復以一爻爲一日，自姤一陰生至坤上六，六陰極爲六日，於是一陽來於下爲復之初九，是爲「七日來復」矣。論陽之消以月言，幸其消之遲，論陽之長以日言，喜其長之速，此聖人扶陽抑陰之意。甲日蠱「先甲三日，後甲三日」，解見本卦。巳日革「巳日乃孚」，朱漢上讀作甲巳之巳，姑備一説。爻三歲同人九三、坎上六、困初六、漸九五、豐上六，皆以一爻爲一歲數之也。三年既濟九三、未濟九四，皆以一爻爲一年。十年屯六二、復上六、頤六三，皆以坤土成數取象，頤互體亦坤。月望小畜上、歸妹五、中孚四，義見「天文」下。三日明夷初、巽五，以一爻爲一日。七日震二、既濟二，象見前。己日革二。庚日巽五，解見本卦。終日乾二、豫二，以下體離位取，既濟四則以互體離取。終朝訟上，取下互離象。夕乾三，取下體之終象。暮夜夬二，取下體離位之終象。旬豐初，解見本卦。

翼時乾「六位時成」、「時乘六龍」。蒙「時中」。大有「應天時行」。賁「察時變」。損、益「與時行」。升「柔以時升」。艮「動靜不失其時」。豐「與時消息」。小過。〇又自豫、隨、遯、姤、旅言時義，坎、睽、蹇言時用，頤、大過、解、革言時皆以「大矣哉」贊之者，凡十二卦。已上皆《彖傳》。无妄「對時」、革「明時」，皆大《象》。四時豫、觀、恒、革、節，皆《彖傳》。至日復大《象》「一陽來復」，冬至，節日也。歷革大《象》「治曆明時」，取離、兑夏秋相繼之象，而治曆也。嚮晦隨大《象》。

人道類

卦王夬、萃、豐、渙皆五象也。侯屯、豫皆震象。晉「康侯」，坤象。大人訟、蹇、萃、升、困、巽自升卦取六五用見九二之大人外，餘皆取九五君象。

丈人師九二象。後夫比上六象。女家人「女正」，離二象。漸「女歸」，上巽象。取女咸「取女吉」，兑象上六女正。姤「勿用取女」，巽初六不正。朋坤西南得陰之朋，東北喪陰之朋象。復指衆陽之朋漸長而來。童蒙艮象。君子坤「君子有攸往」，指占者。否「不利君子貞」，指三陽。匪人否三陰象。人艮。

爻王坤三、訟三、師二、比五、隨上、蠱上、觀四、離上、家五、益二、升四、井三、渙五，皆指九五君象。天子大有三，指六五。君小過二，指五。大君師上、履上、臨五，皆指五象。王母晉二，取六五柔象。國君復上，亦取六五象。公大有三，本爻。解上，指五。益三、四，本爻。鼎四，「公餗」，指公家言。小過五，本爻。侯屯初，震象。蠱上，以卦上泛言「不事王侯」也。大人乾二、五，大德之君臣。

否五，本爻。蹇上，指九五君象。革五，本爻。主睽二、益三、四，皆指五。豐初、四，指本爻。臣小過二，指四。遯三，「臣妾」，小臣也。王臣蹇本爻，❶王之臣也。君歸妹五，女君也。宫人剥五，君位，又群陰之象，故稱宫人。祖小過二，解見本爻。父蠱初、三、四、五，解見本卦。考蠱初，同上。母蠱二。❷妣小過二，見本爻。子蒙二、蠱初、鼎初、家三，皆指本爻。小子隨三，指初。漸初，本爻。長子師五，指二。弟子師五，指三。女蒙三、觀二、歸上，本爻。女子屯二，本爻。夫蒙三，指二。小畜三，指四。漸三，本爻。丈夫隨二、三，皆指四。士夫大過五，本爻。元夫睽四，指初。老夫大過二，本爻。夫子恒五，對「婦人」言，就本

❶「蹇」下，據文意疑脱一「二」字。
❷「二」，原缺，今據薈要本、慶餘堂本補。

爻論。士歸上，對「女」言，未成夫婦之稱，指三。婦蒙二，指五。小畜上，本爻位柔言。家三，指四。漸三，指四。漸五，指二。既二，本爻。婦人恒五，對「夫子」言。老婦大過五，指上六。妻小畜三，指四。困三，本爻。女妻大過二，指初。妹泰五，本卦互歸妹，指互體兑言。娣歸初，指兑體。須歸三，「賤妾」稱亦指兑。妾遯三，指下二陰。鼎初，指本爻。童蒙五，指艮體。觀初，以爻下，亦因上有艮體。童僕旅二、三，「童」取艮體，「僕」爻在下也。人需上，「三人」指下體乾。睽三，本爻。損三，損下體本乾三爻。豐上，「无人」，本爻陰虚象。武人履三，爻陰象。巽初，義同。幽人履二、歸二，皆兑體居中象。旅人旅上，只取本爻稱「人」。君子乾三，本爻。屯三，泛指筮者。小畜上，同。謙初、三，觀初、五、上，剥上，遯四，壯三，夷初，解五，夬三，革上，未濟五，皆指本爻。小人師上、否二、大有三、觀初、剥上、遯四、壯三、解五、革上、既三，各解見本爻。匪人比三，指上。惡人睽初，指四。朋泰二，指下三陽。豫四，指五陰爲「朋盍簪」。咸四，指陽類。蹇五，指九三。解四，指九二。友損三，指上。賓觀四，指本爻爲五之賓，以君臣言。姤二，指九四，以内外言。客需上，指下三陽。虞屯三，有互艮山而无應，故象「无虞」。中孚初，前有山澤，又有應，故象「虞吉」。史巫巽二，取兑爲口舌象。群渙四，謂散其三陰之群。衆晉三，坤爲衆象。宗同二、睽五，皆取應爻。仇鼎二，❶「我仇」指初。主人❷夷初，指四。寇屯二、蒙上、需三、賁四、睽上、解三、漸三，卦皆有坎象。婚媾屯二、四，賁四，睽上，取

❶「二」，原作「三」，今據元刻本、慶餘堂本改。

❷「主」，原作「王」，今據元刻本、慶餘堂本改。

爻皆有應象。震上，无應，故婚媾有言。

翼王師《象》指六五。坎《象》指九五。天位需《象》「位乎天位」指五。帝位履《象》指五。尊位大有《象》「柔得尊位」。先王大《象》稱「先王」者凡七，比、豫、觀、噬、復、无妄、涣泛指以《易》之先王也。后大《象》稱「后」者二，泰、姤泛指以《易》之后也。復卦又稱「后不省方」。君否初，「志在君」，指五。上大《象》稱上者一，剥泛指君上也。大人大《象》稱大人者一，離泛指以《易》之大人也。君子大《象》稱君子者，自乾、坤、屯、蒙、需、訟、師、小畜、履、否、同人、大有、謙、隨、蠱、臨、賁、大畜、頤、大過、坎、咸、恒、遯、壯、晉、明夷、家人、睽、蹇、解、損、益、夬、萃、升、困、井、革、鼎、震、艮、漸、歸妹、豐、旅、巽、兑、節、中孚、小過、既濟、未濟，凡五十三卦，泛指以《易》之君子言也。聖人豫、觀、頤、咸、恒、鼎《象》亦指五君言。公坎《象》三象。諸侯比大《象》「建國」、「親侯」，皆坤象。嚴君、父母、父子、夫婦、兄弟、男女並家人《象傳》。二女睽、革指離、兑象。朋友兑大《象》「君子以朋友講習」。人文賁《象》指君臣、父子、兄弟、夫婦、朋友。聖賢鼎《象》「大亨以養聖賢」。賢大畜《象》「養賢」。君子泰「内君子」、否「外君子」、同人「君子正」、謙「君子之終」、剥「尚消息盈虚」、困「而不失其所，亨，其唯君子乎」，並《象傳》。小人泰「外小人」。否「内小人」。遯《象》「遠小人」。民師《象》「民從」。豫「民服」。頤「及萬民」。益「民説」。兑「民勸」。節「不害民」。師《象》「容民」。履「定民志」。泰「左右民」。蠱「振民」。臨「保民」。觀「觀民」。井「勞民」。屯初，「得民」。謙三，「萬民服」。剥上，「民載」。姤四，「遠民」。多取初爻或陰爻象。衆師《象》「衆正」。蹇

「得衆」。師《象》「畜衆」。明夷「涖衆」。多取坤爲衆象。人心 咸《彖》「聖人感人心而天下和平」。人 謙《象》「人道惡盈而好謙」。革、兑「順乎天而應乎人」。歸妹「人之終始」。豐「況於人乎」。咸「虚受人」。多以卦體取象。族 同人《象》「類族辨物」，人、物各有族類。俗 漸「居賢德善俗」，指人之風俗言。商旅 復《象》。百姓《下繫》。

身體類

卦口 頤「自求口實」，卦下動上止，取全體象。心 坎「維心亨」，取一陽在中象。背 艮「艮其背」，取一陽隆於卦體之上象。身 艮「艮其身」，以全體取象。告 蒙「初筮告」，自二至上有頤口象。夬「孚號，告自邑」，上有兑口象。號 夬「孚號」，兑口象。笑言 震 初至四互頤口，又取震有聲象。言 困「有言」，兑口象。「不信」，坎在下象。盥 觀 互艮手。巽潔象。行 坎 互震。艮亦互震。震爲足象。

爻首 乾用九、比上、離上、明夷三、既濟上、未濟上，皆取上象。頂 大過上象。面 革上象。頄 夬三。頄，面頰間骨。頤 頤初，「朵頤」。蒙全體象。輔 咸上、艮五。輔，頰車也。頰 咸上，面頰。舌 咸上。皆以兑口取象，艮輔以居一身之上象。耳 噬上，取下有坎象。鼎三、五，三變則三、五皆坎體。目 小畜三，前互離，目象。鼻 噬二，互艮象。須 賁二，三至上頤體，須附頤象。涕 離五、萃上，離。「出涕」，目出也。洟 萃上六，「齎咨涕洟，未安上也」，涕洟取兑澤下流之貌。泣 屯上，坎水象。孚三，兑澤象。右肱 豐三。心 夷四，益五、上，井三，艮二、三，旅四，象各見本爻。左腹 夷四，坤爲腹象。限 艮三，身分限處，艮全體取身象。夤 艮三，夾脊肉，亦全體取象。臀 夬四、姤三、困初，象見本爻。股 咸三，下體互巽。左股夷三，下體象。腓咸二、艮二，下體取象。拇咸初、解四，指初，取初下象。趾噬初、賁初、大壯初、夬初、鼎初、艮初，只取初下象。足剥初、鼎四，指初，亦取下象。雖是牀、鼎，足在下體一也。身艮四，全體取身象。躬蒙三、艮、震上，躬亦身也。膚噬二、剥四、渙五、夬四、姤四。膚，身之皮膚，又膚肉也。血坤上、需四、小畜四、歸妹上，指三。渙上，指三。屯上。多以坎取，或只以陰爻取。汗渙五，身之所出，詳見本爻。膏屯五、鼎三，各見本爻。思咸四、渙四。憂臨三「既憂，无咎」。疑豫四「勿疑」、豐二「往得疑疾」。愁晉二。慍夬三。喜否上、无妄五、損四、兑四。惕乾三、小畜四、夬二。勿恤泰三、晉五、家人五。自「思」以下，皆心之用。見乾二、五、蒙三、睽初、三、上，蹇上，姤初，困三，豐二、三、四，多離象。視履二、震上、歸二。盱豫三。闚觀二、豐上。覿困初、豐上。自「見」以下，皆目之用。眇履三、歸初。眚无妄上、復上。二者目之病。言需二、訟初、震初、艮五、漸初、明夷初、夬四、革三。告益三、四。❶ 問益五。鳴謙二、五，豫初。號夬二、上，萃初，渙五，旅上。笑萃初、震初、同五、旅上。嗟離三、萃三、節三。戚嗟離五。齎咨萃上。歌離三、孚三。號咷同五、旅上。啼呼也。自「言」以下，皆口之用，多兑象。擊蒙上、益下。禦蒙上。繫否五、无妄三、姤初。係隨二、三、上，坎上，遯三，以「係用徽纆」觀之，則與「或繫之牛」義亦同，不知何以分兩字。執師五、咸三、遯二。握萃初。自「擊」以下，皆手之用，多艮象。行

❶「三四」，原作「四五」，今據慶餘堂本改。

无妄上「行有眚」、明夷初「主人有言」、損三「損一人」、夬三「獨行遇雨」、夬四、姤三「其行次且」、鼎三「其行塞」、震三「震行无眚」。徒賁初「舍車而徒」。征小畜上「征凶」、泰初「征吉」之類甚多，並見占類。往屯三「往吝」、四「往吉」之類亦多，並見占類。　自「行」以下，皆足之用，象各見本爻。跛履三、歸初，足之病也，象見本爻。災復上「迷復，有災眚」、无妄三「邑人之災」、旅初「瑣瑣取災」、小過上「是謂災眚」，災只患難之意。疾豫五「貞疾，恒不死」、无妄五「勿藥有喜」、遯三「有疾厲」、損四「損其疾，使遄有喜」、豐「疑疾，有孚發若，吉」、鼎二「我仇有疾，不我能即，吉」、兑四「介疾有喜」。蓋有身則有疾，然卦中不專指疾病，亦取有爲爻之害者。　象各見本爻。

翼首象《乾》「首出庶物」。説卦乾爲首。　髪説卦巽爲寡髪。顙説卦巽爲廣顙。耳象《鼎》「巽而耳目聰明」。説卦坎爲耳，又爲耳痛。目象見上。説卦離爲目。眼説卦巽爲白眼。口象《困》「尚口乃窮」。説卦兑爲口。舌説卦兑爲舌。手説卦艮爲手。指説卦艮又爲指。心象《復》「見天地心」、《咸》「感人心」。小象《泰》四「中心願」、《謙》二「中心得」。説卦坎爲心病，又爲加憂。腹説卦坤爲腹。大腹離爲大腹。股説卦巽爲股。足説卦震爲足。自彊不息法乾《象》力行。厚德載物法坤《象》任重。果行育德法蒙《象》。以懿文德法小畜《象》。多識前言往行以畜德法大畜《象》。非禮勿履法大壯《象》。自昭明德法晉《象》。反身修德法蹇《象》。順德積小以高大法升《象》。朋友講習法兑《象》。儉德辟難法否《象》。謹言語節飲食法頤《象》。獨立不懼遯世无悶法大過《象》。言有物而行有恒法家人

《象》。懲忿窒慾法損《象》。遷善改過法益《象》。致命遂志法困《象》。恐懼修省法震《象》。思不出其位法艮《象》。有身體則有德行道義。以上大《象》皆立身行己之大法也。

古人類

爻 高宗既濟三、未濟四。帝乙泰五、歸五。箕子明夷五。

翼 伏羲、神農、黃帝、堯、舜繫辭下。湯武革《彖傳》。紂繫辭下。文王明夷《彖》、繫辭下。箕子明夷《彖》。

邑國類井附。

卦 邑夬「告自邑」、井「改邑」。井「改邑不改井」。❶

爻 邑泰上、謙上、晉上、升三。邑人訟二、比五、无妄三。國師上、謙上、觀四、益四。大國未濟四。家師上「承家」、損上「得臣无家」。城隍泰上，邑國，多坤土象。巷睽二。井井。

翼 萬國乾《彖傳》、比《象》「建萬國」。四國明夷上《象》。守國坎《象》。邦否《象》「无邦」。正邦蹇、漸《象》。關復大《象》「至日閉關」。市繫辭下，神農日中爲市。説卦巽爲近利市三倍。

宮室類

卦❷ 家人家，室家也。大畜「不家食，吉」。庭艮「行其庭」、夬「揚於王庭」。

爻 廬剝上，全體取象。屋豐上，「豐其屋」。家蒙二「子克家」，家人四「富家」、五「王假有家」，豐「蔀其家」。宮困三「入于其宮」。棟大過三「棟橈」、四「棟隆，吉」。桷漸四。牖坎四。户豐上。户庭節初「不出户庭，无咎」。門同人初、隨初。門庭

❶ 「井『改邑不改井』」，原缺，今據元刻本、慶餘堂本補。

❷ 「卦」下，依文例當有「家」字。

明夷四、節初。階升五「升階」。墉同人四「升其墉」、解上「高墉」，指四。藩大壯三、四、上，震爲藩象。鄰小畜五、泰四、謙五，皆稱「以其鄰」。震上「于其鄰」。既濟五「東鄰」、「西鄰」。象各見本爻。

翼宮室、棟宇繫辭下「蓋取諸大壯」。重門擊柝同上，「取諸豫」。門繫辭上「乾坤，易之門」。户同上，闔户謂坤，闢户謂乾。階同上，論《節》初「亂之所生」、「言語爲階」。門闕閽寺說卦艮象。宅剥大《象》「厚下安宅」。

宗廟類

卦廟萃「王假有廟」，以聚祖考之精神，卦自初至四有艮象。渙「王假有廟」，亦以收精神之散，卦自三至五有艮象。

翼立廟渙大《象》「先王以享于帝立廟」。宗廟震《象》「出可以守宗廟社稷，以爲祭主」。社稷同上。

神鬼類

爻帝益二「王用享於帝，吉」。帝，天神也。鬼睽上「載鬼一車」，坎象。

翼上帝鼎《象》「聖人亨以享上帝」。薦上帝豫大《象》「先王作樂崇德，殷薦之上帝」。鬼神乾《文言》「大人者，與鬼神合其吉凶」。謙《象》「鬼神害盈而福謙」。豐《象》「而況於鬼神乎」。繫辭上「精氣爲物，遊魂爲變，是故知鬼神之情狀」。神道觀「天之神道」。神繫辭上「陰陽不測之謂神」、「知變化之道者，知神之所爲」、「酬酢」、「祐神」。說卦「神也者，妙萬物而爲言」。鬼繫辭「人謀」、「鬼謀」。祖考豫大《象》「先王作樂崇德，殷薦之上帝，以配祖考」。

祭祀類

卦盥而不薦，有孚顒若。觀象見本卦，大抵以誠爲主也。用大牲吉萃大牲、坤牛、兑羊象。二簋可用享[損]象見本卦，二簋之用，損之時焉而已。[爻]亨帝[益]二「王用亨于帝，吉」。禴祭[萃]二、[升]二，皆云「孚乃利用禴」。禴祭[既]五「東鄰殺牛，不如西鄰禴祭」。亨[隨]「王用亨于西山」、[升]四「王用亨于岐山」，《本義》皆作「亨」。亨祀[困]二「利用亨祀」。祭祀[困]五「利用祭祀」。

[翼]薦上帝、配祖考[豫]大《象》「先王以作樂崇德，殷薦之上帝，以配祖考」。孝享[萃]《象》「王假有廟，致孝享也」。祭主見上「宗廟」。

田園類

[爻]田[乾]二。菑畬[无妄]二。耕穫同上。園[賁]五。

穀果類桑附

[爻]碩果[剥]上。瓜[姤]五。包桑[否]五。

[翼]百穀[離]《象》。百果[解]《象》。

酒食類

[卦]匕鬯[震]匕舉鼎實，鬯芬芳條暢酒也。食[大畜]「不家食」。

[爻]樽酒簋[坎]四，樽以盛酒，簋以盛食。飲酒[未濟]上「飲酒濡首」。酒食[需]五「需于酒食」、[困]五「困于酒食」。食[訟]三「食舊德」、[泰]三「于食有福」、[井]五「寒泉食」。[訟]、[井]坎象。[泰]互兑象。飲食[漸]二「飲食衎衎」。不食[剥]上「碩果不食」、[夷]初「三日不食」、[井]初「井泥不食」、[鼎]三「雉膏不食」，象各見本爻。饋[家人]❶二，「中饋」，食也。腊肉[噬]三。乾胏四。乾肉五。已上[噬嗑]卦，有坎豕、離雉、離火、乾之象。餗[鼎]四，餗，鼎食、雉膏之屬。離象。

[翼]飲食[需]大《象》「君子以飲食宴樂」。飲食之道

❶「家人」，原作「蒙」，今據慶餘堂本改。

序卦 蒙「物穉不可不養，故受之以需。需也者，飲食之道也」。食 雜卦「噬嗑，食也」。

卜筮類

卦 初筮 蒙。原筮 比。象各見本卦。

爻 占 革「未占有孚」，象爻特發十筮之例而已，六十四卦无非占筮也。不習 坤 二。徐氏曰：「卜不習，吉之謂也。」

翼 大衍之數五十，其用四十有九，分二，掛一，揲四，歸奇於扐，再扐而後掛。此揲蓍用掛扐之策分陰陽老少，以定爻而成卦也。乾策二百一十六，坤策百四十四，凡三百有六十，二篇之策萬有一千五百二十。此用過揲之策總計上下經六十四卦所得之策數也。詳見《本義》上繫第九章。觀變玩占。第一章。卜筮尚占。第十章。開物成務、通志、定業、斷疑、蓍德圓神、卦德方知、爻義、易首、聖人洗心退藏、吉凶與民同患、興神物以前民用、聖人以此齋戒、神明其德、定吉凶、成亹亹、莫大蓍龜。並《上繫》第十一章。聖人作《易》，幽贊神明生蓍。說卦 首章，夫子說蓍筮如此，謂《易》非尚占之書，吾不信也。

祐命類

爻 有命 否 四「有命无咎」。祉同上「疇離祉」。天祐 大有 上。

翼 天休命 大有 大《象》。天命 无妄《象》。凝命❶ 鼎 大《象》，一作「凝命令」。

告命類

爻 命 師 二「王三錫命」、上「大君有命」。告命 泰 上「自邑告命」。改命 革 四「有孚，改命」。誠 比 五「邑人不誠，吉」。大號 渙 五「渙汗其大號」。譽命

❶「命」，原脱，今據元刻本、慶餘堂本補。

旅五。

翼 凝命 鼎大《象》，「命」或作「天命」。 中命 巽大《象》。 命誥 姤「后以施命誥四方」。 命亂 泰上小《象》。

爵禄類

卦 建侯 屯、豫皆取「侯」，震象。

爻 官 隨初，亦取震侯象。 爵 中孚二「我有好爵，吾與爾靡之」，卦亦有互震象。

翼 禄 否大《象》「不可榮以禄」。 建萬國、親諸侯 比大《象》。

車輿類

爻 車 賁初「舍車而徒」、睽上「載鬼一車」。 金車 困四「困于金車」。 大車 大有二「大車以載」，乾爲圜象。 輿 師三、五「或輿尸」。 小畜三「輿説輻」、剥上「君子得輿」、大畜二「輿説輹」、三「日閑輿衛」、大壯四「壯于大輿之輹」、睽三「見輿曳」，皆是取一陰在一陽之上，又有乾、坎體。 獨剥指坤爲輿。 輻 小畜三「説輹」。 輹 大壯四「大輿之輹」、大畜二「説輹」。 輹，車下縛。 項平菴謂輹可説，輻不可説，亦當作「輹」，皆乾象。 輪 既初、未二皆「曳其輪」，坎象。 衛 大畜三「輿衛」，武衛也。 輻輹輿衛，項氏説。 象詳見本爻。

翼 輿 説卦坤爲輿，坎於輿也爲多眚。 輪 説卦坎爲輪。

簪服類

爻 簪 豫四「朋盍簪」，一陽貫衆陰象。 朱紱 困二。 赤紱 困三，象見本爻。 衣袽 既四，三陽爲乾，衣象，陽皆散處，又有「敝袽」之象。 袂 歸五，三陽，乾衣也，中二爻陰陽互袂象。 黄裳 坤五，黄，中色，裳，下服，坤象。 圭 益三。 圭，玉爲之，三陽乾爲玉，又全體似圭，互艮手，執圭象。 鞶帶 訟上，指三，三在卦中互離牛，有革帶象。

囊【坤】四，中空象。屨【噬】初，卦下象。

【翼】衣裳【繫辭】下「黄帝堯舜垂衣裳而治，取諸乾、坤」。

旌旗類

【爻】沛【豐】三。鄭云旌旗之垂者，義亦爲旆。

訟獄類刑附

【卦】訟伏羲。獄【噬】「利用獄」，二陽在上下，坎居中間，象又一陽居中，囚象。

【爻】桎梏【蒙】初，坎象，坎亦木也。校【噬】初、上，【蒙】本卦，刑獄取象。徽纆【坎】上，獄中索名。律【師】初，坎爲法律象。天【睽】三，天當作而剃須也，有坎、兑象。劓【睽】三、【坎】五，皆取卦有坎象。劓，截鼻也。又兑，毁折象。刖【困】五，下坎象刖足刑。刑人【蒙】初，坎象。刑剭【鼎】四，《周禮》「剭誅」，見本爻。

【翼】刑罰【豫】《象》「刑罰清而民服」。明罰勑法【噬】大《象》。明政无敢折獄【賁】大《象》。赦過宥罪【解】大《象》。折獄致刑【豐】大《象》。明愼用刑而不留獄【旅】大《象》。議獄緩死【中孚】大《象》。正法【蒙】初小《象》。

兵師類

【卦】師伏羲。戎【夬】兵戎，兑金象。

【爻】師律【師】初，坎象。左次【師】四，爻位皆陰象。大師【同】五，全體伏師卦。行師【謙】上，二至五互師卦。【復】上，坤衆象，又全體似師，下不成坎體，故用師大敗。征【謙】上「征邑國」，坤衆象。伐【謙】五「侵伐」，亦坤衆象。【晉】上「伐邑」，離戈兵象。【既】三、【未】四「鬼方」，❶皆離爲戈兵象。狩【夷】三「南狩」，亦離象。戎【同】三「伏戎」，離象。【夬】二「有戎」，上爻兑金象。

【翼】容民畜衆【師】大《象》，古者寓兵於農之意。除

❶「鬼方」上，元刻本、慶餘堂本有「伐」字。

戎器戒不虞萃大《象》。

田獵類

爻田有禽師五。田无禽恒四。田獲三狐解二。田獲三品巽四。三驅失前禽比五，田象，凡五釋象詳見師五爻下。

金寶類

爻金蒙三「金夫」、噬四「金矢」、五「黄金」、姤初「金柅」、鼎五「金鉉」、困四「金車」，其象各見本爻。玉鼎上「玉鉉」。貝震二，取初至四互離，龜貝之象。資旅二「懷資」、巽上「喪資」，象見本爻。

翼金説卦乾爲金。繫辭上「斷金」。玉説卦乾爲玉。財節《象》「不傷財」。布説卦坤爲布。項氏曰：「古者泉貨爲布」。

幣帛類

爻帛賁五「束帛」。荀《九家》有「坤爲帛」，如是則卦中四爻三陰爲帛，一陽間之束也。繻既濟四。「繻」，帛之美者，亦三陰象。

器用類

卦鼎伏羲。匕震舉鼎實。簋損「二簋」。繘井，繩也。瓶井。

爻牀剥初、二、四，巽二、上，皆以全體取，象見本爻。枕坎三，互震木象。樽坎四，酒器，坎亦木象。簋坎四，簋盛黍稷，互震竹爲之象。筐歸上，筐盛幣帛，亦取震竹象。柅姤初「金柅」，止車物。或謂絡絲之趺以金爲之，亦取巽木之象。茀既二，婦人蔽車之飾，離爲雉，有翟茀之象。金鉉鼎五。玉鉉鼎上。皆取上九一陽在上象。缶比初，瓦器。坤土坎水，伏離火象。坎四、離三，皆取水火土象，三陰爻坤土也，詳見本爻。甕井二，亦瓦器。坎水離火亦有三陰坤土象。幕井上，井口開，有「勿幕」象。斧旅四，離戈兵象。巽上，亦互離象。鼓孚三，互震聲象。弧睽上，下互坎象。矢噬四、旅五、解二，象見本爻。

翼罔罟繫辭下，佃漁之器，取離象。耜耒耕耨之器，取益象。舟楫濟川之器，取渙象。柝擊柝待暴客，取豫象。杵臼舂器，取小過象。弧矢威天下之器，取睽象。棺槨取大過象，並《下繫》。樞機繫辭上，君子言行象。釜說卦坤爲釜，所以熟物。柄坤爲柄，執持之器。均坤爲均，陶均之器。繩說卦巽爲繩直。弓說卦坎爲弓。甲冑戈兵說卦離爲甲冑、戈兵。

數目類

卦再三蒙三接晉七日復八月臨百里震三日蠱二簋損。

爻一人損三。一握萃初。三人損三。三褫訟上。三就革三。三年既三、未四。三歲同上、坎上、困初、漸五、豐上。三驅比五。三錫師二。三品巽四。三狐解三。七日震二、既三。九陵震二。十年屯二、復上、頤三。十朋損五、益二。三百户訟二。象各見本爻。

翼一天二地三天四地五天六地七天八地九天十地繫辭上。四十五《洛書》之數。五十五《河圖》之數。五十大衍之數。四十九揲蓍之數。十三老陽掛扐之數。十七少陰掛扐之數。二十一少陽掛扐之數。二十五老陰過揲之數。三十六老陽過揲之數。三十二少陰過揲之數。二十八少陽過揲之數。二十四老陰過揲之數。二百一十六乾六爻老陽之策數。百四十有四坤六爻老陰策數。三百六十乾、坤老少過揲之全策。萬有一千五百二十上下經陰陽老少過揲全策數也。並見《繫辭上傳》。

五色類

爻黄坤五「黄裳」、噬嗑五「黄金」、離五「黄離」。玄黄坤上。白賁四「白馬」、上「白賁」。大過初「白茅」。

翼大赤説卦乾爲大赤。玄黄震爲玄黄。白巽爲白，爲白眼。赤坎爲赤。黑坤爲黑。❶

禽獸類

卦飛鳥小過馬坤「牝馬」、晉「錫馬」。牛離「牝牛」。虎履「虎尾」。狐未濟「小狐」。

爻飛鳥小過初、上。鳥旅上。禽師五、比五、井初。鶴中孚二。翰音中孚上，記鷄曰翰音，或謂羽翰之音。燕中孚初，安也，或作「燕雀」之「燕」。飛垂翼明夷初。雉鼎三、旅五。鴻漸羽漸上，即指鴻羽言。隼解上。馬屯二、四、上，賁四，大畜三，夷二，睽四，涣初，中孚四。牛无妄三、中孚四、睽三、旅上。童牛大畜六四。黄牛遯二、革初。羊大壯三、四、上「羝羊」，五「喪羊」。夬四「牽羊」。歸妹上「刲羊」。莧夬五，或作「山羊」。豕睽上、姤初，只取爻陰象。豕牙大畜五，豶豕之牙。虎履二、四，頤四，革五。豹革上。鹿屯三，虞翻、王肅作「鹿」，但象无取謾備。角壯三，羊角。晉上、姤上，但取上象。尾遯初，只稱「尾」。既初、未初，「狐尾」。

翼良馬、老馬、瘠馬、駁馬説卦乾象。馬善鳴、馵足、作足、的顙震馬象。馬美脊、亟心、下首、薄蹄坎馬象。牛、子母牛坤牛象。豕坎豕象。狗艮象。羊兑象。鷄巽爲鷄。雉離爲雉。黔喙艮象。已上並説卦。

❶「坤爲黑」，原無，據薈要本補。慶餘堂本作「坤於地爲黑」。

鱗介類

卦豚魚中孚，吴氏作「江豚魚」，巽象。

爻龍乾初「潛」，二「見」，四「躍」，五「飛」，上「亢」。坤上「龍戰」，雌龍象。龜頤初、損五、益二。魚剥五，姤二、四。鮒井二。鼫鼠晉四。

翼龍説卦震象。繫辭下，龍蛇之蟄。蛇同上。鼈、蟹、蠃、蚌、龜離象。鼠艮象。並《説卦》。尺蠖下繫。

草木類

爻茅泰初、否初、大過初。莽同人三，互巽象。蘗无妄，互有震、巽，草木象。枯楊大過二、五。稊、華同上。莧陸夬五。象見本爻。杞姤五。株木困初。木漸四。机渙二，木名，見本爻。叢棘坎上。蒺藜困三。葛藟困上。蔀豐二、四，草茂也，震、巽象。

翼木益《象》。草木離《象》、解《象》、坤《文言》。蘭繫辭上。

雜類

卦小大泰、否陽大陰小。小過可小事，不可大事。往來泰、否、復、解、井卦中陰陽往來之象。上下小過卦體上下之象。先後坤「先迷後得」。蠱「先甲」、「後甲」。出入復一陽昔出今來之象。初終既濟「初吉終亂」。

爻小大屯五「小貞吉，大貞凶」、否二「小人吉，大人否，亨」。往來咸四「憧憧往來」，蹇初、三、四、上，震五「震往來厲」。先後否上「先否後喜」、同人「先號咷而後笑」、旅上「先笑後號咷」、睽上「先張之弧，後説之弧」、巽五「先庚三日，後庚三日」。左右師「左次」，夷二「左股」、四「左腹」，豐三「右肱」。内外比二「比之自内」、四「外比之，貞吉」。得失晉五「失得勿恤」。初終睽三「无初有終」。進退觀三「觀我生，進退」、巽初「進退」。虛實升四「虛邑」、鼎二「有實」。來之坎六三。爾我頤初「舍爾」、「觀我」，孚二「我爵」、「爾靡」。甘苦臨「甘臨」，節五「甘節」、上「苦節」。出入需四「出自穴」、上「入于穴」。嘉隨五、遯五、離上。休復二，休美。否五，休息。章坤三。姤五「含章」。豐五「來章」。譽坤四、過五「无譽」、蠱「用譽」、豐五「慶譽」旅「譽命」。渝訟四、豫上、隨初。包蒙二，泰二，否二、三、五，姤二、四、五。敦臨上、復上、艮上。牽小畜二。夬四。攣小畜五。孚五。冥豫上。升上。迷復上。頻復三。巽三。

占類説

《易》有象則有占，象者像卦爻之形象以示人，占者斷卦爻之吉凶以示人也。卦有兼該象、占者，如《坤》「元亨利貞」是占，「牝馬」、「西南」、「東北」是象；亦多有有占而无象者，如《乾》「元亨利貞」、《大有》「元亨」、《鼎》「元吉，亨」是也，卦即象矣。爻亦有兼該象、占者，如《乾》初九「潛龍」是象，「勿用」是占是也；又如《坤》初六「履霜堅冰至」是象，雖不言占，然謹微之意已可見於象中矣；《本義》元解。坤六二「直方大，不習无不利」是占，雖不言象，然六二一爻純陰全地道之中正，則是象矣。他皆放此。卦爻之占，吉凶固是一定，然文王於乾首開利貞之教，便有若不貞則不利之意在其間。周公於《需》上六「不速之客來」，吉凶未可知，而曰「敬之，終吉」。孔子於《需》九三「致寇至矣」而曰「敬慎不敗」，此又是有變化轉移之道，三聖人之教蓋同一心也。大抵卦爻言吉者，占者有其德則吉，无其德則不吉；卦爻言凶者，占者德不足則凶，德足以勝之則反吉。朱子《本義》發明是説，極爲明白。今作占類以見其凡例，卦例重在元、亨、利、貞、吉、凶、无咎、悔、厲、眚，各一言之；[无妄]「有眚」。[夬]「有厲」。[革]「悔亡」。爻例重在元、亨、利、貞、吉、凶、悔、吝、无咎、厲、災、眚十二者，增多卦災、吝二占而已。今詳具於左。

卦占類

[元]亨利貞[乾]、[坤]、[屯]、[隨]、[无妄]、[臨]、[革]。元亨[大有]。元亨利「涉大川」[蠱]。元亨南征吉[升]。元吉亨[鼎]。元吉可貞利「有攸往」，[損]。

[亨][小畜]、[履]、[謙]、[坎]、[豐]、[震]。亨利[噬]「亨，利用獄」。[復]「亨，利有攸往」。[賁]「亨，小利有攸往」。亨利貞[蒙]。[同人]「亨，利涉大川，利君子貞」。[恒]「亨，利貞，利有攸往」。[兑]。[渙]「亨，利涉大川，利貞」。[遯]「亨，小利貞」。亨利貞吉[咸]「亨，利貞，取女吉」。[萃]「亨，利貞，用大牲吉」。[小過]「亨，利貞」、「不宜上，宜下，大吉」。亨小利貞吉[既濟]「亨，小利貞，初吉終亂」。亨无攸利[未濟]「亨，小狐汔濟，濡其尾，无攸利」。亨貞吉利[需]「光亨，貞吉，利涉大川」。亨貞吉无咎[困]「亨，貞大人吉，无咎」。亨不可貞[節]「亨，苦節不可貞」。小亨利[巽]「小亨，利有攸往」。小亨貞吉[旅]「小亨，旅貞吉」。

[利][豫]「利建侯行師」。[益]「利有攸往，利涉大川」。利用獄[噬]。利亨[大過]「利有攸往，亨」。利貞[大壯]「利貞」。利艱貞[明夷]。利女貞[家人]。利貞吉[大畜]「利貞，不家食，吉，利涉大川」。[蹇]「利西南不利東北，利見大人，貞吉」。利貞亨吉[離]「利貞，亨，畜牝牛吉」。利吉[解]「利西南」、「有攸往，夙吉」。不利[剥]「不利有攸往」。不利貞[否]「不利君子貞」。

貞吉師「貞丈人吉，无咎」。頤「貞吉」。

吉元永貞比「吉，原筮，元永貞」。　吉亨泰「小往大來，吉亨」。　吉利貞漸「女歸吉，利貞」。渙「亨，利涉大川，利貞」。　中吉終凶訟。　小事吉睽。

凶比「後夫凶」。臨「有凶」。井「羸其瓶，凶」。歸妹「征凶，无攸利」。

无咎師、比、隨、恒、困、艮。○悔亡革。○有厲夬。○有眚无妄。

爻占類

元吉坤五「黃裳元吉」。訟五「訟元吉」。履上「其旋元吉」。泰五「以祉元吉」。復初「无祇悔，元吉」。大畜四「童牛之梏，元吉」。離二「黃離，元吉」。損五「元吉，自上祐也」。益初「元吉，无咎」、五「勿問，元吉」。井上「有孚元吉」。渙四「渙其群，元吉」。　元永貞萃五「元永貞，悔亡」。

亨否二「大人否，亨」。大畜上「何天之衢，亨」。節四「安節，亨」。

利見大人乾二、五。　利貞夷五。損二。鼎五。

利永貞坤用六。艮初。　利居貞屯初。隨三。

利建侯屯初。　利禦寇蒙上。漸三。　利執言師五。　利女貞觀二。　利艱貞噬四。　利有攸往无妄二。大畜三。損上。　利涉大川頤上九。未濟三。　利于不息之貞升上。　利出否鼎初。　利幽人之貞歸妹二。　利武人之貞巽初。　利用刑人蒙初。　利用恒需初。　利用侵伐謙五。　利用行師謙上。　利用賓于王觀四。　利用爲大作益初。　利用爲依遷國益四。　利用禴萃二。升二。　利用祭祀困五。　利用亨祀困二。

无不利坤二。屯四。大有上。謙四、五。臨二。剥五。大過二。遯上。晉五。解上六。巽九五。

无攸利蒙三。臨三。无妄上。頤三。恒初。
壯上。萃三。歸妹上。不利爲寇蒙上。不利
賓姤二。不利涉大川。
貞女子貞屯二。可貞屯三。无妄四。不可
貞蠱二。不可疾貞夷三。艱貞泰三。恒其
德貞恒五。得童僕貞旅二。貞吉屯五「小貞
吉」。需五。比二、四。履二。否初。謙二。豫
二。隨初。臨初。咸四。恒五。遯五。大壯二、
四。晉初、二。家人二。解二。損上。姤初。升
五。巽五。未濟二、四、五。安貞吉訟四。居貞
吉頤五。革上。永貞吉賁三。益二。貞吉亨
否初。貞凶屯五「大貞凶」。師五。隨四。頤
三。恒初。巽上。節上。中孚上。貞厲訟三。
小畜上。履五。噬五。大壯三。晉四。革三。
旅三。貞吝泰上。恒三。晉上。解三。

吉蒙五。比五。小畜二。否二、五。同人四。
大有五。謙初。隨五。臨五。復二。大畜五。
頤四。大過四。離五。恒五。遯三、四。夷二。
家人五。睽上。益二。革四。鼎二。震初。艮
上。漸二、五。歸妹五。豐二、四、五。巽五。兑
初、二。涣初。節五。未濟五。大吉家人四。
革四。升初。鼎上。居吉咸二。往吉屯四。
无妄初。晉五。征吉泰初。困上。革二。歸
初。厲吉頤上。中吉師二。終吉需二、上。
訟初、三。履四。謙三。蠱初。賁五。家人上。
鼎三。艱則吉大壯上。有它吉比五。○貞
吉、安貞吉、居貞吉、永貞吉、貞吉亨，並見上。
凶師初、三。比上。履三。豫初。噬上。剥
四。復上。頤初。大過三。坎初、上。離三。咸
二。恒五、上。益上。姤四。困二。鼎四。漸

三。豐上。旅上。兑三。節二。小過初、三、上。有凶夬三。見凶姤初。起凶姤四。征凶小畜上。頤二。大壯初。損二。困二。革三、上。震上。滅貞凶剥初、二。終有凶夬上。悔豫三。困上。有悔乾上。豫三。困上。小有悔蠱三。虧悔鼎三。无悔同上。復五。咸五。壯五。涣三。未五。无祇悔復初。悔亡咸四。恒二。壯四。晉三、五。家初、二。睽初、五。夬四。萃五。艮五。巽四、五。兑二。涣九二。悔厲吉。❶

吝蒙四。同二。觀初。困四。巽三。未初。小吝噬三。萃三。終吝家人三。往吝屯三。蒙初。咸三。往見吝蠱四。有它吝大過四。吝終吉賁五。貞吝泰三。恒三。晉上。解三。

无咎乾三「厲，无咎」、四「或躍在淵，无咎」。坤四「括囊无咎」。需初「利用恒，无咎」。師二「吉，无咎」、四「左次，无咎」、五「執言无咎」。比初「比之无咎」。小畜「血去惕出，无咎」。履初「素履往，无咎」。泰三「艱貞无咎」。否四「有命无咎」。同人「同人于門，无咎」。大有初「无交害，匪咎，艱則无咎」、二「有攸往，无咎」、四「匪其彭，无咎」。豫上「有渝，无咎」。蠱初「有子，考无咎」、三「有小悔，无大咎」。臨三「既憂之，无咎」，四、上「吉无咎」。觀初「小人无咎」、五「君子无咎」、上同。噬初「滅趾无咎」、二「滅鼻无咎」、三「小吝无咎」、五「貞厲无咎」。賁上「白賁无咎」。剥三「剥之，无咎」。復三「厲无咎」。无妄四「可貞，无咎」。頤四「其欲逐逐，无咎」。大過初「藉用白茅，无咎」、五「老婦士夫无咎」、上「滅頂凶，无咎」。坎四「終无咎」、

❶「吉」下，薈要本、四庫本有「家人三」三字。

五「既平无咎」。[離]初「敬之无咎」、上「獲匪其醜，无咎」。[晉]初「裕无咎」、上「厲吉无咎」。[睽]初「見惡人无咎」、二「遇主无咎」、四「厲无咎」。[解]初六「无咎」。[損]初「遄往无咎」、四「有喜无咎」、上「益之无咎」。[益]初「元吉无咎」、三「益用凶事，无咎」。[夬]三「有愠无咎」、五「中行无咎」。[姤]二「包有魚，无咎」、上「吝无咎」。[萃]二「引吉无咎」、三「往无咎」、四「大吉无咎」、五「有位无咎」、上「涕洟无咎」。[升]二「用禴无咎」、四「吉无咎」。[困]二「征凶无咎」。[井]四「井甃无咎」。[革]二「征吉无咎」。[鼎]初「以其子无咎」。[震]上「于其鄰无咎」。[艮]初「艮其趾无咎」。[漸]初「有言无咎」、四「得其桷无咎」。[豐]初「雖旬无咎」、三「折肱无咎」。[巽]二「吉无咎」。[渙]五「渙王居无咎」、上「逖出无咎」。[節]初「不出无咎」、三「不節則嗟无咎」。[中孚]「馬匹亡无咎」、五「有孚攣如无咎」。[小過]二「遇臣无咎」、四「无咎」。[既濟]初「曳輪濡尾无咎」。[未濟]上「飲酒无咎」。**何咎**[隨]四「道明何咎」。[睽]五「厥宗噬膚何咎」。**爲咎**[夬]初「往，不勝爲咎」。**匪咎**[大有]初「无交害，匪咎」。**无大咎**[蠱]三「小有悔，无大咎」。

[厲][乾]三。[蠱]初。[復]三。[遯]初、三。[既濟]上。**悔厲吉**[家人]三。**厲吉**[頤]上。[晉]上。**厲終吉**[蠱]初。**貞厲**見「貞」類下。**往厲**[小過]四。**有厲**[大畜]初。○厲无咎、厲无大咎，並見上。

[災][眚][小過]上。**災**[无妄]三。[旅]初。**无眚**[訟]三。[震]三。**有災眚**[復]上。

卦爻道德例

[卦]利貞[乾]「元亨利貞」。**安貞吉**[坤]即此二者爲例，貞雖是占，其實訓正道，貞則利，不貞則不利，安貞則吉，不安貞則不吉。如无妄「元亨利貞，其匪正有眚」，義昭然矣。此文王因占寓正道之教。**道**[復]「反復其道」。**有**

孚需、訟、觀、坎、損。孚夬「孚號」。革「乃孚」。爻道小畜初「復自道」。履二「履道坦坦」。隨四「有孚在道」。德訟三「舊德」。小畜上「尚德」。恒三「不恒其德」、五「恒其德」。益五「惠我德」。敬需上「敬之終吉」。離初「敬之无咎」。知臨五「知臨」。允晉三「衆允悔亡」。升初「允升大吉」。有孚比初。小畜四、五。隨四。大壯初。家人上。解五。益三、五。萃初。井上。革三、四、五。豐二。中孚五。未濟五、上。孚泰三、四。大有五。隨五。解四。姤初。萃二、五。升二。兑二、五。道德等類非是取象陰陽爻，皆通稱也。即命訟四。命，正理也。

翼道性命象「乾道變化，各正性命」。性情文言乾，「利貞者，性情也」。誠乾九二，言「閑邪存其誠」。敬坤六二，言「敬以直内」。仁乾九二，言「仁以行之」。義坤六二，言「義以方外」。德「敬義立而德不孤」。以上並文言。太極繫辭上。太極乃極至之理，此又指道德性命之根源以示人也。「十翼」言道德類不一，難以悉書，本道德以爲占，非小人盜賊所能用也審矣。

卜筮 類合象、占爲一例。

愚既分象、占二類，又觀朱子荅東萊先生有曰：「《易》中如『利用祭祀』、『利用享祀』只是卜祭則吉，『田獲三品』只是卜田則吉，『公用亨于天子』只是卜朝覲則吉，『利建侯』只是卜立君則吉，『利用爲依遷國』只是卜遷國則吉，『利用侵伐』只是卜侵伐則吉之類，推之於事，此類不一，亦欲私識其說，與朋友訂之而未能也。」又襲蓋卿録：「《易》本爲卜筮設，如曰『利涉大川』，是利於行舟也；『利有攸往』，是利於啓行也。大率如此。」又鄭可學録：「如『利涉大川』，或是渡江，而推類旁通，則各隨其事。」案：此是又合象、占爲一類，蓋在《易》爲象，在人則爲事。且如「利涉大川」，涉川本只是象人，則真有涉川之事，利與不利則是占。今隨卦爻中所指定事處類之，合象、占爲一例，以便觀覽，且成朱子欲識其説與朋友共訂之遺意也。

君道天子。

卦 比：吉。原筮，元永貞，无咎。云云。筮比天下之道。

豐：亨。王假之；勿憂，宜日中。筮處豐亨之道。

渙：亨，王假有廟。筮假廟。

萃：亨。王假有廟。用大牲吉。筮假廟致享。

屯：元、亨、利、貞。利建侯。筮立君。

豫：利建侯，行師。筮立君、用兵。

晉：康侯用錫馬蕃庶，晝日三接。筮受朝覲。

師：貞，丈人吉，无咎。筮命將出師。

夬：揚于王庭。孚號：「有厲。」告自邑：「不利即戎。」筮去小人。

井：改邑不改井。筮改邑。

爻 乾：九五，飛龍在天，利見大人。筮即位。

比：九五，顯比，王用三驅，失前禽。筮比道及田獵。

家人：九五，王假有家，吉。王者納后吉占。

渙：九五，渙汗其大號。渙王居，无咎。筮發號施惠。

屯：初九，磐桓，利居貞，利建侯。筮建侯。

益：❶上九，得臣无家。筮用人。

益：六二，王用享于帝，吉。筮祭天。

隨：上六，王用亨于西山。筮祭山。

❶ 據《周易》，「得臣无家」爲損卦上九爻辭。又益卦不當先言上九後言六二，則此處當爲損卦。

升：六四，王用亨于岐山。筮祭山。

晉：六二，[1]受兹介福，于其王母。王者筮享先妣。

離：上九，王用出征，有嘉折首，獲匪其醜，无咎。筮征伐。

既濟：高宗伐鬼方，三年克之。筮征伐。

師：上六，大君有命，開國承家，小人勿用。筮賞戰功。

泰：六五，帝乙歸妹，以祉。元吉。筮嫁妹。

歸妹：六五，帝乙歸妹。占同上。

剥：六五，貫魚，以宫人寵，无不利。筮宫人。

遯：九三，畜臣妾，吉。筮臣妾。

臣道

爻 坤：六三，或從王事，无成有終。筮從王事。

訟：六三，或從王事，无成。同上，不吉。

大有：九三，公用亨于天子，小人弗克。筮朝覲。

益：六三，有孚中行，告公用圭。筮告公。

益：六四，中行告公，從。利用爲依遷國。筮告公遷國。

蹇：六二，王臣蹇蹇，匪躬之故。大臣當國難之占。

鼎：六四，鼎折足，覆公餗，其形渥，凶。大臣不吉之占。

訟獄

卦 訟：有孚，窒惕，中吉，終凶。筮公訟。

噬嗑：亨。利用獄。筮用獄。

爻 訟：初六，不永所事，小有言，終吉。筮訟吉。

訟：九二，不克訟，歸逋邑三百户，无眚。筮訟逋，无眚。

[1] 「二」，原作「三」，今據慶餘堂本改。

訟：九四，復即命，渝，安貞，吉。筮訟貞吉。

訟：上九，或錫鞶帶，終朝三褫。筮訟受帶爲人所奪。

蒙：初六，利用刑人，用説桎梏，以往吝。

噬嗑：初九，屨校滅趾，无咎。

噬嗑：上九，何校滅耳，凶。

坎：上六，係用徽纆，寘于叢棘，三歲不得，凶。

睽：六三，其人天且劓。无初，有終。

兵師田附。

卦 師：貞，丈人吉。已見君道類。

央：不利即戎。

爻 師：初六，師出以律，否臧，凶。筮師以律，吉。

師：九二，在師中，吉，无咎。王三錫命。筮師，吉。

師：六三，師或輿尸，凶。筮師敗凶。

師：六四，師左次，无咎。筮行師。

泰：上六，勿用師，自邑告命。

同人：九三，伏戎于莽，升其高陵，三歲不興。

同人：九五，先號咷，後笑，大師克，相遇。筮師克。

謙：六五，利用侵伐，无不利。

謙：上六，利用行師征邑國。筮師利。

復：上六，行師大敗，國君凶，十年不克征。筮行師凶。

晉：上九，維用伐邑，厲，吉。无咎。

明夷：九三，明夷于南狩，得其大首，不可疾，貞。

央：九二，莫夜有戎，勿恤。吉。

未濟：九四，震用伐鬼方，三年有賞于大國。

履：六三，武人爲于大君。筮將帥。

巽：初六：利武人之貞。

屯：六三，即鹿无虞，入于林中。往吝。筮田不吉。

師：六五，田有禽，利執言，无咎。筮田吉。

恒：九四，田无禽。

解：九二，田獲三狐，得黄矢，貞吉。

巽：六四，田獲三品。

家宅妾附。

卦 家人：利女貞。

大過：棟橈。

爻 蠱：初六，幹父蠱，考无咎。厲，終吉。

蠱：九二，幹母蠱，不可貞。

蠱：九三，幹父之蠱，无大咎。

蠱：六四，裕父蠱，往吝。

蠱：六五，幹父之蠱，用譽。

家人：初九，閑有家，悔亡。

家人：六二，无攸遂，在中饋，貞吉。

家人：九三，嗃嗃。悔，厲，吉。婦子嘻嘻，終吝。

家人：六四，富家，大吉。

家人：上九，有孚，威如，終吉。

小畜：九三，夫妻反目。

恒：六五，恒其德，貞；婦人吉，夫子凶。

困：六三，入于其宫，不見其妻，凶。

漸：九三，夫征不復，婦孕不育，凶。

漸：九五，婦三歲不孕，終莫之勝。吉。

既濟：六二，婦喪其茀，勿逐，七日得。

大過：九三，棟橈，凶。

大過：九四，棟隆，吉。筮宅吉。

豐：上六，豐屋，蔀家，闚户，无人，凶。

鼎：初六，得妾子，无咎。筮納妾有子。

遯：九三係遯，有疾厲；畜臣妾，吉。亦納妾吉占。

小畜：九五，❶有孚攣如，富以其鄰。

泰：六四，翩翩不富，以其鄰。

謙：六五，不富以其鄰。

震：上六，震不于躬，于鄰，无咎。

婚姻

卦 咸：亨。利貞。取女，吉。

姤：女壯，勿用取女。

漸：女歸吉。利貞。

歸妹：征凶，无攸利。

爻 屯：六二：女子貞不字，十年乃字。

屯：六四，求婚媾，往吉，利。

賁：六四，匪寇，婚媾。

睽：上九，匪寇，婚媾。遇雨吉。

蒙：九二，納婦吉。

蒙：六三，❷勿用取女，不有躬，无攸利。

大過：九二，老夫得其女妻，无不利。

大過：九五，老婦得其士夫，无咎无譽。

震：上六，婚媾有言。

歸妹：上六，女承筐，无實；士刲羊，无血。无攸利。

師友交、朋、客附。

卦 蒙：亨。童蒙求我。初筮告。利貞。

爻 損：六三，三人損一，一人行得友。

隨：初九，出門交，有功。

隨：六二，係小子，失丈夫。

隨：六三，係丈夫，失小子。

豫：九四，勿疑，朋盍簪。

咸：九四，憧憧往來，朋從爾思。

蹇：九五，大蹇，朋來。

解：九四，解而拇，朋至斯孚。

---

❶「五」，原作「四」，今據慶餘堂本改。

❷「六」，原作「九」，今據慶餘堂本改。

需：上六，不速客三人來。敬之，吉。

見貴

【卦】訟：利見大人。

蹇：利見大人。

升：用見大人。

巽：利見大人。

【爻】乾：九二，見龍在田，利見大人。

乾：九五，利見大人。見君道類。

蹇：上六，往蹇，來碩，吉。利見大人。

仕進隱附。

【卦】大畜：不家食，吉。

【爻】泰：初九，拔茅茹，以其彙，征吉。

觀：六三，觀我生，進退。

觀：六四，觀國之光，利用賓于王。

中孚：九二，我有好爵，吾與爾靡之。

坤：六四，括囊，无咎无譽。筮此宜隱。

蠱：上九，不事王侯，高尚其事。筮此宜隱。

君子筮與小人勝負。

【卦】泰：小往大來，吉，亨。

否：不利君子貞。大往小來。

同人：利君子貞。

謙：亨，君子有終。

剥不利君子之占。

遯君子以遯而亨之占。

夬君子去小人之占。

【爻】否：九四，有命，无咎。疇離祉。衆君子吉占。

觀：初六，小人无咎，君子吝。

觀：九五，觀我生，君子无咎。

觀：上九，觀其生，君子无咎。

剥：上九，君子得輿，小人剥廬。

遯：九四，好遯，君子吉，小人否。

明夷：初九，君子于行，三日不食。

明夷：六五，箕子之明夷，利貞。
睽：初九，見惡人，无咎。
解：六五，君子維有解，吉。有孚于小人。
夬：九三，君子獨行遇雨若濡，有愠，无咎。
革：上六，君子豹變，小人革面。
未濟：六五，君子之光，有孚，吉。

出行

卦 坤：君子有攸往，先迷後得主，利。西南得朋，東北喪朋。安貞，吉。
屯：勿用有攸往。
賁：亨。小利有攸往。
剥：不利有攸往。
復：亨。出入无疾，反復其道，七日來復。利有攸往。
无妄：不利有攸往。
大過：利有攸往。
坎：有孚，維心，亨。行有尚。
恒：亨，无咎，利貞，利有攸往。
蹇：利西南，不利東北。
解：利西南。有攸往，夙吉。
損：有孚，元吉，无咎，可貞，利有攸往。
益：利有攸往。
夬：利有攸往。
萃：亨。利有攸往。
升：南征吉。
巽：小亨，利有攸往。

爻 屯：六四，往吉，无不利。
蒙：初六，以往吝。
小畜：上九，君子征凶。
履：初九，素履往，无咎。
泰：初九，以其彙，征吉。

隨：六三，利居貞。
賁：初九，舍車而徒。
復：初九，不遠復。
復：六四，中行，獨復。
无妄：初九，无妄往，吉。
无妄：六二，則利有攸往。
无妄：六三，行人之得。
无妄：上九，无妄。行有眚，无攸利。
大畜：初九，有厲，利己。
大畜：九三，利有攸往。
大畜：上九，何天之衢，亨。
頤：六二，征凶。
咸：六二，咸其腓，凶。居，吉。
咸：九三，咸其股，執其隨，往吝。
遯：初六，勿用有攸往。
大壯：初九，壯于趾，征凶。
晉：六五，往吉，无不利。
明夷：初九，有攸往，主人有言。
明夷：六二，用拯馬壯，吉。筮避患吉。
明夷：六四，于出門庭。
睽：六四，往何咎？
睽：上九，往遇雨則吉。
蹇：初六，往蹇。三、四、上同。
損：初九，遄往，无咎。
損：六三，三人行，則損一人。
損：上九，利有攸往。
夬：初九，往不勝，爲咎。
夬：九四，臀无膚，其行次且。
夬：九五，中行，无咎。
姤：初六，有攸往，見凶。
姤：九三，其行次且，厲，无大咎。
萃：初六，往无咎。
萃：六三，往无咎，小吝。
困：九二，征凶。

困：上六，征吉。
革：六二，征吉，无咎。
革：九三，征凶，貞厲。
革：上六，征凶。居貞吉。
鼎：九三，其行塞。
震：六三，震行，无眚。
震：九四，震遂泥。
震：六五，❶震往來，厲。
震：上六，征凶。
艮：初六，艮其趾。
艮：六二，艮其腓。
艮：六四，艮其身。
漸：九三，夫征不復。
歸妹：初九，征吉。
豐：初九，往有尚。
豐：六二，往得疑疾。
巽：初六，進退。
渙：初六，用拯馬壯。吉。筮濟渙。
節：初九，不出户庭，无咎。
節：九二，不出門庭，凶。
節：九五，往有尚。
小過：九四，往厲，必戒。勿用永貞。
未濟：六三，征凶。

舟車

卦 需：有孚，利涉大川。
訟：窒惕，不利涉大川。
同人于野，亨。利涉大川。
蠱：元亨。利涉大川。
大畜：利涉大川。
益：利涉大川。
渙：利涉大川，利貞。
中孚：利涉大川，利貞。

❶「五」，原作「四」，今據薈要本、慶餘堂本改。

爻 謙：初六，用涉大川，吉。

頤：六五，不可涉大川。

頤：上九，利涉大川。

未濟：征凶，利涉大川。

大有：九二，大車以載。

小畜：九三，輿説輹。

大畜：九二，輿説輹。

大壯：九四，壯于大輿之輹。

困：九四，困于金車，吝。

既濟：初九，曳其輪，无咎。

未濟：九二，曳其輪，貞吉。

旅

卦 旅：小亨。旅貞吉。

爻 旅：初六，旅瑣瑣，斯其所取，災。

旅：六二，旅即次，懷其資，得童僕，貞。

旅：九三，旅焚其次，喪其童僕，貞厲。

旅：九四，旅于處，得其資斧，我心不快。

旅：上九，旅人先笑後號咷，喪牛于易，凶。

酒食

卦 頤：貞吉。自求口實。

大畜：不家食，吉。

爻 需：九五，需于酒食，貞吉。

噬嗑：六三，噬腊肉遇毒，小吝，无咎。

噬嗑：九四，噬乾胏，得金矢，利艱貞，吉。

噬嗑：六五，噬乾肉，得黃金，貞厲，无咎。

困：九二，困于酒食。

鼎：九三，雉膏不食。

疾

爻 豫：六五，貞疾，恒不死。

无妄：九五，无妄之疾，勿藥有喜。

遯：九三，有疾厲。

損：六四，損其疾，使遄有喜，无咎。
鼎：九二，我仇有疾，不我能即，吉。
豐：六二，往得疑疾，有孚發若。吉。
兑：九四，商兑未寧，介疾有喜。

祭祀

【卦】觀：盥而不薦，有孚顒若。
損：有孚，曷之用？二簋可用享。
【爻】萃：六二，孚乃利用禴。
升：九二，孚乃利用禴，无咎。
困：九二，利用享祀。
困：九五，利用祭祀。
既濟：九五，東鄰殺牛，不如西鄰之禴祭，實受其福。

禱雨

【卦】小畜：亨。密雲不雨，自我西郊。
【爻】小畜：上九，既雨既處。
睽：上九，往遇雨則吉。
鼎：九三，方雨虧悔，終吉。
小過：九五，密雲不雨，自我西郊。

寇

【爻】蒙：上九，不利爲寇，利禦寇。
需：九三，需于泥，致寇至。
解：六三，負且乘，致寇至。
漸：九三，利禦寇。

畜

【卦】坤：元亨，利牝馬之貞。
晉：錫馬蕃庶。
離：畜牝牛，吉。
【爻】屯：六二，乘馬班如。四、上同。
賁：六四，白馬翰如。
大畜：九三，良馬逐。
明夷：六二，用拯馬，壯吉。《涣》初六同。

睽：初九，喪馬勿逐，自復。

中孚：六四，馬匹亡，无咎。

无妄：六三：或繫牛，行人得，邑人災。

大畜：六四，童牛之梏，元吉。

遯：六二，執之用黄牛之革。

睽：六三，其牛掣。

革：初九，鞏用黄牛之革。

旅：上九：旅人先笑後號咷；喪牛于易。

大壯：九三，羝羊觸藩，羸其角。

大壯：六五，喪羊于易。

大壯：上六，羝羊觸藩，不能退，不能遂。

夬：九四，牽羊悔亡。

歸妹：上六，士刲羊，无血。

大畜：六五，豶豕之牙，吉。

睽：上九，見豕負塗。

姤：初六，羸豕孚蹢躅。

卜筮合象、占爲一説

案：朱子《語録》：「吴必大問：『何以得爻辭與所占之事相應？』曰：『自有此道理。如今抽籤者，亦多與占意相契。若爻辭與占意相契，即用爻辭斷。如《屯》「利建侯」，屯只是卦，如何去利建侯？乃是占得此卦者之利。晉文公曾占得此卦，屯、豫皆有此辭，果能得國。萬一占病却得「利建侯」，又須卦爻上别討義。』」愚謂晉文公之占可謂辭與占意相應。然《左傳》占法亦多有只用卦爻而不用其辭者，故朱子有别討義之説也。而鄱陽汪深。所性，先人私淑之友也，嘗作《占例》，自爲之序曰：「昔者聖人用《易》以明民，托之卜筮。然所得之辭或有懸隔者，如問婚而得田獵，問祭祀而得涉川，問此答彼，闊然不相對，豈有遷就迂誕而用之者哉？

若是，則卦爻之辭皆贅言矣。《傳》曰：『其言曲而中，其事肆而隱，因貳以濟民行，以明失得之報。』又曰：『明於天之道而察於民之故，是興神物以前民用。』又曰：『探賾索隱，鉤深致遠，以定天下之吉凶，成天下之亹亹者，莫大乎蓍龜，故繫辭焉所以告也，定之以吉凶，所以斷也。』今占筮所得之辭乃不應合，而在於遷就用之，則奈何哉？蓋嘗思之，《易》以卜筮設教。古人之卜筮蓋少也，非有大事不疑不卜也。其見於《書》者，虞有傳禪之筮，周有征伐之卜而已。故《洪範》曰：『汝則有大疑，謀及乃心，謀及卿士，謀及庶人，謀及卜筮。』而從逆之間，人謀先之，卜筮次焉。蓋誠以事有兩可之疑，而後托之卜筮也。而其占又必誠敬專一，積其求決之真情至誠，以達于神明。故神明感應之誠亦正告之，以利害趨向而不浪漫也。且《易》之初其以六十四卦示人以占之例，亦已廣矣。求君父之道於乾，求臣子之道於坤，婚姻於咸、恒、漸、歸妹，待於需，進於晉，行師於師，爭訟於訟，聚於萃，散於渙，以至退於遯，守於困，安於泰、鼎，厄於夷、蹇，盈於豐、大有，壞於損、蠱，家人之在室，旅之在塗，既未濟、損益、大小過、大小畜，得失進退之義。雖卦名之爲七十九字，文義明白，條例具足，亦可決矣。此未有文王卦辭之前已可占而斷者，況又三百八十四爻而示之以變乎？夫人誠有大疑謀及卜筮，必積其誠意，備其禮物，齊戒專一以占之。《大傳》曰：『是以將有爲也，將有行也，問焉而以言其受命也。如嚮无有遠近幽深，遂知來物。』此占筮必得應合之辭。『受命』者，神明受禱占者之命辭也。『如嚮』者，應之端的而不漫浪以告也。儻有一毫不敬、不誠、不一之心，則問此而告彼，闕焉不與事相酬答，實神明之所不主而不告者也，又何『受命如嚮』之云？曷不即卦辭考之？文王於《蒙》嘗起其占筮之教矣，其言曰：『匪我求童蒙，童蒙求我，初筮告，再三瀆，瀆則不告，利貞。』周子曰：『筮者，扣神也，再三瀆，瀆則不告矣。』此文王之所以起其例也。夫占而揲蓍，積十有八變，必成一卦，卦必有卦辭，爻必有爻辭，何以言其告、不告也？蓋誠意專一而筮，則神之告之卦辭、爻辭應合所問。如占婚姻，與之《咸》、《恒》，曰『納婦吉』，曰『勿用取女』，曰《歸妹》『征凶，无攸利』；占征伐，曰『利用侵伐』，曰『在師中吉』，曰『不利行師』，曰『勿用師』；占田獵，曰『田獲三狐』，曰『田獲三品』，曰『即鹿无虞』，曰『田无禽』。若此者，皆所謂告也。若夫卦辭、爻辭不應所占之事，此則誠意不至，二、三之瀆而所謂不告者也。此即文王之所謂不告也。不然，則得卦爻必有辭以告之，又何以有不告之云？夫誠敬不至則吾心之神明不存，而神明之神亦爽得不合之辭，而猶曰神明之告我也，必有他意揣摩臆度，遷就曲推，彊取以定吉凶，以至狂妄僥倖悖亂之念皆自此生者，古有之矣，是惑之甚也。況世之占者忽略滅裂，褻瀆瑣細，不敬尤甚，乃欲以此求神明之指，其所之至於不驗，又妄以爲卜筮之理不可信。彼豈知夫告、不告之道哉？余之有見乎此也，乃取卦爻辭，以人事分門別例編爲一書，俾世之占者以類求之，必本乎誠敬專一之道，而知占之不妄以告人也，豈不有以解千古之惑而發聖人之蘊乎？羲、文、周、孔在天之靈，不易吾言矣。」愚謂此論真足以發朱子之所未發，而且有以得文王告、不告之旨，故詳識之。若夫超於言辭之表而參以卦爻之象，斯亦占法之所不可省云。

筮　法

集《左氏傳》注皆杜預本注。

陳厲公筮公子完之生❶

䷓觀䷋否一爻變。

莊公二十二年，陳人殺其太子禦寇。宣公殺其太子。陳公子完奔齊。完，御寇黨。齊侯桓公。使敬仲完字。爲卿，辭，使爲工正。掌百工官。初，懿氏卜妻敬仲，懿氏，陳大夫。其妻占之，曰：「吉，是謂『鳳凰于飛，和鳴鏘鏘』。猶夫婦相隨適齊。有嬀之後，嬀，陳姓。將育于姜。齊姓。五世其昌，並于正卿。八世之後，莫之與京』。」陳厲公，蔡出也，姊妹之子曰出。故蔡人殺五父而立之，五父，陳佗。生敬仲。其少也，周史周太史。有以《周易》見陳侯者，陳侯使筮之，遇觀之否，曰：「是謂『觀國之光，利用賓于王』，此其代陳有國乎？不在此，其在異國。非此其身，在其子孫。光，遠而自他有耀者也。坤，土也；巽，風也；乾，天也。風爲天於土上，山也。有山之材而照之以天光，於是乎居土上，故曰『觀國之光』。庭實旅百，奉之以玉帛，天地之美具焉，故曰『利用賓于王』。四爲諸侯，變乾，有國朝王之象。艮爲門庭，乾爲金玉，坤爲布帛，諸侯朝王陳贄帛之象。旅，陳也，百物言備。猶有觀焉，故曰其在後乎。因觀文以博占，故曰「猶有觀」。非在己之言，故知在子孫。風行而著於土，故曰『其在異國』乎。若在異國，必姜姓也。姜，大嶽之後也。姜姓之先爲堯四嶽。

❶「厲」，原作「宣」，今據薈要本、慶餘堂本及嘉慶二十年阮刻《春秋左傳正義》改。

山嶽則配天，物莫能兩大。陳衰，此其昌乎。」變而象艮，固知當興於大嶽之後。及陳之初亡也，昭八年楚滅陳。陳桓子始大於齊。桓子，敬仲五世孫陳无宇。其後亡也，哀十七年，楚復滅陳。成子得政。成子，陳常也，敬仲八世孫。卜筮者，聖人所以定猶豫、決疑似，因生義教者也。《書·洪範》通龜筮以同卿士之數。❶南蒯卜亂而遇「元吉」，惠伯答以忠信則可。臧會卜僭，遂獲其應。丘明故舉諸縣應於行事者以示來世，而君子志其善者遠者。他皆放此。注中「愚謂」則一桂增解，下同。

愚謂：貞觀全體夾畫艮，三至五互體亦艮。今必曰風爲天於土上爲山，以天光照山之材，故曰「觀國之光」。又曰庭實玉帛具天地之美，故曰「利用賓于王」。如此則是觀因變否，有乾天之光，有艮山之材，有坤地之土，又具乾天坤地之美爲贄，而後成觀六四一爻之辭，何其繆也！扭合傅會，本不足法，特以其去經最近，取互體甚明，説象无滯碍，爲有補焉耳。看來左氏所載占辭，決非盡當時史氏之筆，要皆左氏引而自文之，以故狃合傅會處尤多。

畢萬筮仕於晉

䷂屯䷇比 一爻變。

閔公元年，晉侯獻公。作二軍，公將上軍，太子申生將下軍。趙夙御戎，畢萬爲右，爲公御右也。夙，趙衰兄。畢萬，魏犨祖父。以滅耿、滅霍、滅魏。三國皆姬姓。還，賜畢萬魏，以爲大夫。卜偃晉掌卜大夫。曰：「畢萬之後必大。萬，盈數也；魏，大名也。以是始賞，天啓之

❶「數」，原作「教」，今據慶餘堂本及嘉慶二十年阮刻《春秋左傳正義》改。

矣。天子曰兆民，諸侯曰萬民。今名之大，以從盈數，其必有衆。」初，畢萬筮仕於晉，遇屯之比。辛廖晉大夫。占之曰：「吉。屯固、比入，吉孰大焉。其必蕃昌。屯，險難，所以爲堅固。比，親密，所以得入。震爲土，變坤。車從馬，震車，坤馬。足居之，震。兄長之，震，長男。母覆之，坤。衆歸之，坤爲衆。六體不易，一爻變六義。合而能固，安而能殺，公侯之卦也。比合，屯固，坤安，震殺，故曰「公侯之卦」。公侯之子孫，必復其始。」萬畢，公高之後。傳爲魏之子孫衆多張本。

愚案：朱子《啓蒙》謂一爻變，則以本卦變爻辭占，其下亦引畢萬所筮。以今觀之，未嘗不取之卦，且不特論一爻，兼取貞悔卦體似可爲占者法也。他放此。

魯桓公筮成季之將生

䷍大有䷀乾 一爻變。

閔公二年秋八月，共仲使卜齮賊公于武闈。宮中小門。愚案：共仲，公子慶父，通夫人哀姜，故弒閔公。成季以僖公適邾。共仲奔莒。乃入，立之。愚謂：成季以僖公入，立之。成季之將生也，桓公使卜楚丘魯掌卜大夫。之父卜之，曰：「男也。其名曰友，在公之右。「在右」言用事。間于兩社，周社、亳社兩社之間，朝廷執政所在。爲公室輔。季氏亡，則魯不昌。」又筮之，遇大有之乾，曰：「同復于父，敬如公所。」乾爲君父，離變乾，見敬與君同。及生，有文在手曰「友」，遂以命之。

秦伯伐晉卜徒父筮之吉

䷑蠱 六爻不變。

僖公九年，齊師會秦師，納晉惠公。愚案：晉獻公因驪姬之難，太子申生死，公子重耳、夷吾出奔。九年，獻公卒，秦穆公納夷吾，是爲惠公。十五年初，晉侯之入也，許賂秦伯以河外列城五，既而不與。晉饑，秦輸之粟；十三年。秦饑，晉閉之糴。十四年。故秦伯伐晉。卜徒父筮之，吉。徒父，秦掌龜卜者。卜人，用筮據所見雜言之。涉河，侯車敗。詰之，秦軍涉河，晉侯車敗。秦伯不解，謂敗在己，故詰。對曰：「乃大吉也，三敗必獲晉君。其卦遇蠱，曰：『千乘三去，三去之餘，獲其雄狐。』夫狐蠱，必其君也。於《易》「利涉大川」，亦秦勝晉之卦。今所言蓋卜筮書雜辭，以狐爲君，其義欲以諭晉君，其象則未聞。蠱之貞，風也；其悔，山也。歲云秋矣，我落其實而取其材，所以克也。秋風落木，實則材爲人取。實落材亡，不敗何待？」三敗，及韓。晉軍三敗。壬戌戰于韓原，九月十三。秦伯獲晉侯以歸。穆姬晉獻公女，爲秦穆公夫人。曰：「晉君朝以入，則婢子夕以死；夕以入，則朝以死。惟君裁之。」乃舍諸靈臺。許晉侯平。

愚案：朱子《啓蒙》六爻不變，則占本卦彖辭，而以內卦爲貞，外卦爲悔。今雖不及彖辭，而以貞、悔分彼我，亦可以見占法矣。

晉獻公筮嫁伯姬於秦

䷵歸妹䷥睽一爻變。

僖公十五年，初，晉獻公筮嫁伯姬於秦，遇歸妹之睽。史蘇晉卜筮史。占之曰：「不吉。其繇曰：『士刲羊，亦无衁也。女承筐，亦无貺也。上六爻辭。衁，血。貺，賜。上六无應，所求不獲，故下刲无血，上承无實。西鄰責言，不可償也。嫁女遇不吉之卦，故知有責讓之言，不可報償。愚謂：「西鄰責言」，兌象，秦在西爲晉之鄰，震變，故不償其言。歸妹之睽，猶无相也。』无相助。愚謂：睽，故无相助。震之離，亦離之震，爲雷爲火，爲嬴敗姬。車説其輹，火焚其旗，不利行師，敗于宗丘。丘猶邑。上六爻在震則无應，故車説輹；在離則失位，故火焚旗，言失車火之用也，故不利行師。敗不出國，近在宗邑。愚謂：震變離爲兑澤所勝，兑西方，故有嬴敗姬之象。歸妹、睽孤，寇張之弧，睽上爻之辭。姪其從姑，震木，離火，火從木生。離爲震妹，於火爲姑，謂我姪者，我謂之姑。謂子圉質秦。六年其逋，逃歸其國，而棄其家，家，謂子圉婦懷嬴。明年其死於高梁之虚。」惠公死之明年，文公入，殺懷公于高梁。高梁，晉地。凡筮者用《周易》，則其象可推，非此而往，則臨時占者或取於象，或取於氣，或取於時日王相，以成其占。傅會以爻象，則構虚而不經，故略言其歸趣。及惠公在秦，曰：「先君若從史蘇之占，吾不及此夫。」韓簡侍，曰：「龜，象也；筮，數也。物生而後有象，象而後有滋，滋而後有數。先君之敗德，及可數乎？史蘇是占，勿從何益？」

愚案：僖公九年九月，晉獻公卒，公子夷吾許秦穆公重賂，穆公納之。十一月。是爲惠公。十年，不與秦賂。十一年，晉荐饑，乞糴于秦，秦輸之粟。十四年，秦饑，乞糴于晉，晉閉之糴。十五年九月，秦伯伐晉，獲晉侯。十一月，歸晉侯。十六年，晉太子圉質秦，秦妻之。質秦，應占言「姪其從姑」。妻之，即懷嬴。二十二年，子圉逃歸晉。應占言「逃歸其國，而棄其家」。二十三年九月，惠公卒，子圉立，是爲懷公。二十四年九月，秦穆公納公子重耳，是爲晉文公。二月壬寅入晉師，懷公奔高梁。戊申，文公使殺懷公于高梁。應占言「死高梁之虚」。史蘇之占一何神也！使晉侯踐言報施秦師，不興占，其能應乎？然史蘇謂嫁伯姬不吉，今乃以伯姬説身逃難，惠公猶曰「先君若從史蘇之占，吾不及此」，不自反而咎先君，誤矣夫！

晉文公筮勤王

䷍大有䷥睽 一爻變。

僖公二十四年冬，甘昭公通於隗氏。王替隗氏。秋，頹叔、桃子奉太叔，以狄師伐周。王出適鄭，處于氾。愚案：初，襄王以狄師伐鄭。王德狄，以狄女隗氏爲后。甘昭公，王弟子帶也，食邑於甘。河南縣西南有甘水。通於隗氏，王廢后。初，王使大夫頹叔、桃子以狄伐鄭。至是，二大夫曰「狄其怨我」，遂奉太叔，即子帶，以狄伐周。王適鄭，氾在鄭南襄城縣。太叔以隗氏居於温。二十五年春正月丙午，秦伯師於河上，將納王。狐偃言於晉侯曰：文公。「求諸侯，莫如勤王。」使卜偃卜之，曰：「吉。遇黃帝戰於版泉之兆。」公曰：「吾不堪也。筮之！」筮之，遇大有之睽，曰：「吉。遇『公用亨於天子』之卦。三爻。戰克而王饗，吉孰大焉。且是卦也，天爲澤以當日，天子降心以逆公，不亦可乎？乾變兑，以當離日之在天，垂照在澤。天子在上，説心在下，是降心逆公之象。大有去睽而復，亦其所也。」言去睽卦還論大有，亦有天子降尊之象。乾尊離卑，降尊下卑，亦其義也。晉侯辭秦師而下。三月甲辰，次于陽樊。右師圍温，左師逆王。四月丁巳，王入于王城。取太叔于温，殺之于隰城。戊午，晉侯朝王，王享醴，命之宥。既行享禮而設醴酒，又加之幣帛，以助歡也。宥，助也。

王子伯廖引易論鄭公子

䷶豐䷝離 一爻變。

宣公六年，鄭公子曼滿與王子伯廖語，欲爲卿。二子，鄭大夫。伯廖告人曰：「無德而貪，其在《周易》豐之離，豐上六變純離。《易》尚變，故雖不筮，必以變言其義。上六曰：「豐其屋，蔀其家，闚其户，闃其无人，三歲不覿，凶。」義取无德而大其屋，不過三歲必滅亡。弗過之矣。」不過三年。間一年，鄭人殺之。

愚謂：言不可不慎也，心一動於欲而形於言，見吉凶焉。豈伯廖舉豐上六之辭奇中哉？《易》之變固已前知之矣。觀此類，其殆所謂「《易》有聖人之道四焉，其一曰以動者尚其變」之謂乎？夫所謂動，不特謂我欲動而見諸行事也。見人之善惡是非忽動其心，而必尚《易》之變以論之亦是也。吁！《易》其神矣乎？人心之靈其神矣乎？

晉知莊子引易論先縠之敗

䷆師䷒臨 一爻變。

宣公十二年春，楚子莊王。圍鄭。前年盟辰陵，而又徼事晉故。克之。入自皇門，至于逵路。塗方九軌曰逵。鄭伯肉袒牽羊以逆，王曰：「其君能下人，必能信用其民矣。」退三十里，許之平。夏六月乙卯，晉荀林父救鄭，先縠彘季。佐之。及河，聞鄭既及楚平，桓子林父。欲還，彘子不可，以中軍佐濟。佐，彘子師。渡河。知莊子曰：荀首，林父弟，時爲下軍大夫。「此師殆哉。《周易》有之，在師之臨，曰：『師出以律，否臧凶。』執事順成爲臧，逆爲否，彘子逆命不順成，故應不臧之凶。衆散爲弱，坎爲衆，變兌，兌，柔弱。川壅爲澤，坎變兌。有律以如己也，如，從也。法行則人從法，法敗則法從人。坎爲法象，今爲衆則散，爲川則壅，是失法之用，從人之象。故曰律。否臧則律竭也。竭，敗。變坎爲兌，是法敗。盈而以竭，夭且不整，所以凶也。水遇夭塞，不得整流，則竭涸也。不行之謂臨，澤，不行之物。有帥而不從，臨孰甚焉！此之謂矣。譬彘子違命不可行。果遇，必敗，遇敵。彘子尸之。主此禍。雖免而歸，必有大咎。」愚案：以上《左傳》文。林父帥師及楚子戰于郔，鄭地。晉師敗績。愚引經文一句足其義。傳云：「丙辰，楚重至于郔。」重，輜重，則戰在乙卯日。明年秋，赤狄伐晉，及清，先穀召之也。郔戰不得志，故召狄欲爲變。冬，晉人討郔之敗，與清之師，歸罪先穀而殺之，遂滅其族。

愚謂：行不可不慎也，心一動而差其所行，凶、悔、吝已隨之，況兵凶器、戰危事乎？救鄭之師，晉人所不得已也。鄭既及楚平，桓子欲還，當矣。彘子乃不可已，昧「師左次」之訓，乖「長子帥師」之義，犯「弟子輿尸」之戒。又況師之臨，失律，否臧凶，又有如知莊子之所云者乎？其喪師、亡身、滅宗，固其宜矣。嗚呼！以動者尚其變，知莊子引《易》，其殆所謂不假卜筮而知吉凶者歟？讀《易》者試思之。

晉厲公筮擊楚子

☷☳復六爻不變。

成公十六年春，楚子共王。以汝陰之田求成于鄭。鄭成公。汝水之南，近鄭地。鄭叛晉，從楚子盟于武城。夏四月，晉侯厲公。將伐鄭，師起。楚子救鄭。五月，晉、楚遇於鄢陵。鄭地。苗賁皇賁皇，楚鬭椒子，❶宣四年奔晉。言於晉侯曰：「楚之良，在其中軍王族而已。請分良以擊其左右，而三軍萃於王卒，必大敗之。」公筮之，史曰：「吉。其卦遇復，曰：『南國蹙，射其元王，中厥目。』」此卜者辭也。復，陽長之卦。陽氣起子，南行推陰，故曰「南國蹙」也。南國勢蹙則離受其咎，離爲諸侯，又爲目。陽氣激而飛矢之象。故

❶「鬭椒」，原作「國叔」，今據慶餘堂本及阮刻《春秋左傳正義》改。

曰「射其元王，中厥目」。國蹶王傷，不敗何待？」公從之。呂錡夢射月，中之，呂錡，魏錡。退入於泥。占之，曰：「姬姓，日也。異姓，月也，必楚王也。退入於泥，亦必死矣。」及戰，射共王，中目。王召養由基，與之兩矢，使射呂錡，中項，伏弢。弓衣。以一矢復命。楚子宵遁。晉入楚軍，三日穀。食楚粟三日。

愚謂：此卦占辭與卦象絶不類注，終未的確意者。震、坤拱，巽、離在中間。楚正南國，今有東方震，西南角坤，而无巽、離。西南共坤，各得坤一半，坤爲國，豈非「南國蹶」乎？巽爲白眼，離爲目，无離无巽，豈非喪目乎？震爲蒼筤竹，豈非矢乎？若只就兩體占，貞我悔彼，初九「元吉」，上六「迷復，凶，有災眚。用行師，終有大敗。以其國君，凶」。坤「西南」即「南國」也。震木克坤土，「射」之義也。國君即「元王」也。有災眚，眚爲目疾，即「中厥目」之象也，亦可以旁通矣。

魯穆姜筮往東宫

䷳艮䷐隨五爻變。

襄公九年，穆姜薨於東宫。太子宫。穆姜淫僑如，欲廢成公，故徙東宫。愚案：姜，成公母。始往筮之，遇艮之八，《周禮》「太卜掌三《易》」，雜用《連山》、《歸藏》二易，皆以七、八占，故言「遇艮之八」。愚案：成公十六年，穆姜往東宫，筮之。史曰：「是謂艮之隨，史疑古《易》遇八卦不利，故更以《周易》占，變爻得隨卦而論之。隨，其出也。史謂隨非閉固之卦。君必速出。」姜曰「亡。是於《周易》曰：『隨，元亨利貞，无咎。』《易》筮皆以變者占，遇一爻變義異則論象，故姜亦以象占也。史據《周易》，故指言《周易》折之。元，體之長也；亨，嘉之會也；利，義之和也；貞，事之幹也。體仁足以長人，嘉德足以合禮，利物足以和義，貞固足以幹事。然故不可誣也，是以雖隨无咎。言不誣四德乃遇隨无咎。今我婦人而與於亂，固在下位卑於丈夫。而有不仁，不可謂元。不靖國家，不可謂亨。作而害身，不可謂利。棄位而姣，淫之别名。不可謂貞。有四德者，隨而无咎。我皆无之，豈隨也哉？我則取惡，能无咎乎？必死於此，弗得出矣。」

愚嘗謂「棄位而姣」等語，正姜氏所諱，豈肯自播其惡？況其言曰「是於《周易》」，曰「隨，元亨利貞，无咎」，而繼之以「元，體之長」云云，則夏、商所未嘗道。可見此愚所以爲《左氏》本文言語作爲穆姜之言明矣。一時不暇詳審，徑以夫子之言爲穆姜之言，後之人反以爲夫子引穆姜之言也。詳見《本義》後《疑文言辨》，姑陳其概於此。案漢上《叢説》云：「《左》成公十六年，穆姜往東宮，筮之。襄公二十六年，孔子生，上距穆姜二十四年。穆姜時雖已誦乾卦《文言》，然其言與今稍異。以今《易》考之，删改者二，增益者六，則古有是言，孔子文之爲信然矣。」此即《本義》説，備參詣。

鄭太叔引易論楚子

䷗復䷚頤 一爻變。

襄公二十八年，❶鄭伯使游吉如楚。及漢，楚人還之，曰：「宋之盟，君實親辱。今吾子來，寡君謂吾子姑還！吾將使馹奔問諸晉問鄭君應來否。而以告。」子太叔吉。歸，復命，告子展曰：「楚子將死矣！不修其德政，而貪昧於諸侯，以逞其願，欲久，得乎？《周易》有之，在復之頤，曰：『迷復，凶。』其楚子之謂乎？欲復其願，欲鄭伯。而棄其本，

❶「八」，原作「二」，今據慶餘堂本及阮刻《春秋左傳正義》改。

不修德。復歸无所，是謂迷復。能无凶乎？君其往也！送葬而歸，以快楚心。楚不幾十年，未能恤諸侯也。吾乃休吾民矣。」十二月，❶楚子昭卒。

崔武子筮娶齊棠公妻

䷮困䷛大過 一爻變。

襄公二十五年春，齊棠公齊棠邑大夫。之妻，東郭偃之妹也。東郭偃臣崔武子。棠公死，偃御武子以弔。見棠姜而美之，使偃取之。偃曰：「男女辨姓，今君出自丁，齊丁公，崔杼祖。臣出自桓，不可。」齊桓公，偃之祖。同姜姓，不可昏。武子筮之，遇困之大過。史皆曰：「吉。」示陳文子，文子曰：「夫從風，坎，中男，曰夫。變巽，曰從風。風隕，妻不可娶也。風隕物者，變而隕，故妻不可娶。且其繇曰：『困于石，據于蒺藜，入于其宮，不見其妻，凶。』困六三爻辭。『困于石』，往不濟也。坎，水，險。石，不可動。「據于蒺藜」，所恃傷也。坎，險。兑澤。澤之生物而險者蒺藜，❷恃之則傷。❸「入于其宮，不見其妻，凶」，无所歸也。卜昏遇困六三失位无應，則喪其妻，失其所歸也。崔子曰：「嫠也何害，先夫當之矣。」遂取之。莊公通焉。夏五月，弑莊公。立景公，相之。慶封相左。景公杵臼，靈公嬖人子，莊公異母弟。慶封，崔黨。二十七年，初，崔杼生成及彊而寡。偏喪曰寡特也。❹娶東郭姜，生明。姜以孤入，曰棠无咎，棠公子。與東郭偃

❶「月」，原作「年」，據元刻本、慶餘堂本及阮刻《春秋左傳正義》改。

❷二「澤」字，原爲卦畫「☱」，今據薈要本、慶餘堂本及阮刻《春秋左傳正義》改。

❸「恃」，原作「卦」，今據薈要本、慶餘堂本及阮刻《春秋左傳正義》改。

❹「特」，原作「侍」，今據慶餘堂本及阮刻《春秋左傳正義》改。

相崔氏。成疾，廢，立明。崔成、崔彊殺東郭偃、棠无咎。崔杼怒，見慶封。慶封使盧蒲嫳嫳，慶封屬，大夫。滅崔氏，殺成與彊，而盡俘其家，其妻縊。東郭姜。嫳復命崔子，且御而歸之。爲崔子御。至，則无歸矣，乃縊。終「入于其宮，不見其妻，凶」。崔明夜辟諸大墓。開先人家藏也。

愚謂：崔杼以一婦人之故，弒其君，滅其家，殺其妻而喪其身，貪色違筮之禍酷烈如此，悲夫！

秦醫和引易對晉趙孟

䷑蠱六爻不變。

晉侯平公。求醫於秦，秦伯使醫和視之，曰：「疾不可爲也，是謂近女室，疾如蠱。非鬼非食，惑以喪志。」趙孟曰：「何謂蠱？」對曰：「淫溺惑亂之所生也。於文，皿蟲爲蠱。在《周易》，女惑男、風落山謂之蠱。少男悦長女，非匹，故惑。山木得風則落。皆同物也。」趙孟曰：「良醫也。」厚其禮而歸之。

魯莊叔筮叔孫穆子之生❶

䷣明夷䷎謙一爻變。

昭公四年，初，穆子去叔孫氏，及庚宗，遇婦人，私使爲食而宿焉。成十六年，避僑如之難奔齊。庚宗，魯地。適齊，娶於國氏，齊正卿，姜姓。生孟丙、仲壬。夢天壓己，弗勝，顧而見人，深目豭喙，號之曰：「牛！助予！」乃勝之。旦而召其徒，无之。且曰：「志之！」及魯人召之，歸。既立，魯立爲卿。庚宗婦人獻雉。問其姓，問有子否。對曰：「余子長矣，能奉雉矣。」襄二年，豎牛五六歲。召見，則所夢也。號曰

❶ 「叔」，原作「公」，今據慶餘堂本改。

「牛」，使爲豎。小臣傳言。有寵，長使爲政。公孫明知叔孫於齊，公孫明，齊大夫子明，與叔孫相親知。歸，未逆國姜，子明取之，故怒，其子長而後逆之。牛譖而殺孟，又譖而逐仲。穆子疾病，牛寘饋弗進。叔孫不食，卒。三日絶糧。牛立昭子，相之。昭子，豹庶子，叔孫婼也。初，穆子之生也，莊叔穆子父得臣。筮之，遇明夷之謙，以示卜楚丘。卜人姓名。曰：「是將行，出奔。而歸爲子祀。以讒人入，其名曰牛，卒以餒死。明夷，日也。離，日。夷，傷。日明傷。日之數十，甲至癸。故有十時，亦當十位。自王以下，其二爲公，其三爲卿。日中當王，食時當公，平旦爲卿，雞鳴爲士，人定爲輿，黄昏爲隸，日入爲僚，晡時爲僕，日昳爲臺，隅中、日出，闕不在等。尊王公，曠其位。日上其中，王。食日爲二，公。旦日爲三。卿。明夷之謙，明而未融，其當旦乎，故曰『爲子祀』。莊叔，卿也。卜豹爲卿，故知爲子祀。日之謙當鳥，故曰『明夷于飛』。明而未融，故曰『垂其翼』。象日之動，故曰『君子于行』。當三在旦，故曰『三日不食』。旦在三，❶又非食時，故「三日不食」。離，火也；艮，山也。離爲火，火焚山，山敗。於人爲言，艮爲言。愚謂：无所本。敗言爲讒，爲離焚，故言敗。故曰『有攸往。主人有言』。言必讒也。純離爲牛，世亂讒勝，勝將適離，故曰『其名爲牛』。離焚山則離勝，譬世亂則讒勝，山焚則離獨存，故知名牛。豎牛非牡牛，故不吉。謙不足，謙退。飛不翔，不遠翔。垂不峻，翼不廣，故曰『其爲子後乎』。不遠翔，故知不遠大。吾子，亞卿也，抑少不終。」旦日，正卿。莊叔父子世爲亞卿，位不足以終盡卦體，蓋引而致之。昭子即位，朝其家衆，曰：「牛禍叔孫氏，殺適立庶，罪莫大焉。

❶「旦」，原作「日」，今據元刻本、慶餘堂本及阮刻《春秋左傳正義》改。

必速殺之！」牛懼，奔齊。孟、仲之子殺之塞關之外，投其首於寧風齊地。之棘上。仲尼曰：「叔孫昭子之不勞，不可能也。不以立己爲功勞。周任有言曰：『爲政者不賞私勞，不伐私怨。』《詩》云：『有覺德行，四國順之。』」

愚謂：此卦占辭亦多傅會，又必兼之卦以論本卦爻辭，亦如前失。

衛孔成子筮立君

䷂屯䷂屯䷇比上不變，下一爻變。

昭公七年，衛襄公夫人姜氏无子，宣姜。嬖人婤姶生孟縶。孔成子夢康叔謂己：「立元，成子，衛卿，烝鉏也。夢時元未生。余使羈之孫圉與史苟相之。」羈，烝鉏子。苟，史朝子。史朝亦夢康叔謂己：「余將命而子苟與孔烝鉏之曾孫圉相元。」史朝見成子，告之夢，夢協。婤始生子，名之曰元。在二年。孟縶之足不良能行。孔成子以《周易》筮之，曰：「元尚享衛國，主其社稷。」命蓍之辭。遇屯。又曰：「余尚立縶，尚克嘉之。」遇屯之比。以示史朝。朝曰：「『元亨』，又何疑焉？」屯，「元亨」。成子曰：「非長之謂乎？」對曰：「康叔名之，可謂長矣。孟非人也，將不列於宗，不可謂長。且其繇曰：『利建侯。』嗣吉，何建？建非嗣也。二卦皆云，謂再得屯。子其建之！康叔命之，二卦告之。筮襲於夢，武王所用也，《太誓》：「朕夢協朕卜，襲于休祥。」武王辭。弗從何爲？弱足者居。侯主社稷，臨祭祀，奉民人，事鬼神，從會朝，又焉得居？各以所利，不亦可乎？」故孔成子立靈公。

魯南蒯筮以費叛

䷁坤䷇比一爻變。

昭公十二年，季平子立，不禮於南蒯。蒯，南遺之子，季氏費邑宰。南蒯欲出季氏，使子仲公子慭。更其位，不克，以費叛，如齊。南蒯之將叛也，枚筮之，遇坤之比，曰「黄裳元吉」，以爲大吉也。示子服惠伯，曰：「即欲有事，何如？」惠伯曰：「吾嘗學此矣，忠信之事則可，不然必敗。外彊内温，坎險故彊，坤順故温。忠也；和以率貞，水和土安貞。信也。故曰『黄裳元吉』。黄，中之色也；裳，下之飾也；元，善之長也。中不忠，不得其色；言非黄。下不共，不得其飾；事不善，不得其極。失中德。外内倡和爲忠，率事以信爲共，供養三德爲善，非此三者弗當。且夫《易》，不可以占險，將何事也？且可飾乎？中美能黄，上美爲元，下美則裳，參成可筮。猶有闕也，筮雖吉，未也。」十三年，費人叛南氏。十四年，司徒老祁、慮癸二人，南蒯家臣。遂劫南蒯曰：「群臣不忘其君，季氏。將不能畏子矣。子何所不逞欲？請送子。」南蒯遂奔齊。司徒老祁、慮癸來歸費。歸魯。

愚案：朱文公嘗謂：「《易》中都是正吉，不曾有不正吉；都是利正，不曾説利不正。」又曰：「大率《易》爲君子設，非小人盜賊所得竊取而用。」又曰：「《易》中言占者有其德，則其占如是吉；无其德而得是占者，却是反説。如南蒯得『黄裳元吉』之占是也。」且載其事於坤六五爻而曰：「此可以見占法矣。」學者宜有見於斯。

晉蔡墨引易對魏獻子五卦一爻變。一卦六爻變。

䷀乾　䷀乾　䷀乾　䷀乾　䷁坤

䷫姤　䷌同人　䷍大有　䷪夬　䷁坤　䷖剥

昭公二十九年秋，龍見於絳郊。晉國都。魏獻子問於蔡墨墨，晉大夫。曰：「吾聞之矣，蟲莫知於龍，以其不生得也，謂之知，信乎？」對曰：「人實不知，非人實知。古者畜龍，故國有豢龍氏，有御龍氏。昔有飂叔安，飂，國。叔安，君名。有裔子曰董父，擾順也。畜龍，以事舜。帝賜之姓曰董，氏曰豢龍，官名。其後又有劉累，學擾龍於豢龍氏，以事夏孔甲，賜氏曰御龍。龍一雌死，醢以食夏后。既而使求，求致龍。懼而遷於魯縣。龍，水物也，水官棄矣，故龍不生得。不然，《周易》有之：在《乾》之《姤》，曰『潛龍勿用』；其《同人》曰『見龍在田』；其《大有》曰『飛龍在天』；其《夬》曰『亢龍有悔』；其《坤》曰『見群龍无首，吉』；《坤》之《剥》曰『龍戰于野』。若不朝夕見，誰能物之？」

愚案：杜氏注曰：「今説《易》者皆以龍喻陽氣，如史墨之言則爲皆是真龍。」愚謂乾六爻皆陽，且變動不居，故以爲六龍之象最爲的當。豈得爲皆是真龍也哉？然而善《易》者胸次悠然，與《易》爲一，居觀象翫辭，動觀變翫占，真見其上下无常、剛柔相易，是亦一真龍而已矣。昧者未足與語此。

史墨舉易對趙簡子

䷡大壯六爻不變。

昭公三十二年十二月，昭公薨于乾侯。乾侯在魏郡斥丘縣，晉境内邑。愚案：二十五年，公伐季氏。季平子請罪，弗許，三家遂共伐公。公敗，奔齊，次陽州。二十六年、二十七年，居鄆，魯地。二十八年，次乾侯。二十九年，居鄆。三十年、三十一年、三十二年，在乾侯薨。在外凡八年。趙簡子問於史墨曰：「季氏出其君，而民服焉，諸侯與之；君死於外而莫之或罪也。」對曰：「物生有兩，有三，有五，有陪貳。故天有三辰，地有五行，體有左右，各有妃耦。謂陪貳。王有公，諸侯有卿，皆有貳也。天生季氏，以貳魯侯，爲日久矣。民之服焉，不亦宜乎！魯君世從其失，季氏世修其勤，民忘君矣。雖死於外，其誰矜之？社稷无常奉，君臣无常位，自古以然。故《詩》曰：『高岸爲谷，深谷爲陵。』《小雅》。三后虞、夏、商。之姓，於今爲庶，主所知也。」在《易》卦，雷乘乾曰大壯，天之道也。乾爲天子，震爲諸侯而在乾上，君臣易位，猶臣大强壯，若天上有雷。

愚案：昭公乾侯之事，與夏王相弑商丘、周厲王崩于彘，皆天地間人道非常之大變也。史墨乃妄引陪貳之説，而謂「天生季氏以貳魯侯」，又明言社稷、君臣无常奉、无常位，且妄引《詩》、《易》以對，《左氏》從而書之，其與《春秋》書「公薨乾侯」如青天白日不可掩蔽，以誅季氏不臣之罪者異矣。嗚呼！《春秋》何等時耶！功利之習壞爛人心，君臣大義澌滅殆盡。不惟亂臣賊子如三家者放逐其君，民不知有君而惟季氏之服，❶諸侯不知有君而惟季氏之與，史墨不知有君而放言无忌，趙簡子不知有君而聽言不辨，左氏亦不知有君而載言不擇。夫豈知陵谷遷改乃地道之變，而非常；雷天大壯乃天道之常，初非志變。況《易》乃崇陽抑陰之書，雷在天上，夫子大《象》但取其成四陽壯長之卦，而曰「君子以非禮弗履」耳，未必如杜氏注所謂「君臣易位」也。史墨不求其義，妄引以對，可謂誣天矣。天但使季氏貳君，何嘗使季氏逐君哉？如墨言一歸之天道，則公僭王、卿僭侯，亂臣賊子接迹於世

❶「民」，原作「爲」，今據元刻本改。

矣，綱常安在？然則《春秋》，夫子作也，《易》象，夫子翼也。道一而已，請得爲《易》大壯一洗史墨之惡論！

魯陽虎筮救鄭

䷊泰䷄需一爻變。

哀公九年夏，宋公伐鄭。秋，晉趙鞅卜救鄭，不吉。陽虎以《周易》筮之，遇泰之需，曰：「宋方吉，不可與也。宋，微子後。今卜得帝乙之卦，故謂宋吉，不可與戰。微子啓，帝乙之元子也。宋、鄭，甥舅也。祉，禄也。若帝乙之元子歸妹而有吉禄，我安得吉焉？」乃止。

集《國語》注皆韋昭本注。

晉筮立成公

䷀乾䷋否三爻變。

《周語》：簡王十二年，晉孫談之子周適周，事單襄公。談，晉襄公之孫惠伯談也。周，談之子，晉悼公名。晉自獻公用驪姬譖詛，不畜群公子，故周適周，事單襄公。襄公有疾，召頃公襄公子。而告之，曰：「必善晉周，將得晉國。成公之歸也，吾聞晉之筮也，成公，晉文公庶子黑臀也。歸者，自周歸晉也。趙穿弑靈公，❶趙盾逆黑臀于周立之。蓍曰之筮，立成公也。遇乾之否，曰：『配而不終，君三出焉。』乾，君也，故曰「配」，配先君也。「不終」，子孫不終爲君也，下變坤，有臣象。三爻，故「三」也。上乾，天子也，五體不變，周天子國也。三爻有三變，故君三出於周。一既往矣，謂成公往爲君。後之不知，其次必此。次成公而往，必周子。晉仍无道而鮮胄，其將失之矣。仍，數。鮮，寡。胄，後。厲公數行无道，公族後又寡少，將失國也。必是善晉子，其當之也。」頃

❶「穿」，原作「不」，今據元刻本、薈要本、慶餘堂本改。

公許諾。及厲公之亂，謂弑。召周子而立，是爲悼公。

晉公子重耳筮得國

䷂屯䷏豫三爻變。

《晉語》：秦伯穆公。召公子晉重耳。於楚，楚子成王。厚幣以送公子于秦。公子親筮之，曰：「尚有晉國。」命筮之辭。得貞屯、悔豫，皆八也。震在屯爲貞，在豫爲悔。八謂震兩陰爻在貞、悔，皆不動，故曰「皆八」，謂爻无爲也。筮史占之：「皆八不吉。筮人掌三《易》，以《連山》、《歸藏》占，此二卦皆言不吉。愚案：曰「皆八」，便見用夏、商二《易》。閉而不通，爻无爲也。」震動遇坎險阻，則爻无所爲也。司空季子曰：「吉。是在《周易》，皆利建侯。不有晉國，以輔王室，安能建侯？我命筮曰『尚有晉國』，告我曰『利建侯』，得國之務也。吉孰大焉！震，車也。坎，水也。坤，土也。屯，厚也。豫，樂也。車班内外，順以訓之，班，徧也。屯内豫外皆震，坤順，屯、豫皆有坤。泉貨以資之，資財。屯、豫皆有艮，坎水在山爲泉，源流而不竭。土厚而樂其實。屯、豫皆有坤，故厚豫爲樂。不有晉國，何以當之？震，雷也，車也。坎，勞也，水也，衆也。主雷與車，内爲主。而尚水與衆。車有震，武。車聲隆，有威武。衆順，文也。文武具，厚之至也。故曰屯。其繇曰：『元亨利貞，勿用有攸往，利建侯。』主震雷，長也，故曰『元』。衆而順，嘉也。内有震雷，❶故曰『利貞』。車上水下，必伯。車動而上，威也。水動而下，順也。有威而衆從，必伯。小事不濟，壅也。故曰『勿用有攸往』。一夫之行也，一夫，一索男象，行作足象。衆順而有武威，故曰『利建侯』。復述上事。坤，母也。震，長男也。母老

❶「内」，原作「向」，今據元刻本、薈要本、慶餘堂本改。

子彊，故曰豫。其繇曰：『利建侯行師。』居樂、出威之謂也。居樂，母內。出威，震外。居樂故利建侯，出威故利行師。得國之卦也。」十月，惠公卒。十二月，秦伯納公子。

晉大夫筮公子重耳歸國

䷊泰六爻不變。

《晉語》：秦伯納公子。及河，董因迎公子於河，因，晉大夫，辛有之後。《傳》曰「辛有之二子，董之晉」，故晉有董史。公問焉，曰：「吾其濟乎？」對曰：「歲在大梁，將集天行。元年始受，實沈之星也。在大梁，謂魯僖公二十三年，歲星在大梁之次也。集，成也。行，道也。言公將成天道也。公以辰出，晉祖唐叔所以封也，而參入，晉星也。元年，謂文公即位之年。魯僖二十四年，歲在大梁，在實沈之次，受於大梁也。自胃七度至畢十一度爲大梁，自畢十二度至東井十五度爲實沈。❶實沈之墟，晉人所居，所以興也。墟，次也，所居，居其年次所主祀也。《傳》曰：「高辛氏有季子曰實沈，遷於大夏，主祀參。唐人是因。成王滅唐，封叔虞。南有晉水，子燮改爲晉侯，❷故參爲晉星。」今君當之，无不濟矣。當星在實沈墟。君之行也，歲在大火，閼伯之星也，是謂大辰。魯僖五年，重耳奔時，歲在大火。大火，大辰也。《傳》曰：「高辛氏有子曰閼伯，遷於商丘，祀大火。」辰以成善，后稷是相，唐叔以封。成善，謂辰爲農祥，后稷所經緯以成善道。相，視也，謂視農祥以成農事。封者，謂唐叔封時，歲在大火。《瞽史記》曰：『嗣續其祖，如穀之滋』，必有晉國。臣筮之，得《泰》之八。乾下坤上，泰。遇泰无動爻，无同侯。三至五震爲侯，陰爻不動，其數皆八。故云「得《泰》之八」，與「貞屯、悔豫，皆八」義同。愚謂：此用夏、商《易》斷法也。曰：『是謂天地配享，小往大來。』陽下陰升，故曰「配享」。小，謂子圉，大，謂文公。

❶「二」，原作「三」，今據元刻本、慶餘堂本改。

❷「燮」，原作「變」，今據薈要本、慶餘堂本改。

今及之矣，何不濟之有？且以辰出而參，愚謂：「參」下當有「入」字。皆晉祥也，而天之大紀也。所以大紀天時。濟且秉成，必霸諸侯。子孫賴之，君无懼矣。」公子濟河，懷公奔高梁。晉地。壬寅，公入於晉師。甲辰，秦伯還。送于河而還。丙午，入于曲沃。丁未，入于絳，即位于武宮。戊申，刺懷公于高梁。

家語

孔子筮得賁

䷕賁六爻不變。

孔子筮得賁，愀然有不平之色。子張進曰：「師聞卜者得賁卦者，吉也，而夫子有不平之色，何也？」孔子對曰：「以其離耶！在《周易》，山下有火，賁，非正色之謂也。夫質也，黑白宜正焉，今得賁，非吾兆也。吾聞丹漆不文，白玉不雕，何謂也？質有餘不受飾也。」程舜俞《筮法注》云：「揚子雲《太玄經》礥首次二曰『黃不純，屈于根』。注：《易·賁卦》山下有火，黃白色也，故曰『黃不純』也。」

愚謂：六爻不變，法宜以彖辭占。而《彖傳》所謂剛柔相文，觀天文以察時變，觀人文以化成天下者，正切夫子事也。而夫子占辭乃如此，此其所謂法外意，衆人固不識者耶。

坤鑿度

孔子筮得旅卦

䷷旅六爻不變。

《易坤鑿度》：仲尼，魯人，生不知《易》，本偶占其命，得旅，請益於商瞿氏，曰：「子有聖知而无位。」孔子泣而曰：「天也！命也！鳳鳥不來，河无圖至。嗚呼！天之命也。」歎訖，而後息志停讀，五十究作十翼。

愚案：商瞿，受《易》夫子者也，夫子乃請益焉，何哉？至於泣无位，歎息天命之不與其然，豈其然乎？抑《鑿度》乃緯書，未可以爲信也。姑録而論之，以祛惑云。

○附抄

筮法有以卦名占者，有以卦字占者，有以卦氣占者，有以卦體、卦象占者，有以卦爻辭占者，有以世應納甲占者，不一而足。今附見，以備觀覽。

䷶豐：丘濬步當改元。宋《丁未録》：楊繪過池陽，見丘濬。濬曰：「明年當改元。以《周易》步之，豐卦用事，必以『豐』字紀年。」果改年元豐。

愚謂：此以卦名占者，雖不筮而尚其變以步之，亦聖道「以動者尚其變」之義也。

䷕賁：宋葉助占得子。洪氏《夷堅志》：宋南渡前，葉助年壯无子，問日者黃某，筮之得賁，曰：「今日辰居土，土加賁爲墳。君當生子，但必有悼亡之戚。」果生男，數歲而晁夫人卒。

䷢晉：葉少藴筮生子。同前。葉助生少藴，❶少藴登第，爲淮東提刑，周崇實壻。嘗命一黃山人筮，遇晉，曰：「三年後孿生二女。晉卦坤、離二陰也。『晉』字兩口，卦辭『晝日三接』，三年之象也。侯驗，當以前程奉告。」少藴深惡其説，已而果然，遂問異時休咎。曰：「公，貴人也。當徧儀清要，登政府，終節度使。宜善自愛。」少藴以白父。父曰：「三十年前，有一黃氏占得汝之期，不誣，且謂當建節者，豈此人耶？」試更召之，真所筮者，父子待之如神。少藴後爲尚書左丞，紹興間年七十告老，得觀文殿學士，除崇慶軍節度使，致仕二年薨。竟如黃生之言。

❶「生」，原作「主」，今據元刻本、薈要本、慶餘堂本改。

愚謂：前一則以卦字加日辰占，此一則以卦字及卦辭占，所謂「建節」者，其亦康侯之象與？

䷊泰：有人筮父疾。《北史·趙輔和傳》：有人父爲刺史，得書云疾。是人詣館，托別相知者筮，遇泰。筮者曰：「此占甚吉。」是人出，輔和謂筮者云：「乾下坤，則父入土矣，豈得吉？」果凶。

䷵歸妹之隨二爻變。❶ ䷐：晉顧士群筮母病。郭璞《洞林》：顧士群母病，命筮之，得歸妹之隨，云：「命盡秋節。」至七月遂亡。歸妹，女之終兌，主秋，至立秋日亡。

愚案：前一則以卦體、卦象占，此一則以卦氣及雜卦辭占。程舜俞《集筮法》云：「案《六經圖卞》云：泰，天地氣交之卦也。而占父者憂之，父入土也。歸妹，男女有家之卦也。而占母者患之，女之終也。」觀此亦可見占法矣。

䷦蹇：東漢沛獻王筮雨。《東觀漢記》：沛獻王輔，善京房易。永平五年，少雨，上御雲臺闕，自以《周易》占之，得水山蹇卦。其《繇》曰：「蟻封穴，大雨將至。」以問輔，輔曰：「艮下坎上，蹇。艮爲山，坎爲水，山出雲爲雨。蟻穴居，知雨將至，故以蟻爲雨兆。」果如其言。

䷝離之明夷二爻變。䷣：宋太祖召陳摶筮。《宋朝類要》：太祖即位初年十一月甲子，召陳摶問享國長短，曰：「今年是庚申麼？」睡而不答。太祖又問摶，答曰睡。到五更醒，方問此事。回首舉杖畫地，作又木字訖，投杖而睡。太祖命筮之，得離之明夷。摶變色曰：「陛下得國中原，而得南方火盛之卦，非吉兆也。」太祖曰：「卿可言之。」摶用杖畫灰作兩卦象。太祖曰：「朕壽幾何？」竇儀在側，太祖命儀爲摶執帽。摶取帽蓋巾，項拜曰：「萬歲！但是子年子月子日陛下終於火日之下，離爲火日，陛下之子孫盡矣。」太祖愕然，曰：「孰敢爲之？」摶指離九三及明夷之九三，曰：「此人爲之。」太祖曰：「其人安出？」摶曰：「必在西北，陛下之親也。」太祖又曰：「復若何？」摶曰：「後一百九歲，南方有妖氣入中國，中國用之，天下自此多事矣。」太祖曰：「宋之子孫若何？」曰：「甲午之歲，有金女者出，丁酉金爲妻才，子孫生之，其禍滋甚。又六年，而通於中國。又六年丙午騰蛇，宋其危乎。『明兩作』乎，『焚如，死如，棄如』，有二君者實受其禍。」太祖曰：「然則遂亡乎？」摶曰：「宋，火德也，火德猶盛。宋之子孫當有興於東北，終於東南。有近君者，竇竊其位。」太祖曰：「興於東北，終於東南，

❶「二」，原作「一」，今據薈要本、慶餘堂本改。

其人安在？」曰：「明夷之六四曰：『獲明夷之心，于出門庭。』東北之位也。『出涕沱若』，興復之志也。近君者雖竊其位，火德也。丁巳歲其危乎？」太祖曰：「中原可復得乎？」曰：「陛下得國之初，而卜得東南旺卦，亦終而已矣。歲在癸巳，滅我者其衰乎？甲午宋德復興。有賢人扶之，則可以復古。如非其人，雖能復之，亦旋失之，歲在庚申。宋之祚其衰矣。自辛酉至庚申，已三百年。過此以往，未之或知也。」又指地爐中餘木，曰：「可能復過此乎？」捨杖而睡。

䷧解之既濟五爻變。䷾：晉郭璞歲首爲朝廷筮。《晉書·郭璞傳》：璞爲著作郎。于時陰陽錯謬，而刑獄繁興，璞上疏曰：「臣聞《春秋》之義，貴元慎始，故分至啓閉以觀雲物，所以顯天人之統，存休咎之證。臣不揆淺見，輒依歲首粗有所占，得解之既濟。案爻論思，方涉春木土龍德之時，而爲廢水之氣來見乘，如升陽未布，隆陰仍積。坎爲法象，刑獄所麗，變坎加離，厥象不燭。以義推之，皆爲刑獄殷繁，理有擁濫。又去年十二月二十九日，太白蝕月。月者屬坎，群陰之府，所以照察幽情，以佐太陽者也。太白，金行之星，而來犯之，天意若曰刑理失中，自壞其所以爲法也。臣術學庸近，不練内事，卦理所及，敢不盡言。又去秋以來，沉雨跨年，雖爲金家涉火之祥，然亦是刑獄充溢，怨歎之氣所致。往建興四年十二月中，行丞相令史淳于伯刑于市，而血逆流長摽。伯者小人，雖罪在未允，何足感動靈變，致若斯之怪耶？明皇天所以保祐王家，子愛陛下，屢見災異，殷勤无已。陛下宜側身思懼，以應靈譴。皇極之謫，❶事不虛降。不然，恐將來必有愆陽苦雨之災，崩震薄蝕之變，狂狡蠢戾，以益陛下旰食之勞也。臣謹尋案舊經，《尚書》有五事供禦之術，京房《易傳》有消復之救，所以緣咎而致慶，因異而邁政。故木不生庭，太戊无以隆；雉不鳴鼎，武丁不爲宗。夫寅畏者所以饗福，怠傲者所以招患，此自然之法應，不可不察也。案解卦繇曰：『君子以赦過宥罪。』既濟卦繇曰：『君子以思患而豫防之。』臣愚以爲宜發哀矜之詔，引在予之責，蕩滌瑕釁，贊陽布惠，使幽斃之人應蒼天以悦育，否滯之氣隨谷風而舒散。此亦寄時事以制用，藉開塞而曲成者也。」疏奏，優詔報之。

愚謂：此以卦象占。要之，郭璞特假卜筮以攄其拳拳忠

---

❶「謫」，原缺，今據慶餘堂本及《晉書·郭璞傳》補。

君愛國之懷抱，正嚴君平與人子言依於孝，與人臣言依於忠之微意也。論卜筮者又不可不察。

䷀乾之同人一爻變。䷌：回紇筮出師。《唐書》：回紇將朝京師，筮遇乾之同人。卜者曰：「此行當見一大人。」後果見郭子儀而還。

愚謂：此以九二爻辭占。朱文公《本義》引此云：「回紇謂郭子儀曰：『卜者言此行當見一大人而還，其占蓋與此合。』若子儀者，雖未及乎夫子之所論，然其至公无我，亦可謂當時之大人矣。」

䷀乾之大有一爻變。䷍：北齊神武筮室中无火而有光。《北史》：北齊神武室中无火而有光，筮遇乾之大有。占者曰：「吉。《易》稱『飛龍在天，大人造也』，貴不可言。」

愚謂：此以九五爻辭及《文言》辭占。

䷥睽：段晦筮馬逸。《五代史》：唐藁城鎮將段晦曾夜泊郵亭，有馬斷鞅而逸，數日不知所適。使使詣筮者董賀，筮之遇睽。「據初九用事，應有失亡之事，毋乃馬乎？勿逐，自復，必有縶而送之者。」回家未曾入舍，果有邊鄙惡子牽而還之。

愚謂：此以睽初九爻辭占。

䷪夬：路晏筮伏盜。《五代史》：唐明宗時，行軍司馬路晏夜適厠，❶有盜伏焉。晏心動取燭照之，盜即告晏：「請勿驚。某稟命有自，察公正直，不敢剸劍。」匣劍而去。由是晝夜驚懼，以備不虞。召董賀筮，遇夬，二爻用事，曰：「『惕號，莫夜有戎，勿恤。』察象徵辭，大有害公之心。然難已過，但守其中正，請釋憂心。」晏亦終无患。○又案：朱文公《語録》載：「王子獻占，遇夬九二，曰『惕號，莫夜有戎，勿恤』，吉。占者曰：『必夜有驚恐，後有兵權。』未幾果夜遇寇，旋得洪帥。」

愚謂：二筮皆用夬九二爻辭占，而後占又以戎象爲有兵權也。

䷽小過：或人筮婚姻。程沙隨《外編》云：「或人筮得此者，不知其占，再筮之亦得小過。爲占之曰：『內卦互得漸，漸，女歸吉。外卦互歸妹，說以動，所歸妹也。』」

愚謂：此以初至四互一卦，再以三至上又互一卦爲占，雖是一法，要亦占之變例。

❶「軍」，原作「肇」，今據薈要本改。

䷛大過：漢武帝筮伐匈奴。《西漢·匈奴傳》：武帝輪臺之詔曰：「古者出師，卿大夫預謀，參以蓍龜，不吉不行。乃筮之，得大過，又在九五，曰：『匈奴困敗不可失時。及占星、望氣、蓍龜皆吉，匈奴必破。今計謀卦兆皆反。』程舜俞《集筮法》載《師春》曰：[1]「大過，木兆卦也，外克内，應克世之兆，所以敗也。」[2]

愚謂：此卦乃占法變例。卦體本不好，何緣筮者吉？而彼凶卦既不言變，而云又在九五，必五爻變也。《師春》又自以京房《易》占，反指匈奴爲内爲世，言其受克而敗，亦成反説。此皆不可曉。豈筮者以九五君爻爲主，兑金克巽木，而言匈奴困敗乎？是亦未可知也。姑記之。

愚弱冠時，集《左氏筮法》一編，後以兵毁。今再纂于此，以《春秋》内、外傳爲主，并及《家語》、《鑿度》及附抄史傳數條，以備占法。若郭氏《洞林》全用五行、六神青龍、朱雀等。及年月日諸煞神占，靈驗无比，不可勝書。余因閲杜氏《春秋解·後序》云：「晉太康元年三月，汲郡有發舊冢者，大得古書。又有一卷純集《左傳》卜筮事，名曰《師春》。」「師春」似是抄集者人名也，然則已有著先鞭者矣。編集不可少如此夫！

辯　疑

毛漸傳三墳易之疑

《山墳》，爲天皇伏羲氏《連山易》，《爻卦大象》曰：崇山君，伏山臣，列山民，兼山物，潛山陰，連山陽，藏山兵，疊山象八卦。其崇山君下，則有君臣相、君民官、君物龍之類七卦。

[1] 「舜」，原作「聖」，今據元刻本改。「師」，原作「思」，今據元刻本、慶餘堂本及下文改。

[2] 「所」上，原衍一「所」字，今據元刻本、薈要本、慶餘堂本删。

《氣墳》，爲人皇神農氏《歸藏易》，《爻卦大象》曰：天氣歸，地氣藏，木氣生，風氣動，火氣長，水氣育，山氣止，金氣殺八卦。其天氣歸下，有歸藏定位、歸生宛、歸動乘舟之類七卦。

《形墳》，爲地皇黄帝氏《乾坤易》，《爻卦大象》曰：乾形天，坤形地，陽形日，陰形月，土形山，水形川，雨形雲，風形氣八卦。其乾形天下，有地天降氣、日天中道、月天夜明之類七卦。

案：其篇第，則天皇伏羲氏爻卦大象第一，即上《山墳》、《連山易》。太古河圖代姓紀第二，首載大古之人以女生爲姓，有合雄紀。敘命紀，紀其壽命，通紀四姓。有連逋紀，經男女群居連逋，通紀五姓。號居方氏，謂居各有方。有神人提挺而治，號提挺氏，提挺三十五世，通紀七十二姓，故號通姓氏。其後有有巢氏，有巢子燧人氏。燧人子伏羲氏，因風而生，故姓風。河龍馬負圖，始畫八卦。天皇伏羲氏皇策辭第三，有「皇曰：惟我老極時，生人衆多，欲相吞害。龍馬負圖，神開我心，我畫八卦，咸安其居」等語。人皇神農氏《歸藏易》易爻卦大象第四，即上《氣墳》、《歸藏易》。人皇神農氏政典第五，有「昔在天皇，肇修文教，始畫八卦，明君臣民物陰陽兵象，以代結繩之政。出言惟辭，制器惟象，動作惟變，卜筮惟占。天皇氏歸氣，我惟代政，惟若古道以立教」等語。地皇軒轅氏《坤乾易》爻卦大象第六，即上《形墳》、《坤乾易》。地皇軒轅氏政典第七。有「皇曰：岐伯天師，爾司日月星辰，陰陽曆數。爾正爾考，无有差忒。先時者殺，不及時者殺，爾惟我哉」云云等語。

又案：毛漸正仲作《三墳書序》云：「《春秋左傳》云：楚左史倚相能讀《三墳》、《五典》、《八索》、《九丘》。孔安國序以爲伏羲、神農、黄帝之書。《漢書·藝文志》録古書爲詳，而《三墳》之書已不載，豈當漢而亡歟？

元豐七年，余奉使西京，至唐州北陽，道無郵亭，得《三墳》書於民家。《三墳》皆有《傳》，《墳》乃古文，而《傳》乃隸書。復有《姓紀》、《皇策》、《政典》之篇，文辭質略，信乎上古之遺書也。好事者往往指爲僞書。《胤征》引《政典》曰『先時者殺無赦，不及時者殺無赦』，今《政典》之文頗合，豈後人能僞耶？」愚獨以爲不然。案：孔安國《尚書序》云：「孔子序《書》，討論墳典，斷自唐虞以下迄于周，則縱有《三墳》，亦非不經孔子所覽。覽而不録，後雖有存焉者，亦不過如删後之逸《詩》而已。逸《詩》不可復入三百篇，則雖有《三墳》，已不得與《易》並。況文義淺近，安知非後人好事者爲之？而《政典》之文合，正欲裝做以取信爾，故未敢以爲信然。又況夫子《大傳》謂伏羲始作八卦，因而重之，其卦次第即今先天六十四卦首乾終坤者是也。使伏羲真自有文字，孔子方欣喜不暇，豈肯捨之而不録乎？必不然也。蓋當是時，卦爻雖立，法象雖著，而文字則未生。至黄帝時，蒼頡、沮誦始作鳥跡篆字，而所謂《墳》、《典》者，亦文字既生之後，後世追述當時之事而作。故安國以爲言大道常道，豈伏羲果自有文字乎？且如生人之得姓亦始於黄帝之代，而謂太古《河圖》代有姓紀，吾不信也。故録而論之，以袪觀者之惑云。

劉牧易置圖書之疑

《易大傳》曰：「河出《圖》，洛出《書》，聖人則之。」孔安國、劉向父子、班固、關子明、陳希夷、邵康節皆以十爲《河圖》，九爲《洛書》。至劉牧乃以己意易置，以九爲《圖》，十爲《書》，托言出於希夷，與諸儒舊説不合，而不知希夷《龍圖序》固自以十數爲《河圖》也。《宋・藝文志》亦載。今觀劉牧云《河圖》、《洛書》皆出於羲皇之世，《龍圖》其位有九，四象、八卦皆所包緼，縱横合天地自然之數，《洛書》則唯列五行生成之數而已。伏羲但則《圖》畫卦以垂教，而《洛書》五行之數未顯，故禹更陳五行而顯九類也。又曰洛書之出已久，累聖但相師其數，未著於典墳，至大禹方敘而演之。劉牧易置《圖》、《書》，大意不過如此。且牧以爲《圖》、《書》皆出於伏羲之世，固自不妨，但既謂出伏羲之世，則當皆説歸伏羲取之以作《易》可也。今云伏羲獨則九數之《圖》以作《易》，而十數之《書》於《易》无預，却數千年後待大禹取之以作《範》。若使誠如牧説，則大禹敘疇乃捨自然九宮之數而不則，却去則十數之《書》，不知將九疇與十數如何配合？牧亦可謂臆度无理之妄談矣。先儒辨之已詳，在所不足惑可也。牧，字長民，三衢人。牧所注《易》見前「傳注」下。今愚所引牧説，見牧《鈎隱圖》。

平菴項氏亦曰：「姚小彭氏云：『今所傳戴九履一之圖，乃《易乾鑿度》九宮之法。詳見《外篇・緯書》。自有《易》以來，説《易》師未有以此爲《河圖》者。至劉牧方以此爲《河圖》，而又以十數之圖爲《洛書》，其言不足據也。』」

劉牧指參伍以變爲四十五數之疑

《河圖》之數自一至十，《洛書》之數自一至九，漢儒以來相傳如此。朱子本之，所以知十爲《圖》，九爲《書》者，蓋《大傳》「天一地二」章正論自一至十之數，極爲詳備。誠以《易》之作由於是，故詳言之。而言河出《圖》、洛出《書》，必先《圖》而後《書》者，亦可以知「天一地二」章當以爲《河圖》也。至於自一至九之數，則《易》未嘗明言。劉牧欲易置《圖》、《書》，始指「參伍以變」爲論。自一至九之數直指以爲《河圖》，而以十數者爲《洛書》，則恐其未然。何則？不應聖人言五十五數如此其詳，而論四十五數如此其略。又不言三五，以「參伍」兩字該四十五數，殆類世間隱語者，較之「天一地二」章，何若是之不侔也！所以知其不可以此當之。又況造化顯自然之數，當先其多而後其少，先其全而後其略。多而全者，體數也，體數不可有一之或缺；少而略者，用數也，縱缺而无害。譬則四肢百骸，一不具不成全體。至於用，則或用手而不用足，或用目而不用耳，亦可見矣。百數之内，以五十五爲天地體數，即自一至十數。以四十五爲天地用數，用數自一至九，陽數圓而常動也。虚十不用，陰數方而常静也。必體立而後用行，十《圖》、九《書》義亦昭矣。今讀《易》者以爲聖人皆本《圖》、《書》以作《易》，自不妨。蓋先、後天卦與《圖》、《書》合，而十爲《圖》、九爲《書》，正不必易置也。

歐公圖書怪妄之疑

歐公不信《圖》、《書》，以爲怪妄。又因《圖》、《書》之疑，并與《繫辭》不信，以爲非夫子作。愚嘗觀温公《通鑑》，魏明帝青龍間，「張掖柳谷口水涌，寶石負圖，狀象靈龜，立于川西，有石馬、鳳凰、麒麟、白虎、犧牛、璜玦、八卦、列宿、孛彗之象」。唐氏曰：「《河圖》、《洛書》之説，歐陽永叔攻之甚力。今觀此圖，與《河圖》、《洛書》亦何以異？惜時无伏羲神禹，故莫能通其義，可勝歎哉！」愚亦恨不使歐公見之，以袪其惑也。若夫《繫辭》，乃象數之總括，義理之淵藪，《易》无《繫辭》，猶天无日月，人无眼目矣，其可哉！是何歐公无見於此也！

文王重卦之疑

《下繫傳》首言「八卦成列，因而重之」，又曰「古者包羲氏之王天下也，於是始作八卦，繼之以作結繩而爲罔罟，以佃以漁，蓋取諸離」，與下文神農、黄帝、堯、舜取諸益至夬十三卦，已是六畫之卦。其爲包羲自作而自重之，自取之可見。《周禮》「三《易》並掌於太卜之官，經卦皆八，别皆六十有四」，亦昭昭矣。王輔嗣、虞仲翔以爲伏羲重，信然。鄭康成之徒以爲神農重，孫盛以爲夏禹重，司馬遷、揚雄又以爲文王重，是何其无見於《繫辭》所云也！漢上謂先儒論重卦者六家，王、虞、鄭、孫、司馬、楊也。孔穎達曰：「《説卦》云『昔者聖人之作《易》也，幽贊於神明而生蓍』，謂伏羲矣。故《乾鑿度》云『垂皇策者羲』，《上繫》論『四營而成易，十八變而成卦』，明用蓍在六爻之後，非三畫之時。伏羲用蓍，則是時伏羲已重卦矣。」陸德明、陸希聲皆以弼論爲是。楊繪曰：「《虞書》『龜筮協從』，則『筮』云者非八卦之可爲也，必六十四之然後爲筮矣。舜禹之際曰『筮從』，則何文王重卦之有？」房審權曰：「舜史《洪範》已有『龜筮從』之文。若三代別書，方可言文王重卦。今世儒不言神農、夏禹，多從輔嗣之説而言文王者，尚或有之，觀此諸説，可以釋然矣。」

文王作爻辭之疑

馮厚齋解《明夷》六五爻「箕子之明夷」云：「『箕』字，蜀本作『其』字。此繼統而當明傷之時之象。其指大君當明傷之時而傳之子，則其子亦爲明夷矣。」又謂文王作爻辭，移置君象於上六，以「初登于天，後入于地」，況明夷之主六五，在下而承之，明夷之主之子之象也。子繼明夷之治，利在於貞，明不可以復夷也。後世以「其」爲「箕」，遂傅會於文王與紂事，甚至以爻辭爲周公作而非文王。蓋箕子之囚放在文王羑里之後，方演《易》時，箕子之明未夷也。李子思名舜臣，號隆山。深然其說，謂班、馬固、遷。只言文王演卦，又曰：「『人更三聖，世歷三古』，止言包羲、文王、孔子，未嘗及周公也。馬季長以下馬融、陸績、王肅、姚信等。始有周公作爻辭之說，絕不經見。孔穎達始引韓宣子見《易象》與《魯春秋》，而知周公之德與周之所以王，爲周公爻辭之證審爾。謂周公作爻辭，可也，況《春秋》又將屬之周公乎？此論確矣。」愚謂：以爻辭爲文王作，固自有據。況夫子唯曰「易之興也，當文王與紂之事」，是故其辭危」，言辭只說文王，未嘗及周公，則所謂「辭」者，安知非卦爻之辭耶？愚固已疑之矣。然考箕子囚奴，誠在文王羑里之後，文王決无預言之理。而《隨》之「王用亨于西山」，《升》之「王用亨于岐山」，又誠類太王、文王之事，夏、商之王未有亨于岐山者。朱子解作卜祭山川之義，諸侯祭境內山川，亦正二王爲侯時事也。以此觀之，則爻辭未必果文王所作，故謂之作於周公。韓宣子見《易象》之言，誠可證也。李子思辨《魯春秋》之說，蓋自不曉其義。宣子本意，自說見《易象》則知周公之德，見《魯春秋》則知周之所以王也。周之王猶能爲春秋之時之主，義甚昭然。若厚齋因蜀本「其」字之誤，盡疑天下之本，反改而從之，尤有所未可。前漢趙賓正，蜀人，解《明夷》六五「箕子」爲「荄茲」，則蜀本「箕」字初未嘗作「其」字。況厚齋謂父當暗世而傳子，故其子亦爲明夷。歷考前古，惟堯、舜老而舜、禹攝，此乃明德相繼，夏、商之王，未見父在而子立者。惟桀、紂可當明夷之主，其肯遽傳之子乎？此馮氏見後世北齊末主、前宋徽欽而有是説，既謂文王作爻辭，乃取此義乎。爻辭稱帝乙、箕子，自是一例。況《明夷》「箕子」之稱，又自有夫子《彖傳》爲之證據。《彖傳》「利艱貞，箕子以之」之辭，與爻辭「箕子之明夷，利貞」之辭正相應，烏可傳會蜀本一字之誤，以證爻辭爲非周公作哉！愚故不能无辨，❶以袪讀者之惑云。

李子思曰：「《隨》上六『王用亨于西山』，其事頗類太王、文王。或者遂以爻辭爲非文王語。然而《易》中『王用』之辭非一，如『王用三驅』、『王用出征』、『王用亨于帝，吉』，皆泛言，未嘗指名其人，況稱王而不稱號耶？」愚謂：《易》言「王用」凡五，如《離》之「王用出征」、《益》之「王用享於帝，吉」，无事可指，猶可謂之泛言。如《比》之「王用三驅」，安知其非指商湯祝罔之事？然猶曰不言其地，未可必也。至于《隨》之「王用亨于西山」、《升》之「王用亨于岐山」，岐山即西山也，「岐」、「西」固皆因兑體取象，而「王用」之辭決非泛言。太王之前，未見有亨於岐山者，邑于岐山之下居焉。自太王始就岐山稱王，非太王而誰？皆有證據，非臆度想象之言，只此便可見爻辭之非文王作明矣。又何必指爲泛言而遷就傳會之乎？

❶「无」，元刻本作「忘」。

馮厚齋又曰：「今觀太王遷岐之詩，❶披荆棘，通道路，切意太王未卜宅之先，必有負固不庭之國王者，乃用此巽順之道以通之，故著此象，所謂『知以藏往』也。若曰文王自稱太王之德，則羑里之時文王一諸侯耳，未稱王也，追王太王在武王有天下之後，其曰文王自稱與爻辭爲非文王作，則又失之甚矣。」愚謂厚齋「切意」以下云云，可謂中心疑者，其辭枝矣。岐山之王自有實事，不據，乃爲此枝辭，毋亦只欲傅會爻辭爲文王作，而不知其不可也。若從先儒，以爻辭歸之周公，自无羑里時未王以下之窒礙矣。以爻辭爲非文王作，初亦何失之有？

文王作文言之疑

梁武帝云：「《文言》是文王所作，載於陸氏《釋文》。」陳氏友文。曰：「其意謂《文言》者文王之言也，獨不見《文言》之辭，一則稱『子曰』，二則稱『子曰』，則『子』非孔子而何？」

文王始稱易名之疑

馮厚齋曰：「皇甫氏曰：『文王在羑里演六十四卦，著七、八、九、六之爻，謂之《周易》。』鄭少梅曰：『自包羲以至夏、商，八卦雖重而未知所謂七、八、九、六之常變也。《連山》始艮，《歸藏》始坤，夏、商用之，皆以不變爲占，故其數止於六十四而已。文王因羑里之囚，用以卜筮，遂竄易繇辭，更改術數，立大衍之説，開萬有一千五百二十之策，使一卦可以衍六十四卦焉，故名曰「易」。易者，變也。』《周易》之義，惟二氏得之，其曰衍

❶「太」，原作「文」，今據薈要本及文淵閣四庫全書本《厚齋易學》改。

六十四卦，著七、八、九、六之爻，竄易繇辭，立大衍之説，誠爲確論。」又曰：「意夏、商卦下，亦各有辭，故周人並存以爲占。文王贊述包羲之卦，衍著之數，推九、六之變以生爻，故卦爻各繫以辭，定名曰「易」。自孔子贊文王《易》，而夏、商之書廢矣。然則名書以「易」自文王始，文王以前，曰卦而已。孔子言包羲始作八卦，不言「易」也。《周官》『三《易》』，其亦因文王之《易》而併稱之乎？此猶夏、商稱帝而因周文、武併稱三王也。」愚謂《易》名始自文王之説，愚既略辨於前矣，今又得一證。《下繫》十三卦自「黄帝、堯、舜氏作」之下，已有「易窮則變」之文，況《説卦》論伏羲因著求卦之法，繼又推原伏羲六畫成卦、六位成章之由，兩以作《易》聖人言之。至論文王與紂之事，直不過曰「《易》之興」而已，曰「作」曰「興」，皆定名曰「易」。謂伏羲以來不名之曰「易」可乎？蓋有不待文王演六十四卦，著七、八、九、六之變，而後謂之「易」也。鄭氏謂夏、商以不變爲占，容或有之。證以《洪範》占用二，曰「貞」曰「悔」，或只用本卦内、外卦爲占，亦未可知。然自舜官占已曰「卜筮協從」，箕子又曰「立卜筮人才」，曰「筮」則必有著而後可筮，不筮亦何以得不變之卦而占之乎？是又不待文王在羑里始立大衍，用之以卜筮也。二氏既皆有聲於《易》，馮氏又取之，恐《易》足以惑人，故不可无辨。若夫夏、商稱帝，因文、武併稱三王，蓋亦未之前聞也。

既濟東西鄰爲紂與文王事之疑

孔穎達曰：「又《既濟》九五『東鄰殺牛，不如西鄰之禴祭』，説者皆云西鄰謂文王，東鄰謂紂。文王之時，紂尚南面，豈容自言己德受福勝殷？又欲抗君之國，遂言東西相鄰而已？」

愚案：孔氏引此以辨爻辭非文王作。若是文王作，必不自誇，以見其作於周公也。愚則謂此爻本不指紂與文王事，非惟文王作時无此意，周公亦无此意。周家既伐而取其國，又何必爲是矜誇之辭載於經乎？即卦言之，自有此象因著其義爾。先天八卦離正東，坎正西，此東西鄰之義也。離爲牛，爲戈兵，坎性就下，又有幽陰之義，祭祀之象，此殺牛禴祭之象也。卦爻多發後天八卦方位，惟此一爻發先天八卦方位甚明。毋亦周公因離下坎上之卦有自東徂西之象，特著先天之例，豈得是紂與文王事乎？先儒求之之過，《本義》因仍未革，亦有俟於後之人也，請得而申之。

周公作彖象爻辭文言之疑

陳友文《易傳精義》曰：「十翼，先儒皆謂夫子作，獨范諤昌、王昭素乃謂《彖》、《象》、爻辭、小《象》、《文言》並周公作，不知何證。」愚謂：援引不明而輒易其言者，同於誕妄，不足爲惑可也。故特著之，以祛其惑。

淇水不信序卦之疑

淇水文：「十翼皆孔子之言乎？不得而知也，然有疑焉。《序卦》者，韓康伯雖已明非《易》之藴，而未明所以然也。《易》卦之序，二二相從，今《序卦》之文蓋不協矣，有義之苟合者，有義之不合而强通者，是豈聖人之言耶？」李清臣，字邦直，號淇水。愚謂聖人讀《易》，超然意與《易》會而爲之辭，豈常人尋行數墨者可並論？以此疑之，非矣。韓康伯謂非《易》之藴，先儒極議其失，見中篇「傳注」下。談何容易而犯不韙耶？

易非全書之疑

歐公《易序》云：「讀經解，有『差若毫釐，繆以千里』之説。秦焚書時，《易》以卜筮全。然經解所引，於今《易》无之，是未得爲全書也。」案：沙隨程氏《古易章句外編》云：「漢儒引《易》曰『君子正其始，萬事理，差之毫釐，繆以千里』，此緯書《通卦驗》之文也，亦猶先儒引《左氏傳》爲《春秋》也。近世儒者舉此十六字附于《坤・文言》之中，曹建大謂不然，而黄魯直引爲《大傳》，不知何所本也。」愚讀沙隨《外編》，始知《易》爲全書，而近世儒者可謂附贅縣疣者矣。

周易啓蒙翼傳下篇

周易啓蒙翼傳外篇

新安前鄉貢進士胡一桂集

所謂外篇者，凡非《周易》傳注而自爲一書皆入於此，以緯書爲首，如《焦氏易林》、《京氏易傳》、《郭氏洞林》，猶皆是《易》卜筮事，然占法、序卦已非先聖之舊。衛氏《元包》用京卦序，而卦辭皆自爲。魏氏《參同》發明二用六虚，極爲的當，但借坎、離爲修養之術。至於揚雄《太玄》、馬公《潛虚》、關氏《洞極》，則《易》之支流餘裔，可謂外之又外者矣。若夫邵子《皇極經世書》直上接伏羲先天《易》，專用其卦，不用其蓍，立爲推步筭法，大而天地之運化，微而萬物之生殖，遠而上下古今之世變，皆妙探於卦爻中，前知无窮，却知无極，巍乎高哉，何揚《玄》、馬《虚》、關《洞》之所可仰望者乎！特其作用不同於文王、周、孔，列諸外篇。然而推明伏羲先天生卦之法與文王後天八卦，及卦正反發明三十六宫之義，使吾夫子《繫辭》極、儀、象、卦章與《説卦》先、後天數章各有歸著，三四聖人之《易》至是如日月行天，星陳極拱，功在萬世，則自元聖以來一人而已。朱夫子已表章於《本義》、《啓蒙》之書，愚小子尚何容喙。他如蔡氏《皇極内篇》演《洛書》之數，《易》、《範》並立天地間，置諸外篇也亦宜。述衆作，訂後先，作《外篇題辭》。先後只作世次，如後。

緯　書

《周易緯》九卷

馮厚齋曰：「《崇文總目》，《周易緯》九卷，漢鄭康成注，《隋志》有宋衷注，唐四庫書目有宋均注。又《中興館閣》書《易緯》，又有李淳風續注。其一推天元甲子之術，其二推易天地人之元術也。」友人程舜俞謂唐章懷太子《後漢注》稱《易緯》有六篇，一《稽覽圖》，二《乾鑿度》，三《坤靈圖》，四《通卦驗》，五《類是謀》，六《辨終備》。《崇文總目》，《易緯》九卷外，又別出《乾鑿度》二卷。

《乾鑿度》上下二卷

題包羲氏先文，公孫軒轅氏演古籀文，蒼頡修爲上、下二篇，首稱「黃帝曰」。紹興《續書目》：「倉頡注《鑿度》二卷。」

《乾鑿度》上文

古文八卦：☰古文天字，☷古文地字，☴古文風字，☷古文山字，☵古文水字，☲古文火字，☳古文雷字，☱古文澤字。〇大象八：乾天，坤地，離日，坎月，巽風，震雷，艮山，兑澤。〇四門：乾天門，坤人門，巽風門，亦爲地户。艮鬼門。〇四正：月坎水魄，日離火宮，雷木震，日月出入門，澤金水兑，日月往來門。〇索象畫卦：配身一，取象二，裁形三，取物四，法天地宜五，分上下屬六。〇象成數，生天數、地數、卦數、爻數，衍天地和合數，乾策、坤策八策，日力、月力八象，大盡數生天數，天地合策數蓍。

《坤鑿度》下文

坤元十性。坤有八色。坤屬。坤性體。坤有變化。坤有四象。坤有四道。象卦法物。

程舜俞曰：乾、坤二《鑿度》序稱包羲氏作注，稱其書謂序乾、坤之元體，與《易》大行者也。考其間有所謂太一、九宮、卦宮、卦氣、月卦、爻位之法，與夫軌筕占筭之術，律曆相生之數，古今術家多用之。又似陰陽卜筮者流托爲包羲氏書，以自神其説也。

《乾鑿度》曰：「太一取其數以行九宮。」

案：後漢張衡疏云：「臣聞聖人明審律曆以定吉凶，重之以卜筮，雜之以九宮。」《漢書注》云：「《易乾鑿度》曰：『太一取其數以行九宮。』鄭玄注：『太一，北辰名。❶下行八卦之宮，每四乃還中央。中央者，北辰所居，故謂之九宮。天數大分，❷以陽出，以陰入。陽起子，陰起午，是以太一下九宮，從坎宮始，自此從坤宮，又自此從震宮，又自此從巽宮，所從半矣，還息中央之宮。既又自此從乾宮，又自此從兌宮，又自此從艮宮，又自此從離宮，行則周矣，上遊息於太一之星，反子宮。行起始坎，終離。』」故姚小彭云：「今所傳戴九履一之圖，乃《易乾鑿度》九宮法也。」

《易通卦驗》上下二卷

馮厚齋曰：「上卷題七經第一，河洛第九，首稱孔子曰。下卷論卦氣方位，雖略本

❶「辰」，原作「宸」，今據元刻本、慶餘堂本改。
❷「大」，原作「太」，今據元刻本、慶餘堂本改。

《説卦》，至論氣候、病證、脉理，與《素問》黄帝、岐伯問對相類。此其爲假托，不必辨也。」

《通卦驗》曰：「故正其本而萬物理，失之毫釐，差以千里。」

馮厚齋曰：「案：館閣本《通卦驗》有曰云云。漢儒引『君子正其始，萬事理，差之毫釐，繆以千里』，程可久曰：『此緯書《通卦驗》之文也，與館閣本其文特小異爾。』」又曰：「緯出漢哀、平世，載占驗烖祥、陰陽符讖。光武以讖立，故篤信之。鄭康成、何休引以解經，桓譚、張衡之徒深疾之。《易正義》引《易緯乾鑿度》等書。黄魯直云：❶『其中多有不可曉者，獨九宮之法頗明。』《崇文總目》云：『皆述陰陽日辰數識。』今考三書凡十一卷，蓋无足深據云。」

程舜俞曰：「宋大明中，始禁圖讖，梁天監以後，又重其制。隋煬帝發使收天下讖緯書悉焚之，故遂散亂，无復全書。今行于世，惟乾、坤二鑿度。」愚嘗於《正義》見所引緯，如《乾鑿度》云「垂皇策者羲，卦道演德者文，成命者孔」，如《通卦驗》云「昌牙通靈，昌之成，孔演命，明道經」等語，皆一樣文法，造句大奇，非有古人渾厚體。況既自伏羲説至孔子，安得又是孔子以前作？今曰出哀、平之世，安知非出當時儒者之手乎？第漢去古未遠，雖秦燼之餘，猶或尚有祖述，如羲之用蓍、九宮之於《洛書》，皆有裨於《易》教。其尚存而未泯，如《鑿度》乃未及見焉，可吁也矣。今姑拾遺紀一書之概云爾。

❶「黄」，原作「責」，今據元刻本、慶餘堂本改。

焦氏易林

案：《易林》一十六卷，西漢建信天水外黄令焦延壽之所譔也。延壽卦變法以一卦變爲六十四卦，六十四卦通變四千九十六卦，而卦變之次本之文王《序卦》首乾、坤而終既、未濟。且如以乾爲本卦，其變首坤，次屯、蒙，以至未濟。又如以坤爲本卦，其變首乾，次屯、蒙，以至未濟。又如以末一卦未濟爲本卦，其變亦首乾，次屯、蒙，以至既濟。每一卦變六十三卦，通本卦成六十四卦。且每一卦變成詩六十四首，六十四卦變共四千九十六首，以代占辭，而文王、周、孔辭並不復用。亡友王浩翁，字浩古，得其書於遠方而手抄之，且爲之跋，略曰：「紫陽夫子以爻變多寡順而列之，以定一卦所變之序。又以乾卦所變之次引而伸之，爲六十四卦所變相承之序。然後次第秩然，各得其所，雖出於焦，而比焦尤密。」誠哉是言！今愚録其詩數篇于左，并述其變卦之例，以見一書之大概云。

乾卦變例姑載數詩于左。

乾：道陟多阪，胡言嗹謇。王浩古云：《酉陽雜組》引此作「迷謇」。譯瘖且聾，莫使道通。請謁不行，求事无功。愚謂：此乾爲本卦不變，而爲變卦之首也。

坤：招禍來螫，害其邦國。病在手足，不得安息。愚謂：乾六爻盡變坤。

屯：陽孤亢極，多所恨惑。車傾蓋亡，身常憂惶。乃得其願，雌雄相從。愚謂：此乾二、三、四、上變成屯，是爲乾四爻變也。

蒙：鵠鶵鳲鳩，專一无尤。君子是則，長受嘉福。愚謂：此乾初、三、四、五爻變成蒙，亦爲乾四爻變也。

需：目瞤足動，喜如其願。舉家蒙寵。缺第四句。愚謂：此乾四、上變成需，是爲一卦二爻變也。姑録此五詩，而四千九十六首大體可見矣。

論分卦直日法

費直作《易林序》引孟康曰：「分卦直日之法，一爻主一日，六十卦爲三百六十日。餘四卦震、離、坎、兑爲方伯監司之官，所以用震、離、坎、兑者，是二至二分用事之日，又是四時各專主之氣。各卦主時，其占法各以其日觀其善惡也。」又案：項平菴曰：「焦氏卦法，自乾至未濟，並依《易》書本序，以一卦直一日。乾直甲子，坤直乙丑，至未濟直癸亥，乃盡六十日。而四正卦則直二分二至之日，坎直冬至，離夏至，震春分，兑秋分，不在六十卦輪值之數。此即京房六十卦氣之法。但京主六日七分，此但主一日；京用《太玄》之序，此用《周易》之序耳。」其論一卦直一日，與費氏一爻直一日之説不同，姑記以俟參考。

論《易林》

沙隨程氏《易解外編》曰：「紹興三十一年，沈丞相判明州，時完顔亮入寇，❶有窺海道者。沈以《易林》筮之，遇比之隨，曰：『過時不歸，若悲雄雌，裴徊外國，與叔分離。』亮前來洛中，留今金主守國。及亮馬飲江，爲下所殺，而今金主代之。所謂『與叔分離』者乎？又有以筮之者，遇解之大壯，云：『驕

❶「完顔」，原作「顔元」，今據薈要本改。

胡大形，造惡作凶，无所能成，還自滅身。』其占驗如此。然其書於乾之姤曰：『仁政不暴，鳳凰來舍，四時順序，民安其處。』曾不與『潛龍』之辭合。乾之同人曰：『子號索哺，母行求食，返見空巢，訾我長息。』亦不與『見龍』之辭合。其泰之豫曰：『東鄰好女，爲王妃后，莊公築館，以尊主母。歸於京師，季姜説喜。』用事誤，莊公築館豈后妃事耶？其文不逮《太玄》遠甚。」

愚案：朱子《啓蒙》六十四卦變例只三十二圖，每一圖反覆成兩圖，共成六十四圖。如以乾爲主，一爻變六卦，二爻變十五卦，三爻變二十卦，四爻變十五卦，五爻變六卦，六爻變只一坤卦。自坤反觀又成一圖，其法條理精密，且乾、坤、震、巽、坎、離、艮、兑各各相對不亂，其占一以卦爻辭爲據。今焦氏詩既不本之卦爻辭，又不取之卦爻象，雖其變卦次第本文王《序卦》，而義則无取。如沈丞相占略與詩應，亦其偶然，不過如籤辭之適中爾，非真卦象然也。特其以一卦變六十四卦引而爲四千九十六卦，則自我作古，深有可取焉也。費直稱其致《易》未見，誠爲過論。而卦氣直日之法，先儒皆不能无議云。

京氏易傳

案：《京氏易傳》，西漢東郡頓丘人魏郡太守京房之所譔也。京氏《易》以八宮卦爲序，分上、中、下三卷。上卷首乾宮八卦，乾、姤、遯、否、觀、剥、晉、大有。次震宮八卦，震、豫、解、恒、升、井、大過、隨。次坎宮八卦，坎、節、屯、既濟、革、豐、明夷、師。次艮宮八卦。艮、賁、大畜、損、睽、履、中孚、漸。中卷首坤宮八卦，坤、復、臨、泰、大壯、夬、需、比。❶次巽宮八卦，巽、小畜、家人、益、无妄、噬嗑、頤、蠱。次離宮八卦，離、旅、鼎、未濟、蒙、渙、訟、同人。次兑宮八卦。兑、困、萃、咸、蹇、謙、小過、歸妹。蓋專主八純卦變六十四卦也。下卷雜論卜筮一篇，首論聖人作《易》，揲蓍布卦，次及納甲法，次二十四氣候配卦，與夫天、地、人、鬼四《易》，一、二世地《易》，三、四世人《易》，五世八純天《易》，遊魂歸魂鬼《易》。父母、兄弟、妻子、官鬼等爻，龍德、十一月子在坎，卦左行。虎刑、五月午在離，卦右行。天官、甲、乙、庚、辛之類。地官甲、乙、申、酉之類。與五行生死所寓之類。寅中有生火，丑中有死金之類。此晁氏《讀書記》所謂星行氣候之學，非章句也。又一本題曰《京氏易傳》，其間論積筭法，亦无起例可推。及卜筮新條例，占求官、家、宅之類。及列六十四卦定三百八十四爻，斷法與前下卷同，而尤詳備者。但如《漢志》所載京房《易傳》語，集中咸无此，豈其所謂章句者歟？惜乎未之見也，今姑載前書上中二卷首卦，以見一書之大略云。《易傳》三卷，陸績注。

䷀純陽用事。象配天，屬金。與坤飛伏，宗廟居世。壬戌土，癸酉金。《易》云：「用九，見群龍无首，吉。」九三三公爲應。有乾乾、夕惕之憂，甲壬配内、外二象。積算起巳火至戌辰土，周而復始。吉凶之兆，積年起月，積日起時，積時起卦，入本宮。五星從位起太白，太白金星入西方，麗西北，居壬甲，❷爲伏位。參宿從位入壬戌。壬戌在世居宗廟。建子起潛龍，十一月冬至一陽生。建巳至極主元位。四月龍見于辰，陽極

❶「需」，原作「師」，今據慶餘堂本、明天一閣刊《京氏易傳》卷中改。

❷「甲」，元刻本、慶餘堂本作「申」。《京氏易傳》作「戌」，當是。

陰生，吉去凶來，用九吉。配於人事爲首，爲君父，於類爲馬，爲龍。降五行，頒六位，十二辰入六位。居西北之分野，陰陽相戰之地。《易》云「戰乎乾」，乾陽，西北陰，陽入陰，二氣盛，必戰。天六，地六，氣六，象六，包四象，分萬物。陰陽无差，升降有等，陰陽二十四候，律吕調矣。人事吉凶見乎有象，造化分乎有无，六位純陽，陰象在中。陽爲君，陰爲臣；陽爲民，陰爲事。陽實陰虛，明暗之象，陰陽可知。水配位爲福德，甲子水，是乾之子孫。木入金鄉居寶貝，甲寅木，乾之財。土臨内象爲父母，甲辰土，乾父母。火來四上嫌相敵，壬午火，乾官鬼。金入金鄉木漸微，壬申金，同位傷木。宗廟上乾本位，戌亥，乾位。陽極陰生，降之姤卦。❶ 八卦例諸。

☷純陰用事。象配地，屬土，柔道光也。陰氣凝盛，與乾相納，臣奉君也。《易》云「黄裳元吉」。六二内卦陰處中，臣道正也。與乾爲飛伏。癸酉金，壬戌土。宗廟居世，三公爲應。未免龍戰之災，无成有終。初六起履霜，至于堅冰，陰雖柔順，氣亦堅剛。建始壬午至丁亥。夏至，立冬。積筭起丁亥至丙戌，周而復始。五星從位起鎮星，西南方之卦。翼宿從位降癸酉金。分氣候二十五。陰中有陽，氣積萬象，故曰陰中陽，陽中陰。陰陽二氣，天地交接，人事吉凶，見乎有象。六位適變，八卦分焉。陰雖虛，納于陽位稱實。六五、六三之類。升降反覆，不能久處，千變萬化，故稱乎易。易者變也，陰極則陽來，陰消陽長，衰則退，盛則戰。《易》云：「上六，龍戰于野，其血玄黄。」陽盪陰，坤内卦初六適變，入陽曰震。陰盛陽微，漸來之義，故稱復。

❶「之」，元刻本、慶餘堂本作「入」。

集《京氏易傳》❶姑集所知，以見《傳》之大概。

傳曰：經稱「觀其生」，《觀》卦上九爻辭也，言大臣之義，當觀賢人，知其性行，推而貢之。否則，爲聞善不與，茲謂不知，厥異黄，厥咎聾，厥灾不嗣。《西漢·天文志》。

傳曰：「小人剥廬」，《剥》上九爻辭也。厥妖山崩，茲謂陰乘陽，弱勝彊。同上。

傳曰：棄正作淫，厥妖，木斷自屬。《漢·五行志》：「建昭五，兖州刺史禁民私所自立社。山陽槖茅鄉社有大槐樹，吏伐斷之，其夜樹復立其故處。」故引。注：上陽郡槖縣。

傳曰：興兵妄誅，茲謂无法，厥灾霜，夏殺五穀。同上。武帝元光四年四月，隕霜殺草木。故引。

傳曰：聖王在上，總命群賢，以亮天功，則日之光明五色備具。成帝河平元年三月，日出黄有黑氣，大如錢，居日中央云云。觀日之變足以監矣。同上。

傳曰：有消復之救，所以緣咎而致愛，因異而邁政。《晉書》：郭璞因陰陽錯謬，刑獄繁興，上疏中引此以進諫。

傳曰：河水清，天下平。不記何書。

納　甲　法

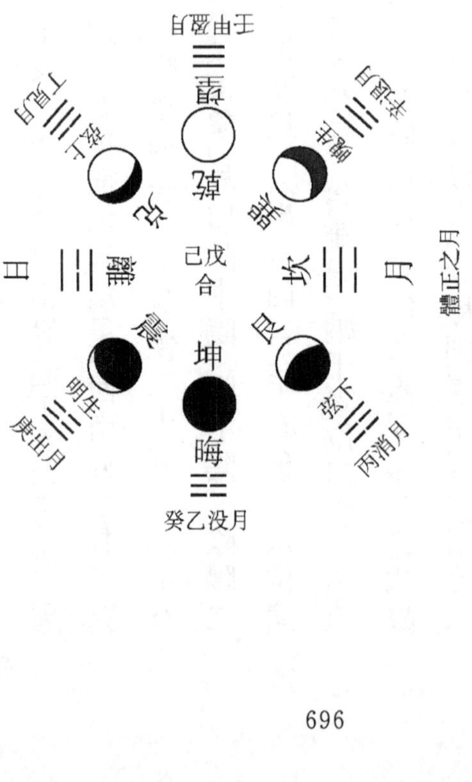

❶「傳」，原無，今據元刻本、慶餘堂本補。

沈存中謂納甲不知起何時，愚謂納甲本自以月之晦朔弦望、昏旦生消而定。而《京氏易傳》以十甲配上八卦與之脗合。雖不知所起先後，亦可附論于此云。

漢上朱氏曰：「《繫辭傳》：『懸象著明莫大乎日月。』虞翻曰：『謂日月懸天，成八卦象。三日暮震象，月出庚。朱子曰：「三日，第一節之中，月生明之時也。蓋始受一陽之光，昏見於西方庚地。」八日兑象，月見丁。朱子曰：「八日，第二節之中，月上弦之時，受二陽之光，昏見於南方丁地。」十五日乾象，月盈甲壬。朱子曰：「十五日，第三節之中，月既望之時，全受日光，昏見於東方甲地。」是爲乾體。十六日旦巽象，月退辛。朱子曰：「十六日，第四節之始，始受下一陰爲巽而成魄，以平旦而没於西方辛地。」❶二十三日艮象，月消丙。朱子曰：「二十三日，第五節之中，復生中一陰爲艮而下弦，以平旦而没於南方丙地。」三十日坤象，月滅乙。朱子曰：「三十日，第六節之終，全變三陽而光盡。體伏於西北。一月六節既盡而禪於後月，復生震卦云。」此朱子所注《參同契》也。真西山載之《讀書記》而釋之曰：震一，兑二，乾三，巽四，艮五，坤六，每五日爲一節。晦夕朔旦則坎象，水流戊；日中則離象，火就己。成戊己土位，象見於中。』」西山曰：「朔旦震始用事，爲日月陰陽交感之初，道家象此以爲修養之法。」

❶「地」，原作「也」，今據元刻本、慶餘堂本改。下「南方丙地」同。

渾天六位圖即前納甲法，而加十二支。

乾	坎	坤	離
⚊ 水戌壬	⚋ 水子戊	⚋ 金酉癸	⚊ 火巳己
⚊ 金申壬	⚊ 土戌戊	⚋ 水亥癸	⚋ 土未己
⚊ 火午壬	⚋ 金申戊	⚋ 土丑癸	⚊ 金酉己
⚊ 土辰甲	⚋ 火午戊	⚋ 木卯乙	⚊ 水亥己
⚊ 木寅甲	⚊ 土辰戊	⚋ 火巳乙	⚋ 土丑己
⚊ 水子甲	⚋ 木寅戊	⚋ 土未乙	⚊ 木卯己

震	艮	巽	兌
⚋ 土戌庚	⚊ 木寅丙	⚊ 木卯辛	⚋ 土未丁
⚋ 金申庚	⚋ 水子丙	⚊ 火巳辛	⚊ 金酉丁
⚊ 火午庚	⚋ 土戌丙	⚋ 土未辛	⚊ 水亥丁
⚋ 土辰庚	⚊ 金申丙	⚊ 金酉辛	⚋ 土丑丁
⚋ 木寅庚	⚋ 火午丙	⚊ 水亥辛	⚊ 木卯丁
⚊ 水子庚	⚋ 土辰丙	⚋ 土丑辛	⚊ 火巳丁

京氏傳曰：❶「降五行，頒六位，即納甲法也。」沈存中曰：「納甲未知起何時，予考之，可以推見天地胎育之理。乾納甲壬，坤納乙癸者，上下包之也。震、巽、坎、離、艮、兑納庚、辛、戊、己、丙、丁者，六子生乾、坤包中，如物之處胎甲者，左三剛爻乾之氣，右三柔爻坤之氣也。乾初爻交坤生震，故震初爻納子午。乾初子午故也。漢上曰：「長子代父也。」中爻交坤生坎，故坎初爻納寅申。震納子午，順傳寅申，陽道順。上爻交坤生艮，故艮初爻納辰戌。亦順傳。坤初爻交乾生巽，故巽初爻納丑未。坤初丑未故也。漢上曰：「長女配長男也。」中爻交乾生離，故離初爻納卯酉。巽納丑未，逆傳卯酉，陰道逆。漢上曰：「中女配中男也。」上爻交乾生兑，故兑初爻納巳亥。亦逆傳。漢上曰：「少女配少男也。女從人，故其位不起於未。」乾、坤始于甲、乙，則長男、長女乃其次，宜納丙、丁；少男、少女居其末，宜納庚、辛。今乃反此者，卦必自下生，先初，次中、末乃至上。此《易》之敘，亦胎育之理也。物處胎甲，莫不倒生，自下而上者卦之敘，而冥合造化胎育之理，至理合乎自然也。」○項平菴曰：「乾初起甲子，則父起黄鍾，天之統也；坤初起乙未，則母起林鍾，地之統也。震初起庚子，則長男從父；巽初起辛丑，則長女次長男也。坎初起戊寅，則中男次長女；離初起己卯，則中女次中男也。艮初起丙辰，則少男次中女；兑初起丁巳，則少女次少男也。大抵陽卦納陽干陽支，陰卦納陰干陰支，陽六干皆進，陰六干皆退，惟乾納二陽、坤納二陰，包括首尾，則天地父母之道也。」

❶「京」，原作「言」，今據元刻本、慶餘堂本改。

筮法變卦説

平菴項氏曰:「以京《易》考之,世所傳《火珠林》者即其法也。以三錢擲之,兩背一面爲拆,即兩少一多,少陰爻也。兩面一背爲單,即兩多一少,少陽爻也。俱面爲交,交者拆之聚,即三多,老陰爻也。俱背爲重,重者單之積,即三少,老陽爻也。蓋以錢代蓍,一錢當一揲,此後人務徑截以趨卜肆之便,而本意尚可考。其所異者,不以交重爲占,自以世爲占,故其占止於六十四爻,而不能盡三百八十四爻之變爾。」

愚案:京氏所定變法,八純卦只各變得五卦。至於遊魂卦已是所變第五卦第四爻所變,歸魂卦又是遊魂卦下體三爻連變所得者,則是六十四卦内八純卦所不能變者。遊、歸凡十六卦,而八遊卦必自各八卦内第六卦第四爻來,八歸卦亦必自八遊卦内卦來,而八宫卦亦不宜交互變矣。至於筮卦,則純卦上爻初未嘗不變他卦,但未能變本宫遊、歸上爻,而純卦自上爻外,他爻亦未嘗不能變本宫遊、歸,而遊、歸二卦亦不必從某卦來也。但得卦後,某卦屬某宫幾世,某卦屬某宫遊、歸,則不可易爾。房雖不能制卦之不變,卦雖能盡變亦不能不受制於房。房雖自是一法,終是吾聖人之法廣大周溥,如天之不可及也。

世應例

平菴項氏曰:「京氏《易》法只用八卦爲本,得本卦者皆以上爲世爻,得歸魂卦者皆以三爲世爻,亦因下體復得本卦而三在本卦爲上也。其餘六卦皆以所變之爻爲世,世之對爲應,凡其所謂變者,非以九、六變也，皆自八純卦積而上之，知其爲某爻之所變耳。如乾本卦上九爲世，九三爲應。乾初變姤爲一世卦，初六爲世，九四爲應。再變遯爲二世卦，六二爲世，九五爲應。三變否爲三世卦，六三爲世，上九爲應。四變夬爲四世卦，六四爲世，初六爲應。五變剥爲五世卦，六五爲世，六二爲應。剥之四復變爲晉，謂之遊魂卦，九四爲世，初六爲應。愚謂：九四乾之本爻，又在上卦，故曰「遊魂」。晉下卦皆變爲大有，坤復歸乾，謂之歸魂卦，九三爲世，上九爲應。愚謂：下體反乾本卦，又在内卦，故曰「歸魂」。餘放此。

起月例

一世卦，陰主五月，一陰在午也；陽主十一月，一陽在子也。二世卦，陰主六月，二陰在未也；陽主十二月，二陽在丑也。三世卦，陰主七月，三陰在申也；陽主正月，三陽在寅也。四世卦，陰主八月，四陰在酉也；陽主二月，四陽在卯也。五世卦，陰主九月，五陰在戌也；陽主三月，五陽在辰也。八純上世，陰主十月，六陰在亥也；陽主四月，六陽在巳也。遊魂四世，所主與四世卦同。歸魂三世，所主與三世同。一世、二世爲地《易》，三世、四世爲人《易》，五世與八純爲天《易》，遊魂、歸魂爲鬼《易》。❶

飛伏例

平菴項氏曰：「京房於世爻用飛伏法，凡卦見者爲飛，不見者爲伏。其在八卦，止以相反者爲伏，乾見伏坤之類，皆以全體相

❶ 下「魂」字，原作「遊」，今據元刻本、薈要本、慶餘堂本改。

反也。至八卦所變世卦則不然。自一世至五世，同以本生純卦爲伏，蓋五卦皆一卦所變；至遊、歸二卦，則又近取所從變之卦爲伏。如乾一世姤，姤下體巽，飛爲巽初辛丑，伏仍用乾初甲子。二世遯，飛遯二丙午，伏仍用乾二甲寅之類。至五世，皆以本卦乾爻爲伏者也。自五世復下爲遊魂卦，剥四變晉，是艮變，其飛爲離四己酉，伏爲艮四丙戌矣。又下爲歸魂卦，晉下三爻變爲大有，自坤變乾，故飛爲乾三甲辰，伏爲坤三乙卯矣。二卦皆近，即所從變之卦，不用本生純卦也。」餘卦放此。

卦氣直日圖

內一運　列四正卦，二十四爻，以司一歲二十四氣也。

中一運　除四正卦外，以六十卦分公、辟、侯、大夫、卿，凡三百六十爻，❶以司一歲三百六十五日四分日之一也。其卦次第與《太玄》卦氣次第同。

外一運　又取中運內十二辟卦凡七十二爻，以司一歲七十二候也。

❶「凡」，原作「九」，今據元刻本改。

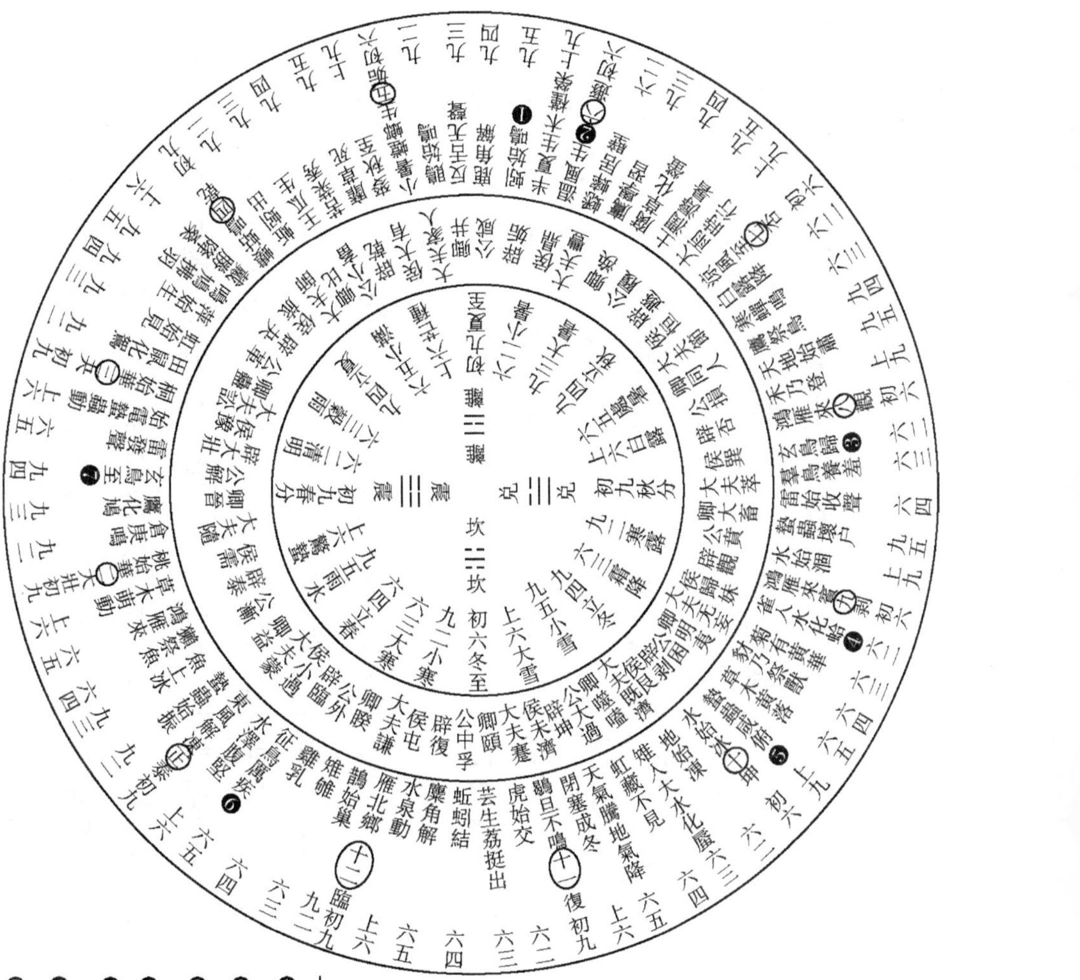

❶「蛪」，元刻本作「蟬」，慶餘堂本作「蜩」。

❷「生」，元刻本、薈要本、慶餘堂本作「至」。

❸「玄」，元刻本作「乙」。

❹「入」下，元刻本、慶餘堂本有「大」字。

❺「咸俯」，元刻本作「在内」。

❻「疾」，元刻本作「天」。

❼「玄」，元刻本作「乙」。

案：漢上朱氏《易圖》曰：「右圖李溉卦氣圖，其說源於《易緯》，在《類是謀》。緯書六篇，其四名《類是謀》。曰：『冬至日在坎，春分日在震，夏至日在離，秋分日在兑。四正之卦，卦有六爻，爻主一氣。餘六十卦，卦主六日七分，八十分日之七。歲十二月，三百六十五日四分日之一，六十而一周。』」孔穎達解「七日來復」云：「《易稽覽圖》卦氣起中孚，❶故離、坎、震、兑各主一方，其餘六十卦，卦有六爻，別主一日，凡主三百六十日。餘有五日四分日之一，每日分爲八十分，五日分爲四百分。日之一又分爲二十分，是四百二十分。六十卦分之六七四十二卦，別各得七分，每卦得六日七分也。」案：《稽覽圖》係緯書内第一篇。又曰：「二十四氣七十二候見於周公《時訓》，呂不韋取以爲《月令》。其書則見於《夏小正》。《夏小正》者，夏后氏之書，孔子得之於杞者也。夏建寅，故其書始於正月。周建子，而授民時、巡狩承享皆用夏正，故其書始於立春。《夏小正》具十二月而无中氣，有候應而无日數。至於《時訓》，乃五日爲候，三候爲氣，六十日爲節。二書詳略雖異，其大要則同，豈《時訓》因《小正》而加詳歟？」又曰：「仲尼贊《易》時已有《時訓》，觀《七月》一篇，則有取於《時訓》可知。」愚謂：《七月》自是周公詩。今云此者，見得周公時尚且有取於《時訓》，則孔子贊《易》時有《時訓》明矣。「《說卦》言坎北方之卦也，震東方之卦也，離南方之卦也，兑正秋也。於三卦言，方則知坎、離、震、兑各主一方矣。於兑言正秋者，秋分也。兑言秋分，則震春分，坎冬至，離夏至，爲四正矣。《復》大《象》曰：『先王以至日閉關。』所謂至日者，冬至也。於復言冬至日，則姤爲夏至，而十二月消息之卦可知矣。《復》彖

❶「起」，原作「〇」，今據元刻本、慶餘堂本改。

曰：『七日來復。』則六十卦分主一歲，卦有六爻，爻主一日可知矣。《繫辭》曰三百八十四爻，當期之日。愚謂：《繫辭》自言乾、坤之策凡三百六十當期之日，非言三百八十四爻也，所引誤矣。蓋六十卦當三百六十日，四卦主十二節、十二中氣，所餘五日則積分成閏也。」又曰：「此即京房卦氣直日之法也。胡旦云：『京房以卦氣言事，皆有效驗。東漢郎顗明六日七分之學，最爲精妙。』」

論卦氣圖之非

朱子曰：「易卦之位，震東、離南、兑西、坎北者爲一説，十二辟卦分屬十二辰者爲一説。又焦延壽爲卦氣直日之法，乃合二説而一之，既以八卦之震、離、兑、坎二十四爻直四時，又以十二辟卦直十二月。且爲分四十八卦爲之公、侯、卿、大夫，而六日七分之説生焉。若以八卦爲主，則十二卦之乾不當爲巳之辟，坤不當爲亥之辟，巽不當侯於申酉，艮不當侯於戌亥。若以十二卦爲主，則八卦之乾不當在西北，坤不當在西南，艮不當在東北，巽不當在東南。彼此二説互爲矛盾。且其分四十八卦爲公、侯、卿、大夫，以附於十二辟卦，初无法象，而直以意言，本已无所据矣。不待論其減去四卦二十四爻而後可以見其失也。」答程大昌泰之。

隆山李氏曰：「乾、坤乃諸卦之祖，亦例篋乎諸卦直日之間，反不得與坎、離、震、兑比，有此理否耶？」《圖象辨疑》曰：「坎、離、震、兑之於乾、坤，一也。坎、離、震、兑主二十四氣，而乾、坤諸卦主六日七分，何耶？」又曰：「朱氏依京房以六十卦主七十二候，而列辟卦十二分綴其下，其圖自多違戾。夫既以六十卦主七十二候、三百六十五度四分度之一，而辟卦乃主十二月三百五十四日，上下不相應，其失一也；六十卦每卦直六日七分，辟卦亦在其中，是亦六日七分矣，而又列之於下，使主一月，上下不相應，其失二也。」

論卦氣直日之非

《圖象辨疑》曰：京房直日之説以坎、離、震、兑各主一方，以六十卦分主一歲，❶凡三百六十五日四分之一。卦得六日七分，其爲筭固周且悉矣。然以坎、離、震、兑之與乾、坤諸卦一也。坎、離、震、兑主二十四氣，而乾、坤諸卦主六日七分，何耶？合六十卦爲日三百六十五四分之一，附之一歲則有餘，而加之閏則不足。若之何其主一歲耶？一歲之中贏縮餘閏初无常時，而卦之所值則有定日，又烏能候寒温耶？且使夫六十四卦所配之日皆惟我之所分，則何獨六日七分而後可？吾將合六十四卦而以一歲三百五十四日均之，則一卦直五日四十二分五釐亦可也。吾將損四正而用六十卦，以當三百五十四日，則卦直五日七十二分亦可也。不然，惟用八卦以當三百五十四日，則卦直四十四日二十分，又誰曰不可？凡去取多寡，惟我之所制，則人皆可爲矣，何取乎經？此房之罪也。是以司馬温公又以爲一卦御六日二百四十分日之二十一。而後之學者又各以己見，裒而爲圖，配之以七十二候、六十律、六十甲子、二十八宿所行之度環其下而分綴之，詳繹其義，與其所隸之卦初无毫釐相屬。此豈六十四卦之於七十二候、六十律、六十甲子、二十八宿曾不具是理哉？去取多寡隨己分綴，必欲某繫之，某則不可也。

❶「主」，原作「上」，今據元刻本改。

此其弊蓋自房始。或曰：房之術以候風雨寒温各有效驗，則何可貶？曰：非也！天下之小術，雖閲擇日時、筭布五行、尋察地脉，以至猥瑣邪僻之書，无不借《易》以爲説。蓋天下之物无有不麗於陰陽者，故淺陋之術皆得假聖人之糟粕以爲精深，所以眩惑斯人而取售於世。房之所以用之之驗者，迺其術也，而非《易》也，而不知房之所託也。烏乎！房之是非亦曉然可見。東都无《易》學，白虎諸儒取其説以著《易緯》，而唐孔穎達疏復之「七日來復」以爲六日七分之數，謬誤相承，以至今也。

專論卦氣起中孚之非

京房、揚雄皆以卦配氣候謂之卦氣，同是卦也，同是氣候也。宜其所配，有不可得而異者。然房以六十卦配之三百六十五日四分之一，而雄則以六十四卦配之。去取之異何也？房以兑應大雪，而雄以坎，房以兑應秋分，而雄以震。節候之異何也？房以坎、離、震、兑各主日九十，而雄於四卦，卦得四日有半；房以六十卦主六日七分，而雄亦以四日有半處之。多寡之異，何也？雄之《太玄》以二贊配一晝一夜，凡一首九贊爲四日有半，有以一首準一卦，則得四日半矣；而又以二首準一卦，則是卦又得九日也。雄之以卦配日又自爲異如此，何也？苟卦爲有用，則陰陽之體有非人所能移者，而增損遷變惟二子之所私，何耶？自達者觀之，其爲謬妄，冰炭不言，冷熱可知也。蓋亦求二子之所同者，惟以卦氣起於中孚則一耳。然卦氣不自他卦始，而獨起於中孚，不知何義。復以一陽初生謂之冬至之候，猶有説也。屯以一陽震動於坎、離之中，謂之冬至之候，猶有説也。至於中孚，以兑、巽爲卦而謂之冬至，則无一説而可。《太玄》以中準中孚，其辭曰：「陽氣潛萌於黄宫，信无不在其中。」蓋謂中孚者，信也。夫以中孚爲信，陽氣必應於此，則是取其義而不取其氣也。不取其氣而取其孚信之義，則謂之起於无妄可也，何必中孚？雄之《太玄》乃亦效之，以首擬卦，豈以首與卦皆主是氣而後擬之也？以中擬中孚，以養擬頤，以彊擬乾，以視擬觀，以止擬艮，以難擬蹇，不過以其字之同義而取之。是知其所謂起中孚者亦取其信也，其於所隸之節氣何所取哉！使雄獨以《太初曆》起於中、起於冬至、起於牛之一度，則猶可也。而反以爲起中孚。嘗見宋咸著論，言卦氣起中孚非聖人之旨，而朱氏難咸曰：「中孚，十一月之卦也。以歲言之，陽起於冬至；以曆言之，日始於牽牛；以日言之，晝始於夜半；以人言之，慮始於心思。咸謂何不起於他卦，真不知者也。」切謂朱氏言人之慮始於心思，故起於中孚，使中孚取心思之義，則起於咸可也，何必起於中孚而後可？朱氏又言歲始於冬至，曆始於牽牛，日始於夜半，故必始於十一月。夫律曆始於十一月是矣，而以中孚爲十一月卦爲何義？不此之解，而欲以折咸，殆不可也。使咸之説得行，房與雄之言皆可寢矣。

太玄經❶

《太玄經》者，新莽大夫揚雄之所作，以擬《易》者也。其畫四，以方、州、部、家爲次。自上而下，最上一畫爲方，一長畫爲一方，二短

❶「經」下，原衍「云」字，今據慶餘堂本删。

畫爲二方，三短畫爲三方。州、部、家皆然。第二畫爲州，第三畫爲部，最下第四畫爲家。每四畫爲一首。一元生三方，三方生九州，九州生二十七部，二十七部生八十一家，而成八十一首。首各有名，以擬《易》六十四卦。每首雖四畫，而贊則有九，以初一、次二、次三、次四、次五、次六、次七、次八、上九爲次，而分水、火、木、金、土。一六水，二七火，三八木，四九金，五土。每首九贊，八十一首共七百二十九贊。末一首上九後獨增踦、嬴二贊，以擬《易》之三百八十四爻。策數直日，詳具于後。首之下各有辭，宋政和七年，許良肱上《太玄》，每首之下又增《首測》一卷，以擬大《象》。今分附逐首之下。贊亦各有辭。贊下又各有《測》辭，以擬爻之小《象》。又有《元文》以擬《文言》，有《元欐》、力支反，分也，張也，與「離」字同韻。《元瑩》、《元棿》、魚稽切，與「輗」同，車木也。《元圖》、《元告》以擬《繫辭》，有《元數》、《元衝》、《元錯》以擬《説》、《序》、《雜》。八十一首分天、地、人三元，七百二十九贊，又加踦、嬴，分晝夜日星節候，以直一歲三百六十五日二百三十五分，以擬卦氣。又有揲法筮首贊以斷事之吉凶。其學不傳世，罕有其書。余得之友人查顔叔，抄首末數首贊及日星候揲法等于左，以見一書之大概。若其是非得失之論，又具載于後云。

太元方州部家八十一首圖

《元圖》曰：一元都覆三方，方同九州，枝載庶部，分正群家。元始三方，方有三州，州有三部，部有三家，皆一生三，故有三方、九州、二十七部、八十一家也。

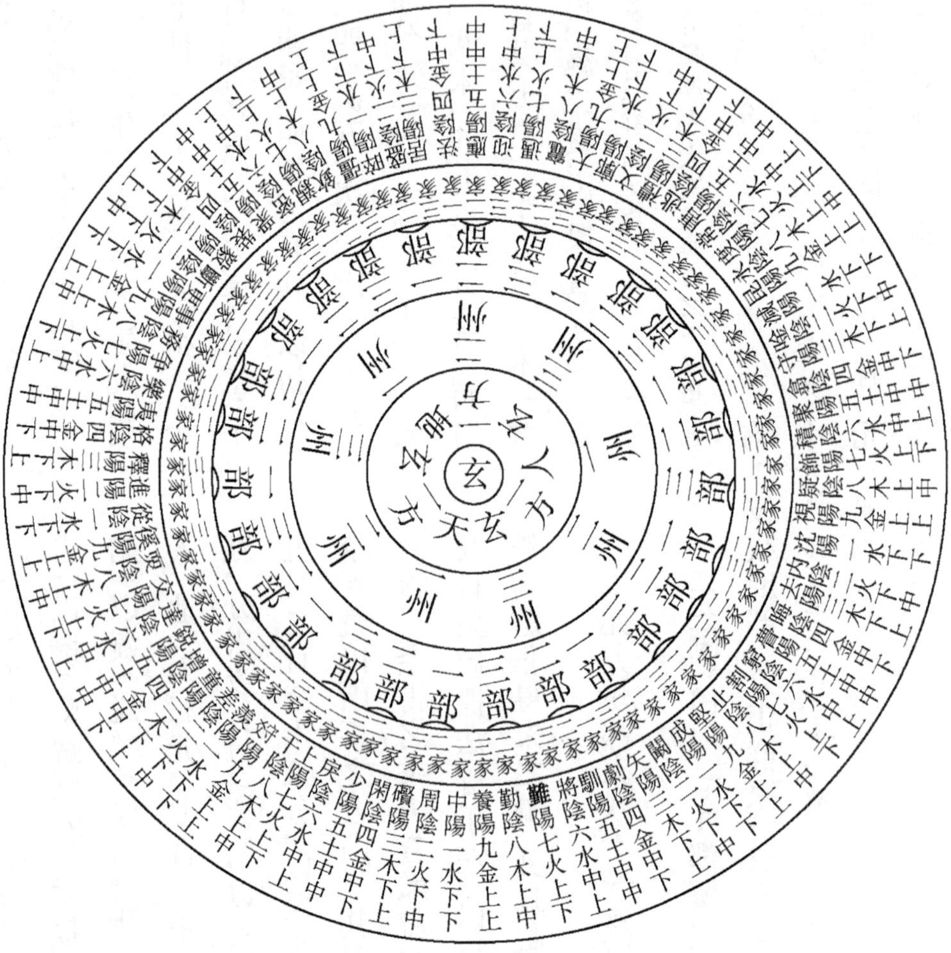

天元　中周礥閑少戾上干狩羨差重增鋭達交耎傒從進釋格夷樂爭務事

地元　更斷毅裝衆密親斂彊睟盛居法應迎遇竈大廓文禮逃唐常度永昆

人元　減唫守翕聚積飾疑視沈内去晦瞢窮割止堅成闕矢劇馴將難勤養

𝌆一方一州一部一家。中：陽氣潛萌於黃宮，信无不在其中。《首測》曰：中擬中乎。天元陽家，一水下下，日在牽牛初。許良肱注曰：「臣稽古本《太元》並《前漢志》，參次撰成《首測》一卷，布於八十一首辭之末。」愚案：此注則《首測》本自成卷，在八十一首末。今注本後人分散於逐首之下，正如《易經》之紊亂也。《首序》曰：馴乎元，渾行无窮正象天。陰陽批參，以一陽乘一統，萬物資始。方州部家，三位疎成。曰陳其九九，以爲數生。贊上群綱，乃綜乎名。八十一首，歲事咸貞。注：方、州、部、家之畫與三才之位離而疎成焉，豈无自而然耶？自其合而言之曰批參，自其離而言之曰疎成。自天元甲子朔旦冬至，推一晝一夜，每二贊一日，而周乎三百六十五日。節候日星无不備，此歲事所以咸正也。《贊序》曰：盛哉日乎，丙明離章，五色淳光。夜則測陰，晝則測陽，晝夜之道，或否或臧。陽推五福以類升，陰幽六極以類降。升降相關，大正乃通。經則有南有北，緯則有西有東。巡乘六甲，與斗相逢。歷以記歲，而百穀時雍。初一：昆侖旁薄，幽。《測》曰：昆侖旁薄，思諸貞也。注：旁薄，天之象。昆侖，地之形。思者，人之心。一者，思心之地。舒王曰：「幽昧而未判也，初爲晝，爲君子，思无邪故也。」次二：神戰于元，其陳陰陽。《測》曰：神戰于元，善惡並也。注：地二與天七合于南方生火，火爲神。舒王曰：「首與時爲水，而二火也，故曰神戰于元，其陳陰陽。善惡並者，二爲夜，二爲小人，小人心雜故也。」次三：龍出于中，首尾信，可以爲庸。《測》曰：龍出于中，見其造也。舒王曰：「首與時爲水，三爲木，木生於水，龍亦生水，故曰龍。」次四：庳虛无因，大受性命，否。《測》曰：庫虚无因，不能大受也。注：四於贊爲陰，爲虚。語曰：小人不可大受，言不量力而无辭辟，故以「否」言之。 次五：日正于天，利以其辰作主。《測》曰：日正于天，貴當位也。 舒王曰：「五爲中位，爲晝，陽明盛而中，故曰『日正于天』。」注：五六天地之中，故稱日與月乘中之剛，逢星之陽，所以爲利。自子至亥皆謂之辰，以辰者日月之會而建所指也。 愚謂：五爲一首之主，故曰「貴當位」也。 次六：月闕其博，不如開明于西。《測》曰：月闕其博，明始退也。 舒王曰：「首時爲水六。 又水而在五福上，水上行而著者。 六又爲夜，故曰月。」注：月闕其博，始退之象，開明于西方，進之象。《太元》言「五以上作消」，損盈之意可知。 次七：酋酋，大魁頤，水包貞。《測》曰：酋酋之包，任臣則也。 注：衆所就謂之酋。 愚謂：次七有大魁象，卦時爲水，七爲火，水火不相射而相生息，有「頤水包」之象。不相滅息而相生息，亦正道也。水爲主則火爲臣，有任臣法則之象。 次八：黄不黄，覆秋常。《測》曰：黄不黄，失中德也。 注：黄者，中色。 諸二則中，故曰黄。八爲夜，夜爲小人，故曰不黄。八雖上之中，以木近金，故有中德之失。時反乎酋酋，而有秋常之敗，故曰「黄不黄，覆秋常。」 上九：巔靈氣形反。《測》曰：巔靈之反，時不克也。 注：極上則顛，氣形殄滅。然九爲晝，爲君子，能順性命之理而與時偕極焉。 ○此下則係《元文》，以擬《文言》，文多不具載。

右中首，乃《太元》第一首也，故有《首序》、《贊序》、《元文》。自周以下，只《首》、《贊》、《測》三者而已。

𝌮二方二州二部二家。 應：陽氣極于上，陰信萌乎下，上下相應。注：經曰「中則陽始，應則陰生」，當應之時，陽極于上，陰萌乎下。 一陰方生，上下相感，氣至而鹿角解，候至而蜩始鳴。《首測》曰：應擬咸。地元陽家，五土中中，日在井二十九。注：《月令》：夏至，五月中，鹿角解。《漢志》曰：井三十一，夏至鶉首中。 初一：六幹羅如，五枝離如。《測》曰：六幹羅如，附離君也。注：幹羅如，强也。枝離如，弱也。深根固本，不可拔也。周封建，附離於君亦若此。

次二：上歷施之，下律和之，非則否。《測》曰：上施下和，匪其賓也。注：上歷施之足以紀歲，下律和之足以和聲。上下相應，是則然，非則否。次三：一從一横，天網罝罝。《測》曰：一從一横，經緯陳也。注：從横，所以瑩理也。一從一横，日緯其經，則天網罝罝，疎而不失焉。東西南北，經緯交錯，邪正以分，其陳可知。次四：援我罘罟，絓羅于野，至。《測》曰：援我罘罟，不能以仁也。注：❶罘罟，所以絓羅飛潛，空曠之地靡所不至，飛潛无所容其軀矣。不能以仁，不能愛物。次五：龍翰于天，貞栗其鱗。《測》曰：龍翰之栗，極懼墜也。注：龍，健也，翰于天可謂健矣。貞栗其鱗，高而危故也，與胥靡登高不懼遺死生異矣。次六：熾承于天，冰萌于地。《測》曰：承天萌地，陽始退也。注：熾承于天，陽氣極于上之謂。冰萌于地，陰信萌于下之謂也。君子道消之意。次七：日彊其衰，應蕃貞。《測》曰：日彊其衰，惡敗類也。注：應之道衰乎七日，彊其衰，俾之不弱，是天地變化草木蕃之時也。君子齋戒，處必揜身之類，其惡敗類也如此。次八：陽極微陰，不移日而應。《測》曰：極陽微陰，應其發也。注：陽之召陰，速若影響，猶冬爨鼎，夏造冰，不移日而應，非吾所謂道也。上九：元離之極，君子應以大稷。《測》曰：元離之極，不可遏止也。注：日月麗天，則大而高之極也。君子于此，應以大疾，則明兩作離焉，舜升聞類矣。「稷」訓「疾」。

右應，乃《太元》第四十一首也。中爲陽氣之始，應爲陰氣之始。其第五贊日當一百八十三日，節爲夏至，星爲井三十一度，係之於二方、二州、二部、二家之下也。

𝍖三方三州三部三家。養：陰弸于野，陽蓲萬物，赤之于下。注：陽主動，動則蓲於外；陰主靜，靜則弸諸内。一内一外，交養而萬物紐牙焉。《漢志》：「辰在丑謂之赤奮」。《首測》曰：養擬頤。人元陽

❶「注」，原作「主」，今據元刻本、薈要本、慶餘堂本改。

家，九金上上，日在斗二十二。初一：藏心于淵，美厥靈根。《測》曰：藏心于淵，神不外也。注：淵虚而静，初一之水藏心於淵，則神不外。精精之養，神美厥靈根，夫是之謂善養。次二：墨養邪，元幽否貞。《測》曰：墨養邪，中心敗也。注：二逢夜，況之墨陰火也。次三：糞以肥丘，育厥根荄。《測》曰：糞以肥丘，中光大也。次四：燕食扁扁，其心儨儨，利用征賈。《測》曰：燕食扁扁，志在賴也。注：志之所賴，捨五而何？次五：黄心在腹，白骨生肉，孚德不復。《測》曰：黄心在腹，上得天也。注：「黄心在腹」指五，「白骨生肉」指四。黄，土色。心，土之體，而腹者，心之宅。白，金色。骨，金之形，而肉者，骨之外捍。君子爲可信而已，不求人之必信，宜其上得天助也。次六：次次，一日三饁，祇牛之兆，肥不利。《測》曰：次次之饁，肥無身也。注：六爲宗廟。一日三饁，祭之數也，瀆矣。牛兆肥，不利，卜牲也。肥无身者，物雖厚，不誠其身耳。次七：小子牽象，婦人徽猛，君子養病。《測》曰：牽象養病，不相因也。注：小子、婦人牽象、徽猛，柔弱勝剛彊之意。中養不中，才養不才。病者，君子養之。《測》貴革而不因。次八：鯁不脱，毒疾發，上壟。《測》曰：鯁疾之發，歸于墳也。注：禍福无不自己求之者。上九：星如歳如，復繼之初。《測》曰：星如歳如，終始養也。注：《月令》「星回于天，歳將幾終」之謂。復繼之初，《易》言「窮則變，變則通」，終則有始，天行也。踦贊一：凍登赤天，晏入元泉。《測》曰：凍登赤天，陰作首也。注：踦屬水，嬴屬火，水以一贊，以補其陽之不足耳。踦贊陽以陰作首，則嬴贊陰以陽作首可知也。嬴贊二：一虚一嬴，踦奇所生。《測》曰：虚嬴踦奇，禪无已也。注：養受群餘，故以二贊繼養之後。

右養首，《太元》第八十一首也，故繫踦、嬴二贊於七百二十九贊之末。今具此起、中、末三首，亦可以見《首》、《贊》、《測》之規模次第矣。

元衝七。愚案：《元》始於中，至第四十一首而爲應。中則陽始，應則陰生，中與應對。周與迎對，八十一首皆然。對則相衝，故元衝之文，專以兩兩相衝之首論之。

元錯八。愚案：錯，雜也。雜八十一首論之，不以其序也。注：《衝》則一往一來以序其體，《錯》則一吉一凶以明其用。縱横交雜，與八卦相雜同，經曰「錯絣」也。

元欐九。愚案：欐，音离，分也，張也。極論《元》之爲義，陰陽之運，日星之行度。

元瑩十。愚案：經云：「瑩，明也。」泛論《元》義，以明之也。

元數。愚案：首論天地生蓍，及命筮揲法，五行生成，支干配數，以及律吕之類。此下不紀次序。

元棿。愚案：棿，魚稽反，擬也。泛論《元》之所擬，如一明一幽，跌剛跌柔，知陰者逆，知陽者流，棿擬之晝夜之類。

元圖。愚案：圖，象也。首論方州部家，及天地人之三，天以分八十一首之類。

元告。愚案：告，示也。亦多論天地人之道，及陰陽晝夜與《元》之辭。

愚案：司馬温公讀《玄》云：「《易》有《彖》，《玄》有《首》。論一首之義，《易》有爻，《玄》有贊。《易》有《象》，《玄》有《測》以解贊。《易》有《文言》，《玄》有《文》解五德，并中首九贊。《易》有《繫辭》，《玄》有《欐》、《瑩》、《棿》、《圖》、《告》五者，推贊《太玄》。《易》有《説卦》，《玄》有《數》，論九贊所象。《易》有《序卦》，《玄》有《衝》，序八十一首，陰陽相對解之。《易》有《雜卦》，《玄》有《錯》，雜八十一首説之是也。」又案：宋政和間，許良肱進表云：政和七年，撫州草澤臣許良肱。「謹録《太元經解》十卷，八十一首分爲七卷，《衝》、《錯》、《欐》、《瑩》爲第八卷，《數》第九卷，《棿》、《圖》、《告》爲第十卷。并序一首，不見有《太元序》，恐即中首内《首序》、《贊序》是也。兼撰到《首測》一卷，猶《易・大象》，載諸八十一首辭之末，隨表上進。」觀此，則《太元》、《首序》、《贊序》本只自爲一序，許氏《首測》亦只自爲一卷，今皆附入首辭之下。又《元棿》下有曰「元之贊辭」云云。又曰：「故首者，天之性也。衝，對其正也。錯，絣也。測，所以知其情也。攡張之，瑩明之，數爲品式，文爲藻飾。棿，擬也。圖，象也。告，其所由往也。」所謂文，非中首内《元文》乎？所謂測，非贊下之《測》乎？《測》與《文》本只列於《衝》、《錯》之下，今皆附入於首贊之下矣。此後人欲便觀覽，隨類分附，非復許氏表進之舊明矣。嗚呼！鄭玄、王弼亂《易經》於前，玆非其所謂尤而效之者乎？可爲之三歎。

太元擬卦日星節候圖❶

首擬卦名橫看 贊配日星	一	二	三	四	五	六	七	八	九
中（中孚）	晝一日 冬至十一月中 牛一 蚯蚓結	夜	晝二日 牛二度	夜	晝三日 牛三度	夜	晝四日 牛四度	夜	晝五日 牛五度
周（復）	夜	晝六日 牛六度	夜	晝七日 牛七	夜	晝八日 牛八	夜	晝九日 女一度	夜
礥（屯）	晝十日 女二	夜	晝十一日 女三	夜	晝十二日 女四	夜	晝十三日 女五	夜	晝十四日 女六
閑（屯）	夜	晝十五日 女七	夜	晝十六日 小寒十二月 女八 雁北向	夜	晝十七日 女九	夜	晝十八日 女十	夜
少❷（謙）	晝十九日❸ 女十一	夜	晝二十日 女十二	夜	晝二十一日 虛一 鵲始巢	夜	晝二十二日 虛二	夜	晝二十三日 虛三
戾（睽）	夜	晝二十四日 虛四	夜	晝二十五日 虛五	夜	晝二十六日 虛六 雉始雊	夜	晝二十七日 虛七	夜

❶「圖」下，元刻本有双行小注：「此係王薦所作，見《元圖發微》內。」

❷「少」，原作「火」，今據元刻本、慶餘堂本改。

❸「日」，原脱，今據元刻本、慶餘堂本補。

上（升）	干（升）	𥥔（臨）	羨（過小）	差（過小）	童（蒙）	增（益）	銳（漸）	達（泰）
晝二十八日 虛八	夜	晝三十七日 危七	夜	晝四十六日 立春正月 危十六 東風解凍	夜	晝五十五日 室八	夜	晝六十四日 壁一
夜	晝三十三日 危三	夜	晝四十二日 危十二	夜	晝五十一日 室四 蟄蟲始振	夜	晝六十日 室十三	夜
晝二十九日 虛九	夜	晝三十八日 危八	夜	晝四十七日 危十七	夜	晝五十六日 室九 魚上冰	夜	晝六十五日 壁二
夜	晝三十四日 危四	夜	晝四十三日 危十三	夜	晝五十二日 室五	夜	晝六十一日 雨水正月中 室十四 獺祭魚	夜
晝三十日 虛十	夜	晝三十九日 危九	夜	晝四十八日 室一	夜	晝五十七日 室十	夜	晝六十六日 壁三 鴻鴈來
夜	晝三十五日 危五	夜	晝四十四日 危十四	夜	晝五十三日 室六	夜	晝六十二日 室十五	夜
晝三十一日 大寒十二月中 危一 雞始乳	夜	晝四十日 危十	夜	晝四十九日 室二	夜	晝五十八日 室十一	夜	晝六十七日 壁四
夜	晝三十六日 危六 鷙戾疾	夜	晝四十五日 危十五	夜	晝五十四日 室七	夜	晝六十三日 室十六	夜
晝三十二日 危二	夜	晝四十一日 危十一 水澤腹堅	夜	晝五十日 室三	夜	晝五十九日 室十二	夜	晝六十八日 壁五

交（泰）	耎（需）	傒（需）	從（隨）	進（晉）	釋（解）	格（大壯）	夷（大壯）
夜	晝七十三日 奎一	夜	晝八十二日 奎十 倉庚鳴	夜	晝九十一日 婁三	夜	晝一百日 婁十二
晝六十九日 壁六	夜	晝七十八日 奎六	夜	晝八十七日 奎十五 鷹化鳩	夜	晝九十六日 婁八	夜
夜	晝七十四日 奎二	夜	晝八十三日 奎十一	夜	晝九十二日 春分二月中 婁四 乙鳥至	夜	晝一百一日 胃一
晝七十日 壁七	夜	晝七十九日 奎七	夜	晝八十八日 奎十六	夜	晝九十七日 婁九 雷乃發聲	夜
夜	晝七十五日 奎三	夜	晝八十四日 奎十二	夜	晝九十三日 婁五	夜	晝一百二日 胃二 始電
晝七十一日 壁八 草木萌動	夜	晝八十日 奎八	夜	晝八十九日 婁一度	夜	晝九十八日 婁十	夜
夜	晝七十六日 奎四	夜	晝八十五日 奎十三	夜	晝九十四日 婁六	夜	晝一百三日 胃三
晝七十二日 壁九	夜	晝八十一日 奎九	夜	晝九十日 婁二	夜	晝九十九日 婁十一	夜
夜	晝七十七日 驚蟄二月 奎五 桃始華	夜	晝八十六日 奎十四	夜	晝九十五日 婁七	夜	晝一百四日 胃四

樂（豫）	夜	晝一百五日 胃五	夜	晝一百六日 胃六	夜	晝一百七日 胃七 清明三月	夜	晝一百八日 胃八	夜
争（訟）	晝一百九日 胃九	夜	晝一百十日 胃十	夜	晝一百十一日 胃十一	夜	晝一百十二日 胃十二 田鼠化駕	夜	晝一百十三日 胃十三
務（蠱）	夜	晝一百十四日 胃十四	夜	晝一百十五日 昴一	夜	晝一百十六日 昴二	夜	晝一百十七日 昴三 虹始見	夜
事（蠱）	晝一百十八日 昴四	夜	晝一百十九日 昴五	夜	晝一百二十日 昴六	夜	晝一百二十一日 昴七	夜	晝一百二十二日 昴八 萍始生
更（革）	夜	晝一百二十三日 昴九	夜	晝一百二十四日 昴十	夜	晝一百二十五日 昴十一	夜	晝一百二十六日 畢一	夜
斷（夬）	晝一百二十七日 畢二 鳴鳩拂羽	夜	晝一百二十八日 畢三	夜	晝一百二十九日 畢四	夜	晝一百三十日 畢五	夜	晝一百三十一日 畢六
毅（夬）	夜	晝一百三十二日 畢七 戴勝降桑	夜	晝一百三十三日 畢八	夜	晝一百三十四日 畢九	夜	晝一百三十五日 畢十	夜
裝（旅）	晝一百三十六日 畢十一	夜	晝一百三十七日 畢十二 立夏四月 螻蟈鳴	夜	晝一百三十八日 畢十三	夜	晝一百三十九日 畢十四	夜	晝一百四十日 畢十五
衆（師）	夜	晝一百四十一日 畢十六	夜	晝一百四十二日 觜一 蚯蚓出	夜	晝一百四十三日 觜二	夜	晝一百四十四日 參一	夜
密（比）	晝一百四十五日 參二	夜	晝一百四十六日 參三	夜	晝一百四十七日 參四 王瓜生	夜	晝一百四十八日 參五	夜	晝一百四十九日 參六

親（比）	斂（小畜）	彊（乾）	睟（乾）	盛（大有）	居（家人）	法（井）	應（咸）	迎（咸）
夜	晝一百五十四日 井二	夜	晝一百六十三日 井十一 小暑至	夜	晝一百七十二日 井二十	夜	晝一百八十一日 井二十九	夜
晝一百五十日 參七	夜	晝一百五十九日 井七	夜	晝一百六十八日 井十六 堂郎生	夜	晝一百七十七日 井二十五	夜	晝一百八十六日 鬼一
夜	晝一百五十五日 井三	夜	晝一百六十四日 井十二	夜	晝一百七十三日 井二十一 鶪始鳴	夜	晝一百八十二日 井三十	夜
晝一百五十一日 參八	夜	晝一百六十日 井八	夜	晝一百六十九日 井十七	夜	晝一百七十八日 井二十六 反舌无聲	夜	晝一百八十七日 鬼二
夜	晝一百五十六日 井四	夜	晝一百六十五日 井十三	夜	晝一百七十四日 井二十二	夜	晝一百八十三日 夏至五月中 井三十一 鹿角解	夜
晝一百五十二日 參九	夜	晝一百六十一日 井九	夜	晝一百七十日 井十八	夜	晝一百七十九日 井二十七	夜	晝一百八十八日 鬼三 蜩始鳴
夜	晝一百五十七日 井五	夜	晝一百六十六日 井十四	夜	晝一百七十五日 井二十三	夜	晝一百八十四日 井三十二	夜
晝一百五十三日 小滿五月 井一 苦菜秀	夜	晝一百六十二日 井十	夜	晝一百七十一日 井十九	夜	晝一百八十日 井二十八	夜	晝一百八十九日 鬼四
夜	晝一百五十八日 井六 靡草死	夜	晝一百六十七日 井十五	夜	晝一百七十六日 井二十四	夜	晝一百八十五日 井三十三	夜

遇（姤）	晝一百九十日 柳一	夜	晝一百九十一日 柳二	夜	晝一百九十二日 柳三	夜	晝一百九十三日 柳四 半夏生	夜	晝一百九十四日 柳五
竈（鼎）	夜	晝一百九十五日 柳六	夜	晝一百九十六日 柳七	夜	晝一百九十七日 柳八	夜	晝一百九十八日 柳九 温風至	夜
大（豐）	晝一百九十九日 柳十	夜	晝二百日 柳十一	夜	晝二百一日 柳十二	夜	晝二百二日 柳十三	夜	晝二百三日 柳十四 蟋蟀居壁
廓（豐）	夜	晝二百四日 柳十五	夜	晝二百五日 星一	夜	晝二百六日 星二	夜	晝二百七日 星三	夜
文（渙）	晝二百八日 星四 鷹學習	夜	晝二百九日 星五	夜	晝二百十日 星六	夜	晝二百十一日 星七	夜	晝二百十二日 張一
禮（履）	夜	晝二百十三日 張二	夜	晝二百十四日 張三 腐草化螢	夜	晝二百十五日 張四	夜	晝二百十六日 張五	夜
逃（遯）	晝二百十七日 張六	夜	晝二百十八日 張七	夜	晝二百十九日 張八 土潤溽暑	夜	晝二百二十日 張九	夜	晝二百二十一日 張十
唐（遯）	夜	晝二百二十二日 張十一	夜	晝二百二十三日 張十二	夜	晝二百二十四日 張十三 大雨時行	夜	晝二百二十五日 張十四	夜

常（恒）	度（節）	永（節）	昆（同人）	減（損）	唫（否）	守（否）	翕（巽）
晝二百二十六日 張十五	夜	晝二百三十五日 翼六	夜	晝二百四十四日 處暑 翼十五 鷹祭鳥	夜	晝二百五十三日 軫六	夜
夜	晝二百三十一日 翼二	夜	晝二百四十日 翼十一	夜	晝二百四十九日 軫二 天地始肅	夜	晝二百五十八日 軫十一
晝二百二十七日 張十六	夜	晝二百三十六日 翼七	夜	晝二百四十五日 翼十六	夜	晝二百五十四日 軫七 禾乃登	夜
夜	晝二百三十二日 翼三	夜	晝二百四十一日 翼十二	夜	晝二百五十日 軫三	夜	晝二百五十九日 白露八月 軫十二 鴻雁來
晝二百二十八日 張十七	夜	晝二百三十七日 翼八	夜	晝二百四十六日 翼十七	夜	晝二百五十五日 軫八	夜
夜	晝二百三十三日 翼四	夜	晝二百四十二日 翼十三	夜	晝二百五十一日 軫四	夜	晝二百六十日 軫十三
晝二百二十九日 立秋十月 張十八 涼風至	夜	晝二百三十八日 翼九	夜	晝二百四十七日 翼十八	夜	晝二百五十六日 軫九	夜
夜	晝二百三十四日 翼五 白露降	夜	晝二百四十三日 翼十四	夜	晝二百五十二日 軫五	夜	晝二百六十一日 軫十四
晝二百三十日 翼一	夜	晝二百三十九日 翼十 寒蟬鳴	夜	晝二百四十八日 軫一	夜	晝二百五十七日 軫十	夜

聚（萃）	積（大畜）	飾（賁）	疑（賁）	視（觀）	沈（歸妹）	內（歸妹）	去（无妄）
晝二百六十二日 軫十五	夜	晝二百七十一日 角七	夜	晝二百八十日 亢四	夜	晝二百八十九日 氐四	夜
夜	晝二百六十七日 角三	夜	晝二百七十六日 角十二	夜	晝二百八十五日 亢九	夜	晝二百九十四日 氐九
晝二百六十三日 軫十六 乙鳥歸	夜	晝二百七十二日 角八	夜	晝二百八十一日 亢五	夜	晝二百九十日 寒露九月 氐五 鴻雁來賓	夜
夜	晝二百六十八日 角四 群鳥養羞	夜	晝二百七十七日 亢一	夜	晝二百八十六日 氐一	夜	晝二百九十五日 氐十 雀入大水化蛤
晝二百六十四日 軫十七	夜	晝二百七十三日 角九	夜	晝二百八十二日 亢六	夜	晝二百九十一日 氐六	夜
夜	晝二百六十九日 角五	夜	晝二百七十八日 亢二	夜	晝二百八十七日 氐二	夜	晝二百九十六日 氐十一
晝二百六十五日 角一	夜	晝二百七十四日 秋分 角十 雷收聲	夜	晝二百八十三日 亢七	夜	晝二百九十二日 氐七	夜
夜	晝二百七十日 角六	夜	晝二百七十九日 亢三	夜	晝二百八十八日 氐三	夜	晝二百九十七日 氐十二
晝二百六十六日 角二	夜	晝二百七十五日 角十一	夜	晝二百八十四日 亢八 水始涸	夜	晝二百九十三日 氐八	夜

晦（明夷）	瞢（明夷）	窮（困）	割（剥）	止（艮）	堅（艮）	成（既濟）	䦠（噬嗑）
晝二百九十八日 氐十三	夜	晝三百七日 心二	夜	晝三百十六日 尾六	夜	晝三百二十五日 尾十五 地始凍	夜
夜	晝三百三日 房三	夜	晝三百十二日 尾二	夜	晝三百二十一日 尾十一	夜	晝三百三十日 箕二 雉入大水化蜃
晝二百九十九日 氐十四	夜	晝三百八日 心三	夜	晝三百十七日 尾七	夜	晝三百二十六日 尾十六	夜
夜	晝三百四日 房四	夜	晝三百十三日 尾三	夜	晝三百二十二日 尾十二	夜	晝三百三十一日 箕三
晝三百日 氐十五 菊有黄華	夜	晝三百九日 心四	夜	晝三百十八日 尾八	夜	晝三百二十七日 尾十七	夜
夜	晝三百五日 霜降 房五 豺祭獸	夜	晝三百十四日 尾四	夜	晝三百二十三日 尾十三	夜	晝三百三十二日 箕四
晝三百一日 房一	夜	晝三百十日 心五	夜	晝三百十九日 尾九	夜	晝三百二十八日 尾十八	夜
夜	晝三百六日 心一	夜	晝三百十五日 尾五 蟄蟲咸附	夜	晝三百二十四日 尾十四	夜	晝三百三十三日 箕五
晝三百二日 房二	夜	晝三百十一日 尾一	夜	晝三百二十日 尾十 水始冰	夜	晝三百二十九日 箕一	夜

失（大過）	劇（大過）	馴（坤）	將（未濟）	難（蹇）	勤（蹇）	養（頤）
晝三百三十四日 箕六	夜	晝三百四十三日 斗四	夜	晝三百五十二日 斗十三	夜	晝三百六十一日 斗二十二 荔挺出
夜	晝三百三十九日 箕十一	夜	晝三百四十八日 斗九	夜	晝三百五十七日 斗十八	夜
晝三百三十五日 小雪 箕七 虹藏不見	夜	晝三百四十四日 斗五	夜	晝三百五十三日 斗十四	夜	晝三百六十二日 斗二十三
夜	晝三百四十日 斗一 天氣騰地氣降	夜	晝三百四十九日 斗十	夜	晝三百五十八日 斗十九	夜
晝三百三十六日 箕八	夜	晝三百四十五日 斗六 閉塞成冬	夜	晝三百五十四日 斗十五	夜	晝三百六十三日 斗二十四
夜	晝三百四十一日 斗二	夜	晝三百五十日 斗十一	夜	晝三百五十九日 斗二十	夜
晝三百三十七日 箕九	夜	晝三百四十六日 斗七	夜	晝三百五十五日 斗十六	夜	晝三百六十四日 斗二十五
夜	晝三百四十二日 斗三	夜	晝三百五十一日 大雪十一月 斗十二	夜	晝三百六十日 斗二十一	夜
晝三百三十八日 箕十	夜	晝三百四十七日 斗八	夜	晝三百五十六日 斗十七	夜	晝三百六十五日 斗二十六度半

踦一半日之半四分度之一。嬴二半日半度。

揲蓍法

命曰：「假太元，假太元，孚貞。爰質所疑于神于靈。」休則逢陽，星、時、數、辭從；咎則逢陰，星、時、數、辭違。凡筮有道：不精不筮，不疑不筮，不軌不筮，不以其占，不若不筮。神靈之，神靈之，曜曾越卓，如日之曜。卓然示人遠矣。○愚謂：此命筮之辭。三十有六而策視焉。虛三、別一，以挂于左手之小指，中分其餘，以三搜之，并餘於艻。一艻之後，而數其餘：七爲一，八爲二，九爲三。六筭而策道窮也。成首之數也。○愚案：三揲有餘一、餘二、餘三，而无餘七、餘八、餘九之理。解者甚多，皆不通意者。子雲之法以餘一準七，餘二準八，餘三準九，只餘一、二、三，則七、八、九自定矣。故曰「餘七爲一，八爲二，九爲三」，只倒用一字，故難曉。若作餘一爲七，二爲八，三爲九，人无不曉矣。王薦曰：「凡四揲而成首。初揲定方，二揲定州，三揲定部，四揲定家。自掛至定畫共成一揲，故四揲成首也。愚謂：此明揲蓍之法也。逢有下、中、上。下，思也。中，福也。上，禍也。思、禍、福各有下、中、上，以晝夜別其休咎焉。以九贊之位復各有三，皆以下、中、上別之，以晝爲休，夜爲咎。一從二從三從，是謂大休。一從二從三違，始、中休，終咎。一從二違三違，始休，中、終咎。一違二違三違，是謂大咎。《元》以陽家旦筮，一、五、七大休。以日中、夜中筮，二、六休，九咎。夕筮，三休，四、八咎。陰家旦筮一、五、七大咎。日中、夜中筮，二、六咎，九休。夕筮，三咎，四、八休。《元》之筮用以三表，其知來若神乎？占有四：或星，或時，或數，或辭。旦則用經，夕則用緯。觀始中，決從終。星者，日所舍；日者，循星以進退者也。時者，命之運而歲所總也。數者，一、二、三、四而歷所紀也。❶辭者，各指其所之也。旦用經，一、五、七

❶「二」，原作「一」，今據元刻本改。

而從。夕用緯，三、四、八而橫。一水、七火，水火合爲從。三、八木，四、九金，木合金爲橫。占者，考所逢如何耳。觀始中，決從終，茲終吉則吉，終凶則凶之効也。○愚謂：此明占吉凶之法也。

數配五行見《太元·元數》下。

三、八爲木，四、九爲金，二、七爲火，一、六爲水，五、五爲土。五行用事者旺，旺所生相，故旺廢，勝旺囚，旺所勝死。子午之數九，丑未八，寅申七，卯酉六，辰戌五，巳亥四。注：自太極函三爲一，故參一爲三。子一陽生，故成於寅而備於申，故自子至申其數九，自丑至申其數八，自寅至申其數七，自卯至申其數六，自辰至申其數五，自巳至申其數四，故女起壬申。午一陰生，成於申而備於寅，故自午至寅其數九，自未至寅其數八，自申至寅其數七，自酉至寅其數六，自戌至寅其數五，自亥至寅其數四，故男起丙寅。甲己之數九，乙庚八，丙辛七，丁壬六，戊癸五。注：自甲至壬其數九，自乙至壬其數八，自丙至壬其數七，自丁至壬其數六，自戊至壬其數五。乾天道順行，以壬爲始，自己至丁其數九，自庚至丁其數八，自辛至丁其數七，自壬至丁其數六，自癸至丁其數五。坤地道逆行，以丁爲始。○愚案：世俗《範》數筭法蓋本於此，而不知其所以然，觀此可以見矣。

泰中積數見《太元·元圖》下。

《元》有六九之數，注：《易》老陽九，老陰六，準而爲《太元》。策用三六，一一也，一二也，一三也。二一也，二二也，二三也。三一也，三二也，三三也。天地人合之，爲十有八策。儀用二九。二九亦十八。《元》其十有八用乎！泰積之要，始於十有八策，終於五十有四。蓋天地人各十有八，三箇十八合爲五十四。并終始策數，半之爲泰中。并終始二者之策數，總之爲七十二。蓋總上十八策與五十四策之數也。「半之爲泰中」者，以七十二中分之，以三十六策爲泰中也。泰中之數三十有六策，以律七百二十九贊，凡二萬六千二百四十四策爲泰積。《圖象辨疑》曰：「一首九贊，一贊三十六策，一首計三百二十四策，八十一首共計二萬六千二百四十四策，是爲泰中積數。」愚謂：此所謂以三十六策律七百二十九贊也。每贊必三十六策者，即揲法以三十六策虛三，用三十三策故爾。七十二策爲一日，凡三百六十四日有半，《辨疑》曰：「兩贊直一日一夜，一日一夜計七十二策，而周天三百六十五日當二萬六千二百八十策。又加四分度之一，實於七十二策中得十八策，通計二萬六千二百九十八策。其八十一首即得二萬六千二百四十四策。以七十二策爲一日，只得三百六十四日半。」踦滿焉，以合歲之日而律歷行。《辨疑》曰：「更欠半日，當三十六策，及四分度之一，當十八策，計欠五十四策。遂加一踦贊，計三十六策，補其半日，通成三百六十五全日。又加嬴贊，準十八策，以爲四分度之一。則知《元》策與周天无不合矣。」故自子至辰，自辰至申，自申至子，冠之以甲，而章、會、統、元與月蝕俱没，《元》之道也。注：故自子至辰八十一，自辰至申八十一，自申至子八十一。冠之以甲，而甲子至甲辰，甲辰至甲申，甲申至甲子，千五百三十九載爲一統，一統周而餘分盡焉。由是十九歲爲一章，一章而閏分盡，則一朔旦、冬至之首名焉。若僖五年辛亥朔日南至是也。共二百四十三。朔旦、冬至。計四千六百一十七。歲爲一元。二十七章五百一十三。歲爲一會，一會月蝕盡，八十一章，千五百三十九。歲爲一統，一統朔分盡，自子至辰、自辰至申、自申至子，凡四千六百一十七。歲爲一元，一元六甲分盡，則章、會、統、元四者之法與月食俱没，而餘分盡焉。茲《元》之爲道也。

星數

牛八　女十二　虛十　危十七　室十六

壁九　奎十六　婁十二　胃十四　昴十一

畢十六　觜二　參九　井三十三❶　鬼四

柳十五　星七　張十八　翼十八　軫十七

角十二　亢九　氐十五　房五　心五

尾十八　箕十一　斗二十六

右班固《律曆志》，凡三百六十五度不盡四分度之一，一元七百二十九贊，周於三百六十四度半。

❶「三十三」，原作「三十二」，今據元刻本、慶餘堂本及《漢書·律曆志》改。

先儒論《太玄》

朱文公《語録》曰：「《太玄經》就三數起，便不是《易》中只有陰陽奇偶，便有四象。揚子雲見一二三四都被聖人説了，却杜撰就三上起數。曼淵問：『温公最喜《太玄》』曰：『温公全无見處。若作《太玄》，何似作曆？』」又曰：「子雲爲人深沉，會去思索。如陰陽消長之妙，他且是去推求。然而《太玄》亦是拙底工夫。蓋天地間只有箇奇偶，自二而四，自四而八，只恁地推去，都走不得。而子雲却添兩作三，謂之天地人，事事要分作三截。又且有氣而无朔，有日星而无月，恐不是道理。」潘時舉録。又曰：「看了《易》後，去看那《玄》，不成箇物事。」黄義剛録。

三山林駉德頌曰：「淵哉，《太玄》之爲書乎！《易》以八，《玄》以九。《易》之蓍也以七，《玄》之蓍也以六。《易》之八也，八而八之，凡六十四卦。然不易者八，反易者五十六，實以三十六卦而六十四也。《元》之九也，九而九之，凡八十一家。然不易者九，反易者七十二，實以四十五而八十一也。蓍之七也，七而七之，凡四十九策，其虚一也，存一而虚之也。蓍之六也，六而六之，凡三十六策，其虚三者，取其三而虚之也。《易》以當日，《元》亦以當日；《易》以當歷，《元》亦以當歷。其闔闢變通，无一而非《易》也。至若《易》有《象》，《元》則有《首》；《易》有爻，《元》則有贊；《易》之爻有《象》，《元》之贊有《測》。以《元文》而準《文言》，以《攡》、《瑩》、《捝》、《圖》、《告》而準《繫辭》，此又其文之粗爾。然亦誠有可疑者。《易》之天五配以地十，《元》也有五而无十，非《易》也。《易》之六畫加以六位，《元》也有畫而无位，非《易》也。《易》之畫即《易》之爻，《元》之重爲重，

《元》首四重，方、州、部、家。贊自贊，《元》首九贊，非以四重爲贊。非《易》也。《元》以《元文》擬《文言》似矣，然《元文》不加之晬《元》以晬準乾。而加之中，如其有心於卦氣也，則去《元文》可也，而何必規規於聖人也！《元》以首名準卦似矣，然或以一首當一卦，而或以二首焉，如其有心於歷法也，則自爲之名可也，而何必規規於聖人也！」節文。

愚謂：《太玄》以八十一首繫之於方、州、部、家四畫之下，於象與義初无所取，特不過以四畫分之，有八十一様，借以識八十一首之名。又有七百二十九贊散之於八十一首之下，每首九贊，皆是初一、次二、次三、次四、次五、次六、次七、次八、上九，首首一様，更无分別，而七百二十九贊亦與八十一首象與義皆无相關。以八十一首名彊附於四畫之下，以七百二十九贊又彊附於八十一首之下。然以中之初一作冬至第一日，積起至養之上九，而一歲節氣三百六十四日半一周，又加踦、嬴二贊以足日之餘分而起閏，又自冬至一日係之以牽牛星之第一度，日一日躔星一度，至三百六十四日半，而斗星二十五度半亦周。又以踦、嬴二贊係斗星餘度，而一歲周天之日與星湊合恰好。《太玄》之要法全在於此。而老泉又甚議其增二贊之非，且曰：「始於中之一，訖於養之九，闕焉而未見者，四分日之三爾。以一百八分而爲日，以一分而加之一首之外，盡八十一首而四分日之三可以見矣。」又曰：「《玄》四日半以爲首，而以四百八十七分求合乎二十八宿之度，加分而數定，去踦、嬴而道勝。吾无憾焉爾。」

參同契

《參同契》者，後漢魏伯陽之所作也。蓋亦本之於《易》，撰成《參同契》三篇，復作《補塞遺脱》一篇，大概借《易》以明火候煉丹修養之法。五代末，孟蜀彭曉爲之分章，分三篇爲九十章。解義。朱文公又隱名爲之注，讎定考辨正文，復爲上、中、下三篇。今録序文，及上、中、下數節，以見一書之體，而朱子論説并略具於左。

《參同契序》

案《神仙傳》，真人魏伯陽者，會稽上虞人也。世襲簪裾，唯公不仕。修真潛默，養志虚无。博贍文詞，通諸緯候。恬淡守素，唯道是從，每視軒裳如糠粃焉。不知師授誰氏，得古文《龍虎經》，盡獲妙旨。乃約《周易》，撰《參同契》三篇。又云未盡纖微，復作《補塞遺脱》一篇，繼演丹經之玄奧。所述多以寓言借事，隱顯異文。密示青州徐從事，徐乃隱名而註之。至後漢孝桓帝時，公復傳授與同郡淳于叔通，遂行于世。

公撰《參同契》者，謂修丹與天地造化同塗，故托《易》象而論之，莫不假借君臣，以彰內外；敘其離、坎，直指汞鉛；列以乾、坤，奠量鼎器；明之父母，係以始終；合以夫妻，拘其交媾；譬諸男女，顯以滋生；❶析以陰陽，導之反復；示之晦朔，通以降騰；配以卦爻，形於變化；隨之斗柄，取以周星；分以晨昏，昭諸刻漏。故以乾坤爲鼎器，以陰陽爲隄防，以水火爲化機，以五行爲輔助，以真鉛爲藥祖，以玄精爲丹基，以坎離爲夫妻，以天地爲父母，互施八卦，驅役四時。分三百八十四爻，循行火候，運五星二十八宿，環列鼎中。乃得水虎潛形寄庚辛而西轉，火龍伏體逐甲乙以東旋。《易》曰：「聖人有以見天下之賾，而擬諸其形容，象其物

❶「生」，原作「主」，今據元刻本、慶餘堂本改。

宜。」公因取象焉。非天下之至通，其孰能與於此哉？

乃見鑿開混沌，擘裂鴻濛。徑指天地之靈根，將爲藥祖；明視陰陽之聖母，用作丹基。泄一氣變化之元，漏大冶生成之本。非天下之至達，其孰能與於此哉？

其或定刻漏，分晷時，簇陰陽，走神鬼。蹙三千六百之正氣，回七十二候之要津。運六十四卦之陰符，天關在掌；鼓二十四氣之陽火，地軸由心。天地不能匿造化之機，陰陽不能藏亭育之本。致使神變无方，化生純粹。非天下之至明，其孰能與於此哉？

《契》云：「混沌金鼎，白黑相符。」龍馬降精，牝牡襲氣。如霜馬齒，似玉犬牙。水銀與姹女同名，朱汞共嬰兒合體。明分藥質，細露丹形。盡周已化之潛功，大顯未萌之朕兆。非天下之至神，其孰能與於此哉？

其有假借爻象，寓此事端，不敢漏泄天機，未忍祕藏玄理，是以鋪舒不已，羅縷再三，欲罷不能，遂成篇軸。蓋欲指陳要道，汲引將來。痛彼有生之身，竟作全陰之鬼。非天下之至仁，其孰能與於此哉？

復有通德三光，遊精八極。服金砂而化形質，餌火汞以錬精魂。故得體變純陽，神生真宅。落三尸而超三界，朝上清而登上仙。非天下之至真，其孰能與於此哉？

曉所分真契爲章義者，蓋以假借爲宗，上下无準。文泛而道正，事顯而理微。後世議之，各取所見。或則分字而義，或則合句而箋。不无眇滄殊流，因有妍媸互起。末學尋究，難便洞明。既首尾之議論不同，在取捨而是非无的。

今乃分章定句，所貴道理相黏，合義正文。及冀藥門附就，故以四篇，統分三卷，爲九十章，以應陽九之數，名曰「分章通真義」。復以朱書正文，墨書旁義，而顯然可覽也。

上卷分四十章，中卷分三十八章，下卷分十二章。内有《歌鼎器》一篇，謂其辭理鉤連，字句零碎，分章不得，故獨存焉，以應水一之數，喻丹道陰陽之數備矣。復自依約真契，撰《明鏡圖訣》一篇，附於下卷之末，將以重啓真契之户牖也。

曉因師傳授，歲久留心，不敢隱蔽玄文，是用課成真義，庶希萬一，貽及後人也。

昌利化飛鶴山真一子朝散郎守尚書祠部員外郎賜紫金魚袋彭曉序。

上　篇

乾、坤者，易之門户，衆卦之父母。坎、離匡郭，運轂正輻。牝牡四卦，以爲橐籥。覆冒陰陽之道，猶工御者，準繩墨，執銜轡，正規矩，隨軌轍，處中以制外。數在律歷紀。月節有五六，經緯奉日使，兼并爲六十，剛柔有表裏。朔旦屯直事，至暮蒙當受，晝夜各一卦，用之依次序。又曰：天地設位，而易行乎其中矣。天地者，乾、坤之象也；設位者，列陰陽配合之位也。易謂坎、離，坎、離者，乾、坤二用。乾用无爻位，周流行六虚，往來既不定，上下亦无常，幽潛淪匿，變化於中，包囊萬物，爲道紀綱。

中　篇

朔旦爲復䷗，陽氣始通。出入无疾，立表微剛。黄鍾建子，兆乃滋彰。播施柔暖，黎烝得嘗。臨䷒爐施條，開路正光。光耀漸進，日以益長。丑之大吕，結正低昂。仰以成泰䷊，剛柔並隆。陰陽交接，小往大來。輻湊於寅，運而趨時。漸歷大壯䷡，俠列卯門。榆莢墮落，還歸本根。刑德相負，晝夜始分。夬䷪陰以退，陽升而前。洗濯羽翮，振索宿塵。乾䷀健盛明，廣被四鄰。陽終於巳，中而相干。姤䷫始紀序，履霜最先。井底寒泉，午爲蕤賓。賓服於陰，陰爲主人。遯䷠去世位，收斂其精。懷德俟時，栖遲昧冥。否䷋塞不通，萌者不生。陰伸陽屈，没陽姓名。觀䷓其權量，察仲秋情。任畜微稚，老枯復榮。薺麥牙蘖，因冒以生。剥䷖爛肢體，消滅其形。化氣既竭，亡失至神。道窮則反，歸乎坤䷁元。恒順地理，承天布宣。

下　篇

先白而後黄兮，赤黑達表裏。名曰第一鼎兮，食如大黍米。自然之所爲兮，非有邪僞。

道若山澤氣相烝兮，興雲而爲雨。泥竭遂成塵兮，火滅化爲土。若蘗染爲黄兮，似藍成緑組。皮革煮成膠兮，麴蘖化爲酒。同類易施功兮，非種難爲巧。惟斯之妙術兮，審諦不誑語。傳於億世後兮，昭然自可考。焕若星經漢兮，昺如水宗海。

思之務令熟兮，反覆視上下。千周燦彬彬兮，萬遍將可覩。神明或告人兮，心靈乍自悟。探端索其緒兮，必得其門户。天道无適莫兮，常傳與賢者。注：先白，金吐液。後黄，液變黄牙。赤黑，水火。「號金砂黄牙」，第一鼎。日食一黍米，❶三年白日沖天，鼎中水火運用各歸於土，蘗在胎内變易无定貌。

龍虎上經

神室者，丹之樞紐，衆石之父母，砂汞別居。出陽入陰，流耀二方，列數有三，棲像水火。制由王者，武以討叛，文以懷柔，土德以王。提劍偃戈，以鎮四方。坎離數一二，南北獨爲經，故冠七十二石之長。

❶「食」，原作「夜」，今據元刻本、慶餘堂本改。

剛柔有表裏，陰陽稟自然，金火當直事，金水相含受，雄雌并一體，用之有條理。變化既未神，終則復更始。初九爲期度，陽和準旦暮。周曆合天心，陽爻畢於巳。正陰發離午，自丁終於亥。水火列一方，守界成寒暑。東西表仁義，五行變四時。如是則陰陽互用，順三一而得其理。神室設位，變化在乎其中矣。

　神室者，上下釜也；設位者，列雌雄配合之密也。變化謂砂汞。砂汞者，金土之二用。

二用无定位，張翼飛虛危。往來既不定，上下亦无常。獨居不改，化歸中宮。包囊衆石，爲丹祖宗。

有无相制，朱雀炎空。紫華曜日，砂汞没亡。訣不輒造，理不虛設。約文申奧，叩索神明。演爻徵卦，五行爲諷。坎雄金精，離雌火光。金火相伐，水土相尅，土王金鄉，三物俱喪，四海輻湊，以置太平。並由中宮土德，黄帝之功。金火者，真鉛也。丹術著明，莫大乎金火。窮微以任化，陽動則陰消，混沌終一九，實精更相持。合有三百八十四銖，銖據一斤，斤謂十六兩也。金精一化，青龍受符。當斯之時：

神室鍊其精，火金相運推。雄陽翠玄水，雌陰赭黄金。陰陽混交接，精液包元炁。萬象憑虛生，感化各有類。

衆丹之靈跡長生，莫不由於是。

元君始鍊汞，神室含洞虛。玄白生金公，巍巍建始初冠。三五以相守，飛精乃濡滋。玄女演其序，戊己貴天符。天符道漸剥，難以應玄圖。故演作丹意，乾坤不復言。丹砂流汞父，戊己黄金母。鍾律還二六，斗樞建三九。赤童戲朱雀，變化爲青龍。坤初變成震，❶三日月出庚。東西分卯酉，龍虎自相尋。坤再變成兑，八日月出丁，上弦金半斤。坤三變成乾，十五三陽備。圓照東方甲，金水温太陽。赤髓流爲汞，姹女弄明璫。月盈自合虧，十六運將減。乾初缺成巽，平明月見辛。乾再損成艮，二十三下弦。下弦水半斤，月出於丙南。乾三變成坤，坤乙三十日。東北喪其朋。月没於乙地。坤乙月既晦，土木金將化。繼坤生震龍，乾、坤括始終。如上三十日，坤生震兑乾，乾生巽艮坤。八卦列布曜，推移不失中。調火六十日，變化自爲證。神室有所象，雞子爲形容。五嶽峙潛洞，際會爲樞轄。發火初温微，亦如爻動時。上戴黄金精，下負坤元形。中和流汞情，❷參合應三才。乾動運三光，坤静含陽氣。神室用施行，金丹然後成。可不堅乎？

煉化之器，包括飛凝，開合靈户。希夷之府，造化泉窟。陽氣發坤，日晷南極。五星連珠，日月合璧。金砂依分，呼吸相應。華蓋上臨，三台下輔。統録之司，當密其固，詰責能否。火煉中宫土，金入北方水，土金三物，變化六十日。

自然之要，先存後亡。或土數多，分兩違則；或水銖不定，同處别居。剛柔抗行，不相涉入。非火之咎，譴責於土。土鎮中宫，籠罩四方。三光合度，以致太平。五藏内養，四肢調和。水涸滅影，含曜内朗。金水相瑩，閉塞沈耀。調火温水，發之俱

❶「坤」，原作「神」，今據元刻本、慶餘堂本改。

❷「汞」，原作「永」，今據元刻本、薈要本、慶餘堂本改。

化，道近可求。

水土獨相配，翡翠生景雲。黄黑混其精，紫華敷太陽。水能生萬物，聖人獨知之。金德上白，煉鉛以求黄色焉。感位生中宫，黄金銷不飛。灼土煙雲起，有無互相制。上有青龍居，兩无宗一有，靈化妙難窺。

鍊銀於鉛，神物自生。銀者金精，鉛色北靈，水者道樞，其數名一，陰陽之始，故能生銀。鉛化黄丹，寄位五金，爲鉛外黑，色稟北方，内懷銀精，被褐懷玉，外似狂夫。銀爲鉛子，子隱鉛中；鉛者銀母，子藏母胞。素真眇邈，似有似无。灰池炎灼，鉛沈銀浮。潔白見寶，可造黄金。殼爲金精，水環黄液。徑寸之質，以混三才。天地未分，混如雞子。圓高中起，狀似蓬壺。關閉微密，神運其中。爐竈取象，固塞周堅。委曲相制，以使无虞。自然之理，神化无方。磁石吸鐵，隔礙潛通。何況雞子，配合而生。金土之德，常與汞俱。❶火記不虚作，鄭重解前文。丹術既著，不可更疑。故演此訣，以附火記。庶使學者取象无惑焉。

朱文公書《參同契考異》後

右《周易參同契》，魏伯陽所作。魏君，後漢人。篇題蓋放緯書之目。詞韻皆古，奥雅難通。❷讀者淺聞，妄輒更改，故比他書尤多舛誤。今合諸本，更相讎正，其間尚多疑晦，未能盡祛，姑據所知寫成定本，其諸同異因悉存之，以參訂云。空同道士鄒訢。愚案：

❶「汞」，原作「永」，今據元刻本、薈要本、慶餘堂本改。

❷「雅」，原作「雖」，今據元刻本、慶餘堂本改。

文公雖托名於人，其實「鄒訢」即公姓名也。

又論《參同》

《參同》所言「坎離」、「水火」、「龍虎」、「鉛汞」之屬，只是精氣二者。精，水也，坎也，龍也，汞也；氣，火也，離也，虎也，鉛也。其法以神運精氣結爲丹，陽氣在下，初融成水，以火鍊之凝成丹。内外異色如鴨子卵，真成此物。《參同契》文章極好，讀得不枉。曰「二用无爻位，周流行六虛」，用九、用六亦坎、離也。六虛，乾、坤之六位。言二用雖无爻位，而常周流六位之間，猶人精氣上下周流一身而无定所也。見《語録》，餘不盡載。

又論《龍虎上經》

黄義剛問：「曾景建謂《參同》本是《龍虎上經》，果否？」曰：「不然。蓋是後人見《魏伯陽傳》有『龍虎上經』一句，遂僞作此經，皆是體《參同》而爲，故有説錯處。如『二用六虛』，却錯説作虛危去。」又曰：「世云《龍虎經》在《參同》之先，季通亦以爲好。及得觀之，不然，乃隱括《參同》之語而爲之也。」見《語録》。

郭氏洞林

案：《洞林》上、中、下三卷，晉河東郭璞景純之所撰也。本傳云：「璞好經術，博學高才，受業郭公，得《青囊書》九卷，遂洞五行、天文、卜筮之術。禳災轉禍，通致无方。嘗撰前後筮驗六十餘事，名爲《洞林》。又抄京、費諸家要撮，更撰《新林》十篇，《卜韻》一篇。」世皆罕有其書。余從王浩古仲氏、楚翁才古得《洞林》書，撮抄其事之重大者一二於左，以見一書之大概云。

歲在甲子正月中，丞相揚州令余卦安危諸事如何，得咸䷞之井䷯。案卦：東北郡縣有武名地，當有銅鐸六枚，一枚有龍虎，象異祥。兑爲金，金有口舌來達號令者，銅鐸也。山陵神氣出此，❶則丞相創以令天下。見在丑地，則金墓也。起之以卦，爲推立之應，晉陵武進縣也。又當犬與豬交者，狗變入居中，鬼與相連，其事審也。戌亥世應土勝水，二物相交，象吾和合爲一體，此丞相雄有江東也。民當以水妖相警。歲在水位，而水爻復變成坎，當出大水之象，以此知其靈應。巽木成言，果又妖生。二月變爲鬼，戌土所克，果无他。水乃金子來扶其母，是亦丞相將興之象也。西南郡縣有陽名者，井水當自沸。卦變入井内，丙午變而犯升陽，故知井湧也。於分野，應在歷陽。虎來入州城寺，兑者虎，出山而入門闕。正月戌爲天煞，即刺史宅。虎屬寅，與月并而來，此大人將興之應。東方當有蟹、鼠爲災，必食稻稼。有離體，眼相連之象。艮爲鼠，又煞陰在子，子亦鼠，而歲子來寅卯，故知東方有災。又當以鶩應翔爲瑞。鶩有象鳥而爲徵，以應象，出其相，其應將登其祚也。其年晉陵郡武進縣民陳龍果於田中得銅鐸六枚。言六者，用坎數也。銅者，咸本家兑故也。口有龍虎文，又得者名龍，益審。陳，土姓，金之用，進者乃生金也。丹徒縣流民趙子康家有狗與吴人豬相交。其年六月，天連雨，百姓相驚。妖言云：「當有十丈水。」翕然駭動，无幾自静。又衆人傳言：「延陵大陂中有龍，生草蓐，復數里。」竟不知其信否。其明年丑歲九月中，吴興臨安縣民陳嘉□親得石瑞，此祥氣之應也。六月十五己未日未時，歷陽縣中井水沸湧，經日乃止。陰陽相感，各以其類，亦是金水之應也。六月晦日，虎來州城浴井中，見覺便去。其秋冬，吴諸郡皆有蟹、鼠爲災。

❶「此」，原作「北」，今據元刻本、薈要本、慶餘堂本改。

鼠爲子，子水，蟹亦水物，皆金之子。晉主初登祚，五日，有群鵞之應。此論一歲異事，略舉一卦之意。惟不得臘中行刑有血逆之變，將推之不精，亦自无徵，不登於卦乎？ 死者，晉陵令，淳于伯也。

攝提之歲，晉王將即祚，太歲在寅，爲攝提格。余自通占國家徵瑞之事，得豫䷏之睽䷥。案卦論之，曰：「會稽郡當出鐘，以告成功，王者功成作樂。」會稽，晉王初所封國。又會稽山，靈祥之所興也。神出於家井者，子爻并，知此實王者受命之事也。上有銘勒，坤爲文章，與天子爻并，故知晉王受命之事準。此應在民間井池中得之。鍾出於民家井中者，以象晉王出家而王也。金以水爲子，子相扶而生，此即家之祥徵事也。由應所謂『先王作樂崇德，殷薦之上帝』，言王者祭天以告成功，亦安樂无復事也。其後歲在執徐，會稽郡剡縣陳青井中得一鍾，長七寸四分，口徑四寸半。器雖小，形製甚精，上有古文奇書十八字，時人莫之能識。蓋王者踐祚，必有薦符塞天下之心，與神物契合，然後可受命。觀鐸啓號於晉陵，鍾造成於會稽，端不失類，皆出以方。天人合際，❶不可不察也。

愚案：前一則《洞林》下卷之首，後一則《洞林》下卷之終。皆取其事體之重者載之，以見卜筮之有關於國家也如此。

余鄉里曾遭危難，因之災癘、寇戎並作，百姓遑遑，靡知所投。時姑涉《易》義，頗曉分蓍，遂尋思貞筮，鉤求攸濟。於是普卜郡內縣道可以逃死之處者，皆遇明夷䷣之象。乃投策喟然歎曰：「嗟乎！黔黎時漂異類，桑梓之邦，其爲魚乎？」於是潛命姻妮密交，

❶「天」，原作「夫」，今據元刻本、四庫本、慶餘堂本改。

得數十家，與共流遁。當由吴坂，遇賊，據之，乃却回，從蒲坂而之河北。時草賊劉石又招集群賊，專爲掠害，勢不可過。於是同行君子皆欲假道取便，又未審所之，乃令吾決其去留。卦遇同人䷌之革䷰。其林曰：「朱雀西北，白虎東起。離爲朱雀，兑爲白虎，言火能銷金之義。姦猾銜璧，敵人束手。兑爲口，乾爲玉，玉在口中，故曰銜璧。占行得此，是謂无咎。」余初爲占，尚未能取定，衆不見從，却退猗氏縣，而賊遂至。諸人遑窘，方計舊之。從此至河北，有一間逕，名焦丘，不通車乘，惟可輕步，極險難過，捕姦之藪。然勢危理迫，不可得停。復自筮之如何，得隨䷐之升䷭。其林曰：「虎在山石，馬過其左。兑虎，震馬，互艮山石。駮爲功曹，猾爲主者。駮、猾能伏虎。愚謂：惜不注駮、猾象。垂耳而潛，不敢來下。兑虎去，不能見。爰升虛邑，遂釋恐誤。魏野。」隨時制行，卦義也。升，賊不來，知无寇。當魏，則河北亦荒敗。便以林義通示行人，説欲從此道之意。咸失色喪氣，无有讚者。或云：「林迨悞人，不可輕信。」吾知衆人阻貳，乃更申命，候一月契以禍機。約十餘家即涉此逕，詣河北。後賊果攻猗氏，合城覆没，靡有遺育。

昌邑不静，復南過潁，由脉頭口渡，去三十里，所傳高賊屯駐，柵斷渡處，以要流人。時數百家、車千乘不敢前，令余占可決，得泰䷊。欣然語衆曰：「群類避難，而得拔茅彙征之卦。且泰者通也，吉。又何疑？」吾爲前驅，從者數十家。至賊界，賊已去。餘皆迴避櫟津渡，爲賊所劫，人僅得在，悔不取余卦。至淮南安豐縣，諸人緬然懷悲，咸有歸志，令余卦決之，卜住安豐，得既濟䷾。其林曰：「小狐迄濟，垂尾累衰。言垂渡而困。初雖偷安，終靡所依。案卦言之，秋吉春悲。」卜詣壽春，得否䷋。其林曰：「乾坤蔽塞道消散，虎刑挾鬼法凶亂。十一月虎刑在午，爲鬼，鬼即賊。亂則何時時建寅，火鬼生處。僵尸交林血流漂，火刑與鬼并。此占行者入塗炭。」卜詣松滋，不吉。卜詣合淝，又不吉。卜詣陽泉，得小過䷽之坤䷁。其林曰：「小過之坤卦不奇，雖有旺氣變陽離。卜時立春，其氣變入坤中，氣廢。初見勾陳被牽羈，暫過則可羈不宜。將見劫追事幾危，賴有龍德終无疵。」十二月龍德在艮，凡有月德終无患。於是諸計皆不可，伴人悉散。乃獨往陽泉。會壽春有事，周馥反，爲陽泉群凶所迫，登時惶遽，卒无所至，乃至廬江。其春三月，諸家住安豐者爲賊所得，所謂「春悲」也。松滋、合淝殘夷更相攻，人无有全者。

右二則，前一則上卷之首，後一則亦上卷内，皆卜避難之事。所謂林者，自爲韻語，占決之辭也。

義興郡丞仍叔寶，得傷寒疾，積日危困。令卦，得遯䷠之姤䷫。其林曰：「卦象出墓氣家囚，艮爲乾墓，世主丑，故卜時五月，申金在囚。變身見絶鬼潛遊。身在丙午，夏入辛亥，在五月。爻墓充刑鬼煞俱，上戌爲鬼墓，❶而初六爲戌刑，刑在占，故言充刑。五月白虎在卯，與月煞并也。卜病得此歸蒿丘。誰能救之坤上牛，以卜爻見，丑爲牛，丑爲子能扶身，克鬼之厭虎煞，上令伏不動。若依子色吉之尤。」巽主辛丑，丑爲白虎，金色，復徵，以和解鬼及虎煞，皆相制也。案林，即令求白牛。而廬江荒僻，卒索不得。即日有大牛從西南來詣，途中仍留一宿，主人乃知，過將去。去之後復尋，挽斷綱來臨叔寶。叔寶驚愕起，病得愈也。此即救禦潛應，感而遂通。

❶「上戌」，原作「生戌」，今據元刻本、慶餘堂本改。

此一則係上卷，卜疾有自然救禦之道。

丞相掾桓茂倫嫂病困，慮不能濟。令余卦，得賁䷕之豫䷏。其林曰：「時陰在初卦失度，卜時四月，降陰在初，而見陽爻，此爲失度。殺陰爲刑鬼入墓。四月殺陰在申，申爲木鬼，與殺陰並，又身爲卯，變入乙未，未是木墓。建未之月難得度，消息卦爻爲扶助。馮馬之師乃寡嫗，馬午，午爲火，馮亦馬，申是殺陰，以火姓消之。巽爲寡婦。自然奇救宜殞兔。兔屬卯，所謂破墓出身。子若恤之得守故。」茂倫歸，求得兔，令嫂食之，便心痛不可堪，於是病愈。東中郎參軍景緒病，經年不瘥，在丹徒遣其弟景岐來卦。六月癸酉日，得臨䷒之頤䷚。其林曰：「卯與身世并而扶天醫。」六月天醫在卯。案卦：病法當食兔乃瘥。弟歸，捕獲一頭，食之果瘥。

右二則，前一則在上卷，此一則在中卷，皆卜病，皆以食兔愈病也。

余至揚州從事弘泰言家，時坐有衆客，語余曰：「家適有祥，試爲卦，若得吉者，當作二十人主人。」❶即爲卜之，遇豫䷏之解䷧。其林曰：「有釜之象无火形，不見離也。變見夜光連月精。坎爲月。潛龍在中不游行，言蟠者。案卦卜之藻盤鳴。金妖所憑无咎慶。」藻盤非鳴，或有鳴者，其家至今无他。弘泰言大駭，云：「前夜月出，盥盤忽鳴，中有盤龍象也。」

右一則，亦中卷。此可謂占法之奇中者。卷内他皆稱是，難以盡書，姑録此八則，亦可概見矣。

❶「主」，原作「王」，今據元刻本、四庫本、慶餘堂本改。

洞極真經

愚案：《洞極真經》莫知作者，而元魏關朗子明之所傳次也。雖无預於《易》，然序本論述聖人本《河圖》以畫卦，朱子《啓蒙》之所援證。其爲極也，又起於《洛書》之數，以北方一爲生之弌，西南二爲育之弌，東方三爲資之弌，而極有一畫矣。又以東南四爲生之弍，中央五爲育之弍，西北六爲資之弍，而極有二畫矣。又以西方七爲生之弎，東北八爲育之弎，南方九爲資之弎，而極有三畫矣。每一極演而爲九，三九二十七而極終，亦猶近世蔡氏《皇極内篇》演《洛書》之數，至於九九八十一也。其爲書也，生傳一，資傳二，育傳三，論上四，敘本一，明變二，極數三，原名四，原德五。❶論下五，體用六，象用七，❷象擬八，次象九，互象十，極圖十一。子明自爲之序。今録序及生、資、育三極與二論要者于左，以見一書大略云。

序

朗，業儒，蓄書積數世矣。自六代祖淵會鼎國之亂，徙家于汾河，所藏之書散逸幾盡，其秘而存者，唯《洞極真經》而已。六世祖嘗謂家人曰：「《洞極真經》，聖人之書也。吾後數世當有賢者生，如得其用，功不下於稷、契。倘不時偶，其顔淵之流乎！」是經之蘊當可明也。朗幸生其族，得聞遺言於祖父，敢不勉勉以發揚先祖之意乎？因伏讀

❶「德」，原作「名」，今據元刻本、薈要本、慶餘堂本改。

❷「象」，原作「爲」，今據元刻本、慶餘堂本改。下三「象」字同。

累年，思以傳次。然而性蒙識泥，不能洞達。聞崆峒山有秫先生者，世之異人也，故往師焉。至之幾歲，孜孜焉未嘗敢廢弟子之禮。一日齋戒盥沐，發卷以請其蘊。先生乃掩卷而歎曰：「此天地之樞機，聖賢之壼奧也，潛而不傳也久矣，子孰從而得之？」朗具以先祖之言告，先生因爲朗著《翼》以明其大端，作《則》以指諸人事。於是《洞極》之義煥然可詳。朗既得而歸，有頃，聞先生已飛昇矣。嗚呼！聖人之言，將假先生而視諸人耶？將不可使下民知之耶？不然，何先生之傳而不留矣！朗以謂天以先生而啓之，而不可以先生盡之，使盡之者，其非朗乎？因以先生之《翼》、《則》附于經，又編其遺言爲《洞極論》，凡十一篇，復作傳以釋其蘊，爲圖以序其爲，庶乎來者知《洞極》之道焉。時太和末年正月上休日序。

生傳第一

生式，生式，生式。生，洪明正。一式，冥虖。傳曰：「冥，物始生也。」一式，形虖爲。傳曰：「形虖爲，質始成也。」一式，罔不利。傳曰：「罔不利，濟於用也。」《翼》曰：「陽秉日生，洪哉，大也，明哉、正哉，極也。惟生故能大盛而極焉。」《則》曰：「聖人以化育天下。」

次萌、息、華、茂、止、安、燠、實，通九傳。

資傳第二

資式，資式，資式。資，天生地育而人資。《翼》曰：「取天地之道曰資。觀其資，三極之情可見矣。」《則》曰：「聖人以順天地而創法立制。」三式，資其象以制服器。傳曰：「資其象，制服器也。」三式，資其器以闢田里，以興地利。傳曰：「資其器，興地利也。」三弍，資其用以化育兆姓。傳曰：「資其用化育兆姓，其道大也。」次用、達、興、紊、悖、靜、平、序，通九傳。

育傳第三

育弌，育弍，育弎。育，洪明。《翼》曰：「陰能成陽之生曰育。育則洪，洪然後正。」《則》曰：「君子以承君闡化以育兆姓。」二弌，女子育於家，正臧。傳曰：「女子育於家，育在内也，不正則否，正乃臧也。」二弍，乃蟄乃萌，育於田。傳曰：「乃蟄乃萌，育于田也。」二弎，利用獲。傳曰：「利用獲，育道成也。」次和、塞、作、煥、幾、抑、冥、通，通九傳。

敘本論并圖。

生 興 達 實 萌 通 茂 息 抑

煥 華 幾 安 育 靜 序 止 冥

烸 紊 用 和 悖 塞 作 平 資

子曰：《河圖》之文，七前六後，八左九右，聖人觀之以畫八卦，是故全七之三以爲離，奇以爲巽；全八之三以爲震，奇以爲艮；全六之三以爲坎，奇以爲乾；全九之三以爲兑，奇以爲坤。正者全其位，偶者盡其畫。《易》曰「四象生八卦」，其是之謂乎？《洛書》之文，九前一後，三左七右，四前左二前右，八後左六後右，後聖稽之以爲三象，是故一爲生之弌，四爲生之弍，七爲生之弎，二爲育之弌，五爲育之弍，八爲育之弎，三爲資之弌，六爲資之弍，九爲資之弎，因而變以成二十有七象。❶

明變論并圖。

生 煥 實 興 烸 茂 達 序 和

❶「象」，原作「爲」，今據元刻本、慶餘堂本改。

資抑用作冥塞平通幾

育萌華安悖止静息紊

生之象，育乘其弌而爲焕，乘其弍而爲實，乘其弎而爲興，資乘其弌而爲烢，弍而爲茂，弎而爲達，育一資弎而爲序，育弎資弌而爲和。

育之象，❶生乘其弌而爲萌，弍而爲華，弎而爲安，資乘其弌而爲悖，弍而爲止，弎而爲静，生弌資弌而爲息，生弌資弎而爲紊。

資之象，生乘其弌而爲抑，弍而爲用，弎而爲作，育乘其弌而爲冥，弍而爲塞，弎而爲平，生弌育弎而爲通，生弌育弌而爲幾正。此之謂變象之道也。

極數

子曰：天一，地二，人三，天四，地五，人六，天七，地八，人九。三極之數四十五，天有十二，一、四、七。地有十五，二、五、八。人有十八。三、六、九。審其數而畫之，三十有九則弌，除天、地、人六數外，有三十九數歸之於天。四十有二則弍，除人三數外，有四十二歸之地。四十有五則弎。《洛書》全數歸之於人。生之策百一十七，三畫計三十九。育之策百二十六，三畫計四十二。資之策百三十五，三畫計四十五。遺其餘則三百有六十，當期之日，愚計三策之數本甚不合，遺其餘七、六、五，然後合三百六十之數。《易》計乾坤之策三百六十，不如是也。未敢以爲然。顯冥之道盡矣。

原名

朗問曰：經取極名之，何謂也？子曰：形

❶「象」，原作「爲」，今據元刻本、慶餘堂本改。下二「象」字同。

而上者謂之天，日、月、星、辰皆天也；形而下者謂之地，山、川、草、木皆地也；命于其中者謂之人，戎、狄、禽、魚皆人也。酌其源，則流可知矣；視其表，則影可見矣。達於此者，其知經之名乎！愚案：此唐韓文公《原人》之文也，豈崆峒山人先得其所欲言者乎？愚不能无疑。

原　德

子曰：物无不受之謂洪，物无不燭之謂明，於物无欺之謂正。君子體洪臨下，明以脩性，正以治德，故曰洪明正。

次　象　論并圖。❶

天地闢，萬物生，生必萌，萌而後息，息而華，華則茂，物不終茂，故所以止。止然後安，安則得其烢，烢則實，實則可以資矣。資必有所用，用然後達，達則能興，物不終興，興久則紊。紊則悖，治悖莫若静。静則平，平則有序，序則可以育矣。育然後歛，物不終歛，歛久則塞，決塞必有作，作則焕，焕則幾乎正矣。至正必有抑，抑則冥，物不終冥，故以通而終焉。

衛氏元包

愚案：《元包》者，後周衛元嵩之所作也。祖京房《易傳》八宫卦，以坤宫八卦爲元包太陰卷一，乾宫八卦爲元包太陽卷二，次兑宫八卦爲少陰，次艮宫八卦爲少陽，次離宫八卦爲仲陰，次坎宫八卦爲仲陽，次巽宫八卦爲

❶「象」，原作「爲」，今據元刻本、慶餘堂本改。

孟陰，次震宮八卦爲孟陽，運蓍第九，説源第十，凡十卷。唐蘇源明傳，李江注。今録其序及乾、坤二卦傳于左，以見一書之大概云。

《元包》序

《包》之爲書也，廣大含弘，三才悉備。言乎天道，有日月焉，有雷雨焉；言乎地道，有山澤焉，有水火焉；言乎人道，有君臣焉，有父子焉。理家爲政之尤者。昔文質更變，篇題各異。夏曰《連山》，殷曰《歸藏》，周謂之《易》，而唐謂之《包》。包者，藏也，言善惡、是非、吉凶、得失皆藏其書。觀乎囊括萬有，籠罩八紘。執陶鑄之鍵，啓乾坤之扃。孕覆育載，通幽洞冥。窮天人之秘，研造化之精。推興亡之理，察禍福之萌。與鬼神齊奧，將日月齊明。可謂六五經而四三易，雖《太玄》莫之與京。然文字奇詭，音義譎怪，紛而不擇，隱而不明者，得非遭於離亂與？「作《易》者，其有憂患乎？」蓋所謂憂亂而患小人也，故其辭詭。衛先生近之矣。秘書少監武功蘇源明洗心澄思，爲之脩傳，解紛以釋之，索隱以明之，帝王之道顯然昭著。有以見理亂之兆，有以見成敗之端。江考于訓詁，躭于講習，輒演玄義，庶傳乎好學者焉。國子監四門助教趙郡李江注。

《元包》太陰卷第一

傳曰：理亂相糺，質文相化。亂極而先乎太《易》，文弊而從乎巨《包》。聖人以道也，賢人以發也。《易》始乎乾，文之昭也以行；《包》始乎坤，質之用也以靖。行者，所以動天下之務；靖者，所以默天下之機。太陰、太陽，潛相貞也；少陰、少陽，潛相成也。巟乎廣反。廾莫榜反。衆草。莫默，地之輿也；顛宀彌偏反。覆也。勹馬茅反。裹也。盈，天之昌也。仍而通之，極乎三十六；全而劆之，存乎六十四。其旨微，其體正。語則直，義則矗然而不誙；觀其辭，則会危蘊反。高也。然而不及。捝魚底反。一以布氣，藏萬以植言。斯道，君子之幾也夫！誠至，君子之爲也夫！於戲！流于睿監，講於太學，伏而惟之，使自怡之，歸人於至和，示人於太樸，已矣。

☷坤，宂丮莫默，厎牛林反。厎也。森囷匿甲反。匿。靖而不躁，樸而不飾。群類囮昊和反。化也。育，庶物甡植。厥施惟熙，厥動惟極。傳曰：宂者春之熙，丮者夏之茂，莫者秋之落，默者冬之潛。母萬物者，熙然足以布和，茂然足以長物，落然足以育衆，潛然足以正極。坤道備此四德，故曰「宂丮莫默。」厎者言其衆，森者言其植，囷者言其受，匿者言其藏，皆地之性也。「靖而不躁」，陰之德也。「樸而不飾」，質之禮也。「群類囮育」，所化者衆也。「庶物甡植」，所生者多也。「厥施惟熙」，其賚廣也。「厥動惟極」，其功大也。昔王體之以立政，侔之以行簡，尚乃儉，務乃素，无起徵修，无勤動爲。惟爾衆它不順。

《元包》太陽卷第二

☰乾，顛亠勹盈，夵𡕯斡縈。揭而不憇，駁而克明。四敘既侖，萬類既生。厥造惟弘，厥動惟宏。傳曰：顛者仁之高，亠者仁之覆，勹者禮之拎，盈者信之充。育萬物者，仁高足以濟衆，義覆足以利物，禮拎足以崇德，信充足以布氣。乾道備此四德，故曰「顛亠勹盈」。「夵𡕯斡縈」，何謂也？夵者言其大，𡕯者言其溥，斡者言其運，縈者言其周，皆天之象也。「揭而不憇」，陽之用也。「駁而克明」，文之照也。「四敘既侖」，寒暑變易也。「萬類既生」，品物滋長也。「厥造惟弘」，其惠廣也。「厥勳惟宏」，其功極也。昔王揣之以行化，規之以立制，發聲明，盛文物，无略威儀，无簡禮度。

潛虚

《潛虚》者，宋太師温國公司馬光君實之所作也。公雅好《太玄》，自謂《玄》以準《易》，《虚》以擬《玄》，其作書之意可見矣。朱文公謂：「《潛虚》只是吉凶臧否平，王相休囚死。」「《潛虚》後截是張行成續，不押韻見得。」今録其要者于左，以見一書之大概云。

萬物皆祖於虚，生於氣。氣以成體，體以受性，性以辨名，名以立行，行以俟命。故虚者，物之府也；氣者，生之户也；體者，質之具也；性者，神之賦也；名者，事之分也；行者，人之務也；命者，時之遇也。

氣圖

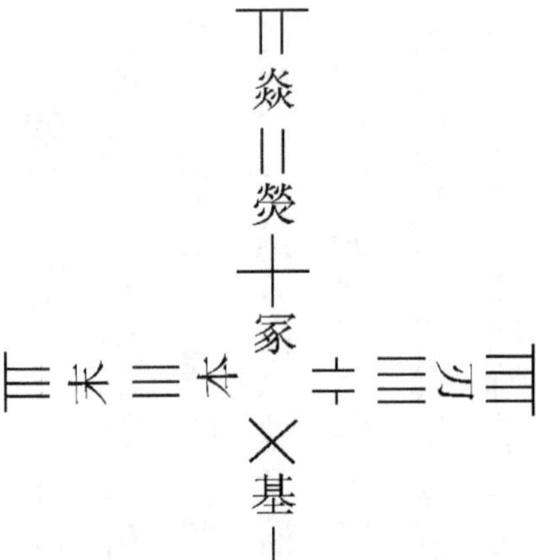

體圖

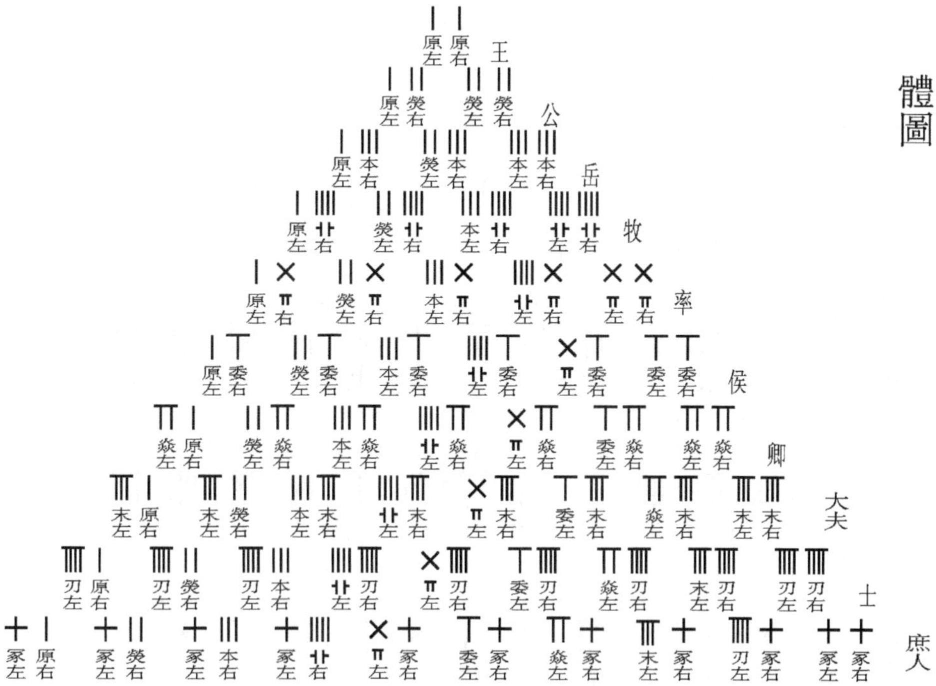

一等象王，二等象公，三等象岳，四等象牧，五等象率，六等象侯，七等象卿，八等象大夫，九等象士，十等象庶人。一以治萬，少以制衆，其惟綱紀乎？綱紀立而治具成矣。心使身，身使臂，臂使指，指操萬物。或者不爲之使，則治道病矣。卿詘一，大夫詘二，士詘三，庶人詘四，位愈卑，詘愈多，所以爲順也。詘雖多，不及半，所以爲正也。正順，莀隆之大誼也。

性圖

𝍠 𝍠水	𝍠 𝍡火	𝍠 𝍢木	𝍠 𝍣金	𝍠 X土	𝍠 𝍥水
𝍡 𝍡火	𝍡 𝍢木	𝍡 𝍣金	𝍡 X土	𝍡 𝍥水	𝍡 𝍦火
𝍢 𝍢木	𝍢 𝍣金	𝍢 X土	𝍢 𝍥水	𝍢 𝍦火	𝍢 𝍧木
𝍣 𝍣金	𝍣 X土	𝍣 𝍥水	𝍣 𝍦火	𝍣 𝍧木	𝍣 𝍨金
X X土	X 𝍥水	X 𝍦火	X 𝍧木	X 𝍨金	X 十土
𝍥 𝍥水	𝍥 𝍦火	𝍥 𝍧木	𝍥 𝍨金	𝍥 十土	
𝍦 𝍦火	𝍦 𝍧木	𝍦 𝍨金	𝍦 十土	𝍦 𝍠水	
𝍧 𝍧木	𝍧 𝍨金	𝍧 十土	𝍧 𝍠水	𝍧 𝍡火	
𝍨 𝍨金	𝍨 十土	𝍨 𝍠水	𝍨 𝍡火	𝍨 𝍢木	
十 十土	十 𝍠水	十 𝍡火	十 𝍢木	十 𝍣金	

凡性之序，先列十純。十純既浹，其次降一，其次降二，其次降三，其次降四，最後五配而性備矣。始於純，終於配，天地之道也。

名圖

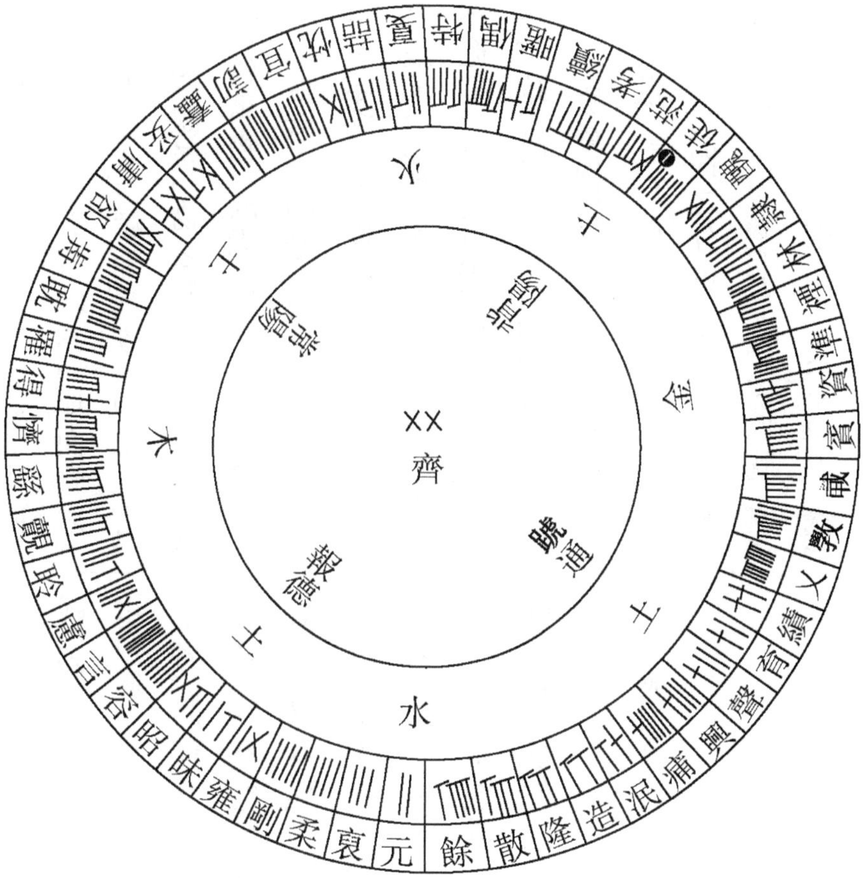

❶「[illegible]」，元刻本作「[illegible]」。

一、六置後，二、七置前，三、八置左，四、九置右，通以五、十。五行叶序，卬而瞻之。宿躔從度，卬則爲莧，頫則爲墜，卬得五宫，頫得十數。元、餘者，物之始終，故无變。齊者，中也，包斡萬物，故无位。奥至之氣起於元，轉而周三百六十四變，變尸一日乃授於餘而終之。以步莧軌，以叶歲紀。人之生本於虛，虛然逡形，形然逡性，性然逡動，動然逡情，情然逡事，事然逡德，德然逡家，家然逡國，國然逡政，政然逡功，功然逡業，業終則返於虛矣。故萬物始於元，著於裒，蒲侯反。存於齊，消於散，訖於餘。五者，形之運也。柔、剛、雍、昧、昭，性之分也；容、言、慮、聆、覿，動之官也；繇、懠、牋西反。得、罹、耽，都含反。情之訹恤。也；冓、郤、庸、妥、吐火反。蠢，天尹反。事之變也；訒、刃。宜、忱、喆、戛，德之塗也；特、偶、暱、續、考，家之綱也；范、徒、醜、隸、林，國之紀也；禋、因。準、資、賓、戢，政之務也；斁、效。乂、績、育、聲，功之具也；興、痡、鋪。泯、造、隆，業之著也。爲人上者，將何爲哉？養之，教之，理之而已。養之，故人賴以生也；教之，故人賴以明也；治之，故人賴以乂也。夫如是，故人愛之如父母，信之如卜筮，畏之如雷霆。是以功成，而名白也。夫爲人上，而不能養，則人離叛矣；養而不能教，則人殺亂矣；教而不能治，則人抵捍矣。三具者亡，而祈有功名，可得乎？

卬仰。莧天。頫俯。墜地。奥冬。逡後。戢戎。

行圖	變圖	解圖
||元 元，始也。夜半，日之始也。朔，月之始也。冬至，歲之始也。好學，智之始也。力行，道德之始也。任人，治亂之始也。	慎於舉趾，差則千里，機正其矢。	慎於舉趾，差則遠也。
|||裒 裒，聚也。氣聚而物，宗族聚而家，聖賢聚而國。	初 進而逡而俟其聚，不可苟，必進逡也。信而利用正。	
	二 人倮而繁，獸猛而殫。	人倮而繁，善以道群也。
	三 百毒之聚，勝者爲主，惟物之蠱。	百毒之聚，祗害人也，
	四 羽毛鱗介，各從其彙。	羽毛鱗介，聚以倫也。
	五 菟絲之莽，附草絶根。	菟絲之莽，不知固根也。
	六 八音和鳴，神祇是聽。	八音之裒，感神明也。
	上 雲還于山，冰泮于川。	雲還冰泮，聚極必分也。

愚案：自裒至散，凡五十二，皆然散。後有餘、齊併具于左。

||||餘 餘，終也。天過其度，日之餘也。朔不滿氣，月之餘也。日不復次，歲之餘也。功德垂後，聖賢之餘也。故天地无餘，則不能變化矣；聖賢无餘，則光澤不遠矣。	堯舜之德，禹稷之績。堯舜周孔，垂世無窮。周規孔式，終天無斁也。	
XX齊 齊，中也。陰陽不中，則物不生；血氣不中，則體不平；剛柔不中，則德不成；寬猛不中，則政不行。中之用，其至矣乎！	衆星拱極，萬矢湊的，必不可易。	衆星萬矢，誰能易中也。

命圖上

	吉	臧	平	否	凶
哀	六	四	二	五	三
柔	五	四	三	六	二
剛	四	六	五	二	三
雍	三	二	五	六	四
昧	二	四	五	六	三
昭	六	四	二	五	三
容	五	四	三	六	二
言	四	六	五	二	三
慮	三	二	五	六	四
聆	二	四	五	六	三
覿	六	四	二	五	三
繇	五	四	三	六	二
懠	四	六	五	二	三
得	三	二	五	六	四
罹	二	四	五	六	三

命圖下

	吉	臧	平	否	凶
特	五	四	三	六	二
偶	四	六	五	二	三
暱	三	二	五	六	四
續	二	四	五	六	三
考	六	四	二	五	三
范	五	四	三	六	二
徒	四	六	五	二	三
醜	三	二	五	六❶	四
隸	二	四	五	六	三
林	六	四	二	五	三
禋	五	四	三	六	二
準	四	六	五	二	三
資	三	二	五	六	四
賓	二	四	五	六	三
戢	六	四	二	五	三
耽	六	四	二	五	三
耇	五	四	三	六	二
郤	四	六	五	二	三
庸	三	二	五	六	四
妥❷	二	四	五	六	三
蠢	六	四	二	五	三
訒	五	四	三	六	二
宜	四	六	五	二	三
忱	三	二	五	六	四
喆	二	四	五	六	三
戛	六	四	二	五	三
斅	五	四	三	六	二
理	四	六	五	二	三
績	三	二	五	六	四
育	二	四	五	六	三
聲	六	四	二	五	三
興	五	四	三	六	二
痛	四	六	五	二	三
泯	三	二	五	六	四
造	二	四	五	六	三
隆	六	四	二	五	三
散	五	四	三	六	二

元、餘、齊三者，无變皆不占。初、上者，事之始終，亦不占。

❶「六」，原作「二」，今據元刻本、薈要本、慶餘堂本改。

❷「妥」，原作「安」，今據元刻本改。

揲　法上、下同。

五行相生得二十五，以三才乘之，得七十五，爲策。虚五用七十，分爲二，取左一掛於右，揲左以十，觀其餘，扐之。復合爲一，再分之、掛、揲。右如左法。左主右客，先主後客陽，先客後主者陰。觀其所合，以名命之。既得其名，又合蓍分之。陽則置右而揲左，陰則置左而揲右。生純置右，成純置左。揲以七，所揲之餘爲所得之變。觀吉凶臧否平而決之。陽用其顯，陰用其幽。幽者，吉凶臧否，與顯戾也。欲知始、中、終者，以所筮之時占之。先體爲始，後體爲中，所得之變爲終，變已主其大矣。又有吉凶臧否平者於變之中，復細別也。不信不筮，不疑不筮，不正不筮，不順不筮，不蠲不筮，不誠不筮。必蠲，必誠，神靈是聽。

《玄》以準《易》，《虚》以擬《玄》。《玄》且覆瓿，而況《虚》乎？其棄必矣。然子雲曰：「後世復有楊子雲，必知《玄》。」吾於子雲雖未能知，固好之矣。安知後世復無司馬君實乎？

朱文公辨證

紹興己巳，洛人范仲彪炳文客崇安，予得從之遊。炳文親唐鑑公諸孫，嘗娶温國司馬氏，其多藏文正公遺墨。嘗示余以《潛虚》别本，則其所闕之文尚多。問之，云温公晚著此書，未竟而薨，故所傳止此。蓋嘗以其手藁屬景迂晁公補之，而晁不敢也。近得泉州季思侍郎所刻，則首尾完具，遂无一字之闕，始復驚異，以爲世果自有完書，而疑炳文語或不可信。讀至剛行，遂釋然曰：此贋本也。人問何以知之。余曰：本書所有句皆協韻，如《易》彖、文、象，《玄》首、贊、測。其今有而昔无者，行變尚協，而解獨不韻，此蓋不知也。字處末則止字爲韻之例耳。此人好作僞書，而尚不識其體製，固爲可笑。然亦幸其如此，不然則幾何而不遂至於偪真也耶？亟以書扣季思，此本果家世之舊傳否邪。則報曰：得之某人爾。於是益知炳文爲不妄。嘗欲私記本末，以訂其謬而未暇。今復得鄉人張氏印本，乃泉本之所自出，於是始出舊書授學者，使以相參。凡非温公之舊者，悉朱識以別之，使覽者有以考焉。

皇極經世書

《皇極經世書》者，宋康節先生邵子之所作也。論已見此篇首題辭。今略述先生祖先天方圓圖演數之法，以見作用之大旨。若夫推步之精，知來之神，愚何能闖於其藩？所願學焉，而未敏也，因得友人查伯復顔叔、俞邦翰孟宣相與講之，粗知其説云。

《經世》本先天方圓圖説

康節先生天之《易》尚象而不尚辭。《觀物篇》有所謂律吕圖、聲音圖、八卦交爲十二辰圖、十二辰交而爲十六位圖、太極圖、既濟陰陽圖、掛一圖、三千六百年圖，諸圖之傳，並无一字言其所以然。蓋欲示不言之教，如伏羲六十四卦初无言語文字也。然其圖雖多，特只本之先天六十四卦方圓圖。且以先天圖言之。圓圖象天包於地外，方圖象地處於天中，是一大陰陽相配也。分圓圖而觀，乾、兑、離、震居左爲天卦，巽、坎、艮、坤居右爲地卦，分陰陽主兩儀，而主運行不息之事。分方圖而觀：西北十六卦，天卦自相交；東南十六卦，地卦自相交；其斜行則乾、兑、離、震、巽、坎、艮、坤，自西北而東南，皆陰陽之純卦也，不能生物。西南十六卦，天去交地，天卦皆在上而生氣在首，故能生動物而頭向上；東北十六卦，地去交天，天卦皆在下而生氣在根，故能生植物而頭向下；其斜行則泰、損、既濟、益、恒、未濟、咸、否，自東北而西南，皆陰陽得偶之合也，所以能生物也。又合二圖而觀：方圖乾處圓圖亥位，謂之天門，是天氣下降也；方圖坤處圓圖巳位，謂之地户，是地氣上騰也。此兩十六卦，所謂「陰陽互藏其宅」也。方圖泰處圓圖寅位，謂之鬼方；方圖否處圓圖申位，謂之人路。此兩十六卦是天交地、地交天，而生生不息，所以泰居寅而否居申，所謂「陰陽各從其類」也。夫圓圖主運行之事，方圖主生物之事。運行者，氣也；生物者，質也。氣非質則无所附麗，質非氣則豈能生物哉？康節《經世書》本先天方圓圖，其作用大略如此。查顔叔。

《經世》要旨

先天之學，本來只是先天六十四卦大橫圖一一八八之序。橫圖者，卦之所以列；一一八八者，數之所由肇。卦之於數，猶形之於影耳。由是取橫圖復至乾三十二卦，自北歷東以至于南，取姤至坤三十二卦，自南歷西以終於北，以應天之運，而天根月窟自然之理不假作爲，莫不對待，而圓圖立矣。取橫圖乾一宮之八卦，自乾至泰橫布於圓圖之内，而兑二宮之八卦，自履至臨加布於乾宮八卦之上。餘六卦以次橫列，而乾居西北，坤居東南，否、泰陰陽之交居於東北、西南，以應地之方。横斜曲直之妙理无窮，而方圖立矣。若夫圓圖之發用，則以乾、兑、離、震三十二卦爲陽，爲在天日、月、星、辰之四象，爲元、會、運、世之大四象。震、離二宫爲陽中陰，兑、乾二宫爲陽中陽，又分天道之陰陽太少。坤、艮、坎、巽三十二卦爲陰，爲在地水、火、土、石之四象，爲歲、月、日、時之小四象。巽、坎爲陰中陽，艮、坤爲陰中陰，又分地道之柔剛太少。其數則自一一二二以至八八，並以十二、三十累因而爲分杪之數。全數悉具《觀物篇》中。如天地各十六象，皇帝王伯、走飛草木等，錯綜敷暢之妙自見。本篇今不繁具。若夫方圖之取用，則分爲四片。西北十六陽卦爲天卦，而乾主之。東南十六陰卦爲地卦，而坤主之。否、泰所主各十六卦，是爲陰陽之交既濟之卦。其圓圖陽卦主元、會、運、世，凡三百六十運，四千三百二十世，十二萬九千六百年，皆有當時直事之卦。泝其始，如星甲辰子之直事卦，所謂畫前有《易》也。直事卦者，即掛一卦也，運、世、年、月皆有之，以掛一全卦之序分去。如每運、每世、每年、每月，並用四爻直之，其餘爻即閏爻也。爲説甚多，今不繁具。或以世卦配運卦，或以年卦配世卦，須合方圖天地卦分位置左右。若世卦配運，則運卦居左；年卦配世，則世卦居左。左爲天卦，右爲地卦，須變爻變卦以合方圖。攷大四象掛一之卦以求分數，攷大四象元、會、運、世是何位，即合掛一何卦亦得其位之分數矣。但案掛一，本圖可見也。以此所得之掛一某卦，而質於圓圖，以察理亂休咎。而圓圖陰卦爲歲、月、日、時，主動植事物，自有律吕聲音數，合方圖天地卦位置左右。聲陽居左，音陰居右。横看既濟卦，攷大、小四象而得掛一之卦，以求分杪二數，人用分，物用杪。亦質於圓圖，以觀臧否。謂得掛一卦以質之圓圖在何處。如陽中陽則極治之時，事物皆美；陰中陰極亂之時，事物皆惡；陰中陽，亂而將治，事物終美；陽中陰，治而將亂，事物終惡。又察其陰陽進退饒乏，卦氣發斂屈伸之類。凡古今治迹，只是憑一定之卦以推步，動植事物，則隨時取聲音數以求卦而占測也。一定卦者，掛一之序也。聲音者，方圓天地卦。以求得掛一卦也。所謂經者，猶言經緯之經，亦有經綸之義。觀天之數以元經會者，猶以十二會爲經，而三百六十運以下爲緯。觀地之數以會經運者，猶以二百五十運爲經，而以二千九百八十世以下爲緯。觀人之數以運經世者，猶以一百二十世爲經，而以三千六百年爲緯。謂一元則經之以會，九會則經之以運，十運則經之以世也。雖曰斷自唐、虞以下，而百世亦可推也。邵子志存斯世，故惟以經世人事名篇。但動植事物之數，雖屬圓圖陰卦，而歲、月、日、時之下分杪太細，故以四卷載律呂聲音之變，而悉歸之方圓矣。蓋方、圓二圖錯綜而用，變動不居，不可爲典要也。《皇極》取《河圖》天五、地六二中以立數，取圓圖太少、陰陽、剛柔之倡和，得一萬七千二十四，凡日、月、星、辰之變，水、火、土、石之化，律呂聲音之實數，同歸于此。以此一萬七千二十四自乘，得二萬八千九百八十一萬六千五百七十六，是爲動植通數。而用之以取掛一卦，二百五十六者也。以圓圖大四象每元之元一大位，各全具六十四卦，係十六之乘十六，又四其六十四也。取掛一卦之法，乃用前數二萬八千九百八十一萬六千五百七十六，是爲九位掛，其中五之位看左右位。陰陽進退、消息虛張，其説繁晦，今故略之。學者但案邵子所傳掛一卦之定序攷之，似不須布籌以自惑也。掛一卦起於元之元之元之元泰卦，乃方圖東北之位，終始萬物之義，故運世與年各用掛一全卦之序，而直事仍取合於方圖天地卦、圓圖大小四象，而後分杪之數歸宿矣。

今當一元之午會癸運酉世，即一歲之五月初六日酉時也，是謂大、小四象。○俞孟宣。

《經世》與《易》名位不同

祝涇甫曰：「《易》以占爲神極，以筭爲智。占者，聽圓變之蓍，以求將見之象；筭者，布一定之卦，以御无窮之數。占則取驗於天神之研幾也，筭則斷在人智之極深也。神以知來，而未嘗不藏往；智以藏往，而未始不知來。惟《易》之與《極》，其旨若相似，而致用實不同。《易》與《極》之八卦名同而位殊，文同而旨異。位之殊，今先天、後天之圖可識矣。旨之異，則《易》之乾爲天、爲金，而《極》則爲日、爲水之類也；❶《易》之坤爲地、爲土，而《極》則爲水、爲雨之類也；《易》之震爲雷、爲木，而《極》則爲辰、爲夜也；《易》之巽爲風、爲木，而《極》則爲石、爲雷也；坎爲水、爲月者，《易》也，《極》則爲土、爲露矣。離爲火、爲日者，《易》也，《極》則爲星、爲晝矣；艮爲山，而今爲火、爲風；兑爲澤，而今爲月、爲寒矣。自是充之，非惟八卦取象之異於《易》，而吉凶悔吝亦大不同。」《觀物》斷決發題。愚謂《極》只取伏羲卦畫，不用文王、周、孔之辭，故其作用之不同，固无怪其然矣。

皇極内篇

案：《皇極内篇》者，蔡九峰先生之所作也。先生名沈，字仲默，朱文公門人。其意謂《河圖》更四聖而象已著，《洛書》錫神禹而數不傳，故作是書以究極其數。其演

❶ 「水」，據《皇極經世》，當爲「暑」字之誤。

數之法縱橫皆九位，經之以一一一二，至於九一九二，而終之以九九。緯之以一一二一，至於九一九二，亦終之以九九。其筮法或以蓍，或以木，惜變數之法不傳，莫能適諸用也。今姑録其要旨，以見一書之概云。

序節文。

體天地之撰者，《易》之象。紀天地之撰者，《範》之數。數者始於一，象者成於二，一者奇，二者偶也。奇者數之所以行，偶者象之所以立。故二而四，四而八，八者八卦之象也；一而三，三而九，九者九疇之數也。由是重之，八而六十四，六十四而四千九十六，而象備矣；九而八十一，八十一而六千五百二十一，而數周矣。《易》更四聖而象已著，《範》錫神禹而數不傳。先君子曰：「《洛書》者，數之原也。」余讀《洪範》而有感焉，上稽天文，下察地理，中參人物古今之變，窮義理之精微，究興亡之徵兆，微顯闡幽，彝倫攸敘，秩然有天地萬物各得其所之妙。歲月侵尋，粗述所見，辭雖未備，義則著矣。嘉定戊寅長至蔡沈仲默父序。

八十一數名

〩〡 養	〨〡 實	〧〡 迅	〦〡 飾	〥〡 庶	〤〡 比	〣〡 見	〢〡 成	〡〡 原
〩〢 遇	〨〢 賓	〧〢 懼	〦〢 厲	〥〢 決	〤〢 開	〣〢 獲	〢〢 沖	〡〢 潛
〩〣 勝	〨〣 危	〧〣 除	〦〣 虛	〥〣 豫	〤〣 晉	〣〣 從	〢〣 振	〡〣 守
〩〤 囚	〨〤 堅	〧〤 若	〦〤 昧	〥〤 升	〤〤 公	〣〤 交	〢〤 祈	〡〤 信
〩〥 壬	〨〥 革	〧〥 疾	〦〥 損	〥〥 中	〤〥 益	〣〥 育	〢〥 常	〡〥 直
〩〦 固	〨〦 報	〧〦 競	〦〦 用	〥〦 伏	〤〦 章	〣〦 壯	〢〦 柔	〡〦 蒙
〩〧 移	〨〧 止	〧〧 分	〦〧 郤	〥〧 過	〤〧 盈	〣〧 興	〢〧 易	〡〧 閑
〩〨 墮	〨〨 戎	〧〨 訟	〦〨 翕	〥〨 疑	〤〨 錫	〣〨 欣	〢〨 親	〡〨 須
〩〩 終	〨〩 結	〧〩 收	〦〩 遠	〥〩 寡	〤〩 靡	〣〩 舒	〢〩 革	〡〩 厲

〢原〡之

原，元吉，幾，君子有慶。數曰「原」，誠之原也。幾，繼之善也。君子見幾有終慶也。

〡吉 〡元	〡吉 〢咎	〡吉 〣祥	〡❶吉 〤齊	𝍤吉 〡平	〦吉 〡悔	〧吉 〡災	〨吉 〡休	〩吉 〡凶
〢咎 〡吉	〢咎 〢咎	〢咎 〣祥	〢咎 〤吝	𝍤咎 〢平	〦咎 〢悔	〧咎 〢災	〨咎 〢休	〩咎 〢凶
〣祥 〡吉	〣祥 〢咎	〣祥 〣祥	〣祥 〤吝	𝍤祥 〣平	〦祥 〣悔	〧祥 〣災	〨祥 〣休	〩祥 〣凶
〤吝 〡吉	〤吝 〢咎	〤吝 〣祥	〤吝 〤吝	𝍤吝 〤平	〦吝 𝍤悔	〧吝 〤災	〨吝 〤休	〩吝 〤凶
𝍤平 〡吉	𝍤平 〢咎	𝍤平 〣祥	𝍤平 〤吝	𝍤平 𝍤平	〦平 𝍤悔	〧平 𝍤災	〨平 𝍤休	〩平 𝍤凶
〦悔 〡吉	〦悔 〢咎	〦悔 〣祥	〦悔 〤吝	𝍤悔 〦平	〦悔 〦悔	〧悔 〦災	〨悔 〦休	〩悔 〦凶
〧災 〡吉	〧災 〢咎	〧災 〣祥	〧災 〤吝	𝍤災 〧平	〦災 〧悔	〧災 〧災	〨災 〧休	〩災 〧凶
〨休 〡吉	〨休 〢咎	〨休 〣祥	〨休 〤吝	𝍤休 〨平	〦休 〨悔	〧休 〨災	〨休 〨休	〩休 〨凶
〩凶 〡吉	〩凶 〢咎	〩凶 〣祥	〨凶 〤吝	𝍤凶 〩平	〦凶 〩悔	〧凶 〩災	〨凶 〩休	〩凶 〩凶

❶「〡」，原作「〢」，今據元刻本改。

愚案：此以後八十數皆依前圖次序，而吉咎祥吝平悔災休凶亦如此圖排定，即此圖可以例其餘矣。

筮

筮者，神之所爲乎？其蓍五十虛一，分二，掛一以三，揲之，視左右手歸餘於扐。兩奇爲一，兩偶爲二，奇偶三也。初揲綱也，再揲目也。綱一函三，以虛待目。目一爲一，以實從綱。兩揲而九數具，八揲而六千五百六十一之數備矣。分合變化，如環无端，天命人事由是較焉，吉凶禍福由是彰焉。大人得之而申福，小人得之而避禍。君子曰：筮者，神之所爲乎？大事用年，其次用月，其次用日，其次用時。

易纂言

〔元〕吴澄 撰

王新春 校點

目録

校點説明 …… 一

易纂言卷首 …… 一

易 …… 一

易 …… 八

連山 …… 八

歸藏 …… 九

易纂言上經第一 …… 一一

易 …… 一一

周易 …… 一一

上經第一 …… 一一

易纂言下經第二 …… 七四

下經第二 …… 七四

易纂言彖上傳第一 …… 一四一

易 …… 一四一

周易 …… 一四一

彖上傳第一 …… 一四一

易纂言彖下傳第二 …… 一五六

彖下傳第二 …… 一五六

易纂言象上傳第三 …… 一七二

象上傳第三 …… 一七二

易纂言象下傳第四 …… 一九八

象下傳第四 …… 一九八

易纂言繫辭上傳第五 …… 二二一

繫辭上傳第五 …… 二二一

易纂言繫辭下傳第六 …… 二四三

繫辭下傳第六 …… 二四三

易纂言文言傳第七 …… 二六一

文言傳第七 …… 二六一

易纂言説卦傳第八 …… 二八一

説卦傳第八 …… 二八一

易纂言序卦傳第九 …… 二九四

序卦傳第九 …… 二九四

易纂言雜卦傳第十 …… 三〇〇

雜卦傳第十 …… 三〇〇

觀生跋 …… 三〇三

校點説明

《易纂言》，元代吴澄撰。

吴澄（一二四九—一三三三），字幼清，撫州崇仁（今屬江西）人，學者稱草廬先生。史載，澄自幼聰穎好學，宋度宗咸淳（一二六五—一二七四）末舉進士不第。元武宗至大元年（一三〇八），召爲國子監丞。元英宗即位，超遷翰林學士，進階太中大夫。元泰定帝泰定元年（一三二四），任經筵講官。後請老而歸，詔加資善大夫，於故鄉授徒講學、著書立説以終。卒，追封臨川郡公，謚文正。澄從學於程若庸，爲朱熹四傳弟子，乃光顯於元代的著名理學家、經學家和易學家，與自金入元的許衡（一二〇九—一二八一）齊名，有「南吴北許」之稱。生平事蹟見於《元史》本傳、《宋元學案》之《草廬學案》及《吴文正集》、《草廬吴文正公全集》所附《年譜》等。

在朱子系統詮釋「四書」的基礎上，吴澄一生致力於全面整理、詮釋「五經」，晚年形成數部皇皇巨著，總稱《五經纂言》。其中，他積近乎半生之心力，寫就《易纂言》。其弟子觀生（按，姓失考）嘗云：「先生著是書，幾四十年。其間稿成改易者凡數四。」（《易纂言》觀生跋）吴澄亦嘗對觀生言：「吾於《易》書用功至久，下語尤精。其象例，皆自得于心，亦庶乎文王、周公繫辭之意。」「吾於《書》有功於世，視《易》爲尤小。吾於《易》有功於世，爲甚大。」（同上）爲了使人們更好地領悟《易》之義例及易學的源流遷變，他還撰有《易纂言外翼》十二篇。

吴澄對《易纂言》頗爲自得，後人亦給予了相當高的評價。明代焦竑（一五四〇—一六一九）在《易纂言序》中即斷言該書：「超然卓詣，絶不爲兩可之詞；稽疑抉奥，契於我心者抑何多也！學者執是以求之，則可以見羲、文之心。見羲、文之心，則能見天地之心矣。羲、文之心即天地之心，而天地之心即吾心也。見吾心，則見《易》矣。噫！非極深研幾者，其孰能知之！」（《澹園續集》卷三）《四庫全書總目・易纂言提要》亦稱：「其解釋經義，詞簡理明，融貫舊聞，亦頗賅洽，在元人説《易》諸家，固終爲巨擘焉。」

吴澄所據以詮釋的《周易》經傳文本，乃一經傳分列本。在漢代，《周易》經傳本來分列，經文在前，傳文則置於其後，二者不相羼雜。至漢末鄭玄與魏王弼乃將《彖》、《象》、《文言》三傳拆解，分别連綴於六十四卦相應經文之後，而成經傳相合本並沿續下來。南宋吕祖謙吸取前人成果，撰成《古周易》一卷，分列經傳，朱子即據此而作《周易本義》。吴澄採此古本，但對《文言》、《繫辭》二傳理解有異。通行本《文言傳》分《乾・文言傳》與《坤・文言傳》兩篇，吴澄則分别將這兩篇視爲《文言傳》的第一、二章，而將《繫辭上傳》中詮釋《上經》否、同人、大有、謙、豫、噬嗑、復、大過八卦九爻之辭的九節内容視爲《文言傳》的第三章，將《繫辭下傳》中詮釋《下經》咸、解、損、益、困、鼎、節、中孚八卦九爻之辭的九節内容視爲《文言傳》第四章。他認爲後兩章乃舊本錯簡散入《繫辭傳》。由于《易傳》各篇皆出孔子之手，故第一、三、四各章舊本中所出現的「子曰」字樣，皆當删去。舊本《繫辭上傳》重複出現的詮釋大有上九爻辭、乾上九爻辭的文字亦當删除。由此確立了新的《周易》經傳分列文本。吴澄整合漢宋并抒發己見，經每卦注其先天卦數、卦序、經緯卦、卦變所自與卦主，每爻明其變卦、分其象占；傳各分章數，釋義於句下。經每卦之末，傳每章之末，又注其字數與音釋、考證。詮釋的理路是象數、義理合一，詮釋的大語境是以心性論爲根基的貫通天人的理學的語境。經此詮釋，易學成爲理學視域下的天人之學，堪稱特色鮮明的「《周易》吴氏學」。

據《易纂言》觀生跋，該書成於元英宗至治二年壬戌（一三二二）秋，翌年首度付梓面世。該刊本今已不得見。其後代有新刊。即今而言，可見版本主要有：明嘉靖元年（一五二二）刻本（簡稱嘉靖本），明萬曆四十二年（一六一四）刻本（簡稱萬曆本），清初鈔本，清康熙十九年（一六八〇）通志堂經解本（簡稱通志堂本），摛藻堂《欽定四庫全書薈要》本（簡稱薈要本），文淵閣《四庫全書》本（簡稱四庫本）。

嘉靖本，崇文書堂刊，書名《新刊周易纂言集注》，四卷，首一卷，現藏東北師範大學圖書館。

萬曆本，十二卷，一函四册，有刻工名，爲焦竑作序本，現藏山東省圖書館。

清初鈔本，書名《周易纂言》，不分卷，兩函，十六册。

通志堂本，十二卷，首一卷，刻本，有刻工名。

薈要本，十二卷，首一卷，鈔本。據《欽定四庫全書薈要總目》，該本係「依内府所藏通志堂刊本繕録，據明焦竑本恭校」，即以通志堂本爲底本，而校之以萬曆本。該本某些卷後有校勘記，共指出底本十二處錯誤。乾隆皇帝因擔心卷帙浩大的《四庫全書》不能在其有生之年完成，曾另設「四庫全書薈要」修書處，擇《四庫全書》菁華，編纂一套卷帙較少的叢書，即《四庫全書薈要》。故薈要本要早於四庫本。薈要本《提要》落款時間爲乾隆四十一年八月，四庫本《提要》落款時間爲乾隆四十六年九月。

四庫本，十二卷，首一卷，鈔本。《提要》稱據内府藏本繕録，所據實即通志堂本。四庫本雖晚出，但薈要本校勘記校出的底本十二處錯誤，它却僅有兩處不誤，且其他錯誤要遠多於薈要本。

本次校點，以康熙十九年通志堂本爲底本，以薈要本和四庫本爲參校本。通志堂本原無目録，且卷端無卷次，特增全書目録，並據卷末所題增補卷端卷次，以清眉目。

《易纂言》與以往文本相異之處，吴澄在經每卦之末與傳每章之末皆做了簡要説明，因而校點時對此不再出校，以免蛇足。另外，吴澄在引述他人著作時，或全引，或節引，或稍稍移動原文之序，此乃古人引書之常例。根據《儒藏》精華編編纂體例，此等處一律不出校。

他校所引之書：《禮記》，據清朱彬《禮記訓纂》，中華書局十三經清人注疏本，一九九六年版。項安世《周易玩辭》，據清康熙十九年（一六八〇）通志堂經解本。《莊子》，據清王先謙《莊子集釋》，中華書局《新編諸子集成》本，一九八五年版。呂祖謙《周易音訓》，據清光緒十三年（一八八七）《槐廬叢書》本。程頤《周易程氏傳》，據《二程集》，中華書局《理學叢書》本，二〇〇四年版。

本次校點，由本人先以通志堂本爲底本，參校四庫本施以校點，繼由本人的博士研究生王洪霞同學參校以薈要本，最後由本人總其成。在此過程中，洪霞同學頗費心力，特予點出，以示謝忱。學殖所限，校點中錯謬難免，敬請方家、讀者不吝賜正。

校點者　王新春

易纂言卷首

吴澄　學

易

易者，陰陽相變易也。上古包羲氏見天地萬物之性情形體一陽一陰而已，於是作一奇畫以象陽，作一耦畫以象陰。見一陽、一陰之互相易也，故自一奇、一耦相易而爲四象、八卦，極於六十四卦，是爲卦畫之象。又作揲蓍之法，教民以卦而占吉凶，自一變而極於十有八變，是爲蓍數之變。卦象、蓍變皆以陰陽相易，故名之曰易。其時未有易字也，後之造字者，合日月二文而爲易字。日，陽精，昱乎晝；月，陰精，昱乎夜。日往則月來，月往則日來，陰陽相易而成晝夜，故易從日從月。字書又謂易字象蜴蜥之形，而假借爲變易之易。蓋不然也。《禮記》曰：「昔者聖人達陰陽、天地之情，立以爲易。」

一　--

羲皇畫卦之時，先作此一、--畫。一者爲奇陽之象也，--者爲耦陰之象也。陽渾合无閒，故一；陰受衝即開，故二。後人名之爲兩儀。《繫辭傳》曰「易有太極，是生兩儀」，邵子謂「一分爲二」，朱子謂「一奇一耦，爲一畫者二」是也。其畫一，其位二，其奇耦之數三。

⚌　⚍　⚎　⚏

奇耦一畫之上，再加一奇一耦，以象陰陽之有老少。奇上加奇者，陽之純，故象老陽。奇上加耦者，陰雜於陽中，故象少陰。耦上加奇者，陽雜於陰中，故象少陽。耦上加耦者，陰之純，故象老陰。後人名之爲四象。《繫辭傳》曰「兩儀生四象」，邵子謂「二分爲四」，朱子謂「兩儀各生奇耦，爲二畫者四」是也。其畫二，其位四，其積畫八，其奇耦之數十二。蓋一畫加一爲二，其位則倍二爲四也。

☰ ☱ ☲ ☳ ☴ ☵ ☶ ☷

二畫之上又各加一奇一耦。奇奇之上加一奇，象天而名乾。奇奇之上加一耦，象澤而名兑。奇耦之上加一奇，象日、象火而名離。奇耦之上加一耦，象雷而名震。耦奇之上加一奇，象風而名巽。耦奇之上加一耦，❶象月、象水而名坎。耦耦之上加一奇，象山而名艮。耦耦之上加一耦，象地而名坤。乾一、兑二、離三、震四、巽五、坎六、艮七、坤八，總名之爲八卦。然當時未有乾、兑、離、震、巽、坎、艮、坤八字及卦字也，即此各卦三畫之象，而名爲乾、名爲兑、名爲離、名爲震、名爲巽、名爲坎、名爲艮、名爲坤也。天、地、山、澤、日、月、水、火、雷、風，亦有其名而未有其字。《繫辭傳》曰「四象生八卦。八卦成列，象在其中矣」，邵子謂「四分爲八」，朱子謂「四象各生奇耦，爲三畫者八」是也。其畫三，其位八，其積畫二十四，其奇耦之數三十六。蓋二畫加一爲三，其位則倍四爲八也。

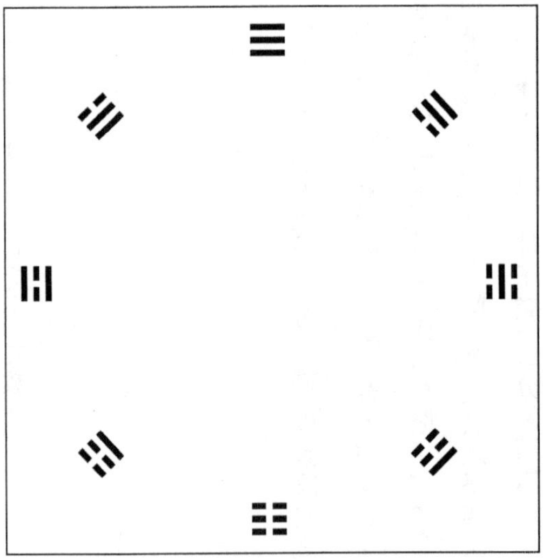

畫至三而卦有八，爲卦之小成，三才之象具矣，故定爲此圖。直豎，則乾上坤下，離左坎右，震左後，兑左前，巽右前，艮右後。平布，則乾南坤北，離東坎西，震東北，兑東南，巽西南，艮西北。《繫辭傳》曰：

❶「上」，原誤作「土」，今據薈要本、四庫本改。

「天尊地卑，乾坤定矣。」《説卦傳》曰：「天地定位，山澤通氣，雷風相薄，水火不相射。」謂此圖也。邵子曰：「太極既分，兩儀立矣。陽下交於陰，陰上交於陽，四象生矣。陽交於陰，陰交於陽，而生天之四象。剛交於柔，柔交於剛，而生地之四象。於是八卦成矣。乾以分之，坤以翕之，震以長之，巽以消之。長則分，分則消，消則翕也。乾、坤定位也，震、巽一交也，兑、離、坎、艮再交也。震陽少而陰尚多也，巽陰少而陽尚多也，兑、離陽浸多也，坎、艮陰浸多也。乾、坤之名位不可易也，坎、離名可易而位不可易也，震、巽位可易而名不可易也，兑、艮名與位皆可易也。離在天而當夜，故陽中有陰也。坎在地而當晝，故陰中有陽也。震始交陰而陽生，巽始消陽而陰生。兑陽長也，艮陰長也。震、兑在天之陰也，巽、艮在地之陽也。故震、兑上陰而下陽，巽、艮上陽而下陰。天以始生言之，故陰上而陽下，交泰之義也。地以既成言之，故陽上而陰下，尊卑之位也。順數之，乾一，兑二，離三，震四，巽五，坎六，艮七，坤八。逆數之，震一，離、兑二，乾三，巽四，坎、艮五，坤六也。乾、坤定上下之位，離、坎列左右之門。天地之所闔闢，日月

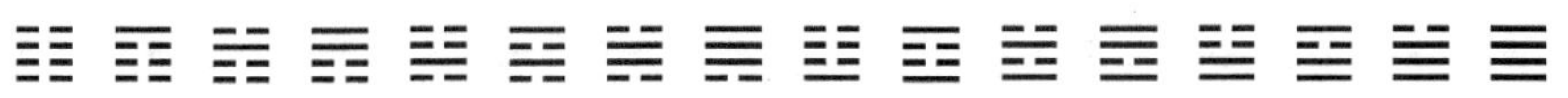

之所出入，是以春夏秋冬，晦朔弦望，晝夜長短，行度盈縮，莫不由乎此矣。乾坤縱而六子衡，易之本也。」

三畫之上又各加一奇一耦。邵子謂「八分爲十六」，朱子謂「八卦各生奇耦，爲四畫者十六。兩儀之上加八卦，八卦之上加兩儀」是也。其畫四，其位十六，其積畫六十四，其奇耦之數九十六。蓋三畫加一爲四，而其位則倍八爲十六也。

四畫之上又各加一奇一耦。邵子謂「十六分爲三十二」，朱子謂：「四畫各生奇耦，爲五畫者三十二。四象之上加八卦，八卦之上加四象」是也。其畫五，其位三十二，其積畫一百六十，其奇耦之數二百四十。蓋四畫加一爲五，其位則倍十六爲三十二也。

䷂ ䷚ ䷗ ䷫ ䷛ ䷱ ䷟ ䷸ ䷯ ䷑ ䷭ ䷅ ䷮ ䷿ ䷧ ䷺ ䷜

䷃ ䷆ ䷠ ䷞ ䷷ ䷽ ䷴ ䷦ ䷳ ䷎ ䷋ ䷬ ䷢ ䷏ ䷓ ䷇ ䷖

䷀

五畫之上又各加一奇一耦。邵子謂「三十二分爲六十四」，朱子謂「五畫各生奇耦，爲六畫者六十四」，蔡氏謂「八卦重爲六十四卦，一卦之上各有八卦」是也。其畫六，其位六十四，其積畫三百八十四，其奇耦之數五百七十六。蓋五畫加一爲六，其位則倍三十二爲六十四也。邵子曰：「一變而二，二變而四，三變而八卦成矣。四變而十有六，五變而三十有二，六變而六十四卦備矣。」

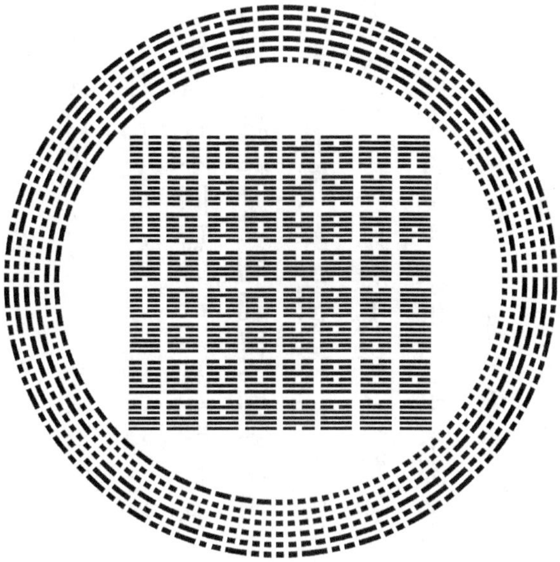

畫至六而卦有六十四，爲卦之大成。兼三才而兩之，萬物萬事悉備矣。故又爲此圖，以圓函方。圓者象天周地外，方者象地在天中。《説卦傳》曰：「八卦相錯，數往者順，知來者逆。」謂此圖也。邵子曰：「八卦相交錯而成六十四卦。數往者，若順天而行，是左旋也，皆已生之卦也。知來者，若逆天而行，是右行也，皆未生之卦也。」「无極之前，陰含陽也；有象之後，陽分陰也。陰爲陽之母，陽爲陰之父。故母孕長男而爲復，父生長女而爲姤。是以陽起於復，陰起於姤也。」「夫《易》根於乾、坤而生于姤、復。蓋剛交柔而爲復，柔交剛而爲姤，自兹而无窮矣。」「復至乾凡百有十二陽，姤至坤凡八十陽。姤至坤凡百有十二陰，復至乾凡八十陰。」「陽在陰中，陽逆行；陰在陽中，陰逆行。陽在陽中，陰在陰中，則皆順行。此真至理，案圖可見之矣。」邵氏曰：「此圖圓布者，乾盡午中，坤盡子中，離盡卯中，坎盡酉中。陽生于子中，極於午中；陰生於午中，極於子中。其陽在南，其陰在北。方布者，乾始於西北，坤盡於東南。其陽在北，其陰在南。二者，陰陽對待之數。圓於外者爲陽，方於中者爲陰。圓者動而爲天，方者静而爲地也。」

右羲皇之《易》。昔在羲皇，始畫八

卦，因而重之，爲六十四。當是時，易有圖而无書也。後聖因之作《連山》，作《歸藏》，作《周易》，雖一本諸羲皇之圖，而其取用蓋各不同焉。三《易》既亡其二，而《周易》獨存，世儒誦習，知有《周易》而已，羲皇卦圖，鮮或傳授，而淪落於方伎家，雖其説具見於夫子之《繫辭》、《説卦》，而讀者莫之察也。至宋邵子，始得而發揮之，於是人乃知有羲皇之《易》，而學《易》者不斷自文王、周公始也。今於《易》之一經，首揭此圖，冠于經端，以爲羲皇之《易》，而後以三《易》繼之，蓋欲使夫學者知《易》之本源，不至尋流逐末，而昧其所自云爾。以上凡八卦，其八卦定位，六十四卦方圓，凡二圖，邵子得之於李之才挺之，李得之穆修伯長，穆得之希夷先生陳摶圖南。蓋羲皇八卦、重卦既成之後，作此二圖也。儒者不傳，而方伎家傳之，以爲修養火候之節。其一畫、二畫、三畫、四畫、五畫、六畫凡六圖，則朱子推而得之，載於《易學啟蒙》，雖失其傳授所自，然考夫子《繫辭傳》所言及邵子《觀物外篇》所推，則古有此圖也必矣！蓋羲皇未作八卦定位、重卦方圓二圖之時，先有此圖也，故今定此以爲羲皇之《易》云。

易

連山

吴澄　學

䷳艮下艮上

此《連山易》之首卦也。以下六十三卦先後之次不可知。

右夏之《易》。《周官》：「大卜掌三《易》，一曰《連山》，二曰《歸藏》，三曰《周易》。其經卦皆八，其別皆六十有四。」或曰：「神農作《連山》，夏因之，以其首艮，故曰《連山》。」今亡。

歸　藏

䷁坤下坤上

此《歸藏易》之首卦也。以下六十三卦先後之次不可知。

右商之《易》。子曰：「我欲觀殷道，是故之宋，而不足徵也。吾得《坤乾》焉。」說者以《坤乾》爲《歸藏》。或曰：「黃帝作《歸藏》，商因之，以其首坤，故曰《歸藏》。」今亡。案：夏商二《易》，蓋因羲皇所畫之卦而用之以占筮，卦序與先天自然之序不同，故《連山》首艮，《歸藏》首坤。朱子《易贊》曰：「降帝而王，傳夏歷商，有占无文，民用弗彰。」以爲二《易》无繇辭也。或曰：《春秋左氏傳》所載繇辭與《周易》不同者，蓋夏、商之《易》。則以爲有繇辭矣。然今莫可考證。世俗所傳《歸藏易》，僞書也。

易纂言卷首

易纂言上經第一

易

吴澄　學

周易周者，岐山下之地名，太王亶父自豳徙居其地，至曾孫武王伐商爲天子，遂以周爲有天下之號。《易》始於羲皇。周之文王在羑里時，演羲皇八卦之名爲六十四，且作彖辭。周公相成王，制禮作樂時，又作爻辭。以重卦之名及象、爻之辭乃文王、周公所作，故名之曰《周易》，以别於夏、商之《易》云。

上經第一

文王以六十四卦分爲上下二篇。此篇首乾、坤，竟坎、離，對體之卦六，反體之卦十二。反體一卦爲二卦，總計三十卦，謂之《上經》。

䷀乾下乾上〇一之一，上之一，經，八純，父，六陽辟，主上九。

乾，此羲皇乾下、乾上之卦，而文王亦名之曰乾。乾，天也。朱子曰：「乾者，健也，陽之性也。陽之數奇。三畫皆奇之卦，名乾，而象天。三畫之乾重爲六畫，上下皆乾，則陽之純、健之至也，故乾之名不易。」**元亨**，占也。元，首也。文，人上爲元，在人一身之上，爲衆體之長。凡有大德，爲衆善之長，曰元。或居大位，在人上，官之正長，家之宗嫡，皆可曰元。亨，字與「獻亨」之「亨」同。備物以獻，謂之亨。亨者，極盛之時，百嘉聚會，有如亨禮，衆美之物具備也。萬物資始於乾，是爲天德之首。乾有此元德，故能致萬物長茂蕃殖之亨也。占者有長人之大德者必亨。**利貞**。占也。利者，宜於事，如刀之刈禾，順而便也。貞者，主其事，如木之楨榦，正而固也。占者宜於正主其事也。

初九，初之畫得九，爲乾之姤。**潛龍**，象也。藏伏而不可見曰潛。龍，陽物。震爲龍者，一陽在坤體之下，如龍之在地下也。陽畫雖不具震體，皆可象龍。六畫之卦，初、二爲地。二，地之上；初，地之下也。陽畫在初，猶龍之潛伏於地下，而未出見也。**勿用**。占也。用，謂用之以作事也。筮得此爻者，凡事皆不可作爲，故曰「勿用」。

九二，九居第二畫，爲乾之同人。**見龍在田**，象也。出而可見曰見。田，地上也。二，地上之位。九居二，猶龍之出見而在地上也。**利見大人。**占也。見謂身親見之。凡卦畫，陽爲大，陰爲小。以三畫卦言，二爲人位。九居二爲大人，而占者利於見大德之人也。

九三，九居第三畫，爲乾之履。**君子終日乾乾，夕惕若，**象也。君者，臣之所事也。子者，貴稱也。天子之大夫稱子，諸侯未踰年亦稱子。諸侯有臣，天子之大夫亦有臣，自其臣尊稱之曰君，本稱曰子，而又尊之，故曰「君子」。而凡有位者皆通稱之，又借以爲有德者之稱也。三爲六畫卦之人位，陽剛得正，人之有賢德者，「君子」也。三變爲柔，二、三、四成離，離爲日，三爲人間，二爲地上，日照人間，將至于地，日將終之時也，故曰「終日」。乾乾，謂下乾之終，接上乾之始也。日既終，則爲「夕」矣。惕，戒慎恐懼之意。乾剛實，心有主，故能敬惕。**厲，**占也。厲，危也。在下之上，如登高臨深，故危。**无咎。**占也。无咎者，善其能補過。處危地本當有咎，以其終日乾乾，進修不息，至夕猶惕然戒懼，故「无咎」也。

九四，九居第四畫，爲乾之小畜。**或躍在淵，**象也。或者，非必之辭。淵者，地之下，龍所潛處，謂初也。四之位在人之上、天之下，與初之位相應。言龍潛在淵，或其時可以飛而上天，則躍而出也。既躍，則不復在淵，而猶言在淵者，謂在淵中度其可躍而後躍也。見龍在田者，謂已見而在於田；飛龍在天者，謂已飛而在於天：皆言其已然，故爲已定之決辭。而稱龍「或躍在淵」者，謂將躍而猶在於淵，蓋言其將然，故爲未定之疑辭，而稱「或」。淵，乃四所應之位，而非四所居之位也。**无咎。**占也。能審度其時之可，故「无咎」。

九五，九居第五畫，爲乾之大有。**飛龍在天，**象也。六畫之卦，五、上爲天。**利見大人。**占也。與九二同，五爲上卦之人位。

上九，上之畫得九，爲乾之夬。**亢龍，**象也。亢，人之喉骨，剛而在上者也，故剛而居高曰「亢」。**有悔。**占也。悔謂事闕敗而追恨也。

用九，六畫俱得九，爲乾之坤。**見羣龍无首，**象也。羣龍，六畫皆陽也。乾爲首，以人身而喻，卦之上畫爲首。首剛而在上，六陽皆變，乾體不存，則无有剛而在上者矣，故曰无首。見羣龍无首，猶《睽》上九言「見豕負塗」。

吉。占也。六畫皆陽，剛之過也。變爲柔，則不偏於剛矣。所謂「剛健中正，純粹精也」，故吉。

【經】彖辭凡五字，爻辭凡六十二字。乾，乾燥之乾，假借，渠焉切。亨，與「獻享」之「享」同，古讀爲香，今許庚切。見龍，賢遍切。利見、見羣龍，如字。亢，苦浪切。【注】長，知兩切。出見、曰見、已見，賢遍切。潛處，昌據切。不復，扶豆切。度，待洛切。

☷坤下坤上〇八之八，上之二，經，八純，母，六陰辟，主上六。

坤，此羲皇坤下、坤上之卦，而文王亦名之曰坤。坤，地也。朱子曰：「坤者，順也，陰之性也。陰之數耦。三畫皆耦之卦，名坤，而象地。六畫之卦上下皆坤，則陰之純、順之至也，故坤之名不易。」元亨，占也。坤之德可以配乾，故亦名元而可以致亨也。利牝馬之貞。占也。牝馬，占中之象也。放牧之地，馬羣中之牝者，順以從陽，而專於一。此占謂宜專一順從於陽，以正主事也。君子有攸往，先迷後得主。占也。君子有所往者，其先迷失道路，其後乃得所主。陰不可先倡，但可後隨。陽明陰暗，六畫純陰，暗昧之象，故迷。凡卦各有一爻爲主，彖、爻之辭言主者，皆謂主爻也。坤之上六爲主爻，主在卦終，故後乃得主。利西南得朋，東北喪朋。占也。凡卦之位，四爲西，三爲南，初爲東，上爲北。朋，同類也。占者利於行西南方，則得其朋類，若行東北方，則失其朋類也。蓋六四、六三二陰相比近，故爲得朋，初六、上六二陰相隔遠，故爲喪朋。安貞吉。占也。安謂静也。安静者，坤道，故正主事則吉也。❶

初六，初之畫得六，爲坤之復。履霜，象也。卦之下畫爲地，人所履也。霜者，露所結。露者，坤土之氣所化。堅冰至。象也。自五月一陰生，九月而五陰。陰消陽將盡，則露爲霜矣。其時猶有一陽，未爲純坤也。馴至十月，則六陰爲坤，而水凍爲冰。至十一月以後，而冰益堅。夫履霜在坤體未成之前，堅冰在坤體既成之後，然初履霜而已知堅冰之必至，蓋陰盛必至於極，而陽消必至於盡也。有國家

❶「正」，原誤作「工」，今據薈要本、四庫本改。

者能知此戒，則其於折姦萌、塞禍原宜早圖之，豈可坐待其盛哉！有象无占，占見象中。

六二，六居第二畫，爲坤之師。直方，象也。以卦體則坤之中，以卦位則地之上，故以地取象。六居中而變爲剛，象地之中天氣自下而上，故曰直。初、二兩耦畫，❶象地之方，故曰方。大不習，象也。以直計之，地之厚，上下相去三萬里；以方計之，地之廣輪，東西相去、南北相去亦各三萬里。直之厚，方之廣，有形之物，其大无可與比，故曰不習。習，重也。言不再有如此大者也。无不利。占也。筮得此爻，於事无所不利。

六三，六居第三畫，爲坤之謙。含章，象也。含，如口之含。陰陽相閒雜而成文，曰章。發生萬物，粲然有章者，陽之爲也，然非陰成之則不可。坤陰含藏陽氣於內，陽內陰外，有衣錦尚絅，闇然日章之美。三變爲陽，有章在內，四含之於外而不見其美也。可貞。占也。可以正主其事也。謂可，不謂利。於義則可，不能必其利也。或從王事，无成有終。占也。謂儻或從王事，雖无成完，而可以有終。蓋有人倡之，己无全功，故曰「无成」。人倡之於先，己畢之於後，故曰「有終」。

六四，六居第四畫，爲坤之豫。括囊，象也。括謂結之也。坤體虛而容物，囊之象也。四變爲奇，塞壓其上，猶括結囊之上口。人之謹閉其口而不言，亦猶是也。无咎，占也。无譽。占也。不言雖可免過咎，而亦无稱譽也。四變爲剛而應初，如否之初、四上下不交，故其象、占如此。

六五，六居第五畫，爲坤之比。黄裳，象也。五位在中，其色爲黄。坤畫耦，象裳之兩開不屬。初爲足，二爲脛，三爲股，而四則身也。當裳之要，坤爲布帛，六五以黄色之布帛爲裳，掩蔽下四畫，猶裳之掩蔽人下體也。元吉。占也。德位之元者，得此占則吉。

上六，上之畫得六，爲坤之剥。龍戰于野，其血玄黄。象也。陰變爲陽，象龍。地與天連接處爲野。上之位，天也。坤之畫，地也。上位之天與坤畫之地相接，故象野。坤之六陰皆民也，上六化陽象龍，臨于五民之上，

❶「二」，原誤作「三」，今據薈要本、四庫本改。

則民而爲君矣。坤爲民，乃其素分，順也。民而爲君，則不順而逆矣。上六一民爲逆，五民之順，其肯從之乎？故下之五陰與之戰于野。戰則上六敗而遭傷，故其血玄黄。氣，陽也。血，陰也。陰傷，故言血。玄者，暫變爲陽之色。黄者，本質爲陰之色。雖變爲陽，而質則陰，故其血雖玄而猶黄也。順者理直，故下之五陰戰而勝。逆者理不直，故上之一陰敗而傷。或曰：「血者，陰之傷也，何以知其非下五陰之傷，而必其爲上一陰之傷乎？」曰：「下五陰傷，則其血黄而已，无玄也。且玄且黄，二色混雜，以是知其爲上六一陰之血也。蓋上六陰質化陽，君而非君，民而非民，有如王莽、黄巢之死。」項氏曰：「玄黄，説者謂陰陽俱傷，爻辭惡陰之盛，故陳其禍敗以爲戒。血指陰而言，无與陽事。」澄案：舊説以爲陽與上六戰，故項氏云然。今觀卦内无陽，何以得陽與上六戰乎？

用六，六畫俱得六，爲坤之乾。**利永貞。**占也。坤之六陰皆變爲陽，其占利於永久正主事。陰柔非能永久者，變爲陽，故能永久也。

【經】彖辭凡三十字，爻辭凡六十字。坤，困昆切。牝，頻忍切。喪，息浪切。【注】比近，皮二切。夫履，音扶。占見，賢遍切。後「不見」同。與比，補履切。閒，居限切。衣，因既切。絅，科茗切。闇，因感切。屬，之欲切。要，亦遥切。接處，昌據切。分，符問切。惡，烏路切。无與，因據切。

䷂震下坎上〇四之六，上之三，緯，八純艮變，主九五。

屯，此羲皇震下、坎上之卦，而文王名之曰屯。屯之字，象草上穿出地，而下猶未伸。物始生艱難，未暢達之時也。内卦乾始交坤成震，而外卦乾之一陽陷於二陰，有所艱阻，人方行動於内，而外阻險難，故爲屯。**元亨，**占也。「元」謂九五。**利貞。**占也。屯之時未易亨也，其占爲大德之人能致亨，則利於正主事。**勿用有攸往。**占也。此占於坎取義。卦變艮三往五，陽陷於二陰之中，故勿宜用之有所往。**利建侯。**占也。此占於震取義。卦變艮上來初，一君居内，爲二民之主，諸侯之象也，故利於竝立君。

初九，初之畫得九，爲屯之比。**磐桓，**象也。磐，石也。桓，杙也。四，坎之下畫，爲石；互艮之中畫，爲木。四下應初。初，地之下也。象磐石之根着於地，桓木之理豎於地也。震爲足，初剛變爲柔，則足弱不能動，猶磐石、桓杙之在地而不可動也。利居貞，占也。居者，静處也。既未可動，但利於居而貞。《春秋傳》云：「弱足者居。」利建侯。占也。與彖辭同。上言居貞，若建而爲侯，則不可居矣。《春秋傳》云：「侯主社稷，臨祭祀，奉民人，事鬼神，從會朝。」又焉得居？然則初之磐桓，非終不動者也。磐桓、居貞，以剛變爲柔取義；建侯，以不變取義。

六二，六居第二畫，爲屯之節。屯如邅如，象也。如，語助。邅，遲回不進也。二有正應，然逼近初剛，欲進不能，故屯邅。乘馬班如。象也。乘馬，四馬也。班，分也，猶「班師」之「班」。卦四陰，四馬之象。下二陰，震馬也；上二陰，坎馬也。四陰爲五所閒隔，四馬分散之象。一車有二服、二驂則行，四馬分散則不行矣。匪寇，婚媾。象也。坎有寇象。五爲二之正應，非寇也，乃婚媾也。女子貞，不字，十年乃字。占也。二以柔居柔，女子也。字，許嫁也。《禮記》曰：「女子許嫁，笄而字。」二爲初剛所逼，而不得往從五，猶女子爲强暴所淩，而未得成婚也。其占爲女子所正主之事，婚議不成。二、三、四互坤，坤數十。過坤十數，則逢五正應，而許嫁矣。

六三，六居第三畫，爲屯之既濟。即鹿无虞，惟入于林中。象也。即，就也。鹿，虞翻、王肅作麓，山足也。三，互艮下畫，山之足也。虞，掌山澤之官。四當三之前，在艮山之閒，虞人之象，然應初比五，與三不相得，不爲三之鄉導，故三即鹿而无虞人也。平地有竹木曰林。互坤爲平地。互艮，木也。震，竹也。震、坤、艮之交，故象林。坤之中畫，故曰中。就山麓而獵者，必資鄉導。若无虞人鄉導，則惟有陷入林中而已。君子幾，不如舍，往吝。占也。幾，鄭作機，弩牙也。《逸書》云：「若虞機張。」《楚辭》云：「矰弋，機而在上。」凡設械以取禽獸，皆曰機，不但機弩而已。舍，釋也。占謂君子機而取禽獸，不若舍置而不爲。若往則未必獲禽，徒取羞吝也。

六四，六居第四畫，爲屯之隨。乘馬班如，象也。與六二同。求婚媾，往吉，占也。四雖柔弱不行，然初爲正應，上進就己，故占者若求婚媾而往則吉也。凡言往者，皆謂自内適外。无不利。占也。筮得此爻者，占求婚固吉，占他事亦无所不利。蓋四雖才弱，然居得其正，又有剛正之應求己故也。

九五，九居第五畫，爲屯之復。**屯其膏**，象也。坎爲豕，爲雨，爲雲。《考工記》：「天下之大獸五，膏者，脂者。」膏謂犬、豕。五在坎體之中，豕之膏也。時雨謂之膏雨，言其潤澤如膏也。凡坎在上體者，象水之氣升而爲雲，屯、需是也。坎在下體者，象水之液降而爲雨，解是也。屯卦坎在上，爲雲而不爲雨，天之膏澤艱屯而不下之象。**小貞吉**，占也。**大貞凶**。占也。凡《易經》言小者，皆謂陰；言大者，皆謂陽。此爻之辭，小指六二，大指九五。屯之二、五，中正相應，非不善也。方時之屯，未克有濟。六二在下，雖有乘剛之難，然守正俟時，終必復常，是小者之貞，可以吉也。九五居尊，命令不行，威權去己，不能度時審勢，而有所作爲，必招禍敗，此大者之貞，所以凶也。筮得此爻者，若所遇之時與象相類，在下卑小之人主事可吉，在上尊大之人主事則凶也。或所遇之時與象不同，則隨其時、隨其事、隨其人而審處之，以合占之意。

上六，上之畫得六，爲屯之益。**乘馬班如**，象也。與二、四同。項氏曰：「凡稱馬者，皆陰爻，惟大畜九三特舉乾本象，稱良馬，他馬皆陰也。屯稱馬者，卦中四陰也。四馬之中，獨六三居剛，故无虞而徑進；二、四、上居柔，皆班而不行。屯之時，柔者不能行也。」**泣血漣如**。象也。泣者，无聲而出涕。血者，出涕如出血也。漣，泣貌。凡身之液皆水也。項氏曰：「坎爲水，故有泣血之象。陰柔難輔，勢孤无應，无可延之策矣。」

六畫俱九、六，爲屯之鼎。

【經】彖辭凡十三字，爻辭凡八十七字。屯，張倫切。磐，俗本作盤。邅，張連切。乘，繩證切。舍，音捨。【注】險難，乃旦切。未易，以豉切。着，直略切。傳，直戀切。朝，音潮。焉，伊虔切。閒，居限切。比，皮二切。解，音蟹。度，待洛切。

䷃坎下艮上〇六之七，上之三，緯，八純震變，主九二。

蒙，此羲皇坎下、艮上之卦，而文王名之曰蒙。蒙者，昏昧无所見，如巾之掩覆，草之遮蔽。然艮山之下有坎險，險在內而止於外，故爲蒙。**亨**。占也。蒙而開啟之則不蒙矣，占者所以可亨也。**匪我求童蒙，童蒙求我。初筮告，再、三瀆，瀆則不告**。占也。古者占筮不過三，一不吉則可再，再不吉則可三，三不吉則止，不復筮。

故文王特於蒙、比二卦彖辭發三筮、再筮之例。「匪我求童蒙，童蒙求我」者，所筮之事也。我謂教師，指九二言。九二卦主，故稱我。童蒙，謂學子，指六五言。六五艮少男，故稱童蒙。禮有來學，无往教。凡筮人來從師問道，初筮若得此卦，則可告之。告謂許其來學而教之也。或初筮不吉，再筮而得此卦，或再筮不吉，三筮而得此卦，雖非不吉之占，然因至再、至三，瀆神而後得，與初筮即得此卦者不同，所以不告之也。**利貞。**占也。承上文，凡再筮、三筮而得此卦者，利於正主事也。

初六，初之畫得六，爲蒙之損。**發蒙，**象也。卦之四陰，蒙者也；二陽，治蒙者也。陰斂閉，陽開發之。初六近九二之陽，得陽之開發，如徹去其覆冂然。**利用刑人，**占也。凡《易》言「用刑」，必有震。二、三、四互震，九二震之下畫，爲用刑之主。初六得九二開發，柔變而剛，能助九二施教刑。四居相應之位，獨遠於陽。初變爲陽，而應四，治四之蒙。四爲受刑之人，初爲承稟於二以施刑於四，故其占爲利於用以刑人也。刑，如《周官》所謂「鄉刑，上德糾孝，圜土聚教罷民，以明刑耻之，刑人不虧體，罰人不虧財」者，蓋以教愚蒙之民，使之知耻、知畏而改過遷善，非「五刑」之「刑」也。**用說桎梏。以往吝。**占也。上爲施刑之人，占以初柔變爲剛而言也。此爲受刑之人，占以初柔未變而言也。桎，足械。梏，首械。互震爲足，初足械也，而在震足之下，足械已說於脛之象。坎爲耳，四首械也，而在坎耳之外，首械已說於項之象。初畫、四畫，耦而不連，如械木之判而不合，故象桎梏之已說者。案《周官》大司寇「平罷民，桎梏而坐諸嘉石」，或旬有三日，或九日，或七日，或五日，或三日，以此耻之，使知改悔。既說桎梏之後，當羞愧懲艾而不出。若遽有所往，則吝矣。

九二，九居第二畫，爲蒙之剥。**包蒙，**象也。包如包裹之包，容物於内也。陽畫連亘，有包之象。二剛而得中，能包裹羣蒙者。**吉。**占也。**納婦吉，**占也。二、五正應，如夫婦。二居内，五在外，猶婦在父母家，將納之歸夫家，婦人内夫家也。上之吉，汎言之，凡事皆吉也。此之吉，指定言之，占納婦則吉也。**子克家。**申明納婦吉之義。克家者，能勝治家之任也。以剛中之子，納柔中之婦，得其内助，則克家矣。項氏曰：「二爲子，上其嚴君與？」

六三，六居第三畫，爲蒙之蠱。**勿用取女，**占也。陰柔不正，故其占爲勿用之以取女。見金夫，不有躬。申明「勿用取女」之義。見，謂近接於目。金夫，謂九二。六三有正應在上，乃近見九二剛强富實之夫，而不能保有其躬。以爻位言之，四爲躬，六四柔而正，比、應皆无陽，女之獨處，无夫可從，能保有其躬者。六三不正，舍其夫而貳於所見之金夫，不能如六四之保有其躬也，故曰「不有躬」。无攸利。占也。柔而不正，不擇所從，以占他事，亦无所利。

六四，六居第四畫，爲蒙之未濟。困蒙，象也。困者，四面皆窮，无路可通也。陰之愚蒙，必資陽之啟發。蒙卦四陰，唯六四不與九二、上九之陽爲比、應，僻遠愚民，无君師以治之、教之者也，故爲困窮之蒙。吝。占也。蒙而獨无啟發之者，所以吝也。

六五，六居第五畫，爲蒙之渙。童蒙，象也。五艮體爲童，柔中而應於剛中之二，如童稚之蒙有所受教。吉。占也。

上九，上之畫得九，爲蒙之師。擊蒙，象也。二剛皆治蒙者：九二剛而得中，其於蒙也，能包之、治之以寬者也；上九剛極不中，其於蒙也，乃擊之、治之以猛者也。艮爲手，有擊象。不利爲寇，占也。寇，謂六三。坎體陰柔不中正，寇也。利禦寇。占也。治蒙之初而用刑，已非得已，況治蒙之終而用兵乎！聖人於初爻，爲用刑、受刑之人兩設其占；於上爻，爲受兵、用兵之人，又兩設其占焉。上九、六三正應，六三愚蒙，爲寇者也；上九治蒙，禦寇者也。其占爲寇者不利，而禦寇者利。夫葛伯之仇餉，密人之不共，湯、文王用兵擊伐之者，以其昏迷不悛故也。彼若能悛，則此无可禦之寇，而兵亦不用矣。禦者，止之，使不爲寇也。上之義取諸艮。

六畫俱六、九，爲蒙之革。

【經】彖辭凡二十三字，❶爻辭凡六十二字。告，公獨切。說，吐活切。桎，其失切。❷梏，公獨切。取，千聚切。【注】不復，扶豆切。比，皮二切，後同。少，式照切。斂，上聲。徹去，起呂切。覆，孚皐切。冂，莙狄切。罷，音皮。上爲、此爲，云僞

❶「彖」，原誤作「之」，今據四庫本改。

❷「其」，四庫本作「真」，當是。

切，後「爻爲」同。艾，音乂。勝，平聲。君與，音余。舍，音捨。夫，音扶。餉，式亮切。共，音恭。悛，聰全切。

䷄乾下坎上○一之六，上之四，緯，四陽大壯變，主九五。

需，此羲皇乾下、坎上之卦，而文王名之曰需。需，須待也。乾健上進，坎險在前，故須待也。有孚，占也。五以中實感人，而人應之。光亨，占也。申上意，言有人之孚，致光顯而亨也。貞吉。占也。正主事則吉也。利涉大川。占也。需自大壯而變。四往居五，三、四、五互離，成舟象。

初九，初之畫得九，爲需之井。需于郊，象也。卦中四畫，象國中；初、上象國門。相近之郊，去險尚遠，而需待不進，「需于郊」者也。利用恒，占也。初九變爲柔，成巽，得恒下體四、五變，唯上六不變，成震，得恒上體。初雖變，而終不變，則爲恒也。至終不變，是能常久須待不進，而近險也。无咎。占也。

九二，九居第二畫，爲需之既濟。需于沙，象也。九二剛而在地上位，與坎水之中相應，猶沙地雖未瀕水，而遠水已漸漬於其中，故曰「需于沙」。小有言，終吉。占也。小，陰也，謂二若變爲柔，則其占如此。有言，如鄭息有違言，謂以口語相傷也。小者得此占，雖人有違言，而自處不失其中，故「終吉」也。

九三，九居第三畫，爲需之節。需于泥，象也。三近坎水，剛變爲柔，亦如水際之涇土，故爲泥。謂須待于瀕水之泥也。致寇至。象也。坎雖爲寇，己不逼近之，則寇何由而至。三進逼於險，是自致坎寇之至也。

六四，六居第四畫，爲需之夬。需于血，象也。四已在險地，坎爲血卦，故曰「需于血」。出自穴。象也。出，謂自內而出外也。四者，坎內之耦畫，象穴，往順于五，則是自穴而出在外矣。

九五，九居第五畫，爲需之泰。需于酒食，象也。坎水爲酒，二、三、四互兑爲食，九五剛中正，位天位，酒食燕樂以俟之而已。貞吉。占也。

上六，上之畫得六，爲需之小畜。入于穴，象也。入，謂自外而入內也。四爲穴，上應三，是入于穴之內也。

上獨不言需者，時既終矣，无復有所需也。**有不速之客三人來，敬之**，象也。因以教戒占者。不速，不召也。客三人，乾三陽也。乾爲客。來謂處於內，如泰之「大來」也。乾三陽在內，乃其素處之位，非上六所召而來者。上六柔正，下應九三之陽，初、二與九三同爲陽類，上六皆敬之也。**終吉**。占也。以陰在上，能敬在下之陽，故居需之終而吉也。

六畫俱九、六，爲需之晉。

【經】彖辭凡十一字，爻辭凡六十一字。【注】漸漬，將廉切。樂，音洛。无復，扶豆切。

䷅坎下乾上〇六之一，上之四，緯，二陰遯變，主九二。

訟，此羲皇坎下、乾上之卦，而文王名之曰訟。訟，以言相争辯也。以二人言，則上剛下險；以一人言，則內險外健，所以爲訟。**有孚**，占也。二以中實感人，而人應之。**窒惕**，申占之意。言雖有孚者，然猶窒塞未通而惕懼。中實，故窒；得乾健之中畫，故惕。**中吉**，占也。凡《易》言「初」、「中」、「終」，皆謂其時。中之時吉者，訟至中半而止，則吉也。**終凶**。占也。終之時凶者，訟至終極而不止，則凶也。終訟雖勝亦凶，況不勝乎。**利見大人**，占也。大人者，乾之九五也。**不利涉大川**。占也。訟自遯而變，三來居二，二、三、四互離，有舟象。涉川之舟，利於進前，不利於退後。需主爻九五，自四上往爲五，進舟而前，所以利也；訟主爻九二，自三下來爲二，退舟而後，所以不利也。

初六，初之畫得六，爲訟之履。**不永所事**，象也。此邵子所謂「意象」也。柔弱居下，不能終訟，故有「不永所事」之象。**小有言，終吉**。占也。初六陰也，故曰「小」，其占始雖有言語之傷，至終則吉也。

九二，九居第二畫，爲訟之否。**不克訟**，象也。能勝曰克。二與五訟，五剛中正，居尊位，非可勝者，故二「不克訟」。**歸而逋**，象也。訟由遯而變，遯以六居二，訟則九居二，二「不克訟」，變剛爲柔，以避五，則九二還爲遯之六二，故曰「歸而逋」。**其邑人三百户**，象也。二變成坤，坤爲邑，二爲人，艮二畫之耦爲門。户者，門之半，故一畫之耦爲户。庶人有户无門，故民數以户稱。坤之數十，十其十爲百，坤三耦爲三百户。三又坎數也。**无眚**。占也。

眚，過尤也。處弱避强，邑小民寡，所以无眚。

六三，六居第三畫，爲訟之姤。**食舊德**，象也。五、四、三互兑之倒體，口向内而食也。陰虚食陽之實，上九應六三，六三食於上九也。舊，謂素常。德，謂所得之食。上九在上而食人，六三在下而食於人，三之從上，乃食其素常所得之食也。**貞厲，終吉**。占也。以正主事，始雖危而終得吉也。危，謂處險，而上九應之，終可吉，以其能從陽剛之應也。**或從王事，无成**。占也。從王事，《坤》六三謂「无成」而「有終」，但不敢爲倡而已。《訟》六三止云「无成」，則終始皆无矣。

九四，九居第四畫，爲訟之涣。**不克訟**，象也。與九二同，四亦訟五而不能勝也。**復即命**，象也。復，還其舊也。即命，就受命也。命自上出者也，四訟五，則拒上命矣。既不克訟，變剛爲柔，復其舊而受上命也。四變成巽，巽爲命，故有復而即命之象。**渝**，象也。渝，變也，變其訟上逆命之非也。**安貞吉**。占也。安静以正主事，則吉也。

九五，九居第五畫，爲訟之未濟。**訟元吉**。占也。居訟之時，有長人之善而吉也。項氏曰：「人謂九五爲聽訟之君，非也。爻象皆稱訟，何謂聽訟？但訟卦五爻皆不正，唯九五一爻，既中且正。中則我不終訟，正則人不克訟，此訟之最善者，或爲德之尊，或爲位之尊，不必專指人君也。」

上九，上之畫得九，爲訟之困。**或錫之鞶帶，終朝三褫之**。象也。錫，與也。鞶帶，革帶也，所以繫鞸、繫佩。凡命服，先束革帶，乃加大帶。三、四、五互巽爲股，上九一畫連亘，當股之上，鞶帶之象也。自旦至食時，爲「終朝」。五之位，爲日之正中，上之位在五之外，偏而不中，故爲日之朝。褫，鄭本作「拕」，徒可切。晁氏曰：「如拕紳之拕。」澄案：若只依今本作「褫」，與搋通用，❶訓拽，亦拕之義。訟勝受服，矜喜之極，故終朝之閒，三拕拽而加諸身也。上九與坎之上畫爲應。三，坎數也。項氏曰：「凡訟皆起於剛，而止於柔。九二、九四皆剛者也，是以起訟。終以居柔而不克訟，故一逋、一渝，皆變而止。初六、六三雖居剛位，而其德皆柔，故能終吉，一爲不永所事，一爲從事无成。

❶「搋」，原誤作「褫」，今據四庫本改。

獨九五一爻，有全剛之資，有尊大之勢，可以訟矣，而居中履正，非好訟者也，故爲元吉。上九以剛居柔，可以不克訟矣，而在訟之終，居高用剛，不勝不已，此終訟之凶人也。」

六畫俱六、九，爲訟之明夷。

【經】彖辭凡十八字，爻辭凡七十一字。褫，勑紙切。【注】食於、食人，音嗣。長人，知兩切。好訟，虛到切。

䷆坎下坤上○六之八，上之五，緯，一陽復變，主九二。

師，此義皇坎下、坤上之卦，而文王名之曰師。師，衆也。一陽在下卦之中，衆陰從之，有將帥統衆之象焉。貞大人吉，占也。正主用師之事者，必大人乃吉。大人，九二也。陽爲大。二，人位。舊本作「丈人」。崔氏憬曰：「《子夏傳》作『大人』。」今案：《子夏傳》雖後人附託之書，然此彖作「貞大人吉」，與困卦彖辭同，皆以内卦坎中畫九二爲大人，其義爲得。「丈」字，蓋「大」字之訛。又案：《太玄·衆》首擬師卦，其贊辭曰「丈人摧孥」，蓋用《易》語，則「大」之訛爲「丈」，在先漢已然矣。王弼解丈人爲「嚴莊之稱」。陸績則云：「丈人者，聖人也。」澄案：《論語》、《莊子》等書稱「丈人」者，謂老人无力，以老而扶杖，故曰「丈人」。解爲「嚴莊」，固未當；若績之意則是，而无此訓義。❶今定從崔說作「大」。无咎。占也。程子曰：「吉而无咎也。蓋有吉而有咎者，有无咎而不吉者，吉且无咎，乃盡善也。」吉，謂必克。无咎，謂合義。

初六，初之畫得六，爲師之臨。師出，象也。在一卦之内，由内而外爲出。以律否臧，象之教戒辭也。謂師出之初，宜以律而否臧之。《春秋左氏傳》曰：「執事順成爲臧，逆爲否，有律以如己也，故曰『律否臧』。」此蓋謂聽吹律之聲以占師之或否或臧也。案《周官·春官》大師之職「執同律以聽軍聲，而詔吉凶」，鄭注引兵書云：「王者行師，出軍之日，授將弓矢，大師吹律，合音宮則軍和，士卒同心；商則戰勝，軍士强；角則軍擾多變，失士心；徵則將急數怒，軍士勞；羽則兵弱少威明。」又案《春秋傳》：「晉人聞有楚師，師曠曰：『吾驟歌北風，又歌南風，南風不競，多死聲，楚必无功。』」杜注云：「歌者吹律以詠八風。」又案《史記·律書》曰：「六律爲萬事根本，其於兵械尤所重，故望敵知吉

❶「此」，原誤作「且」，今據薈要本、四庫本改。

凶，聞聲效勝負。武王伐紂，吹律聽聲，推孟春以至於季冬，殺氣相并，而音尚宮。」司馬氏《索隱》云：「古者師出以律，凡出軍皆聽律聲。」澄謂：律自坎取象，荀九家逸象坎爲律，上下空而陽氣實其中也。凶。占也。初柔弱在下而不正。不正，非出師之義；柔弱，非出師之才，故凶。然聖人先教戒之，俾師出之初，定其否臧於律，因律聲之不吉而師不出，則不至於凶也。

九二，九居第二畫，爲師之坤。在師，象也。在師，在軍中也。古者制軍之法，二千五百人爲師，五師爲一軍，軍將皆命卿。九二以一陽在五陰之中，猶一軍將在五師之中也。中吉，占也。中者，以二居下卦之中也。其占爲中主之時則吉，亦以戒其老師黷武也。无咎。占也。與象辭同。王三錫命。申明「中吉，无咎」之義。將之在師者，中之時吉且无咎，當膺「王三錫命」之寵。錫命，如「王使宰周公錫齊侯命」、「王使内史過錫晉侯命」也。至于三者，天寵之優渥也。二應在五，五爲王。三，坎之數也。

六三，六居第三畫，爲師之升。師或輿尸，象也。坎爲輿，人死曰尸。盧氏曰：「坤爲尸。」坤尸在坎輿之上，故象「輿尸」。范氏大性曰：「二爲卦主，三以失位之柔而乘之，此師之所甚忌者，故有僨軍之象。古者兵雖敗，猶不忍棄死者，故載尸以歸。輿尸，猶以車載棺而謂之輿櫬也。『或』者，有時而然之辭。」凶。占也。

六四，六居第四畫，爲師之解。師左次，象也。《春秋》「師次于郎」、「師退，次于召陵」，《左氏傳》曰：「凡師三宿爲次。」虞氏曰：「震爲左。」澄案：兵事尚右，右爲前，左爲後，故八陳圖天前衝、地前衝在右，天後衝、地後衝在左。左次，猶言退舍，謂不進前而退後也。无咎。占也。程子曰：「師之進，以强勇也。四以柔居陰，非能進而克捷者。度不能勝而完師以退，愈於覆敗遠矣。」

六五，六居第五畫，爲師之坎。田有禽。象也。田，謂二。下卦坎有禽象。田有禽，則可以獵獲。利執言，象也。執言，謂奉辭以伐罪。无咎。占也。程子曰：「師之興，必以蠻夷猾夏，寇賊姦宄，爲生民之害，不可懷來，然後奉辭以誅之。如此而動，乃得无咎。若輕動以毒天下，咎矣。」長子帥師，弟子輿尸，象也。凡次子以下爲長子之弟者，皆曰弟子。震爲長男，坎爲中男。九二，震之下畫，長子也；六三，坎之上畫，弟子也。帥師當專任長子，若又兼任弟子，則事權不專，威令不一，必至喪敗，而輿尸以歸。六三居剛而乘九二之上，如先縠不順荀林父之命，馬謖固違孔明節制以取敗者，故有此象。**貞凶。**占也。正主其事而如此，則凶。程子曰：「自古任將不專而致覆敗者，如晉荀林父邲之戰，唐郭子儀相州之敗是也。」

上六，上之畫得六，爲師之蒙。**大君有命，開國承家，**象也。六上變爲剛，居一卦之上，大君之象。巽風、震雷，皆命令之象。互震在下，大君之命自上而達於下也。三、四、五互坤爲國，震爲諸侯，開國也。上變，則二、三、四、五、上成離，象家，震爲長子，承家也。此以師之終言之，用師成功，「大君有命」，命之或開國爲諸侯，或承家爲大夫也。**小人勿用。**占也。小人，謂細民，農、工、商、賈也。庶人在官者亦是。若小人得此爻之占，則勿用，蓋開國承家之賞，非小人之所可當也。

六畫俱六、九，爲師之同人。

【經】彖辭凡七字，爻辭凡六十九字。「大人」，舊本作「丈人」，今依崔憬所定。否，音鄙。長子，知兩切。【注】大師之職，「大」音泰。傳，直戀切，後同。內史過，君和切。僨，音奮。櫬，初覲切。度，待洛切。覆敗，孚卜切。喪敗，喪，去聲。縠，胡谷切。謖，所六切。賈，音古。

䷇坤下坎上〇八之六，上之五，緯，五陰剥變，主九五。

比，此羲皇坤下、坎上之卦，而文王名之曰比。二人反面相從，謂之比。一陽居尊而五陰從之，如五家爲比，而比長統之也。**吉。**占也。人相附從，則无乖争，故吉。**原筮元永貞，无咎。**占也。原，再也。再熟之蠶謂之原蠶。初筮而得此比卦者，其占吉。再筮而得此比卦者，其占爲元德之人，永久正主其事，則可无咎，蓋不能如初筮所占之吉也。**不寧方來，**占也。《考工記》曰：「唯若寧侯，毋或若女不寧侯。」不寧，蓋諸侯之不朝貢者也。王者再筮而得此卦，其占爲前時不寧之國，繼今以後方且來朝貢也。**後夫凶。**占也。昏姻之家，再筮而得此卦，其占爲女子所嫁之後夫則凶。蓋夫不可再也。比卦衆陰所從，一陽而已，如民之戴一君，女之事一夫，不可以二。因再筮而發此不可再之義。

初六，初之畫得六，爲比之屯。有孚，占也。初變爲剛，以實感人，而二孚於初。比之，象也。初與二相比近，故二來比之。无咎。占也。比自近始，二有孚而比初，所以无咎。有孚，占也。此有孚謂三、四。盈缶終來，象也。初變爲剛，則初、二、三、四有缶象。言「有孚」者，不止於二，若三、若四，皆在缶之中，其有孚者，盈滿於缶之中，而終來孚於初也。有他吉。占也，初不止比二，而又有他，并往比三、四。在下之陰，同一心而順從九五，則吉也。

六二，六居第二畫，爲比之坎。比之自内，象也。比之者，初比二也，故曰「自内」。貞吉。占也。

六三，六居第三畫，爲比之蹇。比之匪人，象也。三近於二，二比三者也。然三居人位，而不中正，是人而无人道也，故曰「匪人」。二雖比之，三豈可比者哉？凶。占也。

六四，六居第四畫，爲比之萃。外比之，象也。外，謂五也。四近於五，故五比之。貞吉。占也。己得正，而陽剛中正之賢比之，故正主事而吉也。

九五，九居第五畫，爲比之坤。顯比，象也。五以陽剛當天之中，衆所共覩，與上冥下幽者不同，故曰「顯」。顯比，顯明其道以比天下也。王用三驅，失前禽，邑人不誡，吉。占也。謂王者筮得此爻，而用之以田獵也。三驅者，因田以教戰，凡馳驟進趨，皆以三爲節。《周官》大司馬仲冬大閱立三表，是其法也。「驅」，即所謂驅逆之車，驅出禽獸，使趨田也。三，坎數，坤馬駕坤輿以行，象驅禽，被驅而前去者不追，唯順而來者取之。失，謂任其去。失前，指上六。禽，坎象。坤爲邑，二、三、四皆人也。誡，期約也。田獵之時，其民竭作，不期約之，是聽其自至也。九五，比之主，以一陽統衆陰。然上六之在前者，縱其去；四陰之在下者，不必其皆從。王者大公无我之心，不計人之從己，而人自无不從。此爻爲田獵之吉占，而占之中又有此二象也。

上六，上之畫得六，爲比之觀。比之无首，象也。比之，謂九五比之。聖人一視同仁，不以上六在外而不親比之也。然上六居一卦之上，如人首在一身之上也，獨外王化，不内嚮九五，是比之下體具足，而獨上體不完，猶人之无首也。蓋比卦五陰，下四陰皆順從一陽，唯上六一陰在一陽之外，非嚮化者，故有此象。**凶**。占也。苗之於舜，葛之於湯，崇之於文王，自取其凶也。

六畫俱六、九，爲比之大有。

【經】彖辭凡十六字，爻辭凡六十二字。「比之匪人」下，舊本无「凶」字，今從王肅本。比，皮二切，後不音者并同。【注】比長，知兩切。若女，音汝。朝貢，音潮。

☰乾下巽上○一之五，上之六，緯，五陽夬變，主六四。

小畜，此羲皇乾下、巽上之卦，而文王名之曰小畜。小，謂陰。畜，藏也。一陰藏畜於五陽之閒，小者藏畜也。**亨**。占也。雖小者，畜藏而亦可亨也。**密雲不雨，自我西郊**。象也。坎之水，其氣上升爲雲，其液下降爲雨。二、三、四互兑，兑有坎之上半體，變坎之下半體，上有雲而下无雨也。坎之下畫窒塞不通，窒塞象雲之密，不通象雨之不降。我，謂六四，爲卦主，故稱我。西，四之位，又互兑之上畫也。內卦象國中，四象郊。西郊，陰方也。陽倡陰和則雨，陰倡陽和則不雨。自西郊，陰倡也。小畜一陰爲主，未能成濟物之功，故其象如此。

初九，初之畫得九，爲小畜之巽。**復自道**，象也。小畜一陰爲主，而初九獨與之應，宜有咎也。若外不繫於陰柔，內自守其陽剛，是爲能復。復一陽五陰，小畜一陰五陽，卦之相反者。小畜五畫俱變，唯初九不變，則爲小畜之震，九以一陽居初，與復之初九同，故以復爲象。道，正路也。震爲大塗，故以道爲象。初之能復也，不繫正應之四，而比同德剛中之二，復而由正道者，故曰「復自道」。**何其咎？**占也。舍柔應，從同德，何咎哉！**吉**。占也。

九二，九居第二畫，爲小畜之家人。**牽復**，象也。剛而得中，初九舍六四正應而牽連九二，以復于初。初之復也，二有力焉，故曰「牽復」。**吉**。占也。

九三，九居第三畫，爲小畜之中孚。**輿説輹**，象也。輹，伏兔也，在軸之上，承輿者，車不行則説之。二若是耦畫，則二、三、四互坎爲輿。九二奇畫，是坎之下畫不存也，輿下説去其輹之象。九二爲輿之輹，九三爲在輿中之人。人在輿中，而輿下之輹説，則不能行也。「輹」，舊作「輻」。晁氏曰：「案《説文》作『輹』。」澄案：「輻」因音近而誤也。輻者，輪轑，非可説者。作「輹」字，乃與大畜九二同。

夫妻反目。象也。三，夫也。四，妻也。反目，反其目而不相視也。互離爲目，離目視上不視下，反目之象。初、四爲正應，四乃初之妻也，初能自復而遠絶之，三與之比，欲以爲妻，❶然四上合五而不下視三，故反其目，三欲妻四而四不夫三也。

六四，六居第四畫，爲小畜之乾。**有孚**，占也。有五之孚。**血**，象也。坎爲血卦，三、四有坎之半體，血陰之傷也。四與三不和，故有傷。**去，惕出**，象也。去，如「微子去之」、「紀侯大去其國」之「去」。惕出，謂惕懼以出也。杜詩云：「怵惕久未出。」避三之見傷，故去其所而出外，以上合於九五。一陰介二陽之閒，變爲剛實，故能惕懼也。**无咎**。占也。不從近比强昏之夫，而歸寧、歸宗以依于君親，其補過亦可善也。

九五，九居第五畫，爲小畜之大畜。**有孚**，占也。有四之孚。**攣如**，申占之意，言四孚五，五亦攣四，其交固結。**富以其鄰**。象也。陽實爲富，陰虚爲不富。鄰，謂四，言九五富實，而能提挈帶挾其鄰也。❷

上九，上之畫得九，爲小畜之需。**既雨既處**，象也。陰畜藏於陽之内，陽旋繞不已，則爲風。巽上畫變爲柔，則成坎而爲雨，故曰「既雨」。雨作而風息。處者，外陽不復動也，故曰「既處」。**尚得載**，象也。尚，猶配也，與己配而在己上者也。臣下取帝女，曰「尚公主」。《漢書》：卓王孫「自以得使其女尚司馬長卿」。尚，謂六四。小畜以六四爲主爻，而九三以之爲妻，四在三上，故曰「尚」。「得」，舊作「德」。晁氏曰：「京房、虞翻、《子夏傳》皆作『得』。」今從之。載者，車中所載之物也。坎爲輿，上九坎之上畫而實其中，象車之有載，故曰「尚得載」。上九與九三爲敵應之爻，上九爻辭自此以下皆取應爻九三及主爻六四而言，亦於卦終總言一卦之義，故不專取上九一爻之義也。**婦貞厲**。占也。婦，亦謂六四。六四既與九三反目，九三爲夫，不自正主事，而俾六四貞之，則危矣。**月幾望**，象也。「幾」，孟、荀、一行作「既」。今案：「幾」亦有「既」音。《左氏傳》：「庸可幾乎？」「幾」、「既」古字蓋通用。納甲，巽卦象既望之月。《參同契》曰：「十六轉受統，巽辛見平明。」月幾

❶ 「以」，四庫本作「與」。
❷ 「挾」，原誤作「梜」，今據薈要本、四庫本改。

望者，陰之盛，謂六四爲卦主也。《易》以「月幾望」爲象者三，皆陰爲主之卦也。筮日得此爻，則以此象爲占。君子征凶。占也。君子，謂九三也。征，行也，行軍往正其罪曰征。凡行役在路者皆曰征。受制於妻，失爲夫之道矣，其能行乎？故征則凶也。

六畫俱九、六，爲小畜之豫。

【經】象辭凡十一字，爻辭凡六十二字。「輹」，舊本作「輻」。「得」，舊本作「德」。説，土活切。攣，力專切。載，才再切。幾，音既。【注】和，胡卧切。轑，音老。遠絶，于願切。强昏，起兩切。取帝女，音娶。長卿，知兩切。所載，如字。

䷉兑下乾上〇二之一，上之六，緯，一陰姤變，主六三。

履虎尾，不咥人，此羲皇兑下、乾上之卦，而文王名之曰履。履，足踐地也。卦之初、二爲地，卦自姤而變，初柔升三，履二之地，故曰履。卦名連象辭，象也。二、三、四互離爲虎。離於飛類象雉，於走類象虎，外文明而中陰質也。二與初在後，虎之尾也。以三履二爲履虎之尾，上乾爲虎之首。所履之尾在後，而虎首趨前，上口不開，爲「不咥人」之象。三爲人。亨。占也。

初九，初之畫得九，爲履之訟。素履，象也。絲帛未加采色曰素，言不改其舊也。初九陽剛，安於在下，不變所守，素其位而行者也。舜飯糗茹草，若將終身；顔子居於陋巷，不改其樂，其斯之謂與？往无咎。占也。其往也，安行其素耳，豈有慕乎外而往哉？故无咎。

九二，九居第二畫，爲履之无妄。履道坦坦，象也。二爲地上，九二剛變爲柔，得坤中畫，成震大塗，所履者地上之正路，坦坦然平夷者也。幽人貞吉。占也。初在地之下爲幽，二爲人，二比初而居中，故曰「幽人」。二比初，亦比三，然能内取剛正之初，而不外昵柔邪之三，所以爲幽人之正主事而吉也。

六三，六居第三畫，爲履之乾。眇能視，象也。眇，一目少也。二、三、四互離爲目。目眇者所視偏。離之中虚在三，不中不正，視之偏也。視雖偏，而離目无所傷，目雖眇而猶能視之象。跛能履，象也。跛，足偏廢也。震爲足，兑變震之中畫，足跛也。震下畫之陽猶存，足雖跛而猶能履之象。**履虎尾，咥人，**象也。象與象辭同。象通指一卦而言，則上九虎之首也，虎口實而合，有不咥之象。此專據一爻而言，則三爲人之位，兑之上畫也。兑口虛而開，如人在虎口中，故有咥人之象。**凶。**占也。居不正，非能馴暴養貪者，其被咥而凶也，宜哉！**武人爲于大君。**象也。柔而居剛，内剛也；外比九四，外剛也。質柔而内外俱剛，血氣之勇，非義理之勇，故爲武人之象。爲，猶《虞書》「汝爲」之「爲」，謂以膂力之剛而效使令也。大君，上九也。大謂陽，乾爲君。六三應上九，以力而效用于大君之象。咥人之象，其占固凶矣，又有此象，則不皆凶也。《易》之前民用，其變不常者如此。

九四，九居第四畫，爲履之中孚。**履虎尾，愬愬，**象也。初爲虎之尾，四應初，下履虎之尾也。愬愬，畏懼之貌。剛而居柔，故能畏懼。**終吉。**占也。臨禍害而能畏懼，終獲其吉也。

九五，九居第五畫，爲履之睽。**夬履，**象也。夬，決也。五剛決去一柔，爲夬。他爻所言「履」字，各爻之自履也；此爻所言「履」字，則卦名之「履」，專指六三而言。蓋六三，成卦之主也。夬與履皆一柔五剛之卦，上下二體互易耳。六三以不中不正之柔，下履九二之剛，小人之淩君子也。九五與九二德同位應，欲爲九二決去六三，故曰「夬履」。**貞厲。**占也。陽之不能无陰，天地之常道；君子之不能无小人，亦古今之常理。小人值當去之時，有可去之勢，固在所必去。苟時勢或有未然，則姑且容之而已。夬之一柔乘五剛，此當去之時，可去之勢也，故決而去之爲宜。履之六三雖乘九二之剛，然和説以應上，出力以奉上，彼自不中不正耳，非能敵陽者也。共、鯀、驩兜與稷、契、臯、夔同處堯朝，何損於堯之治？必欲正主決而去之之事，則反危矣。危謂於時未宜，於勢未易也。

上九，上之畫得九，爲履之兑。**視履，**象也。居履之終，人皆視其所履之何如。六三離目爲應，自下視上，故曰「視履」。**考祥其旋，**占之事也。人之行，莫大於孝。養生之孝，未爲大；喪死之孝，最爲大。上爻當乾父之終，父死稱「考」。祥者，父喪既終之時也。旋，反還也。居喪在外旋者，祥後復寢之時也。視其所履於親之終者，當視其所履於喪之終。**元吉。**占也。三年之喪盡禮，可謂能慎終矣。上九陽剛健極，故能强有力以終喪，此大善之人所履之吉也。

六畫俱九、六，爲履之謙。

【經】彖辭凡七字，爻辭凡六十二字。咥，徒結切。眇，妙小切。跛，波我切。愬，山革切。【注】飯糗，上乎晚切，下其久切。其樂，音洛。使令，來丁切。當去、可去、去之，並起吕切。共，音恭。朝，音潮。未易，以豉切。之行，下孟切。養生，于尚切。

䷊乾下坤上○一之八，上之七，經，三陽辟，主九三。

泰，此羲皇乾下、坤上之卦，而文王名之曰泰。三陽長出地上，六陰已消其半，夏正正月之卦也。泰者，流通无滯之謂。天氣下降，地氣上騰，二氣交而相通也。小往大來，象也。小，謂陰。大，謂陽。三陰皆往居外，三陽皆來居内。吉亨。占也。吉而又亨，占辭之極善者。

初九，初之畫得九，爲泰之升。拔茅茹以其彙，象也。初九變爲柔，成巽，象茅。茹，茅根也。彙，類也。三陽爲類。茅雖不共本，拔之則其根相連而起，初之以其類同進似之。征吉。占也。三陽同行而進，故吉也。

九二，九居第二畫，爲泰之明夷。包巟，象也。包者，古人蓋以茅葦之屬包裹魚肉也。凡《易》中言「包」者，皆謂陽畫。巟，與「衁」通，血也。九二變爲柔，互坎之陽畫爲血。九三陽畫在外，包之。郊祭天神，燔柴之後，最先進血。《禮記》曰：「郊血，至敬不饗味，而貴氣臭也。」包衁，謂包裹牲血以進，而達誠於天也。二、五正應。五，天之位也，而陰上升以交乎天。二，地之位也，而陽下降以交乎地。此《禮》所謂「升中于天，饗帝于郊」者。陽象天神，陰象下地。主祭之人二之交五，必包裹祭天之血，以達誠于上也。「巟」，諸本作「荒」，今依許慎《説文》及虞翻本作「巟」。考象義，當作「衁」，諧聲字從省，故云血。其後傳寫訛「巟」，下去血，而上加草，則失其義矣。用馮河，不遐遺，朋亡，占也。馮，徒涉也。河者，流水之名。遐，遠也。遺，謂物有遺失亡去也。九二剛變爲柔，二、三、四互坎爲水之流，三、四、五互震爲足之動，初、二、三成離，雖有舟象，然震足動於前，而舟在其後，爲舍舟而徒涉之象。九二實，變而虚，爲失物之象。不離本位，不遐之象。不遐而遺，猶曰不遠而復也。初陽在水之内，不與同涉，朋亡之象。陽猛於進，故其占爲用之以徒涉河水，則不遠而已有所遺失，朋類亦皆亡去。此戒其進之鋭也。得尚于中行。占也。尚，配之在己上者，謂六五也。中行，中路也。五居上卦之中，故曰「中行」。其占雖朋亡於下，而得配於上也。

九三，九居第三畫，爲泰之臨。无平不陂，无往不復，象也。泰至半矣，慮其將變也。泰三、四相易，則變歸妹。九三比六四，故以二畫之相易取象。泰之上體坤也。若三、四相易，則三、四、五互坎，而平夷之坤變爲險陂之坎矣，故曰「无平不陂」。陰往在外，若四易三，則往外之陰來復于内矣，故曰「无往不復」。程子曰：「三居泰之中，泰之盛也。物理如循環，在下者必升，居上者必降。泰久必否，故爲之戒曰：无常安平而不險陂者，謂无常泰也。无常往而不反者，謂陰當復也。」艱貞无咎，占也。泰將變之時，以艱難之心正主事，則无咎也。勿恤，占也。又戒以勿憂恤。蓋徒憂无益，必有處之之道。其孚于食有福。占也。其者，期之之辭。陽者陰所食。六四食於九三，九三若能孚于食己之實者，而得其心，則必无來復易位之禍，是有福也。互兑象食。

六四，六居第四畫，爲泰之大壯。翩翩，象也。翩翩，飛而向下也。小過有飛鳥之象者，陽象鳥身，陰象鳥翼，翼在兩旁，而身在中也。泰六四變爲剛，三、四、五、上得小過全體之半，陽在下，陰在上，如鳥身投下，翼飛于上，而隨身以下也。不富以其鄰，象也。其占爲雖不富而能以其鄰。陰虚爲不富。鄰，謂五。蓋三陰皆欲求陽，故四趨下，而鄰皆肯從之也。不戒以孚。象也。四孚于其鄰，鄰亦應四之孚，故不待期約而能以其所孚之鄰同下。

六五，六居第五畫，爲泰之需。帝乙歸妹以祉，象也。帝乙，商王也。六五以柔中，應在下之剛中，帝女下嫁從夫之象。泰卦互體及卦變皆成歸妹卦，故以歸妹爲辭。祉，福也。以祉，言將其寵禄以歸夫家也。祉指四、上二陰而言。六五下嫁九二，而二陰從之也。朱子曰：「帝乙歸妹之時，嘗占得此爻。凡經以古人爲言，如高宗、箕子之類，皆放此。」澄案：他書載湯嫁妹之辭云云，其辭雖善，要是後世好事者假託爲之，或乃因是遂指帝乙爲湯，而謂非受辛之父者，惑矣。元吉。占也。

上六，上之畫得六，爲泰之大畜。城復于隍，象也。掘隍取土以築城，隍陷入地中，隔絶不通，耦畫似之。城高出地上，連亘不斷，奇畫似之。上，城也。三，隍也。泰之上，其畫耦，而爲坤體，是城之高者平矣；泰之三，其畫奇，是隍之虚者實矣，故爲城土頹圮，復還舊處，填塞其隍之象。勿用師，占也。上六變爲剛，則坤體不完，衆散邑削，故勿宜用師。自邑告命，貞吝。占也。邑既削矣，兑口在四，不比、不應，威令不行，乃自邑而告之以命，欲用其衆，如是正主事則吝也。

六畫俱九、六，爲泰之否。

【經】彖辭凡七字，爻辭凡八十七字。「巟」，舊本作「荒」。彙，音胃。【注】巟，風黄切。去血，起吕切。放，封廣切。好事，虚到切。

䷋坤下乾上○八之一，上之七，經，三陰辟，主六三。

否，此羲皇坤下、乾上之卦，而文王名之曰否。三陰長出地上，六陽已消其半，夏正七月之卦也。否，隔塞也，與「病痞」之「痞」同義。天氣上而不下，地氣下而不上，二氣不交而隔塞也。不利君子貞，占也。君子道消，故不利正主事。大往小來。象也。三陽皆往居外，❶三陰皆來居内也。

初六，初之畫得六，爲否之无妄。拔茅茹以其彙，象也。三、四、五互巽爲茅，初、二柔畫，皆茅之茹也。泰之三陽以其類同進，否之三陰亦以其類同進，故象與泰之初同。貞吉亨。占也。正主事者，吉而亨也。或曰：「泰之三陽並進，君子之類也，其占征吉，宜矣。否之三陰並進，小人之類也，其占正主事亦吉亨，何也？」曰：「君子之有小人，猶夫之有婦，陽之有陰，豈能絶其類哉？唯艱其進，遏其盛，不使之勝善類而害治道，斯可矣。小人者，治世之能臣，亂世之姦雄也。自古治世爲君子分憂任勞者，固亦有亂世之姦雄，特世治黨衰，則不能爲惡耳。方否之初，陰以類進，聖人不遽絶之也。初與九四正應，奉承君子，固可以吉且亨也。誘之趨善，俾天下无棄人，聖人之仁也。貞者，以正主事也。不能改心易慮，以從君子，烏能以正主事哉？而何吉亨之有？」

六二，六居第二畫，爲否之訟。包承，象也。「承」，當作「脀」，牲之正體也，古字通用，故作「承」。六二坤體爲牛牲，居中爲正體，與九五應，以九五之陽包之也。小

❶「三」，原誤作「二」，今據薈要本改。

人當否而求通，豈能守道俟命？唯以包苴饋遺爲事而已。《曲禮》曰：「以包苴簞笥問人。」❶《莊子》曰：「小夫之知，不離乎包苴竿牘。」**小人吉**，占也。如象所云，小人之事也，故吉。**大人否亨**。占也。大人，謂九五。九當五之時，則能休否而吉。在二之時，雖未出乎否，然守道俟命，豈肯妄爲以求通？故身雖否而道則亨也。

六三，六居第三畫，爲否之遯。**包羞**。象也。羞者，臛、胾、膾、炙、醢、醬之屬，食之加品，非食之正品也。六三亦牛牲，然位不居中，又不得正，非牲之正體也，故象羞。九四之陽在外包之，以包苴遺人，而其遺非正饌，又非中正之二可比矣。

九四，九居第四畫，爲否之觀。**有命**，占也。有命，與《師》上六「大君有命」同。三、四、五互巽爲命，以剛健之才，居近密之位，受君命之寵，委任以濟否者也。**无咎**，占也。居不當位，宜有咎也。有君之命，得展其才，以濟時，故无咎。**疇離祉**。占也。疇，類也。離，附麗也。疇，謂陽之類，指三陽言。祉，謂陰之福，指三陰言。四受命於君，行其濟時之志，故三陽皆將出乎否，三陰皆將順乎陽，是陽類同受陰祉之附麗也。

九五，九居第五畫，爲否之晉。**休否**，象也。人依木旁以息曰休。三、四、五互巽爲木。人情厭亂思治，冀得休息。九五陽剛中正之大人，如木有芘蔭可依，故在下者依其芘蔭，以休息於否將變之時也。**大人吉**。占也。否將變而得以休息，惟大人爲可依，故吉。**其亡其亡，繫于苞桑**。象之教戒辭也。其者，慮其將然之辭。亡，去失也。與「馬匹亡」及《莊子》「俱亡其羊」之「亡」同。苞，叢生也。大人者，安不忘危，故於否既可休之時，其遠慮深戒，如有一動物在此，未至於亡也，而恐其亡，曰：「其亡矣！其亡矣！其繫之于苞桑乎？」諸木之中，桑之根最深固，而又叢生，則固之甚也。蓋惟恐繫之不固，而或至走逸，慎之至也。程子曰：「否將反泰，不可便爲安肆，當常虞否之復來，聖人之戒深矣！漢王允、唐李德裕不知此戒，所以致禍敗也。」

上九，上之畫得九，爲否之萃。**傾否**，象也。傾，猶「倒」也。否者，泰之反體，坤下、乾上爲否，反而倒之，則乾在下、坤在上而爲泰矣，故曰「傾否」。泰過半則泰將變，

❶「簞」，原誤作「箪」，今據四庫本及《禮記·曲禮》原文改。

至終則泰反爲否。否過半則否將變，至終則否反爲泰。四之時，否可祉而未能休也。五之時，否已休而未能傾也。上九，否之終，則反而傾否，既傾，則轉而泰也。程子曰：「極而必反，理之常也。然反危爲安，易亂爲治，必有剛陽之才而後能，故否之上九能傾否，屯之上六則不能變屯也。」先否後喜。占也。占者先之時猶否，後之時則喜也。

六畫俱六、九，爲否之泰。

【經】彖辭凡十字，爻辭凡五十八字。舊本卦名下有「之匪人」三字，朱子曰：「疑衍文，由比六三而誤也。」今從其說。【注】爲君子，爲，云僞切。胥，諸仍切。饋遺，云僞切。知，音智。離，力智切。臛，黑各切。胾，則四切。炙，之夜切。可比，補履切。復，扶豆切。

䷌離下乾上○三之一，上之八，緯，一陰姤變，主六二。

同人于野，此羲皇離下、乾上之卦，而文王名之曰同人。同人者，同心同德之人也。六二、九五俱以中正居人位而相應，六二爲九五所同之人，故曰「同人」。卦名連彖辭，彖也。人目所望，地連天際處爲野。六二在下，居乎地也；上應乾五，應乎天也，故曰「同人于野」。亨。占也。六二卦主，而乾五爲應，故能致亨。利涉大川，占也。初、二、三有舟象，乾健前行而舟隨其後，故以涉大川則利也。利君子貞。占也。二、五中正相應，其相同者，皆君子之正道，故利於君子之正主事也。

初九，初之畫得九，爲同人之遯。同人于門，象也。同人謂六二乃九五所同之人也。初九變爲柔，成艮，門闕之象。初者，時之初。同人自姤而變，六二自初往二，猶自門而出外也。无咎。占也。於初而出門以就同己者，非有咎也。

六二，六居第二畫，爲同人之乾。同人于宗，象也。宗，如「宗子」之「宗」。六二爲一卦之主，猶宗子爲一族之主也。凡宗者各有所宗，非天下爲公之同也。六二以中正應九五，同乎九五而已，他无與同者，是六二之爲同人，不過于其同宗之人而同也。吝。占也。程子曰：「同於所繫應，是有所偏與，在同人之道爲私狹，故可吝。」

九三，九居第三畫，爲同人之无妄。伏戎于莽，

升其高陵，三歲不興。象也。離之戈兵爲戎。九三變爲柔，互震上畫、互巽下畫，爲有草茅竹木之處，故曰「莽」。又互艮中畫，山之半也，故爲「陵」，義與丘同。下卦之上，故爲「高」。伏者，伏于四之下。升者，升于二之上。「三」，震數。項氏曰：「『伏戎于莽』，處下卦也。『升其高陵』，望上卦也。」程子曰：「卦唯一陰，諸陽皆欲同之，二中正與五相應，三與之比，欲奪而同之，然理不直、義不勝，故不敢顯發，伏藏兵戎于林莽之中，負不直又畏懼，時升高陵以顧望，至三歲之久，終不敢興。既不敢發，故不至凶也。」

九四，九居第四畫，爲同人之家人。**乘其墉，弗克攻，**象也。墉，城垣也。離中虚外周，象墉。九三爲六二之墉，四在三上，乘其墉也。九四亦欲得六二，乘二之墉，將攻而取之。然二之應五，正也。四之於二，非應、非比，其攻之爲无名而逆理甚矣。二雖弱而直，四雖强而不直，始有攻之之意，終以義之不可，故弗克攻而止。項氏曰：「凡爻言『不克』者，皆陽居陰位。訟之九二、九四，同人之九四是也。唯其陽，故有訟、有攻；唯居陰，故『不克訟』、『弗克攻』。」**吉。**占也。程子曰：「知不直而不攻，畏義而能改，其吉宜矣。」澄案：三之「伏戎」，四之「乘墉」，或並以爲抗五，或並以爲侵二，或謂三欲侵二、四欲抗五，以爻義考之，皆非也。夫陽之得陰、陰之從陽者，以其應也，以其比也。姤之初六正應九四，而九二與比者得之。同人六二若非以中正與九五同，則不保其不爲姤之初六矣。九三不慮六二之不從己，唯忿九五之能得二，故不急圖二，而專以敵五爲心。晉文公一戰勝楚，諸侯之從楚者，自不能不從晉。九三非能如此也，而謬計妄想，蓋欲如此。九三與九五度德雖殊，度力猶頗相等，均之爲以剛居剛故也。若九四之以剛居柔，則力非能抗九五者矣，故不敢咎五，而徑以攻二爲事。晉悼公與楚争郑，不伐楚，但伐鄭，鄭不能支，而楚自不能與争。九四非能如此也，而輕舉妄動，蓋欲如此。然三之於五卒不能興者，❶以勢之不敵而不敢也，故僅可以免凶。四之於二卒不攻者，以義之不克而不爲也，故猶可以獲吉。

九五，九居第五畫，爲同人之離。**同人先號咷而後笑，**象也。同人，亦指六二。號，大呼也。咷，哭也。號咷者，離火之聲。笑者，兑口之説也。六二往應九五，而厄於九三之强鄰，其先六二在離火炎焚之中而號咷，其後與

❶「能」，原脱，今據四庫本補。

九五相遇，九五變爲柔，則成兑口而笑矣。**大師克，相遇。**象也。同人六畫俱變，則成師。師以坤爲衆，坤衆自乾陽而變，故爲大師。九三之强，必時事俱變，以大師克勝之，然後二與五得相遇也。

上九，上之畫得九，爲同人之革。**同人于郊，**象也。初九、六二、九五所稱同人，皆謂六二。蓋六二者，一卦之主，爲九五所同之人。此爻所稱「同人」，謂九五。蓋九五者，與六二相同之人也。郊，謂國門之外。凡卦初、上二爻有擬之以人者，有但言其時者，此卦之初、上是也。二、五爲心德相同之人，三、四爲争奪六二之人，此四爻各擬之以人者也。初九但言時之初，「同人于門」，以六二在初之時而言也；上九但言時之終，「同人于郊」，以九五在終之時而言也。此二爻不擬之以人者也。九五與六二以中正相同，然可與同者，止有六二而已。虞有八元、八凱，周有亂臣十人，下至中林罝兔之夫，猶可以爲公侯之腹心，何其同者之多也！漢昭烈僅得一孔明，猶魚之有水，何其同者之寡也！乾九中而居五，則六二爲應；終而在上，則下无應與，如出在國門之外，環視四顧，无一可與同者矣。**无悔。**占也。非自處不善，時則然也。雖无衆賢共事，措天下於大同之治，而亦可无悔也。

六畫俱六、九，爲同人之師。

【經】彖辭凡十三字，爻辭凡六十一字。莽，莫黨切。號，户高切。咷，道刀切。【注】夫陽，音扶。勝楚，升正切。度，符洛切。❶頗，匹可切。

䷍乾下離上○一之三，上之八，緯，五陽夬變，主六五。

大有，此羲皇乾下、離上之卦，而文王名之曰大有。大，謂陽。有者，盛多之義。《繫辭傳》云「富有」，《詩·小雅》云「旨且有」，釋者謂：「有猶多也。」卦以大名者四：大有言大者多有也，大畜言大者藏畜也，大過言大者太過也，大壯言大者盛壯也。此卦一陰居尊爲主，而五陽具備，故曰大有。舊説謂陽爲陰所有，非也。**元亨。**占也。

初九，初之畫得九，爲大有之鼎。**无交，害，**象也。交，如朋友之交。无交，如《文言傳》所謂「无交而求」，《孟子》所謂「无上下之交」者。初九无應，而遠於所主，故曰

❶「符」，四庫本作「待」，當是。

「无交」。害者，利之反也，謂所求不利。匪咎，艱則无咎。占也。其害也，匪己之過咎，所處之地然爾。能艱難，則可无咎。上无交契，前有剛閒，不可慢易也。

九二，九居第二畫，爲大有之離。大車以載，象也。坤爲大輿，其畫耦而虚。大有之下體乾也，其畫奇而實，猶坤之大車而以載實其中也。有攸往，无咎。占也。剛健勝重，故有所往則无咎，言无覆敗之憂也。

九三，九居第三畫，爲大有之睽。公用亨于天子，占也。言諸侯筮得此爻，而用之以享于天子也。亨，備物以獻也。凡諸侯朝覲天子，先朝而後享。朝者，禮之重。享者，禮之盛。案：覲禮先執圭以覲，後乃備物。三，享也。蔡氏曰：「公，三也。天子，五也。居下之上，故稱『公』。進近乎五，故有『享于天子』之象。」小人弗克。占也。小人筮得此爻，則弗克承當，不宜用也。

九四，九居第四畫，爲大有之大畜。匪其彭，象也。彭者，作樂聲容之盛也。大有者，陽之盛多。唯初九處下，无交，不言其盛。九二大車重載，則盛矣。九三備物享上，則又盛矣。九四在三陽之上，以陽息之卦言之，則爲四陽之大壯，盛之至也。物忌滿盛，九四離體，能明此理，居柔不過於剛，不自處以盛者也，故曰「匪其彭」。无咎。占也。當盛之時，不處其盛，故无咎。

六五，六居第五畫，爲大有之乾。厥孚交如威如，象也。六五以柔中下應剛中之九二，其孚信於九二，如物之交合，固而不可解。又得九二之剛以濟己之柔，故有「威如」之象。吉。占也。

上九，上之畫得九，爲大有之大壯。自天祐之，象也。六五者，一卦之主也。上居卦之終，故於卦終言卦主之盛。四陽在六五之下者，皆應之矣。上九一陽在六五之上，而亦應之。上，天之位也。上一陽之應五，是天之祐五也。吉，占也。无不利。占也。

六畫俱六、九，爲大有之比。

【經】象辭凡四字，爻辭凡六十字。載，才再切。亨，香兩切。彭，陸氏步郎切，又如字。【注】剛閒，居限切。易，以豉切。勝重，音升。朝，音潮。

䷎艮下坤上○七之八，上之九，緯，一陽復變，主九三。

謙，此羲皇艮下、坤上之卦，而文王名之曰謙。謙者，屈己下物也。艮山之高而在地下，是貶抑其尊，甘處物下也。坤地之卑而在山上，是推遜卑者，使居己上也。內止則退己而不進，外順則讓人而不爭，所以爲謙也。**亨**，占也。**君子有終**。占也。其占既能致亨矣，若君子筮得此卦，則其占又能有終也。凡單言「有終」者，有初而有終也。九三爲一卦之主，君子蓋指九三言之。

初六，初之畫得六，爲謙之明夷。**謙謙**，象也。陰柔處至下，謙而謙者也。**君子用涉大川吉**。象也。君子筮得此爻，而用之以涉大川，則吉也。初六變爲剛，初、二、三成離，有舟象。坤順在上，前无阻隔，故吉。柔變而剛，故曰「君子」。

六二，六居第二畫，爲謙之升。**鳴謙**，象也。三、四、五互震爲雷，雷有聲。韓文曰：「天以雷鳴夏。」六二外比互震之下畫，謙在中而鳴聲發於外也。**貞吉**。占也。中正，故正主事則吉。

九三，九居第三畫，爲謙之坤。**勞謙**，象也。震動者，勞之象。有功勞而能謙，如周公是也。顏子之願无施勞，抑其次與？**君子有終吉**。占也。與象同。九三，一卦之主，象辭之占，以九三言之也。筮得此爻者，其占如象。又加一吉字，以明其占之極善也。

六四，六居第四畫，爲謙之小過。**无不利**，占也。順而得正，上而能下，故其占如此。**撝謙**。象也。撝，如手之撝。下有艮手，爲撝，示其謙於下之象。六四固能謙矣，然以无功而處九三有功者之上，故施布其謙以示下，蓋居三之上而不敢自安也。

六五，六居第五畫，爲謙之蹇。**不富以其鄰**，象也。象與泰六四同。鄰，謂六四。**利用侵伐**，占也。不名其罪而加兵曰侵，聲其罪而致討曰伐。六五變爲剛，三、四、五成離，有戈兵象，故其占利用之以侵伐。所侵伐者，蓋上六也。能下爲謙。上六居一卦之上，而乘君位，非能謙者，故侵伐之。朱子曰：「自初九積到六五，❶謙亦極矣，自宜人人服之。猶有未服者，則利侵伐也。」或問：「謙不與人爭，如何言侵伐？」朱子曰：「老子言：『抗兵相加，哀者勝矣。』孫子言：『始如處女，敵人開户；後如脱兔，敵不及

❶「九」，《朱子語類》作「六」，當是。

距。』大抵謙自是用兵之道。」无不利。占也。朱子曰：「於他事亦无不利也。」項氏曰：「三以獨陽，❶爲萬民所服，己下人，人亦下己，故止於謙，无所復爲。五以陰柔居尊位，己雖隆謙，人未免有不謙者，必用侵伐以一之，帥衆謙以攻少不謙。不謙者去，則天下皆謙，故无不利。『不富以其鄰』，不待賞而服，同謙者也。『利用侵伐』，待刑而後服，不同謙者也。二者皆服，則无不謙矣。」

上六，上之畫得六，爲謙之艮。鳴謙，象也。鳴者，以震之一陽也。六二外比震之一陽，由中而鳴，其謙於外；上六下應震之一陽，自上而鳴，其謙於下。由中發乎外而鳴者，情也；自上達乎外而鳴者，不情也。上六以柔居柔，順體之極，宜能謙矣，然志欲自伸於一陽四陰之上，非能屈己下人者也，其鳴謙也，特畏九三，而爲是聲音以媚之爾。利用行師征邑國。占也。謙之二、三、四、五、上，師之初、二、三、四、五也。行師，謂師行在道。震爲大塗，行之象。坤，邑國之象。邑，謂天子畿內。《詩》曰：「商邑翼翼，四方之極。」「邑國」，畿內之國也。畿內大國，皆王之三公，出封封于疆地，爵以上公。上畫於一卦爲最遠外，於六位爲最高上，故象王畿大都所封上公之國也。上六應九三，乘六五，能謙於剛强之臣，而不能謙於柔順之主，當謙之時，虧謙之道，故宜用師以正其罪。邑國者，上六之國也。征者，王命帥師之臣征之也，如春秋時王師伐虢之類。舊説以爲，上六自征其邑國，非矣。所征之邑國，即六五之所侵伐者。據六五出命而言，則曰「侵伐」；據上六在國而言，則以行師至其國而正其罪爲義，故曰「行師征邑國」也。

六畫俱六、九，爲謙之履。

【經】彖辭凡六字，爻辭凡五十八字。撝，毁皮切。

【注】次與，音余。復爲，扶豆切。去，起吕切。

䷏坤下震上〇八之四，上之九，緯，五陰剥變，主九四。

豫，此羲皇坤下、震上之卦，而文王名之曰豫。豫者，暇而樂也。以卦德，則內順外動。凡人從容和緩，順序以動，則先事詳審，故事成而樂。若非先事蚤圖，匆遽紛擾而爲之，則事未必如意，何樂之有？以卦象，則雷出地上。陽氣伏藏地中，非一日矣。一陽、二陽至三陽上達於地之後，雷始發聲，故其聲和樂。諸儒皆曰：「豫者，樂也。」而不

❶「以」，四庫本作「爲」。

曰先時而暇。毛氏璞謂：「豫，當訓先，釋爲安逸者非。」范氏大性因此遂專以前定釋之。二説均之爲偏。《中庸》云：「事豫則立，以前定則不跲、不困、不疚、不窮也。」前定者，先時而暇也。「不跲、不困、不疚、不窮」則如意而樂矣。《象傳》於《既濟》言「豫防」，固取先暇之義。《序卦傳》言「以喜隨人」，亦取喜樂之義。合二説爲一，其義始備。利建侯行師。占也。鄭氏謂：「建侯，震象。行師，坤象。」然坤爲震侯之國，震爲坤衆之帥。

初六，初之畫得六，爲豫之震。鳴豫，象也。應震之一陽而鳴其喜樂，以上達于九四。九四以一陽爲卦主，五爻之豫皆由之。初六陰柔不正，喜其獨爲九四之應，故其發於聲音者如此。朱子謂「小人有强援」是也。凶。占也。

六二，六居第二畫，爲豫之解。介于石，不終日，象也。介，如「介乎大國之閒」之「介」。加田爲田之畔，其義同。石，謂九四，剛而在坤地之中也。艮爲小石，石之在山上者也。坎爲石，石之在地中者也。三、四、五互坎，石也。二與三接界，介于石也。六二變爲剛，則成離日，三爲人之位，下履乎地，離日在三，日將至地之時也，故三爲終日。不終日，不至于三也。九四，豫之主，人皆趨附，獨六二不與之比、應，退而以中正自守，不待至三而能早疏遠之，蓋至三則已與之比矣。此君子見幾之早，不以進附權勢爲樂，而以退守中正爲樂也。貞吉。占也。

六三，六居第三畫，爲豫之小過。盱豫，象也。盱，上視也。六三不中、不正，上視九四而豫，以趨時附勢爲樂者也。悔遲，有悔。占也。上「悔」字，「改悔」之「悔」，教戒辭也。下「悔」字，「悔吝」之「悔」，占辭也。如六三之不能自守，速宜改悔。若改悔之遲，則有悔矣。

九四，九居第四畫，爲豫之坤。由豫，象也。由，如路之可由。震爲大塗，二、三、四互艮爲徑路，可由者也。豫自剥而變，上來易四，卦之所以爲豫者，由九四也。大有得。占也。徐氏幾曰：「大，剛也。一剛而得五柔，故曰『大有得』。」勿疑，占之教戒辭。陰多疑，居陰，故戒之以勿疑。朋盍簪。占之象也。朋，謂衆柔。盍，合也。簪，笄也，所以收髮。九四一剛貫衆柔之中，一簪貫衆髮之象也。大有得者，言一剛之得彼衆柔也。朋盍簪者，言衆柔之合此一剛也。九四固能合衆柔矣，又勿疑，則衆柔皆歸心焉。

六五，六居第五畫，爲豫之萃。貞疾，占也。與「貞凶」、「貞吝」、「貞厲」之例同。豫皆由九四，權之所在，衆之所歸也。六五以柔弱處其上，正主事則如有疾之人，厭厭不振，无能爲也已。恒不死。象也。恒，常久也。得恒卦上體之中畫，受震東方生氣，故不死。五受制於四，雖如疾人，然能固守其恒，則是不失其中也，其疾可以不死，如周衰之時，權歸霸國，周雖微弱，而亦久存也。

上六，上之畫得六，爲豫之晉。冥豫，象也。上居天之上，杳冥之閒，冥迷而豫，悦樂過極者也。成有渝，象也。成，謂以和好相結約也，如《春秋傳》「求成」之「成」。渝，謂改變，如「渝盟」之「渝」。成有渝者，既成矣，而又有改變也。五柔同豫，如諸國之結成；❶上六變爲剛，則同者異矣，渝其成也。《楚辭》曰：「初既與予成言兮，後悔遁而有他。」「成有渝」之謂也。无咎。占也。處豫之極，當改變之時也。既極而變，則「无咎」矣。

六畫俱六、九，爲豫之小畜。

【經】彖辭凡六字，爻辭凡五十一字。盱，香于切。盍，胡閣切。簪，側森切。【注】樂，音洛。從，千容切。匆，❷初崇切。跲，其劫切。疚，見舊切。帥，所類切。援，于願切。畔，皮半切。疏，新鉏切。笄，音雞。厭，因兼切。和好，虚到切。

䷐震下兑上○四之二，上之十，緯，三陰否變，主初九。

隨，此羲皇震下、兑上之卦，而文王名之曰隨。隨，謂從於人也。卦自否而變，三陽三陰否隔不交，今一陽來初，而下卦二陰隨之，一陰往上，而隨上卦之二陽，以陰從陽故曰隨。元亨，占也。元者，九五、初九二剛之德。利貞，占也。初九爲卦主，而得正，九五居尊位，而中正，是德之元能致亨而利於貞。无咎。占也。有元德，能致亨，利於正主事者，則有人隨之，所以无咎。

初九，初之畫得九，爲隨之萃。官有渝，象也。官，統治人者。初，成卦之主，以震之一君統二民，爲二之官，故二以近比而隨之，私係爾，非正應之隨也。初雖无應，

❶「國」，四庫本作「侯」。
❷「匆」，原誤作「忽」，今據四庫本改。

渝則變爲坤，以柔順應四，而爲正應之隨矣。**貞吉**，占也。去係就應，正主事則吉也。**出門交有功**。象也。二、三、四互艮象門。交，謂四。初出門往應四，四得其助，是於所交之友有功也。

六二，六居第二畫，爲隨之兑。**係小子，失丈夫**。象也。程子曰：「二應五而比初，初陽在下，小子也。五正應在上，丈夫也。二若志係於初，則失九五之正應。隨先於近，柔不能固守，故爲之戒云：若係小子，則失丈夫也。」

六三，六居第三畫，爲隨之革。**係丈夫，失小子**，象也。丈夫，謂九四，陽之在己上者也。小子，亦謂初九。二之以五爲丈夫者，正其夫也。❶三之以四爲丈夫者，非其夫也。三无應，无夫之婦也。四亦无應，无婦之夫也。无夫之婦，近於无婦之夫，而隨之，遂以爲夫，此三之係四，所以謂之「係丈夫」也。初者，三之君也。否上一陽，降處于初，震之二民皆隨之者，六三係四失初，是隨不正之夫，而不隨其君也，故曰「係丈夫，失小子」。係，謂不當隨者，乃牽於私情而隨之。失，謂所當隨者，乃違於正理而不隨之也。**隨有求得**，象也。隨之爲言，猶三從人也。三爲四之隨，兩皆无應。四之與三者，其情專，故三之有求於四者，无不得也。**利居貞**。占也。占辭蓋因象辭之有善而示教也。能知静處以正主事之爲利，則必不係四而有所求矣。

九四，九居第四畫，爲隨之屯。**隨有獲**，象也。隨，謂六三。三爲四之從人，四與之專，凡三有求於四，則必得，蓋不可矣。又倚勢貪利，不待求四而自有獲，尤不可也。獲，謂攫取財物，如獵取禽獸然。**貞凶**。占也，初九舍私係之陰，則貞吉；九四昵私係之陰，則貞凶。**有孚**，占也。謂有初九之孚。**在道以明**，象也。在道，謂行而在路。震爲大塗，道也。以，如「以其鄰」、「以其彙」之「以」。明，謂賢明之人，即初九也。九四、初九，其位相應，雖皆陽剛，有相求、相與之理。初上孚於四，四履震塗之上，而與震下一陽同位，如在路以賢明之人隨行也。**何咎**？占也。四剛而不正，資初之匡救禆益，以初之正，正其不正，則何咎之有？九四以六三隨從則貞凶，以初九隨從則何咎，人可不

❶「正」，原誤作「止」，今據薈要本、四庫本改。

慎其所與哉！四居陰，故或與六三；九體陽，故能交初九。

九五，九居第五畫，爲隨之震。**孚于嘉**，象也。有孚者，彼孚于此。單言「孚」者，此孚于彼。嘉，美也，謂六二。昬曰嘉禮，妃曰嘉耦。六二爲五之正應，配耦之嘉者，故曰嘉。五之「孚于嘉」，謂應二也。**吉**。占也。中正相應，故吉。

上六，上之畫得六，爲隨之无妄。**拘係之，乃從維之**，象也。拘，謂攣縶其手。係，謂聯綴之。維，謂四旁羅絡之。凡維係之象，取諸坎，皆陰畫維係於陽也。隨之三、四、五、上肖坎。卦變上六一陰，自初往上，而隨上卦之陽。上居隨之極，其隨於五也，固結而不可解，如既拘縶，又係縛之矣，又從而四維之也。**王用亨于西山**。占也。王筮得此爻，而用之以祭享于西山也。王，謂九五。西山，岍隴諸山，其尊者吳嶽，在正西兌方，又地祇陰神也，故兌之陰畫爲西山。拘係維之象，陰之固結其志於陽也。亨西山之占，陽之升達其誠於陰也。

六畫俱九、六，爲隨之蠱。

【經】彖辭凡七字，爻辭凡七十一字。亨，香兩切。

【注】從人，才縱切。下「隨從」同。攫，俱縛切。舍私，音捨。昵，寧的切。妃，音配。攣，來全切。縶，❶之泣切。綴，真歲切。岍，音牽。

䷑巽下艮上○五之七，上之十，緯，三陽泰變，主初六。

蠱，此羲皇巽下、艮上之卦，而文王名之曰蠱。蠱者，事之蠹壞。卦自泰而變，初、上相易。內剛外柔爲泰。泰之後，剛往居外，而不復有爲，柔來居內，而无能爲，所以蠱也。**元亨**，占也。有元德者，治蠱則亨矣。初六卦主，柔弱居下，亦可謂元而能致亨乎？曰：初六才雖不足，然當蠱之初，牽補支吾，俾不至大壞，以俟九三之君用事而治蠱，此亦初六之元，而九三遂能致亨於後者，不可謂非初六之功也。**利涉大川**，占也。蠱之時不可靜俟，當往濟險難，而三、四、五、上有舟象。**先甲三日，後甲三日**。占也。此筮日之占。《漢書·武紀》元鼎五年詔曰：「『先甲三日，後甲三日』，丁酉，拜況于郊。」注云：「『先甲三日』，辛也；『後甲三日』，丁也。」《曲禮》云：「內事用柔日。」辛、丁

❶「縶」，原誤作「摯」，今據薈要本、四庫本改。

皆柔日也。蠱之主爻初六，爲東方甲乙，故先後自甲而數。初、二、三巽納辛，二、三、四互兑納丁。

初六，初之畫得六，爲蠱之大畜。幹父之蠱，象也。蠱之爲卦，父殁、母老、子幼、女長之象也。泰之乾爲父，坤爲母。乾父自初往上成艮，父殁而有少男也。坤母自上來初成巽，母老而傳家事於長女也。爻義兼取互卦，故初六「幹父之蠱」者，巽女也；九二「幹母之蠱」者，兑女也；九三「幹父之蠱」者，震男也；六四「裕父之蠱」者，艮男也。家之二女二男，巽女爲長，兑女次之，震男又次之，艮男最幼，故其出而任事也有先後。卦位之尊者，五與上也。五陰爲母，上陽爲父。上陽自乾往而居陰，父之已亡者也。五陰，坤之中畫，而居陽，母之猶存者也。幹者，木之正身，又爲築墻之木。《文言傳》云：「貞者，事之幹也。」凡有智、有力能成立其事，謂之幹。初六，巽之下畫，長女也，爲成卦之主，乾父既往，家事蠹壞，震子未能任事，巽女最長，而主其家，故先出而當治蠱之任。有子考无咎。占也。言考者，見父已亡也。家之蠱，豈巽女之柔弱所能辦？必有震子陽剛之才，然後足以補弊救敗，而考得无咎也。厲，終吉。占也。以柔弱處艱難，危矣！然姑少俟爾。震子成人，而能當家，則終於吉也。

九二，九居第二畫，爲蠱之艮。幹母之蠱，象也。九二互兑之下畫，少女也。剛而得中，女之能而賢者，與六五應。六五坤體，母也。父殁母老，震子未能承家，巽女居長，暫攝亡父所遺一家之事。兑女居次，專任寡母所治一身之事，服勞奉養其母，故曰「幹母之蠱」。不可貞。占也。女雖能且賢，居中奉母，其職也，不可以正主事。貞，謂正主一家之事也。以此坊民，猶或有吕、武牝晨之妖。若初六之長女代長男，蓋遭家之難，權時之宜，暫焉而已，於理則不可也。

九三，九居第三畫，爲蠱之蒙。幹父之蠱，象也。九三互震之下畫，長子也。以剛居剛，而在巽體，有智、有力而能權者也。至下卦之終，始出而任事，才足以「幹父之蠱」者，獨此爻而已。小有悔，占也。小，謂陰。謂九三若變爲柔，則有悔矣。蓋蠱非剛强不能濟也。无大咎。占也。大，謂陽。大咎，謂以陽剛致過咎也。九三不變爲陰柔，但爲陽剛，則必无陽剛之咎。

六四，六居第四畫，爲蠱之鼎。裕父之蠱，象也。裕，饒益也。六四，艮之下畫，少男也，年幼穉而才柔弱，不能拯救父之蠱，但以裕處之。往見吝。占也。僅可止而自守，若往而有爲，則不勝其任，而見吝也。

六五，六居第五畫，爲蠱之巽。**幹父之蠱**，象也。泰未變蠱，則六五爲坤之中畫；泰已變蠱，則六五爲艮之中畫，故六五爲母，又爲少男之依乎母者。六四以陰居陰，才既弱而志亦弱，蓋艮男方穉，未能如六五之時也，故以无能而「裕父之蠱」。六五以陰居陽，才雖弱而志稍强，蓋艮男漸長，已勝於六四之時矣，故亦有爲而「幹父之蠱」。**用譽**。占也。六五柔剛適中，善事其母，而追孝其父。以此用事，雖未必有實功，而可有虛名也。

上九，上之畫得九，爲蠱之升。**不事王侯，高尚其事**。象也。少男長女爲蠱，蓋以象家事之蠹壞。諸爻皆以父母、男女取義，自初六至六五同一意也。上九乃父之既死，而以蠱事遺後人者，然斯義也，下五爻言之已詳，故上一爻別發一義。陽剛止於艮山之上，賢人高舉遠遯之象。夫蠱者，必有事也。仕於君者，事其事。賢人止而不仕，則天子不得臣，諸侯不得友，而「不事王侯」之事矣。王，五也。侯，三也。上九居與五比，而不相係，❶位與三應，而不相應，故曰「不事王侯」。凡處世間而有爲者，皆卑下之事，唯出世間而无爲者，乃高尚之事也。尚，上通。上九在一卦至高，至上之位，故曰「高尚」。下五爻屑屑於一家之事，至此則一國之事、天下之事，猶且視爲卑下而不屑爲，彼一家之事又何足道哉！

六畫俱九、六，爲蠱之隨。

【經】彖辭凡十五字，爻辭凡六十二字。先，悉薦切。後，去聲。【注】不復，扶豆切。而數，所主切。女長，之兩切。少男，詩照切，下並同。言傳，直戀切。見父，賢遍切。少俟，如字。奉養，羊尚切。坊，音防。之難，乃旦切。咸殺，❷沙界切。穉，直二切。不勝，音升。已勝，去聲。夫蠱，音扶。

䷒兌下坤上〇二之八，上之十一，緯，二陽辟，主九二。

臨，此羲皇兌下、坤上之卦，而文王名之曰臨。二陽長而消二陰，夏正十二月之卦也。臨者，居上涖下之名。二陽浸長於下，而陰居上，臨之以俟其進也。**元亨**，占也。**利貞**。占也。占與乾之彖同。乾之六陽，自臨之二陽而進也。**至于八月有凶**。占也。自天正建子之月一陽

❶「係」，四庫本作「遜」。
❷「咸殺」，吴氏注文中無此二字。

始生爲復，其二建丑之月二陽長而爲臨，其七建午之月一陰始生爲姤，至其八建未之月則二陰長而爲遯。遯者，臨之正對，臨卦六畫變盡也。今日二陽之臨，陽長而消陰也。至于八月二陰之遯，則陰長而消陽矣，故其占爲至于八月則有凶也。

初九，初之畫得九，爲臨之師。咸臨，象也。初、二之陽長於下，而四、五之陰臨其上。陽，君也。陰，民也。民豈可以臨君也哉？凡《易》於陽上陰下者，以尊卑定分取義，天地之否，夫婦之恒是也。陽下陰上者，以往來交感取義，天地之泰，夫婦之咸是也。咸，交感之義，艮男當居上而反居下，兑女當居下而反居上，所以爲咸。治世，君民上下之志通，亦若男女交感之咸。咸之四、五二陽降而下接於民，則爲臨之初九、九二；咸之初、二二陰升而上達於君，則爲臨之六四、六五。此臨之初、二二爻所以謂之「咸臨」。初與四應，咸之九四下降而爲初九也。貞吉。占也。

九二，九居第二畫，爲臨之復。咸臨，象也。二與五應，咸之九五下降而爲九二也。項氏曰：「初九、九二皆臨陰者也，以陽臨陰，反在陰下，有男下女之象，故皆爲咸。夫之臨婦，其道如此。」吉，占也。无不利。占也。

六三，六居第三畫，爲臨之泰。甘臨，象也。六三，互坤之下畫，坤土味甘，兑口柔説，以言媚人，陰柔不正，下臨浸長之剛，勢將逼己，而甘言以媚説之，故曰「甘臨」。无攸利。占也。柔説豈足以禦陽剛之進哉？雖甘亦无所利也。既憂之，无咎。占也。三雖臨二剛之上，而未離下體，既能以剛進之不可遏爲憂，而安於處下，不敢以賤臨貴，斂藏退避，以俟剛之上進，則可无咎。項氏曰：「六三以甘媚臨而『无攸利』，見君子之難説也，『既憂之，无咎』，又見君子之易事也，其處己也嚴，故不受不正之媚，其與人也寬，故不治既憂之人。爻辭雖爲六三言之，然亦可以見二陽之用心矣。」

六四，六居第四畫，爲臨之歸妹。至臨，象也。四、五二爻皆以剛臨柔取義。至者，鳥飛自上而極於地也。初之剛本居四，自四而降，以下接於初，而初爲九，所謂「至臨」也。四之柔本居初，自初而升，以上達於四，而四爲六，此民情上達之象，非六本居於四也。无咎。占也。六上達於四，故无咎。

六五，六居第五畫，爲臨之節。知臨，象也。剛爲智，柔爲愚。五柔而智，何也？曰：「五非柔也，剛也。五之剛下接乎二，二之剛即五之剛也。五剛下二，是君之智下燭民間也，此堯之清問下民也，所謂聰明睿智足以有臨者，故曰『知臨』。」然則六何以居五也？曰：「六非五也，二也，柔自二而上升于五，五之柔乃二之柔也。二柔升五，是民之情上達君所也，此堯之鰥寡无蓋也。」**大君之宜，吉。**占也。大者，剛畫也。君者，五位也。九五，大君也。六五非大君也。此六五而曰「大君」，明六五本是九五也，因五之九降二，而二之六升五也。六，民也，非君也。六而在五之位，民之上達於君也。民之得上達於君，由君之能下逮乎民也。君民一體，上下志通，大君之臨民宜如是，故曰「大君之宜」，所以吉也。

上六，上之畫得六，爲臨之損。**敦臨，**象也。敦，厚也。坤之上畫，地之最厚處。天高而覆物者，以上臨下也；地厚而載物者，以下承上，非臨也。上六陰柔，居高臨下，然以坤厚載物之德臨之，以俟二陽之進，而非敢以柔臨剛也。在上而不以高自居，厚之至也，故曰「敦臨」。此爻取義，乃臨卦之正意。**吉，**占也。**无咎。**占也。

六畫俱九、六，爲臨之遯。

【經】彖辭凡十二字，爻辭凡四十八字。知，音智。

【注】浸長，知兩切，下同。定分，符問切。柔説，音曰，下同。未離，來至切。易事，因利切。雖爲，云僞切。覆，孚豆切。

䷓坤下巽上〇八之五，上之十一，緯，四陰辟，主六四。

觀盥而不薦，此羲皇坤下、巽上之卦，而文王名之曰觀。四陰長盛，消陽已過其半，夏正八月之卦也。觀，以目視物也。二剛在上，四柔在下，仰觀之。此四陰消陽之卦，聖人名卦，但以下觀上取義。卦名連彖辭，與履、同人、艮三卦同例。舊以卦名自爲句者，非也。象也。盥，潔手也，字從左右二手，從水，從皿，以水沃手，而以皿盛其餘水也。三、四、五互艮爲手，上一陽在手上，象沃手之水；下二陰在手下，象盛水之皿。薦，進也，進祭物以獻神也。下體坤爲牛，象所薦之牲。下之所觀，莫大於敬；上之所敬，莫大於祭。盥者，祭之始。薦者，祭之盛。觀盥，謂觀其盥也。不薦，謂不觀其薦也。敬之感人，其應甚速。觀祭者，但觀於其初盥之時，不待觀於其既薦之後，而已感應矣。項氏曰：「相觀而化，其神如此。先儒謂，盥則誠意方專，薦則誠意已散。仁人孝子之奉祀也，豈皆至薦而誠散乎？」**有孚，**占也。謂下四陰之孚也。**顒若。**占之象也。顒，仰首而望之貌。下之觀上也，一觀其初祭之敬，而有孚者已顒若矣。謂其感應之神速也。

初六，初之畫得六，爲觀之益。童觀，象也。觀，艮之複體。艮，少男爲童。下之所觀，觀九五中正之道也。初最下，去五最遠，如未有知識之童子，而觀不能有所見也。小人无咎，占也。項氏曰：「初六爲下民，日用而不知，則其常也，故无咎。」君子吝。占也。項氏曰：「君子而不著、不察，則可羞矣。」

六二，六居第二畫，爲觀之渙。闚觀，象也。闚者，窺門也。三、四、五互艮爲門闕，二在其內，猶女子不能出外，在門內，而窺觀門外，其所見狹矣。二與五應，而陰柔不能見遠，故如女子之闚觀。初居陽，象男童。二居陰，象女子。利女貞。占也。朱子曰：「丈夫得之，則非所利矣。」

六三，六居第三畫，爲觀之漸。觀我生進退。象也。凡彖辭、爻辭稱「我」者，皆謂卦之主爻。蒙九二爲主爻，彖辭「匪我求童蒙」，「我」謂九二也。凡息卦、消卦十有二，一陽、一陰之卦，初爲主；二陽、二陰之卦，二爲主；三陽、三陰之卦，三爲主；四陽、四陰之卦，四爲主；五陽、五陰之卦，五爲主；六陽、六陰之卦，上爲主。觀，四陰之卦，故六四爲主爻。我，謂六四也。生，猶「生之謂性」之「生」，謂其身之動作也。六四，巽之下畫。巽爲進退。四陰進逼而消陽，六四爲之先。初六、六二遠弱，未有淩陽之勢。六三居下卦之上，居剛而不中正，與六四同惡者也。然雖陰盛之時，而陽剛中正之君在上，六四逼近九五者，方且臣順，則六三豈能獨進？故比於六四，惟觀六四之動作而爲進退爾。六四進而淩逼，則六三亦隨之而進；六四退而臣順，則六三亦隨之而退。諸家或以九五爲觀之主爻，蓋擇其德位之盛者爲主，非通例也。

六四，六居第四畫，爲觀之否。觀國之光，象也。坤爲國，互艮有光象。九五以陽剛臨坤土之上，國之光也。六四入近君側，下觀坤土之廣，上近天子之光，故曰「觀國之光」。利用賓于王。占也。諸侯朝貢于王曰「賓」。六四變爲剛，則成乾，乾爲賓。四陰勢盛，進逼二陽，幸九五能君，故六四不敢不臣，以强臣逼上之勢，轉爲諸侯朝王之象。筮得此爻者，利用之以賓于王也。陰消陽之時，而四當位，得陰之正，故有從順而无跋扈。項氏曰：「履正，故爲賓。使其不正，則爲敵矣。國有光則賓，无光可觀則敵。當觀之時，聖人懼焉。」

九五，九居第五畫，爲觀之剝。觀我生，象也。

我，亦指六四而言。陰盛消陽，六四已進逼君側，九五不失君道，則六四猶爲臣；九五一失君道，則六四將不臣矣。當此之時，九五但觀六四之動作如何，以驗吾君道之得失也，危迫甚矣。**君子无咎。**占也。占本有咎，君子得之則可无咎。蓋君子御得其道，而狙詐作使。若非君子，則御失其道，而狙詐作敵，斯有咎矣。九五以陽剛中正，爲下所觀，而无吉占，何也？時則然也，況又變而爲剥乎！

上九，上之畫得九，爲觀之比。**觀其生，**象也。其，指上九而言，謂自觀其身之動作。**君子无咎。**占也。陰長陽危，自觀一身之所爲，果合君子之道與？則自處得宜，而可免於咎。若不合君子之道，則自處失宜，有咎必矣。故其占惟君子則无咎也。項氏曰：「上在卦外，无民，无位，小人之進退，下民之向背，皆不由己，但謹視其身，思自免咎而已。觀本是小人逼君子之卦，但以九五中正在上，羣陰仰而觀之，故聖人取之以爲小人觀君子之象。象雖如此，勢實漸危，故五、上二爻皆曰『君子无咎』，言君子方危，能如五之居中履正，上之謹身在外，僅可免咎。二陽向消，道大而福小也。」

六畫俱九、六，爲觀之大壯。

【經】彖辭凡九字，爻辭凡五十四字。觀，平聲，篇内並同。盥，音管。顒，魚恭切。闚，苦規切。【注】盛其、盛水，時貞切。朝，音潮。跋，蒲末切。扈，音户。狙，七余切。道與，音余。向背，蒲貝切。

䷔震下離上〇四之三，上之十二，緯，三陰否變，主六五。

噬嗑，此羲皇震下、離上之卦，而文王名之曰噬嗑。噬，齧也。嗑，合也。卦象頤口中虛，而有一剛畫，間隔於其中。頤口本合，有物間之，則不合矣，故必齧噬其中之間，而後上下合也。**亨，**占也。梗而未合，則不亨。噬而合之，則亨矣。**利用獄。**占也。獄者，有訟而拘囚於獄也。離體中虛，獄之象。六五柔中，爲卦主，用於上以震動於下，治獄者也。兩辭參差，亦猶有梗於中而不合；鞫問而得其情，則其辭一矣，亦猶噬之而後合也，故其占爲利於用之以治獄。

初九，初之畫得九，爲噬嗑之晉。**屨校滅趾，**象也。彖辭之占「利用獄」，故初、上爻辭皆因「用獄」取象。

屨，謂著於其足，如納屨然。校，械也。滅，没也，猶浸在水中，没而不見也。震下畫爲趾，初剛横亘於震足之下，足械滅没其趾之象。足械之制，周圍其脛而已，下不及趾也。今械木之廣，既圍脛而遮掩，又過其脛，并不見脛下之趾也。入獄之初，未加鞠問，恐其走逸，亦械其足。雖屨校而滅趾，然其人非必有罪也，特桎之使不得去爾。鞠問无罪，則釋其械而縱之矣。**无咎**。占也。在卦之初，爲初犯。得位之正，則非有罪也。鞠問明直，而獲縱釋。此人者，足曾被械，因是知所懲忩，不復犯法，故其占爲无咎。

六二，六居第二畫，爲噬嗑之睽。**噬膚滅鼻**，象也。初、上二爻既因象辭「用獄」取象，其中四爻並自卦名「噬嗑」取象。❶卦之全體象頤：初、上二剛，象頤口上下齗齶，有齒牙能噬者也；其中四畫，乃頤中虚而容物之處，故各象所噬之物。二、三、五柔畫，物之脆者。四剛畫，物之堅者。二、三、五皆柔。三、五以柔居剛，雖脆而堅。二以柔居柔，最爲易噬。膚者，豕腹之下，柔軟无骨之肉，古禮别實於一鼎曰膚鼎。二最易噬，象膚，又近初剛，初爲下頤之齶。凡噬物，下齶之動最有力。以至近能噬之剛，噬至柔易噬之物，一舉盡𪘲，略无留難，以至所噬之膚，掩過噬者之鼻也。坎爲豕，二在互坎下畫之下，象豕腹向下之膚。艮爲鼻，二當互艮之下畫，鼻之下端也，正與所噬之膚相直，故有膚滅其鼻之象。**无咎**。占也。噬嗑在於去閒。所噬者易噬，是其閒易去也，故其占无咎。

六三，六居第三畫，爲噬嗑之離。**噬腊肉遇毒**，象也。「腊」，正作「昔」，上炏象肉之形，下從日月之日，❷乾者也，其後假借爲今昔之昔，乃於左畔加肉以别之，而爲腊肉之腊，非字之正也。鼎實以兔之䕩爲腊鼎。田獵所獲野物，或獸或禽，全體乾之，通謂之腊。彼單稱爲腊，此言「腊肉」，非指野物全體之乾者而言。蓋六三、六五二柔畫，爻辭並云肉，謂无骨者也。九四一剛畫，爻辭不云肉，而云胏，謂有骨者也。若以六三爲全體帶骨之腊，則與爻象不合。六三互坎之下畫，有離日在上，豕肉受日之暵者。肉者，六之柔也，腊之則柔亦堅矣，位剛故也。凡食物臭味之惡者爲「毒」。以上九之陽，噬六三不中、不正之陰，故爲遇毒。**小吝**，占也。小者筮得此爻則吝也。上九陽剛爲大。上古神

❶「爻」，原誤作「人」，今據四庫本改。
❷「月」，原誤作「肉」，今據四庫本改。

農嘗百草，一日數遇毒而不爲害者，大智大力能勝其毒也。若小者遇毒，則不能堪，而可吝矣。无咎。占也。大者噬之，雖遇毒而不害，故无咎。

九四，九居第四畫，爲噬嗑之頤。噬乾胏得金矢，象也。胏，骨之連肉者。在離體之內，火所乾也。骨而又乾，其堅至矣，九之剛象之。骨而連肉，剛之居柔象之。不期遇而遇曰得。金矢，鐵箭鏃也。九之剛爲金，離爲矢。殺矢之金，金三，錫二。金之雜錫，亦猶骨之連肉，皆九四以剛居柔之象也。乾胏者，九四也。噬之者，初九也。噬乾胏，而乃於胏之中得金矢焉，其堅又過於乾胏矣。然金矢雖堅，而可爲用；堅者爲梗，所以噬之不爲梗，而反爲甲，則雖堅可不噬也。利艱貞，占也。宜以艱難之心正主事也。吉。占也。艱貞，故吉。初九所噬者，九四與六二也。六二近而柔，以其易噬也，初九以易視之，僅能无咎而已。九四遠而堅，以其難噬也，初九以難處之，所以吉也。

六五，六居第五畫，爲噬嗑之无妄。噬乾肉得黃金，象也。六五互坎之上畫，亦豕肉也，與六三皆質柔而居剛，象无骨之肉以乾而堅也。六三在離日之下，日所乾者，故曰腊。六五在離火之中，火所乾者，與九四同，故曰乾。黃者，中央之色。五居中，故曰黃。五變爲剛，故曰金。凡單稱金者，金、銅、銀、錫皆金也。唯曰黃金者，爲正色之金。乾肉者，六五也。噬之者，上九也。噬乾肉而乃於肉之中得黃金焉，其堅又過於乾肉矣。黃金雖堅，然不爲梗，而可爲用，則雖堅可不噬也。項氏曰：「四、五兩爻稱得金者，下卦爲閒尚淺，故用力易；上卦爲閒已大，故用力難。有噬有得者，噬道將終，必盡其慮也。噬者，除其惡。得者，取其善。有惡則去，有善則取，憎而知其善也。於九四則噬其乾胏之强，而收其金矢之用；於六五則噬其乾肉之强，而收其黃金之用。聖人之待强梗，其仁如此。」貞厲，占也。上九位不當，所噬雖近猶難，故正主事則危厲。无咎。占也。噬其梗之堅，而乃得所用之貴。貴故无咎。

上九，上之畫得九，爲噬嗑之震。何校滅耳，象也。何，負也，謂負之於首也。上畫爲首。剛畫在上，首械之象。三、四、五互坎爲耳。首械之制，周圍其項，上不及耳。今首械在坎耳之上，是械之厚，掩過其耳，而耳不見也。居卦之終，蓋問獄已成，以其有罪，而首何至厚之械，罪不可解矣。凶。占也。剛不正，而在終之時，是終爲惡而受罪者也，故凶。噬嗑六爻分爲二義。初、上兩爻於用獄起義，蓋以六五爲治獄之主，初、上爲坐獄被校之人，兩爻之占，各指本爻而言。初之无咎，初九自无咎也。上之凶者，上九自凶。二、三、四、五於噬閒起義，初九、上九爲噬物之頤，二、三、四、五爲頤中所噬之物，兩爻之占，皆指初、上而言。初比二而位應四，噬二、噬四者，初九也。六二之占「无咎」，謂初九之无咎也。九四之占「利艱貞，吉」，謂初九之利與吉也。上比五而位應三，噬三、噬五者，上九也。六三之占「小吝，无咎」，謂上九之无咎也。六五之占「貞厲，无咎」，謂上九之厲與无咎也。雖筮者得之，直據各爻之辭爲占，然聖人觀象繫辭之意則如此，不可不知也。

六畫俱九、六，爲噬嗑之井。

【經】彖辭凡六字，爻辭凡五十八字。噬，市制切。嗑，胡閤切。屨，紀具切。校，爻教切。腊，音昔。乾，音干。胏，兹此切。何，何可切。【注】齧，五結切。閒，居限切，後並同。參，七森切。差，七思切。鞠，恭曲切。著，步略切。❶曾，秦登切。忞，音乂。❷復，符后切。斷，魚斤切。齶，魚各切。脆，音翠。易，以豉切，後同。臠，劣遠切。別，彼列切。薧，苦老切。暵，音漢。數，音朔。勝，音升。鏃，子木切。

☶☲離下艮上○三之七，上之十二，緯，三陽泰變，主六二。

賁，此羲皇離下、艮上之卦，而文王名之曰賁。賁，文飾也，字從貝，諧卉聲。貝，水蟲，背有文如錦，故爲文飾之義。卦自泰變，二之剛往上，文外二柔；上之柔來二，❸文內二剛。**亨**，占也。內卦文明，衆美之會。**小利有攸往**。占也。小，謂陰也。外卦剛止於上，四、五二柔宜往上以求其文。

初九，初之畫得九，爲賁之艮。**賁其趾**，象也。初畫在下，爲趾。「賁其趾」者，扉屨之屬，以飾其趾爲行計也。**舍車而徒**。象也。二、三、四互坎爲車。徒，步行也。二之柔來飾初之剛，初剛不受其飾，而惟自飾，故舍二之車，而自飾其趾，以步行。內飾於己，而不資外飾於人，剛

❶「步」，四庫本作「足」，當是。
❷「乂」，原誤作「又」，今據四庫本改。
❸「二」，四庫本作「下」。

正而明者能之。

六二，六居第二畫，爲賁之大畜。賁其須。象也。三、四、五、上肖頤，六二在頤下，須之象。須之美者，生而美也，美由中出，不假外飾。六二柔麗乎中正，固有其美，如須之賁，非有待於外物而賁者。然陰柔不能自動，必附麗於陽，如須雖有美，必附麗於頤也。六二，卦之主也，以一柔來文下卦之二剛。初九自賁，而不受六二之賁矣。六二既自賁，又附麗於九三，而爲九三之賁也。

九三，九居第三畫，爲賁之頤。賁如濡如，象也。九三者，互坎之中畫，坎水有濡象，猶詩言「六轡如濡」，謂所飾之文采鮮澤也。處文明之極，一剛在二柔之間，錯雜成文，故賁如。又六二之柔飾之於下，賁之最盛者也，故濡如。永貞吉。占也。得二之飾，而不溺於二，故長永正主其事則吉也。

六四，六居第四畫，爲賁之離。賁如皤如，象也。九三居文明之極，六四有輝光之懿，二爻當上下剛柔相雜之際，故皆曰「賁如」。賁之成卦，以六二自外來而文二剛，上九自內往而文二柔也。九三與六二比近，而得其賁，故濡如。六四與上九隔遠，而不得其賁，故皤如，言白而未受采也。白馬翰如，象也。六四，震馬之中畫，坎馬之上畫，變爲剛，則成巽爲白。翰如，言其走之疾如羽翰也。六四弗得上九文柔之賁，故疾走以就正應，而求賁於初九之陽。匪寇，婚媾。象也。四與初正應，然初九孤潔自守，近不昵二，遠不交四。二，比爻也，不就之者，義也。四，應爻也，就之者，正也。初不昵二，而并疑四，因六四之下求，初九之疑始釋，而知六四非寇也，乃己之婚媾也。象同屯六二。

六五，六居第五畫，爲賁之家人。賁于丘園，象也。六五柔中艮體，有德之賢，止而不仕者也。艮之中畫，山之半也，爲丘。園，丘之有草木者。互震，草也。體艮，木也。丘園，賢者隱處之地。上九一剛，爲二柔之君，賁二柔者也。六四隔遠，不受其賁。所賁者，六五而已。以上九賁六五，爲上之人禮聘賢者，恩光下逮，「賁于丘園」之象。束帛戔戔，象也。五兩爲束。坤爲帛。而坤之上畫連，束之於外之象。戔戔，委積貌，多也。賢者隱處，而受聘幣之禮，其光顯榮輝被于丘園，如伊尹耕於有莘之野，而湯以幣聘之也。吝，占也。柔雖得中，而不當位，故吝。終吉。占也。受君賜之榮，故終吉。

上九，上之畫得九，爲賁之明夷。**白賁**，象也。賁自泰變者也。泰之九二升在上，而文二柔；泰之上六降在二，❶而文二剛。然初九不肯受二之賁，受二之賁者，惟九三一剛。六四不能受上之賁，受上之賁者，惟六五一柔。濡如之賁，丘園之賁，虚文之飾爾，有之不爲甚益，无之不爲大損，二爻成賁之功亦淺鮮矣。賁極當變，變而復于泰則善，不變而受之剥則壞矣。文窮反質，賁復爲泰，以還其初，上九復于二，六二復于上，則三剛三柔皆守其質，而不相文，所謂白也。泰二、三、四互兑爲白，故曰「白賁」。於卦終總言賁極而反質白者，通全卦而言，非專指上九一爻言也。**无咎**。占也。文極必弊，復反于質，則不至於弊矣，故无咎。

六畫俱九、六，爲賁之困。

【經】彖辭凡七字，爻辭凡五十四字。賁，彼僞切。舍，音捨。皤，白波切，又音槃。翰，雄干切。戔，在千切，又音牋。【注】貝，❷必佩切。扉，扶味切。鮮澤，音仙。錯，千各切。暱，女力切。淺鮮，雖典切。

䷖坤下艮上〇八之七，上之十三，❸緯，五陰辟，主六五。

剥，此羲皇坤下、艮上之卦，而文王名之曰剥。五陰長盛，消陽將盡，夏正九月之卦也。剥者，以刀割削而去之也，五陰消去五陽也。❹**不利有攸往**。占也。以卦體而言，則陰長已至五，僅存一陽，再往則并一陽消之矣，故不宜有往。以占者而言，則小人極盛之時，當順時而止，不可以有所往也。

初六，初之畫得六，爲剥之頤。**剥牀以足**，象也。陰之剥陽，自五月一陰始消一陽而爲姤，六月二陰消二陽而爲遯，七月三陰消三陽而爲否，八月四陰消四陽而爲觀，九月五陰消五陽而爲剥。剥之初六，即姤之初六也，故此以姤之初六言之。姤之初六，下耦承上奇，牀之象。初爲牀之足。陰消陽，自下始。五月姤之一陰始消一陽於下，猶剥牀而先及其足也。**蔑貞凶**。占也。陸氏曰：「蔑猶削也，楚俗有削蔑之言。」澄謂，當小人削蔑君子之時，正主事

❶「二」，四庫本作「下」。

❷「貝」，原誤作「具」，今據四庫本改。

❸「三」，原誤作「二」。按剥與復互爲反體，據復卦卦畫下標注改。

❹「去」，四庫本作「盡」。

則凶也。

六二，六居第二畫，爲剥之蒙。剥牀以辨，象也。剥之六二，即遯之六二也，此以遯之六二言之。辨，牀之榦也，中畫象之。剥陽至下卦之中畫，猶自牀足而上剥至于榦也。蔑貞凶。占也。與初六同。

六三，六居第三畫，爲剥之艮。剥之，象也。剥之，猶《比》卦言「比之」，《損》卦言「損之」，《益》卦言「益之」，《小過》卦言「過之」也。之，指陽而言。剥之六三，即否之六三也。此以否之六三言之，謂剥陽已及三也。三，牀之上也。不言「剥牀」而汎言「剥之」，其辭比初六、六二、六四差緩也。剥陽及三者，乘陰長之勢至此，非專三之罪。三雖居剥陽之位，而獨與上九一陽爲應，則无害陽之心，故聖人繫爻，特異其辭，以別於初、二、四之三陰也。无咎。占也。程子曰：「衆陰剥陽之時，三獨居剛應剛，志從於正，在剥之時，爲无咎也。」

六四，六居第四畫，爲剥之晉。剥牀以膚，象也。剥之六四，即觀之六四也。此以觀之六四言之，言剥陽已及于四也。❶ 四，在人爲身之位。膚者，身之皮膚也。初爲牀足，二爲牀辨，三爲牀上，人所卧處。四，人之身也，非牀也。非牀而曰「剥牀以膚」，言剥牀而上及於人之肌膚也。凶。占也。災已及身矣。

六五，六居第五畫，爲剥之觀。貫魚，象也。六五變爲剛，則成巽，巽下之柔爲魚。一柔之下又有三柔，羣魚之象也。五變爲剛畫，連亘其上，貫穿之象也。魚，陰物。五，羣陰之主，在上统率羣陰，如貫穿羣魚而爲一也。以宫人寵，象也。以者，將之也。宫人，衆妾也。以之者誰？后也。后爲宫人之主。五統羣陰，如后统衆妾；衆陰戴陽，如后以衆妾進御於王，而獲寵愛之象。陰長消陽至於五，極矣，不可以再長也。一陽在上，非可剥者，故取羣陰順承一陽爲義。六三應上九，而寧失羣陰之心。六五比上九，而率羣陰以求一陽之寵。一陽之功大矣！天道之不可一日无陽，世道之不可一日无君子者，此也。項氏曰：「六五君位，五爲王后，與君同處。四爲夫人，佐后者也。三爲九嬪，以主九御，下卦之長也。二爲世婦，初爲御妻。」无不利。占也。程子曰：「五能使羣陰順序，如貫魚然，獲寵愛於在上之陽如宫人，則无所不利也。」

上九，上之畫得九，爲剥之坤。碩果，象也。艮爲

❶「及」，四庫本作「至」。

果蓏。果，謂上畫一剛。蓏，謂中下二柔。上九，艮之上畫，故爲果。碩，謂陽之大也。**不食**，象也。卦无兑口，故不食。下五陽皆已剥，獨存一陽在上，如木之果實皆已落，獨一碩大之果，不爲人所食，而猶在木末。《論語》云：「吾豈匏瓜也哉？焉能繫而不食？」亦匏瓜不爲人所取食，而常繫於蔓也。」**君子得輿**，占之象也。君子，謂一陽。坤爲輿。五陰承戴上九之一陽，如人之在車上。君子筮得此爻，則其象爲得輿，而占亦如之。**小人剥廬**。占之象也。小人，謂上九變爲柔也。一陽上覆五陰，有廬之象。奇變爲耦，則如廬之破壞，穿漏其上，而无以蓋覆其下。故小人筮得此爻，則其象爲剥廬，而占亦如之也。

六畫俱六、九，爲剥之夬。

【經】彖辭凡六字，爻辭凡五十六字。蔑，莫結切。辨，平免切。【注】去之，起吕切，下同。長，之兩切。别，彼列切。蓏，李果切。覆，孚豆切。

䷗震下坤上〇四之八，上之十三，緯，一陽辟，主初九。

復，此羲皇震下、坤上之卦，而文王名之曰復。一陽初生於地下而消一陰，夏正十一月之卦也。復，還反也。冬至之前，六陽消盡而爲純坤；冬至之後，一陽還反而生于下也。**亨**，占也。陽復則亨。**出入无疾**，占也。凡一陽之卦，皆自復而變，无有自他卦變爲復者。此取復所變之卦，再還復未變之時爲義。師自復而變者也。師之初還復于二，爲出；師之二還復于初，爲入。筮者占之，或出外，或入內，皆可无疾。**朋來无咎**，占也。一陽既生，日進日盛。又取臨、泰、大壯、夬所變之卦，還復未變之時爲義。明夷自臨而變者也，明夷之三還復來二，則爲二陽之臨。歸妹自泰而變者也，歸妹之四還復來三，則爲三陽之泰。需自大壯而變者也，需之五還復來四，則爲四陽之大壯。大有自夬而變者也，大有之上還復來五，則爲五陽之夬。此陽之朋類次第而來也。筮者占之，己之或出或入既无疾，而朋類自然來至者，亦无咎也。**反復其道，七日來復**，占也。自五月一陰生，至十一月一陽生，凡歷七月。筮者占之，出外而反者，還復其初所行之道路，則七日可以來至於家而復也。道者，震爲大塗。七，震之數也。**利有攸往**。占也。陽之長，貴乎日進，故占者宜有所往也。

初九，初之畫得九，爲復之坤。**不遠復**，象也。師卦自復而變。初九自師之九二還反於初，出外不遠而遄復者也。**无祇悔**，占也。祇，適也，抵也，猶云至也，字從衣，從氏，與「祇敬」之「祇」不同。「祇敬」之「祇」，從氏，從示。程子曰：「无祇悔，不至於悔也。復者，陽反來復也。陽，君子之道，故復爲反善之義。失而後有復，不失則何復之有？唯失之不遠而復，則不至於悔。」元吉。占也。常人筮得之，固无至於悔矣。有大善之德者，筮得之則吉也。

六二，六居第二畫，❶爲復之臨。休復，象也。人於勞暍之時，得依木之芘蔭以息，至美也，故休有美義。否之九五，中正大人也，在下者依其芘蔭，以休息於否將變之時，故曰「休否」。初九一陽之復，勢孤援寡，六二中正，與初九比近爲朋，初九在下，依其芘蔭，相與休息，六二變而爲剛，同初之復，故曰「休復」。否五、復二，皆卦之中也，否有巽木，復有震之竹與萑葦，爲芘陰可休之處。吉。占也。陽剛浸長，相與休息，同其吉也。或曰：「凡占辭特爲占者設爾。然聖人繫辭之意，則有定指。此吉字，指六二乎？指初九乎？」曰：「六二能比初九，依之以息，六二之吉也，而初九與有焉。」

六三，六居第三畫，爲復之明夷。頻復，象也。頻，水厓也。六三變爲剛，二、三、四成坎。三，下卦之終，如岸之盡處，瀕乎水也。行至水厓，不可以進而後復，復之不早者也。厲，占也。阻水不能進，故厲。无咎。占也。能復，故亦无咎也。

六四，六居第四畫，爲復之震。中行獨復。象也。行者，路也。震爲大塗。卦之五陰，二、三近陽，五、上遠陽，四居遠近之中，猶路之半也，故曰「中行」。五陰唯四與初陽爲應，四變爲陽，則與初九同，是震體下畫之一陽，獨能與初九一陽之復同者也，故曰「獨復」。

六五，六居第五畫，爲復之屯。敦復，象也。三、四、五互坤，五爲坤上畫，坤土最厚之處，敦之象。敦者，篤厚靜重而若遲鈍，亦復而不速之意。无悔。占也。由初至五，五畫之復，六五最後。復雖不速，然柔順得中，故无悔。

上六，上之畫得六，爲復之頤。迷復，象也。迷者，冥行，失其正道也。上六，一卦之終，猶迷塗至極盡之處也。迷行至終，乃求還反，晚矣！梁武帝之迷，至侯景兵入臺城而圖復；唐明皇之迷，至安禄山陷洛陽而圖復，當是時也，雖復，竟何如哉？舊注皆謂上六終迷不復。案：爻辭言迷復，注謂迷而不復，似與《經》竟相戾。始也南行，今回轅向北；始也北行，今旋面向南，是之謂復。《楚辭》云：「迴朕車以復路兮，及行迷之未遠。」復字從彳，卦爻之義，皆

❶「二」，原誤作「五」，今據薈要本、四庫本改。

以行取喻。初曰「不遠」者，行出未遠而復；二曰「休」者，休息於塗而復；三曰「頻」者，行至水厓而復；四曰「中行」者，行至中道而復；五曰「敦」者，敦篤緩行而復；上曰「迷」者，迷行至終而復。行而迷失正道者，其終之復，亦是循其故道而復。然其故道，非正道也。往復皆迷，展轉錯誤，不可專以能復爲善。不由其道而復者，雖復亦不善也。上爲冥昧之位，六爲柔暗之質，故迷。**凶**，占也。如梁武帝、唐明皇是也。**有災眚。**占也。占既曰凶矣，而又曰有災眚，何也？迷復有輕重、小大也。其重者、大者則凶，輕者、小者亦有災眚。災，謂禍災。眚，謂過眚。災自外至，而由己所致；眚自內有，而非己所致也。眚災者，非己所致而爲災，《書》帝典、王誥言「眚災」是也。災眚者，由己所致而爲眚，此復之上六及小過之上六言災眚是也。**用行師，終有大敗**，占也。上二占，泛言之。此一占，專以行師一事言。師卦由復而變，一陽統坤衆也。行，亦取震塗之象。大，謂上六變爲陽也。復之六五不取君義，上六位最高，變爲陽而下臨坤衆，有君象焉。但常時所行，既失君道，民心之去久矣。一旦用其民，民豈爲之用哉？故其君必至於敗，是之謂「大敗」，如商以師敵周，而前徒倒戈；衛以師禦狄，而受甲兵者曰「余焉能戰」？商紂、衛懿卒以敗亡。**以其國君凶**，占也。以，如《春秋》「蔡侯以吴子及楚人戰于柏舉」之「以」。上言行師者，自主兵也；此言「以其國君」者，不自主兵，出兵助人，如爲人所以也。國君，亦指上六。下有坤土爲國，變爲剛而居上曰「君」。以者，他人以之。初九一陽爲主于內者，君也；上六變爲陽而統衆于外，又一君也，故有內國君以其外國君之象。凶，如鄭國君王世充，以夏國君竇建德拒唐師，而建德并爲大宗所禽也。**至于十年不克征。**占也。行師一事分爲三占，既言爲己、爲人兩皆凶敗矣，又言自己不興師，亦不爲人興師，幸可免目前之凶敗。然民心離貳，國勢削弱，久而至于十年之後，亦不能出征也。十，坤數。案：《周易》雖用爻之變爲占，而爻辭多只就不變起義。其取變者，間見耳。復之六爻，惟初九一陽爲已復者，故爻義以不變者言。其餘五陰，乃未復者，而爻辭各有復字，皆取爻之變者言也。蓋不變爲陽，則不可謂之復矣。

六畫俱九、六，爲復之姤。

【經】彖辭凡二十二字，爻辭凡五十九字。衹，音支。【注】長盛，知兩切，下同。暍，音謁。閒見，居限切。

䷘震下乾上○四之一，上之十四，緯，二陰遯變，主初九。

无妄，此羲皇震下、乾上之卦，而文王名之曰无妄。无妄者，誠也，有天理之真實，无人欲之虚僞。凡陽剛，象天理之誠；陰柔，象人欲之妄。卦自遯變。遯三來初，以陽剛之正，易去陰柔之不正，爲去妄存誠之義，故曰无妄。**元亨**，占也。**利貞**，占也。无妄之動以天，故其占與乾卦同。**其匪正**，目下二占无妄者，无私心而又合正理也。雖无私心，苟不合正理，亦是妄也。其所爲非正理，則其占如下之所云。**有眚**，占也。匪正則有過尤。**不利有攸往**。占也。匪正而不往且有眚，往則是妄動也。

初九，初之畫得九，爲无妄之否。**无妄往，吉**。占也。陽剛當位而无應，得正理而无私心也。爲无妄之主，當震動之初，无妄而往者也，故吉。

六二，六居第二畫，爲无妄之履。**不耕穫，不菑畬，則利有攸往**。占也。「耕穫」、「菑畬」，占之象也。春而治田曰耕。秋而收禾曰穫。初墾荒田曰菑。三歲熟田曰畬。不耕穫，謂不耕而穫。不菑畬，謂不菑而畬。夫有耕然後有穫，有菑然後有畬，不耕而穫，不菑而畬者，何也？在先无求之之心，而在後有得之之實也，此所謂无妄也。「无妄」，《史記》作「无望」，謂无所期望而有得，蓋亦此意。夫陽剛之實爲无妄。二雖中正，然質柔非剛，而又有應，非剛則未能實也。有應則未能无私也，是未能純乎无妄之道也。有攸往者，往應五也。往應五者，求陽剛之實，以益己也。得剛實以益己，雖爲正事，而求之之心猶爲私心也。必也，先絶其有求之心，所謂「不耕」、「不菑」也，後自穫其有實之益，所謂「穫」、「畬」也。言能如此，則所往乃爲无妄也。有應之私，易至害於无妄之道，故爻辭爲之戒。孟氏集義養氣之學，不揠苗以助長，而氣自无餒，蓋如此也。震耜，耕象；乾金，穫象；二地上爲田，菑畬之象。

六三，六居第三畫，爲无妄之同人。**无妄之災**，占也。筮得此爻者，其占爲有災，而其災非由己致。朱子曰：「卦之六爻皆无妄者也。」澄案：无妄之善有三，剛也，當位也，无應也。剛者，實也。當位者，正也。无應者，无私累也。諸爻或有其三，或有其二，或有其一。初九，三者全，其最善也。九五、九四有其二，九五剛而中正，九四剛而无應，是其次也。六二、上九有其一，六二中正，上九剛實，是又其次也。唯六三於三者咸无焉，而亦得爲无妄，何也？下比中正之六二，上比剛實无私之九四，譬如有人，在己雖无一善，而上有嚴師，下有良友，親近切磨，夾持熏染，亦不至於爲惡，此六三之所以亦得爲无妄也。項氏曰：「六三所遇之災，非人爲也，故爲无妄之災。」廬陵楊氏曰：「我求而我得者，有妄之災。非我求而我得者，无妄之災。」**或繫之牛，行人之得，邑人之災。**象也。設此象以明上占辭，如或繫一牛於此，乃邑人之牛也，偶脱所繫而爲行人所得，邑人有失牛之災，亦適然不幸爾，非己有以致之，是謂无妄之災。因卦變取象：无妄自遯變，遯下卦艮也，坤爲牛，艮以一陽交坤上畫，爲坤之君，坤牛艮之所有也。一奇實坤上畫之畫，如有物以繫牛之前也。此以遯之九三未變爲无妄之六三而言也。及遯之既變爲无妄也，三下易初成震，則震之一陽爲坤之君，而坤牛爲震之所有矣。震動于大塗，行人也。初非人位，而曰「行人」者，初自三之人位來也。震遂有坤，行人得牛也。无妄六三，坤上畫也，坤爲邑，❶三人位，邑人也，己所有之牛爲他人所得。失牛者，災也，六三之遇此災，莫之致而至也。廬陵楊氏謂：「牛繫於斯，塗之人取去，牛主訟邑居者而已。」朱子亦謂：「行人牽牛以去，而居者遭詰捕之擾。」考之爻象，无此義。

九四，九居第四畫，爲无妄之益。**可貞，**占也。九四乾體，剛實无應，故可以正主事。可貞與利貞不同。利者，宜也。可者，僅可。**无咎。**占也。居不當位，當有咎也，以有實无私，故得无咎。

九五，九居第五畫，爲无妄之噬嗑。**无妄之疾，**占也。筮得此爻者，其占爲有疾，而其疾非由己致。九五剛健中正，可謂无妄矣，而下有應，故曰疾。疾者，以外物之應，能爲内心之病也。然有有妄之疾，有无妄之疾。常人之於應物，外物一接而己心從之，此有妄之疾也；聖人之於應物，其心湛然，如明鏡、止水，物來則照，物去不留，動而无動，雖應未嘗應也，是之謂无妄之疾。**勿藥，**占之戒辭也。有妄之疾必須用藥治療。无妄之疾，慎勿用藥治療也。外物之紛至，任其自來自去，勿藥者也。若或厭惡，而以術屏絶之，是用藥以治療也，非徒无益，而又有害。告子之冥然罔思、悍然力制以爲不動心，釋氏之息滅人倫、違棄世故以爲不住相，犯勿藥之戒者也。**有喜。**占也。疾去曰「有喜」，不治療而其疾自去，不屏外物而外物自不能爲累也。

上九，上之畫得九，爲无妄之隨。**无妄，行有**

❶「邑」，原誤作「芭」，今據薈要本、四庫本改。

眚，占也。上九之善雖不及初九，然亦无妄者也。初九以无妄而往則吉，上九以无妄而行則有眚，何也？時位不同也。无妄之有往也，何所爲而往乎，豈爲濟其欲哉？蓋爲進其善也。進善者如登，可上不可下也。初九之位猶下，時之初也，其往也，進而升於上也。上九之位已極，時之終也，前无可往之地矣，唯有退而降於下爾。初九言往者，謂其進前也；上九言行者，謂其在塗也。既不進而上，則必退而下，以就所應之六三。六三震體，故曰行。夫无妄之德，動而健，未嘗禁其行也，但上九時位已至窮極，故不可以有行，靜守而終焉可也。大抵无妄六爻，下三爻以動爲善，初九往則吉，六二如是而往則利，六三居而有災；上三爻以靜爲善。九四可貞而无咎，九五勿藥而有喜，上九行而有眚也。**无攸利**。占也。於己既有眚，於事亦无所宜也。

六畫俱九、六，爲无妄之升。

【經】彖辭凡十六字，爻辭凡六十二字。菑，則斯切。【注】去妄，起吕切。夫有，音扶，後「夫陽」、「夫无」同。易至，以豉切。擾，一戛切。助長，知兩切。餒，年猥切。❶厭，伊欠切。惡，烏路切。住相，息亮切。屏，必令切。累，郎遂切。所爲、爲濟、爲進，並云僞切。

䷙乾下艮上○一之七，上之十四，緯，四陽大壯變，主上九。

大畜，此羲皇乾下、艮上之卦，而文王名之曰大畜。大，謂陽也。畜者，藏也，亦有止義。一陰畜藏於五陽之中，爲小畜。一陽畜止於二陰之上，而三陽畜藏於二陰之內，故爲大畜。陽固爲大。聖人名卦，於陽之多者特以大名，五陽爲大有，四陽爲大畜、大壯、大過是也。**利貞**，占也。一陽在上，爲畜止之主，宜於正主事也。**不家食吉**，占也。一陽陽剛之畜，象賢人之聚。賢人衆多，則當食君之禄，而不食于家也。家人二、五易位成大畜，大畜與家人易位，不在家也。兑口在四，食於外也。**利涉大川**。占也。三、四、五、上有舟象，乾健應五，上進，有舟行而前之象。

初九，初之畫得九，爲大畜之蠱。**有厲**，占也。程子曰：「大畜，艮止乾也，故乾三爻皆被止。在他卦，則正應，相援者也；在大畜，則相應乃爲相止。陽，上進之物。

❶「猥」，原誤作「偎」，今據四庫本改。

上與三皆陽，故同志而无相止之義。初陽剛，健體居下，必上進；六四在上，止己，安能敵在上得位之勢？若犯之而進，則有危厲。」**利已**。占也。已，止也。程子曰：「利在已而不進也。」

九二，九居第二畫，爲大畜之賁。**輿説輹**。象也。輿下伏兔爲輹。二、三、四互兑，❶坎輿而毁其下畫，是説去輿下之輹也。九二當輿輹之處，而其輹脱去，故其輿不行也。程子曰：「二爲六五所止，勢不可進，五據在上之勢，豈可犯也？二雖剛健之體，然其處得中道，故進止无失，雖志於進，度其勢之不可，則止而不行，如輿説去其輹也。」

九三，九居第三畫，爲大畜之損。**良馬逐**，象也。乾爲良馬。乾之三陽在下，爲艮之二柔所止，而未可以進。九三處下體之上，漸可進矣，健體之極，如良馬之馳逐然。逐，謂追躡於艮之後也。**利艱貞**，占也。良馬雖可以進，然二柔止之於前，其進甚難之時也，故宜艱難以主事，不可以易心處之也。**日閑輿衛**，象也。三、四、五、上肖離爲日。閑，習也。古者乘車，三人在車上，步卒七十二人在車下，輿之衛也。當艱難之時，未可輕易而進，且當每日閑習其輿之衛，以爲行之備。九三變爲柔，三、四、五成坤爲輿，初、二其衛也。言九三當與二陽同心協力，无日不訓國人討軍實而爲行計也。**利有攸往**。占也。四止初，五止二，故二陽皆不可往。獨上九與九三同德、同位，既不止之，而又援之以進。況九三儆備周完，則宜有所往矣。

六四，六居第四畫，爲大畜之大有。**童牛之牿**，象也。内乾之健，爲外艮所止。止乾陽者，艮二陰也。然二陰歸功於上九之一陽，蓋艮由止一陽而成卦，所以止也。《彖傳》所謂「剛上而上賢，能止健」，是取此義。夫牛之角、豕之牙，皆剛物之在前者，艮上畫一剛象之。上九一剛畫，在四、五之前，四之視上，猶牛首之有牿；五之視上，猶豕首之有牙。四爲童牛，上爲牿；五爲豶豕，上爲牙也。牿者，設横木於牛角以止觸，所謂楅衡也。六四，艮之下畫，即坤之下畫也。坤爲牛，艮爲男之少，牛之童犢者。童牛，未有角之牛也。坤牛而連其上畫，設横木於牛首之象。童牛无角，故上畫之剛不象角而象牿。**元吉**。占也。六四尊成卦之主，而以止健之功歸上九，占之所以爲元吉。

六五，六居第五畫，爲大畜之小畜。**豶豕之牙**，

---

❶「二」，原誤作「一」，今據薈要本改。

象也。豕去勢曰豶。坎爲豕。坎五、上相易成艮，坎中畫之剛易爲柔，是刳去其中之實，豕之豶者也。坎上畫之柔易爲剛，是已豶之豕，而有牡牙之剛在外也。六五之中虚，象豶豕；上九之外剛，象牙。六五之柔能以外剛爲主，故曰「豶豕之牙」。吉。占也。柔以剛爲主，故吉也。

上九，上之畫得九，爲大畜之泰。何天之衢，象也。何，與《噬嗑》上九「何校」之「何」同。後漢王延壽《魯靈光殿賦》云：「荷天衢以元亨。」「何」作「荷」。以人一身而言，上爲首，何謂以首戴之也。「天之衢」，雲霄之上，四通八達之路，无所障礙之處也。何天之衢，其辭猶《詩》言「何天之休」、「何天之龍」，其意猶《莊子》言鵬之背負青天而飛于九萬里之上也。大畜者，一陽止於外，而三陽畜藏於内，畜極則散，止極則行，故上九雖艮體，至畜之終，則不止而行也。蓋初九、九二之進，爲四、五二柔所阻；上九與九三同德，其位相應，不阻其進，而引之使前。九三得超二陰，以達於上九。上九，天上之衢，九三進造其下，如何之以首，通行乎雲霄之路，而莫之障礙矣。項氏曰：「初九爲六四所止，九二爲六五所止。九三與上九相合，健極而進，前有二陰，尚當艱貞而防衛。既越二陰，而至於上九，則乾道通行，无復疑阻矣。上九在上而導乾以行，故爲天之衢。」亨。占也。陽剛之道得行，而无阻遏，衆美之會也。

六畫俱九、六，爲大畜之萃。

【經】彖辭凡十二字，爻辭凡四十八字。利已，夷止切。説，吐活切。輹，音服。「日」，舊本作「曰」，鄭、虞皆作「日」，晁氏曰：「陸希聲謂當作『日』，程朱並從之。」牿，古毒切。豶，符云切。何，河可切。衢，其俱切。【注】度，待洛切。易心，以豉切，「輕易」同。卒，尊率切。彖傳，馳戀切。夫牛，音扶。楅，音福。少，詩詔切。犢，亭篤切。去勢，起吕切，下同。刳，音枯。荷，河可切。之處，充注切。龍，陳隴切。造，七到切。无復，符后切。

䷚震下艮上○四之七，上之十五，緯，八純坎變，主上九。

頤，此羲皇震下、艮上之卦，而文王名之曰頤。頤者，人之頤頷，凡飲食皆自頤而入，所以養人之身，故頤有養義。程子曰：「上艮、下震，上下二陽，中含四陰，上止下動，外實中虚，頤頷之象也。」貞吉，占也。觀頤，象也。卦自坎而變。先以二易上，成觀，再以五易初，成頤，故取觀爲象。觀者，下觀上也。初九，下頤也。上九，上頤也。初九觀上九之頤，謂觀其養人之道也。上九，頤之主爻，故得專頤之名。**自求口實。**象也。自，自己，謂初九。口實，食物之實於口中者。坎之初六，其畫耦，如口之虛，剛畫自五來實之，口實之象。初九先觀上九之頤，又自求所以實口之物，謂求其自養之道也。觀頤，以坎之二、上相易取象。❶自求口實，以坎之五、初相易取象。

初九，初之畫得九，爲頤之剥。**舍爾靈龜，觀我朵頤，**象也。爾，謂初。我，謂上。程子曰：「初九陽體，靈龜喻其明智。龜能咽息不食，可以不求養於外。」項氏曰：「頤卦肖離爲龜，靈龜伏息而在下，初九象之。朵頤在上而下垂，上九象之。卦唯有二陽，上九在上，爲所養之主；初九在下，爲自養之賢。上九卦主，故稱我，羣陰從我而求養，固其所也。初九本无所求，乃亦仰而觀我，聖人以其居養之初，故深戒之，以明自養之道。」澄案：此爻辭與彖辭「觀頤，自求口實」相表裏，皆初九觀上九也。彖爲初九言之，則言初九既觀上九之養人者，而又自求其養己者。爻爲上九言之，則言上九謂初九舍爾之養己者，而觀我之養人者。蓋陽實能自養而養人，陰虛不能自養而資養於人。頤之二陽，能養者也；四陰，受養者也。上九居上，當養人之任，故爲朵垂向下之頤，以養在下之羣陰。初九處下，不當養人之任，故爲靈智自養之龜，而无求於外。然卦有觀之象，初雖下伏，而猶上觀，是羨上九之能養其下，而不无舍己爲人之意也，與素其位而行，不願乎其外者，異矣。**凶。**占也。項氏曰：「有靈而不自貴，宜其凶也。」

六二，六居第二畫，爲頤之損。**顛頤，**象也。卦中四陰，皆資初、上二陽之養。顛者，頭頂倒而在下，謂求養於初也。程子曰：「以上養下，理之正也。二不能自養，反下求於初，則爲顛倒，故曰『顛頤』。」**拂經于丘頤，**象也。拂，謂舉手摩拭其上，如「引袖拂天星」、「階前樹拂雲」之「拂」。經，過也，歷也。丘，謂六五。五，艮山之中畫，爲丘。經于丘，如陶淵明言「崎嶇而經丘」也。六二比初，而求下之養，固爲顛倒。若欲拂上，而求上之養，則上非其應，必須經從六五之丘，而後可至上九之頤。六五雖爲六二所應之位，然亦資養於上九，何能爲人求養也哉？六二拂上，則必經

❶ 「二」，原誤作「一」，今據薈要本改。

于丘，以求頤，故曰「拂經于丘頤」。**征凶。**占也。下比於初，可資其養。行而求上，則凶也。

六二，六居第三畫，爲頤之賁。**拂頤，**象也。六三與上九應，拂摩以求養於上者也。**貞凶，**占也。上九之所養者，養賢也。六三亦受上九之養，然陰柔不中正，不賢而竊禄者也。所養之人如此，何所用哉？以之正主事則凶矣。如使鯀治水而績弗成，使管叔監殷而以殷畔是也。**十年勿用，**占也。用，謂用此占而有爲也。十年，數之極。戒以「十年勿用」，則終不可用矣。三、四、五互坤，十，坤數。**无攸利。**占也。六三之占曰「貞凶」，再曰「十年勿用」者，言非但今時之凶，雖後時亦不可用也。又曰「无攸利」者，言非但此事之凶，雖他事亦无所利也。

六四，六居第四畫，爲頤之噬嗑。**顛頤，**象也。六四與初九應，顛倒以求養於下者也。**吉，**占也。陰柔不能自養，而求養於在下之正應，如在上之人，才有不足，而求益於在下大賢，以養其德者。程子曰：「四賴初之養，使在下之賢，由己以行其道，而澤施於民，何吉如之！」**虎視眈眈，其欲逐逐，**象也。離象龜，又象虎。龜者，以其介甲之外堅；虎者，以其文明之外著。夫自養於内者莫如龜，求養於外者莫如虎，故頤之初九、六四取二物爲象。視，亦離目之象也。虎視常下。眈眈，專一貌。逐逐，相繼也。四之於初，其下賢求益之心，必如虎之視下求食而後可。其視下也，專一而不他；其欲食也，繼續而不歇。如是，則於人不貳，於己不自足，乃得居上求下之道。**无咎。**占也。其占雖吉，然苟下賢之心不專，則賢者不樂告以善矣。求益之心不繼，則未少有得而止矣。朱子曰：「視眈眈，下而專也。欲逐逐，求而繼也。能如是，則无咎。」

六五，六居第五畫，爲頤之益。**拂經，**象也。拂經，謂拂上求養者之所經從也。六五比近上九，凡在下求養於上九者，皆必經從乎五，而後至於上也。案：頤與噬嗑卦體相似，噬嗑以上下二爻嗑中四爻，頤以上下二爻養中四爻，各以所比、所應之爻而爲受噬、受養者。噬嗑則初九噬二、噬四，上九噬五、噬三；頤則初九養二、養四，上九養五、養三。倒首在下曰顛，引手摩上曰拂。六二、六四皆資養於下，故以顛爲象；六五、六三皆資養於上，故以拂爲象。**居貞吉，**占也。六五陰柔才弱，資養於上，靜處而正主事則吉。朱子曰：「居貞吉，如《洪範》『用靜吉，用作凶』。六五賴上九之養，故守常則吉。」不可涉大川。占也。卦之六畫有舟象，然卦變坎之九五降爲頤之初九，坎之初六升爲頤之六五，强者退後，弱者進前，故不可涉大川。

上九，上之畫得九，爲頤之復。由頤，象也。一陽在上，諸陰皆由之以養，內有震之大塗，外有艮之徑路，人所由以求養於上者，故曰「由頤」。厲，占也。居至高而求之者至衆，故危。吉。占也。上能兼養天下，故吉。鄭氏剛中曰：「頤卦上三爻皆吉，喜其止也。下三爻皆凶，惡其動也。」利涉大川。占也。坎之九二升爲頤之上九，坎之上六降爲頤之六二，强者進前，弱者退後，故利涉大川。

六畫俱九、六，爲頤之大過。

【經】彖辭凡九字，爻辭凡七十二字。舍，音捨。拂，敷勿切，舊音「符勿切」者非。眈，東南切。

【注】頷，户感切。爲初、爲上，云僞切。夫自，音扶。樂告，音洛。惡其，烏路切。

䷛巽下兑上〇五之二，上之十六，緯，八純離變，主上六。

大過，此羲皇巽下、兑上之卦，而文王名之曰大過。大，謂陽也。過者，不及之對。行而踰越其處，謂之過；未至其處，謂之不及。卦有六畫，陰陽各三，則爲均平。此卦陽畫四，陰畫二。陰半於陽，小者不及也；陽倍於陰，大者過也，故爲大過。棟橈，象也。棟，屋之脊檁。橈，弱而曲也。卦自離而變，先以二易上，而成大壯，再以五易初，而成大過。大壯下四陽有棟象，而大過所取棟橈之象又不與大壯同。大過下卦巽木也，上卦二陽皆巽木之身，上一陰則巽木之末也。通六畫象一木，以此木爲屋之棟：中四陽，象木身之强；初、上二陰，象木本末之弱。屋棟居中，衆材輻湊，木身雖强，然棟之所任者重，苟本末皆弱，則亦不免於曲橈也。大過，陽之過盛也，有棟橈之象，何也？中有四陽之强，而上下猶有二陰之弱也。聖人崇陽之意，多以其未能如純乾之六陽，故大者雖過，而棟猶橈，蓋猶有所不足於此也。利有攸往。占也，陽雖盛而不自恃其盛，故宜於往。亨。占也。陽宜於往，故可以亨。

初六，初之畫得六，爲大過之夬。藉用白茅，象也。藉，祭藉也。古者祭祀，縮酌沃灌，薦牲，薦黍稷，皆藉以茅。巽爲白，又爲茅。初柔在下而承剛，如白茅藉物之象。陽之勢過盛，故陰之承陽，其謹敬亦過於常時。譬之祭物，措之於地亦可矣，而必藉之以茅，謹敬之至也。无咎。占也。以卑弱之陰，畏强盛之陽，能過於慎，所以无咎。

九二，九居第二畫，爲大過之咸。枯楊生稊，象也。楊易生而先榮，感陽氣之盛者。❶巽木之中，上二畫皆重陽，楊之象也。稊，根上再生穉芽也。二剛居中而變爲柔，楊枯而空其中之象。中雖枯而下有初柔，如根之生稊也。老夫得其女妻，象也。三、四、五互乾，五，乾夫之終，爲老夫。九二變爲柔，與九五應，二、三、四成巽，二，巽女之初，爲女妻。楊根生稊，長而爲穉楊，如老夫娶女妻，猶能生育也。无不利。占也。

九三，九居第三畫，爲大過之困。棟橈，象也。通六畫象二木爲一棟。以東西霤之屋譬之，棟之兩端指南北，初六，木之本也，指北而在後；上六，木之末也，指南而在前；三、四，木之中身也，以本末之弱，故當中身之處，任重而曲橈，此一封之象也。故象辭云「棟橈」。爻之三、四，皆當橈處，故九三爻辭取象與象辭同。九四亦當橈處，乃不曰「橈」而曰「隆」，何也？此又因兩爻之義有不同，而異其象以寓教戒也。夫棟之橈者，別用短木，培補其橈處，則可以取平而不橈矣。❷九二、九五不當屋中，故不橈。以剛之過而裁減就中，二、五所裁減之餘，可以資三、四培補之用，亦木工用材之法也。九三以剛居剛，强悍不受人益，故九二之培補无所施，而橈者自若。九四以剛居柔，謙抑能受人益，故九五之培補自外來，而棟之橈者隆然以起。大概陽過之時，惡剛之居剛者，惡其自恃也；喜剛之居柔者，喜其有以相濟也。凶。占也。棟而橈焉，則屋之他材輻湊於棟者不得其宜矣，所以凶也。

九四，九居第四畫，爲大過之井。棟隆，象也。以剛居柔，不自滿假，能受益者也。資九五之所餘，以培補其橈處，故棟之橈者隆起而不橈也。吉，占也。當橈之處，能受人之益而隆焉，所以吉也。有他吝。占也。有他，謂應初。四之橈，正以本之弱，幸賴五之培補而隆矣，若又係初之應則吝也。蓋四宜上資五之剛，不宜下應初之柔也。

九五，九居第五畫，爲大過之恒。枯楊生華，象也。五剛居中，而變爲柔，楊枯而空其中之象。中已枯而上有一柔，如枝上生華也。九二之陽，臨之二也。臨二陽，建

❶「感」，四庫本作「咸」。

❷「橈」，四庫本作「撓」，下同。

丑之月，爲楊根生稊之時。九五之陽，夬之五也。夬五陽，建辰之月，爲楊枝生華之時。老婦得其士夫，象也。二、三、四互乾，二，乾夫之初，士夫也。九五變爲柔，與九二應，三、四、五成兑，五，兑女之終，老婦也。老婦雖嫁士夫，亦不能生育，如楊枝之上生華，非久即飄零矣。大過二、五皆象夫婦者，以其變爲咸、恒也。二之變爲咸，交感生育者也，故取老夫、女妻象。五之變爲恒，内外常居者也，故取老婦、士夫象。或曰：「巽長女，何以象女妻？兑少女，何以象老婦？」曰：「長女者，謂姊妹之次居第一，非謂年之已長也。少女者，謂姊妹之次居第三，非謂年之猶少也。伯姬、伯姜之十五、十六也，謂非女妻，可乎？叔姬、叔姜之五十、六十也，謂非老婦，可乎？三畫之初爲女，謂未嫁之時也。三畫之終爲老，謂近死之年也。稱「女」、稱「老」，以卦畫之初、終起義，不以倫次之長、少起義也。虞翻不達，而以上爲女妻，初爲老婦，失之矣。无咎，占也。變爲柔，而與二正應，昏姻嫁娶之正禮，非比近不正之合也，故无咎。无譽。占也。夫婦不當其年，故无可稱。

上六，上之畫得六，爲大過之姤。過涉滅頂，占也。大過肖坎。坎之中畫，水也。積四陽爲一中畫，水之深過於常時也。上爲首之頂，下應於二，如下行至水深之處，首頂被水浸過也。四陽過盛，二陰卑身以尊事乎陽者，過其常度。初柔居下，而得其所，故其仰承也，謹而又謹；上柔居高而不自安，故其下行也，卑而又卑，如行過涉水，愈趨愈下，以至地卑水深之處，滅没其頂也。凶。占也。无咎。占也。過涉而滅頂，於身固凶，然過卑以下於陽，於義則无咎也。

六畫俱九、六，爲大過之頤。

【經】彖辭凡九字，爻辭凡六十一字。橈，乃教切。藉，在夜切。稊，徒稽切。華，古「花」字，呼瓜切。

【注】處，昌據切。檁，力錦切。易生，以豉切。長而，知兩切，後同。夫棟，音扶。惡，烏路切。少，詩詔切，下同。

䷜坎下坎上〇六之六，上之十七，經，八純中男，主九五。

習坎，此羲皇坎下、坎上之卦，而文王名之曰習坎。

朱子曰：「習，重習也。坎，險陷也，陽陷陰中，象水。」澄案：坎之卦體，乾中畫交坤上下二畫。乾畫，天一之水也；

坤畫，兩岸之土也。坤地陷下，而水流其中，岸高水深，故爲陷，爲險。水由地中行者爲坎，非泉穴初出之水，非平地散漫之水，非沮澤鍾聚之水也。習坎者，二坎相重，陷而又陷，險而又險者也。項氏曰：「重卦之序，坎在六子之先，故加習字，以起後例，示離、震、艮、巽、兑皆當以重習起義，不與初經三畫之卦同也。乾最爲首，不於乾加習字，乾、坤六畫只是一爻，自二以上皆爲習，習義在爻，不在重卦。至六子，而後重與單異。」有孚，占也。二、五中實感人，而人應之。蓋四柔孚于二剛也，故曰「有孚」。維心，象也。中剛象心，二柔象纏絡於外。中心之實，人係戀之而不解，故曰「維心」。亨，占也。彼之孚者，縻係乎此，故亨。行有尚。占也。謂六四互震之上畫，由大塗而行也。四无應於下，行則成九五中正之剛，而得其配合於上也。

初六，初之畫得六，爲坎之節。習坎，象也。初六在重坎之下，故曰「習坎」。入于坎窞，象也。坑坎中小穴旁入者曰窞。坎之柔畫象水旁兩岸，其耦，象岸側小穴，故曰「入于坎窞」。凶。占也。

九二，九居第二畫，爲坎之比。坎有險，象也。凡言「坎」字及「險」字，皆指坎之中畫言也。求小得。占也。此以九二變爲柔而言。小謂陰也。一陽陷於二陰之中，未能出險，苟有所求，惟變爲陰小，則可有得也。

六三，六居第三畫，爲坎之井。來之坎坎，象也。來之，如《詩·國風》「知子之來之」、《論語》「修文德以來之」。來，謂招之處內。之，指六三也。九二爲下卦之主，主二而言曰「來之」，謂九二欲招六三來處于二也。來之則陷于坎坎之中。九五一坎，九二又一坎，故曰「坎坎」。險且枕，象也。居三則下有九二之險，且已又枕于其上，處不安也。入于坎窞，象也。初與三皆坎之耦畫，故其象同謂之「坎窞」。初在下坎之内，三在上坎之内，故皆曰入。勿用。占也。筮得此爻者，戒之使勿用，用則必有凶、悔、吝也。

六四，六居第四畫，爲坎之困。樽酒簋貳用缶，象也。坎爲酒，二、三、四、五有尊、簋、缶之象。以尊盛酒，以簋盛食，又以缶盛酒，貳其尊。虞氏曰：「貳，副也，禮有副尊，故『貳用缶』。」朱子曰：「貳，益之也。《周禮》『大祭三貳』，《弟子職》『左執虛豆，右執挾匕，周旋而貳』是也。」澄案：《周官》「大祭三貳」其下云：「皆有酌數，皆有器量。」鄭氏注謂：「酌器所用注尊中者，貳用缶。缶即酌器也，爲尊之副，尊中之酒不滿，則酌此器之酒以益之也。」**納約自牖**，象也。納，如「納言」之「納」。約，謂歡好相結之言。坎之柔維繫於中剛，有繩約之象。四耦畫虛而通明，又當西之位，故象牖。上卦三爻，上六居險極而陷于罪，❶惟四、五二爻剛柔各當其位，四以柔正，順承五之剛中正，設饗禮以尊事之，自牖而出，往通於五，以納其結歡之約。誰能出不由户？不由户而自牖，蓋非常時所由出之處。四、五非正應，而以比近相得故也。**終无咎。**占也。比近相得，雖不如正應，然既是敵應无相與者，於險陷之時，親仁善鄰，講信修睦，可謂合時之宜矣。朱子曰：「始雖不甚好，然於義理无害，故終无咎。」

九五，九居第五畫，爲坎之師。**坎不盈**，象也。九二、九五爲險陷之主，九二之「坎有險」，謂坎之中有流水而深也。九五之「坎不盈」，謂坎之中有流水而不滿也。蓋流水陷在深地，而不上及兩岸者也。**祇既平，无咎。**占也。盈科而進，水之道也。盈則與岸平矣。九五變爲柔，則不盈者未有盈之時也。程子曰：「抵於既平，則无咎。未平而尚在險中，未得无咎也。九五剛中之才，居尊位，宜可濟險，然下无助也。二陷於險中，未能出，餘皆陰柔，非濟險之才，人君雖才，安能獨濟天下之險？」

上六，上之畫得六，爲坎之渙。**係用徽纆，寘于叢棘，三歲不得**，象也。徽纆，黑索也，所謂縲絏也。坎有繩係之象。坎中實，象棘之身；外耦，象棘之刺。二坎象棘之叢，蓋拘係罪人之處，栫之以棘也。三者，坎之數。上六陰柔，居險極，乘剛中正之君，失爲民之道者也，故陷於罪戾，既係縛之以徽纆，又囚寘之于叢棘，三歲而不得免也。《周官》：「司圜收教罷民能改者，上罪三年而舍，其不能改而出圜土者，殺。」三歲不得，罪大而不能改者與？**凶。**占也。犯上而致凶也。

六畫俱六、九，爲坎之離。

【經】彖辭凡十字，爻辭凡七十二字。窞，徒坎切。枕，針甚切。祇，音支。徽，許韋切。纆，音墨。寘，之豉切。【注】沮，子須切。盛，時貞切。量，音亮。好，呼告切。縲，力追切。絏，辛列切。刺，千恣切。罷，音皮。舍，音捨。者與，音余。

❶「六」，四庫本作「爻」。

䷝離下離上〇三之三，上之十八，經，八純中女，主六五。

離，此羲皇離下、離上之卦，而文王亦名之曰離。離，麗也，明也。一陰附麗上下二陽而明，象火，象日。二離相重，麗而復麗，明而復明者也。**利貞**，占也。下卦三畫皆得正，二、五皆得中，故宜於正主事。**亨**，占也。由利貞而亨也。**畜牝牛吉**。占也。畜，養之也。「牛」、「牝」皆坤象。❶離中畫一陰，坤之中畫也，故象牝牛。坤之二、五麗于乾四畫之中，如牛之繫養于牢也。項氏曰：「坤以全體配乾而行，故爲牝馬之行地；離以二、五附乾而居，故爲牝牛之畜養。」

初九，初之畫得九，爲離之旅。**履錯然，敬之**，象也。初，趾也。剛畫，如趾之納於履中。初，地也。以履履地也。附麗之初，善惡未别；明之初，不可太察。故履錯然而雜進者，皆當敬之。**无咎**。占也。初剛之進，六二能敬之，故六二无咎，非初之无咎也。

六二，六居第二畫，爲離之大有。**黄離**，象也。黄，中之色。二麗乎中，故爲黄離。**元吉**。占也。坤六五之象「黄裳」爲「文在中」，離六二之象「黄離」亦爲「文在中」，故其占同。

九三，九居第三畫，爲離之噬嗑。**日昃之離**，象也。五者，上卦之中，當天之位，故日在五爲中之時。三者，下卦之終，當人之位，故日在三爲昃之時。日昃之離，如人之老而光景垂盡也。**不鼓缶而歌，則大耋之嗟**，象也。九三變爲柔，成震、成艮，震爲鼓，爲聲，而二、三、四有缶象，艮爲少男，有反老還童之象。《詩》述陳國之風，史稱秦人之俗，皆鼓缶而歌，蓋以樂生也。人之老也，不能以生爲樂，則必以死爲憂矣。年八十曰耋。九三，下卦之終，陽氣將盡，故曰大耋。二、三、四互倒體之兑，「歌」、「嗟」於兑口取象。此爻，有將老而死之象。其變，又有復少而生之象。人能自作元命，或順受正命，則皆樂而不憂也。**凶**。占也。以其近死，故凶。惟超出乎生死之外者，能不凶也。

九四，九居第四畫，爲離之賁。**突如**，象也。此言下體之象。突，竄突也。《説文》引「突」字作𠫓，❷以爲不順之子，義固可通。然「焚如」取火象，則「突如」亦當取火象。三、四當繼明之時，而二剛相值，傳繼之不善者也。❸

❶「牛牝」，四庫本作「牝牛」。
❷「𠫓」，原誤作「方」，今據《説文》改。
❸「傳」，四庫本作「蓋」。

其來如，焚如，死如，棄如。象也。此言上體之象。舊火上升，三以接乎四，如火氣之出於突；新火下來，四以逼乎三，其猛烈如火之焚。繼承之際，不善如此，必至身殞國亡。九四變爲柔，成坎、成艮，火入坎水而滅死也。火滅成灰，而歸于艮山之土，「棄」也，其安慶緒、朱友珪之事乎！

六五，六居第五畫，爲離之同人。出涕沱若，戚嗟若，象也。涕，目液也。離爲目，有出涕象。二、三、四、五肖坎，爲水，爲雨，有沱若象。五，心位，有戚象。三、四、五互兑，爲口，有嗟若象。六五爲重離之主，繼明而嗣位者也。居倚廬而无命戒，百官總己以聽於冢宰，其哭泣而出涕也，至於沱若；其居喪而戚也，至於嗟若，以繼父爲悲，不以得位爲樂也。嗣天子之孝者，蓋如是。吉。占也。項氏曰：「九四，逆子也，來迫，焚如。六五，順子也，悲憂不樂。四、五之吉凶可知矣。」

上九，上之畫得九，爲離之豐。王用出征，有嘉，占也。離有甲胄、戈兵之象。王者筮得此爻，而用之以出征，則有嘉美之功。王，謂六五。出，謂自五往上。征，謂興師正其罪。六五之所征者，上九也。初、上二爻，並以時之初、終起義。方初之時，而已附麗者，則敬之以示勸也；至終之時，而不附麗者，則征之以示懲也。上九居重離之終，乘君位之上，怙終不臣者也，與比、謙之上六同。六五繼體重明之君，如啟嗣禹，成王嗣武王。啟嗣位而有扈不服，成王嗣位而商奄不靖。上九之征，如啟之征扈，成王之征奄也。離之上體二剛皆不正，❶剛惡者也，故四則不子，上則不臣。折首，獲匪其醜，无咎。占之象也。以人身言，首在上。獲，謂兵之所俘獲。醜，衆也。首，指上九。醜，指衆爻。至終而不附麗者，上九而已，其他皆已附麗者也。所征者獨上九，而衆不與焉，故所折者首爾，所獲者匪其醜也。國不受兵，則无所俘獲矣；刑不濫，武不黷，所以无咎。

六畫俱九、六，爲離之坎。

【經】彖辭凡八字，爻辭凡六十九字。畜，許六切。錯，七各切。耋，田節切。折，之舌切。【注】復，符后切。别，彼列切。少，詩詔切，下同。樂，音洛，下同。怙，徒忽切。不與，音預。黷，徒各切。

易纂言上經第一

❶「皆」，四庫本作「多」。

易纂言下經第二

下經第二此篇起咸、恒，終既濟、未濟，對體之卦二，反體之卦十六，反體一卦爲二卦，總計三十四卦，謂之《下經》。

䷞艮下兑上○七之二，下之一，經，三陰否變，主九三。

咸，此羲皇艮下、兑上之卦，而文王名之曰咸。咸，交感也。以少男下於少女，男下女上，男内女外，夫婦之交感也。卦自否變，三、上相易。否上下不交，今三之陰升上而交乎陽，上之陽降三而交乎陰，交感之義也。亨，占也。利貞，占也。取女吉。占也。其占亨又利於貞，又爲取女之吉占。

初六，初之畫得六，爲咸之革。咸其拇。象也。拇，足大指。初，下體之下，拇之象。初與四正應，而四舍初，將欲取近，故初欲舉趾而往就四也。有象无占。

六二，六居第二畫，爲咸之大過。咸其腓，象也。腓，足肚也，在踝之上，膝之下，足之中也。二，下卦之中，故象腓。腓隨股而動，三爲股，二不能遠俟正應之五，而近感所比之三，故曰「咸其腓」。凶，占也。感近而私從所比，故凶。居吉。占也。居，謂上而不動，以俟正應之來感，不自動以感三也。范氏大性曰：「六爻皆應，所以爲咸。然諸爻皆舍應取近，故《雜卦》云：『咸，速也。』二取三，則失正而凶；止而待五之感，則善，故曰『居吉』。居者，艮止象。」

九三，九居第三畫，爲咸之萃。咸其股，象也。四爲身，二爲腓，三在腓之上，身之下，股也。二、三、四爲巽，❶亦爲股。腓隨股而動，腓動則股動矣。二感三而三亦感二，故曰「咸其股」。執其隨，象也。執，猶《詩》「執我仇仇」之「執」，謂係戀之也。隨者，隨從之人，謂二也。往吝。占也。三有正應在上，乃下戀六二，而又欲往就正應，心貳乎邪，迹徇乎正，可羞吝也。崔氏憬曰：「二隨於己，志

❶「巽」，原誤作「翼」，今據卦象改。

在所隨，而遂往感上，失義，故吝。」

九四，九居第四畫，爲咸之蹇。**貞吉**，占也。四居三剛之中，下有正應，故貞則吉。**悔亡**，占也。處不當位，宜有悔。以貞吉，故其悔亡。毛氏璞曰：「《易》言『悔亡』，自此爻始。」**憧憧往來**，象也。憧憧，思慮不定貌。變剛爲柔，則是内易所守，而思慮不定也。往，謂四變爲柔，而上感五來，謂五因四感，而下感四也。**朋從爾思**。象也。朋，謂同類。四、五皆陽，故以五爲朋。爾思，猶逸《詩》所云：「豈不爾思。」爾，謂四，五爲心。思者，五思四也。四正應在初，下感正應，則貞吉，悔亡。若變爲柔，上感所比之五，五朋來從。其從者，思爾之人也。言私心之從，非大公至正之感也。

九五，九居第五畫，爲咸之小過。**咸其脢**，象也。脢，夾脊内，前與心對而稍近上。五當心位而中正，下與中正之二爲正應。咸之時，欲速相感，近感所比而不感正應。二既欲不感五而感三，五亦欲不感二而感上，是不以其中正之心相感，乃以其非心之處相感也，故曰「咸其脢」。**无悔**。占也。不以其中正相感，故僅可无悔而已。

上六，上之畫得六，爲咸之遯。**咸其輔頰舌**。象也。兑爲口，輔頰在口旁，舌在口中。輔，牙車之外，頰之裏也。頰，兩臉，輔之表也。輔、頰、舌皆口之所以言者，口有言，則輔、頰、舌動也。上與三正應，三感二而舍上，故上於口舌之閒言之不已，猶婦人之夫，舍其配偶而貳於他人，故其婦有怨言、責言也。案：咸卦六畫各有正應，然咸感之時，欲速感而不能久俟，故諸爻遠舍正應，而近取所比。二感三，三感二，五感上，皆舍其正應，而所感非正。四本无他感，而變爲柔以感五，亦不正也。唯初、上二爻，雖爲正應所舍，然其心不敢有他。初在下，故舉趾以往就於四；上在上，故滕口以怨責於三。此二爻之德，視諸爻爲善，爻辭无占者，蓋二爻之德雖无凶、悔、吝之感，而難必其得吉、无咎之應也。衛莊姜之爲人妻，楚屈原之爲人臣，其亦若此者與？

六畫俱六、九，爲咸之損。

【經】彖辭凡七字，爻辭凡五十一字。取，七具切。拇，芒茍切。腓，房非切。憧，昌容切。脢，芒杯切。頰，兼叶切。【注】少，詩詔切。舍，音捨，後並同。踝，户瓦切。隨從，才用切。處，昌據切。者與，音余。

䷟巽下震上〇五之四，下之一，經，三陽泰變，主初六。

恒，此羲皇巽下、震上之卦，而文王名之曰恒。恒，常久也。程子曰：「咸，少男在少女之下，以男下女，交感之義。恒，長男在長女之上，男尊女卑，居室之常。論交感之情，則少爲深切；論尊卑之敘，則長當謹正，故兑、艮爲咸而震、巽爲恒也。男在女上，男動於外，女順於内，人理之常，故爲恒也。**亨**，占也。**无咎**，占也。程子曰：「恒之道可以亨，恒而能亨，乃无咎也。恒而不可以亨，非可常之道，爲有咎也。」**利貞**，占也。貞者，正主其事，不失其常也。**利有攸往**。占也。卦自泰變，陽自初往四。恒，非一定不易之謂，故利有所往。

初六，初之畫得六，爲恒之大壯。**浚恒**，象也。恒者，夫婦居室之常也。内卦巽女爲婦，外卦震男爲夫，故爻辭内三爻言婦道，外三爻言夫道。浚，掘而深之也。初，地之下，有浚象。婦道雖以卑巽，而貴得中。初，巽體之下，卦變自四降初，卑巽而入居至下之處，猶不居地上，而掘地及泉。婦之初歸，以此爲常。才弱志卑，退處深入，内職不修者也。**貞凶**，占也。卑巽之至，不能正主事者也，故凶。**无攸利**。占也。雖不正主事，亦无所利。内之三爻，初不及，三過，唯二得中也。

九二，九居第二畫，爲恒之小過。❶**悔亡**。占也。婦以柔順爲正。二以剛居内卦之中，中得婦位，而剛非婦德，有悔者也。然應五之柔，蓋賢婦配懦夫。夫之才弱，其剛也不得已以濟夫之不及；而又居柔，則剛柔適中，而非過於剛也，故其悔亡。

九三，九居第三畫，爲恒之解。**不恒其德**，象也。一與之齊，終身不改，此夫婦常久之道。婦居中，主饋，常久不變者也。德，謂食物，《詩》言「既飽以德」是也。三以剛居剛，位不在中，婦之悍戾遣出者，不得常其主饋之職，故曰「不恒其德」。**或承之羞**，象也。或者，无所指定之辭，或嬖妾，或賤人，不知其爲誰，非可主饋者也。承，以手奉而進之也。羞，食之加饌，非正饌也。主饋者既出，不得

❶「小過」，原誤作「漸」。按此爻題下變卦當爲小過，兹據改。

以職其職，或人非可以主饋而代之，所承而進者，又非正饌，皆非常也。**貞吝**。占也。非可以主饌之人，而正主事，其可吝也。

九四，九居第四畫，爲恒之升。**田无禽**。象也。《國風・女曰雞鳴》之詩曰：「將翺將翔，弋鳧與鴈。弋言加之，與子宜之。」蓋弋獵於外者，夫之事；烹飪於内者，婦之職。四，震男之初，卦變自初升四，爲外卦之主，而居不當位，夫不夫矣。爻位，四爲上卦之地，故曰「田」。不成坎象，故曰「无禽」。田无禽者，弋獵於外而无所獲，无以供中饋之烹飪也。居柔，失夫之剛，蓋无才而非有惡也，故不言凶、悔、吝。

六五，六居第五畫，爲恒之大過。**恒其德**，象也。外卦之中，夫之正位。互卦兑女之終，居之，女歸夫家，終其身唯酒食是議，故曰「恒其德」。**貞婦人吉，夫子凶**。占也。柔中，婦道之善，故如此而正主事者，在婦人則吉，若夫子則凶。蓋五位以震男居外卦之中而爲夫，❶然柔非男子所宜也。

上六，上之畫得六，爲恒之鼎。**振恒**，象也。振者，於終而奮迅也。上，震動之極，然柔而不夫久矣。今變柔爲剛，不安於弱，而欲奮迅於終以爲常。**凶**。占也。質本柔也，乃變爲剛，而奮迅於終，是欲强其才之所不能也，烏能變弱而爲强哉？故凶。

六畫俱六、九，爲恒之益。

【經】彖辭凡十字，爻辭凡四十七字。恒，胡登切。浚，荀閏切。振，之刃切。【注】少，詩詔切。長，知兩切。掘，權月切。處，昌據切。饋，權位切。悍，侯玩切。

奉，父勇切。饌，秦戀切。烹，丕庚切。飪，忍審切。迅，音信。强其，其兩切。

䷠艮下乾上○七之一，下之二，緯，二陰辟，主六二。

遯，此羲皇艮下、乾上之卦，而文王名之曰遯。二陰長而消二陽，夏正六月之卦也。二陰浸長，而四陽退避之也。王氏弼曰：「柔長故剛遯。」劉氏牧曰：「逃内而之外也。」**亨**，占也。此占謂四陽也，時當遯而遯，所以亨也。

❶「位」，原誤作「路」，今據薈要本、四庫本改。

小利貞。占也。此占謂二陰也，陰得時、得志，故小者利於正主事。

初六，初之畫得六，爲遯之同人。遯尾，象也。四陽在前遯去，而初之一陰最在後，如獸之尾，故曰遯尾。厲，占也。陰道雖長，然四陽尚盛，初以在下陰柔敵之，危之道也。戒陰之進，使之知所畏憚，不敢前進以消陽也。勿用有攸往。占也。止於初，而不進以逼陽，則庶乎可免矣，故戒以勿用有所往也。此卦本謂四陽去以避陰之進，而聖人設教，又欲陰勿進以避陽之盛，其意深遠矣！

六二，六居第二畫，爲遯之姤。執之用黄牛之革，莫之勝説。象也。執，謂拘留之也。二，下卦之中，爲黄。坤爲牛，而上畫變，成艮，是牛外之皮變矣，故爲革。陰之勢浸長，欲其留止勿進，故拘執之以黄牛之革，使之不可解説而去。聖人慮陰之長，而欲遏其進也如此。

九三，九居第三畫，爲遯之否。係遯，象也。陰浸長，陽當避之，而三與二比，有所私係，故曰「係遯」。有疾，占也。陰侵陽，疾也。厲，占也。治疾者，去陰邪則瘳矣。今係戀於陰，則疾不除，故爲有疾而危厲。畜臣妾吉。占也。以三之陽，係戀於二之陰，施之於畜養臣妾，則吉也。臣妾，謂下二陰。初位剛，臣也；二位柔，妾也。

九四，九居第四畫，爲遯之漸。好遯，象也。陰消陽之時，而四應初，與之和好，故曰「好遯」。三與二私比也，故爲係戀；四與初正應也，故爲和好。君子吉，小人否。占也。雖有和好，亦宜避去，唯君子見幾之明，避禍之決，乃能如此，故吉。若小人，則必昵於情好而不善矣。否，不善也。

九五，九居第五畫，爲遯之旅。嘉遯，象也。五與二中正相應，如嘉耦然。雖嘉耦，亦當避之，故曰「嘉遯」。四與初皆不正，故其相應謂之好，言以情合也；五與二皆中正，故其相應謂之嘉，言以禮合也。貞吉。占也。遯之時，好與嘉皆不當顧，唯當遯去。四不正，未必能遯，故兩開君子、小人之端。五中正，故正主事而吉，言不以嘉耦而係其志也。

上九，上之畫得九，爲遯之咸。肥遯，象也。上卦乾三陽，四、五皆應陰，唯上无應。无私昵之累，則心廣體胖，故曰肥遯。无不利。占也。遯宜在人先。上九，遯之先也。遯去而最先，脱然无所累，遯之最善者，故其占无不利。

六畫俱六、九，爲遯之臨。

【經】彖辭凡五字，爻辭凡五十七字。勝，音升。説，吐活切。好，虚到切。否，音鄙。【注】長，知兩切。解，音蟹。去陰邪，起吕切。瘳，音抽。累，郎遂切。胖，音盤。

䷡乾下震上○一之四，下之二，緯，四陽辟，主九四。

大壯，此羲皇乾下、震上之卦，而文王名之曰大壯。四陽長盛，消陰已過其半，夏正二月之卦也。大，謂陽也。壯，强盛也。陽長至四，大者强盛，故曰大壯。利貞。占也。陽壯盛，故利於正主事。遯二陰長，則小者利於貞；大壯四陽盛，故大者利於貞也。

初九，初之畫得九，爲大壯之恒。壯于趾，象也。初陽居剛，當陽壯之時，猛於前進，故曰「壯于趾」。征凶，占也。恃陽之壯盛，而猛於前進，非善處壯者也，故以征則凶。有孚。占也。四爲壯之主，牽聯四陽以進，以同德、同位而孚於初，志在同進也。

九二，九居第二畫，爲大壯之豐。貞吉。占也。以剛居中，中而不過，故不恃其壯，以之正主事，則吉也。

九三，九居第三畫，爲大壯之歸妹。小人用壯，君子用罔，占之戒辭也。以陽居剛而不中，過於壯者也，故戒之曰：小人乘時恃勢則用其壯，君子則不然，故用其罔。罔，无也，勢雖壯盛而不自恃，慊然若无也。貞厲，占也。剛過而不中，以正主事則危。羝羊觸藩，羸其角。象也。大壯者，複體之兑。九三變爲柔，則下卦又成兑。兑爲羊。羝，牡羊也。陽之壯盛，故象羝羊。羸，傷損也。九三過用其剛，如羝羊之喜觸。九四剛畫在前，如藩籬然，進而觸之，必羸毁其角。大概陽盛之時，不宜過剛。二居柔，得中，則吉。初與三以剛居剛，則占皆不吉也。聖人雖喜陽之進盛，而猶抑其太過，以示教戒也。

九四，九居第四畫，爲大壯之泰。貞吉，占也。以剛居柔，善處壯者也，故以貞則吉。悔亡，占也。居不當位，本當有悔，爲其以柔濟剛，而處壯，故其悔亡。藩決不羸，象也。變爲柔，則二、三、四成兑爲羊，五當四前，其畫斷而不連，如藩籬決開，不至羸羊之角。壯於大輿之輹。象也。坤爲大輿，四當坤體之下，以剛承上，輿下之輹也。剛畫，故壯。四爲壯之主爻，以柔濟剛而進，如大輿之輹，强壯而可以行也。

六五，六居第五畫，爲大壯之夬。喪羊於易，象也。三、四、五互兑爲羊，五變爲剛，則非羊矣。易謂疆場，邊界將盡之處也。上乃疆之盡處，而五近之，故爲易。謂喪其羊於疆場之閒也。无悔。占也。象曰「喪羊」而占乃云「无悔」者，謂羊若羣行而陰很乘身，則悔；无陰很，所以无悔。

上六，上之畫得六，爲大壯之大有。羝羊觸藩，不能退，不能遂，象也。三、四、五互兑爲羊，成羣很進。六五變剛，則非羊矣，故其爻辭曰「喪羊」。其不變，則羊之很進者自若。上六之柔變爲剛，如藩籬之當其前，羊很進，既不能退，前阻於藩，又不能遂其進也。无攸利，占也。很進不能遂，故无所利。艱則吉。占也。能知其艱難而不很進，則可以言吉。

六畫俱九、六，爲大壯之觀。

【經】彖辭凡四字，爻辭凡七十六字。羝，音低。羸，力追切。輹，音服。喪，息浪切。易，音肄。

【注】長，知兩切。爲其，云僞切。

䷢坤下離上○八之三，下之三，緯，四陰觀變，主六五。

晉，此羲皇坤下、離上之卦，而文王名之曰晉。晉，進也。離日出坤地之上，進進而麗於天中。卦自觀變，四之柔進居五，在下之衆民，進而仰觀在上之文明，故爲晉也。康侯用錫馬蕃庶，晝日三接。占也。坤，臣道也。日，君象也。下坤進而上瞻離日，有諸侯朝貢天子之象。離日下照坤土，有天子禮接侯國之象。康侯，安康之侯，猶《考工記》所謂「寧侯」也。「錫」，下錫上也，猶「納錫大龜」、「禹錫玄圭」之「錫」。蕃庶，多也。案：覲禮，享之時，匹馬卓上，九馬隨之，故曰「蕃庶」。侯、馬、蕃庶皆以坤取象。六五離日當中天之位，故曰「晝日」。三接者，王接侯之禮。覲禮，延升，一也；覲畢，致享，升，致命，二也；享畢，王勞之，升，成拜，三也。三、四、五互坎。三，坎數也。

初六，初之畫得六，爲晉之噬嗑。晉如摧如，象也。摧，抑退也。柔順居下，力弱難進，將進而又抑退，故曰「晉如摧如」。貞吉，占也。順德不急於進，唯自以正主事，故吉。罔孚，占也。四爲正應而不與之孚，故曰「罔孚」。裕，无咎。占也。裕，饒益也，心泰无不足之意。人雖罔孚，處之泰然，不急於求孚，而終必得其孚，故无咎。

六二，六居第二畫，爲晉之未濟。晉如愁如，象也。進而无應於上，故愁。以陰居陰，前後皆陰，陰盛多慘，有愁之象。貞吉，占也。中正，故正主事而吉。受玆介福于其王母。占也。介，大也。五，君位。以陰居尊，王母之象。《爾雅》曰：「父之妣爲王母。」以六二而言，六三之陰在己上，猶母也。九四之陽尊於母，猶父也。六五之陰又尊於父，猶王母也。二與五，德同位應，進而感格於五，猶順孫之享王母，王母降介福於二，而二受之也。朱子以此爲享先妣之吉占。

六三，六居第三畫，爲晉之旅。衆允，象也。坤爲衆。「允」，與「⿰夲允」通，進也。三在坤衆之先，率衆同進，故曰「衆允」。案：《易》中以「允」字爲象者二，此爻及升初六也。《説文》引升初六爻辭爲「⿰夲允升」，其字從夲、從屮，諧允聲。本者，進趨也，屮亦進而上徹之意。古者鍾鼎銘用諧聲字，多只用偏旁，蓋從省也。此爻「允」字，亦當依《説文》所引升初六之辭作「⿰夲允」，乃叶象義。悔亡。占也。居不當位，宜有悔也。然坤順之極，前導二陰，進順乎上，衆進而進，故其悔亡。

九四，九居第四畫，爲晉之剥。晉如鼫鼠，象也。「鼫」，與「碩」同，《子夏傳》、鄭氏皆作「碩」。説者因「鼫」字指爲五技而窮之鼠，遂謂之螻蛄，失於僻矣。碩，大也。二、三、四互艮，象鼠。九陽畫，爲大。鼠晝伏夜動。四近天子之光，以剛居柔，值大明當空之晝，畏而不敢進，故爲鼫鼠。貞厲。占也。四之象如此，而正主事，其進乃危行也。

六五，六居第五畫，爲晉之否。悔亡，占也。柔居尊而不當位，宜有悔也，以中故悔亡。失得，占也。有失者，可得。位在中，而陰畫虚，喪失其中所有之象。然陰畫居陽位，陰爲无，陽爲有，无而有，失者可得之象。勿恤，占也。又戒之以勿勞於憂恤。往吉，占也。往上則遇剛以濟柔，故吉。无不利。占也。承上文「往」字，言得剛濟柔，則於事无所不利。

上九，上之畫得九，爲晉之豫。晉其角，象也。角，剛而在上之物。以剛居上，故象角。維用伐邑，占之事也。三、四、五互坎，有維繫象。伐者，離爲甲胄、戈兵之象。邑者，下卦坤所象也。進貴乎柔，進之極，而以剛居上，但可因下人之維繫，用之以伐畿内未順乎上之邑而已。厲，占也。位高故危。吉，占也。民之心服，故吉。无咎，占也。以吉，故无咎。貞吝。占也。剛伐進極，僅可用之以伐邑，雖吉而无咎，正主其事者，亦可吝也。

六畫俱六、九，爲晉之需。

【經】象辭凡十二字，❶爻辭凡七十一字。蕃，音煩。摧，罪雷切。鼫，音碩。【注】朝，音潮。勞，力到切。[米允]，音允。夲，音滔。中，音徹。省，所梗切。傳，直戀切。螻，音樓。蛄，音姑。

䷣離下坤上〇三之八，下之三，緯，二陽臨變，主六二。

明夷，此羲皇離下、坤上之卦，而文王名之曰明夷。夷，傷也，字與「痍」通。日入地下，掩蔽其明而不見，若有傷之者然，故曰明夷。利艱貞。占也。明者遭傷，艱難之時也，利於艱難而正主事。

初九，初之畫得九，爲明夷之謙。明夷于飛，垂其翼，象也。明夷者，明而遭傷之人，謂六二也。六二，明夷之主爻，初九、六二、九三所謂「明夷」者，皆指六二而言。于飛，謂自二升三也。卦自臨變，臨之九二升爲九三而成明夷。初畫若變爲柔，則自初至五有飛鳥之象，三象鳥身，初、二、四、五象鳥翼。以小過飛鳥之象擬之，鳥翼皆是耦畫。明夷之初爲鳥翼，而其畫奇，又居地下之位，是鳥翼之傷，合而不開，下垂於地者也。鳥之善飛者，直翅而上。明而遭傷之人，如鳥方飛，而初之翼下垂向地，不能直翅以戾天也。此象爲六二卦主言，非爲初九一畫言也。君子于行，三日不食。占也。此占乃專就初九一畫言。君子，謂初。行，謂道路。初與四應，六四互震之中畫，爲大塗。于行，謂自初適四也。二、三、四互坎，其數三。无兑口，故不食。六二，明夷之主，明而遭傷，垂翼不能去。初與二同體，亦當靜

❶「十二」，原誤作「二十」，今據薈要本改。

處以俟。出而在路，欲就正應，必至饑餓三日而不得食。明夷之時，皆不宜動。六二中正，能自守者。初以剛居剛，其志不能不動，故其占如此。**有攸往，主人有言。**占也。往，謂往二。二爲卦主，故曰「主人」。初九遠適四，則有「三日不食」之厄；近往二，則二以其不宜動而動，故亦「有言」也。

六二，六居第二畫，爲明夷之泰。**明夷夷于左股，**象也。明夷，謂六二左股，謂九三。二之爻位，在人身爲股。互震下畫，爲左。九三者，六二之左股也。六二，明夷之主，而九三之遭傷者，傷于左股也。蓋九三之陽，乃六二之所以爲明者，而自二升三，逼近坤體，受其掩蔽，卦之名爲明夷，正以九三之明遭傷也，故曰「明夷夷于左股」。六二爲離日之中虛，非其受傷之處；九三爲離日之外明，傷者掩蔽其外明也。故明之遭傷，專指九三言之。**用拯馬壯吉。**占也。拯，救也。九三爲六二之左股，雖遭傷，然九三陽剛，在六二之前，互震初畫，爲馵足、作足之馬，互坎中畫，爲美脊、亟心之馬，如危難之中用以拯救，而得强壯之馬。蓋九三雖遭傷而能拯救六二明夷之主也。

九三，九居第三畫，爲明夷之復。**明夷于南狩，**象也。明夷，謂六二。三爲南之位，卦變自二升三，故曰「南狩」，如升之卦變自初升三而曰「南征」也。狩者，四時田獵之通名，非專言冬也。**得其大首，**象也。大，謂三之陽。上畫爲「首」。三與上應。上者，三之首也，故曰「大首」。明夷之人，狩於南，而得大首，謂能得上六也。説者以武王伐紂之事譬之。**不可疾貞。**占也。狩獵之事，宜武勇，乃能有獲。正主事者，不可示疾，疾則怯弱而損威强。春秋時用師者曰：「擐甲執兵，固即死也。病未及死，豈敢言病？奈之何其以病敗君之大事？」蓋亦此意。若鄭人侵衛而疾作，不可以執弓則不可也，故曰「不可疾貞」。疾者，陰柔之爲患。六二，明夷之主，而以柔居柔，然至此之時，外既用九三之剛，則中不可以復主於柔也，故戒其「不可疾」。蓋文王遵養時晦之時，可以柔；武王是用大介之時，不可以柔也。上帝臨汝，无貳爾心，今日之事，有進无退，牧野之師，王杖鉞麾旄，師尚父鷹揚，將士如虎貔熊羆，豈可以疾貞哉？

六四，六居第四畫，爲明夷之豐。**入于左腹，**象也。自外來內曰入。入者，五入之。左腹者，四也。互震中畫爲左，四之爻位在人身爲腹。此言六五下交於四也。**獲明夷之心于出門庭。**象也。下卦明夷之人謂六三，上卦明夷之人謂六五也。五柔順得中而无應，四與五比，四腹、五心也。三、四、五，艮之反體，艮爲門闕，五在門闕之外，門外之庭也。五來比四，爲「入於左腹」。自内往外曰出。四往比五，爲「獲明夷之心于出門庭」。獲心，猶《詩》言「實獲我心」，謂稱彼之心也。明夷之時，偏地昏暗。以一卦言，則上坤傷下離之明；以各爻言，則唯上六居暗極而傷九三之明，若六四、六五，皆有柔順之德，五中、四正，爲以柔順中正相親比，而處于昏暗之世，其譬則微子、箕子各敷心腹，以相告語，自靖人自獻于先王者也。五，箕子；四，微子也。

六五，六居第五畫，爲明夷之既濟。**箕子之明夷**，象也。以箕子之賢，而爲紂所囚，明而遭傷者也。六五居中，而柔順以自晦，箕子之陽狂爲奴似之，故曰「箕子之明夷」。五之位，與離日中畫之虚相應，明也；居坤暗之中，夷也。**利貞**。占也。猶彖辭之「利艱貞」也。上文有「明夷」字，即艱之義，故此不言艱。

上六，上之畫得六，爲明夷之賁。**不明晦**，象也。明，指九三而言，九三爲離日之明，上六與之應。相應乃相傷者也。九三之明爲上六所掩蔽，❶故不明而晦也。**初登于天，後入于地**。象也。上六能用九三正應之明，則九三之明往以應上，而登于天矣。天，謂上也。儻若商紂能用文王爲三公，文王之明上登于天，如兩相暉暎然，則文王之明即紂之明耳。惟其不然，文王之明入于坤地之下，則羑里之囚，不相應而相傷矣，非「不明晦」乎？

六畫俱九、六，爲明夷之訟。

【經】彖辭凡五字，爻辭凡八十九字。拯，之逞切。

【注】痍，延知切。翅，施智切。象爲、非爲，云僞切。明處，昌據切。畀，音注。危難，乃旦切。擐，音患。復主，扶豆切。稱，昌證切。

䷤離下巽上〇三之五，下之四，緯，八純兑變，主六二。

家人，此羲皇離下、巽上之卦，而文王名之曰家人。卦自兑變，三往易四，上來易二，上體成長女，下體成中女，二女各得正位，而有其夫家。家人者，其夫也。五爲巽女之夫，居三畫卦之人位；三爲離女之夫，居六畫卦之人位，故曰家人。**利女貞**。占也。宜於女人正主事者，以二女之

❶「三」，原誤作「二」，今據薈要本、四庫本改。

主爻皆得正位也。

初九，初之畫得九，爲家人之漸。**閑有家，**象也。卦之初，汎言治家之始事。艮爲門闕，初，艮之下畫，而連亘，如以木拒門，爲「閑有家」者。防閑之於初，則爲力易。古語曰：「教子嬰孩，教婦初來。」閑之於初也。**悔亡。**占也。男女同處，不免有悔。自初閑之，則其悔亡。案：家人卦初、上二爻以卦之初、終取義，中閒四爻，分上下二體取義。下體，在下之家也，以有家之臣而言，三爲夫，二爲婦。上體，在上之家也，以有天下之君而言，五爲王，四爲后。不取遠應爲配，而取近比爲配者，家道尚親也。舊説以二、五相應爲夫婦，皆與各爻象義不協。

六二，六居第二畫，爲家人之小畜。**无攸遂，**象也。《禮·大戴記》曰：「婦人從夫，无所敢自遂也。」六二柔順中正，上承九三剛正之夫，婉娩聽從，无或專行者也。**在中饋，**象也。居中而主饋者，婦人之職，故曰「中饋」。中，謂二，居下卦之中。饋者，二、三、四互坎，二變爲剛，則二、三、四互兑，有飲食象。**貞吉。**占也。以六二柔順之德，在於中饋之婦，如是而貞其事，則吉也。

九三，九居第三畫，爲家人之益。**家人嗃嗃，**象也。九三，下體之上，一家之長也，故稱家人。嗃嗃，嚴酷貌，字與「熇」通，如火之炎熾也。離火上畫，以剛居剛，過剛不中，故象嗃嗃。**悔厲吉，**占也。悔者，追恨其非，而有欲改之意。治家過嚴，則傷恩。能改悔，則雖厲而吉。**婦子嘻嘻，**象也。婦謂二，子謂初。嘻嘻，歎聲，字與「譆」通，苦熱痛呼之聲也，亦於離火取象。項氏曰：「家人，治家者也；婦子，其所治者也。治家失道，而强威嚴行之，如《谷風》之『有洸有潰』，《小弁》之『維其忍之』，使爲婦、爲子者嘻歎怨讟，則不可。嗃嗃、嘻嘻，只一意，非相反之辭。嘻嘻二字，在《詩》之『噫嘻』，《禮》之『嘻其甚矣』，《左氏傳》之『譆譆出出』，陽虎『從者曰嘻』，皆爲歎懼之辭。」**終吝。**占也。上文謂改悔其嚴酷，則雖厲而吉。此占爲不改悔者言。范氏大性曰：「治家雖不可縱弛，苟過乎嚴而或近乎酷，致婦子之閒，常聞愁恨之聲，斯賊恩之大者，故終吝也。」

六四，六居第四畫，爲家人之同人。**富家，**象也。陽實爲富，謂九五也。九五，王也；六四，后也。后所處，乃王之家也。王之家富有四海，以天下爲家者，故曰「富家」。

大吉。占也。大者，陽也，亦謂九五。六四柔順得位，王后之賢者也，不敢有其吉，而以其吉歸之九五，娥皇嬪虞，塗山氏相夏，大姒邑姜興周，此舜、禹、文、武之吉也。

九五，九居第五畫，爲家人之賁。王假有家，象也。王，九五也，剛中正，居尊位，天子之能正其家者。假，至也，字與「格」通，如「舜格于文祖」、「公假於太廟」之「假」。「有家」，與初九「有家」同。朱子謂：「如『夙夜浚明有家』之『有』，非『奄有四海』之『有』。」范氏大性謂：「此言『有家』，猶《革》、《涣》言『有廟』。」項氏謂：「『王假有家』，『王假有廟』，言王至于家，王至于廟也。」澄謂，王入廟祭告，則爲假于有廟；退朝適寢，則爲假于有家。舜在牀琴，文王雝雝在宫之時也。勿恤，吉。占也。聖人心正、身脩，齊家特其餘事。外治、内治靡不脩舉，故至于有家，不待憂恤而吉也。

上九，上之畫得九，爲家人之既濟。有孚，占也。上九以陽實，居最上之位，在下者皆以誠心相應也。威如，占之象也。身容整肅，下皆望而畏之也。陽剛嚴敬，非陰柔寬弛者，故威如。終吉。占也。此卦之終，總言治家之終事。下皆有孚而又畏之，治家之道如此，至終而吉，非特暫焉之吉而已。

六畫俱九、六，爲家人之解。

【經】彖辭凡五字，爻辭凡五十五字。饋，巨僞切。嗃，黑各切。嘻，喜悲切。假，庚白切。【注】長，知兩切。亘，居鄧切。易，以豉切。洸，音光。潰，胡對切。讟，徒谷切。弁，音盤。嬪，皮賓切。大姒，音泰。朝，音潮。

䷥兑下離上〇二之三，下之四，緯，八純巽變，主六五。

睽，此羲皇兑下、離上之卦，而文王名之曰睽。睽，目不相視，兩情乖異也。火上澤下，兩相背戾，二女同居，各異所歸，故曰睽。小事吉。占也。陽大陰小。睽以六五爲主，睽異之時，陰柔主事，故小事則吉，大事則不吉也。

初九，初之畫得九，爲睽之未濟。悔亡，占也。无應，當有悔。自處得正，而无求於外，故其悔亡。喪馬勿逐自復，象也。言所失之馬不待追覓而自還。坎爲馬，睽之下體兑也，坎下畫之柔爲兑下畫之剛，則坎體失，故爲喪馬。初變爲柔，則坎體復，故爲勿逐自復。見惡人无咎。占也。見，謂目所視也。二、三、四互離爲目，在初之外而接乎四。見也，非「往見」之「見」。人而不仁，疾之已甚，則致亂。九四剛强不正，而爲敵應，惡人也。目不相視爲睽。初、四雖敵應不相與，而初之待四，无睽異之情，故目常見之，不與之絶，所以免於咎也。

九二，九居第二畫，爲睽之噬嗑。遇主于巷，象也。主，謂五也。巷者，里中之道。離中虚，有巷之象。二與五正應，睽異之時，難於遇合，又兩皆不正，二往就五，與之遇于里巷之閒也。當睽而遇，則情不睽矣。无咎。占也。當睽之時，正應之情不睽，故无咎。

六三，六居第三畫，爲睽之大有。見輿曳，其牛掣，象也。二、三、四互離，六三，互離之中畫。有目，故能見。三、四、五互坎爲輿。曳，謂從後拖曳之，而車不得進也。《説卦傳》坎之象，「其於輿也，爲曳。」牛，謂引車之牛。互離爲牛。掣，謂以手控制之，而牛不得行也。六三當坎輿之後，欲往應上九，而柔弱不能前進，若或曳其輿然。九四當離牛之前，剛强爲梗，阻隔六三之進，若或掣其牛然。夫牛之引車，車在牛後，此則三、四、五之坎，稍前於離牛，二、三、四之離，反却於坎輿，故有輿曳不進、牛掣不行之象。其人而且劓，象也。其人，謂三，即乘輿服牛之人也。三當人位，故曰其人。而，去須之刑。劓，割鼻之刑。上體離，有頤象，三在其下，須也。三變爲剛，是去其須矣，故爲而。艮爲鼻，九四在六三之上，以剛畫易艮之下畫，艮之下體不具，如鼻之下端遭傷也，故爲劓。无初有終。占也。三之輿牛，初雖曳掣而不得合於上九，然正應終必合也，故无初而有終。

九四，九居第四畫，爲睽之損。睽孤，象也。四當睽時，一陽介二陰之閒，獨處无朋，故曰睽孤。遇元夫，象也。九四、初九，敵應不相與者，然九四居柔，變爲柔而應初，則如婦人失其配偶，而忽遇元夫。元夫，謂初夫也，猶「元配」之「元」。四，陰位；初，陽位，故四以初爲夫。交孚，象也。隨之初九、九四敵應相與，故初以四爲交。睽之初九、九四亦敵應相與，故四以初爲交。四下遇初，初上孚四，故曰交孚。初者，四之交友也，四雖以元夫視初，初則唯以交友自處也。厲，占也。孤而无應，故危。无咎。占也。同德相應而不孤，則无咎也。

六五，六居第五畫，爲睽之履。悔亡，占也。項氏曰：「初以在下，不與世事，而悔亡。五以柔進上行，得中應剛，是以悔亡。」**厥宗噬膚**，象也。此象及下占，皆爲應爻九二言之。宗，謂六五也。六五，一卦之主，猶宗子爲衆兄弟之主也。二爲五之正應，而五其宗也，故曰厥宗。二應五而四隔之，所以睽也。二至上有頤之象，四梗於其閒，猶噬嗑卦之「頤中有物」。九二剛畫，猶頤之下齒，能噬者也，然於九四非比、非應，勢不相及，故不噬强梗之四，而唯上就正應之五。六五，互坎之外體而柔，如豕膚之柔而易噬，故曰噬膚。**往何咎？**占也。四雖剛强，然可以害五，不可以梗二。二不往外則已，往則必合於五矣，豈九四所能梗哉？故曰何咎。

上九，上之畫得九，爲睽之歸妹。**睽孤**，象也。上剛而與柔比，亦睽之時而獨處者也，故象與四同。**見豕負塗，載鬼一車，先張之弧，後説之弧**，象也。上九，離明之極，故能見。豕、鬼、車、弧，皆坎之象。六三，互坎下畫，爲上九之應。九四，互坎中畫，爲六三之梗。坎下陰畫，水旁土也；坎中陽畫，地中水也。四之水，溼三之土，爲塗泥。六三，坎豕，居于兑澤，體有坎土，四以坎水溼之，如豕之背負泥塗也。六三，坎輿之下畫，上載九四於坎輿之中。九四，坎月之魄，爲鬼一車者，陽實之體，充滿車中也。一，亦坎數。四與三近而不相得，九四以剛險陵下，而欲傷三，故其先張弧而射之。六三以柔説承上，而獲免禍，故其後説弧而不射。**匪寇婚媾**，象也。寇、婚媾，亦坎象。九四説弧，六三不爲所梗，則上九正應之，睽可合矣。故上九謂六三非異己之寇，乃同己之婚媾也。**往遇雨則吉。**占也。雨，亦坎象。六三之往應上九也，歷四、歷五，四不爲三之梗，而與三和，如陰陽之和而雨，則六三之往也，无所隔礙，可以上合於上九矣，所以吉也。

六畫俱九、六，爲睽之蹇。

【經】彖辭凡四字，爻辭凡九十二字。「而」，舊本作「天」，安定胡氏謂：「當作『而』，蓋古篆『而』與『天』字體相似而誤也。」睽，苦圭切。喪，息浪切。復，音服。曳，以制切。掣，尺逝切。劓，魚器切。説，吐活切。【注】背，音佩。夫牛，音扶。去須，起吕切。不與，音預。易噬，以豉切。射，食亦切。柔説，音曰。

䷦艮下坎上○七之六，下之五，緯，八純震變，主九五。

蹇，此義皇艮下、坎上之卦，而文王名之曰蹇。蹇者，行步艱難之名，有險在前，止而不進，故爲蹇。利西、南，占也。凡爻位，初爲東，三爲南，四爲西，上爲北，卦變蒙、蹇自震而變，屯、解自艮而變。蹇、解之變，以三、四二畫相易，其義爲往來於上下體交際之處，故蹇、解二彖，其占爲行者利往來於西、南二方也。若屯、蒙之變，以初、上二畫相易，其義爲往來於上下體窮盡之處，不若西、南在上下二體交際之處爲利也。不利東、北，占也。初，東，山下之窮處，止之最下者也。上，北，水外之窮處，險之最極者也。故行者不利於東、北二方也。利見大人，占也。九五剛中正，大人也，六二在下，爲正應，往而見之則利。貞吉。占也。五當位，二、三、四、上亦當位，故正主事而吉也。

初六，初之畫得六，爲蹇之既濟。往蹇來譽。象也。蹇之六畫，唯初、四不相應，其餘皆有應。然蹇跛不行之時，難於遠取正應。卦中四畫相往來者，皆近取比爻也。卦上坎下艮，故宜來而不宜往，往則遇險，來則可止故也。初六最在下，有可往无可來，故爻辭以六二言之。六二中正，有譽者也，往比三，則近上體之險而蹇；來比初，則其止最先，去險最遠，而可保其譽也。

六二，六居第二畫，爲蹇之井。王臣蹇蹇，匪躬之故。象也。九五，王也；六二，王之臣也。蹇蹇，蹇而又蹇也。由下體之蹇，歷上體之蹇，故曰蹇蹇。二往應五，近阻九三之山，已爲蹇矣；再前，則阻六四之水，蹇而又蹇也。六二之蹇者，以三之故。蹇而又蹇者，以四之故。四爲躬，六二中正守道，安命而不尤人，不以蹇而又蹇歸尤於四，故曰「匪躬之故」。子思子曰：「素患難，行乎患難。上不怨天，下不尤人。」其斯之謂與！

九三，九居第三畫，爲蹇之比。往蹇來反。象也。反，猶「窮上反下」之「反」。陽自下升，初起於下而動爲震，升及於中而陷爲坎，升極於上而止爲艮。九三，艮之上畫，升極而止者也。三往比四，則涉上體之險而蹇；來比二，[1]則是既止於上，而復反於下，以遠險也。

六四，六居第四畫，爲蹇之咸。往蹇來連。象也。連，猶「連諸侯」、「連横」之「連」。六四，上體；九三，下體。上下異體，不相連屬者也。四往比五，則陷坎險之中而

[1]「二」，原誤作「三」，今據四庫本改。

蹇；來比三，則與下體連屬，而依艮止之安也。

九五，九居第五畫，爲蹇之謙。**大蹇**，象也。大，謂陽也。卦自震而變，震初之陽往外易五，而陷坎險之中，大者蹇也。**朋來**。象也。朋，謂九三。卦唯二陽，九三與九五同類，故曰朋。震四之陽來内，易三而居艮止之上，故曰來。九五之往外者，雖蹇，而九三同類之來内者，得止，則可幸也。

上六，上之畫得六，爲蹇之漸。**往蹇來碩**，象也。上六最在外，有可來无可往，故爻辭以九五言之。九五陽剛，碩大者也，往比上，則冒坎險之極而蹇；來比四，則近下體之止，漸將脱險，而可保其碩也。**吉**，占也。此占爲九五言也。諸爻雖以來爲善，而不言吉者，蹇之時，得免於蹇爲幸，何望其吉也？唯九五居尊位，剛中正，有濟蹇之才，以身蹇而未能弘濟，自處得宜，身漸脱險，則可圖濟天下之蹇矣，故吉。**利見大人**。占也。此占爲上六言也。五爲大人，上六利於見之。彖辭之利見九五者，六二在其下而往見也；此爻辭之利見九五者，上六在其外而來見也。

六畫俱六、九，爲蹇之睽。

【經】彖辭凡十四字，爻辭凡四十五字。蹇，紀免切。【注】屯，職倫切。解，音蟹。❶之處，昌注切。跛，彼可切。患難，乃旦切。謂與，音余。屬，之欲切。爲九、爲上，云僞切。

䷧坎下震上〇六之四，下之五，緯，八純艮變，主九二。

解，此羲皇坎下、震上之卦，而文王名之曰解。解，謂分釋其糾結也。雷動於上，雨降於下，則鬱結解；人動乎險之外，則險難解也。**利西南**，占也。卦自艮而變，三往易四，四來易三。四，西也；三，南也。行者利往來於西南之方也。**无所往，其來復吉**；占也。艮之上，極於卦外，无所往矣，則來而反，復於内，以易二也，故曰其來復吉。**有攸往，夙吉**。占也。艮之二，處於卦内，猶可有所往也，則往而出居於外，以易上也。上居六畫之前，猶一日之朝也，故曰夙吉。

初六，初之畫得六，爲解之歸妹。**无咎**。占也。

❶「蟹」，原誤作「解」，今據四庫本改。

爲難者，四陰也，而二陽解之。九二，解之主也，初六之柔居下，近比九二得中之陽，順從之而不復爲難，解之最先者也，故无咎。

九二，九居第二畫，爲解之豫。田獲三狐，象也。二，地之上，田也。坎爲狐。下卦爲坎，三、四、五又互坎，二坎有三陰，爲三狐。田之獲，謂能取之，而已其害也。九二比初、比三而應五，故能獲三狐也。三狐皆爲九二所獲，則陰之難解矣。得黄矢，象也。黄者，中之色。矢之齊，五分其金，而錫居二，以柔濟剛也。九二以剛居柔，而不過於剛，故象矢。九二所以解三狐之難者，以其得黄矢也。黄矢者，得中而不過剛也。貞吉。占也。得中而不過剛，故正主事而吉。蓋解陰之難，不尚猛烈，潛化服之，使之順從而不爲難，所以吉也。

六三，六居第三畫，爲解之恒。負且乘，致寇至，象也。六三上承九四，猶負重任也；下乘九二，坎爲輿，猶乘乘車也。負擔之人，而復乘乘車，處非其據，必有劫奪之者，故致寇至。寇，自九四而言也。至，謂自外而内也。九四亦上卦解陰之主，豈可謂之寇？三、四、五互坎，故象寇也。卦之正體，則三爲下坎之上畫，三狐之一也，即負四乘二者也；卦之互體，則三爲互坎之下畫，九四之民也，爲四寇三者也。互坎之下畫，就居六三之位，奪其所據，柔變爲剛，以君子易小人，不使小人乘九二之輿也。六三陰類之狐，九二既獲之，彼不能爲害矣，雖乘九二，九二不與校也。蓋九二剛而中，是以能容之。九二者，九四同類之朋，而爲六三陰柔所乘，故九四使其民寇奪六三，而易其類。蓋九四剛而不中，是以不能容之也。案：九四射上六，則稱公；奪六三，則稱寇，何也？上六不服從九四者也，九四與九二同爲解陰之難者，射而獲之，正也；六三已服從九二者也，負乘之僭，誠有可罪，置而不問，不失爲容德，九四奪之固當，然田廣已下漢，而韓信復進襲臨菑，項羽已歸太公，而漢軍復追至垓下，其成功雖偉，帝王之兵則不如是，所以亦謂之寇與？貞吝。占也。六三爲九二所獲，陰之難既解矣，但以柔乘剛，爲九四所惡，是以遭寇奪也。其占正主事則可吝。若難未解之時，而六三之所處如此，則凶矣，奚止於吝而已哉？

九四，九居第四畫，爲解之師。解而拇，象也。二陽解四陰之難，苟有所私係，則難不解矣。拇，謂初六。初者，四之正應。而，汝也，指四而言，謂初爻汝之拇也，能解去之，然後爲无私係也。朋至斯孚。占也。朋，謂九二。至，鳥飛自上而下至地也。卦變艮上之陽自上而下易二，故曰至。四不私於初，則九二同類之陽孚於四也。二陽同解四陰，而九四或私於其所應之陰，則同類之朋不能无疑也。

六五，六居第五畫，爲解之困。君子維有解，象也。君子，謂九二。維，坎象，謂初、三二陰維絡中畫之陽也。九二爲初、三二陰所維，而能解去之，不以近比而有所私也。吉，占也。九二不私於近比，所以吉也。有孚于小人。占也。六五有九二之孚也。小人，謂六五。蓋九二不私於初六、六三之近比，故其誠足以感六五之心，而六五亦誠服也。

上六，上之畫得六，爲解之未濟。公用射隼于高墉之上，獲之，象也。公，謂九四，震爲長子，公侯之象，故曰公。三、四、五互坎，爲三公。柔變爲剛，則四、五、上成離，爲矢。有弓矢，故用射。隼，陰鷙之物，謂上六也。上，天位；六，鳥象之飛而戾天者。❶初、三、五之陰，在地、在人間，故象狐；上之陰在天際，故象隼也。二、三、四互離，有墉象，九四居卦之上體、互離之三畫，❷故爲高墉之上。獲之者，上柔化剛，爲矢之鏃，離矢發于九四之手，而達于上六之翼，柔畫化剛，猶以矢鏃之實，貫鳥翼之虛而獲之也。初之一陰，最在下，九二解之甚易；上之一陰，最在上，九四解之甚難，故於卦終而後能獲之也。《繫辭傳》謂之「待時而動」，則非如初六之易解矣。无不利。占也。初六、六三、六五於九二爲比、爲應，力之所及，故九二能獲之；上六一陰，於九二非比、非應，力之所不及，故九二不能獲之也。九四、上六雖不近比，然同在上體，上柔化剛，爲九四之離矢，矢能及上，故上六爲九四所獲也。上六陰柔小人，據高恃遠，最難獲者也，今能獲之，則四陰俱爲二陽所獲，而陰柔之難，无不解者矣，故其占爲於事无所不利也。

六畫俱六、九，爲解之家人。

【經】彖辭凡十六字，爻辭凡六十三字。解，音蟹。拇，而苟切。乘，平聲。射，食亦切。隼，筍準切。

【注】險難，乃旦切，後同。不復，扶豆切，「而復」、「復進」、「復追」同。齊，才詣切。乘車，成證切。

❶「鳥象」，疑當作「象鳥」。

❷「三」，疑當作「上」。

爲四，云僞切。寇與，音余。所惡，烏路切。鏃，子木切。甚易，易解，以豉切。甚難，如字。傳，直戀切。

䷨兑下艮上〇二之七，下之六，經，三陽泰變，主六三。

損，此羲皇兑下、艮上之卦，而文王名之曰損。損謂減殺之也。凡陽爲有餘，陰爲不足。殺陽之有餘，以補陰之不足。卦自泰變，損三之陽，益上之陰，故取損下益上爲義。有孚，占也。六三孚上九也。卦體内外實而中虚，似中孚。損下益上，民孰不疑其厲己？然當損之時，而損在下者，以爲當然，故誠心應上而无疑也。元吉，占也。六三，卦之主，居下卦之上，元也。當損而損，故吉。无咎，占也。六三不當位，咎也；以合時之宜，故得无咎。可貞，占也。柔非能正主事者，合時宜則亦可也。利有攸往，占也。卦變三往益上，故利有攸往。曷之用？二簋可用享。占也。上五占以六三、上九言，此一占以初、二、四、五言。用者，得此占而用之於此事。先爲問辭曰：「曷之用乎？」答云：「所用者，二簋也。雖二簋而亦可用之以享祀，蓋用於損之時爲宜也。下卦兑爲食，六三，饋食之主也，初、二在六三之内，象二簋。陽實爲黍、稷，實於簋。初應四，二應五，象二簋以享祀上之神。二艮盛黍、稷，禮之甚薄少者，然當減殺之時，則薄少爲宜，故可用享也。二，兑數。

初九，初之畫得九，爲損之蒙。已事遄往，占也。初在下而與四應，以下陽益上陰。已，止也。事，所自作爲之事。陽動喜作爲，初在下，蓋止其所作爲之事，而速往以益四也。无咎，占也。初九陽動，喜於作爲，蓋有用之才，而能遄往以求爲上益，此處下之道也，故无咎。酌損之。象也。四受初之益，如以器挹取初之有餘，而損之也。

九二，九居第二畫，爲損之頤。利貞，占也。宜自守其中，以正主事也。征凶，占也。二、三、四互震，爲大塗，有征行之象。二當自守，不當征行，上就六五也。弗損，益之。象也。二與五應，當自損以益五，然五雖柔而居剛，非不足者，二雖剛而居柔，非有餘者，故二弗損己，唯以中相應，自可益五也。案：初九、九二，皆是以下卦之陽益上卦之陰者，而爻辭之意相反。初必自止其事，而速當上往就四；二宜自貞其事，而不可上征就五。初之益四，則損己而益之；二之益五，則不損己而益之。蓋初以陽居陽，上以陽居陰，故不同也。

六三，六居第三畫，爲損之大畜。**三人行，則損一人；一人行，則得其友。**象也。卦自泰而變。泰下卦三陽，三人行也；減三陽之一以益上，損一人也；上之一陰來易三，一人行也；三、上相交而得上九之益，得其友也。三，人位，故曰人。行，亦於互震取象。友，能益己者也。九自三往上，而爲六之益，六自上來三，而受九之益，故上爲三之友也。

六四，六居第四畫，爲損之睽。**損其疾**，象也。凡損卦，皆是損下益上。初剛好作爲，此有餘之疾也，四酌而損之，取初之有餘，益己之不足，是損初之疾也。其，指初而言。**使遄有喜**，占也。疾則有憂，疾愈則有喜。四損初益己，是使初之疾愈，而遄有喜也。**无咎**。占也。四居上，能取在下之賢以益己，故无咎。有喜屬初，无咎屬四。

六五，六居第五畫，爲損之中孚。**或益之**，象也。五受二之益，故二益之。「或」者，不爲必然之辭也。**十朋之龜，弗克違**，象也。古者五貝爲一朋，王莽時改兩貝爲一朋。十朋之龜，一龜直五十貝，大寶龜也。弗克違，謂龜謀從己，自之吉也。自二至上肖離，有龜象，然因陽自三往上而成此象，故十朋之龜專指上九而言，謂二儻益五，則非但二益之，而上亦從其謀也。**元吉**。占也。居三陰之上，元也。所應之二，所比之上，皆益之，所以爲元之吉也。

上九，上之畫得九，爲損之臨。**弗損，益之**。象也。九自三而往益上者，既往益上，又還益六三之柔，其於益上也，不損下而自能益之。**无咎**，占也。益上而下不損，故无咎。**貞吉**，占也。此爻三占，與彖辭同。但彖言「可貞」，爻言「貞吉」爲異。彖以六三言陰柔之貞可而已，上九陽剛之貞則吉也。**利有攸往**，占也。因三往上而有所益，故利有攸往。**得臣无家**。象也。成卦由三、上相易，上九居上爲君，六三在下爲臣。自三而言，則三得上爲得友；自上而言，則上得三爲得臣也。凡臣之有家者，公則利其國，私則利其家，未免不專於奉上。三獨陰居下，專意奉上，臣之无家而專於爲國者也，故曰无家，謂不有其家也。

賈誼曰：「爲人臣者，國爾忘家。」

六畫俱九、六，爲損之咸。

【經】彖辭凡二十一字，爻辭凡八十字。已事，音以。遄，市專切。【注】殺，所戒切。饋食，音嗣。盛，音成。好，虛到切。爲國，云僞切。

䷩震下巽上○四之五，下之六，經，三陰否變，主初九。❶

益，此義皇震下、巽上之卦，而文王名之曰益。益，謂增補之也。卦自否而變，上損九四之陽，下益初六之陰，故以損上益下爲義。利有攸往，占也。二之柔中正，往應五之剛中正也。利涉大川，占也。自初至五有舟之象。

初九，初之畫得九，爲益之觀。利用爲大作，占也。初自四來益下，爲益之主，凡益下之事，必大有所興作。陽居震動之初，大作者也。元吉，占也。爲益之主，元也。大有所興作以益民，故吉。无咎。占也。大作者，益下之事，而非勞民動衆也，故无咎。

六二，六居第二畫，爲益之中孚。或益之，象也。二受五之益。益之，謂五也。益六二，即損六五也，故爻辭同。十朋之龜，弗克違，象也。二得益於初，而初至五有龜象。十朋之龜，指初九而言，謂五當來益二，則非特五益之，而初必從其謀也。永貞吉，占也。六，陰也，故有永貞之戒，謂能永久正主事，則吉也。王用享于帝，吉。占也。王，謂五。二，地上也，祭天掃地而祭，因吉土以饗帝於郊。九五降心在二，猶王者於地上享帝，能致帝之來格也，故吉。

六三，六居第三畫，爲益之家人。益之，象也。凡益，皆損上益下。初九自四來益下，六四受初九之益，而易位居上，此已益者也。五、上，在上之二陽，當益二、三在下之二陰，此方益者也。九五能益六二，而上九不能益六三，六三在下體，當其益者也，故曰益之。然非上九益之，乃自能益之也。何以能自益？六之質，陰也，陰雖不足，三之位陽也，陽爲有餘，故六三能自益也。用凶事，无咎，占也。凶事，謂喪禮也。六三既无外來之益，而唯以己所自有

❶「主」，原誤作「至」，今據薈要本改。

爲益，以此而用之於凶事，則无咎也。凡他事皆可待人之益，喪禮有襚賵賻贈，亦資人之益者，然或偶无人益，則急遽不暇於營求，唯當隨其見在所有以供事。蓋親喪當自盡於己，而不當取辦於人。稱家之有无可也，苟无矣，斂手足形還葬无槨，人豈非之乎？有孚，占也，初九孚六三也。六三既不受上九之益，初九爲益之主，與六三同體，其剛實之誠能感六三者也。中行告公用圭。象也。中者，三居六畫卦之中也。行者，震爲大塗之象。公，謂初九。初九孚于六三，故六三在中路，而告初九以致歸嚮求益之意。臣之告君，用圭以通信，如禹告治水成功，則以玄圭錫帝也。圭，指六二言。震爲圭，六二，震之中畫也，能爲六三通信於初九。三與初在下卦，雖同體，然非比、非應，必因六二以通其信。六二外比六三，而下近於初，則二乃初九之近臣也，故六三用二爲圭，以通信於公。

六四，六居第四畫，爲益之无妄。中行告公從，占也。中者，六畫卦中之位也。行者，與初九畫互易而居其位也。九陽自上益下，而下居初；六陰自下受易，而上居四。六四與初九爲應，而交相爲益者，苟有所不足，則於中路告公，而公從之也。三、四二爻皆中，中行告公，謂居六畫卦中之位，不親造公所，而使人告也。四與初正應，故其告公也，公從其所告。三與初非正應，又非近比，故其告公也，必因六二爲圭，以通其信，不敢必其從也。故三不言從，而四不言用圭也。利用爲依遷國。占也。凡遷國必有所依。《左氏傳》謂「周之東遷，晉、鄭焉依」是也。故曰依遷國。初、四相易，各去其位，故曰遷。二、三、四互坤國之象。陽，君也。陰，民也。六二、六三，國之舊民，不遷者。四遷於初，而依六二，遷國之君也。初遷於四，而依六三，新遷之民也。故此爻之占，利用之以依於人而遷國。

九五，九居第五畫，爲益之頤。有孚，占也。此言六二孚九五也。五下益二，故二孚於五。惠心，象也。惠者，懷其恩也。五爲心，二孚於五，而惠九五益之之心也。勿問，占也。問，即《繫辭傳》「問焉而以言」之「問」。勿問者，不待占筮也。元吉；占也。五之德與位皆爲元，不待占筮而知其吉也。有孚，占也。此言六二孚初九也。惠我德。象也。六二不但有孚於九五，而惠九五之心，又有孚於初九，而惠初九之德。初爲卦主，故指初爲我。初剛實，六二所食者，故曰德。二、五相應，應遠，故惠其心；初、二相比，比近，故惠其德也。爻辭言九五所應之六二，因及六二所比之初九。六二爻辭亦言六二受九五之益，而又得初九之弗違，與此爻辭之意同。

上九，上之畫得九，爲益之屯。莫益之，象也。上九當下益六三，而不能益之，故曰莫益之。或擊之，象也。擊者，虐害之也。三、四、五互艮，爲手，有擊之象。上九之於六三，非徒不能益之，而或又虐害之，故曰或擊之。立心勿恒，占之戒辭也。立，如「三十而立」之「立」，謂固守之也。五爲心，而在上九之内。立心者，固守其在内之心也。恒，常久不變也。益之上、下二體互易爲恒，恒與益相悖者也，故戒之曰立心勿恒，如此而不變也。凶。占也。苟恒如此，不益民而害民，則民莫之與，而或傷其君，凶之道也。

六畫俱九、六，爲益之恒。

【經】彖辭凡九字，爻辭凡九十字。【注】繸，音遂。賵，方貢切。賻，符遇切。見在，賢遍切。稱，昌證切。斂，力檢切。還，音旋。能爲，云僞切。造，七到切。傳，直戀切。悖，音佩。

䷪乾下兑上〇一之二，下之七，緯，❶五陽辟，主九五。

夬，此羲皇乾下、兑上之卦，而文王名之曰夬。五陽長盛，而消陰將盡，夏正三月之卦也。夬，決也，五陽決去一陰也。揚于王庭，象也。高舉在上曰揚，推播在前曰揚。王，謂五，庭，謂上。五，王之居也，上六在王居之前，王之庭也。一陰處於五陽之上，故曰「揚於王庭」，猶《詩》言「在前上處」也。孚號，象也。孚，謂九五孚於上六也。號，號呼也。一陰在五陽之上，處不自安，孤立將亡，而與五比，故號呼以求援於五。然小人失勢，則祈哀乞憐於其所親厚之君子，及稍得志，則傾害君子不遺餘力，君子豈可因其號呼而遽信之哉？有厲，占也。此占爲九五言也。九五，夬之主，先四陽以進，而與所決之一陰比近，苟以狎昵之故，信其號呼，遂不察其中心之狡而哀憐之，則危矣。有厲者，今雖未危，將有危之漸也。或以此占爲言上六，非也。上六將亡矣，爻辭謂之「終有凶」，奚止於有厲而已哉？告自邑，象也。兑口，有告之象。卦自坤變，坤爲邑。坤之

❶「緯」，原脱，今據四庫本、薈要本補。

五陰變爲陽，僅存坤上六之一畫，邑之削小者也。告自邑，將以起徒役。然邑小民寡，雖告何爲？不利即戎，占也。范氏大性曰：「兵戎乃用衆。坤爲衆，乾變坤至五，則幾於无衆矣，故不利即戎。」利有攸往。占也。往，指九五言。九五往而上進，則爲純乾矣。

初九，初之畫得九，爲夬之大過。壯于前趾，象也。卦以五陽決一陰，乾三陽，兑二陽，乾健，兑説。《象傳》言「健而説，決而和」。和者，剛柔適中也。健而且説，二者不偏，如此決之，而後和。偏於健，則剛過而鄰於暴矣；偏於説，則剛不及而流於懦矣。下體，健者也，初、三剛居剛而不中，有過而暴之失；九二雖健體，而居柔得中，故不暴。上體，説者也，九四剛居柔而不中，有不及而懦之失，九五雖説體，而居剛得中，故不懦。爻辭於初、三之壯則戒其過。於四之次且，則勉其不及。二雖健而惕懼，五雖説而夬夬，唯其中，故能无過、无不及也。項氏曰：「夬初至四，大壯也，加九五一爻而成夬。下四爻，與大壯相似。初之壯趾、二之以中、三之用壯、四之悔亡是也。」丁氏易東曰：「四陽爲壯，五陽爲夬。大壯初九曰『壯於趾』，此曰『壯於前趾』，因大壯而言也。」澄案：初爲趾，四在下卦三陽之前，而與初趾同位。前趾，謂四之位也。初九居一卦之下，急於前進，以決上六之陰，故用其勇壯，欲超升大壯四陽之位，以近九五而決上六也，故曰壯于前趾。往不勝爲咎。占也。勝，謂勝其任。壯于前趾，勇往也；往而不勝其任，則爲咎矣。戒之之辭也。

九二，九居第二畫，爲夬之革。惕號，象也。惕，儆懼也。剛中實，故能惕。號，指上六而言。九二得中，不過剛，故當五陽勢盛之時，聞上六之號呼待盡，猶且儆懼也。莫夜有戎，象也。二，地上之位。日至地上，將入地下，莫夜之時也。戎者，二變爲柔，成離，有戈兵之象。勿恤。占也。能儆懼，則知戒備矣，故雖莫夜之時，卒有兵戎之變，亦不用憂恤也。

九三，九居第三畫，爲夬之兑。壯于頄，象也。頄，面顴骨，謂上六也。夬之三，即大壯之三，其壯也，猶大壯之「小人用壯」。壯于頄者，言其勇壯及于上也。三與上應，當夬之時，應爻乃其所欲決者，猶噬嗑之時，應爻乃其所齧噬者也。有凶，占也。陰固當決去，然待其時，以其漸，則不勞力，不傷己。三剛居剛，恃其勇壯，以下淩上，非十全之道，故有凶。君子夬夬，象也。剛居剛而不中，爲小人之壯，若君子則不如此矣。夬而復夬，其決柔之意未嘗止息，然不恃剛過壯也。獨行遇雨若濡，象也。君子不必絶小人之交，而去之自有其道。夬五陽，而九三獨與上六一陰應，陰陽和爲雨，故有獨行遇雨而濡之象。若，語辭，猶言「而」也。濡，謂爲其所沾濡。九三變爲柔，則三、四、五、上肖坎，象雨，象濡。有愠，占也。獨爲上六所濡，中有含怒之意，而欲決之。无咎。占也。雖欲決之，然決之而和，故无勞力傷己之咎也。

九四，九居第四畫，爲夬之需。臀无膚，象也。四居上體之下，爲臀。膚，在臀下而柔者。四乘九三之剛，其下不柔，臀无膚也。其行次且，象也。以剛居柔，又爲説體，當同進決柔，而其進不勇，故曰行次且。牽羊，象也。兑爲羊，羊羣行。九四，兑之下畫，羊之在後者；九五，兑之中畫，羊之在前者也。牽，謂牽聯而進。四隨九五以進，爲牽。悔亡，占也。次且本當有悔。九五，陽長之主，如羊羣之在前，四在五後，牽聯而進，以決柔，則其悔亡。此勉其進也。聞言不信。象也。四變爲柔，成坎，坎爲耳。然四爻剛實，塞而不虚，耳之不聰者也。言，謂「流言」、「遺言」之「言」。信，實也。四既不聰，故所聞流言不謂其實也。

九五，九居第五畫，爲夬之大壯。莧陸夬夬，象也。項氏曰：「莧，音丸，土羊也。陸，其羣行之路，猶『鴻漸于陸』之『陸』。」澄案：項説是也。「莧」字上從卝，羊之角也；中從目，羊之目也；下從凡，象羊之足。「莧」字諧「莧」聲，舊誤作「莧」，從艸，從見，竟解作草名。羊羣之行山，牽而前引之牧於陸。九五變爲柔，成大壯，爲互體之兑，象羊之羣行，五在其前，猶莧之行山路，故曰「莧陸」。夬夬者，行而不息也。五變成震，爲大塗，陸之象。中行，象也。中行者，所行之路至中半也。未中半爲不及，過中半爲過。五居上卦之中，不過其半，中行之象。无咎。占也。五在上體中，得中則不恃剛而過，亦不比陰爲不及，故无咎。

上六，上之畫得六，爲夬之乾。无號，象也。上當兑口，故爲號呼之象。象之「孚號」，上向五而號也；二之「惕號」，二聞上之號也。夫以五陽上進，一陰豈能久存？而猶號呼者，所謂「將死之鳴」，「臨絶之音」也。其終也，上六變，爲純乾，則一陰消亡，而无復號呼之聲矣，故曰无號。

无，「有无」之「无」，非禁止之「无」。終有凶。占也。卦之終，一陰消亡，不復能存，故曰有凶也。

六畫俱九、六，爲夬之剥。

【經】彖辭凡二十字，爻辭凡七十六字。夬，君邁切。號，平聲，後同。勝，音升。莫，音暮。頄，求龜切。臀，徒敦切。次，七私切。且，七餘切。莧，户官切。【注】爲九，云僞切。説，音曰。傳，直戀切。卒，七率切。顴，音權。囓，擬結切。復夬，扶豆切，「无復」、「不復」同。陽長，知兩切。丸，户官切。羖，❶音古。

䷫巽下乾上〇五之一，下之七，緯，一陰辟，主初六。

姤，此羲皇巽下、乾上之卦，而文王名之曰姤。一陰初生於地下而消一陽，夏正五月之卦也。姤，遇也，一柔遇五剛也。女之邂逅而與男遇爲姤。女壯，象也。下巽爲一索之女，女生之最先者。陽長至四畫，然後爲壯。姤一陰初生，而曰女壯，何也？蓋初陰雖微，與四爲應，已足敵四畫之壯陽矣，故曰女壯。勿用取女。占也。一陰初生，已能消陽，故戒之以勿用取此女也。

初六，初之畫得六，爲姤之乾。繫于金柅，象也。柅以止輪。金者，喻其堅也。坎爲輪，坎之上爻爲剛畫，是以堅剛之柅，柅其輪也。剛畫爲金，金柅指九三而言。金柅止輪之行於前，而又繫其輪於柅之後，則輪不可動矣。初象輪之後牙，柅之於前，三也；繫之於中者，二也。以象固止初陰，使不得前進，如是則可无陰長消陽之患矣。貞吉，占也。使初陰止而不進，正主事則吉也。有攸往，見凶，占也。初陰往而進以消陽，陽勢猶盛，往則不敵，必見凶也。此亦戒初六，使不進也。羸豕孚蹢躅。象也。羸，瘠也。蹢躅，不静也。坎爲豕，坎上畫之柔爲巽上畫之剛，則坎之外體變矣。柔象肉，剛象骨。坎外之柔爲剛，如豕之外體无肉而有骨也，故爲羸瘠之豕。孚，謂初六孚於九二也。微陰雖孚應於陽，而其中未易制伏，如羸形之豕，雖暫孚，而猶懷蹢躅之心也。蓋坎之外體雖變，而其内體不變，如豕之外形雖羸，而其心常不静也。聖人爲戒之意深矣！

❶「羖」，注文中無此字。

九二，九居第二畫，爲姤之遯。包有魚，象也。初與四爲正應，而與二比近，故先爲二所有。古人魚肉包之以草，《詩》曰「野有死麕，白茅包之」是也。魚，陰物，謂初，二能得之，猶包苴之中有此魚也。二陽畫，連亘，有包之象。巽爲魚，魚者，巽下畫之陰也。无咎，占也。蔡氏曰：「遇雖非正，當遇之時，故可无咎。」不利賓。占也。初，卦之主，四對之，故爲賓。乾亦爲賓。賓主相對，遇之正也。九二以近比而得初九之遇，則初不復往遇於正應之四矣，故其占爲不利於賓也。

九三，九居第三畫，爲姤之訟。臀无膚，象也。四爲臀，三在四下，剛而不柔，猶臀之无膚也。此三、四比近，而二剛不相得之象。其行次且，象也。三與四既不相得，四欲下行，與初六正應相遇，而爲三所阻隔，故其行次且。姤之九三，即夬之九四，故其象同。行次且者，九四以陽居陰，故行次且。舊注以爲三之行者，非。夬九四之行，欲上決一陰也；姤九四之行，欲下遇一陰也。厲，占也。三以剛居剛，過剛而不中，居下之上，故危。无大咎。占也。三之自處雖危，然下能柅初六之上進，上能阻九四之下行，不使陰進遇陽而消陽也，有防微杜漸之功，故於陽剛之道爲无咎。

九四，九居第四畫，爲姤之巽。包无魚，象也。初者，四之正應，而爲二所得，故二之包中有魚，而四之包中无魚也。起凶。占也。己之正應與他人遇，猶男之失其配，君之失其民也，今雖未凶，凶由是起矣。

九五，九居第五畫，爲姤之鼎。以杞包瓜，象也。下巽爲木，二，巽之中畫，其位與五位之天同，象木之高聳參天者也，故爲杞。瓜，地下之瓜，陰物也，謂初六。二與初遇，包而有之，猶杞木之葉，下包其瓜也。九五剛中正，居尊，與九二之位應，二之得民，猶五之得民也，二杞包初瓜，以之者，五也，故曰以杞包瓜。含章，象也。九五變爲柔，與二正應，而藏二、三、四之三陽在內，故曰含章也。有隕自天。象也。五之剛中正在上，在下者皆欲遇之，然初六、九二非比、非應，无由得而相遇。今五變爲柔，以應二，比四，而包含三陽之章於內，則三因四之比、初因二之應，皆得以遇於九五，如有物自天而隕於下也。九五，天位，隕於下，謂與下相接，而爲在下者所遇也。

上九，上之畫得九，爲姤之大過。姤其角，象也。剛而在上者，角也。至姤之終，下之所遇者，如角之剛也。吝，占也。前不可進，剛而能觸，竟何爲哉，故吝。无咎。占也。處時之窮，非己有咎也。

六畫俱六、九，爲姤之復。

【經】彖辭凡七字，爻辭凡六十八字。姤，古豆切。取，七喻切。柅，乃履切。羸，力追切。蹢，直戟切。躅，直録切。【注】索，所白切。陽長，知兩切。隕，云隱切。麕，蠲困切。不復，扶豆切。蓏，❶即可切。

䷬坤下兑上〇八之二，下之八，緯，四陰觀變，主上六。

萃，此羲皇坤下、兑上之卦，而文王名之曰萃。萃，聚也。兑説爲澤，坤順爲衆，爲地。在上以説臨其下，民聚於下以順其上。澤者，水之所歸。澤滿溢而上於地，則澤不受水，而衆流之歸，皆聚於地上，故爲萃。王假有廟，象也。王，謂九五，艮爲廟。二、三、四互艮，六二，艮之下畫，廟之内也。五下應二，❷是王者至於有廟，聚己之精神，以聚祖考之精神也。利見大人，占也。五陽剛中正爲大人，四陰聚而歸五，利見大人也。亨，占也。大人能聚天下之衆美者也。利貞，占也。能致亨，則宜正主事矣。用大牲吉，占也。大牢爲大牲，少牢爲次牲，特牲爲小牲。下坤爲牛，上兑爲羊，三、四、五、上肖坎爲豕，三牲具也。利有攸往。占也。六二上應九五，爲往。物聚而衆多，則宜備禮；人聚而衆多，則宜出外。損之時則用二簋而可，萃之時則用大牲吉，屯之時則勿用有攸往，萃之時則利有攸往：各順其時也。

初六，初之畫得六，爲萃之隨。有孚，占也。四以説道聚民而與初應，故有孚于初。不終，占也。四位不當，故其孚不終。乃亂乃萃若號，象也。初以四之孚不終，故其志擾亂，與三陰相聚而號呼，以求四之孚。初柔變爲剛，成震，故有聲而號。一握爲笑，象也。初之號，

❶「蓏」，注文中無此字。
❷「二」，原誤作「一」，今據薈要本、四庫本改。

衆皆笑之。一握，猶言一團。二、三、四爻互艮，❶爲手，艮數一，故曰一握。二、三象手之指，能握。笑者，蓋二、三笑之。三爲兑口之倒而向下者，故能笑初之號。勿恤，占也。雖爲衆所笑，然所求者正應，故戒之以勿恤。往无咎。占也。勿恤衆笑，上往求四，則无咎也。

六二，六居第二畫，爲萃之困。引吉，占也。二聚於下而順上，五説乎上以聚下，中正相應，然二柔居柔，懼其易變，故戒之以引而至于長久則吉。无咎，占也。能引而得吉，則无咎也。孚乃利用禴，占也。孚，謂六二之誠孚于九五也。禴者，夏祭之名。舊説相承以禴爲薄祭。蓋宗廟四時之祭，春祠、夏禴、秋嘗、冬烝，其孝誠一也，物則隨時而有厚薄之殊。秋之時，萬物成熟，故秋嘗之物豐，冬烝則彌豐；春之時，萬物始生，故春祠之物殺，夏禴則彌殺。卦位，五爲天，上卦之中也，上爲北。五者，日行天中而近北，夏之時也。故凡禴祭之象，皆以五而言。二之順五，以其中正而已。然陰虛非實，故爲之戒云，必其誠實，先孚於五，乃可於萃聚用大牲之時，而利於用夏月薄物之祭，以事其上。蓋誠既先孚，則在上者不疑其簡也。項氏曰：「羣聚之時，爲禮當厚。必如二、五之交，信在其中，而後外可略也。」

六三，六居第三畫，爲萃之咸。萃如嗟如，象也。三與下二陰萃於下，而上无應，故嗟歎不得志。六三兑口之倒體，能嗟。无攸利，占也。往无咎，占也。三雖无應，而比近九四之陽，苟能往而上求九四，則可无咎。小吝。占也。若但安於陰小，而不上往求陽，則吝矣。

九四，九居第四畫，爲萃之比。大吉，占也。四應初，下臨三陰之聚，可以得民矣。然位不當，而其孚不終。蓋雖陽而居陰故也。若如九五之以陽居陽，則吉矣。四雖陽畫，而非陽位，必陽畫居陽位，而後爲大也。凡九居二者，雖中而非大中。必九居五，則畫與位俱陽，而謂之大中。此「大吉」之「大」，猶「大中」之「大」。无咎。占也。能如九五以陽居陽之大，則吉乃可无咎也。

九五，九居第五畫，爲萃之豫。萃有位，象也。萃之時，陽畫居陽位，故曰萃有位。无咎，占也。匪孚，占也。二爲五之正應，然以柔居柔，陰虛不實，或未能孚于

❶「爻」，原誤作「口」，今據四庫本改。

五也，故曰匪孚。二之爻辭，以爲必能孚于五，而後利於用禴，亦因二之不足於孚而戒之也。**元永貞，悔亡。**占也。九五以陽居陽，其占固爲无咎矣，然儻未能得二之孚，則當有悔。必有元以長人之德，永久貞其事，則其悔乃可亡也。大抵聚而衆多之時，慮其不可以久，故二以引長而後吉，五以永貞而後悔亡，皆欲其久而不變也。

上六，上之畫得六，爲萃之否。**齎咨涕洟，**象也。齎咨者，嗟歎之聲。涕，目液。洟，鼻液。兑口有聲，三、四、五、上肖坎，有液。上自四升上，爲萃之主，以柔居柔，不敢當天下之聚，故不安於居衆人之上，而至於齎咨涕洟，可謂懦而无立者矣。**无咎。**占也。說極而致天下之順聚，雖柔懦不安，无傷於萃也，故无咎。

六畫俱六、九，爲萃之大畜。

【經】彖辭凡二十字，爻辭凡七十四字。舊本卦名下有「亨」字，程子曰：「羨文也。」陸氏曰：「馬、鄭、虞、陸績並无此字。」晁氏曰：「王昭素謂當无。」假，庚白切。號，平聲。禴，羊略切。齎，將兮切。洟，音夷。【注】說，音曰。少牢，詩照切。殺，所戒切。長，知兩切。

䷭巽下坤上〇五之八，下之八，緯，二陽臨變，主初六。

升，此羲皇巽下、坤上之卦，而文王名之曰升。升，上進也。萃與升皆自坤取義，萃者，兑之一陰說而爲主於上，故坤之三陰順而聚於二陽之下；升者，巽之一陰入而爲主於下，故坤之三陰順而升於二陽之上。又地氣上騰，木生地中，日進而上，故曰升。**元亨，**占也。元，以二陽之大而言，四陰巽順而應之，故亨。**用見大人，勿恤，**占也。升者，萃之反。萃九五，在上之大人，三陰萃而在下者，利往見之；升九二，在下之大人，三陰升而在上者，降而來見，則可勿恤。言其无憂也。**南征吉。**占也。卦自臨變，初、三相易，一陽在初，上進居三，三，南也，故於南方征行則吉也。

初六，初之畫得六，爲升之泰。**允升，**象也。《說文》引此爻之辭，「允」作「粇」，進也，諧聲字，本義存聲，從省作「允」。升自臨變，升之初六，本臨之六三也，臨六三之陰，下退于初，而進初九之陽，以上升于三也，故曰允升。**大吉。**占也。大，指三之剛畫而言。臨之初與三易位，故剛得上進，以升于三，居下體之上而吉也。

九二，九居第二畫，爲升之謙。**孚乃利用禴**，象也。二剛中而應五，然五柔未易速孚，故必俟。既孚於五，而後乃利用禴也。禴者，宗廟之禮，薄於常時者。蓋升其誠意於上，以誠不以物也。**无咎**。占也。誠孚於上，而後用禴，則上不疑其簡，故无咎。

九三，九居第三畫，爲升之師。**升虚邑**，象也。臨之三、四、五互坤，爲邑，柔畫耦，爲虚。三自初而升，以實臨三之虚，故曰升虚邑。

六四，六居第四畫，爲升之恒。**王用亨于岐山，吉**。占也。王，謂九三。二、三、四互兑，兑西方，坤爲國邑。西方之山，在國邑之内者，岐山也。山地示，陰神也。兑上畫，陰也，以象岐山之神。九三，兑之中畫，爲王。九三之陽，升其誠意於上之陰神，祭山之占也。《隨》上六「王用亨于西山」，亦以九五兑中畫爲王，上六兑上畫爲山之神。**无咎**。占也。三、四之相得，以近比，非以正應，有咎也。然九三之誠，上升于四，以合乎坤之順，故无咎。

六五，六居第五畫，爲升之井。**貞吉**，占也。二剛中而應五，五階之而升，故正主事則吉。**升階**。象也。二之升至五，如升階然。坤三耦，如地勢之自下而高也，故象階。

上六，上之畫得六，爲升之蠱。**冥升**，象也。上，天上之位也。在青冥杳冥之上，而陰又昏暗，故曰冥升。**利于不息之貞**。占也。位在上，則爲冥升。位之升不可過高也，唯進德不息而正主事則利。蓋德之升，愈高愈進，其升无已時也。

六畫俱六、九，爲升之无妄。

【經】彖辭凡十二字，爻辭凡五十三字。用亨，許兩切。【注】説，音曰。粇，音允。示，與「祇」同。

䷮坎下兑上〇六之二，下之九，緯，三陰否變，主九二。

困，此羲皇坎下、兑上之卦，而文王名之曰困。困，窮瘁也，字象木在口中，四而不得通達。二之一剛，爲初、三二柔所揜，四、五二剛，爲三、上二柔所揜，蔽塞其前後，无由通達，故爲困。**亨**，占也。卦德内雖有險，而外能説，故雖處困而可以亨。**貞大人吉**，占也。卦自否而變，上之陽下居而爲困之主，剛中之大人也，正主事者，以此大人則吉。无咎，占也。困之時，有此大人貞其事而吉，乃可无咎。有言不信。占也。兑口在上，有言之象。以言傷人，而其言誣毁不實，不能困人也。

初六，初之畫得六，爲困之兑。臀困于株木，象也。卦唯初、四有應。臀，謂四也。三、四、五互巽爲木，木下曰本，本上曰末，木中曰朱，字正作朱，後人加木爲株，朱爲木之中身也。四爲巽木之中畫，故曰株木。四欲下拯初，而不能來，猶臀之困于朱木，而不能動也。入于幽谷，象也。在卦之内，故爲入。地下之位，故爲幽。水注溪曰谷，坎水之下，故爲谷。以柔居下，在困之初，不得正應之助，故入于幽谷，不能自拔，以出於困也。三歲不覿，象也。三，坎數也。幽谷之中，雖三歲之久，不能上覿四之正應也。

九二，九居第二畫，爲困之萃。困于酒食，象也。坎爲酒，兑爲食。九二處坎中畫，應兑中畫，得中而以酒食優游自養者也，在困之時，他无所困，但爲酒食所困而已。朱紱方來，象也。三、四、五互巽爲股，三又股之位也。二、三、四互離爲牛，二以離牛之革，蔽于巽股之下，紱之象也。朱者，赤黄之色。坎之色赤，中之色黄。次之中畫，居下卦之中，爲朱紱。卦變九自否之上來二，故曰方來。利用亨祀，占也。朱紱者，祭服之紱也。困于酒食之時，而上之人方且賜以祭服之紱，故利於用之以亨祀。征凶，占也。困之時，居中自養可也，征行則失其中而凶矣。无咎。占也。以其得中，能固守不動，雖有咎，可无咎也。

六三，六居第三畫，爲困之大過。困于石，象也。坎中畫之剛爲石，三在石上，爲石所困也。據于蒺藜，象也。據者，居其上也，謂居坎之上畫也。蒺藜之象，亦坎也。《坎》之上六曰「寘于叢棘」，即此蒺藜也。入于其宫，象也。三，互離之中畫，中虚象宫。不見其妻，象也。三，陽位，夫也，其畫柔，夫之柔邪者也。上，陰位，三之妻也。三雖有離目能視，然妻在離宫之外，柔與柔不相應，夫與其妻隔絶，故不得而見也。凶。占也。此爻之辭，蓋謂困若拘囚之人。六三陰柔不中正，猶周官所謂罷民也。困于石，其坐諸嘉石者與？據于蒺藜，其寘之圜土而薦之以棘者與？入于其宫，不見其妻，則雖暫時還家，而其妻已離異隔絶也。《國語》云：「罷士无伍，罷女无家。」蓋古法凡坐嘉石、入圜土之罷民，則離異其夫妻，而不使之有室家與？凶者，《禮》所謂「既辱且危」而「死將至」也。

九四，九居第四畫，爲困之坎。來徐徐，象也。來，謂下應初。徐徐者，以居柔而其行不勇也。困于金車，象也。坎爲輪，爲輿。金者，剛物。九四，坎之下畫也，剛而成兑金，如以金錮其車輪也。雖堅固而不利轉，行之所以遲也，故曰困于金車。吝，占也。下來拯初，而重滯不速，故吝。有終。占也。不速雖可吝，然終必能下，與初應也。

九五，九居第五畫，爲困之解。臲卼，象也。臲卼，高而不自安之象。五居互巽之上畫，巽爲高，居高不安，故臲卼。困于赤紱，象也。赤紱者，二也。五既居高不安，九二在應位而非正應，故不能爲助，而反爲繫累，故爲困于赤紱。乃徐有説，象也。二既不應，而五之中正能自處，雖有所繫累，而能徐徐説去之也。利用祭祀。占也。赤紱常繫于身，雖困人，而用之以祭祀，則爲宜，故利用祭祀。陸氏曰：「『祭』，一本作『享』。」程子曰：「享祀，祭祀，泛言之則通；分言之，則祀天神，祭地示，享人鬼。」澄案：帝，天神也，而亦言享；禴，人鬼也，而亦言祭，難以分言。二、五爻辭宜同，陸氏别本作「享」爲是。

上六，上之畫得六，爲困之訟。困于葛藟，象也。三、四、五，巽木也，上六以柔纏繞于巽木之上，葛藟之象，故爲困于葛藟。于臲卼，象也。九五，巽之上畫，既高而不安，上六又處九五之上，愈高愈不安矣，故爲困于臲卼。蒙上「困」字，故不復言「困」。曰動悔有悔，占也。二「悔」字之義，與豫六三同。上居困之極，圖欲離去。曰者，兑口之言也。其言若曰：「自處未善，故困；今當動而改悔，然雖如此，亦不免於有悔也。」征吉。占也。若能征行，則離于困矣，故吉。蓋曰動悔者，言之虚也；征者，行之實也。苟徒有其言，而不勇于行，則亦何能離困哉？

六畫俱六、九，爲困之賁。

【經】彖辭凡十二字，爻辭凡九十五字。九五爻辭「臲卼」，舊本作「劓刖」。陸氏曰：「荀、王肅、陸績作『臲卼』，鄭云當爲『倪伆』。」晁氏曰：「『倪伆』，即『臲卼』之省文也，與上六字同。」臲，五結切。

卼,五骨切。有説,吐活切。【注】口,音圍。説,音曰。罷民,音皮,下「罷女」同。者與、家與,音余。

傳,直戀切。離去、離于、離困,來至切。

䷯巽下坎上○五之六,下之九,緯,三陽泰變,主九五。

井,此羲皇巽下、坎上之卦,而文王名之曰井。井,人取食水之所。巽木下入,而取坎水至上,故爲井。**改邑不改井**,象也。卦自泰而變。上體,坤也,爲邑,泰初易五坤地之中畫降初,而坤邑變成坎水,此邑之改也。泰五易初,而初、二、三、四肖坎,坎水在下,爲井之象,二、三之陽畫,井水也,而二畫不改易,此井之不改也。**无喪无得**,占也。占者无所喪,亦无所得。蓋邑雖改,而實无減損,故无喪。井不改,❶而非有增加,故无得。**往來井井**,象也。又以卦變往來取象。初上往五而成坎體,井水之至上者也。五下來初而初、二、三、四亦肖坎體,坎水之在下者也。剛上往而成上之井,柔下來而成下之井,故曰往來井井。此句上下二象。**汔至亦未繘井**,象也。此申言往而至上之井。汔,幾也。繘者,汲水之綆。井卦三陽畫,象水。以水之至上者而言,九五之水,至坎中畫,未至坎上畫,雖幾於至,而水猶未出井口也,亦與未繘井同。**羸其瓶**,象也。此申言來而在下之井。羸,損傷也。瓶者,汲井之甕。以水之在下者而言,二、三之水,實在汲井之瓶,而下一畫耦,猶瓶底傷損,而水下漏。**凶**。占也。此占專爲羸瓶而言。

初六,初之畫得六,爲井之需。**井泥**,象也。井以陽剛爲泉,陰柔爲土。初六陰柔,在水之下,故爲泥。**不食**,象也。居卦之下,井在卑下之地而淺者也。有泥无水,而不可食。遠於兑口,不食之象。**舊井无禽**。象也。不爲人所食,則爲荒廢之井,故曰舊井。井在卑地者,禽鳥或食其水,杜詩「鸊鵜窺淺井」是也。泥而不可食,不但爲人所棄,雖禽鳥亦不下顧。坎,禽象也,在上而不來下,故曰无禽。

九二,九居第二畫,爲井之蹇。**井谷**,象也。九二陽剛,象井中之水。井水上出而不下流。初六耦畫,象谷,

❶「井」,原誤作「亦」,今據薈要本、四庫本改。

在九二之下，下流不塞，而水泄於下之象。水之下注者，谷也，故曰井谷。射鮒，象也。鮒，謂小魚，亦指初六。初六，巽下之陰，象魚。水既下注，惟衝射以活小魚而已，故曰射鮒。甕敝漏。象也。甕，汲水之器，即象所謂瓶也。九二，剛畫，中實，象水實甕中。初畫耦，象甕之敝舊而下漏者。二无應於上，而水不上出，故其象如此。

九三，九居第三畫，爲井之坎。井渫，象也。九三剛居剛，居下之上，井之渫治清潔者。不食，象也。二、三、四互兑，三在兑口之下，故有不爲人所食之象。爲我心惻，象也。我心，謂九五。九五，井卦之主，故稱我。居心之位。惻者，爲之動心也。以九三之渫而不見食，故九五之心爲之惻然，閔其不見用於時也。蓋卦唯九五、九三以剛居剛，爲可食之清泉，九五居上體，在兑口之上，人所食者也；九三居下體，在兑口之下，人所不食，九五所以爲之而惻也。可用汲，占也。如三之清泉，可汲以食也。王明，並受其福。申占之意。仕進者遇王之明，則必見用，而賢人與衆人俱受其福。王，五也。三、四、五互離，爲明。賢者爲明王所用，則賢者得行其道，天下得被其澤，猶井之爲人所食，而有益於人也。九五能以九三之不見用爲惻者，其明也，卒使正應之上六汲之以上，是即九五之明王用之也。

六四，六居第四畫，爲井之大過。井甃，象也。甃，謂以石、以甓包砌其旁也。六四陰畫，井旁之土也，居得其位，如井之四旁甃砌完整，故曰井甃。无咎。占也。甃則井旁之土不崩頽，而井中之水不污壞矣，故无咎。

九五，九居第五畫，爲井之升。井洌，象也。洌，甘潔也。變爲柔，則成坤，坤土之味甘。剛居剛，爲清潔。寒泉食。象也。寒，冷也。坎，正北方，爲寒水。甘潔而又寒冷，五之中正，具此數美，居兑口之上，爲人所食者也。九五之德美如此，有象无占，何也？曰：九五雖爲洌寒可食之泉，然未上出井口，此象辭所謂「汔至亦未繘井」者，蓋井必至上，而後成功也。程子曰：「五於井道爲至善，而不言吉者，未至於上，未及用也。故至上而後言元吉。」

上六，上之畫得六，爲井之巽。井收，象也。收，謂轆轤收綆，水至井口也。畫耦，在井上，有轆轤雙柱對立之象。變爲剛，而動，有收綆之象。勿幕，象之戒辭也。「幕」字當作「冂」，俗作「冪」，今作「幕」，從省「冪」，蔽覆也。勿幕者，欲人人可汲，溥其功用。耦畫開而不塞，井口不蔽覆之象。**有孚**，占也。孚，謂九三正應上六，應九三，能汲九三之水，以出於井口，故九三以其剛實，孚應於上六也。**元吉**。占也。井以上出爲功，故上六之德爲首而吉也。

六畫俱六、九，爲井之噬嗑。

【經】彖辭凡二十四字，爻辭凡六十一字。喪，息浪切。汔，許訖切。繘，音橘。羸，力追切。射，食亦切。甕，屋送切。敝，皮世切。渫，息列切。甃，則候切。冽，音列。收，詩救切。幕，當作「冪」，莫狄切，舊音莫，非。【注】綆，音梗。幾，居希切。專爲，云僞切，「爲之」同。甓，蒲歷切。覆，孚豆切。

䷰離下兑上〇三之二，下之十，緯，八純巽變，主六二。

革，此羲皇離下、兑上之卦，而文王名之曰革。革者，改其舊之謂。皮去毛曰革。皮有毛而去其毛，改變其舊也。澤爲容水之處，澤中有火，以消乾其水，蓋海之尾閭，名爲焦釜之谷，水入其中，如沃焦釜，消乾而无復有，是爲澤中之火。水熄火者也，而反爲澤中之火所熄，改變其常也，故名爲革。**己日乃孚**，象也。天有十日，甲至戊爲前五日，己至癸爲後五日。變革天下之事，不當輕遽，乃能孚信於人，故以十日爲率，革於未及中半之前，不若革於已過中半之後，則無輕遽之失，而能孚於人也。卦自巽而變，先以巽初易上，成需，是猶需待而未變革也；後以巽四易二成革，則可以變革，而不需待矣。當此之時，是猶十日之已過中半也。下卦離之中畫，爲革之主爻，離象日，以之象月則納己，故曰己日。**元亨**，占也。變革者，必有長人之德，如九五之剛中正者，然後可以致亨。**利貞**，占也。元者能致亨，則利於正主事。**悔亡**。占也。凡革，易於有悔。如上所云，則所革皆當，而其悔亡也。

初九，初之畫得九，爲革之咸。**鞏用黃牛之革**。象也。鞏，以韋束物也。象與遯六二同。初變爲柔，成艮，坤畫三柔爲牛，艮之上畫變坤之外，牛皮變爲革之象。革謂三。黃謂二。革之初在下而无應，必堅固其志，確守故常，而不輕爲拘束於六二、九三之內，如鞏固之以黃牛之革，令不得動作也。

六二，六居第二畫，爲革之夬。**己日乃革之**，象也。象與彖辭同。二中正，應亦中正，革之善者也。離納己，在卦中，爲中半之義，故曰己日乃革之。征吉，占也。至中半而後革，則不輕遽矣，故征行則吉。无咎。占也。

九三，九居第三畫，爲革之隨。征凶，占也。革卦内三爻皆不欲輕革，六二中正，猶必待至己日，乃可革之；初則固守，而不可動；九三雖當位，而不中，未可以革也，故征行則凶。貞厲，占也。居下之上，雖不征行，但正主事亦危。革言三就，象也。上來應之，以變革之，言來就己者，至于三。就，如「欲有謀焉則就之」之「就」。兑口在上，爲言，九三變爲柔，則成震。三，震數也。有孚。占也。上來就己，孚於己也。

九四，九居第四畫，爲革之既濟。悔亡，占也。不當位，宜有悔。自處之善，故悔亡。有孚，占也。四无應，卦變以巽之四易二，二爲卦主，二、四本相易之爻，故四能有二之孚。改命吉。占也。巽爲命令。四者，巽之主爻，四改爲二，是改其命矣。改者得中，而爲卦主，故吉。

九五，九居第五畫，爲革之豐。大人虎變，象也。皮之去毛者爲革，故初九「黄牛之革」，以去毛之皮而言。九五、上六之時，革將變矣，故无毛之革，又變而爲有毛之皮。五，陽剛中正，居人位，大人也。離陰質而文明，象虎。九五，卦之外體，與内離之中畫以中正相應，是内之文明形見於外者也，故爲虎變，言虎之革變而有文也。未占，猶《益》六五言「勿問」也。有孚。占也。九五得六二之孚，不待占筮而知之矣，故曰未占，有孚。

上六，上之畫得六，爲革之同人。君子豹變，象也。上六柔畫，變爲剛則象君子。離之文明，象虎。九五與離之中畫相應，文明見於外，故爲虎變。上六與離之上畫相應，文明亦見于外。五，陽位，爲大；上，陰位，爲小。豹者，似虎而小，故上六不爲虎而爲豹。豹變者，亦言无毛之革變而爲有文之豹也。小人革面，象也。上六變爲剛，而爲君子，亦不能如九五大人之變也，不過爲豹而已，況其本質陰柔小人也。若不變爲剛，則不取文明形見於外之義。三，剛居剛，而不中，爲剛惡；上，柔居柔，而不中，爲柔惡。上六與九三正應，内懷剛很，而外之顔色變爲柔媚，以順從九三之君，故曰革面。面之顔色見于外，而在衆體之上者也。上六居外、居上，故爲面，内應剛而外則柔，心很面柔之小人也。征凶，占也。處革之極，革道終矣。君子變革其心而有文，小人變革其外而順君，復何求哉？静守可也，征行則凶矣。居貞吉。占也。居，謂静處不行也。

六畫俱九、六，爲革之蒙。

【經】象辭凡十一字，爻辭凡六十五字。己日，音紀。鞏，九勇切。【注】去毛，吕舉切，後同。消乾，音干。復有，扶豆切。長人，知兩切。易於，以豉切。今不，趨貞切。形見，賢遍切，下同。

䷱巽下離上〇五之三，下之十，緯，八純兑變，主六五。

鼎，此羲皇巽下、離上之卦，而文王名之曰鼎。鼎者，烹飪之器。以巽木入于離火之内，而烹飪也。卦之下一畫耦，鼎足之象；二、三、四三畫奇，鼎腹中實以牲體之象；五畫耦，鼎耳之象；上一畫奇，鼎鉉之象，故名爲鼎也。元亨。占也。有長人之德，則能致亨。

初六，初之畫得六，爲鼎之大有。鼎顛趾，象也。初在下而耦，鼎趾之象。四爲鼎腹之上口，而與初應。顛者，上反居下，下反居上之謂。初六上應四，則鼎趾向上；九四下應初，則鼎口向下，故曰顛趾。利出否，占也。否，不善之物，謂鼎中之穢惡也。當鼎之初，未實牲體，正當洗濯之時，顛其趾以傾出其穢惡，故趾雖顛，而於出否則爲利也。得妾以其子，象也。柔居下賤，妾之象。兑爲妾。巽者，兑之倒體也，故初柔爲妾。九四，陽在上而不中正，妾子之象。初上應四，如妾因其子之貴而得以上達，故曰妾以其子。以，與「以其鄰」、「以其國君」之「以」同。无咎。占也。妾以其子而達於上，則非上僭也，故无咎。

九二，九居第二畫，爲鼎之旅。鼎有實，象也。二中實，鼎之有實在中者，謂牲體之實於鼎中者也。我仇有疾，不我能即，象也。我，謂六五，五爲卦主，故稱我。仇，如「君子好仇」之「仇」，言爲五之匹配。五下應二，故《象傳》言「得中而應乎剛」。二當上應五，以其有實在中，難於上進，如有中滿之疾，氣不上行。人之道德充積於中，在下位而不援上，所謂不召之臣也，君欲有謀焉，則就之，而不敢必其就我。六五尊德樂道而忘勢，不以二之不上應爲尤，故言我之仇匹，以有疾之故，而不我能即。然臣不就君，而君就其臣，自重、重賢，兩得其道矣。吉。占也。二不枉己，五能下賢，所以吉。

九三，九居第三畫，爲鼎之未濟。鼎耳革，象也。

卦自兑而變，兑三柔易五而爲鼎之耳，兑初九易上而爲鼎之鉉。今三之剛變爲柔，居下體之上，亦耳之象，是鼎耳之在五者，今變革而在三矣，故曰鼎耳革。**其行塞**，象也。震爲大塗象。三變爲柔，二、三、四成離，九四以陽而塞其前也，故曰其行塞。**雉膏**，象也。離爲雉，離之中畫爲雉腹中之膏，故爲雉膏。**不食**，占也。三、四、五互兑，爲口，三居兑口之下，故爲不食。**方雨**，象也。剛變爲柔，則三、四、五成坎，爲雨，故曰方雨，言方將有雨也。**虧悔，終吉**。占也。陽畫實爲盈，陰畫虚爲虧。悔者，心欲改悔也。三變爲柔，是以盈爲虧，改悔其舊也，故終吉。

九四，九居第四畫，爲鼎之蠱。**鼎折足**，象也。足，謂初。以初之上應九四而言，則爲鼎顛趾而向上；以四之下應初六而言，則爲鼎足折於下，鼎仆而横臥，故四腹下與初趾齊着於地也。**覆公餗**，象也。三爲公位。餗者，鼎實也。公餗，公之餗也。四當鼎腹之上口而應初柔，是鼎折其足，腹臥於地，而覆其鼎中之餗。**其刑剭**，象也。剭者，刖足之刑。鼎之折其足，猶人之刖其足，故曰其刑剭。**凶**。占也。初未實鼎之時，則顛趾而以出否爲利；四已實鼎之後，故折足而以覆餗爲凶。

六五，六居第五畫，爲鼎之姤。**鼎黄耳金鉉**，象也。黄者，中之色。居上卦之中，故曰黄。五畫耦，在九四鼎口之上，爲耳。鉉者，鼎之扃，以木横貫鼎耳而舉之者也。上畫奇，在六五鼎耳之上，鉉也。九剛，故爲金。謂鼎耳之虚，能受上之金鉉，以實其中也。鉉以木爲之，曰金者，取剛之義。**利貞**。占也。中虚而能受外之剛，以相提挈，故宜正主事。

上九，上之畫得九，爲鼎之恒。**鼎玉鉉**，象也。上爲鼎鉉。在五，則取九之剛，而曰金；在上，則取畫剛而位柔，故爲玉。玉，剛柔兼有。**大吉**，占也。以陽大在上，舉鼎而行，故其占吉。**无不利**。占也。又且於事无所不利也。

六畫俱六、九，爲鼎之屯。

【經】彖辭凡三字，爻辭凡七十九字。「元亨」，舊本作「元吉亨」。程子曰：「羡『吉』字。」朱子亦云。「刑剭」，舊本作「形渥」。陸氏曰：「鄭作『刑剭』。」晁氏曰：「京、虞、荀悦、九家、陸希聲、一行並作

「刑劓」。」今從之。否，音鄙。折，之舌切。餗，送鹿切。劓，音屋。【注】長人，知兩切。彖傳，直戀切。援，音袁。樂道，音洛。齊著，直略切。扃，君熒切。

☳震下震上○四之四，下之十一，經，八純長男，主九四。

震，此羲皇震下、震上之卦，而文王亦名之曰震。震，動也，雷之象，一陽動於二陰之内而奮發，故曰震。此重震，則二雷相踵而動也。亨，占也。震動而萬物發生者，亨也。人聞雷而恐懼修省，亦能致亨。震驚百里，象也。凡震字，皆謂動也。雷聲聞於百里，聞者皆驚。震象諸侯，諸侯地方百里，以雷聲所及，象其政令所及之遠近也。乾下畫易坤下畫爲震。乾陽，君也；坤地，國邑也。分乾之一陽，以主坤之國邑者，諸侯之君也。一陽象雷聲，二陰象百里之地。不喪匕鬯。象也。喪，謂失也。匕，以升肉於俎；鬯，以灌地降神，皆祭者所執。下震象匕，互坎象鬯，互艮象手執之。震爲諸侯，爲長子，皆主宗廟社稷之祭者。主祭之人，其心一於誠敬，雖值雷震之威，而不喪失其所執之匕鬯，蓋不以驚懼而亂其所守也。

初九，初之畫得九，爲震之豫。震來虩虩，後笑言啞啞，象也。初九，下震之主。九四，上震之主。雷震之威，皆此二陽所爲也。來，謂人自外而入内，言雷震之初，有自外來至雷震之所者，初能恐懼，則後必安樂也。程子曰：「蠅虎謂之虩虩。虩，顧慮不自寧也。啞啞，言笑和適之貌。當震之始，恐懼不敢寧，則終保安吉，故笑言啞啞。」吉。占也。

六二，六居第二畫，爲震之歸妹。震來厲，占也。震來，與初九同。來，謂自二而來初也。二乘初剛，來内，則犯初震之威，故危。億喪貝，象也。億者，古有詭億之戲，億度錢貨之數，較其中否，以相賭賽也。《後漢·梁冀傳》注云：「若今攤錢也。」二、五皆以陰柔居中，爲敵應，有相對較利之象，故爲億。貝者，水中介蟲，古者以爲貨。《漢志》：「大貝二枚，直錢二百一十六；牡貝二枚，直錢五十；幺貝二枚，直錢三十；小貝二枚，直錢十。」初、二、三、四肖離，有貝象。億戲者，被震雷驚散，而喪失其所億之貝也，與不喪匕鬯者異矣。一於誠敬者，心有主；役於貨利者，心无主故也。躋于九陵，象也。九陵，謂六三。二、三、四互艮，爲山，六三在艮山之半，故爲陵。九者，艮數。人之怯懦者，有所怖畏，則辟易數里。六二，柔居柔，怯懦者也，比近初九雷震之威，怖畏而喪貝，自二從三而避之，故曰躋于九陵。**勿逐，七日得。**象也。逐，謂追尋。七者，震數，上下更始。得，謂得其所喪之貝也。六二因怖畏而有喪失，又且辟易遠避，可謂怯懦无所守矣。然居中得正，若有墮甑弗顧之達，則有去珠復還之喜，故曰勿用追尋，至七日而所喪之貝可得也。

六三，六居第三畫，爲震之豐。**震蘇蘇，**象也。蘇蘇，神氣緩散自失之狀。三以陰居陽，不正。自處不正，於平時且不能安，況處震乎！故其震懼而蘇蘇然，不勝其自失也。**震行无眚。**占也。若因震懼而能行，去不正而就正，則可以无過。眚，過也。三行則至四，正也。動以就正爲善，故二勿逐則自得，三能行則无眚。以不正而處震懼，有眚可知。

九四，九居第四畫，爲震之復。**震遂泥。**象也。遂者，竟不復還之義。三、四、五互坎，四當坎中畫，在二陰之閒，有遂陷於泥之象。震遂泥者，言雷聲沈抑陷下，不能奮揚而上也。虞氏翻曰：「坤土得水爲泥，位在坎中，故遂泥。」

六五，六居第五畫，爲震之隨。**震往來厲，**占也。往上則值震之窮，來四則犯震之威，故皆危。**億无喪，**象也。五與二對億者也，二居柔，則志氣餒，故逢初九之震而喪其貝；五居剛，則持守堅，故逢九四之震而无所喪失也。陰柔之爲億，一也，然二有所喪，五无所喪者，居剛、居柔之異也。**有事。**象也。有事，如「必有事焉」之義。六五有所事，謂以固守其中爲事也。有事則心有主，故威不能懾也。

上六，上之畫得六，爲震之噬嗑。**震索索，**象也。索，盡也。九四之雷聲，至上六竭矣。第一字言聲至六五而將盡，第二字言聲至上六則已盡也，故曰索索。**視矍矍，**象也。變爲剛，則成離日，能視。矍矍，驚駭不定貌。雷聲，耳所聞，非目所視也。雷聲至上六索索，而聽者无聞矣，惟驚駭之餘，目視猶有不定也。案：《震》卦以重字爲象者五，此爻之「矍矍」，與初之「虩虩」、「啞啞」，皆言人也；此爻之「索索」，與三之「蘇蘇」，皆言雷聲也。初爻「震」下有「來」字，謂雷震之時，人自外來者虩虩也；三、上則言「震」者，謂雷聲之復生，雷聲之已盡也。**征凶，**占也。居卦之終，前无所之，征則唯可下行而已。下行則趨而近威震，故凶。**震不于其躬，于其鄰，**象也。躬，謂九四。鄰，謂六三。震上體之主爻在四，震之威，四所自爲，而四无所驚懼，故曰不于其躬。四之雷聲遂泥，下而不上，三在四下，爲四之鄰，迫近九四之威震，而受其驚懼，故曰于其鄰。**无咎，**占也。上六與六三爲敵應，下視六三之迫近九四而受驚懼也，因此知所警畏，故无咎。**婚媾有言。**象也。凡《易》言「婚媾」者，皆謂應爻。上六與六三雖是敵應，然同位也，三陽位，上陰位，故六三爲上六之婚媾也。上六遠於九四之震，而无驚懼；六三近於九四之震，而有驚懼。故上六則視六三而知畏，六三則怨上六而有言，以其獨遠威震，而不相顧恤也。

六畫俱六、九，爲震之巽。

【經】彖辭凡十字，爻辭凡七十八字。彖辭「亨」字下舊本有「震來虩虩，笑言啞啞」八字，初九爻辭重出也，今正之。喪，息浪切。鬯，敕亮切。虩，許逆切。啞，烏格切。泥，陸氏曰：「荀乃低切。」索，桑洛切。矍，俱縛切。【注】長子，知兩切。安樂，音洛。億度，待洛切。幺，於喬切。辟易，音闢亦。復還、復生，扶豆切。餒，努罪切。

䷳艮下艮上〇七之七，下之十一，經，八純少男，主上九。

艮其背，此羲皇艮下、艮上之卦，而文王亦名之曰艮。艮，止也。一陽止於二陰之上而不行，故曰艮。此重艮，則内外俱止也。卦名連彖辭，象也。背，北堂也。《詩》曰：「焉得諼草，言樹之背。」背謂初六。**不獲其身，**象也。艮爲手，能獲。身，謂六四。**行其庭，**象也。三、四、五互震，爲足，能行。庭，謂上九。**不見其人，**象也。三、四、五、上肖離，爲目，能見。人，謂九三。**无咎。**占也。卦之二、三、四、五象堂房室。初在堂之後象背，上在堂之前象庭。以一人之體言，四爲身。以三才之位言，三爲人。六四之身，艮於初九之背者，身止於其内也。身既止於内，而形不在外。初六不應六四也，六四亦不應初六，故外亦不能獲其止於内之身。内不出，静而止也。九三之人，行於上九之庭者，人行於其外也。人雖行於外，而影不至内。上九不應九三也，九三亦不應上九，故内亦不能見其行於外之人。外不入，動而止也。陰静陽動，静者止於内，動者行於外。初六，陰畫，而在內，故象止；上九，陽畫，而在外，故象行。初，內之下；四，外之下；三，內之上；上，外之上。四之身，止於其初之背；三之人，行於其上之庭：同位故也。外不獲乎內，內不見乎外，敵體不相應，无與故也。无與，當有咎。以內外各止其所，故无咎也。

初六，初之畫得六，爲艮之賁。艮其趾，象也。初當下體之下，象趾。趾，能行者也。六，陰畫，能靜止於下而不行，故曰艮其趾。无咎，占也。位不當，有咎也。止而不行，故无咎。利永貞。占也。陰柔，非能固守者。以居剛，而變爲剛，故永久正主其事而利也。

六二，六居第二畫，爲艮之蠱。艮其腓，象也。二當下體之中，象腓。腓，在股之下，隨於股而好自動。二居中得正，自止其所而不動，故曰艮其腓。此「其」字，指二而言。不拯其隨，象也。九三，下卦之主。二，民之君也。六二在其下，乃其隨從者。然以中正自守，止其所止，而不上從於三，故三亦不援手而拯之，故曰不拯其隨。此「其」字，指三而言。其心不快。象也。心，謂六五，快，猶喜也。二、五柔中，同德、同位，然敵應不相與，故二不應五，而五亦不快於二也。不快，謂其不相取、不相得也。此「其」字，指五而言。蓋六二中正自守，近不昵同體之三，遠不應同位之五，不願乎其外如此，可謂能止其所止者矣。

九三，九居第三畫，爲艮之剥。艮其限，象也。限者，上下之際，股之上、身之下也。三以剛居剛，而不中，止之太過者也。凡人上下之際，須轉動屈伸。止其限而不轉動屈伸，可乎？列其夤，象也。列，分裂也。夤，背膂肉，屬上體，指四而言。膂即吕也，謂之膂力者，人之有力，由於此。止其限，則上下體分隔爲二，如裂絶其夤，而血脉不相聯貫矣。厲，占也。過剛而止其所不可止者，故危。熏心。占之象也。熏，如火氣之上熏。《詩》曰：「憂心如熏。」三、四、五、上肖離，爲火，有熏象。心者，六五也。九三止其上下之限，六四之夤既裂絶，而不相屬矣，其爲危厲，又越比近之六四，而上熏於六五，雖相去之遠者，亦覺其危。以言其危之甚也。

六四，六居第四畫，爲艮之旅。艮其身，象也。身，謂股以上，膈以下，前臍腹後，腰膂腎所在處，乃生身之所由始，故以此爲身，呼吸之根，氣所從生也。止其身，則氣住而神亦住。四以柔居柔，專氣致柔者，所以止其身也。无咎。占也。柔而正，得止其身之道，故无咎。

六五，六居第五畫，爲艮之漸。艮其輔，象也。五當腹之上，頂之下，心之位也。不言止其心者，凡一身衆體之止，皆心止之也。輔在口旁，言所從出，謂上九也。上九，艮之主爻。五爲心，而在上九之内，爲上九宰制，其所當止者，以心止上九之輔。不待至上九，而於六五之爻曰止其輔者，止之於未言之先也。言有序，象也。言者，心之聲也。非禮勿言，一皆聽命於心，則口无擇言，而言必中倫矣，故曰有序。悔亡。占也。先立乎其大者，言前定則不跲，故悔亡。

上九，上之畫得九，爲艮之謙。敦艮，象也。上變爲柔，成坤，故象與臨上、復五同。敦者，如地之厚也。敦厚於止，故曰敦艮。此爻，一卦之主也，故不言艮其，蓋諸爻之艮，皆上之敦也。吉。占也。三亦下卦之主，然以剛居剛，止而過者也；止非其所當止，故厲。上以剛居柔，止而不過者也；止於其所當止，故吉。六爻唯此最善。

六畫俱六、九，爲艮之兑。

【經】彖辭凡十六字，爻辭凡五十六字。背，音佩，舊讀爲人身之背。今案：爻辭「其趾」、「其腓」、「其限」、「其身」、「其輔」，是就人身取象；彖辭「其背」與「其庭」爲對，是就宫室取象，舊讀非。陸氏曰：「徐莆載切。」今從其音。夤，引真切。熏，許云切。【注】諼，匪元切。好自，虚到切。隨從，才用切。援手，音袁。昵，尼質切。轉，朱戀切。相屬，之欲切。膈，音格。中倫，貞仲切。

䷴艮下巽上○七之五，下之十二，緯，三陰否變，主九三。

漸，此羲皇艮下、巽上之卦，而文王名之曰漸。漸者，進有次序而不急遽也。山上有木，以漸而長；内男聘外女，以漸而進，故爲漸也。女歸吉，占也。巽女在外，將入而未來歸；艮男在内，方止而未往迎。有女歸以漸之象。聘則爲妻，奔則爲妾。自納采、問名、納吉、納徵、請期、親迎六禮備，而後成婚。女歸之以漸，如此。卦自否變，三往四爲巽女，四來三爲艮男，得位之正，所以吉也。利貞。占也。二、三、四、五剛柔各得正位，初、上雖非正位，而剛居上、居外，柔居下、居内，亦得女歸之正，故利於正主事者。

初六，初之畫得六，爲漸之家人。鴻漸于干，象也。巽爲鴻。干，水涯也。二、三、四互坎，爲水，初近水，爲干。初六，鴻之止於水涯，而未遠去者也。鴻，水鳥，而乘風以飛。下卦艮止，而有坎水，故下三爻之象曰「干」、曰「磐」、曰「陸」，皆鴻之漸進而止於水際者也。上卦巽爲風，爲高，故上三爻之象曰「木」、曰「陵」、曰「逵」，皆鴻之漸進而飛于風中者也。小子厲，占也。艮爲小子，幼弱在下，初進而无應，故危而不安。項氏曰：「小子，對丈夫言，士窮則困於流俗。」有言，象也。危而又有言語之傷也。无咎。占也。項氏曰：「初始離水，其進不速，猶在水濱窮蹙之地，小憂小，故時時有之，然寧止於此而不進，則於義猶无失也。元積初時亦不肯苟合，特以不能堪困躓之厄，受衆多之言，遂改途而妄進，故以此戒之。」

六二，六居第二畫，爲漸之巽。鴻漸于磐，象也。磐，石之安平者，蓋水旁石墩也，《漢書》引《易》作「般」，注云：「水中堆也。」鴻離水涯，進而止於水旁之墩。坎爲石，互坎之下畫，故爲磐。程子曰：「自干之磐，又漸進也。二、五以中正相應，其進之安平莫加焉。」飲食衎衎，象也。坎爲飲。二變爲剛，成兑，爲食。衎衎，和樂自得貌。中正相應，止而不急於進，自養以俟時者也。吉。占也。居易以俟命，故吉。

九三，九居第三畫，爲漸之觀。鴻漸于陸，象也。地之高平曰陸。九三，互坎之中畫，水中也。變爲柔，成坤，爲平地，在下體之上，是水中有平地而高，故曰陸。鴻，水宿之鳥。干者，水之涯。地雖窮蹙，而切近於水。磐在水旁，而高於干。雖離水，而安平。暫棲息焉，得其所矣。九三，高平之陸，雖在水中，然謂之陸，則有人耕治，非如磐石之上，人跡不到，而可安棲也。《詩》言：「鴻飛遵陸。」《毛傳》亦謂陸非鴻所宜止。水中變爲平地，非其常也。水鳥止于平陸，非所安也。初、二柔而静，故漸而得其所止；九三剛而躁，故漸而不得其所止。以剛居剛，故躁。夫征不復，婦孕不育，象也。三往爲六四，四來爲九三，自否變爲漸，而九三得居正位。三、四，男女之交也。九三剛躁，不安其居，又欲往四，則漸變爲否，而男女不交矣。三，艮男夫也。征，謂行而往四。三往四，則上體成乾，上征而不下復，故曰征不復。四，巽女婦也。四之位爲腹，艮爲少男，在腹之内，孕也。四來三，則下體成坤，而艮體壞，有坤母而无艮男，故曰孕不育。三往則四來，因夫征不復，故婦孕不育也。❶凶，占也。夫婦離居，而繼嗣不成，故凶。利禦

❶「婦孕」，原誤作「孕婦」，今據薈要本改。

寇。占也。互坎爲寇，艮禦止之，故曰利禦寇。禦寇，謂止三之動，則三、四不相往來，而漸體不變矣。

六四，六居第四畫，爲漸之遯。鴻漸于木，象也。六四，巽之下畫也，象木。鴻不木棲，漸于木者，非止集于木，飛而過其上，如烏鵲南飛，遶樹三匝也。上體之下，飛而未高，猶在木杪也。或得其桷，象也。桷，屋椽之方者。鴻之飛過木上也，或得横平之柯，有似於桷，苟可以棲，猶有棲止之意，故曰或得其桷。巽爲木，而六居四得正，故象横平之柯。乘風之鴻，可高飛矣，漸進不遽，迴翔人閒，未即沖天也，猶將擇木而止，賢人君子之難進者，似之。无咎。占也。居上乘風，而其進不遽，故无咎。

九五，九居第五畫，爲漸之艮。鴻漸于陵，象也。九五變爲柔，成艮，在艮山之半，故曰陵。漸于陵者，飛而過高陵之上也。《詩》曰：「鴥彼飛隼，率彼中陵。」婦三歲不孕，終莫之勝，象也。二爲五之正應，婦也，體有少男，爲孕，互坎下畫，坎數三，爲三歲。進以漸，而不急遽，五與二經三歲之久，未諧夫婦之好，故不孕。正應，終必得合，故曰終莫之勝。程子曰：「二正應，而中正之德同，乃隔於三、四。三比二，四比五，皆隔其交者也，未能即合，至三歲不孕，然終莫之能勝，但其合有漸耳。」虞氏翻曰：「勝，陵也。」澄案：勝无訓陵者。勝，堪也，任也。莫之勝，謂莫之能任也。中正相應，惟二、五相堪，終无有能如之者。舊讀作「勝負」之「勝」，非也。无争，何有於勝？若同人之四、五，則與九三有争，故必克勝，而後相遇也。然則三、四隔二、五之交者，何也？曰：「二、五中正而應，天作之合也。然五近於四，四亦欲以爲夫；二近於三，三亦欲以爲婦。故五不得以速聘二，二不得以早許五也。久而他議寢，然後正配諧，所謂終莫之勝也。三、四既爲夫婦，而二、五又爲夫婦，何也？曰：「三、四雖以往來相易而成夫婦，然比也，而非應也；二、五則以剛柔正應而成夫婦，乃夫婦之得其正者，故爻辭特於九五明之。吉。占也。終得相合，故吉。

上九，上之畫得九，爲漸之蹇。鴻漸于逵，象也。「逵」，舊作「陸」，安定胡氏曰：「當作『逵』，字體相類，傳録誤也。」程子從之。朱子曰：「以韻讀之，良是。」澄案：蓋因襲之，訛辵爲自也。路九達曰逵。容九軌曰逵路也。天上風高之處，鴻翼戾天飛過。九逵，九達之逵，通道，大都之人皆見之也。震爲大塗，下艮乃震之倒體，自上視下倒，是爲鴻漸在天際，下視人間地上之大塗，所謂漸于逵也。**其羽可用爲儀**，象也。儀，法也，如「鳳皇來儀」之「儀」。《詩》曰：「鴻鴈于飛，肅肅其羽。」言其羽翮整肅，羣飛有序，可爲儀法也。項氏曰：「胡以『陸』爲『逵』，是也。繇辭協韻當然，然不必謂之雲路。鴻之漸于逵，飛而過之，如六鷁之過宋都。爻辭恐人以爲鴻有立于逵者，故繼之以『其羽可用爲儀』，望飛鴻之羽於九逵之逵，見其次序之足儀刑也。」**吉**。占也。六爻之占，上九爲最吉。

六畫俱六、九，爲漸之歸妹。

【經】彖辭凡六字，爻辭凡八十三字。衎，苦岸切。勝，音升。逵，渠規切。【注】而長，知兩切。迎，宜慶切。離水，力智切。積，止忍切。躓，職利切。墩，音敦。般，❶音盤。和樂，音洛。居易，以豉切。少男，詩照切。離居，如字。匝，作納切。鴥，音欲。之好，虛到切。任，音壬。勝負，繩證切。辵，丑略切。自，符缶切。翮，下革切。繇，音宙。

䷵兌下震上〇二之四，下之十二，緯，三陽泰變，主六三。

歸妹，此羲皇兌下、震上之卦，而文王名之曰歸妹。婦人謂嫁曰歸。妹者，少女也。兌爲少女而居內卦。內卦，夫家也。婦人內夫家，故以入于夫家爲歸。震，長男也，而居外卦。外卦，女家也。卦自泰而變，乾三往四成震，乾父没而長子承家，以兄而嫁其妹也，故曰歸妹。**征凶**，占也。此以三、四二畫言。泰之三、四當位，三往四，四來三，而變歸妹，則三、四皆不當位，是因征行而失正也，故征凶。**无攸利**，占也。此以初、上二畫言。初、上雖當位，然上以柔居一卦之上，初以剛居一卦之下，柔乘剛，故亦无所利。

初九，初之畫得九，爲歸妹之解。**歸妹以娣**，象也。此爲卦之初爻，不取一爻之義，而統言一卦之義。歸妹者，將歸之妹，謂六五也。以，與「妾以其子」之「以」同。娣，女弟，爲媵者，謂六三也。**跛能履**，象也。履卦之下體兌也，六三有「跛能履」、「眇能視」之象。歸妹之下體亦兌也，初九曰「跛能履」，九二曰「眇能視」，分履卦六三之二象於二爻，其二象皆指六三一爻而言也。兌體變震足之中畫，跛

❶ 「般」，原誤作「鈠」，今據薈要本、四庫本改。

也。初、二爲地，六三在初、二之上，履地者也。六爻獨二、五相應，有夫婦之義。六五在女家，爲震兄所歸之妹；九二在夫家，爲兑女所從之夫。六三即泰之六四，爲六五之娣，泰三、四相易成歸妹，六四來居三，女君未歸而先至夫家，比近於夫，既非匹配之正，无與爲偶，如兩足而跛其一，雖能履地，亦何爲哉？ **征吉。** 占也。六四之降爲六三，非正也，而爲卦主，故言六三如跛者之能履。若征行而往四，上承六五之女君，以同歸於夫家，則吉矣。初九，即泰之初九也。泰初九，其占征吉，故此爻其占亦同。泰言一爻之義，謂三征于四則吉；此言一卦之義，謂三征于四則吉也。

九二，九居第二畫，爲歸妹之震。 **眇能視，**象也。此象亦指六三而言。離目之中畫，偏而不正，眇也。有離目，能視也。六三，歸妹之主爻，然與九二非匹配之正，故象眇者之能視。 **利幽人之貞。** 占也。項氏曰：「二以五爲婦，三雖相比，非正配，如兩目之眇其一。爲九二者，但當守幽人之貞，以俟正配。」澄案：履之九二，其占曰「幽人貞吉」；歸妹九二，即履之九二，故其占亦同。

六三，六居第三畫，爲歸妹之大壯。 **歸妹以須，**象也。須，賤女，媵之妾也。天文有須女。字或作「嬃」。《楚辭》：「女嬃之嬋娟。」荀、陸續作「嬬」，子夏、孟、京作「嫥」，❶音義並同。六三來自泰之六四，六四於五爲娣，今來居三，失其正矣，故降爲須，而不得爲娣也。 **反歸以娣。** 象也。反，謂還其舊處。三若反居於四，待六五女君之歸，而以其娣同行，則得娣之正矣。漸與歸妹，皆因三、四之往來成卦，然漸自否變，不宜再變，復爲否也，故九三「夫征不復」則可憂；歸妹自泰變，欲令再變，復爲泰也，故六三「反歸以娣」則可喜。

九四，九居第四畫，爲歸妹之臨。 **歸妹愆期，**象也。上卦震爲長男，九四以震一陽，爲女家之主，歸妹之兄也。四爲兄，五爲妹，九二爲壻，皆不得位，故婚姻不得及其時，此歸妹之所以愆期也。 **遲歸有時。** 象也。雖遲其歸，其歸必有其時，雖不言吉，亦无凶也。

六五，六居第五畫，爲歸妹之兑。 **帝乙歸妹，**象也。帝乙，謂九四所歸之妹，謂六五。歸妹六五，即泰之六五也，故象與泰六五同。柔得中，居尊，帝女之貴也。 **其**

❶「嫥」，原作「□」，今據元刻本《周易會通》補。

君之袂，不如其娣之袂良，象也。君，謂女君。袂，衣袖也。良，善也，美也。乾爲衣，一衣而二袂。乾三畫皆奇，變其外一奇爲耦者，袂之象。下卦六三，娣之袂也。六五變爲奇，則上六爲女君之袂，然必六五變爲奇而後成，如裁改而成之袂，不如下卦六三之袂，固有而自成者之爲善也。帝女下嫁，有中德不尚外飾，故其袂不如其娣之袂良，娣則以容飾事人者也。月幾望，象也。巽爲月既望之象。六五變爲剛，則三、四、五成巽，六三當巽之下畫，而爲卦主，娣盛亢君、月望亢日之象。吉。占也。娣之袂良於君，月之望亢於日，六三始上僭矣。六五以已之立德爲貴，不計人之何如也。吉者，自吉爾，人何與焉！

上六，上之畫得六，爲歸妹之睽。女承筐无實，士刲羊无血，象也。女，謂上六。士，謂初九。此卦六爻，惟九二、六五相應成夫婦，五爲所歸之妹，二爲歸妹之壻。三、四无應，不得位，而爲成卦之主，四爲歸妹之兄，而愆其歸妹之期，不得爲兄之道矣。三爲歸妹之娣，而降居賤女之列，不得爲娣之道矣。初、上二爻，陰陽得位而无應，此男女之守正，而婚姻不成者也。有室者，男女之初也，於其初，无室可受，則不成娶，故不得爲夫，而但稱士；適人者，女之終也，於其終，无人可適，則不成嫁，故不得爲婦，而但稱女。女之嫁者，非受幣，不交，不親。上卦震，有筐之象。上六欲從夫於三，而三非陽也。陽爲實，无陽則无以實其筐，故曰承筐无實。蓋婚不成，而无納幣之禮也。士之娶者，爲酒食以召鄉黨、僚友。下卦兑，爲羊。初九欲迎婦於四，而四非陰也。陰爲血，无陰則无血，故曰刲羊无血。蓋婚不成，不饗食賓客，不刲羊，故无血也。无攸利。占也。與彖辭同。咸、恒、漸、歸妹四卦之爲男女夫婦，何也？曰：「漸者，男方求女之事；歸妹者，女將歸男之時，以未成夫婦而名卦也。咸者，夫婦始初相合之情；恒者，夫婦終久相處之道，以已成夫婦而名卦也。漸、歸妹皆內卦爲男家，外卦爲女家，故漸內艮、外巽。若歸妹之內兑者，歸於男家之娣也；外震者，主于女家之兄也。咸、恒皆內卦爲女身，外卦爲男身，故恒內巽、外震。若咸之內艮者，男之下交乎女也；外兑者，女之上交乎男也。」

六畫俱九、六，爲歸妹之漸。

【經】彖辭凡七字，爻辭凡七十六字。娣，大計切。跛，波可切。眇，彌小切。袂，彌世切。幾，讀作既。刲，苦圭切。【注】少，詩照切。長，知兩切。

滕，以證切。亢，苦浪切。饗食，音嗣。

䷶離下震上○三之四，下之十三，緯，三陽泰變，主六二。

豐，此羲皇離下、震上之卦，而文王名之曰豐。豐，盛大也。雷電交至，聲光赫奕，盛大之義。亨，占也。盛大之時，百嘉所聚也。王假之，象也。假，至也。王假之者，就諸侯之國而言，有王者至其國也。外震，象諸侯；内離爲日，象王。離日下照，居内爲主。蓋天子巡守侯國，入其國内，而爲主，所謂天子无客禮也。離入居下，有明入地中，太陽下同萬物之疑，故彖辭特以天子適諸侯取義。勿憂。占也。盛大之時，當豫憂其衰微。戒以「勿憂」者，當有道以常保其盛大，不可徒憂而已。能持滿，則可不憂也。宜日中。象也。盛大之時，如日之中，宜常如此，不可令其過中也。

初九，初之畫得九，爲豐之小過。遇其配主，象也。配主，謂六二。陰陽之合曰「配主」者，六二爲卦之主爻也。雖旬无咎，占也。旬，十日也。離初納己卯，離二納己丑，爲一旬。初、二非正應，而以近比相遇，不可以久，然淹留十日，亦无咎也，但不可過旬之外。凡卜筮吉凶，以一旬之内爲斷，過旬，則再卜、再筮矣，故於初、二之遇，亦以一旬爲限節也。往有尚。占也。往，謂往二。遇者，彼此不相求，適然邂逅而已，非應往而有遇也。初、二皆无應，則固可相配合。尚，謂配合在己上者。初往求合於二，則二在其上，而爲之配，故曰往有尚。

六二，六居第二畫，爲豐之大壯。豐其蔀，象也。蔀，障蔽之物。五，天之位也。日麗乎天，而九四一奇畫在天之下，如障蔽然。日中見斗，象也。二之應位在五，如麗天之日。離之中畫在二，爲照地之日。日麗天中，而光照地上，故二象「日中」。九四爲蔀，障蔽麗天之日，而地上无光。日暗則星見，故日中而見斗也。斗，北斗七星，星之大而易見者。震仰盂，有斗象。往得疑疾，占也。疑疾，如樂廣之客見盃中蛇影，遂致疾，蓋因疑而得疾也。凡陽者，无疑，暗則多疑。麗天之日不明，則照地之日无光。二既昏暗，故不可以往，往則必得心疑之疾也。有孚，占也。二若不往，則有四、三之陽自來孚，而發其昏暗。發，如「發蒙」之「發」，謂徹去其蔀也。吉。

占也。初九待二來遇，則二失正；往合於二，則初得中。故初不宜待而宜往，待則有過旬之咎，往則有尚也。六二往求於三、四，則此失中；待三、四來孚，則彼得中。故二不宜往而宜待，往則有心疑之疾，待則有孚而吉也。

九三，九居第三畫，爲豐之震。豐其沛，象也。陸氏曰：「『沛』，或作『旆』。」澄案：古字通用。旆，旛幔之屬。凡陽畫連亘不開，皆象障蔽之物，故四爲蔀，三爲旆。四既爲蔀，障蔽日明，三又爲旆，在蔀之下，重障蔽之，則明者愈暗。日中見沫，象也。沬，斗下小星也。震象斗，三在震下，斗下之星也。暗未甚，則但見大而易見之星，見斗是也。暗愈甚，則雖小而難見之星亦見，見沫是也。折其右肱，象也。三、四、五互兑，爲右，爲肱，五亦爲肱。右肱，謂六五也。六五當兑上畫，兑爲毁折，故曰折。五如日之在天中，四與三重蔽五之明，不能照下，故二當日中而无光。二，卦主也，既蔽五之明，如人之折其右肱，而不可用也。无咎。占也。四之蔽重，三之蔽輕。蔽五，非專三之咎，故在九三爲无咎。

九四，九居第四畫，爲豐之明夷。豐其蔀，象也。與六二同。蔀者，正指九四而言，故於此爻又言其象。日中見斗，象也。與六二同。日中，謂六二。斗者，震象。卦因二、四相易而成此二象，故二爻之辭同。剛自二往四爲蔀，而蔽五之明，故二當日中，昏暗而見斗也。遇其夷主，象也。二，豐之主爻，爲四所障蔽而昏暗，二之明在天，爲四所傷也。四變爲柔，成明夷，故四以二爲夷主，謂遭傷之主也。四若下與夷主遇，則剛柔相易，豐轉爲泰，蔀徹而明不傷矣。吉。占也。爲泰，故吉。

六五，六居第五畫，爲豐之革。來章，象也。來，謂下求四。五、四皆无應，五之柔若下求四之剛，則陰陽相閒而成章，故曰來章。有慶譽，占也。陰下從陽，是庸愚從賢智，既有福慶歸於己，而又有名譽聞於人也。吉。占也。有慶有譽，所以吉也。

上六，上之畫得六，爲豐之離。豐其屋，象也。上六柔變爲剛，蓋覆於上，如屋。又居極高之地，有崇大其屋之象。蔀其家，象也。上變爲剛，則六五當離之中畫，在上之内，爲家，九四障蔽於其下，爲蔀，故曰蔀其家。闚其户，闃其无人，三歲不覿，象也。五中虚，象户。三居久位，與上應，爲其家之人，然隱藏於下，爲九四之蔀所隔而不得見上，故自外而闚其户，則其家内闃其无人。覿，見面也。九三深藏於内，雖三歲之久，亦不能與上六相見，有障隔故也。三，震數。凶。占也。

六畫俱九、六，❶爲豐之涣。

【經】彖辭凡十字，爻辭凡八十八字。假，庚白切。蔀，普苟切。「沛」，與「旆」同，蒲蓋切。沬，音妹。闚，苦規切。闃，苦鶪切。【注】守，詩又切。令，離丁切。斷，廷亂切。星見，賢遍切，餘並如字。易見，以豉切。旛，孚煩切。幔，❷莫半切。相聞，居限切。覆，孚豆切。

䷷艮下離上○七之三，下之十三，緯，三陰否變，主六五。

旅，此羲皇艮下、離上之卦，而文王名之曰旅。旅者，衆處於外之名。凡家居者，入而舉火於内；旅寓者，止而舉火於外。晝食夜宿，皆欲憑高見遠，每依山而舉火，故山上有火爲旅之義。小亨，占也。小亨，小者亨也。六五爲旅之主，五，陰也，故曰小；以其得中而順于剛，故亨。

旅貞吉。占也。内艮爲止，外離爲麗，爲明。止宿而麗於明處，旅中之正主事者如此則吉。此蓋指九三而言。彖辭之占吉，而爻辭之占厲，取義各不同也。

初六，初之畫得六，爲旅之離。旅瑣瑣，象也。此「旅」字无所指，名於旅初之時，泛言處旅之道爾。瑣瑣，細碎貌。六爲陰小，初又卑下，小之又小者也，故曰瑣瑣。斯其所取災。占也。旅貴乎得衆，旅而瑣瑣，則失衆心，此其所以取災也。

六二，六居第二畫，爲旅之鼎。旅即次，象也。旅，謂六五也。旅因三、五相易而成卦。六五，上卦之主。九三，下卦之主。卦中稱「旅」者，六五與九三也。旅以應位爲次。六二者，上旅六五之次。上九者，下旅九三之次也。六五下就六二，既得中，又得位，次舍之最善者也。懷其資，象也。懷，謂懷藏而不失。資者，財貨也。巽爲利，二、三、四互巽，資也。得童僕貞。象也。艮少男，童也。艮中畫，爲童僕之能正主事者，有宿止之地，有資用之財，有幹事之童僕。六五之旅，得六二爲次，而諸美具焉。

❶「九六」，四庫本作「六九」。

❷「幔」，原誤作「慢」，今據薈要本、四庫本併注文改。

九三，九居第三畫，爲旅之晉。旅焚其次，象也。旅謂九三，其次，則上九也。上九爲九三之次，而在離火之上，故爲焚其次。喪其童僕貞，象也。否卦六居三，當互艮中畫，爲童僕之貞者。否變爲旅，則艮之中畫去三而就五，是喪其童僕之貞者矣。厲。占也。處旅不善，而居下之上，危地也。

九四，九居第四畫，爲旅之艮。旅于處，象也。此旅謂六五也。九四乃六五比近依乘之地，故曰于處。處，謂暫時居處，非其次舍也。得其資斧，象也。互巽爲資。巽木連離兵爲斧。斧者，行旅所用，以析薪斬伐者也。周公東征，有《破斧》之詩。我心不快。象也。我謂五也，卦主故稱我。五之位爲心。依乘近地而處，有資有斧，亦云可矣。然所依者，居柔之剛，非正位也，豈心之所樂哉？故我心不快。必若六二之得正位，乃爲得所安之次舍也。

六五，六居第五畫，爲旅之遯。射雉一矢亡，象也。離爲雉，乾之剛象矢。以卦變言，六上居五，變乾爲離，射而得雉也。乾之三陽，一下居三，三矢而亡其一也。朱子曰：「亡，如『秦无亡矢遺鏃』之『亡』。」終以譽命。占也。六五之旅始者，乾以射取文明之柔，而不免亡矢中實之陽；❶及其終也，即應位之次，則有二之譽，有五之命。羈旅之中，名譽未易得，命令未易行。人之譽歸於己，己之命行於人，旅而能兼之者，蓋鮮矣。

上九，上之畫得九，爲旅之小過。鳥焚其巢，象也。上變爲柔，成小過，有飛鳥之象。三、四爲鳥身，而三之位與上應。鳥，蓋指九三也。二、三、四互巽爲木，五、上在巽木之上，象鳥巢在木杪。六五耦畫，巢之中空處。上九奇畫，巢之上覆也。當離火之上畫，爲火焚其巢。上奇變爲耦，象巢被火焚，而毁其上覆。九三爲旅人，則二九爲旅之次。九三象鳥，則上九爲鳥之巢。上九之焚其巢，即九三之焚其次也。旅人先笑後號咷，象也。旅人，九三也。三居六畫卦之人位，兑爲笑，離爲號咷。同人離在下，五變爲柔，三、四、五互兑在上，故爲先號咷而後笑。此旅卦三、四、五互兑在下，離在上，故爲先笑後號咷。蓋九三先在下而未遭焚則笑，後就上而遭焚則號咷。喪牛于易，象

❶「矢」，疑當作「失」。

也。小過，坎之複體，象輿。離爲牛，在前，有旅人以牛服車之象。上既變爲柔，失離體，爲喪牛。上，一卦窮處，疆場之象，❶旅人喪其服車之牛於境外也。**凶**。占也。喪失其牛，則无以挽資糧之重車，而不可行矣，所謂凶也。此卦六畫，惟六五、九三爲旅人。初言其時，二、四、上言其地。五本失位，而以六二爲次，則得位。三本得位，而以上九爲次，則失位。蓋處旅之道，宜柔不宜剛。五柔而中，三剛而過，是以五得財、得人而譽命，三既无可居，又不可行，而凶也。

六畫俱六、九，爲旅之節。

【經】彖辭凡六字，爻辭凡七十六字。喪，息浪切，卦內及下卦同。射，食亦切。于易，音亦。【注】少男，詩照切。所樂，音洛。未易，以豉切。鮮，悉翦切。空處，昌據切。上覆，孚豆切。

䷸巽下巽上○五之五，下之十四，經，八純長女，主六四。

巽，此羲皇巽下、巽上之卦，而文王亦名之曰巽。巽，入也，一陰入伏於二陽之下也。**小亨**，占也。卦以二陰爲主，故其占爲小者亨也。**利有攸往**，占也。柔在內，剛在外，內柔往外，順從於陽，故利有攸往。**利見大人**。占也。二、五陽剛居中，陽爲大，中爲人位，大人也，故利見大人。

初六，初之畫得六，爲巽之小畜。**進退**，象也。巽爲進退、不果。陰欲進而從於陽，又欲退而安於下，疑而不決也。**利武人之貞**。占也。武人，質柔而位剛，又依附外剛以爲强，如人之被甲胄、執戈兵。六居初比九二，二，人位也，初以二之剛爲己之强，故曰武人。剛强自治，然後能果決，而上進以從陽，故利武人之貞。

九二，九居第二畫，爲巽之漸。**巽在牀下**，象也。初耦、二奇，有牀之象。巽，謂卑伏而入於下，指初六而言。牀者，二也。初在二下，卑伏而入於下之象。**用史巫紛若**，占之象也。史作策以告神，巫歌舞以事神，皆卑下順承以求神者也。紛若，多也。卦之名巽，本取二柔之卑伏者言。然巽之時，陽亦當卑巽，故陽爻亦以巽爲善。蓋陽爲陰所順從，亦必以卑巽待之，若剛强自處，非所以懷柔順

❶「場」，原誤作「埸」，今據四庫本改。

服之人也。二剛而得中，又居柔，故亦能卑巽。二之位與五應，與三比，卑巽以同於在上比、應之陽，如人之卑巽以事神然。既能巽於在己上者，則亦能巽於在己下者矣。吉，占也。能巽於上，則能巽於下而吉也。无咎。占也。不當位，宜有咎。得中，故无咎也。

九三，九居第三畫，爲巽之渙。頻巽，象也。三變爲柔，則下卦成坎，三當下卦之終，水之盡處也，爲頻於水之象。九三以剛居剛，非能卑巽者，當下卦之終，而變爲柔，猶頻於水而後能巽也。吝。占也。頻而後巽，故吝。

六四，六居第四畫，爲巽之姤。悔亡。占也。无應，承、乘皆剛，當有悔也。能上從於陽，故其悔亡。田獲三品。象也。四，上卦之地，田也。獵者所獲，一爲乾豆以奉宗廟，一充君庖，一頒徒御，遍及上下。四順從於上下之陽，如獵於田者之獲三品，而遍及上下也。上，宗廟；五，君；下之二、三，徒御也。

九五，九居第五畫，爲巽之蠱。貞吉，占也。剛巽乎中正，故正主事則吉。悔亡，占也。无應，宜有悔。中正，故亡。无不利，占也。剛而中正，故於事无所不利。无初有終，占也。下比於柔，故无初。上同於剛，故有終。先庚三日，後庚三日，占也。先於庚之三日者，丁也；後於庚之三日者，癸也。巽之主爻六四，爲西方庚、辛，故先後自庚而數。二、三、四互兑，納丁；三、四、五互離，納癸。離納己又納癸者，己爲日之體，朔日子時，日會月於癸，故又納癸也。吉。占也。筮日則丁、癸吉，皆柔日也。

上九，上之畫得九，爲巽之井。巽在牀下，象也。四耦、五奇，亦有牀象。巽謂六四，牀者，五也。六四在五之下，巽在牀下也。四卑伏以從上二陽，猶初之卑伏以從下二陽也，故其象同。然二能有初之巽，而上不能有四之巽也。喪其資斧，象也。下巽爲資，互離爲兵，貫于巽木之上，爲斧。自初至五，資斧也，而上處其外，不能有之，是喪其資斧也。貞凶。占也。如此而正主事，則凶也。

六畫俱六、九，爲巽之震。

【經】彖辭凡十一字，爻辭凡七十字。先庚，悉薦切。【注】乾豆，音干。而數，色主切。

䷹兑下兑上○二之二，下之十四，經，八純少女，主上六。

兑，此羲皇兑下、兑上之卦，而文王亦名之曰兑。兑，說也，一柔見於二剛之上，而說也。亨，占也。程子曰：「物莫不說而與之，是以致亨。」利貞。占也。利正主事者，防非道邪諂之說也。

初九，初之畫得九，爲兑之困。和兑，象也。六畫惟初不比陰柔，與九二相說，二陽相比，說道之善，故曰和。和者，中節而无所乖戾也。兑之說，以三、上二柔言也，而四剛畫亦取說義。吉。占也。

九二，九居第二畫，爲兑之隨。孚兑，象也。二以中實孚于三也。吉，占也。悔亡。占也。比柔，當有悔。以誠心待小人，則小人无所用其姦，故其悔亡。

六三，六居第三畫，爲兑之夬。來兑，象也。三不中正，下求說於二，故曰來兑。小人以諂說媚君子者也。凶。占也。

九四，九居第四畫，爲兑之節。商兑，象也。商，度量也，與《周書》「商賚」、《九章》「商工」、「商除」之「商」同義。四下比三柔，上承五剛，皆其所說，故商度其所說而未定。未寧，介疾有喜。占也。未寧者，未定也。四與五同體、同德，始雖商度未定，終能舍三說五。介疾者，介乎上下之疾。有喜者，疾安也。未寧之疾安，謂无復有不定之意也。

九五，九居第五畫，爲兑之歸妹。孚于剥，象也。五之中實孚于上，猶二之孚于三也。然陰者，在下之物；居于極上者，剥陽已盡，而後能至上也。五之孚于上者，孚于剥陽之陰也。有厲。占也。君子誠心待小人，然小人未必无害君子之心也，故有有厲之戒。有厲者，今未厲也，言其「有」，則不可不知戒也。

上六，上之畫得六，爲兑之履。引兑。象也。說至於上，可以已矣，樂不可極也。陰柔但知以說爲事，於說之終，又引而長之，豈君子之說哉？

六畫俱九、六，爲兑之艮。

【經】彖辭凡四字，爻辭凡三十八字。【注】說，音曰。見，賢遍切。中節，貞仲切。度量，待洛切。舍三，音捨。无復，扶豆切。樂，音洛。

䷺坎下巽上〇六之五，下之十五，緯，三陰否變，主九二。

渙，此羲皇坎下、巽上之卦，而文王名之曰渙。渙，散也，離也。水凝結而冰合，風渙散之則冰釋而離也。亨，占也。二、五剛中，故亨。蔡氏曰：「二與四交用，故亨。」王假有廟，象也。五爲王，三、四、五互艮爲宗廟，九五當互艮之上，象王者祭祀而至于宗廟之中也。案：萃卦、渙卦皆言「王假有廟」。蔡氏曰：「人生則神氣聚，死則神氣散。」朱子曰：「祖考之精神既散，王者當至廟以聚之也。」利涉大川，占也。卦有舟象，故《繫辭下傳》「舟楫之利，以濟不通，取諸渙」也。利貞。占也。

初六，初之畫得六，爲渙之中孚。用拯馬壯，象也。坎水在下，風渙之於上，此冰凍將釋之初也。冰凍合則車行其上，冰將釋而不疾馳則陷矣，故用以拯渙，必馬壯也。坎馬在後，二、三、四互震馬在前，與明夷六二同。吉。占也。

九二，九居第二畫，爲渙之觀。渙奔其机，象也。否之三陽聚處於上，四之一陽降而居二，乃成坎體，坎爲輿，二在坎輿中，如車中之有机，是爲渙散之時，而奔就其車中之机也。凡乘安車用机。悔亡。占也。陽居陰位，陷陰中，宜有悔也。得所依倚而安，故其悔亡。

六三，六居第三畫，爲渙之巽。渙其躬，象也。四於人之體爲躬。否九四之剛，乃六三之柔所比近者，如人下體之股，比於上體之躬也。否之九自四降二而爲渙，則四躬與三股相離矣，故曰渙其躬。无悔。占也。躬自去四而就三，非三之過也，故无悔。

六四，六居第四畫，爲渙之訟。渙其羣，象也。其羣，謂初六、六三也。否卦三陰同處於下，爲羣，二之一陰去二升四，離其初、三陰柔之羣，故曰渙其羣。蔡氏曰：「言散其同類之私羣，而上同乎五也。」元吉，占也。上同剛中正之五，其德之所以爲元而吉也。渙有丘，象也。三、四、五互艮，爲山。四，山之半，爲丘。六自二升四，是渙散其羣，而有此丘也，故曰渙有丘。匪夷所思。象也。四上同於五，自五言之，則曰：四自二升而有丘，匪遭傷夷者也，乃吾所思者爾。卦之五畫俱變，而惟四之一畫不變，則爲明夷，故曰匪夷。四上同於五，而五當心位，故四爲五之所思也。

九五，九居第五畫，爲涣之蒙。涣汗其大號，象也。巽爲風。大塊噫氣，作則萬竅怒號。陽爲大。大號者，風也。五者，心之位。汗者，心之液。風中于心，以汗而散，由中心浹于四體，則散矣，故曰涣汗其大號。巽風，命令之象。王言自中心而發，爲命令以徧及於四方，猶風之自中心而散，爲汗液以周浹于四體也。不言風而曰其大號，猶屯九五不言雨而曰其膏也。涣王居，象也。居，如「居貞」之「居」，言處而不去也。五，上卦之中，王之位也。王之命令，當如風之散于四方；而王之位，則當常居於中。涣王居者，在涣之時，唯王居中而不涣也。若出居于鄭、居于狄泉、居于成周者，不得居中而居于外，王位之涣也，豈宜見此事哉？无咎。占也。涣之時，惟王獨居於中而不涣，則无咎也。

上九，上之畫得九，爲涣之坎。涣其血，象也。上應三，三坎體之陰，血也。上居涣之終，去三遠，爲涣其血之象，謂血之凝聚，結毒爲害，而今涣散之也。去逖出，象也。逖，遠也。上去三遠，猶人去其禍害而遠出，則禍害不能及之也。无咎。占也。

六畫俱六、九，爲涣之豐。

【經】彖辭凡十二字，爻辭凡五十八字。假，庚白切。號，平聲。逖，徒歷切。【注】下傳，直戀切。噫，於界切。風中，貞仲切。

䷻兑下坎上〇二之六，下之十五，緯，三陽泰變，主九五。

節，此羲皇兑下、坎上之卦，而文王名之曰節。節，猶「竹節」之「節」，有分限而不可踰越也。澤之上有水，其所容受有限則，故曰節。亨，占也。九五剛中，故亨。苦節，象也。苦，火之味。初至五肖離，上六，節之極，離火之所熏烝，故其象爲苦節。苦節者，節之太過也。不可貞。占也。節貴乎得中，乃可以正主事，太過則不可貞矣。

初九，初之畫得九，爲節之坎。不出户庭，象也。初變爲耦，象户，二在户前，爲庭。二之剛畫窒塞于前，不可出也。无咎。占也。當節之初，守正於内而不出，故无咎。

九二，九居第二畫，爲節之屯。不出門庭，象也。二變爲柔，成震。震者，艮之倒體，有門闕之象。三、四在二前，爲門外之庭。畫皆耦，而无所窒礙，出三、四，則上合于剛中正之九五矣。九二以敵應不相與，故不出門庭。凶。占也。可出而不出，不合時宜，故凶。

六三，六居第三畫，爲節之需。不節若，則嗟若，象也。六三不中正，雖或有不節之事，然居澤之上，有所限止，而兑口有能嗟之象。三節而能嗟，與泰侈而不自知其非者，異矣。无咎。占也。以不節爲嗟，故无咎。

六四，六居第四畫，爲節之兑。安節，象也。節上三爻皆能節者，蓋澤之止水有限止故也。四承中正之五，所居得正，安於節而无所强勉者。坤體之陰静重，故能亨。亨。占也。承上得正，故亨。

九五，九居第五畫，爲節之臨。甘節，象也。五變爲柔，成坤，坤爲土，土之味甘，故爲甘節。甘者，樂易而无難苦之謂。吉，占也。往有尚。占也。下雖无應於二，然有六四往外承上，而與己配合，故曰往有尚。凡爻辭言「往」，皆謂内往外，然有此往彼者，亦有彼往此者。《屯》六四「往吉」，初往四也；《睽》上九「往遇雨」，三往上也；此之「往有尚」，四往五也。

上六，上之畫得六，爲節之中孚。苦節，象也。上六變爲剛，則六畫成複體之離，離爲火，火味苦。居節之極，而又變爲剛，節之太過者也，故曰苦節。貞凶，占也。節之太過，正主事則凶。悔亡。占也。苦節雖有悔，然能過於節，禮與其奢也寧儉，故其悔亡。

六畫俱九、六，爲節之旅。

【經】彖辭凡七字，爻辭凡四十六字。【注】强勉，其兩切。樂易，上音洛，下以豉切。

䷼兑下巽上〇二之五，下之十六，緯，八純離變，主六四。

中孚，此羲皇兑下、巽上之卦，而文王名之曰中孚。中，謂二、五。此以實感，而彼應之，曰孚。二、五剛實居中，以中心之實感人，而三、四二柔皆孚應之。風感于上，則澤之浪遄應于下，其信不渝也。豚魚，象也。豚魚，澤中之物，似猪，俗謂江豚，澤將有風，則浮出水面，有南風則口向南，有北風則口向北，舟人稱爲風信。唐人詩曰：「江豚吹浪夜還風。」風澤之卦，故取以爲象中實之孚，其信如豚魚。吉，占也。信如豚魚則吉也。利涉大川，占也。巽木在兑澤之上，卦體中虚，有舟象。利貞。占也。四爲卦主，得位而承五之中。

初九，初之畫得九，爲中孚之渙。虞吉，象連占也。初居澤之内，如澤之虞人，近孚於九二之中，不遠交於外，專守其職，不變其志，所以吉也。有他不燕。占也。有他，謂外應四也。若不專孚於九二，而又有他志，則不安矣。

九二，九居第二畫，爲中孚之益。鳴鶴在陰，其子和之，象也。二、三、四互震，爲鳴，爲鶴。二，陰位，澤之中，山之下，幽隱之處，故曰在陰。子謂六三。陽大陰小。九二陽也，鶴之大者；六三陰也，鶴之小者。故二爲鶴，而三爲鶴之子。我有好爵，吾與爾靡之。象也。我，六四也。四，中孚之主，故稱我。好爵，猶曰「尊爵」，謂九五也。天下有達尊三，爵一，齒一，德一。德之尊者，稱其人爲懿德，《詩》言「好是懿德」是也；爵之尊者，稱其人爲好爵，此言「我有好爵」是也，猶《詩》言「我有嘉賓」也。九五位在六四之上，故六四稱之爲好爵，猶《儀禮》士稱大夫爲異爵也。吾，亦謂六四。爾，謂九二也。「靡」，與「縻」通，謂係戀之也。四與五相孚，二與五同位，亦以中實相孚，故設爲六四卦主與九二言，我有九五之好爵，我與爾之心同向慕之。鶴鳴子和，二得三之孚也。吾與爾靡之，四與二共孚于五也。

六三，六居第三畫，爲中孚之小畜。得敵，象也。敵，謂與己同等者也。三與四同爲陰柔，敵也。或鼓或罷，或泣或歌。象也。三與四二柔雖同類，然其志不同而相反：三鼓四罷，四泣三歌。三居剛，互震之中畫，震動，故爲鼓；又兑口也，故爲歌。四居柔，互艮之中畫，艮止，故爲罷；四多懼，又離目也，故爲泣。四得正而上孚于五矣，三不實而欲四之孚，故四不來孚也。

六四，六居第四畫，爲中孚之履。月幾望，象也。巽爲月既望之象。六四當巽下畫，爲中孚之主，陰之得位、得時者也，其盛如既望之月。馬匹亡，象也。二、三、四互震，爲馬，四與三同類，而不孚於三，下絶其類，而上孚於五，如馬之亡其儔匹。无咎。占也。當位而孚於中實之君，故无咎。

九五，九居第五畫，爲中孚之損。有孚，占也。有四之孚。攣如，占之象也。四孚於五，固結不解，如攣其手。象與小畜九五同。无咎。占也。中實而得人之孚如此，故无咎。

上九，上之畫得九，爲中孚之節。**翰音登于天**，象也。巽爲雞，雞曰翰音，謂其羽有文采而能鳴也。豚魚知風，鶴知夜半，雞知旦，皆物之有信者，故中孚象、爻取三物爲象。上九，天之位也。雞，飛類之走鳴于地上，以孚於人者，欲其音登徹于天，則非所能矣。**貞凶**。占也。項氏曰：「巽雞之翰音，而欲效澤鳥之鳴登聞于天，愈久愈凶。」

六畫俱九、六，爲中孚之小過。

【經】彖辭凡十一字，爻辭凡六十六字。和，胡卧切。靡，忙皮切。罷，音皮。幾，讀作既。孿，力圓切。翰，侯案切。【注】好是，虛到切。

䷽艮下震上〇七之四，下之十七，緯，八純坎變，主九四。

小過，此羲皇艮下、震上之卦，而文王名之曰小過。小，謂陰也。爲卦陰倍陽半，二陽陷於四陰，陰過而陽不及，故曰小過。**亨**，占也。蒙卦名小字，言小者過盛，故小者亨。**利貞**，占也，亦蒙小字，言利於小者正主事也。**可小事，不可大事**，占也。小人可小知而不可大受也。陰柔小人，但可以爲小事，非陽剛君子，則豈可以當大事哉！**飛鳥遺之音，不宜上，宜下**，象也。小過者，陰柔小人過盛，而得志之時也。陽剛君子衰微，不得志。彖辭上三占既皆爲陰柔小人言矣，此之象及下文之占，乃爲陽剛君子謀也。卦有飛鳥之象：三、四二陽，鳥之身也；上下四陰，飛之翼也。音者，鳥鳴之聲。遺者，鳥飛過而其鳴聲遺留於人耳也。陶詩云：「來鴈有遺聲。」凡動物飛類屬陽，聲音亦屬陽。飛鳥遺之音，指二陽而言。陰强過盛，陽弱不及，君子其可知進而不知退乎？若飛鳥然，其飛鳴而過也，不宜自下而趨上，但宜自上而趨下。上則進爲盛陰所忌，易以取禍；下則退就卑處，可以全身也。至哉聖人處憂患之道乎！**大吉**。占也。大者，陽剛君子也。小過之時，大者非可以吉，惟善於自處，能辭尊而居卑，勇退而不進，如鳥音之下而不上，則大者可吉。此君子不得志之時，轉凶爲吉之道也。

初六，初之畫得六，爲小過之豐。**飛鳥以凶**。象連占也。卦以二陽象飛鳥，擬君子。此飛鳥，謂九四也。過盛之陰，傷不及之陽，其爲正應者，乃爲敵讎也。故初六害九四者也，上六害九三者也。九四之凶，以初六而凶也。

六二，六居第二畫，爲小過之恒。過其祖，遇其妣，象也。六五過其祖，而六二遇其妣也。陽在己上者，父也；在父之上者，祖也。陰居尊位者，妣也。故六二之視九三，猶父也；視九四，猶祖也。而六五與九四同在上體，祖之妣也。祖之妣，處九四之上，過其祖也。過之者，六五。其祖之其，指六二而言。祖者，九四也。六二、六五雖非正應，然陰過之時，以柔中相合，故六二往與六五遇。所遇者，過其祖之妣也。遇之者，六二。「其妣」之「其」，指九四而言。妣者，六五也。六五之爲妣也，過其祖，而上居二之應位，故二得以上應而遇其妣。不及其君，遇其臣，象也。六二不及其君，而六五遇其臣也。下卦艮九三，艮之君也；六二，君之臣也。君之臣處九三之下，不及其君也。不及之者，六二。「其君」之「其」，亦指六二而言。君者，九三也。六二往合六五，故六五得與六二遇。所遇者，不及其君之臣也。遇之者，六五。「其臣」之「其」，指九三而言。臣者，六二也。六二之爲臣也，不及其君而下居五之應位，故五得以下應而遇其臣。无咎。占也。二、五當陰過之時，而无害陽之事，得中故也。五中而不正，二中而正，故其爻辭比六五尤善。

九三，九居第三畫，爲小過之豫。弗過，象也。過，謂踰越也。九三弗過上六也。九三與上六正應，然陽不及之時，豈可踰越於陰？上六在上體，九三在下體，而不敢上進以就正應，是謂弗過。防之，象也。惟當如扞水之防，以隄備上六，俾不能爲己害，斯可矣。防之扞水，内不得出，外不得入，則在内者可以避害，而在外者不能加害也。九四陽畫，連亘在前，象扞水之防。從或戕之，象也。若往從上六，則或爲其所戕害矣。凶。占也。往從上，則凶。不往，可也。

九四，九居第四畫，爲小過之謙。无咎，占也。无九三之凶者，以居柔也。弗過，象也。九四弗過六五也。九四上與六五比，然初六内卦之下，九四外卦之下，同在下位，不敢踰越而上合於五，是謂弗過。項氏曰：「九三、九四二爻爲陰所過，非能過人者也，故皆曰弗過。」遇之，象也。下與初六爲應，惟當與初六遇而已。與初六遇，則是退居至下之位也。不上而下，則免爲初六所害矣，象所謂「不宜上，宜下」也。往厲必戒，占也。若上往合五，則危。必當戒之，不可往也。勿用永貞。占也。不但不可往五，雖長永正主事於四之位，亦不可。惟退而下，就初之位，其庶乎！大概小過之時，陽但宜處下也。

六五，六居第五畫，爲小過之咸。**密雲不雨，自我西郊**，象也。九四、六五得坎之上體，又有九三一陽重蔽其下，如雲之密。然坎之下畫塞而不通，則陰上而不下，故不雨。所以然者，九四爲主爻，陽弱陰强，故陰陽不和，不能成雨。我、西郊，謂四也。四爲西，又互兑體，故曰西郊。郊者，以其在内卦之外也。蓋九四不上合六五，何望乎陰陽之和而成雨哉？**公弋取彼在穴**。象也。公，謂四。彼，謂初。在穴，謂初在坎穴之内。四與初應，猶弋而取彼在穴之物。蓋言四但下取彼初，而不上取此五也。

上六，上之畫得六，爲小過之旅。**弗遇**，象也。上六弗與九三遇也。**過之**，象也。謂過越之三，而居極高之位。小過者，陰過、陽不及，故九三之弗過，弗能過上六也。此云過之，上六過九三也。九四之弗過，弗敢過六五也。六二云過其祖，六五過九四也。皆陰能過陽，陽不過陰也。**飛鳥離之**，象也。九三爲飛鳥。離，麗也。《詩》曰：「鴻則離之。」上六變爲剛，成離，離象網罟。使九三處下，猶或可避其害，儻趨高應上，如鳥之上飛沖天，則離於上六之網中矣。**凶**，占也。初六害九四，然九四宜應初六。上六害九三，而九三不宜應上六。蓋陰過之時，陽剛不宜上，宜下。九四下應初六，則是退於卑下，而可免凶。九三上應上六，❶則是進於高亢，而必致凶也。**是謂災眚**。占也。災謂禍災，眚謂過眚。災由己取，眚非己致。單言眚者，非己所致之眚。災眚者，由己所致之眚也。九三剛居剛，不退居於下以避禍，乃進趨乎上以取禍，其凶乃己所自致也。此卦初六與九四、九三與上六兩爻之辭皆相表裏，然初六之「以凶」，其辭若急，至九四曰「无咎」，曰「厲」，曰「勿用」，則其辭緩，何也？九三之「或戕」，其辭猶疑，至上六曰「離之」，曰「凶」，曰「災眚」，則其辭決，何也？蓋陰柔過盛，陽剛但宜下退，不宜上進。四居柔，則能下也；三居剛，則好上也。下則凶或可免，上則凶不可免矣。此初、四之辭，所以先急而後緩；三、上之辭，所以始疑而終決與？嗚呼！陽剛有不幸而際斯時者，可不知所以自處之道哉！

六畫俱六、九，爲小過之中孚。

【經】彖辭凡一十四字，爻辭凡八十字。【注】爲陰、

❶「三」，原誤作「四」，今據薈要本、四庫本改。

爲陽，云僞切。易以，以豉切。卑處，昌據切。好上，虚到切。失與，音余。

䷾離下坎上〇三之六，下之十八，經，三陽泰變，主六二。

既濟，此義皇離下、坎上之卦，而文王名之曰既濟。濟者，渡水已竟之名。二物相資相成，亦曰濟。此卦取水火相成之義。水性下，以金盛水於上，則水不滅火；火性上，以木傳火於下，則火能熱水。水上火下，已能成烹飪之功，故曰既濟。亨小，占也。小，謂陰柔也。既濟以二爲主爻，其亨者，陰柔也，故曰亨小。利貞，占也。六爻皆得位，故六二主爻利於正主事。初吉，占也。謂内卦六二也。柔居離明之中，故初則吉。終亂。占也。謂外卦上六也。柔居坎險之極，故終則亂。

初九，初之畫得九，爲既濟之蹇。曳其輪，象也。二、三、四互坎，爲輿，爲輪，初在輿後，曳之者也。濡其尾，象也。坎又爲狐，初在狐之後，尾之象也；在水之下，濡之象也。无咎。占也。既濟之初，可以濟，而守正不遽進也，如車將濟水而曳其輪，狐將濟水而濡其尾，雖不遽濟，而終可濟，故无咎。

六二，六居第二畫，爲既濟之需。婦喪其茀，象也。二、五相應，猶女之將從夫，而需待未行。坎輿爲婦所乘之車。茀者，車後蔽也。初在二後，而不遽進，如車喪失其後蔽而不行，故曰喪其茀。勿逐，七日得。象也。居中守正，終必可得，故喪茀不待追尋，七日之後，自得之，則可行矣。二變爲剛，成乾。七，乾數。

九三，九居第三畫，爲既濟之屯。高宗伐鬼方，象也。高宗，商之賢君，武丁也。《商頌》言，高宗伐荆楚。荆楚，南方之國，好巫鬼，故曰鬼方。伐之者，離爲戈兵也。九三，離之終，南方之窮處也，故象鬼方之國。三年克之，象也。高宗，指九五而言。自五來三，歷三畫，三又坎數也，爲三年克之之象。此乃伐遠國，久而後勝之占。小人勿用。占也。小人得此占則不可用，故戒以勿用。

六四，六居第四畫，爲既濟之革。繻有衣袽，象也。漢制，裂帛邊、繻頭以爲關門符信。繻，帛之未成衣者。袽，衣之已成而敝壞者。四已過既濟之半，凡事過半，則有將敗壞之理，猶繻之必爲袽也。終日戒。象也。終日戒者，慮其必至於此也。下卦離爲日，五爲日中之時，四爲將昃之時。將昃，則漸終矣。

九五，九居第五畫，爲既濟之明夷。東鄰殺牛，不如西鄰之禴祭，實受其福。象也。初爲東，二與之鄰。東鄰，謂六二也。離爲牛。四爲西，五與之鄰。西鄰，謂九五也。禴，夏祭。五於時爲夏。四時之祭，夏祭最薄。六二當一卦之中，有殺牛之盛祭；九五當過半之後，但有夏禴之薄祭。然六二雖中正，柔豈能自濟也？必九五之剛中正應之，乃能成既濟之功。故五祭雖薄，而二實受其福也。

上六，上之畫得六，爲既濟之家人。濡其首，象也。上於人之體爲首，未濟取象於濡。上六居坎險之終，濟水而將及岸也，然陰之柔弱，如人之濟水將及岸而濡其首。厲。占也。雖不至溺死，亦危矣。

六畫俱九、六，爲既濟之未濟。

【經】象辭凡十字，爻辭凡六十八字。喪，息浪切。茀，分勿切。繻，音需。袽，音如。【注】盛水，時征切。好巫，虛到切。

䷿坎下離上〇六之三，下之十八，經，三陰否變，主九二。

未濟，此羲皇坎下、離上之卦，而文王名之曰未濟。火上水下，不相爲用，未能成烹飪之功，故曰未濟。亨，占也。六五柔得中，故亨。小狐汔濟，象也。三、四、五互坎爲狐，剛大柔小，以六五陰柔，故曰小狐。汔，幾也，言幾及於上也。井卦之水在九五井口之中，未出上六井口之外，則曰汔至；未濟之狐在六五坎水之中，未登上九水外之岸，故曰汔濟。蓋六五，狐之前體也，若至上九，則爲出水登岸矣。未至上九，則是幾於濟而猶未濟也。諸家說以下卦之坎爲狐者，於辭義皆不協。濡其尾，象也。初六連九二，在互坎之後，象小狐之尾，在前水之內，後水之中，故濡。狐身向前，幾於濟矣，而其尾在後，濡於水中，則不能濟。无攸利。占也。將濟未濟，故无所利。

初六，初之畫得六，爲未濟之睽。濡其尾，象也。此即象辭所謂小狐之「濡其尾」者。吝。占也。

九二，九居第二畫，爲未濟之晉。曳其輪，象也。三、四、五互坎爲輪，二在其後，爲曳輪，君子難進之象。貞吉。占也。

六三，六居第三畫，❶爲未濟之鼎。未濟征凶，

❶「三」，原誤作「二」，今據薈要本、四庫本改。

占也。六三居險極，宜於奮發，而尚在險中，是渡水而猶未濟。所濟尚未盡於險，則未可行於陸也。未濟而其才弱，故行則凶。**利涉大川**。占也。六三變爲剛，則二、三、四成乾。上卦變爲坎矣，而乾健在後，能進而前，故利涉也。李氏曰：「蓋濟者，可以水浮，而不可以陸走也。」

九四，九居第四畫，爲未濟之蒙。**貞吉**，占也。四陽剛，比柔中之五，故正主事則吉。**悔亡**，占也。陽居陰，宜有悔。得所比，故悔亡。**震用伐鬼方**，象也。四變爲柔，二、三、四成震。震謂動，其奮發如雷之震也。有離之戈兵，爲伐。居離下畫之陽，故爲鬼方。既濟伐鬼方，九三爲天子而伐之也；未濟伐鬼方，九二爲諸侯而伐之也。震，諸侯象。**三年有賞于大國**。象也。天子伐而三年克之者，天子之兵勝也；諸侯伐之，而有賞于大國者，用兵有功，而受賞于天子也。大國，謂天子之國，指五而言。五，陽位，爲大；九四變爲柔，三、四、五成坤，爲國。

六五，六居第五畫，爲未濟之訟。**貞吉**，占也。六五柔中，故正主事而吉。**无悔**，占也。得中，故雖不當位，而无悔，視九四之悔亡爲尤善也。**君子之光**，象也。君子，謂九二。離日在天，下照地上，光被於九二，而爲九二之光。**有孚**，占也。九二爲正應，而孚於六五也。**吉**。占也。六五下光於九二，而九二上孚於六五，所以吉也。

上九，上之畫得九，爲未濟之解。**有孚于飲酒**，占也。上九與六三應，六三，坎體，爲酒，上就三飲酒，而三往孚焉，因飲酒而後有孚，故曰有孚于飲酒。**无咎**，占也。當未濟之時，因歡洽而得正應之孚信，故可无咎。**濡其首**，象也。三，坎體，爲水。上在人之體爲首。上九下就六三飲酒而忘反，如以上體之首下入坎水之內，故六三之水得以濡上九之首也。**有孚失是**。占也。柔邪易以溺人，飲其酒而沈湎過度，以至被水濡其首而亦不知，則三雖有孚于上，而上下皆失其正。是者，非之對。失是者，失其是也。

六畫俱六、九，爲未濟之既濟。

【經】彖辭凡十三字，爻辭凡七十字。汔，許訖切。

【注】易以，以豉切。湎，彌免切。

易纂言下經第二

易纂言彖上傳第一

易

周易

彖上傳第一

彖者，文王所繫六十四卦之辭。彖傳者，夫子爲釋文王之彖辭而作也。經有上下二篇，故傳亦依經而分上下。陸氏云：「彖，斷也，以斷一卦之吉凶者。」案：字書「彖」即「豕」字，從互，❶從豕。互，豕頭，象其上鋭之形，蓋野豕也，其頭最有力而鋭，善斷物，故假借爲決斷之義，音與豕同，又音羊至切，因假借其義，又假借其音，爲通貫切。

大哉乾元！萬物資始，乃統天。此釋彖辭「元」字。凡《易》中言「大」者，皆謂陽。乾以剛健爲元，故稱大。資，取也。始，謂本其氣。統，猶「總」也。元爲天德之總名，天之德統於元，猶人之德統於仁也。**雲行雨施，品物流形。**此釋彖辭「亨」字。雲行於天，雨施於地，則各品之物，生者皆長，形由短而倏至於修，如水之流，由此而倏至於彼也，故曰流形。乾有元德，能致品物之亨，是謂元亨。元亨者，元之亨也。**乾道變化，各正性命，保合大和，乃利貞。**此釋彖辭「利貞」。變者，化之漸；化者，變之成。乾道以漸變物，而至於化。長者成實，則一實之中各具一性命。正者，全而无偏也。以天所賦，則謂之命；以物所受，則謂之性。而物所受，即天所賦者也，故曰性命。保，如「保城」之「保」，猶言完也。合，如

❶「互」，疑當作「彑」。下「互」字同此。

「合衆」之「合」，猶言聚也。所受、所賦之性命，完聚於一實中，藏天德之大，略无乖戾，故曰大和。各正，謂貞。大和，謂利。先言貞後言利者，言天道之貞，❶无所不利，乃所謂利貞。利貞者，利於貞也。首出庶物，萬國咸寧。上文言天道之元亨，此言聖人之元亨也。聖人之德，如人之首，獨高而出乎庶物之上，所謂元也。有此元德，故能致萬國咸寧之治，所謂亨也。大明終始，六位時成。時乘六龍以御天。上文言天道之利貞，此言聖人之利貞也。大明，日也。聖人之隨時應務，如大明之照，今日既終，明日又始，因其潛、躍、見、飛、惕、亢之時，處之曲當，各无虧欠，所謂貞也。隨六者之時，而乘此龍德，以當天運，與時宜之，所謂利也。

【傳】一之一，凡五十七字。「大明」至「御天」十五字，舊本錯簡在「品物流形」之下，今正之。施，申志切。長，知兩切。見飛，❷賢遍切。

至哉坤元！萬物資生，乃順承天。此釋彖辭「元」字。程子曰：「乾稱大，故坤稱至。至義差緩，不若大之盛也。」澄謂，乾以陽爲元，故稱大；坤以陰爲元，故不得稱大也。至，極也。始者，氣之始。生者，形之始。天地一元，而以萬物之形皆生於地，原其氣之所始，則出於天；坤所生之物，即乾所始之物。同此一元，乾既始之，則坤以順上，承天之施而生之爾。坤厚載物，德合无疆，含弘光大，品物咸亨。此釋彖辭「亨」字。坤體之厚，能載萬物，其德合於乾之无疆，謂配乾元也。弘，亦大也。靜翕之時，含藏天氣於地中者甚弘；動闢之時，萬物生出，光輝發見於地上者甚大，而諸品之嘉美咸會也。坤德配乾元，其能致品物之咸亨者，雖乾之功，亦坤之功也。乾坤非有二元亨也。牝馬地類，行地无疆。柔順利貞，君子攸行。此釋彖辭「利牝馬之貞」，而并釋「君子有攸往」一句。馬，陽物也，牝，則屬陰而與地同類，故取牝馬爲象。其行於地而能无疆，足以配乾之健也。坤柔之順乎乾剛，如牝馬之順乎牡馬，則利於正主事。君子之有所往者，其行亦當如是也。先迷失道，後順得常。西南得朋，乃與類行。東北喪朋，乃終有慶。言君子所行，先則迷而失其道，後則順而得其常。得常，謂得主

❶「言」，四庫本無此字。似以無此字於義爲勝。
❷「飛」，四庫本無此字。

也。蓋陰柔不宜倡而宜隨也。西南方之得朋者，謂三、四相比近也，然不過與其同類之陰同行而已。東北方之喪朋者，謂初、上相隔遠也，然散去陰朋，而往從陽，則終必有慶也。蓋陰朋不宜合，而宜離也。**安貞之吉，應地无疆。**安，象地之屹然不動。安而貞則吉者，謂其能如地道之无疆也。无疆者，謂終古常安静也。程子曰：「三『无疆』蓋不同。『德合无疆』，天之不已也；『應地无疆』，地之无窮也；『行地无疆』，馬之健行也。」

【傳】一之二，凡七十六字。【注】之施，申志切。發見，賢遍切。比近，皮二切，後凡不音者並同。

屯，剛柔始交而難生，動乎險中，以卦體、卦德釋卦名。朱子曰：「始交，謂震。難生，謂坎。」程子曰：「動於險中，艱屯之義。」**大亨貞。雷雨之動滿盈。**以下釋彖辭。「大」釋「元」。大者，謂陽。屯之元，以九五之陽爲卦主也。乾、坤之外，有「元亨利貞」者五卦，屯、隨、臨、无妄、革也；有「元亨」者四卦，大有、蠱、升、鼎也。屯、隨、无妄、革之五，臨、升之二，以陽爲元，《彖傳》皆釋爲大；大有、鼎之五，蠱之初，以陰爲元，則不釋爲大，止謂之元亨。程子以爲，大不足以盡元義，元亨重於大亨，非也。乾元稱大者，陽也；坤元者陰，則不稱大矣；屯之時非元亨也，❶解其屯而後亨。雷雨，以卦之二象言。動，謂震雷。滿盈，謂坎雨。雲上雷下，鬱結而未成雨，所以爲屯。若震、坎二象上下互易，變屯爲解，則雷動乎上，雨降而滿盈乎下，屯之鬱結者解，而未亨者亨矣。卦主九五，雖陽剛中正，然爻辭「屯其膏」之象何有「元亨」？「大貞凶」之占何有於「利貞」？象辭之「元亨利貞」，必變易雲雷之屯，轉爲雷雨之解，乃是陽元之大能致亨，而利於正主事也。程子曰：「所謂大亨貞者，雷雨之動滿盈也。艱屯未能通暢，及其和洽，則成雷雨生物，乃遂亨之道也。」**天造草昧，宜建侯而不寧。**「天造草昧」，釋「勿用有攸往」。天造，謂天地肇造之初。草昧，謂人與禽獸雜處於草莽茫昧之中。屯難之時，一如鴻荒草昧之世，不可以有往也。「宜建侯而不寧」，釋「利建侯」。宜，利也。方時之屯，无所統屬則亂，宜立君以治之，故一陽自外而入居於內，以君其民也。蔡氏曰：「不寧，不安也。言當急也。」朱子曰：「未可遽謂安寧也。」丘氏富國曰：「章首先釋卦名，次釋卦辭，又卦義有未盡者，從而

❶「非」，原脱，據四庫本補。

推廣之，此《彖傳》定例也。雜取卦體、卦象、卦德、卦變四者，卦體以兩體及六爻之義言，如『屯剛柔始交而難生』之類，❶卦象以天、地、雷、風、山、澤、水、火言，如『雷雨之動滿盈』之類；卦德以健、順、明、險、動、入、止、説言，如『動乎險中』之類；卦變以剛柔往來上下言，如『柔來文剛，分剛上而文柔』之類。自屯以下，大要皆不越此。」

【傳】一之三，凡三十一字。難生，乃旦切。【注】傳，直戀切，後不音者並同。解，音蟹。

蒙，山下有險，險而止，蒙。 以卦象、卦德釋卦名。艮山之下有坎水之險，地之蒙也。内險不可處，外止莫能進，人之蒙也。**「蒙，亨」，以亨行時中也。** 以下釋彖辭。蒙，不亨也，九二爲蒙之主，其才可以致亨也。以險而止，蒙未亨之時也；以亨而行，蒙既亨之時也。所以致此者，以九二當其時而得中也。**「匪我求童蒙，童蒙求我」，志應也。** 程子曰：「二以剛明之賢處下，五以童蒙居上，非是二求於五，蓋五之志應於二也。」**「初筮告」，以剛中也。「再三瀆，瀆則不告」，瀆蒙也。** 初筮得此卦，則許其來學而告之。告之者，以剛中之道開發其蒙也。若再筮、三筮始得此卦，則當不答所求。儻或告之，則不但我之問筮者爲瀆神，而我之告童蒙者亦爲瀆蒙矣。**蒙以養正，聖功也。** 釋「利貞」而廣其義。彖辭爲占者言，謂占者利於正主事也。凡他卦之「利貞」，其義皆然。《彖傳》則爲童蒙言，謂童蒙未有所爲，无正主之事。利貞者，利於養其良知、良能之正，此乃作聖之功也。然童蒙所養之正，即他日長而主事之正。夫子雖是推廣文王之辭，而亦非有二義也。

【傳】一之四，凡五十三字。【注】爲占、爲童，云僞切。長而，知兩切。

需，須也，險在前也，剛健而不陷，其義不困窮矣。 以卦德釋卦名。程子曰：「險在前，未可遽進，故需待。剛健之人，其動必躁。以乾之剛健，而能需待，不陷於險，處之至善者也，故夫子贊之云：『其義不困窮矣。』」**「需，有孚，光亨，貞吉」，位乎天位，以正中也。** 以下釋彖辭。需待之時，有孚應者，光顯而亨，正

❶「屯」，原誤作「震」，今據四庫本改。

主事而吉。蓋以九五位乎天位之尊，而得正，又得中也。朱子曰：「『正中』與『中正』同，倒其辭以協韻爾。」「利涉大川」，往有功也。需自大壯而變，四往居五，而成舟象，五在舟之前，往進以出乎險，故曰有功。

【傳】一之五，凡四十一字。

訟，上剛下險，險而健，訟。以卦德釋卦名。程子曰：「乾上、坎下，上剛下險，剛險相接，能无訟乎？又，人內險外剛，險而又健，是以訟也。」晁氏曰：「上以剛陵下，下不險，則未必訟；下以險陷上，上不剛，則未必訟。外健而內不險，未必生訟；內險而外不健，未必能訟。」「訟，有孚，窒惕，中吉」，剛來而得中也。以下釋彖辭。此以卦變言。占之如此者，以九二之剛自三來二，而得下卦之中也。惟剛實，故能致人之孚；又爲窒塞，惟在中，故能惕懼；又能止於中半之時，而不過。「終凶」，訟不可成也。程子曰：「成，謂窮盡其事也。」「利見大人」，尚中正也。以卦體言。尚，上也。中正之人在上，謂九五也。「不利涉大川」，入于淵也。以卦變言。淵，謂初也。初，地下之位，故曰淵。《乾》九四爻辭「在淵」，亦謂初也。九二自三降二，若舟行退後；又自二降初，是入于淵也。

【傳】一之六，凡四十六字。

師，衆也。貞，正也。能以衆正，可以王矣。以卦體釋卦名及彖辭「貞大人」之義。以，猶言用也。朱子曰：「以，謂能左右之。一陽在下卦之中，而五陰皆爲所以也。」澄謂：能以其衆而正主事者，湯、武之師是也，故曰「可以王矣」。王，謂九二剛中之大人。崔氏憬曰：「域中有四大，而王居其一。爲王者，必大人也。」剛中而應，行險而順，以此毒天下，而民從之，吉又何咎矣？以卦體、卦德釋「吉，无咎」之義。朱子曰：「剛中，謂九二。應，謂六五應之。行險，謂行危道。順，謂順人心。毒，害也。師旅之興，不无害於天下，然以其有是才德，是以民說而從之也。」澄案：毒天下，謂內坎。民從之，謂外坤。

【傳】一之七，凡三十六字。【注】左右之，並去聲。

「比，吉。」比，輔也，下順從也。以卦體釋卦名及彖辭「吉」之義。「比，輔」，釋卦名「比」字。「下順從」，釋「吉」字。「比，輔」，謂如車輔之比近而輔於輻下，謂初。

二、三、四之民順從者，坤德也。「原筮，元永貞，无咎」，以剛中也。再筮之占，元永貞而无咎者，以九五之剛而得中也。程子曰：「所謂元永貞，如五是也。」「不寧方來」，上下應也。不寧，謂上六。比之時，下四陰皆順從九五，唯上一陰居比之終，如萬國朝禹，而防風獨後，今此方且來從，則下四陰應而上一陰亦應，故曰「上下應也」。「後夫凶」，其道窮也。女再嫁而從後夫，男娶之而爲後夫，夫婦之常道至此窮矣，所以凶也。

【傳】一之八，凡三十五字。「比吉」下，舊本有「也」字，王昭素云：「多『也』字。」比，皮二切。【注】朝禹，音潮。

小畜，柔得位，而上下應之，曰小畜。以卦體釋卦名。柔得位，謂六居四。上下，謂五陽。五陽皆應之，而一陰得以藏畜於其閒也。健而巽，剛中而志行，乃亨。以卦德、卦體釋彖辭之占。以一卦言，則內剛健以立心，外柔巽以應事。以二爻言，則九五剛得中，六四與之合而志得行，所以能致亨也。」「密雲不雨」，尚往也。「自我西郊」，施未行也。雲氣上往，故雨不下來。西郊者陰，陰非能施者，故施未行。

【傳】一之九，凡三十八字。施，申志切。

履，柔履剛也。以卦變釋卦名。說而應乎乾，是以「履虎尾，不咥人」。以卦德兼卦體釋彖辭之象。莊子云：「虎與人異類，而媚養己者，順也；其殺者，逆也。」六三，成卦之主，爲「履虎尾」之人。柔居說體，能和說以馴順乎虎者也。上乾爲虎之首，而剛猛；六三應乾之上九，是能應虎之所求。上畫實，有以實其口也。既能和悦以順之，又有以應其求而養之，能如是，虎亦媚之矣，所以雖踐其尾，而不遭其咥也。「亨」。剛中正，履帝位而不疚，光明也。又以卦體釋彖辭之占，言占之亨者，以九五之「剛中正，履帝位而不疚」，且「光明」也。剛而得中、得正，其德之不疚病也。尊居帝位而臨下，其位之光明顯著也。不疚、光明，所謂亨也。❶

【傳】一之十，凡三十一字。說，音曰。咥，徒結切。疚，居又切。

「泰，小往大來，吉亨」，總提卦名與彖辭。則

❶「謂」，四庫本作「以」。

是天地交而萬物通也，上下交而其志同也。釋卦名。通，謂句萌畢達，生出地上。上，謂君。下，謂臣民。內陽而外陰，內健而外順，內君子而外小人。釋「小往大來」。君子道長，小人道消也。釋「吉亨」也。

【傳】一之十一，凡五十一字。長，知兩切。【注】句，居侯切。

「否，不利君子貞，大往小來」，總提卦名與彖辭。則是天地不交而萬物不通也，上下不交而天下无邦也。釋卦名。春，天地之氣交，則萬物發達而生。秋，天地之氣不交，則萬物夭閼而死。先王建邦以分治天下之民，君之心下逮於民，民之情上通於君，則天下治而爲泰。若君心不下逮，民情不上通，是上下隔絶不交，天下雖有邦，與无邦同矣，所以爲否也。內陰而外陽，內柔而外剛，內小人而外君子。釋「大往小來」。小人道長，君子道消也。釋「不利君子貞」。

【傳】一之十二，凡五十八字。「否」下，舊本有「之匪人」三字，因經文衍而誤增也。長，知兩切。【注】夭，因了切。閼，因葛切。

同人，柔得位，得中，而應乎乾，曰同人。以卦體釋卦名。柔，謂六二。乾，謂九五。「同人于野，亨，利涉大川」，乾行也。以下釋彖辭。承上文「應乎乾」而言，所以致「亨」而「利涉大川」者，由乾之剛健而行也。柔雖得位、得中，然非應乎乾，則不能有此亨、利也。文明以健，中正而應，君子正也。唯君子爲能通天下之志。以卦德、卦體釋「利君子貞」。內文明則察於理，外剛健則勇於義，中正則內无私心，應乾則外合天德，此皆君子之正道也。天下之志不一也，唯君子得大同之正道，故能至公无私，視人由己，通達天下衆人之志而爲一，利君子之正主事者以此。

【傳】一之十三，凡四十八字。「曰同人」下，舊本有「同人曰」三字，胡氏、程子皆謂衍字。

大有，柔得尊位，大中，而上下應之，曰大有。以卦體釋卦名。柔，謂六五。尊位，謂五。五，陽位。居上卦之中，故曰大中。上下，謂上卦二陽，下卦三陽。一柔而得五陽之應，是陽之多也，故曰大有。其德剛健而文明，應乎天而時行，是以「元亨」。以卦德、卦體釋彖辭。應乎天，謂六五應九二。時行，謂柔不當居尊，然其時適行而至此，則當其可也。夫有剛健、文明之德，又順乎天理行之，所至當其可，如是，可謂善之長矣，宜其能致嘉之會也。

【傳】一之十四，凡三十三字。【注】長，知兩切。

「謙，亨」，天道下濟而光明，地道卑而上行。以卦體釋卦名及彖辭「亨」之義。天道下濟而光明，謂艮在下卦。濟，猶「既濟」、「未濟」之「濟」。艮之下畫、中畫，即坤之下畫、中畫也。以乾之上畫交坤成艮，陽下濟陰，天光下臨，故艮有光明之象。地道卑而上行，謂坤在上卦。坤在下，至卑也，而其氣能上行，以與天氣交。「下濟」與「卑」，釋「謙」字。「光明」、「上行」，釋「亨」字。惟其謙，所以亨也。天道虧盈而益謙，地道變盈而流謙，鬼神害盈而福謙，人道惡盈而好謙。謙，尊而光，卑而不可踰，「君子」之「終」也。又廣言謙理，以釋「君子有終」。虧、益，以消長、進退之氣言；變、流，以高下、凹凸之形言；害、福，以殃慶、休咎之應言；惡、好，以從違、向背之情言。朱子曰：「變，謂傾壞。流，謂聚而歸之。」澄謂：謙者，尊崇他人，以居己上，而己亦光顯；卑抑自己，以居人下，而人亦不可踰越之，此君子之所以有終也。

【傳】一之十五，凡五十七字。惡、好，並去聲。

【注】長，知兩切。凹，於交切。凸，徒結切。背，音佩。

豫，剛應而志行，順以動，豫。以卦體、卦德釋卦名。一剛爲主，上下衆柔應之，而剛之志得行。順序以動，動不後時，事皆如意，所以暇而樂也。豫，順以動，故天地如之，而況建侯、行師乎！以卦德釋彖辭。豫卦之義，順序以動而已，雖天地之運，亦如此也，而況建侯、行師之事乎！天地以順動，故日月不過，而四時不忒。聖人以順動，則刑罰清，而民服。廣豫義。天地之順序而動，豫也，故日月之行不少過差，而四時之不忒由此。聖人之順序而動，豫也，故刑罰清明，无不允當，而民心之咸服由此。豫之時義大矣哉！時義，言豫時之義理。項氏曰：「豫、隨、遯、姤、旅，皆若淺事，而有深意，曰『時義大矣哉』，欲人之思之也。坎、睽、蹇，❶皆非美事，聖人有時而用之，曰『時用大矣哉』，欲人之別之也。頤、大過、解、革，皆大事、大變也，曰『時大矣哉』，欲人之謹之也。」澄謂：夫子於《彖傳》，特言十二卦之「時」：專言「時」者四，蓋聖人之博施兼養，賢才之極盛過多，此古今至治之世；解除大難，變革大命，❷此古今非常之事，孰有如此時之大者？非大德、大才，不能當其會也，故曰「時大矣哉」。言「時義」者五，蓋豫説，隨從，君子方遯而必消，小人初遇而必盛，與夫羈旅於外，非時之大也，而處之必適其宜，所以處斯時之義則大，故曰「時義大矣哉」。言「時用」者三，蓋險非可恃，睽、蹇非人之所願，然亦有時而用之，非常用者也，於斯時而用，則爲大，如莊子所謂「雞壅，❸豕零，是時爲帝」，❹故曰「時用大矣哉」。專言「時」者，重在「時」字；「時義」，重在「義」字；「時用」，重在「用」字。或乃以「時義」爲「時」與「義」，「時用」爲「時」與「用」，失之矣。唯項氏「謹之」、「思之」、「別之」之説得其意。

【傳】一之十六，凡六十字。【注】樂，音洛。別，彼列切。施，申志切。夫，音扶。壅，❺音雍。

隨，剛來而下柔，動而説，隨。以卦變、卦德釋卦名。一剛自上來初，下於二柔，而柔隨之。震男動乎内，而兑女説乎外，以隨之也。**大「亨貞无咎」，而天下隨之。**釋彖辭。陽剛之元德能致亨，而貞則无咎，而天下皆從之也。**隨之時義大矣哉！**爲人之隨者，以己從人而已，宜若小，然於斯時也，而思其義之大，則不以隨爲小事，而輕且苟矣。

【傳】一之十七，凡二十七字。「天下隨之」，舊本「之」作「時」；「隨之時義」，舊本作「隨時之義」。朱子依王肅本。説，音曰。

蠱，剛上而柔下，巽而止，蠱。以卦變、卦德釋卦名。「剛上」則有爲者退，「柔下」則无能者進。巽懦而止，則无能而又不爲也。卦之成蠱以此。**「蠱，元亨」，**

---

❶「坎」，原誤作「險」，今據項安世《周易玩辭》卷四《豫》「時義、時用」條改。

❷「變革」，四庫本作「革變」。

❸「壅」，四庫本作「癰」。《莊子·徐無鬼》作「壅」或「廱」。

❹「是」，原誤作「之」，今據四庫本及《莊子·徐無鬼》改。

❺「壅」，四庫本作「癰」。

而天下治也。以下釋彖辭。有元德，能致亨，而天下之蠱治矣。「利涉大川」，往有事也。蠱之時，當勇往有所事，以濟險難。若巽懦而止，則終於蠱而已矣。「先甲三日，後甲三日」，終則有始，天行也。「有」、「又」通。數日以甲者，以其爲十日之始也。先乎甲之三日者，辛也。由辛而壬、癸，則十日終。終則又始於甲，歷乙而至丙、丁，❶則又爲後乎甲之三日矣。終始者，天行之循環也。治蠱者，亦當「先甲」辛，「後甲」丁，如天之行也。

【傳】一之十八，凡四十一字。【注】險難，乃旦切。數日，色主切。

臨，剛浸而長，釋卦名。臨者，上之親近乎下也。剛浸而長，以上與下親，而下漸親附也。上柔順之心臨在下之剛，在下之剛浸長，則在上者愈相親近，臨之義也。說而順，剛中而應，大亨以正，天之道也。以下釋彖辭，以卦德、卦體言。剛以說進，而柔在上順之。九二剛中，而六五在上應之，此陽剛之大，所以能致亨，而正主事者，合乎天之道也。「至于八月有凶」，消不久也。臨卦二陽長而消二陰，然自一陽生之月歷八月，則爲遯卦二陰長而消二陽矣。今之二陽長，至于八月，而二陽消亦不久也。朱子曰：「雖天運之當然，然君子宜知所戒。」項氏曰：「『元亨，利貞』，指六陽之卦也；『八月有凶』，指二陰之卦也。二陽方長，雖未成乾，而已有乾之德。必至於乾者，天道然也，故曰『天之道』。未至成遯，而已有遯之禍，其長如此，其消亦如此，故曰『消不久』。然則撫消息盈虛之運者，可不勉其所必至，而防其所將及哉！」

【傳】一之十九，凡三十字。長，知兩切。說，音曰。

大觀在上，順而巽，中正以觀天下。以卦德、卦體釋卦名。大，謂二剛。「觀天下」之「觀」，去聲，示也。二剛之大，爲四柔所觀，而在其上，其德順於民而巽於己；九五居中得正，示表儀於天下，居在上之位，而又有如是之德，是以爲下之所觀，而卦名曰觀也。項氏曰：「觀四陰方盛，以二陽爲大，而曰『大觀』；大壯二陰在上，以四陽爲大，而曰『大壯』：不論其多寡、上下，而論其德也。『觀』字卦名，并卦內並是平聲，惟『觀天下』一字，是去聲爾。《序卦》以『可觀』解卦名，《雜卦》以『或求』解卦義，皆下觀上也。

❶「而至丙」，四庫本作「丙而至」。

《彖》之『觀天』,《象》之『觀民』,六爻之所以『觀』,无一可作去聲者。頤與觀互相變,故頤之卦辭、爻辭皆用『觀』字,亦是平聲。」

「觀盥而不薦,有孚顒若」,下觀而化也。釋彖辭。觀其盥,不待觀其薦,而有孚已顒若者,下之觀上而化也。言感應之機甚速。

觀天之神道,而四時不忒。聖人以神道設教,而天下服矣。廣觀義。上文所言感應之速者,觀道之神也。因言天道之神。神者,妙不可測之謂。服者,從而化也。人觀天道之神,莫知其然,而四時代謝,終古如一,无少差忒。觀道亦然。常人以言設教,則有聲音;以身設教,則有形迹。聖人之道,如天之妙不可測,以之設教,非有聲音,非有形迹,不設而設,不教之教,天下一觀感之餘,其應捷如影響,莫不從而化焉。應其所感,亦如四時之應乎天,而无有差忒也。蓋所存甚神,故所過即化,篤恭而天下平,如上天之无聲无臭,而萬邦皆作孚,此其所以爲神道與!

【傳】一之二十,凡四十九字。【注】道與,音余。

頤中有物,曰噬嗑。以卦體釋卦名。程子曰:「外剛中虛,頤口之象。中虛之中,又一剛,爲『頤中有物』之象。口中有物,隔其上下,不得嗑,必齧之則得嗑,故爲噬嗑。」

噬嗑而亨,剛柔分,動而明,雷電合而章。以下釋彖辭。以卦變、卦德、卦象言。卦自否變。否之三陽,分其一爲初九,而成震之動;否之三柔,分其一爲六五,而成離之明。「剛柔分」,則隔而未合也。動而噬之,使合也。明則有亨之意矣。電開而雷合,則既噬而嗑也。雷合而電章,則既嗑而亨也。章有嘉美之義。「剛柔分,動而明」,言未嗑之前,以噬而致亨。「雷電合而章」,言既噬之後,以嗑而遂亨。先之以「噬嗑而亨」四字也,項氏曰:「此二句解『噬嗑,亨』也。」

柔得中而上行,雖不當位,「利用獄」也。以卦變言,否之初、五相易,柔自初上行至五,得上卦之中,居五,雖不當位,然以柔居剛,爲以剛濟柔,而不過於柔,治獄所宜也。結之以「利用獄也」四字者,項氏曰:「此兩句解『利用獄』也。噬嗑而亨,何事不利?而獨利用獄者,六五以柔在上,才不當位,不足以致大利,獨以柔得中,利於用獄而已。」

【傳】一之二十一,凡三十六字。

賁,柔來而文剛,故亨。分剛上而文柔,故「小利有攸往」。以卦變釋彖辭。項氏曰:「二剛爲質,而以柔文之,則卦之內體,固有能亨之道。及內之一剛,分往居外，反使二柔爲質，而以剛文之，故『小利有攸往』而已。以柔文剛，則順；以剛文柔，則悖。蓋其質既弱，則文无所施也。」澄案：項説「小」字，雖未合爻義，然亦一義也。

剛柔交錯，天文也；文明以止，人文也。觀乎天文，以察時變；觀乎人文，以化成天下。廣賁義。以卦體言，交錯者，初與二、三與四、五與上，皆以一剛一柔相閒。在天，日月之行，星辰之布，亦剛柔交錯，故曰「天文也」。以卦德言，文明者，文采著明；止者，不踰分限。在人，五典之敘，五禮之秩，粲然有文，而各安所止，故曰「人文也」。時變，謂四時寒暑代謝之變。化，謂舊者化新。成，謂久而成俗。程子曰：「天文，謂日月星辰之錯列，觀之以察四時之遷改。人文，人理之倫序，觀之以教化天下，成其禮俗，乃聖人用賁之道也。」

【傳】一之二十二，凡五十二字。「賁」下，舊本有「亨」字，朱子曰：「疑衍。」今删去。「天文也」上，舊本无「剛柔交錯」四字，胡氏曰：「蓋遺脱。」朱子曰：「或然也。」澄案：王弼注「天文也」三字，自爲一節，不與上文連，而《注》云「剛柔交錯而成天文」，則疑若當時此四字未遺脱然。今從胡氏説補之。

剥，剥也，柔變剛也。以卦體釋卦名。陰柔割剥陽剛，變五剛爲柔也。**「不利有攸往」，小人長也。順而止之，觀象也。君子尚消息盈虛，天行也。**以卦體、卦德釋彖辭。陰柔小人方長盛，而消剥陽剛君子，豈宜有往也？下坤順，上艮止，有順時而止之象。君子觀此卦象，知陰方息而盈，陽方消而虛，此乃天運之流行，唯當順時而止，所以不往也。尚猶貴也，所貴者，能知消息盈虛也。

【傳】一之二十三，凡三十三字。長，知兩切。

「復，亨」，剛反也。釋卦名及彖辭「亨」之義。「剛反」釋「復」字，而「亨」之意在其中。剛既反，則日長日盛而亨矣。**動而以順行，是以「出入无疾，朋來无咎」。**以卦德言，「動而以順行」，則其動皆无逆理咈意之事，所以己之出入，朋之來至，皆无疾咎也。**「反復其道，七日來復」，天行也。**自陰生至陽復，凡七月，此乃天運之行，自然而然。故人之出外而反者，復其故道，亦當七日而來至。其占應乎天行之自然也。項氏曰：「《剥》

曰『君子尚消息盈虚，天行也』，《復》曰『反復其道，七日來復，天行也』，道之興廢，皆天命。」「利有攸往」，剛長也。剛之長，當進而往。人於剛長之時，亦宜有所往也。項氏曰：「《剥》曰『不利有攸往，小人長也』，《復》曰『利有攸往，剛長也』，《易》之意，凡以爲君子謀也。」復，其見天地之心乎！程子曰：「一陽復於下，乃天地生物之心也。先儒皆以静爲見天地之心，蓋不知動之端乃天地之心也。非知道者，孰能識之？」邵子曰：「冬至子之半，天心无改移。一陽初動處，萬物未生時。玄酒味方淡，大音聲正希。此言如不信，更請問包羲。」問：「天地之心，雖静未嘗不流行，何爲必於復乃見之？」朱子曰：「三陽之時，萬物蓄新，只見物之盛大，天地之心却不可見。唯是一陽初復，萬物未生，冷冷静静，而一陽既動，生物之心，闖然而見，雖在積陰之中，自掩藏不得，此所以必於復見天地之心也。

【傳】一之二十四，凡四十六字。「剛反」下，舊本无「也」字，今補之。長，知兩切。

无妄，剛自外來，而爲主於内。以卦變釋卦名。剛爲天理，柔爲人欲。外，謂三。内，謂初。遯之初、三相易，剛自三來初，爲一卦之主，易去内柔，是天理爲主於内，而去其人欲之妄也。動而健，剛中而應，大亨以正，天之命也。以下釋彖辭。以卦德、卦體言。動而剛健不息，剛得中而柔應之，此天之所以爲天者，而卦具此善，是與天之道合矣，故其大德能致亨，以正主事，其占與乾同也。天之命，即天之道。以其自然則曰道，以其流行則曰命，改字叶韻爾。「其匪正有眚，不利有攸往」，无妄之往，何之矣？天命不佑，行矣哉？上「之」字，助語；下「之」字，適也，往也。无妄，天之正命也。无妄者之往，宜何所適乎？適正可也。匪正而往，則是咈天命矣。天命所不佑，其可行乎哉？

【傳】一之二十五，凡五十字。【注】去，起吕切。

大畜，剛健，篤實，輝光，日新其德。以卦體釋卦名。乾體剛健，艮體篤實，乾、艮互離爲輝光。❶此陽剛之大德，畜而然也。大者畜則可久，故其德日新而有常。日新亦離象。剛上而尚賢，能止健，大正也。以下釋彖辭。以卦變、卦德言利貞。卦自大壯而變，一剛由

❶「輝光」，四庫本作「光輝」。

四升上，爲大畜之主爻，五、四二柔以一剛爲賢，而尊上之。上艮之止，能止下乾之健。考爻義，則止乾之健者，艮之二柔爲之也。彖傳乃謂二柔尊上一剛於己之上，其能止健者，一剛之大，正主其事也，而非二柔之小者爲之。不以止健之功歸之於陰小，蓋聖人之微意。「不家食吉」，養賢也。賢爲陽類。賢人之聚，君上當養之，使之食天禄，不當使之家食也。此「賢」字，謂乾三陽。「利涉大川」，應乎天也。涉險，非乾健之力不能。六五下應乎乾，故能涉大川。

【傳】一之二十六，凡三十八字。

「頤，貞吉」，養正則吉也。釋卦名及彖辭「貞吉」之義。「養」釋「頤」，「正則吉」釋「貞吉」。「觀頤」，觀其所養也。「自求口實」，觀其自養也。所養，養人；自養，養己。項氏曰：「『觀其所養』，指上九言。『觀其自養』，指初九言。初、上二陽，上下兩卦之主爻也。非夫子贊辭明白，則後儒必不分作養人、養己兩條也。」天地養萬物，聖人養賢以及萬民。廣頤義。初、上二畫，乾之初九、上九也；中間四畫，坤之六二、六三、六四、六五也。天包地外，萬物生養於地中。上九，在上之陽，聖人也。初九，在下之陽，賢人也。四陰，坤之衆，萬民也。程子曰：「聖人養賢，所以養萬民也。」與共天位，食天禄，俾施澤於天下，養賢以及萬民也。頤之時大矣哉！程子曰：「天地之中，品物之衆，非養則不生。聖人裁成天地之道，輔相天地之宜，以養天下，至於鳥獸草木，皆有養之政。其道配天地，故曰『頤之時大矣哉』。或云『義』，或云『用』，或止云『時』，以其大者也。萬物之生與養，時爲大，故云『時』。」

【傳】一之二十七，凡四十三字。【注】施，申志切。❶相，息亮切。

大過，大者過也。以卦體釋卦名。「過」謂多於陰。「棟橈」，本末弱也。以卦體釋彖辭之象。本，謂初。末，謂上。弱，謂陰柔。剛過而中，巽而說行，「利有攸往」，乃「亨」。以卦體、卦德釋彖辭之占。剛雖過盛，而二、五皆得中，則雖過不過矣。以柔巽、柔説而行，是以柔濟其過盛之剛也。不恃其盛而過於剛，所以利於往而能致亨。大過之時大矣哉！大過之時，君子之

❶「申」，原誤作「印」，今據四庫本改。

過盛也，苟善於處，則爲君子利且亨之時，故贊其大。

【傳】一之二十八，凡三十三字。説，音曰。

習坎，重險也。釋卦名。水流而不盈，行險而不失其信。以下釋彖辭。以卦象、卦德言。流者，一陽之動於中。不盈者，陷於二陰而未能出。險，謂中能陷人，隔絶内外。不失其信，謂逝者如斯，不舍晝夜，雖動流於科坎之中，而不盈滿以出乎科坎之外。此釋卦名「坎」字。雖行於有險之中，而不失其有常之信，此釋彖辭「有孚」字。水之有信如此，故筮得此卦者，人之有孚於己，亦如水之有信也。「維心亨」，乃以剛中也。以卦體言。二、五剛中之實，足以感人，故人皆維係其心而不釋。致亨之道由此。「行有尚」，往有功也。六四往，則上得九五之配合，是往而有功也。天險不可升也，地險山川丘陵也。王公設險以守其國。廣坎險義。不可升者，无形之險。山川丘陵者，有形之險。王公因有形之險，爲无形之險，設此以固守其國，是謂人險。險之時用大矣哉！險雖非美事，而有時得用，故贊其大。

【傳】一之二十九，凡五十九字。【注】舍，音捨。

離，麗也。日月麗乎天，百穀草木麗乎土。重明以麗乎正，乃化成天下。釋卦名。項氏曰：「『日月麗乎天』而成明，『百穀草木麗乎土』而成文，故卦爲文，又爲明。『重明以麗乎正』，此統論一卦之義，以釋卦名也。上卦爲重明，下卦三爻皆麗乎正，故曰『重明以麗乎正』。『以』字，如《同人》之『文明以健』，《賁》之『文明以止』，皆論上下兩卦。上爲重明之君，下皆麗乎正之人，此明君能化成天下之象。」柔麗乎中正，故「亨」，是以「畜牝牛吉」也。以卦體釋彖辭。雖柔而利於正主事者，以其麗乎中正也。「亨」、「吉」二占，皆由「利貞」而得。項氏曰：「『柔麗乎中正』，此以二、五成卦之爻釋卦辭也。五麗乎中，二麗乎正中，人能附順乎中正之道，故『亨』。『是以畜牝牛吉』，加『是以』二字，明柔附本非令德，以能附麗乎中正，是以吉也。苟附麗非正，則安得吉哉？」朱子曰：「『柔麗乎中正』説六二分數多，六五柔麗乎中而不得其正，特借『中』字包『正』字爾。」

【傳】一之三十，凡四十字。

易纂言彖上傳第一

易纂言彖下傳第二

彖下傳第二

咸，感也，柔上而剛下，二氣感應以相與。以卦變、卦體釋卦名。否，剛柔不交之卦也。否六三之柔上往上而交乾之剛，否上九之剛下來三而交坤之柔，故爲交感之卦。二氣，謂陰陽。相與，謂有應。卦之二體，陽感而陰應，陰感而陽應，六畫皆相與，卦之所以得咸感之名也。止而説，男下女，是以「亨，利貞，取女吉」也。以卦德、卦象釋彖辭。止於此，則不妄動；説於此，則不他慕。交感之情，專一无二，故能致嘉美聚會，而宜正主事。又男先求女，而下於女，故取女則吉也。天地感而萬物化生，聖人感人心而天下和平。觀其所感，而天地萬物之情可見矣。廣咸義。天地之氣交相感，其應則萬物由化而生。聖人之一心感天下萬人之心，其應則天下之人由和而平。化，謂无者有，枯者榮。和，謂不乖戾。平，謂均齊而无一不和。所感者，天地、聖人之情；應所感者，萬物與人之情。末句但言「天地萬物」，不言「聖人」與「人心」者，聖人即天地，人亦萬物也。蔡氏曰：「天地萬物之情感而必應，應感之閒，情无所遁矣。」

【傳】二之一，凡六十二字。説，音曰。

恒，久也，剛上而柔下，雷風相與，巽而動，剛柔皆應，恒。以卦變、卦象、卦德、卦體釋卦名。卦自泰變，初剛上四，四柔下初，陽剛在上，陰柔在下，恒道也。雷風，天所以動撓萬物者，❶雷不恒有而風恒有。與，猶「助」也。相與，相應而相助也。上震象雷，下巽象風，二卦六畫皆相應，是二者之相助也。无風之時，有雷以爲風之助；无雷之時，有風以爲雷之助，二者不必同時皆有，有无相資，兩相補助，則不恒者恒矣。內巽入，而外震動，剛柔无一不相應，凡此，均爲人、物之常道。「恒，亨，无咎。」句。「利貞」，久于其道也。以下釋彖辭。恒久之

❶「撓」，原誤作「橈」，今據四庫本改。

道，可致「亨」，則爲「无咎」。所謂「利貞」者，恒久於其所可恒之道也。貞者，可以恒久之道也。天地之道，恒久而不已也。「利有攸往」，終則有始也。天地之道，非以一定爲可恒久，以其變易相禪，運動不已也。所以「利有攸往」者，欲其終則復始，如環无端，而後可恒久也。日月得天而能久照，四時變化而能久成，聖人久於其道而天下化成。觀其所恒，而天地萬物之情可見矣。廣恒義。天圓轉運行，日月亦如之，是謂「得天」，故能恒久，以照萬物。温涼寒暑之代謝，變舊而化新，是謂「變化」，故能恒久，以成歲功。聖人恒久於其可恒久之道，故天下視效而化，以成風俗。「王者必世而後仁」，此之謂也。

【傳】二之二，凡九十一字。撓，乃教切。禪，時戰切。

「遯，亨」，遯而亨也。剛當位而應，與時行也。以卦體釋彖辭。剛當位，以九五言。應，謂應六二之陰。時，謂陰進陽退之時。項氏曰：「遯本无亨之理，遯而能亨者，『剛當位』而能應柔，隨時用權，不與爲敵，故亨也。爻得正爲『當位』，以正自居，而以權應柔，得遜遯之義。如陳仲弓不忤中人，能脱潁川於黨禍，❶所謂『遯而亨也』。」澄謂：彖辭「遯，亨」，爲四陽言也。《彖傳》專言九五者，九五，四陽之統，得處遯之宜，有致亨之道也。「小利貞」，浸而長也。小者，利於貞，以其浸而長以消陽也。於斯時也，君子其可以不遯乎？遯之時義大矣哉！君子於時當遯而遯，其義甚大。當遯而不遯，則失身而致禍矣。

【傳】二之三，凡三十九字。長，知兩切。【注】爲四，云僞切。

大壯，大者壯也。剛以動，故壯。以卦體、卦德釋卦名。朱子曰：「以卦體言，則陽長過中，大者壯也。以卦德言，則乾剛震動，所以壯也。」「大壯，利貞」，大者正也。正大，而天地之情可見矣。釋彖辭「利貞」而又蒙卦名「大壯」二字者，以見利貞爲利於大者正主事也。正主事者出於陽剛，故曰正大。正者，以陽之大，而不

❶「潁」，原誤作「頴」，今據四庫本改。

以陰之小，此天地之情也。

【傳】二之四，凡二十九字。【注】長，知兩切。

晉，進也，明出地上，以卦象釋卦名。明出地上，進進而上，所以爲晉也。順而麗乎大明，柔進而上行，是以「康侯用錫馬蕃庶，晝日三接」也。以卦德、卦變釋彖辭。坤順之臣，進而附麗於離明之君。此釋「康侯錫馬」之義。柔，臣德也；五，君位也；四，近君。此卦自觀變，六四之柔近君，進而上行至五，九五之剛下降居四，而成離日，猶朝貢之臣爲天子所禮接。此釋「晝日三接」之義。

【傳】二之五，凡三十二字。【注】朝，音潮。

明入地中，明夷。以卦象釋卦名。內文明而外柔順，以蒙大難，文王以之。以卦德申上文釋卦名之義。內離文明，外坤柔順。蒙，猶言冒犯也。大難，謂明而遭傷。「大」釋「明」字，「難」釋「夷」字。以，猶「用」也。文王爲紂所囚，內文明而不失己，外柔順以免於禍，是文王所用，合於明夷全卦之義。「利艱貞」，晦其明也。釋彖辭。於艱難而正主事，能晦其明者也。內難而能正其志，箕子以之。申上文釋彖辭之義。「內難」釋「艱」字，「能正其志」釋「貞」字。內，謂箕子爲紂近親，在其國內。難，謂爲坤暗所蔽，而自晦。正其志，謂猶以離明主事。箕子爲紂所囚，能晦其明而陽狂爲奴，是箕子所用，合於六五一爻之義。

【傳】二之六，凡三十九字。難，乃旦切。

家人，女正位乎內，男正位乎外。男女正，天地之大義也。以卦體釋彖辭。彖辭止言女貞者，以二體之主爻言也；《象傳》兼言男正者，通卦中之四畫言也。女爲正而位乎內，謂二與四也；男爲正而位乎外，謂三與五也。二內三外，在下者之家也。《无妄》「剛自外來而爲主於內」，以三爲外、初爲內也。四內五外，在上者之家也。《比》六四「外比之」，以五爲外、四爲內也。男正於五、三，五爲六畫卦之天，三爲三畫卦之天。女正於四、二，四爲三畫卦之地，二爲六畫卦之地，故曰天地之大義。家人有嚴君焉，父母之謂也。父父，子子，兄兄，弟弟，夫夫，婦婦，而家道正。正家，而天下定矣。廣家人義。家人之尊嚴者，有君道，父是也。母配父曰小君，其尊同，故皆稱嚴君。上九居一卦最上之位，象父母。陽畫象父而亦象母者，《儀禮·饋食篇》：妣配考，同位，不別設位也。朱子曰：「上父，初子，五、三夫，四、二婦，五兄，三弟，以卦畫推之，又有此象。」

【傳】二之七，凡五十五字。食，音嗣。

睽，火動而上，澤動而下。二女同居，其志不同行。以卦象釋卦名。燎而麗于高上之處者，火也；流而瀦于卑下之地者，澤也，故曰「動而上」、「動而下」。此二物之性睽異也。居，謂處父母家。行，謂嫁歸夫家。婦人以嫁爲行，少則同處，長則各有夫家，故曰「同居不同行」。此二女之志睽異也。說而麗乎明，柔進而上行，得中而應乎剛，是以「小事吉」。以卦德、卦變、卦體釋彖辭。睽之時，无所謂吉。以能得在下之說，而在上能麗乎明，此其可吉者一也。六五之柔，自初而進，上行至五，柔不能振舉，進而在上，有勢位以臨下，與退伏在下者不同，此其可吉者二也。得中則不太柔，下應九二之剛，資之以濟其弱，此其可吉者三也。然「說而麗乎明」者，「進而上行」者，「得中而應剛」者，皆柔之爲也。柔豈能成大事哉？故其吉者，小事而已。天地睽而其事同也，男女睽而其志通也，萬物睽而其事類也。廣睽義。程子曰：「天高地下，其體睽也，然陽降陰升，相合而成化育之事則同也。男女異質，睽也，而相求之志則通也。生物萬殊，睽也，而得天地之和，稟陰陽之氣，則相類也。物雖異而理本同，故天下之大，羣生之衆，睽散萬殊，聖人爲能同之，乃合睽之道也。」睽之時用大矣哉！項氏曰：「百官分職而治之，則凡職皆治。萬國分土而平之，則凡土皆平。若混而无分，則皆不治矣。睽之有時而可用者，謂此類也。」澄案：項氏以睽之有時而用者爲大，程子則承上文而以合睽之用爲大。

【傳】二之八，凡七十字。說，音曰。【注】處，展呂切。長，知兩切。

蹇，難也，險在前也。見險而能止，知矣哉！以卦德釋卦名。難者，謂行之難也。行之所以難者，以有坎險在前也。見險在外而能止於內，如人之蹇跛不行也。三、四、五互離，故能見。二、三、四互坎，故有知。「蹇，利西南」，往得中也。以下釋彖辭。以卦變言，震初之剛，上往易五，而得上卦之中，故震四之剛，得以下來易三，而利於自西來南，自南往西也。「不利東北」，其道窮也。以卦體言，初，東也，於艮山之阻爲最在下；上，北也，於坎水之險爲最在外，皆道路之窮處也。「利見大人」，往有功也。六二往見九五之大人，則中正之君，中正之臣，得以相資，而有濟蹇之功。當位「貞吉」，以正邦也。九五當位者，君之一身正也。上下四畫當位者，一國之人正也。君能以其一身之正而正一國，所以吉也。蹇之時用大矣哉！蹇豈美事哉？有時當見險而止，則其用亦大也。

【傳】二之九，凡五十四字。難，乃旦切。知，音智。

【注】❶跛，畢我切。

解，險以動，動而免乎險，解。以卦德釋卦名。解者，險難釋散之時也。坎險在内，震動在外，是動而出乎險之外，得以脱免於危難也。「解，利西南」，往得衆也。「其來復吉」，乃得中也。「有攸往，夙吉」，往有功也。以卦變釋卦辭。三，南。四，西。艮三之陽自南往西。而艮四之陰自西來南，則下卦成坤體。坤爲衆，艮陽往四，而下臨坤三陰之衆，故曰「往得衆也」。此以艮三易四、艮四易三而言也。艮上之陽，自外而來，復反于下，以易二，乃得下卦之中，故曰「乃得中也」。此以艮上易二而言也。艮二之陰，自内而往，以易上，上當朝之位，是蚤得成解難之功也，故曰「往有功也」。此以艮二易上而言也。天地解而雷雨作，雷雨作而百果草木皆甲拆。廣解義。天地之氣，冬而閉塞。立春以後，雨水、驚蟄之節，閉塞者解散，而雷動雨降，此天地冬而春之時也。甲，謂殼籜包裹未生之萌芽在内。拆，謂迸開而生出也。天地之氣既解散，而當春雷雨，則物之鬱結於地中者，亦皆解散而生出也。此萬物藏而生之時也。解之時大矣哉！時當屯、蹇，則解散天下之難，以至天地解散而雷雨，百果草木解散而發生，皆爲解之時，此其所以爲大也。

【傳】二之十，凡五十九字。

損，損下益上，其道上行。以卦變釋卦名。泰卦損其下體之九三，以益其上體之上六，九益六而居上，

❶「注」，原脱。「跛」字屬吴氏注文中字，故補「注」字。

其陽剛之道得以上行也。

損而「有孚，元吉，无咎，可貞，利有攸往。曷之用？二簋可用享」，「二簋」應有時。損剛益柔有時，損益盈虛，與時偕行。釋彖辭。有時者，有其時，謂當損之時也。「損剛益柔有時」一句，釋「有孚，元吉，无咎，可貞，利有攸往」也，謂所以「孚」，所以「吉」，所以「无咎」而「可貞利」者，❶以損下之剛，益上之柔，適當其時也。「二簋應有時」一句，釋「曷之用？二簋可用享」，謂初、二之應四、五，亦適當其時也。損三之盈，益上之虛，已損者也；損初、二之盈，益四、五之虛，方損者也。已損、方損，皆損之於當損之時，故曰「與時偕行」。

【傳】二之十一，凡五十字。

益，損上益下，民説无疆。自上下下，其道大光。以卦變釋卦名。損否之九四以益初六，是損其上以益下也。下之民受上之益，則其説无窮極。二、三、四互坤爲民，上巽爲兑之倒體，説者在下也。陽自上體之四來初，而下於下體二、三之陰，其陽剛之道爲大，而成卦肖離體之中虛，則大而又有光也。「利有攸往」，中正有慶。「利涉大川」，木道乃行。以卦體、卦象釋彖辭。二之中正，往應五之中正，陰陽會合而有慶也。上體巽爲木，下體震動爲行。木之行動者，舟行涉大川也。益，動而巽，日進无疆。天施地生，其益无方。凡益之道，與時偕行。廣益義。以卦德言人事之益。人之動而能卑巽，則日有進益，无窮已也。《商書》曰「惟學遜志，務時敏，厥修乃來」是也。又以卦變言天地之益。乾之九四易初，而下交於坤，天之施也。坤之初六易四，而上達於乾，地之生也。天布施，地發生，萬物並育，其增益衆多，无有方所也。「凡益之道」，總言天地之於萬物，人之於萬事，其爲增益者，无時而止息，所謂「與時偕行」也。

【傳】二之十二，凡五十七字。説，音曰。施，申志切。

夬，決也，剛決柔也。健而説，決而和。釋卦名而贊卦德之善。雖以五陽決去一陰，然不可恃陽之盛而過於猛。卦德内健而外説，健説相濟，而其決陰也，无

❶「貞」，原誤作「而」，今據四庫本改。

不及亦无過，故和。和者，无過、不及之中也。「揚于王庭」，柔乘五剛也。以下釋彖辭。以卦體言，所謂「揚于王庭」者，言一柔乘五剛之上也。項氏曰：「上六揚于九五之側，而臨諸陽，此君側之惡人也。」「孚號有厲」，其危乃光也。九五能知比近陰柔爲危，不以其號呼求援而孚信之，則陽明不爲陰柔所點污，而陽德光矣。是其危者，乃所以爲光也。「告自邑，不利即戎」，所尚乃窮也。尚，上也。坤邑喪亡，僅存一民在上，其所上於五陽者，乃將窮盡矣。无衆，何以即戎也？「利有攸往」，剛長乃終也。陽剛之長至五，然上畫猶有一陰，則其長猶未終也。九五往前決去一陰，則爲純乾，然後剛之長乃終畢也。

【傳】二之十三，凡五十二字。説，音曰。長，知兩切。【注】喪，息浪切。

姤，遇也，柔遇剛也。釋卦名。「勿用取女」，不可與長也。釋彖辭。程子曰：「取女者，欲長久而成家也。一陰既生，漸長而盛。漸盛之陰，將消勝於陽，不可與之長久也。凡女子、小人、夷狄勢苟漸盛，何可與久？」天地相遇，品物咸章也。剛遇中正，天下大行也。廣姤義。上卦正體爲乾，二、三、四互體爲乾，天也。初六一陰，坤之下畫，地也。四月爲純乾之卦，五月坤之一陰始生於下，而與乾遇，故曰「天地相遇」。斗建正南午位，盛夏之時，萬物長盛而相見，故曰「品物咸章」。九五以陽剛居中正之位，故曰「剛遇中正」。有德、有位，居尊臨下，其剛陽之道得行於天下，故曰「天下大行」。卦之一陰遇五陽，乃陰始生而消陽之卦，然九五剛中正、居尊位，故彖辭雖慮小者之始生而勢漸盛，《象傳》又喜大者之居尊而道得行，亦扶陽抑陰之意也。姤之時義大矣哉！程子曰：「天地不相遇，則萬物不生。君臣不相遇，則政治不興。聖賢不相遇，則道德不亨。事物不相遇，則功用不成。姤之時義甚大也！」澄謂：一陰之生雖微，處斯時者，宜有以豫待之，其義大矣。

【傳】二之十四，凡四十一字。【注】漸長、長盛，知兩切。

萃，聚也。順以説，剛中而應，故聚也。以卦德、卦體釋卦名。在下者順在上者之説己；九五剛中，而能得六二之應己，皆陰萃而歸陽之義。「王假有廟」，致孝亨也。以下釋彖辭。致者，至其極也。極盡孝享之道，乃能萃已散之精神也。「利見大人，亨」，聚以正也。大人者，能聚百嘉，又能正主事也。「用大牲吉，利有攸往」，順天命也。物聚，人聚，而衆多之時，祭者宜盛，居者宜往，此皆順天道之自然也。觀其所聚，而天地萬物之情可見矣。廣萃義。徐氏幾曰：「天地萬物，高下散殊，感則見其情之通，恒則見其情之久，聚則見其情之同。不于其聚而觀之，情之一者不可得而見矣。」

【傳】二之十五，凡五十六字。說，音曰。

柔以時升。以卦體釋卦名。萃之三柔在下，反易爲升，則三柔以時而升於上矣。巽而順，剛中而應，是以大「亨」。以下釋彖辭。以卦德、卦體言。巽者，一柔巽於二剛也。順者，坤之三柔順於二剛也。剛中而應者，九二剛中，而六五之柔應之也。初六比而巽九二，六五順而應九二，六四順而比九三，上六應而順九三，此二剛之大，所以亨也。「用見大人，勿恤」，有慶也。六五見九二，九二亦升而應之，陰陽相得而有慶也。「南征吉」，志行也。以卦變言，九三自初而升三，其志得行也。釋卦名，以二柔言；釋彖辭三占，則「巽」之、「順」之、「應」之、「見」之者，四柔也；而「大亨」、「有慶」、「志行」，皆爲一剛而言也。

【傳】二之十六，凡三十字。

困，剛揜也。以卦體釋卦名。謂三剛爲三柔所揜，所以困也。險以說，困而不失其所亨，其唯君子乎！以下釋彖辭。以卦德言，險則困，說則不失其所亨。「貞大人吉」，以剛中也。以卦變言，剛自上來而居中，爲卦主，此正主事之大人也。「有言不信」，尚口乃窮也。尚，上也。柔自二往上，成兑口，猶小人在上，以口謗傷人者。然居卦終窮極之地，其言不實，不足以困人，所上之口乃至於窮極而自困耳。

【傳】二之十七，凡三十六字。說，音曰。

巽乎水而上水，井。井養而不窮也。以卦象釋卦名。養而不窮，言井之功也。「改邑不改井」，乃以剛中也。以卦變、卦體釋彖辭。初之剛往上得中，❶而坤之邑改。二之剛在下得中，而爲井中之水者，不改也。「汔至亦未繘井」，未有功也。「羸其瓶」，是以「凶」也。往井之水未上出，雖未有功，而亦未凶。來井之水即下漏，則凶矣。

【傳】二之十八，凡四十字。

革，水火相息，二女同居，其志不相得，曰革。以卦象釋卦名。「息」與「熄」通，滅熄也。水熄火者也，火又熄水，故曰「相息」。此變革其常也。中、少二女同居父母家，其初同所自出，曷嘗不相得哉？其後將有適，志各有在，則改變其初，而其志不相得矣。「己日乃孚」，革而信之。以下釋彖辭。以卦變言，巽再變而下卦成離，爲卦之主，離納己，故曰「己日」。己者，十日中半之後，待此時而後革，則謹審而不輕遽，故革而人信之。文明以說，大「亨」以正。以卦德言，六二，卦主，内蘊文明，外應九五，而九五説之，下持美而效之。君上樂取諸人以爲善，二之文明遂爲五之文明矣。「文明以説」，則盡事理，得人心。元大之德能致亨，以正主事者，此也。革而當，其「悔」乃「亡」。以卦體言，除九四一爻，五畫剛柔皆當位。有所革，各得其當之義。使不當者亦當，「其『悔』乃『亡』」也。天地革而四時成，湯、武革命，順乎天而應乎人。廣革義。天地之温熱涼寒，生長收藏，遞相代謝，而春夏秋冬之時成。湯、武伐夏、伐商，變革二國所受之命，順天之理而應人之望，是二事，變革之最大者。革之時大矣哉！因上文，而贊其時之大。

【傳】二之十九，凡六十三字。説，音曰。【注】少，詩詔切。

鼎，象也。以木巽火，亨飪也。聖人亨以享上帝，而大亨以養聖賢。以卦體、卦象釋卦名。象，謂形之似，卦體之奇耦似鼎器足、腹、耳鉉之形，此言鼎之體也。以木巽火，謂巽内、離外。亨，煮也。飪，熟也。以巽木入于離火之内，煮物而熟之，此言鼎之用也。「以木巽火，亨飪也」七字爲句。蔡氏曰：「亨飪不過祭祀、賓客二事，而祭之大者上帝，賓客之重者聖賢。祀天尚質，故止言亨；養聖賢貴多，故曰大亨。」朱子曰：「享帝，用犢

❶「初」，原誤作「五」，今據四庫本改。

而已；養賢，則饔飧牢禮當極其盛。」巽而耳目聰明，柔進而上行，得中而應乎剛，是以「元亨」。以卦象、卦變、卦體釋彖辭。上離爲目，六五爲鼎之耳，中虛，聰明之象。卦自兑變，兑三之柔，進而上行，爲六五，得上卦之中，而應九二之剛。「聰明」，則非昏懦之巽；「上行」，則非卑下之柔；「應剛」，則非止柔中而已。卦有此三善，所以爲「元」而能致「亨」也。

【傳】二之二十，凡四十五字。亨，丕庚切。

「震，亨。震驚百里」，驚遠而懼邇也。「不喪匕鬯」，出可以守宗廟社稷，以爲祭主也。釋彖辭。不釋「震，亨」者，朱子謂：「震有亨道，不待言也。」驚百里，謂所驚者遠也。遠且驚，則邇尤甚。懼邇，懼甚於驚也。雷聲之近，令人懼，而執匕鬯以奉祭事者，不以驚懼而有喪失其誠敬專一，中有所守，故可以出主宗廟社稷之祭。堯之試舜，取其烈風雷雨弗迷者，蓋亦以是也。出，對處而言。震爲長子，處之時，則世子也；出之時，則嗣守宗廟社稷，以主其祭。程子曰：「誠敬之至，威懼不能使之自失如是，而後可以守世祀、承國家也。」

【傳】二之二十一，凡二十九字。「亨」下，舊本有「『震來虩虩』，恐致福也；『笑言啞啞』，後有則也」十六字。今案：此因彖辭重出初九爻辭，故後人於《彖傳》亦重引初九《象傳》以釋之，宜衍。「懼邇」下，舊本无「不喪匕鬯」。晁氏曰：「王昭素案：徐氏云『出』字上脱此四字。」程子亦以爲文脱，而朱子從之。今增補。喪，息浪切。【注】令，來丁切。長，知兩切。

艮，止也。時止則止，時行則行，動静不失其時，其道光明。釋卦名。時止，謂定心之時。時行，謂應事之時。動，謂行。静，謂止。不失，謂常得所止。其時，謂「時止」、「時行」之「時」。此以「止」字釋「艮」義，而兼及「行」字者，蓋人心无事之時則定，有事之時則應，故曰「時止則止，時行則行」，豈可厭動好静，專務外滅而内寂哉？故其止而静也，固不失所止於斯時；其行而動也，亦不失所止於斯時，是謂「動静不失其時」也。或止、或行，有時不同，而不失所止，无時不然也。静而止，不失其時，内卦之止；動而行，不失其時，外卦之止。内止，固止；外行，亦止。此釋重艮之義。程子曰：「定性者，静亦定，動亦定。」

張子曰：「定然後有光明。」「艮其背」，止其所也；上下敵應，不相與也。是以「不獲其身，行其庭，不見其人，无咎」也。釋彖辭。「止」字釋「艮」字。「其所」字釋「背」字，謂止於其所也。上下體應爻剛柔皆相敵，故初、四不相應，而不獲止其背之身；三、上不相應，而不見行其庭之人；二止於内，不與外應，五止於外，不與内應，皆兩各止其所，故「无咎」也。凡八純卦，六爻皆敵相與應而不相與，獨於艮卦言之者，以明内外各止其所之義。

【傳】二之二十二，凡五十二字。「艮其背」，舊本「背」作「止」。晁氏曰：「當依卦辭作『背』。」今從之。

漸，漸進也。釋卦名。「女歸吉，利貞」，進得位，往有功也。進以正，可以正邦也。其位剛得中也。止而巽，動不窮也。以卦變、卦體、卦德釋彖辭。「進得位，往有功也」，釋「女歸吉」。進，謂進而求女，非以「女歸」爲進也。往，謂男家之禮往女家。漸卦以内卦爲男家，外卦爲女家。否未變漸之時，坤母在内，男家之母也；乾父在外，女家之父也。坤三往四而成巽女，乾四來三而成艮男，譬猶男家求昏，而爲父者有得位之女，女家既許昏，而爲母者有得位之男，因此一進，而男女得位，是其「往」爲「有功」也。「進以正，可以正邦也」，釋「利貞」。進以正，謂三進四，而二畫之往來各以正。因三、四往來之正，而初、二、五、上亦正，猶家既正，而可以正國也。三、四象二家之男女，初、二艮之二民，五、上巽之二君，四畫象一國之君民，故曰「邦」。二、五當位，固爲正；初、上雖不當位，亦得剛上、柔下之正，故曰「正邦」。又以卦體申釋「利貞」之義，言九五當位，以「剛得中」而正，故利於女家之正主事。而歸其女者，又以卦德申釋「女歸吉」之義，言艮男止於内，而巽女卑巽於外以入，故其「動不窮」。動，謂女子有行，釋「歸」字。不窮，謂不困厄，釋「吉」字。

【傳】二之二十三，凡三十七字。「漸，漸進也」，舊本作「漸之進也」。朱子曰：「『之』字疑衍，或是『漸』字。」澄案：因寫下「漸」字作「〃」，遂譌爲「之」。「女歸」下，舊本无「利貞」字，有「也」字，今從王肅本也。

歸妹，天地之大義也。天地不交，而萬

物不興。歸妹，人之終始也。説以動，所歸妹也。以卦體、卦德釋卦名。前二句以天地明歸妹之義。興，猶「立」也。五，天也。二，地也。六居五，地上交於天也。九居二，天下交於地也。六往上，九來下，❶是乾坤交，而後萬物生，爲「天地之大義」。女歸於夫而有生育，亦猶是也。故以「天地之大義」明歸妹之義。凡女，必歸爲人婦。歸妹者，爲人女之終，爲人婦之始。説者，女説其所行，爲婦始者，因遺行之，以終其爲女。因所説於婦而動之，使歸焉，是乃爲所歸之妹也。「征凶」，位不當也。「无攸利」，柔乘剛也。以卦變、卦體釋彖辭。泰三往四，泰四來三，位皆非正，來與往皆不當，故征行則凶。二、五亦位不當，然占言「征凶」，專指三、四往來之畫而言也。初九雖當位，然柔居上，剛居初，爲「柔乘剛」，故亦「无攸利」。諸家解「柔乘剛」指三、五言，此獨言上者，在夬之《彖傳》，上六柔乘五剛，則上六乘初九，亦是「柔乘剛」矣，豈必比近而後爲「乘剛」哉！

【傳】二之二十四，凡四十四字。説，音曰。

豐，大也。明以動，故「豐」。以卦德釋卦名。但光明而不震動，非盛大也。不光明而但震動，亦非盛大也。「王假之」，尚大也。「勿憂，宜日中」，宜照天下也。釋彖辭。不釋「亨」字者，豐大則必亨，不待釋也。尚，上也。大，謂王也。老子曰：「域中有四大，王居其一。」此言諸侯之國，而有王者至之，是下之所上者，乃天下至大之王也。處豐之時，固當憂，而今「勿憂」者，謂宜保持其盛大，使常如日中之時，❷而其明普照於天下，則乃可不憂也。日中則昃，月盈則食，天地盈虛，與時消息，而況於人乎！況於鬼神乎！廣豐義。食，虧也。因彖辭「宜日中」三字而推言之，謂豐无常豐之理，豐者，如天地之氣息極而盈，則將漸消而虛矣。朱子曰：「天地，舉其全體而言；鬼神，指其中運動變化者而言。物盛必衰，雖鬼神不能爲也。常須謹守得日中時。此邵子所謂『酩酊離披』時也。」項氏曰：「日月有昃食，天地之一盈一虛，猶隨時而消息，則形氣之運於其間者，從可知矣。人者，形也；鬼神者，氣也。人之智，不免於死生；鬼神之靈，不免於聚散，則豐亦豈吾之所能常有？言此以足卦辭『日

❶「九」，原誤作「五」，今據四庫本改。

❷「常」，四庫本作「長」。

中」之義，使知「中」者，人之所當勉，而「艮」，亦非人之所能爲也。」

【傳】二之二十五，凡五十字。【注】令，來丁切。酪，名上聲。酊，丁上聲。

旅，柔得中乎外，而順乎剛，止而麗乎明，是以「小亨，旅貞吉」也。以卦變、卦德釋彖辭。卦自否變。坤之一柔，自三往五，得外卦之中，而順乎乾之二剛。此以六五一爻釋「小亨」也。柔止於內，而外附麗於明，此以重卦二德釋「旅貞吉」也。小亨，言上卦六五之旅。旅貞吉，言下卦九三之旅。旅之時義大矣哉！旅最難處，處旅之時，其義難盡，故曰「大」。

【傳】二之二十六，凡三十字。「柔得中」之上，舊本有「小亨」二字，衍。

重巽以申命。釋卦名。重巽，巽下、巽上也。巽，入也，而象風。申，重也。命，號令也。號令之入人，如風之无所不入，故巽爲號令。重巽而亦名爲巽者，以象號令之申也。蔡氏曰：「二剛示乎上，而下一柔順之，號令之象。」剛巽乎中正，而志行，柔皆順乎剛，是以「小亨，利有攸往，利見大人」。以卦體釋彖辭。「剛巽乎中正」，九五也，三剛同之，二柔順之，而九五之志得行也。柔，謂初、四。剛，謂二、五。小，謂柔也。大人，二、五也。二柔皆順剛，故小者亨。而小者在下，利於上往，以見二、五之大人也。

【傳】二之二十七，凡三十字。

兑，説也。釋卦名。剛中而柔外，説以「利貞」，是以順乎天而應乎人。以卦體釋彖辭。「剛中」謂二、五，能得民之説，而不言「亨」者，致之而有餘也。但言「説」，而「亨」在其中矣。「柔外」謂三、上爲民，而説以從君，必「利貞」者，防其所不足也。三、上，天位也，而柔處之，順乎天之理也。二、五，人位也，而剛處之，中實能應乎人之心也。説以先民，民忘其勞；説以犯難，民忘其死。説之大，民勸矣哉！廣兑義。先民，謂君率其民。犯難，謂民救其君。説之大，猶言「説之至極」。民勸，謂「忘其勞」、「忘其死」也。

【傳】二之二十八，凡四十四字。説，音曰。先，悉薦切。難，乃旦切。

「渙，亨」，剛來而不窮，柔得位乎外而上同。釋彖辭。二、五剛中，故能致「亨」。以卦變言，剛自四來，居二而不居初，是得中而不居窮極之處。柔自二往四，得位於外卦，而上同於九五之剛中也。「王假有廟」，王乃在中也。以卦體言，九五，互艮上畫，爲廟。九居五，是王乃在宗廟之中。「利涉大川」，乘木有功也。以卦象言，巽爲木，乘木於坎水之上。有功者，謂利也。「利貞」不待釋。

【傳】二之二十九，凡三十三字。

「節，亨」，剛柔分而剛得中。釋彖辭。致「亨」者，九五剛中也。以卦變言，坤之三柔，分其一爲六三；乾之三剛，分其一爲九五，而得上卦之中也。「苦節不可貞」，其道窮也。說以行險，當位以節，中正以通。上六之「苦」而「不可貞」者，居節之終，節道已窮也。六三之說行乎坎險之內，六四之當位節於兑澤之上，九五位中正，似此。三爻之節，皆節之通者，非若上六之窮。此又以卦德、卦體言三爻之善，而證「苦節不可貞」之義。蓋六三之說，六四之柔居柔，九五之中正，皆非如上六之過而苦也。天地節而四時成，節以制度，不傷財，不害民。廣節義。天地之運，渾然无迹，聖人財成其限節，定爲二分、二至及二十四氣，而四時以之成。又以限節，制爲長短、小大之度，❶則用財取民，俱有定限，而所用不至於傷財，所取不至於害民也。

【傳】二之三十，凡四十七字。說，音曰。

中孚，柔在內，而剛得中，說而巽，「孚」乃化邦也。以卦體、卦德釋卦名。柔，謂三、四。剛，謂二、五。三、四二柔，在二、五之內，❷而二、五二剛得上下之中。此以卦體釋「中」字。二、五中實，能孚於三、四，而三能說，四能巽，以孚於二、五，是二、五之孚，能化一國之民，而使之孚也。「邦」指三、四二民而言。此以卦德釋「孚」字。「豚魚吉」，信及豚魚也。以下釋彖辭。「信及豚魚」，言其信能如豚魚也。❸「利涉大川」，乘木舟虛也。乘木，言巽木在兑澤之上。舟虛，言全卦之形象。

❶「小大」，四庫本作「大小」。
❷「二」，原誤作「九」，今據四庫本改。
❸「如」，四庫本作「格」。

「中孚」以「利貞」，乃應乎天也。天，謂九五。九，乾畫也；五，天位也。六四得正，而孚應於中正之九五，故曰「應乎天」。

【傳】二之三十一，凡四十二字。說，音曰。

小過，「小」者「過」而「亨」也。「過」以「利貞」，與時行也。以卦體釋卦名及彖辭。小者過而得亨矣。又過而利於貞，陰柔過盛，小者方得時也，故曰「與時行」也。柔得中，是以「可小事」也；剛失位而不中，是以「不可大事」也。二、五之柔得中，陰柔小人得時也。然小人可以爲小事而已，爲大事者，必陽剛君子而後能。三、四之剛不中，而四又失位，則陽剛不得志矣，是以不可爲大事也。有飛鳥之象焉。「飛鳥遺之音，不宜上，宜下，大吉」，上逆而下順也。卦體有飛鳥之象。不宜上進，但宜下退，然後陽剛之大，可以避禍全身而吉。方陰强陽弱之時，上進則是逆時，下退乃爲順時也。此卦四陰强盛大過，二陽衰弱不及，彖辭「小過，亨，利貞，可小事」之占，爲陰柔小人之强盛而過者言也。「不可大事」、「不宜上，宜下，大吉」之占，爲陽剛君子之衰弱不及者言也。《傳》所謂「與時行」、「柔得中」，著小人之得時也；所謂「剛失位、不中」、「上逆而下順」，傷君子之不得時也。程子曰：「『有飛鳥之象焉』一句，蓋解者之辭，誤入《彖》中。」

【傳】二之三十二，凡六十二字。「可小事」，舊本作「小事吉」。項氏曰：「脱『可』字，羨『吉』字。石經云：『是以可小事也。』」沙隨程氏亦云然，今從之。

「既濟，亨」，小者「亨」也。以卦體釋彖辭。小，謂六二。或謂「既濟，亨」之下又當有一「小」字。「利貞」，剛柔正而位當也。利貞，亦謂六二，利於正主事。蓋與九五剛柔正相應，而又當其位，當位之柔，得在上當位之剛爲應，固有助矣。而初、四、三、上之剛柔，亦皆正而當位，則是時俗之美，易於撫御，此正主事者之所以吉也。「初吉」，柔得中也。以上三占，皆以卦主六二言。「終」止則「亂」，其道窮也。六十四卦之中，三陰、三陽皆得位者，既濟一卦也。然《彖傳》惟釋「利貞」，兼取三剛、三柔而言；釋「亨」，釋「初吉」，釋「終亂」，皆專以柔而言者，柔爲卦主也。柔者爲主，固非能濟之才。然六二當時位之得中，猶可以亨。及至上六，當終而窮極之時，則力弱不能行，而止於此矣，豈復能出險哉？程子曰：「濟之終，不進而止，衰亂至矣。蓋其道已窮極也。時極、道窮必變，惟聖人能通其變於未窮，故有終而无亂。」

【傳】二之三十三，凡三十字。

「未濟，亨」，柔得中也。以卦體釋彖辭。柔得中，謂六五。既濟、未濟二卦剛柔適均，而「亨」之占皆以柔言，何也？二爻剛雖得中，而陷於險中，故唯得中之柔麗乎文明者，能致亨也。「小狐汔濟」，未出中也。「濡其尾，无攸利」，不續終也。原本闕。「終」謂上九。狐力不續，則不能至終而登于岸，故无所利也。雖不當位，剛柔應也。又以卦之二體申釋彖義，言「汔濟」、「濡尾」、「无攸利」者，以六畫皆不當位；然能致「亨」者，以六畫剛柔皆相應也。六五之柔中，得九二之剛中爲應，所以能致「亨」也。項氏曰：「既濟三剛、三柔皆正，然『剛柔正而位當』，則謂六二、九五剛柔正應，❶而又當位也。若泛言，則失彖義。未濟六爻皆不當位，其曰『雖不當位』，亦指六五言之。『剛柔應』者，覆解『亨』字，雖『无攸利』，用其柔中，以與剛應，自有致『亨』之理。」

【傳】二之三十四，凡三十三字。

易纂言彖下傳第二

❶「九」，原誤作「二」，今據四庫本改。

易纂言象上傳第三

象上傳第三象者，文王所立六十四重卦之名。象傳者，夫子爲釋文王之卦名而作也。象，獸名，象其形而爲字，因假借其字爲物形肖似之稱。凡虎、兕、鹿、兔、馬、牛、羊、犬等字，皆象其形也，而肖似之義，獨於「象」字取之者，象爲極南之獸，中土所无，惟觀圖畫而想見其形，由是，圖寫物形之肖似，謂之「象」。羲皇八卦之畫，象天地八物，則謂八卦之畫爲「象」；文王重卦之名，象上下二體，則謂重卦之名爲「象」。此《傳》釋重卦之名，故曰《象傳》。卦名之下，言卦之用，夫子所以推廣卦畫、卦名之象也。既釋文王所名各卦二體之象，而并釋周公所繫各卦六爻之辭焉。或乃指爻辭爲象，誤矣。其以釋卦名者爲《大象》，釋爻辭者爲《小象》，亦非也。

天行，此釋乾下、乾上也。乾之畫象天，上下二乾者，二天也。天一而已，安得有二？故曰「天行」。天之行，一日繞地一匝，一天自西而下降，一天又自東而上升，是二乾爲「天行」之象。朱子曰：「昨日行，一天也；今日行，又一天也。其實一天而行不已也。」**健，**此仍羲皇八卦之名，而爲重卦之名當曰「乾」，而曰「健」，「健」即「乾」也。陽之性健，而成象之大者，天也，故羲皇以三畫純陽之卦爲「乾」，其德爲「健」而象天。因而重之，下、上皆乾，則象天之行，一日一周，健而又健者也，故文王亦名之爲「乾」。以卦德易卦名者，以其居六十四卦之首，故特異其辭，以別於他卦，如《春秋》首年不曰「一年」而曰「元年」，首月不曰「一月」而曰「正月」也。**君子以自彊不息。**君子者，以德言，生知、學知在上在下之通稱。其以位言，則於古曰「先王」，於今曰「后」、曰「上」、曰「大人」。而「先王」、「大人」，則兼以德言也。以者，用也，言人觀此卦之象，而用之以治身、治世也。自彊，能如重乾之健，則能不息也。自彊，謂內有所主，中立不倚。不息，謂終始如一，不須臾離也。**「潛龍，勿用」，陽在下也。**「陽」釋「龍」，「在下」釋「潛」。龍之潛，如大人之隱於卑下，未出用世，故得此占者，亦不可用事也。「見龍在田」，德施普也。龍見而在田，如大人之已出見於世，雖未爲君，而其德之所施已普矣。「終日乾乾」，反復道也。「反復道」釋「乾乾」，以學言之也。行道已竟，又還反，以復于已行之道，而再行如初，一乾既終，一乾又始之象也。「或躍在淵」，進「无咎」也。未可躍則在淵，既可躍則自淵躍出以上于天。如是而進，是能審其可，故其進无咎。「飛龍在天」，大人造也。造猶作也，作，謂起也。大人起而居天子之位也。「亢龍，有悔」，盈不可久也。五爲君位，不可更過也。過乎君位，則爲盈。水盈則必溢，而不可以久。大人能知進退，則不至於盈也。「用九」，天德不可爲首也。乾之德剛健中正。中則不過於剛，正則不偏於剛。「用九」者，純剛俱變爲柔。蓋以柔濟剛，而不過、不偏也，是爲天德不可以純剛居上，故曰「不可爲首」。

【傳】三之一，凡六十八字。施，申志切。【注】別，必列切。稱，昌證切。離，力至切。竟，音敬。

地勢，此釋坤下、坤上也。坤之畫象地，上下二坤者，二地也。地一而已，安得有二？故曰「地勢」。地之勢有下、有高。下一級，一地也；高一級，又一地也。是二坤爲「地勢」之象。坤，此仍羲皇八卦之名，而爲重卦之名。坤者，順也。陰之性順，而成形之大者，地也，故羲皇以三畫純陰之卦爲坤，其德爲順，而象地；因而重之，上下皆坤，則象地之勢有下、有高，順而又順者也，故文王亦名之爲「坤」。君子以厚德載物。「厚德」能如重坤之厚，則能「載物」也。厚，謂不薄，德之敦厖，无一物而不容受承藉之也。「初六，履霜」，陰始凝也。馴致其道，「至」「堅冰」也。馴，如馬之馴，其行徐徐而至。「馴致」釋「至」，謂其至以漸也。六二之動，「直」以「方」也。「不習，无不利」，地道光也。六二爻義施於人事之動，則如坤道之直以方，其大不重習，其占无所不利者，地道之光顯也。「含章，可貞」，以時發也。「或從王事」，知光大也。程子曰：「義所當爲，則以時而發，非含藏終不爲也。『或從王事』而能『无成有終』者，是其知之光大也。」澄謂：柔變爲剛，故云大。「括囊，无咎」，慎不害也。「慎」釋「括囊」。「不害」釋「无咎」。「黄裳，元吉」，文在中也。朱子曰：「『文在中』而見於外也。」

「龍戰于野」，其道窮也。柔居下爲宜，至于上，則其道已窮極也。「用六」「永貞」，以大終也。坤六畫皆柔小也。「用六」者，純柔俱變爲剛，是始小而終則大，故曰「以大終」。

【傳】三之二，凡九十一字。「初六，履霜」，舊本作「履霜堅冰」，今依《魏志》所引。知，音智。【注】藉，齊夜切。見，賢遍切。

雲雷，此釋震下、坎上也。震之畫象雷，坎之畫在天象雲雨，在地象水泉。水氣自地而上升于天，則爲雲，故象雲者，坎在上卦也。水氣自天下降于地，則爲雨，故象雨者，坎在下卦也。屯，此重卦之名。屯者，鬱結未解之時，雲升于上，而雷動于下，未能成雨，則鬱結而屯。及雷動于上，雨降于下，則屯之鬱結解矣。故上雷下雨之卦名爲解，而上雲下雷之卦名爲屯也。君子以經綸。經、綸，皆治絲之事。治世亦曰「經綸」者，治世猶治絲也。君子治世猶治絲，而欲解其紛亂，亦猶屯之時必欲解其鬱結也。經者，先總其緒爲一，而後分之，象雲之自一而分。綸者，先理其緒爲二，而後合之，象雷之自二而合也。雖「磐桓」，志行正也。以貴下賤，大得民也。「志行正」，因爻辭「居貞」而廣其義。居則不行，行則不居。初以陽剛之才，雖「磐桓」未可進，其志固在於得行而貞也。居而貞，非其志也。「大得民」，釋爻辭「建侯」。大，謂陽也。民，謂二陰。屯自艮而變，初剛自上來初，以陽之貴下於二陰之賤，大者爲君而得二民之歸嚮也。六二之難，乘剛也。「十年乃字」，反常也。剛，謂初也。反，復也。程子曰：「六二乘剛，爲剛陽所逼，是其患難也。至於十年，則難久必通矣，乃得反其常，與正應合也。」「即鹿无虞」，以從禽也。「君子」「舍」之，「往吝」窮也。程子曰：「无虞而即鹿，以有從禽之心也。君子則舍之，若往則吝而窮困也。」求而往，明也。初九能求六四，而自內往外以就之。初乃剛正賢明之人也。「屯其膏」，施未光也。程子曰：「膏澤不下，是其德施未能光也。」「泣血漣如」，何可長也！程子曰：「屯難窮極如此，其能長久乎！」

【傳】三之三，凡七十三字。難，乃旦切。舍，音捨。施，申志切。【注】解，音蟹。欲解，如字。

山下出泉，此釋坎下、艮上也。艮之畫象山。兩山之閒，流而爲川者，人所可見之水。一山之下，出而爲泉者，人所不見之水。山下，謂山腹之下，非山麓之側也。後凡言「山下」者，皆同。蒙，此重卦之名。蒙，猶人之童穉也。泉之初出，潛伏山下，未達于外，不污不滑，亦猶人之童穉，良知、良能蘊蓄於内，未爲外誘所污滑者，故山下出泉之卦名爲蒙也。君子以果行育德。「果行」象出泉，「育德」象「山下」。行，謂身之所行。德，謂心之所得。君子之動也，勇於義以果毅其行，象内泉之涓滴，而決導其流於外也。君子之静也，主於敬以養育其德，象外山之包藏，而渟涵其源於内也。徐氏幾曰：「蒙未有所適，體坎之剛中以果其行而達之。蒙未有所害，體山之静止以育其德而成之。」「利用刑人」，以正法也。「刑人」者，正其法以示懲戒也。「子克家」，剛柔接也。接，謂交際。五之柔與二之剛接，故能有助而使二爲克家之子。「勿用取女」，行不慎也。行不謹慎，謂不有其躬也。「困蒙」之「吝」，獨遠實也。陽實陰虛。「獨遠實」者，言獨遠於陽也。項氏曰：「初、三近九二，五近上九，三、五皆與陽應，唯六四所比、所應无非陰，在六爻中，獨爲无陽之人。」「童蒙」之「吉」，順以巽也。「順以巽」謂六五柔順，以卑巽入從九二之陽也。互坤，「順」也；變剛成巽，「巽」也。「利」用「禦寇」，上下順也。因其爲寇，禦而止之，上之順也。因禦而止，遂不爲寇，下之順也。互坤之下畫爲下順。上九變爲柔，得坤之上畫，爲上順。

【傳】三之四，凡五十九字。「行不慎」，舊本「慎」作「順」。朱子曰：「順、慎古字通用。《荀子》『順墨』作『慎墨』，作『慎』於經意尤切。」今從之。行，下孟切，下同。遠，于願切。【注】污，音烏。滑，音骨。渟，音亭。遠於陽，如字。

雲上於天，此釋乾下、坎上也。坎在上卦象雲，而乾在下卦，雲上於天之上也。需，此重卦之名。需者，待也。雲上於天，雖未成雨，而雨可待矣，故卦名爲需。君子以飲食宴樂。君子之需待，安分樂天以俟時而已。潘時舉問：「屯、需皆陰陽未成雨之象，然屯言『經綸』，需言『飲食宴樂』者，何也？」朱子曰：「屯之時，齟齬艱難，故曰『經綸』。需是緩意，他无所致力，其義不同。」又曰：「事之當需者，但飲食宴樂，以俟其自至。一有所爲，則非需也。」程子曰：「雲方上於天，而未成雨，猶君子畜其才德，而未施於用也，觀需雨之象，懷其道以待時，飲食宴樂，所謂居易俟命也。」澄謂：飲食者，非謂醉醲飽鮮以奉己，各因其自養之素，如夫子之飲水疏食，顔子之一簞一瓢，皆飲食也。宴者，身安而他无所營作。樂者，心愉而他无所謀慮也。飲食則素其位，而宴樂則不願乎外也。飲食於上坎取象，宴樂於下乾取象。坎爲酒，「飲」也；坎下一畫連乾上、中二畫成兑，「食」也。乾陽之性上進，而來居於内，有宴以安其身之象。乾純陽，陽舒爲樂，樂天不憂，有樂以愉其心之象。「需于郊」，不犯難行也。「利用恒，无咎」，未失常也。程子曰：「不冒犯險難而行，復宜安處，不失其常。雖不進而志動者，不能常也。安静自守，志雖有須，而恬然若將終身焉，乃用常也。」「需于沙」，衍在中也。雖「小有言」，以「吉」「終」也。衍者，下平之地，雖水所可及，然猶在内卦之中，則未至於水也。小者得此占，始雖有言語之傷，而終於吉。若大者得之，則始亦无言，始終皆吉也。「需于泥」，災在外也。自我「致寇」，敬慎不敗也。朱子曰：「外，謂外卦，占得此，雖若不吉，然能敬慎處之，得其道，亦可不凶。或失其剛正之德，又无堅忍之志，則不能不敗矣。」「需于血」，順以聽也。謂六四柔順，以聽從於九五也。聽，取坎耳之義。「酒食」「貞吉」，以中正也。程子曰：「『需於酒食』而『貞吉』者，以五得中正也。」「不速之客來，敬之，終吉」，雖不當位，未大失也。需上卦三爻皆當位，下卦三陽，初、三皆當位，雖有九二一爻不當位，然剛而得中，不以居陰位而失陽剛之道也。大，謂陽剛也。「未大失」者，於陽剛之道未爲失也，故下之三陽，皆上六之所當敬。

【傳】三之五，凡九十二字。樂，音洛。難，乃旦切。

【注】居易，以豉切。疏食，音似。復宜，扶豆切。

天與水違行，此釋坎下、乾上也。水行而下，天行而上，其行兩相背戾，是違行也。訟；此重卦之名。訟者，争辯也。人情相順嚮則无事，相背戾則有争。人情背戾，若天水之相違，争訟所由起也，故卦名爲訟。君子以作事謀始。人情有始順嚮而終背戾者，當順嚮之時，始謀不能深遠，輕信苟交，及終而背戾，必生訟矣。君子知其然，凡所作事，謀於其始，不輕信，不苟交，事事謹審，絶訟端於始，則他日説无由興。「作事」，坎象。「謀始」，乾象。坎水流行，如有事作爲。乾知大始，❶能説諸心，如始謀之高不可及。**「不永所事」，訟不可長也。雖「小有言」，其辯明也。**「訟不可長」，猶《彖傳》言「訟不可成」。小者柔弱，始雖受人誣毀，其終也辯析既明，則其言息矣，所以吉也。**「不克訟」，「歸」「逋」竄也。自下訟上，患至掇也。**項氏曰：「上兩句皆是爻辭，下兩句方是《象傳》，如需之上六《象傳》句法。」朱子曰：「掇，自取也。」程子曰：「自下而訟其上，義乖勢屈，禍患之至，猶掇拾而取之也。」**「食舊德」，從上「吉」也。**食上之德者，從乎上也。項氏曰：「此『從』字，與『從王事』『從』字不同。」**「復即命渝」，「安貞」不失也。**程子曰：「能如是，則爲无失矣。」**「訟，元吉」，以中正也。**「元」之「吉」者，以其中正也。**以訟受服，亦不足敬也。**程氏曰：「謂其受服爲可鄙。」

【傳】三之六，凡七十七字。竄，千斷切。掇，端奪切。【注】背，音佩。

地中有水，此釋坎下、坤上也。地猶人之肌肉，水猶人之血脉。「地中有水」，猶人肌肉中有血脉灌注之也。**師；**此重卦之名。師者，衆也。以地之至廣，而水之灌注无不周徧，猶人之至衆，而將之統御，无不管攝也，故卦名爲師。**君子以容民畜衆。**水之周徧，能容王質，故所畜者廣。君之寬弘，能容其民，故所畜者衆。衆者，民之多，言非止一民也。能「容民」，所以能「畜衆」也。項氏曰：「地之能固，以其中有水也。水所以畜地。君子之於民也，浸潤之道，深入乎其中，所以能涵蓄萬衆，而不分也。『容』、『畜』屬坎，『民』、『衆』屬坤。或謂有陽畫則陰爲民，民蓋坎之二柔。『容民』言内卦。坤爲衆，『畜衆』言外卦也。」澄案：《臨》之「容保民」，《觀》之「觀民」，「民」皆指坤而言。**「師出以律」，失律凶也。**當聽律聲，不吉則止。違律而行，必取喪敗。**「在師中吉」，承天寵也。「王三錫命」，懷萬邦也。**方伯爲諸侯之長，得專征伐，有功而受三錫之寵。萬邦諸侯見之，知有功必賞，則无不懷德者矣。**「師或輿尸」，大无功也。**大，謂陽，指九二也。

---

❶「大」，原誤作「太」，今據薈要本、四庫本及澄本《繫辭上傳》改。

「輿尸」之敗，雖在六三，然九二爲主帥，偏裨之喪師，即主帥之无功，故曰「大无功也」。城濮之戰，楚左師、右師敗，唯子玉之中軍不敗，然子玉帥也，故敗師之罪，子玉當之。「左次，无咎」，未失常也。程子曰：「見可而進，知難而退，師之常也。如四退次，乃得其宜，故未爲失也。」「長子帥師」，以中行也。「弟子輿尸」，使不當也。程子曰：「二以中德受任以行，若復使其餘，是任使之不當也，其凶宜矣。」「大君有命」，以正功也。「小人勿用」，必亂邦也。「大君」有「開國承家」之命者，以此恩賞，正軍旅之功也。受此賞者，必有位之君子，或大夫有功而命之爲諸侯，或士有功而命之爲大夫，皆非小人无位者所得與，故小人得此占，則勿用。蓋諸侯爲一邦之君，大夫爲一邦之臣，使之治其邦也。若以小人爲之，則上之所命非其人，下之所處非其據，不能治其邦，必至亂其邦矣。

【傳】三之七，凡八十四字。長，知兩切。【注】喪，息浪切。復使，符后切。得與，音預。

地上有水，比。此釋坤下、坎上也。比，此重卦之名。相比而无閒者，莫如地上之有水，故卦名爲比。先王以建萬國，親諸侯。太古之時，凡是立法定制，世守不變之事，則稱「先王」。坤爲衆，爲土，「萬國」象地，諸侯布其上，象水。震爲諸侯，坎之一君統二民，與震同也。先王知民之不可无所比也，故分土、分民，建爲萬國，各以君治之，故有諸侯。諸侯爲父母而子其民，則萬國之民各親其君如父母，君民之情，一體无閒，如水地之相親比也。國分爲萬者，以民之多也；侯曰諸侯者，非止一君也。比之初六，「有他吉」也。「有他」者，无所不比也。「比之自內」，不自失也。自，謂己也。六二不自失中正之道，故人之比之者，自內而始，未有內不相親比而能使外人相親比者也。「比之匪人」，不亦傷乎！雖有中正者比之，然己不中正，非人也，必自取凶禍，不亦可傷矣乎！「外比」於賢，以從上也。五賢而在四之上，「比於賢」，謂賢者比之也。「從上」，四順從九五也。「顯比」之「吉」，位正中也。舍逆取順，「失前禽」也。「邑人不誡」，上使中也。九五之位得正、得中，禽之逆我而去者舍之，順我而來者取之。「不誡」者，上之使民合於中道，聽其自順，不強其必從也。「比之无首」，无所終也。下四陰，五之所比，而上獨居後。九五无上六，猶人之无首。下畫皆順從，惟上畫在卦終而逆命，卦之无所終也。

【傳】三之八，凡七十八字。舍，音捨。【注】閒，居限切。

風行天上，此釋乾下、巽上也。巽之畫在天象風，在地象木。天无處不在，无所謂上下也。「天上」者，遠非人目力所及者，而風上行焉。小畜，此重卦之名。風者，陽包陰在内，陰少乎陽，又行乎天上，❶則既有包陰之陽在其外，又有天之陽在其内，内外之陽甚多，所包畜之陰甚少，故卦名小畜。君子以懿文德。懿，美也，如「仲山甫」之「懿德」，「柔嘉維則，令儀令色，小心翼翼」也。「文」如「柔來文剛，剛上文柔」之「文」。「懿」象巽之一陰，「德」象乾之三陽。風行天上，其所藏畜者，❷風中之一陰，甚少也，然中一陰，而内外陽，有離卦文明之體，以一柔而文五剛，君子之以懿而文其德者象之。項氏曰：「懿者，小德之名。君子以小懿而文大德，❸雖不若前言往行啓發培灌之多，然而和氣愉色，婉容令辭，所以輔成其德者，不可廢也。」「復自道」，其義「吉」也。能舍己所獨應之陰，則不徇人欲之私，而合天理之宜，所以吉也。「牽復」在中，亦不自失也。五陽共畜一陰，私於陰，則爲自失。初居剛，既能不自失矣。二爲初所牽連而復者，以其在下卦之中，故雖居柔而亦不自失也。「夫妻反目」，不能正室也。非正應而欲以四爲妻，不能正室家之道也，其反目也，宜哉！「有孚惕出」，上合志也。出外而上與九五合志也。「有孚攣如」，不獨富也。五之能攣四也，不獨有其富，而與四共之也。「既雨既處」，得積載也。「君子征凶」，有所疑也。上九之剛爲柔孚，六四之柔得載矣，此柔能勝剛之時也。「有所疑」者，疑君子之不可有行也。「『既雨既處』，得積載也」，如訟卦九二《象傳》例，上舉爻辭，下文「有所疑也」四字，乃并釋其義。

【傳】三之九，凡六十九字。「得積載」，舊本「得」作

❶「上」，原誤作「三」，今據薈要本、四庫本改。
❷「藏」，四庫本作「以」。
❸「懿」，四庫本作「德」。

「德」，因經文誤而誤也。【注】舍，音捨。

上天下澤，此釋兑下、乾上也。兑之畫象澤。卑下之處，水瀦而不流者曰澤，其大者，海也。履，此重卦之名。履，謂足之所踐也。地之上有天，下有澤，人在其中履也，故卦名爲履。君子以辨上下，定民志。辨，謂分别也。天不可以爲澤，澤不可以爲天，人之有上下之分，亦猶是也。分别上下之分以示民，則民之志有定，而无僭踰。上象乾天，下象兑澤，辨象互離在中，民象互離中之一柔，定象一柔處二剛，❶介乎上下，履二承四，上不至九五、上九之天，下不至初九地下之澤也。程子曰：「古之時，公、卿、大夫，位各稱德，士修其學，學至而君求之，農、工、商賈勤其事，而所享有限，故皆有定志。後世自庶士至公、卿，日志于尊榮，農、工、商賈，日志于富侈，億兆之心，交騖於利，天下紛然，如之何其可一？君子觀履之象，而分辨上下，使各當其分，以定民之志也。」「素履」之「往」，獨行願也。以獨行其志爲願，非他有所願也。「幽人貞吉」，中不自亂也。范氏大性曰：「剛中，故不以乘剛之柔亂其意。」「眇能視」，不足以有明也。「跛能履」，不足以與行也。「咥人」之「凶」，位不當也。「武人爲于大君」，志剛也。目之眇者，雖猶能視，豈能如不眇者之明乎？足之跛者，雖猶能履，豈能如不跛者之行乎？項氏曰：「『眇』、『跛』，六之柔也；『能視』、『能履』，三之剛也。」程子曰：「陰柔之人，其才不足，視不能明，行不能遠。以柔居三，履非其正，其能免於害乎？所以被咥而凶也。」澄案：「剛」謂上九。六三欲爲大君效力，志在從上九之剛也。「志剛」，如《咸卦·象傳》言「志末」。「愬愬，終吉」，志行也。畏懼禍害，而終獲其吉者，其志之得行也。「夬履，貞厲」，位正當也。位正而當，所處必得其宜，不至於貞夬履之事而厲，爻辭示戒焉爾。《象傳》所謂「不疚」、「光明」，足以見九五之善矣，又安有「貞厲」之事哉？「元吉」在上，大有慶也。大，謂陽剛。元德之人，終喪盡禮，所以吉也。「大」釋「元」，「有慶」釋「吉」。

【傳】三之十，凡八十八字。【注】别，彼列切。分，扶問切。稱，充證切。賈，音古。騖，榮暮切。

❶「剛」，原脱，今據四庫本補。

天地交，此釋乾下、坤上也。天在上，而其氣下降，以交乎地；地在下，而其氣上騰，以交乎天。泰，此重卦之名。泰者，流通无滯也。天地之氣交而上下流通，故卦名爲泰。后以財成天地之道，輔相天地之宜，以左右民。后，君也，天子、諸侯之通稱。此「后」謂天子也。財、裁通。乾陽不可以无陰，坤陰不可以无陽，必二氣交通於上下，而後爲泰。人君參贊於其中，亦必有以交通之，而後能納民於泰也。渾然而全者，天地之道，則自其全者裁制而成之，以品分大德之一本。截然而分者，天地之宜，則因其分者輔助而相之，以曲全小德之萬殊。全者分之，分者全之，亦交而通之之意。民者，坤也。左右之者，乾也。坤上者，民之情達於上；乾下者，左之右之之德至於下也，此君民之交通也。「拔茅」「征吉」，志在外也。在外，謂應四。蔡氏曰：「應陰。陰爲民。君子在内，則思澤乎民。」「包荒，得尚于中行」，以光大也。項氏曰：「泰之所以成泰者，以九二、六五上下相交也。」程子曰：「言如此則其道光明、顯大也。」「无往不復」，天地際也。徐氏幾曰：「乾、坤相遇之際，泰、否反復之機，在此可不戒哉！」「翩翩不富」，皆失實也。「不戒以孚」，中心願也。失，謂不得。四，翩翩向下，雖不富而其鄰肯從之者，蓋三陰皆不得陽，而欲下求也。不待期約，而以其相孚之人同下，蓋二陰亦下求陽，各出於其中心之所願。「以祉元吉」，中以行願也。謂柔得中而行歸以應剛者，乃其心之所願欲也。「城復于隍」，其命亂也。泰極而否，治極而亂矣。程子曰：「雖其命之亂，不可止也。」

【傳】三之十一，凡八十二字。相，息亮切。左右，去聲。

天地不交，此釋坤下、乾上也。地不交天而氣不上騰，天不交地而氣不下降也。否，此重卦之名。「否」者，閉塞不通也。天地之氣不交，而上下隔絶，故卦名爲否。君子以儉德辟難，不可榮以禄。上下隔絶之時，君子惟當在下，以儉約爲德，而避免禍難。在上雖欲榮之以禄，而不可。「儉德避難」者，安處下坤，而此不交乎上。「不可榮以禄」者，遠絶上乾，使復不能以交乎下。蓋法天地不交之象也。「儉德」者，守坤之儉嗇。「避難」者，就坤之平順。「禄」者，天禄。「不可榮」者，不居乾之崇高。儉與奢對，陰虚而貧則儉，陽實而富則奢。榮與辱對，天尊而貴則榮，地卑而賤則辱。否之時，寧貧毋富，寧賤毋貴，故居儉而辭榮也。項氏曰：「『儉德避難』，不與害交也。『不可榮以禄』，不與利交也。『不可榮』者，言不可得而榮，非戒其不可也。」**「拔茅」「貞吉」，志在君也。**泰初九應六四，六四，陰也，民也，初之陽志在澤民，不獨善其身而兼濟天下，故曰「志在外」。否初六應九四，九四，陽也，君也，初之陰志在承君，不自植私黨而同仕公朝，故曰「志在君」。**「大人否亨」，不亂羣也。**程子曰：「大人於否之時，守其正節，不雜亂於小人之羣類。」**「包羞」，位不當也。**「位不當」者，不得其正也。**「有命无咎」，志行也。**謂其濟否之志得以行也。**「大人」之「吉」，位正當也。**程子曰：「有大人之德而得至尊之正位，故能休天下之否，是以吉也。无其位，則雖有其道，將何爲乎？故聖人之位謂之大寶。」**「否」終則「傾」，何可長也！**程子曰：「否終則必傾，豈有長否之理？」

【傳】三之十二，凡六十二字。辟，皮二切。難，乃旦切。【注】遠，于院切。

天與火，此釋離下、乾上也。離之畫在地象火，而在天象電、象日。天在上，而火之性亦炎上，天與之同，故曰「天與火」。**同人；**此重卦之名。在上之天與炎上之火同，人之相同者亦如天與火之相同，故卦名同人。**君子以類族辨物。**天之所生，各族殊分。法乾覆之无私者，於殊分之族，而類聚其所同，異中之同也。火之所及，凡物均照。法離明之有別者，於均照之物，而辨析其所異，同中之異也。「族」言人，「物」言動植之屬。**出門同人，又誰咎也？**「又誰咎」者，又誰得而咎之也。**「同人於宗」，吝道也。**所同者，私狹而不公廣，其道爲可吝也。**「伏戎于莽」，敵剛也。「三歲不興」，安行也？**項氏曰：「言『敵剛』，恐人誤以爲攻二也。」程子曰：「所敵者五，既剛且正，其可奪乎！故畏憚伏藏，至於三歲不興，終安能行乎？」**「乘其墉」，義「弗克」也。其「吉」，則困而反則也。**項氏曰：「恐人以『弗克攻』爲力之弱，故釋之曰『義弗克也』，又曰『困而反則也』。」澄謂：九四之力敵五則不足，攻二則有餘。其「弗克攻」者，知義之不可而止，故云「義弗克」，非力弗克也。困，謂於義不通也。

程子曰：「以其義之弗克，困窮而反於法則也。二者，衆陽所同欲，獨三、四有争奪者，二爻居二、五之間也。三以剛居剛，故終其强而不能反。四以剛居柔，故有困而能反之義。能反則吉矣。」「同人」之「先」，以中直也。「大師相遇」，言相「克」也。直，即正也。六二於先而號咷者，以中正遠同中正之九五，不肯近同强暴之九三故也。及九五用大師，而後二與五得相遇者，言九三欲克五奪二，不能敵九五之大師，而始受克於五也。九三先欲克五，九五後乃克三，故言「相克」。「同人于郊」，志未得也。无可同之人，故「志未得」。

【傳】三之十三，凡八十字。【注】别，彼列切。

火在天上，此釋乾下、離上也。火之體隱而不見，麗於物以爲體者，昔燧人氏之世，有火麗空而明，蓋火見其體於空中也。「火在天上」者，火見其體於天之上也。大有，此重卦之名。文王名卦，凡曰「大」者，皆謂陽剛，夫子《大象》，則取大小之義。唯天爲大，在天成象者不一。火在天上，則皆能照及，是火之所照者，大而多有也，與在地之火所照不遠於寡少者不同，故卦名大有。君子以遏惡揚善，順天休命。火之所照，能分别善惡，而天道福善，故於善人則必福之以休美之命。君子既能如離火之分别善惡矣，而惡者則抑遏之，善者則舉揚之，所以順上天福善之休命也。分善惡屬離，休命屬乾，遏揚又屬乾，順又屬離。❶火之别淑慝，蓋以順天之所休。天之有禍福，蓋以遏揚火之所照。命言「休」而不言「咎」者，遏惡亦以揚善也。大有初九，「无交害」也。言因无交而有害也。「大車以載」，積中不敗也。車大則能勝重載，故載雖多，積於中，而車行不至於敗，占之所以「往无咎」也。「公用亨于天子」，「小人」害也。「小人」得此占，則不利也。「匪其彭，无咎」，明辨晳也。以離明辨别事理而能照晰，故知盈滿之戒，而不處其盛也。朱子曰：「晳，明貌。」「厥孚交如」，信以發志也。「威如」之「吉」，易而无備也。孚信於九二，賴其剛以啓發己之志，故不過於柔，而威嚴可畏也。「威如」而後「吉」者，蓋居尊不可太柔，太柔則人將易之，而无畏備之心也。大有上「吉」，

---

❶ 「又」，四庫本作「必」。

自天祐也。天錫之祐，謂君。至大有之上，其占所以「吉」者，蓋居上應天，是自天而祐之也。

【傳】三之十四，凡七十九字。晢，先的切。處，敞吕切。易，以豉切。

地中有山，此釋艮下、坤上也。❶ 謙，此重卦之名。劉表曰：「謙之道，降己升人者也。」澄謂：山之高而降之以居卑地之下，地之卑而升之以居高山之上，有如降己升人之謙，故卦名爲謙。君子以裒多益寡，稱物平施。山在地中，則高者降而下，卑者升而上。一降一升，而高卑適平矣。物之多者，裒取而使之寡，猶降山之高而使之卑也；物之寡者，增益而使之多，猶升地之卑而使之高也。一裒一益而多寡適平矣。「稱物平施」，謂稱量物之多寡而損益之，然後所施均平，而多者不偏多，寡者不偏寡也。「謙謙君子」，卑以自牧也。牧，如「牧牛」之「牧」，常常看顧，不令亡失也。程子曰：「自牧，自處也。」「鳴謙，貞吉」，中心得也。中心有得於謙，而外發爲聲也。「勞謙君子」，萬民服也。功勞及於天下之萬民，而退讓不居，宜其民之心服也。萬民服，謂「有終」而「吉」也。萬民以卦之五陰言，陰爲民。「萬」者，極言其數之多也。以一卦，則五數爲至多；以天下，則萬數爲至多。「无不利，撝謙」，不違則也。既「无不利」矣，而又撝示其謙於下，不違於謙之則也。則，謂理之當然，可以爲法者。「利用侵伐」，征不服也。不服，謂上六。上六應九三，而居六五之上，有恃三陵五之象。然體順質柔，非强抗跋扈也。但謙之時，无有不附，雖九三之大功，亦止於下，小大帖然，獨上六自尊高而不屈下，斯爲不服之人耳。如此，則上六之罪，不可以不侵伐而往正之。蓋以五柔順得中之君，人之視之，易失之慢易，若不略振威武，則不及而非中矣。然其侵伐也，非進兵求勝也，彼能服罪則已矣。往正其罪，有征无戰，故曰「征不服也」。「鳴謙」，志未得也。可用「行師」，「征邑國」也。上六之志，常欲自伸而不肯下人，其「鳴謙」於九三也，畏其勳勞之大，權勢之重，不得已而然，故曰「志未得也」。其於六五之君也，蓋如邑國之臣，自爲尊高，而不入王朝，故用師征之而可。《傳》曰：「一不朝則貶其爵，再不朝則削其地，三不朝則六

❶ 此以下當闕注文，四庫本、薈要本標有「闕」字。

師移之。」此先王行師征邑國之制也。

【傳】三之十五，凡八十八字。裒，蒲侯切。稱，尺證切。施，申志切。【注】稱量，並平聲。慢易，以豉切。

雷出地奮，此釋坤下、震上也。雷者，地之陽氣薄於陰而有聲。方陽氣之消而始生也，則此氣在於地中，伏藏而无聲，「雷在地中」是也。及陽氣之長而既盛也，則此氣出於地上，奮發而有聲，「雷出地奮」是也。豫，此重卦之名。豫者，和緩悦樂之意。陽氣伏藏於地久矣，一旦發聲，不急遽，不慘戚，故卦名爲豫。先王以作樂崇德，殷薦之上帝，以配祖考。凡作樂者以象其德也。周之世德，卑順抑畏，不務表顯。既得天下之後，作樂以象之，然後昔之遵晦自卑者，今見其崇。項氏曰：「『崇德』猶『章德』也。」澄謂：樂聲之發象雷，周德之卑順象地。殷，盛大也。上帝，即天也。饗燕、朝會、祭祀皆用樂，而其最盛者，則以薦之上帝，而又以祖考配也。謂冬至祀天於南郊，而以祖后稷配；季秋祀帝於明堂，而以考文王配也。上帝象上卦之震，祖考象下卦之坤。樂，指九四一陽而言。五、上皆天也，上者郊外所祀之天，五者廟中所祀之天。三，祖也。二，考也。初者，武王之德也。初與四爲正應，初六之德，章於九四之樂聲，則卑者升而崇。二、三與五、上爲敵應，二、三之祖考，以薦九四之樂，而升配五、上之天也。初六「鳴豫」，志窮「凶」也。小人之志，窮極於其所喜樂也。朱子曰：「窮，謂滿極。」「不終日，貞吉」，以中正也。以其中正，故能見幾而作也。「盱豫，有悔」，位不當也。六三與六二相反者。六二中正，而六三不中正也。「由豫大有得」，志大行也。謂大者之志得行也，即《象傳》所謂「剛應而志行」。六五「貞疾」，乘剛也。「恒不死」，中未亡也。乘剛而有衰弱之疾，則不能制强臣矣。處上卦之中，則天子之名位猶未亡也。「冥豫」在上，何可長也？豫既終極，何可以長處此樂也？故必改變其所已成者。

【傳】三之十六，凡七十七字。【注】長而，知兩切。悦樂、喜樂、比樂，音洛。

澤中有雷，此釋震下、兑上也。雷者，陽氣出地，薄於陰而成聲。澤中安得有雷哉？《易》之六十四《大象》，皆實有，非虛言也。或求此卦實有之象而不得，則以爲虛。試以人閒所嘗有之事，得於耳目聞見之實者言之，嘗一人家，白晝霹靂一聲自臺柱中出，視之，則有一龍飛去。又一人家，白晝霹靂一聲自鼓中出，視之，亦然。蓋神龍所養已熟，形質查滓銷盡俱无，惟有一團純陽之氣，莊子所謂「聚則成體，散則成胎」者，故能出入有无，靜則潛於柱閒、鼓閒而人不見，動作衝破陰氣，而成霹靂之聲也。雷者，陽氣所爲。此龍乃陽氣之聚，其潛於澤中之時，龍之所在，即雷之所在也。雷之與龍，一也。故震爲雷，亦爲龍。但地處之雷，❶則地之陽氣所成；而此澤中之雷，則龍之陽氣所成。均是陽氣所成之雷，然惟神龍能如此。若凡龍，則水獸爾，不能爲雷也。神龍所居之靈湫，其水清澈，不容穢濁，每喧污，輒興雲雨，所謂「澤中有雷」者，此也。**隨**，此重卦之名。水動而常流者也。澤中之水，則止而不流。雷動而有聲者也。澤中之雷，則静而无聲。以雷之動，隨澤而静，故卦名爲隨。

君子以嚮晦入宴息。嚮，如「夜嚮晨」之「嚮」。晝爲明，夜爲晦。入，謂居於內。雷行天而動者也，然亦有居澤而静之時，是以人之動，亦當有時而静也。君子晝則動以勤其事，夜則静以安其身，故嚮晦之時，入居於內，而宴安休息。謂夜而寐也。人之寐，猶雷之蟄也。嚮晦，象日在兑方而將晦。入，象震之在內卦。宴息，象震之動極而靜。初、二、三，震之動也。二、三、四互艮，動而止也。

「官有渝」，從正吉也。「出門交有功」，不失也。近舍私係，上從正應，所以「吉」也。不失，謂初以九四爲交，則不失所可隨之人也。異乎六二之「失丈夫」、六三之「失小子」者矣。

「係小子」，弗兼與也。二之中正，非必果背五嚮初也，但以其近比，易於牽係，儻若係此，則必失彼，二者弗能兼與也，故爻辭示戒云爾。程子曰：「戒人從正當專一也。」

「係丈夫」，志舍下也。「下」謂初，取四則舍初也。

「隨有獲」，其義「凶」也。「有孚在道」，「明」功也。天理之宜爲義。「其義凶」謂凶者固其宜也。「明功」謂賢明之功，即初九爻辭所謂「有功」也。

「孚于嘉，吉」，位正中也。二之位正而中，故曰「嘉」。

「拘係之」，上窮也。窮，極也。在上爲隨之極，故其固結不解如此也。

---

❶「處」，四庫本作「中」。

【傳】三之十七，凡七十字。舍，音捨。【注】近舍，同。背，音佩。易，以豉切。

山下有風，此釋巽下、艮上也。地之理，山爲牡，川爲牝。牝者，水之所歸。牡者，氣之所行。氣之行在山腹之內，❶故曰「山下」。然有養物之氣，有賊物之氣。養物之氣，溫煖和緩，烘烘如烝者，謂之火。賊物之氣，冷清勁急，拂拂如吹者，謂之風。「山下有風」者，謂山腹之內，有此賊物之風也。蠱，此重卦之名。蠱，敗壞也。山下有風，其氣賊物。內氣冷清，則外壤枯朽，其山崩圮童禿，草木之生不遂，故卦名爲蠱。君子以振民育德。蠱之象非美也，君子以之，則取其美風在內，而能振動外物，則象之以振動其民；山在外，而能涵育內氣，則象之以涵育其德。「振」者，作興彼之善，新民之事也。「育」者，培養己之善，明德之事也。「育德」以山下取象，與蒙卦同。「幹父之蠱」，意承考也。陰柔豈能幹父之蠱哉？然其意，亦欲承父之志焉爾，才雖不足，意則可嘉也。「幹母之蠱」，得中道也。長女暫當家，則少女專奉母，得時中之道也。「幹父之蠱」，終「无咎」也。以陽剛幹父之蠱，終不變爲陰柔，則「終无咎」。「裕父之蠱」，「往」未得也。「往未得」者，稺弱故也。「幹父用譽」，承以德也。有柔剛適中之德，故能幹父而用譽。蓋以德而承父之志也。初六、六五皆才不足，故初六之「意承考」，其承之也，有其意而已，非有其才也；六五之「承以德」，其承之也，以其德而已，非以其才也。夫承者，固子道之宜，然陰柔事親之道爾，陽剛事親之道則異乎是。啓賢能敬，承繼禹之道，此以賢嗣聖，陰柔之道也。善繼人之志，善述人之事，周公成文、武之德，此以聖嗣聖，陽剛之道也。「不事王侯」，志可則也。言其志之高尚，可爲法則也。

【傳】三之十八，凡六十字。【注】清，七正切。圮，部鄙切。長女，知兩切。少女，詩詔切。夫承，音扶。

澤上有地，此釋兌下、坤上也。若西海、北海之濱，大澤之上而有高地也。臨，此重卦之名。大澤之上而有高地，下臨深海，故卦名爲臨。君子以教思无窮，

❶「腹」，原誤作「睫」，今據薈要本、四庫本改。

容保民无疆。教，謂教之以義。其教也，思之所及深遠長久，无有窮已之時。容保，謂容保之以仁。其容保也，尺地一民，皆被其惠澤，无有疆界之限。「教」者，兑澤之所漸。「民」者，坤地之所有。思，如澤之漸入於地中。容保，如澤之四周於地外。「无窮」者，如澤水之不涸。「无疆」者，如坤王之至廣。師卦以地水容畜坤地爲容民，臨卦以兑澤容保坤地爲容保民。「咸臨，貞吉」，志行正也。陽在四，而下感以臨初，其「貞吉」者，以君之志下行於民，而得其正也。「咸臨，吉，无不利」，未順命也。陽在五，而下感以臨二，必如此而後「吉」且「无不利」者，蓋以二陽雖長，四陰猶盛，民未順君之命，必自降下，以感其民。此盤庚之斆于民，而命衆悉至于庭者也。「甘臨」，位不當也。「既憂之」，咎不長也。以不正，故爲媚説之態。先雖媚説，而後能憂，則始雖有咎，而其咎不長，故可「无咎」也。「至臨，无咎」，位當也。四剛下初，爲「至臨」，故初柔得以升四，而當其位。「大君之宜」，行中之謂也。以五之中，而下行於二也。「敦臨」之「吉」，志在内也。内二剛也。志在順乎内之二剛，以俟其進，故吉。

【傳】三之十九，凡七十二字。思，息嗣切。【注】漸，兹僉切。涸，曷各切。雖長，知兩切。媚説，音曰。

風行地上，此釋坤下、巽上也。觀，此重卦之名。風之徧行地上，如人之徧行地上而游觀，故卦名爲觀。先王以省方，觀民設教。巡省四方，象風之行於地，觀民俗之如何，而設教以示之。「觀民」，象風之吹萬不同。「設教」，象風之因萬竅而成聲。「方」、「民」，坤之象。「教」，巽之象。省之、觀之者，由上觀下也。設之者，使下觀上也。

初六「童觀」，小人道也。程子曰：「所觀不明，如童穉，乃小人之分，故曰『小人道也』。」「闚觀女貞」，亦可醜也。項氏曰：「婦人之目，所闚者狹。婦无公事，所知者蠶織。女无是非，所闚者酒食。此在女德，爲不失。男子而寡見謏聞，則可醜矣。」「觀我生，進退」，未失道也。釋臨九二曰「未順命」，謂二剛浸長，而猶必俯就其民。蓋以四陰猶盛，而民或未順君命也。釋觀六三曰「未失道」，謂六三從六四同進消陽。然觀六四而爲進退，四猶臣順，而三亦未失臣道也。「未順命」，慮之之辭。「未失道」，幸之之辭。「未順」，言終不能以不順也。「未失」，言終不保其不失也。臨進爲泰，則未順者順矣。觀進爲剥，則未失者失矣。「觀國之光」，尚賓也。言上進以朝貢于王，而爲賓也。「觀我生」，觀民也。五爲四之君，四爲五之民。五觀四之所爲者，觀民之向背、逆順何如也。「觀其生」，志未平也。小人長盛，君子孤危。上九自觀其身，圖以免禍，其志未得帖然安平而无憂患也。

【傳】三之二十，凡五十九字。【注】之分，扶問切。謏，音小。浸長、長盛，知兩切。朝貢，音潮。背，音佩。

電雷，此釋震下、離上也。電在前，而雷繼其後也。卦畫以下爲先，而上爲後，時之先後也。卦象以上爲前，而下爲後，位之先後也。噬嗑；此重卦之名。既開爲電而有光矣，又合爲雷而有聲。既開又合，猶噬之而使開者合也，故卦名噬嗑。先王以明罰勑法。明者，辨別精審之意。勑者，整飭嚴儆之意。「明」象電光，「勑」象雷威。罰者，一時所用之法。法者，平日所定之罰。一時所用之允當者，示平日所定之信必也，故明其罰所以勑其法。「屨校滅趾」，不行也。於初而「屨校滅趾」者，未經鞠問之人，以此拘留之，令其不得行去，終獲釋免也。「噬膚滅鼻」，乘剛也。以至柔乘至近之剛，故噬之易而膚滅其鼻也。項氏曰：「他卦以乘剛爲厄，噬惡者以乘剛爲利。二最易噬，又乘剛焉，如膚在齒上。」「遇毒」，位不當也。位之不當在肉，爲不正之臭味，所謂「毒」也。「利艱貞，吉」，未光也。初九以六二之易噬有易心焉，遂至滅鼻。若九四之難噬，則非可易者，故戒以艱貞而後得吉，是其道之未光也。「貞厲，无咎」，得當也。乾肉之堅，難噬也，故貞厲。黄金之得，爲得其所當，故无咎。「何校滅耳」，聰不明也。由其耳之不聰，不聞善言，故怙終極惡，以致受罪也。

【傳】三之二十一，凡五十三字。「電雷」，舊本作「雷電」。程子曰：「象无倒置者，疑文互也。」朱子曰：「當作『電雷』。」今從之。【注】別，彼列切。易，以豉切。

山下有火，此釋離下、艮上也。麗於物，而其燄炎熱者，有體之火。未麗於物，而其氣温暖者，无體之火。「山下有火」者，山腹之内，有此无體之火也。醫書六氣論，火分爲二，有君火，有相火，而以温暖之氣爲君火，炎暑之氣爲相火。邵子謂，火半隱半見。蓋隱而无體者，君火；見而有體者，相火也。易之以火爲象凡十卦，惟賁卦之火是以君火言。賁，此重卦之名。草木暢茂而光華爲「賁」。古文《書》曰：「賁若草木。」火者，温暖之氣，能養萬物。山下有此火氣藴藏於内，則山上之草木暢茂，賁然有光華，故卦名爲賁。君子以明庶政，无敢折獄。朱子曰：「庶政，事之小者。折獄，事之大者。」項氏曰：「賁之用，可以明庶政，而不可以折獄。」澄謂：「明」者，離之明。「无敢」者，艮之止。「庶政」，又艮象，猶山中之多庶物也。「折獄」，又離象，猶火光之能照見也。交互取象，其明但可用於艮之庶政，止而不敢用於離之折獄也。「舍車而徒」，義弗乘也。「義弗乘」六二之車者，蓋以就賁於所比之陰柔爲非義也。「賁其須」，與上興也。程子曰：「須隨頤而動者，繫於所附，與上同興也。」「永貞」之「吉」，終莫之陵也。陵，謂漸卑迤也。九三與上九同位，山之高也。若降在六二，則與六五同位，陵之卑也。六四，當位疑也。「匪寇，婚媾」，終无尤也。六四當居其位，非有可疑者也。其始也，初九疑之而不親；其終也，知其匪寇，乃婚媾也，則无尤之意，而與之爲應矣。六五之「吉」，有喜也。聘幣之至，可喜之事也。「白賁，无咎」，上得志也。上復反爲泰之九二，故得志。

【傳】三之二十二，凡六十八字。折，之舌切。【注】相火，悉亮切。半見，火見，❶賢遍切。

山附於地，此釋坤下、艮上也。山高聳於地者也。山之下址朽蝕銷圮，則山之上頂頹塌陷下，而附著於地也。剥，此重卦之名。程子曰：「山高起於地，而反附著於地，圮剥之象，故卦名爲剥。」上以厚下安宅。下，謂民也。宅，謂君之所居也。民在下，爲君之基，猶地在下，爲山之基也。地基厚於下，則山安於上。民基厚於下，則君安於上。故居上者厚其下，所以安己之宅也。「下」者，坤象。「宅」者，艮象。「厚」者欲其如地，「安」者欲其如山也。「剥牀以足」，以滅下也。「滅」與爻辭「蔑」字同義，非滅没、

❶「火」，原誤作「大」，今據四庫本改。

滅息、滅絶之滅。剥其足者，謂削蔑其下也。「剥牀以辨」，未有與也。丘氏富國曰：「與，應也。凡陰陽相應爲有與，困九四應初六，言『有與』是也。陰陽不應爲无與，井初六不應六四，言『无與』是也。咸六爻皆應，則謂之『感應以相與』。艮六爻皆不應，則謂之『敵應不相與』。剥之『未有與』者，言當剥之時，在上未有以應陰，无以止陰之進也。大凡小人爲害，使其閒有一君子與之爲應，以遏止之，則猶有所顧忌，而不敢肆。惟其『未有與』，此剥道所以進長，而不可救也。聖人於此，不謂之『无與』，而謂之『未有與』，蓋不忍陰柔之害正，而猶冀有以止之也。」澄案：丘説是也。初六之「剥足」，惟「无與」也。故剥遂至於四。使六二之「剥辨」而「有與」，則剥不及五矣。唯其「未有與」，故剥遂至於五。若六三之「剥之」，唯其「有與」也，上九之所以不剥也。「未有」云者，言六二之所未有，至六三而後有也。蓋傷「有與」之不蚤，而僅能存一陽也。「剥之无咎」，失上下也。程子曰：「其所處與上下諸陰不同，是與其同類相失，於處剥之道爲无咎，如東漢之吕强是也。」「剥牀以膚」，切近災也。程子曰：「剥及其膚，切近於災禍也。」「以宫人寵」，終无尤也。程子曰：「羣陰剥陽，以至於極。六五若能長率羣陰，駢首順序，獲寵愛於陽，則終无過尤也。」「君子得輿」，民所載也。「小人剥廬」，終不可用也。「民」謂五陰。小人得之，有「剥廬」之象。雖卦已至終，其占不可用也。項氏曰：「協韻蓋用有以音。」

【傳】三之二十三，凡六十八字。【注】圮，部鄙切。塌，託合切。著，直略切。進長、長率，知兩切。

雷在地中，此釋震下、坤上也。一陽初生於地中，未能爲雷也，而曰雷者，春時之雷，即此初生之陽所爲也。復，此重卦之名。復者，還反也。十月純坤，陽氣消盡，則无能爲雷者矣。爲雷之陽，初生於地中，猶既去而來還也，故卦名爲復。先王以至日閉關，商旅不行，后不省方。關者，四郊之門。至日一陽初生，故閉關不開，商旅不通行，則外者不入内；人君不巡狩，則内者不出外。蓋欲地上安静，以養地下初動之陽也。「至日」，震一陽之象。「閉關」，坤闔户之象。「商旅」者，坤爲衆之象。「行」者，震爲大塗之象。「后」者，震爲君之象。「方」者，坤爲國土之象。項氏曰：「外之人未可行，内之君未可出，皆象雷之在地也。」

「不遠」之「復」，以脩身也。程子曰：「『不遠之復』者，君子所以修其身也。學問之道无他也，唯其知不善則速改以從善而已。」

「休復」之「吉」，以下仁也。六二陰變而復於陽，猶未善者變而復於善。處己中正，芘蔭及人，仁者之事也。能使初九初復之陽依附以休息。占之吉者，以六二之仁，而初九下之也。「下」謂初九處六二之下，尊之使在上也。舊注皆以初九爲仁，而六二下之。案：他處凡言「下」者，皆謂在其下也。《彖傳》隨卦「剛來而下柔」，初剛在二柔之下也。咸卦「男下女」，艮男在兑女之下也。《象傳》屯初九「以貴下賤」，初九貴，六二賤，而初九在六二之下也。未有在其上而曰「下」者。復之六二處初九之上，而曰「下仁」，與他處所言之例不合，注家之意，欲尊初九一陽之復，不知中正之六二變剛爲二陽之復，尤可尊也。

「頻復」之「厲」，義「无咎」也。「頻」雖有「厲」，復則能補過矣，故於「義」爲「无咎」也。

「中行獨復」，以從道也。道者，所行之路也。遵其故道而還曰「復」。「獨復」者，以其在五陰之中，獨能從初九所行之道而上也。

「敦復，无悔」，中以自考也。考，成也。程子曰：「五處中而體順，能敦篤其志，以中道自成，可以无悔。自成，謂成其中順之德。」

「迷復」之「凶」，反君道也。「反」字與《彖傳》「剛反」、《同人·象傳》「困而反則」、《序卦傳》「窮上反下」、古文《尚書》「乃反商政」之「反」同。上六之迷，其失君道久矣，其復者，欲復反于君道也。然爲君之道甚難，既失，豈易復哉？迷而後復，雖欲反于君道，其凶莫可救也。

【傳】三之二十四，凡六十九字。【注】豈易，以豉切。

天下雷行，此釋震下、乾上也。言普天之下，雷之行无不徧，而六合之内，物之衆无不聞也。案：卦之有雷者，凡十五。二雷及與雲、雨、電、風並者，共七卦。皆言其名，而不言其處。澤中，地中，雖言其處，然无聲之雷也。山下，天上，雖是有聲之雷，然一則幽潛而未及，一則亢極而已過。至若澤上之雷，閒或有之，而不常有。皆非可以人閒常聞之雷一概論。有其聲，有其處，人閒所常聞者，惟山上之雷，出地之雷，天下之雷三象而已。山上、出地之雷，此處所聞，他處不徧聞也。雖二雷之洊其聲，不過百里之遠。唯「天下雷行」，則是雷徧行於天下，而无一處之不聞，與「風行地上」之象同。彼謂風徧行於地之上，而无一處之不被也。故唯二象以「行」字言。**物與无妄**，此重卦之名，而加以「物與」二字者，无二字則辭義不達也。「物」兼人及動植而言。普天之下，雷皆徧行，无一物不聞其聲。聞之者，雖庸愚之人，莫不恐懼，而心无妄思，身无妄爲。有知无知之物，一同驚駭振動，而无有所私，皆无妄也，是物物而與之以无妄矣，故卦名无妄。**先王以茂對時育萬物。**茂、懋通，勤勉之意。上奉天時以行政令，使无一民不得其所，无一物不遂其生也。天有四時，萬物出乎震，故「時」屬乾，「萬物」屬震。上之時而對之以在下之震，下之物而育之以在上之乾。**「无妄」之「往」，得志也。**「得志」釋「吉」字。程子曰：「誠之於物，无不能動。以之修身則身正，以之治事則事得其理，以之臨人則人感而化。以无妄而往，无不得其志也。」**「不耕穫」，未富也。**「富」謂陽實也。二陰未實，❶往資於五以實之。聖人慮其有妄求之心，故以「不耕」示戒。雖「不耕」而終必有「穫」者，蓋以其未能如陽實之富，必至有穫，而後可以爲富也。項氏曰：「《小畜》九五『富以其鄰』，《泰》六四、《謙》六五『不富以其鄰』，❷《升》上六『消不富也』，皆以陽爲富，陰爲不富。无妄之六二進於陽矣，但未純耳，故曰『未富也』。」**行人得牛，邑人災也。**其得者，无妄之福；其失者，无妄之禍。以无妄之人，居无妄之時，災、福非可以妄而致也。**「可貞，无咎」，固有之也。**六三之爲无妄者，己无一善可稱，賴上下夾持之益，而不至於妄。若九四之「可貞，无咎」，則其剛實无私之善，乃己固有之，而非資於人者也。**「无妄」之「藥」，不可試也。**試，猶用也。「不可試」者，深戒其用藥治療也。**「无妄」之「行」，窮之災也。**朱子曰：「上九非有妄也，但以其窮極，而不可行爾。」

【傳】三之二十五，凡六十二字。

天在山中，此釋乾下、艮上也。天无處不有，凡虛空處皆天也。高山之下，嵌洞之中，隔絶人世，而其中空曠，可見日月，有晝有夜，方外之人謂之洞天者，是爲「天在山中」也。**大畜**，此重卦之名。天至大之物，而藏畜於一山

❶「陰」，原誤作「陽」，今據文義改。

❷「五」，原誤作「四」，今據《謙》六五爻辭及項安世《周易玩辭》卷五《无妄》「未富也」條改。

之中，是其所藏畜者大也，故卦名大畜。君子以多識前言往行，以畜其德。識，謂記之於心。「德」大於「前言往行」，猶天之大於山也。以外之所聞、所見，而涵養其中至大之德，猶山在外，而藏畜至大之天於中也。「前言往行」象山中實藏之多，「德」象天之大。「有厲利已」，不犯災也。程子曰：「有厲則宜已，不犯災危而進也。」「輿説輹」，中无尤也。程子曰：「輿説輹而不行者，蓋處得中道，動不失宜，故无過尤也。善莫善於剛中。柔中者，不過柔爾。剛中，中而才也。初九處不得中，故戒以有危宜已。二得中，進止自无過差，故言『輿説輹』，謂不能下行也。」「利有攸往」，上合志也。程子曰：「上九與三合志上進也。」六四「元吉」，有喜也。元德之人，能以陰柔遜其功，有可喜者也。六五之「吉」，有慶也。剛在外而主夫柔，柔在下而遜夫剛，剛柔俱有福慶也。「何天之衢」，道大行也。「天」謂陽剛。言陽剛之道得行也。

【傳】三之二十六，凡六十二字。識，音志，又如字。往行，下孟切。

山下有雷，此釋震下、艮上也。山内爲陽氣所包，故多雷。每遇天陰雨時，山下懸崖絶深之處，陽氣轟隱而出，俗謂之雷，是爲「山下有雷」也。頤，此重卦之名。山下嵌洞，天陰雨之時，雷聲殷殷在其中。山側有穴，如人頤口象，而雷自中出，騰騰以上於天，是山下有口，如人之頤，爲雷所出入之處，故卦名爲頤。君子以慎言語，節飲食。人之言語自口出，飲食自口入。觀象於頤而慎節之者，朱子曰：「諺云：『禍從口出，病從口入。』」項氏曰：「『慎言語』象雷之藏聲，『節飲食』象山之生物。」澄謂：卦體中虚象口，而義則爲養。雷者，氣也。震在内而口向外，故慎其自内出外之言語，以養氣。山者，形也。艮在外而口向内，故節其自外入内之飲食，以養形。「觀我朵頤」，亦不足貴也。程子曰：「自我爲可賤也。」項氏曰：「『亦不足貴』者，示其本貴也。」六二「征凶」，行失類也。類，謂初九。同體比近，乃其類也。近舍初九，而行求上九，則失其類矣。所求者非其類，所以凶也。「十年勿用」，道大悖也。大，謂上九之陽。六三小人，不足以當君子之養，與上九養賢之道相悖戾也。「顛頤」之「吉」，上施光也。程子曰：「顛倒求養而吉者，蓋得剛陽之應，以濟其事。致己居上之德，施光被于天下，吉孰大焉？」「居貞」之「吉」，順以從上也。六五之但能「居貞」而「吉」者，蓋柔順以從上九，而求養者爾，非陽剛之才，能自養且養人者也，故不可以動而有爲。「由頤，厲，吉」，大有慶也。陽剛之大，能養己以養天下，己與人俱有福慶也。

【傳】三之二十七，凡六十四字。施，申志切。【注】殷，倚謹切。舍，音捨。

澤滅木，此釋巽下、兑上也。木生在澤，木高澤卑。澤水漲溢，浸過木杪，滅没其木，則澤高出於木上，而木低入於澤下矣。大過，此重卦之名。澤之水滅没其木，是水之大過於常時也，故卦名大過。君子以獨立不懼，遯世无悶。君子大過人之事，其獨立不移也，如木在水中，挺特而不傾攲；其遯世不見也，如水過木杪，淹没而不呈露。不懼於内而无悶乎外，猶木不動摇，而任水之淹浸也。蔡氏曰：「『獨立不懼』，巽木象；『遯世无悶』，兑説象。」「藉用白茅」，柔在下也。柔而又在下，故畏謹過甚。「老夫」、「女妻」，過以相與也。「相與」，相應也。二、五應位，❶本不相應。因二變柔，遂相應而爲夫妻。其相與之情，過於常也。「棟橈」之「凶」，不可以有輔也。車輻之弱，則縛木於兩旁以爲輔。九三之有九二，如車輻之有輔也，可以培補其橈處，❷而三不受益，輔无所施，故云「不可以有輔」也。❸「棟隆」之「吉」，不橈乎下也。下，謂初也。不橈乎下，謂不因下之弱而至於橈也。蓋九三之橈，以在上正應之弱；九四之不橈，❹以在下正應之弱。然三不得二之輔，則遂以上之弱而橈；四能得五之輔，則不以下之弱而橈也。❺《象傳》於三不言橈乎上，於四不言有五之輔，互相備也。「枯楊生華」，何可久也？「老婦」、「士夫」，亦可醜也。程子曰：「枯楊而生華，安能久乎？老婦而得士夫，亦爲可醜也。」「過

❶「應位」，四庫本作「皆陽」。
❷「其」，四庫本無此字。
❸「也」，四庫本無此字。
❹「九四之不橈」，原作「故九四之橈」，今據四庫本改。
❺「下」，原誤作「上」，今據薈要本改。

涉」之「凶」，不可「咎」也。與初皆爲卑下以事陽者，上六不幸而遇凶，其「无咎」則與初一也。

【傳】三之二十八，凡六十八字。【注】下見，賢遍切。

水洊至，此釋坎下、坎上也。洊，再也。「洊至」者，一水至，又一水至也。習坎，此仍羲皇八卦之名，而爲重卦之坎上加「習」字，以別於八卦之坎。舉此一卦爲例，而離、震、艮、巽、兑五卦不復加者，可類推也。君子以常德行，習教事。始終如一之謂「常」，一再不已之謂「習」。「常」、「習」以象二坎之重。「德行」者，德之行。「教事」者，教之事。「德行」者，一君之所進修。九二如此，九五又如此，常其德行也。「教事」者，二民之所視效。初、三如此，四、上又如此，習其教事也。「習坎」、「入坎」，失道「凶」也。程子曰：「柔弱无援，而處不得當，由習坎而更入坎窞，『失道』也。」「求小得」，未出中也。一陽未能出於中，而脱險陷。變爲小陰，則成坤順，故得所求。「來之坎坎」，終无功也。用事則終必无功，故勿宜用。「樽酒簋貳」，剛柔際也。五剛四柔，相交際而結好也。「坎不盈」，中未大也。二、五皆取剛變爲柔之義。蓋剛中而不能出險，亦與陰柔同也。❶九二之經曰「求小得」，謂其求得，而不免爲陰柔之小也。九五之傳曰「中未大」，謂其居中，而未能爲陽剛之大也。上六失道，「凶三歲」也。失道，謂民而敢乘君也。

【傳】三之二十九，凡六十字。「樽酒簋」下，❷舊本有「貳」字。案：陸氏《釋文》无之，今世所行張弧、陸希聲皆同。❸

明兩作，此釋離下、離上也。明，謂大明日也。「作」猶「起」也。「兩作」者，一明起，又一明起也。古人言，十日並出。自甲至癸爲十日，甲之旦，一日出，乙之旦，又一日出，爲並出。此言「明兩作」，猶彼言日並出也。離，此仍羲皇八卦之名，而爲重卦之名。大人以繼明照于四方。「大人」者，有大德，居大位之人。「繼」者，先後相

❶「陰柔」，四庫本作「柔陰」。
❷「簋」，原誤作「㔶」，今據薈要本、四庫本改。
❸「弧」，原誤作「諔」，今據傳世吕祖謙《周易音訓》改。

續，象二離之重明，指中虛之二畫而言。六二之明于下地，六五之明又上於天，二明相繼也。「四方」者，指四陽畫而言。初爲東，三爲南，四爲西，上爲北。項氏曰：「『繼明』如言聖繼聖。」程子曰：「凡以明相繼，皆繼明也，舉其大者，故以世襲繼照言之。」「履錯」之「敬」，以辟「咎」也。項氏曰：「邪正錯然並陳於前，欲其敬者，未論求福，且欲辟咎也。」「黄離，元吉」，得中道也。程子曰：「『元吉』者，以『得中道』也。不云正者，離以中爲重，所以成文明由中也，正在其中矣。」「日昃之離」，何可久也？程子曰：「日既傾昃，明能久乎？明者知其然，故求人以繼其事，退處以休其身，安常處順，何足以爲凶也？」「突如其來如」，无所容也。亂臣賊子，人人得而誅之，无所容於天地之閒，必无幸也。六五之「吉」，離王公也。繼明而照四方，上則麗于一王之位，下則麗于羣公之國。「王用出征」，以正邦也。邦，謂侯國。征者，所以正不臣順之邦也。

【傳】三之三十，凡六十二字。辟，皮二切。

易纂言象上傳第三

易纂言象下傳第四

象下傳第四

山上有澤，此釋艮下、兑上也。山頂之上，而有容水之澤也。咸，此重卦之名。澤在上而水下潤於山，山在下而氣上蒸於澤，此二氣之交感也，故卦名爲咸。君子以虚受人。澤虚容水於上，以虚而能受在下山氣之蒸；山虚含氣於下，以虚而能受在上澤水之潤。故君子象之，而以虚心受人之諫教也。上六之耦，澤之虚也。四、五之實，所受山氣之蒸也。初、二之耦，山之虚也。九三之實，所受澤水之潤也。「咸其拇」，志在外也。外，謂四。四之志不在初，而初之志則在四，初善矣。雖「凶」，「居吉」，順不害也。順，謂順理静守。以俟正應爲順理。「咸其股」，亦不處也。志在隨人，所執下也。隨人，謂隨己之人。范氏大性曰：「處，止也。艮之德止，而今不能然。二欲從三，三亦志於得二。三居二之上，故云『所執下也』。艮體在他卦，近爻亦不相取，而此不然者，居感之時故也。」「貞吉，悔亡」，未感害也。「憧憧往來」，未光大也。凡相感以情者利，相感以僞者害。四感初正應，是相感以情，而未感於害者也。若變其剛，憧憧然與五相感，則非公正无私之感，未可以爲充實有光輝之大也。「咸其脢」，志末也。李氏鼎祚曰：「『末』猶『上』也。『志末』者，謂五志感於上也。」「咸其輔頰舌」，滕口説也。滕，騰通。「滕」猶「播」也。《國風》曰：「士也罔極，二三其德。」《離騷》曰：「初既與子成言兮，後悔遁而有他所。」滕之口説，蓋如此也。

【傳】四之一，凡七十一字。

雷風，此釋巽下、震上也。恒，此重卦之名。雷發聲於卯中，收聲於酉中。一年之閒，唯半年有雷風，則盛治之世，五日一風。或風多之時，恒風者有矣。雷不恒有，而風恒有。雷不兼風，不能恒也。雷而以風濟之，則恒矣，故卦名爲恒。君子以立不易方。雷之起，每歲各有方。

風之起，八節各有方。周則復始，常然而不易。故君子之自立，而不易其方者，象之。曰：「雷風所起之方，雷則每歲不同，風則每節不同，非一方矣，豈所謂「不易」者哉？君子所立之方，如此其可乎？」曰：「正如此也。」項氏曰：「『立不易方』，方之所在則立焉，非一方也。」程子亦曰：「『恒』非一定之謂。一定，則不能恒矣。唯隨時，乃常道也。」澄謂：「立不易」，象二、五之居中。「方」，象初、三、四、上之分布於内外。「浚恒」之「凶」，始求深也。始，謂卦之初畫，猶婦歸夫家之始也。始歸而即求深入，不出以相夫而克家者。九二「悔亡」，能久中也。有悔而悔亡者，以能常久於中，而不過剛也。「不恒其德」，无所容也。不得以恒久其飲食之德者，以悍戾被出，而无所容其身也。久非其位，安得「禽」也？非其位，謂居柔。丈夫以剛爲有才，居柔，則是无才也，安能得禽哉？「婦人貞吉」，從一而終也。「夫子」制義，從婦「凶」也。以柔中順從一夫，終身主饋者，此婦人正主事之吉也。爲夫子，則當以剛裁制事理之宜，不主故常，乃爲男子之正主事。若亦如婦人之從一而終，則凶矣。「振恒」在上，大无功也。陰柔而振奮於上，雖變爲陽剛之大，而亦无能强之功也。

【傳】四之二，凡六十字。【注】相，悉亮切。

天下有山，遯。此釋艮下、乾上也。遯，此重卦之名。山高有侵天之勢，天行不息，有似逃避而去之，故卦名爲遯。君子以遠小人，不惡而嚴。天行在上，非有意於遠山，而山止於下，自不能近。此「遠小人，不惡而嚴」之象。艮二陰之浸長，小人也。乾三陽上進而遠去，遠之也。乾三陽之剛健，嚴也。下與艮之一陽合而爲同類，不惡也。項氏曰：「艮爲少男，故小。乾爲君、父，故嚴。」「遯尾」之「厲」，不往何災也？以初長之陰，往應上盛之陽，豈能久應？知其危厲，止而不往，則何有於災也？「執用黄牛」，固志也。堅固其志，使之留止，而不肯進也。「係遯」之「厲」，「有疾」憊也。「畜臣妾吉」，不可大事也。係於陰而不能去，猶不去其疾而至於憊，所以爲「厲」。係變陰柔，所以爲「疾」。「畜臣妾」之私恩，不可爲之大事也。「君子好遯」，「小人否」也。君子雖與之和好而亦遯，所以吉。小人則不能然，所以否。「嘉遯，貞吉」，以正志也。以正主事爲志，而无私情也。「肥遯，无不利」，无所疑也。疑，謂滯礙於陰，而爲所惑也。

【傳】四之三，凡七十三字。遠，于願切。憊，步拜切。

雷在天上，此釋乾下、震上也。天无上下，以人所不覩處爲上。雷聲在天之上，極其高也。大壯，此重卦之名。雷聲卑下者，陽氣猶弱也。雷聲高亢者，陽氣盛壯也，故卦名大壯。君子以非禮弗履。「君子」之「非禮弗履」，唯剛健以動者能之。「禮」者，天之理，而其用卑下，乾在下之象也。「履」者，足之所踐，如雷行所過，震在上之象也。「壯于趾」，其「孚」窮也。「窮」謂「征凶」也。以初之恃其壯而猛於進，雖有九四之孚牽引於前，征行則必窮而凶也。蓋曰雖其有孚，亦必困窮。九二「貞吉」，以中也。「中」則无過，不恃其壯而猛進也。「小人用壯」，「君子罔」也。三之用壯，非能如君子之罔也。兩開其端，一則以戒，一則以教也。「藩決不羸」，尚往也。尚，上也。前行无所礙，故得上進而往也。「喪羊于易」，位不當也。六居五，爲「位不當」。變爲剛，則位當矣，故喪羊而无悔也。「不能退，不能遂」，不詳也。「艱則吉」，咎不長也。不詳，謂不詳審藩籬之礙其前而乃很進也。知其艱難不可以進，則吉矣，是其殃咎不至於長也。

【傳】四之四，凡六十五字。【注】很，休懇切。

明出地上，此釋坤下、離上也。日西入於地下則莫，日東出於地上則旦。晉，此重卦之名。日出地上，進進而上，故卦名爲晉。君子以自昭明德。「明德」者，離日之象。「自昭」者，出地上之象。「晉如摧如」，獨行正也。「裕无咎」，未受命也。獨行，謂四不援而進之也。「正」釋「貞」也。「裕」者，不急於求四之孚，故未進而受命於四也。「受茲介福」，以中正也。以六二中正，故能順事六五，而受其福也。「衆允」之志，上行也。衆志同進，故三與二陰進而上行也。「鼫鼠貞厲」，位不當也。以居柔，故如鼠之伏於晝也。「失得勿恤」，往有慶也。有慶，謂陰陽相遇合。「維用伐邑」，道未光也。「道未光」釋「貞吝」。

【傳】四之五，凡六十六字。

明入地中，此釋離下、坤上也。明夷，此重卦之名。日入地下而暗，若明之遭傷然，故卦名明夷。君子以涖衆，用晦而明。項氏曰：「『明出地上』，君子以之自治。『明入地中』，君子以之治人。明而遭傷，本非善事，君子觀之，皆爲有用。用之以居人上，聰明睿知，守之以愚，使小人有所容，君子得以自盡，豈非君子之善道哉？」蔡氏曰：「『涖』，離象。『衆』，坤象。『用晦』，坤象。『明』，離象。」澄謂：「涖衆」者，以離照坤也；「用晦而明」者，以坤養離也。「君子于行」，義「不食」也。明傷之時，君子在路，雖有可食，然以義不當食而不食之也。六二之「吉」，順以則也。六二以柔居中，爲順而有則，故能得强壯之馬，以拯己之傷，而有吉也。「南狩」之志，乃大得也。以陽明獵陰暗，而有所得也。「入于左腹」，獲心意也。五，入于四之腹者，四能得五之心意也。「箕子」之「貞」，「明」不可息也。明雖遭傷，而其明不以傷而遂息，故亦利於正主事也。「初登于天」，照四國也。「後入于地」，失則也。下之明登用于上，則可以照四國；不用而使之入于地，故在上者失其所法則也。

【傳】四之六，凡七十一字。【注】睿知，音智。

風自火出，此釋離下、巽上也。邵子謂火爲風，蓋風者，火氣之所化，火能生風，風自火而出也。火盛則其氣上衝，其猛急飄揚者即風也。家人，此重卦之名。屋下有火炊爨，則屋上有風自突而出。凡有外風自内火而出者，是其家有人居之也，故卦名家人。君子以言有物而行有恒。人之家，必竈有火而後突有風。君子以家之本在身，修身者必「言有物」而後「行有恒」。「言有物」者，言皆有實，而顧其行也。言有實，則行自有恒，而顧其言矣。《洪範》「五事」，一曰言，屬火。言有物，如火之麗於物而傳，故言之有物象火。身所行之行，如行地之風。雷得風而其卦爲恒，故行之有常象風。閑有家，志未變也。程子曰：「閑之於志意未變動之前也。志變而後治，則所傷多矣。」六二之「吉」，順以巽也。六二自上來，得坤順之中畫；上九自二往，成上卦之巽體，能柔順而卑巽者也。

「家人嗃嗃」，未失也。「婦子嘻嘻」，失家節也。「嗃嗃」而改悔，則於治家之道未爲失。否則傷恩，而失治家之節矣。「嗃嗃」下不舉「悔」字，而有其意象。《傳》舉爻辭之例如此者多矣。「富家，大吉」，順在位也。順，謂得坤順下畫。在位，謂以柔居柔，得其正位，故能作配正家，而致王之吉也。「王假有家」，交相愛也。程子曰：「夫愛其内助，婦愛其刑家，交相愛也。」「威如」之「吉」，反身之謂也。言反求諸身，自治嚴肅，故下皆畏之，非以威刑爲威也。

【傳】四之七，凡七十一字。行，下孟切。【注】其行、行自、之行、故行，並同。

上火下澤，此釋兑下、離上也。睽，此重卦之名。火氣炎上，澤水潤下，兩相睽異，故卦名爲睽。君子以同而異。項氏曰：「睽非善事，然有當睽者，同而異是也。二女同居，同也。其志不同行，異也。此人道之當然。其在君子，則周而不比，和而不同，羣而不黨，皆同而異也。同人於異之中見其同，睽於同之中見其異。同，兑説之象也。異，離明之象也。」「見惡人」，以辟「咎」也。項氏曰：「初以四爲惡人，其見之也，辟其爲咎爾，非望其有所行也。」「遇主于巷」，未失道也。里巷之相遇，雖非其所，然所遇者正應，未爲失道也。「見輿曳」，位不當也。「无初有終」，遇剛也。三陽位，六以柔居之，才弱不能進，故「輿曳」。剛，謂上九也。「交孚无咎」，志行也。敵應，本不相與交。既孚，而初之志得行於四，所以无咎也。「厥宗噬膚」，「往」有慶也。二剛噬五之柔，則陰陽相合而有慶矣。「遇雨」之「吉」，羣疑亡也。六三者，上九之正應也。因九四之梗于前，故上九之見六三，疑其如負塗之豕，疑其如載鬼之車，又疑其遭張弧之射，其疑不一，故曰「羣疑」。心疑，則情不親矣，故雖婚媾也，而速遠之，反若寇然。及九四之弧先張後説，柔弱之三與强梗之四既和，則上九之羣疑俱亡，而正應相求，六三、上九之睽合矣。

【傳】四之八，凡六十三字。辟，皮二切。

山上有水，此釋艮下、坎上也。「山上有澤」者，山上有水渟之澤也；「山上有水」者，山上有川流之水也。蹇，此重卦之名。山之峻，已不可躋攀。至山之上，而水之險又不可超越，則不可行而進也，故卦名爲蹇。君子以反身修德。行有不得者，皆反求諸己。前遇險而外不可行，唯當靜止於内，反求諸身，以自修其德也。「反身」，自艮取象。陽止於外，而回顧其内，象「反身」。「修德」，自坎取象。陽在於中，而坎水常流，象中心修爲之不息。「往蹇來譽」，宜待也。宜止於初而待，不宜往也。「王臣蹇蹇」，終无尤也。安於義命，終无所怨尤於人也。「往蹇來反」，内喜之也。内，謂六二。九三反于下，以親六二，而六二亦喜之也。「往蹇來連」，當位實也。六四雖當位，然柔而虛。九三之當位，則剛而實。下連九三，是得當位而實者，爲己之援也。「大蹇朋來」，以中節也。「中節」者，謂九五居中之節。九五往外，而居外卦之中，故九三得以來内，而居内卦之上。九三之所以能來内者，其由蓋以九五之得中也。「往蹇來碩」，志在内也。「利見大人」，以從貴也。内，謂六四。貴，謂九五。

【傳】四之九，凡五十九字。案：鄭本「宜待」下有「時」字，蓋以叶韻故。然《離騷》「徑待」與「爲期」叶，則不添「時」字亦叶韻。

雷雨作，此釋坎下、震上也。解，此重卦之名。雷動乎上，雨降乎下，則鬱結之氣解矣，故卦名爲解。君子以赦過宥罪。雷雨作而解散鬱結之氣，則物被發生之仁。君子以之解散囚繫之人，則人蒙寬大之恩。「過」者震動之愆，「赦」則縱之使去，象雷之忽有遂无。「罪」者坎險之惡，「宥」則減之使輕，象雨之潤漸而不驟。剛柔之際，義「无咎」也。以柔承剛，與之交際，而順從之，合時之宜矣，故曰「義」。九二「貞吉」，得中道也。不過剛，而陰之難解，得中道者能之。「負且乘」，亦可醜也。自我「致寇」，又誰咎也？負擔小人，而乘君子之器，非能爲君子之害也，彼自可醜爾。爲九四之民所寇奪者，彼所自取，非人之咎也。「解而拇」，未當位也。九四以剛居柔，未當其位，是未能純乎君子也，故有「解而拇」之戒。若九二雖不當位而得中，則能獲三狐，而解其難，脱然无所累也。「君子有解」，「小人」退也。近比之初、三既有解，則正應之五自退聽，而三陰之難俱解也。

「公用射隼」，以解悖也。陰不順陽，「悖」也。初、三、五之三陰，九二解之於前，既順乎陽矣，唯上六一陰，悖而未順也，至於終，爲九四所射，而後得以解其悖也。

【傳】四之十，凡六十五字，「自我致寇」，舊本「寇」作「戎」。晁氏曰：「其失自虞始。虞前，皆依爻辭作『寇』。」解悖，隹買切。【注】難，奴旦切。未當、當位，並去聲。比，皮二切。

山下有澤，此釋兑下、艮上也。山之下有澤，非山之邊側有澤也。澤者，瀦水之委，非通流之川，亦非有源之泉所瀦者，死水而已。損，此重卦之名。山下之澤，潤上行而水漸減，故卦名爲損。君子以懲忿窒慾。懲，平之也。窒，塞之也。忿氣之起，如山之高；慾心之留，如澤之深。朱子曰：「觀山之象，以『懲忿』；觀澤之象，以『窒慾』。」項氏曰：「少男多忿，少女多慾，人之所當損者，唯忿與慾。『九思』之終曰：『忿思難，見得思義。』」「已事遄往」，尚合志也。尚，上通。上謂六四也。往益六四，與之合志也。九二「利貞」，中以爲志也。以其中爲志，而益六五，利在自守，不宜行往也。「一人行」，「三」則疑也。疑，謂不專一，无所適從也。《繫辭傳》所謂「致一」是也。「損其疾」，亦可喜也。有喜者初，可喜者四，故言「亦」。六五「元吉」，自上祐也。龜弗克違者，上九祐之也。「弗損，益之」，大得志也。大，謂陽。上九不損下，而能益上，所謂「得志」也。

【傳】四之十一，凡五十九字。【注】委，役僞切。

風雷，此釋震下、巽上也。益，此重卦之名。風雷皆氣也，然風之聲因物而後盛，雷則其聲自盛，奮迅之威甚於風。風得雷則增助其勢，故卦名爲益。君子以見善則遷，有過則改。人之益，莫大於遷善改過。遷善，巽象。巽在外，於人之善，見則遷之，自外而益也。改過，震象。震在内，於己之過，有則改之，自内而益也。遷如風之行，改如雷之擊。❶朱子曰：「遷善當如風之速，改過當如雷之猛。」「元吉，无咎」，下不厚事也。厚，猶言「重大」也。事，作爲之事也。厚事，即爻辭所謂「大作」也。初九所以「元吉，无咎」者，蓋下民小弱之力，不能厚有所事。

❶「如」，原誤作「在」，今據四庫本改。

大作爲以益之，必陽剛之才，自上而來益下者也。「或益之」，自外來也。外，謂九五。「益用凶事」，固有之也。固，猶「故」也。「凶事」急遽，不暇於求人。上九不能下益六三，所謂「益之」，乃六三舊時己所自有之者，而非上九益之也。「告公從」，以益志也。「告」者，告之以求益之志，而初九從之也。「有孚惠心」，「勿問」之矣。「惠我德」，大得志也。在下者受益，而惠其心，不待問筮，而吉可知。大，謂初九之陽。初九，益之主，德被于人，人懷其恩，得遂以己益人之志也。益之初九，即損之上九，皆一卦之主爻，故《象傳》皆言其「大得志」。「莫益之」，偏辭也。「或擊之」，自外來也。「偏」者，徇己而不益人之謂。《大學傳》云：「辟則爲天下僇。」「辟」即「偏」也。六二之「自外來」，謂九五自外而來內，以益六二也。此爻之「自外來」，謂上九自外而來內，以擊六三也。夫子之《傳》如此其明，舊注猶且誤以「或擊之」爲擊上九，而不知其爲擊六三也。

【傳】四之十二，凡七十三字。【注】辟，匹亦切。

澤上於天，此釋乾下、兑上也。凡海岸之上，皆天也。海水湧起高數十丈，是爲「澤上於天」。夬，堤壞而河水泛溢，謂之河決；海水湧起而高出虛空，謂之海決。故澤上於天之卦名爲夬。君子以施禄及下，居德則忌。海決者，災異，非美事也。君子觀其象，既革其不美以爲美，又因其不美以爲戒。海水上湧，則注溉于下，故象之而施禄以及下人；海水盈溢，則湧出于上，故象之而居德則忌滿盛。或以「禄」爲兑象，「德」爲乾象。然兑澤，禄也；乾天，亦禄也。是兑之二陽、乾之三陽皆可象禄。乾健，德也；兑説，亦德也。是乾之三陽、兑之二陽皆可象德。施者自上而施，以至於下，故五而四，四而三，三而二，二而初，陽之禄施，自五始而極於初。蓋上之所施，❶必使及於下，而後止者，欲其溥偏也。居者自下而積，❷以至于上，故初而二，二而三，三而四，四而五，陽之德積，至五止而不極於上。蓋下之所積，不使至于上而過高者，忌其盈溢也。項氏曰：「『居』訓『積』。《書》之『化居』，《易》之『居業』，皆是。漢人猶言『居積』。」「不勝」而「往」，「咎」也。陽盛之時，

❶ 「所」，原誤作「使」，今據四庫本改。

❷ 「自」，四庫本作「在」。

陽居陽位，故戒其輕往。「有戎勿恤」，得中道也。得中，則不恃剛而能惕。能惕則有備，故雖有戎而无憂也。「君子夬夬」，終「无咎」也。君子之夬夬也，不恃其剛，雖和於柔，而終能決去之，故「无咎」，與壯而有凶者異矣。「其行次且」，位不當也。「聞言不信」，聰不明也。位不當，謂以剛居柔，故「次且」。聰不明，謂坎耳塞其内也，故不聰於聽。「中行无咎」，中未光也。夬之主爻比近所決之柔，以其中而无不及，故能引進羣剛，同決一柔。然僅免咎而已，於剛中之道未爲光也。「无號」之「凶」，終不可長也。言一柔在上，終不可以長久，必爲五陽所決去也。

【傳】四之十三，凡七十一字。 施，申志切。

天下有風，姤。此釋巽下、乾上也。天下有風，猶「天下雷行」，言普天之下，覆燾所及，无一處不有此風也。姤，此重卦之名。天之下處處有風，則无一物不與風遇，故卦名爲姤。后以施命誥四方。風徧及乎普天之下，猶君人命令徧及乎四方也。「命」者，巽之命。「施」者，乾之所施。「誥」者，以乾九五所施巽九二之命，由中而達于四方也。「四方」者，下體之初、三，上體之四、上也。「繫于金柅」，柔道牽也。程子曰：「『牽』者，引而進也。陰始生而漸進，柔道方牽也。『繫于金柅』，所以止其進也。」「包有魚」，義不及「賓」也。二之包中，❶既有初之魚，❷其義不能以及於九四矣。「其行次且」，行未牽也。行未牽，謂使九四之行，未能下就初六，而與之相牽聯也。「无魚」之「凶」，遠民也。九四，陽，君也。初六，陰，民也。初不應四，是君不能有其民，而遠其民也。九五「含章」，中正也。「有隕自天」，志不舍命也。「志」者，下之志。「命」者，天之命。「舍」猶「違」也。志壹動氣，能致天命不違己也。謂下之三陽、一陰，能致九五之下臨，而與之遇也。下有志於遇五，故能致天命之不違己志。「志不舍命」，辭意與「遠民」相似。民之遠君，由君使其民之遠也，故不曰「民遠」，而曰「遠民」。天命之不違人，由人能使天命之不違也，故不曰「命不舍」，而曰「不舍命」也。

❶ 「包」，四庫本作「剛」。

❷ 「既」下，四庫本有「包」字。

「姤其角」，上窮「吝」也。處上而窮極其吝者，時位則然，非己之咎。

【傳】四之十四，凡六十六字。遠，于願切。舍，音捨。【注】覆，孚豆切。燾，同冒切。

澤上於地，此釋坤下、兌上也。澤上於地，謂澤中之水溢出岸旁地上也。萃，此重卦之名。西海、北海之濱，澤上有地者爲臨。東海、南海之濱，澤上於地者爲萃。蓋東、南地勢卑下，澤水溢出海岸，淹浸平地，萬有餘里，衆流之歸，悉聚於此，故卦名爲萃。君子以除戎器，戒不虞。除，猶「治」也，又與「儲」通，蓄聚也。戒，猶「備」也。虞，度也。不虞，謂不虞度而至之事也。衆聚之時，❶有備則无患，故除治兵戎之器，以戒備不虞之事也。兌，西方金。三、四、五互巽，巽木外有兌金，「戎器」之象。坤，平地，无險阻可恃，「不虞」之象。坤能儲蓄，兌能戒備。「乃亂乃萃」，其志亂也。謂其志之擾亂也。「引吉，无咎」，中未變也。引之至久者，固守其中而未變也。「往无咎」，上巽也。上從九四，以一陰入于二陽之下，三、四、五互成巽體，故曰「上巽也」。「大吉，无咎」，位不當也。雖是剛畫，以其居柔，則未可謂之大也。「萃有位」，志未光也。雖有陽位，而未能得二之孚，故其志未能光顯也。「齎咨涕洟」，未安上也。未能安於衆人羣聚之上也。

【傳】四之十五，凡五十九字。【注】度，待洛切。

地中生木，此釋巽下、坤上也。地中生木，謂木根生於地中，而未出土者也。升，此重卦之名。木根既生於地中，漸而升以出土，故卦名爲升。君子以順德，積小以成高大。項氏曰：「『順德』，坤也。『積小以高大』，巽也。」澄謂：初六之柔，小也。積，謂自下畫而始。九二、九三之剛，大也。自下升至于上，高也。成，謂至上畫而終。九三，巽體之上畫也，巽爲高。「允升，大吉」，上合志也。上，謂九三。三之志，欲升初，與之合志，故與之易位，而三得以遂其志也。九二之「孚」，有喜也。有喜，謂利且无咎也。「升虛邑」，无所疑也。无所

❶「時」，四庫本作「事」。

疑，謂如入无人之境，无所疑惑、顧慮也。「王用亨于岐山」，順事也。六四，坤之初畫，爲順。九三近比六四，能得坤之順德，以事陰神也。「貞吉，升階」，大得志也。「大」指九二剛畫而言，應五，而上升得志也。「冥升」在上，消不富也。消不富，謂柔畫。剛爲息，柔爲消。剛實爲富，柔虛爲不富。所謂「冥升」，以柔畫之消，而不富者在上也。若剛畫息，而富者升于上，則爲昭升，而非冥升矣。

【傳】四之十六，凡六十三字。「以成高大」，舊本无「成」字。陸德明、王昭素皆云：「一有『成』字。」今從之。

澤无水，此釋坎下、兑上也。水在澤之下，是水漏于下，而澤无水也。困，此重卦之名。水下漏而澤上枯，乏悴之象，故卦名爲困。君子以致命遂志。君子處困窮之時，凡事委之天命，而必遂己志。苟不知命，貪生趨利而改其志，則何以爲君子哉？命自外至，故「致命」以外兑取象；志由內守，故「遂志」以內坎取象。兑一陰乘二陽之上，而得正，命之出於天而正者也。柔説於外，有能委順之意。坎一陽陷二陰之閒，而得中，志之厄於時而不屈者也。剛實於內，有能直遂之意。「入于幽谷」，幽不明也。謂墮落在幽暗不明之地也。「困于酒食」，中有慶也。以其得中，故有福慶也。「據于蒺藜」，乘剛也。「入于其宮，不見其妻」，不祥也。剛，謂坎之中畫。「不祥」者，死將至也。「來徐徐」，志在下也。雖不當位，有與也。下，謂初。志在於拯初也。不當位，謂居柔，故其行徐。有與，謂與初爲正應，行雖徐，終必能就初，而拯其困也。「臲卼」，志未得也。「乃徐有説」，以中直也。「利用祭祀」，受福也。志未得，謂居高不安。中直，即「中正」。改「正」爲「直」，以叶韻。受福，謂其中實也。「困于葛藟」，未當也。「動悔，有悔」，吉行也。「未當」者，所處未得其當也。「吉行」者，能行而去之，則吉也。

【傳】四之十七，凡九十四字。【注】説，音曰。

木上有水，此釋巽下、坎上也。程子曰：「木承水而上之，乃器汲水而出之象。」澄案：《象傳》言「巽乎水而上水」，此《象傳》言「木上有水」。合《彖傳》、《象傳》之義，其爲木器入水而承水以上，无疑。說者乃因彖、爻有「羸瓶」、「甕敝」之辭，則謂古人蓋以陶器汲，而不以木器汲，於是以木爲轆轤、桔槔、井幹之屬。然三物非入水者，亦不可謂三物之上有水，與《彖》、《象傳》意不協。夫陶器、木器皆可汲也，何以知古人必用陶器，而不以木器乎？井，此重卦之名。丁氏易東曰：「以木爲器，汲水而上，井之用也。」澄謂：卦名爲井，以此。或云：木杪抽水以上，❶有井中汲水而上之象。其說雖巧，而不若舊說之安。君子以勞民勸相。井之養人，所及者衆。君子觀其象，教民以相養之道。「勞」者，閔其勞而休息之也。勸，勸勉之意。相，助力也。「勸相」者，使之各勤勉以相助也。商法，八家同井，共耕公田而已。周則私田亦令通力合作，出入相友，守望相助，疾病相扶持，此皆「勸相」之法。各相助力，則民有休息之時。「勸相」者，所以勞其力也。勞民，取坎象。水者，萬物所歸，故《說卦傳》曰：「勞乎坎。」勸相，取巽象。木，本根生枝葉，枝葉芘本根，「勸相」之義。坎之二柔，民也；中一剛，動者而休息於二柔之閒，「勞」之意。巽外二剛，力有餘，能相助人；內一柔，力不足，而能卑巽以下二剛，使之肯來助己，「勸」之意也。「井泥不食」，下也。「舊井无禽」，時舍也。下，謂在六畫之下。井之上出者，爲可食之水；其在下者，爲不可食之泥也。舍，不用也。時所不用，非但人不食，禽鳥亦不來也。❷「井谷射鮒」，无與也。與，謂應。无應在上，故无提挈之以出者。「井渫不食」，行惻也。求「王明」，「受福」也。「行惻」者，欲其得行，故爲之惻然也。王之明者，則必見用而受福。自渫於己，即所以求之之道，所謂「夫子之求之，異乎人之求之也」。「井甃，无咎」，修井也。修，謂甃砌完整也。「寒泉」之「食」，中正也。九五之洌寒而可食者，以其中正也。「元吉」在上，大成也。大，指九三之剛而言。上六能汲之至上，故其陽剛濟物之功得以成也。

【傳】四之十八，凡六十六字。勞，林到切。相，息亮切。舍，音捨。【注】其勞相養、相助、相友、相扶，如字。爲之，云僞切。

❶「抽」，原誤作「柚」，今據四庫本改。

❷「來」，四庫本作「食」，於義似較勝。

澤中有火，此釋離下、兑上也。海爲大澤，萬水所歸。海之尾閭，名曰焦釜之谷，水至其處，如沃焦釜。有火在下，消乾其水，是爲「澤中有火」。革，此重卦之名。水能滅火，而水反爲火所消。以至多之水，悉化而无有，皆改變其常也，故卦名爲革。君子以治歷明時。此變革之至大者也。歷，謂日月、五緯之躔次。時，謂春夏秋冬之代序。推日月而後可定四時，故「治歷」所以「明時」也。「治歷」取兑象，「明時」取離象。治，猶「治水」之「治」，俾軌道秩然而理，如澤之衆流有歸。明，如「火明」之「明」，俾氣候粲然而見，如火之纖微畢照。兑爲巫史，司歷必有其官也。離爲日，定時皆起於日也。「鞏用黄牛」，不可以有爲也。時在初，位在下，上无應援，不可以有爲，但當固守不動也。「己日革之」，行有嘉也。「行」釋「征」，「有嘉」釋「吉」、「无咎」。「革言三就」，又何之矣？之，往也，即「征」之義。九三不當往求上六之應，惟當待上六來就己也。又何之，謂又何待於往也？「改命」之「吉」，信志也。「改命」而「吉」者，二孚於四，是二能信四之志也。「大人虎變」，其文炳也。「炳」者，如火、日之光明也。「君子豹變」，其文蔚也。「小人革面」，順以從君也。九五應離中畫，離爲火、爲日，故其文炳然如火、日之光明。上六應互巽中畫，巽爲木，故其文但蔚然如草木之茂盛，不能如九五之炳然也。小人則變爲柔順，以順從於君，又不能如變爲剛之君子矣。

【傳】四之十九，凡七十字。【注】消乾，音干。

木上有火，此釋巽下、離上也。以木入火，則火然木而起高燄，是爲「木上有火」。鼎，此重卦之名。鼎，烹飪之器。以木入火，而成烹飪之用，故卦名爲鼎。項氏曰：「《鼎》之『木上有火』，猶《井》之『木上有水』，非井、鼎之本形也。水至木杪，爲滋液，象水泉之上出；火至木杪，爲華實，象鼎氣之上蒸。」澄謂：以木之滋液爲水，猶或可通；以木之華實爲火，則迂僻甚矣。君子以正位凝命。「正位」者，敬也。「凝命」者，信也。容貌不敬，則民慢。政令不信，則民疑。「正位」取離象。離爲南面之位，舜之恭己正南面是也。「凝命」取巽象。巽爲命令。「凝」者，凝結而不可解，謂命令之已出者，不可輒改，當堅如金石，信如四時也。二者象鼎之重固，而不可遷也。「鼎顛趾」，未悖也。

「利出否」，以從貴也。足反居上爲悖逆，以其出否，故爲「未悖」。賓，謂四，妾賤而上從其子之貴，則非僭，猶趾顛而傾出其中之否，則非悖也。「鼎有實」，慎所之也。「我仇有疾」，終无尤也。鼎之有實，如人之有道德者也。慎其所往，豈肯自輕而往求於上哉？九二雖不即六五，而六五終无所尤於九二之不我即也。「鼎耳革」，失其義也。鼎耳在五，卦之主也，而變革居三，失其宜矣。非改悔，何能終吉乎？「覆公餗」，信如何也。信，實也。言鼎中之實，竟如何也？「鼎黄耳」，中以爲實也。黄耳中虚，故能受鉉以爲實也。「玉鉉」在上，剛柔節也。不太剛，不太柔，而適其宜，爲「節」。

【傳】四之二十，凡七十字。

洊雷，此釋震下、震上也。一雷之後又一雷，「洊雷」也。震，此仍羲皇八卦之名爲重卦之名。君子以恐懼修省。「懼」甚於「恐」。修省，修而又省也。君子初聞雷聲，既恐而自修矣，再聞雷聲，愈懼而加省焉。蓋慮所修之有未至。取重震之象也。「震來虩虩」，恐致福也。「笑言啞啞」，後有則也。恐，謂「虩虩」。致福，謂致「笑言啞啞」之福。有則，謂不以恐懼而失其常度也。「震來厲」，乘剛也。柔乘初剛，迫近雷威，故危。「震蘇蘇」，位不當也。所居之位不當，故宜行而去之。「震遂泥」，未光也。震雷開而爲電，則有光。遂陷於泥，則未能有離電之光也，故曰「未光」。「震往來厲」，危行也。其「事」在中，大「无喪」也。上行、下行皆危，故曰「危行」。「有事」者在固守其中。柔中居剛，爲大中，故能有守，而億无所喪也。與六二之柔中居柔、小而非大者不同矣。「震索索」，中未得也。雖「凶」，「无咎」，畏「鄰」戒也。中未得，謂九四雷震之聲遂泥，而不得上達，但能驚懼在下之六三而已。雖六五上卦之中，與之比近，且未得至，況上六去九四益遠矣，故其聲索索而盡也。「戒」如「予有戒心」之「戒」，《月令》「有不戒其容止」之「戒」同。畏鄰戒，謂因鄰之戒而知畏也。

【傳】四之二十一，凡七十五字。洊，在薦切。

兼山，此釋艮下、艮上也。一山之外，又一山，「兼山」也。艮，此仍羲皇八卦之名，而爲重卦之名。君子以思不出其位。項氏曰：「兩雷、兩風、兩水、兩火、兩澤，皆有相往來之理，獨兩山並立，各止其所，不相往來。人之至難止者心，能使心之所思，各止其位，不貳、不雜，則可以言止矣。『位』字又見艮上、艮下之象。」澄謂：「思不出其位」者，在下則思止於下，在上則思止於上，取重艮之象也。「艮其趾」，未失正也。能止於下，則位雖不當，猶未至於失其正也。不止而行，則失正矣。「不拯其隨」，未退聽也。二爲三之隨，則當卑退而聽從於三。今乃不然。三所以「不拯其隨」者，以六二自止其止，未嘗退聽於三，而爲之隨故也。「艮其限」，危「熏心」也。五非比、非應，而亦熏及之，則其危甚矣。「艮其身」，止諸躬也。諸，之於也。躬，謂腰膂閒，人鞠躬之處，所謂止其身者，止之於此處也。「艮其輔」，以正中也。中，謂心也。正口之輔者，以此中心也。正中，蓋如《文言傳》「龍德而正中」，舊本作「中正」。朱子曰：「『正』字，羨文。」項氏曰：「姚小彭氏云：當作『以正中』，於韻爲協。」今從之。「敦艮」之「吉」，以厚終也。以敦厚而居卦之終也。

【傳】四之二十二，凡五十五字。「以正中」，舊本作「以中正也」。今倒其文者，從項氏所引姚小彭氏之説。

山上有木，此釋艮下、巽上也。漸，此重卦之名。山上有木，木長一尺，則山亦高一尺，其進以漸，不能遽也，故卦名爲漸。君子以居賢德善風俗。居，猶「居貨」之「居」，謂積於内也。賢德，謂純美之德。善，謂新美之，使未善者善之。風俗，謂因風成俗。進修己德，轉移民俗，皆非一日所能，必以漸而至也。積德取艮山之象，化俗取巽風之象。「小子」之「厲」，義无咎也。項氏曰：「小子居之，危厲不安，但於義无咎，固大丈夫之所安也。」「飲食衎衎」，不素飽也。素，猶「空」也，與《詩》「素餐」之「素」同。待可進而進，非徒飽於飲食以自養而已。「夫征不復」，離羣醜也。「婦孕不育」，失其道也。「利」用「禦寇」，順相保也。羣醜，謂初、二，艮之二民也。《詩》曰：「從其羣醜。」九三往四，則離其民矣。四來居三，則不得正位，是失婦道矣。順，謂二柔。初、二二柔之順，能止九三一剛之動，是能禦止坎之寇也。使三、四不易位，男女各安居，而三、四之有室、有家，得以相保如舊矣。

「或得其桷」，順以巽也。得坤下之順，爲巽下之風。風勢順矣，而猶以卑巽自處，未欲高飛而上。或欲擇桷而棲，進之漸而不急也如此。「終莫之勝，吉」，得所願也。中正相應，乃二、五所願。其合雖遲，終得其所願也。「其羽可用爲儀，吉」，不可亂也。鴻飛之次序不可亂，人以比兄弟之序，其可爲儀者，此也。有釋「儀」爲執鴻羽以舞者，非也。此言飛鴻之羽，豈謂死鴻之羽哉？

【傳】四之二十三，凡八十二字。「善風俗」，舊本无「風」字，今依王肅本。離羣，力智切。

澤上有雷，此釋兑下、震上也。震，雷象，亦龍象。神龍，純陽之氣所聚，潛於澤，爲无聲之雷；神龍自澤起，則陽氣動，而爲有聲之雷，此「澤上有雷」也。歸妹，此重卦之名。神龍飛去，出澤上，澤水從下起立，高湧如屋，從其所至而止，如歸妹之從夫而動，以歸于夫家也，故卦名歸妹。君子以永終知敝。神龍飛去，則澤水湧起以從之。龍既止，澤水亦落矣。龍之飛去者必止，是其終之時也；水之湧起者必落，是其敝之時也。君子觀其象，以物之有始必有終，事之有新必有敝，故必先有以永之，而不使至於終；先有以知之，而不使至於敝也。「歸妹以娣」，以恒也。「跛能履」，「吉」相承也。恒，常也。歸妹以其娣同歸者，乃常事也。六三之娣降爲須，如跛者之能履，其所以吉者，往四而上承六五，以同歸夫家也。娣往承女君，女君受其承，故曰「相承」。「利幽人之貞」，未變常也。幽貞自守，待正配之歸，不私比不正之須，則未變易夫婦之常道也。「歸妹以須」，未當也。娣降爲須，雖歸於夫家，九二守貞，不私昵之。以須之賤，而不正，未能與其君子相當也。「愆期」之志，有待而行也。古有殺禮而多婚者，此則必待備禮而後行也。「帝乙歸妹」，「不如其娣之袂良」也。其位在中，以貴行也。上兩句舉爻辭，下兩句釋其義，如需上六《象傳》例。五之位在中。中者，德之貴。以中德之貴而行，歸于夫家，不以外飾爲美也。上六「无實」，「承」虚「筐」也。手奉虚筐，而无幣以實之，婚禮不成故也。

【傳】四之二十四，凡八十字。【注】殺禮，所戒切。

雷電皆至，此釋離下、震上也。皆交也，有雷又有電，二者皆至也。豐，此重卦之名。雷電同時而至，威燄盛大，故卦名爲豐。君子以折獄致刑。折，謂剖斷，決之於己也。致，謂行用，加之於彼也。離爲獄，震爲刑。「折獄」者，其明如電之光；「致刑」者，其動如雷之威。「雖旬无咎」，過旬災也。初與二遇於初，僅可在一旬之内，過旬則爲災矣。遇者非正配合故也。「有孚發若」，信以發志也。有陽明之人來，孚信於己，以開發其心志，使之不昏暗也。「豐其沛」，不可大事也。「折其右肱」，終不可用也。沛之蔽雖輕於蔀，然蔽雖輕，亦不可作大事矣。五居尊位，如日麗天而照臨天下。此日不明，如人之折其右肱，終不復可用事矣。「豐其蔀」，位不當也。「日中見斗」，幽不明也。「遇其夷主」，「吉」行也。豐蔀見斗之象，六二爻辭已有。《象傳》不於六二釋之，而於九四釋之者，蓋蔀象由九四而成，四爲蔀，故二見斗。二爻之象同，而所重在四也。「位不當」者，謂位柔而剛居之。故奇畫連亘而似蔀。若耦畫居此，則位當而障蔽者開豁矣。幽，二也。二在地爲幽，四蔀蔽天，故二幽暗而不見日之明。吉行，謂四若下行，與二遇，則吉也。六五之「吉」，「有慶」也。但舉爻辭「有慶」二字，而不復言「譽」者，取韻協也。「豐其屋」，天際翔也。「闚其户，闃其无人」，自藏也。六居上之位，有小過飛鳥之象。言上六之大其屋，其高如鳥之翔於天際也。九三乃上六家内之人，自外闚之而无人者，三自藏而不見故也。

【傳】四之二十五，凡九十二字。折，之舌切。【注】斷，丁亂切。傳，直戀切。

山上有火，此釋艮下、離上也。宿止山上，舉火炊爨，故「山上有火」。旅，此重卦之名。「旅」之字，以外聚衆言，羣衆相從，宿止於外也，故行軍謂之旅，非一人客寓之謂。舉火於内，而人望見其突中之風，則爲家居之人；舉火於外，而人望見其山上之光，則爲旅次之人，故山上有火之卦名爲旅。君子以明愼用刑，而不留獄。離明將以明刑也，然不恃其明，而愼用，謂重之而不輕行刑也。「愼用刑」者，山止不動之象。艮止將以止獄也，然不泥於止。

而不留獄，謂出之而不留在獄也。「不留獄」者，火行不處之象。雖不恃其明，因慎用而刑不誤，乃所以爲明也；雖不泥於止，因不留而獄遂空，乃所以爲止也。推其極功，則由慎用而至於刑措，由不留而至於囹空，可也。以旅卦之象，而君子用之乃如此。「旅瑣瑣」，志窮「災」也。柔而居下，其志猥陋，故曰「窮」。「得童僕貞」，終无尤也。有「童僕」之「貞」者，在旅終无得罪於人之事。「旅焚其次」，亦以傷矣。以旅與下，其義「喪」也。以已通焚其次，已可傷矣，況又喪其童僕之貞者乎！以旅之時，而剛自五降三，來與其下，因上乾中畫之剛來内與下，而互艮中畫之柔往外居五，此爲喪童僕之義。「旅于處」，未得位也。「得其資斧」，心未快也。未得位，言五依四以居，而四未得正位也，故雖得資斧，而心未快。「終以譽命」，上逮也。上，謂六五在六二之上。逮，及也。居上而能逮下，故下即六二，而有譽、有命也。以旅在上，其義「焚」也。「喪牛于易」，終莫之聞也。以下之旅，而其次在離火之上，此爲遭焚之義。終莫之聞，謂終莫能知其牛之所在，❶无處尋求，而喪者不可復得也。

【傳】四之二十六，凡八十六字。【注】復得，扶豆切。

隨風，此釋巽下、巽上也。一風先倡，一風後和，二風相隨從也。巽，此仍羲皇八卦之名，而爲重卦之名。君子以申命行事。巽風象命令。爲一事而出一命，命既出，而又申命之，則事之行，不中止矣。取重巽之象也。「進退」，志疑也。「利武人之貞」，志治也。「進退」者，志之疑。能如武人之剛强，則「志治」矣。「紛若」之「吉」，得中也。「得中」故不過柔，而能如事神者之卑巽以待人也。「頻巽」之「吝」，志窮也。窮，謂坎水之盡處。志至于窮極之地，而後巽也。「田獲三品」，有功也。有功，謂益及上下也。九五之「吉」，位正中也。位正中，正而且中也。「巽在牀下」，上窮也。「喪其資斧」，正乎凶也。六四之巽雖在牀

❶「牛」，原誤作「十」，今據薈要本、四庫本改。

下，以順承于上，而九剛在上，當窮極之地，故失下之心，而不能有六四牀下之巽也，正主事則凶，故曰「正乎凶也」。

【傳】四之二十七，凡六十七字。【注】和，胡卧切。爲一，云僞切。

麗澤，此釋兑下、兑上也。一澤在内，一澤在外，二澤相附麗也。兑，此仍羲皇八卦之名，而爲重卦之名。君子以朋友講習。二澤相滋潤之益，如朋友共講習之益。先已講，而後又習焉，取重兑之象也。「和兑」之「吉」，行未疑也。蔡氏曰：「未牽於陰，故未疑。若四則有『商兑』之疑矣。」「孚兑」之「吉」，信志也。以誠信之吉待六三也。「來兑」之「凶」，位不當也。不中正，故諂媚以爲説也。九四之「喜」，有慶也。慶，即「喜」也。「孚于剥」，位正當也。「位正當」者，中正也，故雖剥陽之陰，亦能以誠孚之。聖人并包兼容，化小人爲君子者，一以誠心待之而已矣。上六「引兑」，未光也。引長已終之説，於説之道爲「未光」。

【傳】四之二十八，凡五十四字。《注》説，音曰。

風行水上，此釋坎下、巽上也。涣，此重卦之名。水凝爲冰。風行水上，則冰釋而涣散也，故卦名爲涣。先王以享于帝，立廟。天大无涯，而神氣无不在，涣散也。「享于帝」者，合其散於一壇。人死則魄降而魂氣无不之，涣散也，「立廟」以祭者，合其散於一室。天之神升上，如在天之風，故「享帝」取上卦巽風之象。二、三、四互震，爲春時生萬物之帝，則象祭者降在天之神于地上也。人之魄降下，如在地之水，故「立廟」取下卦坎水之象。三、四、五互艮，爲廟，則象祭者升在地之魄于廟中也。初六之「吉」，順也。震馬、坎馬共有三柔，得坤順之馬，而拯涣也。「涣奔其机」，得願也。自四奔就坎輿中之机，而即所安，是得其所願也。「涣其躬」，志在外也。三之志在四之躬，而今則涣矣。「涣其羣，元吉」，光大也。去柔羣而承剛君，是其光輝之盛大也。「王居无咎」，正位也。九居五者，王居其正位，而不去也。「涣其血」，遠害也。謂遠去坎血之禍害也。

【傳】四之二十九，凡五十四字。遠，云願切。

澤上有水，此釋兑下、坎上也。**節**，此重卦之名。澤上有水，水滿則澤不容水而溢出，有限節也，故卦名爲節。**君子以制數度，議德行。**制，裁割也。數度，數之度。蓋度起於數也。議，審訂也。德行，德之行。蓋行本乎德也。數度節於外者也，而取内卦兑澤象。容受之淺深有則，澤之數度也。坎爲矯輮，則有制之象焉。以外坎制内兑之數度，而節於外也。德行節於内者也，而取外卦坎水象。晝夜之流行不息，水之德行也。兑爲口，則有議之之象焉。以内兑議外坎之德行，而節於内也。**「不出户庭」，知通塞也。**知九二塞其前，而不可出也。**「不出門庭，凶」，失時極也。**當其可之謂時中。九二不出以合於九五，不得時宜甚矣。初之「知通塞」，知節者也。二之「失時極」，不知節者也。**「不節」之「嗟」，又誰「咎」也？**不節而能嗟，則知節矣，又何咎乎？項氏曰：「《小象》『又誰咎也』凡三，同人初九爲褒辭；解六三爲貶辭；節之六三，王弼從解，沙隨程迥從同人。」澄謂：程從同人者是，蓋同人、節是釋經文「无咎」。「又誰咎」者，言誰得而咎己。《解》六三經文「无咎」字，乃夫子自言其誰可以咎他人也。「誰」字意同；「咎」字，一爲人咎己，一爲己咎人。**「安節」之「亨」，承上道也。**上，謂五也。**「甘節」之「吉」，居位中也。**五之「甘」而「吉」者，以其居上卦三位之中也。中則不過而至於苦。**「苦節，❶貞凶」，其道窮也。**同《彖傳》。

【傳】四之三十，凡六十三字。行，下孟切。

澤上有風，此釋兑下、巽上也。大澤之上，常有風也。**中孚**，此重卦之名。澤廣則風盛，風施而澤受，兩相感應，故卦名中孚。**君子以議獄緩死。**蔡氏曰：「『議獄』，兑象。『緩死』，巽象。」徐氏幾曰：「《象》言刑獄者五，噬嗑、賁、豐、旅、中孚也。離有獄象，又取離明，照知情實。中孚，六畫之離。噬嗑、豐兼取震，賁、旅兼取艮。非震動无以威衆，非艮止或輕於用刑。」胡氏一桂曰：「噬嗑、豐有離之明，震之威。賁次噬嗑，旅次豐，離明不易，震皆反爲艮。蓋明貴无時不然，威則有時當止。中孚全體似離，互體有震、艮，而又兑以議之，巽以緩之，聖人即象垂教，仁哉！五

❶「苦」，原誤作「甘」，今據四庫本改。

卦中，文王唯於噬嗑取象，夫子即噬嗑、賁、豐、旅、中孚以盡其義。」澄謂：五獄皆離象。離中虛外室，有似囹圄。刑之用不用，則自震、艮而異。震，動也，故其刑必用；艮，止也，故其刑不用。噬嗑、豐有震，二卦皆用刑者也。然噬嗑之罪輕，豐之罪重。罪輕，而人不在獄，則薄罰其罪，以正吾之法而已；罪重，而人在於獄，則明定其罪，而加之以刑也。賁、旅有艮，二卦皆不用刑者也。然賁之情重，旅之情輕。情重，而未明，則須待鞠問，而未可出獄；情輕，而猶疑，則雖未行罰，而暫命出獄也。蓋賁、豐，離獄在內者，其獄有人；噬嗑、旅，離獄在外者，其獄无人也。四獄，三畫之離，獄之小者；中孚，六畫之離，獄之大者。獄之小者，可罰，可刑，而非殺也。噬嗑、旅，可罰之獄。噬嗑已罰，旅未罰。中孚，死獄也。死獄而互體有震，又有艮，則刑之用不用未決，故議之。議之，則非必死，亦非必不死，緩之而已矣。「議獄緩死」者，必誠求之，故見於中孚之象。初九「虞吉」，志未變也。初上應九四，其志未變而他從也。「其子和之」，中心願也。五之孚二，出於中心之所願，自然之應，非彊非僞。項氏曰：「甚言其孚也。《泰》六四『不戒以孚』，❶亦曰『中心願也』。」「或鼓，或罷」，位不當也。「位不當」者，陽位而柔居之，柔則不實，豈能得人之孚哉？「馬匹亡」，絶類上也。上，謂九五。絶六三同類之陰，而上孚於九五也。「有孚攣如」，位正當也。位正而當，故能得人之孚也。「翰音登于天」，何可長也？「何可長」者，項氏曰：「聲聞過情，其涸可立而待。」

【傳】四之三十一，凡六十一字。【注】彊，其兩切。聞，音問。

山上有雷，此釋艮下、震上也。小過，此重卦之名。山上之雷，震於高處，然其高不能及天上之雷，但能小過於出地之雷與澤上之雷而已，故卦名小過。君子以行過乎恭，喪過乎哀，用過乎儉。獨立不懼，遯世无悶，乃大過於人之事。「恭」、「哀」、「儉」三者，雖過於人，亦只小過於人之事也。「行過恭」，取内艮下二畫之象。「用過儉」，取外震上二畫之象。震、艮自坤變。上下四柔畫，皆坤也。躬行，内事也，止於下，而象坤之柔順者，柔之過乎恭。

❶「泰」，原誤作「否」，今據項安世《周易玩辭》卷十二《中孚》「中心願也」條改。

財用，外物也，動於上，而象坤之吝嗇者，用之過乎儉。「喪過哀」，取卦中二剛畫之象。喪者，人道之終始，非彊力者，弗能勝。九三內卦之終，九四外卦之始，二剛，彊力勝喪者也。三在內，爲情之哀；四在外，爲文之哀。**「飛鳥以凶」，不可如何也。**遭時如此，非人所能逃免也。**「不及其君」，臣不可過也。**小過皆是陰過陽，陽不敢過陰，故上六過九三，六五過九四，九四雖處初六之上，亦不敢過初六。獨六二處九三之下，而使九三過之。小過之時，陽得過陰者，唯此而已，蓋所以明君臣之分也。九三君也，六二臣也，臣不可以過君，故甘處其下而不及也。**「從或戕之」，「凶」如何也？**「如何」者，謂其凶不可測知也。**「弗過遇之」，位不當也。「往厲必戒」，終不可長也。**陽居於四，爲「位不當」。「終不可長」者，言不可久居上體之四，宜退居下體之初，而與初遇也。**「密雲不雨」，已上也。**已，猶「太」也，言陰太居上而不居下。若陰下居三，則坎體全而成雨矣。**「弗遇過之」，已亢也。**言上六所居太高亢，而九三趨上，以離其網也。

【傳】四之三十二，凡七十八字。行，下孟切。【注】勝，音升。分，扶問切。

水在火上，此釋離下、坎上也。**既濟，**此重卦之名。水在火上，兩相爲用，故卦名既濟。**君子以思患而豫防之。**時雖既濟，凡事當慮其後患，而爲之先備。有備則无患。「思」者，慮其後也。「豫」者，爲之於其先也。「患」者，謂如火之爲災。「防」者，謂如防之畜水。項氏曰：「人之用，莫大於火，而火常生患。善濟火者，莫如水。思火之爲患，而儲水以防，使水常在火上，其力足以勝之，則其患亡矣。是以君子修道立教，設政舉事，知末流之生患，必皆有以防而濟之。」**「曳其輪」，義「无咎」也。**守正，不急於濟也。**「七日得」，以中道也。**程子曰：「喪茀七日當復得，謂自守其中，異時必行也。」**「三年克之」，憊也。**憊，言用力之疲困，以見克之之難，而用兵非美事也。**「終日戒」，有所疑也。**「有所疑」者，於猶盛之時，疑其必有敗壞也。**「東鄰殺牛」，不如西鄰之時也。「實受其福」，吉大來也。**時，謂祭雖薄，而當其可，得其宜。吉，即福也。大，謂九五之陽，來，謂自外至内。六二所受之吉福，實自九五而來也。「濡其首，厲」，何可久也？何可久，謂治安之久，必至危亂也。

【傳】四之三十三，凡六十九字。

火在水上，此釋坎下、離上也。未濟，此重卦之名。火在水上，不相爲用，故卦名未濟。君子以慎辨物居方。火能辨羣物，照於上，則其辨愈明。水必居下方，流於下，則其居不忒。故「辨物」當如火之在上，❶「居方」當如水之在下也。《同人》「辨物」，亦取離象。項氏曰：「火在上爲『辨物』，水在下爲『居方』。必加『慎』字者，以其未濟也。在濟之時，且當思患豫防，況未濟乎！水火交則有難，未交則未有難，然難將生矣。辨之不早，居之不得其所，皆難之所由生也，可不慎乎！《易》終於未濟而始於屯，其意深矣！」「濡其尾」，亦不知極也。項氏曰：「極，終也。六五不能終濟，使下有濡尾，非但初六之罪。然初六柔暗在下，亦非能知終者。」朱子曰：「『極』字未詳，考上下韻，亦不叶。」澄疑當作「拯」字。或云：「極」叶音競。九二「貞吉」，中以行正也。守中，故能行其正也。

「未濟，征凶」，位不當也。未濟諸爻位皆不當，而象傳特於六三言之者，陰柔居險極也。「貞吉，悔亡」，志行也。近柔中之君，其志得行也。「君子之光」，其暉吉也。項氏曰：「先儒謂『暉』爲揮散，非也。『暉』者，光中之氣。管輅曰：『日中爲光，朝日爲暉。』《詩》曰：『庭燎有暉。』《周禮》：『眂祲以十暈爲十暉。』」澄案：散暉及物爲光，斂光在體爲暉。故日中之日，夜閒之燎，其暉散則爲光；朝日之日，向晨之燎，其光斂則爲暉。暈者，亦光斂於體内。暉、光相爲體用。光及九二，而暉在六五。九二之光，乃六五之吉也。以「其暉吉」爲言九二者，非。「飲酒濡首」，亦不知節也。飲酒過多，而不知節，遂至被水濡其首也。

【傳】四之三十四，凡六十三字。【注】難，乃旦切。輅，音路。

易纂言象下傳第四

❶「當」，原誤作「常」，今據四庫本改。

易纂言繫辭上傳第五

繫辭上傳第五

「繫」者，謂如綴繩於物。「辭」者，《易》書之言也。文王所作之辭，繫於各卦之下者，爲彖；周公所作之辭，繫於各畫之下者，爲爻。夫子述此篇，以釋文王、周公所繫彖辭、爻辭之意，故曰《繫辭傳》。朱子曰：「通論一經之凡例，无經可附，而自爲上、下云。」

天尊地卑，乾坤定矣。卑高以陳，貴賤位矣。動静有常，剛柔斷矣。方以類聚，物以羣分，吉凶生矣。在天成象，在地成形，變化見矣。此言聖人因天地自然之易而作《易》也。「天」者，陽氣之輕清。「尊」者，謂其昭著在上也。「地」者，陰質之重濁。「卑」者，謂其凝聚在下也。「乾坤」，以三畫之卦言。乾純陽之卦，坤純陰之卦。「定」謂定其方位。定乾於上，以擬天之尊；定坤於下，以擬地之卑也。蓋羲皇卦圖，乾上、坤下，離左、坎右，震下之左、兑上之左，巽上之右、艮下之右。八卦但言乾、坤，六卦在其中矣。「卑高以陳」，以天地間植物言。藪澤、墳衍、原隰、丘陵、山嶽所生之草木，卑高等第不一。下土微草之著地者，最卑；高山喬木之參天者，最高。「陳」猶「列」也。「貴賤」，以卦之上下六位言。上爲「貴」，下爲「賤」。「位」猶「置」也。卦之六位自下而上，猶兩閒衆植之陳列而有卑高也。「動静有常」，以天地之用言。天運轉不已，陽常動也；地墳嶷不移，陰常静也。「剛柔」，以卦之奇、耦二畫言。「剛」謂奇畫，「柔」謂耦畫。「斷」猶「判」也。剛畫猶陽動之實而一，柔畫猶陰静之虚而二也。「方以類聚，物以羣分」，以天地間動物言。「方」謂東、西、南、北。「物」謂羽、毛、鱗、介。五方之人各以類聚，諸族之物各以羣分。「吉凶」，以揲蓍求卦所值之占言。「生」謂因此生出。蓋卦之貴賤六位，或比、應相得而吉，或比、應不相得而凶，猶人類、物羣之聚、分而有乖、和也。「在天成象，在地成形」，以天地之體言。「象」謂日、月、星、辰，「形」謂水、火、土、石。成象於天者，降而在地，則象變而化爲形；成形於地者，升而在天，則形變而化爲象。「變化」，以揲蓍求卦所變之畫言。「見」謂因此顯見。蓋卦之剛柔二畫，或剛變而化柔，或柔變而化剛，猶在天之象，或變而化形；在地之形，或變而化象也。天地、卑高、動静、類羣、象形者，天地自然之易；乾坤、貴賤、剛柔、吉凶、變化者，聖人所作之易也。

是故剛柔相摩，八卦相盪。鼓之以雷霆，潤之以風雨。日月運行，一寒一暑。乾道成男，坤道成女。「是故」，承上起下之辭。承上文而言八卦。章首但言乾坤，蓋舉父母以包六子。此先言六子，而後總之以乾坤也。「摩」與「磨」通，猶兩石相磑切也。「盪」猶以器盪于水上也。畫卦之初，以一剛一柔，與第二畫之剛柔相摩，而爲四象；又以二剛二柔，與第三畫之剛柔相摩，而爲八卦。八卦既成，則又各以八悔卦盪于一貞卦之上，而一卦爲八卦，八卦爲六十四卦也。震爲雷，離爲電。霆即電也。《春秋穀梁傳》曰：「震者何？雷也。電者何？霆也。」巽爲風，坎爲雨。羲皇卦圖，左起震而次以離，「鼓之以雷霆」也；右起巽而次以坎，「潤之以風雨」也。風不能潤，風而雨，故通言「潤」。《樂記》「潤」作「奮」。離爲日，坎爲月。艮山在西北嚴凝之方，爲寒；兑澤在東南温熱之方，爲暑。左離次以兑者，日之運行而爲暑也；右坎次以艮者，月之運行而爲寒也。邵子曰：「日爲暑，月爲寒。」《書》曰：「日月之行，有冬有夏。」夏至之日道近極暑之候也，冬至之月道近極寒之候也。文王卦位，乾在西北，故乾爲寒；羲皇卦位，艮在西北，故艮爲寒也。乾成男者，父道也；坤成女者，母道也。左起震，歷離、歷兑而終于乾；右起巽，歷坎、歷艮而終於坤。故以「乾道成男，坤道成女」二句總之於後也。

乾知大始，坤作成物。乾以易知，坤以簡能。上言八卦而總之以乾坤，此又接「成男」、「成女」二句而專言乾坤也。乾男爲父者，以其始物也。「始」謂始其氣也。坤女爲母者，以其成物也。「成」謂成其質也。「知」者，主之而无心也。「作」者，爲之而有迹也。乾始物，不言物者，與下句坤成物互相備也。「始」之上加「大」字者，贊乾之始物甚大，非坤之成物所可同也。「易」、「簡」者，以乾坤之理言。始物者，乾之所知，然乾之性健，其知也，宰物而不勞心，故易而不難；成物者，坤之所作，然坤之性順，其作也，從陽而不造事，故簡而不繁。此乾、坤皆指天地，而《易》之乾、坤二卦象之者也。

易則易知，簡則易從。易知則有親，易從則有功。有親則可久，有功則可大。可久則賢人之德，可大則賢人之業。

上言天地之易簡，此言人之易簡。立心如乾之易，則其心明白，而人「易知」；行事如坤之簡，則其事要約，而人「易從」。「易知」，則與之同心者多，故「有親」；「易從」，則與之共事者衆，故「有功」。「有親」，則有人傳繼其心，故自今而可至于永久；「有功」，則有人充拓其事，故自小而可至于廣大。「德」者，言其心之所得；「業」者，言其事之所就。德、業至此，可以爲賢人矣。**易簡而天下之理得矣。天下之理得，而成位乎其中矣。**上言賢人之易簡，此又言聖人之易簡。「得」謂不失也。聖人如乾坤之易簡，而于天下之理一无所遺，謂其能盡性也。聖人能盡其性，則可以與天地參。天位乎上，地位乎下，而聖人位乎其中，與天地並而爲三，故曰「成位」。「成」者，完全備具三者，而无虧欠也。

【傳】五之一章，凡百六十三字。斷，東亂切。見，賢遍切。盪，定黨切。大始，音泰。易，並以豉切。

【注】著，直略切。見謂、顯見，並賢遍切。磑，于對切。加大，音泰。

聖人設卦、觀象，繫辭焉而明吉凶、悔吝，剛柔相推而生變化。此篇名《繫辭傳》，正以釋文王、周公之繫彖、繫爻也。首章先言作《易》之本，此章乃言繫辭之旨。「聖人」謂文王、周公。「設卦」謂文王設立六十四卦也。揚子雲曰：「《易》始八卦，而文王六十四。」蓋羲皇始有八卦之名，至文王增益之，而設立六十四卦之名也。羲皇畫八卦，因而重之，則已有六十四卦之畫矣。其時未有文字，八卦之名，止是因其三畫之形而生聲。既有文字之後，乃以乾、兑、離、震、巽、坎、艮、坤爲卦名之字。然惟坤字、震字是正卦名，其餘六卦之名，皆是假借他字。若六十四卦，則未有名也，但以三畫卦名，分注于各卦六畫之下，以相識別而已。文王仍八卦舊名，而設爲八純重卦之名；又設立新名，以名五十六卦，而共爲六十四卦名也。「象」謂卦名所肖似。文王之名卦，皆象各卦之二體而立名。既設卦名，則觀其名之所肖似，于卦名之下，繫彖辭，其明而占之爲吉，爲凶，爲悔，爲吝也。周公又因文王之彖，而繫爻辭焉。爻辭吉凶、悔吝備，彖辭但言吉凶，惟革彖有「悔亡」一占。周公之繫爻辭也，又以剛柔二畫相推，而生出各爻之變化。「推」如手之推。柔推去剛，則剛變而化柔；剛推去柔，則柔變而化剛也。蓋爻辭有就未變之剛柔取義者，亦有就已化之剛柔取義者。**是故吉凶者，失得之象也；悔吝**

者，憂虞之象也；變化者，進退之象也；剛柔者，晝夜之象也；六爻之動，三極之道也。此覆説上文也，然專指爻辭。文王之卦名謂之「象」，而周公之爻辭亦有所象。爻辭中之言「吉凶」者，以其于人事有「失得」之象也。「得」故「吉」，「失」故「凶」。言「悔吝」者，以其于人事有「憂虞」之象也。「憂」謂憂患於中，「虞」謂虞度於外。事之憂虞，雖未爲失，亦不爲得，而占之悔吝，雖未至凶，亦不爲吉矣。剛柔二畫之變化者，天地陰陽有進退之象。剛變而化柔，象陽退而陰進；柔變而化剛，象陰退而陽進也。已變而化之剛柔者，天地陰陽有晝夜之象也。剛之爲柔，象自晝而爲夜；柔之爲剛，象自夜而爲晝也。「動」者，人之作爲也。三極，天、地、人也。三才同一至極之理，故曰「三極」。吉凶、悔吝，象人事之失得、憂虞；變化、剛柔，象天地陰陽之進退、晝夜。是六爻所言人事之動，兼有天、地、人之道也。**是故君子所居而安者，《易》之象也；所樂而玩者，爻之辭也。**「君子」謂學《易》之人。「安」如「安土」之「安」，「樂」如「樂天」之「樂」。玩，習熟也。「《易》之象」即文王所名一卦之象。「爻之辭」即周公所繫一爻之辭。文王觀卦象，繫彖辭，此言「象」不言「辭」者，文王之象，以象爲本，故言「象」以該「辭」。周公爻辭亦有所象，此言「辭」不言「象」者，周公之爻，以辭爲用，故言「辭」以該「象」。學《易》之君子，平居无事之時，身所居處，安之若命者，於《易》之象有得也；心所樂循，玩之无斁者，於爻之辭有得也。**是故君子居則觀其象而玩其辭，動則觀其變而玩其占。**「觀其象而玩其辭」，即上文二句，常時學《易》者之事；「觀其變而玩其占」，乃動時用《易》者之事。人有所作爲之時，問之於筮，遇某卦、某爻，則觀其蓍策之變，而玩其象爻占以應事也。凡言「變化」者，卦畫之變。占言「變」者，蓍策之變也。

【傳】五之二章，凡百一十字。「而明吉凶」下，舊本无「悔吝」字。「《易》之象也」，舊本「象」作「序」。今並依虞翻本。「而玩其占」下，舊本有「是以自天佑之，❶吉，无不利」十字。案：此乃《文言傳》釋大有上九爻辭錯簡重出在此，今删去。樂，音洛。

【注】識別，上音志，下彼列切。手之推、推去，並吐回切。度，待洛切。

❶「有」，原誤作「原」，今據薈要本、四庫本改。

彖者，言乎象者也；爻者，言乎變者也；吉凶者，言乎其失得也；悔吝者，言乎其小疵也；无咎者，善補過也。此承上章，正釋二聖人繫辭之旨。「彖」者，文王所繫一卦之辭，因名卦之象而言，即上章所謂「設卦觀象」也。「爻」者，周公所繫六爻之辭，因揲蓍之變而言，即上章所謂「剛柔相推而生變化」也。卦畫之變化而以蓍策之變言者，蓋蓍三變得九，則剛變而化柔；蓍三變得六，則柔變而化剛也。彖辭、爻辭或曰吉、或曰凶者，以言其事之有得、有失也。辭曰悔、曰吝者，以言其事雖未大失，而已有小疵也。辭曰无咎者，以善其能補過也。有過當有咎，能補之，則不過矣，故得无咎也。

是故列貴賤者存乎位，齊小大者存乎卦，辯吉凶者存乎辭，憂悔吝者存乎介，震无咎者存乎悔。「列貴賤者存乎位」，覆説「爻者，言乎變」。上貴下賤，布列於六位，而每位各繫以爻辭也。「齊小大者存乎卦」，覆説「彖者，言乎象」。項氏曰：「彖辭之例，專取主爻爲言。陰爻爲小，陽爻爲大。或小或大，雖有不齊，而爲一卦之主，則无小大之閒，故謂之齊。然『存乎卦』在『存乎位』之下者，位之貴賤以六爻言，卦之大小以一爻言。明於六位之中，取一位以爲卦主也。」澄謂：分辯吉凶存乎彖、爻之辭，此覆説「言乎其失得也」。悔吝介乎吉凶之閒，憂其所介，則趨於吉，不趨於凶矣，此覆説「言乎其小疵也」。「震」者，動心戒懼之謂。有咎而能戒懼，則能改悔所爲，而可以无咎，此覆説「善補過也」。

是故卦有小大，辭有險易。辭也者，各指其所之。上文有「貴賤」、「小大」、「吉凶」、「悔吝」、「无咎」五句，此獨再提「卦有小大」，而不及其他，蓋卦象爲諸辭之總也。卦主既有小大之殊，而聖人繫辭，則亦因時取宜，其辭或難或易也。之，適也。凡彖、爻所言「吉凶」、「悔吝」、「无咎」之辭，各指示人以所適之路，使之趨於吉、无咎，而免於凶、悔吝也。

【傳】五之三章，凡九十四字。易，以豉切。【注】小大之閒，居限切。

《易》《易》通卦象、蓍數而言也。卦畫、蓍法，皆羲皇肇創，合卦與蓍而名之曰《易》。前第二章、第三章既釋繫辭之旨，以明文王、周公之《易》矣，自此第四章至第七章，又推原《易》之道，以明羲皇之《易》。與天地準，故能彌綸天地之道。此言卦象之體同乎天地也。「準」所以爲平，謂與之平等也。「彌」如開弓，愈開愈滿。「綸」如合繩，漸大。「彌綸」謂充而廣之，與天地之道一也。仰以觀於天文，俯以察於地理，是故知幽明之故。此言陰陽隱顯之道在天地者，以申上文「與天地準」之意，以謂以此《易》也。卦之象觀於天文，察於地理，而皆相合，《易》之「與天地準」也。「明」者，文之顯而易觀；「幽」者，理之隱而難察。「故」謂所以然之迹。知天文所以明、地理所以幽之故，則能彌綸天地之道矣。原始反終，故知死生之說。此言卦象之體該乎萬物也。「原」謂本其所從來，「反」謂復其所歸往。「原始反終」。謂《易》中具萬物始終之理。精氣爲物，游魂爲變，是故知鬼神之情狀。此言陰陽屈伸之理在萬物者，以申上文「原始反終」之意。氣之精者，聚則爲物，「物」謂自无而有，萬物之始也；魂之游者，散則爲變，「變」謂自有而无，萬物之終也。「鬼」者，氣之屈而歸；「神」者，氣之伸而至。「情」言其用，「狀」言其體。知氣聚而伸、氣散而屈之情狀，則知死生之説矣。「天地之道」，「幽明之故」，皆言天地也，而以「知幽明」三句申釋「彌綸天地」二句。「死生之説」、「鬼神之情狀」，皆言萬物也，而以「知鬼神」三句申釋「知死生」二句。其兩節各二句者言「故」，而兩節各三句者言「是故」，所以釋上文也。羲皇卦象，陰陽二畫而已，然大而天地之與齊，小而萬物始終之悉備，觀先天方圓圖可見矣。邵子曰：「圖雖无文，吾終日言而未嘗離乎是。」蓋天地萬物之理盡在其中，所謂「與天地準」、「原始反終」者也。與天地相似，故不違。此言蓍數之用與天地相似，故其所占吉凶之應，雖天地亦不能違之。知周乎萬物而道濟天下，故不過。蓍數之用，其燭物情，无不通；其前民用，无不溥。故雖萬物之衆，天下之廣，皆囿其中，无或有踰越而出其外者。旁行而不流，□□□□□。此申上文「與天地相似」之意。「旁行」如天，「而不流」如地。謂蓍之周萬物者，其知无不徧及，而因物之則，其理一定，不流蕩失正也。下闕一句，其意若曰「中立而不滯」。蓋「中立」如地，「而不滯」如天。謂蓍之濟天下者，其仁无少偏倚，而因人之問，其事多端，不拘滯執一也。樂天知命，故不憂。安土敦乎仁，故能愛。此申上文「知周萬物，道濟天下」之意。其知之周也，順乎自然，灼見其流行之理，而事无迷惑，是以不憂其道之濟也。隨所居處，每厚其慈閔之心，而人有利益，是以能愛。或曰：「蓍亦有憂愛之情乎？」曰：「聖人以其知仁寓之於蓍，蓍之知，即聖人不憂之知也；蓍之仁，即聖人能愛之仁也。其曰『不憂』，猶後章言『易无思』也。」範圍天地之化而不過，範，鑄金之模也。如範模在外，圍繞得天地之化，莫能踰越乎此。此以卦象之「與天地準」、蓍數之「與天地相似」者言。曲成萬物而不遺，「曲」謂一偏。纖悉成完，而无一物之或遺也。此以蓍數之「知周萬物，道濟天下」者言。通乎晝夜之道而知，萬物死生之道，通貫爲一，而能知之。此以卦象之「原始反終」者言。故神无方而易无體。以上三句而觀，則蓍數之神妙不測，无有方所；而卦象之變易隨時，无有定體也。

【傳】五之四章，凡百三十六字。「不流」下闕五字，詳其文勢，蓋如老氏所謂「獨立而不改，周行而不殆」。彌，木畀切。知周，音智。樂，音洛。【注】合繩，音閤。易觀，以豉切。嘗離，來地切。

一陰一陽之謂道。天地閒，陰陽二氣而已。聖人合卦象與蓍數而名曰《易》者，取陰陽互相更易之義。莊氏云「《易》以道陰陽」是也。故此章專言「陰陽」二字，以明《易》之所以爲《易》者，陰陽也。「一陰一陽」謂陰而陽，陽而陰，循環无端也。周子曰「動而生陽。動極而靜，靜而生陰。靜極復動。一動一靜，互爲其根」是也。「陰陽」，氣也；「道」者，理也。然非別有一物在氣中，即是氣而爲之主宰者，「道」也。程子曰：「陰陽，非道也。所以一陰一陽者，道也。」繼之者善也，成之者性也。「繼之」謂陰陽之運，而爲造化者，繼續而无息也。「成之」謂陰陽之凝，而爲人物者，成完而无虧也。繼續流行而无息者，其理則謂之「善」。成完備具而无虧者，其理則謂之「性」。「繼之」、「成之」者，陰陽之氣；「善」者、「性」者，道也。仁者見之謂之仁，知者見之謂之知，百姓日用而不知，故君子之道鮮矣。此因上文「成之者性」而言也。此道以陰陽混成而賦與於人物，則謂之性。性之在人，聖愚、賢不肖一也。而上聖、大賢以下，所稟陰陽之氣不能無偏，或得陽之多而爲仁者，或得陰之多而爲知者。「見之」之「之」，指「道」而言。仁者、知者各因其所偏而有見於道，或謂之仁，或謂之知，不能盡知其性之所有而全之。❶然仁、知之人雖不能全其性，猶各能見其一偏。至若百姓之愚、不肖，則日用之閒，无非由行此道，而皆不能知。仁者、知者知之

❶「知」，四庫本作「如」。

而不全，百姓由之而不知，故君子之道雖各具於性，然能全而知之者，少矣。「君子」，通賢、聖而言。此「道」字，即上文「之謂道」之「道」也。**顯諸仁，藏諸用，鼓萬物而不與聖人同憂，盛德大業至矣哉！富有之謂大業，日新之謂盛德。**此因上文「繼之者善」而言也。此道以陰陽相繼而流行於天地閒，則謂之善。「仁」者，生物之元，由春生而爲夏長之亨，此仁顯見而發達乎外，長物之所顯者，生物之仁也，故曰「顯諸仁」。「用」者，收物之利，由秋收而爲冬藏之貞，此用藏伏而歸復乎内，閉物之所藏者，收物之用也，故曰「藏諸用」。二氣運行於四時之閒，鼓動萬物而生長收閉之。然自生、自長、自收、自閉，天地无心，而造化自然，非如聖人之於民，有所憂而治之、教之也。仁之顯而生長者，爲德之盛；用之藏而收閉者，爲業之大。德之爲仁，業之爲用，其顯者流行不息，其藏者充塞无閒，此所謂「易簡之善」，極其至者，故贊之曰「至矣哉」。生物之仁，及夏而日長日盛，故曰「日新」。收物之用，至冬而包括无餘，故曰「富有」。**生生之謂易，成象之謂乾，效法之謂坤。**此以「一陰一陽之謂道」寓於卦象者言也。陽畫變而生陰，陰畫變而生陽，互相變易，生生不窮，故曰「易」。陽畫之奇如天，氣之連亘而一者，成天之象，故曰「乾」。凡陽畫皆乾，非但三畫純陽爲乾也。陰畫之耦如地，形之分斷而殊者，效地之法，故曰「坤」。凡陰畫皆坤，非但三畫純陰者爲坤也。乾坤，法象之陰陽。而主之者，生生之易。「易」者，陰陽變易之體也；其所以生生者，「道」也。**極數知來之謂占，通變之謂事，陰陽不測之謂神。**此以「一陰一陽之謂道」寓於蓍數者言也。窮極過揲、掛扐之數，以知方來之事之吉凶，所謂占也。貫通十有八變之變，俾每變所得之占，皆可行事，而无窒礙，❶所謂事也。然數有九、六、七、八之陰陽，不可測知其爲九、六、七、八也；變有五、九、四、八之陰陽，不可測知其爲五、九、四、八也，故曰「陰陽不測」。「數」者，變之已成；「變」者，數之未定。占在事之先，事在占之後。數、變、占、事之陰陽，而主之者陰陽不測之神。「神」者，陰陽神妙之用也。其所以不測者，道也。上言乾、坤之陰陽，而先之以易；此言占事之陰陽，而終之以神。以見變易之道，在乎未有卦象之先；而神妙之道，行乎已有蓍數之後也。

❶「窒」，原誤作「室」，今據四庫本改。

【傳】五之五章，凡百一十二字。知者，音智，下同。鮮，上聲。❶【注】復動，扶豆切。夏長，知兩切，下同。顯見，賢遍切。无閒，居限切。易簡，以豉切。

夫《易》，廣矣，大矣！以言乎遠，則不禦；以言乎邇，則静而正；以言乎天地之閒，則備矣。此言《易》畫之廣大也。「禦」猶「止」也。「不禦」言其大，謂以至遠之處而言，則雖无窮无盡，而其用徧及无所極也。「静而正」言其廣，謂以至近之處而言，則雖无思无爲，而其體兼該无所偏也。「備」謂二皆具。天地閒衆理具備，言雖至廣、至大，而其中纖悉不遺也，下篇所謂「《易》之爲書，廣大悉備」是也。夫乾，其静也專，其動也直，是以大生焉；夫坤，其静也翕，其動也闢，是以廣生焉。此言天地之廣大也。「乾」、「坤」謂天地，非指《易》卦言也。「專」謂无處不有，「直」謂无可屈撓。「翕」謂合，而氣之專者藏乎此；「闢」謂開，而氣之直者出乎此。以其專、直，而見其氣之大，故曰「大生焉」；以其翕、闢而見其形之廣，故曰「廣生焉」。廣大配天地，變通配四時，陰陽之義配日月，易簡之善配至德。《易》，其至矣乎！言《易》書之廣大配乎天地之廣大，先以此一句結上文兩節，又推言《易》之變通配乎天地之四時，《易》之陰陽配乎天地之日月。蓋《易》書廣大之中有變通焉，有陰陽之義焉，亦猶天地之有四時、日月也。四時、日月即天地，猶《易》之六子即乾坤也。《易》之廣大、變通、陰陽，皆易簡之善爲之主宰，而天地之至德，亦此易簡之善而已，❷是《易》書易簡之善，配乎天地之至德也。天地之德至矣，而《易》能配之，則《易》之書亦可謂至也，故贊之曰「《易》，其至矣乎」。此章曰乾天、坤地，曰四時、日月者，陰陽也；曰易簡之善、曰至德者，道也。「善」字，因上章「繼之者善」而言。

【傳】五之六章，凡九十字。「《易》，其至矣乎」上，舊本有「子曰」字，蓋因後人欲分此句屬下章，故加「子曰」字以別之。夫，音扶，下同。易簡，以豉切，注同。

❶「聲」，原誤作「一」，今據薈要本改。
❷「易簡」，原誤作「簡易」，今據薈要本改。

夫《易》，聖人所以崇德而廣業也。知崇，禮卑。崇效天，卑法地。上章言《易》書之配天地，此章言聖人配《易》中之天地也。「崇德」者，立心之易，而所得日進日新也；「廣業」者，行事之簡，而所就日充日富也。德之進而新，由所知之崇，高明如天；業之充而富，由所履之卑，平實如地。天地設位，而易行乎其中矣。此「天地」，謂《易》中之天地，即兩儀之奇耦二畫也。「設位」，謂圓圖陽儀在左、陰儀在右也。「易」謂六子由陰陽交易而成卦也。陽奇、陰耦對立者，天地之設位；而乾陽、坤陰，交錯換易，流行於其中，以生六子也。成性存存，道義之門。「成性」，具知禮、知天也。禮，地也。「存存」謂无時不存也。「道」謂所由之路，「義」謂所處之宜。「道」陽也，「義」陰也。「門」謂從此出也。知禮之成性常存，猶天地之位設也。道義皆自所存之成性中出，猶陰陽之變易，流行於天地閒也。知之崇，格物致知也；禮之卑，誠意慎獨也。成性存存，心正也。道義者，一身之應接萬事，循理得宜，无一不當也。此章曰「天地」、曰「易」者，陰陽也；曰「成性」、曰「道義」者，道也。「性」字，因上章「成之者性」而言。

【傳】五之七章，凡四十一字。夫，音扶。知，音智。

【注】之易，以豉切。當，丁浪切。

聖人有以見天下之賾，而擬諸其形容，賾，頤中深處，以喻卦義之蘊奧難見。擬，比類也。諸，之於也。形容，謂有形之狀貌可象者，如天、地、日、電、雷、風、雲、雨、水、泉、火、木、山、澤是也。六畫之卦有畫无名，其義賾而難見，文王即其上下二體所象之物以擬之，於是見其各卦難見之義，以定其名也。象其物宜，是故謂之象。宜，猶「稱」也。物宜，謂所擬之物，與卦畫之義相稱也。象其物之宜稱者，而以名其卦。如卦之義與雲雷二物相稱，則名之曰屯，以雲雷鬱結未能成雨之象，有屯之義也。卦之義與山泉二物相稱，則名之曰蒙，以山下出泉未有所適之象，有蒙之義也。此「象」字，謂文王之名卦，故以對周公之繫爻而言。不以彖對爻言，而以象對爻言者，文王未繫彖辭之先，先立重卦之名謂之象，象先於彖，言象則彖在其中。或以此「象」字爲如《説卦》所列者，彼乃彖、爻之辭泛引物類以取象，言爻足以包之矣，何爲與爻辭相對而言哉？若謂獨指彖辭中所言之象，則彖辭中所言之象甚少，不如爻辭中所言之象爲多，豈有舍其所言之多者，乃舉其所言之少者而名之曰象乎？必不然矣。故知此是指文王六十四卦之名爲象也。**聖人有以見天下之動，而觀其會通，以行其典禮，**動，謂人所作爲之事。「會」如「會府」之「會」，自彼而來者，面面可至。「通」如「通都」之「通」，自此而往者，方方可達。「會通」謂大中至正之理，非一偏一曲、有所拘礙者也。「典」謂君臣、父子、夫婦、長幼、朋友五典。「禮」謂吉、凶、軍、賓、嘉五禮。人所行之事，未有出於五典、五禮之外者。聖人見天下不一之動，觀其極善之理，以行其事，見理精審，則行事允當也。**繫辭焉以斷其吉凶，是故謂之爻。**周公以處事之法爲辭，繫於各爻之下，使筮而遇此爻者，如此處事則吉，不如此處事則凶也。**言天下之至賾而不可惡也，言天下之至動而不可亂也。**惡，謂厭惡。亂，謂棼亂。文王所名六十四卦之象，所以章顯天下至幽之義，而名言宜稱，人所易知，則自不至於厭惡其賾矣；周公所繫三百八十四爻之辭，所以該載天下至多之事，而處決精當，人所易從，則自不至於棼亂其動矣。**擬之而後言，議之而後動，擬議以成其變化。**「擬之」者，比類於物，以取義，所謂「擬諸其形容」也。文王名卦，而謂之象者，先擬之，而後示人以言也。「言」者，謂其所定之名也。「議之」者，講度其理以處事，所謂「觀其會通，以行其典禮」也。周公繫辭，而謂之爻者，先議之，而後教人以動也。「動」者，謂其所占之事也。其象之所擬，爻之所議，皆所以成完剛柔二畫之變化。❶蓋畫有變化，而一象可作六十四象用，一爻可作十二爻用也。

【傳】五之八章，凡九十五字。此章後，舊本有《文言傳》錯簡，釋中孚九二、同人九五、大過初六、謙九三、乾上九、節初九、解六三爻辭七節。賾，思革切。斷，東亂切。惡，烏路切。【注】緼，于尹切。稱，昌證切。長，知兩切。當，丁浪切。棼，音分。易知、易從，以豉切。度，待洛切。

天一，地二，天三，地四，天五，地六，天七，地八，天九，地十。天之氣專直而无閒斷，故其數一而奇；地之形翕闢而有容受，故其數二而耦。「天一，地二」者，天地本數也。一本而四支，已有二矣，而又加奇一、耦二，則爲「天三，地四」。已有四矣，而又加奇一、耦二，則

❶「完」，四庫本作「定」。

爲「天五，地六」。已有六矣，而又加奇一、耦二，則爲「天七，地八」。已有八矣，而又加奇一、耦二，則爲「天九，地十」。支四加而數成焉，數成於十，實則奇一、耦二而已。此天地自然之數也。河圖數與此同。

天數五，地數五，五位相得而各有合。天數二十有五，地數三十，凡天地之數五十有五，此所以成變化而行鬼神也。「天數五」，謂一、三、五、七、九也。「地數五」，謂二、四、六、八、十也。「五位相得」，謂一得三、五、七、九，或三得一、五、七、九，或五得一、三、七、九，或七得一、三、五、九，或九得一、三、五、七者，天之五位相得也；二得四、六、八、十，或四得二、六、八、十，或六得二、四、八、十，或八得二、四、六、十，或十得二、四、六、八者，地之五位相得也。「各有合」者，凡謂總并天五位相得，則合而爲二十有五；地五位相得，則合而爲三十；又總并天地之數，則合而爲五十有五。凡陰變而化陽，則爲水、木；陽變而化陰，則爲火、金。皆以此五十五數而後完備，故曰「成變化」。蓋一生水，六成之；二生火，七成之；三生木，八成之；四生金，九成之；五生土，十成之也。「鬼神」，即此二氣之屈伸往來者。其所以運行終而復始者，以此也，故曰「行鬼神」。

大衍之數五十，其用四十有九。分而爲二以象兩，掛一以象三，揲之以四以象四時，歸奇於扐以象閏，五歲再閏，故再扐而後掛。衍，如水之溢出平地，加羡之意。天地之數共十位，然數起於一，其對爲二。一參之而爲三，二兩之而爲四。有一、二、三、四，而十數具矣。四者，正位；十者，積數也。故以正位之四，衍積數之十。每一加羡以四，謂之衍，如筭數家之因法，即天地數本一支四之推也。❶一而衍四者，一并一則爲五矣，邵子所謂「小衍之而爲五」是也。二而衍四者，二則八也，并二則爲十矣。三而衍四者，三則十二也，并三則爲十五矣。四而衍四者，四則十六也，并四則爲二十矣。合五數、十數、十五數、二十數，則爲五十，邵子所謂「大衍之而爲五十」是也。衍母之一，數之所起，故大衍五十之數，虛其一而不用，所用者四十有九，其數七七。蓋以一一爲體，七七爲用也。「分」者，兩手總持四十有九策，信意平分爲二。「兩」謂陰陽。左手所持之策象陽，置之於左；右手所持之策象陰，置之於右。「掛」者，右手就所置右策之中，取一策掛於左手小

❶「支」，四庫本作「枝」。

指、无名指之閒。「三」謂陰、陽及大一沖氣，兩既分則一不可見，故掛此一策，以與左策、右策爲三，以象陰、陽、沖氣之三也。「揲」，以手數之也。大衍之母至四而具，大衍之子以四而衍。故數策之法，每揲以四，以象春夏秋冬之四也。「奇」謂揲左、揲右之餘。「扐」謂扐於兩指閒也。先以右手四揲置右之策，別置於所置左策位之右，揲竟，所餘或四，或三，或二，或一，歸之於左手无名指、將指之閒，此初扐也。又以右手四揲置左之策，混於已揲右策之中，揲竟，所餘或四，或一，或二，或三，歸之於左手將指、食指之閒，此再扐也。歷法，一章十九年，❶凡七閏。❷前閏至二年九月之外置，後閏大率五年之閒置。閏者再，故以掛一、揲右、揲左象不閏之歲三，初扐、再扐象有閏之歲二。再扐既畢，則合一掛、二扐之策，或五，或九，別置於所置左策位之左，是謂一變。復以兩手總持已揲之策，或四十四，或四十，而分二、掛一、揲左初扐、揲右再扐如前。其一掛、二扐之策，或四，或八，別置於一變掛扐之左，是謂二變。復以兩手總持已揲之策，或四十，或三十六，或三十二，而分二、掛一、揲左初扐、揲右再扐如前。其一掛、二扐之策，或四，或八，別置於二變掛扐之左，是謂三變，而得一畫矣。「再扐而後掛」者，言第一變再扐畢，則第二變又掛一；第二變再扐畢，則第三變又掛一也。

乾之策二百一十有六，坤之策百四十有四，凡三百有六十，當期之日。二篇之策，萬有一千五百二十，當萬物之數也。此言過揲之策數，三變得一畫。第三變過揲所積，其策三十六則曰九，其策二十四則曰六，其策二十八則曰七，其策三十二則曰八。《周易》用九、六，不用七、八，故三百八十四爻辭，皆以九、六名爻，而不曰七、八也。若第三變得三十六策，則爲乾之初九，其第六變、第九變、第十二變、第十五變、第十八變，又各得三十六策，則成乾之六畫。而乾六畫之策，共二百一十有六矣。若第三變得二十四策，則爲坤之初六，其第六變、第九變、第十二變、第十五變、第十八變，又各得二十四策，則成坤之六畫。而坤六畫之策，共百四十有四矣。然陽畫非必皆得九而不得七，陰畫非必皆得六而不得八，但以《易》用九、六，故設言卦若得乾而六畫皆九、卦若得坤而六畫皆六，則其過揲之策數如此云爾。「期」者，四時一周匝也。每歲凡三百六十五日有奇，十二月凡三百五十四日有

❶「章」下，四庫本有「凡」字。
❷「凡」，四庫本無此字。

奇。三百六十者，正數也。歲二十四氣，共多五日有奇者，氣之盈。月十二朔，共少五日有奇者，朔之虛。損其盈，益其虛，而爲一期之正數三百六十日。乾、坤六畫之策數，亦共三百六十，與期三百六十日之數符也。又以上下二篇六十四卦而言，凡陽畫百九十二，若皆以三十六策之九計之，則爲六千九百一十二策；凡陰畫百九十二，若皆以二十四策之六計之，則爲四千六百八策，合之，共萬有一千五百二十策，與天地閒萬物之數符也。是故四營而成易，十有八變而成卦。八卦而小成，引而伸之，觸類而長之，天下之能事畢矣。「四營」，謂分二、掛一、揲四、歸奇也。「營」猶言「規度」也。「易」，變也，謂揲蓍之一變也。以分、掛、揲、歸四者營度而成一變。如是七十二營爲十八變，而成一卦也。「引」如「文引」之「引」，謂加長之也。「伸」謂舒展之也。以此抵彼曰「觸」，物之相同曰「類」。「長」猶「增益」也。「畢」猶「盡」也。又遡其先而言四營成一變之後，三變得一畫，九變則得三畫，而內卦之體具，是爲八卦中之一卦。八卦者，卦之小成也。由九變引長而展之，倍爲十八變，則得六畫，而外卦之體全，是爲六十四卦中之一卦。六十四卦者，卦之大成也。十八變成一卦之後，其卦或不變，或一畫、二畫、三畫、四畫、五畫變，或六畫俱變。若變，則以此先得之卦，觸彼同類之卦，增益其名曰某卦之某卦，而此一卦可變六十三卦，充之則六十四卦可作四千九十六卦，唯筮者所值何如爾。夫自八而六十四，自六十四而四千九十六，足以該括天下之動。凡人所能爲之事，盡在是矣。顯道神德行。「道」謂天之道，「德行」謂人之所行。吉凶禍福，天之道也。問蓍得此，以占未來之事者，能前知天道至幽也，因占説出而幽者顯矣，故曰「顯道」。人之行事，不敢自爲，必待決之於蓍，聽從神物所告而爲之，則所行之事雖在人，而實出於神矣，故曰「神德行」。蔡氏曰：「『顯道』，闡幽也；『神德行』，微顯也。」是故可與酬酢，可與佑神矣。主導賓飲曰「酬」，賓報上獻曰「酢」，故人之應接事物譬之曰「酬酢」。「佑」，贊助也。天道幽也，以占而顯，則雖天之道，而可以用之應接人事矣。德行人也，以占而神，則雖人之所行，而可以贊助神之所爲矣。蓋所行皆神之所教訓，則是以人而代神之所爲也，故曰「佑」。知變化之道者，其知神之所爲乎！此章自「大衍」至「能事畢矣」，言蓍數之神；自「顯道」至「佑神矣」，言蓍占之神。蓍變、蓍占者，神之所爲也，然變占之用，究其所歸，不外乎陰陽二畫之變化而已。九六陰陽二畫之變化，象天地陰陽二氣之變化也，故章首「天一，地二」至「行鬼神也」，先以天地之數言陰陽變化之道，然後言蓍數變占之神，以見蓍之數，而以此總結之曰知天數、地數變化之道者，其能知蓍數變占之所以神者乎！

【傳】五之九章，凡二百二十字。「天一」至「地十」，舊本在第十一章之首，程子、張子並云此二十字宜在「天數五」上，而朱子從之。又案：《漢書·律歷志》引此章「天一地二」至「行鬼神也」，六十四字相連，則是班固時，此簡猶未錯也。「知變化之道」上，舊本有「子曰」字，亦是後人欲分此一節屬下章，而妄增也，程子、朱子並云宜屬上章，今從之。「期」，一作「朞」，音基。「伸」，一作「信」，音伸。而長，知兩切。德行，下孟切。酬，市由切。酢，在洛切。「佑」，舊本作「祐」，今依荀氏作「佑」。【注】復始，扶豆切，下「復以」同。羨，夷見切。手數，色主切，下「數策」同。度，待洛切。加長，引長，並如字。長猶，知兩切。夫自，音扶。所行、行事，並如字。

易有聖人之道四焉，以言者尚其辭，以動者尚其變，以制器者尚其象，以卜筮者尚其占。「辭」、「變」、「象」、「占」，皆聖人之道，在《易》書之中者，第八章已言「象」、「辭」，第九章已言「變」、「占」，故此章合四者並言之。「以」謂以上《易》之書。「言」謂謀議、陳誨、問辯、應對等語。「辭」謂象、爻一篇之辭。「動」謂祭祀、婚姻、田狩、征伐等事。「變」謂蓍策四營之變。「制器」謂創物以利用。「象」謂所擬物形之肖似。「卜筮」謂叩神以決疑。「占」謂所斷事情之可否。是以君子將有爲也，將有行也，問焉而以言，其受命也如嚮，无有遠近幽深，遂知來物。非天下之至精，其孰能與於此！「有爲」謂作內事。「有行」謂作外事。「問」謂問之於蓍。「以言」與上「以言」同，謂求象、爻之辭，而以之發言也。此三句，尚辭者也。「其」指蓍。「命」謂令蓍之命。蓍受人之命，則答人所問，如嚮之應聲，或在遠，或在近，凡幽深難見之事，皆遂知其方來之休咎。此三句，尚占者也。「至精」，謂其吉凶、悔吝之辭甚驗。蓋尚占然後得所尚之辭，而至精之辭，所以知所尚之占也。參伍以變，錯綜其數。通其變，遂成天地之文；極其數，遂定天下之象。非天下之至變，其孰能與於此！參，三也。伍，五也。參以變，謂初揲之餘右四、左四，再揲、三揲之餘右四左三、左三右四，合掛一及右左之餘得九、得八而爲耦者凡三也。伍以變，謂初揲之餘右三左一、右一左三、左二右二，❶再揲、三揲之餘左二右一、右一左二，❷合掛一及右左之餘得五、得四而爲奇者凡五也。「通」謂暢達不窒塞。通伍之變，五、四皆爲奇，則參天而成天之文。通參之變，九、八皆爲耦，則兩地而成地之文。此三句，尚變者也。交入爲「錯」，「綜」猶「綜絲」之「綜」。以作緯之絲，交入作經之絲，一一相間，是謂「錯綜」。「極」謂究竟至窮盡。❸每以三變掛扐之數，錯而綜之，究竟至極，則參參參爲九者凡十二，定爲乾之象；參參兩爲八者凡十二，定爲兑之象；參兩參爲八者凡十二，❹定爲離之象；參兩兩爲七者凡十二，定爲震之象；兩參參爲八者凡四，定爲巽之象；兩參兩爲七者凡四，定爲坎之象；兩兩參爲七者凡四，定爲艮之象；兩兩兩爲六者凡四，定爲坤之象。定此六十四象，與重卦六十四之數相符，觀之可以制器矣。此三句，尚象者也。「至變」，謂其彼此多少之數不常。蓋尚象必先由所尚之變，而「至變」之變所以定所尚之象也。

易无思也，无爲也，寂然不動，感而遂通天下之故。非天下之至神，其孰能與於此！「易」謂蓍卦。此總上四者而言。寂，闃静也。感，觸動也。蓍，枯莖爾；卦，陳編爾，非能有所思慮、有所作爲也。未用，則寂然不動，同於無情之物；及有人問之，一感觸而動，遂能通達天下之事，故而无一不知。静則同乎一物，動則妙乎萬物，其至神不可測者如此。夫《易》，聖人之所以極深而研幾也。唯深也，故能通天下之志；唯幾也，故能成天下之務；唯神也，故不疾而速，不行而至。極深，謂卦之辭能窮極理之深邃。研幾，謂蓍之變能磨研事之幾微。朱子曰：「極深者，至精也；研幾者，至變也。」澄謂：唯辭之能極深也，故以辭爲占，則可以前知，而開通天下人之心志；唯變之能研幾也，

❶ 下「二」，原誤作「三」，今據「大衍筮法」改。
❷ 「三」，原誤作「二」，今據蓍要本改。
❸ 「至」，四庫本作「之」。
❹ 「凡」，原脱，今據上下文例補。

故以變得象，則可以制作，而完成天下人之事務。然辭、占、變、象所以能如此者，皆妙不可測之神爲之。唯其妙不可測，故不待疾之而自速，不待行之而自至。謂自然而然，非人所能爲也。《易》有聖人之道四焉者，此之謂也。重舉起語作結語，以終此章。

【傳】五之十章，凡二百六字。章末「《易》有」上舊本有「子曰」字。與，音預，下同。夫，音扶。【注】斷，丁亂切。否，符荀切。相間，居限切。闃，夫役切。邃，徐醉切。

夫《易》何爲者也？開物成務，冒天下之道，如斯而已者也。設問而自答。開物，謂人所求知者，開發之。成務，謂人所欲爲者，成全之。冒，謂韜尸之冒，謂天下之道，悉包裹於其中也。此第一節，總起下文六節。是故聖人以通天下之志，以定天下之業，以斷天下之疑。通志，開物也。定業，成務也。斷疑，謂《易》於天下之道，包裹无遺，故於天下之疑事，皆能決之也。此第二節。是故蓍之德圓而神，卦之德方以知，六爻之義易以貢，聖人以此洗心，退藏於密。圓，謂七七之用，无所凝滯。❶方，謂八八之體，无所缺折。易，謂變易。貢，猶告也。圓而叵測，所以通志；方而能知，所以定業。因蓍變所得卦内之爻辭，告人以吉凶，而決其疑也。洗，謂滌去思慮。退，謂退處。藏，謂潛藏。密，静也。聖人以此蓍卦六爻，俾民自擇吉凶，則其心脱然无累，而得以退處，潛藏於无爲也。此第三節之始。吉凶與民同患，神以知來，知以藏往，其孰能與於此哉？古之聰明、睿知、神武而不殺者夫！是以明於天之道，而察於民之故，是興神物，以前民用。聖人以此齋戒，以神明其德夫！申上文意，言不能趨吉避凶者，民之所患也，聖人亦爲民而患之，故曰「同患」。聖人未能忘民之所患，則何以能退藏於密哉？蓋以其與民同患之心，寓之於蓍、卦。有蓍之神，足以知吉凶未至之事於其先；有卦之知，足以藏吉凶已定之理於其内。俾民問蓍求卦，則自能趨吉避凶，而聖人之心不復以此爲患也。能如是者，其誰乎？故設問云：

❶「凝」，原誤作「疑」，今據薈要本、四庫本改。

「其孰能與於此哉?」而又自答之也。「古」蓋謂羲皇。「聰明、睿知」謂耳之所聞,目之所覩,心之所思,无不能知。「生知」之「知」也。「神武不殺」,蓋借不殺之武,以譬不言之教。教之必以言,猶武之必以殺也。神於武者,不待殺而敵自服,以譬神於教者,不待言而民自喻也。「明於天之道」謂卦之知。「興」猶言「起立」。「神物」謂蓍之神。「齋戒」即「洗心」也。「齋」者致齋,「戒」者散齋,皆屏絶人事,不以役心也。「神明」即神知。「其」指蓍、卦言。「德」即上文所謂「蓍之德」、「卦之德」。聖人以其生知之知,寓諸卦,故明於天道之卦,可爲察民事之知,以其不言而教之神,寓諸蓍,故興起人物之蓍,可爲前民用之神,聖人則无所用其心,若齋戒然。凡民有事,皆必取決於蓍、卦,而信其爲神,信其爲知,所以神明蓍、卦之德也。但舉蓍、卦二者,而不復言六爻之義,蓋二者足以該之。此第三節之終。是故闔户謂之坤,闢户謂之乾,一闔一闢謂之變,往來不窮謂之通。見乃謂之象,形乃謂之器,制而用之謂之法,利用出入、民咸用之謂之神。「闔户」謂蓍之未分,猶坤之静翕,含静專者於内也。「闢户」謂蓍之既分,猶乾之動直,自動闢者而出也。一合一分,而蓍之一變成。「往來不窮」謂兩揲、兩扐左右多少之數无定也。左往而來右,則左少右多;右往而來左,則右少左多。故謂卦之象著見,因象以知器,生其象而制之以爲器,則民得而用之也。不但制器可以利民之用,凡出而作外事,入而作内事,无一不問於蓍,故曰「咸用之」。此第四節,承上第三節,申言「圓而神」之蓍,因及制器者所尚之象。闔闢、變通,蓍之圓也;象、器、法、民咸用之者,其神也。是故易有太極,是生兩儀,兩儀生四象,四象生八卦,八卦定吉凶,吉凶生大業。易,謂陽奇、陰耦互相更换而爲四象、八卦也。太者,大之至也。極者,屋棟之名,天地閒之有此理,猶屋之有極也。易有太極,謂一陰一陽之相易,有理以爲之主宰也。儀,匹也。一陰一陽相匹配,而爲兩卦之第一畫也,是謂「兩儀」。兩儀之上各加一陽一陰,則倍二而爲四卦之第二畫也,是謂「四象」。四象之上又各加一陽一陰,則倍四而爲八卦之第三畫也,是謂「八卦」。有此八卦,則其别有六十四,而可用之占筮,以定吉凶,俾民无所疑,而勇於趨事赴功,故曰「生大業」。此第五節,承上第三節,申言「方以知」之卦,因及卜筮者所尚之占。二、四而八,卦之方也,定吉凶、生大業者,其知也。是故法象莫大乎天地，變通莫大乎四時，縣象著明莫大乎日月。法，謂地之理。象，謂天之文。天地，謂乾、坤二卦。變通，謂陰陽、寒暑之相禪不窮。四時，謂震、巽、艮、兑四卦。日月，謂坎、離二卦。飛、走、草、木亦有文理，朝暮、晝夜亦有變通，列星亦懸象著明，而皆不如天地、四時、日月之大，故聖人畫八卦，以象天地，象四時，象日月也。此第六節之始，言卦以申第五節之意。崇高莫大乎富貴。備物致用，立象成器，以爲天下利，莫大乎聖人。崇高，謂位在人上。富，謂有四海。貴，謂爲天子。以位而言，无如有四海爲天子之崇高者。將言聖人之利天下而先言此，蓋苟无其位，則雖有其德，亦不能以利天下也。「備物」蓋指生蓍而言。「致用」謂以之占決庶物。「立象」蓋指畫卦而言。「成器」謂以之制作百度。古初以來，若鑽燧取火，合土範金，造字制律，曆數醫藥等類，何莫非備物致用，❶立象成器，以利天下之事？聖人亦有不自爲，而任人爲之者。惟有蓍、卦，則出於聖人神知之所獨，而非他人所能。古之爲天下利者不一，而莫大於生蓍、畫卦之聖人也。此第六節之中，於言卦之後，言蓍之前，特言聖人於二者之閒，以表蓍、卦之利，皆聖人之功也。探賾索隱，鉤深致遠，以定天下之吉凶，成天下之亹亹者，莫大乎蓍龜。探，如以手入内而取之。索，謂求之於彼。鉤，如以鉤引下而取之。致，謂至之於此。亹亹，猶勉勉也。賾者隱而不可見，如探於頤之賾而求之，使隱者顯而可見也。深者遠而不可即，如鉤於水之深而致之，使遠者近而可即也。此謂蓍之靈，能知未來幽深之事也。定此事爲吉，此事爲凶，事既瞭然而无疑，則勉勉行之而不怠也。占決吉凶，固亦有其他小術，而皆莫能如蓍龜之卜筮。言蓍而兼言龜者，卜筮之理一也。此第六節之終，言蓍以申第四節之意。❷第四節、第五節分言蓍、卦，至此合言蓍、卦，而歸功於聖人也。是故天生神物，聖人則之。天生蓍龜神物，聖人則之者，用之以卜筮也。此第七節之始，言蓍以申第六節「莫大乎蓍龜」之意。天地變化，聖人效之。天垂象，見吉凶，聖人象之。變化，即四時之變通。效之者，效天地四時以畫乾、坤、震、巽、艮、兑也。見，猶示也。日月如常，則是示人以吉；有變，則是示人以

❶「致」，原誤作「制」，今據薈要本改。

❷「四」，原誤作「曰」，今據薈要本、四庫本改。

凶。「象之」者，象日月以畫坎、離也。此第七節之中，言卦以申第六節「莫大乎天地」、「莫大乎四時」、「莫大乎日月」之意。

河出圖，洛出書，聖人則之。河圖者，羲皇時，河出龍馬，背之旋毛，後一、六，前二、七，左三、八，右四、九，中五、十，以象旋毛如星點，❶而謂之圖；羲皇則其陽奇、陰耦之數，以畫卦、生蓍。洛書者，禹治水時，洛出神龜，背之拆文，前九後一，左三右七，中五，前之右二，前之左四，後之右六，後之左八，以其拆文如字畫，而謂之書。禹則其自一至九之數，以敘《洪範·九疇》。洛書雖出於畫卦、生蓍之後，而并言之者，亦言其理之一，如言蓍筮而并及龜卜也。此第七節之終，既言蓍、言卦矣，而又言此者，此爲蓍、卦之本原也。

【傳】五之十一章，凡三百四十字。「開物成務」上，舊本再有「夫《易》」二字。陸氏曰：「一本无。」今從之。「立象成器」，舊本无「象」字。朱子曰：「『立』下疑有闕文。」澄案：荀悦《漢紀》引此文作「立象成器」，今增補。夫《易》，音扶，「者夫」、「德夫」同。以斷，東亂切。以知，音至，「知以」、「睿知」同。易以，音亦。洗，悉殄切。與於，音預。齋戒，側皆切。見乃，賢遍切，「見吉」同。大極，❷音泰。縣，音玄。探，吐南切。【注】求知、能知、知吉、生知，並如字，餘並音至。屏，卑正切。復言，符后切。著見，賢遍切。其別，彼列切。

易有四象，所以示也。繫辭焉，所以告也。定之以吉凶，所以斷也。「四象」謂奇上加奇，奇上加耦，耦上加奇，耦上加耦也。凡畫卦自八而十六，十六而三十二，三十二而六十四，皆由此四者而生。「四象」者，羲皇六十四卦之畫也。示，謂示人以意。繫辭者，文王、周公所繫彖、爻之辭也。告，謂告人以言。既告以言，而爲教，爲戒，又定其占之爲吉、爲凶，所以斷決其疑，而使之趨避也。

書不盡言，言不盡意。然則聖人之意，其不可見乎？「書不盡言，言不盡意」，或古有是語也。此承上上文「四象」、「繫辭」、「定吉凶」，皆謂《易》之書也。此承上文，而謂書有限，言无窮。《易經》上下二篇之書，豈能盡聖

❶「象」，薈要本作「其」，似於義更確。

❷「大極」，正文爲「太極」。陸德明《經典釋文》「是故易有大極」：「大，音泰，注同。」

人之言？又謂言有限，意无窮。雖有六十四象、三百八十四爻之言，豈能盡聖人之意？「然則」以下設問，而下文答之也。**聖人立象以盡意，設卦以盡情僞，繫辭焉以盡其言，變而通之以盡利，鼓之舞之以盡神。**「立象」謂羲皇之卦畫所以示者也。「盡意」謂雖无言而與民同患之意悉具於其中。「設卦」謂文王設立重卦之名也。「盡情僞」謂六十四名足以盡天下事物之情。其情之本乎性而善者曰「情」，情之咈乎性而不善者曰「僞」。「辭」謂文王、周公之象、爻所以告者也。羲皇之卦畫足以盡意矣，文王又因卦之象，設卦之名，以盡情僞。然卦雖有名，而未有辭也。又繫彖辭、爻辭，則足以盡其言矣。此三句，答上文「不盡言」、「不盡意」二語。「設卦」一句在「立象」之後，「繫辭」之前，蓋竟「盡意」之緒，啓「盡言」之端也。「盡意」、「盡情僞」、「盡言」者，皆所以爲天下利。又恐其利有所未盡，於是作揲蓍十有八變之法，使其所用之策，往來多少，相通不窮，而其所得之卦，一可爲六十四，亦相通不窮，其象、其辭，皆可通用，而不局於一，則其用愈廣，而足以盡利矣。因變得占，以定吉凶，則民皆无疑，而行事不倦。如以鼓聲作舞容，鼓聲愈疾，而舞容亦愈疾；鼓聲不已，而舞容亦不已，自然而然，不知其孰使之者，所謂「盡神」也。項氏曰：「『立象』、『設卦』、『繫辭』三『盡』者，作《易》之事；『變通』、『鼓舞』二『盡』者，用《易》之事。」澄謂：「立象」、「設卦」，象也；「繫辭」，辭也；「變通」，變也；「鼓舞」，占也。**乾、坤，其易之緼邪？乾、坤成列，而易立乎其中矣。乾、坤毁，則无以見易。易不可見，則乾、坤或幾乎息矣。**❶此申「立象以盡意」一句。「乾、坤」謂兩儀，奇畫爲乾，耦畫爲坤，非謂三畫已成之卦也。上云「易有四象」，此又以四象本乎兩儀也。「成列」謂奇耦二畫相對。「易」謂奇耦交互相易。「緼」謂藏蓄在中，如衣之著也。有陽儀、陰儀，則一易而成四象，再易而成八卦。「毁」謂不先列兩儀之體，无此體則无以見其相易之用。乾、坤相易之用不可見，則其一定之體殆若无所用，故曰「幾乎息」。**是故形而上者謂之道，形而下者謂之器，化而裁之謂之變，推而行之謂之通，舉而錯之天下之民謂之事業。**有乾、坤則相易而成八

---

❶「或」，原誤作「成」，今據薈要本、四庫本改。

卦，八卦皆象有形之物，而兩儀之本乎太極，則无形也。故有形之上者，道也，太極是也；有形之下者，器也，八卦所象之物是也。因剛畫之可化柔，柔畫之可化剛，而以揲蓍之變裁制之，使蓍之三變得九，則剛畫化柔；三變得六，則柔畫化剛；惟得七、得八，則剛自爲剛，柔自爲柔，而不化也。「推」即「剛柔相推」之「推」。「行」謂通行，此可爲彼，彼可爲此也。既有卦畫之象，又有蓍策變通之法，舉此二者，錯之天下之民，俾用之以占，則得以成務、定業也。

聖人有以見天下之賾，而擬諸其形容，象其物宜，是故謂之象。聖人有以見天下之動，而觀其會通，以行其典禮，繫辭焉以斷其吉凶，是故謂之爻。朱子曰：「重出以起下文。」澄案：「象其物宜」，謂文王之象，申「設卦以盡情僞」一句；「繫辭以斷吉凶」，謂周公之爻，申「繫辭焉以盡其言」一句。

極天下之賾者存乎卦。鼓天下之動者存乎辭。化而裁之存乎變。推而行之存乎通。神而明之存乎其人。默而成之，不言而信，存乎德行。「極」猶「極深」之「極」。「卦」即象也，「辭」即爻也。上文五，謂明其所以然者也；❶此之六「存」，實其所能然者也。「神而明之」，即前章所謂「神明其德」也。「之」指蓍、卦。「其人」謂聖人。聖人不自用其神知，而教民用蓍、卦以占，所以神蓍之爲神，明卦之爲知也。「默」即不言也。聖人不以言教，而托蓍、卦以教民趨避吉凶，是不言而成全之也。聖人雖不言，而能使民自信蓍、卦之爲神明。「德行」者，謂聖人有德、有行。備陳蓍、卦之象、辭、變、占，而歸功於作《易》、用《易》之聖人也。

【傳】五之十二章，凡二百六十五字。「所以斷也」下，舊本有《文言傳》錯簡，釋大有上九爻辭一節，因此間隔，後人遂截此以上二十四字屬上章，而於「書不盡言」上加「子曰」字，以爲此章之首。「聖人有以見天下之賾」上，舊本有「是故夫象」四字。東萊吕氏《音訓》曰：「衍文。」斷，東亂切。緼，委引切。錯，七故切，一作「措」。德行，下孟切。【注】衣之著，展吕切。神知，音至，「爲知」同。

易纂言繫辭上傳第五

❶「明」，原誤作「名」，今據四庫本改。

易纂言繫辭下傳第六

繫辭下傳第六

八卦成列，象在其中矣。因而重之，爻在其中矣。剛柔相推，變在其中矣。繫辭焉而命之，動在其中矣。吉凶、悔吝者，生乎動者也。八卦成列，謂乾一、兑二、離三、震四、巽五、坎六、艮七、坤八相次也。象，謂文王所名之卦。在其中者，謂包含於其中也。因而重之，謂因八卦而重之爲六十四也。爻，謂周公所繫之辭。變者，蓍之變。命，猶名也。動者，人之動。已有八卦之時，猶未有六十四卦之名也；已有重卦之時，猶未有三百八十四爻之辭也。剛柔二畫雖能相推變化，然蓍未變，則未有九、六也。繫辭雖名各爻爲吉、爲凶，然人未動，則未有吉凶也。雖未有之，而其理已具，故曰「在其中矣」。吉凶、悔吝因人之動而後有。周子曰：「吉一而已，動可不慎乎！」澄謂：此承前篇卒章，言蓍、卦之象、辭、變、占。曰「在其中」者凡四，一象，二爻，三變，四動。爻者，辭也，動則有吉凶、悔吝之占焉。前篇「動者尚其變」，而此以動屬占者，動因變而得占也。剛柔者，立本者也。變通者，趣時者也。剛柔之畫，其體一定，如木本之植立。因蓍之變，其用相通，隨時所遇，趣而就之，剛或化柔，柔或化剛也。此承「剛柔相推，變在其中」之語，而言蓍之變。吉凶者，貞勝者也。天地之道，貞觀者也。日月之道，貞明者也。天下之動，貞夫一者也。「貞」謂正主之也。吉凶二占，正主于一勝。吉勝則无凶，凶勝則无吉，非如悔吝之可吉、可凶也。觀，猶示也。因吉凶之正主于勝，遂言天地之文理正主于示人，日月之往來正主于明照，而天下人事之動則正主于一而不可以二。不吉則凶，不凶則吉，所謂「貞勝」也。此承「吉凶悔吝生乎動」之語，而言蓍之占。夫乾，確然示人易矣。夫坤，隤然示人簡矣。爻也者，效此者也。象也者，像此者也。乾謂天，坤謂地，非卦名也。確，剛健貌。隤，柔順貌。天地之貞觀者，天則剛健而示人以易，地則柔順而示人以簡。周公之爻，文王之象，則亦效像天地，而示人以易簡也。此承「象在其中」、「爻在其中」之語，而言卦之爻與象。

爻象動乎内，吉凶見乎外，功業見乎變，聖人之情見乎辭。「内」謂《易》書之内，「外」謂《易》書之外。爻象无非示人以動而趨吉之理，然其動在乎《易》書之内，實未嘗有動之事也。人之動如是而吉，不如是而凶，則著見于人事，而在乎《易》書之外矣。以蓍之變決其嫌疑，定其猶豫，而勇于趨事，則功業之成，皆因蓍之變而著見也。以上言辭、言象、言吉凶之占、言見乎變，四者備矣，而又以一句結之，謂聖人與民同患之情，皆於《易》而著見。此「辭」字，兼象、爻言也。聖人之道四，而獨歸重於辭，蓋此篇爲繫辭之傳故也。

【傳】六之一章，凡百四十六字。趣，丘樹切。勝，繩證切。觀，古喚切。夫，音扶。確，苦各切。易，以豉切。隤，同摧切。見，經電切。諸本皆至下章「禁民爲非曰義」爲一章。今案：「天地之大德曰生」與此文不相屬，當爲下章之首。屬，之欲切。

天地之大德曰生，聖人之大寶曰位，何以守位曰人，何以聚人曰財，理財正辭、禁民爲非曰義。生生不已者，天地之大德。然天地生物生人，又生與天地合德之聖人，命之居君師之位，爲人物之主，而後能使天地之所生得以各遂其生也。苟或但有其德，而无其位，則亦不能相天地而遂人物之生，故位爲聖人之大寶。大寶，謂大可貴重。守，謂保有之。必得衆人之歸嚮，乃能保有君師之位。聚，謂養之而使蕃盛衆多。財者，天地所生之物，以養天地所生之人，故聚人以財也。理，謂以道取而用之。理財必正其辭，謂取其所當取、可取，言之而无悖、无愧者。禁，謂防制之。蓋財者，民之所同欲争，盗之所由起，必設法令，以禁其爲非，使之不敢争，不敢盗。「義」者，事理之宜。理財之所宜理，禁民之所不宜爲，夫是之謂「義」。以下言五聖人之制作，皆聚人理財之事。

古者包犧氏之王天下也，仰則觀象於天，俯則觀法於地，觀鳥獸之文與地之宜，近取諸身，遠取諸物，於是始作八卦，以通神明之德，以類萬物之情。包犧氏，大昊也。氣之有文者曰象，形之有理者曰法。《漢書·藝文志》相地爲形法家。天有雷風、日月。雷風，氣也；日月，象也。言象可以兼氣。地有水火、山澤。水火，質也；山澤，形也。言形可以兼質。「鳥獸之文」謂動物，「地之宜」謂植物。身，就人而言；物，該服、食、器用而言。通，同之也。神明，天地之氣、象、形、質，妙而叵測，❶顯而可見者也。德，若健、順、動、入、陷、麗、止、説及鼓之、散之、潤之、烜之之屬。類，似之也。萬物，凡動、植、人、器皆是。情，猶言其意義也。羲皇觀于天地，觀于動植，近取、遠取，洞見兩閒自然之易，乃畫奇耦二畫，交互成八卦以象之，而天地萬物悉不外是，故與其德同，而與其情无不相似也。天開地闢之後，不知其幾萬年矣，而洪荒朴略，未有文字，至羲皇始畫八卦，實肇人文之端，故將言制作之事，而首言此也。**作結繩而爲網罟，以佃以漁，蓋取諸離。**以散絲、散麻絆緊而合之，曰結。結之以爲繩也。網以取獸曰佃，罟以取魚曰漁。或曰：網、罟通用。上古之時，已有結繩矣，作之而爲網罟者，羲皇也。或曰：結繩而治，亦自羲皇始。結繩、網罟二事。結繩以防欺詐，因以爲網罟而佃漁也。二説未詳孰是。蓋者，不敢決定之辭。聖人非必模倣此卦，以制此器，其象相類爾。又此時未有重卦之名，借後來所立卦名言之，故不決定其辭，而曰「蓋」。離，謂重離。重離兩目相承，邊實中虛，爲物所麗，結繩、網罟之象。人无爪牙，不能敵獸之猛。羲皇以前，獸每食人。既有網罟之後，❷人始能取魚獸以食之，而免爲獸所食。大哉聖人之仁乎！**包犧氏没，神農氏作，斲木爲耜，揉木爲耒，耒耜之利，以教天下，蓋取諸益。**神農氏，炎帝也。斲，謂削而鋭之。耜者，耒首。揉，謂揉而曲之。耒者，耜柄。教天下者，古未有粒食，神農始教民稼穡者也。益之二、三、四互坤，地也；上巽二陽，象耒之自地上而入；下震一陽，象耜之在地下而動也。**日中爲市，致天下之民，聚天下之貨，交易而退，各得其所，蓋取諸噬嗑。**案：《周官》有三市，此獨言「日中」者，或創市之初，惟用日中，後王乃增朝夕二市與？噬嗑上離，日中之象。離中虛，可藏貨，市之象。震動而前，致民之象。震二柔畫，爲民。離明，萬物相見，聚貨之象。離二剛畫，富實，貨也。一剛一柔相閒，有相交相易之象。退，謂交易既畢，而歸其家。各得其所，謂以其所有，易其所无而歸，各得以遂其願，濟其所用也。**神農氏没，黄帝、堯、舜氏作，通其變，使民不倦；神而化之，使民**

❶「叵」，原誤作「巨」，今據薈要本、四庫本改。
❷「罟」，原誤作「哭」，今據薈要本、四庫本改。

宜之。《易》窮則變，變則通，通則久。黄帝，軒轅氏。堯，陶唐氏。舜，有虞氏也。「通其變」者，通其所當變之事，使不至于窮也。變而无迹曰化。上古之時，民與禽獸无異，有網罟而鮮食者，有耒耜而得艱食者。艱鮮既奏，而又爲市，以貿遷其有无，則與禽獸稍異矣。然民用之未備者猶多也，風氣漸開，不可如朴略之世，此窮而當變也。變之則通而不窮矣。其能使民喜樂不倦者，以其通之之道，神妙不測，變而不見其迹，便于民而民皆宜利之故爾。凡《易》之道，窮則必變而通之，然後可以久而无弊。黄帝、堯、舜之通其變者，《易》之道也。九事皆黄帝時，而并言堯、舜者，肇始于黄帝，而極備于堯、舜也。不言少昊、顓頊、帝嚳者，承黄帝之後，因之而无所損益也。**黄帝、堯、舜垂衣裳而天下治，蓋取諸乾、坤。**衣，上體之服。裳，下體之服。上古以禽獸羽毛、草木華葉蔽其體，至此始以絲麻爲衣裳也。上衣下裳，如天尊地卑，上下分定，故天下治。乾畫奇，象衣之縫合爲一；坤畫耦，象裳之前後殊爲二。**刳木爲舟，剡木爲楫，舟楫之利，以濟不通，蓋取諸涣。**「刳木」者，刳空其中爲舟，以浮水。「剡木」者，剡薄其端爲楫，以運舟。水所阻隔，道路不通，則以舟楫度而濟之也。涣，巽木在坎水之上。二、三、四、五、上，舟虚之象；初耦，二楫運于舟後之象。**服牛乘馬，引重致遠，以利天下，蓋取諸隨。**服者，以軛加其項，而使之引重載。乘者，以衡加其背，而使之致遠道。隨下震，自坤而變，坤爲牛，一奇畫在後者，象所引之重物也；上兑，自乾而變，乾爲馬，一耦在前者，❶象前路開通无礙，而可以致遠也。**重門擊柝，以待暴客，蓋以諸豫。**郭門、城門爲重門。擊柝，所以警夜而防姦盜也。暴客，謂姦盜。豫前二耦畫，重門之象；九四一奇畫而動體，擊柝于門内之象；坤三畫在下，民安居于内而无暴客侵陵之象。**斷木爲杵，掘地爲臼，臼杵之利，萬民以濟，蓋取諸小過。**杵以舂，臼以容，用之擣去粟殼而得米，其利便萬民，亦猶度水之得濟也。小過，横而觀之，中二奇畫，象木杵；内外四耦畫象地臼。**弦木爲弧，剡木爲矢，弧矢之利，以威天下，蓋取諸睽。**弧，木弓也。兵器不一，弓矢所及者遠爲長。兵威天下者，示有警備，而使之

❶「耦」下，薈要本有「畫」字。

畏也。坎象弧者，中弸强而上下兩弰弱也。離象矢者，前鏃後栝實，中笴虚也。睽三、四、五互坎，弧象；二、三、四互離，及上體之離，皆矢象。

上古穴居而野處，後世聖人易之以宫室，上棟下宇，以待風雨，蓋取諸大壯。上古，謂黄帝以前。穴居，土中營窟也。野處，木杪橧巢也。後世聖人，謂黄帝、堯、舜也。外垣四周曰宫，户牖之内曰室。棟，櫋之上隆者。宇，椽之下垂者。有棟宇而成屋，則可以障風蔽雨。大壯下四剛，棟承上而隆之象；上二柔，宇覆下而垂之象。

古之葬者，厚衣之以薪，葬之中野，不封不樹，喪期无數。後世聖人易之以棺槨，蓋取諸大過。厚衣之以薪，謂以薪承藉其下而寘尸焉，復以薪蓋覆於其上也。中野，野中也。不封，不封土爲墳也。不樹，不樹木以識也。喪期无數，哀盡則止，无卒哭祔練祥禫之日數也。棺，内棺。槨，外棺也。凡奇畫爲長，耦畫爲短。大過中四長畫。九二，棺底木也；九三、九四，棺兩傍木也；九五，棺蓋木也。初、上二短畫，上六棺前端木也，初六棺後端木也。

上古結繩而治，後世聖人易之以書契，百官以治，萬民以察，蓋取諸夬。結繩，説者謂民淳事簡，結繩以爲信，大事大其繩，小事小其繩，以識別也。書，以刀筆畫木簡爲文字也。契，以木刻一、二、三、四之畫，而中分之，各執其一，合之以爲信也。契者，書之始也。契惟以畫記數而已，書則有指事、象形之變。有文字，則可以治百官之事，察萬民之情矣。書契自一畫、二畫、三畫、四畫始，至五畫則爲乂，蓋至五而窮也。窮則變。夬有五奇畫，象書契之一、二、三、四、五。至六則變矣。故上畫耦者，奇之變也，又象契之上端分爲二之處。十三卦之制作，自畫卦而始，至書契而終，蓋萬世文字之祖，肇於畫卦，而備於書契也。

是故《易》者象也，象也者，像也。此章之首，第一節總敘以起下文。自「包犧」至「書契」十四節，言制作之事，而以「是故」總結之，謂《易》卦皆器物之象，象者像似之義，聖人制器，皆與卦象合也。

彖者，材也。爻也者，效天下之動者也。既結一章之意矣，因象而及於辭。謂文王彖辭，以六畫之象而論一卦之材質；周公爻辭，以一畫之象而效人所作爲之事。

是故吉凶生而悔吝著也。又以「是故」結上文二句，謂彖爻如此，故生出吉凶而使人趨避，著明悔吝而使人警悟也。

【傳】六之二章，凡四百二十九字。「守位曰人」，舊本「人」作「仁」。陸氏曰：「王肅、卞伯玉、桓玄、明僧紹作『人』。」「耒耜」，舊本「耜」作「耨」。晁氏曰：「王昭素云：『諸本或作耜，乃合上文。』」澄謂：傳寫者譌右傍「巳」字爲「辱」也，今正之。「通則久」下，舊本有「是以自天祐之，吉，无不利」十字，繫《文言傳》釋大有上九爻辭錯簡重出。「以濟不通」下，舊本有「致遠以利天下」六字。陸氏曰：「一本无。」今案：此六字見下文，羨文重出也。包，白交切。王，于況切。柝，天作切。厚衣，於既切。【注】相天地，息亮切，後「相地」同。夫是，音扶。叵，平可切。止説，音曰。烜，況遠切。合之，音閤。二市與，音餘。相閒，居限切。喜樂，音洛。分定，封問切。重載，親采切。舂，黍容切。弣，封古切。弰，新巢切。鏃，子木切。笴，見汗切。橧，音曾。垣，音袁。櫄，林錦切。藉，晴夜切。寘，音至。復以，扶后切。覆，孚后切。以識，音志，後「識別」同。禫，汀坎切。別，彼列切。

陽卦多陰，陰卦多陽，其故何也？陽卦奇，陰卦耦。其德行何也？陽一君而二民，君子之道也；陰二君而一民，小人之道也。

陽卦，震、坎、艮也，皆一陽二陰，陰多於陽。陰卦，巽、離、兑也，皆一陰二陽，陽多於陰。「故」者，其迹之麤；「德行」者，其理之精。先麤後精，兩設問而兩答之也。陽卦數奇、多陰，則一奇二偶合成五數。陰卦數耦、多陽，則一耦二奇合成四數。數分奇耦，以答其故之問。陽畫爲君，陰畫爲民。陽卦一君統二民，寡能治衆，主必致一，得理之正，爲君子之道。陰卦一民事二君，土无二王，物不兩大，非理之正，爲小人之道。道分君子、小人，以答其德行之問。

乾、坤，其易之門邪？乾，陽物也。坤，陰物也。陰陽合德，而剛柔有體。以體天地之撰，以通神明之德。

上文既言六子之卦，此乃言六子自乾、坤而生也。易，謂六子以奇耦相易而成卦，故曰「易」。乾、坤者，六子之所從出，故曰「門」。「物」猶言「畫」也，射禮畫於地者亦曰「物」。乾三畫皆陽，故曰「陽物」；坤三畫皆陰，故曰「陰物」。乾陽之德、坤陰之德交互相合以生六子，而震、坎、艮有一剛二柔之體，巽、離、兑有一柔二剛之體。此八卦者，與天地神明一也，故曰「體」、曰「通」。體，謂以之爲體也。撰，猶言所爲也。「體天地之撰」，以卦象言；「通神明之德」，以卦德言。**其稱名也，雜而不越。於稽其類，其衰世之意邪？**此又言六十四卦自八卦而生也。名，謂重卦之名。雜，謂不一。越，過也。於，歎辭。稽，推考也。文王所稱五十六卦之名，雖其義不一，而皆不過自八卦中出。歎其推考重卦兩體與八卦所象相類而立名之意，見其遭遇衰世，憂患危懼，是以推考如是其精微也。**夫《易》彰往而察來，而微顯闡幽。開而當名，辨物正言，斷辭則備矣。**以上三節，首言六卦之體，次言六卦本乎二卦而爲八，又言重卦本乎八卦而爲六十四。此以下，總上三節而言文王之彖辭。「彰往」即「藏往」也，謂明於天之道，而彰明已往之理。「察來」即「知來」也，謂察於民之故，而察知未來之事。「微顯」即「神德行」也，謂以人事之顯，而本之於天道，所以微其顯。闡者，闡而顯之也。「闡幽」即「顯道」也，謂以天道之幽，而用之於人事，所以闡其幽。上篇之「藏往知來」、「顯道神德行」，兼蓍而言，此則專以卦而言也。開明名卦之意而使當其名，辨别陰陽之物而正言其占。「夫《易》」以下諸義，自文王斷以彖辭之後，則皆具備矣。朱子曰：「『而微顯』恐當作『微顯而』。『開而』之『而』，亦疑有誤。」**其稱名也小，其取類也大。其旨遠，其辭文，其言曲而中，其事肆而隱。因貳以濟民行，以明失得之報。**小，謂其義專而狹。大，謂其義汎而廣。旨，意也。文，謂修飾而不質直。曲，謂一偏而不該徧。中，如居中而四外皆通。肆，謂縱而不拘。隱，謂晦而不顯。彖首所稱卦名，如上雲、下雷則名爲屯，上山、下泉則名爲蒙，但就本卦二體之象而生名，故曰「小」。象中所取象類，如類動物，則有虎尾、豚魚、飛鳥、小狐之屬；類用物，則有盥薦、二簋、羸瓶、匕鬯之屬，汎及天下諸物之形而比類，故曰「大」。稱名之義雖小，而其旨則遠，謂推索而无窮盡也。取類之義雖大，而其辭則文，謂假托而不質言也。小者雖偏曲而局於一方，然旨之遠則中而可傍通也；❶大者雖縱肆而偏於諸物，然辭之文則隱而不顯露也。貳，謂疑則不決。用筮以占，而彖辭爲決所疑，則行事之果，如渡水之得濟，故曰「濟民行」。民於行事之失得未能明也，以彖辭而知如此爲得而行之則有吉報，如彼爲失而行之則有凶報，故曰「明失得之報」。或謂此一節蓋論彖、爻。夫取

❶「傍」，四庫本作「旁」。

類之大，辭之文，事之肆而隱，爻辭亦然，而此則專爲彖辭言也。

【傳】六之三章，凡百六十二字。「小人之道也」下，舊本有《文言傳》錯簡釋咸九四、困六三、解上六、噬嗑初六上六、否九五、鼎九四、豫六二、復初九、損六三、益上九爻辭十一節閒隔之，故與「乾、坤，其易之門」不相屬，遂於「乾、坤」上加「子曰」字而分爲别章。今定錯簡，歸《文言傳》，删去「子曰」字，而此章復合爲一。德行，下孟切，後「民行」同。撰，士免切。於，音烏。夫，音扶。斷，東亂切。中，如字。【注】索，悉革切。爲決，云僞切，後「爲彖」同。夫微顯，音扶。

《易》之興也，其於中古乎？作《易》者，其有憂患乎？ 中古，謂文王時。羲皇之《易》有畫而已，三畫之卦雖有名，而六畫之卦未有名。文王始名六畫之卦，而繫之以辭，《易》道幾微，而至此復興也。卦名及辭，皆前所未有，故不云「述」，而云「作」。作《易》在羑里時，故云「其有憂患乎」。蓋于其名卦，而知其有憂患也。下文舉九卦之名，以見其憂患之意。 是故履，德之基也；謙，德之柄也；復，德之本也；恒，德之固也；損，德之修也；益，德之裕也；困，德之辨也；井，德之地也；巽，德之制也。 履，踐行也。基如築土之下址，積累之所始也。謙，恭讓也。柄，所執持者也。復，反也。孟子謂：「君子必自反也。行有不得者，反求諸己。」如木之反也，本歸根也。恒，常久也。固，謂常守而不變也。損者，減損，謂消除其私欲也。修，謂完補其闕也。益者，增益，謂充長其善端也。裕，如加厚其衣也。困，阨窮也。辨者，識之明。孟子謂：「人之德慧術智，存乎疢疾。」因身之困，而心識開明也。井不動，而及物之惠普徧，猶地之静，而成物之功廣博。巽者，柔順卑下以入，則無處而不可入，如利刀之裁制布帛，隨其長短而裁之，無不如意也。始之以實踐，繼之以自謙。人不我是，而自反。己之所守，必有常。損其不善，益其善，雖處困，而識愈明。身不可動，而不忌及物。柔順卑下，无入而不自得。此九字之義，皆處憂患之道也。 履，和而至；謙，尊而光；復，小而辨於物；恒，雜而不厭；損，先難而後易；益，長裕而不設；困，窮而通；井，居

其所而遷；巽，稱而隱。上文初陳九卦之名，取其字義而已。此再陳，乃取卦義。項氏曰：「釋卦之兩體，九句皆以相反成文。」朱子曰：「如《書》之九德。」澄案：「和」謂兑之説，「至」謂乾之健。蓋雖與物无乖，而行必造極也。鄉原之闇然媚世，而不可入堯舜之道，則履之和而不至者。「尊」謂坤地之卑而尊之使居艮上。「光」謂艮山雖下於坤，而自不失其爲高。己處人下，疑若晦昧而不光，然謙則雖尊他人，而己亦光也。小謂震一陽之動。「辨於物」謂坤衆陰之順。❶一陽之復甚微，猶君子之自反，所操甚約也。然陽復於内雖微，而陰順於外則衆，猶君子一自反，而横逆者皆順，非明於接物，不能也。「雜」謂其事不一，震雷之時復一鳴似之；「不厭」如言學不厭，巽風之无日不有似之。行事不一而始終不厭倦，所以爲恒也。「先難」謂方損之初，如浚兑澤於下，而畚土以上也。「後易」謂既損之後，始艮山之静止，而受土以成其高也。「長裕」謂日益。「設」謂施爲之虚假，如設使、設或之説。揠苗而長之，其苗非實有長裕也，虚假所爲爾。震雷之聲，則實能助益巽風之勢，而不虚假也。「窮」謂兑澤涸於上，「通」謂坎水流於下。或謂《象傳》之「險以説」，❷亦「窮而通」之義，❸彼蓋合上下二德以釋「困亨」，與此不同也。「居其所」謂巽之二陽在下體，水之在井中者也。「遷」謂坎之一陽在上體，水之汲而上，以及物者也。「稱」謂巽二陽在陰之前，二陽體鈞，其重不偏，如稱物之平。「隱」謂巽一陰入陽之内，爲卦之主，以事二君，而人莫知其所以能入二陽之故。履、復、損、井取義以下體爲先，謙、恒、益、困取義以上體爲先，巽八純重卦，但就一體取二義，而二體皆然。

履以和行，謙以制禮，復以自知，恒以一德，損以遠害，益以興利，困以寡怨，井以辯義，巽以行權。此章三陳九卦，先後有淺深。初陳雜舉卦名，而每字之下，先就人身言之，以明其字義，未及卦義也。再陳乃於卦名之下，説上下二體之義。三陳則卦名一字之中，❹包含上文所説卦體二義，非專指卦名一字言也。「以」猶《象傳》「君子以」之「以」，謂取此卦之義，用之於人事也。踐行之履，在人爲德之基，故名下兑、上乾之卦曰履。❺其義兑和而乾至。人則以此履卦之義而「和行」。

❶「辨」，原誤作「辯」，今據四庫本及《傳》文改。
❷「以」，原誤作「而」，今據薈要本及《傳》文改。
❸「窮」，原誤作「隨」，今據四庫本及《傳》文改。
❹「中」，薈要本作「下」。
❺「卦」，原作「義」，今據上下文義改。

「和行」謂所行无乖忤也。恭讓之謙，在人爲德之柄，故名上坤、下艮之卦曰謙。其義坤尊而艮光。人則以此謙卦之義而「制禮」。禮者，恭敬、退讓、自卑而尊人。「制禮」謂制爲儀則也。自反之復，在人爲德之本，故名下震、上坤之卦曰復。其義震小而辯於坤之物。人則以此復卦之義而「自知」。愛人不親反其仁，治人不治反其智，禮人不答反其敬。惟自知反己，不責人之不親、不治、不答也。常久之恒，在人爲德之固，故名上震、下巽之卦曰恒。其義震之雷雜而巽之風不厭。人則以此恒卦之義而「一德」。「一」謂終始如一也。減省之損，在人爲德之修，故名下兑、上艮之卦曰損。其義先損兑之澤難，而後成艮之山易。人則以此損卦之義而「遠害」。爲不善者，有害於己。減損其不善，所以遠去其害也。增多之益，在人爲德之裕，故名上巽、下震之卦曰益。其義巽之風長裕，而震之雷不設。人則以此益卦之義而「興利」。爲善者，有利於己。增益其善，所以興起其利也。阨窮之困，在人爲德之辯，故名上兑、下坎之卦曰困。其義兑窮而坎通。人則以此困卦之義而「寡怨」。知命安分者，雖阨窮患難而无怨，寡之以至於无也。掘地得泉之井，在人爲德之地，故名下巽、上坎之卦曰井。其義巽居其所而坎遷。人則以此井卦之義而「辯義」。己之惠澤及人者，義也。柔順卑下以入之巽，在人爲德之制，故羲皇三畫之卦名巽，文王名六畫之重卦亦曰巽。其義上中二陽宜稱於外，而下之一陰隱伏於内。人則以此重巽之義而「行權」。「行」謂不定在一處。「權」者，稱錘，前却无定，以等物之輕重，而取衡之平，時中是也。六十四卦，其可以處憂患者，不止於九。夫子姑舉其大概爾。五十六重卦舉八卦，七之一也。八純卦舉一卦，八之一也。

【傳】六之四章，凡百四十五字。厭，因劍切。易，以豉切。長，知兩切。稱，充證切。行，下孟切。遠，于願切。【注】充長，同上。疢，充震切。无處，充許切，後「一處」同。鄉原，音願。閹，音淹。横逆，封孟切。時復，符后切。畚，音本。以上，時掌切，後「而上」同。揠，音戛切。涸，曷各切。而説，音曰。減省，所梗切。安分，奉問切。難，乃旦切。掘，羣厥切。錘，程追切。

《易》之爲書也，不可遠；爲道也，屢遷。

不可遠，謂其書之利於民用，不可離去也。屢遷，謂其變易不一定也。

變動不居，周流六虚，上下无常，剛柔相易，不可爲典要，唯變所適。

以卦變言也。

變動，謂卦畫更變移動，兩易其位也。不居，不止定在一處也。周流，周徧流行也。六虛，卦之六位也。在上位者或降而下，在下位者或升而上，无有常處者，以剛柔二畫之互相易也。典要，典籍中之契要，常而不可易者也。不可爲典要，謂其易而不可常也。唯其變畫之所之，適在何位爾。案：《傳》之單言「變」者，謂蓍策之變；言「變化」者，謂卦畫之變。「唯變所適」，非謂蓍策也，而亦單言「變」者，蓋此言卦變之互易其位，非爻變之變化其畫也。不可言化，故亦單言變。夫子於《彖傳》已言卦變矣，而於此又言之。一體三畫自相易者，復、姤、臨、遯、大壯、觀、夬、剥所變也；下體三畫與上體三畫互相易者，泰、否、坎、離、震、艮、巽、兑所變也。蔡氏曰：「此言《易》道之屢遷也。」**其出入以度外內，使知懼，又明於憂患與故，无有師保，如臨父母。**「出入以度外內」，「知懼」，言人事之動，亦當如卦畫之變也。「出」謂升上，「入」謂降下。「外」者，上也；「內」者，下也。卦畫之出而外，入而內者，皆以其度。或一體自易，或二體互易。六子、八辟之所變各二卦，泰、否二辟之所變各九卦，如度之分寸，各有界限，不可僭差。人事之或出、或入，亦必如卦畫之出入以度。其出入動循禮法，使出而在外、入而在內之時，惕然知所畏懼。此聖人作《易》訓人之意。「使」謂聖人之使人如此也。凡人之出入，能明於聖人之憂患與民同之義，以慎乃事而守之嚴，雖无有師保顯爲之教戒，而畏懼不敢慢易，惕然一如父母之臨其上也。蔡氏曰：「此言《易》書之不可遠也。」**初率其辭，而揆其方。既有典常，苟非其人，道不虛行。**初，始也。率，循也。辭，彖、爻之辭也。揆，度也。方，所向也。既，盡也。典常，典籍中所載之常法，一定而不可易者也。言人於用《易》之始，循《易》書之辭，而揆其處事之方，其道盡有常法，不可變易也。上言卦畫之變，其道變而不常；此言彖、爻之辭，其道常而不變也。「苟」猶「若」也。「其人」謂聖人。《易》之道雖如此，若非作《易》之聖人示此道以教人，則《易》之道不能无人而自行也。蓋言《易》道之行于世者，皆聖人之功。蔡氏曰：「此合書與道爲言也。」

【傳】六之五章，凡八十三字。要，去聲。度，如字。《注》並同。【注】離，良智切。❶更變，音庚。一處、常處，充注切。辟，音壁。慢易，以豉切。度

❶「良」，原誤作「艮」，據文義改。

也，待洛切。處事，昌主切。

《易》之爲書也，原始要終以爲質也。六爻相雜，唯其時物也。「要」如「要於路」之「要」，謂遮截其歸宿之處。「質」謂卦之體質。文王原卦義之始，要卦義之終，以爲卦之體質，各名其卦，而繫彖辭也。「爻」之爲言交也。六位之陰陽，相雜而交錯也。「時」謂初、二、三、四、五、上之時，「物」謂陽奇、陰耦二畫之物。周公觀六爻之交錯，唯其六位之時，或是陽物，或是陰物，各因其義而繫爻辭也。此章言六爻，而六爻統於彖，故先言彖，下文乃分説六爻也。**其初難知，其上易知，本末也。初辭擬之，卒成之終。**此言初、上二爻。侯氏果曰：「初則事微，故難知；上則事彰，故易知。」澄謂：初如木下之本，上如木上之末。觀木者，其下之本根難見，其上之枝葉易見也。項氏曰：「初禍福未定，故其辭多擬議；上已覩其成，禍福判矣，故其辭多決定。」澄案：「終」謂上爻。初爻之辭擬之者，猶有商度；卒竟成完而言之者，終爻之辭也。「初」與「終」爲對，「擬之」與「卒成之」爲對，兩句文法顛倒相互。

若夫雜物撰德，辯是與非，則非其中爻不備。此言卦中四爻。「中爻」謂二、三、四、五也。朱子曰：「先儒多解此爲互體。」胡氏一桂曰：「雜物，謂陰陽一物，自中四爻雜而互之，又自撰成兩卦之德也。是與非，謂中與不中，當位與不當位也。内外卦既足以示人，復自互體而辯之，則是非益可見。」澄謂：内外既有二正體之卦，中四爻又成二互體之卦，然後其義愈无遺缺。非以此正體、互體並觀，則其義猶有不備。正體，則二爲内卦之中，五爲外卦之中；互體，則三爲内卦之中，四爲外卦之中。故皆謂之「中爻」。

噫！亦要存亡、吉凶，則居可知矣。知者觀其彖辭，則思過半矣。上文既分言初、上二爻及中四爻，此又總六爻言之。「存亡」者，陰陽之消息；「吉凶」者，事情之得失。「居」猶「坐」也。要其存亡、吉凶之所歸，則六爻之義，坐而可知矣。又謂知者能見事於未形，雖不觀各爻之義，但觀卦首之彖辭，則所思已得十分之五六矣。蓋彖辭或論二體，或論主爻，或論卦變相易之爻，是以不待觀六爻，而已可見也。章首第一句言彖，第二句總言六爻，此一節又總言六爻，而後歸重於彖，蓋爲結語與章首起語相始終。下文則又更端，而言中四爻也。**二與四同功而異位，其善不同。二多譽，四多懼，近也。柔之爲道，不利遠者，其要无咎，其用柔中也。**二與四同是陰位，若皆以柔居之，則六二、六四同是以柔居陰，故曰「同功」。然其位則有遠近之異。五者，一卦之尊位，故遠近皆自五而言。二與五應爲遠，四與五比爲近。以位之遠近有異，而其善亦不同。遠者意氣舒展而多譽，近者勢分逼迫而多懼。多者謂不盡然，而若此者衆爾。「近也」二字，釋「四多懼」，謂四之所以懼，不能如二之譽者，蓋迫近尊位，不得自安故也。「柔之爲道」以下，釋「二多譽」。柔不能自立，近者有所依倚，遠者宜若不利。二遠於五，而其歸得以无咎者，以其用柔而居下卦之中也。

三與五同功而異位，三多凶，五多功，貴賤之等也。其柔危，其剛勝邪？三與五同是陽位，若皆以剛居之，則九三、九五同是以剛居陽，故曰「同功」。然其位則有貴賤之異：五，天子之位，爲貴；三，諸侯之位，爲賤。以位之貴賤有異，賤者剛居，剛爲大過而多凶；貴者剛居，剛爲適宜而多功。「二多譽，四多懼」之上，有「其善不同」一句，而「三多凶，五多功」之上无之者，「譽」、「懼」雖不同，而皆可謂之善，凶則不可謂善矣，故不言也。「等」謂兩相比並而有品級貴賤之等也。五字釋「三多凶」，謂三之所以凶，不能如五之功者，蓋貴賤有等，賤者不與貴者同，不宜以剛居剛故也。「其柔危」以下，釋「五多功」。五爲尊位，以柔居之，則不勝其任而危；惟剛居之，則能勝其任而有功也。

【傳】六之六章，凡百四十四字。要，一遥切，後同。易知，以豉切。夫，音扶。撰，士免切。知者，音智。思，先次切。勝，音升。【注】商度，待洛切。竟，音敬。復自，符后切。五比，皮二切。勢分，符問切。

《易》之爲書也，廣大悉備。「廣」謂如地之无所不容，「大」謂如天之无所不包。「悉備」謂人物之理，纖悉具備於其中。**有天道焉，有人道焉，有地道焉。**此言三畫之卦。「天道」謂上畫，象大覆於上；「人道」謂中畫，象悉備於中；「地道」謂下畫，象廣載於下。**兼三才而兩之，故六。六者非他也，三才之道也。**此言六畫之卦。「兼」猶言「雙」也。一手持二秉曰「兼」。三畫之卦象三才，三才各一而已。一而不兩，則獨而无對。天獨陽而无陰，地獨陰而无陽，人之陰陽亦混而不分，必皆兼而兩之，天、人、地各有陰陽，然後其道全而不偏。所以重三畫之卦，而爲六畫者，此也。有六畫，則初、二爲地道，三、四爲人道，五、上爲天道，各兩其一而爲六。六者非有他也，以三才之道各有陰陽也。道有變動，故曰爻。爻有等，故曰物。物相雜，故曰文。文不當，故吉凶生焉。「道」即上文所謂「天道」、「人道」、「地道」也。「有變動」謂卦位之爲天、爲人、爲地者，有更變移動也。三畫之卦重爲六畫，惟初爲地道、上爲天道不改移，中四畫皆有改移。二，人也，而爲地；三，天也，而爲人；四，地也，而爲人；五，人也，而爲天，故曰「道有變動」。陰位、陽位交錯相閒，謂之「爻」。三畫之卦不曰爻者，无陰陽相閒也。既有六畫，而三才之道改移其位，然後初爲地之陽，二爲地之陰，三爲人之陽，四爲人之陰，五爲天之陽，上爲天之陰，相交錯而謂之「爻」也。「等」，如上章「貴賤之等」。各爻之畫，比並有不同，故曰「有等」。其有等不同者，或是奇畫則爲陽物，或是耦畫則爲陰物也。二物相雜在六位之中，然後成文。若陰陽純而不雜，則不文矣。「文不當」謂陽物居陰位，陰物居陽位。當位者多吉，不當位者多凶。吉凶由當、不當而生。不言「當」，而但言「不當」者，省文，自可見意也。

【傳】六之七章，凡六十六字。【注】覆，孚后切。閒，居限切，下同。省文，所梗切。

《易》之興也，其當殷之末世、周之盛德邪？當文王與紂之事邪？「殷之末世」謂紂，「周之盛德」謂文王。因第四章之起語而申言之。彼但言其時，此并言其人也。此卒章之第一節。是故其辭危。危者使平，易者使傾，其道甚大，百物不廢，懼以終始，其要无咎，此之謂《易》之道也。「是故」以下，終第一節之意。「危」者，懼而不敢安也。「易」者，忽而不知懼也。文王以盛德遇末世，而有憂患，故其繫《易》也，有危懼之辭。蓋謂人之處事，其心危懼，則可保平康；其心忽易，則必至傾覆。「使」者，理有必至，若或使之云爾。前篇以「易則易知」言乾之善，此章又以「易者使傾」言人之惡。「易知」之「易」，敬勝怠，而其心易直也；「使傾」之「易」，怠勝敬，而其心忽易也。字雖同，而其意正相反。「其道」謂作《易》之道。「物」猶「事」也。「不廢」謂具備於中，而无所棄遺也。《易》之道，雖无一事不該，然不過欲人於每事自始至終以危懼之心處之，其指歸欲人之无咎而已。《易》有彖辭，有爻辭，而所謂「其辭危」者，乃專以文王彖辭言，何也？蓋繫辭自文王始，周公不過補文王之未及爲者爾，无異旨也。父統子業，但言彖辭，而爻辭在其中矣。下文則皆兼象、爻之義而言也。夫乾，天下之至健也，德行恒易以知險。夫坤，天下之至順也，德行恒簡以知阻。能説諸心，能研諸慮，定天下之吉凶，成天下之亹亹者。言聖人作《易》之道，本乎天地也。「乾」、「坤」，謂天地，非卦名也。天之健，地之順，造化流行，常易、常簡，无有繁難也，又豈有妨害之者？而天地猶且知險、知阻，人事則不无妨害之處，其可忽易而不危懼乎？天地之知險、知阻，非如人之知也。天之下，凡有險陷之處，天皆臨而照之，是天下之險，天无一不知也。地之上，凡有阻礙之處，地皆載而有之，是地上之阻，地无一不知也。作《易》聖人，能如天之知險，故凡可以陷害於人者，必爲之指示，以通其志，使人皆灼見，則其心開釋而説懌；能如地之知阻，故凡可以妨礙於人者，必爲之處置，以成其務，使人皆慎行，則其慮精審而研覈。定其所占之如是則吉，如是則凶，使人之於事无疑有決，而勉勉爲之也。此第二節。是故變化云爲，吉事有祥。象事知器，占事知來。天地設位，聖人成能。人謀鬼謀，百姓與能。「是故」以下，終第二節之意。「云爲」，言動也。人能以《易》中陰陽變化之道，而用之以言，用之以動，則於事皆可以吉而有祥，必不至於凶而有災也。或有所象之事，則能知器之形，而可以制器。或有所占之事，則能知未來之吉凶，而可以決疑。《易》之用，惟此四者而已。「云爲」、「象」、「占」，即上篇所謂「以言」、「以動」、「以制器」、「以卜筮」也。此四者，皆聖人本諸天地之道以教人者。故天地設位於上下，雖有此道，而不能使悉由此道。聖人作《易》，教人由此道，所以成天地之能也。「成」謂有所闕而完足之。「鬼謀」謂覡巫。「與」如《中庸》「可以與知焉」之「與」。「人謀」，羲、文之《易》，而用之以占。凡有一事，既謀之於人，又謀之於鬼，而後爲之，則所爲皆合《易》道之教，雖其愚、不肖，亦可以與聖人之能也。健順，易簡，知險，知阻，此天地之能；説心，研慮，定吉凶，成亹亹，此聖人之能，而成天地之能也；「云爲」之「祥」，「象」、「占」之「知」，此百姓之能，而與聖人之能者也。八卦以象告，爻、彖以情言。剛柔雜居，而吉凶可見矣。變動以利言，吉凶以情遷。「八卦」謂六爻四象之上下二體也。項氏曰：「『八卦以象告』，謂卦之以四象示人。『爻、彖以情言』，謂辭之以言諭人也。『剛柔雜居，而吉凶可見』，再言象之所以示人者明也。『變動以利言』,『吉凶以情遷』,再言辭之所以諭人者殊也。自彖辭觀之,卦體本以變動而成,故彖辭專言其變動之利,如『柔來而文剛,分剛上而文柔』之類是也。雖睽、蹇、明夷至不美之卦,其彖皆有所利,蓋因變而成卦,則以成卦者爲利,故曰『變動以利言』。自爻辭觀之,據逐爻之情而處事,則吉凶皆異於本彖矣,故有在彖爲主爻,而在本爻則爲凶者,如《震》之九四『震驚百里』,可爲祭主,而在本爻則爲泥而未光之類是也,故曰『吉凶以情遷』。觀象之本辭,則爲遷易也。」澄謂:「變動」,即第五章所謂「變動不居」者,言卦畫之更變移動其位也。「爻象以情言」,象與爻皆言情也,「吉凶以情遷」則情專屬爻而不及象,何也?蓋「變動以利言」,利亦自情而生也。象亦有情,爻亦有利,互文也。此第三節。

是故愛惡相攻而吉凶生,遠近相取而悔吝生,情僞相感而利害生。凡《易》之情,近而不相得,則凶,或害之,悔且吝。「是故」以下至篇終,皆終第三節之意。「愛惡」者,情也。「相攻」謂相愛兩相惡也。「遠」謂應,「近」謂比。「相取」謂遠取遠、近取近也。情之真者曰「情」,情之非真者曰「僞」。「相感」謂情感情、僞感僞也。「愛惡」、「遠近」皆有「情僞」,或以情相取,或以僞相取。「情僞」皆有「愛惡」,其相愛或真或僞,其相惡亦或真或僞。僞者情之反,害者利之反。凡占曰「不利」、「无攸利」者,害也。項氏曰:「自此以下,皆言『吉凶以情遷』之事。以六爻『吉凶』、『悔吝』、『利害』之三辭,❶分出於『相攻』、『相取』、『相感』之三情,而總屬於『相近』之一情。四『相』者,爻之情也。命辭之法,必各象其爻之情。故觀其辭,可以知其情。『利害』者,商略其事宜有利、有不利也。『悔吝』則有迹矣,『吉凶』則其成也,故總而名之曰『吉凶』。『相感』者,情之始交,故以『利害』言之。『相取』則有事矣,故以『悔吝』言之。『相攻』則其事極矣,故以『吉凶』言之。『遠近』、『愛惡』、『情僞』,❷姑就淺深分之,若錯而總之,則『相攻』、『相取』、『相感』之人,其居皆有『遠近』,❸其行皆有『情僞』,其情皆有『愛惡』也,故總以

❶「利害」,原脱,今據項安世《周易玩辭》卷十四《以象變占辭推演聖人之知能》補。

❷「愛惡」,原脱,今據項安世《周易玩辭》卷十四《吉凶、悔吝、利害》補。

❸「居」,原誤作「意」,今據項安世《周易玩辭》卷十四《吉凶、悔吝、利害》改。

相近一條明之。『近而不相得』，則以惡相攻，而凶生矣；以僞相感，而害生矣；不以近相取，而悔吝生矣。是則一近之中，備此三條也。凡爻有比爻，有應爻，有一卦之主爻，皆情之當相得者也。今稱『近』者，❶止據比爻言之。反以三隅，則遠而爲應、爲主者，亦必備此三條矣。但居之近者，其吉凶尤多，故聖人概以近者明之。」「近而不相得」則惡相攻，僞相感；近不相取，則愛相攻，情相感。相近取者，❷爲相得矣。不相得，則凶、害、悔吝。其相得，則吉、利、悔亡、无悔、无咎，從可知也。夫子之已言者三，其未言者三，總之凡六條。然此據近之比爻言爾。若遠之應爻及主爻，亦當各備六條，總之爲十八條矣。嘗以此十八條之例考之爻辭，皆合，乃知作《傳》聖人，以此該括《易》之辭情，至爲精密。而諸家注釋，唯項氏能究其底蘊焉。**將叛者，其辭慙；中心疑者，其辭枝；吉人之辭寡；躁人之辭多；誣善之人，其辭游；失其守者，其辭屈。**

上章言《易》之辭皆由情而生，此又以人譬之。人之辭，亦由情而生也。將欲倍畔，猶未發露，中有所慊，唯恐爲人所覺，故其辭慙怍。中心疑惑，不能剖決，意謂如此，又恐不如此，故其辭如木之枝，兩開端岐，不敢執一。吉人靜重深厚，故其辭謹而簡。躁人輕動淺薄，故其辭易而繁。誣毀善人，自知非實，故其辭浮游不定。困阨沮喪，失所操守，故其辭卑屈不伸。「叛」、「疑」、「吉」、「躁」、「誣」、「失」者，人之六情有不同，故「慙」、「枝」、「寡」、「多」、「游」、「屈」其六辭各因其情而不同焉。朱子曰：「卦爻之辭亦猶是也。」澄案：此篇之首章，泛言辭、變、象、占四道，而末句歸重於辭，且以本於聖人之情；至此卒章，凡三節，其中亦言四道，而首末皆言象、爻之辭，末又本於《易》之情，以終繫辭之《傳》。蓋唯聖人之情，能知《易》之情而繫《易》之辭也。是爲一篇始終之脉絡云。

【傳】六之八章，凡二百五十四字。「研諸」下，舊本有「侯之」二字。案：王氏《略例》无之。晁氏曰：「王昭素、司馬温公皆以爲衍字。」易者、恒易，以豉切。要，一遥切。夫，音扶。行，下孟切。説，音曰。與能，音預。惡，烏路切。【注】必爲之，云僞切。與，如字。與知之與，與於、而與，並音預。

❶ 「今」，原誤作「一」，今據項安世《周易玩辭》卷十四《吉凶、悔吝、利害》改。

❷ 「相近」，薈要本作「近相」，四庫本作「而近」。

比，皮二切。《繫辭傳》上下篇共二十章，章首發端以「天地」字者三，以「聖人」字者二，以「易」字者十一，以「象、爻」、以「一陰一陽」、「以八卦」、以「陽卦、陰卦」者各一。舊本有「子曰」者六，先儒以爲後人所加，今考之「《易》其至矣乎」、「知變化之道者，其知神之所爲乎」，皆是前章之結語，後之分章者欲以此爲後章之起語；「書不盡言」、「乾、坤，其易之門邪」，皆是連上文共爲一章，後之分章者欲分截自此别爲一章，故四處各加「子曰」字以别之。「《易》有聖人之道四焉者」，是再提章首起句爲結句；「聖人立象以盡意」，是以答語答上文問語，故兩處亦各加「子曰」字。今並刪去，庶俾讀者不致生疑，而妄謂《繫辭傳》非夫子所作云。

易纂言繫辭下傳第六

易纂言文言傳第七

文言傳第七「文言」者，彖、爻之辭也。案：《繫辭傳》曰「其辭文」，謂彖、爻之辭文其言，而不質直言之也。此篇夫子所以釋文王、周公之文言，故曰《文言傳》。《繫辭傳》者，統論聖人繫辭之意也；《文言傳》者，詳釋經中文言之辭也。

「元」者，善之長也；「亨」者，嘉之會也；「利」者，義之和也；「貞」者，事之榦也。君子體仁足以長人，嘉會足以合禮，利物足以和義，貞固足以榦事。君子行此四德者，故曰：「乾，元亨利貞。」此一節釋乾彖辭。彖辭本意，謂「元」者「亨」而「利」於「貞」。「元」言其人，「貞」言其事，「亨」、「利」言其占也。夫子於此釋「元」、「亨」、「利」、「貞」四字，而分爲四德，後人因之，以配春、夏、秋、冬，以配仁、義、禮、智，皆推廣而言也。「元」如人首，在衆體之上；於時爲春，先乎四時；於人爲仁，統乎五常，故爲衆善之長。「亨」如亨禮，萃諸物之珍；於時爲夏，萬物茂盛；於人爲禮，多儀備具，故爲嘉美之會。「利」如刀刃之利；於時爲秋，凡物各遂，不相妨害；於人爲義，凡事得宜，无所乖戾，故爲義之和。「貞」如木身之楨；於時爲冬，物皆歸復而有藏；於人爲智，物皆辨察而有立，故爲事之榦。「榦」者，木之枝葉所依以立。智之能立事，亦猶是也。項氏曰：「在事之初爲善，善之衆盛爲嘉，衆得其盛爲義，義所成立爲事，一理而四名之。」澄案：《春秋左氏傳》亦載此言，但「善」字作「體」字，彼釋人首之元，此則假借元字以名天德，故改「體」爲「善」，蓋自昔有此訓詁，夫子述之爾。「君子」謂用《易》之人，法乾之「元」，而以仁爲體，則善之長在己，可以爲人之長矣。「合禮」之「合」，如「合樂」之「合」，謂會聚備具也。法乾之「亨」，而嘉美會聚，則美物衆盛，可以備具乎禮矣。法乾之「利」，而宜利於應物，則可以不乖乎義矣。法乾之「貞」，而智之正如木楨之固，則可以爲事之榦矣。《春秋傳》无「君子」字，「嘉會」作「嘉德」。此加「君子」字，以表用《易》者；改「德」爲「會」，乃與上文協，而得「亨」字之意。君子如是，則爲能行此四德，而亦如乾之「元亨利貞」也。初九曰：「潛龍，勿用。」何謂也？ 龍德而隱者也。不易乎世，不成乎名，遯世无悶，不見是而无悶。樂則行之，憂則違之，確乎其不可拔，「潛龍」也。此一節，釋乾初九爻辭。「龍德」喻聖人之德。「隱」釋「潛」也。「易」，變移也。「成」，完全周足也。「不易乎世」者，有守於中，不隨時俗而變移也。「不成乎名」者，无願於外，不使聲實之周足也。「遯世」，身隱而不見也。「不見是」，人不以之爲是也。不隨世而易，則不肯以身殉世，故雖隱遯於世，而亦无悶。不使其名之成，則不肯以身殉名，故雖不見是於人，而亦无悶。「樂則行之」，釋上文「无悶」二句。「憂則違之」，釋上文「不易」、「不成」二句。「樂」者，謂「无悶」也。「行之」，謂爲之也。「憂」者，謂非其所樂也。「違之」，謂不爲也。不求見於世，不求知於人者，此其所樂也，則爲之；易乎世，成乎名者，此非其所樂也，則不爲。「確」，堅貌。「拔」，如「拔木」之「拔」。謂其志堅確，不可轉徙而他也。

九二曰：「見龍在田，利見大人。」何謂也？ 龍德而正中者也。庸言之信，庸行之謹，閑邪存其誠，善世而不伐，德博而化。此一節，釋乾九二爻辭。朱子曰：「『正中』，不潛而未躍之時也。常言亦信，常行亦謹，盛德之至也。『閑邪存其誠』，『无斁亦保』之意。」澄謂：「正中」，❶釋見而在田也。以下卦言，初在下，三在上，二正當其中也。「庸言」以下，釋大人閑邪，外物不能入也。應物而中不動，故實，心不爲物所引，而常存於中也。「善世」以下，釋「利見」之意。善於一世而不自驕，德之及人者博而人皆化，蓋雖居下位而德已著，故世之人利於見之也。

九三曰：「君子終日乾乾，夕惕若，厲，无咎。」何謂也？ 君子進德修業。忠信，所以進德也；修辭立其誠，所以居業也。知至至之，可與幾也；知終終之，可與存義也。是故居上位而不驕，在下位而不憂，故乾乾因其時而惕，雖危无咎矣。此一節，釋乾九三爻辭。九二言大人之德，九三言君子之學。「進德修業」，釋「終日乾乾，夕惕若」。君子終日乾乾，至夕而猶惕若者，何哉？以進其德、修其業也。「進」謂日新不已，「修」

❶「正中」，原誤作「中正」，今據《傳》文改。

謂偏舉无遺。「忠信」以下，詳言進修之目。「忠信」者，盡心於中，而達乎在外之信也。心常實，則德无時不進矣。「修辭立其誠」者，修辭於外，而固守其在中之誠也。事皆實，則業无一不修矣。「居」猶「居貨」之「居」，雖未徧爲，而已藏積於此也。「知至」、「知終」，知也；「至之」、「終之」，行也。「可與」，猶《論語》之「可與共學」。先知所至，而行以至之，則自其動之微而趨於善，故曰「可與幾也」。「幾」者，進德之端也。既知所終，而行以終之，則制事之宜皆存於此，故曰「可與存義也」。「存」猶「居」也。「義」者，修業之方也。「知至至之，可與幾」，格物致知而誠意也；「知終終之，可與存義」，盡性至命而理於義也。「居上」、「在下」，釋「厲」。以下體言，則三居上畫，故曰「上位」。以二體言，則三在下卦，故曰「下位」。「不驕」、「不憂」，釋「无咎」。程子曰：「君子之學如是，故知處上下之道，而无驕憂，不懈而知懼，雖在危地，而无咎也。」

九四曰：「或躍在淵，无咎。」何謂也？上下无常，非爲邪也；進退无恒，非離羣也。君子進德修業，欲及時也，故「无咎」。

此一節，釋乾九四爻辭。朱子曰：「内卦以德學言，外卦以時位言。進德修業，九三備矣，此則欲其及時而進也。」澄謂：「下」釋「在淵」，「進」釋「躍」，「无常」、「无恒」釋「或」，「或」則不必其然。故「下」兼「上」言，或自淵而天也；「進」兼「退」言，或未躍則潛也。下在淵而退潛，上向天而進躍，皆未可必，故曰「无常」、「无恒」。「非爲邪」、「非離羣」釋「无咎」。自下而上，以向乎天者，非敢爲干上之邪而不臣也；不退而進，以躍出乎淵者，非欲離在下之羣而爲君也，時當然爾。平日之進修，固欲其及時也。時之及，則其上進爲「无咎」矣。舜自匹夫之賤而陟帝位之貴，湯、武去諸侯之卑而就天子之尊，時之當其可也。舜與湯、武，何心焉？豈「爲邪」、「離羣」也哉？

九五曰：「飛龍在天，利見大人。」何謂也？同聲相應，同氣相求；水流溼，火就燥；雲從龍，風從虎；聖人作，而萬物覩；本乎天者親上，本乎地者親下，則各從其類也。

此一節，釋乾九五爻辭。鶴鳴而子和，蟲雄鳴而雌應，一雞鳴則衆雞皆鳴，「同聲相應」也。日，火之精，而取火於日；月，水之精，而取水於月；磁石，鐵之母，而可以引鍼，「同氣相求」也。溼者下地，故水之流趨之；燥者乾物，故火之然就之。龍興則致雲，「雲從龍」也。虎嘯則生風，「風從虎」也。凡此六者，皆同類相感召。聖人與人亦同類，故作於上而萬物咸覩。「作」，起也。「物」猶「人」也。「覩」，見也。「作」字釋「飛」而「在天」，「覩」字釋「利見」。程子曰：「龍德升尊位，人之類莫不歸仰。」朱子曰：「『本乎天』，謂動物；『本乎地』，謂植物。」澄案：動物首在上，「親上」也；植物首在下，「親下」也。先以「聲」、「氣」、「水」、「火」、「雲」、「風」六句爲比，而後言「聖人作」則人「利見」之，又以動植之「親上」、「親下」，喻利見者之親，聖人亦是諄複言之，而以「各從其類」一句總結上文九句也。或以「同聲」爲震雷、巽風之聲，「同氣」爲艮山、兑澤之氣，「水流溼」爲坎水趨兑澤，「火就燥」爲離火焚艮山，「雲從龍」爲坎、震，「風從虎」爲巽、離，「本乎天」爲震雷、巽風、坎月、離日之統於乾，「本乎地」爲坎水、離火、艮山、兑澤之統於坤，其説陋矣。案：夫子託物廣喻，非取卦象所擬也。

上九曰：「亢龍，有悔。」何謂也？貴而无位，高而无民，賢人在下位而无輔，是以動而有悔也。此一節，釋乾上九爻辭。陽貴陰賤。「貴」謂九爲陽畫也。「无位」者，陽不得陽位也。「高」謂上居上卦之上也。陽爲君，陰爲民。「无民」者，純陽无陰也。「賢人」謂九三。「在下位」謂在下卦也。敵體而不應上，故上「无輔」。「貴」釋九之爲「龍」，「高」釋上之爲「亢」。「无位」、「无民」，賢人不爲之輔，故「有悔」也。然「亢」者，天時；「有悔」者，人事。吉、凶、悔、吝皆生乎動。亢極之時，宜靜退，不宜動進，動而後有悔也。識時善處者，雖亢而能不動，則亦不至於有悔。《洪範》言「用作凶」，言靜而不作，亦不凶也。

「潛龍，勿用」，下也。「見龍在田」，時舍也。「終日乾乾」，行事也。「或躍在淵」，自試也。「飛龍在天」，上治也。「亢龍，有悔」，窮之災也。乾元「用九」，天下治也。此一節，申《乾·象傳》意。「下」釋「潛」，與《象傳》同。「時舍」謂龍之在田，猶在下位，未爲時用也。「行事」謂行其進德修業之事。「試」，猶「嘗試」之「試」，自試其可躍而後躍，非必於躍也。「上」謂在天。「上治」，居上而治下也。「窮」謂「亢」，「災」謂「有悔」。亢而有悔者，時至於窮而有災也。「乾元」謂以乾德居元首之尊。「用九」者，剛變爲柔，❶以柔濟剛，而治天下，故「天下治也」。

「潛龍，勿用」，陽氣潛藏。「見龍在田」，

❶「剛」，四庫本作「則」。

天下文明。「終日乾乾」，與時偕行。「或躍在淵」，乾道乃革。「飛龍在天」，乃位乎天德。「亢龍，有悔」，與時偕極。乾元「用九」，乃見天則。此一節，再申《象傳》意。陽氣潛藏於地中，《象傳》所謂「陽在下也」。天下見其文明之德而化，《象傳》所謂「德施普也」。「行」即「行事」之「行」，進德修業，時當如此，故曰「與時偕」。「革」謂變革，離下而升上也。有天德而位天位，故曰「位乎天德」。「極」者，窮而止也。三之當行，上之當止，皆因其時，故亦曰「與時偕」也。剛柔適中，天之則也。「則」者，理之有限節，而无過、无不及者也。澄案：此前半章，釋一彖、六爻已竟，又申繹《象傳》至再，推演周悉，以見彖、爻之辭義理无窮，緼奧難盡。然獨於乾卦如此者，蓋以六十四卦之首卦，故特致詳焉。以下後半章，重釋乾卦彖、爻七節，則與第二章釋坤卦彖、爻七節相似。「乾元」者，始而「亨」者也。「利貞」者，情性也。乾始能以美利利天下，不言所利，大矣哉！大哉乾乎！剛健中正，純粹精也；六爻發揮，旁通情也；時乘六龍，以御天也；雲行雨施，天下平也。此一節，申《乾・彖傳》意。《彖傳》以「大哉乾元！萬物資始，乃統天。雲行雨施，品物流形」五句，❶釋「元亨」；此約其言，謂乾元者，始物而能致品物流形之亨者也。《彖傳》以「乾道變化，各正性命，保合太和，乃利貞」四句，釋「利貞」；此約其言，謂「利貞」者，其情无所不利於其性之貞也。又總「元亨利貞」，而以「始」言「元」，「美」言「亨」，「利天下」言「利」，「不言所利」言「貞」，謂乾始物之元，能以嘉美之亨爲利而利天下，但言利貞，不言所利之爲何事，蓋所包甚大，非止一事之貞而已，故贊之曰「大矣哉」。其曰「大哉乾乎！剛健中正，純粹精」者，又言「元」也。《彖傳》言「大哉乾元」，此言其所謂「大哉」者，以其德之如是也。「剛健」而「中正」，則其剛健无過、无不及，而不偏。純剛、純健，故不雜、不駁矣。而中且正焉，則至精之剛健，而非其麤者也。然惟九五足以當之。乾之元，九五也。曰「六爻發揮，旁通情」者，又言「貞」也。「發」如發矢，「揮」如揮手。「旁」，廣也。「通」，達也。《彖傳》以「六位時成」言聖人之「貞」，此言六爻隨其時位，發揮其辭，俾各得其貞者，所以廣

❶「形」，原誤作「行」，今據薈要本及《乾・彖》改。下「品物流形」同。

達其貞性所利之情也。曰「時乘六龍以御天」者，又言「利」也。《彖傳》以此一句言聖人之利，而此重言之也。曰「雲行雨施，天下平」者，又言「亨」也。《彖傳》以「雲行雨施」言天道之「亨」，以「萬國咸寧」言聖人之「亨」，此言「天下平」者，即「萬國咸寧」也。

君子以成德爲行，日可見之行也。「潛」之爲言也，隱而未見，行而未成，是以君子弗用也。

此一節，再釋乾初九爻辭。「成德」謂內有其實，外有其名，名實兩全，无所虧欠。「行」謂身之所行。「日可見」謂顯著於時，當日人皆可得而見。人不可見曰「隱」，人所可見曰「見」。君子若以成德爲行，則其所行之行，皆當日人所可見者。初九之潛，隱晦於時而未顯見，則非所謂「日可見之行」也。所行內實有餘，外名不足而未完成，則非所謂「以成德爲行」也。隱而未顯見者，「潛」之象。行而未完成，是欲其「弗用」也，故占云「勿用」。

君子學以聚之，問以辯之，寬以居之，仁以行之。《易》曰「見龍在田，利見大人」，君德也。

此一節，再釋乾九二爻辭。前釋初九、九二，皆曰「龍德」，謂聖人也。再釋皆曰「君子」，則通學知、利行者，而言學效也。有所未知，則效知者，以求知之。蓋理具於心，而散於事物。事物之理，有一未明，則心之所具有未盡，必博學周知，俾萬理皆聚，而无所闕遺，故曰「學以聚之」。「辯」，剖決也。既聚矣，必問於先知、先覺之人，以剖決其是否，故曰「問以辯之」。「寬」猶曾子所謂「弘」、張子所謂「大心」也。「居」謂「居業」之「居」。問既辯矣，必有弘廣之量，以藏蓄其所得，故曰「寬以居之」。「仁」者，心德之全，天理之公也。既有以居之矣，心德渾全，存存不失，應事接物，皆踐其所知，而所行无非天理之公，故曰「仁以行之」。學聚之，以知其理；仁行之，以行其事；問辯之，以審別所當行於學知之後；寬居之，以存貯所已知於仁行之先。寬之所居，即學之所聚者；仁之所行，即問之所辯者。學至於是，則爲大人，雖居下位，而其德乃「君德」也。

九三重剛而不中，上不在天，下不在田，故乾乾因其時而惕，雖危无咎矣。

此一節，再釋乾九三爻辭。「九三重剛而不中」，七字爲句。下九四同。「重剛」謂重乾。九三居下乾之終，接上乾之始；九四居上乾之始，接下乾之終。當重乾上下之際，故皆曰「重剛」。「不中」者，已過九二，未及九五也。「不在天」，則非上卦之中。「不在田」，則非下卦之中。所處在下之上，危地也。以其重剛用之於學，能乾乾不懈，又因夕之時而惕若知懼，則雖處危地，而无咎也。九四重剛而不中，上不在天，下不在田，中不在人，故「或」之。「或」之者，疑之也，故「无咎」。此一節，再釋乾九四爻辭。六畫之卦，三與四皆人位也。然九三下履二地，乃人所常居之處；九四上戴五天，在人頭上，空虚之閒，故曰「中不在人」。「不在天」、「不在田」，又「不在人」，則无依倚停駐之所，故疑而未決。可以至天，則自淵躍出，經由乎四，而遂上於天；若未可至天，則且當在淵而潛，未可望四而躍也。蓋四之位，可經過，而非可停駐。必審其可躍而後躍，乃「无咎」也。夫大人者，與天地合其德，與日月合其明，與四時合其序，與鬼神合其吉凶，先天而天弗違，後天而奉天時。天且弗違，而況於人乎！況於鬼神乎！此一節，再釋乾九五爻辭。九二、九五皆「大人」。前釋九二，盛言其德；釋九五，則不言其德，但言人之利見。至此再釋，乃言九五大人之德，與前所釋互相備也。夫「天」，專言之則道也，此雖兼地言之，而曰「天地」，然與專言「天」之一字者同。蓋以其主宰之理而言，非指輕清之氣爲天、重濁之質爲地也。「日月」、「四時」、「鬼神」，皆天地之氣所爲。氣之有象而照臨者，爲「日月」；氣之循序而運行者，爲「四時」；氣之往來屈伸而生成萬物者，爲「鬼神」。命名雖殊，其實一也。其所以明，所以序，所以能吉、能凶，皆天地之理主宰之。天地以理言，故曰「德」；日月、四時、鬼神以氣言，故曰「明」、曰「序」、曰「吉凶」也。程子曰：「『天地』者，道也。『鬼神』者，造化之迹也。『大人』與『天地』、『日月』、『四時』、『鬼神』合者，合乎道也。」朱子曰：「『日月』、『四時』、『鬼神』是指形而下者。人與天地、鬼神本无二理，特蔽於有我之私，是以梏於形體，而不能相通。大人无私，與道爲體，曾何彼此、先後之可言哉？『先天弗違』，謂意之所爲，默與道合；『後天奉時』，謂知理如是，奉而行之。」澄謂：人弗能違，故聖人作而皆利見之也。「亢」之爲言也，知進而不知退，知存而不知亡，知得而不知喪。知進退存亡而不失其正者，其唯聖人乎！此一節，再釋乾上九爻辭。「進退」言人事，「存亡」、「得喪」言時命。「得」與「存」之時，「進」之時也；「喪」與「亡」之時，退之時也。但知其得與存而進，不知其喪與亡而退，所以「亢」也。知進之有退，存之有亡，得之有喪，而處之至當，各得其理之正，則可以不亢，而无喪亡之禍矣。故唯聖人能之。「知進退存亡」下不再言「得喪」者，省文。

【傳】七之一章，凡七百五十六字。釋乾卦彖、爻之辭。舊本「何謂也」六句之下，各有「子曰」，共十二字，蓋後人所加；「德博而化」之下，有「《易》曰：『見龍在田，利見大人。』君德也」十三字，蓋下文重出；「情性也」作「性情」。今依鄭本。「知得而不知喪」之下，有「其唯聖人乎」五字，亦下文重出，安定胡氏以爲羨文。長，知兩切，下同。樂，音洛。見龍、未見，並賢遍切。庸行、爲行之「行」，並下孟切。幾，平聲。離，力智切。舍，音捨。施，時至切。夫，音扶。先天，悉薦切。喪，昔浪切。【注】身隱而不見，曰見，顯見，並賢遍切。子和，符卧切。乾物，音干。審別，彼列切。夫天，音扶。省文，所梗切。

坤至柔而動也剛，至靜而德方，後得主而有常，含萬物而化光。坤道其順乎！承天而時行。此一節，申《坤·彖傳》意。《彖傳》言「至哉坤元」，此言其所謂「至哉」者，以其柔靜之至而又剛方也。坤體中含乾陽，如人肺藏之藏氣，故曰「至柔」。然其氣機一動而闢之時，❶乾陽之氣直上而出，莫能禦之，故曰「剛」。「剛」即六二爻辭所謂「直」也。乾運轉不已，而坤體隤然不動，故曰「至靜」。然其生物之德，普徧四周，无處欠缺，故曰「方」。「方」即六二爻辭所謂「方」也。坤之「元」，六二也。乾之九五不徒剛健，而能中正，故爲「乾元」之大；坤之六二不徒柔靜，而能剛方，故爲「坤元」之至。《彖傳》言「後順得常」，此言後則順而得所主，是有坤道之常也。《彖傳》言「含弘光大」，此言靜翕之時含萬物生意於中，動闢則化生萬物而光輝也。《彖傳》言「乃順承天」，此言坤道之順承天之健，而隨天之時以行也。

積善之家，必有餘慶；積不善之家，必有餘殃。臣弑其君，子弑其父，非一朝一夕之故，其所由來者漸矣，由辯之不早辯也。《易》曰：「履霜，堅冰至。」蓋言慎也。此一節，釋坤初六爻辭。爲善則有福慶，爲不善則有禍殃，必然之理也。然皆自小而積，以至於大。小善積而爲大善，則福慶亦大，而爲「餘慶」；小不善積而爲大不善，則

❶「機」，四庫本作「幾」。

禍殃亦大，而爲「餘殃」。程子曰：「家之所積者善，則福慶及於子孫；所積不善，則災殃流於後世。其大至於弑逆之禍，皆因積累而至，非朝夕所能成也。朝與夕漸不可長，小積成大，辯之於早，使民下之惡无由而成，乃如履冰之戒也。」澄謂：「履霜」於純坤將用事之初，知陰之始凝而漸盛，「堅冰」必至於純坤既用事之後也。不善之積，必爲大禍殃，亦如此。防幾杜漸者，當愼之於初，不可坐待其由漸而積，以至於極也。**「直」，其正也；「方」，其義也。君子敬以直内，義以方外，敬義立而德不孤。「直方大，不習，无不利。」則不疑其所行也。**此一節，釋坤六二爻辭。象辭之所謂「直」者，言坤體之上下也；「方」者，言坤體之東西南北也。此就人言之，則「直」者，言其心體之正也；「方」者，言其制事之義也。正之存於中，如物之直而不斜倚；義之應於外，如物之方而不虧缺也。程子曰：「君子主敬以直其内，守義以方其外。敬立而内直，義形而外方。義形於外，非在外也。敬義既立，其德盛矣，德不孤也，无所用而不周，无所施而不利，孰爲疑乎？」朱子曰：「『不孤』言大也。」澄謂：兩者對峙之謂「立」。有敬直而无義方，有義方而无敬直，則獨而不兩，孤而不可以爲大。敬、義兩立，德乃不孤，釋「直方」然後「大」也。「不疑其所行」釋「无不利」。**陰雖有美含之，以從王事，弗敢成也。地道也，妻道也，臣道也。地道无成而代有終也。**此一節，釋坤六三爻辭。項氏曰：「『陰雖有美含之』絶句。以『含之』連下文讀者，非。」澄謂：陽明陰晦，陰雖有章明之美，亦含藏於内，而不顯露。陰者，爲臣之道也，故臣以之而從王事者，不敢居其完全之功。蓋地道但得天道之半，妻道、臣道皆然。「无成」者，无全功也。天始物，而地代天生物，以終天之施。「代」猶「繼」也，繼陽之後而終之也。不有其始，但有其終，闕其半而不完全，故曰「无成」。夫倡於前，妻隨於後；君令於始，臣行於終，是亦「无成而代有終也」。**天地變化，草木蕃。天地閉，賢人隱。《易》曰：「括囊，无咎，无譽。」蓋言謹也。**此一節，釋坤六四爻辭。上卦爲天，下卦爲地，上下體不相應，有天地否隔之象。四居上下體之際，故發此義。四變爲剛，則如否卦之初六、九四，亦天地不交也。「變化」謂天地交，而變化生萬物，此以小氣數言一歲之春夏也。「閉」謂天地不交，而閉塞不相通，此以大氣數言一運之秋冬也。春夏，天地變化，而草木蕃；秋冬，天地閉塞，而草木瘁：歲氣然也。盛世，君臣和同，而賢人出；衰世，君臣乖隔，而賢人隱：運數然也。各言其一者，互相備也。或云：皆言運數也，特其盛衰治亂，有似一歲之春夏秋冬爾。❶「草木蕃」者，《召南》所謂「朝廷既治，庶類蕃殖」也。「賢人隱」者，《洪範》所謂「百穀不成，俊民用微」也。項氏曰：「草木且蕃，況於人乎！言盛者要其終也。『賢人隱』，則物從之矣，言衰者記其始也。」程子曰：「天地交感，則變化萬物，草木蕃盛；君臣相際而道亨。天地閉隔，則萬物不遂；君臣道絶，賢者隱遁。四於閉隔之時，括囊晦藏，則雖无令譽，可得无咎。言當謹自守也。」**君子黄中通理，正位居體，美在其中，而暢於四支，發於事業，美之至也。**此一節，釋坤六五爻辭。爻辭曰「黄裳」，言以中央之色爲下體之飾，以譬君子之德，美在中心，而形見於身，爲事業也。黄中，黄色在中也。通，達也。理，身之膚腠也。東方青，南方赤，西方白，北方黑，皆偏位，唯中央黄色爲正位也。居體，居下體也。黄在中，而外達於身之膚腠者，以正位之色爲裳，而居於身之下體也。「美在其中」，謂「黄中」、「正位」。「暢於四支」，謂「通理」、「居體」。君子之發於事業，以飾其身，由其中心德美之至也。故自中心而發爲飾身之事業，亦如在中黄色之美，而爲飾身之裳也。裳之所蔽者二足，而言「四支」者，立言之法如此也。項氏曰：「『黄中』、『正位』、『美在其中』，屬『黄』字。『通理』、『居體』、『暢於四支』，屬『裳』字。」**陰疑於陽必戰。爲其嫌於无陽也，故稱「龍」焉。猶未離其類也，故稱「血」焉。夫「玄黄」者，天地之雜也，天玄而地黄。**此一節，釋坤上六爻辭。「疑」如《禮記》「疑於臣」、「疑於君」、「疑女於夫子」之「疑」，謂與之並也。六陰同類，同類之中，一陰獨疑於陽，五陰其肯從之乎？必與之戰矣。「戰」者，五真陰敵一僞陽也。坤本无陽，上六變而爲陽，若不稱「龍」，則不見其已變爲陽也。雖已變爲陽，而本質則陰，故其遭傷也稱「血」，以見其雖變爲陽，而未脱離陰類也。「血」者，陰之傷。而上六之陰異乎真陰，故其血玄而黄。若真陰，則有黄无玄也。蓋「玄」者，新變爲陽之色；「黄」者，舊質爲陰之色也。玄黄之血相雜，有天陽之色，又有地陰之色，以見其非臣亦非君也。項氏曰：「『玄黄』者，上下无别，所謂『雜』也。曰『疑於陽』，曰『嫌於无陽』，曰『猶未離其類』，曰『天地之雜』，皆言陰之似陽、臣

❶「有似」，薈要本作「似有」。

之似君。楚公子圍之美矣，君哉也，然終以野死，則亦何利哉？」

【傳】七之二章，凡二百五十六字。釋坤卦彖、爻之辭。「蓋言慎也」，舊本「慎」作「順」。朱子曰：「古字『順』、『慎』通用，此當作『慎』，言當辯之於微也。」今從之。爲其，云僞切。離，力智切。夫，音扶。【注】漸不可長，知兩切。要，一遥切。形見、見其，並賢遍切。无别，彼列切。

危者安其位者也，亡者保其存者也，亂者有其治者也。是故君子安而不忘危，存而不忘亡，治而不忘亂，是以身安而國家可保也。《易》曰：「其亡！其亡！繫于苞桑。」此一節，釋否九五爻辭。自處於危者，乃自安其位之道也。凛乎若將亡、將亂者，乃所以常保其存、常有其治也。九五，否將休矣，而不忘戒懼如此，蓋於安、存、治之時，而能不忘危、亡、亂之禍，是以身之位得以安，而國家可保其久存、長治也。爻辭「亡」字，失物之「亡」；《傳》所謂「亡」，亡國、亡家之「亡」。案：《繫辭傳》明中古聖人憂患之深意，而蔽以一言曰「其辭危」；此《傳》於乾、坤二卦外，釋諸爻之辭，而首及「危」之一字，夫子之意，亦文王、周公之意與？「同人先號咷而後笑。」君子之道，或出或處，或默或語。二人同心，其利斷金。同心之言，其臭如蘭。此一節，釋同人九五爻辭。君子之道，不皆同也。以身之行，則出處或不同。以口之言，則默語或不同。然二人之心既同，則言行不必同，而无能閒其同者。故同心者之行，譬如至利之器，可斷至堅之金，无物能梗礙之也。同心者之言，譬如幽生之蘭，自有遠聞之香，无物能障隔之也。九五、六二，其心同一中正，其先暫爲三、四所閒而號咷，其後終得相遇而笑。蓋其心之同，非三、四所能梗礙障隔也。《易》曰：「自天祐之，吉，无不利。」「祐」者，助也。天之所助者，順也；人之所助者，信也。履信思乎順，又以尚賢也，是以「自天祐之，吉，无不利」也。此一節，釋大有上九爻辭。「天」謂上九。「順」謂六五，得坤之柔中。「人」謂九四。「信」謂九四剛實。六五履剛實之四，所履者信也。五爲心位，能思而得坤中之順，以順上九之陽，「思乎順」也。上九陽剛爲賢，而六五尊之在己上，所尚者賢也。六五有履信、思順、尚賢之德，不但九四之人助之，而上九之天亦助之，是自天而祐之也，宜其占之「吉」而且「无不利」也。

「勞謙，君子有終吉。」勞而不伐，有功而不德，厚之至也。語以其功下人者也。德言盛，禮言恭。謙也者，致恭以存其位者也。此一節，釋謙九三爻辭。「勞」謂竭其力。勞者，有功之本；有功者，勞之效。「厚之至」謂非氣量淺薄者所能也。「德言盛」，釋「勞」字。「禮言恭」，釋「謙」字。「言」，助辭，如《説卦傳》之「説言」、「成言」，《詩》之「薄言」、「駕言」也。「致恭」謂勞而能謙。「存其位」謂有終而吉。程子曰：「有勞而不自矜伐，有功而不自以爲德，是其德弘厚之至也。言以其功勞而自謙，以下於人也。以其德則至盛，以其自處之禮則至恭，所謂『謙』也。『存』，守也。致其恭巽以守其位，故高而不危，滿而不溢，是以能『終吉』也。夫君子履謙，乃其常行，非謂保其位而爲之也。言能致恭，所以能存其位。如言爲善有令名，君子豈爲令名而爲善也哉？亦言有令名者，爲善之故也。」

知幾其神乎！君子上交不諂，下交不瀆，其知幾乎！幾者，動之微，吉凶之先見者也。君子見幾而作，不俟終日。《易》曰：「介于石，不終日，貞吉。」介如石焉，寧用終日？斷可識矣。君子知微知彰，知柔知剛，萬夫之望。此一節，釋豫六二爻辭。「知幾」謂知之於其事未顯著之先，所以爲「神」也。「君子」謂六二，有中正之德也。「上」謂六三，「下」謂初六。六二上比三，下比初。然六二中正，初、三柔邪，雖比近，而不同情。「交」而「不諂」、「不瀆」者也。蓋九四以不中、不正爲豫樂之主，而三比之，初應之。初、三者，四之黨與也。二中正自守，不肯阿附四之權勢，故雖四之黨與，亦不與之深交者，杜絶阿附之事於幾微之時也，故曰「其知幾乎」。「幾」者，動之始，其端眇芒。要終而論其後，或謂六二之貞吉，或謂初、三之凶悔，皆以阿附、不阿附而判。所當辨别於始也。其始吉凶雖未顯著，而其端可見矣，故曰「先見者也」。「作」如「作者七人」之「作」，謂起去而退處也。穆生得免申白之禍者，能見幾而作也。劉、柳竟陷伾、文之黨者，不能見幾而作也。二介於三，雖未措足於四之剛，而已知其如石矣。謂三爲互坎之下畫，與四同體也。「寧用終日」謂雖與三比，而不久留於三，速退處二以自守。其見早也，幾動之在先者雖微，而吉凶之先見者則彰。六三之爲比者雖柔，而其前之爲四者則剛。知所動之微，而已知其後之必彰矣，不待見吉凶而始知其彰也。知所比之柔，而已知其前之有剛矣，不待近九四而始知其剛也。非知幾，其孰能之？ 程子曰：「見事之幾微者，其見必早。如交於上以恭巽，過則爲諂；交於下以和說，過則爲瀆。君子見於幾微，故不至於過焉。幾者，始動之微，吉凶之端可先見而未著者也。明哲見幾而動，豈俟終日？『斷』，別也。其判別可見矣。『微』與『彰』、『柔』與『剛』相對。君子見微則知彰，見柔則知剛。知幾如是，衆所仰也，故曰『萬夫之望』。」

小人不耻不仁，不畏不義，不見利不勸，不威不懲，小懲而大誡，此小人之福也。《易》曰：「屨校滅趾，无咎。」此之謂也。

此一節，釋噬嗑初九爻辭。小人愚下，不知不仁之事爲可耻，不知不義之事爲可畏，故不誘以利則不能勸其爲善，不懾以威則不能懲其爲惡。噬嗑之初，聽訟之初也。初九爲初犯之人，逮捕方至，情實未明，拘以足械，防其走逸，而待訊。及其既訊，則无可罪而得釋免。其小人一受小威之懲，因此知耻、知畏，以受大刑爲戒，而終身不敢爲惡，則此一小懲，反爲小人之福。所以暫屨滅趾之校，而卒无再犯之咎也。

善不積不足以成名，惡不積不足以滅身。小人以小善爲无益而弗爲也，以小惡爲无傷而弗去也，故惡積而不可掩，罪大而不可解。《易》曰：「何校滅耳，凶。」

此一節，釋噬嗑上九爻辭。爲善者，必有利益，自小善積爲大善，而後成名；爲惡者，必有害傷，自小惡積爲大惡，而後滅身。小人无知，以人之嘗爲小善而未成名，則以爲无益，而弗之爲；以己之嘗爲小惡而未滅身，則以爲无傷，而弗之去。於是長惡不悛，犯罪至極。噬嗑之終，聽訟之終也。上九爲怙終之人，獄辭既具，罪名已定，錮以首械，表其罪犯，而待刑。此積成大惡而不復可以揜覆，犯至大罪而不復可以解脱者，所以既荷滅耳之校，而卒受刑誅之凶也。《傳》文「滅身」之「滅」，滅死也；《經》文「滅耳」之「滅」，滅没也。

顔氏之子，其殆庶幾乎！有不善未嘗不知，知之未嘗復行也。《易》曰：「不遠復，无祇悔，元吉。」

此一節，釋復初九爻辭。項氏曰：「殆，將也。庶幾，近辭。」朱子曰：「言近道也。」程子曰：「顔子无形顯之過，夫子謂其『庶幾』，未能不勉而中，所欲不踰矩，是有過也。然其明而剛，故一有不善，未嘗不知。既知，未嘗不遽改。

乃『不遠復』也。過既未形而改，何悔之有？復者，陽反來復也。陽，君子之道，故復爲反善之義。初陽來復，處卦之初，復之最先，不遠而復者也。失而後有復，唯失之不遠而復，則不至於悔也。」「初六，藉用白茅，无咎。」苟錯諸地而可矣。藉之用茅，何咎之有？慎之至也。夫茅之爲物薄，而用可重也。慎斯術也以往，其无所失矣。此一節，釋大過初六爻辭。「苟」猶「若」也。「慎」，謹敬也。「薄」猶「輕」也。「術」猶「道」也。大過之時，四陽過盛，初六以卑弱之陰在下，承藉四陽，其謹敬亦過甚。譬之祭物，若但措之於地，亦可矣，而必藉之以茅，謹敬之至也。夫茅之爲物，雖輕非可重者，而用之以藉祭物，則其用可重也。人能謹敬於此所行之道，則凡事皆无所失矣。蔡氏曰：「天下之事，過則有失。唯過於慎則无所失，故无咎。」

【傳】七之三章，凡四百四十九字。釋《上經》八卦九爻之辭。此章并第四章，舊本錯簡在《繫辭》上、下傳二篇中。蓋夫子既釋乾、坤二卦，其餘六十二卦、三百七十二爻之辭，不能偏釋，故《上經》釋九爻，《下經》釋九爻，以發其例，而他爻可以類推，是爲《文言傳》。後人以所釋乾、坤二卦之辭附入本卦，於是所釋上、下《經》十六卦爻辭十八節，不能成篇，遂散《繫辭傳》，離爲三處，顛倒紊亂特甚。如釋大有爻辭内十字，斷簡重出至再。釋乾象、爻既附於乾卦，而釋上九爻辭一節亦復重出，雜於十八節之閒，但少「上九曰」、「何謂也」六字，今悉更定。釋否九五、豫六二、噬嗑初九、復初九四處，並增「子曰」字發端；釋同人九五、大有上九、謙九三、大過初九四處，並增「子曰」字在所引經文之下；唯釋噬嗑上九一節未增。其所增者，今刪去。「吉凶之先見」，舊本无「凶」字。號，平聲。斷金，東管切。先見，陸賢遍切，今讀如字。斷可，東亂切。校，胡校切。弗去，羌吕切。何，河可切。復行，符后切。藉，疾夜切。錯，初故切。夫，音扶。【注】意與，音余。之行、言行、常行，並下孟切。閒，居限切。遠聞，音問。説言，音曰。夫君子，音扶。非爲、豈爲，並云僞切。要，一遥切。辨别、斷别、判别，並彼列切。和易，以豉切。弗之去，羌吕切。長惡，知兩切。悛，七全切。不復，符后切。覆，孚后切。荷，河可切。而中，貞仲切。

《易》曰：「憧憧往來，朋從爾思。」天下何思何慮？天下同歸而殊塗，一致而百慮。天下何思何慮？日往則月來，月往則日來，日月相推而明生焉。寒往則暑來，暑往則寒來，寒暑相推而歲成焉。往者屈也，來者信也，屈信相感而利生焉。尺蠖之屈以求信也，龍蛇之蟄以存身也，精義入神以致用也，利用安身以崇德也。過此以往，未之或知也。窮神知化，德之盛也。此一節，釋咸九四爻辭。九四變剛爲柔，舍其正應之感，其意憧憧不定，昵於近比之感。四往感五，五因四之感而來感四，私意相感，非此心正理之感也。夫子先言人心定，應寂然之感，以明九四憧憧之非；次言天道往來自然之感，以明四、五往來之非也。「思」者心之用，「慮」者謀度其事也，「歸」者所歸之舍，「致」者所至之地，皆謂心也。心體虛靈，如止水、明鏡，未與物接，寂然不動，何思之有？既與物接，應之各有定理，何慮之有？理之在心者同，因事之不同，而所行之塗各殊；理之在心者一，因事之不一，而所發之慮有百。塗雖殊，慮雖百，而應事之理則同而一也。故定心應事，動而无動，則亦何思、何慮之有？此人心定，應寂然之感也。若九四之憧憧，則豈如是乎？因日之往而有月之來，因月之往而有日之來，二曜相推以相繼，則明生而不匱。因寒之往而有暑之來，因暑之往而有寒之來，二氣相推以相代，則歲成而不缺。往者之屈，感來者之信，來者之信，又感往者之屈，而有明生、歲成之利，此天地往來自然之感也。若四、五之往來，則豈如是乎？夫子既以「屈信」二字釋「往來」之相感，復以物理之屈信、聖學之屈信言之，而廣其意。尺蠖不屈，則其行不能伸；既伸而再行，則又屈也。龍蛇不蟄，則其來歲之身不能奮；既奮於來歲，則又蟄也，此物理之屈伸相感也。義理精明，則應物有定，而神不外馳，入者无出，內之屈也，而乃所以致極其外之用，屈之感信也。日用宜利，則每事曲當，而身之所處，隨寓而安，外之信也，而乃所以增崇其內之德，信之感屈也。此聖學之屈信相感也。因言聖學之交相養，互相發，工力至此，則蔑以加矣。「過此以往」者，謂更進而前也。「未之或知」者，謂非人之所能知也。朱子曰：「自是以上，亦无所用其力矣。至於『窮神知化』，乃德盛仁熟而自致爾。」澄謂：「窮神」者，究竟至此，則心之所存，與天地之心爲一；「知化」者，了悟至此，則身之所行，與天地之事如一。

作《易》者，其知盜乎？《易》曰：「負且乘，致寇至。」「負」也者，小人之事也。「乘」也者，君子之器也。小人而乘君子之器，盜思奪之矣。上慢下暴，盜思伐之矣。慢藏誨盜，冶容誨淫。《易》曰：「負且乘，致寇至。」盜之招也。

此一節，釋解六三爻辭。「作《易》者」，作爻辭之聖人也。坎體之陰畫爲盜，即爻辭所謂「寇」也。「思」，語辭。六三負四乘二，九四爲互坎中畫之君，以其互坎下畫之民，據處六三之位而奪之。六三在四之下，而无順戴之恭，慢其上也；在二之上，而有淩乘之僭，暴其下也，故聲其暴慢之罪而伐之。「慢藏誨盜，冶容誨淫」八字，蓋舊有此語，而引之以證六三之招盜。然所招之盜，能奪六三非據之位，能伐六三可罪之惡，其奪之也當，其伐之也有名，亦異乎發藏取貨之盜矣。而謂之「寇」者，凡可以已而擅興以奪人、伐人者，其事雖當，雖有名，亦寇盜也。程子曰：「『作《易》者，其知盜乎』，謂盜者乘釁而至，苟无釁隙，盜安能犯？負者而乘，非所安也，故盜乘釁而奪之。滿假而慢上、暴下，盜則乘其過惡而伐之。伐者，聲其罪也。貨財而輕慢其藏，是教盜使取之也；女子而夭冶其容，是教淫者使暴之也；小人而乘君子之器，是招盜使奪之也。」

《易》曰：「公用射隼于高墉之上，獲之，无不利。」「隼」者，禽也。弓矢者，器也。射之者，人也。君子藏器於身，待時而動，何不利之有？動而不括，是以出而有獲。語成器而動者也。

此一節，釋解上六爻辭。翰飛之戾天者，隼也。三、四、五互坎爲弓。上六變，則上體成離爲矢。九四，上卦之君，爻辭所謂「公」者，射之之人也。「君子」即九四也。有弓矢之器在身，必待時至上六而後動者，蓋解以二陽解四陰之難，初、三、五之三陰，已爲九二所解矣，上六所居最遠，九二之力不能及之，九四之力亦止可以及三陰，唯上六一陰之難未解，待至上六變柔而剛，則成離矢之鏃，而九四之矢鏃，能及上六戾天之隼矣。故九四之動，无所結礙，一出而能有獲者，待至器成之時而動故也。上六未變，則九四之弓雖具，而矢猶未具，是弓、矢二器未能完全也。上六既變爲離，則弓具、矢具而器成矣。「括」，結礙也。「成」，完全也。程子曰：「行一身至於天下之事，苟无其器與不以時而動，小則括塞，大則喪敗。自古喜有爲而无成功或顛覆者，皆由是也。」天地絪緼，萬物化醇。男女構精，萬物化生。《易》曰：「三人行則損一人，一人行則得其友。」言致一也。此一節，釋損六三爻辭。凡物之相合，可二而不可三。蓋以一合一，則其情專；以一合二，則其情分。故三人行則有餘，而當損其一；一人行則无對，而當益其一。然後二人相與，其情專致於一，而不二乎他也。夫子因以天地之陰陽、男女之牝牡言之。「絪緼」者，氣之交也。「構精」者，形之交也。天地之二氣交，故物之以氣化者，其氣醲厚而能醇；男女之二形交，故物之以形化者，其精凝聚而能生。❶此氣、形之相交以二，與三人損一、一人得友之相合以二者，❷其理同，皆言其以一合一，故能致一而不二也。君子安其身而後動，易其心而後語，定其交而後求。君子修此三者，故全也。危以動，則民不興也；懼以語，則民不應也；无交而求，則民不與也。莫之與，則傷之者至矣。《易》曰：「莫益之，或擊之，立心勿恒，凶。」此一節，釋益上九爻辭。「安其身」謂循理則身康安。「動」謂由己及物，以變動其民也。「易其心」謂持志則心和易。❸「語」謂由中達外，以告語其民也。「定」者前定。「交」者下交於民，謂先施於民以固結之。「求」猶「責」也，謂責其愛戴歸嚮也。「修」謂安身、易心、定交三者皆无缺。「全」謂民興起而與之也。欲勝理，則身多危而不足以率人，故動之而民不興喜。氣勝志，則心多懼而不足以感人，故語之而民不應合。无交而求，則民弗與者，无以固結其民於先，而求其報上，則民不助之也。益者，以上益下。上九之君，當益六三之民。今不能利益其民，乃或有時而擊害其民，是上之先施者无以交結其民，而求民之報上，則民之所報，亦如君之所施者矣。君莫益其民，而民亦莫與其君。君或擊其民，而民亦或傷其君。民莫之與，而傷之者至。此曾子所謂「出乎爾者，反乎爾」、孟子所謂「民今而後能反之」者也。上九无益民之心，而或有害民之心，當速改變此心，不可恒也。故爻辭戒之曰：「立心勿恒。」「莫益之，

❶ 「精」，薈要本作「氣」。

❷ 「相合以」，四庫本作「義合蓋」。如依四庫本，則「蓋」字從下。

❸ 「持」，原爲墨丁，今據薈要本補。

或擊之」之義，尤足示訓戒者，故夫子發明君民施報之理如此，蓋因經文「凶」字而生出此意也。釋爻辭但取「定其交」一句，因汎及「安其身」、「易其心」二句耳。《易》曰：「困于石，據于蒺藜，入于其宮，不見其妻，凶。」非所困而困焉，名必辱；非所據而據焉，身必危。既辱且危，死其將至，妻其可得見邪？此一節，釋困六三爻辭。「非所困」、「非所據」，謂六三不當乘九二也。六三以不中、不正之柔，乘九二剛中之上，其《周官》所謂罷民之有過惡者與？「困于石」者，過惡猶輕，而坐于嘉石者也。或三日，或五日，或七日，或九日，或旬有三日而免，未麗于法，耻之而已矣，故曰「名辱」。「據于蒺藜」者，過惡加重，而寘于叢棘者也。入圜土，收教之。能改者，或一年，或二年，或三年而舍。不能改而出圜土者，殺。已麗于法，刑罰將及矣，故曰「身危」。先困辱于坐石，後據危于蒺藜，由辱而至危，非能改其過惡者，必至于死，故曰「死其將至」。「其」者，將然之辭。雖暫還家，而妻已離異，故曰「妻其可得見邪」。詳見《經》注及《象傳》注。德薄而位尊，知小而謀大，力小而任重，鮮不及矣。《易》曰：「鼎折足，❶覆公餗，其刑剭，凶。」言不勝其任也。此一節，釋鼎九四爻辭。九四陽畫、離體而與初正應。陽剛，有德者也，而居柔，則其德薄矣。上體而近君，則其位尊也。離明，有知者也，而未中，則其知小矣。三牲而大烹，則其謀大也。德、知在己，力資于人者也。初六正應而柔弱，則其力小矣。鼎重器，而有公餗實之，則其任重也。有大德者，職位可以尊；德薄，則不足以稱其位矣。有大知者，圖謀可以大；知小，則不足以周其謀矣。有大力者，❷負任可以重；力小，則不足以勝其任矣。德不稱其位，知不周其謀，力不勝其任，則鮮有不及禍者。程子曰：「四下應初，初陰柔不勝任，猶鼎之折足，覆公上之餗也。」澄案：釋爻辭取「力小而任重」之義，因及前二句爾。「不出户庭，无咎。」亂之所生也，則言語以爲階。君不密則失臣，臣不密則失身，幾事不密則害成，是以君子慎密而不出也。此一節，釋節初九爻辭。初九當節之初，慎守其正，而不輕

❶「折足」，原誤作「足折」，今據薈要本、四庫本改。

❷「力」，原誤作「功」，今據薈要本改。

動，猶人在内，而不輕出至户外之庭。夫子以爲，人之慎言而不輕出諸口者，亦當如是。「階」猶云「所由」也。禍亂之所生，每由于言語。君不慎密其言，則臣或受禍，而因此遂失其臣。臣不慎密其言，則身或受禍，而因此遂失其身。幾密之事未彰于外，不可使人知者，若不慎密其言，則或至漏泄，而因此遂成患害。是以君子慎密其言，而不敢輕出者，節之也。此爻辭所象慎動之節，而夫子以發言之辭釋之。程子曰：「在其所節，惟言與行。節于言則行可知，言當在先也。」

「鳴鶴在陰，其子和之。我有好爵，吾與爾靡之。」君子居其室，出其言善，則千里之外應之，況其邇者乎！居其室，出其言不善，則千里之外違之，況其邇者乎！言出乎身，加乎民；行發乎邇，見乎遠。言行，君子之樞機。樞機之發，榮辱之主也。言行，君子之所以動天地也，可不慎乎！

此一節，釋中孚九二爻辭。「鳴鶴」謂九，「在陰」謂二。君子居室，猶鶴之在陰也。出言之善，猶鶴之鳴也。「千里之外應之」，謂九二遠得九五之應也。「況其邇者乎」，謂九二近得六三之和也。若其出言之不善，則反是。遠不孚而近亦不孚矣，何以有九五之應、六三之和哉？「言出乎身，加乎民」，釋「鳴鶴在陰，其子和之」二句。「言」者，九二之鳴也。「出乎身」釋「鶴在陰」，謂其言肇起于二也。二剛畫，鶴之身也。「加乎民」釋「子和之」，謂其言及于三也。三柔畫，二之民也。「行發乎邇，見乎遠」，釋「我有好爵，吾與爾靡之」二句。「行」者，九五之「好爵」也。「發乎邇」釋「我有」，謂其行先達于四也。四近比，故曰「邇」也。「見乎遠」釋「爾靡之」，謂其行形著于二也。二應位，故曰「遠」也。二、五以中實相感應，故九二近得六三同體之孚，而遠得九五同德之孚；九五近得六四同體之孚，而遠得九二同德之孚也。「樞」，門根。「機」，弩牙也。樞一發而扉動，機一發而矢去。言行之發，有善、不善，而遠近之應與違各異。應主榮，違主辱，亦猶扉動而有開闔，矢去而有中否也。言行不唯可以動人，而又可以動天地，君子豈可不慎其言行，而出善言、善行乎？九二之言，近感三，而遠感五，誠之動人，而上動乎天也。九五之行，近感四，而遠感二，誠之動人，而下動乎地也。天地非有二，地亦天也。以卦位上下分屬，則如此爾。

【傳】七之四章，凡六百一十九字。釋《下經》八卦九爻之辭。舊本釋咸九四、解上六、困六三、節初九、中孚九二五處，並增「子曰」字在所引經之下；

釋解六三、益上九、鼎九四三處，並增「子曰」字發端；唯釋損六三一節未增。其所增者，今删去。「則民不興也」，「興」作「與」。今案：「與」字與下文重，「興」字則與「應」韻叶。❶「死其將至」，「其」作「期」，今從陸氏《釋文》本及東萊吕氏《音訓》所定。「其刑剭」，俗本作「形渥」，説見《經》注。乘，平聲。信，音伸，並同。藏，才浪切。❷射，食亦切。易其心，以豉切。知小，音智。鮮，仙展切。折，之設切。勝，音升。子和，胡卧切。靡，蒙池切。見，賢遍切。行，下孟切，後同。【注】舍其，音捨。近比，皮二切。謀度，待洛切。難，奴旦切。喪敗，去聲。施報，時至切。罷民，音皮。稱，充證切。爲比，云僞切。

易纂言文言傳第七

❶「興」，原誤作「興」，今據薈要本改。

❷「才」，原誤作「木」，今據薈要本改。

易纂言説卦傳第八

説卦傳第八《説卦》者，備載卦位、卦德、卦象之説，蓋自昔有其説，夫子傳述之以爲《傳》爾。首章、次章，則夫子總説聖人作《易》大意，以爲《説卦傳》之發端也；其餘十一章，以下語頗叢雜，其義不可盡通，於經亦不盡合，或是夫子贊《易》以前，如《八索》之書所載有若此者，而夫子筆削之，以其无大害於理者，姑存之也。

昔者聖人之作《易》也，幽贊於神明而生蓍，參天兩地而倚數，觀變於陰陽而立卦，發揮於剛柔而生爻。「幽」謂神明之理，微而不顯也。「贊」猶「助」也。「生蓍」，生出揲蓍之法也。此言聖人肇創蓍法，代爲神明告人以吉凶，所以贊助其幽，而使其靈之顯也。「參」，三之也。「天」謂奇數，蓍之掛扐得五、得四者也。「兩」，二之也。「地」謂耦數，蓍之掛扐得九、得八者也。「倚」，依於其旁也。蓍每揲以四，故以四爲一。一掛二扐得五、得四者，一其四也，故爲奇而謂之天；得九、得八者，二其四也，故爲耦而謂之地。天之象圓，圓者徑一圍三；地之形方，方者徑一圍四。此言揲蓍一變之後，掛扐得天一奇數，則象天之圓，而其圍三。三者，參其奇數之一也，故以三數倚於天一奇數之旁，所謂「參天」也。掛扐得地二耦數，則法地之方，而其圍四。四者，兩其耦數之二也，故以二數倚於地二耦數之旁，所謂「兩地」也。「變」謂揲蓍之變。「陰陽」謂老少二陰、老少二陽也。「立卦」謂立成卦畫也。三變所倚之數，參天者三，則爲九，而謂之老陽；參天者一，兩地者二，則爲七，而謂之少陽。二陽皆爲奇畫。兩地者一，參天者二，則爲八，而謂之少陰；兩地者三，則爲六，而謂之老陰。二陰皆爲耦畫。此言揲蓍三變之後，觀蓍變或得六、八之陰，或得七、九之陽，而立奇耦之卦畫也。「剛」謂奇畫，「柔」謂耦畫，「爻」謂爻之辭。此言揲蓍十八變之後，六畫既成，則發揮其剛畫、柔畫之或變、或不變，而生出所用之爻辭以占也。

和順於道德而理於義，窮理盡性以至於命。爻辭之占，其所行之利於民者，不乖於天之道，不逆於人之德，而不亂於處事之義也。其所知之明於天者，研窮於事之理，究盡於人之性，而又極至於天道流行之命也。

【傳】八之一章，凡五十六字。【注】代爲，云僞切。老少，書紹切。

昔者聖人之作《易》也，將以順性命之理，是以立天之道，曰陰與陽；立地之道，曰柔與剛；立人之道，曰仁與義。兼三才而兩之，故《易》六畫而成卦。性之理，謂人之道也。命之理，謂天地之道也。「立」者，兩相對之謂。天、地、人之道，无獨而有對，故天之氣有陰與陽，地之質有柔與剛，人之德有仁與義，皆兩者相對而立，道則主宰其氣質，而爲是德者也。三才各一則爲三，三者各兼而兩之則爲六，故聖人之畫卦，必備六畫而後成卦者，所以象天、地、人之各有兩而爲六也。初、二象地，初剛也，二柔也；三、四象人，三仁也，四義也；五、上象天，五陽也，上陰也。分陰分陽，迭用柔剛，故《易》六位而成章。上文以陰陽爲天之道，其位屬五、屬上。此「陰陽」二字，則總言六位也。六位之中，分初、三、五爲陽位，分二、四、上爲陰位也。上文以柔剛爲地之道，其位屬初、屬二。此「柔剛」二字，則總言六畫也。六畫之中，奇畫皆謂之剛，耦畫皆謂之柔也。位无質，故以「陰陽」名之；畫有質，故以「柔剛」名之。位之陰陽相閒，則分布一定；畫之柔剛不同，則迭爲用以居於六位之中，而不一定也。故六位之中，或用柔畫居之，或用剛畫居之，錯雜而成文章也。《繫辭傳》所謂「物相雜曰文」，即此「成章」之謂也。

【傳】八之二章，凡六十九字。【注】相閒，居限切。

天地定位，山澤通氣，雷風相薄，水火不相射。邵子曰：「此伏羲先天八卦之位也。」澄案：「天地定位」者，乾南，坤北，上天，下地，定其尊卑之位也；「山澤通氣」者，艮西北，兑東南，山根着於地，澤連接於天，通乎天地之氣也；「雷風相薄」者，震東北，巽西南，雷從地而起，風自天而行，互相衝激也；「水火不相射」者，坎西，離東，水火本相害之物，今一左一右，不相侵克也。此皆以圓圖言也。八卦相錯，數往者順，知來者逆，是故《易》逆數也。「八卦相錯」者，八卦之上，各加八卦，而成六十四也。自左而右，則以坤、艮、坎、巽、震、離、兑、乾爲次，皆數其已往所生之卦，故曰「順」；自右而左，則以乾、兑、離、震、巽、坎、艮、坤爲次，皆推知其未來所生之卦，故曰「逆」。凡數《易》卦生出之先後，則乾一、兑二、離三、震四、巽五、坎六、艮七、坤八，正如自右至左之序，故曰「逆數」。此皆以方圖言也。朱子曰：「『數往』，猶自今日而追數昨日也；『知來』，猶自今日而逆計來日也。」蔡氏曰：「『順』者，馴也，馴其舊迹；『逆』者，迎也，迎之於未形，如逆料之逆。」邵子曰：「『順』若順天而行，是左旋也，皆已生之卦，故曰『往』；『逆』若逆天而行，是右行也，皆未生之卦，故曰『來』。夫《易》之道由逆而成，若逆知四時之比。」

【傳】八之三章，凡三十五字。薄，旁各切。射，食亦切。數往、逆數，並色主切。【注】根着，直略切。夫《易》，音扶。

雷以動之，風以散之，雨以潤之，日以晅之，艮以止之，兑以説之，乾以君之，坤以藏之。此承上章羲皇卦位之後，而言八卦之用。上章「逆數」者，以生出之序爲次；此章八卦先後，以運行之序爲次。蔡氏曰：「『動』則物發萌，『散』則萬殊具，二者生物也。『潤』則物滋，『晅』則物舒，二者長物也。『止』則物成，『説』則物⿱囟巴，二者收物也。『君』則物有所歸，『藏』則物有所息，二者藏物也。乾，至陽也，居上而括下，故爲『君』；坤，至陰也，居下而括終，故爲『藏』。」丁氏易東曰：「『雷』、『風』，初畫之奇耦；『雨』、『日』，中畫之奇耦；『艮』、『兑』，上畫之奇耦；『乾』、『坤』，三畫之奇耦。震、巽、坎、離，以其象言；艮、兑、乾、坤，以其卦言；『動』、『止』、『説』，以其性言；『散』、『潤』、『晅』，以其功言；『君』，以其道言；『藏』，以其德言也。」

【傳】八之四章，凡三十二字。晅，沈遠切。説，音曰，後皆同。【注】長物，知兩切。

帝出乎震，齊乎巽，相見乎離，致役乎坤，説言乎兑，戰乎乾，勞乎坎，成言乎艮。邵子曰：「此文王後天八卦之位也。」澄謂：「帝」，主宰萬物者也。「出」謂物之初生。震位東方，❶春之時也。「齊」謂物之畢達。巽位東南，春夏之交也。「相見」者，物之長盛明著也。離位南方，夏之時也。「致」，至而極之也。「役」猶「使」也。坤位西南，夏秋之交也。乾，君道，夫道；坤，臣道，妻

❶「位」，原誤作「謂」，今據四庫本改。

道。故役使坤土，以養物於既長之後，將收之先也。「説」者，物皆收斂，各得自遂而説也。「言」，助辭。兑位西方，秋之時也。「戰」者，鬭敵也。乾位西北，秋冬之交也。五陰之剥，進爲純陰之坤，六陰將及，一陽在上將盡，然陽之性健，雖垂盡，而猶與陰敵也。「勞」，去聲，勞動之餘而休息曰「勞」。坎位北方，冬之時也。萬物皆歸藏於内，而休息也。「成」，完全也。艮位東北，冬春之交也。完全者，既終藏物之冬，又始生物之春也。

萬物出乎震，震，東方也。「齊乎巽」，巽，東南也。齊也者，言萬物之絜齊也。離也者，明也，萬物皆相見，南方之卦也，聖人南面而聽天下，嚮明而治，蓋取諸此也。坤也者，地也，萬物皆致養焉，故曰「致役乎坤」。兑，正秋也，萬物之所説也，故曰「説言乎兑」。「戰乎乾」，乾，西北之卦也，言陰陽相薄也。坎者，水也，正北方之卦也，勞卦也，萬物之所歸也，故曰「勞乎坎」。艮，東北之卦也，萬物之所成終而所成始也，故曰「成言乎艮」。

此申釋上文八句。萬物之所以爲萬物者，帝也，故上文言「帝」，而此言「萬物」。「絜」謂新而鮮潔也。「相薄」者，戰也。「出」、「齊」、「相見」、「致役」、「説」、「勞」、「成」七者，皆言萬物，唯「戰」字非指萬物言，故曰「言陰陽相薄」。日月之蝕曰「薄」。此前章「雷風相薄」，謂雷風對位而相衝激，猶望之日薄月也；此言「陰陽相薄」，謂陰陽同處而相鬭敵，猶朔之月薄日也。蔡氏曰：「帝之出入不可見，而物可見，故又以物言。震、巽、離、乾、坎、艮言方，兑言時，坤言地，地者體也。夫子欲備三者之義，而互言之爾。」項氏曰：「後天之序，播五行於四時也。震、巽二木主春，故震在東方，巽東南次之。離火主夏，故爲南方之卦。兑、乾二金主秋，故兑爲正秋，乾西北次之。坎水主冬，故爲北方之卦。土旺四季，故坤土在夏秋之交，爲西南之卦；艮土在冬春之交，爲東北方之卦。木、金、土各二者，以形王也；水、火各一者，以氣王也。坤陰土，故在陰地；艮陽土，故在陽地。震陽木，故正東；巽陰木，故近南而接乎陰。兑陰金，故正西；乾陽金，故近北而接乎陽。坤旺季夏，義在中央，故言地而不言西南；兑以物成爲説，故言秋而不言西，亦以例餘卦也。」

【傳】八之五章，凡百八十二字。勞，來到切。【注】長盛，知兩切，後同。勞動，如字。形王、氣王，音旺。

神也者，妙萬物而爲言者也。動萬物者莫疾乎雷，撓萬物者莫疾乎風，燥萬物者莫熯乎火，説萬物者莫説乎澤，潤萬物者莫潤乎水，終萬物、始萬物者莫盛乎艮。故水火不相逮，雷風不相悖，山澤通氣，然後能變化，既成萬物也。此承上章文王卦位之後，而言六卦之用。不言乾、坤者，乾、坤主宰萬物之帝，行乎六子之中，所謂「神也者，妙萬物而爲言者也」。萬物有迹可見，而神在其中，无迹可見。然神不離乎物也。即萬物之中，而妙不可測者，神也。故曰「妙萬物」。雷之所以「動」，風之所以「撓」，火之所以「燥」，澤之所以「説」，水之所以「潤」，艮之所以「終」、「始」，皆乾、坤之神也。「動」者，發萌啓蟄，震之出也；「撓」者，吹拂長養，巽之齊也；「燥」者，炎赫暴炙，離之相見也；「説」者，欣懌就實，兑之説也；「潤」者，滋液歸根，坎之勞也；「終」、「始」者，貞下起元，艮之成也。五卦皆言卦象，艮獨言卦名者，終、始萬物之事，非山之所能盡也。「逮」，及也。「悖」，逆也。「既」，盡也。水火相及，則相滅熄矣。坎位正北，離位正南，兩不相及，各得其用，故坎水能潤物於冬藏之時，離火能燥物於夏長之時也。雷風本是同氣，震位正東，巽位東南，連續協助，聲勢相同，不相反逆，故震雷能奮發於春生之時，巽風能長養於春夏之交也。深山大澤，材木卉草之所叢聚，羽毛鱗介之所窟宅。艮位東北，兑位正西，各通其氣，以蕃毓容畜，故艮能終物、始物於冬春之交，兑澤能説物於秋收之時也。六子之能變化萬物者，用乾道始物之神；能既成萬物者，用坤道成物之神也。案：第三章及此章言山、澤、雷、風、水、火，皆本義、文卦位而言六卦各居其位，各有所用，不取相對二卦相爲用之義。「山澤通氣」者，山澤各自通其氣也。若謂山澤之氣相通，則有山之處多无澤，有澤之處多无山，何以能得山氣通於澤、澤氣通於山也哉？或乃因損、咸二卦而生相通之義，蓋未嘗察於地理也。如先天卦位，艮、兑相對，猶可强以相通解之，然一居西北，一居東南，邈乎相遼，非如東北之雷，西南之風，其氣可以相及而相通。至於後天卦位，則艮在東北，兑在正西，既不相對，其氣何以能相通也？於是對者遷就其説，謂此亦是以先天卦對而言。且此章承前章，皆主文王卦位，豈有章末結語而又用羲皇卦位，聖人立言而本末舛逆，首尾衡決，意脉乃不相貫如此乎？必不然矣！邵子詩云：「天地定位，否、泰反類；山澤通氣，損、咸見義；雷風相薄，恒、益起意；水火相射，既濟、未濟。」此乃借用《説卦傳》之言，以説彼八卦合二象之義，非可以彼義而釋此篇之言也。

【傳】八之六章，凡八十七字。「水火不相逮」，或无「不」字者，非。撓，乃飽切。熯，音漢。【注】長養，知兩切。暴炙，上皮卜切，下知石切。强，其兩切。

乾，健也。坤，順也。震，動也。巽，入也。坎，陷也。離，麗也。艮，止也。兑，説也。「健」者，天之德。「順」者，地之德。「動」者，雷之德。「入」者，風之德。「陷」者，水之德。「麗」者，火之德。「止」者，山之德。「説」者，澤之德。此八者，《繫辭傳》所謂「神明之德」也。將言八卦所類之形體，而先言其所通之性情也。蔡氏曰：「乾純剛，故『健』。坤純柔，故『順』。震陽生乎二陰之下，則剛而進，故『動』。坎陽在二陰之中，則其剛爲陰所溺，故『陷』。艮陽出二陰之上，雖健，亦无所往矣，故『止』。巽陰成乎二陽之下，則以順而伏，故『入』。離陰在二陽之中，則以順而附，故『麗』。兑陰在二陽之上，則以順而見，故『説』。」項氏曰：「『動』、『陷』、『止』皆屬『健』，『入』、『麗』、『説』皆屬『順』。凡物健則能動，順則能入。健遇順則陷，順遇健則麗。健者始於動而終於止，順者始於入而終於説。此章以八字斷八卦之德，其下乃以物、以身、以家，依八德之類而分主之。自此以下，皆以陰陽純卦及初、中、終爲序，又非上章先天、後天之序也。」

【傳】八之七章，❶凡二十四字。【注】斷，東亂切。

乾爲馬，坤爲牛，震爲龍，巽爲雞，坎爲豕，離爲雉，艮爲狗，兑爲羊。健而行不息者，馬也。順而勝重載者，牛也。以動奮之身，而静息於地勢重陰之下，與地雷同其馭者，龍也。龍之潛於淵底者，重陰之處也。以入伏之身，而出聲於天氣重陽之内，與地風同其感者，雞也。雞之鳴於丑半者，重陽之時也。或曰：雞之行，首動於前，足動於中，身不動而隨其後。能動之二陽在前、在中，不動之一陰在後也。前後皆陰之污濁，而中心剛躁者，豕也。前後皆陽之文明，而中心柔怯者，雉也。外剛能止物，而中内柔媚者，狗也。外柔能説草，而中内剛很者，羊也。此以動類之八物擬八卦也。

【傳】八之八章，凡二十四字。【注】勝，音升。

乾爲首，坤爲腹，震爲足，巽爲股，坎爲

❶「七」，原誤作「一」，今據薈要本、四庫本改。

耳，離爲目，艮爲手，兑爲口。至剛至實而在上者，首也。至柔至虚而容物者，腹也。陽動陰静，動而在下者，足也；動而在上者，手也。陰拆陽連，拆而在下者，股也；拆而在上者，口也。耳之外内皆凹者，陰也；中之凸而實者，陽也。目之上下皆白者，陽也；中之黑而虚者，陰也。此以人身之八體擬八卦也。

【傳】八之九章，凡二十四字。【注】凹，於交切。凸，田結切。

乾，天也，故稱乎父；坤，地也，故稱乎母。震一索而得男，故謂之長男；巽一索而得女，故謂之長女。坎再索而得男，故謂之中男；離再索而得女，故謂之中女。艮三索而得男，故謂之少男；兑三索而得女，故謂之少女。萬物資始於天，猶子之氣始於父也。萬物資生於地，猶子之形生於母也。故乾稱父，坤稱母。「索」，求而取之也。坤交於乾，求取乾之初畫、中畫、上畫而得長、中、少三男；乾交於坤，求取坤之初畫、中畫、上畫而得長、中、少三女。「一索」謂交初，「再索」謂交中，「三索」謂交上，以索之先後爲長、中、少之次也。此以人家之八屬擬八卦也。

【傳】八之十章，凡八十字。索，色白切。長男，貞丈切。中男，貞仲切。少男，詩照切。

乾爲天，爲圜，爲君，爲父，爲玉，爲金，爲寒，爲冰，爲大赤，爲良馬，爲老馬，爲瘠馬，爲駁馬，爲木果。「天」者，乾之本象，羲皇畫☰以象天也。三奇，象天氣之无涯也。「爲父」，見第十章。「爲馬」，見第八章。此加「良」、「老」、「瘠」、「駁」四字，以見純陽无陰，異於震坎陰陽相雜之馬。「良」謂純陽，健之最善者也；「老」謂老陽，健之最久者也；「瘠」謂多骨少肉，健之最堅强者也；「駁馬」鋸牙食虎豹，健之最威猛者也。沙隨程氏曰：「『爲圜』，天之體也。『爲君』，居上而覆下也。『爲玉』，德粹也。『爲金』，堅剛也。『爲寒』，位西北也。『爲冰』，寒之凝也。『爲大赤』，盛陽之色也。『爲木果』，以實承實也。若『艮爲果蓏』，則下有柔者存焉。」澄謂：「赤」加「大」字，以別於坎。坎中陽爲赤，乾純陽故「爲大赤」。

【傳】八之十一章，凡三十五字。【注】覆，符后切。以別，彼列切。

坤爲地，爲母，爲布，爲釜，爲吝嗇，爲均，爲子母牛，爲大輿，爲文，爲衆，爲柄；其於地也，爲黑。「地」者，坤之本象，羲皇畫☷以象地也。三耦，象地形之厚積也。「爲母」，見第十章。「爲牛」，見第八章。此加「子母」字，以見其順而蕃育也。「爲布」，旁有邊幅，而中平廣也。「爲釜」，容物、熟物以養物也。「爲吝嗇」，三畫皆虛，故歉縮也。「爲均」，「均」者，陶人造瓦所用，載土以成器物也。「爲大輿」，三畫虛，所容載者多也。坎惟二畫虛，亦爲輿，而不得爲大也。「爲文」，奇畫之連者質，耦畫之分者文也。「爲衆」，謂民也。純耦之數多，如民之衆也。「爲柄」，謂在下而承物於上。凡執持之物，其本著地者，柄也。「其於地也，爲黑」，地之土色有五，若坤之所象，則於地爲黑土也。「黑」者，極陰之色也。

【傳】八之十二章，凡三十三字。【注】著地，直略切。

震爲雷，爲龍，爲玄黃，爲旉，爲大塗，爲長子，爲決躁，爲蒼筤竹，爲萑葦；其於馬也，爲善鳴，爲馵足，爲作足，爲的顙；其於稼也，爲反生；其究爲健，爲蕃鮮。「雷」者，震之本象，羲皇畫☳以象雷也。二陰包裹於一陽之外，而一陽動奮於其内也。「爲龍」，見第八章。「爲長子」，見第十章。「爲玄黃」，乾坤始交而生震，故兼有天地之色：得乾初畫爲玄，得坤中畫、上畫爲黃。孔疏謂：「『玄黃』，雜而成蒼色也。」「爲旉」色，❶又作「敷」，與「華」通。花蒂下連而上分，爲花出也。「爲大塗」，一奇動於内，而二耦開通，前无壅塞也。「爲決躁」，「決」者，陽生於下，而上進以決陰；「躁」者，陽之動也。「爲蒼筤竹」，「蒼」，深青色；「筤」，謂色之美。蓋竹之筠也。「爲萑葦」，「萑」，荻；「葦」，蘆。竹、萑、葦，皆下本實，而上榦虛。「其於馬也，爲善鳴，爲馵足，爲作足，爲的顙」，「善鳴」者，陽在内爲聲，上畫耦，口開出聲也；「馵足」，足骹白，陽之色；「作足」，足超起，陽之健，皆言下畫之陽也；「的顙」，顙有旋毛，中虛，如射者之的，言上畫之虛也。「其於稼也，爲反生」，「稼」，諸穀之類；「反生」，萌芽自下而生，反句向上，陽在下也。「其究爲健」，中、上二畫變，則爲乾也。「爲蕃鮮」，蕃盛而鮮美，謂春生之草也。草下一根，而葉分開於上也。

【傳】八之十三章，凡五十六字。旉，音孚。筤，音郎。萑，音丸。馵，主樹切。「的」，《說文》作「馰」，

❶「色」，疑爲衍文。

東歷切。蕃，音煩。【注】骹，空交切。旋毛，斯變切。句，公侯切。

巽爲木，爲風，爲長女，爲繩直，爲工，爲白，爲長，爲高，爲進退，爲不果，爲臭；其於人也，爲寡髮，爲廣顙，爲多白眼；爲近利市三倍；其究爲躁卦。「風」者，巽之本象，羲皇畫☴以象風也。一陰入藏於二陽之内，而二陽旋繞於其外也。「爲木」，見《象傳》。耦而下入者，木之根；奇而上升者，木之幹也。「爲長女」，見第十章。「爲繩直」，以柔正剛也。「爲工」，以柔巽隨宜制器，以繩直木者，木工也。「爲白」者，陽之色；外陽多，故白色見於外也。「爲長」、「爲高」，陽長陰短，陽高陰卑，中陽積而達於上，故長而高也。「爲進退」、「爲不果」，前二陽欲進，後一陰欲退，將進又退，不果於進者也。「爲臭」者，香、羶、腥、焦、朽之五氣。凡物有聲、色、臭、味，聲、臭屬陽，色、味屬陰。巽二陽外達，故爲臭。反以三隅，則震一陽内主爲聲。兑者，巽之反體，爲味；艮者，震之反體，爲色也。「其於人也，爲寡髮，爲廣顙，爲多白眼」，皆上陽盛也。以頭言，陰血盛者髮多，陽氣盛者髮少。以顙言，陽體勝者顙廣，陰體勝者顙狹。以眼言，白者爲陽，黑者爲陰。離目上、下白而黑者居中，黑白相間而停勻。巽目上、中白而黑者在下，上白多於下黑也。「爲近利市三倍」，義理者，陽也；利欲者，陰也。震陽在内，義理主於内也，故一剛爲主於内之卦爲无妄；巽陰在内，利欲主於内也，故爲「近利」。曰「市三倍」者，猶《詩》言「賈三倍」，謂市物而得利三倍，近利之至甚者也。「其究爲躁卦」，三畫皆變，則爲震也。震之三畫皆變，則成巽。巽之中、上二畫變，則成坤。於震，不變其初畫之陽，而但變其中、上二畫，故其究爲乾，而不爲巽。於巽，先變其初畫之陰，而盡變其初、中、上三畫，故其究爲震，而不爲坤。蓋喜陰卦爲陽卦，陽卦爲純陽卦，而不欲陽卦爲陰卦，陰卦爲純陰卦也。

【傳】八之十四章，凡五十二字。長女，知兩切。

【注】見於，賢遍切。相間，居限切。賈，音古。

坎爲水，爲溝瀆，爲隱伏，爲矯揉，爲弓輪；其於人也，爲加憂，爲心病，爲耳痛；爲血卦，爲赤；其於馬也，爲美脊，爲亟心，爲下首，爲薄蹄；其於輿也，爲曳；爲多眚，爲通，爲月，爲盜；其於木也，爲堅多心。「水」

者，坎之本象，羲皇畫☵以象水也。上、下二陰，象土之凹；中陽，象水之流於凹中也。「爲月」者，天之水也，故方諸可取水於月。二陰，象上下之匡郭；一陽，象中之明也。「爲耳」，見第九章，此加「痛」字。「爲溝瀆」、「爲隱伏」，「溝」，水之通流而注於川者；「瀆」，水之通流而注於海者；「隱伏」，水之潛流於地中者。《繫辭傳》「巽稱而隱」，《雜卦傳》「兑見巽伏」，巽亦隱、亦伏者，得坎下半體也。「爲矯揉」，謂以剛物納於陷空之中，而矯其曲者使之直，揉其直者使之曲也。「爲弓輪」，中剛象弓之弣，上、下之柔象弓之畏弰；中奇象輪之軸，上、下之耦象輪之輻牙也。「其於人也，爲加憂，爲心病，爲耳痛」，陷於險中，故其憂加重；中實者，心也，爲二陰所揜，故病；「耳痛」義同。「爲血卦」，離火在人身爲氣，坎水在人身爲血也。「爲赤」，得乾中畫之陽，故與乾同色。「其於馬也，爲美脊，爲亟心，爲下首，爲薄蹄」，脊者外體之中，心者內藏之中，坎陽在中，故脊美、心亟急也；前畫柔故首下而不昂，下畫柔故蹄薄而不厚。「其於輿也，爲曳」，坤輿爲平地載物之大車，坎輿爲險路人乘之小車。坤畫皆虛，以待物來實之；坎畫中實，以象人在車中。「曳」者，險路艱於前進，若或曳其後也。「爲多眚」，已有過而致患害曰「眚」，「多眚」者，坎之險陷，多患害而少平康也。舊説以爲，輿之多眚，有險陷而多阻礙，蓋行於險道，不若坤輿之行於平地者易且安也。「爲通」，一陽貫乎二陰之中也。「爲盜」，隱伏而潛通於中也。「其於木也，爲堅多心」，中剛也。

【傳】八之十五章，凡七十二字。「其於輿也，爲曳」，舊本「爲曳」二字在「其於輿也」之上。❶ 矯，一作「橋」，紀表切。輮，馬、鄭、陸績、王肅本作汝九切。【注】凹，於交切。稱，尺證切。見，賢遍切。弣，非古切。畏，波回切。弰，辛交切。牙，音迓。藏，才浪切。易，以豉切。

離爲火，爲日，爲電，爲中女，爲甲冑，爲戈兵；其於人也，爲大腹；爲乾卦，爲鼈，爲蟹，爲蠃，爲蚌，爲龜；其於木也，爲科上槁。

「火」者，離之本象，羲皇畫☲以象火也。火中虛而麗於實物，其中黑者，一陰；爲光明而色赤者，上下二陽也。「爲日」者，天之火也，故陽燧可取火於日中。一陰，象日之內斂；上下二陽，象日之外明也。《象傳》「日」作「明」。「爲電」，見《象傳》。中、下二畫，震之雷也；上畫一陽，則霹靂

❶「於」，原誤作「一」，今據薈要本、四庫本改。

掣光，見乎外也。「爲中女」，見第十章。「爲甲冑」，上剛象冑，下剛象甲，中柔者被甲冑之人也。「爲戈兵」，上剛象其刃，下剛象其鐏鐓，中柔者其柲也。「其於人也，爲大腹」，中虛也。「爲乾卦」，坎水爲溼，離火爲乾也。「爲鼈」、「爲蟹」、「爲蠃」、「爲蚌」、「爲龜」，二剛象其前後、上下之介，中柔象其肉也。「其於木也，爲科上槁」，科下實中空也，上槁上亦堅也。槁者，僵死乾枯之木也。木生則柔脆，死則堅剛。

【傳】八之十六章，凡四十四字。中女，貞仲切。乾卦，古端切。蟹，户買切。蠃，力禾切。蚌，步項切。【注】霹，匹歷切。靂，來狄切。掣，尺列切。見乎，賢遍切。鐏，祖本切。鐓，徒對切。柲，兵媚切。脆，七醉切。

艮爲山，爲徑路，爲小石，爲門闕，爲果蓏，爲閽寺，爲指，爲狗，爲鼠，爲黔喙之屬；其於木也，爲堅多節。「山」者，艮之本象，羲皇畫☶以象山也。下二陰，地也；上一陽隆起而在地之上者，山也。「爲指」，即第九章「爲手」也。「爲狗」，見第八章。「爲徑路」，「徑」者，路之小也。艮者，震之反體。高山之上成蹊，非如平地之大塗也。「爲小石」，剛在坤土之上，象山頂高處之小石。坎，剛在坤土之中，則象平地土中之大石也。「爲門闕」，「闕」者，門之出人處。上畫連亘，中、下二畫數峙而虛，似門闕也。「爲果蓏」，「果」者木實，「蓏」者草實。乾純剛，故爲木果。艮一剛在上者，木之果；二柔在下者，草之蓏。沙隨程氏引《詩》「果蠃之實」，以爲一物。然「蓏」作「蠃」，字不同也。「爲閽寺」，外一剛，閽人无足，而禦止於外者也；内二柔，寺人无陽，而給使於内者也。「爲鼠」，「爲黔喙之屬」，皆謂前剛也。「黔」字當與「鉗」通，以鐵持束物者。黔喙之屬，山居猛獸，齒牙堅利如鐵，能食生物者也。「其於木也，爲堅多節」，剛在外也。

【傳】八之十七章，凡三十七字。蓏，力大切。黔，其廉切。喙，兄衛切。【注】處，昌據切。

兑爲澤，爲少女，爲巫，爲口舌，爲毁折，爲附決；其於地也，爲剛鹵；爲妾，爲羊。「澤」者，兑之本象，羲皇畫☱以象澤也。澤之大者海，海之下際天。下二陽，天也；上一陰虛缺而在天之上者，澤也。凡水之豬有似於海者，亦名爲澤。「爲少女」，見第十章。「爲口」，見第九章。此加「舌」字，外之畫耦，象口中；内之畫奇，象口中之舌。「爲羊」，見第八章。「爲巫」，少女外以口媚悦陽神，俾陽神降於其身内也。「爲毁折」，前畫缺，如物之毁折也。「爲附決」，一柔附於外，而内之二剛將決去之也。「其於地也，爲剛鹵」，鹵，鹹土也。東方曰斥，西方曰鹵。東方之斥在溼地而柔，西方之鹵在燥地而剛。下二陽，剛也；上一陰，鹵也。西方之地中下堅，堅如石，而上柔爲鹵者，化鹽也。「爲妾」，則不稱「爲妻」也。兑者，巽之反體，長女爲人妻之象，從之而爲娣也。

【傳】八之十八章，凡二十八字。少，失照切。鹵，郎古切。【注】長女，貞丈切。案：第七章至第十章，合八卦德象言之，而分四類，爲四章。第十一章至第十八章，合所象諸類言之，而分八卦爲八章。項氏曰：「反覆推廣，使之明備。」沙隨程氏曰：「八卦之象，八物而已，充其類，則百物不廢；極其説，可以類萬物之情。然《説卦》之象，有與卦爻相符者，有不與卦爻相符者，有見於卦爻而《説卦》不載者，有見於《説卦》而卦爻无之者。若夫大琴謂之離，小罍謂之坎，此見於他書，而《易》與《説卦》又可以類推也。」

爲龍。乾初九、九二、九五、上九、用九，坤上六。爲直。坤六二。爲衣。既濟六四。爲言。需九二，訟初六，師六五，明夷初九，夬九四，困象，革九三，震上六，漸初六。然乾不象言也。以上乾逸象四。爲牝。坤象，離象。爲迷。坤象，復上六。爲方。坤六二。爲囊。坤六四。爲裳。坤六五。爲帛。賁六五。爲漿。象、爻辭无。以上坤逸象七。爲圭。誤作「土」。益六三。爲鶴。誤作「鵠」。中孚九二。爲鼓。中孚六三。以上震逸象三。爲楊。大過九二、九五。爲鸛。誤作「鸛」。漸初六、六二、九三、六四、九五、上九。以上巽逸象二。爲宫。困六三。爲律。師初六。爲可。坤六三，无妄九四，損象，井九三，漸上九，小過象，皆以「可」爲辭，然非取象於坎也。爲棟。大過象、九三、九四。爲叢棘。坎上六。爲狐。解九二，未濟象。爲蒺藜。困六三。爲桎梏。蒙初六。以上坎逸象八。爲牝牛。離象。以上離逸象一。爲鼻。噬嗑六二。爲虎。履象、六三、九四，頤六四，革九五。履、革皆无艮，艮不象虎也。爲豹。誤作「狐」。革上六。義同上。以上艮逸象三。爲常。

象、爻辭无。或曰：當爲「裳」。或曰：當爲「商」。或曰：「常」，九旗之一，下二奇象通帛下垂，上一耦象分繫於杠(音工)。**爲輔頰**。咸上六，艮六五。以上兑逸象二。

凡八卦之逸象共三十。荀爽《九家易》有之，皆附前各章之末。項氏曰：「逸象多取於繇辭。」沙隨程氏曰：「查籥云：『若不通倫類，雖多添，亦不盡。』」

易纂言説卦傳第八

易纂言序卦傳第九

序卦傳第九

羲皇六十四卦之序始乾終坤，蓋奇畫、耦畫之上，每加一奇、一耦，二而四，四而八，八而十六，十六而三十二，以極於六十四，乃其生卦自然之序，非人所安排也。後之《易》，各因羲皇之卦，而其序不同。如《連山》之首艮，《歸藏》之首坤，不復可知其六十四卦之序何如矣。始乾、坤終既濟、未濟者，《周易》六十四卦之序也。蓋文王既立卦名之後，而次其先後之序如此，皆以施用於人事者起義。而夫子爲之《傳》，以發明其卦序之意。或者乃疑其非夫子之作。張子曰：「《序卦》不可謂非聖人之蘊，其閒雖无極至精義，大概皆有意思。今欲安置一物，猶求審處，況聖人之於《易》，必須布遍精密如是。大匠豈以一斧可知哉！」

有天地，然後萬物生焉，此言乾、坤所以爲《上經》之首也。「天地」謂乾、坤二卦。**盈天地之閒者，唯萬物，故受之以屯。屯者，盈也。屯者，物之始生也。**此言屯所以次乾、坤也。「盈」者，窒塞填滿之意也。始生艱難，未能暢達，如人欲吐未吐，欲瀉未瀉，窒塞填滿於中。程子曰：「天地生萬物，萬物之始生，❶鬱結未通，盈塞於天地之閒，故繼乾、坤之後。」**物生必蒙，故受之以蒙。蒙者，蒙也，物之穉也。**此言蒙所以次屯也。程子曰：「屯，物之始生，穉小蒙昧。」**物穉不可不養也，故受之以需。需者，飲食之道也。**此言需所以次蒙也。程子曰：「物之幼穉，必待養而成。養物之需者，飲食也。飲食所以潤益於物。雲上於天，有蒸潤之象，故需爲『飲食之道』。」**飲食必有訟，故受之以訟。**此言訟所以次需也。程子曰：「人之所需者飲食，既有所需，爭訟所由起。」**訟必有衆起，故受之以師。**

❶「萬」，原誤作「物」，今據四庫本及《周易程氏傳》卷一《屯》改。

師者，衆也。此言師所以次訟也。程子曰：「師之興，猶有争也。」衆必有所比，故受之以比。比者，比也。此言比所以次師也。程子曰：「比，親輔也。既有衆，必相親輔，然後能安。」比必有所畜，故受之以小畜。此言小畜所以次比也。程子曰：「物相比輔，則爲聚畜。」物畜然後有禮，故受之以履。履者，禮也。此言履所以次小畜也。程子曰：「物之聚，則有大小之别，高下之等，美惡之分，是『物畜然後有禮』。禮，人之所履也。」履而泰，然後安，故受之以泰。泰者，通也。此言泰所以次履也。程子曰：「履得其所，則舒泰，泰則安矣。」物不可以終通，故受之以否。此言否所以次泰也。程子曰：「通泰之極，則必否。隔絶不相交通，否也。」物不可以終否，故受之以同人。此言同人所以次否也。程子曰：「天地不交則爲否，上下相通則爲同人。世之否，與人同力乃能濟。」與人同者，物必歸焉，故受之以大有。此言大有所以次同人也。程子曰：「與人同者，物之所歸。物之所歸，爲大有之義。」有大者，不可以盈，故受之以謙。此言謙所以次大有也。程子曰：「有既大，不可至於盈滿，必在謙損。」有大而能謙，必豫，故受之以豫。此言豫所以次謙也。程子曰：「有既大，而能謙，則有豫樂。豫者，安和悦樂之義，承二卦之義而爲次也。」豫必有隨，故受之以隨。此言隨所以次豫也。程子曰：「豫悦之道，物之所隨。」以喜隨人者，必有事，故受之以蠱。蠱者，事也。此言蠱所以次隨也。程子曰：「喜悦以隨於人者，必有事也。无事，則何喜、何隨？承二卦之義以爲次。蠱非訓事，蠱乃有事也。」有事而後可大，故受之以臨。臨者，大也。此言臨所以次蠱也。程子曰：「韓康伯云：『可大之業，由事而生。』二陽方長而盛大，爲臨。」澄謂：因蠱之有事而後有臨之盛大也。物大然後可觀，故受之以觀。此言觀所以次臨也。物之小者，在下視之而不見，必大而後可以觀也。以臨卦二陽之大反易其體，則大者在上矣，故爲在下四陰之所觀。可觀而後有所合，故受之以噬嗑。「嗑」者，合也。此言噬嗑所以次觀也。程子曰：「既有所觀，然後有來合之者。」物不可以苟合而已，故受之以賁。賁者，飾也。此言賁所以次噬嗑也。不執贄則不可以成賓主之合，不受幣則不可以成男女之合。程子曰：「物之合，必有文飾也。」致飾然後亨則盡矣，故受之以剥。剥者，剥也。此言剥所以次賁也。致其文飾，而百嘉聚會，則華美之極，至矣，盡矣。程子曰：「極則必反，故賁終則剥也。」物不可以終盡，剥窮上反下，故受之以復。此言復所以次剥也。程子曰：「物无剥盡之理，故剥極則復。陽剥極於上，而復生於下，窮上而反下也。」復則不妄矣，故受之以无妄。此言无妄所以次復也。程子曰：「『復』者，反於道也。既復於道，則合正理而无妄。」有无妄然後可畜，故受之以大畜。此言大畜所以次无妄也。程子曰：「无妄則爲有實，故可畜聚。」物畜然後可養，故受之以頤。頤者，養也。此言頤所以次大畜也。程子曰：「物既畜聚，則必有以養。无養，則不能存息。」項氏曰：「需當物生之初，如兒之須乳，苗之須溉，故曰『飲食之道』；頤當畜聚之極，萬物交致其養，故曰『養也』。」不養則不可動，故受之以大過。此言大過所以次頤也。程子曰：「凡物養而後能成，成則能動，動則有過。」物不可以終過，故受之以坎。坎者，陷也。此言坎所以次大過也。程子曰：「過極則必陷。」陷必有所麗，故受之以離。離者，麗也。此言離所以次坎也。程子曰：「陷於險難之中，則必有所附麗。」

【傳】九之一章，凡四百九字。「故受之以履」下，舊本无「履者，禮也」四字，韓注有之。今案：王弼《略例》引此四字，蓋是後人誤以正文書作注字。否，備鄙切。觀，平聲。【注】填，音田。上於，時掌切。之別，彼列切。豫樂，音洛。方長，知兩切。坎難，乃旦反。

有天地，然後有萬物；有萬物，然後有男女；有男女，然後有夫婦；有夫婦，然後有父子；有父子，然後有君臣；有君臣，然後有上下；有上下，然後禮義有所錯。此言咸所以爲《下經》之首也。「夫婦」謂咸卦。先言「天地」、「萬物」、「男女」者，有夫婦之所由也；後言「父子」、「君臣」、「上下」者，有夫婦之所致也。有夫婦則其所生爲父子，由家而國，雖非父子，而君尊臣卑之分如父子也。由國而天下，雖非君臣，而上貴下賤之分如君臣也。禮義，所以分別尊卑、貴賤之等。「錯」猶「置」也。乾、坤、咸不出卦名者，以其爲上下篇之首卦，特別異之。程子曰：「天地，萬物之本；夫婦，人倫之始。所以《上經》首乾、坤，《下經》首咸、恒也。」夫婦之道，不可以不久也，故受之以恒。恒者，久也。此言恒所以次咸也。程子曰：「咸，夫婦之道，夫婦終身不變者。」物不可以久居其所，故受之以遯。遯者，退也。此言遯所以次恒也。程子曰：「久則有去。」物不可以終遯，故受之以大壯。此言大壯所以次遯也。程子曰：「『遯』爲違去之義，『壯』爲進盛之義。遯者陰長而陽遯。大壯，陽之壯盛也。衰則必盛，消息相須，故既遯則必壯。」物不可以終壯，故受之以晉。晉者，進也。此言晉所以次大壯也。程子曰：「物无壯而止之理，既盛壯則必進。」進必有所傷，故受之以明夷。夷者，傷也。此言明夷所以次晉也。程子曰：「進而不已，必有所傷。」傷於外者，必反其家，故受之以家人。此言家人所以次明夷也。程子曰：「傷困於外，則必反於内。」家道窮必乖，故受之以睽。睽者，乖也。此言睽所以次家人也。程子曰：「家道窮，則睽乖離散。」乖必有難，故受之以蹇。蹇者，難也。此言蹇所以次睽也。程子曰：「睽乖之時，必有蹇難。」物不可以終難，故受之以解。解者，緩也。此言解所以次蹇也。程子曰：「難極則必散。解者，散也。」緩必有所失，故受之以損。此言損所以次解也。程子曰：「緩縱則必有所失，失則損。」損而不已，必益，故受之以益。此言益所以次損也。程子曰：「盛衰、損益如循環，損極必益。」益而不已，必決，故受之以夬。夬者，決也。此言夬所以次益也。程子曰：「理无常益，益之極必潰矣。」決必有遇，故受之以姤。姤者，遇也。此言姤所以次夬也。程子曰：「夬，判也。物之決判，則有遇合。本合，則何遇？」物相遇而後聚，故受之以萃。萃者，聚也。此言萃所以次姤也。程子曰：「物相會遇，必成羣聚。」聚而上者，謂之升，故受之以升。此言升所以次萃也。程子曰：「物之積聚而益高大，聚而上也，故爲『升』。」升而不已，必困，故受之以困。此言困所以次升也。程子曰：「升者，自下而上。自下升上，以力進也，不已必困矣。」困乎上者，必反下，故受之以井。此言井所以次困也。程子曰：「上升不已而困，則必反於下。物之在下者，莫如井也。」井道不可不革，故受之以革。此言革所以次井也。程子曰：「井之爲物，存之則穢敗，易之則清潔，不可不革者也。」革物者，莫若鼎，故受之以鼎。此言鼎所以次革也。程子曰：「鼎之爲用，變腥而爲熟，易堅而爲柔。水火不可同處也，能使相合爲用，而不相害，是能革物也。」主器者，莫若長子，故受之以震。震者，動也。此言震所以次鼎也。程子曰：「鼎者，器也。震爲長男，傳國家、繼位號者也，故爲主器之主，而繼鼎之後。」物不可以終動，止之，故受之以艮。艮者，止也。此言艮所以次震也。程子曰：「動靜相因，靜則有動，動則有靜，物无常動之理。」物不可以終止，故受之以漸。漸者，進也。此言漸所以次艮也。程子曰：「進以序爲『漸』。今人以緩進爲漸進。止必有進，止之所生亦進也，所反亦進也。」進必有所歸，故受之以歸妹。此言歸妹所以次漸也。程子曰：「進必有所至，故漸有歸義。」項氏曰：「晉之義，進而明也，明之極，必至於无進，故有所傷。漸之義，不急於進，其進以漸，故得其所歸也。」得其所歸者，必大，故受之以豐。豐者，大也。此言豐所以次歸妹也。程子曰：「物所歸聚，必成其大。」澄謂：臨之大，以其所臨之二陽爲大；豐之大，以其卦名爲盛大之義。」窮大者，必失其居，故受之以旅。此言旅所以次豐也。程子曰：「豐盛至於窮極，則必失其所安。」旅而无所容，故受之以巽。巽者，入也。此言巽所以次旅也。程子曰：「羈旅親寡，非巽順，何所取容？苟能巽順，雖旅困之中，何往而不能入？」入而後説之，故受之以兑。兑者，説也。此言兑所以次巽也。程子曰：「物相入則相説。」説而後散之，故受之以渙。渙者，離也。此言渙所以次兑也。程子曰：「人之氣，憂則結聚，説則舒散。」物不可以終離，故受之以節。此言節所以次涣也。程子曰：「物既離散，則當節止之。」節而信之，故受之以中孚。此言中孚所以次節也。程子曰：「『節』者，爲之制節，使不得過越也。信而後能行。上能信守之，下則信從之。『節而信之』也。」有其信者，必行之，故受之以小過。此言小過所以次中孚也。項氏曰：「『有其信』，猶《書》所謂『有其善』，言以此自負，而居有之也。自恃其信者，❶其行必果，而過於中。」程子曰：「信則必行，行則過也。」澄謂：「過」者，行動而踰越之也，故《大過》云「動」，《小過》云「行」。凡行動未至其所，爲未及；既至其所，爲至；既至，而又動、又行，則爲踰越其所至之地而過也。」有過物者，必濟，故受之以既濟。此言既濟所以次小過也。人卑才智踰越於人爲過。程子曰：「能過於物，必可以濟。」項氏曰：「大過則踰越常理，故必至於陷；小過則或可濟事，故有濟而无陷也。」物不可窮也，故受之以未濟終焉。此言未濟所以次既濟而爲六十四卦之終也。程子曰：「既濟矣，物之窮也。物窮而不變，則无不已之理。《易》者，變易而不窮也。既濟之後受以未濟，則未窮也。」

【傳】九之二章，凡五百二字。錯，七路切。難，乃旦切。解，音蟹。而上，時掌切。長子，知兩切。説，音曰。【注】之分，扶問切。分别、别異，並彼列切。陰長，知兩切。吕氏大圭曰：「《序卦》之意，有以相因爲序，如屯、蒙、需、訟是也；有以相反爲序，如泰、否、同人是也。天地閒，不出相反、相因而已。」

易纂言序卦傳第九

❶「恃」，原誤作「持」，今據薈要本、四庫本及項安世《周易玩辭》卷十六《序卦》改。

易纂言雜卦傳第十

雜卦傳第十「雜」者，錯糅其次，不依文王卦序也。《序卦》《上經》三十卦，《下經》三十四卦。此以反對而觀，則上經十八卦，下經十八卦也。此篇仍其反對之偶，而不仍其先後之序，故曰：雜其義則以明六十四卦所主之爻也。

乾剛坤柔，比樂師憂。臨、觀之義，或與或求。六十四卦，乾、坤爲純剛、純柔之卦。剛柔之畫，自初起至上而極，然後見乾爲純剛、坤爲純柔，故乾主上九，坤主上六。乾、坤六陽、六陰之卦，上爲主；夬、剥五陽、五陰之卦，五爲主；大壯、觀四陽、四陰之卦，四爲主；泰、否三陽、三陰之卦，三爲主；臨、遯二陽、二陰之卦，二爲主；復、姤一陽、一陰之卦，初爲主。此十二卦，主爻與術家世爻同。比九五居上，爲「顯比」之主，故「樂」；師九二居下，爲行師之主，故「憂」。「與」者，上與下。「求」者，下求上。臨九二，二陽浸長，在上之陰，不敢以勢臨之而與之，以俟其上進。觀六四，四陰已盛，然不進逼犯陽，而統率三陰，居下以求觀九五之中正。此一節六卦，四句一韻。屯見而不失其居，蒙雜而著。震起也，艮止也。損、益盛衰之始也。屯、蒙皆二陽之卦，屯九五見於上卦二陰之中，而爲主，其下一陽，則動於坎險之内，而固守，故曰「不失其居」。蒙九二雜於下卦二陰之中，而爲主，其上一陽，則止於坎險之外，而光明，故曰「著」。坎陽陷於陰中一也，「見」者陽在上卦之天而位顯，「雜」者陽在下卦之地而位幽也。震九四起而在上卦之下，艮上九止而在上卦之上。損自泰變，泰三往上，損其下也。泰變，而損爲衰之始。益自否變，否四來初，益其下也。否變，而益爲盛之始。或以損之後必益，爲盛之始；益之後必損，爲衰之始，非也。此一節六卦，五句二韻。大畜時也，无妄災也，萃聚而升不來也，謙輕而豫怠也。大畜以大壯之四往上爲主，二陰尊而上之，得其時也。无妄以遯之三來初爲主，九不處三，而三受失中之災也。萃以觀之四往上爲主，而同類之三陰聚於下。升以臨之三來初爲主，而同類之三陰升於上。升上爲往，降下爲來。「不來」，謂升而不降也。謙一陽居下卦之上，爲謙卑之主，而不尊大，故自小而輕。豫一陽居上卦之下，爲豫樂之主，而志滿足，故自肆而怠。此一節六卦，四句一韻。

噬嗑食也，賁无色也，兑見而巽伏也，隨无故也，蠱則飭也。「食」者，物在口中，必噬而合之。「无色」者，質而不文，必賁而飾之。否上下不交，不能噬嚙而食也。噬嗑以否初往五而爲主，否五遂得來初，成頤口之象，而可噬嗑以食。泰上下皆純卦，無閒雜之色成文也。賁以泰上來二文剛而爲主，泰二遂得往上文柔，而賁其无色之質。兑上六一陰説而見於二陽之上。巽六四一陰入而伏於二陽之下。隨初九爲主，聽二陰自隨，而无所作爲。蠱初六爲主，承乾父體壞，而有所整治。「无故」者，无所事也。「飭」者，有所事也。此一節六卦，五句一韻。

剥爛也，復反也，晉晝也，明夷誅也，井通而困相遇也。剥六五消陽將盡，僅存一陽，陽剛壞爛之極也。復初九當純坤之後，一陽生於下，陽剛來反之初也。晉六五離日當天，晝也。明夷六二離日入地，明者夷傷也。「誅」即夷傷之義。井九五自初升五，坎水上通而將出井口。困九二自上降二，與二陰相遇，而揜其前後。此一節六卦，五句二韻。

咸速也，恒久也，涣離也，節止也，解緩也，蹇難也。咸九三不上感正應而下感近比，欲速感也。恒初六以柔巽處卑下，妻道之可久者也。涣九二坎水在巽風之下，爲風所離散。節九五坎水在兑澤之上，爲澤所節止。解九二坎陷在内，震則出險而動於外，内險已解緩也。蹇九五坎險在外，艮則見險而止於内，外險方艱難也。此一節六卦，六句二韻。

睽外也，家人内也，否、泰反其類也，大壯則止，遯則退也。睽六五在外爲主，家人六二在内爲主。否三、四相易爲漸，泰三、四相易爲歸妹。漸四復反於三，就其同類之陰，則爲否；歸妹四復反於三，就其同類之陽，則爲泰，故曰「反其類也」。大壯四陽進而消陰，遯二陰進而消陽。慮後陽之恃其壯，故不欲九四之進，而欲其止；慮前陽之不及遯，故不欲六二之進，而欲其退也。聖人於五陽之夬，亦不欲陽之輕進；於一陰之姤，亦惟欲陰之不往，蓋同此意也。此節六卦，五句一韻。

大有衆也，同人親也，革去故也，鼎取新也，小過過也，中孚信也。大有六五以一陰有五陽，所有衆也。同人六二以中正同中正，其情親也。革六二離火在內，而兑澤燥涸，蓋尾閭焦釜之火，去其澤水之故者也。鼎六五離火在上，而巽木生之，蓋燧改薪傳之火，取其木火之新者也。小過九四，主也，而爲六五所過，蓋陰盛能過，陽衰不及也。中孚六四，主也，而爲九五所信，蓋陽實能感，陰虛能應也。此一節六卦，六句一韻。豐多故也，親寡旅也，離上而坎下也，小畜寡也，履不處也。篇內三「故」字三義：「隨无故」，事故之「故」也；「革去故」，新故之「故」也；「豐多故」，親故之「故」也。豐六二在內，爲主於明盛之中，外與四相易，而情相得，初亦往尚，三亦來孚，故舊之多也。旅六五在外，爲主於羈窮之中，內與三相易，而情不相親，相親者寡也。蓋豐盛則故舊合，旅窮則親戚離，人情然也。離六五爲主，火炎而上，故上征而折上九之首。坎九五爲主，水潤而下，故下比而納六四之約。小畜一陰畜藏於五陽之閒，所畜者甚寡少也。履六三履行於二陽之上，所履者剛，又不得正位，非其所安，故行去而不留處也。此一節六卦，五句一韻。需不進也，訟不親也；大過顛也，頤養正也；既濟定也，未濟男之窮也；歸妹女之終也，漸女歸待男行也。姤遇也，柔遇剛也；夬決也，剛決柔也。君子道長，小人道憂也。需九五爲主，而上三陽需待於內，不上進乎五也。訟九二爲主，而上三陽違行於外，不下親乎二也。「萃聚」、「升不來」、「需不進」、「訟不親」，皆言三陰、三陽之於卦主爲同類，而不相與也。大過上六爲主，而下應九三，猶首之向下而顛也。頤上九爲主，而下養五、三，以上之養下爲正也。既濟六二，主也，以陰居陰，得其定位，而上下五爻亦皆得其定位，故曰「定也」。未濟九二，主也，以陽居陰，失其正位，而同類二陽亦皆失其正位，故曰「男之窮也」。三陰亦不得正位，不足言也。歸妹六三爲女君之娣，而歸於男家，女之少者既歸，則歸女之事終也。漸九三得男位之正，而將往迎女。六四之女，待其親迎，而後行也。姤初六，一陰始生於下，而遇九二之剛，有浸長消陽之勢。夬九五，五陽將極於上，而夬去上六之陰。陽剛君子之道息而將極，故曰長；陰柔小人之道消而將盡，故曰憂也。此一節十卦，十四句五韻。

易纂言雜卦傳第十

觀生跋

先生著是書，幾四十年。其閒藁成改易者凡數四。壬戌秋，書成，然未嘗以示人。明年春，觀生固請鋟諸梓，以惠學者，先生幸慨然許之。猶慮傳寫之或差，乃命抄寫而自督視，因正其未安，明其句讀，而益加詳密。寫未及半，適特旨遣使召入翰林，度不可辭，不數日上道，觀生隨侍至郡城，集同志分帙畢寫，將及九江，點校才竟。若卦圖象例，陸續刊行。因書之成，遂誌年月于右方云。然嘗聞諸先生曰：「吾於《易》書，用功至久，下語尤精，其象例皆自得于心，亦庶乎文王、周公繫辭之意。」又曰：「吾於《書》有功於世，視《易》爲猶小。吾於《易》有功於世爲甚大。」則讀是書者，其可不知先生用意深切而泛視之哉！

至治癸亥五月五日，觀生謹誌。

鳴謝

《儒藏》精華編惠蒙善助，共襄斯文；謹列如左，用伸謝忱。

本焕法師　壹佰萬元

智海企業集團董事長　馮建新先生　壹佰萬元

NE·TIGER時裝有限公司董事長　張志峰先生　壹佰萬元

張貞書女士　壹佰萬元

北京大學《儒藏》編纂與研究中心

本册审稿人　張一南　胡雙寶　梁運華

本册責任編委　谷　建

圖書在版編目(CIP)數據

儒藏.精華編.五/北京大學《儒藏》編纂與研究中心編.—北京：北京大學出版社，2014.4
ISBN 978-7-301-11723-1

Ⅰ.①儒… Ⅱ.①北… Ⅲ.①儒家 Ⅳ.①B222

中國版本圖書館CIP數據核字（2014）第028382號

書　　名	儒藏（精華編五） RUZANG（JINGHUABIAN WU）
著作責任者	北京大學《儒藏》編纂與研究中心　編
責任編輯	王長民　武　芳
標準書號	ISBN 978-7-301-11723-1
出版發行	北京大學出版社
地　　址	北京市海淀區成府路205號　100871
網　　址	http://www.pup.cn　　新浪微博：@北京大學出版社
電子郵箱	編輯部 dj@pup.cn　總編室 zpup@pup.cn
電　　話	郵購部 010-62752015　發行部 010-62750672　編輯部 010-62756449
印 刷 者	北京中科印刷有限公司
經 銷 者	新華書店
	787毫米×1092毫米　16開本　68.25印張　864千字
	2014年4月第1版　2023年10月第3次印刷
定　　價	1200.00元

ISBN 978-7-301-11723-1

9 787301 117231 02>

定價：1200.00元